HISTOIRE ET THÉORIE

DE

LA MUSIQUE DE L'ANTIQUITÉ

HISTOIRE ET THÉORIE

DE

LA MUSIQUE

DE

L'ANTIQUITÉ

PAR

FR. AUG. GEVAERT

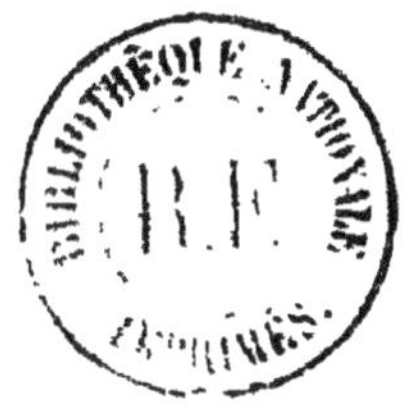

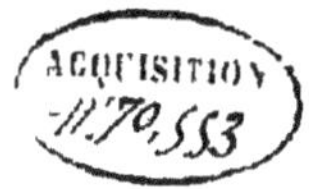

II

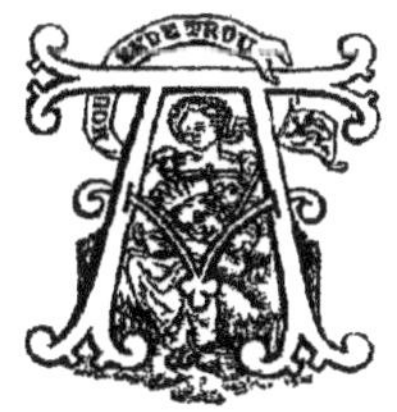

GAND
TYPOGRAPHIE C. ANNOOT-BRAECKMAN, MARCHÉ AUX GRAINS

1881

A LA MÉMOIRE DE MON BEAU-FRÈRE

HIPPOLYTE ANNOOT

MORT A PARIS, LE 3 SEPTEMBRE 1880.

Tu n'as pas eu la suprême consolation de voir s'achever l'impression de ces pages, objet constant de tes soins pendant de longues années, ton unique distraction au milieu de tes maux.

Que ton nom inscrit ici, comme l'hommage d'une affection fraternelle, rappelle à ceux qui t'ont aimé le souvenir d'une existence toute de travail et de dévouement.

PRÉFACE.

Plus de cinq années se sont écoulées depuis la publication de la première partie de mon livre, bien que pendant ce long espace de temps je n'aie cessé un seul jour de travailler au volume par lequel se termine ma tâche. La lenteur de cette élaboration tient à des causes que je crois devoir expliquer à mes lecteurs. D'un côté, pour recueillir quelques données positives au sujet des instruments musicaux de l'antiquité, j'ai été amené à faire des recherches dont la durée a dépassé mes prévisions. D'un autre côté l'ouvrage s'est accru de toute une partie qui n'entrait pas dans mon plan primitif. Lorsque je me mis à l'œuvre, je n'entrevoyais pas la possibilité de reprendre le projet abandonné par Westphal et de retracer l'histoire proprement dite de la musique grecque : j'entends un tableau cohérent de ses progrès et de ses transformations. Je m'expliquai à cet égard dans la Préface du premier volume. Or, après avoir exploré les sources pendant quelques années de plus, je me suis aperçu que l'entreprise pouvait être tentée. Une fois cette possibilité reconnue, j'en ai poursuivi la réalisation avec ténacité; mais il restait à éclaircir bien des obscurités, à combler bien des lacunes avant de voir le terme de mon labeur. Voilà ce qui explique le retard qu'a subi l'apparition de cette seconde partie, et l'extension considérable qu'elle a prise.

Le premier tiers du volume s'occupe du rhythme dans la musique grecque. J'y expose, sous une forme succincte, l'ensemble des connaissances à l'aide desquelles on est arrivé de nos jours à retrouver la contexture rhythmique et la coupe musicale des chants de Pindare, d'Eschyle et des autres maîtres de la lyrique et du drame. Toute cette portion de mon ouvrage s'appuie sur les découvertes qui, depuis le commencement du siècle actuel, ont renouvelé en Allemagne la théorie de la métrique grecque, et particulièrement sur les admirables travaux de Westphal et de J. H. H. Schmidt. Comment se fait-il que de pareils écrits n'aient guère attiré jusqu'à présent l'attention des musiciens lettrés, et que leur apparition n'ait pas amené une révolution radicale dans le domaine de l'érudition gréco-latine? Il faut en chercher la cause dans leur caractère compréhensif. Embrassant deux disciplines dont l'esprit humain a depuis des siècles dissous l'unité primordiale, — composition rhythmique et versification — les doctrines des deux savants allemands sont comme non avenues pour la plupart des personnes qui pourraient y trouver profit: les métriciens, trop souvent étrangers à l'art qui seul donne un sens à l'objet de leurs spéculations, estiment que la musique y tient trop de place; les musiciens, d'autre part, sont rarement en état d'aborder des ouvrages qui supposent chez leurs lecteurs une instruction approfondie en matière de langues classiques. Quoi qu'il en soit, les travaux dont il s'agit ont réussi à soulever un coin du voile épais qui depuis tant de siècles recouvrait la musique des anciens Hellènes, et ils suffisent pour faire comprendre que l'antiquité ait pu avoir des œuvres musicales grandes et complètes, tout en ne connaissant que l'application la plus rudimentaire de la polyphonie. Grâce à ces patientes recherches, nous voyons surgir devant nous l'ancien chant dramatique des Hellènes comme un magnifique palais qu'un incendie aurait entièrement dévoré à l'intérieur, tout en laissant intactes les murailles. Le squelette rhythmique indique avec précision la mesure et ses divisions, la coupe des membres et des périodes, la structure de la strophe et du chant entier; d'autre part le texte permet d'entrevoir le mouvement et le caractère de la mélopée. Seul, le dessin mélodique nous manque : perte immense, à la vérité, et irréparable, mais qui néanmoins ne nous laisse pas dans une détresse absolue; car le « schéma » garde au moins un pâle reflet de la mélodie qui l'a illuminé. Personne ne niera qu'il n'y ait plus de vraie musique dans les simples linéaments rhythmiques d'un chœur quelconque d'Eschyle ou de Sophocle que dans les hymnes du temps d'Adrien pourvus de leur cantilène.

Bien que ces premiers chapitres soient ceux qui m'appartiennent le moins pour le fond, ils m'ont coûté un travail des plus pénibles. D'abord ils ne forment qu'une des divisions de l'ensemble, et, pour ne pas leur laisser envahir une place trop grande, il m'a fallu condenser les résultats des nouvelles recherches, élaguer tout ce qui ne présentait pas un caractère suffisant d'évidence. Ensuite je n'ai pas dû oublier un seul moment que l'objet de ce livre est la musique et non la littérature; mon programme s'imposait donc de lui-même : mettre partout l'élément musical en relief, le séparer de l'élément métrique avec lequel il se trouve mêlé et confondu de temps immémorial; en un mot, imaginer une exposition complète des théories et formes rhythmiques de l'antiquité n'exigeant du lecteur que la culture classique généralement répandue chez les hommes instruits. Enfin, le public que j'ai principalement en vue se compose de musiciens, d'artistes; or, sous peine de leur rendre ces pages d'une aridité intolérable, j'ai dû adopter les procédés de démonstration les plus saisissants. C'est ainsi que j'ai expliqué le mécanisme, souvent compliqué, de la structure des périodes dans les cantilènes grecques par des exemples plus ou moins connus, et pris un peu partout : dans l'hymnodie catholique, dans la musique moderne, mais surtout dans les chansons populaires des pays occidentaux. J'ai usé de la même méthode comparative pour éclaircir certaines bizarreries apparentes de la rhythmique ancienne, telles que les durées et mesures irrationnelles, et j'ai eu la satisfaction de retrouver sous ces termes des combinaisons très-naturelles et qui nous sont parfaitement connues. Ce résultat est une preuve nouvelle de l'insuffisance des théories d'art, réduites à expliquer par des raisonnements compliqués ce que l'instinct a créé de toutes pièces et comme en se jouant. Il nous prouve aussi que l'on ne doit pas s'ingénier à traduire avec une exactitude superstitieuse des subdivisions de temps et d'intervalles destinées à s'évanouir dans l'exécution. Une écriture musicale ou grammaticale qui s'attacherait à noter les nuances les plus fugitives du discours chanté ou parlé deviendrait un grimoire indéchiffrable. Dans tout cela encore on s'aperçoit que le sentiment antique confine au nôtre de plus près qu'on ne l'admet d'ordinaire.

En reproduisant, à titre d'exemples, de nombreux extraits de la poésie chantée des anciens, j'ai fréquemment ajouté aux durées de la mesure, fournies par le texte, un contour mélodique. Ce parti a été adopté autant pour épargner aux non-hellénistes la monotonie fatigante d'une longue suite de schémas muets, et mieux fixer ceux-ci dans leur esprit, qu'afin de rendre plus visible le mécanisme de la structure musicale des chants de l'antiquité. J'ai pu faire cette opération sans difficulté sur des périodes et des strophes d'une coupe assez complexe : preuve évidente que les formes rhythmiques des Hellènes, alors même qu'elles s'éloignent des habitudes modernes, n'ont rien d'incompatible avec notre organisation musicale. Au surplus je me suis borné à un dessin strictement syllabique, en me conformant aux principes les plus sévères de la mélodie homophone des peuples gréco-latins. Ceux qui s'offusqueraient néanmoins d'une pareille addition n'ont qu'à supposer, dans les exemples de cette sorte, la portée enlevée et les divers signes de durées placés sur une ligne horizontale.

Enfin partout où cela a pu se faire sans inconvénient, j'ai ajouté au-dessous des textes grecs une traduction métrique en langue moderne. L'absence de semblables versions en français m'a forcé presque toujours de recourir à l'allemand; pour Pindare j'ai emprunté l'édition de Tycho Mommsen, pour Eschyle celle de Donner; pour Euripide je me suis servi de Minckwitz, pour Aristophane j'ai utilisé Müller.

La dernière partie du volume, et de beaucoup la plus considérable, est consacrée à l'histoire de la pratique de l'art. Elle est précédée d'une étude sur les instruments en usage dans la musique des peuples gréco-romains, fruit d'investigations entièrement nouvelles. Sans être injuste envers mes prédécesseurs, je me crois autorisé à dire qu'en dépit de l'érudition dépensée depuis deux cents ans sur ce difficile problème, on n'avait pas réussi à utiliser les données éparses, ni à sortir du vague. Aucune réponse n'était faite aux seules questions qui intéressent les musiciens : le mécanisme des instruments, leur timbre, leur étendue, leurs perfectionnements dans le cours des temps. Sur la plupart de ces points j'espère être arrivé à une solution satisfaisante; sur quelques-uns j'ai la confiance qu'elle sera définitive.

En ce qui concerne les instruments à cordes, une interprétation soigneuse des sources m'a permis d'établir que, sauf leur moindre étendue, les cithares grecques avaient les mêmes moyens d'exécution que la harpe européenne avant ses plus récents perfectionnements : le changement de ton s'opérait par un procédé analogue, leur échelle pouvait s'augmenter à l'aigu de toute une octave, au moyen de sons harmoniques. Ce dernier fait, que je ne pouvais appuyer d'abord que d'un seul passage d'Athénée, se trouve confirmé par un document très-intéressant, dont le sens était jusqu'à présent un mystère, et à l'explication duquel je consacre une dissertation spéciale dans l'Appendice (§ IV). Pour les instruments à vent j'ai pu tirer des renseignements décisifs de l'étude des spécimens antiques conservés dans les grandes collections, à Naples, à Londres, à Leyde. La comparaison des flûtes et chalumeaux gréco-romains avec les instruments correspondants des grands peuples asiatiques dont la musique est encore de nos jours à la phase homophone, et une considération attentive des lois peu nombreuses auxquelles est soumise la construction de ces agents sonores ont également contribué à élucider maint point obscur. Enfin j'ai eu la chance de trouver un fil pour me guider dans le dédale des dénominations transmises par les écrivains anciens : je veux parler d'une classification d'Aristoxène, restée jusqu'à présent inaperçue dans la précieuse compilation d'Athénée, et à l'aide de laquelle il m'a été possible de déterminer le diapason de la plupart des instruments de cette catégorie. Loin de moi la présomption d'avoir dissipé d'un seul coup toutes les ténèbres : une part assez forte, trop forte à mon gré, a dû être abandonnée à la conjecture; mais j'ose affirmer en toute assurance que je ne me suis cru autorisé à présenter une hypothèse que lorsqu'elle avait un certain degré de probabilité; je puis ajouter en outre qu'aucune ne s'appuie sur un fait non vérifié. Toutes mes assertions au sujet des instruments à vent ou à cordes ont été contrôlées par l'expérience ou soumis au jugement des hommes spéciaux. Je me fais un devoir de proclamer à cette occasion le concours efficace que m'a prêté M. Victor Mahillon, en reproduisant pour moi en fac-simile les instruments du Musée de Naples et du British Museum, en facilitant avec une complaisance inépuisable les essais que j'ai faits journellement pendant trois ans sur les instruments de l'antiquité.

Dans la partie historique, qui occupe le reste du volume, on trouvera une exposition suivie des destinées de la musique gréco-romaine depuis la fin des temps fabuleux jusqu'à la chute complète de l'art païen, au VIe siècle de notre ère.

Je ne me suis pas seulement efforcé de déterminer la succession chronologique des maîtres, créateurs ou exécutants, de préciser les innovations par lesquelles ils ont marqué leur carrière active : j'ai essayé aussi de signaler l'influence que les écoles et les personnalités éminentes ont exercée les unes sur les autres, et même de saisir les traits marquants qui constituent la physionomie musicale des grands poëtes lyriques et dramatiques. Il est superflu d'insister sur les difficultés qu'il y avait à réaliser, même partiellement, un tel programme, dans l'état actuel de nos connaissances. Et d'abord, personne n'ignore combien les documents sont rares et insuffisants. Pour la chorale lyrique et la partie musicale du drame, l'histoire de la littérature fournit des matériaux précieux; mais ce secours nous abandonne dès qu'il s'agit de musique instrumentale et de toute la partie spécialement technique. A cet égard on en est réduit aux notices éparpillées çà et là, chez Plutarque, chez Athénée, chez Pollux. On sait également que les seuls monuments que nous ayons de la production musicale des Hellènes à l'époque classique sont, outre les quarante mesures de Pindare, — et encore leur authenticité n'est-elle pas irréfragablement démontrée — les schémas rhythmiques des immortels représentants du lyrisme et de la scène. Au premier abord il semble impossible d'édifier sur une base aussi frêle des principes quelconques d'appréciation et de jugement esthétique. Ce serait sans contredit une entreprise bien aventurée que de caractériser les musiciens modernes par la rhythmopée de leurs mélodies; il n'en est pas de même quant aux anciens Hellènes. Tout nous conduit à penser que par rapport au motif rhythmique, porteur de l'idée musicale, le rôle de leur mélodie ne différait pas sensiblement, au fond, de celui que remplissait la peinture polychrome par rapport aux lignes de leur architecture et de leur statuaire. Cette conception n'est peut-être pas de nature à rehausser l'opinion que notre époque se fait de la mélodie antique; mais en histoire il faut se résigner à voir les choses, non comme on voudrait qu'elles eussent été, mais comme elles furent en effet. En somme j'espère que mon tableau historique offrira un intérêt réel pour le musicien, bien qu'on ne doive pas s'attendre à y rencontrer ces changements hardis et soudains, ce renouvellement constant des formes techniques, bref cette exubérance sans limites que présente l'art occidental dans sa vie intérieure. Peut-être trouvera-t-on que j'ai parfois empiété sur le domaine de l'histoire littéraire. C'est là une condition inévitable de mon sujet. Dans un livre où à chaque moment se pressent sous la plume les noms d'Archiloque, de Sappho, de Pindare, d'Eschyle, d'Aristophane, il est difficile de ne pas toucher souvent à la poésie. Cependant je ne crois avoir écrit aucune phrase qui soit inutile à l'intelligence complète de la partie musicale des œuvres créées par ces merveilleux génies.

Enfin j'ai réuni dans un Appendice quelques dissertations sur des points controversés, particulièrement au sujet des instruments, lesquelles nécessitaient trop de développement pour prendre place dans le corps de l'ouvrage. Trois de ces morceaux, qui appartiennent d'une manière plus spéciale au domaine de la philologie, sont l'œuvre de M. Aug. Wagener. Ce n'est pas là l'unique contribution que mon éminent ami et concitoyen a bien voulu apporter à mon travail : grâce au généreux concours qu'il a continué de me prêter, j'ai pu enrichir ce volume, comme le premier, de notes relatives à la critique des textes et donner en français plusieurs fragments lyriques qui se trouvent ici pour la première fois traduits dans une langue moderne. En outre ses observations et ses conseils m'ont aidé à surmonter les difficultés les plus ardues de la matière, et me permettent d'offrir au public un travail moins imparfait que je n'eusse pu le livrer, abandonné à mes propres forces.

En vue de faciliter le contrôle de mes assertions et de rendre plus pratique l'usage de mon livre, j'ai apporté le plus grand soin à l'exactitude et à la clarté des citations. Les extraits des lyriques grecs sont toujours cités d'après la 3ᵉ édition de Bergk; ceux des parties chantées du drame, d'après l'édition rhythmée de J. H. H. Schmidt, œuvre magnifique que tout musicien instruit devrait avoir dans sa bibliothèque.

J'aurais désiré joindre au présent volume un index alphabétique, complément logique d'un travail de ce genre; la perspective de voir la publication retardée encore de quelques mois, m'a fait reculer. Une table détaillée des matières pour les deux volumes et d'abondantes manchettes suppléeront dans une certaine mesure à cette lacune.

En disant adieu à ce travail qui a absorbé dix ans de mon existence, peut-être devrais-je m'excuser d'avoir écrit un aussi gros livre sur un sujet qui tient si peu de place dans les préoccupations du monde musical. Je me contenterai de dire qu'il ne m'a pas été possible de faire autrement. A mesure que j'avançais, mon attention a été appelée sur une foule de faits nouveaux ou peu connus qu'il fallait établir; le désir ardent d'aboutir à un résultat sérieux, et même les obstacles avec lesquels j'ai eu à lutter m'ont entraîné.

Au reste pourquoi ne l'avouerais-je pas? J'ai toujours senti très-vivement les beautés de la musique homophone, et j'ai l'espoir que dans l'avenir ce goût se répandra davantage parmi les artistes, sans affaiblir en rien les jouissances plus intenses, plus profondes, dont l'art harmonique possède seul le secret. Pourquoi ce dédoublement de la réceptivité esthétique dont nous constatons l'existence à un si haut degré en matière de littérature et d'art plastique, ne s'étendrait-il pas un jour à la production musicale? Rappelons-nous un exemple fait pour nous instruire. Certainement la beauté de l'architecture ogivale est devenue presque un dogme de notre temps; cette beauté, selon l'expression vulgaire, crève les yeux. Et cependant il y a cent ans personne ne la remarquait. Pendant deux longs siècles, les générations se sont succédé : nobles, savants, artistes, bourgeois, artisans, ont passé et repassé devant ces églises, devant ces hôtels-de-ville, sans nous avoir laissé un seul témoignage d'admiration. Par quel phénomène étrange tout le monde, du jour au lendemain, a-t-il retrouvé la vue pour jouir de ces merveilles?

Quoi qu'il en soit de mes idées à l'endroit du chant homophone, on ne peut nier que le moment ne soit venu de dresser consciencieusement le bilan de ce que l'on peut savoir aujourd'hui du passé de notre art. Au lendemain d'une efflorescence sans pareille, la musique, ce dernier-né des arts occidentaux, peut contempler avec fierté la carrière qu'elle a déjà parcourue, se remémorer ses origines, renouer la chaîne des temps et se rattacher à ces ancêtres immortels dont le nom résonne harmonieusement à travers les siècles. Cette modeste besogne d'historiographe devait être faite par un musicien familiarisé avec les recherches de la philologie; je me suis senti capable de l'accomplir, je l'ai acceptée comme une obligation. Si, à mon insu peut-être, je suis partial pour mon sujet, ce sera une garantie du soin consciencieux avec lequel je l'ai traité; il faut être un peu épris de son héros, ce me semble, pour écrire une biographie intéressante. Certes, je n'aurais pas consacré une grande portion de ma vie à la musique grecque si j'avais cru, avec la plupart de mes prédécesseurs, qu'elle fût insignifiante et misérable. Mais de toute manière on me rendra la justice que je n'ai pas cherché à la parer de richesses qu'elle n'a jamais eues. J'ai dit honnêtement de l'art musical des Grecs ce que j'en sais; je me suis efforcé d'exprimer clairement ce que j'en pense, et je me croirai amplement payé de mes fatigues si mes confrères, en parcourant certaines pages de mon livre, éprouvent une partie du plaisir que j'ai eu à les écrire.

Bruxelles, 22 novembre 1880.

F. A. GEVAERT.

TABLE DES MATIÈRES DU TOME I.

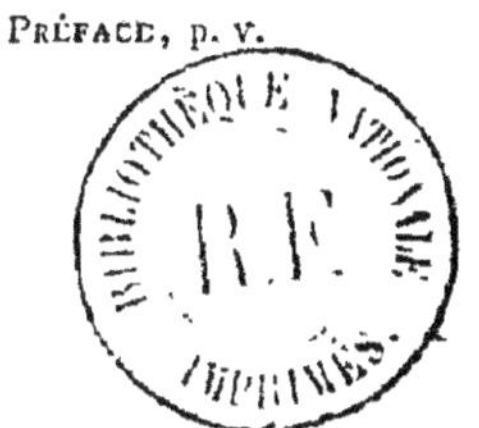

LIVRE I.

NOTIONS GÉNÉRALES.

CHAPITRE I.

CHAPITRE II.

CHAPITRE III.

CHAPITRE IV.

LIVRE II.

HARMONIQUE ET MÉLOPÉE.

CHAPITRE I.

CHAPITRE II.

CHAPITRE III.

CHAPITRE IV.

CHAPITRE V.

CHAPITRE VI.

APPENDICE.

TABLE DES MATIÈRES DU TOME II.

LIVRE IV.

HISTOIRE DE L'ART PRATIQUE.

CHAPITRE I.

CHAPITRE II.

CHAPITRE III.

CHAPITRE IV.

CHAPITRE V.

CHAPITRE VI.

APPENDICE.

LIVRE III.

RHYTHMIQUE ET MÉTRIQUE.

CHAPITRE I.

LE RHYTHME AU POINT DE VUE PUREMENT MUSICAL.

§ I.

RHythme (ῥυθμός), selon l'opinion la plus probable, vient de *ῥέειν*, *couler*, et signifie dès lors l'*écoulement* régulier du son ou de la parole dans le temps. Selon le système esthétique analysé plus haut (liv. I, ch. 2), c'est la manifestation du principe intellectuel d'unité, de symétrie, appliqué aux arts du mouvement[1]. Les lois du beau exigent que le temps rempli par l'exécution d'une œuvre musicale soit divisé de telle manière que le sentiment de l'auditeur discerne, sans effort, une régularité dans la durée des divers groupes de sons et de mots, ainsi que

[1] « Le temps est la mesure du mouvement et de l'arrêt. » ARIST. QUINT., p. 7. — « Rhythme se dit en trois sens : *a*) quand nous parlons de corps inanimés : une statue « eurhythmique; ensuite *b*) de tout ce qui a mouvement : lorsque nous disons d'une « personne que sa démarche est eurhythmique; enfin et proprement *c*) du son : c'est « de ce rhythme qu'il s'agit ici. » Id., p. 31. — Les Latins, confondant peut-être ῥυθμός avec ἀριθμός, traduisent *rhythme* par *numerus*, dont les Français ont fait *nombre*. Prose *nombreuse* est synonyme de prose rhythmée.

dans le retour périodique des repos. Une telle ordonnance, qui n'est autre que le rhythme, ne revêt pas toujours et partout les mêmes caractères et ne s'étend pas nécessairement à toutes les parties de l'œuvre musicale.

Réduit à son *minimum*, l'élément rhythmique consiste en une certaine proportion observée dans la disposition, dans le nombre et dans l'étendue des membres et des périodes dont se forme le discours ou la cantilène. A ce premier degré de l'art, nous avons le rhythme libre de la prose oratoire[1] et du plain-chant.

Élevé à son *maximum*, l'élément rhythmique pénètre les périodes et les membres, de manière à les partager à leur tour en portions de temps plus petites, rigoureusement commensurables entre elles. Nous avons alors le rhythme, au sens où l'entendaient les Grecs et où nous l'entendons nous-mêmes, c'est-à-dire la mesure musicale[2]. De même que la musique mesurée, le plain-chant possède des périodes formées de membres; mais ces membres ne gardent pas entre eux une symétrie parfaite. Ils ne se divisent pas en mesures de même étendue, subdivisées à leur tour en temps isochrones, éléments irréductibles de tout le système. Dans notre rhythmopée, au contraire, ainsi que dans celle des

1 « Un discours absolument dénué de rhythme manque des terminaisons qui lui sont « néanmoins indispensables (non pas, il est vrai, selon une stricte division de la mesure); « en effet, ce qui n'a pas de terminaison est désagréable et incompréhensible. C'est « par le nombre que tout est limité, et l'application du nombre à la forme extérieure du « langage est précisément le rhythme, *dont les mesures sont des parties*. C'est pourquoi la « parole réclame le rhythme, mais non la mesure [proprement dite], laquelle en ferait une « œuvre musicale. Ce rhythme, sans exactitude rigoureuse, ne doit se faire sentir que « jusqu'à un certain point. » ARISTOTE, *Rhét.*, III, 8, 2. — « *Inter* pedem *autem et* rhythmum « *hoc interest, quod pes sine rhythmo esse non potest, rhythmus autem sine pede decurrit. Non* « *enim gradiuntur* μέλη *pedum mensionibus, sed rhythmis fiunt.* » MAR. VICTOR., I, 11, 11. — Sur le rhythme de la prose oratoire, voir les passages de Cicéron et de Quintilien cités par WESTPHAL, *Metrik*, I, p. 501-506.

2 « Le rhythme est un ensemble quelconque de temps *faciles à reconnaître*, et disposés « selon un certain ordre. Ses affections ou caractères (πάθη) sont appelés l'*arsis* et la « *thésis* » [c'est-à-dire le temps faible et le temps fort]. ARIST. QUINT. (d'après le texte de Westph., *Metr.*, I, p. 26 du suppl.). — Cf. MART. CAP., p. 190, et PSELLUS (Westph., *Metrik*, I, p. 19 du suppl., § 3). — « Selon Aristoxène, c'est le temps divisé par toute « chose capable de recevoir le rhythme. » BACCH., p. 22. — Cf. FEUSSNER, *Aristox. Grundz.*, p. 4-5, où sont réunies d'autres définitions de même origine, recueillies par Jovita Rapicius, par Marius Victorinus, par Galien, etc.

Hellènes, les *périodes* contiennent des *membres* d'une longueur déterminée, formés de *mesures* identiques, lesquelles se réduisent en dernière analyse à des *temps* mathématiquement égaux[1].

C'est donc une erreur que de faire de la mesure une condition indispensable de la musique. De même qu'il existe des œuvres poétiques en prose (les *Martyrs* de Chateaubriand, par exemple), de même certains récitatifs de Bach, de Händel et de Gluck nous font voir qu'une mélodie très-expressive n'est pas nécessairement liée à la mesure. Le peuple juif, de tout temps si admirablement doué pour la musique, ne semble pas avoir assujetti ses chants nationaux et religieux, même aux époques les plus brillantes de son développement intellectuel, à cette régularité rhythmique qui caractérise déjà les plus anciens produits de la lyrique grecque. Sa poésie mélique, dont nous avons des monuments considérables dans les Psaumes, révèle un procédé de construction rhythmique aussi élémentaire que possible. Chacun des versets — ou périodes mélodiques — qui composent le *canticum*, se divise en deux parties à peu près égales, rattachées l'une à l'autre par le parallélisme des expressions et des images poétiques. Ce parallélisme se reflétait, sans aucun doute, dans la mélodie, par le retour d'intervalles et de tournures analogues; dans le rhythme, par un nombre correspondant de temps forts.

Tout porte à croire que l'isochronisme des mesures, et par suite la détermination exacte des membres rhythmiques, naquirent des mouvements réglés de la danse et de la marche guerrière. C'est ainsi que s'explique la prédominance des rhythmes réguliers et incisifs chez les peuples enclins à la danse et chez ceux qui les premiers ont été en possession d'une organisation

[1] « Ce par quoi nous reconnaissons le rhythme et le rendons saisissable aux sens, « c'est une mesure ou plusieurs mesures. » ARISTOX., *Rhythm.* (Feussn., ch. 5) et *Fragm. paris.* (Westph., *Metr.*, I, p. 44 du suppl., § 5). — « Nous ne constituons pas des « mesures au moyen de temps indéterminés, mais bien par des temps déterminés et « limités, quant à la grandeur et au nombre, quant à la symétrie et à l'ordre qui règnent « entre eux. Nous ne constituons pas davantage des rhythmes au moyen de temps « indéterminés; car tous les rhythmes sont formés d'un assemblage de certaines « mesures. » Aristox. ap. PORPH., p. 256. — « Le rhythme est un ensemble quelconque, « composé des *durées constitutives de la mesure* (χρόνοι ποδικοί), à savoir le levé, le frappé « et la mesure entière. » Aristox. ap. PSELL. (Westph., *Metr.*, I, p. 19 du suppl., § 8).

militaire sérieuse. En combinant ces vues avec celles qui ont été émises plus haut au sujet de l'origine du système harmonique[1], et en rapprochant les notions ainsi acquises des plus anciennes traditions musicales, on arrive à concevoir dans le développement préhistorique de la musique trois phases successives, caractérisées à peu près de la manière suivante :

1° Jeu d'instruments *à vent*, non accompagné de chant ; — absence de tout élément rhythmique et de toute intonation fixe ; — musique comparable au ramage des oiseaux[2].

2° Chant et poésie combinés avec le jeu d'instruments *à cordes* et à intonations déterminées ; — mélodies monodiques fort courtes (*νόμοι*), formées de membres rhythmiques d'une étendue *à peu près* égale ; — musique encore dépourvue de mesure rigoureuse.

3° Création des premiers chants complétement mesurés, propres à l'accompagnement des danses et des marches religieuses ou militaires. — Dès avant les temps homériques, l'art hellénique avait parcouru ces trois phases[3].

Les lois essentielles du rhythme, étant indépendantes de la matière musicale et inhérentes à l'esprit humain, se retrouvent chez tous les peuples arrivés à un certain degré de culture. Partout nous voyons prédominer le principe de la division binaire, soit dans la construction de la période, soit dans la coupe du membre ou dans celle de la mesure. C'est là un fait des plus importants pour la science anthropologique, et que nous devons admettre sans restriction, à moins de supposer que tous les voyageurs qui nous ont transmis les airs nationaux des pays lointains se soient entendus pour les falsifier. Des diversités caractéristiques n'en règnent pas moins, d'une race à l'autre, dans l'usage des mesures, dans le développement plus ou moins

[1] Tome I, p. 3-4.

[2] « Orphée semble n'avoir imité personne, car avant lui il n'y avait que des compo- « siteurs de mélodies pour la flûte seule (*τῶν αὐλητικῶν ποιηταί*). » PLUT., *de Mus.* (Westph., § V).

[3] « Dans les compositions de la période mythique (attribuées à Linus, Anthès, « Piérus, Philammon, Thamyris, Démodocus, Phémius), le texte n'était ni en prose ni « dépourvu de mètre ; l'on procédait comme Stésichore et les vieux *mélodistes*, lesquels « composaient des poésies épiques et y adaptaient ensuite des mélodies. » PLUT., *de Mus.* (Westph., § IV).

complet du matériel rhythmique. Certaines nations ignorent les mesures ternaires; peu d'entre elles connaissent les mesures quinaires, les moins naturelles. Mais ces différences sont d'un ordre secondaire et ne touchent pas aux principes fondamentaux du rhythme, qui semblent être du domaine de la physiologie. Rien d'étonnant, dès lors, si le sentiment rhythmique des anciens concordait avec celui des peuples modernes. Cette découverte, due aux travaux de notre siècle, est mise pleinement en évidence par l'analyse rhythmique des chefs-d'œuvre poétiques de l'antiquité. Il n'y a donc pas, à vrai dire, de rhythmique grecque, distincte de la rhythmique occidentale; et, pour élucider la théorie antique, nous pourrons nous servir indifféremment d'exemples empruntés aussi bien à la musique actuelle et à celle du moyen âge, qu'aux monuments de l'art gréco-romain. Toutefois, en ce qui concerne la division intérieure des mesures, la rhythmopée des compositeurs européens s'étant depuis deux siècles beaucoup éloignée de la simplicité primitive, c'est dans la chanson populaire que nous aurons à chercher nos rapprochements les plus intéressants.

On ne saurait refuser aux anciens Hellènes l'honneur d'avoir porté cette partie de l'art à un degré de perfection qui, à certains égards, n'est pas atteint par la musique moderne. Non-seulement toutes les mesures que nous employons leur étaient connues, mais ils en possédaient d'autres qui nous sont à peu près étrangères. Pour eux le rhythme était l'élément prédominant de l'œuvre et le lien qui unissait les trois arts musiques, au point de les fondre en un seul art. Il était considéré comme indispensable dans tous les genres de musique[1]; aussi la Grèce des temps classiques

[1] « Les sons, pris en général, étant égaux en durée, ne donnent aucune signification « au dessin mélodique et plongent l'esprit dans le vague, tandis que les divisions rhyth- « miques mettent en relief la puissance de la mélodie, en communiquant à l'esprit un « mouvement, à la vérité partiel, mais ordonné. » ARIST. QUINT., p. 31. — « L'épopée, « la tragédie, la comédie, le dithyrambe et la plus grande partie de l'aulétique et de la « citharistique sont, en général, des imitations.... Dans ces arts, l'imitation s'accomplit « par le *rhythme*, la parole et la mélodie, ou séparés ou réunis. Ainsi la mélodie et le « *rhythme* servent seuls dans l'aulétique et la citharistique et dans les autres genres « [de musique instrumentale], tels que le jeu de la *syrinx;* la danse imite par le *rhythme* « seul, sans la mélodie, puisque c'est par des rhythmes traduits en gestes que les artistes « orchestiques rendent les *caractères* (ἤθη), les *passions* (πάθη) et les *actions* (πράξεις); « l'épopée n'emploie que la parole nue ou le mètre.... Certains genres se servent de

semble-t-elle avoir ignoré ces chants non mesurés dont il est question chez les écrivains de l'époque romaine[1]. Les anciens parlent de la mesure comme de l'élément vital de la musique, et une foule de témoignages nous prouvent que du côté de la précision rhythmique le public gréco-romain se montra toujours d'une sévérité excessive envers ses virtuoses[2].

Formation du système rhythmique.

De bonne heure la Grèce a élaboré un système rhythmique régulier et assez développé. Ce système n'a été fixé et complété qu'au IVe siècle avant J. C.; mais il était déjà enseigné en partie à l'école de Lasos, et quelques éléments de sa terminologie décèlent une origine pythagoricienne. Nulle part, en effet, l'harmonie des nombres, conçue comme principe de toute réalité, ne se manifeste avec autant d'éclat que dans le rhythme. Déjà Aristote signale l'identité des rapports numériques qui fournissent à la fois les consonnances antiques et les trois genres principaux de mesures[3]. Néanmoins, par suite de la prédominance de la musique vocale, pendant la période active de l'art grec, l'enseignement de la

« tous les moyens nommés plus haut, je veux dire le *rhythme*, la mélodie et le mètre; « tels sont le dithyrambe et le nome, la comédie et la tragédie.... » ARISTOTE, *Poëtique*, ch. 1. — Voir plus haut, T. I, pp. 24-25, 33-34 et 80.

1 « Le *mélos* est considéré seul dans les diagrammes ou dans les mélodies instrumen« tales non mesurées (ἀτάκτοι μελῳδίαι); il s'associe au rhythme seul dans les accom« pagnements (κρούματα) et dans les motifs de musique instrumentale (κῶλα); il est « combiné avec la parole seule dans ce que nous appelons *chants négligés.* » (Voir T. I, p. 390). ARIST. QUINT., p. 32.

2 WESTPHAL, *Metrik*, I, p. 485. — « Au théâtre, je vois tout le public de mauvaise « humeur et mécontent, quand l'accompagnement instrumental, le mouvement du corps « (la danse) ou la voix ne vont pas exactement en mesure, et qu'ainsi le rhythme « s'obscurcit. » DION. HALIC., *de Comp. verb.*, XI.

3 « Toute consonnance est plus agréable qu'un son simple, et parmi les consonnances « l'octave est la plus agréable.... De même que dans les rhythmes (ἐν τοῖς μέτροις), « les mesures (πόδες) sont en *rapport égal*, ou en *rapport de deux à un*, ou bien dans un « autre rapport, etc. » *Probl.*, XIX, 39. — Le troisième rapport auquel Aristote fait allusion dans le texte précédent est l'*hémiole*, ainsi que le prouve ce passage de sa *Rhétorique* (III, 8, 3) : « Il est un troisième rhythme, le *péan*, qui se rattache aux « susmentionnés. Il est fondé sur le rapport de 3 à 2, de même que les autres le sont sur « celui de 1 à 1, ou de 2 à 1; c'est l'*hémiole*, en d'autres termes le *péan.* » *Ib.*, III, 8. — « Selon les canoniciens, la nature du rhythme et de l'harmonie est identique. Pour « eux l'acuité est vitesse, la gravité, lenteur, etc. » Denys d'Halicarnasse ap. PORPH., p. 219. — « Le rapport de la mesure est au rhythme ce que la consonnance est à la « matière harmonique. » PSELLUS (Westph., *Metrik*, I, p. 20 du suppl., § 11).

rhythmique se confondait avec celui de la métrique; bien que les deux disciplines fussent déjà séparées dans la classification de Lasos, on n'en était pas encore venu à les concevoir comme indépendantes l'une de l'autre. La syllabe brève était considérée comme l'élément fondamental du rhythme[1].

Ce fut Aristoxène qui établit les bases immuables de la doctrine, en prenant pour point de départ, non plus, comme ses prédécesseurs, les syllabes longues ou brèves, mais bien le temps simple ou composé. Le premier il enseigna que « la rhythmique », ayant en vue la musique instrumentale aussi bien que la vocale, « n'a pas à s'occuper des lettres, ni des syllabes considérées en « elles-mêmes, mais seulement des *temps*[2]. »

A la vérité, les théories du *mousicos* tarentin, très-compliquées et artificielles à certains égards, ne prévalurent pas entièrement sur l'enseignement traditionnel. Au IIIe siècle après J. C. nous trouvons encore chez Aristide deux doctrines bien distinctes, l'une procédant de la donnée aristoxénienne, modifiée en quelques détails, l'autre empruntée aux métriciens[3]. C'est à la première catégorie de sources que nous aurons recours pour combler les lacunes du texte original d'Aristoxène[4].

Et d'abord, nous y trouvons une partie importante du système, inconnue aux fragments authentiques des *Éléments*, à savoir l'énumération des diverses parties de la rhythmique. « Elles sont « au nombre de cinq : la première est consacrée aux *temps premiers;* la deuxième aux divers *genres de mesures;* la troisième à « l'*allure rhythmique* (ἀγωγή); la quatrième aux *métaboles;* la cin« quième à la *rhythmopée*[5]. » En ramenant ces termes à leurs

[1] Voir les passages de Platon et d'Aristophane recueillis par Westphal, *Metrik*, I, p. 27-28. — Aristote, dans sa *Métaphysique* (XIII, 1), parlant des plus petits éléments musicaux, nomme pour l'harmonique le *diésis*, pour la rhythmique la *percussion* (βάσις) ou la *syllabe*.

[2] *Fragm. paris.* (Westph., *Metr.*, I, p. 44 du suppl., § 3).

[3] Arist. Quint., p. 40. — Voir plus haut, T. I, p. 67.

[4] Voir T. I, pp. 9 et 17. — Les autres écrivains qui traitent du rhythme sont : Bacchius, p. 22-25, l'Anonyme (Bell., §§ 83 = 1, 85 = 3, 95, 97 — 101 et 104), Psellus, Denys d'Halicarnasse, etc.

[5] Arist. Quint., p. 32. — Martianus Capella (p. 190-191), selon son habitude, traduit son texte d'une manière inintelligible, et le parsème d'additions extravagantes. — Cf. Westphal, *Fragm. der alten Rhythmiker*, p. 93 et suiv.

équivalents modernes, nous dirons que la première partie enseigne les diverses durées des sons et des silences; la théorie des mesures simples et des mesures composées remplit la deuxième partie; la troisième traite du *tempo* ou mouvement; la quatrième, des changements de rhythme; la cinquième, de la composition musicale envisagée au seul point de vue de la contexture rhythmique du morceau.

§ II.

Rhythme et matière rhythmique.

Les idées fondamentales d'Aristoxène sur la nature du rhythme musical offrent un parallélisme remarquable avec celles qu'il enseigne au début de ses écrits harmoniques. Comme élément universel en musique, le grand théoricien reconnaît le mouvement discontinu, commensurable, représenté en harmonique par le *son*, en rhythmique par le temps *isochrone*[1]. Puis, suivant la méthode de son maître Aristote, il s'attache à établir la distinction entre l'élément idéal et la matière, entre le rhythme abstrait et l'objet dans lequel se réalise le rhythme, le *rhythmizoménon* (ῥυθμιζόμενον). « Ils sont l'un à l'autre, » dit-il, « ce que la forme est à ce qui « revêt une forme. Ainsi que la matière affecte plusieurs formes, « selon que toutes ses parties ou quelques-unes d'entre elles sont « diversement disposées, de même chacune des matières propres « à recevoir le rhythme [à savoir le son, la parole et le geste] « prendra diverses formes [rhythmiques], non en vertu de sa « nature propre, mais en vertu des propriétés inhérentes au « rhythme. En effet, un seul et même texte poétique, étant « réparti en des temps rhythmiques différents, donnera lieu à « des variétés provenant [de la nature] du rhythme lui-même.

[1] Les anciens aimaient à constater la présence du mouvement isochrone dans certains phénomènes naturels : le battement du pouls, le bruit des gouttes d'eau tombant d'un toit. Cicéron dit en parlant du rhythme : *in cadentibus guttis, quod intervallis distinguuntur, notare [numerum] possumus; in amni praecipitante non possumus. De Orat.*, III, 48, 186. — « Le rhythme, considéré dans son ensemble, peut être perçu par trois organes : 1° par « la vue, dans l'*orchésis;* 2° par l'ouïe, dans le *mélos;* 3° par le tact, dans les battements « du pouls, par exemple. Mais le rhythme dont il s'agit en musique est perçu par deux « organes seulement : l'ouïe et la vue. » ARIST. QUINT., p. 31.

« Il en est de même pour la succession mélodique, et en général « pour tout ce qui est mesurable au moyen d'un rhythme con- « stitué par des temps [isochrones, c'est-à-dire par une unité « fondamentale][1]. » En d'autres termes, les sons, les mots et les mouvements du corps n'ont *par eux-mêmes* rien de commun avec le rhythme; ils sont seulement aptes à recevoir le rhythme, lequel leur est donné par un acte libre de l'artiste créateur.

Mais toute combinaison de durées n'a pas une valeur esthétique et ne peut être utilisée par l'artiste : « l'expérience nous démontre « que le rhythme ne se produit que lorsque la division des temps « s'effectue d'après un ordre portant sa détermination en lui- « même[2], » et sanctionné par notre sentiment spontané.

[1] *Rhythm.* (Feussn., ch. 2). Voici comment Aristoxène développe sa proposition : « De tous les corps susceptibles de prendre une forme, aucun n'est identique avec la « forme : celle-ci résulte d'une certaine disposition des parties de la matière. De même, « le rhythme ne se confond jamais avec la matière rhythmique, mais il donne une « certaine ordonnance au *rhythmizoménon*, en faisant succéder les temps de telle ou de « telle manière. Le rhythme et la forme se ressemblent également en ce qu'ils n'ont pas « de réalité propre. En effet, la forme, en l'absence d'une matière qui la reçoit, ne « saurait exister; pareillement le rhythme, en l'absence d'un élément susceptible d'être « mesuré et de partager le temps, ne saurait exister davantage : car le *temps* ne peut se « partager lui-même; il faut quelque autre chose pour le diviser. Il est donc nécessaire « que la matière rhythmique soit divisible en parties saisissables [au sens], afin qu'au « moyen de ces parties elle puisse opérer la division du temps. »

[2] *Ib.* « Il est évident, même sans aucune démonstration, que toute combinaison de « temps n'entre pas dans le rhythme; toutefois il faut que nous tournions aussi notre « esprit vers des choses analogues, et que par elles nous tentions de comprendre, en « attendant que la conviction ressorte de la chose elle-même. Nous savons, en ce qui « concerne la combinaison des lettres et celle des intervalles [musicaux], que ni dans « la parole les lettres, ni dans le chant les sons, ne se juxtaposent de toute façon; « mais qu'il existe un nombre restreint de manières selon lesquelles nous pouvons « combiner ces choses, et beaucoup de manières, au contraire, selon lesquelles le son « musical ne peut être disposé et que le jugement ne sanctionne pas, mais rejette. « Par ce motif, la matière mélodique se réduit à un nombre restreint de combinaisons, « tandis que le non-mélodique en comporte une quantité considérable. La même chose « se remarque en ce qui a rapport aux *temps*, car plusieurs de leurs commensurations « et de leurs combinaisons sont contraires au sentiment : quelques-unes seulement lui « conviennent et s'adaptent à la nature du rhythme. La matière rhythmique ou le « *rhythmizoménon*, au contraire, est aussi bien appropriée à l'*arrhythmie* (c'est-à-dire au « non-rhythme) qu'au rhythme; et les deux combinaisons, l'eurhythmique et l'arrhyth- « mique, lui conviennent également. A parler exactement, le *rhythmizoménon* est ainsi « fait qu'il se laisse appliquer à toutes les grandeurs de temps imaginables et à toutes « les combinaisons de temps. »

« Les matières rhythmiques partagent le temps chacune par « ses éléments propres. Elles sont au nombre de trois : la parole « ou diction, la succession mélodique et le mouvement du corps. « Dans la diction, les divisions du temps sont marquées par les « différentes parties qui la composent : lettres, syllabes, mots et « tout ce qui s'en suit. Dans le *mélos*, ces divisions sont rendues « par les sons, les intervalles et les systèmes; enfin dans le mou- « vement du corps, elles le sont par les *temps* [de la danse][1], les « attitudes et toute autre chose analogue[2]. »

Temps simples et composés.

Tout le système rhythmique des anciens part d'une durée primordiale, appelée *temps premier* ou *minime* (*χρόνος πρῶτος, ἐλάχιστος*), et qui sera figuré le plus convenablement dans notre écriture musicale par la croche. C'est l'unité à laquelle on rapporte les durées diverses, le terme de comparaison qui sert à mesurer tout le reste[3]. « On appelle *temps premier*, » dit Aristoxène,

[1] C'est ainsi que nous traduisons le mot *σημεῖον*, lorsqu'il exprime l'unité orchestique. Tout le monde sait que les *temps* de la danse ne coïncident pas nécessairement avec les *temps* rhythmiques. Une mesure à trois temps peut ne contenir pour le danseur que deux temps ou même un seul. Tel est le rhythme de la valse.

[2] Aristox., *Rhythm.* (Feussn., ch. 2), reproduit par le *Fragm. paris.* (Westph., *Metrik*, I, p. 44 du suppl., § 1) et par Psellus (*Ib.*, p. 19, § 5). — Aristide, p. 31-32. — Cf. Mart. Cap., p. 190 (Meib.).

[3] « Ce que l'on doit entendre par temps premier, on tâchera de l'élucider de la manière « suivante. Au nombre des faits clairement établis par l'expérience se trouve l'impossi- « bilité d'augmenter à l'infini la vitesse des mouvements et [en conséquence] l'existence « d'une limite au rapprochement des [portions de] temps dans lesquelles sont comprises « les parties des mouvements. Je parle de choses qui se meuvent, comme la voix lors- « qu'elle parle ou chante, comme le corps lorsqu'il marche ou danse ou se livre à « d'autres mouvements analogues. Cela étant, il deviendra évident qu'il y a certains « temps *minimes*, où le chanteur placera chacun de ses *sons*, et qu'il en sera de même « pour les *syllabes* et les *percussions* [de la mesure]. » Aristox., *Rhythm.* (Feussn., ch. 3). « — « Le *temps premier* est indivisible et minime; on l'appelle aussi *point* (*σημεῖον*). Je « l'appelle minime, relativement à nous, parce qu'il est le premier que les sens puissent « apprécier; il s'appelle *point*, parce qu'il est indivisible, de même que les géomètres « appellent *point* ce qui n'a pas de parties. C'est l'unité [rhythmique]. Il est considéré « dans la diction par rapport à une seule syllabe; dans le *mélos*, par rapport à un son ou « à un intervalle unique; dans le mouvement du corps, par rapport à une seule attitude. « Le *temps composé* est celui que l'on peut partager. Parmi les temps composés, l'un est « le double du [temps] premier, l'autre est le triple, un troisième est le quadruple. Car « le temps rhythmique procède jusqu'au nombre quaternaire, ce qui répond au nombre « de *diésis* contenus dans l'[intervalle de] ton. » — Arist. Quint. (d'après le texte de Westph., *Metrik*, I, p. 28 du suppl.) et Mart. Cap., p. 191.

« celui qui ne peut être divisé par aucune matière rhythmique, « et sur lequel ne se placent ni deux sons, ni deux syllabes, ni « deux moments orchestiques; *temps double* (δίσημος), celui qui « contient deux fois le premier; *temps triple* (τρίσημος), celui qui « le contient trois fois; et *temps quadruple* (τετράσημος), celui qui « le contient quatre fois[1]. » La durée du temps simple et de ses multiples n'a rien d'absolu et se détermine par le *mouvement* ou *agogé* (ἀγωγή), qui peut être pris plus ou moins rapidement, à la volonté du compositeur, mais qui, étant une fois choisi, reste immuable jusqu'à indication de changement[2]. La science musicale, science de relations et non de quantités fixes, ne connaît pas plus la durée absolue que le ton absolu; c'est pourquoi elle s'exprime de préférence par des rapports géométriques et non par des rapports arithmétiques. De même qu'un son pris comme point de départ à une hauteur arbitraire contient virtuellement toute l'échelle tonale, de même un temps simple pris dans un mouvement quelconque engendre tout le système rhythmique.

Le temps premier (♪) est dit aussi *incomposé* (ἀσύνθετος) ; dans le chant il correspond, en général, à la syllabe brève; toute durée embrassant plusieurs unités est un temps *composé* (σύνθετος). Le temps double ou *disemos* (♩) correspond à la syllabe longue ordinaire; le temps triple, *trisemos* (♩.), et le quadruple, *tetrasemos* (𝅗𝅥), sont des longues prolongées au delà de leur durée normale : une pareille extension de la syllabe longue est appelée *tenue* (τονή). On verra plus loin (p. 109-112) en quelles circonstances les compositions antiques admettaient de semblables durées. L'Anonyme mentionne aussi un temps quintuple ou *pentasemos*[3]; celui-ci ne pouvait guère se rencontrer que dans une mesure à cinq temps, à la fin d'un membre rhythmique[4].

Les durées normales employées par les musiciens grecs des temps classiques étaient donc comprises entre la blanche et la

1 *Rhythm.* (Feussn., ch. 3).

2 Aristox. ap. PORPHYR., p. 256.

3 ANON. (Bell., § 1 = 83, 3 = 85).

4 Il s'en trouve un exemple certain dans le fragment 23 de Bacchylide, reste d'un hyporchême en rhythme crétique (Bergk, p. 1233-1234). La dernière syllabe du second vers occupe évidemment une mesure entière.

croche; cette circonstance à elle seule suffirait à démontrer la prédominance exclusive de la musique vocale. Il en fut de même chez nous jusqu'au commencement du siècle dernier, et il en est encore de même dans les chants vraiment populaires. Les Grecs ne donnaient aux syllabes une durée plus longue que par exception et avec une intention manifeste de caricature. C'est ainsi qu'Aristophane, dans les *Grenouilles*, parodiant les mélodies d'Euripide, remplies de tenues et de fioritures, prolonge la première syllabe d'un mot pendant deux mesures à trois temps[1].

Temps irrationnels.

Toutes les durées que nous venons de décrire, réductibles à des nombres entiers de temps premiers, appartiennent à la catégorie des *rationnelles*. Mais la théorie aristoxénienne parle aussi de durées *irrationnelles*, qui ne peuvent s'exprimer que par des fractions du temps premier[2]. Celles qui ont été signalées

[1] V. 1313. Le texte indique cette durée extraordinaire en répétant six fois la première syllabe du mot *εἰ — λίσσετε*.

[2] « On ne doit pas mésentendre tout ceci, faute de savoir, à propos de rationnel et « d'irrationnel, quelle acception on donne à ces termes en rhythmique. De même que « dans la doctrine des intervalles, est réputé, d'une part, *rationnel au point de vue de « la mélodie* (ῥητὸν κατὰ μέλος[a]) : 1° ce qui est chantable; 2° ce qui a une grandeur « facile à reconnaître, comme les consonnances, le ton et les intervalles qui se « mesurent de la même manière [à savoir par des nombres pairs de *diésis*]; d'autre part, « *rationnel seulement selon des rapports de nombres* [*quelconques*], ce qui en certaines « circonstances sera non chantable : de même dans la doctrine des rhythmes doivent « être conçus le *rationnel* et l'*irrationnel*. Par le premier terme on entendra tout ce « qui est *rationnel selon la nature du rhythme musical;* par le dernier, ce qui *est rationnel « seulement selon des rapports de nombres* [*non rhythmiques*]. — En conséquence la durée « admise comme rationnelle en rhythmique sera : 1° une de celles qui se rencontrent « [ordinairement] dans la rhythmopée; 2° toute durée formant une partie rationnelle de « la mesure dans laquelle elle est employée. Par contre, la durée qui se trouvera être « rationnelle seulement au point de vue des nombres [non rhythmiques], sera envisagée « de la même manière que l'on envisage dans la théorie des intervalles le douzième de « ton ou tout intervalle analogue employé dans la combinaison des intervalles (tel que « le *diésis* du chromatique mou ou celui du chromatique hémiole). » ARISTOX., *Rhythm.* (Feussn., ch. 6). — « Parmi les temps, les uns sont dits *errhythmiques* (admis dans le « rhythme), d'autres *arrhythmiques*, c'est-à-dire non rhythmiques, d'autres enfin *rhyth- « moïdes*, ayant apparence de rhythme. Sont errhythmiques, ceux qui gardent entre eux « un rapport simple, double, hémiole ou autre semblable; arrhythmiques, les temps « entièrement hors de mesure (ἄτακτοι) et assemblés au hasard; les rhythmoïdes, inter- « médiaires des précédents, participent tantôt à l'ordre des errhythmiques, tantôt au « désordre des arrhythmiques. » ARIST. QUINT., p. 33. — MART. CAP., p. 191. — BACCH., p. 23. — ST AUGUST., *de Mus.*, I, 9-12.

[a] μέλος pour μέρος, correction de Westphal, *Metrik*, I, suppl., p 11.

jusqu'à présent avec le plus de vraisemblance sont au nombre de quatre. La première vaut une unité et demie (♪.); la deuxième vaut 1 $^1/_3$ (= $^4/_3$) du temps minime, de manière que trois durées de cette espèce équivalent à quatre unités (♩♩♩ = ♫♫); une troisième durée irrationnelle vaut $^2/_3$ de l'unité, en sorte que trois notes équivalent à deux temps premiers (♪♪♪ = ♫). Les triolets de la musique moderne se composent de valeurs rhythmiques analogues. Enfin nous admettrons aussi, avec l'éminent philologue J. H. H. Schmidt, une brève irrationnelle valant la moitié du temps premier (♬), durée que Westphal rejette en théorie, bien qu'il s'en serve constamment dans ses transcriptions. Nous tâcherons de déterminer dans les paragraphes suivants (pp. 52, 113-116) l'usage que les anciens faisaient de ces durées irrégulières, pour lesquelles ils semblent ne pas avoir inventé de signes spéciaux.

Silences.

Les silences ou *temps vides* (χρόνοι κενοί) étaient destinés, selon Aristide, à compléter le rhythme[1]; ils faisaient conséquemment partie intégrante de la mesure. En certains cas leur durée s'étendait jusqu'à huit temps simples[2]. Quant au temps d'arrêt proprement dit, marqué par le signe appelé *diastole* (διαστολή), il avait, comme notre point d'orgue, une durée indéterminée et se trouvait en dehors de la mesure ou du rhythme[3].

Parfois le signe du silence (∧) servait aussi à indiquer la prolongation du son précédent, tant au milieu qu'à la fin d'un membre rhythmique, en sorte que les longues de trois, de quatre et de cinq unités pouvaient s'exprimer de deux manières différentes. Pour le temps triple, on était libre de choisir l'une des transcriptions suivantes : ⌞ ou —∧; le temps quadruple se rendait

[1] Page 40-41. Cet auteur ne reconnaît que deux espèces de silences : le *leimma*, silence d'un temps simple, et la *prosthesis*, équivalant à deux temps simples. — St August., *de Mus.*, III, 8; IV, 15-17. — Voir plus haut, T. I, p. 417.

[2] Par exemple dans les anapestes de la tragédie. — « Ce sont surtout les compositions « lyriques qui admettent volontiers les silences, bien que ceux-ci se rencontrent aussi « dans les compositions destinées à la récitation (*metra*). Toutefois les premières ont « à cet égard plus de latitude; car les temps y sont mesurés non-seulement par une « opération de l'esprit, mais les intervalles [de temps] se marquent aussi par l'*ictus* des « pieds et des doigts, en sorte que le nombre de brèves compris dans ces intervalles y « est strictement évalué. » Quintil., *Inst. orat.*, IX, 4, 51.

[3] Voir plus haut, T. I, p. 417.

par ⌴ ou —ㅈ; le temps quintuple par ⌴⌴ ou —ㅈ. C'est là au moins ce que nous pouvons conclure de la notation des hymnes de Mésomède dans quelques manuscrits[1] :

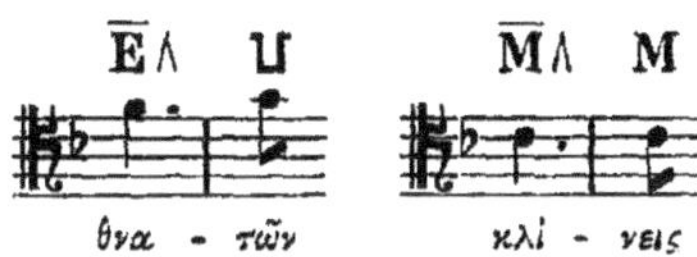

Remarquons au surplus que la notation rhythmique des anciens était apte à traduire des sons et des silences de toute longueur; au moyen de la *liaison* (*ὑφέν* = *hyphen*), plusieurs durées pouvaient, de même que chez nous, être réunies en une seule[2], et quant aux signes des pauses, rien n'empêchait d'en mettre plusieurs à la suite les uns des autres.

§ III.

Ictus rhythmique.

Une succession de mouvements ou de sons tous égaux en durée et tous égaux en force n'engendre pas de rhythme.

| | | | | | | | | | | | | | | | | | |

Il n'existe aucun rhythme dans le bruit régulier des gouttelettes tombant d'un toit, ni dans les oscillations d'un pendule, pas davantage dans les douze coups d'une horloge sonnant midi. Une suite de sons exécutée sur un instrument reste dépourvue de rhythme tant que les divers sons conservent la même intensité. Ce n'est qu'en mettant en relief, aux dépens de leurs voisins, certains sons séparés par des intervalles égaux, de manière à produire des groupes comprenant un nombre égal d'unités et commençant par un *ictus* (coup fort), que se produit le rhythme ou la mesure.

Le sentiment humain n'est capable d'embrasser à la fois qu'un

[1] Le signe de la longue (—) n'est exprimé nulle part dans la notation de ces antiques restes de la musique vocale. Voir T. I, p. 417.

[2] Voir T. I, p. 420.

fort petit nombre d'unités rhythmiques. Des groupes binaires ou ternaires sont seuls aptes à former des mesures.

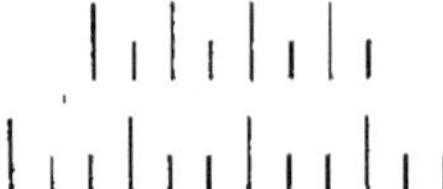

Des groupes plus étendus ne sont saisissables pour l'esprit qu'à la condition de se ramener à des groupes de deux ou de trois unités. Ainsi, un groupe de quatre temps se décompose en deux groupes de deux :

un groupe de six unités est réductible à trois fois deux ou à deux fois trois unités :

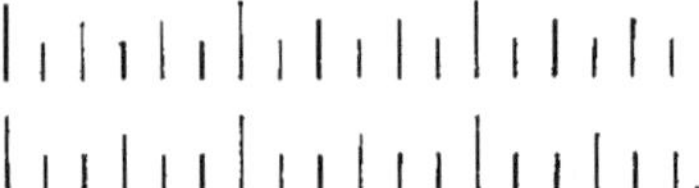

neuf unités se résolvent en trois groupes de trois unités. La musique gréco-romaine, de même que celle de plusieurs peuples modernes, admettait aussi des groupes alternatifs de trois et de deux unités, formant une mesure à cinq temps :

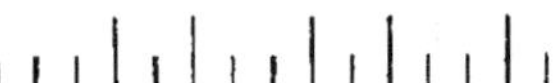

La mesure.

L'apparition des temps forts à distances égales est ce qui constitue *la mesure*, et l'espace compris entre un temps fort et un autre temps fort s'appelle *une mesure*[1]. La solidarité organique des diverses durées réunies en une seule mesure repose sur l'intensité donnée à l'une de ces durées, laquelle domine par là les autres et leur donne la cohésion, l'unité. Selon une définition aristoxénienne, « on entend par *mesure* ce par quoi nous recon- « naissons le rhythme et le rendons appréciable aux sens[2]. »

[1] Cf. CHEVÉ, *La routine et le bon sens. Lettre sur la Musique.* Paris, 1852, p. 71.

[2] *Fragm. paris.* (Westph., *Metrik*, p. 44 du suppl., § 5). — « La mesure (πούς) est une « partie de tout le rhythme par laquelle nous arrivons à comprendre l'ensemble [de la « composition]. Elle a deux parties, le levé et le frappé. » ARIST. QUINT., p. 34. — MART. CAP., p. 191 (Meib.). — Voir plus haut, p. 3, note 1.

Dans la terminologie de l'époque classique et de l'école d'Aristoxène, la mesure s'appelle *pied* (*pes*, *πούς*); de là le nom de *pied poétique*, groupe de syllabes équivalant à une mesure simple. Le mot *pied* se rapporte à la manière dont les anciens se marquaient la mesure à eux-mêmes, en chantant et en jouant[1].

Différences des mesures.

La doctrine aristoxénienne établit entre les nombreuses mesures reconnues par l'antiquité *sept* différences formelles, dont la simple énumération nous donnera une idée assez nette de la manière dont elle envisage cette partie de la science musicale. « La pre- « mière différence se rapporte à l'*étendue* des mesures, » c'est-à-dire au nombre d'unités qu'elles contiennent. « La deuxième, au *genre* « dont elles font partie » (mesures binaires, ternaires, quinaires). « Selon la troisième différence, certaines mesures sont *ration-* « *nelles*, d'autres sont *irrationnelles.* » On verra plus loin quelles combinaisons rhythmiques se cachent sous ces termes, dont la signification exacte n'avait pas été complétement élucidée jusqu'à ces derniers temps. « Selon la quatrième différence, on distingue « les mesures *incomposées* des *composées.* » Ces deux termes ont le même sens que chez nous; remarquons toutefois qu'Aristoxène donne aux mesures composées une extension inconnue à la théorie moderne. « Selon la cinquième différence, des mesures [de même « grandeur] peuvent différer par la *diérèse*, ou *division* des temps. » Telles sont chez nous les mesures de $^6/_8$ et de $^3/_4$, la première binaire, la seconde ternaire. « Selon la sixième différence, deux « mesures [composées, égales par l'étendue et par la division] « peuvent se distinguer par la *forme* [des mesures simples dont « elles sont issues]. Selon la septième différence enfin, deux « mesures [en tout semblables] peuvent se distinguer par la *posi-* « *tion* du levé et du frappé[2]. » Nous allons exposer les diverses parties de cette théorie, sans toutefois nous astreindre à l'ordre adopté par Aristoxène.

[1] « *Pes vocatur.... quia in percussione metrica pedis pulsus ponitur tolliturque.* » MAR. VICT., I, 11, 10, p. 2486. — Les auteurs de l'époque romaine (Aristide, Denys d'Halicarnasse, etc.) désignent aussi la mesure par le mot *ῥυθμός*, qui chez Aristoxène exprime toujours l'ensemble rhythmique (le membre?) dont les parties sont les mesures. Chez les modernes aussi, le mot *rhythme* a souvent cette acception.

[2] ARISTOX., *Rhythm.* (Feussner, ch. 7). — ARIST. QUINT., p. 34.

Genres rhythmiques.

Les anciens reconnaissaient trois genres fondamentaux de mesures qui se retrouvent aussi chez les modernes; le genre *binaire*, comprenant les mesures à deux et à quatre temps; le genre *ternaire*, qui embrasse les mesures à trois temps; enfin le genre *quinaire*, renfermant les mesures à cinq temps. Les deux premiers sont les plus répandus dans l'art gréco-romain comme dans celui de l'Occident chrétien. Quant au genre quinaire, bien qu'employé assez rarement chez les Grecs, il l'était cependant davantage que chez nous, et la théorie lui accordait une place égale à celle des deux autres genres.

Mesures simples.

Dans chaque genre ou famille il existe des mesures *simples* et des mesures *composées;* les premières sont irréductibles, les dernières se décomposent en mesures simples plus petites[1]. La rhythmique grecque admet quatre mesures simples. La première, la plus petite, renferme *trois* temps premiers et coïncide avec notre 3/8. Selon Aristoxène, deux temps premiers ne sauraient former une mesure; la raison en est que les *percussions* de la main ou du pied (*σημεῖα*) se succèderaient de trop près[2]. La deuxième mesure simple contient *quatre* temps premiers et correspond à notre 2/4. Une troisième mesure simple, renfermant *cinq* temps premiers, est identique avec notre 5/8. Enfin, la quatrième et la plus grande des mesures simples comprend *six* temps premiers et répond à notre 3/4. Total : une mesure à deux temps; deux mesures à trois temps et une mesure à cinq temps. Le 2/4 et le 3/8 appartiennent à la poésie récitée aussi bien qu'à la poésie chantée et à la musique instrumentale; le 5/8 et le 3/4 sont exclusivement réservés à la musique.

La division intérieure de ces mesures (*διαίρεσις ποδική*) est au fond celle des nôtres, bien qu'en théorie elle s'exprime d'une manière un peu différente, par suite de la méthode usitée

1 Les mesures simples se reconnaissent par les numérateurs 2, 3, 5; les composées ont pour numérateurs 4, 6, 9, 12, 18.

2 Aristox., *Élém. Rhythm.* (Feussn., ch. 8). — Nos compositeurs modernes se servent parfois de la mesure de 2/8; mais, contrairement à l'usage des anciens, ils divisent la croche en doubles croches, ce qui n'est alors qu'une autre manière d'écrire les 2/4. — Les écrivains récents (Denys d'Halicarnasse, Aristide et Bacchius) admettent une mesure de deux temps simples ($\frac{2}{8}$ ♫), à laquelle ils donnent le nom d'*hégémon* (mesure-maîtresse) et dont ils déduisent la plupart des autres.

anciennement pour battre les mesures simples[1], méthode qui, d'ailleurs, ne nous est pas étrangère dans la pratique.

Thésis et arsis. En général, les modernes ont coutume de marquer la mesure par des mouvements isochrones de la main, dirigés vers le bas et vers le haut, souvent aussi à gauche et à droite. Les anciens se servaient également de la main, soit en produisant des mouvements analogues aux nôtres[2], soit en faisant claquer les doigts, conformément à un usage encore en vigueur chez les populations de l'Europe méridionale[3]. Toutefois, la manière la plus ancienne et la plus usuelle consistait à marquer la mesure au moyen du pied[4]; elle s'imposait forcément aux exécutants instrumentistes; c'est là l'origine de la dénomination *pied*, donnée à la mesure. En battant la mesure par ce procédé, on ne peut faire commodément que deux espèces de mouvements : un mouvement descendant, accompagné du bruit du pied frappant le sol; un mouvement ascendant, non accompagné de bruit : en d'autres termes un *frappé* et un *levé*, ou, pour nous servir des termes antiques, une *thésis* (θέσις) et une *arsis* (ἄρσις); en latin *positio* et *sublatio*. De là, chez les anciens, l'habitude de diviser invariablement toutes les mesures simples en deux parties, tantôt égales, tantôt inégales. Remarquons ici qu'Aristoxène, au lieu de *thésis*, se sert constamment du terme *basis* (βάσις) pour désigner le temps fort[5]. La

1 Battre la mesure se traduit en latin par *percutere*, *caedere*, *ferire*, *plaudere*. Les mouvements s'appelaient σημεῖα [ποδικά ou ποδῶν], *signa pedum* (QUINTIL., IX, 4, 139), *notae percussionis*, *ictus percussionis*. Les sons ou les syllabes sur lesquels tombent les mouvements sont les *loca percussionis*. — Cf. WESTPHAL, *Fragm. u. Lehrs. der gr. Rhythm.*, p. 98-100, et *Metrik*, I, p. 672 et suiv.

2 L'*hégémon* battait ainsi la mesure en tête de son chœur. Cf. ARISTOTE, *Probl.*, XIX, 22.

3 *Strepitus digitorum*, *pollicis sonor*. — En Espagne, le crépitement des doigts remplace souvent les castagnettes. — Horace se représente lui-même battant ainsi la mesure : « Jeunes filles et garçons, suivez la mesure lesbienne » (c'est-à-dire le rhythme sapphique) « et le claquement de mon pouce (*pollicis ictum*). » *Od.* IV, 6.

4 Cette manière de marquer la mesure était appelée par les Grecs βαίνειν, par les Romains *scandere*, et la percussion du pied s'appelle *plausus pedis*, *pedis pulsus*. — « L'aulète « est assis au milieu, jouant de la flûte et frappant du pied. » LUCIAN, *de Saltat.*, c. X.

5 Il dit aussi κάτω χρόνος, *temps en bas*, ἄνω χρόνος, *temps en haut*, ou plus brièvement τὸ κάτω, τὸ ἄνω. — « Ce que les Grecs appellent *arsis* et *thésis*, c'est-à-dire *élévation* « et *abaissement*, se rapporte au mouvement du pied; en effet, l'*arsis* consiste à lever le « pied *sans bruit*, la *thésis* à abaisser le pied *avec bruit*. » MAR. VICTOR., I, 9, 2, p. 2482. — « Comme, en frappant des mains, la main s'élève et s'abaisse tour à tour, une partie

réunion des deux mouvements produit la *mesure complète* (ὅλος πούς). Le levé, le frappé et la mesure complète sont les *durées constitutives de la mesure* (χρόνοι ποδικοί), les éléments stables destinés à maintenir l'intégrité du rhythme[1].

L'abaissement et l'élévation du pied devant se rencontrer avec l'émission de l'un des temps premiers qui entrent dans la composition de la mesure, il est clair que les deux mouvements n'ont lieu à intervalles strictement égaux que dans les seules mesures du genre binaire. Le $^2/_4$ étant divisé en croches, le frappé ou *thésis* tombe sur la première croche, le levé ou *arsis* sur la troisième, et la mesure entière se trouve divisée en deux parties de même grandeur, qui sont l'une à l'autre comme 2 est à 2, comme 1 est à 1.

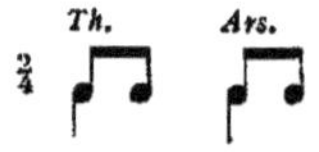

Th. *Ars.*

A cause de la parfaite égalité de leurs deux parties constitutives, les mesures binaires sont dites *en rapport égal* (ἐν λόγῳ ἴσῳ). Cette espèce de mesures semble être la plus naturelle et la plus universellement répandue; parmi les Hellènes elle a été soumise avant toutes les autres à une culture régulière.

Les mesures du genre ternaire étant marquées par deux mouvements, naturellement inégaux, doivent avoir les deux premiers tiers de leur durée sur le temps fort et le dernier tiers sur le temps faible. Le frappé a conséquemment une longueur double de celle du levé, et le rapport mutuel des deux parties est comme 2 est à 1, comme 4 est à 2.

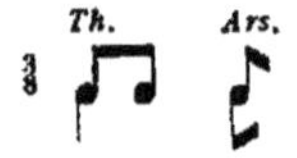

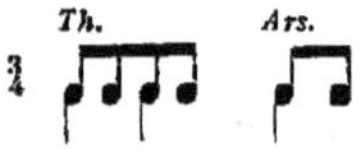

Th. *Ars.* *Th.* *Ars.*

Ces mesures sont dites *en rapport double* (ἐν λόγῳ διπλασίῳ). Depuis la plus haute antiquité jusqu'à nos jours, le 3/8 a été le

« de la mesure appartient au levé, l'autre au frappé. » AUGUST., *de Mus.*, II, 10. — Cf. BACCH., p. 24. — A une époque postérieure, la signification des termes *arsis* et *thésis*, détournée de son sens primitif et intervertie, fut rapportée à l'élévation et à l'abaissement de l'*intonation*, de même qu'en allemand les mots correspondants *Hebung* et *Senkung* : « *Arsis est elevatio, thesis depositio vocis ac remissio.* » MART. CAP., p. 191 (Meib.).

[1] Voir plus haut, p. 3, note 1; p. 15, note 2.

rhythme favori des peuples établis sur les rivages de la Méditerranée. Abandonné primitivement à l'art rustique, populaire, par lequel s'égayaient les fêtes de la moisson et de la vendange, il se perfectionna entre les mains des poëtes-musiciens de l'Ionie et de l'Éolide; plus tard, il pénétra dans la lyrique chorale, ensuite dans le drame, et devint à la longue le rhythme prédominant de la musique grecque. La mesure de 3/4, toujours fougueuse et passionnée chez les anciens, semble être originaire de l'Asie mineure; elle se retrouve principalement dans les chants extatiques propres aux cultes de Dionysos et de Cybèle.

Si l'on marque une mesure de cinq temps par deux mouvements, le frappé doit embrasser trois unités et le levé deux; conséquemment la durée de l'un des deux mouvements sera à celle de l'autre comme 3 est à 2, et la mesure sera dite *en rapport hémiole* ou *sesquialtère* (ἐν λόγῳ ἡμιολίῳ).

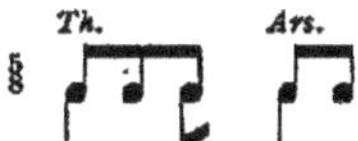

On voit que la mesure à cinq temps a été conçue par les anciens et par les modernes comme une mesure mixte, constituée par la succession alternative de groupes ternaires et binaires. Elle n'est pas, ainsi qu'on l'a prétendu souvent, une simple bizarrerie, sans racines dans le sentiment humain. Chez les Basques de nos jours, comme chez les Crétois contemporains de Thalétas, c'est le rhythme favori de la danse nationale. On la retrouve aussi dans les chants traditionnels de la Finlande.

Les trois grandes familles de mesures portent dans la nomenclature aristoxénienne des épithètes tirées des principales formes métriques auxquelles chacune d'elles fut originairement appliquée : les mesures binaires s'appellent mesures du *genre dactylique;* les ternaires sont comprises dans le terme générique de mesures du *genre iambique;* enfin les mesures quinaires composent le *genre péonique*. Ce sont là les seules mesures dont l'antiquité ait fait réellement usage et qui soient mentionnées par les écrivains de l'âge classique[1]. Néanmoins les Grecs admettaient aussi par

[1] « Les mesures susceptibles de former chacune isolément une composition suivie, se « classent en trois genres : le dactylique, l'iambique et le péonique. Du rapport d'égalité

exception deux mesures anormales : une mesure à *sept* temps, dont la *thésis* et l'*arsis* sont dans le rapport de 4 à 3 (rapport *épitrite*), et une mesure irrégulière à *quatre* temps, fondée sur le rapport *triple* (3 : 1)[1]. Mais ce ne sont pas là des mesures réelles; ainsi qu'on le verra plus loin, elles doivent leur origine à l'habitude qu'avaient les anciens de considérer à volonté le temps levé ou le frappé comme le commencement de la mesure.

Formes-types des mesures simples.

Les mélodies primitives des Hellènes, vocales avant tout, et partant étroitement liées à la poésie, aux propriétés du langage, ne contenaient en général que deux durées différentes : des temps simples (♪) et des temps-doubles (♩). Aux premières correspondaient les syllabes brèves de la langue grecque, aux secondes les syllabes longues. Ainsi se forma la règle usuelle, érigée en axiome par les métriciens alexandrins, qui assigne à la syllabe longue la durée de deux brèves. A l'aide de ces deux seules durées on put facilement former toute espèce de mesures. Or, lorsque des longues sont mêlées aux brèves, les premières ont une plus grande intensité et se placent naturellement sur le temps fort, tandis que les brèves sont réservées au temps faible[2]. Voilà comment se produisit pour chaque espèce de mesure une formule fondamentale, typique; pour le 3/8 le *chorée* ou *trochée*, pour le 2/4 le *dactyle*, pour le 5/8 le *péon*, pour le 3/4 l'*ionique majeur*. Les

« résulte le genre dactylique; du rapport double, le genre iambique; du rapport hémiole, « le genre péonique. » *Fragm. paris.* (Westph., *Metrik*, I, p. 45, § 10). — Cf. Anon. (Bell., § 15). — Voir plus haut, p. 6, note 3. — Aristote recommande le *péon* aux orateurs (*Rhétor.*, III, 8), parce que ce rhythme est peu régulier, et ne peut, à lui seul, former un vers. Remarquons cependant que l'on trouve chez Aristophane, un demi-siècle auparavant, des couplets péoniques.

1 « Parmi les rapports rhythmiques, l'égal, le double et l'hémiole sont les mieux « constitués : quelquefois néanmoins une mesure est fondée sur le rapport triple (3 : 1) « ou sur le rapport *épitrite* (4 : 3). » Psellus (Westph., *Metrik*, I, p. 20 du suppl., § 9). — Cf. Denys d'Halicarnasse ap. Porph., p. 219-220. — Ces deux auteurs semblent avoir copié Aristoxène; celui-ci néanmoins, dans la partie authentique de ses *Éléments* (Feussn., ch. 8), exclut absolument *sept* de la série des nombres rhythmiques. Aristide (p. 35) ne mentionne pas la mesure triple. — Parmi toutes les mélodies nationales qui me sont passées sous les yeux, celles des Turcs se distinguent par la singularité de leurs mesures. On y trouve non-seulement la mesure à 5 temps, mais aussi des mesures à 7 temps, fondées sur le rapport de 4 à 3, et des mesures à 9 temps, formées de groupes alternatifs de 5 et de 4 unités.

2 C'est là une des raisons qui ont fait rejeter le 2/8. — Westphal, *Metrik*, I, p. 545-546.

tenues et les silences n'apparaissaient qu'à la fin du vers ou du membre rhythmique.

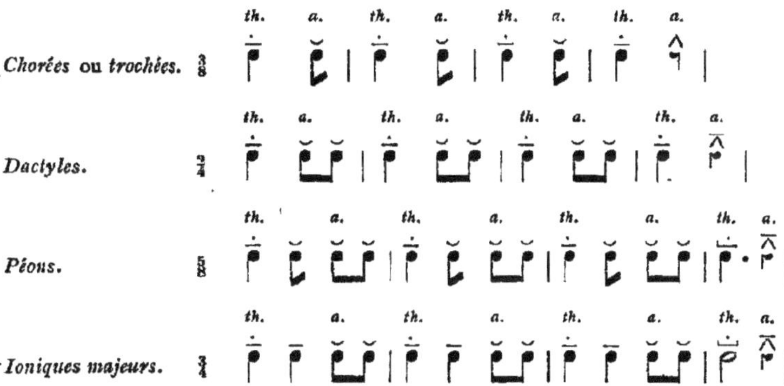

Mesures anacrousiques.

Mais les cantilènes antiques, pas davantage que les nôtres, ne débutaient invariablement par une syllabe longue, par un temps fort. Souvent elles commençaient au temps levé. Dans ce dernier cas, la notation moderne sépare le levé du frappé par la barre de mesure, en sorte que le temps initial semble se trouver en dehors de la mesure et devoir être compté, pour ainsi dire, par surcroît. Depuis le célèbre philologue Hermann, un tel fragment de mesure est désigné habituellement par le terme *anacrouse* (*ἀνάκρουσις*). Mais les artistes grecs, plus particulièrement adonnés à la poésie chantée, ont été amenés à considérer toujours comme point de départ de la mesure la syllabe initiale du vers. Tandis que la théorie moderne ne reconnaît que des mesures *thétiques*, commençant par le frappé et renfermées entre deux barres de mesure, les écrivains antiques admettent aussi des mesures *anacrousiques*, commençant par le temps levé. On dirait même que cette dernière combinaison leur ait paru la plus régulière; en effet, ils nomment toujours l'*arsis* avant la *thésis*, ce qui, à un certain point de vue, est assez logique, toute percussion étant nécessairement précédée d'un élan. De bonne heure, à l'aide de dénominations spéciales, on distingua les deux formes dans le genre binaire et dans les deux mesures ternaires, mais non pas dans le genre quinaire, lequel n'est mentionné que sous la forme thétique. Aux quatre mesures thétiques simples, viennent donc s'ajouter trois mesures anacrousiques : pour le $^2/_4$, l'*anapeste;* pour le $^3/_8$, l'*iambe;* pour le $^3/_4$, l'*ionique mineur;* en sorte que les trois genres rhythmiques renferment en tout sept variétés ou *espèces* (εἴδη), figurées par autant de mesures-types (πόδες κύριοι). Pour rendre la distinction aussi claire que possible dans la transcription en notes modernes, nous marquerons la séparation des mesures antiques par un petit vide de la portée.

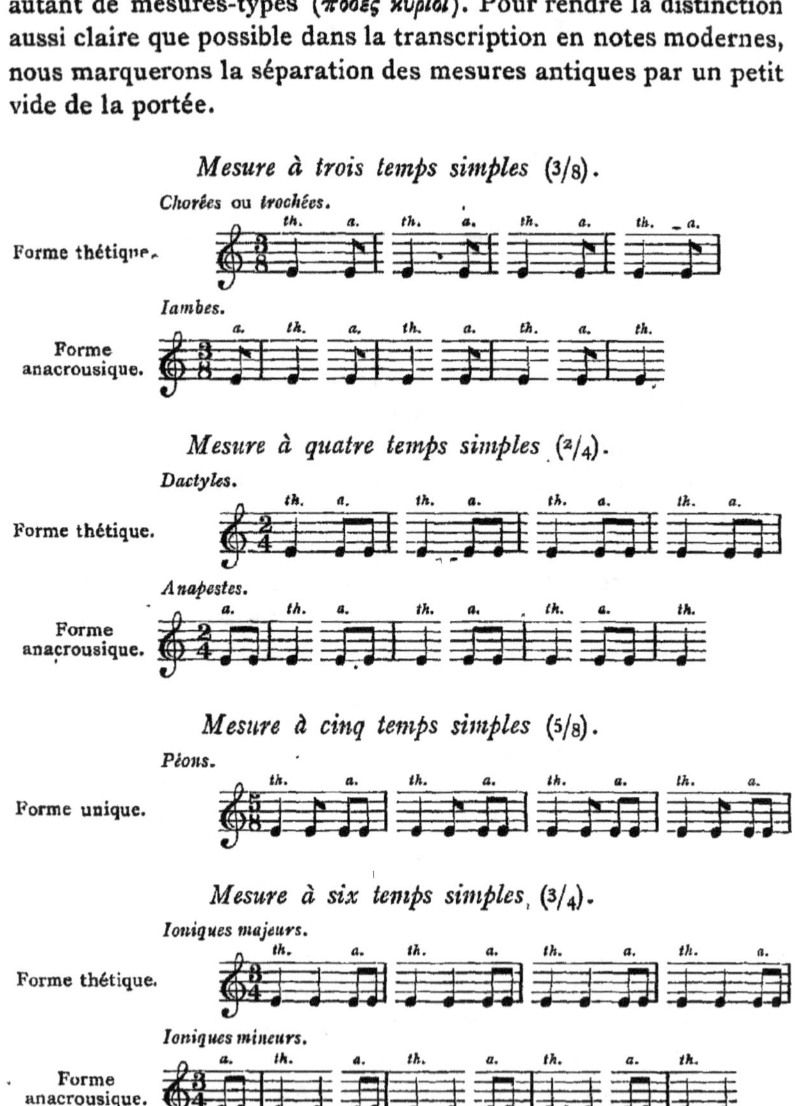

En faisant entrer l'anacrouse dans le compte des membres et des périodes, les anciens se sont conformés aux vrais principes du rhythme ; il est à remarquer qu'en dépit de notre système graphique nous sommes obligés d'en faire autant. Mais il est regrettable que les Grecs soient partis de là pour doubler inutilement le nombre de leurs mesures, ce qui a eu pour effet de donner aux limites de celles-ci une instabilité continuelle. Le temps frappé, jalon toujours reconnaissable et générateur du rhythme, est seul apte à délimiter la mesure, tandis que le temps levé ne représente que le principe négatif, l'absence d'un *ictus*, l'élan qui précède l'effort ou l'expiration de celui-ci. Aussi les mesures anacrousiques se laissent-elles séparer moins nettement les unes des autres que les mesures thétiques. Poursuivre une telle séparation, mesure par mesure, n'offre aucune difficulté tant qu'il s'agit des formes primitives, qui n'admettent pas de tenues ; mais cela devient assez compliqué dès que le membre rhythmique contient des longues de trois ou de quatre temps, celles-ci se trouvant invariablement à cheval sur deux mesures. On pourra en juger par deux rhythmes très-usités dans l'antiquité :

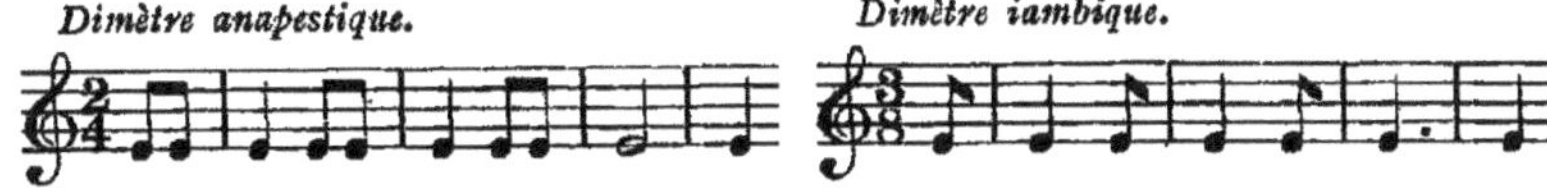

rhythmes que la théorie grecque ne peut partager en mesures que de la manière suivante :

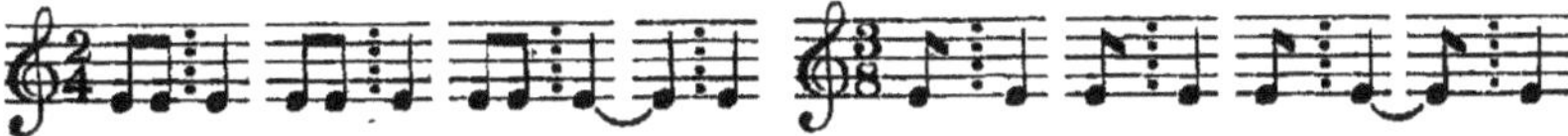

Telle fut la confusion engendrée par cette division incommode, que l'on dut imaginer des mesures irrégulières à 7 temps, destinées à être intercalées entre les mesures normales. Disons toutefois que la pratique musicale n'a jamais cherché à séparer effectivement les deux formes. Dans les fragments attribués aux plus anciens maîtres de la lyrique chorale, Alcman et Stésichore, comme dans les œuvres de Pindare et d'Eschyle, le mélange des formes thétiques et des formes anacrousiques se présente pour ainsi dire d'un vers à l'autre.

§ IV.

Les mesures simples sont des groupes trop peu étendus pour que leur retour continuel à l'état d'unités puisse donner satisfaction à notre sens esthétique ; une succession indéfinie de coups d'égale force équivaudrait à l'absence de tout *ictus* et n'amènerait qu'une fatigante monotonie. Pour se dérouler avec aisance et ampleur, pour être perçue par l'esprit comme un tout cohérent, la période rhythmique doit se diviser en groupes symétriques, dont les parties — les mesures — soient soumises à des lois de gradation analogues à celles qui régissent la disposition des temps au dedans de ces mêmes mesures. Chez les métriciens alexandrins, dont nous exposerons d'abord la doctrine, plus simple que celle d'Aristoxène et plus apparentée à la nôtre, un tel groupe porte le nom de *membre* (*κῶλον*). On pourrait comparer l'unité rhythmique, c'est-à-dire le temps simple ou composé, à la syllabe longue ou brève ; en ce cas la mesure répondrait au mot et le membre au vers[1]. Un membre est l'équivalent de ce que le chanteur exécute d'ordinaire en une seule respiration.

Membres rhythmiques.

Dans la théorie aristoxénienne le membre rhythmique est considéré comme une *mesure composée;* dès lors il est soumis à la loi suprême du rhythme, laquelle ne sanctionne que des groupes réductibles à 2, 3 ou 5 unités. Sept mesures réunies en un seul groupe ne sauraient constituer un membre. En outre, pour qu'un pareil assemblage puisse être embrassé dans son entier par l'oreille et le sentiment, il ne doit pas dépasser un certain nombre de mesures; le maximum pour les anciens est six : juste autant qu'il entre de temps premiers dans la plus grande mesure simple ($3/4$). Une mesure isolée porte le nom de *monopodie ;* deux mesures réunies en un seul membre constituent une *dipodie;* trois mesures, une *tripodie;* quatre, une *tétrapodie;* cinq, une *pentapodie;* enfin un membre de six mesures forme une *hexapodie.*

Étendue des membres.

[1] Chez les musiciens modernes, un membre est appelé souvent un *rhythme.* Cet usage du mot rhythme est aussi familier à l'antiquité. Voir p. 3, note 1.

Par la raison énoncée tout à l'heure, les mesures simples qui contiennent beaucoup de temps premiers n'engendrent pas des membres aussi étendus que les mesures plus petites. Moins une mesure simple embrasse d'unités, plus elle a de latitude dans la formation des membres; aussi celle de 3/8 est la seule qui produise des membres de toute grandeur : à savoir de deux, de trois, de quatre, de cinq et de six mesures. Le 2/4 est apte à former des membres de deux, de trois, de quatre et de cinq mesures; le 5/8 n'engendre que des membres de deux, de trois et de cinq mesures; le 3/4 enfin ne produit que des membres de deux et de trois mesures. Toutes ces particularités du rhythme antique se reproduisent d'une manière frappante dans les mélodies homophones des nations de l'Europe et même, jusqu'à un certain point, dans les productions musicales de l'époque actuelle.

La *monopodie* constitue rarement à elle seule un membre; on en a néanmoins quelques exemples pour la forme anacrousique de la mesure de 2/4. Tel est l'exercice suivant de l'Anonyme[1] :

Monopodies anapestiques : membres de 4 unités.

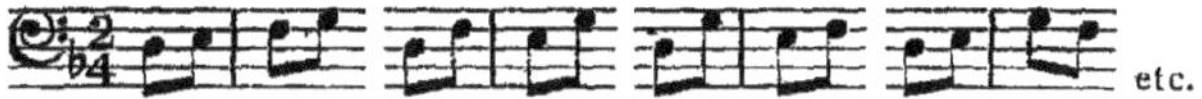

Les membres binaires sont les plus répandus, non-seulement dans la musique occidentale, mais dans toutes les mélodies connues jusqu'à ce jour; c'est peut-être là une des manifestations les plus extraordinaires de l'identité du sentiment humain. Chez les Grecs, les tétrapodies et les dipodies prennent une extension plus grande à mesure que l'on se rapproche des temps modernes : elles dominent, à l'exclusion de presque tous les autres modes de groupement, dans les genres populaires, tels que les chants de la comédie. Sauf l'hexamètre héroïque, le vers narratif, et l'iambe trimètre, propre au dialogue théâtral, tous les rhythmes usuels de l'antiquité consistent exclusivement en membres de deux ou de quatre mesures.

Dans les deux mesures les plus petites, 3/8 et 2/4, la *dipodie*, trop courte pour renfermer un sens musical, est mêlée d'habitude

[1] Voir T. I, p. 417.

à des membres plus étendus; mais en 5/8 et en 3/4 elle se suffit pleinement à elle-même.

Dipodies choréïques : membres de 6 unités.

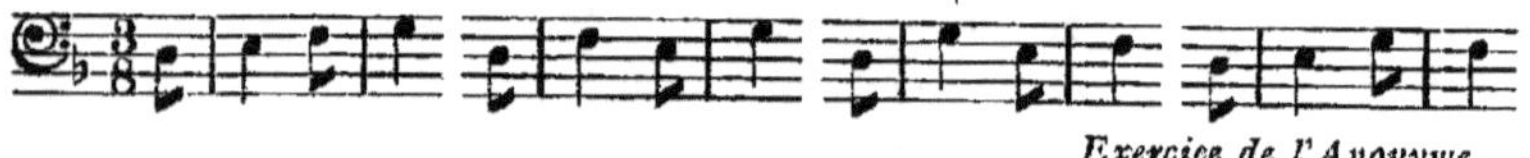

Exercice de l'Anonyme.

Dipodies dactyliques : membres de 8 unités.

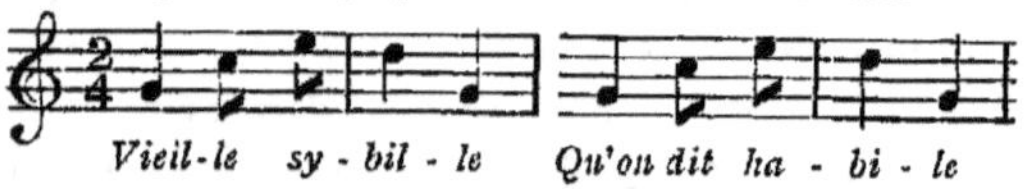

AUBER, *Gustave III.*

Dipodies péoniques : membres de 10 unités.

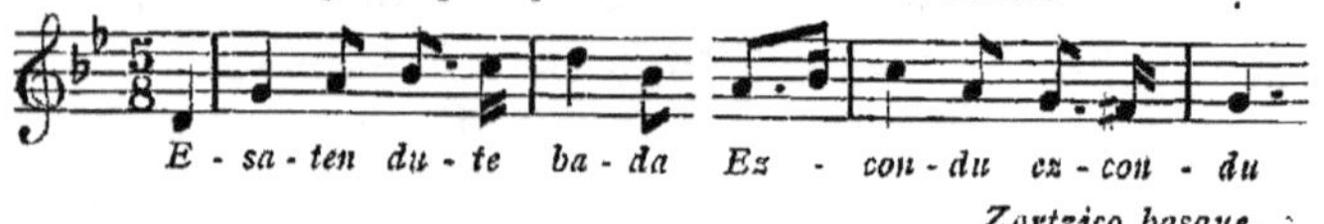

Zortzico basque.

Dipodies ioniques : membres de 12 unités.

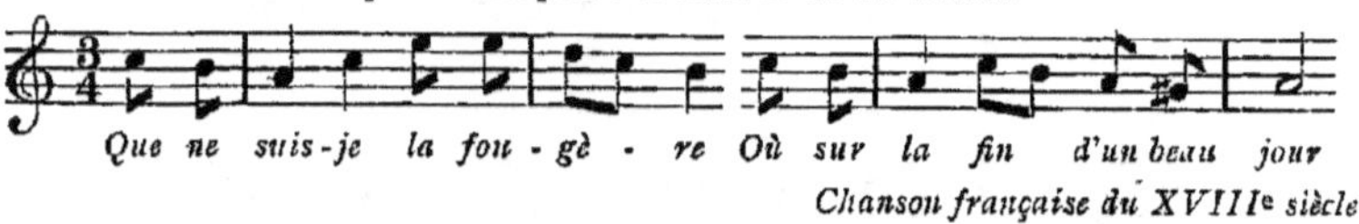

Chanson française du XVIIe siècle.

Les *tétrapodies* issues du 3/8 et du 2/4 existent en nombre infini dans toutes les formes de l'art, aux époques les plus diverses et chez tous les peuples de la terre.

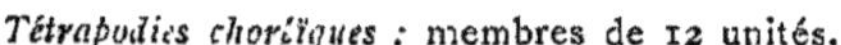

Tétrapodies choréïques : membres de 12 unités.

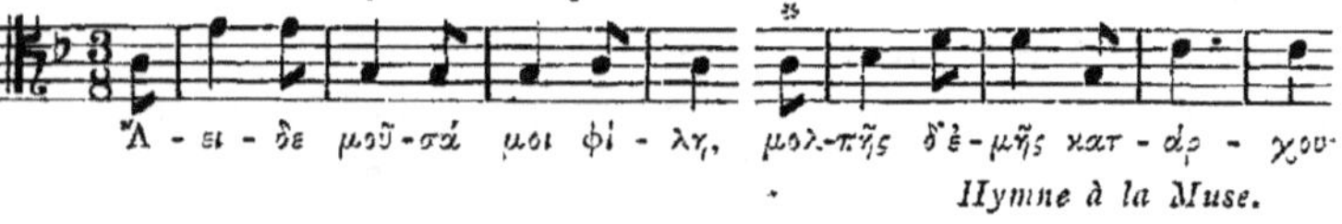

Hymne à la Muse.

Andante. *Tétrapodies dactyliques* : membres de 16 unités.

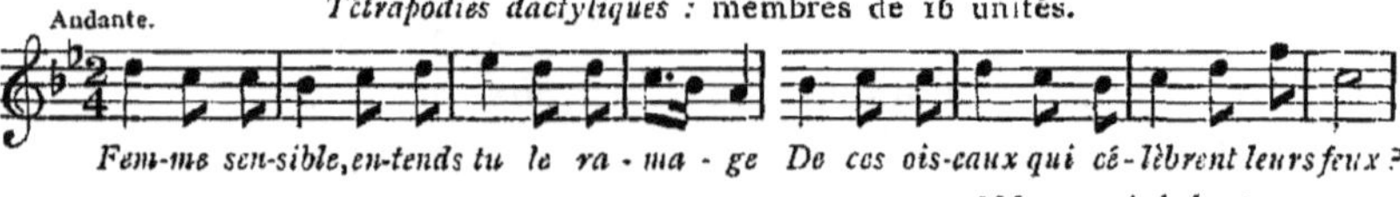

MÉHUL, *Ariodant.*

Après les membres binaires, les ternaires prennent la place la plus importante dans la rhythmopée antique. Ils sont au nombre de deux : la *tripodie*, en usage pour tous les genres de mesures, et l'*hexapodie*, admise dans la seule mesure de 3/8.

En dehors de la poésie épique, destinée à la simple récitation, les membres de *trois* mesures s'employaient rarement en série continue; ceux du 3/8 et du 2/4 apparaissent assez souvent dans nos chants d'origine populaire[1] :

Tripodies choréïques : membres de 9 unités.

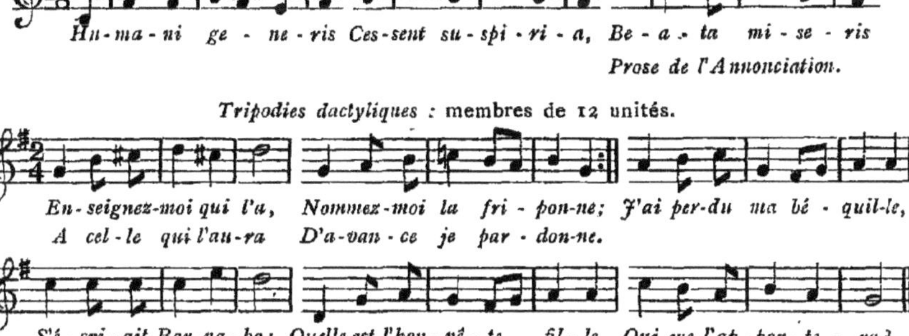

Prose de l'Annonciation.

Tripodies dactyliques : membres de 12 unités.

Vaudeville français.

La mesure simple à 6 temps — notre 3/4 — se résout en trois groupes composés chacun de deux unités; de même l'*hexapodie* est constituée par la juxta-position de trois fois deux mesures (2 + 2 + 2), et non pas de deux fois trois mesures (3 + 3). La plus petite des mesures simples, le 3/8, est la seule dont les anciens aient tiré des membres aussi étendus; elle produit également des hexapodies dans la musique occidentale.

Hexapodies choréïques : membres de 18 unités.

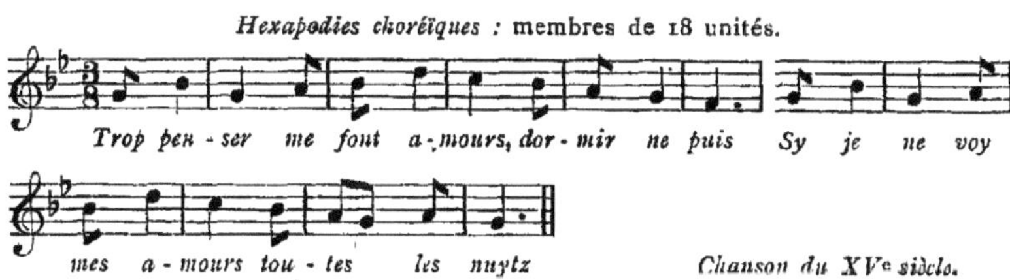

Chanson du XVe siècle.

[1] Je doute que l'on découvre des tripodies du 3/8, soit dans les airs nationaux de l'Europe, soit dans là musique moderne. Celles du 3/4 se rencontrent çà et là chez Gluck, mais sans reproduire exactement le rhythme ionique. Je citerai comme exemple le quatrain : *Vous inspirez une fatale flamme*, à la 1re scène d'*Armide*. Le début de l'air dansé : *Jeunes cœurs, tout vous est favorable*, au 5me acte du même opéra, formerait une suite de vraies tripodies ioniques, si les trois premières syllabes du vers n'étaient pas systématiquement répétées.

La *pentapodie* est admise pour les mesures de 3/8, de 2/4 et de 5/8; mais de tous les membres rhythmiques c'est le moins usité. Dans les compositions antiques elle constitue rarement le motif principal, et sert avant tout d'élément de variété au milieu d'autres rhythmes. De même que la mesure à cinq temps se produit par la combinaison de deux groupes, l'un de trois, l'autre de deux unités, de même la *pentapodie* doit être envisagée comme la réunion d'une *tripodie* et d'une *dipodie*.

Pentapodies choréïques : membres de 15 unités[1].

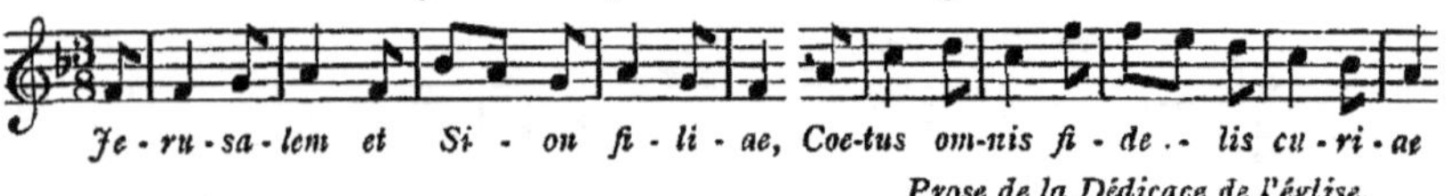

Prose de la Dédicace de l'église.

Impossible d'imaginer une conformité plus grande que celle qui règne chez les anciens et chez les modernes en ce qui touche à la constitution de la mesure et à la coupe du membre rhythmique. Et néanmoins, rien qu'à l'inspection de notre écriture musicale, on s'aperçoit bien vite que l'art occidental, à la longue, a pris encore ici une direction nouvelle. Dans une musique comme la nôtre, où les divisions intérieures de la mesure sont très-variées, tandis que l'étendue des membres change peu, il fallait s'attacher surtout à séparer nettement les mesures; dans l'art grec, où le contraire avait lieu, l'essentiel était d'indiquer clairement les limites du membre. Et en effet, le musicien moderne ne marque en tête de sa composition que le nombre de temps premiers compris dans chaque mesure isolée, en laissant à l'exécutant le soin de reconnaître le commencement et la fin du membre. Le musicien gréco-romain, tout au contraire, se contentait d'indiquer, au même endroit, le nombre des temps premiers contenus dans chacun des membres rhythmiques, sans désigner explicitement la mesure fondamentale. C'est ainsi qu'a procédé le compilateur anonyme. Un de ses exemples, formé de dipodies choréïques, porte l'indication *hexasémos* (6 unités); un autre, conçu en tripodies dactyliques, est précédé du mot *dodecasémos* (12 unités)[2].

Notation des membres.

[1] Je n'ai pas trouvé d'exemple dans la musique occidentale pour la pentapodie dactylique; pas davantage, naturellement, pour celle du 5/8.

[2] Voir T. I, p. 417-418.

Un tel mode de désignation est de nature à amener parfois des incertitudes, puisque deux ou plusieurs membres contenant un même nombre d'unités peuvent appartenir à des mesures différentes. Ainsi la désignation *hexasémos* (6 unités) convient également à la *monopodie ionique* ($\frac{3}{4}$) et à la *dipodie choréïque* ($\frac{3}{8}$ |); 15 temps premiers se décomposent aussi bien en une *tripodie péonique* ($\frac{5}{8}$ | |) qu'en une *pentapodie choréïque* ($\frac{3}{8}$ | | | |); 18 unités se résolvent à volonté en une *tripodie ionique* ($\frac{3}{4}$ | |) ou en une *hexapodie choréïque* ($\frac{3}{8}$ | | | | |); enfin 12 unités peuvent renfermer, soit une *dipodie ionique* ($\frac{3}{4}$ |), soit une *tripodie dactylique* ($\frac{2}{4}$ | |), soit une *tétrapodie choréïque* ($\frac{3}{8}$ | | |). Dans tous ces cas l'exécutant avait à examiner la contéxture des mesures isolées, en se guidant sur le point (*στίγμα*) marqué au-dessus de la *thésis* de chacune d'elles[1]. A la vérité, la composition intérieure des mesures antiques étant peu variée donnait rarement lieu à quelque équivoque.

Percussion des membres. Dans l'art moderne l'étendue du membre n'est pas censée exercer une influence sur la manière de battre la mesure; chez les anciens, au contraire, elle déterminait le nombre de coups que faisait entendre l'exécutant ou le directeur du chant, en frappant du pied le sol. Chaque percussion rhythmique produite ainsi s'appelait une *basis* (*βάσις*)[2], et coïncidait avec le temps fort d'une mesure simple. D'après le nombre de *basis* que contenait le vers, celui-ci était désigné par le nom de *dimètre* (à deux percussions), *trimètre* (à trois percussions), *tétramètre*, *pentamètre* et *hexamètre* (à quatre, à cinq et à six percussions)[3]. Les membres de deux et de trois mesures étaient marqués par une percussion

[1] Voir T. I, p. 417.

[2] Ce mot, dérivé du verbe *βαίνειν*, marcher, signifie littéralement *pas*. Les Latins le traduisaient par *percussio*. Voici ses diverses acceptions en matière de rhythme : 1° le battement de la mesure : « pour les musiciens, la *basis* consiste dans l'action de battre « du pied la mesure, conformément au rhythme » (Pollux, liv. II, sect. 199); 2° l'espace compris entre deux coups successifs. On dit en ce sens : *basis* monopodique, *basis* dipodique. Cf. Westphal, *Metrik*, I, p. 672 et suiv.

[3] De là, chez les Latins, l'habitude de dire qu'un vers *se bat* (*feritur*, *percutitur*) autant ou autant de fois, et de donner aux mesures elles-mêmes le nom de *percussiones*.

du pied sur le frappé de chaque mesure; dans le langage technique des métriciens, ils ont une *basis monopodique*.

2 *Dipodies péoniques (tétramètre).*

Ὦ μα-κά-ρι' Αὐ-τό-μενες, ὥς σε μακα - ρί - ζο-μεν

2 *Tripodies dactyliques (hexamètre).*

Ar-ma vi - rum-que ca - no Tro - jae qui pri-mus ab o - ris

Les membres de quatre et ceux de six mesures ont une *basis dipodique;* en d'autres termes, ils recevaient une percussion de deux en deux mesures, sur le frappé des mesures impaires (la 1re, la 3e et la 5e). A cause de ses deux percussions, la tétrapodie est appelée *dimètre;* l'hexapodie ayant trois percussions se nomme *trimètre.* D'où il s'ensuit que les tétrapodies du 2/4 se traduisent dans la notation moderne par deux mesures à quatre temps, et que les membres de quatre et de six mesures dérivés du 3/8 se transcriront le plus convenablement en 6/8.

Tétrapodie anapestique (dimètre).

Deus i - gneus fons a-ni - ma-rum

Tétrapodie iambique (dimètre).

De - us cre - a - tor om - ni - um

Hexapodie iambique (trimètre).

Be - a - tus il - le qui pro-cul ne - go - ti - is

2 *Tétrapodies trochaïques (un tétramètre).*

Jus-sus est in - er-mis i - re; nu-dus i - re jus-sus est.

Les pentapodies, au dire des métriciens, recevaient une percussion pour chaque mesure simple, comme les tripodies et les dipodies; selon Aristoxène, elles se marquaient par quatre percussions, dont la première avait une durée double de celle des suivantes[1].

[1] Cf. Westphal, *Metrik*, I, p. 680 et suiv.

Théorie d'Aristoxène.

Voilà ce que savaient encore les grammairiens de l'époque romaine relativement à la coupe, à l'étendue et à la percussion du *kolon* ou membre rhythmique[1]. Bien que fort altérées entre les mains d'auteurs ignorants en matière de rhythme, ces doctrines sont un reste précieux de l'enseignement des grands maîtres athéniens à l'époque classique. La théorie aristoxénienne, plus savamment coordonnée, concorde, à quelques détails près, avec celle que nous venons d'exposer ; à Westphal revient l'honneur d'en avoir le premier donné une interprétation complète[2]. Un tableau inséré plus loin (p. 44-45) fera saisir son mécanisme d'un coup d'œil, et rendra la comparaison des deux systèmes aussi facile que possible.

Tout membre rhythmique est envisagé par Aristoxène comme une seule *mesure composée* (*πούς σύνθετος*), dans laquelle la mesure simple ne représente qu'une unité subordonnée. Un groupe de cette espèce est constitué sur le modèle de l'une des quatre mesures primaires ; il a sa *thésis*[3] et son *arsis*, dont les rapports de durée suivent le principe général. De même que dans chaque mesure simple l'un des temps premiers, par son énergie plus grande, domine les autres temps et leur donne la cohésion nécessaire, de même dans chaque mesure composée l'une des mesures simples, par l'intensité de son temps frappé, domine toutes les autres et absorbe en grande partie la force de leur frappé. Si l'on compare le temps fort de chaque mesure isolée à l'accent tonique, la *thésis* de la mesure composée correspondra à l'accent du vers, au mot de valeur[4].

Les *dipodies* et les *tétrapodies*, exactement modelées sur la mesure simple à deux temps ($^2/_4$), deviennent des *mesures composées* du genre *binaire* ou *dactylique*, genre caractérisé par la durée égale du levé et du frappé. Dans la dipodie, l'une des deux mesures simples est considérée comme *arsis*, l'autre comme *thésis;*

1 Cf. WESTPHAL, *Metrik*, I, p. 672-682.

2 *Ib.*, p. 534-575.

3 Bien que le mot *thésis* soit étranger à la nomenclature aristoxénienne, nous nous en servirons de préférence au terme orthodoxe *basis*, lequel, étant employé par les métriciens dans un sens spécial, prête à l'équivoque.

4 Cf. SCOPPA, *Beautés poétiques des langues*. Paris, 1816, p. 38.

dans la tétrapodie, la *thésis* embrasse deux mesures, l'*arsis* deux aussi. Les mélodies modernes, étant généralement formées de membres binaires, appartiendraient donc pour la plupart, d'après la nomenclature aristoxénienne, au genre rhythmique en rapport égal. — Les *tripodies* et les *hexapodies* sont des *mesures composées* du genre *ternaire* ou *iambique*, modelées, les premières sur la mesure de 3/8, les dernières sur la mesure de 3/4. Dans la tripodie, deux mesures simples comptent pour la *thésis*, une seule pour l'*arsis;* dans l'hexapodie, la *thésis* est représentée par quatre mesures, l'*arsis* par deux. — Les *pentapodies*, enfin, sont des *mesures composées* du genre *quinaire* ou *péonique*, construites sur le type du 5/8; leur *thésis* s'étend sur trois mesures simples, leur *arsis* sur deux.

Cette conception des mesures composées a une analogie visible avec la nôtre; en effet, nos mesures de 6/8, de 9/8 et de 12/8 ne sont que des dipodies, des tripodies et des tétrapodies issues du 3/8. Mais une différence caractéristique se révèle dès le premier abord : *la théorie moderne ne considère jamais la pentapodie ou l'hexapodie comme une seule mesure composée.* De même que les anciens, nous avons un 6/8, un 9/8, un 12/8; mais nous ne rencontrons parmi nos mesures composées ni un 15/8, ni un 18/8, ni un 25/8.

Nous comprendrons maintenant sans difficulté les distinctions d'Aristoxène; nous allons les passer en revue en prenant pour base le texte du 6e chapitre de ses *Éléments rhythmiques*[1].

« Les mesures diffèrent entre elles *par l'étendue* (κατὰ μέγεθος), « lorsqu'elles renferment un nombre inégal d'unités. » La plus petite mesure aristoxénienne est celle de 3/8; la plus grande des mesures composées devrait se transcrire dans notre système de notation par 25/8 : ce qui n'est qu'une autre manière d'exprimer un fait déjà connu par la doctrine des métriciens, à savoir qu'il n'existe aucun membre moins étendu que la monopodie choréïque, ni plus étendu que la pentapodie péonique[2]. 1re distinction.

« Les mesures diffèrent entre elles *par le genre* (κατὰ γένος), « lorsque leur rapport rhythmique n'est pas le même; lorsque, par « exemple, l'une d'elles sera en rapport égal, tandis qu'une autre 2e distinction.

[1] Édit. de Feussner, p. 23-24.
[2] Voir plus haut, p. 25-29.

« aura le rapport double ou le rapport hémiole. » Un nombre de temps compris entre 3 et 25 n'est apte à former une mesure qu'à la condition d'être divisible selon un des rapports rhythmiques ; il faut, de plus, que la somme des unités contenues dans chacune des deux parties constitutives de la mesure, puisse elle-même se partager conformément à l'un des trois rapports. S'il réunit ces deux conditions, il est *enrhythmique* (ἔνρυθμος), c'est-à-dire admis dans le rhythme. Les nombres compris dans cette catégorie sont les suivants[1] :

1° *Trois*,	divisible selon le rapport	double . .	(2 : 1);
2° *Quatre*,	— — —	égal. . . .	(2 : 2);
3° *Cinq*,	— — —	hémiole. .	(3 : 2);
4° *Six*,	— — —	égal. . . . double . .	(3 : 3); (4 : 2 = 2 : 1);
5° *Huit*,	— — —	égal. . . .	(4 : 4);
6° *Neuf*,	— — —	double . .	(6 : 3);
7° *Dix*,	— — —	égal. . . . hémiole. .	(5 : 5); (6 : 4 = 3 : 2);
8° *Douze*,	— — —	égal. . . . double . .	(6 : 6); (8 : 4 = 2 : 1);
9° *Quinze*,	— — —	double . . hémiole. .	(10 : 5 = 2 : 1); (9 : 6 = 3 : 2);
10° *Seize*,	— — —	égal. . . .	(8 : 8);
11° *Dix-huit*,	— — —	double . . égal. . . .	(12 : 6 = 2 : 1); (combin. rejetée);
12° *Vingt*,	— — —	hémiole. . égal. . . .	(12 : 8 = 3 : 2); (combin. rejetée);

13° *Vingt-quatre* (nombre éliminé);

14° *Vingt-cinq*, divisible selon le rapport hémiole (15 : 10 = 3 : 2).

Pourquoi le nombre 24, bien que doublement enrhythmique (il est divisible selon le rapport égal, 12 : 12, et selon le rapport

[1] Les nombres non rhythmiques (ἄρρυθμοι), compris entre 3 et 25, sont 7, 11, 13, 14, 17, 19, 21, 22, 23.

double, 16 : 8), ne produit-il pas de mesure composée? Pourquoi les nombres 18 et 20 n'admettent-ils pas la division selon le rapport égal (9 : 9 et 10 : 10)? C'est que la composition des mesures est soumise, d'après la théorie antique, aux restrictions déterminées par les trois règles suivantes :

I. « Les mesures composées du genre dactylique [ou binaire] « ne peuvent excéder 16 unités (la tétrapodie dactylique), c'est-à- « dire le *quadruple* de la plus petite mesure du même genre. « Notre esprit est incapable d'embrasser, en une fois, de plus « grandes séries appartenant au genre binaire[1]. » La tétrapodie péonique ($^{20}/_{8}$) et la tétrapodie ionique ($^{12}/_{4}$) sont éliminées par cette règle.

II. « Une mesure composée du genre iambique [ou ternaire] « ne dépasse jamais 18 temps premiers (l'hexapodie choréïque); « en sorte que la plus grande mesure dudit genre contient *six fois* « la valeur de la plus petite ($^{3}/_{8}$). Au delà d'une telle étendue, « l'unité de la série ne tomberait plus sous le sens. » En vertu de cette règle, les hexapodies dactylique ($^{3}/_{1}$), péonique ($^{30}/_{8}$) et ionique ($^{18}/_{4}$) sont rayées du nombre des mesures.

III. « La plus grande mesure du genre péonique [ou quinaire] « contient 25 temps premiers, c'est-à-dire *cinq fois* la grandeur « de la plus petite mesure du même genre. » Conformément à cette règle, il ne saurait y avoir de pentapodie ionique ($^{15}/_{4}$).

Quelle est la raison de cette limite? C'est que « les mesures du « genre iambique et du genre péonique comportent une étendue « plus considérable, chacune d'elles contenant un nombre de « percussions supérieur à celui qu'admet le genre dactylique[2]. »

Nous omettons ici, pour nous en occuper plus loin, la 3e distinction, relative aux mesures dites rationnelles et irrationnelles.

« Les mesures simples ou *incomposées* diffèrent des *composées* 4e distinction.

[1] Nos compositeurs ne se renferment pas dans des limites aussi étroites : des octopodies ne sont pas rares dans la musique moderne. L'usage presque exclusif de membres pairs et la présence d'un accompagnement propre à marquer fortement les divisions rhythmiques favorisent une telle extension, inconnue au chant homophone.

[2] Tout ce texte d'Aristoxène, conservé fidèlement, bien que sous une forme abrégée, par Psellus (Westph., *Metrik*, I, p. 20 du suppl., § 12) et reproduit avec quelques altérations par Aristide (p. 35) et par le *Fragm. Paris.* (Westph., *Metrik*, I, p. 45 du suppl., § 11), a été reconstruit par Westphal. Cf. *Metrik*, I, p. 542-552.

« (distinction κατὰ σύνθεσιν) en ce qu'elles ne peuvent se résoudre « en mesures plus petites, tandis que les composées renferment « plusieurs mesures simples[1]. » Le 3/8, le 2/4, le 5/8 et le 3/4, étant dans le premier cas, appartiennent à la classe des incomposées. Toutes les autres mesures, au nombre de 15 (voir le tableau pp. 44 et 45), sont composées, et se ramènent à deux ou à plusieurs mesures simples de même grandeur et de même genre. Une seule fait exception sous ce dernier rapport; elle renferme *dix* unités divisées selon le rapport *hémiole* (6 : 4), ou, si l'on veut, un 3/4, suivi d'un 2/4. Cette mesure, appelée par les anciens

[1] « La 3e (lisez la 4e) différence est relative à la *composition* des mesures (ποδῶν) : « celles-ci sont *simples* (ἁπλοῖ), comme la mesure à 2 unités » (voir plus haut, p. 17, note 2), « ou bien *composées* (σύνθετοι), comme la mesure à 12 temps. Les mesures « simples ne se divisent qu'en temps, les composées se résolvent en mesures simples. » Arist. Quint., p. 34. — Bien que cette définition soit calquée sur celle d'Aristoxène, elle se rapporte à une classification entièrement différente, adoptée aussi par Denys d'Halicarnasse et par Bacchius, et exposée dans le paragraphe suivant de l'auteur précité (p. 35-36) : « Les *rhythmes incomposés* ne se servent que d'un seul genre de « mesure; les *composés* renferment deux ou plusieurs rhythmes simples différents; les « *mixtes* se résolvent soit en temps, soit en mesures. Parmi les composés, les uns « procèdent *par syzygie*, les autres *par période*. — Une syzygie est la juxtaposition « de *deux* rhythmes simples et *dissemblables;* une période est l'assemblage de plusieurs « mesures simples. » — Nous résumerons comme suit ce qu'il y a d'intéressant dans l'énumération d'Aristide (p. 36-40) : *a*) Rhythmes incomposés du genre binaire, au nombre de six : 1° l'*hégémon* ou *procéleusmatique simple* (2/8 ♫); 2° le *procéleusmatique double* (4/8 ♫ ♫); 3° le *dactyle* (2/4 ♩ ♫); 4° l'*anapeste* (2/4 ♫ | ♩); 5° le *spondée simple* (2/4 ♩ ♩); 6° le *spondée meizon* (₵ 𝅗𝅥 𝅗𝅥). *b*) Rhythmes incomposés du genre ternaire, au nombre de quatre : 1° l'*iambe* (3/8 ♩ | ♪); 2° le *trochée* (3/8 ♪ ♩); 3° l'*orthios* (3/2 𝅗𝅥 | 𝅝) et 4° le *trochée sémantique* (3/2 𝅝 𝅗𝅥). *c*) Rhythmes incomposés du genre quinaire, au nombre de deux : 1° le *péon diagyios* (5/8 ♩ ♪ ♩); 2° le *péon épibate* (5/8 ♩ ♩ | 𝅗𝅥 ♩). Rhythmes composés : *a*) *par syzygie* de deux rhythmes simples binaires : l'*ionique majeur* (3/4 ♩ ♩ ♫), formé d'un *spondée* suivi d'un *hégémon*, et l'*ionique mineur* (3/4 ♫ | ♩ ♩), formé des mêmes éléments inversement disposés; *b*) *par syzygie* de deux rhythmes simples ternaires : les deux *bacchius*, le premier = *iambe* + *trochée* (6/8 ♩ ♪ ♪ ♩), le second = *trochée* + *iambe* (6/8 ♪ ♩ ♩ ♪); *c*) *par syzygie* de deux rhythmes simples de genre différent : le *péan composé* = *trochée* + *hégémon* (5/8 ♩ ♪. ♫), le *dochmius* = *iambe* + *péon diagyios* (3/8 ♪ | 5/8 ♩ ♩ ♪ | 3/8 ♩)[a]. La plupart de ces prétendus rhythmes composés sont des mesures simples. Les rhythmes *mixtes*, au nombre de six, sont tous des dipodies du 3/8 ou du 2/4; parmi eux nous nous contenterons de citer le *ditrochée* (6/8 ♩ ♪ ♩ ♪) qu'Aristide appelle *crétique*. — Cf. Bacch., p. 24-25.

[a] Cf. Westphal, *Metrik*, I, p. 101-102.

péon épibate[1], a été employée par quelques compositeurs modernes ; elle apparaît souvent dans les vieux chants finnois[2].

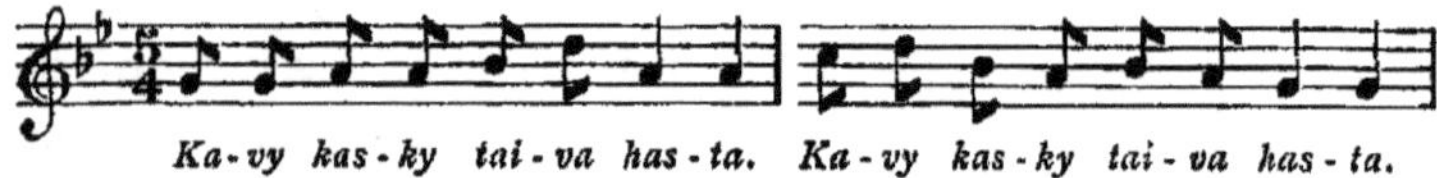

Percussion des mesures.

Avant de poursuivre l'analyse des mesures, d'après les distinctions admises par l'école aristoxénienne, nous devons, pour l'intelligence de ce qui va suivre, exposer la doctrine de cette école en ce qui concerne le battement de la mesure ou *sémasie* (σημασία). Théoriquement parlant, une mesure quelconque, grande ou petite, simple ou composée, binaire, ternaire ou quinaire, n'a que deux parties, l'une forte et l'autre faible, dont la durée relative se détermine par un des trois rapports rhythmiques; mais c'est là une division idéale (on l'a indiquée sur le tableau, p. 44-45, par des crochets au-dessous de la portée); en réalité, les mesures recevaient dans l'exécution un nombre de mouvements ou de percussions proportionné à leur étendue et au plus ou moins de complication que présentait leur structure. On s'apercevra bientôt qu'Aristoxène, dans le passage suivant, ne fait que reproduire, en d'autres termes, la doctrine des métriciens sur ce point.

« Selon leur constitution rhythmique, les mesures se marquent : « 1° par *deux* mouvements, à savoir un levé et un frappé : [ce sont « les mesures binaires] ; 2° par *trois* mouvements, un levé et deux « frappés, [ou un frappé et deux levés : ce sont les mesures ter- « naires] ; enfin, 3° par *quatre* mouvements, deux levés et deux « frappés : [ce sont les mesures quinaires]. » Ainsi, toute mesure simple ou composée comporte au moins deux mouvements. « Il est « évident, » continue l'auteur, « qu'aucune mesure ne pourrait se

[1] Cf. WESTPHAL, *Metrik*, I, p. 653 et suiv. — « L'épibate contient un frappé de la « valeur d'une longue, puis un levé de la valeur d'une longue; ensuite un frappé valant « deux longues, enfin un levé valant une longue (th. a. th. a.)..... Comme il nécessite « quatre parties, il prend deux levés [égaux] et deux frappés de longueur différente. » ARIST. QUINT., p. 38-39. — L'écrivain décrit ici une mesure de 5/4 commençant par l'*arsis* théorique, c'est-à-dire par l'avant-dernier cinquième, et exclusivement remplie par des longues; la forme thétique est naturellement th. a. th. a.

[2] FÉTIS, *Hist. gén. de la mus.*, T. I, p. 45. — Boïeldieu s'est servi du 5/4 dans la *Dame blanche*. — Cf. J. J. ROUSSEAU, *Dict. de musique*, à l'art. *Mesure*.

« composer d'un temps unique, une seule percussion ne produisant « pas une division du temps; or, sans une division du temps, « la mesure ne paraît pas possible. Mais elle est susceptible de « recevoir plus de deux percussions, et ceci provient de l'étendue « des mesures. En effet, les petites mesures, ayant une grandeur « aisément perceptible au sentiment, se laissent sans difficulté « embrasser dans les limites de leurs deux mouvements. Mais le « contraire se produit pour les mesures dont l'étendue est consi- « dérable. Celles-ci exigent plus de percussions, afin que, par la « division du tout en un nombre suffisant de parties, leur structure « soit facilement saisie[1]. » Quelques-unes d'entre elles reçoivent trois percussions, d'autres quatre.

Les quatre mesures simples (3/8, 2/4, 5/8, 3/4), étant traitées comme des unités séparées ou monopodies, se marquaient par *deux* mouvements, répondant respectivement à leur frappé et à leur levé : le premier pour l'oreille, le second uniquement pour la vue[2]. En deux cas, au moins, ce mode de percussion doit être admis : 1° lorsqu'une mesure simple forme un membre à elle seule; 2° lorsque des mesures inégales se trouvent réunies dans un même membre.

Toutes les mesures composées du genre *dactylique* ou binaire, quelle que soit leur étendue, à savoir 6/8, 2/2 (notre ₵), 10/8, 12/8, 6/4 et 4/2, s'accommodaient également de *deux* percussions, l'une pour la *thésis*, l'autre pour l'*arsis* de la mesure composée. Ces mouvements correspondent, quant au nombre et à la place, avec ceux que les métriciens attribuent aux dipodies et aux tétrapodies. La simplicité des mesures fondées sur le rapport égal, et leur capacité restreinte, comparativement à celles des deux autres genres, permettaient d'en opérer la division au moyen de deux mouvements. Il n'en était pas de même des mesures ternaires et quinaires, susceptibles d'un plus grand nombre d'unités, et exigeant dès lors un nombre de percussions moins restreint.

Les mesures composées du genre *iambique* ou ternaire, 9/8, 3/2, 15/8, 18/8 et 9/4, se marquaient par *trois* mouvements, également

[1] Aristox., *Rhythm.* (Feussn., ch. 5). — Cf. Westph., *Metrik*, I, p. 555-563.
[2] Voir plus haut, p. 18, particulièrement note 5.

espacés : 1° un frappé principal sur le premier tiers de la mesure; 2° un frappé secondaire, ou un levé demi-fort, sur le deuxième tiers; 3° un levé faible sur le dernier tiers. Les métriciens — et souvent aussi nos chefs d'orchestre — déterminent de la même manière le nombre et la place des percussions affectées aux tripodies et aux hexapodies.

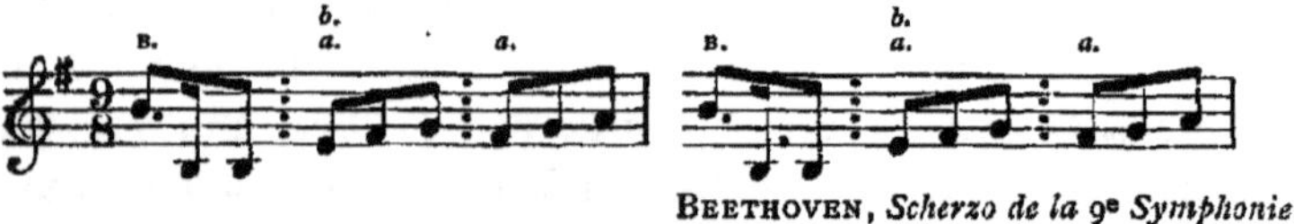

BEETHOVEN, *Scherzo de la 9e Symphonie.*

Quant aux mesures composées du genre *péonique* ou quinaire, 5/4, 15/8, 5/2 et 25/8, elles nécessitaient, à cause de leur structure plus compliquée, *quatre* mouvements : 1° un frappé principal et 2° un levé demi-faible; 3° un frappé secondaire et 4° un levé très-faible. Le frappé principal embrassait deux cinquièmes de la durée totale de la mesure; les trois percussions suivantes s'espaçaient à égale distance sur les trois cinquièmes restants. Cette manière de battre les pentapodies n'est pas conforme à celle qu'enseignent les métriciens; mais elle s'adapte en perfection aux rhythmes quinaires employés dans la musique moderne.

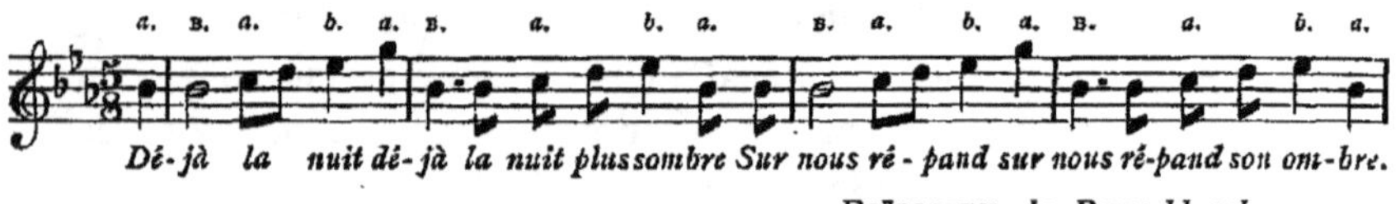

BOÏELDIEU, *la Dame blanche.*

La lecture des pages précédentes aura révélé une autre dissidence, plus importante, entre Aristoxène et les métriciens. Ceux-ci n'établissent aucune gradation dans l'intensité des diverses percussions qui se partagent un membre, tandis qu'Aristoxène donne à ses mesures composées des *basis* et des *arsis*, des frappés et des levés. Les deux termes gardent-ils ici leur acception propre, et indiquent-ils des mouvements du pied ou de la main tantôt descendants, tantôt ascendants? Cela paraît peu probable. L'usage exclusif, chez les métriciens, du mot *basis* ou de ses équivalents latins, prouve que toutes les percussions du membre rhythmique s'opéraient par des mouvements du pied, lesquels ne pouvaient être sensibles pour l'exécutant qu'à la condition d'être accompagnés d'un bruit. Tandis que, dans la pratique moderne du chef d'orchestre, chaque mouvement manuel, qu'il soit ascendant ou descendant, reste visible pendant toute la durée sur laquelle il s'étend, le *plausus pedis* du musicien antique ne pouvait marquer que le moment initial du temps. Il y a donc tout lieu de supposer qu'Aristoxène, en transportant aux mesures composées la nomenclature imaginée primitivement pour les mesures simples, n'a pas entendu donner au mot *arsis* sa signification originaire, et que l'espace de la mesure composée ainsi désigné ne correspondait point à une élévation du pied, mais que, pareillement au frappé, il était marqué par un mouvement descendant, joint à un bruit[1].

C'est ici encore un de ces cas où le grand théoricien, obéissant à une tendance de sa philosophie toute rationnelle, s'est laissé entraîner à forcer un peu les faits pour les faire entrer dans le cadre de son système. L'assimilation qu'il établit entre la construction des mesures simples et celle des membres ne reste vraie qu'autant qu'elle se maintient dans de justes bornes; poussée à ses dernières limites, elle devient inexacte. Constatons premièrement que l'*ictus* rhythmique a une intensité très-variable et dépendante du nombre d'unités qu'il domine, du mode de subdivision de ces unités, etc. Cette force est d'autant moindre qu'elle se répartit sur un groupe de temps plus considérable; dans les mesures composées elle ne saurait donc absorber l'accent des mesures primaires, au point de le transformer en un simple temps levé. Remarquons ensuite que la mesure est une unité purement rhythmique, tandis que le membre est non-seulement une unité rhythmique, mais en même temps une unité mélodique et grammaticale : de là vient que les relations de ses diverses parties entre elles sont des plus complexes. Souvent la *thésis* des mesures composées se distingue difficilement de l'accent expressif; les accents secondaires n'observent pas une gradation fixe et invariable.

En somme, la méthode préconisée par Aristoxène pour le battement des mesures composées n'est autre que celle des métriciens, développée et rattachée à une théorie générale. Toutes deux

[1] Cf. WESTPHAL, *Metrik*, I, p. 682.

s'appuient sans aucun doute sur la pratique suivie dans l'exécution musicale ou dans la récitation des formes rhythmiques les plus usuelles. Rien toutefois ne nous oblige d'admettre que le procédé fût immuable. Dans un mouvement lent, les percussions eussent été trop clairsemées pour des membres de longue étendue, tels que des pentapodies et des hexapodies. Étant même admis le maximum de vitesse compatible avec la netteté du débit, quatre percussions n'auraient pu donner une animation suffisante à cette pentapodie péonique, employée par Aristophane comme un rhythme de danse :

(*Hypodoristi*).

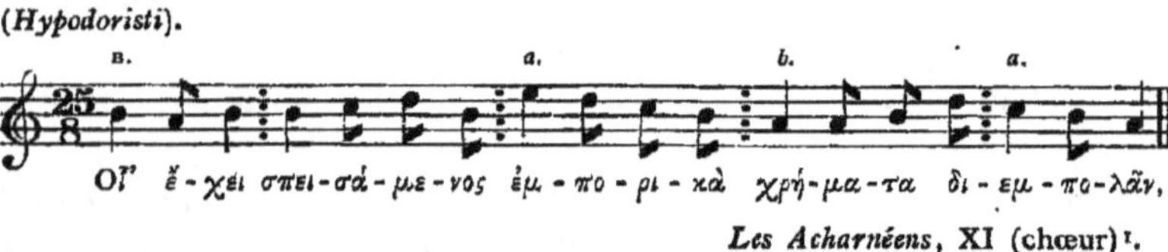

Les Acharnéens, XI (chœur)[1].

Il est donc probable que le batteur de mesure variait le nombre de ses percussions selon le mouvement ou le caractère du morceau. On pourrait aussi supposer que, pour les chants accompagnés d'attitudes orchestiques, les mouvements de la main se combinaient avec ceux du pied, en sorte que les temps des mesures simples étaient indiqués par le claquement des doigts (*ictus digitorum*), pendant que le *plausus pedis*, plus bruyant, marquait les percussions des membres rhythmiques. Cette hypothèse donnerait la clef d'un problème incomplétement résolu jusqu'ici, à savoir pourquoi tous les textes poétiques des œuvres chorales présentent un mélange continuel de membres de toute longueur, — mélange si contraire à nos habitudes et si désordonné au premier abord — tandis que les mètres employés dans les autres genres de composition se résolvent d'eux-mêmes en rhythmes d'une égale étendue et d'une régularité pour ainsi dire moderne. Tous les témoignages anciens nous prouvent, en effet, que les Hellènes et les Romains étaient très-sensibles aux effets du rhythme et ne se faisaient pas faute, pour les renforcer, de

[1] A moins d'une indication contraire, tous les exemples empruntés à Pindare, aux trois tragiques et à Aristophane sont cités et rhythmés d'après J. H. H. Schmidt.

recourir à des moyens que notre goût musical réprouverait[1]. Leurs mélodies étant presque entièrement homophones, ils n'avaient pas la possibilité, comme nous, de mettre en relief les divisions rhythmiques par un accompagnement riche en combinaisons sonores. La musique des Arabes d'Afrique, dans laquelle la *polyrhythmie* — nous voulons dire la combinaison simultanée des formes rhythmiques — paraît jouer un rôle assez semblable à celui de la polyphonie dans la nôtre[2], est de nature peut-être à nous indiquer grossièrement l'un des moyens d'effet habituellement mis en usage par le compositeur antique. L'origine de cet art barbare, lequel se rattache selon toute probabilité à celui du monde gréco-romain, par l'intermédiaire des Alexandrins, mériterait d'être examinée de plus près qu'elle ne l'a été jusqu'à ce jour.

Après cette digression nécessaire, nous reprenons l'analyse des différences aristoxéniennes.

5e distinction. On distingue par la division ou *diérèse* (*κατὰ διαίρεσιν*) deux mesures qui, tout en renfermant une somme égale de temps premiers, n'appartiennent pas au même genre rhythmique. Ainsi diffèrent entre elles toutes les mesures qui contiennent un nombre d'unités divisible par plus d'un rapport rhythmique, à savoir : *a*) les mesures de 6/8 et de 3/4 : la première est binaire, la seconde ternaire ; *b*) les mesures de 10/8, binaire, et de 5/4, quinaire ; *c*) d'une part, les mesures de 12/8 et de 6/4, binaires toutes deux, et, d'autre part, la mesure de 3/2, ternaire ; *d*) les deux mesures contenant 15 unités, l'une ternaire (formée de trois fois 5/8),

[1] Ils imaginèrent de s'attacher au-dessous du pied droit une espèce de sabot en bois (*κρούπεζα*, *βάταλον*, *scabillum* ou *scabellum*). WESTPH., *Metrik*, I, p. 500, note *. — Cf. J. J. ROUSSEAU, *Dict. de Mus.*, à l'art. *Battre la mesure.*

[2] « Quelquefois, tandis que le rhythme mélodique est de *trois plus trois* (= 6/8), « le rhythme d'accompagnement sera de *deux plus quatre*, ou de *deux plus deux plus deux* « (= 3/4). Pour une autre chanson dont chaque mesure sera divisée dans la mélodie en « *huit* parties égales, l'accompagnement rhythmique sera de *trois* plus *trois* plus *deux*.... « Le rhythme d'accompagnement est presque indépendant de la mélodie; ses relations « avec elle ne sont fixes que pour le commencement de chaque mesure. » SALV. DANIEL, *la Musique arabe.* Alger, 1863, p. 50-51. J'ai pu vérifier moi-même ce fait intéressant, lors de l'Exposition universelle de 1867, en entendant des bandes de musiciens venus de Tunis et de l'Algérie. — Remarquez le passage suivant d'Aristide (p. 38) : « Le [trochée] « *sémantique* se nomme ainsi, parce que, étant composé de durées très-longues, *il donne* « *lieu à des manières artificielles de battre la mesure* (*ἐπιτεχνηταῖς σημασίαις*). »

l'autre quinaire (formée de cinq fois 3/8). C'est ce qu'Aristoxène explique par cette règle assez obscure, mais sur l'interprétation de laquelle les travaux de Westphal n'ont laissé aucun doute : « Les mesures se distinguent par la *division* lorsque la même « somme d'unités se résout différemment en parties, soit au « double point de vue du nombre et de l'étendue [desdites parties], « soit simplement à l'un des deux points de vue[1]. »

6e distinction.

Enfin, deux mesures d'égale étendue et appartenant au même genre rhythmique peuvent différer par la coupe ou *figure* (*κατὰ σχῆμα*), par la subdivision des temps, ou, si l'on veut, par la mesure simple dont elles sont issues. Parmi les nombres rhythmiques, deux seuls donnent lieu à une semblable distinction : *douze* et *dix-huit*. En effet : *a*) 12/8 et 6/4 renferment chacune douze unités; les deux mesures appartiennent au genre égal et se marquent conséquemment par deux mouvements; mais tandis que dans la mesure de 12/8 chaque percussion contient deux fois 3/8, en 6/4 elle équivaut à une seule mesure de 3/4; *b*) 18/8 et 9/4 sont deux mesures composées du genre iambique et ont par conséquent trois percussions; mais au lieu qu'en 18/8 chaque percussion contient une mesure de 6/8, en 9/4 elle équivaut à une mesure de 3/4. Cette distinction est définie en ces termes par Aristoxène : « Les « mesures diffèrent par la figure, lorsque les mêmes parties d'une « seule et unique grandeur (à savoir les percussions) n'affectent « pas intérieurement la même disposition[2]. »

Le tableau suivant résumera sous une forme synoptique toute la partie des théories aristoxéniennes analysée jusqu'ici.

[1] Cf. WESTPH., *Metrik*, I, p. 568 et suiv. — Les *parties* (μέρη) qu'Aristoxène a en vue sont les percussions. Conséquemment les mesures qui tombent sous l'application de la règle se rangent en deux catégories. La première comprend celles dont *les percussions diffèrent en nombre et en étendue*. Ce sont *a*) les mesures qui renferment 10 unités : 10/8 reçoit *deux* percussions (5-5), 5/4 exige *quatre* percussions (4-2-2-2); *b*) les mesures contenant 12 unités : 12/8 et 6/4 ont chacune *deux* percussions (6-6), tandis que 3/2 en a *trois* (4-4-4); *c*) les deux mesures contenant 15 unités : l'une reçoit *trois* percussions (5-5-5), l'autre nécessite *quatre* percussions (6-3-3-3). A la seconde catégorie appartiennent les mesures qui ont des *percussions égales en nombre et différentes en étendue*. Ce sont les mesures de 3/4 et de 6/8 : chacune d'elles se marque par *deux* percussions, mais en 3/4 la première percussion embrasse 4 unités et la seconde 2, tandis qu'en 6/8 les deux percussions valent chacune 3 unités.

[2] Cf. WESTPHAL, *Metrik*, I, p. 574-575.

	Unités	Rapport / genre	Notation	Mesure
MESURES SIMPLES (ΠΟΔΕΣ ΑΣΥΝΘΕΤΟΙ).	3 unités,	2 : 1 genre ternaire ou *iambique*.	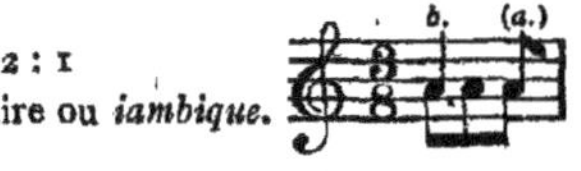	*Monopodie choréïque.*
	4 unités,	2 : 2 genre binaire ou *dactylique*.	b. (a.)	*Monopodie dactylique.*
	5 unités,	3 : 2 genre quinaire ou *péonique*.	b. (a.)	*Monopodie péonique.*
	6 unités,	4 : 2 = 2 : 1 genre ternaire ou *iambique*.	b. (a.)	*Monopodie ionique.*
MESURES COMPOSÉES (ΠΟΔΕΣ ΣΥΝΘΕΤΟΙ).	6 unités,	3 : 3 genre binaire ou *dactylique*.	B. a. Θ A	*Dipodie choréïque.* (Ex., p. 27).
	8 unités,	4 : 4 genre binaire ou *dactylique*.	B. a. Θ A	*Dipodie dactylique.* (Ex., p. 27).
	9 unités,	6 : 3 = 2 : 1 genre ternaire ou *iambique*.	B. b. a. b. Θ A	*Tripodie choréïque.* (Ex., pp. 28 et 39.)
	10 unités,	5 : 5 genre binaire ou *dactylique*.	B. a. Θ A	*Dipodie péonique.* (Ex., p. 27.)
		6 : 4 = 3 : 2 genre quinaire ou *péonique*.	B. a. b. a. Θ A	*Péon épibate.* (Cf. pp. 37 et 39.)

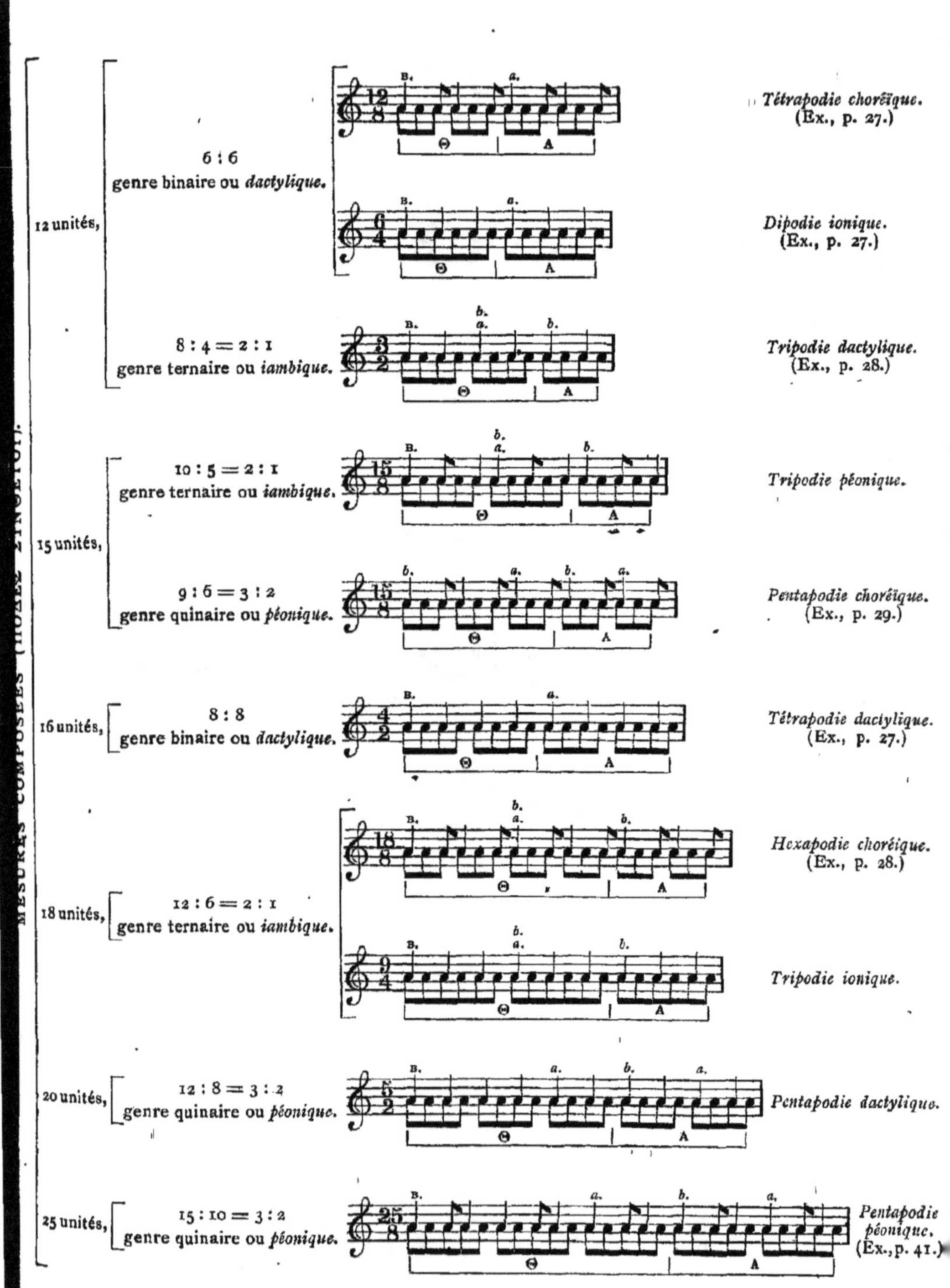

MESURES COMPOSÉES
12 unités,
6 : 6
genre binaire ou *dactylique.*
Tétrapodie choréïque.
(Ex., p. 27.)
Dipodie ionique.
(Ex., p. 27.)
8 : 4 = 2 : 1
genre ternaire ou *iambique.*
Tripodie dactylique.
(Ex., p. 28.)
15 unités,
10 : 5 = 2 : 1
genre ternaire ou *iambique.*
Tripodie péonique.
9 : 6 = 3 : 2
genre quinaire ou *péonique.*
Pentapodie choréïque.
(Ex., p. 29.)
16 unités,
8 : 8
genre binaire ou *dactylique.*
Tétrapodie dactylique.
(Ex., p. 27.)
18 unités,
12 : 6 = 2 : 1
genre ternaire ou *iambique.*
Hexapodie choréïque.
(Ex., p. 28.)
Tripodie ionique.
20 unités,
12 : 8 = 3 : 2
genre quinaire ou *péonique.*
Pentapodie dactylique.
25 unités,
15 : 10 = 3 : 2
genre quinaire ou *péonique.*
Pentapodie péonique.
(Ex., p. 41.)
B.
a.
b.
Θ
A

7e distinction. La différence *par antithèse* (κατ' ἀντίθεσιν) existe entre deux mesures de même étendue, de même division et de même forme, lorsque l'une commence par le levé, l'autre par le frappé[1]. Une telle distinction s'applique aux mesures composées aussi bien qu'aux mesures simples; dans les unes comme dans les autres la *thésis* peut à volonté suivre ou précéder l'*arsis;* en d'autres termes, l'*ictus* principal se pose sur n'importe quelle mesure du membre rhythmique. Mais c'est là tout ce que nous apprennent les documents aristoxéniens; quant aux traités de métrique, ils semblent attribuer la même intensité à toutes les percussions d'un *kolon*. Pour déterminer la structure des membres et la place des accents prédominants dans les chants antiques dont nous avons le texte poétique, nous n'avons d'autre moyen que d'interpréter, aidés par notre instinct rhythmique, les indices assez nombreux qu'offrent à cet égard les textes eux-mêmes.

Le sentiment musical des Occidentaux a une propension innée à mettre l'*ictus* principal du membre sur la dernière mesure simple : c'est là qu'il attend et qu'il exige la percussion la plus énergique. Cette observation se déduit tout d'abord des habitudes graphiques adoptées par la plupart des compositeurs modernes; en effet, lorsqu'un membre ne dépasse pas l'étendue d'une seule mesure à quatre temps (C ou 12/8), — ce qui arrive pour certains morceaux d'un mouvement très-lent — sa terminaison s'opère de préférence sur le temps le plus fort, le premier. Une autre preuve, plus décisive, du besoin que nous venons de signaler, c'est l'usage de la rime ou de son diminutif, l'assonance, dans la poésie européenne. Cet élément essentiel de notre versification a pour but évident de renforcer l'*ictus* du membre, de le mettre en lumière par l'homophonie — complète ou partielle — de la dernière syllabe accentuée de deux vers correspondants : sa valeur est donc musicale plutôt que grammaticale ou logique. De même que dans la succession mélodique la primauté appartient au son final, signe distinctif du mode, de même dans la succession rhythmique la force prépondérante réside habituellement sur le dernier *ictus* du groupe.

[1] ARISTOX. (Feussn., p. 24). — Cf. WESTPH., *Metrik*, I, 573. — ARIST. QUINT., p. 34.

Si l'on envisage nos membres rhythmiques, conformément à la doctrine aristoxénienne, comme autant de mesures composées, nous dirons qu'ils affectent toujours la forme anacrousique. En conséquence, les dipodies et les tétrapodies débutent par la percussion la plus faible (voir p. 38) :

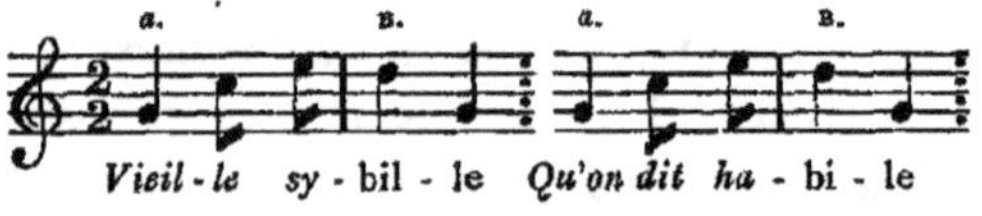

Voir plus haut, p. 27.

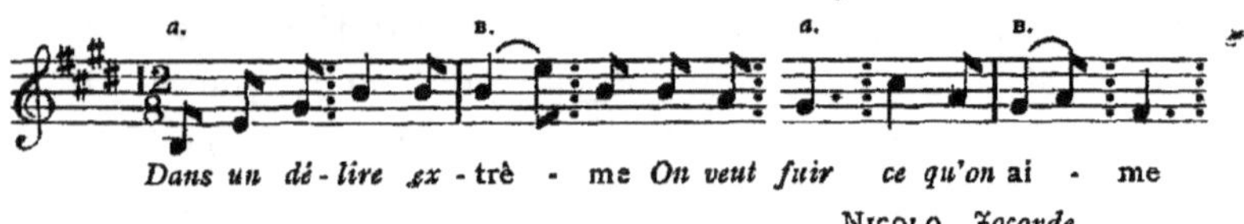

NICOLO, *Joconde.*

les tripodies et les hexapodies commencent par le frappé secondaire (ou le levé demi-fort) :

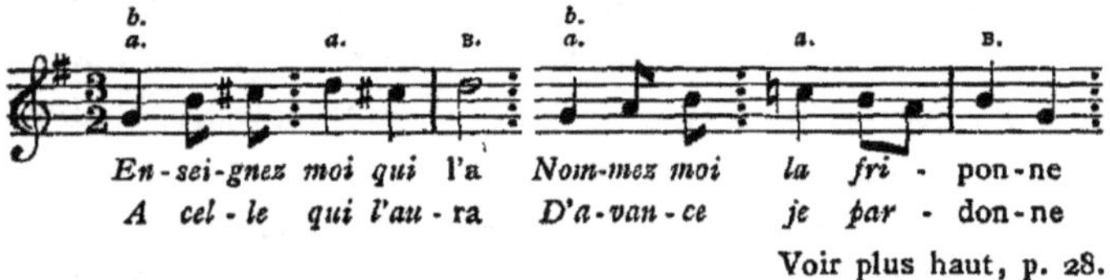

Voir plus haut, p. 28.

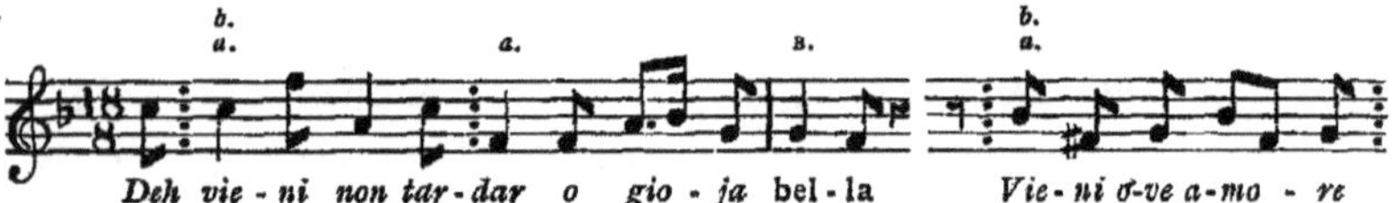

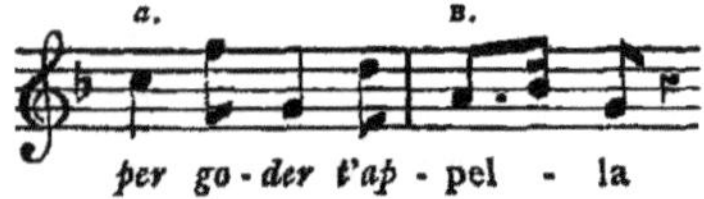

Voir plus haut, p. 28.

enfin, les pentapodies ont pour percussion initiale le levé demi-faible :

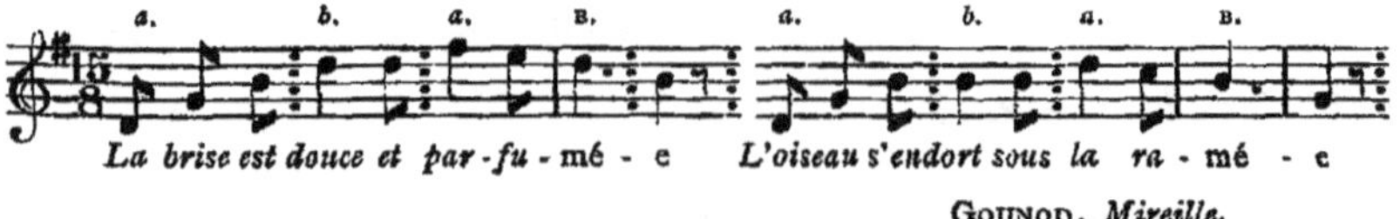

GOUNOD, *Mireille.*

Ce principe d'accentuation, si familier à la mélodie moderne, se retrouve dans les chants mesurés de la liturgie catholique, d'où il a passé, en même temps que la rime, à la poésie profane. On sait que les séquences et les hymnes rimées furent les premiers modèles dont s'inspirèrent les poëtes-musiciens de l'Europe occidentale. Mais c'est principalement chez les peuples de langue romane — Italiens, Espagnols et Français — que la prédominance rhythmique du dernier frappé de chaque membre s'est le plus solidement établie : dans la versification française elle s'accuse avec une vigueur telle, que les poëtes — voire même quelques compositeurs — ne s'astreignent à faire tomber le temps fort sur l'accent tonique, qu'à la césure et à la fin du vers. La poésie classique des Latins montre une tendance analogue, bien qu'elle ignore la rime, et que son rhythme ait pour point de départ, non l'accent, mais la quantité des syllabes. Tandis que dans le corps du vers la coïncidence des temps forts et des accents toniques est fortuite et accidentelle, à la fin du vers elle est systématique, en sorte que le dernier et l'avant-dernier frappé de l'hexamètre portent une syllabe à la fois longue et accentuée. D'autre part, la place normale de la césure, après le troisième frappé, indique clairement l'existence d'un accent incisif sur la mesure finale du membre antécédent. Rhythmés à la manière aristoxénienne, les vers de Virgile doivent donc se noter ainsi :

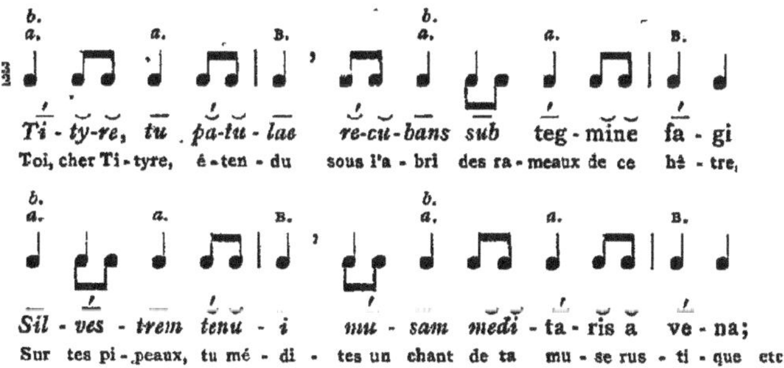

Les Grecs, dont les Latins ne sont que les imitateurs, suivaient sans aucun doute la même méthode d'accentuation, non-seulement pour leur poésie narrative, mais pour tous leurs rhythmes usuels : les membres dipodiques employés en série continue ont un *ictus* très-marqué sur la dernière mesure, les tétrapodies sur l'avant-dernière. Enfin, si nous remontons jusqu'aux hymnes du Véda, des indices certains nous conduisent à un résultat analogue ; le mètre ordinaire de ces chants vénérables — la tétrapodie iambique — est traité de la même manière que le vers français de huit syllabes : la quantité n'y est strictement observée que pour les trois dernières syllabes, preuve que le début du membre avait une division rhythmique assez indécise.

La gradation que nous venons de décrire est, sans conteste, la plus naturelle pour une longue série de vers semblables. L'*ictus* placé sur le dernier frappé du premier vers commence une mesure composée qui ne se complète que par le deuxième vers ; de même à la fin du deuxième vers commence une mesure composée dont la terminaison ne se fait qu'au troisième. Chaque vers se trouvant ainsi étroitement lié par le rhythme musical au vers précédent aussi bien qu'au suivant, l'on obtient un enchaînement continu et indéfini, condition indispensable pour les compositions poétiques de longue haleine. Il en est de même lorsque l'*ictus* principal tombe sur l'une des mesures intermédiaires du vers, ce qui a lieu pour certains mètres éoliens.

Mais parfois la contexture rhythmique du membre exige que la percussion initiale soit la plus forte et que l'intensité des *ictus* suive une progression décroissante. D'après le langage d'Aristoxène, les mesures composées ont alors la forme thétique. Nos airs de danse présentent des exemples nombreux d'une semblable gradation, ce qui tient aux lois fondamentales des mouvements orchestiques. En ce cas aussi le lieu de l'accent prépondérant se trahit souvent par quelque particularité du vers ; la plus caractéristique est l'*allitération*, mécanisme poétique que nous connaissons surtout par l'ancienne littérature du Nord ; il procède à contrepied de la rime et de l'assonance. Tandis que celles-ci consistent dans l'homophonie des syllabes ou des voyelles *finales* du membre, l'allitération se produit par l'homophonie des consonnes *initiales*, aux endroits correspondants de deux membres parallèles. Bien que, dans les monuments poétiques venus jusqu'à nous, sa destination se rapporte principalement à la structure de la phrase grammaticale, elle avait sans aucun doute à l'origine un but analogue à celui de la rime : concentrer, par le principe de la répétition, toute la force possible sur les accents prédominants. Sans avoir, comme la rime, une place immuable dans le vers, l'allitération se trouve de préférence au début du membre :

> F*yllist fjörvi*, — Fe*igra manna*,
> R*ŷdhr ragna sjöt*, — Ra*udhum dreyra*, etc.[1]

La répétition systématique des mêmes mots ou de mots apparentés entre eux, soit par le son, soit par le sens, l'emploi d'interjections, d'exclamations de douleur ou de jubilation au début de vers ou de membres parallèles — tous procédés fort usités dans la poésie lyrique et dramatique des Grecs — sont des signes évidents d'un pareil genre de structure[2]. On peut en dire autant de certaines combinaisons rhythmiques, tellement caractérisées qu'elles ne peuvent donner lieu à plusieurs interprétations. Un des principaux rhythmes de la lyrique chorale, l'*épitrite* ou dorique, inusité en série continue, débute d'ordinaire par un thème dipodique (2/4 ♩. ♪ | ♩ ♩) qui n'a de sens musical qu'en partant du frappé :

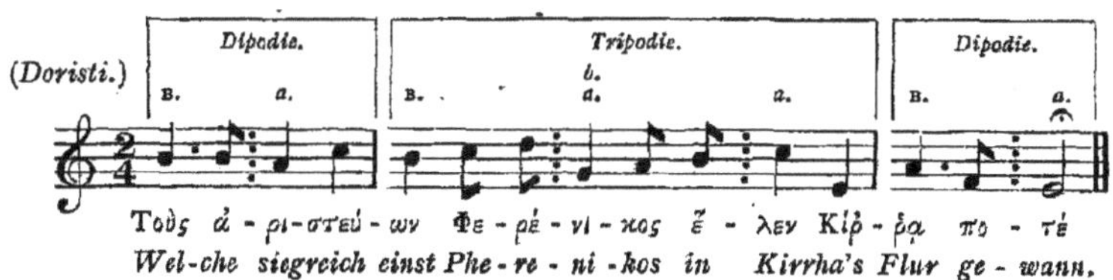

PINDARE, *Pyth.* III, str. 4, v. 5.

Les effets qui résultent d'une semblable disposition de l'*ictus* se laissent facilement apercevoir. Ayant leur point de départ sur un frappé, et leurs limites se confondant dès-lors avec celles des mesures, au lieu de s'en séparer, les membres successifs ne sont pas entrelacés : chacun d'eux se détache nettement du membre qui le précède et de celui qui le suit. Or il est nécessaire qu'il en soit ainsi, lorsque des groupes rhythmiques de longueur différente se combinent pour former des périodes et des strophes; sans quoi l'esprit de l'auditeur serait impuissant à reconnaître

[1] *Gylfaginning*, str. 15 (dans l'*Altnordisches Lesebuch* de Pfeiffer. Leipzig, 1860, p. 7).
[2] J. H. H. SCHMIDT, *Griechische Metrik*, p. 603 et suiv.

l'endroit précis où ils commencent et où ils finissent. Supposons, en effet, que les trois membres du vers de Pindare soient terminés uniformément par l'*ictus* principal :

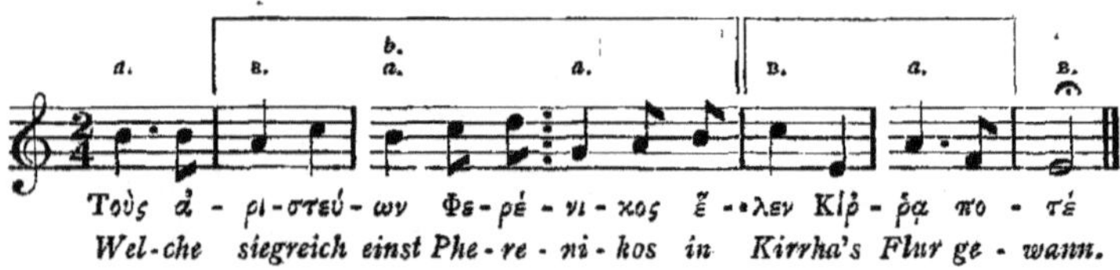

les percussions initiales des deux derniers membres s'adjoindront, dans l'idée de l'auditeur, à la mesure composée dont le temps fort occupe la fin du membre précédent, ce qui rendra la contexture rhythmique de la période équivoque et gauche. Si, au contraire, le jalon conducteur est posé en tête, chaque membre s'isolera de ses voisins, et l'enchaînement continu sera remplacé par un procédé plus savant, la symétrie des groupes de même étendue. Il est à remarquer que dans les périodes orchestiques, ordinairement construites d'après ce principe, les membres, lorsqu'ils terminaient le vers, étaient séparés les uns des autres par des pauses, que remplissaient de petites ritournelles.

Les observations qui précèdent, et que le cadre de cet ouvrage ne permet pas de développer, suffiront à faire comprendre pourquoi la mélodie vocale des modernes, enchaînée à la versification rimée, évite le mélange de membres d'étendue différente et se borne en général à des suites de dipodies ou de tétrapodies. Par là elle échappe difficilement à un double danger : ou de tomber dans les formes rhythmiques les plus vulgaires, si elle suit de trop près les mètres de la poésie, ou de négliger toute eurhythmie, toute périodologie, si elle s'en écarte trop. Remarquons en terminant que, par suite de l'égalité constante des proportions rhythmiques, l'*ictus* du membre n'a pas sur la plastique de la mélodie moderne une influence décisive; si le mouvement n'est pas trop rapide, l'accent principal peut être déplacé sans que l'idée musicale en soit sensiblement altérée[1].

[1] Chez les maîtres classiques du XVIIIe siècle, il n'est pas rare dans les mesures binaires de voir la même cantilène commencer tantôt par l'*arsis*, tantôt par la *thésis*. Cf. Bach, *Clavecin bien tempéré*, I, Fug. 1, 8, 16; II, Fug. 3, 4, 5, 9, 19.

3e distinction. Il nous reste encore à mentionner la 3e distinction théorique, relative aux mesures *rationnelles* (*πόδες ῥητοί*) et *irrationnelles* (*ἄλογοι*)[1]. Toutes celles dont il a été question jusqu'à présent appartiennent à la première catégorie. Une mesure est irrationnelle, selon Aristoxène, lorsqu'elle ne peut s'exprimer par aucun des trois rapports rhythmiques (2 : 1, 2 : 2, 3 : 2); elle se distingue de la mesure rationnelle correspondante en ce que son *arsis* est prolongée de la moitié d'un temps premier; sa grandeur est conséquemment intermédiaire entre celle de deux mesures qui ne diffèrent que d'une seule unité. A prendre la doctrine aristoxénienne dans toute son extension, il existerait donc trois mesures irrationnelles : la première dérivée du 3/8 et s'exprimant par le rapport non rhythmique 2 : 1 1/2 (♩ ♪.); la deuxième procédant du 2/4 et figurée par les nombres 2 : 2 1/2 (♩ ♫.); la troisième enfin, modification du 5/8, s'énoncerait par le rapport 3 : 2 1/2 (♫♪ ♫.). Mais le grand théoricien ne mentionne que la première de ces trois mesures (♩ ♪.), sous la désignation spéciale de *chorée irrationnel* (*χορεῖος ἄλογος*). Cette combinaison rhythmique, que notre notation moderne indiquerait par 7/16, se rencontre assez fréquemment, mais toujours isolée, au milieu d'autres chorées réguliers. Sa présence est facilement reconnaissable dans

[1] « Les mesures irrationnelles se distinguent des rationnelles, en ce que leur temps « levé n'est pas rationnel par rapport au frappé. » Aristox., *Rhythm.* (Feussn., p. 23). — « Chacune des mesures est fractionnée soit d'après un certain rapport exact, soit « d'après une *irrationalité* (*ἀλογία*) tenant le milieu entre deux rapports saisissables au « sentiment. Ce qui vient d'être dit sera rendu clair de la manière suivante : si l'on « prend deux mesures, l'une, dont le levé et le frappé seront en rapport égal et « vaudront chacun deux unités (2/4 *th.* ♫ *a.* ♫), l'autre, dont le frappé vaudra deux unités « et le levé la moitié (3/8 *th.* ♫ *a.* ♪); si l'on prend ensuite une troisième mesure, composée « d'un frappé semblable à celui des deux susdites mesures (♫) et d'un levé dont la « grandeur est intermédiaire entre celle des deux autres levés (♪.), une mesure ainsi « constituée aura, par rapport à son frappé, un levé irrationnel; et l'irrationalité « (2 : 1 1/2) tiendra le milieu entre deux rapports tombant sous le sens, à savoir *le rapport* « *égal* (2 : 2) et *le rapport double* (2 : 1). La mesure [que nous venons de décrire] est « appelée *chorée irrationnel* (♩ ♪.).... Si l'on prend un terme moyen situé entre les deux « *arsis* susdits, il n'existe pour le levé et le frappé aucune mesure commune admise « dans le rhythme. » Ib. (Feussn., ch. 6). — La notation moderne possède un commun diviseur pour le frappé et le levé du *chorée irrationnel*, c'est la double croche; mais cette durée n'est pas considérée comme *enrhythmique* par la théorie grecque. — Voir plus haut, p. 12-13.

le texte poétique; tandis que des trochées réguliers se rendent par l'alternance continue d'une syllabe longue et d'une brève, le mélange des deux espèces a pour effet l'interruption de la série. Le chorée irrationnel est représenté par deux syllabes longues, groupe métrique appelé *spondée* par les grammairiens, mais qui, dans ce cas spécial, reçoit aussi le nom d'*orthios*[1]. Il n'est admis qu'à la deuxième, à la quatrième et à la sixième mesure de chaque vers, les mesures étant comptées à la moderne, c'est-à-dire en retranchant l'anacrouse. Peu employées en général pour les chants de grand style, et en particulier pour les chœurs tragiques formés d'iambes ou de trochées purs, les mesures irrationnelles étaient surtout à leur place dans les vers, moitié déclamés, moitié chantés, du dialogue dramatique, ainsi que dans les ariettes monodiques ou chorales de la comédie et du drame satyrique :

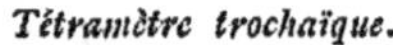
Tétramètre trochaïque.

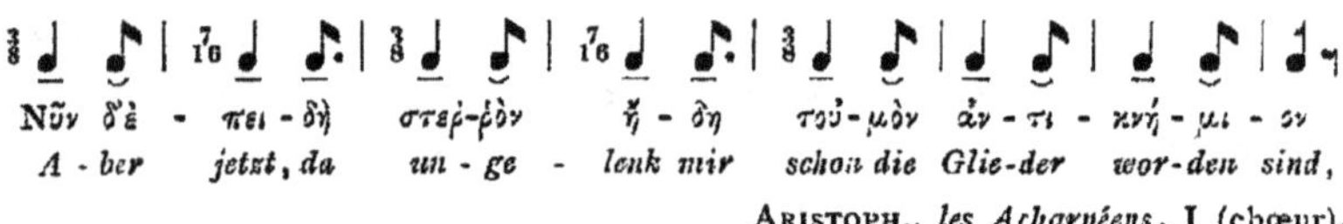

ARISTOPH., *les Acharnéens*, I (chœur).

Trimètre iambique.

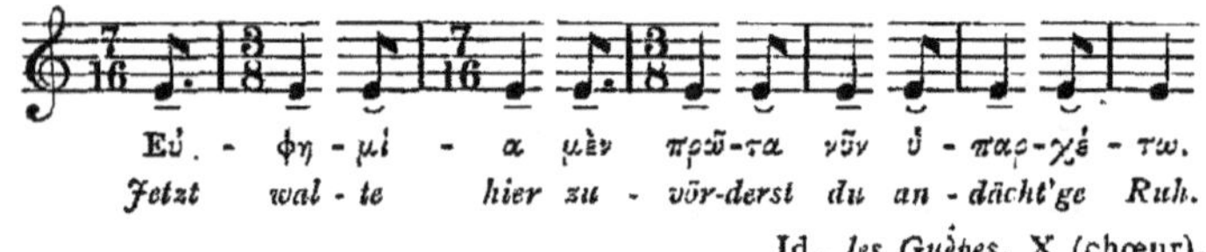

Id., *les Guêpes*, X (chœur).

L'alternance obligée des chorées réguliers et irréguliers — en d'autres termes la position fixe de ces derniers sur les mesures paires du membre rhythmique — est une confirmation évidente de ce qu'enseignent les anciens au sujet de la percussion des tétrapodies et des hexapodies (voir plus haut, pp. 31, 38 et 39). Au point de vue du musicien moderne, les tétramètres et les trimètres choréïques sont des 6/8, dont le frappé est toujours rempli par la forme-type (♩ ♪), laquelle peut se transformer au levé en une

1. « L'*orthios* a un levé irrationnel et un frappé de la valeur d'une longue; exemple « ὀρ-γή (*pa-tres*). » BACCH., p. 25.

forme anormale (♩ ♪.). Notre transcription en notes modernes reproduit la durée du chorée irrationnel, telle que la décrit le texte aristoxénien, aussi explicite que possible à cet égard. Est-ce à dire que les Grecs et les Romains aient observée rigoureusement cette durée, en récitant ou en déclamant leurs vers? La chose ne paraîtra guère admissible si l'on veut bien peser les circonstances suivantes : — le trimètre iambique et le tétramètre trochaïque sont les rhythmes les plus vulgaires de l'antiquité; — dans l'exécution musicale leur mouvement était rapide, et ils ne recevaient qu'une seule percussion pour chaque couple de mesures simples, ce qui devait rendre impossible l'appréciation exacte de durées aussi complexes; — dans tous les genres de composition où la même mélodie se répétait de vers en vers ou de strophe en strophe, le chorée régulier peut occuper la place d'un irrationnel et *vice versâ*.

De ce qui précède nous conclurons en toute certitude que les deux espèces de trochées avaient une différence de durée fort légère et difficile à préciser dans la pratique. Cela nous est, au reste, expressément affirmé par un auteur ancien[1]. Selon toute apparence, le chanteur — ou le déclamateur — se contentait d'égaliser *autant que possible*, d'une part, la durée totale des diverses mesures simples, irrationnelles ou non; d'autre part, la durée relative des deux syllabes du chorée irrégulier. Or, une opération semblable fera toujours l'effet d'un ralentissement momentané, et amènera un mode d'exécution que les musiciens modernes désignent par « chanter ou jouer *a tempo rubato*. » D'après cette hypothèse, le tétramètre trochaïque et le trimètre iambique devraient se traduire dans notre écriture musicale par une mesure à deux temps, dont le premier subit la division ternaire, tandis que le second a la division binaire, en sorte que pour l'espèce trochaïque les deux notations suivantes seraient également justifiées :

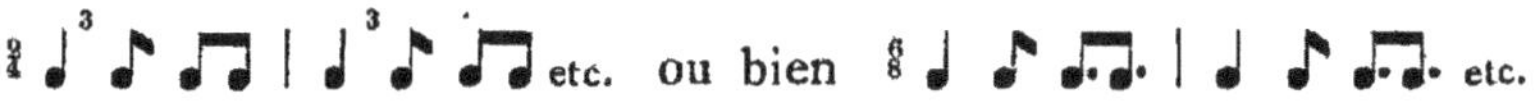

2/4 ♩ ♪ (3) ♫ | ♩ ♪ (3) ♫ etc. ou bien 6/8 ♩ ♪ ♫. | ♩ ♪ ♫. etc.

1. « Qu'est-ce qui est irrationnel? Ce qui a plus de durée que la brève et moins que « la longue. Comme néanmoins *on ne peut démontrer* par le raisonnement *combien il* « *contient en plus ou en moins*, un temps de cette espèce est dit irrationnel. » BACCH., p. 23.

Un tel rhythme satisfait à toutes les exigences de la prosodie, puisqu'il laisse aux deux syllabes du spondée leur valeur relative; de plus, il n'a rien de guindé ni de forcé. Ce qui le prouve, c'est son usage caractéristique dans une foule de mélodies charmantes et originales, importées de l'Amérique espagnole il y a une vingtaine d'années, et aujourd'hui fort répandues en Europe, où elles sont connues sous les noms de *Tango americano* ou de *Habaneras*.

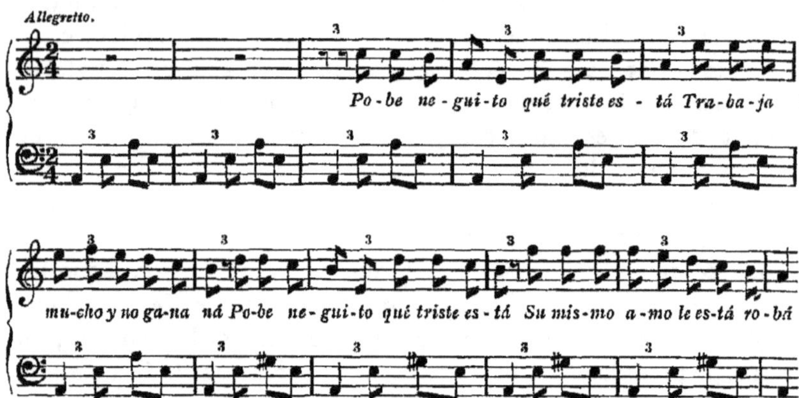

Si l'on admet cette interprétation du chorée irrationnel, on sera amené à supposer qu'Aristoxène, toujours préoccupé de chercher un parallélisme exact entre les diverses parties du système musical, se sera contenté d'appliquer à l'irrationalité rhythmique le principe admis par lui pour l'explication des intervalles irrationnels; or nous avons reconnu que ce principe est absolument artificiel[1].

En résumé, l'anomalie rhythmique dont nous venons de nous occuper doit son existence à une tendance qui se retrouve dans la poésie de tous les peuples de langue romane, et qui consiste à briser le rhythme ternaire, afin de lui enlever son caractère sautillant. En effet, le 3/8 appartient avant tout à la danse[2]. Sa forme-type (3/8 ♩ ♪ | ♩ ♪ | ♩ ♪ | ♩ ♪) a une cadence marquée, qui d'abord plaît à l'oreille, mais fatigue bientôt par sa régularité

[1] Voir T. I, p. 478.

[2] « Les trochées et les iambes simples montrent de la vivacité; ils sont chaleureux et « dansants. » ARIST. QUINT., p. 98.

et sa trivialité. Pour éviter cet excès de symétrie, nécessaire parfois pour la musique, mais réprouvé par le bon goût lorsqu'il s'agit de poésie déclamée, il suffit que le rhythme soit interrompu d'espace en espace par des mesures autrement divisées. C'est ce que les anciens ont atteint par l'insertion des trochées irrationnels; c'est ce que les versificateurs italiens, français et espagnols — dont toutes les poésies étaient primitivement iambiques ou trochaïques — obtiennent en variant dans les mètres de même longueur la position des syllabes accentuées, excepté aux endroits décisifs, la fin du vers et la césure, où la place de ces syllabes est constante. Seulement le poëte antique, toujours porté à garder une sage modération, n'étendait jamais cette licence à deux mesures consécutives. Dans tous les exemples à citer ultérieurement, nous nous contenterons d'indiquer par un astérisque les durées qu'il lui était loisible de traiter comme irrationnelles[1].

Ainsi que nous l'avons dit plus haut, le chorée irrationnel est exclu des grandes compositions iambiques et trochaïques, qui, chez Eschyle, constituent le principal élément musical de la tragédie. Parmi les formes musicales du 3/8, celles qui l'admettent le plus volontiers sont les rhythmes dits *logaédiques*, caractérisés par la figure (3/8 ♩. ♬ ♩) et dont la chanson éolienne a produit les types les plus variés :

Vers sapphique endécasyllabe.

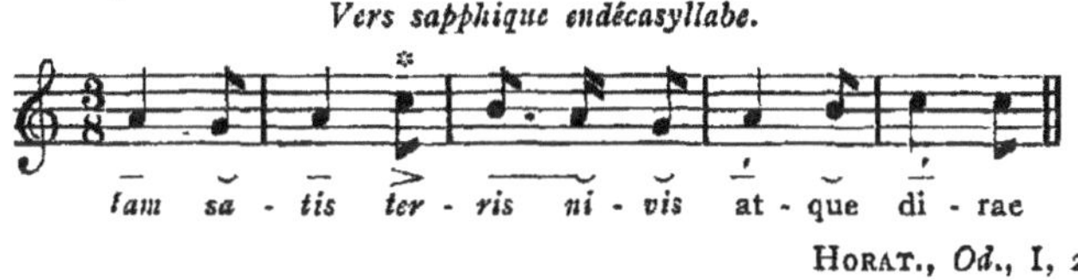

HORAT., *Od.*, I, 2.

L'irrationalité est étrangère à la mesure binaire simple ainsi qu'au 3/4. Mais elle se produit dans la mesure à cinq temps, apparentée au 3/8 par son caractère autant que par son origine, et employée par les tragiques à l'expression des sentiments heurtés, désordonnés. Sa place privilégiée, en toute circonstance, est le début du vers, l'*anacrouse*[2].

[1] Pour la notation métrique des syllabes irrationnelles, nous nous servirons du signe (>) introduit par J. H. H. Schmidt.

[2] Cf. J. H. H. SCHMIDT, *Griechische Metrik*, p. 231-248.

§ V.

A part la définition de ses trois parties, toute la branche de la science musicale désignée sous le nom de rhythmopée a disparu de la littérature sans laisser derrière elle le moindre vestige. Heureusement la perte cette fois n'est pas irréparable. Pour acquérir des idées nettes et précises sur la composition rhythmique des chants grecs, nous avons mieux que des classifications abstraites, mieux que deux ou trois fragments mélodiques du temps des Antonins; nous pouvons interroger directement les œuvres du plus grand siècle de la Grèce : les *schémas* rhythmiques des poésies de Pindare, d'Eschyle, de Sophocle et d'Euripide. L'interprétation de ces monuments, tout en présentant encore quelques lacunes, est assez avancée pour suppléer largement à l'absence de documents théoriques.

De même que la théorie du rhythme, la rhythmopée antique n'avait pas à s'occuper d'étendues plus grandes que les membres ou mesures composées. Au point de vue du rhythme un membre isolé doit former un tout complet. Mais au point de vue mélodique il n'en est pas de même; rarement trois ou quatre mesures simples renferment un sens musical fini. En général deux membres unis par la succession mélodique — l'*antécédent* et le *conséquent*[1] — sont nécessaires pour former les périodes les plus simples : selon l'axiome des musiciens français, « *le rhythme a besoin d'un compagnon.* » A cet égard les petites mélodies de l'Anonyme n'ont rien qui les distingue de nos airs de danse.

Il semblerait dès lors que la période dût être considérée comme l'unité rhythmique supérieure, de préférence au membre. En effet, le rhythme est l'ordonnance du temps au moyen des différentes parties de la matière rhythmique; or la période a manifestement sa place parmi ces parties, puisqu'elle se décompose en membres, de même que le membre se décompose en

[1] Aristote (*Métaph.*, XIV, 6), en parlant des deux membres de l'hexamètre, emploie dans une acception analogue les termes τὸ δεξιόν, τὸ ἀριστερόν.

mesures simples, et la mesure simple en temps premiers. De plus, il y a entre le membre et la période une analogie spéciale à signaler : en règle générale un *kolon* est constitué par la réunion de plusieurs mesures, par exception il ne contient qu'une mesure unique; pareillement une *période* se résout en plusieurs membres, mais parfois elle n'en renferme qu'un seul (lorsque c'est une pentapodie ou une hexapodie). Si néanmoins la période n'est pas comptée parmi les unités rhythmiques, c'est que, selon les anciens, elle reste en dehors des conditions essentielles du rhythme. Par la force de cohésion dont est doué un *ictus*, trois, quatre, cinq ou six temps premiers se réunissent pour former une mesure simple; de même deux, trois, quatre, cinq ou six mesures simples, en se rangeant sous un *ictus* principal, forment un membre, une mesure composée. Mais l'analogie cesse dès qu'il s'agit d'agglomérations plus considérables. Déjà moins sensible dans le membre que dans la mesure simple, dans les grandes mesures que dans les petites, l'*ictus* rhythmique n'a pas une énergie suffisante pour s'assujettir une période entière; sa prédominance s'évanouit totalement au delà de 25 unités. L'étendue de la période n'étant plus régie par des principes purement rhythmiques, mais par des considérations esthétiques d'un autre ordre, peut embrasser des membres en nombre indéterminé, dont les *ictus* principaux, d'une égale intensité, sont indépendants les uns des autres. Soustraite à la loi physiologique de l'*arsis* et de la *thésis*, de l'expansion et de la compression, de la *diastole* et de la *systole*, la période appartient à une catégorie supérieure qui relève du domaine général des arts musiques. A l'époque anté-aristoxénienne, néanmoins, alors que l'enseignement de la métrique se confondait encore avec celui du rhythme, cette distinction théorique ne paraît pas avoir été clairement reconnue; *période* (περίοδος) est un vieux terme de rhythmique, synonyme de *métron*[1].

Ce qui concerne la construction des périodes sera l'objet de l'un des paragraphes suivants; quant à l'analyse détaillée des formes de la rhythmopée grecque, elle trouvera sa place naturelle dans le chapitre consacré à la métrique. Il ne nous reste donc

[1] WESTPHAL, *Metrik*, I, p. 668 et suiv.

plus ici qu'à donner un aperçu des diverses parties de la doctrine, en y joignant l'*agogé* (le mouvement ou *tempo*) et les *métaboles* ou transitions rhythmiques. Les textes relatifs à ces deux points sont également en petit nombre et très-mutilés; nous essayerons d'en débrouiller le sens à l'aide des renseignements que nous fournit l'art pratique.

La rhythmopée est définie par Aristide : « la faculté de réaliser « le rhythme.... Elle a les mêmes subdivisions que la mélopée, « à savoir : le *choix* (λῆψις), par lequel nous savons quelle espèce « de rhythme doit être mise en œuvre; l'*application* (χρῆσις), par « laquelle nous faisons correspondre les *levés* aux *frappés*, [en « employant] d'une manière convenable [les diverses durées rhyth- « miques]; le *mélange* (μίξις), qui nous apprend à entrelacer les « rhythmes comme il convient[1]. »

Choix de la rhythmopée.

Le premier objet sur lequel devait se fixer le choix du compositeur antique, dans la conception du plan rhythmique de son œuvre, était le genre de mesure; de là dépendait en grande partie l'*éthos*, l'impression morale résultant de la composition. De même que la mélopée, la rhythmopée reconnaissait trois tropes, trois manières. Le *diastaltique* ou excitant, le style de l'ancienne tragédie attique, est représenté principalement par les sublimes créations d'Eschyle : il a pour objet d'éveiller dans l'âme du spectateur des sentiments de terreur et de pitié exempts de toute tendance maladive. Le trope *systaltique*, amollissant ou énervant, est propre aux monodies nomiques et scéniques, aux compositions chorales d'un caractère populaire : hyporchèmes, déplorations, chants d'hyménée, chants de la comédie et du drame satyrique. C'est à proprement parler le style passionné et dramatique tel que l'entendent les modernes; il se personnifie en Euripide. Le trope *hésychastique* ou calmant a sa plus haute expression dans les épinicies de Pindare; il est réservé à la lyrique chorale accompagnée de danse et aux hymnes sacrés. Or chacun des styles variait quant à l'usage des mesures. Un passage d'Aristide, puisé à une bonne source[2], expose ainsi les principes généraux par

[1] Arist. Quint., p. 42-43.

[2] Page 97 et suiv.

Êthos des mesures.

lesquels se déterminait cet usage : « Les rhythmes qui se coordonnent selon le rapport égal sont les plus agréables, à cause de « leur régularité; par la cause contraire, les rhythmes du genre « hémiole sont les plus agités; ceux du genre ternaire tiennent le « milieu : ils participent à l'anomalie [des mesures quinaires] par « l'inégalité [de leurs parties], à l'égalité [des binaires] par leur « simplicité, jointe à la netteté de la proportion[1]. » Ce jugement esthétique est confirmé par tous les monuments de la poésie musicale des Grecs. En effet, la mesure binaire, tranquille, sévère, majestueuse, a développé ses formes les plus parfaites dans les compositions du style hésychastique. La mesure quinaire, par son inégalité et son manque d'équilibre, se prête à exprimer des sentiments extrêmes, mais toujours fougueux et impétueux : soit qu'il s'agisse de dépeindre le débordement de la joie populaire ou une exaltation religieuse voisine du délire, soit qu'elle ait à rendre les sombres accents du désespoir; le trope diastaltique est son vrai domaine, mais elle apparaît aussi dans le systaltique et même dans certaines variétés de la lyrique chorale. Quant au 3/8, la seule mesure ternaire à laquelle notre texte fasse allusion[2], il

[1] Aristote, dans sa *Politique* (VIII, 5), s'exprime ainsi à ce sujet : « Il en est de même « pour les rhythmes [que pour les harmonies]; les uns [les binaires] ont un caractère « plus tranquille; les autres [les impairs] ont un caractère plus mouvementé; et parmi « ces derniers, les uns produisent des mouvements plus vulgaires, les autres des « mouvements plus nobles. »

[2] La mesure de 3/4, selon la classification adoptée par Aristide (voir plus haut, p. 36), appartient à la catégorie des composées. Pour saisir nettement ce que dit le même écrivain relativement à l'*êthos* des mesures de cette catégorie (p. 98-99 Meib.), il faut se rapporter à la classification dont il s'agit. « Quant aux *rhythmes composés* (σύνθετοι), ils « sont plus pathétiques, parce que la plupart des mesures qui les constituent procè- « dent de l'inégalité » (ceci est notamment le cas pour les classes *b* et *c*) et indiquent « beaucoup d'agitation. En effet, la même mesure ne garde pas constamment une « disposition identique[a]; mais tantôt elle débute par une longue et se termine « par une brève, tantôt elle procède à l'inverse; parfois c'est le frappé, parfois le « levé qui termine la période. [Toutefois] l'agitation résulte surtout de la juxtaposition « de plusieurs rhythmes distincts, car l'anomalie y est plus considérable. Aussi les « rhythmes composés qui produisent des mouvements corporels très-variés, commu- « niquent à l'âme un trouble profond. Ceux qui suivent un même genre de mesure « [rhythmes composés des classes *a* et *b*], émeuvent moins; ceux qui passent d'un genre « à l'autre (classe *c*) tiraillent l'âme, par chacune de leurs différences, en divers sens, la

[a] τὸν ἀεὶ ῥυθμόν au lieu de τὸν ἄῤῥυθμον des Mss. — Westphal (*Metrik*, I, p. 42 de l'appendice) propose de lire ἀριθμὸν.

garde un juste milieu entre la gravité dactylique et l'impétuosité péonique, et se rapproche de l'une ou de l'autre famille, selon que ses membres ont un nombre de mesures pair ou impair; aussi est-il admis indifféremment dans les trois styles. Le 3/4 a, chez les anciens, un *êthos* tout différent et plutôt apparenté à celui de la mesure quinaire; exprimant tantôt une violente agitation, tantôt un abattement extrême, le rhythme ionique ne convient qu'au trope systaltique et au mode phrygien : transports bachiques, langueur amoureuse, tels sont les états de l'âme qu'il est particulièrement appelé à rendre.

Mais le choix du genre de mesure est loin de suffire à lui seul pour déterminer l'*êthos* de la rhythmopée; le caractère de chacun des trois genres se nuance en diverses manières par une foule de circonstances accessoires, et avant tout par la prédominance des formes thétiques ou anacrousiques. Laissons encore parler notre texte : « Parmi les rhythmes, les plus tranquilles sont ceux qui « en commençant par le frappé calment d'avance l'esprit; ceux « qui donnent à la mélodie comme point de départ un temps levé « expriment plus d'agitation. » Les faits sont encore ici d'accord avec la théorie. De toutes les formes rhythmiques de l'antiquité, le dactyle est la plus grave et la plus solennelle : Aristote lui assigne un rang analogue à celui que le mode dorien occupe parmi les harmonies[1]; l'anapeste ne dément pas ce caractère sérieux et viril, mais il y joint une expression plus active, indispensable à un rhythme de marche. Une nuance semblable existe entre les deux formes du 3/8, bien qu'elles aient la danse pour origine commune; le trochée est plus placide et plus gracieux que l'iambe, dont l'allure a toujours quelque chose d'agressif. Il est facile de constater, en effet, que la brève initiale de l'iambe, étroitement liée à la longue suivante qu'elle sert à préparer, a une intensité plus grande que la brève finale du trochée : toute la

« contraignant à suivre la variété et à s'y conformer. C'est pourquoi les mouvements « artériels qui gardent la même espèce de mesure, et diffèrent peu quant à la grandeur « des temps, ne sont pas en réalité dangereux, même en étant agités; mais ceux dont « les temps changent considérablement de durée, voire même de genre de mesure, sont « redoutables et pernicieux. »

[1] *Rhét.*, III, 8.

force de celle-ci étant absorbée par la longue précédente dont elle dépend. Pour se convaincre de la réalité du fait, il suffit de chanter ou de déclamer en mesure deux phrases, l'une composée de mots purement iambiques (par exemple : 3/8 ♪| ♩ ♪| ♩ ♪| ♩ ♪| ♩ — es - poir charmant, bon - heur di - vin), l'autre ne renfermant que des trochées (3/8 ♩ ♪| ♩ ♪| ♩ ♪| ♩ ♪ — bon-ne, dou-ce, ten-dre mè-re); dans le premier cas, non-seulement chaque groupe de deux syllabes suivra une progression croissante, mais la brève elle-même aura un accent assez marqué, tandis que dans le second cas sa force sera nulle. L'éminent philologue J. H. H. Schmidt a donné avec justesse aux formes thétiques (dactyles, trochées, ioniques majeurs) le nom de *mesures tombantes*, parce qu'elles commencent par l'intensité la plus grande et vont en diminuant graduellement d'énergie; aux mesures anacrousiques (anapestes, iambes, ioniques mineurs), qui procèdent à l'inverse, il donne l'épithète d'*ascendantes*. La musique moderne nous montre, en effet, par des exemples très-caractéristiques, que le rhythme trochaïque s'unit volontiers à des successions procédant de l'aigu au grave, tandis que les iambes affectionnent les progressions ascendantes.

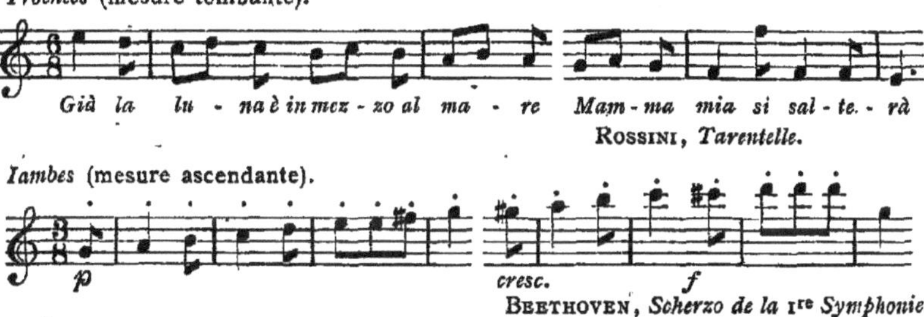

Le contraste des deux formes se fait remarquer d'autant mieux que les rapports et les combinaisons de la mesure sont moins complexes; aussi est-il particulièrement sensible dans les rhythmes simples et primitifs (dactyle, anapeste, trochée, iambe), qui sont communs au chant et à la récitation. Mais la présence ou l'absence de l'anacrouse exerce peu d'influence sur le caractère des rhythmes plus compliqués, réservés à la musique.

Application de la rhythmopée. La deuxième partie de la composition rhythmique est l'application (χρῆσις), identique avec ce que Bacchius appelle la *thésis* (ou disposition) de la rhythmopée[1]; elle enseigne l'usage convenable des diverses espèces de durées dans l'œuvre musicale. Pour se rendre un compte exact de la manière dont les anciens ont conçu cet acte, il est indispensable de saisir la distinction qu'ils établissent entre les *temps* (ou durées) *de la mesure* et *les temps de la rhythmopée;* elle se rattache à un principe général de la philosophie musicale d'Aristoxène, formulé ainsi dans les *Éléments harmoniques :* « Chacune des parties de la musique — de même que « la musique envisagée dans son ensemble — renferme un *élément* « *stable* et un *élément mobile*[2]. » Dans le domaine de l'harmonique, l'application de ce principe produit la doctrine des modes, des tons et des genres; en rhythmique l'élément stable est la mesure; l'élément incessamment variable, ce sont les durées effectives dont l'artiste compose sa mélodie. « Tandis que la rhythmopée « donne lieu à des changements nombreux et de tout genre, les « mesures par lesquelles nous reconnaissons les rhythmes sont « simples et toujours les mêmes[3]. » Le développement de ce point de la doctrine aristoxénienne nous est transmis par Psellus dans les termes suivants : « Parmi les durées [employées par le com- « positeur], les unes sont inhérentes à la mesure, les autres « appartiennent exclusivement à la composition rhythmique. Un « *temps propre à la mesure* (χρόνος ποδικός) est celui qui remplit « juste l'espace d'une percussion ou la mesure entière [dans « laquelle il est considéré]; un *temps de la rhythmopée* (χρόνος « ῥυθμοποιίας ἴδιος) est celui qui dépasse lesdites divisions soit en « grandeur, soit en petitesse[4]. » Les temps de la mesure sont des jalons séparés par des distances égales ou symétriques,

1 Page 21.

2 *Stoicheia harm.*, p. 33 (Meib.). — Voir plus haut, T. I, p. 294.

3 *Stoicheia harm.*, p. 34 (Meib.).

4 WESTPHAL, *Metrik*, I, suppl., p. 19, § 8. — « On ne doit pas mésentendre ce qui « vient d'être dit [à propos du nombre de percussions admis dans la mesure], ni croire « que la mesure ne se fractionne pas en plus de quatre nombres. Souvent il arrive que « les mesures sont fractionnées jusqu'au double et même jusqu'au multiple de ce « nombre. Mais ce n'est pas *la mesure comme telle* (καθ' αὑτὸν ὁ πούς) qui se fractionne en « plus de parties; elle est divisée ainsi par la rhythmopée. Il importe donc de distinguer « nettement, d'une part, les percussions qui caractérisent la mesure, d'autre part, les « divisions engendrées par la rhythmopée. » ARISTOX., *Rhythm.* (Feussn., ch. 5).

à l'aide desquels le sentiment musical se dirige avec sûreté au milieu de la confusion apparente des durées de la rhythmopée. Celles-ci sont arbitraires de leur nature et ne subissent d'autres limitations que celles que leur impose le goût.

Sans atteindre la richesse que fait paraître à cet égard l'art moderne, les combinaisons de la rhythmopée antique employées à l'intérieur du membre étaient assez variées. Voici, selon l'ordre de leur fréquence et accompagnées de leur notation métrique, celles dont les travaux de Westphal et de Schmidt ont démontré l'existence pour la poésie chantée[1]. La musique instrumentale comportait une variété plus grande, à en juger par les nombreux termes techniques qui chez les écrivains musicaux de l'antiquité servent à désigner les diverses espèces de traits[2] :

Quelques-unes de ces formes donnent à la mélodie une physionomie si tranchée, qu'elles servent de type à des catégories entières de compositions, et sont désignées par des termes spéciaux. La figure *d* (ou *dd*) de la mesure de 3/8 (♩♫♩) s'appelle

[1] Les deux savants allemands interprètent quelques-unes de ces combinaisons d'une manière un peu différente. Nous désignons respectivement par W et par S les transcriptions qui n'ont pour elles que l'autorité de l'un d'eux.

[2] Cf. Ptol., l. II, ch. 12 et Pollux, l. IV, ch. 8-10.

dactyle cyclique; elle sert à distinguer les rhythmes *logaédiques* d'avec les chorées purs. Tout au contraire la figure *e* (♩ ♫) ne se mêle, selon Schmidt, qu'à ces derniers; de là sa dénomination de *dactyle choréïque.* La figure *b* du 2/4 (♩ ♩) a reçu le nom de *spondée* (de *σπονδαί,* libations), à cause de son usage caractéristique dans les mélodies du culte. Combinée avec la figure *d* (ou *dd*) de la même mesure, elle forme le thème fondamental des rhythmes *dactylo-épitrites* ou *doriques* (𝄽 ♩. ♪ | ♩ ♩).

La manière dont se succèdent les durées exerce une action prépondérante sur la force relative des divers accents. Les longues aiment à s'appuyer sur les temps forts, les brèves conviennent aux temps faibles; lorsque cet ordre normal est interverti, le levé prend une intensité exceptionnelle[1]. Ceci arrive dans la figure *f* du 2/4 (♫ ♩), que l'on rencontre parmi les anapestes, rhythme de marche dont le levé a un accent très-marqué; la même particularité se remarque dans la figure *b* du 3/4 (♩ ♫ ♩) appelée *choriambe*[2]; la tragédie s'est emparée de cette forme pour les situations les plus violentes.

La *syncope*, telle qu'on l'entend dans la musique moderne, résulte d'une opposition directe entre les *temps de la rhythmopée* et les *temps de la mesure;* elle consiste à faire coïncider l'attaque des sons longs et accentués avec les parties de la mesure dépourvues de tout *ictus.* Sans être habituelle à la musique gréco-romaine, la syncope ne lui était pas tout à fait étrangère; il en existe un exemple certain dans la figure *f* du 3/8 (♪ ♩), dite *iambe retourné*, groupe qui apparaît surtout à la première mesure des vers

[1] M. J. H. H. Schmidt part de ce phénomène pour attribuer trois degrés d'intensité aux groupes rhythmiques qui dépassent quatre unités ; il appelle mesures graduées les *ioniques* (⫠ ⫠ ⏑⏑) et le *bacchius* (⫠ ⫠ ⏑), mesures antithétiques le *péon* (⫠ ⏑ ⫠) et le *choriambe* (⫠ ⏑⏑ ⫠). Mais il est évident que ces distinctions, parfaitement justifiées quand il s'agit de caractériser l'*êthos* des diverses formes métriques, sont du domaine de la rhythmopée, et ne touchent pas à la constitution des mesures. L'assertion si précise d'Aristoxène (*Rhythm.*, ch. 5) ne laisse aucun doute à ce sujet : « *Les percussions* « *de chaque mesure restent les mêmes quant au nombre et quant à la durée;* les divisions « provenant de la rhythmopée comportent, au contraire, une très-grande variété. »

[2] La combinaison métrique — ⏑⏑ — peut se décomposer en un *chorée* (— ⏑) et un *iambe* (⏑ —); de là le terme forgé par les grammairiens alexandrins. Antérieurement toutes les formes du 3/4 avaient la dénomination commune de *baccheios* (bachique), qui passa plus tard à l'une des variétés de la mesure quinaire.

logaédiques[1]. On doit aussi expliquer par la syncope une variété très-caractéristique du rhythme quinaire (figure *g* du 5/8), ordinairement précédée d'une anacrouse : c'est le *bacchius*, dont le *schéma* métrique (⏑ | – – ⏑ | – – etc.) ne peut guère s'interpréter que de la manière suivante[2] :

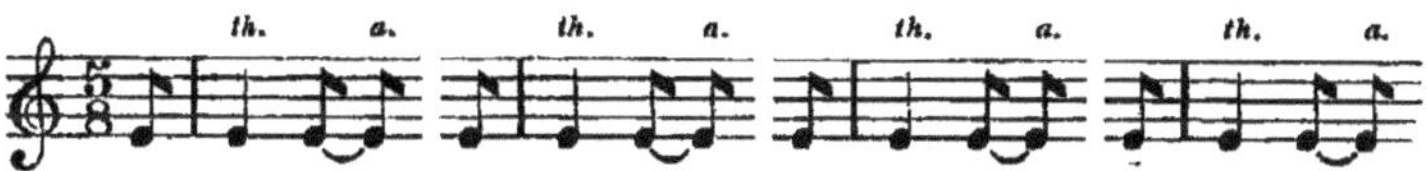

Deux mesures composées issues du 2/4, à savoir le 2/2 et le 3/2, sont en certaines circonstances remplies exclusivement par des longues de quatre unités, de manière que chaque temps de la rhythmopée équivaut à une mesure simple; de là trois rhythmes d'un caractère essentiellement religieux : le *spondée majeur* (₵ 𝅗𝅥 𝅗𝅥), l'*orthios* (3/2 𝅗𝅥 | 𝅗𝅥 𝅗𝅥) et le *trochée sémantique* (3/2 𝅗𝅥 𝅗𝅥 𝅗𝅥). En aucun cas une mesure composée ne contient des durées dépassant l'étendue de la mesure simple dont elle est issue.

Silences. Les silences sont des éléments de la composition rhythmique, au même titre que les sons dont ils prennent la place. Dans la musique vocale des Hellènes, comme dans nos chants d'origine populaire, ils étaient bannis de l'intérieur du vers; en revanche la dernière mesure du membre, sauf le frappé, est généralement remplie soit par des silences, soit par la prolongation du son unique, et prend conséquemment une forme stéréotype :

La musique instrumentale usait des silences avec une plus grande liberté; elle s'en servait à tous les endroits du membre, même au temps fort[3].

[1] On le rencontre jusqu'à quatre fois dans la petite mélodie syntono-lydienne de l'Anonyme, conçue en rhythme choréïque. Voir T. I, p. 418.

[2] A ne considérer que le *schéma* métrique du *bacchius*, on serait tenté de partager les cinq unités en 2 + 3 (ce qui s'accorde avec la théorie de J. H. H. Schmidt); mais cette division violerait une des lois fondamentales du rhythme, laquelle ne permet pas que le levé ait plus de poids que le frappé; de plus elle est contraire à la doctrine d'Aristoxène. Celle-ci dit expressément que les percussions de chaque espèce de mesure restent les mêmes, quant au nombre et *quant à la durée*.

[3] Voir l'exemple de l'Anonyme, T. I, p. 418. — « Les rhythmes dont les périodes « ne renferment que des mesures *intégrales* (c'est-à-dire remplies entièrement par des

Lorsque, dans une œuvre musicale, le compositeur utilise à la fois deux ou trois matières rhythmiques, — poésie et musique, — musique et danse, — poésie, musique et danse — toutes, en vertu de la grande loi esthétique de l'unité, doivent se plier simultanément au joug d'un rhythme unique, et correspondre entre elles quant aux divisions fondamentales de la mesure. Mais afin de satisfaire à une autre condition esthétique non moins essentielle, la variété, il faut que chacune d'elles garde une certaine indépendance dans la répartition des temps de la rhythmopée; en certains moments, une durée quelconque, occupée par une seule intonation, se prolongera sur plusieurs syllabes ou sur plusieurs mouvements du corps; en d'autres moments, une syllabe portera plusieurs sons. Aristoxène établit à cet égard une foule de distinctions très-ingénieuses, mais qui, n'étant éclaircies ni par des exemples, ni par des développements suffisants, n'offrent qu'un médiocre intérêt[1]. Seuls les trois hymnes du IIe siècle jettent

« sons), seront les plus distingués. Étant coupés de silences brefs, les rhythmes ont « de la naïveté et peu de grandeur; ceux qui contiennent des silences longs sont plus « majestueux. » ARIST. QUINT., p. 97.

[1] « Un temps quelconque est dit aussi *incomposé* [ou *composé*], par rapport à la « manière dont la rhythmopée en fait usage.... Nous appellerons incomposée (dans cette « acception particulière) une durée quelconque qui sera occupée par une syllabe unique, « par la même intonation ou par un seul mouvement du corps; mais si une pareille « durée est remplie par des sons dissemblables, par plusieurs syllabes ou par plusieurs « mouvements orchestiques, elle sera dite composée. La théorie harmonique offre un « analogue à ce qui vient d'être dit; en effet, le même intervalle (à savoir le demi-ton) « sera employé par le genre enharmonique à l'état de composé, par le chromatique il « sera rendu incomposé; un autre (l'intervalle de ton) sera incomposé en diatonique et « composé en chromatique; souvent un même genre renfermera le même intervalle à « l'état d'incomposé et à l'état de composé (tel sera en chromatique l'intervalle de ton); « toutefois [ce double emploi ne se produira] pas au même endroit de l'échelle. Mais « l'exemple [que nous venons de citer] diffère du point proposé en ceci : que le *temps* « [dont il est question] ne devient incomposé ou composé que par la rhythmopée « (c'est-à-dire par un acte émanant de la volonté du compositeur), tandis que l'*intervalle* « l'est [déjà] par la succession des genres et [par la structure] de l'échelle.... Maintenant, « si l'on envisage la matière en détail, on appellera simplement *incomposée* une durée « [quelconque] qui n'est partagée par *aucune* des matières rhythmiques (son, parole et « mouvement corporel), et pareillement *composée* celle qui est partagée par *toutes* les « matières rhythmiques; *à la fois composée et incomposée*, une durée qui est divisée par « *certaines* matières rhythmiques et laissée à l'état d'indivision par d'autres. D'après « cela une durée *simplement incomposée* ne sera remplie ni par plusieurs syllabes, ni par « des sons divers, ni par plusieurs *temps* de la danse; par contre, une durée *simplement*

quelque lumière sur ce point obscur de la rhythmopée ; ils nous montrent qu'en effet les mélodies gréco-romaines ne procédaient pas invariablement *note contre parole*, mais qu'elles admettaient, dans une mesure très-restreinte, des groupes de sons sur une seule syllabe, des vocalises[1]. En dehors de ces monuments, les formes rhythmiques des chants grecs ne nous sont connues que par rapport aux durées des syllabes de la diction. L'analyse de ces formes, qui constitue le paragraphe le plus important pour la connaissance de l'art pratique des Hellènes, occupera tout le chapitre suivant. — Avant de passer à la troisième partie de la rhythmopée, nous nous bornerons à réunir ici le peu que nous savons au sujet de l'*agogé* (*ἀγωγή*).

L'*agogé* ou mouvement.

Comme son équivalent français *allure*, ce terme possède en musique plus d'une signification[2]. En rhythmique, il désigne spécialement ce que nous appelons le *mouvement*, le *tempo*. « L'*agogé* « rhythmique, » dit Aristide, « est la célérité ou la lenteur des « temps ; de telle façon que, tout en conservant les rapports entre « les *frappés* et les *levés*, nous produisons différemment la durée « des diverses valeurs de notes[3]. »

Si l'on excepte quelques rhythmes affectés aux chants liturgiques, ainsi que la plupart des chœurs dactyliques, dont la poésie exprime des idées très-graves, le mouvement habituel des

« *composée* sera occupée dans chacune des matières par plus d'une partie de la matière ; « enfin une durée *mixte* portera, par exemple, un seul son, mais plusieurs syllabes, ou « bien une syllabe unique, mais plusieurs sons. » ARISTOX., *Rhythm.* (Feussn., chap. 4).

[1] Les passages suivants caractérisent les différences existant entre les mélodies syllabiques et celles qui renferment des mélismes : « Certains temps [de la rhythmopée], « appelés *concis* (*στρογγύλοι*), se précipitent plus que de besoin ; d'autres, dits *surabondants* (*περίπλεῳ*), produisent plus de lenteur qu'il ne convient (lisez *πλέον ἢ δεῖ* au « lieu de *πλέον ἤδη*), par l'usage de *sons composés* (groupes de notes sur une même « syllabe). » ARIST. QUINT., p. 33-34. — « *Quorum temporum alia* strongyla, *hoc est rotunda*, « *perhibentur : alia* peripleo. *Et* rotunda *sunt quae proclivius et facilius, quam gradus* « *quidam atque ordo legitimus expetit, praecipitantur :* peripleo *verò, quae amplius quam decet* « *moras compositae modulationis innectunt, seque ipsa tardiore pronunciatione suspendunt.* » MART. CAP., p. 191 (Meib.). — Aristide décrit ainsi (p. 100) l'*éthos* de ces deux classes de rhythmes : « Les rhythmes *concis* et rapides sont véhéments, pressants et poussent « à l'action ; les *surabondants* sont plats et insipides ; ceux qui tiennent le milieu participent des deux et observent une juste proportion. »

[2] Cf. WESTPH., *Syst. der ant. Rhythm.*, p. 122-123.

[3] Page 42.

compositions grecques devait être assez animé, à en juger par le petit nombre de percussions affectées aux membres les plus étendus et par la longueur des périodes grammaticales chez Pindare et chez Eschyle. La mesure à 3/4 en particulier, qui exprime toujours l'agitation amoureuse, bachique ou religieuse, exigeait une exécution très-rapide. En général les compositions chorales se chantaient plus lentement que les monodies[1].

Le degré de vitesse du mouvement influe naturellement sur le caractère du morceau : « Les rhythmes pris dans un mouvement « vif auront de la chaleur et de l'entrain; exécutés avec lenteur, « ils seront relâchés et calmes[2]. » Platon nous apprend que le musicien-philosophe Damon, en enseignant les formes rhythmiques à ses disciples, « trouvait à blâmer ou à louer dans cer« taines d'entre elles non moins les mouvements de la mesure « (τὰς ἀγωγὰς τοῦ ποδός) que les rhythmes eux-mêmes[3]. »

Mélange de la rhythmopée.

La troisième et dernière partie de la rhythmopée s'occupait du mélange (μίξις) des divers éléments du rhythme : temps, mesures, membres, etc. Ce mélange ne pouvant guère être que le passage d'une forme rhythmique à une autre[4], il devient assez malaisé d'expliquer pourquoi la métabole formait dans la théorie aristoxénienne un paragraphe à part. Quoi qu'il en soit, c'est ici le lieu de nous occuper de ce genre de transitions. Tant que les écrits métriques des grammairiens de l'époque romaine formaient la

1 « Pourquoi les chanteurs observent-ils plus facilement la mesure étant nombreux « que ne l'étant pas? Est-ce parce qu'ils regardent plus attentivement une seule et même « personne, c'est-à-dire l'*hégémon* (le chef), et qu'ils sont dirigés avec plus de lenteur, « en sorte qu'il leur est plus facile d'arriver au même but? Car c'est généralement la « vitesse qui occasionne la faute. L'ensemble des exécutants s'attache au chef, et « personne ne voudrait, en se singularisant, briller au-dessus de la masse; tandis que, « étant peu nombreux, les chanteurs tâchent de s'éclipser mutuellement, ce qui fait « qu'ils luttent les uns contre les autres, au lieu de s'attacher aux [indications du] chef. » ARISTOTE, *Probl.*, XIX, 45 (trad. d'A. W.). Cf. 22.

2 ARIST. QUINT., p. 99-100.

3 *Republ.*, III, p. 400, ch. II.

4 A moins d'admettre chez les anciens une polyrhythmie pareille à celle dont font usage les Arabes d'Afrique (voir p. 42, note 2), hypothèse à rejeter sûrement pour l'époque classique (en dehors des rhythmes *sémantiques*), mais acceptable, jusqu'à un certain point, pour la période alexandrine et romaine. En effet, les mètres les plus en vogue à cette époque, les *Ioniques brisés* et les *Sotadées*, offrent précisément le mélange des deux mesures (3/4 et 6/8) qui se prêtent le mieux à l'emploi simultané.

source unique de nos connaissances en tout ce qui concerne le rhythme antique, il était difficile de voir dans les restes les plus distingués de la littérature mélique autre chose que des textes ayant servi à une musique bizarre, étrangère à toute mesure régulière et plus destituée d'eurhythmie que les chants des peuplades sauvages. Une intelligence suffisante de la rhythmique d'Aristoxène a montré que les Grecs, cette noble race si éprise d'ordre et d'harmonie, ne se sont pas mis en dehors des lois de la nature, ce que d'ailleurs les philologues auraient pu soupçonner *à priori*. Le rhythme ne saurait pas plus consister en un mélange confus et arbitraire de mesures de tout genre, qu'une mélodie ne consiste en un mélange d'intervalles, de tons et de modes hétérogènes. Aussi est-il permis de dire en thèse générale que le changement de mesure se produit rarement dans l'art antique : ni les mètres employés en série continue ni la chorale lyrique n'en font usage. Des transitions fréquentes d'une mesure à une autre n'ont lieu que dans la musique dramatique, où les sentiments les plus opposés se heurtent à tout moment.

Métabole rhythmique.

Mais la métabole rhythmique n'est pas seulement le passage d'un genre de mesure à un autre; le même nom s'applique aussi à des changements moins radicaux, ayant pour objet soit la disposition, soit la forme intérieure de la mesure. De pareilles métaboles étaient très-communes et les Hellènes en ont tiré des effets dont nous ressentons encore la puissance, bien que de la mélodie il ne reste plus aujourd'hui que le squelette rhythmique. Relativement au classement des diverses espèces de transitions, il ne nous est pas parvenu une seule ligne dans les fragments authentiques d'Aristoxène; mais Bacchius et Aristide y consacrent chacun un court paragraphe, emprunté visiblement à une source commune[1]. En condensant les résultats qui se dégagent de la

[1] Le texte de Bacchius (p. 13-14), le plus étendu, réunit dans un même paragraphe les métaboles harmoniques et celles qui se rapportent au rhythme. — « Combien existe-t-il « de métaboles? — Sept. — Lesquelles? — Les suivantes : (1°) métabole de système « (=mode); (2°) métabole de genre; (3°) métabole de trope (=échelle de transposition); « (4°) métabole de l'*êthos;* (5°) du *rhythme* (c'est-à-dire de la *mesure*, ce terme étant « pris dans l'acception antique); (6°) du *mouvement rhythmique;* (7°) de la *disposition de* « *la rhythmopée*. — Quand a lieu la métabole *de système?* — Lorsque de l'échelle [modale] « établie, la mélodie passe à une autre, en changeant de *mèse* [thétique]. — Et la

comparaison des deux textes, malheureusement très-délabrés, et en énumérant les transitions dans l'ordre de leur complication croissante, voici les distinctions que l'on est amené à admettre :

La *métabole dans la disposition* (θέσις) *de la rhythmopée* était un changement soudain et caractéristique des valeurs de notes, la mesure restant la même. Bien que, sous le rapport des combinaisons de la rhythmopée, la musique grecque ne pût rivaliser de richesse avec la nôtre, elle ne manquait pas de ressources pour amener des transitions frappantes en ce genre. Sans changer de mesure, le poëte-musicien pouvait passer des chorées purs aux logaèdes, faire alterner des bacchius avec des péons, des choriambes avec des rhythmes ioniques, ou transformer tout à coup des dactyles et des anapestes en longues doubles, comme dans l'exemple suivant :

(*Mixolydisti*).

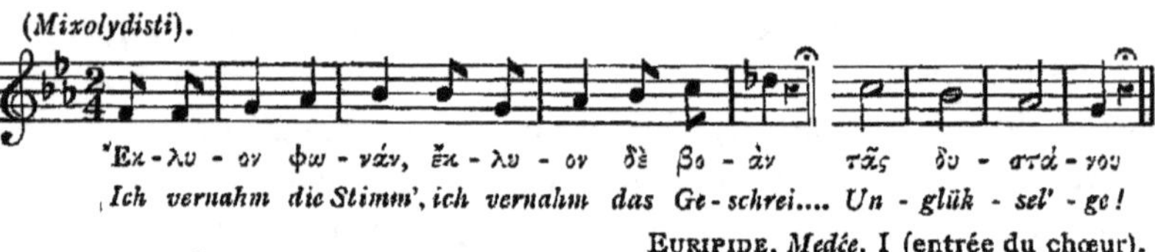

EURIPIDE, *Medée*, I (entrée du chœur).

« métabole *de genre?* — Lorsqu'on passe d'un genre à un autre : [par exemple] de « l'enharmonique au chromatique ou à quelque chose de semblable. — Et la métabole « *de trope?* — Lorsque l'on passe du [ton] lydien au phrygien ou à l'un des autres [tons]. « — Et la métabole *de l'êthos?* — Lorsque l'on passe du [style] simple au grandiose, ou du « [style] tranquille et calme au mouvementé. — Et la métabole *de rhythme?* — Lorsque « nous passons du chorée à l'iambe ou à l'un des autres [rhythmes]. — Et la métabole « *du mouvement rhythmique?* — Lorsque le rhythme qui allait du levé au frappé prend « l'ordre inverse. — Et la métabole *selon la disposition de la rhythmopée?* — Lorsque « [par exemple] le rhythme entier, qui procédait par percussions [monopodiques], se « convertit en dipodies. » Les deux dernières réponses sont fautives : la première se rapporte à la métabole *selon l'antithèse;* la dernière au passage d'un membre binaire (dipodie ou tétrapodie) à un membre impair (tripodie, pentapodie). L'énumération des métaboles donnée par Aristide (p. 42, Meib.) se rattache à la théorie analysée plus haut (p. 36, note 1) : « La métabole rhythmique est le changement des mesures ou du mouve- « ment. Les métaboles se font de *huit* manières : (1°) par le [changement du] *tempo;* « (2°) par le [changement du] rapport rhythmique, et nommément quand on passe *d'une* « [*mesure simple*] *à une* [*autre mesure simple*]; — ou bien (3°) *d'une* [*mesure simple*] *à* « *plusieurs*, [c'est-à-dire *à un rhythme composé*]; — ou bien (4°) *d'un* [*rhythme*] *incomposé* « *à un* [*rhythme*] *mixte;* — ou bien (5°) *d'un* [*rhythme*] *mixte à un autre* [*rhythme*] *mixte;* « — ou (6°) *du* [*rhythme*] *crétique*, [c'est-à-dire *du ditrochée régulier*] *à l'irrationnel;* — « ou (7°) *d'un* [*rhythme*] *irrationnel à un* [*autre rhythme*] *irrationnel;* — ou (8°) *quand des* « *mesures différant par antithèse s'entremêlent.* »

La *métabole de rhythme* proprement dite, c'est-à-dire le changement dans la disposition des durées constitutives de la mesure, comporte quatre variétés, dont la dernière seule constitue un changement de mesure au point de vue moderne.

1° Passage d'une mesure thétique à la mesure anacrousique correspondante, ou *vice versâ*[1]. Très-fréquent dans toutes les formes rhythmiques destinées au chant, ce changement, quelque léger qu'il paraisse, ne laisse pas d'être parfois assez sensible, même à une oreille moderne[2]. La période suivante se compose de deux tétrapodies iambiques auxquelles un membre trochaïque de même étendue sert de conclusion :

(*Doristi*).

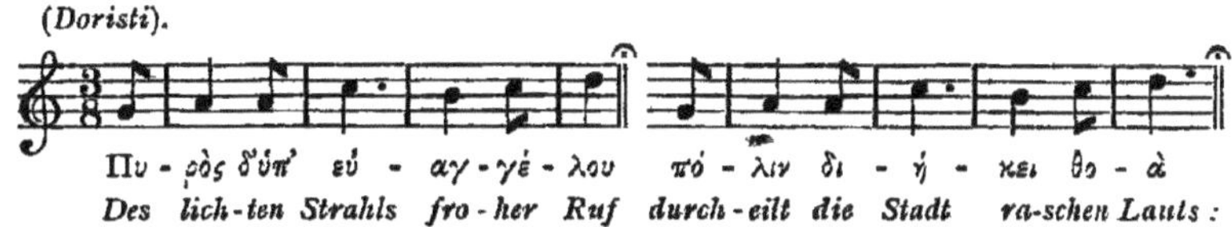

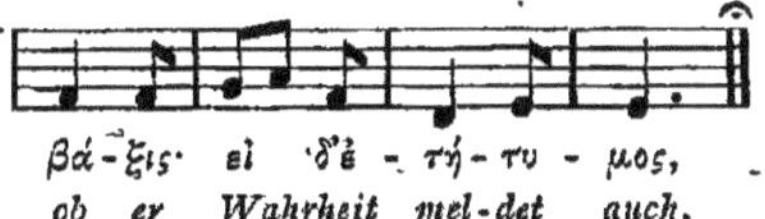

ESCHYLE, *Agamemnon*, II (chœur), Épode.

2° Changement dans l'étendue des membres dérivés d'un même rhythme fondamental, ce qui arrive lorsque, sans modifier la mesure, on entremêle dans un même morceau — ou dans une même période — des dipodies et des tripodies, des tétrapodies et des pentapodies, etc. Selon la théorie aristoxénienne, qui assimile chaque membre à une mesure composée, cela constitue un vrai changement de mesure; mais selon nos idées modernes il n'en est pas toujours ainsi; étant traduits dans notre écriture musicale,

1 Bacchius : « Lorsque le rhythme qui allait du levé au frappé prend l'ordre inverse; » n° 8 de l'énumération d'Aristide. Lorsqu'elles ne renferment pas cette métabole, les formes métriques sont dites *d'une seule espèce* (μέτρα μονοειδῆ); on appelle mètres *antipathiques* (ἀντιπαθῆ) ceux qui admettent à la fois des dactyles et des anapestes, des trochées et des iambes. Cf. WESTPHAL, *Metrik*, II, pp. 113, 117 et 232.

2 Cf. la romance de *Richard Cœur de Lion : Dans une tour obscure;* à la deuxième période — *si Marguerite était ici* — le rhythme d'iambique devient trochaïque.

3 Bacchius : « Lorsque le rhythme entier qui procédait par percussions monopo« diques (voir plus haut, p. 30-31) se convertit en dipodies; » n° 4 d'Aristide.

les rhythmes grecs où des membres d'étendue inégale se trouvent ainsi juxtaposés se diviseront le plus convenablement en mesures simples. La lyrique chorale, s'abstenant de tout changement de mesure, devait chercher la variété au moyen de l'usage fréquent de cette métabole, sous peine de tomber dans une monotonie insupportable. Une suite indéfinie de tétrapodies ou de tripodies pouvait suffire pour la poésie récitée, pour des chansons ou des airs de danse, mais non pas pour une longue suite de strophes exécutées sur la même mélodie[1]. Aussi l'inégalité des membres rhythmiques est-elle de règle chez Pindare, même dans les compositions les plus simples. Parmi ces dernières, nous choisirons comme exemple la 5e Olympique, dont la mélodie se compose d'une série alternative de pentapodies et de tripodies, terminée à chaque épode par une tétrapodie unique :

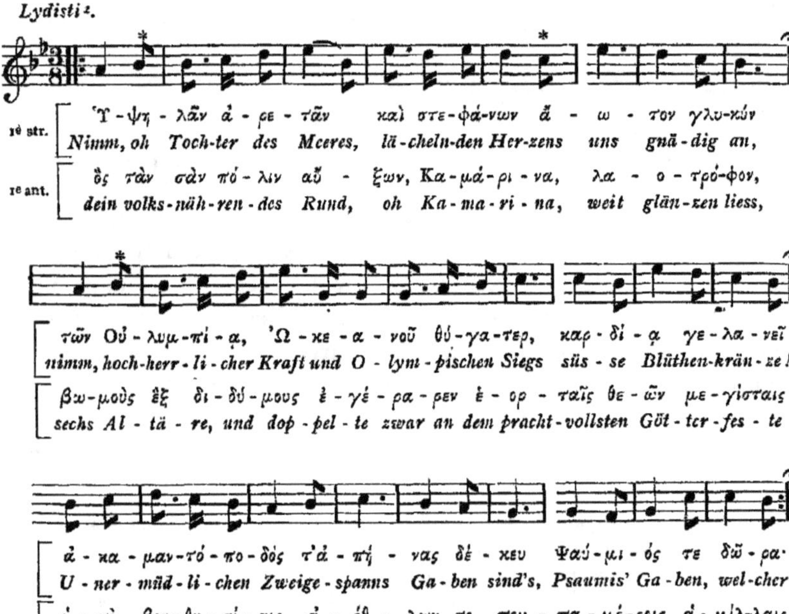

[1] La mélodie des strophes de la 4e Pythique de Pindare se répétait jusqu'à 26 fois.

[2] Le mode lydien et l'accompagnement des flûtes sont indiqués par le poëte (v. 19).

Épode.

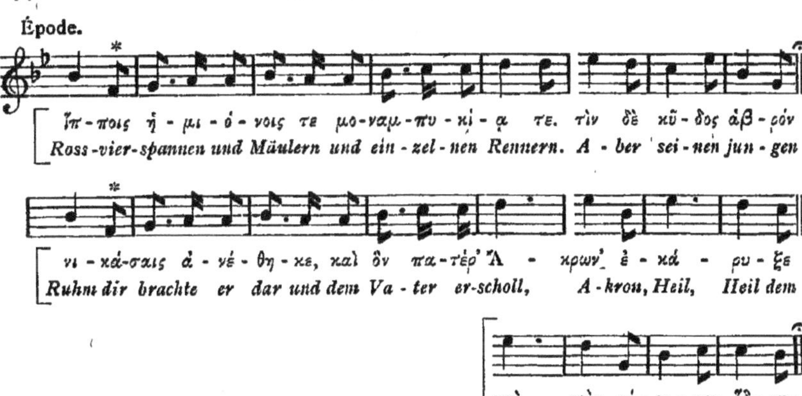

Les chants de la tragédie, qui n'étaient pas astreints à l'unité de mesure, faisaient un usage moins étendu de cette métabole. Eschyle a déjà des strophes entières formées de membres égaux en longueur, manière qui chez ses successeurs gagne plus de terrain à mesure que s'accélère le déclin de l'ancienne orchestique. A l'époque romaine, les musiciens ont perdu la tradition des formes savantes; tous les fragments notés, à l'exception de l'hymne *à la Muse*, se composent de simples tétrapodies enchaînées. Il en est à peu près de même de nos jours; rarement le compositeur moderne varie avec intention la coupe de ses membres rhythmiques[1].

3° Passage d'un rhythme rationnel à un rhythme irrationnel ou *vice versâ*, c'est-à-dire de la mesure rigoureuse au *tempo rubato*[2]. On doit entendre par là ces transitions si fréquentes dans le drame, lorsque les vers destinés au chant mesuré sont coupés par les trimètres iambiques du dialogue, qui admettent le chorée

[1] Une métabole de ce genre — sur laquelle le compositeur a eu soin d'appeler l'attention de l'exécutant — se trouve dans le *Scherzo* de la 9e symphonie de Beethoven; les tétrapodies, qui depuis le commencement du morceau se succèdent haletantes, s'arrêtent tout à coup et, sur un changement de ton des plus frappants, se changent en tripodies, pour reparaître à la rentrée du motif principal. — Cf. la cavatine de Susanne dans les *Nozze di Figaro : Deh vieni non tardar;* à partir des paroles *Vieni ben mio*, les hexapodies se changent en tétrapodies. — Voir aussi dans le *Deutsches Liederlexikon* d'Aug. Härtel (Leipzig, 1865) les chansons : *O ihr lieben herzensguten Leute*, n° 578 (tripodies et tétrapodies du 2/4); *Jäger leben immer froh*, n° 347 (dipodies et tripodies du 2/4).

[2] N° 6 de l'énumération d'Aristide.

irrationnel[1]. Ceux-ci étaient déclamés par l'acteur sur un accompagnement instrumental, mode d'exécution que les anciens désignent par le terme *paracatalogé*[2].

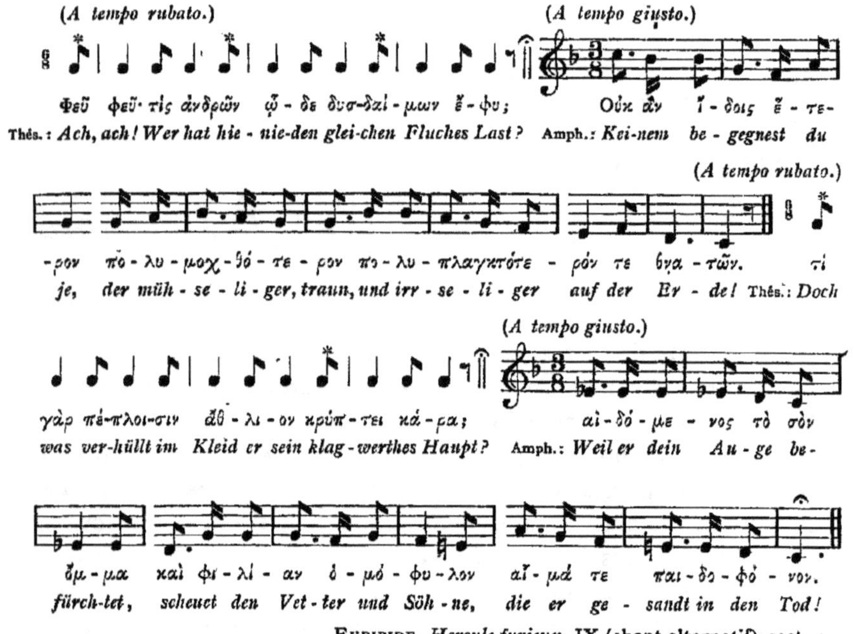

EURIPIDE, *Hercule furieux*, IX (chant alternatif), sect. 4.

Ce mélange de rhythme semi-prosaïque et de mesure rigoureuse, du langage parlé et de la mélodie, rappelle d'un côté notre musique de mélodrame, d'un autre le *récitatif obligé* des Italiens[3]; il produisait le plus grand effet dans la tragédie antique. Aristote demande : « Pourquoi, étant entremêlée aux chants, la « *paracatalogé* a-t-elle quelque chose de tragique? Est-ce à cause

[1] Aristide mentionne aussi (nº 7) le passage d'un rhythme irrationnel à un autre rhythme irrationnel, ce qui peut s'appliquer au mélange des trimètres avec les dochmies, également très-fréquent dans la tragédie.

[2] « On prétend que l'exécution des vers iambiques, dont les uns se récitent simple- « ment pendant le jeu des instruments, au lieu que les autres se chantent, est due au « même Archiloque; que les poëtes tragiques l'ont depuis mise en usage, et que Crexus, « l'ayant adoptée, l'introduisit dans ses dithyrambes. » PLUT., *de Mus.* (W., § XVII).

[3] L'opéra-comique (surtout celui dont le dialogue est en vers) offre un exemple instructif du mélange de ces divers éléments.

« de l'anomalie? En effet, le pathétique est irrégulier de sa nature, « tant dans l'excès du bonheur que dans le malheur extrême; ce « qui est régulier n'exprime pas la douleur[1]. »

4° Passage de l'une des quatre mesures simples (3/8, 2/4, 5/8 et 3/4) à une autre d'entre elles[2] : véritable changement de mesure dans l'acception moderne. Les tragiques grecs l'emploient fréquemment, non-seulement dans les morceaux développés, en passant d'une paire de strophes à une autre, mais aussi *à l'intérieur d'une strophe* ou d'un *comma*, — Schmidt désigne par ce terme des *sections* mélodiques dépourvues d'antistrophe[3] — en sorte que les périodes successives d'une même mélodie appartiennent à des mesures dissemblables. Telle est la strophe suivante composée de trois périodes, la première en 3/4, les deux autres en 3/8.

(Phrygisti).

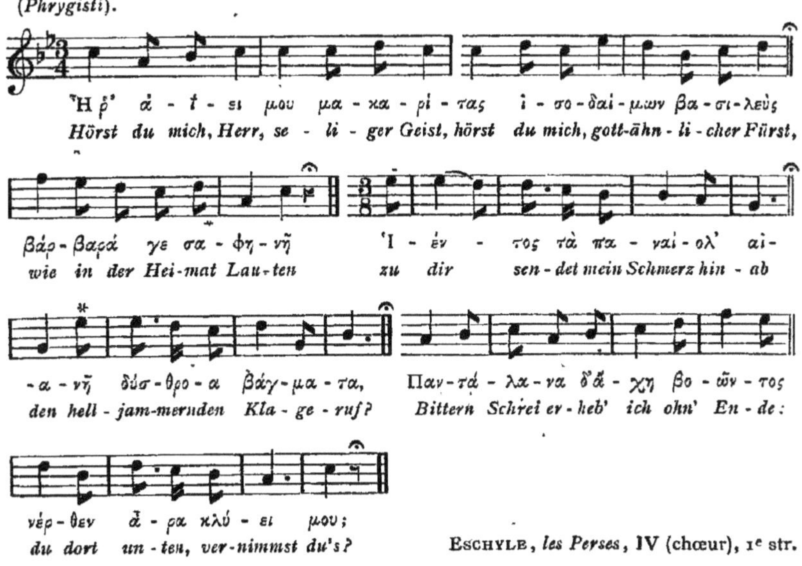

ESCHYLE, *les Perses*, IV (chœur), 1e str.

L'hymne *à la Muse* présente un exemple intéressant de cette métabole (à la seconde période la mesure de 3/8 se change en 2/4);

[1] *Probl.*, XIX, 6.

[2] Nos 2 et 3 de l'énumération d'Aristide.

[3] Κόμμα (de κόπτω, morceler), segment, morceau; ce genre de composition répond assez bien à ce que nous appelons *arioso*. Cf. J. H. H. SCHMIDT, *Monodien*, p. 68 et suiv.

on en trouve aussi quelques spécimens dans nos mélodies populaires et même dans les œuvres des compositeurs modernes[1].

Il arrive plus rarement que la mesure change *à l'intérieur d'une période*, c'est-à-dire dans le passage d'un membre à un autre; une telle transition ne convient guère qu'aux morceaux scéniques où un personnage, en proie à une agitation violente ou sous le coup d'un malheur imprévu qui ne lui permet pas de discours suivi, se répand en exclamations entrecoupées. Les périodes métaboliques se rencontrent surtout dans les *commata*, genre de morceau qui nous est connu par les drames d'Euripide, et dont un des traits distinctifs est le manque de symétrie rhythmique. L'exemple suivant offre une réunion remarquable des particularités que nous venons de signaler; c'est une période *commatique*, formée de cinq membres, dont le 1er et le 4e appartiennent à la mesure de 2/4, tandis que le 2e, le 3e et le 5e ont celle de 3/8.

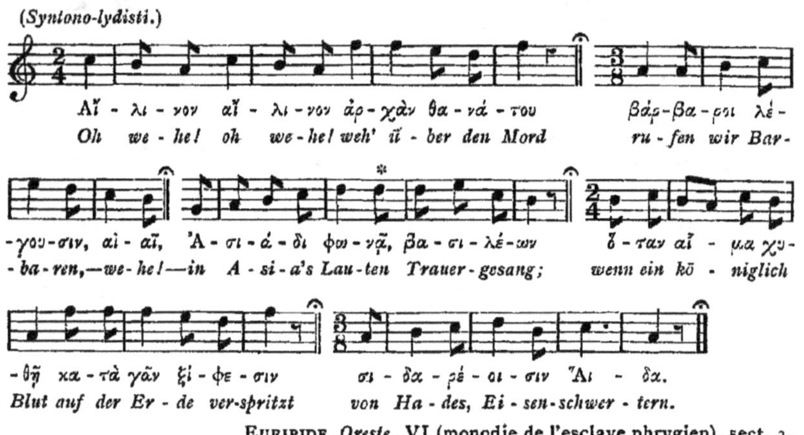

EURIPIDE, *Oreste*, VI (monodie de l'esclave phrygien), sect. 3.

Quand le membre final d'une période n'est pas appareillé avec un autre (comme cela arrive dans l'exemple précédent), il prend le nom d'*épode :* ces membres isolés qui servent souvent de conclusion à des strophes étendues affectionnent la mesure de 3/8, alors même que le corps de la période appartient à un autre

[1] Cf. la phrase de Marguerite dans le duo au 2e acte des *Huguenots : Ah! si j'étais coquette* (2/4 et 3/8); la chanson de *Mignon : Kennst du das Land*, par Beethoven (2/4 et 6/8); *Herr Oloff*, dans le *Deutsches Liederlexikon*, n° 322 (6/8 et 2/4).

rhythme[1]. — Quelques-unes de nos chansons populaires contiennent aussi des périodes dont les membres sont formés de mesures hétérogènes[2].

Enfin le changement de mesure se produit parfois *à l'intérieur du membre;* cette variété de la métabole rhythmique semble être bornée aux trois cas suivants :

a) La combinaison successive d'un 3/4 et d'un 2/4 engendre une mesure de 5/4, que les anciens, ainsi qu'on l'a vu plus haut (p. 36-37), comptaient parmi leurs mesures composées.

b) Des mesures de 3/4, ayant la forme type (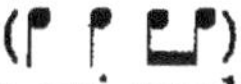), sont souvent entremêlées de ditrochées (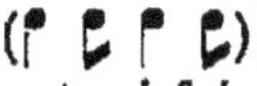), ce qui produit les rhythmes ioniques *brisés* (ἀνακλώμενοι), si fréquemment employés dans les chansons bachiques et amoureuses. En donnant aux trochées leur division ordinaire (comme le font Westphal et Schmidt), on obtient un mélange très-original de 3/4 et de 6/8 :

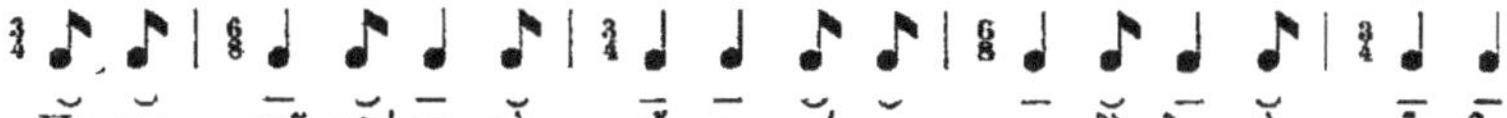

Πα-πα - παῖ, πλέ-ως μὲν οἶ - νου, γά - νυ - μαι δὲ δαι-τὸς ἥ - βῃ,

La - la - lah! Ich trank mich weinsatt, Ich ver - schlang ein üp - pig Lenzmahl,

EURIPIDE, *le Cyclope*, III (chanson de Polyphème et chœur), str. 2.

Toutefois, il n'est pas absolument certain que l'*ionique brisé* renferme un véritable changement de mesure; rien ne s'oppose à ce que le ditrochée soit traité comme une combinaison de la mesure de 3/4, en sorte que son insertion, à la place de la forme type, constituerait un simple changement de la *rhythmopée :*

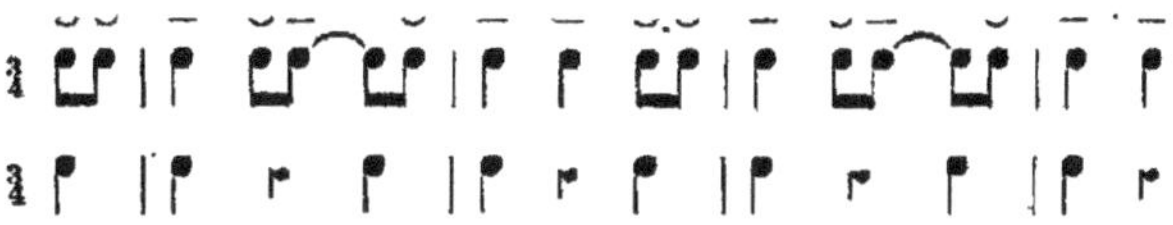

Durées de la rhythmopée :

Temps de la mesure :

ce qui est plus naturel et de meilleur effet. Ajoutons que l'emploi de la syncope dans les rhythmes ioniques[3] rend plus apparents

[1] Cf. l'épode de l'hymne *à la Muse.*

[2] Cf. *Chantons lætamini*, n° 69 de la *Clef du caveau* (2/2 et 3/4); *Ich bin ein feiner Jägersknecht*, dans le *Deutsches Liederlexikon*, n° 353 (2/4 et 3/4); *Schönstes Kind, zu deinen Füssen, Ib.*, n° 663 (3/4 et 2/4); *Traurig ist der Pfad des Lebens, Ib.*, n° 756 (3/4 et 2/4); *Vat'r und Mutter woll'n's nicht leiden, Ib.*; n° 798 (3/4 et 2/4).

[3] Cette particularité n'est pas inconnue aux métriciens de l'époque romaine. Cf. ST AUG., *de Mus.*, II, 13.

leurs étroits liens de parenté avec le *bacchius*. Par suite de son début au temps levé, le *schéma* rhythmique de l'ionique brisé se prêtait mal à être divisé en mesures d'après la méthode antique; c'est là une des combinaisons qui ont fait imaginer la prétendue *mesure épitrite* (à 7 temps simples)[1]. En effet, les métriciens le divisaient en une mesure anacrousique de cinq temps (2 + 3) alternant avec une mesure pareille à sept temps (3 + 4) :

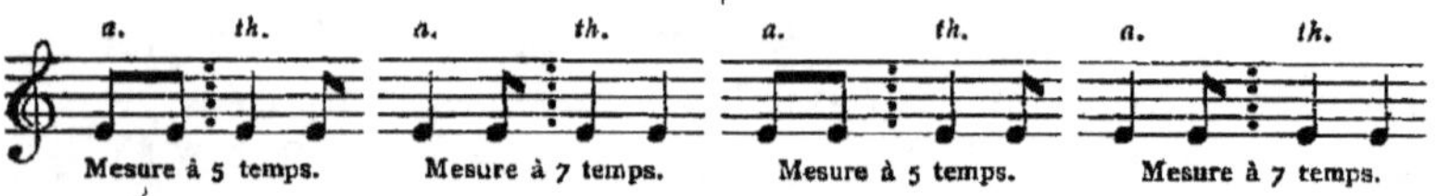

c) La succession alternative d'une mesure de 5/8 et d'une mesure de 3/8 donne naissance à un des rhythmes caractéristiques de la tragédie, le rhythme *dochmiaque* (ῥυθμὸς δόχμιος) :

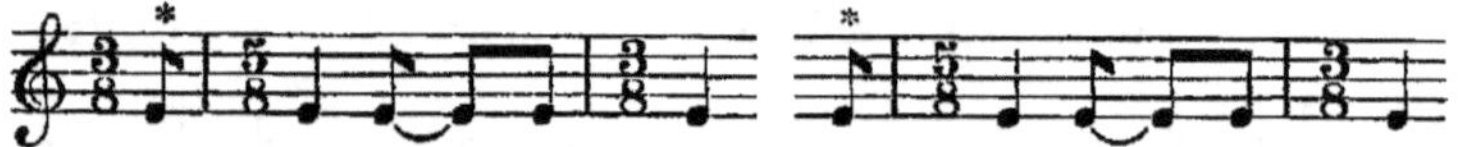

Employé rarement dans le chœur, très-souvent dans la monodie, il exprime une agitation extrême; de là son emploi dans les situations les plus tendues. La comédie ne s'en sert que pour la parodie de scènes tragiques.

La métabole de l'*agogé*[2], — changement d'allure ou de mouvement — s'explique d'elle-même. Son emploi n'était pas moins fréquent dans la musique des anciens que dans la nôtre. On peut en dire autant de la métabole de l'*éthos*, — transition du style vulgaire au grandiose, du style tranquille et grave au style mouvementé — laquelle implique toujours une ou plusieurs des transitions précédentes.

[1] WESTPHAL, *Metrik*, I, p. 690-693.

[2] Elle occupe la première place dans l'énumération d'Aristide.

CHAPITRE II.

LE RHYTHME MUSICAL APPLIQUÉ AUX LANGUES ANTIQUES.

§ I.

LA rhythmique s'occupe des formes qui servent de base commune à la musique et à la poésie : formes par lesquelles le vers se distingue de la prose, la musique du plain-chant. Appliquées à la mélodie instrumentale, les combinaisons rhythmiques se développent en toute liberté et ne subissent d'autre limitation que celle que leur imposent la nature du rhythme, le goût national, les propriétés de l'organe sonore destiné à les réaliser pour l'oreille. Ici la fantaisie du musicien domine à sa guise l'empire des sons. Mais il n'en est pas de même dans le chant : là, cesse l'indépendance absolue de la musique et en même temps celle de la parole. Pour que les mots restent intelligibles à l'auditeur et que le sens de la phrase ne soit pas obscurci, les syllabes ne doivent être articulées ni trop vite, ni trop lentement; d'un autre côté, pour que la mélodie puisse se développer, il faut que les accents du langage parlé cèdent le pas aux intonations musicales. On pourrait dire que l'existence de la musique vocale est le résultat d'une transaction entre la poésie et la musique. Quelle est la part légitime qui, dans cette transaction, revient à chacun des deux arts ? La réponse à une telle question différerait selon l'époque. Un musicien moderne jugerait sans aucun doute que chez les anciens l'équilibre était rompu au profit de la poésie, tandis qu'un Hellène du siècle de Périclès estimerait que chez nous il l'est au profit de la musique.

Cette différence du point de vue esthétique s'explique par une raison très-simple. De nos jours la musique instrumentale a imprimé son caractère à toute la production artistique; dans l'antiquité le chant seul était cultivé avec soin. Il est évident qu'une musique étroitement enchaînée à la poésie devait observer avec une extrême rigueur les lois qui régissent l'union des sons mélodiques et de la parole. L'ensemble de ces lois constitue chez les Grecs une partie importante des arts musiques, la *métrique* (*μετρική*), science qui a pour objet de réaliser les formes du rhythme à l'aide des éléments constitutifs d'un idiome donné. C'est assez dire que ses principes n'ont pas, comme ceux de la rhythmique, une valeur primordiale, universelle. Le rhythme n'est ni grec, ni barbare, il est le même pour tout le genre humain; la métrique, au contraire, varie avec la langue et avec l'époque : il y a une métrique grecque, une métrique allemande, une métrique française; la métrique du latin littéraire n'est pas celle des hymnographes du moyen âge. Cette branche de l'art poétique est plus ou moins parfaite chez les divers peuples, en raison du degré de perfection plastique de la langue qu'ils parlent. Il résulte de ce qui vient d'être dit qu'on ne saurait pénétrer les formes musicales des chants antiques, sans posséder des notions suffisantes sur le mécanisme de la versification grecque, mécanisme que le latin classique reproduit fidèlement[1].

Littérature métrique.

La métrique a donné naissance à une littérature très-étendue, mais relativement récente. Aristoxène ne semble y avoir consacré aucun ouvrage spécial. Les traités les plus anciens qui nous sont parvenus à cet égard ne remontent pas au delà du premier siècle de notre ère. Ce sont des compilations de grammairiens, qui ne doivent faire autorité que pour les genres de poésie les plus vulgaires; elles ne nous renseignent pas sur la forme rhythmique des grandes compositions de Pindare, d'Eschyle, de Sophocle, d'Euripide, d'Aristophane; on pourrait même dire qu'elles ont mis jusqu'à nos jours d'invincibles obstacles à l'intelligence de

1 « Entre le *rhythme* et le *mètre* il y a la même distinction à faire qu'entre la *matière* « et la *règle* [selon laquelle la matière est disposée]. » Varron ap. DIOM., p. 512. — « *Numeri* (*i. e. rhythmi*) spatio temporum *constant*, *metra etiam* ordine; *ideoque alterum* « *esse* quantitatis *videtur*, *alterum* qualitatis. » FAB. QUINT., *Inst. or.*, IX, 4, 46.

cette forme. Les causes d'une telle situation se laissent facilement apercevoir.

Aux temps classiques, l'enseignement de la métrique, fondu avec celui du rhythme, se bornait aux coupes de vers les plus usuelles; la répugnance à convertir en procédés d'école les trouvailles du génie est un trait caractéristique de la pédagogie grecque[1]. Étant en pleine possession de la technique musicale, le jeune poëte avait en mains les moyens nécessaires pour créer incessamment de nouvelles formes rhythmiques, sans enfreindre les règles de goût posées par les modèles classiques. Mais après la conquête macédonienne ces modèles furent de moins en moins compris et étudiés. Les grandes compositions chorales n'étaient plus en faveur auprès du public; abandonnées d'abord pour des dithyrambes monodiques, lesquels passèrent de mode à leur tour, elles furent ensuite remplacées par des genres plus vulgaires; peu à peu la musique vocale se réduisit à des chansonnettes d'un rhythme très-simple, ou à des airs de *bravura* affranchis de toute forme traditionnelle. La poésie sérieuse avait déserté sans retour la musique pour la versification récitée. En même temps un profond changement s'était accompli dans la situation personnelle des artistes. Au lieu des poëtes-musiciens d'autrefois, il y eut dorénavant deux castes presque sans contact : d'une part, des littérateurs érudits, étrangers à toute technique musicale, écrivant des vers destinés à la lecture et auxquels on adaptait après coup une mélodie; d'autre part, des musiciens pratiques, exclus de la haute culture intellectuelle et voués à une profession méprisée. Les artistes qui réunissent en eux le double caractère de poëte et de musicien — tels que, plus tard, Mésomède et Denys-le-vieux — sont en petit nombre, et leurs productions ne dépassent guère le genre de la chanson.

1 « Je crois avoir compris, mais pas très-clairement, qu'il parlait d'un [rhythme dont « les principales formes étaient désignées sous les noms d'] *enoplios synthetos* [c'est-à-dire « *martial composé*], de *dactyle* et de mètre *héroïque*, rhythme qu'il déterminait, je ne « sais trop comment, en disant qu'il était *égal* du haut et du bas (c'est-à-dire quant à la « durée du *levé* et du *frappé*). Il mentionnait aussi un rhythme formé d'un temps bref « et d'un temps long, qu'il appelait, je crois, *iambe;* il donnait à un autre le nom de « *trochée*, et il lui assignait certains rapports de longueur et de brièveté. » PLATON, *Républ.*, III, p. 400. — Cf. ARISTOPHANE, *Nuées*, v. 636 et suiv.

Tel était l'état des choses, lorsque l'érudition alexandrine s'avisa de fixer par écrit les traditions métriques, restes précieux des doctrines enseignées autrefois dans les écoles d'Athènes. Par malheur ce travail ne fut entrepris qu'à une époque où la contexture rhythmique des grandes œuvres était déjà oubliée; les plus anciens grammairiens qui en possédaient encore le secret, tels qu'Aristophane de Byzance, ne songèrent point à en transmettre les règles à la postérité[1]. On ne peut guère reculer au delà du Ier siècle avant J. C. la rédaction primitive des manuels de métrique qui servirent de base aux traités postérieurs. Peu ou point versés en musique, les auteurs de ces écrits n'aperçurent pas la nécessité d'appuyer leurs doctrines sur la théorie rhythmique du musicien Aristoxène. En fait de mesure, de durées, de temps forts et faibles, ils se contentèrent des notions sommaires que leur fournissait l'enseignement oral de la métrique; ce qui suffisait, à la rigueur, pour la pratique des genres de poésie alors en vogue, mais non pour l'interprétation rhythmique des chefs-d'œuvre du théâtre et de la poésie lyrique, échappés au naufrage de l'ancienne société grecque[2]. Ils ne semblent pas avoir davantage consulté la notation musicale qui accompagnait, selon toute apparence, la plupart des poésies méliques conservées à la bibliothèque d'Alexandrie; cette écriture, comprise des musiciens seulement, n'eût pu au reste leur donner la clef des formes rhythmiques, les durées ayant été toujours indiquées avec beaucoup de négligence, voire même totalement omises, comme superflues, dans la musique vocale[3]. Les grammairiens furent donc obligés de s'en tenir aux textes poétiques, dont ils se mirent patiemment à analyser chaque vers, au point de vue des combinaisons de syllabes longues et brèves qu'on y pouvait constater; les poésies qui par une coupe stéréotype ou peu compliquée laissaient facilement deviner leur structure rhythmique, et qui

1 Aristophane de Byzance (200 av. J. C.) divisa les strophes de Pindare et de Simonide en membres rhythmiques ou *kola* (DION. HALIC., *de Comp. verb.*, XXII et XXVI); il connaissait la division en périodes, ignorée des écrivains plus récents.

2 Le métricien grec le plus estimé, Héphestion, tire rarement ses exemples des œuvres de Pindare ou des chants de la tragédie. Il ne mentionne pas une seule fois les termes *arsis* et *thésis*. Cf. WESTPHAL, *Metrik*, I, pp. 185 et 186.

3 Voir plus haut, t. I, p. 417. — Cf. la notation des hymnes du temps d'Adrien.

n'avaient pas cessé d'être en usage, furent classées parmi les types réguliers, — les *mètres* — et reçurent des dénominations spéciales. Quant aux formes métriques plus savantes, renfermant des longues de trois ou de quatre temps, ou des groupes de syllabes employés avec une valeur en dehors de l'usage commun, comme elles ne se pliaient à aucune classification régulière, les métriciens les désignaient sous le nom vague de *rhythmes*[1], et les abandonnaient aux spéculations des musiciens[2]. Aussi les rares données que nous avons sur ces durées proviennent du musicien Denys d'Halicarnasse, d'Aristide, de l'auteur anonyme, ou se trouvent disséminées dans le traité que St Augustin intitule *de Musica*, bien qu'en réalité il n'y soit guère question que de métrique.

La situation qui vient d'être décrite explique comment les Alexandrins furent amenés à créer un système aussi compliqué qu'artificiel, et à y mêler mainte conception étrangère à la doctrine de leurs prédécesseurs; le procédé qu'ils suivirent fut celui de certains érudits de nos jours, lorsqu'ils prétendent scruter le mètre d'une chanson populaire sans recourir à la mélodie qui l'a suggéré. Souvent égarés par des analogies trompeuses, les grammairiens gréco-romains rangent telle forme métrique dans une

1 « *Inter pedem et rhythmum hoc interest, quod pes sine rhythmo esse non potest, rhythmus* « *autem sine pede decurrit; non enim gradiuntur* μέλη *pedum mensionibus, sed rhythmis* « *fiunt.* » MAR. VICT., p. 44, Keil.... — « *Ex quibus* (sc. *pedibus compositis*) *magis* μέλη *et* « *rhythmi lyricorum modulorum quam metra formari poterunt.* » Ib., p. 49, K. — « *Carmen* « *autem lyricum, quamvis metro subsistat, potest tamen videri extra legem metri esse, quia* « *libero scribentis arbitrio per rhythmos exigitur.* » Ib., p. 50, K. — « *Metrum sine psalmate* « *prolatum proprietatem suam servat; rhythmus autem nunquam sine psalmate valebit.* » ATIL. FORT., p. 282, K. — Cf. VINCENT, *Notices*, pp. 198 et 164.

2 « Les métriciens et les grammairiens ne parlent que d'une syllabe brève et d'une « syllabe longue, dont la dernière a une étendue double de celle de la première; les « rhythmiciens, au contraire, distinguent divers genres de brèves et de longues. » LONGIN. *Proleg.*, *in fine.* — « Le langage prosaïque ne force ni n'altère la durée des « noms et des verbes; il maintient la valeur des syllabes longues et brèves, telle « qu'elle lui est donnée par la nature. La rhythmique et la musique, au contraire, la « changent, soit en la diminuant, soit en l'augmentant, de façon à transformer parfois « les syllabes en leurs contraires. Car au lieu de mesurer les durées par les syllabes, « ces deux arts mesurent les syllabes par les durées. » DION. HALIC., *de Comp. verb.*, XI. — « *Musici non omnes inter se longas aut breves pari mensura consistere, siquidem et brevi* « *breviorem et longa longiorem dicant posse syllabam fieri.* » MAR. VICT., p. 39, K. — Cf. WESTPH., *Metrik*, I, suppl., p. 21-23.

catégorie à laquelle elle appartient quant à la disposition des longues et des brèves, mais nullement quant à leur valeur rhythmique. De là une foule de dénominations conventionnelles, imposées à des groupements fortuits de syllabes, qu'ils classent indûment parmi les mesures ou pieds[1]. Plus tard leurs écrits sont repris et commentés par les grammairiens de la décadence, délayés par des sophistes, défigurés et rendus complétement inintelligibles par des compilateurs ignorants; et ainsi se produit un chaos de doctrines métriques, qui sont transmises avec une vénération superstitieuse et conservent une autorité incontestée à travers les temps barbares et le moyen âge[2].

1 De cette époque datent les termes d'*épitrite* (*premier, deuxième, troisième, quatrième*), d'*amphimacre*, d'*amphibraque*, de *tribraque*, etc.

2 Les anciens grammairiens alexandrins n'ont pas laissé d'écrits; Héliodore, Héphestion et Philoxène, les seuls métriciens grecs qui nous soient accessibles, vécurent au Ier ou au IIe siècle après J. C. De Philoxène il reste peu de chose; d'Héliodore nous avons des fragments assez étendus; d'Héphestion un *Manuel*, le meilleur ouvrage de toute la littérature métrique. Denys d'Halicarnasse ne peut être compté parmi les métriciens; mais son traité *de Compositione verborum* est très-important en ce qu'il fait mention des pieds *cycliques;* il contient en outre la plus ancienne analyse des pieds simples qui nous soit parvenue. Chez les Romains la métrique attira l'attention de bonne heure. La première classification métrique sur laquelle nous ayons des données indirectes est de Varron; elle trahit une certaine connaissance des doctrines d'Aristoxène. Caesius Bassus dédia à Néron un traité de métrique, dont quelques lambeaux ont été conservés, et qu'ont mis à profit la plupart des auteurs latins plus récents; à la génération suivante, c'est-à-dire à la fin du Ier siècle, appartient Fabius Quintilien. Avec l'époque des Antonins se termine celle de l'ancienne érudition; peu d'hommes, après Marc-Aurèle, sont encore en possession de la science antique et résistent efficacement à la barbarie envahissante; parmi eux se distingue Longin (v. 260), commentateur d'Héphestion, d'Héliodore et de Philoxène. A partir du milieu du IIIe siècle on ne rencontre plus guère que des copistes serviles ou inintelligents; la série s'ouvre par Aristide Quintilien, dont la partie métrique est au-dessous du médiocre. Les compilateurs latins sont en nombre considérable : Juba (v. 270 ?), dont les ouvrages, tous perdus, semblent avoir été exploités par ses successeurs; Térence Maur (v. 290 ?) et Atilius Fortunatien (v. 300 ?), deux auteurs intéressants; Asmonius (v. 320 ?); Marius Victorin (v. 350) : les sources de son ouvrage, très-étendu, sont Varron, Caesius Bassus et, indirectement, Héphestion; Mallius Théodore, assez insignifiant; Servius, écrivain méthodique et relativement original; Diomède, un des métriciens les plus ignorants, mais non le moins curieux; enfin Charisius, Plotius et Priscien. Le traité de métrique que St Augustin composa peu de temps avant son baptême (vers 375), ne peut être rangé dans cette catégorie; il est assez pauvre de contenu, mais original. — Parmi les métriciens byzantins, les frères Tzetzès (au XIIe siècle) méritent d'être mentionnés, moins pour leurs propres ouvrages que parce qu'ils ont enchâssé dans leurs élucubrations quelques lambeaux antiques dignes d'être conservés. WESTPHAL, *Metrik*, I, p. 116-137.

Travaux modernes.

La Renaissance, qui ouvrit à l'Occident tant de trésors littéraires enfouis depuis des siècles, ne porta aucune lumière dans ces épaisses ténèbres. La science continua de tourner dans un cercle sans issue, et toute chance de reconstituer les rhythmes de Pindare et d'Eschyle sembla évanouie sans retour. Il faut descendre jusqu'au commencement de notre siècle avant de voir se produire un effort sérieux pour rompre le cercle fatal. Ce fut le célèbre philologue allemand Hermann qui dissipa l'enchantement, et fraya une nouvelle voie en renversant l'autorité séculaire des métriciens. Ayant clairement reconnu que la doctrine traditionnelle, séparée de la connaissance du rhythme, se réduit à un décompte puéril de syllabes longues et brèves, absolument vide de sens et dépourvu de toute signification esthétique, il essaya de la remplacer, en réunissant les éléments d'un système propre, selon lui, à rendre raison de toutes les formes métriques en usage chez les poëtes grecs. Mais en voulant tirer uniquement ce système rhythmique de son propre fonds, il échoua à la tâche. L'illustre commentateur de Pindare, Boekh, comprit le premier qu'il fallait recommencer à nouveaux frais l'entreprise manquée par les Alexandrins, il y a vingt siècles, et qu'une véritable rénovation des études métriques devait se fonder avant tout sur une connaissance approfondie de la rhythmique d'Aristoxène. Il ne lui fut pas donné d'exécuter le programme qu'il avait si nettement tracé; mais en retrouvant un principe sûr pour la division des vers, il facilita singulièrement la tâche de ses éminents successeurs, Rossbach et Westphal, qui ont attaché leur nom à cette révolution philologique. Le grand ouvrage sur la *Métrique grecque*, dont ils jetèrent en commun les bases, mais que Westphal termina seul, marqua le commencement d'une nouvelle ère pour les études philologiques et musicales de l'antiquité gréco-romaine. Non-seulement les doctrines aristoxéniennes s'y trouvaient élucidées avec une perspicacité voisine du génie, mais l'immense et fastidieuse littérature des métriciens était soumise à un examen critique, aussi minutieux que profond. Le célèbre professeur de Breslau eut le courage vraiment héroïque d'explorer ce champ envahi depuis des siècles par une stérile végétation, et il sut extraire le bon grain étouffé au milieu de tant d'ivraie. Il montra qu'à son origine le système des métriciens ne fut pas seulement le fruit de la réflexion et de l'abstraction, mais que ses éléments fondamentaux s'accordent avec la rhythmique aristoxénienne, qu'ils ne font que reproduire en d'autres termes. A partir de ce moment, l'espoir de retrouver la forme extérieure des grandes œuvres musicales de l'antiquité n'eut plus rien de chimérique et put déjà être considéré comme réalisé en grande partie. Les découvertes de Westphal furent poursuivies, complétées et rectifiées par Schmidt[1], lequel, au moyen de l'analyse de tous les monuments de la littérature dramatique, démontra la solidité des principes nouveaux, et formula pour la première fois les lois générales et les règles techniques observées dans la structure musicale de ces œuvres immortelles.

Un exposé, même très-sommaire, de la nouvelle science métrique, telle qu'elle est sortie des brillants travaux de ces savants, dépasserait de beaucoup le cadre de cet ouvrage. Il suffira d'en présenter au lecteur musicien les résultats incontestables, et de lui fournir des notions élémentaires suffisantes pour qu'il puisse saisir le mécanisme de la versification grecque, dans ses rapports avec la contexture rhythmique des compositions vocales.

Parties de la métrique.

Les éléments d'une œuvre poétique, destinée ou non à l'exécution musicale, se rangent ainsi dans leur ordre progressif : 1° lettres et syllabes; 2° pieds; 3° mètres[2]. Les *mètres*, correspondant aux membres rhythmiques, se décomposent en *pieds*. Chaque pied poétique est une partie de la diction, qui dans le vers occupe l'étendue d'une mesure; il se divise en *syllabes*, équivalentes aux temps simples ou composés. Les syllabes sont les unités de la métrique; et c'est par la manière dont elles interviennent dans la formation du rhythme musical que se distinguent les théories métriques des différents peuples.

[1] Voir T. I, p. 17.

[2] ARIST. QUINT., p. 43. Dans cette définition, les grammairiens entendent par *lettres* (γράμματα) les syllabes composées uniquement d'une voyelle. WESTPHAL, *Metrik*, II, p. 66. — La théorie des lettres, leur prononciation, leurs modifications (appelées *krasis* etc.), appartiennent à la grammaire proprement dite. — Un passage de Platon (*Crat.*, 424, c) nous apprend que de son temps l'étude de la rhythmique débutait par la doctrine des *lettres* et des *syllabes*. Cf. WESTPHAL, *Metrik*, I, p. 26-27.

§ II.

A l'état de nature les mots d'une langue, de même que les successions mélodiques, sont indifférents au rhythme; c'est une pâte molle que l'artiste pétrit à son gré. Mais les uns et les autres possèdent dans leurs éléments primitifs — syllabes et sons — des propriétés qui les rendent éminemment aptes à être assujettis au rhythme. Ces propriétés sont pour les sons musicaux : la gravité, l'acuité; les sons graves de l'échelle musicale, produits par des vibrations lentes, pesantes, appellent des durées longues; les sons aigus demandent des notes rapides et passagères. Quant aux syllabes, deux propriétés leur sont également inhérentes : la durée ou *quantité*, et la *prosodie*, c'est-à-dire l'intonation ou l'accent[1]. Quantité et accent sont deux principes corrélatifs et coëxistants dans tout idiome; le premier répond à l'élément plastique, le second à l'élément expressif, à la mélodie. C'est donc à juste titre que l'on parle de la musique du langage; mais il importe de ne pas perdre de vue cette différence essentielle : à savoir que dans la parole intonations et durées ne se subordonnent pas à des lois mathématiques; elles sont *continues*, confuses, irrationnelles; dans le chant elles sont *discontinues*, séparées, et occupent une hauteur et un espace de temps facilement perceptibles[2]. En parlant le langage de la vie journalière, les Grecs ne se sont jamais astreints à donner à une syllabe longue la valeur exacte de deux brèves, ce qui eût rendu leur discours aussi raide que monotone, de même que dans nos langues accentuées produire des intonations trop musicales, chanter en

[1] *Prosodie*, en grec *προσ-ῳδία*, chant du discours, synonyme du latin *ac-centus*, formé de *ad* + *cantus*. Nous emploierons toujours le mot prosodie dans cette acception, qui est la véritable.

[2] « Combien y a-t-il d'espèces de sons? — Deux : ceux que l'on appelle *emmèles*, « et les autres, dits *communs*. Les sons emmèles s'emploient dans le chant et le jeu « des instruments; les autres servent aux orateurs et dans la conversation ordinaire. « Les emmèles ont des intervalles [de hauteur et de durée] strictement délimités; les « communs sont indéterminés. » BACCH. (Meib.), p. 16-17.

parlant, est de mauvais goût et le signe d'une éducation peu développée.

Quantité des syllabes.

Par *quantité* on entend le temps qui s'écoule pendant la prononciation d'une syllabe donnée. En effet, il n'existe aucune langue dont toutes les syllabes s'articulent avec une égale volubilité : l'émission d'une voyelle longue exige plus de temps que celle d'une brève; une syllabe terminée par une voyelle brève présente moins de résistance à l'organe vocal qu'une autre dont la dernière lettre est une consonne, une voyelle longue ou nasalisée.

Si l'on analyse les syllabes qui entrent dans les divers idiomes anciens ou modernes, et qu'on les compare entre elles au point de vue des sons et articulations qu'elles comportent, on remarquera que leur durée varie dans des limites assez grandes[1]; néanmoins la métrique gréco-romaine ne reconnaît que deux catégories de syllabes : *brèves*, *longues;* elle ne fait aucune différence pratique entre les nuances intermédiaires dérivant de la prononciation. Partout où le rhythme admet des *tenues*, celles-ci peuvent recevoir des syllabes utilisées en d'autres cas comme des longues ordinaires. Les signes de la quantité employés dans les ouvrages traitant de la métrique, — (longue), ⏑ (brève), sont tirés de la notation musicale des Grecs.

Chez tous les peuples dont le rhythme poétique se règle sur la quantité, c'est la longueur ou la brièveté de la voyelle qui détermine principalement la durée de la syllabe; en latin *cŏr* (en grec *τόν*), contenant un *o* bref, se compte comme une syllabe brève; *rōs* (*φῶς*) est une syllabe longue, à cause de son *o* long. Les diphthongues sont assimilées aux longues[2]. A l'égard du rôle des consonnes, il faut tenir compte des règles suivantes : 1° *les consonnes initiales d'une syllabe n'exercent aucune influence sur*

1 Elle comporte quatre degrés : 1° la syllabe est terminée par une syllabe brève (*nĕ*, particule interrogative); 2° elle finit par une voyelle longue (*tū*), ou par une diphthongue (*quāe*), ou par une voyelle brève suivie d'une consonne (*ĭs*); 3° voyelle longue suivie d'une consonne (*rēs*), ou brève suivie de deux consonnes (*ĕst*); 4° voyelle longue suivie de deux consonnes (*lūx*) ou voyelle brève suivie de trois consonnes (*ŭrbs*).

2 En latin la quantité des voyelles n'est indiquée dans les textes par aucun signe spécial, et ne s'apprend que par les règles et l'usage. Il en est de même en grec pour les voyelles *a*, *i* et *u*; quant à *e* et *o*, ils sont rendus par des lettres distinctes, selon qu'ils sont brefs (ε, ο) ou longs (η, ω).

sa quantité; bien que la première syllabe du mot *stropha* (*στροφή*) commence par trois consonnes, elle n'en est pas moins brève. Ce n'est donc pas, comme on l'admet communément, le temps nécessité par la prononciation de la syllabe entière qui règle sa valeur métrique ou musicale, mais bien le temps employé à l'émission de la voyelle et des consonnes qui séparent celle-ci de la voyelle suivante. Et cela se fonde sur la nature musicale de la poésie; en effet, le son mélodique ne peut être porté que par une voyelle; il ne se fait pas entendre encore pendant l'articulation des consonnes initiales, et il n'existe qu'au moment où la voyelle est émise. En tant qu'éléments de la rhythmopée et de la mélodie, toutes les syllabes ont donc leur commencement sur une voyelle. 2° *Est longue, toute syllabe renfermant une voyelle, même brève, suivie de deux ou de plusieurs consonnes,* soit que celles-ci appartiennent au même mot ou à la même syllabe que la voyelle précédente (*prin-ceps*), soit qu'elles fassent partie de deux mots différents. C'est en vertu de cette règle que la syllabe brève *mĕl* (*μέν*) acquiert la valeur d'une syllabe longue dans la combinaison *mēl dulce* (*μέν τοι*); en ce cas la voyelle est dite longue par position. 3° *Une voyelle longue, ou une diphthongue, suivie immédiatement d'une autre voyelle est souvent considérée comme brève.* Le tempérament méridional et vivace des Grecs se révèle clairement dans ces principes. Tous les éléments du langage rassemblés dans un vers — syllabes, mots, propositions — se joignent si étroitement les uns aux autres, que la période elle-même forme un ensemble inséparable, on pourrait presque dire un seul mot. En grec la *parole ailée* n'est pas une simple métaphore poétique. Ajoutons enfin que certaines syllabes ont une quantité douteuse, et sont employées, selon les convenances du poëte, tantôt comme brèves, tantôt comme longues.

Les idiomes modernes possèdent, comme ceux de l'antiquité, leurs syllabes longues et leurs brèves, indépendantes de toute accentuation. Mais le mécanisme de la quantité ne joue aucun rôle dans la facture du vers, et par là n'a pas acquis la précision et la finesse qui distinguent à cet égard le grec et le latin. En général la différence de quantité est peu sensible et peu fixe dans les idiomes romans; les brèves y sont plus abondantes que les longues; les idiomes germaniques, au contraire, regorgent de syllabes lourdes et pesantes, tandis que leurs brèves, reléguées dans les désinences, sont très-fugitives.

Accent des syllabes.

Il ne serait pas possible de faire entendre un son articulé sans le mettre à une certaine hauteur, sans le poser sur un degré quelconque de l'échelle infinie des sons. Or, ce n'est pas seulement en chantant que l'on donne des intonations différentes aux syllabes successives; dans le langage parlé aussi les diverses syllabes d'un mot ne restent pas toutes au même degré d'acuité. La plupart d'entre elles s'articulent sur un ton moyen; mais dans chaque mot polysyllabique, pris isolément, l'intonation de l'une des syllabes diffère sensiblement de celle des autres; elle est plus aiguë ou plus grave[1]. Cette intonation saillante est l'*accent tonique*, et la syllabe sur laquelle elle se pose est la *syllabe accentuée*. Selon une définition très-juste de M. Benloew, « l'accent est le « représentant de l'unité du mot; il est cet éclair qui éclate sur « une de ses syllabes, mais qui illumine toutes les autres de son « reflet[2]. » En français, il tombe invariablement sur la dernière syllabe du mot (*bon*-HEUR), à moins que celle-ci ne renferme un *e* muet, auquel cas l'accent se porte sur l'avant-dernière

[1] Outre l'accent tonique, le langage parlé en reconnaît deux autres. Premièrement l'accent *logique*, appui emphatique donné aux mots principaux de la phrase; il met en relief les rapports que les propositions et les idées ont entre elles, et représente le principe d'*intelligence*. Il se pose sur le principal accent tonique, le point culminant de la période grammaticale, et absorbe ou affaiblit l'accent des autres mots; son effet est de joindre intimement les uns aux autres tous les éléments d'une phrase. Secondement l'accent *pathétique* ou passionné, inflexion de la voix par rapport au sentiment dont il s'agit; il représente le principe d'*expression*. Par un ton plus ou moins élevé, par un parler plus vif ou plus lent, il traduit les mouvements dont est agitée l'âme de celui qui parle, et les fait ressentir aux auditeurs. L'accent logique s'indique plus ou moins dans les langues modernes par les signes de la ponctuation, par le soulignement des mots, etc.; l'hébreu seul possède un système de signes complet à cet usage. Quant à l'accent pathétique, aucun peuple n'a essayé de le rendre par l'écriture, laquelle reste inerte et glacée tant qu'elle n'est pas appelée à la vie par l'organe humain. L'expression de l'accent pathétique ne pourrait se faire que par des notes musicales, ce qui nous fait toucher du doigt le point où le langage se convertit en mélodie. La musique s'empare de cet accent, et en fait le point de départ d'une seconde langue, langue merveilleuse et magique, exprimant non plus des idées et des notions, mais des sentiments et des passions. C'est là le véritable sens de l'axiome favori des anciens : *Accentus mater musices*. Cf. GERVINUS, *Händel u. Shakespeare*, p. 16-18.

[2] *Rhythmes français et rhythmes latins*, p. 4.

(*for*-TU-*ne*); jamais il ne remonte plus haut. Dans les autres langues romanes, de même qu'en latin et en grec, il rétrograde parfois jusqu'à l'antépénultième[1]; le mot MU-*si-ca* offre un exemple de cette prosodie pour l'italien et l'espagnol. En latin la règle est des plus simples : l'accent a sa place normale sur la pénultième (RO-*sa*); mais lorsque celle-ci est brève de quantité, il recule jusqu'à l'antépénultième (DO-*mĭ-nus*); la dernière syllabe ne reçoit jamais l'accent, excepté lorsque le mot est emprunté de l'hébreu. Dans les langues germaniques, la syllabe accentuée est celle qui renferme le radical du mot, ou, s'il s'agit d'un mot composé, celle qui modifie l'acception du thème simple. Quant aux particules monosyllabiques, articles, conjonctions, prépositions, etc., les langues modernes leur refusent presque toujours l'accent. Remarquons en outre, que par l'effet de sa position dans la période grammaticale, un mot est sujet à perdre son accent en tout ou en partie.

La notation de l'accent, chez les peuples qui en ont une, est très-imparfaite et ne se rapporte qu'aux mots pris isolément. Les grammairiens emploient ordinairement à cet effet le signe de l'accent aigu; mais comme en français sa destination est autre, et que par là il peut donner lieu à quelque confusion[2], nous y indiquons la syllabe accentuée par un changement du caractère typographique.

Dans nos idiomes modernes, romans ou germaniques, l'accent est invariablement accompagné d'un coup de la voix, d'un *ictus*, qui a pour effet de détacher vivement la syllabe sur laquelle il se pose, et, par contrecoup, de reléguer dans l'ombre les désinences, les flexions finales. C'est ainsi que toutes les syllabes qui en latin succèdent à l'accent sont tombées ou deviennent atones en français (*ca*-bal-*lus* = *che*-val; por-*ti-cus* = por-*che*); la même cause a converti en longues les voyelles brèves des idiomes germaniques, lorsqu'elles terminent la syllabe radicale; en sorte

[1] En italien l'accent remonte parfois jusqu'à la quatrième syllabe, à compter de la dernière : *mórmorano*.

[2] En français, les accents orthographiques ou écrits ne coïncident pas nécessairement avec l'accent tonique. Dans le mot *célébrez*, le dernier *e*, qui reçoit l'accent tonique, est le seul sur lequel ne se voit aucun accent écrit.

que celle-ci possède tout à la fois la durée la plus grande, l'accent prépondérant et l'*ictus* rhythmique.

Les temps faibles devant s'interposer entre les temps forts, deux syllabes accentuées qui se suivent immédiatement produisent une cacophonie. Les vers suivants de Quinault sont défectueux à ce point de vue :

> *De mes plus doux regards* Renaud sut *se défendre;*
> *Je ne pus engager ce* cœur fier *à se rendre.*

Un mot, quelque étendu qu'il soit, ne contient jamais deux *ictus* d'égale force. Mais les syllabes, en tant qu'éléments de la rhythmopée, restent soumises à la loi suprême du rhythme, qui ne souffre pas de groupes élémentaires dépassant trois unités. Il résulte de là que les mots polysyllabiques admettent un ou même deux demi-accents, séparés de l'accent principal par une syllabe au moins (*é*-ter-*ni*-TÉ, ré-*vo*-lu-*ti*-ON)[1]. De là cette règle : de trois syllabes consécutives une doit porter un accent principal ou secondaire; en d'autres termes, entre deux *ictus* il faut une syllabe intermédiaire *au moins*, deux syllabes intermédiaires *au plus*.

Plusieurs particularités de l'accentuation moderne se retrouvent dans les langues anciennes, et principalement en latin[2]; néanmoins on ne saurait établir une assimilation complète entre les deux systèmes. Pour saisir l'esprit de la prosodie antique, nous devons séparer par la pensée l'accent grammatical de l'*ictus*, deux choses semblables mais non identiques, — le premier porte sur la hauteur, le second sur l'intensité, — et partir du principe qu'en grec et en latin l'accent consistait simplement dans l'élévation et l'abaissement de la voix. L'écriture grecque distinguait deux accents simples : 1° l'accent aigu (τίς; *qui?*), où la voix s'élève au-dessus de l'intonation moyenne; 2° l'accent grave (τὶς, *quelqu'un*), où elle s'abaisse au-dessous de l'intonation

[1] Pas plus que les langues modernes, le grec ne souffre la succession immédiate de deux syllabes accentuées (oxytones). — « Dans les mots à deux syllabes l'acuité et la « gravité se font mutuellement contre-poids; mais les mots à plusieurs syllabes; quelles « qu'elles soient, n'ont qu'un seul accent aigu, au milieu de plusieurs accents graves. » DION. HALIC., *de Comp. verb.*, XI.

[2] Dans la poésie latine rimée un mot accentué sur l'antépénultième est assimilé à un mot dont l'accent se trouve sur la dernière syllabe : *Jerusalém* rime avec *artíficem.*

moyenne; celle-ci restait sans désignation dans l'écriture. Ni l'un ni l'autre de ces accents n'a le pouvoir d'allonger ou d'abréger une syllabe; ils sont indépendants de la quantité et se posent indifféremment sur des voyelles longues, des brèves ou des diphthongues; aucun appui de la voix, aucun *ictus* ne les accompagne, en sorte que dans un mot formé de deux syllabes longues, la même syllabe se trouvera tantôt au temps fort, tantôt au temps faible. Le troisième accent désigné par l'orthographe grecque, le circonflexe (φῶς), est composé; il indique une élévation de la voix suivie d'un abaissement sur la même syllabe, toujours longue ou diphthongue; par cette dernière circonstance il se rapproche de l'accent tonique des langues occidentales[1]. Ajoutons qu'en grec la place de l'accent est si peu fixe qu'elle change dans le même mot d'un dialecte à l'autre.

Le rhythme chez les anciens fondé sur la quantité.

Des deux propriétés que nous venons de décrire, la *quantité* est celle que les anciens ont utilisée pour engendrer le rhythme. En adaptant des paroles à leurs rhythmes nationaux, ou, si l'on veut, en formant avec les syllabes de leur langue des mesures déterminées, les Grecs — et, à leur exemple, les Latins — se sont contentés de faire coïncider les syllabes longues, les plus pesantes, avec des sons longs, dont la place normale est sur le frappé, et de garder les brèves, plus fugitives, pour le levé. Par une convention très-ancienne, la syllabe brève équivaut dans le chant au temps simple; la longue acquiert la valeur exacte de deux brèves ou d'un temps double[2]. Le 3/8 consiste dès lors en une alternance de syllabes longues et brèves; le 2/4 se réalise par la combinaison d'une syllabe longue suivie de deux brèves; le 5/8 par

1 « Dans le langage parlé il y a une certaine musique, qui ne diffère de celle dont « on fait usage pour les voix et les instruments que par la quantité, mais non par la « qualité.... En parlant, la voix se meut généralement dans les limites de l'intervalle « de quinte; elle ne monte ni ne descend au delà de trois tons et demi. Conséquem- « ment les différentes parties (les syllabes) dont se compose le discours parlé ne se « prononcent pas toutes avec la même intonation; pour les unes l'intonation est aiguë, « pour d'autres elle est grave, pour d'autres encore elle est à la fois l'un et l'autre. « Ces dernières, qu'on appelle circonflexes, confondent les deux accents dans une seule « et même émission, tandis que les autres les tiennent séparés, conservant à chacun « son caractère propre. » DION. HALIC., *de Comp. verb.*, XI.

2 « La brève contient la moitié du temps absorbé par la longue. » Aristox. ap. PSELL. (Westph., *Metrik*, I, suppl., p. 18).

une longue suivie de trois brèves; le 3/4, enfin, par deux longues alternant avec deux brèves. Comme les vers antiques sont séparés les uns des autres par une courte pause, la quantité de leur dernière syllabe est indifférente; une brève peut y tenir la place d'une longue.

Trochées.

Τῇ-δε πᾶς ἕ-που, δί-ω-κε, καὶ τὸν ἄν-δρα πυν-θά-νου. ARISTOPH., *Acharn.*, I.
Jus-sus est in-er-mis i-re; nu-dus i-re jus-sus est. Pervig. Ven.

Iambes.

Δι' αἵ-ματ' ἐκ-πο-θένθ' ὑ-πὸ χθο-νὸς τρο-φοῦ ESCH., *Choéph.*, I, str. 3.
Be-a-tus il-le qui pro-cul ne-go-ti-is, HOR., *Epod.*, II, 1.

Dactyles.

Ἄνδρα μοι ἔν-νε-πε, Μοῦσα, πο-λύ-τροπον, ὃς μά-λα πολ-λά. HOM., *Od.*, I, 1.
Quadru-pe-dan-te pu-trem so-ni-tu qua-tit un-gu-la campum, VIRG., *En.*, VIII, 596.

Anapestes.

Δε-κα-τὸν μὲν ἔ-τος τόδ' ἐ-πεὶ Πρι-ά-μου ESCH., *Agam.*, v. 40.
Ge-li-dum Bo-re-an, ge-li-dum-que No-tum. OVID.

Péons.

Ὦ μα-κά-ρι' Αὐ-τό-με-νες, ὥς σε-μα-κα-ρί-ζο-μεν ARISTOPH., *Guêpes*, XII.

Ioniques majeurs.

Vo-ca-li-a quaedam me-mo-rant con-so-na quaedam. ATIL. FORT.

Ioniques mineurs.

Κυ-α-νοῦν δ' ὄμ-μα-σι λεύσσων φο-νί-ου δέρ-γμα δρά-κον-τος, ESCH., *Perses*, I, str. 2.
Ti-bi qualum, Cy-the-re-ae pu-er a-les, ti-bi te-las, HOR., *Od.*, III, 12, 4.

Le rhythme moderne fondé sur l'accent.

Les langues modernes se marient au rhythme d'une tout autre manière : ce n'est pas la durée des syllabes, mais leur intonation, plus énergique que celle des langues anciennes, qui sert de point de départ et de régulateur à la mesure; elles font coïncider leurs syllabes accentuées avec des temps forts, et placent des syllabes atones sur les temps faibles. Pour adapter à un texte français des rhythmes antiques, il suffit de remplacer les syllabes longues du grec et du latin par des syllabes accentuées, les syllabes brèves par des syllabes dénuées d'accent :

Trochées.

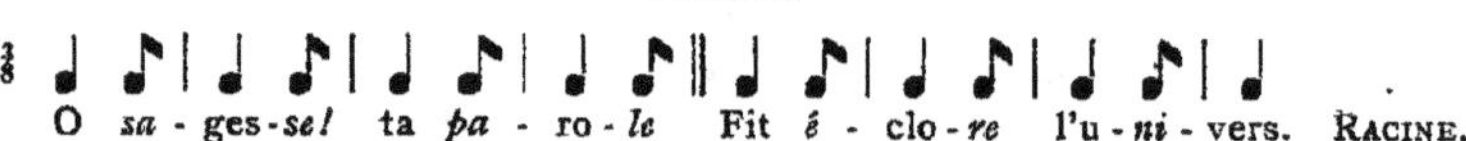

O *sa* - ges-*se!* ta *pa* - ro - *le* Fit *é* - clo-*re* l'u - *ni* - vers. RACINE.

Iambes.

Dé - jà *j'en*-tends *des* mers *mu* - gir *les* flots *trou*-blés. L. RACINE.

Dactyles.

Loin *d'I-li* - on *par les* vents *empor* - té, *j'a-bor* -dai *dans la* Thra-*ce.* DUCONDUT.

Anapestes.

Oui, je viens *dans son* tem-*ple a-do* - rer *l'É* - *ter* - nel. RACINE.

Mais les péons ne sauraient se reproduire exactement dans nos langues occidentales, où les syllabes qui ont un accent ne sont jamais séparées par trois syllabes atones. Même impossibilité pour les ioniques, par suite de la loi qui ne tolère pas la succession immédiate de deux syllabes accentuées[1]. A la vérité, nos musiciens restent libres d'employer les formes antiques du 5/8 et du 3/4, mais dans le texte poétique le *péon* (— ◡ ◡ ◡) et les deux *ioniques* (— — ◡ ◡ et ◡ ◡ — —) seront indistincts entre eux, et se confondront avec le double *trochée* (— ◡ | — ◡).

[1] En allemand, où les syllabes chargées de consonnes finales sont abondantes, et où il y a beaucoup de mots composés dissyllabiques (ex. *Heimweh*, *Blutschuld*), les ioniques s'imitent assez bien. Par contre, le péon y réussit difficilement, vu la rareté des brèves; le français et l'italien se prêtent mieux aux rhythmes rapides.

Comparaison des deux systèmes.

La versification moderne n'indique au musicien que la place des temps forts, en lui laissant toute liberté de remplir la mesure à son gré; chez les anciens, au contraire, le texte poétique précise la valeur des notes. Excepté à la dernière syllabe du vers, où la quantité est arbitraire, les longues métriques du grec et du latin se rendent par des notes longues, les brèves métriques par des notes brèves. Ce n'est que dans certains cas bien déterminés, et *seulement sur des temps faibles*, qu'une divergence entre la valeur de la syllabe et la durée de la note est tolérée; assez souvent l'anacrouse du 3/8 et du 5/8 porte une syllabe longue, alors que sa durée rhythmique n'est que d'un temps premier; plus rarement le levé du 2/4 est rempli par une seule syllabe brève. Un exemple suffira à faire apprécier la différence qui sépare en ce point l'antiquité et l'âge moderne. Dans la poésie grecque, un groupe syllabique comprenant une longue et deux brèves (le *dactyle*) se traduira presque toujours par 2/4 ♩ ♫, ou par 3/8 ♪. ♬ ♪, rarement par 3/8 ♩ ♬; et c'est là tout. En français et en allemand une combinaison analogue (à savoir une syllabe accentuée suivie de deux syllabes atones) sera rendue, non-seulement par une des figures ci-dessus, mais encore par un grand nombre d'autres. Il est évident que, si les Grecs avaient joui de la même liberté, l'étude la plus attentive du texte poétique n'eût jamais fait découvrir les durées que les syllabes recevaient dans le chant, ce qui est devenu possible, grâce au nombre réduit et à la simplicité des rhythmes antiques.

Résumons notre examen comparatif. — Répartition du temps et percussion de la mesure : tels sont les deux facteurs indispensables du rhythme. Il y a accord entre la métrique ancienne et la métrique moderne en ce qu'elles se bornent à déterminer l'un des deux éléments, et abandonnent l'autre à l'inspiration de l'artiste. Mais chacune d'elles s'attache à un élément différent, ce qui a pour effet d'intervertir la situation du poëte ou du musicien par rapport aux paroles qu'il se propose de soumettre au rhythme. La liberté du poëte-compositeur antique était entravée pour la division des temps; elle restait intacte en ce qui concerne le placement du temps fort. Ainsi le mot *Tro-jae*, étant composé de deux syllabes longues, ne pouvait recevoir dans la mélodie que deux notes longues (soit deux noires); mais il était loisible au poëte de mettre le temps fort sur la première longue ou sur la seconde. Réciproquement le musicien moderne fixe en toute indépendance la durée relative des syllabes, mais il est strictement enchaîné pour le placement de l'*ictus;* en italien le mot *Tro-ia* comportera de nombreuses combinaisons de durées, mais sa syllabe initiale portant l'accent tonique devra toujours coïncider avec un temps fort.

L'accentuation n'étant pas utilisée pour la rhythmopée, à l'époque classique, on a supposé parfois qu'elle servait de base à la mélodie, et que le chant des anciens n'était autre chose qu'une déclamation notée. Mais la fausseté de cette hypothèse se démontre par l'examen des textes poétiques, car nous y voyons les longues et les brèves se répondre syllabe pour syllabe, d'une strophe à l'autre, tandis que les accents se placent à volonté et sans aucune symétrie. Tout au plus y a-t-il lieu de signaler dans les chants dramatiques très-passionnés quelques accents saillants, qui se reproduisent régulièrement aux endroits correspondants de la strophe. Au surplus, un passage de Denys d'Halicarnasse tranche la question par un exemple décisif[1].

Le choix entre le principe de la quantité et celui de la prosodie est-il nécessairement commandé par la nature intime de l'idiome?

1 « La musique veut que les accents des paroles soient subordonnés au chant, et « non le chant aux accents de la parole, ce qui est rendu manifeste par le morceau de « l'*Oreste* d'Euripide, où Electre, s'adressant au chœur, dit :

σῖγα σῖγα, λεπτὸν ἴχνος ἀρβύλης
τίθετε, μὴ ψοφεῖτε....
ἀποπρόβατ' ἐκεῖσ', ἀποπρό μοι κοίτας.

« Dans ces [vers], *σῖγα σῖγα λεπτὸν* sont chantés sur un même son, bien que chacun « des trois mots ait [dans la récitation parlée] ses syllabes aiguës et graves. Ensuite le « mot *ἀρβύλης* a la même intonation sur la syllabe du milieu et sur la troisième, bien « que le discours ordinaire n'admette pas qu'un même mot ait deux accents aigus. « Dans le mot *τίθετε* la première syllabe devient la plus grave [malgré son accent « aigu]; les deux suivantes ont des intonations plus élevées, à l'unisson. Dans *ψοφεῖτε* « l'accent circonflexe [qui se compose d'un accent aigu suivi d'un accent grave] « disparaît [dans la mélodie]; car les deux syllabes [finales] sont chantées sur une « seule et même note. Dans *ἀποπρόβατε* il n'est pas tenu compte de l'accent aigu « posé sur la syllabe du milieu : l'accent de cette troisième syllabe se porte sur la « quatrième. » *De Comp. verb.*, XI.

Il est permis d'en douter. Bien que les deux langues classiques, — le grec surtout — par leur mécanisme plus délicat, par l'admirable équilibre qu'elles maintiennent entre les syllabes brèves et les longues, fussent, pour ainsi dire, prédestinées à une poésie fondée sur la quantité, toutes deux, en vieillissant, ont donné naissance à une versification accentuée; et il est à remarquer qu'elles ont accompli cette évolution indépendamment l'une de l'autre[1]. Le fait s'explique par une nécessité organique du langage : à mesure qu'un idiome, au cours de son existence, se met à rechercher la clarté de préférence à l'harmonie, il devient moins sensible aux nuances de la quantité. Dès les plus anciens temps de sa littérature, le latin incline à altérer la quantité de ses syllabes; aussi la poésie populaire des Romains semble-t-elle avoir été de tout temps fondée sur l'accent; et quant au latin ecclésiastique, on sait que le mécanisme de sa versification ne diffère en rien de celui des idiomes de l'Europe moderne. Ce qui prouve, d'ailleurs, combien la poésie savante elle-même a de tout temps subi l'influence de l'accent, c'est que des textes d'Horace, versifiés d'après les règles de la quantité, ont pu, au moyen âge, être rhythmés correctement à la façon de vers accentués. Un exemple instructif de ce fait nous est fourni par la strophe sapphique dont le rhythme primitif était le suivant :

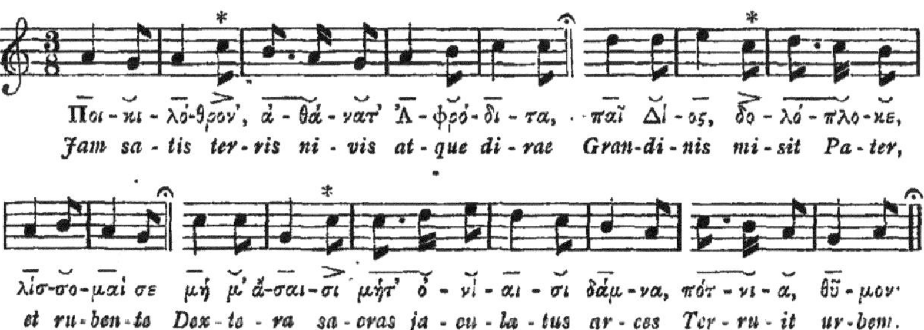

[1] En dehors des Hellènes, un seul peuple indo-européen, les Indous, ont, sans subir aucune influence étrangère, adopté la quantité comme régulateur de leur versification, et lui conservent ce rôle jusqu'à nos jours. Chez les peuples âryens de l'Occident, le principe de la métrique accentuée a dominé aux époques les plus diverses; on le trouve chez les Romains, avant leur contact avec les Grecs; les nations romanes et germaniques n'en ont pas connu d'autre. Les Persans modernes suivent le principe de la quantité, qu'ils ont probablement emprunté aux Grecs.

Voici la mesure qui a été adaptée à ce genre de vers, dès le moment où les musiciens ont cessé de tenir compte de la quantité des syllabes, pour ne plus s'attacher qu'à leur accent :

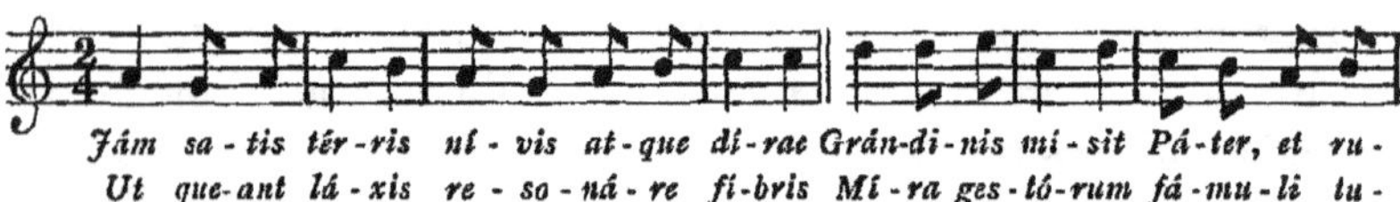

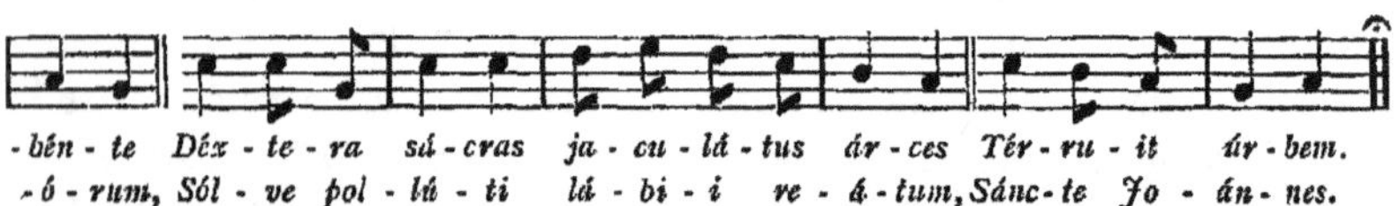

Déjà nous avons fait remarquer plus haut (p. 48) que les vers formés de dactyles ont généralement, chez les poëtes du siècle d'Auguste, leurs deux derniers *ictus* sur des syllabes accentuées; la même particularité distingue les trochées et les ioniques mineurs. De là vient que les dipodies dactyliques, quelquefois employées en série continue par les littérateurs latins de la décadence, peuvent être considérées indifféremment comme des vers accentués ou des vers à quantité :

Pri-*mus* *ab* o-*ris* Tro-*ĭ*-*us* he-*ros* Per-*di*-*ta* flam-*mis* etc.

Les poëtes grecs de la basse époque suivent une pratique analogue : tout en observant encore les règles de la quantité, les auteurs des *Anacreontea* ont une tendance marquée à réunir l'accent tonique et l'*ictus* rhythmique. Même dans les poésies de l'âge classique la prosodie fait parfois sentir son influence; ceci a lieu, notamment, lorsque les pieds métriques sont remplis par des syllabes d'égale durée, toutes brèves ou toutes longues. Dans le premier cas, la voyelle brève qui tombe sous l'*ictus* est généralement marquée de l'accent aigu :

Str. τοῖς ἐ-μοῖ-σι σύ-νο-χα δάκρυ-α, πά-θε-σι πά-θε-α, μέ-λε-σι μέ-λε-α·
Ant. Ἔν-θεν οἰκ-τρὸν ὅ-μα-δον ἔ-κλυ-ον, ἄ-λυ-ρον ἔ-λε-γον, ὅ τι ποτ' ἔ-λα-κεν

EURIPIDE, *Hélène*, I.

Si, au contraire, toutes les syllabes sont uniformément longues, comme dans la partie spondaïque de l'hymne *à Hélios*, le temps fort s'attachera volontiers à une voyelle marquée de l'accent circonflexe ou de l'aigu[1] :

Εὐ - φα - μεί - τω πᾶς αἰ - θήρ, ⋀ γῆ καὶ πόν - τος καὶ πνοι - αί, ⋀

Ajoutons, en terminant, que les langues romanes laissent au musicien une latitude assez grande dans l'application du principe fondamental de leur métrique. Cela est surtout vrai pour le français, qui n'en impose l'observation rigoureuse qu'à la césure et à la rime; aux autres endroits du vers, les compositeurs les plus scrupuleux n'ont pas craint de donner au temps fort des syllabes atones. Ainsi Grétry dans *Richard Cœur-de-lion :*

U - *ne* fiè - *vre* *brû* - lan - *te*

Jusqu'à la fin du XVIe siècle les compositeurs italiens et espagnols usaient de la même licence, que depuis lors ils ont sagement abandonnée à la chanson populaire[2].

§ III.

Pieds prototypes.

On appelle *pied métrique* un assemblage de deux, de trois ou de quatre syllabes, qui remplit exactement la durée d'une mesure. A l'époque très-reculée où se formèrent les premiers chants réguliers de la race hellénique, chaque espèce de mesure était habituellement réalisée sous une forme métrique invariable, thème fondamental autour duquel se sont développées, comme autant de variations, des formes secondaires plus ou moins caractéristiques. Ces pieds prototypes, déjà énumérés deux fois

[1] Cf. J. H. H. SCHMIDT, *Griech. Metrik*, § 10, et *Monod.*, p. 165 et suiv.

[2] Jusqu'au milieu de ce siècle, les musiciens qui ont le mieux prosodié le français sont des étrangers : Lully, Gluck, Sacchini, Piccini, Grétry, Spontini, Rossini.

dans les pages précédentes, sont le *dactyle* et l'*anapeste*, le *trochée* et l'*iambe*, l'*ionique majeur* et l'*ionique mineur*, le *péon*, auxquels les écrivains d'une époque plus récente ajoutent deux types métriques assez rares : le *choriambe* et le *bacchius*[1] :

Choriambes.

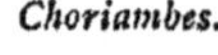

Ἦρ' ἄ - ῑ - ει μου μα-κα-ρί - τας ῑ - σο-δαί - μων βα-σι-λεύς

ESCHYLE, *les Perses*, IV (v. p. 76).

Bacchius.

Στε - νά - ζω; τί ῥέ - ξω; γε - λῶ - μαι πο - λί - ταις.

Wir kla-gen? Was thun wir? Es höhnt uns das Volk aus.

Id., *les Euménides*, V.

Ce dernier pied ne s'emploie guère isolé; presque toujours il alterne avec l'iambe, ce qui produit le mètre *dochmiaque* (voir p. 79). La dernière brève de la mesure y est souvent représentée par une syllabe longue, surtout lorsqu'elle forme anacrouse.

Les vers en usage chez les nations romanes, tirant leur origine des formes rhythmiques les plus simples, — trochées et iambes — ont un nombre fixe de syllabes, nombre qui à lui seul est le signe distinctif du mètre et en constitue, pour ainsi dire, l'essence. Cette particularité néanmoins n'est pas inhérente à la métrique accentuée; elle n'existe ni dans la versification primitive de la race germanique, ni dans aucune poésie spontanément issue du chant. Quant aux anciens Hellènes, ils donnaient à leurs vers usuels une égale quantité de mesures, mais non pas le même nombre de syllabes. Mettant en pratique le principe fondamental de leur métrique, selon lequel la syllabe longue a une durée double de celle de la brève, ils remplaçaient à volonté deux syllabes brèves par une longue, et réciproquement. Lorsque les deux brèves consécutives qui occupent le levé du 2/4, du 5/8 et du 3/4 sont réunies en une longue, les métriciens disent qu'il y a *contraction*. Si, au contraire, la longue placée sur le frappé

[1] WESTPHAL, *Metrik*, II, p. 112-113.

de tous les pieds métriques se résout en deux brèves, il y a *dédoublement*. De ces deux combinaisons naissent une foule de formes secondaires, désignées pour la plupart au moyen de termes spéciaux; quelques-unes de ces formes possèdent une importance presque égale à celle du pied-type. C'est par l'usage plus ou moins fréquent de la contraction et du dédoublement que se révèle la structure intime des divers types métriques. Nous savons que les syllabes longues renforcent l'accent, et que les brèves produisent l'effet opposé; lors donc que nous verrons, par exemple, dans l'anapeste, les frappés divisés, tandis que le levé se contracte, nous en conclurons que la différence d'intensité entre les deux percussions y était réduite au *minimum*.

Contraction. La réunion en une seule durée des deux brèves du dactyle et de l'anapeste donne naissance au *spondée*, groupe métrique composé de deux longues consécutives, lequel, dans la poésie récitée aussi bien que dans le chant, se mêle librement à la forme primitive :

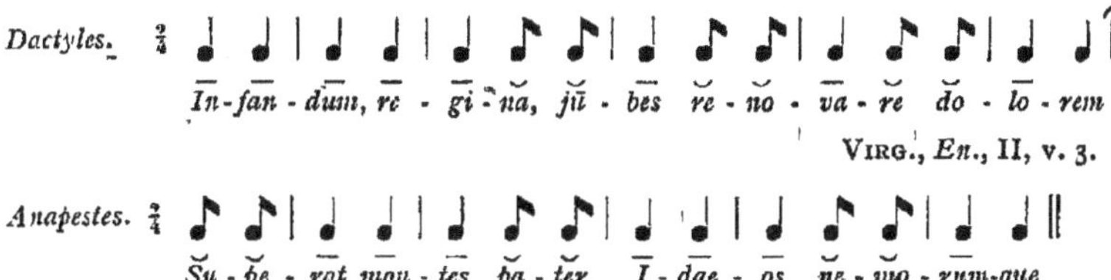

Quand le levé du 2/4 est contracté habituellement, il acquiert une plus grande intensité, et les deux parties de la mesure se font presque contrepoids. Nous avons alors le rhythme spondaïque proprement dit, qui renferme deux variétés : 1° les *spondées dactyliques*, commençant par le frappé; quelques spécimens classiques de ce rhythme religieux nous ont été transmis par les parodies du grand poëte comique Aristophane :

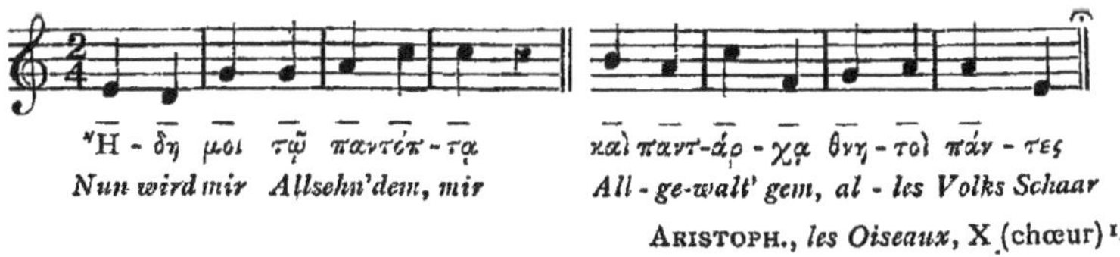

Aristoph., *les Oiseaux*, X (chœur)[1].

[1] Voir aussi *les Oiseaux*, I, ainsi que le début de l'hymne *à Hélios*, cité p. 102.

2° les *spondées anapestiques*, commençant par le temps levé; ils ont été employés surtout par Euripide. C'est le rhythme des lamentations tragiques que le poëte met dans la bouche de ses héroïnes malheureuses[1].

(*Syntono-lydisti*).

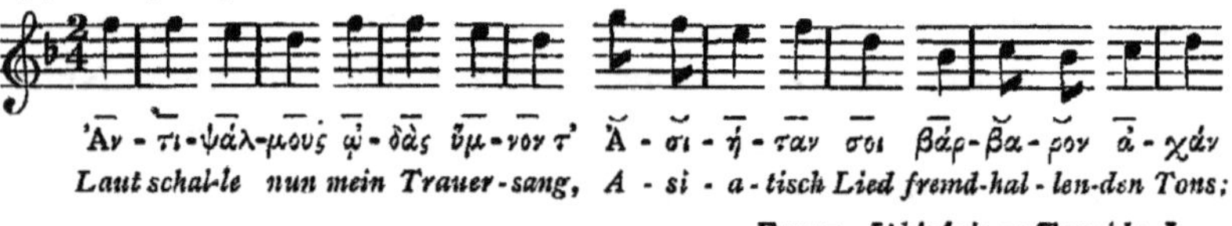

EURIP., *Iphigénie en Tauride*, I.

Par la contraction des deux brèves qui occupent le levé du 5/8, le *péon* se transforme en pied *crétique* (–́ ⏑ –), aussi usité que la forme-type, avec laquelle il s'associe. Il donne une terminaison satisfaisante aux vers et périodes. Les plus intéressants exemples du mélange des deux formes se rencontrent dans les premières pièces d'Aristophane, *les Acharniens*, *les Chevaliers*, *la Paix*.

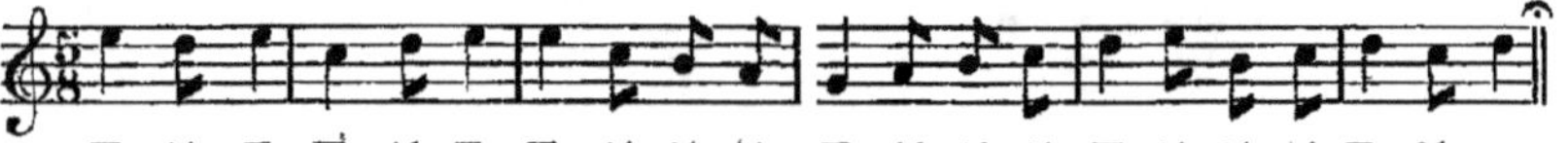

Εἶ - δες ὦ εἶ - δες ὦ πᾶ - σα πό - λι τὸν φρό - νι - μον ἄν-δρα, τὸν ὑ - πέρ - σο - φον,
Se - het ihr, seh't ihr wohl, ihr ge-sammten Bürger, den ver-stän-di-gen, den klugen Mann?

ARISTOPH., *Acharn.*, XI (chœur).

L'ionique majeur se contracte en *molosse* (–́ – –), assemblage de durées qui n'apparaît que par exception.

En dédoublant la longue placée sur le frappé de la mesure binaire, on obtient une succession de quatre brèves, le *procéleusmatique*[2]. Selon le type primitif auquel elle se rattache, cette réunion de durées est susceptible de deux formes : 1° le *procéleusmatique dactylique* (⏑́ ⏑ ⏑ ⏑), fort peu usité : une aussi grande mobilité s'allie mal au caractère grave et sérieux du dactyle[3]; 2° le *procéleusmatique anapestique* (⏑ ⏑ | ⏑́ ⏑), très-commun, au contraire. Ce rhythme précipité porte le surnom de *pyrrhique*, Dédoublement.

[1] Les morceaux typiques de cette espèce sont : *Hécube*, I, II; *Iphigénie en Tauride*, I; *Ion*, II; *les Troyennes*, I.

[2] De προκελεύω, exciter par des cris.

[3] On le rencontre par exception dans les morceaux doriques (ex. *Isthm.*, III).

« de son usage dans les danses pyrrhiques ou armées et dans les « luttes[1]; » il accompagnait les joyeux ébats du chœur satyrique à son entrée sur le théâtre[2]. Mais par un double emploi propre à tous les groupes exclusivement formés de brèves, il apparaît aussi dans les cantilènes plaintives de la tragédie, mêlé avec les spondées, auxquels il est destiné à faire contraste :

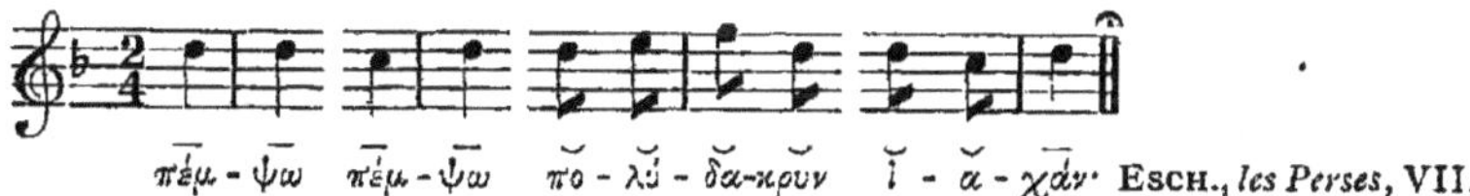

Esch., *les Perses*, VII.

Si l'on dédouble la longue placée sur le frappé du 3/8, la mesure entière se trouve remplie par un groupe de trois brèves, un *tribraque*. Cette figure rapide, très-fréquente chez Euripide et chez Aristophane, est capable de traduire des sentiments de nature opposée, mais dont le mouvement est également agité et tumultueux. Elle comporte deux variétés : 1° le *tribraque trochaïque* (⏗ ⏑ ⏑), rhythme vif et léger lorsqu'il s'allie à la danse mimée — l'*hyporchème* — ou aux gais refrains de la comédie populaire :

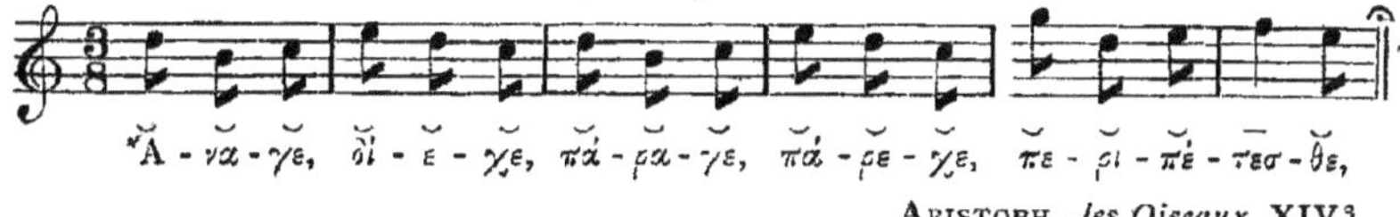

Aristoph., *les Oiseaux*, XIV[3].

mais sachant prendre aussi une allure violente, quand il doit exprimer le délire bachique ou l'égarement de la douleur[4]; 2° le *tribraque iambique* (⏑ | ⏗ ⏑); il dépeint des situations mentales analogues, avec moins de morbidesse toutefois; aussi ne convient-il pas autant à la danse :

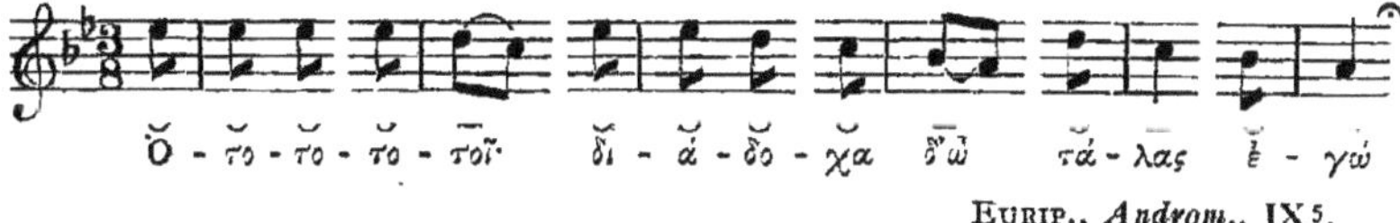

Eurip., *Androm.*, IX[5].

1 Arist. Quint., p. 37.
2 Cf. Christ, *Metrik der Griechen und Römer*, p. 267.
3 Cf. *Lysistrate*, IX; *les Grenouilles*, I, XIII, XIX, XX, etc.
4 *Les Bacchantes*, IV; *Hélène*, I; *Iph. en Aul.*, V, VI; *Oreste*, IV, V, VI, etc.
5 Cf. *Électre* (Eurip.), VIII; *Iph. en Aul.*, VI; *les Suppliantes* (Eurip.), III, XI, etc.

La longue du frappé est rarement décomposée dans le rhythme péonique, lequel n'admet pour toute variété que le mélange du pied crétique avec le thème primitif (ex. p. 105). — Dans le *bacchius* il en est différemment; l'assemblage de durées que produit le dédoublement de la première longue (⏑́ ⏑ – ⏑) se rencontre aussi souvent que le pied-type :

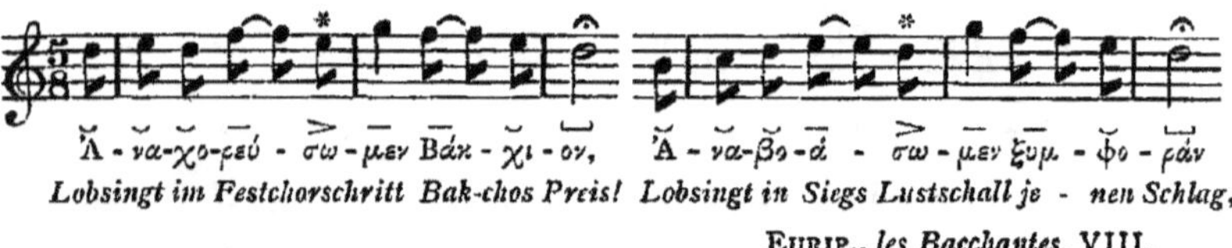

EURIP., *les Bacchantes*, VIII.

Parfois même la mesure entière est résolue en syllabes brèves; c'est là un de ces moyens d'effet propres à Euripide, et dont ses chants dochmiaques présentent de nombreux exemples :

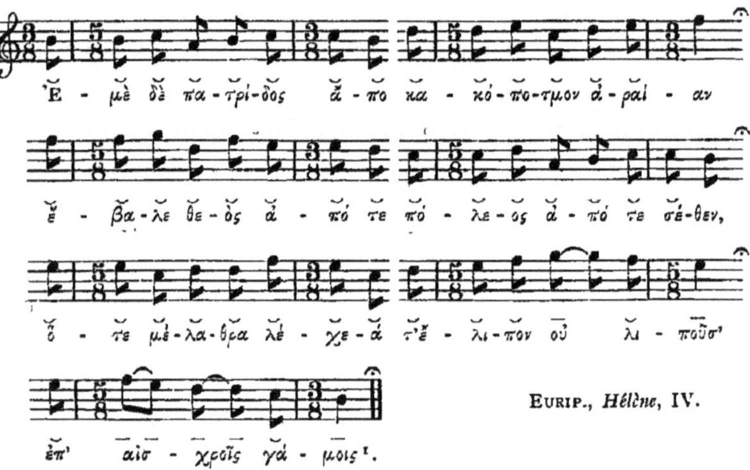

EURIP., *Hélène*, IV.

Parmi les formes-types du 3/4, le choriambe est la moins diversifiée; ce pied ne souffre ni contraction ni dédoublement. L'ionique mineur présente également peu de variété chez Eschyle

[1] Traduction « : Malheureuse, poursuivie par le sort, un Dieu m'a jetée loin de ma « patrie, de ma ville natale et de toi, lorsque je quittai, sans les abandonner [en effet], « ma demeure et ma couche nuptiale, en vue d'une honteuse union. »

et chez Sophocle. A partir d'Euripide, au contraire, il développe une grande abondance de formes, abondance qui s'accroît encore dans l'ionique majeur, le mètre favori des alexandrins[1].

Contraction et dédoublement combinés.

En réunissant la contraction au dédoublement dans la mesure binaire, on aboutit à une interversion complète du thème primitif; les longues prennent la place normale des brèves et *vice versâ*, en sorte que chacun des pieds-types emprunte l'apparence de son contraire. Appliquée à la forme anacrousique de la mesure de $^2/_4$, cette combinaison produit le *dactyle anapestique* (–́ | ⏖ ⏑ –́ | ⏖ ⏑), groupe rhythmique qui se rencontre presque à chaque vers parmi les anapestes chantés, ou même simplement déclamés :

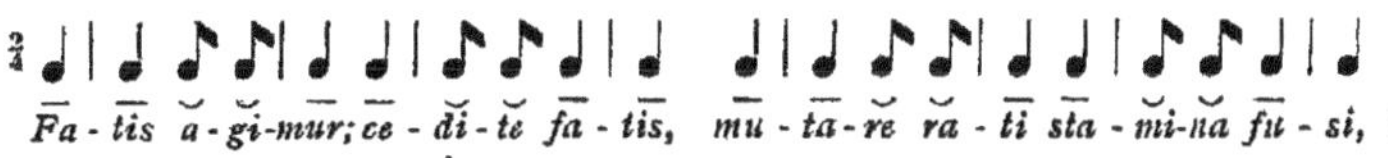

Fa - tis a - gi-mur; ce - di - te fa - tis, mu - ta - re ra - ti sta - mi-na fu - si, Sénèque.

A de rares exceptions près, l'interversion est inusitée pour la forme thétique; l'*anapeste dactylique* (⏖ ⏑ –́ | ⏖ ⏑ –́), le rhythme de la *polka* moderne, répugne au sentiment musical des Hellènes. Il est évident qu'une aussi grande multiplicité d'accents ne saurait convenir à une cantilène calme et austère, telle que l'exige l'*éthos* du dactyle; mais elle se prête à des mouvements marqués, réguliers et d'une force presque égale, par exemple à la marche militaire, dont l'anapeste est le rhythme naturel.

Tenues.

Les formes métriques analysées jusqu'ici ne contiennent que des longues simples de deux unités; elles ont été connues en Grèce de tout temps, et se déduisent des règles usuelles de la versification gréco-latine; la plupart d'entre elles sont communes à la poésie récitée et aux vers méliques[2]. Mais des divisions aussi élémentaires ne pouvaient suffire pour des œuvres musicales largement développées; ici une plus grande variété de durées était indispensable. Les vers destinés à cette catégorie de chants se distinguent par un trait caractéristique : ils renferment

[1] Les combinaisons ioniques ⏑́ ⏑ ⏑ ⏑ – et ⏑́ ⏑ – –, sont rejetées; la forme péonique ⏑́ ⏑ ⏑ – se rencontre seulement comme variante accidentelle du crétique.

[2] Les mètres qui ne renferment pas de tenues à l'intérieur sont rangés par Héphestion dans la classe des *synartètes* (*συνάρτητα, metra connexa*); ceux qui en admettent, appartiennent à la catégorie des *asynartètes* (*ἀσυνάρτητα, metra inconnexa*). Cf. Westphal, *Metrik*, II, p. 179 et suiv.

des syllabes longues étendues au delà de leur valeur métrique et exprimées par des temps triples (└─) ou quadruples (└─┘), noires pointées ou blanches. Le frappé et le levé du 3/8 et du 2/4 se fondent ainsi en une tenue qui remplit la mesure entière. *Ces longues de trois et de quatre temps ne se décomposent pas en durées plus petites aux endroits correspondants du vers ou de la strophe*, particularité qui les fait reconnaître aisément au milieu des longues ordinaires. Elles se joignent de préférence à des syllabes qui portent l'accent pathétique — interjections, cris de douleur — et, en général, aux éléments du langage où se reflète directement la situation de l'âme, les seuls sur lesquels une idée mélodique puisse s'asseoir et se développer avec ampleur. Nous savons en effet que tout sentiment aime à s'appesantir sur lui-même.

Les tenues les plus fréquentes sont celles qui occupent la mesure de 3/8 en entier; déjà admises par les formes les plus vulgaires de ce rhythme, elles prennent une grande place dans les chœurs tragiques dont les chorées constituent le thème principal (ci-après pp. 136, 137).

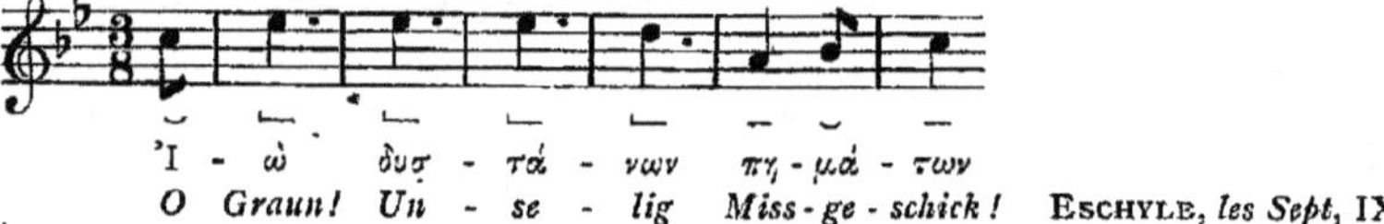

ESCHYLE, *les Sept*, IX.

Une des variétés caractéristiques du 2/4, qui sera analysée plus loin, admet aussi la longue de trois temps; mais ni le 5/8 ni le 3/4 ne contiennent jamais une pareille durée.

La longue de quatre unités appartient à toutes les formes de la mesure binaire (p. 129-134). On la rencontre surtout parmi les spondées monodiques, lesquels, appelés à traduire des sentiments de douleur et de désespoir, et recherchant par là des contrastes tranchés, se plaisent à opposer les durées extrêmes de la rhythmique grecque : temps simples et temps quadruples, croches et blanches. Cette tenue apparaît déjà dans un des plus anciens genres poétiques cultivés parmi les Hellènes, l'élégie, toujours coupée par petites strophes de deux vers. Le second vers des distiques élégiaques contient deux longues de quatre unités : l'une à la troisième mesure, l'autre à la dernière (p. 182).

Certains rhythmes de choral, tels que le *spondée majeur*, l'*orthios* et le *trochée sémantique*, se composent exclusivement de durées de quatre unités (p. 66), c'est-à-dire de syllabes longues, élevées au double de leur valeur ordinaire[1]. D'après l'interprétation très-plausible de Bergk, les trois rhythmes se trouveraient représentés dans les courts fragments de Terpandre qui sont venus jusqu'à nous[2] :

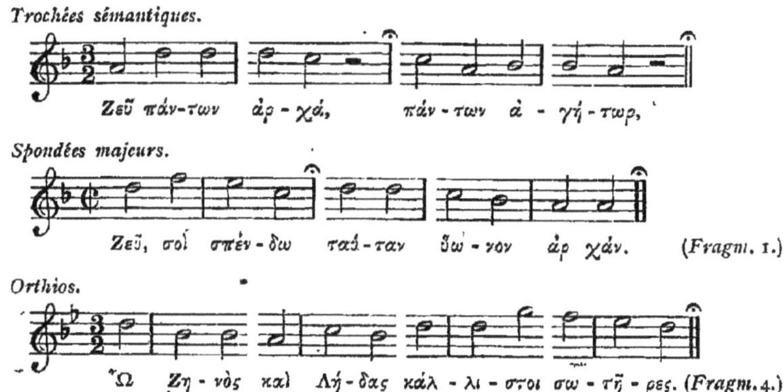

On se demandera sans doute pourquoi la notation grecque figurait ces durées uniformes par des longues doubles, puisque le mouvement suffisait à déterminer la vitesse de la mesure. Voici la réponse que fait Westphal à cette question : Si les Grecs avaient conçu les syllabes de l'*orthios* et d'autres chants analogues comme autant de longues simples, exécutées dans un mouvement très-lent, ils n'auraient pu en aucun cas leur assigner plus de deux notes d'accompagnement, le *temps premier* (♪) étant indivisible. En traduisant la longue par un temps quadruple, ils ont voulu que chaque note de la mélodie pût être accompagnée à volonté par deux, trois ou quatre sons de l'instrument[3].

Une longue de quatre temps peut remplir tout le frappé des ioniques, ce qui ajoute un nouvel élément de variété à ce rhythme, dont les formes sont déjà si diverses. Toutes se trouvent réunies

1 Arist. Quint., pp. 36 et 37.

2 *Poetae lyrici graeci*, 3e éd. (Leipzig, Teubner), p. 812 et suiv. — Pour l'*orthios* un des drames d'Euripide, *Ion*, fournit en outre un exemple indubitable (voir ci-après, p. 221).

3 Westphal, *Geschichte der alten u. mittelalt. Musik*, p. 108 et suiv.

dans l'exemple suivant, invocation enthousiaste par laquelle se termine un chœur d'Euripide :

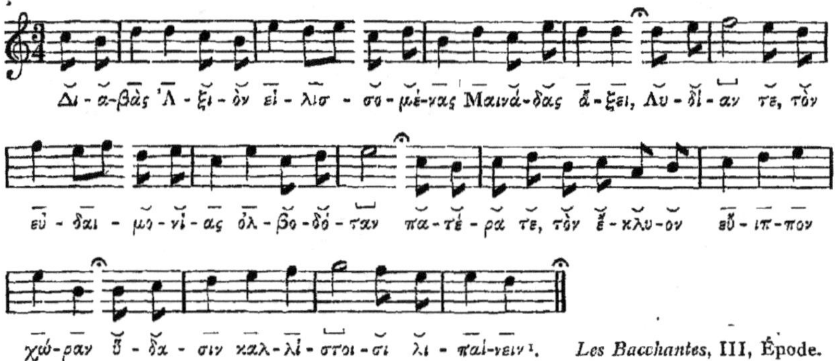

Les Bacchantes, III, Épode.

Aucune espèce de tenue ne se rencontre parmi les *péons*[2]; mais les longues de quatre temps trouvent place dans le *bacchius*, lorsque celui-ci, réuni à l'iambe, forme le mètre dochmiaque; elles servent alors à renforcer certains accents expressifs ou emphatiques, qui réclament des sons longuement soutenus[3] :

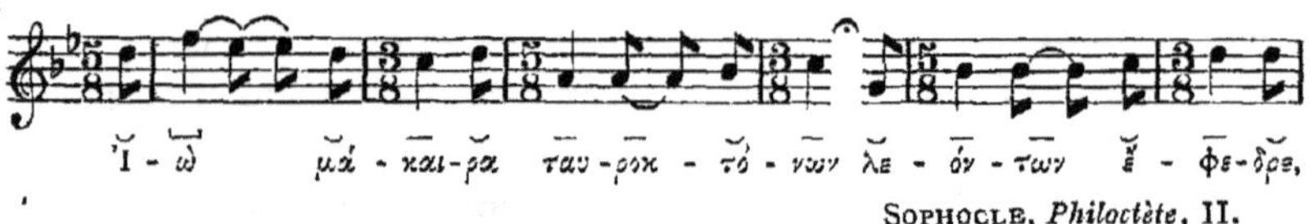

Sophocle, *Philoctète*, II.

A part l'usage de la longue de trois temps dans les rhythmes doriques, nous venons d'énumérer les principaux cas où la cantilène grecque admettait des éléments rhythmiques plus étendus que la longue simple. Il était naturellement loisible au compositeur de répartir sur plusieurs intonations la durée totale de la syllabe prolongée, et de la convertir — comme dans l'exemple ci-dessus — en ce qu'Aristoxène appelle un *temps de la rhythmopée*

1 « Il (Dionysos) amènera les Ménades qui tourbillonnent en chœur, après avoir « traversé l'Axios [au cours rapide] et le Lydias, ce père nourricier, qui apporte aux « mortels des trésors de bonheur et fertilise, dit-on, la contrée aux nobles coursiers, « en l'arrosant des flots d'une onde limpide. »

2 Cette particularité est connue des métriciens. Cf. Westphal, *Metrik*, II, p. 183.

3 J. H. H. Schmidt, *Eurhythmie*, § 18, 6; *Compos.*, p. 46.

à la fois composé et incomposé[1]. Les hymnes *à Hélios* et *à Némésis* fournissent plusieurs exemples du fait.

L'existence de la longue de cinq temps dans les compositions antiques n'est pas démontrée[2]; celle de la longue de six temps est plus douteuse encore, à moins qu'on ne prenne au pied de la lettre la parodie d'un air d'Euripide, qu'Aristophane a intercalée dans ses *Grenouilles*. Toujours attentifs à éviter ce qui aurait pu nuire à la claire intelligence du texte, les poëtes grecs ne prolongeaient jamais la durée de la syllabe au delà d'une mesure binaire simple.

Abordons maintenant d'autres combinaisons métriques, non moins régulières, au point de vue du rhythme, que les précédentes, bien qu'elles ne laissent pas à tous les pieds prototypes leur valeur musicale primitive. Dans les groupes de syllabes décrits jusqu'ici, le dactyle et l'anapeste se traduisent par des mesures binaires; le trochée et l'iambe par des mesures de 3/8. Il en est différemment pour les formes suivantes, les plus riches que l'art grec ait créées, et celles où les poëtes de la grande époque ont déposé leurs plus hautes inspirations; on y voit réunis en un seul et même vers des pieds métriques appartenant originairement à des genres rhythmiques différents[3].

Rhythmes doriques.

Dans quelques mètres où prédominent les pieds binaires, le texte poétique présente des trochées isolés, mêlés aux dactyles. C'est ce qui se voit au quatrième pied du vers suivant :

— ◡ ◡ | — ◡ ◡ | — — ‖ — ◡ | — — | — ◡ ◡ | — ◡ ◡ | —

Τυνδα-ρί - δαις τε φι - λο - ξεί - νοις ἁ - δεῖν καλ - λι-πλοκά - μῳ θ' Ἑλέ - νᾳ

Tyndaros - söh - ne, des Fremdlings Schutz! und der schön - lo - ckige He - lena! Euch

Pind. *Ol.* III, str. 1, v. 1.

Ce genre de rhythmes, dits *dactylo-trochaïques*, *épitrites* ou *doriques*, a beaucoup embarrassé les philologues depuis Boekh, et donné lieu aux interprétations les plus diverses. Évidemment, le trochée y occupe une durée égale à celle du dactyle, à savoir

[1] Voir plus haut, p. 67, surtout note 1.

[2] St Augustin, non plus qu'Aristide, n'admet pas des longues de cinq unités : *in omnibus pedibus nulla levatio aut positio amplius quam quatuor occupat tempora. De Mus.*, III, 8.

[3] Héphestion appelle les mètres de la première espèce *purs* (καθαρά); ceux de la seconde espèce se subdivisent en *mêlés* (μικτά) et en *composés* (ἐπισύνθετα).

une mesure de quatre unités. Supposer que l'insertion du trochée entraînait chaque fois un changement de mesure dans la musique et la danse — car il s'agit ici de chant orchestique — serait méconnaître un principe essentiel de toute mélodie. Or les choses étant ainsi, de quelle manière les deux éléments constitutifs du trochée se partageaient-ils la mesure de $^2/_4$? Westphal, appliquant la règle commune, — « une longue vaut le double d'une brève » — attribue à la première syllabe du trochée les deux tiers de la mesure totale, à la dernière brève le tiers restant ($\frac{2}{4}$ 𝅗𝅥 ♩ triolet 3), ce qui donne pour le vers précité les durées suivantes :

Mais la plupart des nouveaux métriciens transcrivent le trochée mêlé aux dactyles par une figure rhythmique plus simple ($\frac{2}{4}$ ♩. ♪), laquelle en pratique s'éloigne fort peu du rapport mathématique régulier (2 : 1)[1], ainsi que l'on s'en convaincra en réduisant les deux groupes à un commun diviseur, le douzième de la mesure totale :

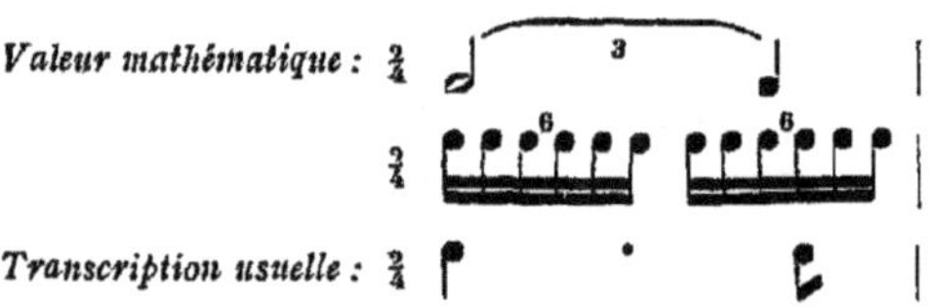

Une différence aussi minime disparaissait nécessairement dans la musique grecque, qui n'admettait aucune division rhythmique plus petite que la croche, et où le chef d'orchestre ne marquait qu'une seule percussion pour chaque mesure simple. Il suffit au reste de se rappeler que les trochées binaires étaient réservés à des chœurs d'un style franc et mâle, — telles sont les odes doriques de Pindare — pour rejeter la possibilité de tout petit raffinement rhythmique. Intervalles et mesures étaient autrefois

[1] Voir plus haut, p. 95, note 2. — Il est difficile d'admettre, avec Westphal, que la noire pointée soit en $^2/_4$ une valeur irrationnelle; Aristoxène dit expressément que *toute durée constituant une partie rationnelle de la mesure où elle figure est elle-même rationnelle* (voir plus haut, p. 12, note 2). Or le temps premier étant incontestablement une partie rationnelle du $^2/_4$, ses multiples ne peuvent être considérés comme irrationnels.

—et sont encore de nos jours—des valeurs idéales, que l'exécution n'a pas à réaliser avec une rigueur mathématique. L'expérience nous apprend que certains assemblages de durées deviennent assez vagues dans la musique vocale pour peu que l'on cesse de battre la mesure : le groupe 𝄽 ♩. ♪ nommément, s'il se répète plusieurs fois de suite, sans être décomposé d'une manière nette et précise par l'accompagnement, se transformera insensiblement en 𝅗𝅥 ♩ (3), division correspondant à un rapport rhythmique plus simple (2 : 1), et par là même plus accessible à notre sentiment[1]. Toutefois, si l'interprétation artistique prend la latitude qui lui revient, il n'en est pas moins désirable que la notation exprime autant que possible des valeurs commensurables avec l'unité fondamentale.

Ainsi que toutes les coupes rhythmiques exclues de la poésie récitée, le trochée binaire (dont la notation métrique est — ◡) se reconnaît dans le texte à des signes certains qui le font distinguer du trochée ordinaire. *Il est invariable aux endroits correspondants du vers ou de la strophe*, et ne se remplace jamais — comme le fait le trochée ordinaire — ni par trois syllabes brèves, ni par deux syllabes longues ayant la valeur du chorée irrationnel. Il occupe toujours la première mesure d'une dipodie, la troisième d'une tétrapodie, et est suivi invariablement du spondée[2] ou de la longue de quatre temps.

On sait que les rhythmes dactyliques, contrairement aux anapestes, ont un levé peu accentué, ce qui explique pourquoi la dernière noire du spondée est parfois rendue dans les vers épitrites par une syllabe brève. Cette irrégularité, peu habituelle aux mesures binaires, justifie une autre anomalie métrique des épitrites, à savoir l'apparition de trois syllabes brèves, en place du dactyle, au début du vers ou du membre. Selon Schmidt, ce tribraque apparent équivaut comme durée à l'anapeste dactylique.

[1] Il se passe là une simplification analogue à celle que notre sentiment opère dans l'appréciation des intervalles qui sur l'échelle génétique des sons musicaux embrassent plus de six quintes. Cf. Barbereau, *Origine du système musical*, p. xii et suiv.

[2] A la place du spondée apparaît exceptionnellement l'*anapeste dactylique* (*Nem.* V et *Isthm.* III); une fois le dactyle est résolu en quatre brèves (*Isthm.* III). Cf. J. H. H. Schmidt, *Leitfaden*, § 12, *Compos.*, § 7 et *Griechische Metrik*, § 20.

Rien n'empêche néanmoins de le traduire par un triolet de noires, et cela paraît même être plus conforme à la contexture d'un rhythme dont le frappé seul avait un accent marqué :

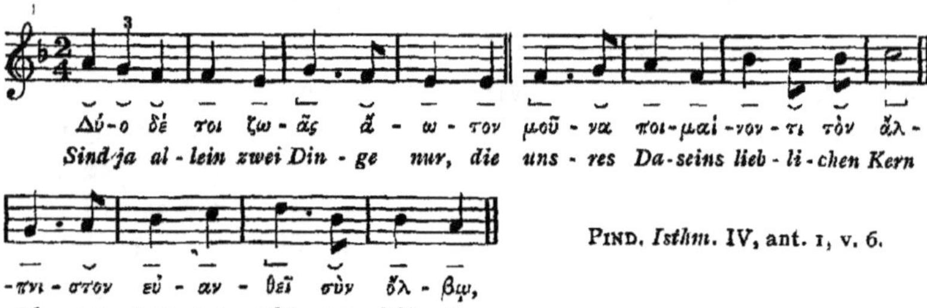

PIND. *Isthm.* IV, ant. 1, v. 6.

Les rhythmes doriques appartiennent exclusivement au style orchestique, c'est-à-dire au chant choral accompagné de danse : Pindare, qui les a cultivés avec une prédilection particulière, s'en sert pour toutes les variétés de la lyrique chorale[1].

Dactyles cycliques.

Nous venons de constater la présence d'un pied ternaire dans les mesures à deux temps; réciproquement le 3/8 admet souvent un pied métrique d'origine binaire, le dactyle :

⏑ | — ⏑ | — ⏑ ⏑ | — ⏑ | ⏗ || — ⏑ | — ⏑ | — ∧ ||
βί - α δὲ καὶ μεγά - λαυ-χον ἔ - σφαλεν ἐν χρό - νῳ.
Ge-walt ver-der-bet den Stolzen auch, fallend mit der Zeit. PIND. *Pyth.* VIII, Ep. 1, v. 1.

Ce dactyle anormal, pour lequel on a adopté une notation métrique spéciale (⏗ ⏑), est dit *cyclique*[2]. Sa durée totale est plus courte d'un quart que celle du dactyle ordinaire, et se renferme conséquemment dans une mesure de 3/8. Comment cette durée se répartit-elle entre les trois syllabes du groupe? En conséquence d'une interprétation subtile de la règle d'Aristoxène, Westphal en arrive à la déterminer par une notation très-compliquée ($\frac{3}{8}$ ♩ ♪ ♪),

[1] La 1re Pythique (voir T. I, p. 450) est une composition dorique.

[2] « Le pied commençant par une longue et terminé par deux brèves s'appelle « dactyle.... Les rhythmiciens disent que [parfois] sa longue est plus brève que la « [longue] parfaite, mais, ne pouvant dire de combien, ils l'appellent irrationnelle. « Le pied inverse, commençant par les deux brèves et se terminant par la [longue] « irrationnelle, pied qu'ils distinguent de l'anapeste [ordinaire], est appelé par eux « *cyclique.* » DION. HALIC., *de Comp. verb.*, XVII. — « Quelques-uns considèrent ces « dactyles comme se rapprochant beaucoup, [quant à la longueur,] des trochées. » *Ib.*, XX.

bien que, dans le fait, il se serve de la transcription communément admise aujourd'hui (3/8 ♩. ♬ ♪). Ainsi que l'on s'en convaincra par l'analyse des deux formules, leur différence consiste uniquement dans la position de la note médiane, et se réduit à 1/18 de la mesure totale.

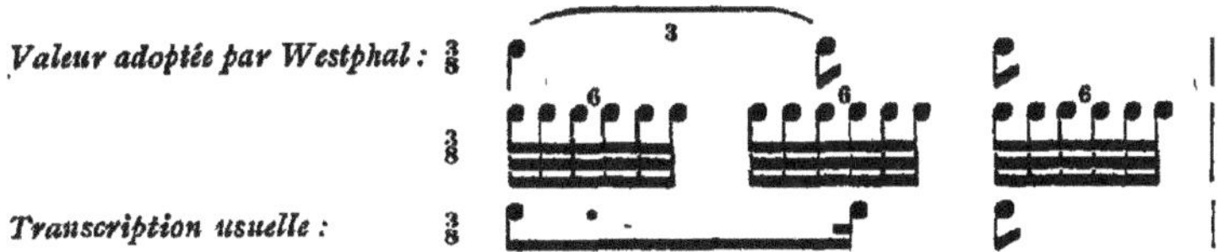

Inutile de faire remarquer qu'un écart aussi insignifiant n'aurait pu être observé par un chanteur isolé, et à plus forte raison par une masse chorale, excepté dans une mesure lente, se subdivisant en petites durées. Or les mètres qui admettent le dactyle cyclique sont d'origine populaire et possèdent un caractère particulièrement franc et alerte.

Contrairement au dactyle ordinaire, qui se contracte en spondée ou se dédouble en procéleusmatique, le *dactyle cyclique est généralement invariable à l'endroit correspondant du vers ou de la strophe;* en tout cas il ne peut se trouver qu'à la place d'un pied ternaire, trochée ou tribraque. L'insertion d'un groupe aussi marqué a pour effet de modifier la contexture et l'allure de la mesure de 3/8, en donnant une intensité plus considérable au temps levé; dès lors le rhythme, de choréïque qu'il était, prend le nom de *logaédique* (λογαοιδικόν)[1]. Ce qui distingue tout d'abord les chorées et les logaèdes entre eux, c'est la coupe de leurs membres. Tandis que les chorées, trop peu consistants pour s'isoler, se rangent deux à deux sous un *ictus* commun, chaque mesure logaédique forme par elle-même une véritable unité. Aussi l'*arsis* reçoit souvent une syllabe longue, non-seulement, comme le font les chorées, au début du vers et dans les mesures paires, mais à presque tous les endroits du membre. Une combinaison assez rare du 3/8, tolérée seulement dans les rhythmes logaédiques, s'explique par les mêmes causes; c'est l'*iambe retourné* (3/8 ♪ ♩), figure qui à l'antistrophe

[1] Ainsi nommé à cause de l'irrégularité apparente de ses combinaisons syllabiques, par laquelle il se rapprochait du langage ordinaire (λόγος). Des exemples de ce rhythme se trouvent plus haut, pp. 56, 73 et 75.

s'échange indifféremment avec le tribraque; ce qui donne lieu de supposer que la longue portait dans la mélodie deux intonations différentes. L'iambe retourné a sa place habituelle au début des vers éoliens; dans la 6e Pythique de Pindare on le trouve néanmoins aussi à l'intérieur du vers :

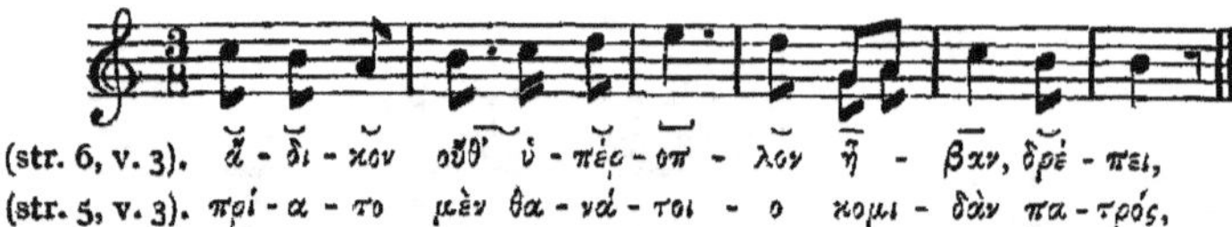

De même que le dactyle, l'anapeste se pliait à la division ternaire ou cyclique[1]; il se substituait alors à l'iambe, comme le dactyle cyclique au trochée. C'est ainsi que Bellermann et Westphal ont traduit les anapestes de Mésomède :

Νέ - με - σι πτε - ρό - εσ - σα βί - ου ῥο - πά,

On a indiqué au précédent chapitre la valeur rhythmique des *chorées irrationnels*, spondées apparents qui se voient à quelques endroits des mètres choréïques. Mais il nous reste à mentionner un autre dactyle ternaire, auquel Schmidt donne le nom de *dactyle rapide*, et qu'il traduit par une noire et deux doubles croches (en notation métrique — ⏖). Beaucoup moins fréquent que le dactyle cyclique, il se mêle à des chorées, jamais à des logaèdes[2].

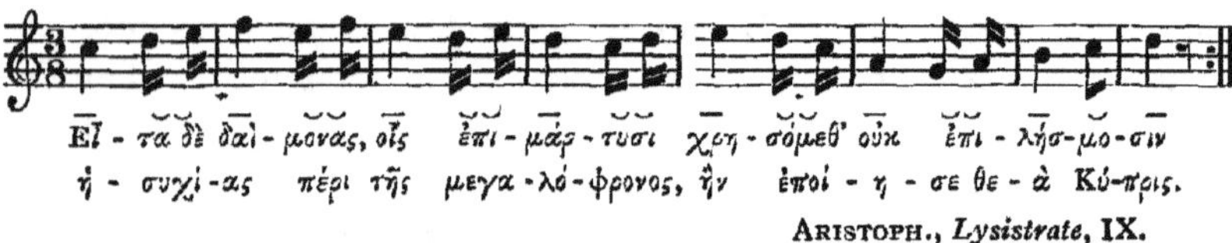

ARISTOPH., *Lysistrate*, IX.

Nous mentionnerons enfin, avec Schmidt[3], deux groupes métriques rarement employés : le *péon cyclique*, lequel apparaît sous une double forme (♩ ♪ ♫ ou — ⏑ ⏖; ♫ ♩ ou ⏖ ⏑ —) et l'*ionique cyclique* (♫ ♩ ♫ ou ⏖ — ⏑ ⏑). Ces combinaisons exercent peu d'influence sur le caractère du rhythme fondamental.

[1] Voir plus haut, p. 115, note 2.

[2] Cf. J. H. H. SCHMIDT, *Compos.*, § 8, 4; § 18, 11.

[3] Id., *Compos.*, § 8, 2 et 3; *Leitfaden*, § 14.

§ IV.

Exprimer les sentiments de l'âme, en évoquant dans l'imagination de l'auditeur les mouvements qui les accompagnent, tel est le programme dont la musique a de tout temps poursuivi la réalisation. Mais il n'est aucune des parties de l'art où la relation entre l'objet à exprimer et le moyen d'expression se montre plus à nu que dans le rhythme, qui réalise le mouvement sous une forme saisissable à tout homme. Un rapport aussi direct ne pouvait échapper longtemps au sens délicat du peuple grec; aussi l'observation a-t-elle conduit de bonne heure ses artistes à des principes de style relatifs à l'usage des types rhythmiques. Et nos véritables guides ici ne sont pas les textes, qui se bornent à de vagues généralités ou à des analogies banales[1]; chaque page de la littérature hellénique atteste l'existence virtuelle de ces principes. L'idée et la forme sont si étroitement liées dans la production artistique des Grecs que la recherche du nouveau, le désir d'étonner y viennent rarement troubler cette harmonie. C'est pour l'artiste moderne un spectable attachant et instructif à la fois que de voir avec quelle délicatesse, avec quelle fécondité d'invention les Grecs ont su dépeindre, au moyen d'un petit nombre de types rhythmiques, les divers états de l'âme accessibles à l'esthétique de l'antiquité, sans se trouver gênés par des formes traditionnelles qui, au premier abord, paraissent un obstacle à tout essor de la fantaisie. Cette étude présente un intérêt plus immédiat encore, celui de constater l'identité fondamentale du langage des passions à travers les siècles. Non-seulement nos chants populaires, mais aussi les œuvres de nos grands compositeurs fournissent

[1] « Dans la démarche, des pas suffisamment grands et égaux, suivant le [mouvement « du] *spondée*, auront un *êthos* modéré et viril; d'autres suffisamment grands, mais « inégaux, suivant le [mouvement du] *trochée* ou du *péon*, seront plus animés qu'il ne « convient; d'autres égaux, mais fort petits, suivant le [mouvement du] *pyrrhique*, auront « un caractère de platitude et de vulgarité; d'autres brefs et inégaux, confinant aux « rhythmes irrationnels, seront tout à fait dépourvus de consistance; enfin ceux où les « divers rhythmes s'emploient pêle-mêle, imiteront les pas d'un imbécile ou d'un « homme qui divague. » Arist. Quint., p. 99.

la matière de maint rapprochement curieux, de mainte analogie frappante.

Pieds binaires.

C'est dans la sphère des sentiments élevés, prenant leur source dans la conscience morale de l'individu — religion, héroïsme, souffrance noblement endurée — que se meuvent les rhythmes binaires. Parmi eux, le dactyle (δάκτυλος)[1], le mètre de la poésie épique, a un *éthos* sévère, grandiose et d'une haute portée idéale. Il accompagne la marche des dieux, évoque l'image d'un passé lointain, mystérieux, et proclame les arrêts inflexibles du destin[2]. Aucune composition ne porte une empreinte aussi profonde de ce caractère austère que le chœur d'entrée de l'*Agamemnon* d'Eschyle, où les vieillards d'Argos rappellent le sombre passé de la maison des Atrides, et s'abandonnent au pressentiment des nouveaux malheurs qui vont fondre sur elle. En prenant un mouvement plus accéléré, le dactyle se convertit aisément en un rhythme pathétique; mais sa gravité n'est pas altérée par là; ces *dactyles agités*, auxquels s'associait probablement le mode mixolydien, ont en général un accent très-viril, et se prêtent à des protestations contre les rigueurs du destin, plutôt qu'à des cris de douleur désordonnés[3].

Les vrais *spondées* dactyliques ont un mouvement imposant et des accents sensiblement égaux et marqués, comme il sied à une mesure destinée par sa nature même à être l'organe de la prière fervente[4]. Le *spondée majeur*, l'*orthios* et le *trochée sémantique* rendent à un degré plus élevé encore les effusions du sentiment religieux[5].

[1] Sur l'étymologie du mot *dactyle*, voir CHRIST, *Metrik*, p. 161.

[2] ESCHYLE, *Agamemnon*, I; *les Euménides*, VII; en parodie : ARISTOPHANE, *les Nuées*, I; *les Grenouilles*, IX, X, XI.

[3] ESCHYLE, *les Suppliantes*, I, str. 3; *les Perses*, VI; SOPHOCLE, *Électre*, I; *Philoctète*, V, sect. 3; EURIPIDE, *Andromaque*, VIII (monodie de Pélée); *Hélène*, II, str. 4; *les Phéniciennes*, X.

[4] Cf. la mélodie liturgique des Chinois, citée par Ambros (*Geschichte der Musik*, p. 30). La marche religieuse dans l'*Alceste* de Gluck, ainsi que l'hymne des prêtresses de Diane dans l'*Iphigénie en Tauride*, du même compositeur, ont le rhythme spondaïque.

[5] « L'*orthios* et le *trochée sémantique*, remplis de sons très-longs, expriment la « grandeur. » ARIST. QUINT., p. 98. — C'est bien là le caractère que Beethoven a su donner au *trochée sémantique* dans un des plus beaux passages de la 9e symphonie (*Seid umschlungen, Millionen*).

Les mètres épitrites ou doriques se rattachent aux dactyles graves, dont ils partagent la puissante ampleur, mais non l'austérité et la rigidité. Il semble exister entre ces deux variétés de l'espèce dactylique une nuance semblable à celle qui fait distinguer le mode dorien de l'hypodorien[1]. Au théâtre comme dans la lyrique chorale, les rhythmes doriques, d'une couleur si riche en sa sobriété, ne se marient qu'à des mélodies divisées en strophes majestueuses et unies à une poésie pleine de calme et d'élévation[2].

Par suite de son levé très-marqué et de la multiplicité de ses accents, l'anapeste (*ἀνάπαιστος*)[3] possède un *éthos* résolu, actif, martial; les chants guerriers (*embateria*) que Tyrtée composa pour
645-628 av. J. C. la jeunesse spartiate, au temps de la seconde guerre messénienne, et l'hymne révolutionnaire de Rouget de Lisle reproduisent ce rhythme mâle et robuste sous une forme presque identique[4]. Les anciens s'en servaient en général pour tout ce qui s'exécutait en marchant : chants de procession, cortéges funèbres, morceaux d'entrée et de sortie exécutés par le chœur de la tragédie; des anapestes préparent l'arrivée des personnages de haute extraction, et accompagnent les évolutions du chœur dans la *parabase* de la comédie. C'est aussi en ce mètre que s'exhale chez Euripide la plainte véhémente des princesses et des héros frappés par le malheur; les spondées alors y dominent[5]. L'harmonie de ces chants, empruntée aux cantilènes mélancoliques des Asiates[6], était, selon toute apparence, la syntono-lydienne.

Pieds ternaires. En résumé, les rhythmes binaires brillent par la noblesse plutôt que par l'abondance et la variété; leur mouvement était généralement modéré, excepté dans quelques formes issues de

1 La 1re Pythique, conçue en dactylo-épitrites, avait, si nous nous en rapportons à Kircher, une mélodie hypodorienne. Stésichore s'est servi du mode phrygien dans son *Orestie*, composée en dactylo-épitrites (Bergk, fr. 34).

2 Eschyle, *les Suppliantes*, I, str. 1; *Prométhée*, III; Sophocle, *Ajax*, I; *Œdipe à Colone*, V; *les Trachiniennes*, I, str. 1; Euripide, *Andromaque*, V, VII; *Médée*, III, IV, V; *Rhésus*, III.

3 Du verbe *ἀναπαίω*, refrapper, répercuter, frapper à rebours.

4 Cf. Westphal, *Metrik*, II, p. 639. — « *Spartiatarum procedit agmen ad tibiam, nec « adhibetur ulla sine anapaestis pedibus hortatio.* » Cic., *Disp. Tusc.*, II, 16, 37.

5 Voir plus haut, p. 105, note 1. — Cf. J. H. H. Schmidt, *Monodien*, § 13.

6 Cf. Eschyle, *les Perses*, v. 937; Euripide, *Iph. en Tauride*, v. 179 et *passim*.

l'anapeste, tels que la danse pyrrhique[1]. Au contraire, une variété presque exubérante caractérise la mesure ternaire; celle-ci semble particulièrement apte à rendre les mouvements de l'âme déterminés par une cause extérieure. Dès la plus haute antiquité, le 3/8 porte l'épithète de *chorée* (χορεῖος), le *coureur* ou le *danseur*, désignation commune aux deux formes-types, mais s'appliquant plus spécialement au *trochée*. Ce dernier terme (τροχαῖος) se rapporte au mouvement giratoire de la danse en rond, mouvement comparable à celui d'un disque roulant[2]. Tandis que la forme anacrousique du 3/8, procédant du faible au fort, est vigoureuse et agressive, le trochée, en tombant du temps fort sur le temps faible, prend une allure plus molle. Par suite du retour fréquent des frappés, — ce qui force le pied à se lever et se poser très-vite — le trochée possède à un haut degré le caractère de la précipitation; son allure légère en fait chez nous le rhythme favori des danses populaires les plus animées (la valse et la tarentelle); mais sa gaieté tourne aisément au trivial; en effet, la mesure trochaïque règle aussi les pas du *Cordax*, danse obscène[3] de la vieille comédie attique. Employé comme rhythme militaire, le

[1] « Étant composés de brèves seules, les rhythmes du genre égal sont rapides et « chaleureux; mêlés [de diverses durées, ils deviennent] neutres et calmes; mais s'ils « se composent [uniquement] de longues durées, ils exprimeront une grande tranquillité « de l'âme. C'est pourquoi les brèves conviennent aux danses pyrrhiques, les durées « mêlées aux danses de moyen caractère; quant aux durées très-longues, [les anciens] « les réservaient pour les hymnes sacrés, qu'ils se complaisaient à étendre, montrant « ainsi qu'ils aimaient à s'en occuper et à s'y arrêter, et désirant conduire, par l'égalité « et la lenteur des mouvements, l'esprit des hommes vers la modération, seule santé « de l'âme. Ainsi dans les pulsations des artères, les contractions et les dilatations qui « se produisent d'une manière analogue, [c'est-à-dire lentement et également], sont des « indices de santé. » Le texte d'Aristide, tel que le donne Meibom, est inintelligible. 1° Au commencement nous proposons de lire (p. 97) : *τῶν δ'ἐν ἴσῳ λόγῳ οἱ μὲν διὰ βραχειῶν γινόμενοι μόνων τάχιστοι καὶ θερμότεροι, οἱ δ'ἀναμὶξ, ἐπίκοινοι καὶ κατεσταλμένοι;* 2° nous lisons *διατριβὴν ἡδεῖαν* au lieu de *δ. μίαν*, et *τήν τε ἀνθρώπων διάνοιαν* au lieu de *τ. τ. αὐτῶν δ.* (A. W.).

[2] Cf. *Philologus*, XXX, p. 394 et suiv.

[3] « Le trochée est *κορδακικώτερος*, comme on le voit par les tétramètres, rhythme qui « court et tourbillonne. » ARISTOTE, *Rhét.*, III, 8. — « L'auteur (Aristophane) s'est servi « (dans *les Acharniens*) du mètre trochaïque, comme étant approprié à l'empressement « des vieillards qui poursuivent [Amphithéos]. Les comiques et les tragiques ont coutume « d'employer ce mètre lorsqu'ils introduisent le chœur au pas de course. » *Schol. Arist. Acharn.*, v. 204.

trochée marque la mesure du pas redoublé, tandis que l'anapeste est une marche de parade[1]. L'*iambe* (ἴαμβος) a plus de vivacité et de chaleur; en grec, de même qu'en français, il rappelle le rhythme fortuit du langage parlé; « de tous les mètres, » dit Aristote, « c'est celui qui frappe le plus souvent notre oreille dans « le discours journalier[2]. » Plein de verve mordante, d'élan et de fougue, il excelle à exprimer les sentiments personnels les plus âpres — raillerie, injure grossière — et à dépeindre les manifestations d'une bruyante allégresse; les cortéges dionysiaques, les joyeux chants d'hyménée[3] ont le mètre iambique.

En prenant un mouvement posé, la mesure ternaire savait s'adapter aux évolutions de la danse tragique — la grave *emméléia* — et exprimer le plus haut *pathos*. Il y a donc lieu de distinguer pour les compositions choréïques deux manières nettement tranchées : l'une, vive, alerte, caractérisée par l'abondance des tribraques et des syllabes irrationnelles, mais n'admettant de tenues qu'à la fin des vers, domine dans les poésies destinées à la récitation, dans la chanson, dans les airs à danser de la comédie et dans quelques chants tragiques exprimant une douleur vive et bruyante; l'autre manière, grave, sérieuse, rejette les syllabes irrationnelles et fait un usage très-modéré du dédoublement, mais elle prodigue en revanche les tenues à l'intérieur du membre. Cette dernière, qui mêle librement les trochées aux iambes, est propre aux grands chœurs de la tragédie; Eschyle en a tiré les effets les plus grandioses et les plus puissants. L'une et l'autre manière sont exclues de la lyrique chorale.

A son origine le rhythme logaédique appartient à la musique champêtre; c'est une marche villageoise, une danse de satyres (*sikinnis*). La comédie conserve aux logaèdes leur caractère primitif; un morceau de l'*Assemblée populaire des femmes* est qualifié « un air du bon vieux temps à chanter d'une manière rustique. »

[1] « Les trompettes qui les accompagnaient (à savoir les Romains fuyant devant les « Germains d'Arminius, 9 apr. J. C.) s'étant mis à jouer le *trochaïon* (le pas de charge), « firent croire aux ennemis que c'était Asprénas qui avait envoyé des renforts. » DION. CASSIUS, 56, 22. — Cf. SUIDAS, au mot Τροχαῖον.

[2] *Rhétor.*, III, 8.

[3] Chanson à Déméter dans *les Grenouilles*, IV. Cf. V, VI, VII et *passim*.

Parmi les rhythmes grecs, aucun ne s'est épanoui plus librement; parcourant toute l'échelle des sentiments, depuis le naïf jusqu'au sublime, il a conquis dans la littérature mélique une plus grande place à lui seul que tous les autres ensemble. Les chants en logaèdes comportent trois manières ou styles métriques : le premier, que nous appellerons le *style odique* (ci-après, p. 162), simple et distingué, caractérise la chanson des Éoliens (pp. 138, 400); le deuxième, le *style lyrico-orchestique*, plus travaillé, est propre à la poésie chorale[1] (p. 384); enfin le troisième, le *style dramatique*, se forme du mélange des deux précédents.

Pieds quinaires.

Par leur contexture irrégulière et compliquée, les mesures à cinq temps se prêtent à l'expression des sentiments anormaux et changeants : perplexité, ivresse, enthousiasme. Elles ont leur origine dans les danses armées usitées chez les peuples de l'île de Crète depuis la plus haute antiquité (pp. 344, 374).

En tant que rhythme orchestique, les *péons*[2] ont un mouvement plus fiévreux que les chorées. Enthousiastes à l'égal des ioniques, mais non pas mous et efféminés comme ceux-ci, ils sont apparentés aux iambes, avec lesquels ils se partagent le domaine de la comédie. Leur mobilité excessive convient mal à la pompe tragique; mais la lyrique chorale ne les dédaigne pas à l'occasion; ils apparaissent deux fois dans les chants de triomphe de Pindare[3], mêlés aux *bacchius*, autre forme du 5/8 (pp. 66, 103). L'agitation intérieure qu'expriment les rhythmes en rapport hémiole va dans le *bacchius* jusqu'à l'exaltation désordonnée; sous l'influence d'un danger imminent ou d'un malheur elle se convertit en hésitation et angoisse. D'autre part, si nous en croyons les notices des anciens relatives au *péon épibate*, le mouvement impétueux du

[1] Cf. J. H. H. SCHMIDT, *Compos.*, § 22; *Griechische Metrik*, §§ 24 et 25.

[2] Contrairement à l'opinion commune, qui rattache le mot *péon* (παιών) aux *péans* (παιᾶνες), hymnes en l'honneur d'Apollon, j'incline à croire avec M. v. Leutsch (*Philol.*, T. XI, p. 335) que la désignation de la mesure quinaire vient directement de παίω, je frappe (voir p. 344). La même racine verbale a produit aussi le mot *anapeste* (p. 120, note 3). Dans les anciens monuments littéraires, le péan est toujours dépeint comme un chant calme (voir ci-après, pp. 311, 368, 422). Il est à remarquer qu'on ne trouve aucune trace du rhythme crétique dans les péans dont il subsiste des fragments, à l'exception de deux vers anonymes que M. Bergk attribue à Simonide (fragm. 27).

[3] *Ol.* II et *Pyth.* V. — Cf. J. H. H. SCHMIDT, *Griech. Metrik*, § 21.

rhythme quinaire savait aussi s'approprier aux accents les plus élevés de l'enthousiasme religieux[1].

Pieds sénaires. Parmi les formes métriques du 3/4, l'*ionique mineur*, appelé également aux temps anciens *baccheios* (*βακχεῖος*, *rhythme bachique*), sert à traduire des sentiments violents, convulsifs, spasmodiques : élans impétueux, suivis d'un profond abattement, cris de jubilation ou de détresse; il aimait l'accompagnement bruyant des instruments à percussion[2]. Aucune œuvre n'est plus instructive pour l'*éthos* des ioniques que les *Bacchantes* d'Euripide, dont les principaux morceaux ont ce mètre. Les Grecs trouvaient au rhythme ionique une saveur exotique très-prononcée; Eschyle le met dans la bouche des Perses, des Égyptiennes fugitives, ce qui prouve que l'élément pittoresque — que nous appelons la couleur locale — était loin d'être dédaigné par le poëte antique. Pour nous expliquer l'effet troublant de ce rhythme sur l'organisation des Hellènes, il faut se rappeler que les ioniques s'employaient très-souvent sous la forme *brisée* (voir plus haut, p. 78). L'*ionique mineur* est aussi le mètre d'un cycle de chansons érotiques qui se rattache à l'école d'Anacréon. Quant à l'*ionique majeur*, presque inconnu aux temps classiques, il conquiert une grande vogue pendant l'époque alexandrine, par les poésies lascives auxquelles
v. 280 av. J. C. Sotadès a laissé son nom. Primitivement chantés, les *Sotadées* aux temps de l'empire romain se déclamaient avec accompagnement d'une mimique licencieuse[3]. Tout autre est le caractère d'un dernier type de la mesure du 3/4, le *choriambe*, appartenant exclusivement à la tragédie. Son mouvement est impétueux et désordonné, mais n'a rien que de noble. Les choriambes se montrent seulement dans les situations les plus poignantes, et toujours associés à d'autres mètres[4].

1 « Les rhythmes qui suivent le rapport de 3 à 2, sont les plus passionnés. Parmi « ceux-ci l'*épibate* émeut davantage, confondant l'esprit par sa double *thésis*, par la « grandeur de l'*arsis* poussant l'âme au sublime. » ARIST. QUINT., p. 98.

2 EURIPIDE, chœur d'entrée des *Bacchantes*, cité plus loin, p. 424. Voir aussi pp. 241, 345; CHRIST, *Metrik*, p. 513-517. — Aristide Quintilien (p. 37) appelle l'*ionique* un rhythme grossier (*φορτικός*).

3 ARIST. QUINT., p. 32.

4 ESCHYLE, *Agamemnon*, I, str. 4; *les Sept devant Thèbes*, VIII, str. 3; *les Perses*, IV, str. 1; SOPHOCLE, *Œdipe Roi*, II, str. 2.

Pieds métaboliques.

La scène tragique s'est aussi approprié le rhythme *dochmiaque* (p. 79), et lui assigne le premier rang pour l'expression de la douleur, du désespoir et, en général, de toutes les passions violentes. Son caractère est très-distinct de celui des autres rhythmes employés en des moments analogues; tandis que les dactyles agités expriment un chagrin tenace, ne laissant ni trève ni repos, et que les anapestes plaintifs traduisent des lamentations féminines, larmoyantes et monotones, les dochmies, par le continuel changement de la mesure, excellent à rendre les mouvements multiples et contradictoires qui accompagnent certains sentiments extrêmes, ou à dépeindre les phases successives d'une situation désespérée. C'est le rhythme des chœurs épisodiques et des chants de la scène[1]. Son *éthos*, toujours véhément, jamais énervé comme celui des ioniques, convient même à des chants remplis d'une âpre solennité, tel que le suivant :

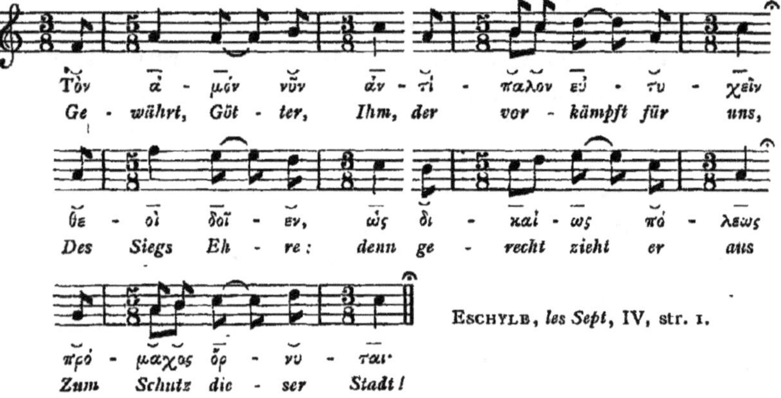

ESCHYLE, *les Sept*, IV, str. 1.

Par une transition qui n'a rien de forcé, les dochmies expriment aussi l'agitation tumultueuse du bonheur et du plaisir[2]. Ceci nous montre une fois de plus que la pratique des anciens ne s'appuyait pas sur des théories abstraites, mais sur l'analyse même des manifestations spontanées du sentiment humain.

[1] Les dochmies, très-rares dans *les Perses*, peu abondants dans *les Suppliantes*, prédominent dans *les Sept*, où la situation est tendue depuis le commencement jusqu'à la fin du drame, ainsi que dans *les Euménides*. On remarquera que chacune de ces deux dernières pièces forme la conclusion d'une trilogie.

[2] EURIPIDE, *Hélène*, IV, sect. 1.

§ V.

Membres et vers.

Dans la poésie lyrique des peuples occidentaux chaque vers correspond d'ordinaire à un membre rhythmique. Seuls les vers très-courts ne forment pas toujours un membre complet. Réciproquement les plus longs — en français ceux de 12 ou de 10 syllabes — embrassent souvent deux membres :

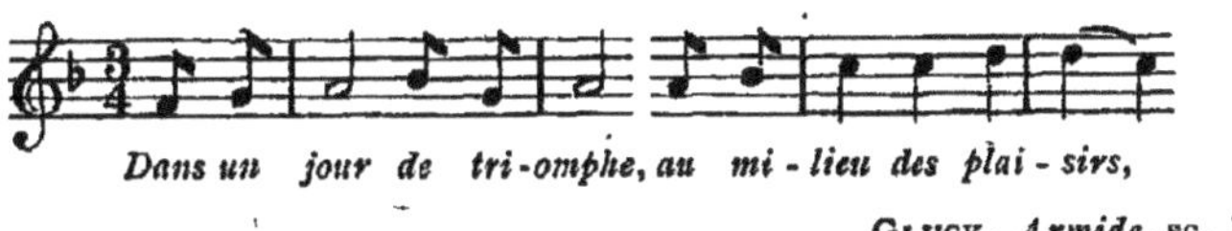

GLUCK, *Armide*, sc. I.

Chez les anciens il est de rigueur que la fin du vers coïncide avec une fin de membre. Les vers renfermant deux membres sont les plus usités, non-seulement dans la versification commune, qui n'en connaît guère d'autres (p. 167), mais aussi dans la poésie spécialement musicale (p. 189). Une différence plus essentielle est la suivante : pour les musiciens européens le membre est à la fois une unité rhythmique et une unité grammaticale; pour les Grecs de l'époque classique il n'était qu'une unité rhythmique et musicale. Le sentiment moderne exige que la parole établisse une séparation sensible entre deux membres consécutifs : chacun d'eux doit renfermer un sens fini, une incise, ou se terminer au moins à la fin d'un mot. Les anciens, moins rigoureux, tolèrent dans la poésie chantée que la fin d'un membre tombe au milieu d'un mot; *il leur suffit que le dernier membre de chaque vers se termine par un mot entier.*

Terminaison des membres.

Selon la place que le membre occupe dans le vers ou dans la période, selon qu'il se relie plus ou moins étroitement au suivant, sa terminaison peut affecter une des trois formes qui vont être décrites :

1° Les syllabes du texte poétique remplissent le membre d'un bout à l'autre : le dernier pied n'est complété ni par un silence ni par une tenue; en outre il n'y a pas de tenue à l'avant-dernière mesure. Les membres ainsi faits sont dits *pleins*, sans lacune; à cette catégorie appartiennent les suivants :

Dimètre trochaïque plein : *Jus-sus est in - er-mis i - re*

Tétrapodie dactylique pleine : *Aut E - phe - sum bi - ma - ris - ve Co - rin - thi*

2° Le levé du dernier pied manque dans le texte poétique; la lacune est remplie par la prolongation du frappé ou par un silence (ceci seulement à la fin du vers). En ce cas le membre est *catalectique*, incomplet, mutilé :

Dimètre trochaïque catalectique : *Nu - dus i - re jus - sus est*

Tétrapodie dactylique catalectique : *Ger-mi-ne no - bi - lis Eu - la - li - a* (Prud.).

La quantité de la syllabe finale étant indifférente, il peut arriver par là qu'une brève remplisse toute la mesure.

3° Une tenue occupe l'avant-dernière mesure simple, et, si le membre débute par le frappé, la dernière mesure aussi est incomplète. Nous appellerons *tombant*[1] un membre de cette espèce :

Dimètre iambique tombant : 'Ε - γὼ γέ - ρων μέν εἰ - μι, *Anacreont.*, 38.

Dimètre anapestique tombant : *De - us i - gne - e fons a - ni - ma - rum* (Prud.).

Dimètre trochaïque tombant : *Bac-che Bac-che Bac - che* (*Refrain populaire*).

Dans certains mètres, la suppression s'étend à une plus grande partie du vers; toute la dernière moitié des membres anapestiques peut être remplacée par des silences. Lorsque le membre finit en même temps que le vers, la terminaison sur le frappé (dite en

[1] De préférence à la nomenclature des métriciens, je choisis celle de Schmidt, plus intelligible pour les musiciens, et moins compliquée. — Cf. Westphal, *Metrik*, II, p. 136 et suiv.

français *masculine*) procure seule à l'oreille un repos satisfaisant. C'est pourquoi les mesures thétiques — dactyles, trochées, ioniques majeurs — appellent la terminaison catalectique, tandis que les mètres anacrousiques — anapestes, iambes, ioniques mineurs — se terminent naturellement pleins. Mais à la conclusion totale de la période les anapestes et les iambes affectionnent la forme *tombante* (notre terminaison *féminine*); c'était là, paraît-il, une cadence très-agréable à l'oreille des Hellènes.

Les trois modes de terminaison qui viennent d'être énumérés s'appliquent à toute espèce de poésie. Les textes destinés au chant peuvent en outre renfermer des tenues — et avoir conséquemment des pieds incomplets — non-seulement à la fin, mais aussi dans le corps du vers; en ce cas les métriciens les appellent inconnexes ou *asynartètes*. Quant aux vers récités, ils sont connexes ou *synartètes*, c'est-à-dire dépourvus de tenues intérieures.

De même que les membres métriques sont fréquemment incomplets, il leur arrive aussi d'avoir une syllabe *surabondante*, soit à la fin, soit au commencement. Ceux qui débutent par un temps levé ont parfois une *arsis* finale de trop[1].

Alcaïque ennéasyllabe : $\frac{3}{8}$ $(\frac{6}{8})$

Sil - vae la - bo - ran - tes ge - lu - que. Hor., I, 9, 3.

Plus souvent la syllabe superflue se trouve en tête du membre, par suite de l'adjonction d'une anacrouse qui n'est pas comptée dans le rhythme. Des dactyles ou des membres doriques que précède accidentellement un levé de la valeur d'une noire ne doivent pas se confondre avec de vrais anapestes, dont l'allure est plus animée et plus énergique. Le vers suivant est une pentapodie dorique augmentée d'une anacrouse :

$\frac{3}{4}$

'Αλλ' ὦ Πί - σας εὔ - δεν-δρον ἐπ' 'Αλ-φε - ῷ ἄλ-σος,

Oh Pi - sa's Hain, baumprangend am Al - phe - os - u - fer!

Pind. *Ol.* VIII, antistr. 1, v. 2.

[1] Schmidt appelle *hypermètres* cette sorte de membres (*Compos.*, § 15). — En français les vers féminins de huit syllabes — par exemple : *La danse n'est pas ce que j'aime* (dans *Richard Cœur-de-Lion*) — sont des hypermètres.

En général le fragment de mesure a juste la durée du levé; toutefois on rencontre aussi des anacrouses irrégulières, telles que les suivantes :

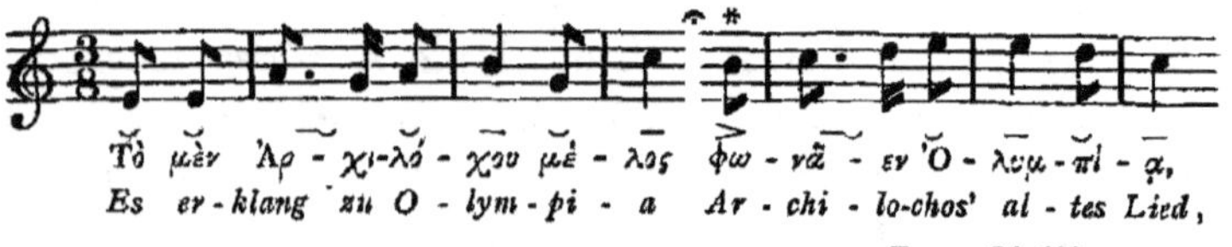

PIND. *Ol.* IX, str. 1, v. 1.

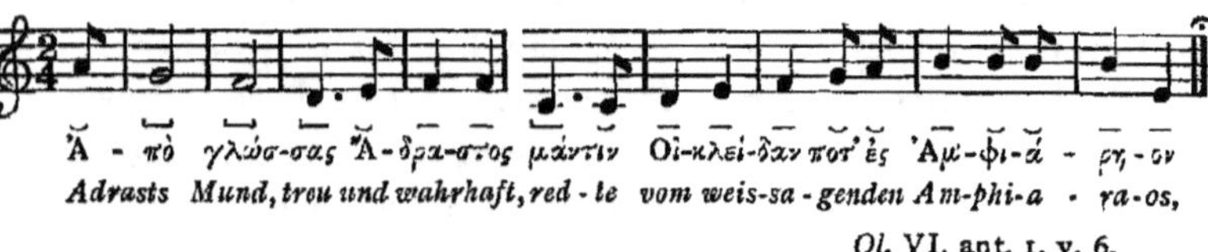

Ol. VI, ant. 1, v. 6.

Nous allons énumérer et analyser les membres métriques dont la coupe présente le plus d'intérêt au point de vue musical, et qui se rencontrent à l'état de vers séparés — ou *mètres* — dans les textes destinés au chant.

La *dipodie dactylique* (I), passant trop vite pour établir un sens musical de quelque importance, forme rarement à elle seule un vers; dans la poésie mélique elle se joint toujours à des membres plus étendus. Ce n'est qu'à une époque récente que l'on s'avisa d'écrire des pièces entières en ce mètre : Membres dactyliques.

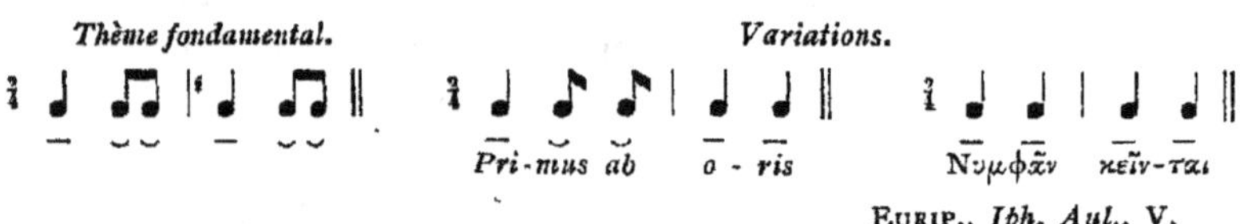

EURIP., *Iph. Aul.*, V.

Parmi les membres dactyliques, la *tétrapodie* (II), qui suffit à remplir un vers, est la plus répandue dans les divers genres de la poésie chantée; elle prend à volonté l'allure calme ou l'allure rapide. C'est un des principaux éléments de l'ancienne lyrique chorale, représentée par Alcman, Stésichore et Ibycus; mais la muse de Pindare dédaigne ce rhythme trop simple. Le drame s'en sert pour les chants plaintifs d'un caractère véhément mais digne. La contraction est assez rare dans ces dactyles agités; parfois de longues séries de membres n'en contiennent aucune;

même au dernier pied du vers elle manque souvent. La tenue n'apparaît également que de loin en loin.

Thème.

Ὦ-μοι ἐ-γώ, κα-κὸν οἷ-ον ὁ-ρῶ τό-δε EURIP., *Andr.*, VIII.
Weh'! Was er-blick' ich des schlimmen und schrecklichen

Variations.

Δεῦρ' ἴ-τε σε-μναὶ θεαὶ πυ-ρι-δά-πτῳ ESCH., *Eum.*, VII.
Wan-delt ein-her, ihr Heh-ren, und freut euch

Ὦ παῖ, παῖ δυσ-τα-νο-τά-τας SOPH., *Électre*, I.
Kind E-lek-tra Kind von der (ach!)

Ὦ γε-νέ-θλα γεν-ναί-ων, *Ib.*
Ed'-le von Blut! Treu kommt ihr

La *tripodie dactylique* (III), le plus ancien rhythme que l'art grec ait cultivé, ne forme d'ordinaire qu'une moitié de vers; en se redoublant elle produit l'hexamètre dactylique, l'instrument de la poésie narrative et de l'élégie. La musique en fait un usage assez sobre; dans la lyrique chorale et dans les tragédies d'Eschyle la tripodie est invariablement mêlée à des membres d'une étendue différente. Son *éthos* est sévère et énergique.

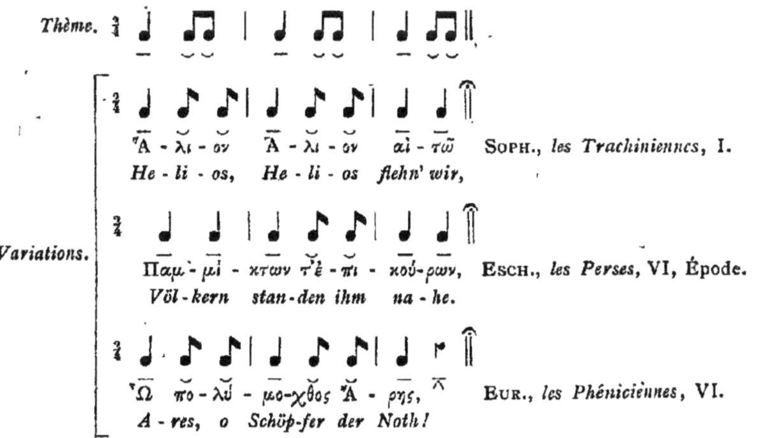

La *pentapodie dactylique* (IV), peu commune, remplit toujours le vers en entier. Par son étendue considérable et son ampleur, elle est appelée à servir d'interprète à des pensées grandioses, exprimées sous une forme brève et sentencieuse[1].

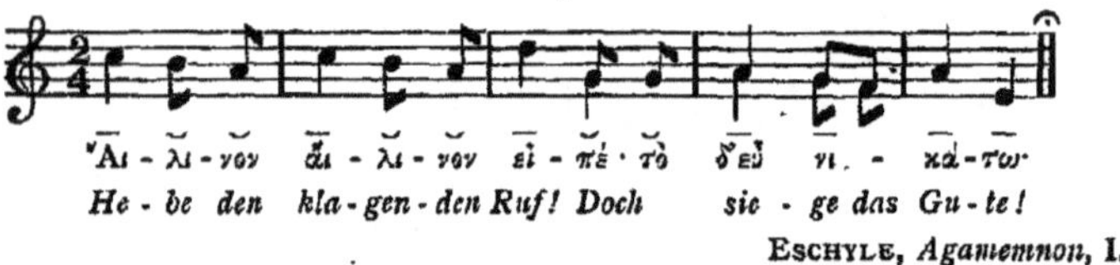

ESCHYLE, *Agamemnon*, I.

Membres doriques.

Des membres doriques ne forment jamais à eux seuls des strophes, ni même des périodes entières, mais se mêlent à des figures dactyliques. Leur motif fondamental, on pourrait dire leur motif unique, est la *dipodie* (V). Selon une règle qui ne souffre pas d'exception, le trochée apparent (— ⏑) y précède toujours le spondée, lequel peut être remplacé par une tenue[2]. L'anacrouse est facultative.

Thème. *Variations.* a) b) avec anacrouse.

Ὥσ-περ θε - ῷ, PIND. *Ol.* VII, str. 5, v. 3.

La *tétrapodie dorique* (VI) se forme soit par le redoublement du motif fondamental, soit par la combinaison de celui-ci avec une dipodie dactylique.

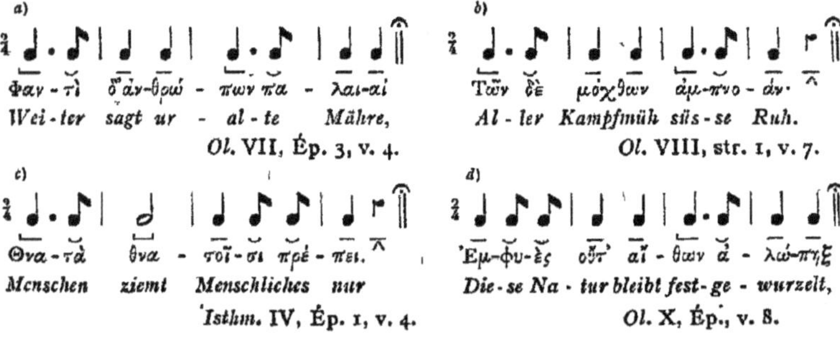

Les membres de trois mesures qui se rencontrent parmi les rhythmes épitrites sont d'ordinaire en dactyles purs; la véritable

[1] ESCHYLE, *les Euménides*, III, str. 2 et 3; *les Perses*, VI, str. 3.

[2] Cf. J. H. H. SCHMIDT, *Compos.*, § 24; *Gr. Metrik*, § 20. — Voir plus haut, p. 113 et suiv.

tripodie dorique (VII) naît du redoublement du trochée métrique (⌞ ⏑ | ⌞ ⏑ | — —). Parfois elle prend une forme mixte, qui dans l'exemple suivant se combine avec l'anacrouse.

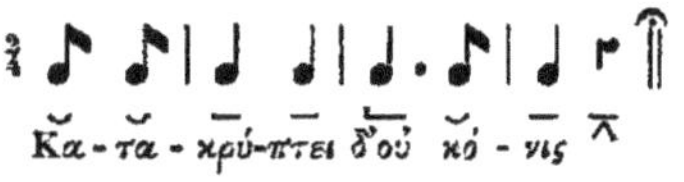

Κα - τα - κρύ-πτει δ'οὐ κό - νις ∧ *Ol.* VIII, ant. 4, v. 6.

La *pentapodie dorique* (VIII) réunit en elle les deux éléments essentiels de cette espèce de rhythmes, — la tripodie dactylique et la dipodie dorique — disposés dans l'un ou dans l'autre ordre. Ayant la propriété de renfermer un sens musical complet et satisfaisant, elle se place de préférence aux deux endroits les plus apparents de la strophe, le début et la fin.

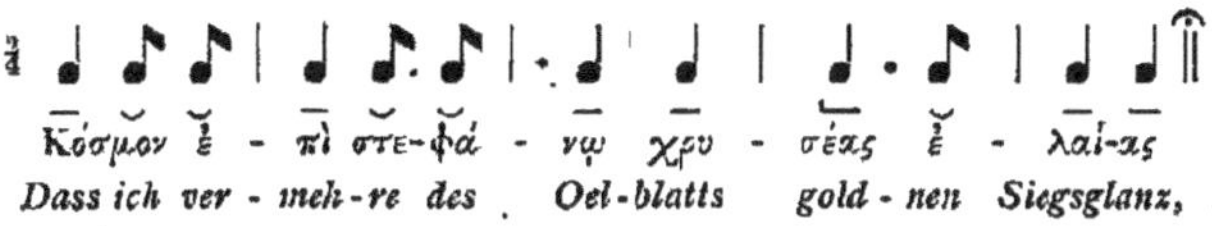

Κόσμον ἐ - πὶ στε-φά - νῳ χρυ - σέας ἐ - λαί-ας

Dass ich ver - meh-re des Oel-blatts gold - nen Siegsglanz, PIND. *Ol.* X, Ép. v. 1.

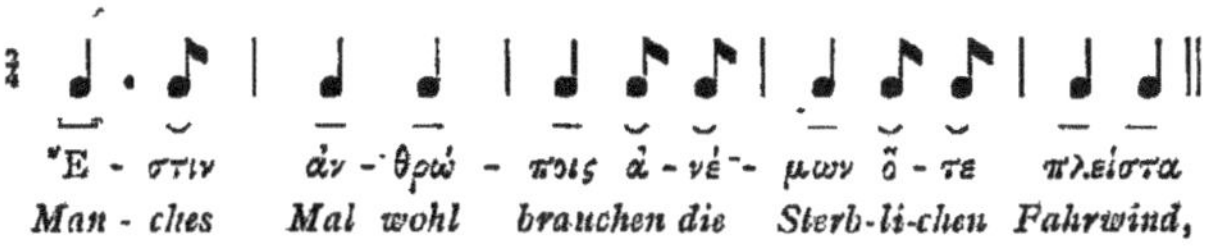

Ἔ - στιν ἀν - θρώ - ποις ἀ - νέ - μων ὅ - τε πλεῖστα

Man - ches Mal wohl brauchen die Sterb-li-chen Fahrwind, PIND. *Ol.* X, str. v. 1.

Membres anapestiques

En sa qualité de rhythme de marche, *l'anapeste n'engendre que des tétrapodies*. Chaque couple de pieds se range sous une seule percussion (voir p. 31), en sorte que le membre entier embrasse deux mesures de ₵; de là le nom de *dimètre anapestique* (IX).

Thème fondamental. (₵)

C'est sur ce rhythme que le chœur tragique, à son entrée, à sa sortie et avant les chants principaux, exécutait les *systèmes* anapestiques qui servent d'introduction au morceau choral et le relient au dialogue. Comme il est impossible de chanter et de marcher tout à la fois, sans reprendre haleine de temps à autre, l'on rencontre dans ces systèmes, à côté de tétrapodies pleines, des dipodies apparentes, où le texte et la mélodie s'interrompent au milieu du membre, pendant que les pas des chanteurs, guidés par les instruments, complétaient le nombre régulier de mesures. A chacun des systèmes on donne pour conclusion une tétrapodie *tombante.* Les contractions et les dédoublements sont permis sous toutes les formes. Voici la première section du système d'anapestes chanté par le chœur au commencement de l'*Agamemnon* d'Eschyle :

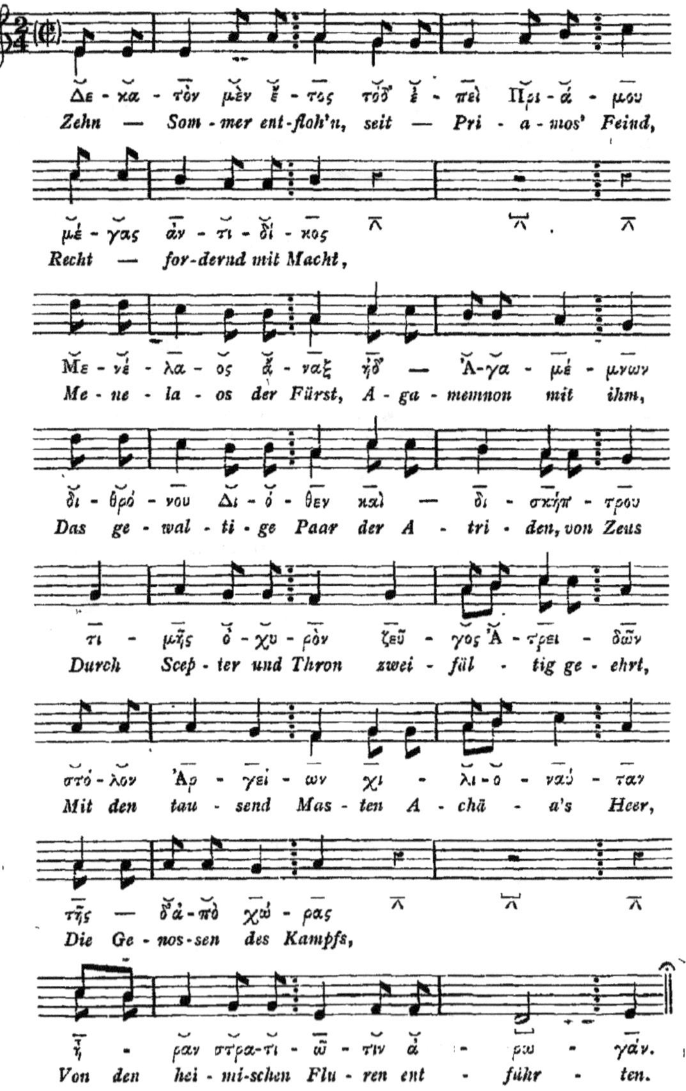

Un couplet de tout point semblable, mais qui se débitait très-rapidement, le *macron* ou *pnigos*, termine d'habitude les anapestes récités de la comédie. — La tétrapodie anapestique tombante s'emploie aussi comme vers séparé, sous la dénomination de mètre *parémiaque* (X). C'est un rhythme de marche, déjà mis en usage dans les hymnes guerriers (*embateria*) de Tyrtée[1].

2/4 (₵)

Ἄγετ', ὦ Σπάρ-τας εὐ - άν-δρου κοῦ - ροι πατέ-ρων πολι - ῆ-τᾶν, etc.

L'*enoplios* (XI), vers pour la marche sous les armes, aussi nommé *prosodiakos*, — vers de procession — est une tripodie apparente dont le premier levé peut être occupé par une syllabe brève.

2/4 (₵)

Τὸν Ἑλ-λάδος ἀ - γαθέ - ας

Quant à l'étendue des membres, les anapestes plaintifs — plus justement nommés spondées anapestiques, à cause de leurs contractions nombreuses — ne diffèrent en rien des autres[2].

Membres choréïques.

Les trochées et les iambes propres à la chanson et à la poésie récitée se composent à peu près uniquement de tétrapodies et d'hexapodies. Vu la brièveté de la mesure et le retour fréquent de la *thésis*, lequel devient vite fatigant, deux mesures simples s'unissent pour former un $^6/_8$; c'est pourquoi aucun mètre usuel de cette famille ne se divise par monopodies. Dans le corps du membre la tenue est rare. La longue du frappé se dédouble à volonté; de là des tribraques qui apparaissent surtout au début du membre. Souvent le levé du $^6/_8$ est rempli par un chorée irrationnel, c'est-à-dire par un spondée apparent (voir p. 53); l'anacrouse s'appuie volontiers sur une syllabe longue.

Le trochée vif ne produit guère que des tétrapodies, rhythme facile,

1 *Parémiaque*, selon Westphal (*Metrik*, II, p. 400), vient de παρά et οἶμος, chemin, et serait conséquemment l'équivalent de *marche*. — « *Messeniacum appellatur.... idem et* « embaterion *dicitur, quod est proprium carmen Lacedaemoniorum. Id in proeliis, ad incen-* « *tivum virium, per tibias canunt incedentes ad pedem ante ipsum pugnae initium.* » MAR. VICT., II, 3, 23. — Le mètre *parémiaque* était souvent mesuré en anapestes cycliques. C'est ainsi que Bellerman et Westphal ont traduit les hymnes du IIe siècle.

2 Voir plus haut (p. 105) l'exemple tiré d'*Iphigénie en Tauride*.

d'une gaîté un peu vulgaire, et dont les populations méridionales ont fait le thème fondamental de leurs danses. Dans les ariettes de la comédie la tétrapodie trochaïque est un des vers les plus usités, le *dimètre*, lequel apparaît tant sous la *forme pleine* (XII) que sous la *forme catalectique* (XIII); cette dernière se prête le mieux à servir de conclusion aux couplets[1].

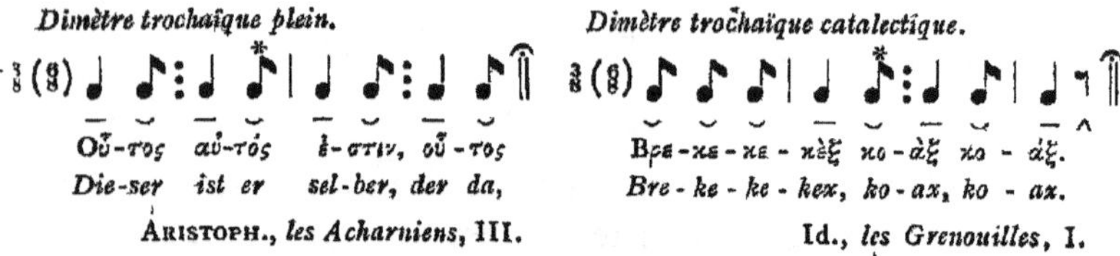

Le vers *ithyphallique* (XIV), généralement mêlé à d'autres mètres, a dans le texte toute l'apparence d'une tripodie trochaïque, bien que ce ne soit autre chose qu'un *dimètre tombant*[2]. C'était le rhythme des refrains obscènes entonnés, aux fêtes dionysiaques, sur le passage des processions phalliques :

Τῷ θε - ῷ ποι - εῖ - τε   Ap. Athen., XIV, p. 622.

La *tétrapodie iambique*, plus fougueuse que la trochaïque, remplit dans la vieille comédie un rôle analogue à celui que la tragédie assigne au dimètre anapestique : elle forme des couplets dont les vers s'enchaînent l'un à l'autre sans pauses. Le *dimètre à terminaison pleine* (XV) occupe les membres antécédents; le *dimètre tombant* (XVI) sert de conclusion[3]; la danse populaire, les chansons anacréontiques et comiques emploient en série continue ce dernier rhythme, aussi facile que gracieux :

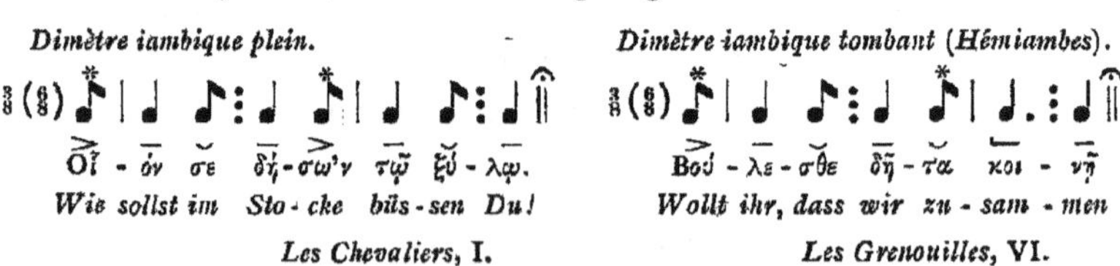

[1] Cf. *Lysistrate*, IX; *les Thesmophoriazuses*, III, V, VIII; *les Grenouilles*, I, XIX, XX.

[2] La longue placée sur le troisième frappé ne se dédouble jamais.

[3] Cf. *les Acharniens*, v. 1232-1234; *les Chevaliers*, v. 450 et suiv., etc.

L'*hexapodie*, presque inusitée pour les trochées, donne naissance au *trimètre iambique* (XVII), le plus fréquent de tous les vers destinés à la récitation après l'hexamètre dactylique (ex. p. 53).

Les chorées tragiques (voir p. 122) se reconnaissent à l'absence des syllabes irrationnelles, à la fréquence des tenues et de la terminaison catalectique, à la rareté des tribraques. De même que les chorées vifs, ils engendrent avant tout des tétrapodies et des hexapodies. Néanmoins, comme des membres impairs servent souvent de transition, mieux vaudra transcrire tous les mètres de cette catégorie par notre 3/8. Lorsqu'elles constituent le motif initial de la strophe, les *tétrapodies choréïques de la tragédie* (XVIII) sont plus souvent formées de trochées que d'iambes. Leurs combinaisons principales figurent dans la période suivante, entièrement composée de pareils membres :

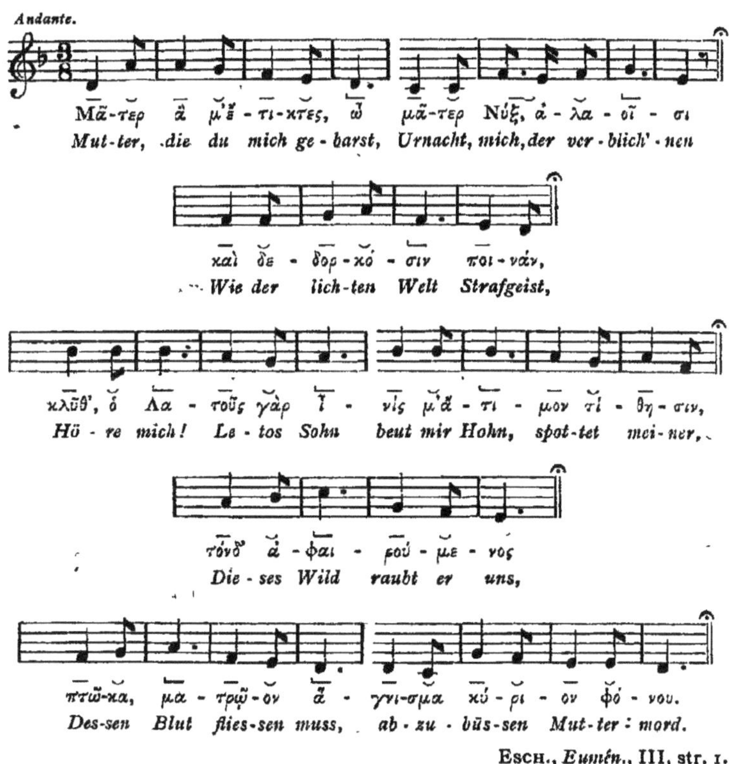

Esch., *Eumén.*, III, str. 1.

Contrairement à la tétrapodie, l'*hexapodie chorëique de la tragédie* (XIX) a généralement l'anacrouse. Lorsqu'elle est associée à des membres de quatre mesures, elle contient d'ordinaire le thème principal, tandis que les tétrapodies, reléguées au second plan, servent à mitiger les contrastes, à introduire une variété nécessaire. Les tenues, par la place qu'elles occupent, nuancent en diverses manières le caractère du rhythme; *elles sont exclues de la troisième mesure du membre*, à moins que les mesures avoisinantes n'en renferment également[1]. Voici quelques-uns des types hexapodiques les plus marquants par lesquels Eschyle commence ses magnifiques strophes chorales :

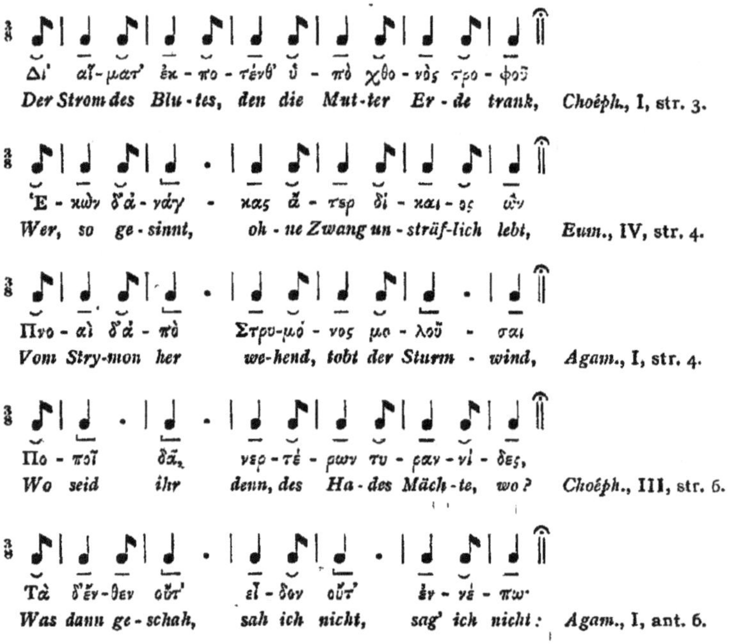

Δι' αἵ-ματ' ἐκ-πο-τένθ' ὑ-πὸ χθο-νὸς τρο-φοῦ
Der Strom des Blu-tes, den die Mut-ter Er-de trank, Choëph., I, str. 3.

Ἑ-κὼν δ' ἀ-νάγ - κας ἄ-τερ δί-και-ος ὤν
Wer, so ge-sinnt, oh-ne Zwang un-sträf-lich lebt, Eum., IV, str. 4.

Πνο-αὶ δ' ἀ-πὸ Στρυ-μό-νος μο-λοῦ - σαι
Vom Stry-mon her we-hend, tobt der Sturm - wind, Agam., I, str. 4.

Πο-ποῖ δᾶ, νερ-τέ-ρων τυ-ραν-νί-δες,
Wo seid ihr denn, des Ha-des Mäch-te, wo? Choëph., III, str. 6.

Τὰ δ' ἔν-θεν οὔτ' εἶ-δον οὔτ' ἐν-νέ-πω·
Was dann ge-schah, sah ich nicht, sag' ich nicht: Agam., I, ant. 6.

Quant aux tripodies et aux pentapodies, elles n'apparaissent parmi les chorées tragiques qu'à titre de motifs secondaires. Il en est de même pour la dipodie[2].

[1] M. J. H. H. Schmidt (*Compos.*, § 18) distingue jusqu'à 10 types d'hexapodies. — Voir p. 109 un membre de cette espèce presque entièrement occupé par des tenues.

[2] Cf. J. H. H. Schmidt, *Compos.*, §§ 20 et 21. — Voir ci-après, p. 142, note 1.

Membres logaédiques.

Au point de vue de leur aptitude à engendrer des membres, les logaèdes se distinguent profondément des combinaisons du 3/8 vif, les chorées. Tandis que les mesures choréïques, trop légères pour marcher isolées, vont toujours deux à deux, et ne produisent que des tétrapodies et des hexapodies (dimètres et trimètres), chacune des mesures logaédiques, grâce à son *arsis* très-accentuée, constitue une unité indépendante, en sorte que le compositeur a la faculté de former des membres de toute longueur, depuis la dipodie jusqu'à l'hexapodie. Chacun des trois styles logaédiques (voir p. 123) a développé ses formes spéciales. Nous nous contenterons d'énumérer celles des *logaèdes odiques* ou *éoliens*, que les poëtes latins ont le plus souvent imitées, en nous contentant de faire pour les logaèdes orchestiques et dramatiques quelques remarques générales.

Les mètres lesbiens mis en œuvre par Horace et Catulle ont un *schéma* fixe, qui se reproduit, syllabe pour syllabe, de strophe à strophe, et se chantait probablement sur des airs d'un contour très-arrêté. Un trait est commun à la plupart de ces vers : ils ne renferment qu'un seul dactyle cyclique et rejettent les tenues, sauf à la fin du membre. Ils consistent en membres de deux, de trois, de quatre et de cinq mesures; l'hexamètre éolien, avec ses variétés (p. 401), a été laissé de côté par la littérature romaine. La pentapodie constitue toujours à elle seule un vers complet, les tripodies se groupent deux à deux; quant à la tétrapodie, elle suit tantôt l'une, tantôt l'autre manière.

La *dipodie logaédique* (XX) s'adjoint, comme élément de contraste, à des membres plus étendus. La forme pleine, la seule qui apparaisse comme mètre séparé, sert de conclusion à la strophe sapphique; on l'appelle *vers adonien* (p. 400).

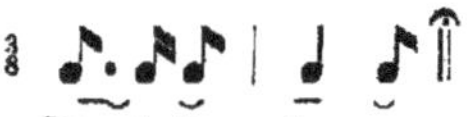

3/8

Ὦ τὸν Ἄ - δω - νιν. SAPPHO, fragm. 63 (Bergk).
Ter - ruit ur - bem.

Les *tétrapodies logaédiques* doivent leur dénomination usuelle à un certain Glycon, poëte alexandrin fort peu connu[1]. Selon que le

[1] Cf. CHRIST, *Metrik der Griechen u. Römer*, p. 535.

dactyle cyclique occupe la première, la deuxième ou la troisième mesure, ces membres sont appelés *glyconien premier*, *deuxième*, *troisième*. La forme catalectique est à peu près la seule employée pour tous les trois; en outre le glyconien premier a toujours chez Horace la terminaison tombante :

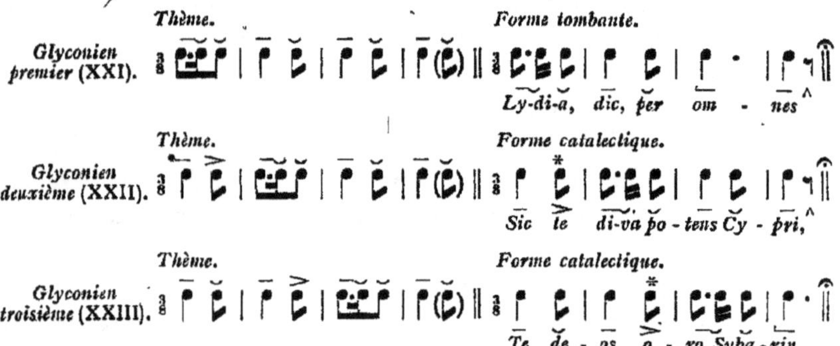

Les *tripodies*, également restreintes chez les Latins à la forme catalectique, ont pris leur surnom habituel du poëte comique Phérécrate, qui en fit un de ses mètres favoris. Elles ont deux 440-415 av. J. C. variétés, nommées, d'après la place qu'occupe le dactyle cyclique, *phérécratien premier*, *deuxième*. Dans les ariettes d'Aristophane, la première forme, précédée d'une anacrouse, s'emploie fréquemment comme un mètre propre à former des couplets légers[1]. Chez les lyriques lesbiens et leurs imitateurs, l'accouplement des deux phérécratiens, juxtaposés dans l'ordre inverse, produit le *petit vers asclépiade* (p. 176).

Thème. *Forme catalectique.*

Phérécratien premier (XXIV). — *E - dite re - gi - bus*

Thème. *Forme catalectique.*

Phérécratien deuxième (XXV). — *Mae - ce - nas, ata - vis*

La *pentapodie logaédique* produit les mètres les plus riches et les plus caractéristiques de la lyrique éolienne. Voici les principaux

[1] Il porte le nom de *prosodiacum logaédique*. Exemples : *les Chevaliers*, VIII; *la Paix*, IX; *l'Assemblée des femmes*, I. — Cf. WESTPHAL, *Metrik*, T. II, p. 761.

types de cette catégorie. Les deux premiers forment le motif initial des strophes célèbres qui portent le nom de Sappho et d'Alcée[1]; le dernier ne se retrouve pas chez les poëtes latins.

Sapphique de 11 *syllabes* (XXVI).

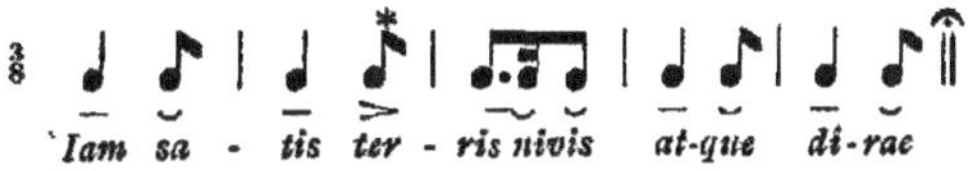

Iam sa - tis ter - ris nivis at-que di-rae

HOR., *Od.*, I, 2.

Alcaïque de 11 *syllabes* (XXVII).

Vi - des, ut al - ta stet nive can-di - dum

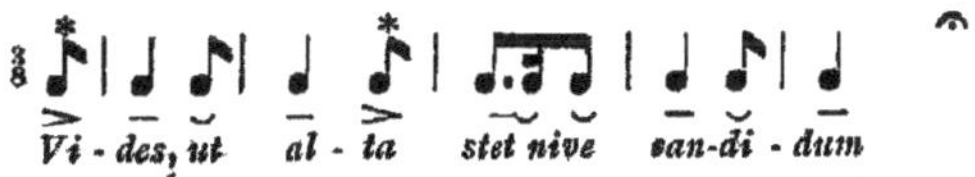

HOR., *Od.*, I, 9.

Phaleuce de 11 *syllabes* (XXVIII).

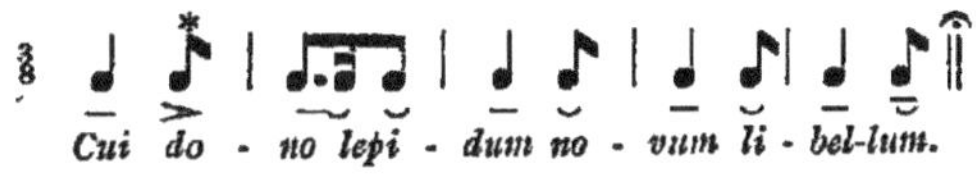

Cui do - no lepi - dum no - vum li - bel-lum.

CATULLE, I, 1.

Alcaïque de 12 *syllabes* (XXIX).

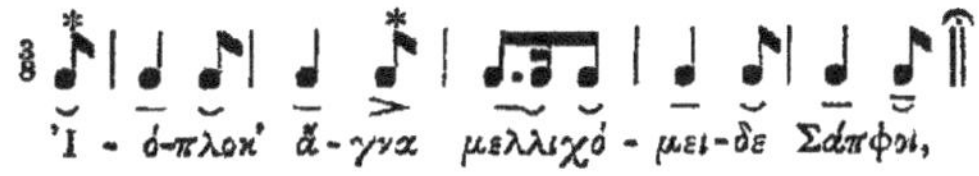

Ἰ - ὀ-πλοκ' ἄ-γνα μελλιχό - μει-δε Σάπφοι,

ALCÉE, fragm. 55 (Bergk).

L'*hexapodie logaédique* (XXX) n'est représentée dans la chanson monodique que par les *hexamètres* éoliens (p. 401), lesquels ne paraissent avoir été pris pour modèle par aucun des lyriques romains. — Pour les autres mètres d'Alcée et de Sappho nous nous contenterons de renvoyer aux pages 400-404, où sont analysées les créations musicales des deux immortels poëtes. Toutefois nous nous arrêterons encore un moment ici pour signaler quelques libertés métriques propres aux logaèdes éoliens, lesquelles nous donnent des indications précieuses sur le mouvement et l'accentuation musicale de cette catégorie de rhythmes :

a) *Le trochée qui précède le dactyle cyclique peut être irrationnel,* c'est-à-dire traduit dans le texte poétique par un spondée (p. 53), d'où nous conclurons que la mesure remplie par le dactyle cyclique portait l'*ictus* principal du membre (p. 46 et suiv.);

b) *Lorsque le susdit trochée occupe la première mesure du vers, la quantité de ses deux syllabes est absolument libre;* le poëte a la

[1] Cf. pp. 100, 202.

faculté de remplacer le trochée, soit régulier, soit irrationnel, par un iambe retourné (p. 65) ou par deux brèves[1]. Il résulte de là que certains mètres ont pour leur mesure initiale le choix entre quatre formes. Prenons comme exemple le *glyconien deuxième* :

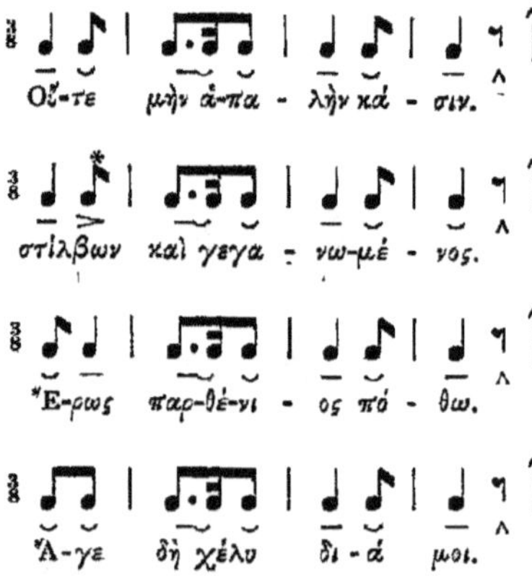

Οὔ-τε μὴν ἄ-πα - λὴν κά - σιν. ANACR., fragm. 12.

στίλβων καὶ γεγα - νω-μέ - νος. ID., fragm. 13.

Ἔ-ρως παρ-θέ-νι - ος πό - θω. ID., fragm. 13.

Ἄ-γε δὴ χέλυ δι - ά μοι. SAPPHO, fragm. 45.

c) *Si la première mesure est précédée d'une anacrouse, celle-ci est ordinairement représentée par une syllabe irrationnelle*, une longue métrique correspondant à une brève rhythmique (p. 56).

Les *logaèdes du style orchestique*, comme ceux de la chanson lesbienne, admettent des membres de toute étendue, depuis la dipodie jusqu'à l'hexapodie. Mais ils se comportent bien différemment en ce qui concerne la rhythmopée. Au lieu d'un mélange uniforme de trochées et de dactyles cycliques, produisant quelques mètres stéréotypés, faits pour s'adapter à des cantilènes simples et faciles, nous trouvons ici une variété extrême dans la contexture des motifs rhythmiques, ce qui accuse une facture mélodique travaillée avec soin[2]. Les tenues sont fréquentes, sauf à l'avant-dernière mesure des membres tétrapodiques, où elles donnent lieu à une cadence tant soit peu vulgaire. Les chants logaédiques de Pindare renferment souvent des membres (voire même des

[1] La mesure variable a reçu du célèbre philologue Hermann la dénomination assez vague de *basis éolienne*. Les anciens métriciens lui ont donné l'épithète mieux choisie de *polyschématique* ou *multiforme*. Cf. WESTPHAL, *Metrik*, II, p. 751 et suiv.

[2] Exemples de logaèdes orchestiques, p. 73 (Pindare), p. 385 (Alcman), p. 445 (Pindare), p. 463 (Simonide), p. 493 (Timothée).

phrases) entièrement choréïques[1], dans lesquelles le tribraque prend la place du dactyle cyclique; d'autres fois les deux figures sont juxtaposées.

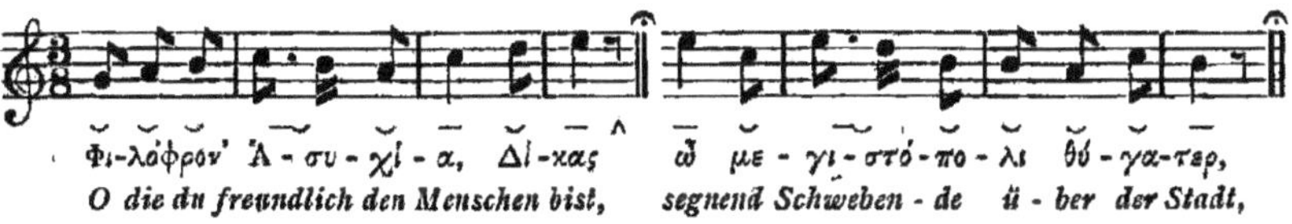

PIND., *Pyth.* VIII, str. 1, v. 1-2.

Les *logaèdes dramatiques*, le rhythme universel de la musique grecque à sa dernière époque florissante, se sont appropriés en partie les éléments des deux styles précédents, tout en laissant une prépondérance marquée aux formes simples et populaires, même dans les cantilènes chorales de la tragédie[2]. Les *glyconiens* surtout paraissent avoir eu un grand charme pour les oreilles du public athénien : c'est un rhythme par lequel Eschyle aime à terminer ses chœurs les plus imposants (p. 515).

Membres péoniques.

Autant la coupe des membres varie dans les mesures ternaires, autant elle change peu dans les rhythmes issus du 5/8. Le rapport numérique qui engendre la mesure quinaire (3 : 2) étant le plus complexe de tous ceux qu'admet le sentiment rhythmique, la structure des phrases musicales doit être assez uniforme, sous peine de devenir insaisissable à l'esprit de l'auditeur. Aussi les membres de deux mesures sont presque les seuls qui conviennent au rhythme hémiole sous sa double forme (*péon* et *bacchius*). Employés à l'état d'isolement, ils ne forment pas de mètres usuels; le plus souvent deux *dipodies péoniques* (XXXIII), s'accouplent pour faire un vers propre à être répété en série continue (p. 176). La *tripodie péonique* (XXXIV) ne se rencontre pas souvent (ex. p. 105); la *pentapodie* (XXXV), à en juger par l'exemple unique d'Aristophane (p. 41), ne formait que des périodes intermédiaires. Tout au contraire des coupes du membre, les divisions de la rhythmopée ont une grande variété, principalement dans les mètres péoniques

[1] Ce n'est que dans les logaèdes du style orchestique et dans les chorées graves de la tragédie que l'on voit apparaître des membres choréiques d'un nombre impair de mesures, la *tripodie choréique* (XXXI) et la *pentapodie choréique* (XXXII).

[2] Exemples de logaèdes dramatiques, p. 205 (Sophocle), p. 221 (Euripide).

de la lyrique chorale[1]. Quant au rhythme quinaire de la tragédie, le *bacchius*, destiné presque exclusivement à se mélanger avec le 3/8, il ne produit guère que des *dipodies* (XXXVI); la *tripodie* (XXXVII) est des plus rares[2].

Les ioniques mineurs n'ont que deux sortes de membres, qui, dans les strophes dramatiques, s'entrecroisent en toute liberté et ne trahissent aucune différence de caractère[3]. En général la *dipodie* (XXXVIII) se combine, soit avec elle-même, soit avec la tripodie, pour faire un vers; néanmoins elle apparaît aussi isolée, pleine ou catalectique. Cette dernière forme, que Timocréon de Rhodes (p. 417) a employée comme vers séparé dans des morceaux monomètres, porte le nom de ce poëte. Membres ioniques.

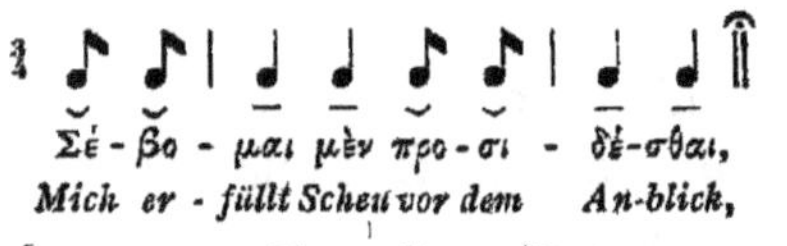

Metrum Timocreonteum.

Σέ - βο - μαι μὲν προ - σι - δέ-σθαι,
Mich er - füllt Scheu vor dem An-blick,

Esch., *Perses*, V, str., v. 1.

Ἀ - χε - λῴ - ου θύ - γα - τερ,
O des Stromkö - ni - ges Spross!

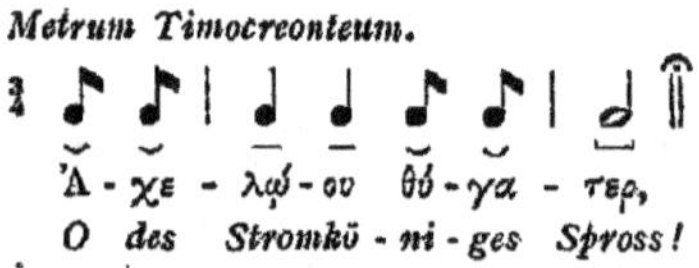

Eur., *Bacch.*, III, str., v. 1.

Plus souvent que la dipodie, la *tripodie ionique* (XXXIX) est un vers complet; Sappho paraît l'avoir traitée de cette manière pour des chansons en mètres égaux.

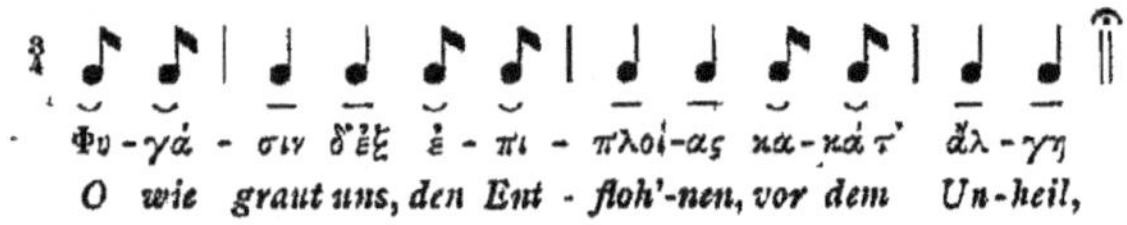

Φυ - γά - σιν δ' ἐξ ἐ - πι - πλοί-ας κα-κά τ' ἄλ - γη
O wie graut uns, den Ent - floh'-nen, vor dem Un-heil,

Esch., *les Suppliantes*, IX, ant. 2.

Si l'on excepte quelques cas douteux, l'ionique majeur ne produit qu'une sorte de membres, la *dipodie* (XL). Celle-ci ne remplit jamais un vers en entier; deux membres, le premier plein, l'autre catalectique, s'unissent pour former le *sotadée* (p. 177).

Par suite de la propriété qu'ont les mètres ioniques de prendre la forme brisée, c'est-à-dire de donner au 3/4 la division du 6/8 Membres métaboliques.

[1] Il n'en existe qu'un seul spécimen complet, mais il est de toute beauté : la IIe *Olympique* de Pindare. Voir ci-après, p. 460.

[2] Pour la dipodie, voir un exemple p. 103, pour la tripodie, p. 107.

[3] Eschyle, *les Perses*, I; *les Suppliantes*, IX; Sophocle, *Œdipe Roi*, II, str. 2; Euripide, *les Bacchantes*, I, II, III; Aristophane, *les Guêpes*, II, *les Grenouilles*, II.

(voir p. 78), ils entrent dans la catégorie des rhythmes métaboliques. Le plus usité d'entre ceux-ci, le pied dochmiaque, résulte de la succession d'un *bacchius* et d'un chorée (pp. 79, 107, 125); chaque groupe ainsi composé peut à lui seul constituer un vers qui se termine sur le frappé du 3/8. Toutefois la plupart des vers dochmiaques contiennent deux couples de mesures hétérogènes (ex. p. 125). L'anacrouse est souvent irrationnelle, la dernière brève du *bacchius* l'est rarement[1].

Membres sémantiques.

En vertu des règles relatives à l'étendue des mesures composées (p. 35), deux *spondées majeurs* (16 unités) remplissent un membre. Quant à l'*orthios* et au *trochée sémantique*, chacun de leurs pieds contenant déjà 12 unités, ils ne peuvent se diviser qu'en monopodies (p. 110).

1 Le *bacchius* est quelquefois remplacé par le *péon*. Lorsque la mesure ternaire précède, au lieu de suivre, on a le *dochmius* retourné. L'*amphidochmius* forme une tripodie de mesures hétérogènes; il se compose ou bien de deux mesures de 5/8 séparées par un chorée, ou bien, au contraire, d'une seule mesure de 5/8 entre deux chorées. Cf. J. H. H. Schmidt, *Leitfaden*, p. 79 et suiv.

CHAPITRE III.

STRUCTURE DES COMPOSITIONS ANTIQUES.

§ I.

La période.

APrès avoir analysé les formes effectives sous lesquelles apparaissent dans la musique vocale des anciens Hellènes les unités supérieures du rhythme, — mesures simples et membres — il nous reste à montrer de quelle manière ces matériaux se réunissent pour former des *périodes*, c'est-à-dire des idées mélodiques offrant un sens musical fini. Nous verrons ensuite les périodes entrer à leur tour dans des organismes plus vastes, — strophes, systèmes et *commata* — qui eux-mêmes ne forment que les subdivisions de la composition entière, du *canticum :* l'unité poétique dans laquelle viennent s'absorber, en dernier lieu, tous les éléments précédemment énumérés.

Ainsi qu'il a été dit plus haut, les écrivains de l'époque romaine, tant musiciens que métriciens, ont à peine effleuré cette matière[1]; chez eux le terme *période* (περίοδος), synonyme de *mètre* (μέτρον), ne désigne que des constructions très-élémentaires. La découverte du mécanisme de la période musicale dans les poésies lyriques et théâtrales du siècle de Périclès est une conquête scientifique des vingt dernières années. Néanmoins, les documents d'où l'on a pu déduire les principes et les règles de la nouvelle science sont si abondants et se contrôlent si heureusement les uns les autres, que, même en laissant de côté les

[1] Voir ci-dessus, p. 84.

morceaux sur l'interprétation desquels il subsiste des doutes, on arrive pour l'ensemble à des résultats certains et concluants. C'est par ce côté qu'il nous est donné de pénétrer le plus avant dans l'intelligence de la musique grecque, et même d'en retrouver jusqu'à un certain point l'effet vivant; car la forme métrique des poésies musicales, toujours nette et plastique chez les anciens, laisse souvent entrevoir, comme à travers une eau limpide, la succession mélodique à laquelle elle fut primitivement appliquée.

Or, tout porte à croire que ce fut là précisément, de toutes les parties de la musique grecque, celle dont le développement arriva au plus haut point : en définitive, le temps aurait ainsi épargné, dans les produits de l'activité musicale du passé, ce qui avait une valeur durable et universelle. La recherche de la beauté et de la variété des proportions, dans la structure rhythmique des périodes et des strophes, est un principe de style qui se dégage aujourd'hui avec une clarté éblouissante de tous les monuments de la littérature mélique de la Grèce; son action se fait sentir jusque dans leurs moindres détails. Ce principe paraît avoir eu sur les destinées de l'art antique une influence aussi décisive que celui de l'harmonie simultanée sur le développement de la musique occidentale. Cela est au reste si conforme à tout ce que le génie antique a produit dans le domaine des arts plastiques, que la beauté des rhythmes grecs fut toujours un article de foi, même avant les découvertes de Westphal et de Schmidt, alors que les strophes de Pindare et d'Eschyle n'offraient au philologue que l'image d'un chaos rhythmique.

N'en concluons pas que le sentiment de l'eurhythmie soit étranger aux nations de l'Europe moderne. Ainsi qu'on le verra plus loin, il existe peu de coupes de périodes mises en pratique par les poëtes-musiciens de l'Hellade dont on ne puisse découvrir quelque spécimen dans nos mélodies populaires; toutefois les formes plus ou moins recherchées ne se montrent chez nous que sous leur aspect rudimentaire, et ne s'appliquent qu'à de courtes phrases. Des mélodies d'une contexture rhythmique assez compliquée se rencontrent aussi, de loin en loin, dans notre art polyphonique; mais leur rôle y est très-effacé. Nos musiciens ne les ont mises en œuvre que par inadvertance, pour ainsi dire, et l'attention des artistes ou du public ne s'est pas éveillée sur elles. A mesure que les combinaisons polyphoniques ont pris une plus grande extension, ces raffinements rhythmiques ont été frappés de stérilité et finalement délaissés; en sorte que la musique actuelle, à la juger par ses tendances les plus énergiques et les plus vivaces, oscille entre la tétrapodie continue et la *mélodie infinie*, c'est-à-dire l'absence de symétrie périodique.

Arrêtons-nous un moment pour tâcher de découvrir les causes immédiates de ce phénomène historique. La musique grecque et la musique moderne ont puisé toutes deux à une commune source : le chant populaire, dont les éléments constitutifs — mélodie, rhythme — reposent partout et de tout temps sur des bases identiques, et contiennent en germe les ressources qu'un art plus réfléchi se charge ensuite de développer. Chacune d'elles s'est emparée de l'un de ces deux éléments constitutifs pour en faire l'objet d'une culture systématique, laquelle, fécondée par le travail incessant de plusieurs générations d'hommes supérieurs, a eu pour effet de donner naissance à un type d'art complet et organique. En effet, les rapports de consonnance et de dissonance qui existent entre les divers sons musicaux sont plus ou moins connus de tous les peuples, puisque nous voyons partout les consonnances primitives servir de base à la construction des échelles mélodiques; mais il appartenait aux seuls musiciens occidentaux d'utiliser ces rapports comme un moyen d'expression esthétique, au lieu de les employer simplement pour lier la succession des sons et assurer leur justesse. On peut en dire autant des propriétés de symétrie et de non-symétrie implicitement contenues dans les éléments universels du rhythme; les modernes, tout en ne les ignorant point, ne leur accordent qu'une importance fort secondaire; seuls les anciens Hellènes y ont vu la source de grands effets musicaux, et en ont poursuivi l'application consciente. Ce point de départ devait nécessairement déterminer la marche ultérieure des deux arts, et impliquait virtuellement leur principal mode de manifestation. Fondé sur le développement de l'élément mélodique, — élément dont la polyphonie n'est qu'une des manières d'être — l'art musical des temps modernes a pour auxiliaire le *timbre*, qui n'est autre chose que l'individualisation de l'*accent expressif* — principe de toute mélodie — dans les organes sonores; conformément à cette origine, son attribut caractéristique est l'*instrumentation*, et sa dernière expression la *symphonie*. La musique de l'ancienne Grèce, de son côté, poursuivant le développement de l'élément rhythmique, s'est choisi pour auxiliaire le *geste*, l'individualisation du *mouvement* — principe du rhythme — dans l'être humain; en conséquence de son origine, elle a pour attribut essentiel l'*orchestique*, et son expression la plus haute est le *chœur dansé*. S'il fallait nommer les deux artistes qui ont personnifié le mieux les tendances spécifiques de leur art, ce serait, dans l'antiquité, Pindare; à l'époque moderne, Jean Sébastien Bach.

Une loi unanimement constatée par les naturalistes, c'est que les organes sans utilité immédiate pour l'espèce s'arrêtent dans leur croissance et disparaissent à la longue. Quelque chose d'analogue s'observe dans l'évolution historique des arts; les branches de la technique sur lesquelles l'attention des artistes ne se porte pas obstinément, végètent dans l'ombre et restent stériles, pendant que d'autres, cultivées avec soin et constance, acquièrent un développement extraordinaire. On peut affirmer que la musique des Grecs n'aurait jamais abouti à une polyphonie semblable à la nôtre, alors même que sa floraison se fût prolongée à travers une longue suite de générations. De même il est douteux que nos compositeurs s'avisent jamais d'introduire dans leurs œuvres les coupes savantes de la lyrique grecque. Ajoutons enfin que les destinées d'une forme d'art dépendent en grande partie de ses conditions extérieures de manifestation. Les riches périodes du style pindarique étaient inséparables du chant choral et de la danse en masse. Dès que le chant monodique et la danse individuelle eurent pris le dessus, la musique des anciens devait délaisser ces mécanismes délicats et retourner à sa forme naturelle, la tétrapodie, sous peine de retomber à un état plus rudimentaire, l'*arrhythmie*, le manque de symétrie rhythmique. Également collectif de sa nature, notre art polyphonique serait menacé d'un appauvrissement analogue, si, par des circonstances quelconques, les grandes exécutions instrumentales et vocales venaient à tomber en désuétude.

Procédons maintenant à l'examen des lois et des règles qui régissent la structure des périodes. Ces lois et ces règles, communes à la poésie et à la musique, révèlent l'identité originelle des deux arts; leurs racines plongent dans les profondeurs mystérieuses du sentiment humain.

Règles de la période.

La période est le moule qui contient une idée musicale ou poétique; c'est un ensemble organique de membres mélodiques ou grammaticaux dépendant les uns des autres. Ni la longueur totale d'une période, ni le nombre de ses divisions ne relèvent de la théorie rhythmique. C'est par la mélopée, par l'arrangement des sons ou des accents, que les diverses parties d'une phrase chantée ou déclamée se distinguent les unes des autres, que leur dépendance mutuelle devient manifeste, et qu'elles arrivent à former une véritable unité pour le sentiment de l'auditeur. Ces divers buts, la prose faite pour la lecture les atteint par un emploi judicieux de particules conjonctives; l'écriture s'attache à les indiquer par les signes de la ponctuation, lesquels dans tous les idiomes sont les équivalents des cadences musicales et ont dans quelques-uns d'entre eux, par exemple en hébreu, la valeur réelle de formules mélodiques. Mais si la succession des sons suffit à dessiner les contours essentiels d'une cantilène, le rhythme seul peut leur donner la précision et le relief voulus. En soumettant l'étendue et la forme intérieure des membres à une régularité mathématique, il marque plus nettement leur parallélisme ou leur antithèse, et permet ainsi à la phrase de se développer indéfiniment.

La période parfaite est donc à la fois une construction grammaticale, musicale et rhythmique; elle avait déjà atteint ce degré de développement à l'époque où furent composés les hymnes du Véda, les plus anciens chants de l'humanité, et depuis ces temps reculés les conditions fondamentales de son mécanisme rhythmique n'ont subi aucune modification. Les règles qui vont être exposées ci-après peuvent donc être considérées comme universelles, immuables; celles qui n'ont de valeur que pour les périodes musicales des Grecs seront élucidées ensuite.

Les parties intégrantes des périodes sont les membres. La corrélation rhythmique des membres résulte d'une double symétrie :

symétrie dans leur étendue; symétrie dans leur coupe intérieure. En dehors de certains cas bien définis, *tout rhythme doit avoir son compagnon :* chaque membre d'une période musicale est apparié avec un autre qui lui sert soit de complément, soit d'antithèse. Les membres mélodiques qui se répondent dans une période régulière doivent appartenir à la même mesure, embrasser une égale durée, et affecter une disposition analogue des temps de la rhythmopée. (Dans les formules alphabétiques par lesquelles on représentera plus loin les diverses coupes de la période, les lettres identiques désigneront les membres qui sont mutuellement appariés, les lettres différentes ceux qui ne le sont pas.) La période se termine ordinairement par un temps d'arrêt, un point d'orgue; selon l'axiome d'Aristote : « ce qui manque de conclusion est désagréable[1]. » La fin de la période mélodique coïncide avec celle de la période grammaticale, ou nécessite pour le moins un signe de ponctuation. Seuls entre tous les peuples, les Grecs se sont parfois affranchis de cette règle; pour eux, une fin de mot suffit à marquer le terme final d'une phrase musicale.

Les différentes formes de la période.

La qualité esthétique résultant de l'arrangement symétrique des membres au sein de la période s'appelle *eurhythmie.* Cet arrangement est plus ou moins simple. Symétrie n'est pas identité. L'eurhythmie peut s'obtenir par la répétition de groupes rhythmiques qui, étant considérés isolément, ne manifestent ni symétrie, ni équilibre. Deux membres inégaux (a — b), l'un de quatre, l'autre de trois mesures, ne sauraient former à eux seuls une période normale; mais s'ils se fondent en un groupe reproduit ensuite par le mélodiste (a b — a b), l'équilibre s'établit et l'on obtient une période de quatre membres parfaitement régulière. Il existe trois principes selon lesquels se succèdent les membres dans la période musicale : répétition, entre-croisement, inversion. Tous trois sont représentés dans nos chants populaires, ainsi que dans nos vers récités où la coupe périodique se révèle clairement par la disposition des rimes. Disons, en passant, que la plupart des musiciens modernes négligent de tenir compte de cette disposition en composant leur mélodie, ce qui donne lieu à un

[1] *Rhét.*, III, 8.

désaccord choquant entre le rhythme des vers et celui de la musique : preuve évidente de l'affaiblissement du sens rhythmique à notre époque.

Formes produites par la répétition.

Une période a la coupe *stichique simple* (de στίχος, vers), lorsqu'elle se compose de deux membres consécutifs de même étendue (a — a). C'est la forme rhythmique la plus élémentaire qu'une idée musicale puisse revêtir; dans notre poésie récitée elle est représentée par le distique :

Période stichique simple (*schéma* a — a).

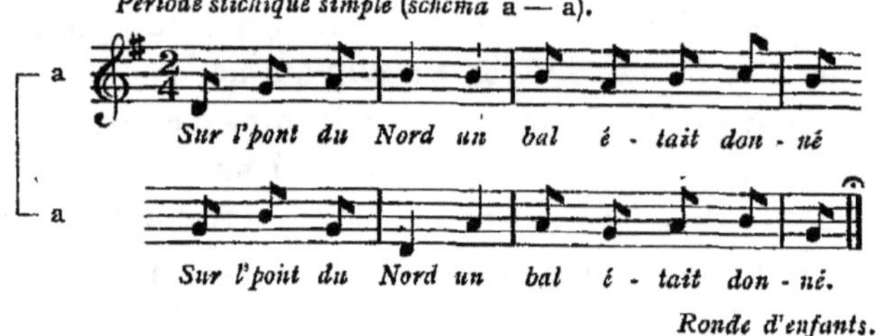

Ronde d'enfants.

Lorsque plus de deux membres de même longueur et de même forme métrique sont juxtaposés, de manière à former un tout mélodique, la période a la coupe *stichique répétée*, développement de la forme précédente. Le membre final est ordinairement catalectique (voir ci-dessus, p. 127).

Période stichique répétée (*schéma* a — a — a — a — a).

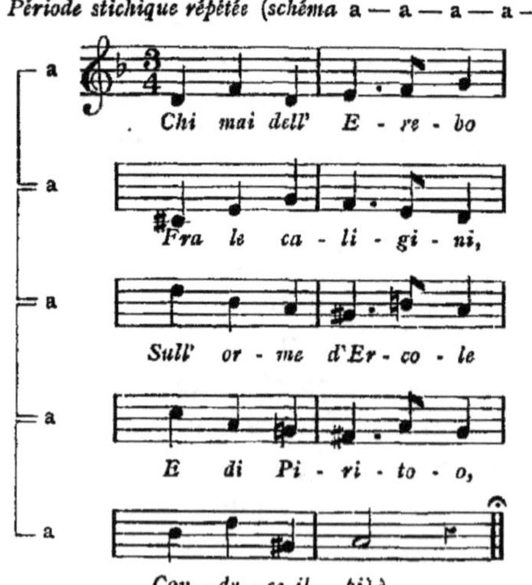

GLUCK, *Orfeo*.

La musique populaire affectionne les périodes bâties sur ce modèle; la poésie récitée ne peut les reproduire exactement que par des vers monorimes, forme qu'elle a remplacée de bonne heure par des combinaisons plus variées. Ce fut à la coupe stichique — simple ou répétée — que retournèrent les musiciens gréco-romains de la décadence; nous le voyons par les hymnes païens du temps d'Adrien — à *Hélios* et à *Némésis* — aussi bien que par les hymnes chrétiennes de Saint Ambroise.

Formes résultant de l'entre-croisement.

Mais les périodes d'une cantilène ne sont pas toujours composées de membres simplement mis bout à bout. Il existe une foule d'autres combinaisons, où les parties correspondantes de la phrase se trouvent séparées les unes des autres par un, par deux et même par trois membres de longueur ou de forme différente. Au lieu de se diviser immédiatement en membres séparés, la période se décompose alors en *groupes* symétriques, embrassant deux ou plusieurs membres reproduits dans un même ordre (a b — a b, ou a b c — a b c, ou a b c d — a b c d). Des agrégats de cette nature fonctionnent dans la phrase poétique ou musicale à la façon de véritables unités. Une période construite d'après un des modèles ci-dessus a reçu de Schmidt la qualification de *palinodique*, coupe que la versification moderne reproduit au moyen des rimes *alternées*. La combinaison la plus fréquente de cette espèce est le quatrain en vers croisés; elle produit un très-heureux effet lorsque les membres réunis en un seul groupe ont une étendue différente.

Période palinodique (*schéma* a b — a b).

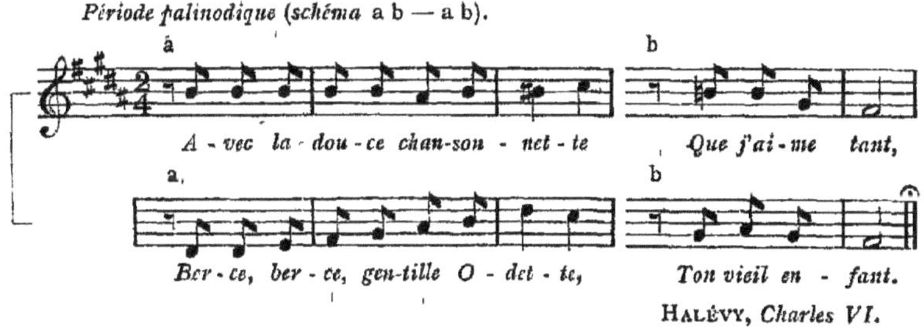

HALÉVY, *Charles VI*.

Un groupe palinodique peut embrasser plus de deux membres sans que la cohésion de la pensée mélodique s'évanouisse pour l'oreille. Les stances de six vers, destinées ou non à la musique, se séparent fréquemment en deux groupes correspondants de trois vers chacun (a b c — a b c), en sorte que les membres appariés, au lieu de revenir de deux en deux vers, ne se reproduisent que de trois en trois vers[1].

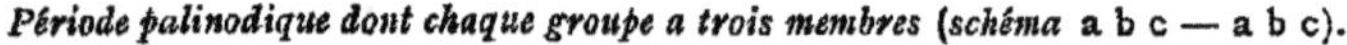

Période palinodique dont chaque groupe a trois membres (*schéma* a b c — a b c).

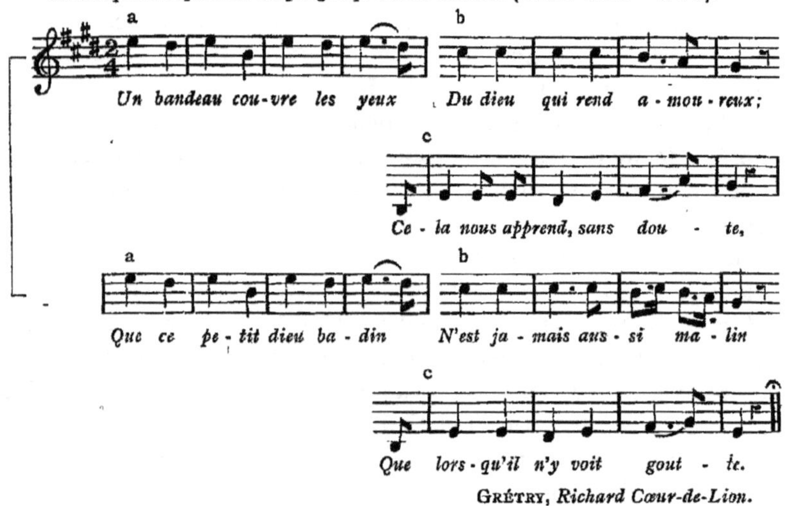

GRÉTRY, *Richard Cœur-de-Lion.*

Si chacun des groupes se reproduit en entier plus de deux fois, la période a la coupe *palinodique répétée*. Aucune combinaison n'est mise aussi souvent en œuvre par les poëtes et les musiciens modernes; mais chez nous elle se réalise invariablement sous sa forme la plus simple : une longue série de membres liés deux à deux. Lorsque les groupes sont également en nombre pair, chaque couple se termine par une cadence harmonique assez

[1] Les vers suivants de Rabelais, sur trois rimes, montrent distinctement cette coupe:

O bouteille — Pleine toute — De mystères,
D'une oreille — Je t'écoute — Ne diffères.

Ceux-ci, de Marot, présentent la même combinaison de rimes :

Que fit Cérès, — Que fit Isis, — Que fit Araigne?
L'une les bleds, — L'autre courtils, — L'autre la laine.

Mais ces deux exemples sont à peu près isolés dans la littérature française. Cf. QUICHERAT, *Traité de versification française*, pp. 83 et 451. Les Italiens et les Allemands ont fait un usage plus fréquent de la succession de trois rimes différentes. Cf. SCHMIDT, *Compos.*, p. 335.

marquée. On reconnaît là le principe de construction que suivent toutes nos danses appariées (contredanse, valse, polka, etc.).

Période palinodique répétée (schéma a b — a b; — a b — a b).

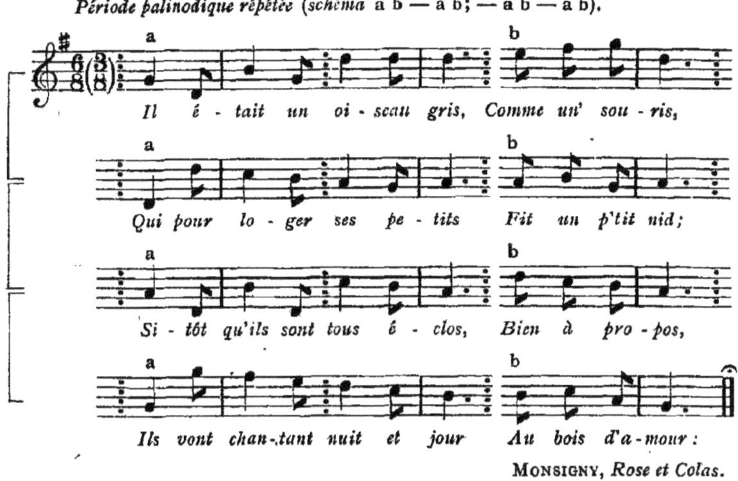

MONSIGNY, *Rose et Colas.*

Les périodes palinodiques dont tous les membres ont une égale étendue se confondent aisément avec les périodes stichiques; en ce cas c'est la mélodie qui décide. Mais comme nous ne possédons plus la musique des grandes œuvres poétiques de l'antiquité, il n'est pas toujours possible de démêler à coup sûr à laquelle des deux coupes nous devons attribuer certains textes lyriques ou dramatiques. Pour le sentiment moderne, les deux formes ne sont séparées que par une nuance fort légère, et souvent il arrive que des vers croisés sont traités par le musicien en période stichique répétée[1].

Formes résultant de l'interversion.

Si, au lieu de se reproduire dans l'ordre primitif, une série de deux ou de plusieurs membres est reprise dans l'ordre inverse, la période suit la coupe *antithétique*. Telle est la structure des quatrains dont les deux vers intérieurs d'une part, et d'autre part les vers extérieurs, riment ensemble : disposition que les Italiens appellent *rime abbracciate*, c'est-à-dire *rimes embrassées*.

[1] La première période des couplets *Quand je quittai ma Normandie*, au 3e acte de *Robert le Diable*, est composée par le poëte en coupe palinodique (vers croisés); le musicien lui a donné la forme stichique répétée (a — a — a — a).

Les mélodies conçues d'après ce type sont clair-semées dans la musique de nos jours. Nos compositeurs, lorsqu'ils ont à mettre en musique des vers à rimes embrassées, les traitent ordinairement en période palinodique[1]. Pour rencontrer en abondance des chants construits correctement sur le type antithétique, il faut remonter jusqu'au XVIe siècle.

Période antithétique (*schéma* a — b — b — a).

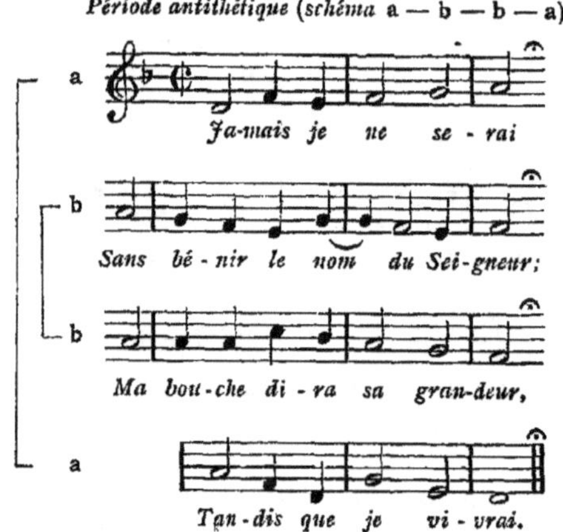

Psaume 34 (de Marot).

Les périodes antithétiques qui se rencontrent çà et là dans la musique moderne ne dépassent pas quatre membres. Toutefois il ne serait pas impossible d'en trouver de plus étendues parmi les chants religieux ou profanes du XVIe siècle, lesquels sont composés pour la plupart sur des strophes d'une facture assez compliquée[2].

Nous avons appris à connaître, par la musique occidentale, des périodes de coupe stichique, palinodique et antithétique, coupes que notre poésie reproduit fidèlement par des vers à rimes

[1] Nous en donnerons comme exemple la sérénade de l'*Amant jaloux*, de Grétry. La première période : *Tandis que tout sommeille — A l'ombre de la nuit, — L'amour qui me conduit, — L'amour qui toujours veille*, suit le *schéma* a — b — b — a, tandis que la mélodie correspond au *schéma* a b — a b.

[2] Le psaume 137 de Marot : *Assis au bord de ce superbe fleuve*, composé en stances de six vers de même étendue, peut être considéré à volonté comme ayant la coupe palinodo-antithétique (a b — c — c — a b) ou la coupe antithétique pure (a — b — c — c — b — a). La mélodie favorise cette dernière interprétation, le texte se prête mieux à la première.

plates, à rimes *croisées*, à rimes *embrassées*. Des combinaisons mélodiques plus complexes sont presque hors d'usage parmi nous, bien qu'elles ne soient pas moins naturelles que les précédentes.

Formes mixtes. Une des formes les plus répandues dans la poésie mélique des Grecs est celle que Schmidt désigne par le terme *palinodo-antithétique*. Au lieu de se diviser directement en membres séparés, comme la période antithétique pure, celle dont il s'agit ici traite les groupes palinodiques à la façon d'unités, et les reproduit dans l'ordre inverse. Si nous supposons une série de six membres (a b c d e f), se divisant en plusieurs groupes de membres accouplés (a b — c d — e f) ou liés trois par trois (a b c — d e f), et que nous reproduisions dans l'ordre inverse les groupes entiers, nous aurons une période à la fois palinodique et antithétique : antithétique, en ce sens que les groupes, pris comme unités, sont répétés à rebours; palinodique, puisque les éléments individuels de chaque groupe gardent leur ordre primitif. Les périodes de cette espèce admettent aussi des membres isolés, à côté de groupes palinodiques, et au même titre que ceux-ci. Aucune mélodie nettement modelée sur ce type ne m'étant connue dans la musique européenne, je me contenterai d'indiquer ici quelques-unes des formes les moins enchevêtrées :

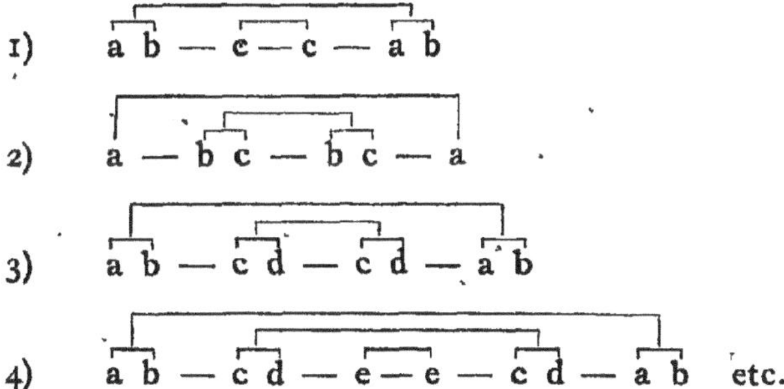

Cette coupe est susceptible d'une variété prodigieuse. Entre les deux types simples, le type palinodique pur et le type antithétique pur, Schmidt ne compte pas moins de seize variétés intermédiaires pour une période de dix membres[1]. Néanmoins la contexture

[1] J. H. H. SCHMIDT, *Leitfaden*, p. 137-138; *Eurythmie*, p. 60-61.

rhythmique de cette espèce de périodes n'a rien d'artificiel; la coupe antithétique pure, dès qu'elle s'applique à une longue période, est infiniment plus difficile à suivre pour l'oreille.

Dans toutes les périodes dont la structure vient d'être décrite, chaque membre reparaît au moins deux fois. La coupe intérieure des membres appariés doit avoir une analogie suffisante pour que la réciprocité se perçoive sans difficulté; toutefois des membres anacrousiques et des membres thétiques se répondent souvent; pareillement des formes pleines et des formes catalectiques. Il est évident que l'espacement et la disposition irrégulière des diverses parties de la phrase rhythmique rendent la symétrie moins sensible. Plus les membres qui se correspondent sont disséminés et éloignés les uns des autres, et plus leur coupe métrique doit aider à les reconnaître. Si celle-ci est trop différente, le plan de l'ensemble devient insaisissable pour l'auditeur. Dans l'antiquité les figures de l'orchestique, servaient à mettre en lumière la contexture d'une période compliquée; de notre temps les combinaisons harmoniques et instrumentales peuvent remplir le même office. Mais si, au contraire, des membres égaux se succèdent, la disposition des durées pourra se modifier sensiblement, sans que la structure périodique se perde de vue. Voilà pourquoi la musique moderne, n'employant guère que la tétrapodie, jouit d'une liberté presque illimitée en ce qui concerne les combinaisons de la rhythmopée.

Périodes renfermant des membres non appariés.

Nous passons maintenant à l'analyse des périodes dont toutes les parties ne sont pas appareillées. Souvent il arrive qu'au début, au milieu ou à la fin de la mélodie se trouve un membre auquel ne répond aucun autre. Lorsqu'il occupe le centre de la période, le membre dépareillé est qualifié de *mésodique;* s'il se trouve au début de la période, c'est un membre *proodique;* s'il sert de conclusion, il reçoit la qualification d'*épodique*[1]. Le *proodicon* (prélude) annonce le thème et prépare l'attention de l'auditeur; le *mesodicon* (interlude), ordinairement formé de la répétition d'un court motif rhythmique, sépare nettement par un temps d'arrêt

[1] *Mesodicon* (de μέσος et ᾠδή) qui se chante *au milieu* [de la période]; *proodicon* (de πρό et ᾠδή) qui se chante *avant* [la période]; *epodicon* (de ἐπί et ᾠδή), qui se chante *à la suite* de la période.

les deux moitiés de la phrase mélodique; l'*epodicon* (postlude) donne une conclusion définitive à la cantilène. La signification orchestique de cette sorte de membres sera expliquée au § 3.

Dans la période *mésodique* sous sa forme la plus simple, le motif rhythmique dépourvu de pendant n'est entouré que de deux membres, nécessairement appariés.

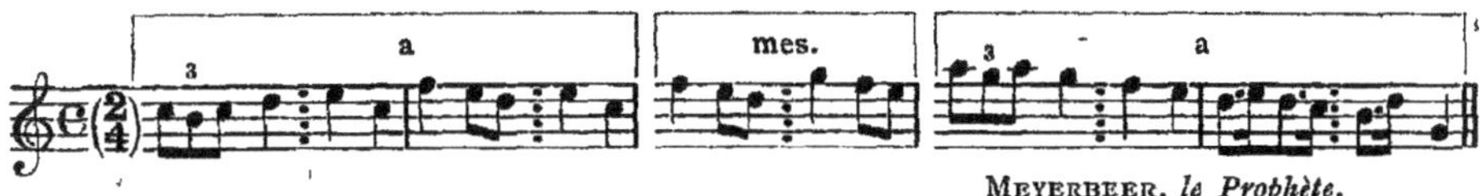

MEYERBEER, *le Prophète*.

Si le *mesodicon* se trouve au milieu de plusieurs membres séparés, ceux-ci doivent se répondre dans l'ordre contraire. On voit qu'un rapport intime existe entre les périodes mésodiques et les périodes antithétiques; toutefois les dernières se font reconnaître aisément en ce que leurs membres sont toujours en nombre pair, tandis que les périodes de structure mésodique se décomposent forcément en un nombre impair de membres.

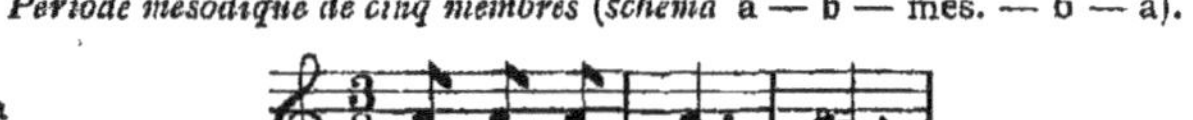

Période mésodique de cinq membres (*schéma* a — b — mes. — b — a).

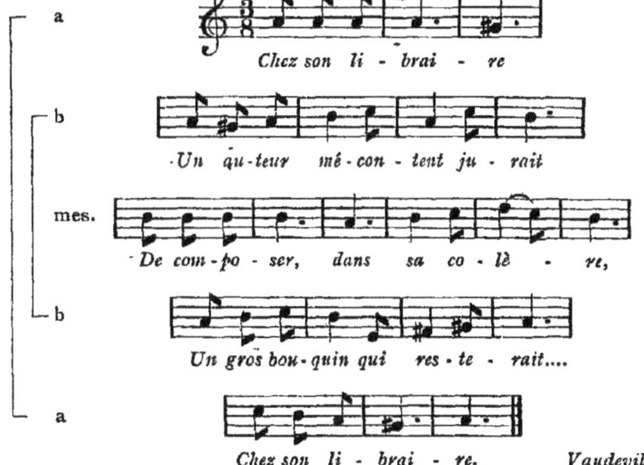

Vaudeville français.

Des stances de cinq vers calquées sur le type précédent ne sont pas rares dans la chanson française. Mais ce type est à peu près le seul de son espèce sur lequel on ait appliqué des mélodies.

Par suite de l'usage général de la rime, la construction mésodique est rarement accusée avec netteté dans la versification occidentale, et nos musiciens n'ont guère eu l'occasion de s'y exercer. Mais notre poésie musicale, aussi bien que celle des gréco-romains, admet des périodes palinodiques formées de groupes dont la coupe intérieure est mésodique.

Période palinodique dérivée d'un tercet mésodique (*schéma* a μ c — a μ c).

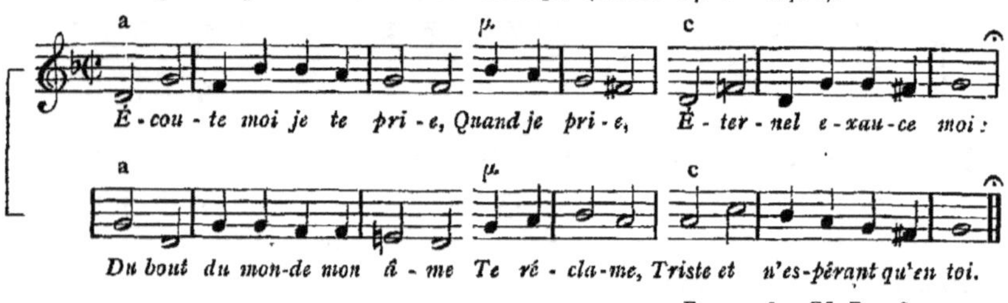

Psaume 61. Cf. *Ps.* 38.

Il existe aussi des périodes *palinodo-mésodiques*, où les membres simples qui entourent le *mesodicon* sont remplacés, tous ou en partie, par des groupes palinodiques :

Période palinodo-mésodique (*schéma* a b — mes. — a b).

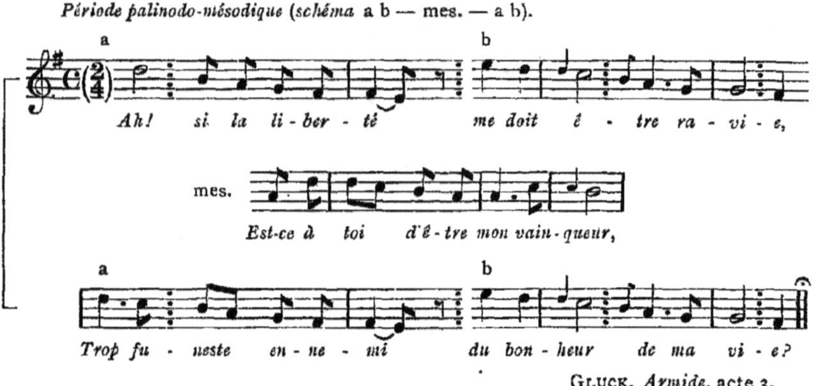

Gluck, *Armide*, acte 3.

Les périodes terminées par un membre épodique, donnant à la mélodie sa conclusion définitive, se rencontrent à chaque pas dans la musique occidentale. On ne peut méconnaître ici une certaine influence de la musique liturgique ; les *Amen* et les *Alleluia* qui terminent les antiennes et les hymnes sont de véritables *epodica*. Nos poëtes aiment aussi à finir leurs stances par un petit vers ayant une destination analogue.

Période antithétique suivie d'un epodicon (*schéma* a — b — b — a — ep.).

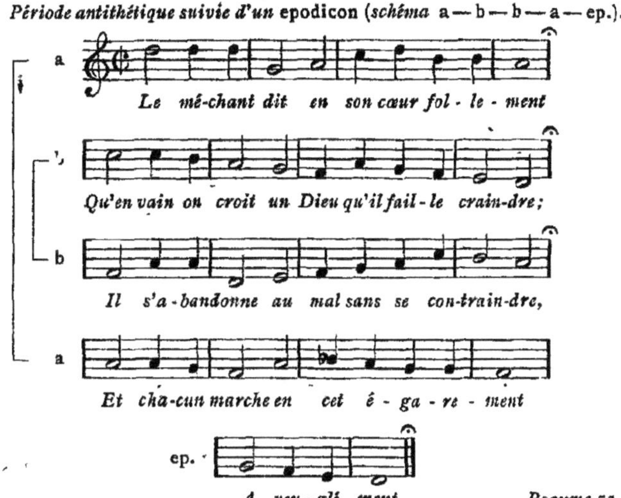

Psaume 53.

Les mélodies dont le membre initial se détache du reste de la période, de manière à former une sorte de prélude, sont peu communes chez nos musiciens ; le chant populaire lui-même n'en présente qu'un petit nombre d'exemples.

Période palinodique précédée d'un proodicon (*schéma* pr. — a b — a b).

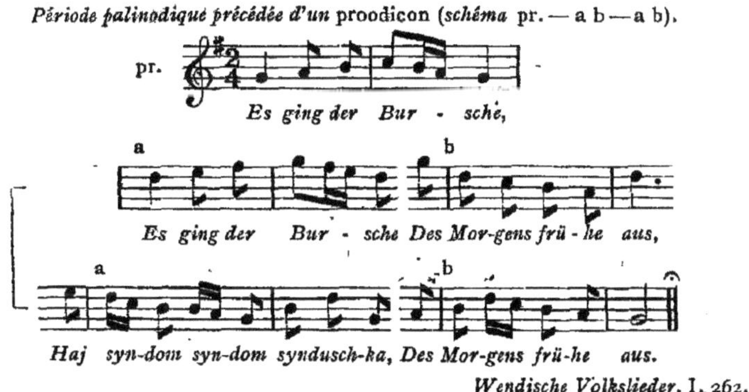

Wendische Volkslieder, I, 262.

Les *proodica* et les *epodica*, n'étant joints à la période qu'extérieurement, ont une faible action sur sa structure ; aussi ne donnent-ils pas lieu, comme le *mesodicon*, à des formes dérivées.

Périodes irrégulières.

Il existe enfin des périodes *irrégulières*, des phrases musicales dont les éléments ne s'assujétissent pas à une rigoureuse symétrie. Elles affectent à volonté l'une des formes usitées dans les périodes normales, à cela près que les membres appariés diffèrent soit par l'étendue, soit par le genre de mesure. La poésie moderne ne s'astreint pas à donner une longueur égale aux vers qui se correspondent par la rime ; de même notre musique est pleine de phrases dont les diverses parties n'ont qu'une symétrie approximative. Telle est la période suivante, dans laquelle un membre tétrapodique répond à une tripodie, un vers de huit syllabes (le 3e) à un vers de six syllabes (le 2e) :

Période antithétique irrégulière (*schéma* a — b ⫪ b — a).

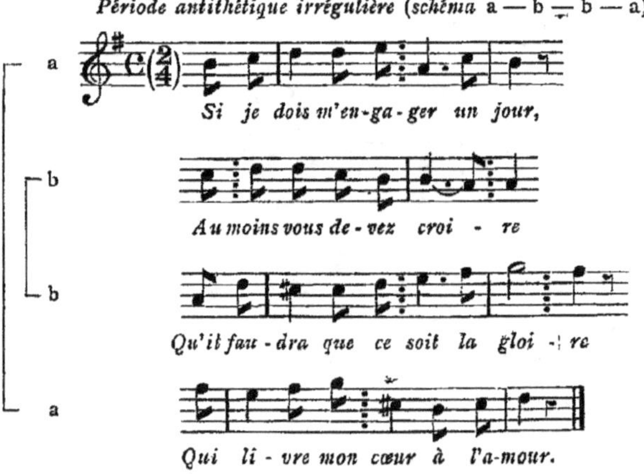

GLUCK, *Armide* (acte 1er).

Usage des différentes coupes de périodes.

Nous avons dit plus haut que la structure eurythmique de la composition musicale était pour les anciens un des facteurs essentiels de l'œuvre d'art, au même titre que la structure polyphonique l'est pour nous. En effet, *les formes de la période varient et se spécialisent dans les divers genres de la poésie chantée des Grecs.* Cette observation d'une importance capitale, en ce qu'elle donne une base solide aux théories de Schmidt, nous a conduit à une classification qui permet d'embrasser d'une manière aussi complète que commode le vaste champ de la littérature mélique. Nous diviserons toutes les poésies musicales de l'antiquité en trois grandes catégories. — *La première catégorie comprend les compositions* que nous désignons par la qualification d'*odiques :* ce sont des chants destinés à s'exécuter par une seule voix accompagnée de la lyre ou d'un instrument à vent; ce sont aussi des marches ou des airs à danser très-simples. Plusieurs genres de poésie appartenant originairement à cette catégorie ont passé de bonne heure dans la versification récitée. — *La deuxième catégorie comprend les compositions orchestiques*, réservées à l'exécution chorale et accompagnées d'une danse collective; tant par leur origine que par leur destination elles se rattachent au culte et à la vie publique des Hellènes, et occupent une place éminente parmi les productions du génie antique. Il faut ranger dans cette catégorie les chœurs de la tragédie et de la comédie placés en dehors de l'action proprement dite, lesquels se chantaient également sur une danse grave et mesurée. — Enfin, *la troisième catégorie embrasse les compositions scéniques*, dont l'exécution revenait aux personnages principaux du drame, chantant seuls ou dialoguant avec le chœur. Au lieu de la danse, c'était le jeu des acteurs qui venait ici renforcer l'effet musical.

Chacune de ces trois catégories se caractérise, en général, par la forme des périodes. — *Les compositions odiques n'admettent que les coupes les plus élémentaires* : périodes stichiques simples ou répétées, et périodes palinodiques formées de membres d'égale étendue. — *Les périodes antithétiques, mésodiques, etc., appartiennent en propre aux mélodies orchestiques*. Au moyen du retour symétrique des poses et des évolutions du chœur, l'œil venait en aide à l'oreille, laquelle, à elle seule, aurait pu difficilement saisir la corrélation des membres appariés; et par là il devenait possible au spectateur-auditeur de suivre le plan compliqué des œuvres chorales. — *Quant aux périodes irrégulières, elles ne se rencontrent que dans les chants de la scène.* Ceux-ci, devant s'attacher à traduire et à suivre pas à pas les sentiments qu'éprouve le personnage, ne se pliaient pas à une constante symétrie.

Structure des morceaux.

Mais ce n'est pas seulement par la coupe des mélodies que se distinguent les divers styles de composition; les mêmes principes esthétiques qui ont présidé à la création des périodes ont aussi agi sur la contexture de l'œuvre entière, et donné naissance à différentes formes de morceaux, également typiques, bien que d'un usage moins spécial. La structure mélodique des plus anciens poëmes grecs consistait dans la répétition indéfinie d'une période stichique simple, formant un seul vers partagé par une césure. Les œuvres poétiques ou musicales construites d'après ce modèle uniforme sont dites *stichiques* (τὰ κατὰ στίχον ᾄσματα), parce qu'elles se décomposaient immédiatement en vers (στιχοί); à l'origine on les chantait sur une modulation très-simple, renfermée dans une échelle peu étendue. — Une coupe plus favorable à la musique, et la plus usitée dans l'antiquité, est celle des poésies qui se divisent en groupes égaux ou symétriques embrassant plusieurs vers (τὰ κατὰ σχέσιν ᾄσματα), groupes appelés *strophes*[1]. La forme strophique s'adapte à toutes les œuvres chorales accompagnées d'attitudes réglées; elle suppose une véritable mélodie, aux contours nets et arrêtés, suffisamment étendue, mais visant à la beauté plutôt qu'à l'expression. Les strophes qui se correspondaient dans une œuvre quelconque étaient chantées sur la même mélodie et accompagnées des mêmes attitudes[2]; en conséquence la musique et la danse ne pouvaient exprimer que le caractère général de la poésie. De bonne heure la coupe strophique s'introduisit aussi dans les chansons destinées à l'exécution privée, genre de poésie que les Lesbiens portèrent au plus haut degré de perfection. Quant à ces couplets d'une facture très-relâchée, auxquels nous donnerons, d'après Hermann et Schmidt, le nom de *systèmes*, ils appartiennent aux plus anciennes formes musicales que les Grecs aient cultivées. — Une troisième espèce de chants (ἀπολελυμένα ᾄσματα) est analogue à nos airs d'opéra : le morceau entier se décompose en sections mélodiques ou *commata*, ayant toutes une cantilène différente, expressive et déclamée. Cette coupe musicale, dérivée de l'ancien chant nomique, fut remise à la mode vers le milieu du Ve siècle avant J. C., alors que l'habileté du chanteur virtuose se substitua à la manière simple

[1] Στροφή, tour, volte, mouvement en rond, conversion exécutée par le chœur, d'où, par extension, chant des choreutes en faisant ce mouvement.

[2] « Il n'est point permis aux compositeurs de changer la mélodie des strophes et « antistrophes; soit que leurs chants suivent le genre enharmonique, le chromatique ou « le diatonique, il faut que, dans toutes les strophes et antistrophes, les mêmes dessins « mélodiques soient conservés. Les rhythmes.... ne peuvent pas se modifier davantage; « ils doivent rester invariables. » DION. HALIC., *de Comp. verb.*, XIX.

du vieux choral dorien, et que les musiciens s'appliquèrent à traduire, par la mélodie et le rhythme, l'expression souvent exagérée de la parole et de la situation. Timothée, Euripide et Aristophane furent les représentants de cette nouvelle forme.

Dans l'antiquité la coupe strophique seule se prolongeait pendant une œuvre musicale de longue haleine; les deux autres coupes ne s'appliquaient qu'à des morceaux détachés. Le drame sérieux et comique utilise les vers suivis pour le dialogue, les strophes pour les chœurs, les *commata* pour les *solos* et les *duos*. Sophocle et Euripide réunissent parfois les trois formes dans un même morceau; celui-ci entre alors dans la classe des *compositions mêlées* (ᾄσματα μικτά).

Les paragraphes suivants seront consacrés à l'analyse des particularités qui distinguent chacune des trois grandes catégories — compositions odiques, orchestiques, scéniques — en ce qui concerne la structure des périodes et de l'œuvre entière.

§ II.

Les productions poétiques et musicales que nous réunissons sous la dénomination d'*odiques* sont les premières que les Grecs aient pliées à une culture régulière; ce sont celles aussi dont la pratique a persisté durant toute l'époque romaine, et a survécu même à la chute définitive du paganisme. Originairement destinées à être chantées, — aucune poésie primitive n'a été conçue en vue de la simple récitation — elles ont pris un ton de plus en plus déclamatoire à mesure que, les progrès de la musique favorisant l'éclosion de formes indéfiniment variées, chacun des deux arts s'est engagé davantage dans sa voie isolée. Elles ont regagné la faveur exclusive des musiciens, à l'heure où, l'art antique ayant parcouru son cycle entier, l'inspiration se trouva épuisée et la mélodie retourna aux simples refrains de la muse populaire. Une marque extérieure distingue les productions poétiques de cette espèce : *les vers dont chaque œuvre se compose ont la même étendue et la même forme métrique*[1]; ils n'admettent intérieurement aucun changement de mesure; ce sont des mètres sans métabole rhythmique (*μέτρα ἀμετάβολα*). Nous les subdiviserons en trois classes, lesquelles se distinguent, relativement au texte, par la structure des vers et leur groupement; relativement à la forme musicale, par une coupe caractéristique des périodes et du morceau entier.

Les œuvres de la première classe, les compositions stichiques, présentent à l'œil une série non interrompue de vers assez longs, indépendants les uns des autres, au moins à ce point qu'ils ne forment pas des groupes symétriques. Les repos grammaticaux, uniquement amenés par le sens, se reproduisent à des distances inégales et arbitraires. — *Chaque vers forme une période stichique simple.* — A cette classe appartiennent l'épopée, les poésies satiriques, les vers du dialogue théâtral, genres poétiques affranchis de bonne heure de l'exécution musicale.

Les poésies appartenant à la deuxième classe se distinguent extérieurement des précédentes en ce qu'elles sont composées de vers très-courts, s'enchaînant les uns aux autres sans aucune interruption du texte ni de la mélodie, et formant des sections, ou, si l'on veut, des couplets de longueur tantôt égale, tantôt inégale. Hermann a donné le nom de *systèmes* aux groupes ainsi construits. — *Leurs périodes ont invariablement la coupe stichique répétée.* — Cette forme de versification, dont la parenté étroite avec celle des poëtes lyriques modernes frappe dès le premier abord, est adaptée par les anciens à des chants d'un caractère familier, et avant tout à des marches et à des danses populaires. En dehors de certaines scènes caractéristiques de la comédie, où elle demande un débit parlant plutôt qu'une véritable modulation, la forme *systématique* ne se sépare pas du chant.

Les morceaux de poésie qui se rangent dans la troisième classe ont l'apparence extérieure de ceux de la première classe, bien que pour le musicien ils se découpent en strophes. Dans le langage des métriciens, de semblables compositions sont dites

[1] Les exceptions à cette règle sont si peu nombreuses qu'il est inutile de les mentionner dans un ouvrage du genre de celui-ci.

communes (*κοινά*), c'est-à-dire participant à deux genres de versification, puisqu'elles ont la coupe stichique quant au texte, la coupe strophique quant à la mélodie. — *Leurs périodes procèdent en général de la construction palinodique.* — C'est la forme la plus musicale que la poésie alexandrino-romaine ait connue, forme propre à une littérature élégante, aristocratique, débarrassée de toute rudesse et de toute vulgarité.

Examinons, dans ses points essentiels, le mécanisme musical et métrique des œuvres que renferme chacune des trois classes.

Poésies odiques de la première classe.

Les compositions stichiques ont une structure musicale aussi élémentaire que possible. Comme elles se divisent uniquement en vers, lesquels sont pareils d'un bout à l'autre du morceau, il suffit de connaître la coupe d'un seul vers pour embrasser celle de l'ensemble. Les mètres employés de préférence dans les poésies dont il s'agit ici se réduisent à un petit nombre de types traditionnels, qui remontent au delà de l'époque historique. Ces créations spontanées du génie grec se sont perpétuées à travers les siècles comme des modèles parfaits, appropriés aux idées et aux sentiments qu'ils ont à traduire, susceptibles de modifications dans les détails, mais non dans leur structure essentielle. Nous retrouvons encore ici cette harmonie du fond et de la forme, de la raison et de l'imagination, dont l'humanité n'a eu qu'une seule fois la pleine et entière révélation. Par une suite naturelle du caractère tenace des Hellènes, toujours porté à reproduire les types que le sens universel avait choisis comme les plus complets, les règles fondamentales des vers stichiques ont été étendues à tous les genres de poésie. Il sera utile de les résumer brièvement ici, en tant qu'elles contribuent à dégager l'élément musical contenu dans les monuments poétiques de l'antique Hellade.

Règles générales des vers grecs.

Le vers proprement dit est un ensemble métrique composé d'un ou de plusieurs membres, auquel correspond un motif mélodique offrant en lui-même un sens musical complet. Sa terminaison, qui doit coïncider avec celle d'un mot, est marquée par un temps d'arrêt sans durée précise. (La pause finale du vers sera désignée dans nos formules au moyen du point d'orgue moderne, l'équivalent de la *diastole* antique.) Ce repos, souvent fort court et facultatif, par lequel chaque vers s'isole du précédent et du suivant, est une des particularités inhérentes aux *mètres* proprement dits. Hermann a donné fort justement à ceux-ci la dénomination de vers non enchaînés (*versus non nexi*), par opposition à un autre mode de versification, usité pour les poésies de la classe suivante, lequel consiste en petits vers enchaînés sans pause intermédiaire (*versus nexi*). L'interruption régulière du texte donne lieu à deux libertés métriques, très-importantes en ce qu'elles fournissent un sûr criterium pour la séparation des vers : 1° l'*hiatus*, choc de deux voyelles, prohibé dans le corps du vers entre deux mots consécutifs, est permis dans le passage d'un vers à l'autre; 2° à la dernière syllabe du vers la quantité est indifférente : une brève métrique peut y correspondre à une note longue, et, réciproquement, une syllabe longue à une note brève. Ajoutons encore que le mot entier, par lequel doit se terminer tout vers grec ou latin, ne clôt pas nécessairement une période grammaticale ni même une incise; il ne nécessite donc après lui aucun signe de ponctuation.

Telles sont les règles générales qui gouvernent la plus grande partie des mètres grecs, tant chantés que déclamés; voici maintenant celles qui concernent particulièrement les poésies dont se compose notre première classe.

Règles des vers suivis.

A une seule exception près, *tous les vers que l'antiquité a employés en série continue renferment deux membres de même longueur*[1], tétrapodies, tripodies ou dipodies; leur *schéma* universel est

a — a 𝄐‖

La répétition perpétuelle d'un membre isolé, ne contenant que deux, trois ou quatre mesures, serait très-fatigante et presque insoutenable. Parmi les membres étendus, la pentapodie a un

[1] Le premier, l'*antécédent*, s'appelait τὸ δεξιόν [κῶλον], le membre de droite; le second, le *conséquent*, s'appelait τὸ ἀριστερόν, le membre de gauche. Aristote, *Métaph.*, XIV, 6. — Les plus anciennes périodes musicales sur lesquelles nous ayons quelques renseignements, celles des psaumes et des cantiques hébreux, se composent de deux membres, lesquels contiennent un même nombre d'*ictus*, souvent trois :

Cieux écoutez ma voix : Terre prêtez l'oreille! (Racine, *Athalie*.)

Ha-ăzînû hasch-schâmaim wa-ădabĕrâh; We-thischm'a hâ-âretz imrê-fî. (*Deutér.*, 32, 1.)

rapport rhythmique trop compliqué et un *éthos* trop inquiet pour se prolonger indéfiniment; seule l'hexapodie, par son étendue et son équilibre, est capable de constituer un mètre conforme au goût antique. Aussi l'unique vers grec excepté de la règle générale posée ci-dessus, est le trimètre iambique; il ne renferme qu'un seul membre, une hexapodie du 3/8.

Les deux membres accouplés dans un vers de cette espèce appartiennent toujours au même genre de mesure. En général ils dérivent du même pied métrique et ne diffèrent entre eux que par la terminaison. Presque tous s'emploient aussi à l'état isolé dans la poésie musicale[1]. Comme les parties intégrantes de chaque période (les membres), aussi bien que celles de la composition entière (les périodes), ont une étendue invariable, les divisions de la rhythmopée peuvent se modifier sensiblement d'un hémistiche à l'hémistiche correspondant, d'un vers au vers suivant (voir ci-dessus, p. 157); des chorées irrationnels répondent à des rationnels, des spondées à des dactyles ou à des anapestes, des tribraques à des trochées ou à des iambes, etc.

La séparation des deux membres rhythmiques est généralement visible dans le texte littéraire; c'est pourquoi la plupart des mètres usuels ont au milieu un demi-repos, marqué par une fin de mot : pause très-petite, suffisante néanmoins pour que le chanteur ou le récitateur puisse reprendre haleine. Quand le repos fixe précède immédiatement le premier temps fort du second membre, il s'appelle *diérèse* (division)[2]; tel est celui qui coupe le tétramètre trochaïque en deux moitiés égales.

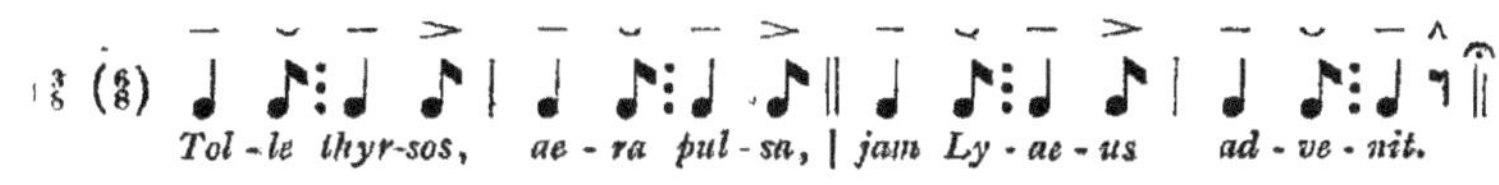

Tol - le thyr-sos, ae - ra pul - sa, | jam Ly - ae - us ad - ve - nit.

SERV., *de centum metris*, p. 1819 P.

Parfois la séparation grammaticale et mélodique se trouve dans la dernière mesure du membre antécédent, de manière que le temps levé de cette mesure se joint, en entier ou en partie, au

1 Les chiffres romains par lesquels nous désignons les membres métriques se rapportent à l'énumération donnée au § V du chapitre précédent.

2 Nous nous conformons aux distinctions fixées par J. H. H. SCHMIDT (*Leitfaden*, § 19).

second membre. Elle s'appelle alors *césure* (τομή). On sait que l'hexamètre suit une pareille coupe, dont l'effet est d'entrelacer les deux parties de la période d'une manière fort gracieuse.

Ar - ma vi - rum - que ca - no, | Tro - jae qui pri-mus ab o - ris
Ti - ty - re, tu pa-tu - lae | re - cu - bans sub teg - mi - ne fa - gi
In - fan - dum, re - gi - na, | ju - bes re - no - va - re do - lo - rem,

A part quelques exceptions, les vers suivis se divisent de l'une des manières qui viennent d'être décrites; rarement le membre antécédent se relie au suivant sans interruption; lorsque ceci arrive, il y a *enjambement*.

Πάν-τα φο - ρη - τά, ˈπάν-τα τολ - μη - τὰ τῷ - δε τῷ χο - ρῷ.

CRATIN., fr. 52, M.

Un tel mode d'enchaînement, qui ne serait possible chez nous que pour des effets comiques, et dont les poëtes latins s'abstiennent également, n'est pas rare dans les compositions orchestiques des Grecs.

Les vers consécutifs d'une poésie stichique n'ont pas un nombre fixe de syllabes : tel hexamètre en aura jusqu'à dix-sept, tel autre dans la même tirade n'en aura que treize. Ce qui a été dit plus haut (p. 103-108) par rapport à la contraction et au dédoublement trouve ici une application complète : on se rappellera en outre que dans les mètres choréïques le trochée irrationnel, à tous les endroits où il n'est pas expressément prohibé, peut remplacer le trochée normal. De là nous conclurons en toute sûreté que les cantilènes sur lesquelles s'exécutaient dans la haute antiquité les longues séries de vers isométriques, étaient très-simples et analogues aux *intonations* sur lesquelles l'Église latine chante les psaumes (voir ci-dessus, T. I, p. 222). Ces vénérables monuments de l'art chrétien nous ont transmis jusqu'à ce jour une image du chant des aëdes primitifs[1]. Les huit formules psalmodiques sont construites sur un type uniforme : la voix s'élance de la note

[1] On appelait les rhapsodes στιχῳδοί. MÉNECHME, *Schol. in Pind. Nem.* II, 1.

principale vers la dominante mélodique, et s'y arrête un moment pour prendre haleine (repos que la versification appelle *césure* et le chant liturgique *mediatio*); puis elle redescend d'une manière plus sinueuse vers son point de départ, où elle opère sa terminaison définitive. De même que la cantilène des psaumes, la modulation des vers stichiques n'avait de sa nature rien d'immuable, hors du thème fondamental. L'absence d'une mélodie arrêtée se remarque aisément dans les vers composés de dactyles et d'anapestes; en leur qualité de rhythmes de danse, les chorées, et plus encore les logaèdes et les péons, ont des divisions rhythmiques moins changeantes, et comportaient par suite un véritable chant.

A l'époque historique de l'art et de la littérature grecques, les mètres stichiques n'étaient plus guère en usage pour de longues pièces de chant non strophiques; mais comme ils tiennent une place importante parmi les éléments divers dont se forment les strophes chorales, il sera utile d'énumérer les principaux d'entre eux.

Mètres usuels. L'*hexamètre dactylique*, le plus caractéristique et le plus noble des mètres grecs, le vers d'Homère et d'Hésiode, se décompose en deux tripodies pleines (III). On a signalé à la page précédente la position de la césure. La contraction se rencontre moins souvent dans les hexamètres chantés que dans ceux qui se déclamaient. Très-rarement permise à l'avant-dernière mesure, elle est à peu près obligatoire à la dernière. Aucune tenue ne s'admet. Le *schéma* du vers est conséquemment celui-ci :

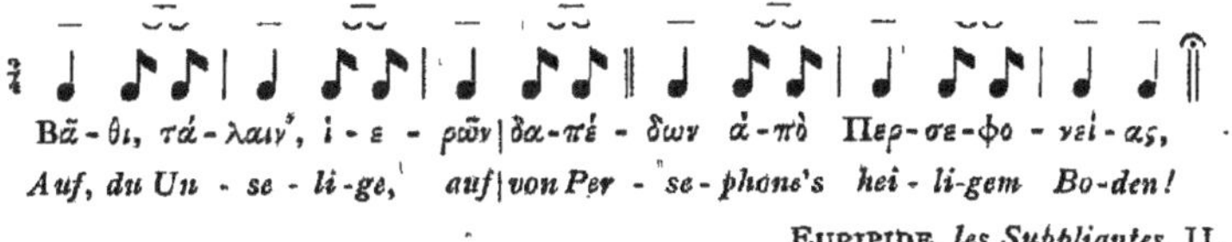

EURIPIDE, *les Suppliantes*, II.

Réunissant en lui-même les deux divisions génératrices, la division binaire, réalisée par le rhythme fondamental, la division ternaire, par le groupement des mesures, l'hexamètre possède le calme dans la mobilité; par là il excelle à exprimer des actions passées, qui n'ont plus d'existence que dans la mémoire des hommes, ou à révéler la volonté immuable des dieux par la voix des oracles[1]. Comme vers destiné au chant, l'hexamètre occupe une place éminente, non-seulement dans le nome citharodique, où il est resté de tradition depuis Terpandre jusqu'à Timothée, et même au delà, mais dans toutes les branches de la lyrique cultivées antérieurement à Pindare. Parmi les poëtes tragiques, Euripide est celui qui l'a mis le plus souvent en œuvre. Aristophane l'emploie comme rhythme de marche, à la fin de sa comédie *les Grenouilles;* il le met dans la bouche du chœur saluant le départ d'Eschyle. Enfin le dactyle hexamètre se trouve dans les parties chantées de la poésie bucolique[2].

Le *tétramètre anapestique* se compose de deux dimètres, le premier plein (IX), le dernier tombant (X), séparés par une césure. Toutes les contractions et tous les dédoublements tolérés dans les deux mètres simples le sont également dans le vers entier, dont voici le *schéma* métrique :

2/4 (C)

Ὅτ' ἐ - γὼ τὰ δί - και - α λέ - γων ἤν - θουν | καὶ σω - φροσύ - νη νε - νό - μι - στο
So will ich dann Euch es verkün - den so fort | wie be - schaffen die äl - te - re Zucht war,

Aristoph., *les Nuées*, v. 959.

Ce vers, dans la composition duquel n'entrent que des éléments rhythmiques à division binaire, est particulièrement apte à traduire une action effective, née d'une volonté énergique et résolue. Tyrtée passait pour en être l'inventeur. A son origine l'anapeste tétramètre était un refrain de combat, entonné par les guerriers de Sparte : de là son nom de *vers laconien.* Il fut parodié ensuite dans les farces populaires qui préludèrent aux jeux de la scène, et passa, sans démentir son caractère batailleur, dans la comédie attique. Ici, au lieu d'exciter l'ardeur du guerrier, l'anapeste ne doit échauffer que l'humeur agressive des héros de carrefour. On le voit apparaître invariablement dans ces scènes aristophaniennes,

[1] Ce dernier emploi de l'hexamètre est plaisamment imité par Aristophane. Cf. *les Chevaliers*, vv. 197, 1015 et suiv.; *la Paix*, v. 1063 et suiv.; *les Oiseaux*, v. 992, etc.

[2] Dans la chanson et la bucolique, les dactyles de l'hexamètre deviennent cycliques. Cf. Westph., *Metrik*, II, p. 347.

où les quolibets, les injures s'échangent avec une vertigineuse rapidité entre deux interlocuteurs intarissables de verve et peu soucieux de la décence[1]. Il a aussi sa place dans la *parabase*, espèce d'intermède propre à la comédie attique : le chœur, laissant de côté l'action, se tournait du côté des spectateurs pour les entretenir du poëte ou des affaires publiques. Comme rhythme chanté, le tétramètre anapestique a joui d'une médiocre faveur durant toute la période classique; à cette succession uniforme de membres accouplés, les Grecs préféraient les dimètres s'enchaînant les uns aux autres, et formant de longues périodes sans temps d'arrêt.

Le *tétramètre trochaïque* résulte de la succession d'un dimètre plein (XII) et d'un dimètre catalectique (XIII), séparés par une diérèse. Les syllabes irrationnelles et les tribraques sont plus fréquents dans le premier membre que dans le dernier.

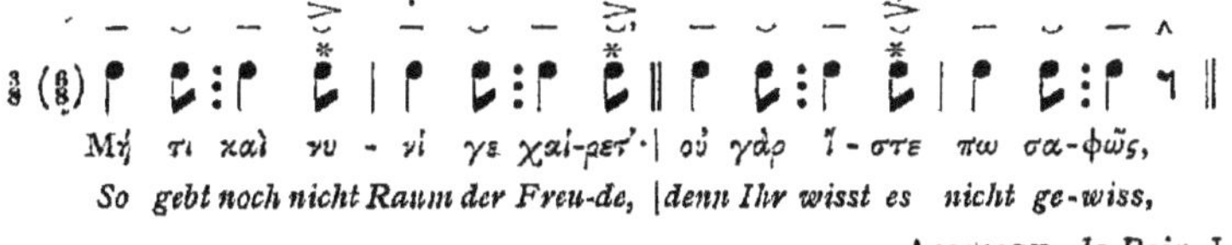

ARISTOPH., *la Paix*, I.

Au jugement unanime des anciens, le tétramètre trochaïque est de tous les mètres usuels le plus rapide, le plus léger, mais aussi le moins distingué[2]; l'absence de l'anacrouse lui enlève l'élan qui caractérise les rhythmes commençant par le temps levé (voir ci-dessus, pp. 121, 134). Introduit par Archiloque dans la poésie des iambographes[3], il devint plus tard un des rhythmes favoris de la vieille comédie attique : il y accompagne l'entrée précipitée du chœur (*parodos*), régle les pas du *cordax*, et garde sa place constante dans une des parties doubles de la *parabase*, composée de l'*épirrhème* et de son pendant,

[1] Dans les *Chevaliers*, la dispute a lieu entre Cléon et le charcutier; dans les *Nuées*, entre Dikaios (le juste) et Adikos (l'injuste); dans les *Guêpes*, entre le père et le fils; dans les *Grenouilles*, entre Eschyle et Euripide; dans *Lysistrate* enfin, le chœur des vieillards et le chœur des femmes se livrent bataille. — Cf. WESTPHAL, *Metrik*, II, p. 401 et suiv.

[2] ARISTOTE, *Rhét.*, III, 8; DION HAL., *de Comp. verb.* XVII.

[3] On lui donne l'épithète de *metrum Archilochium*.

l'*antépirrhème*[1]. Néanmoins il trouva aussi accès au genre sérieux. A une époque où la tragédie conservait encore toute sa fougue dithyrambique, Phrynique composa en tétramètres le dialogue de ses pièces[2]. Eschyle en fit autant dans ses premiers drames et notamment dans les *Perses;* plus tard il assigna le même rôle au trimètre iambique, en quoi il fut imité par ses successeurs. Euripide donna un regain de faveur au tétramètre, par l'usage heureux qu'il en fit dans les scènes d'un mouvement véhément.

Le *tétramètre iambique*, sous sa forme la plus usitée, se décompose en un dimètre plein (XV) et un dimètre tombant (XVI), séparés par une césure.

3/8 (6/8)

Ἔ - πε - σθέ νυν ᾄ - δον - τες ὦ | τή - νελ - λα καλ - λί - νι - κος

So folgt mir denn und stimmet an:| Hur - ra, hur - ra dem Sie - ger!

ARISTOPH., *les Acharniens*, v. 1231.

Rempli de verve et d'entrain, grâce à l'anacrouse, ce joyeux mètre a égayé de temps immémorial les fêtes populaires du culte de Déméter et de Bacchus. Selon les anciens, il aurait été cultivé d'abord par le poëte satirique Hipponax. La comédie l'emploie comme vers musical, dans les chants alternatifs entonnés à la sortie d'un des personnages principaux; elle l'utilise aussi comme mètre récité, propre au dialogue vif. Dans ce dernier cas, il succède en général au tétramètre anapestique, à la façon d'une contre-partie, d'une parodie[3]. L'anapeste digne et sérieux, en sa qualité de vieux rhythme de marche, ouvre l'assaut; l'iambe intervient quand la dispute s'échauffe. Fidèle à son origine plébéienne et rustique, le brillant tétramètre iambique est toujours resté étranger à la tragédie.

[1] L'*épirrhème* (ce qui se dit en sus) et l'*antépirrhème*, deux tirades de 16 ou de 20 vers, qui s'intercalaient, l'une à la suite de l'*ode*, l'autre à la suite de l'*antode*, n'étaient à l'origine que des plaisanteries improvisées, débitées par le chœur ambulant à l'adresse du premier passant venu.

[2] Il passa même pour l'inventeur de ce vers. Voir Suidas au mot Φρύνιχος.

[3] Ce mètre porte les surnoms de *comicum*, *parodicum*, *Aristophanium* et *Hipponactium*. Les Grecs, et plus encore les Latins, emploient aussi en série continue le tétramètre iambique plein, auquel ils donnent le nom de *versus octonarius*.

Parmi les vers employés en série continue, un seul, le trimètre iambique, se compose d'un membre unique, lequel, il est vrai, a le maximum d'étendue, six mesures simples.

Ἀλλ' εἶ' ἐπ' ἀλλ' ἀ - νάστρεφ' εὐ - ρύθ - μῳ πο - δί,
Auf! Regt in and-rem Tact den kunst-ge - üb - ten Fuss,

Aristoph., *Thesmoph.*, VIII, sect. 9.

Depuis les temps reculés où Archiloque en consacra l'usage, le trimètre iambique fut appliqué à la satire; de nos jours encore le mot iambe est synonyme de poésie mordante, sarcastique, flagellant impitoyablement le vice et le ridicule. Ce vers était considéré par les Grecs comme se rapprochant le plus du langage prosaïque; Aristote le qualifie d'actif et de parlant (πρακτικός, λεκτικός); aussi imagina-t-on pour lui dès l'origine un mode d'exécution intermédiaire entre la musique et la récitation sèche, la *paracatalogé*[1]. Le drame sérieux et comique s'appropria l'iambe trimètre pour le dialogue scénique[2]. Néanmoins le peuple grec l'a cultivé aussi de tout temps comme un rhythme favorable au chant et à la danse, en y attachant l'idée de la plaisanterie obscène, sans vergogne; parmi les chansons dont il nous reste des fragments, celles qui se rapportent aux processions phalliques sont en trimètres. Aristophane relève explicitement le caractère dansant de l'*iambeion* dans le vers qui vient de servir d'exemple.

Mètres lyriques. Les cinq mètres précédents sont les types courants de la littérature versifiée des Grecs. Comme ils ne nous intéressent ici qu'au point de vue musical, il serait oiseux d'énumérer leurs particularités métriques, relatives aux dédoublements, à l'emploi des

[1] Voir ci-dessus, p. 75, note 2. — Le *choliambe*, inventé par le poëte satirique Hipponax, n'est qu'une variété du trimètre iambique.

[2] « Des fables courtes et du style plaisant, particuliers au [drame] satyrique dont elle « sortait, la tragédie ne s'éleva que plus tard à la grandeur et à la noblesse. Alors « l'*iambeion* remplaça le tétramètre. Car d'abord on s'était servi du tétramètre trochaïque, « plus convenable à la danse des satyres. Mais quand le dialogue fut établi, la nature fit « aussitôt trouver le mètre qui lui convenait. En effet, l'iambe est de tous les mètres le « plus approprié au dialogue; et la preuve c'est qu'il s'entend souvent dans la conversa- « tion.... » Aristote, *Poét.*, 5. — « L'*iambeion* et le tétramètre sont pleins de mouvement; « celui-ci est *orchestique* et celui-là *actif* (πρακτικόν). » *Ib.*, 24. — Cf. *Rhét.*, III, 8.

syllabes irrationnelles et des dactyles cycliques, etc. Il suffira de dire que les vers destinés au chant sont sobres de ces modifications. Quant aux mètres dont il nous reste à parler, le caractère musical de la plupart d'entre eux est attesté par la fixité de leur *schéma;* ce n'est qu'à une époque récente qu'ils ont été employés dans de longues tirades de vers faits pour la déclamation ou la lecture. Les vers formés de deux tétrapodies logaédiques furent utilisés à l'époque alexandrine pour des chants obscènes, ainsi que l'indique leur commune dénomination, *metrum priapeum.* Néanmoins le mètre priapéen n'était point borné aux compositions d'un ordre inférieur; Eschyle et Pindare lui-même l'ont mis souvent en œuvre dans leurs poésies les plus élevées[1]. — On y distingue trois variétés :

a) Le *priapéen premier*, composé de deux glyconiens premiers (XXI) : le membre antécédent catalectique, le second tombant. Chez les poëtes grecs la césure est fréquemment omise, particularité qui s'étend à tous les vers faits pour le chant.

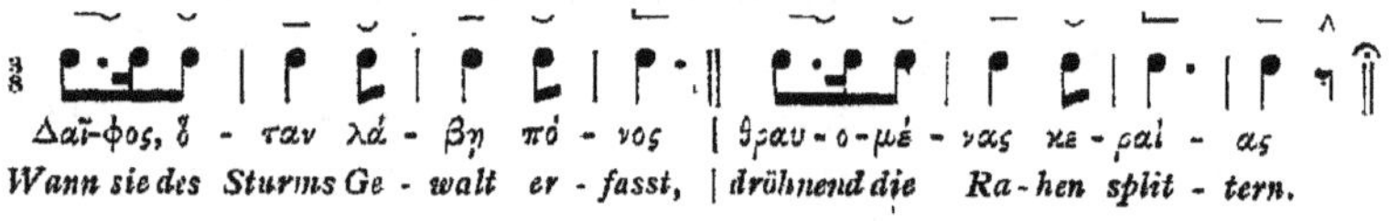

Δαΐ-φος, ὅ - ταν λά - βῃ πό - νος | θραυ-ο-μέ - νας κε - ραί - ας
Wann sie des Sturms Ge - walt er - fasst, | dröhnend die Ra - hen split - tern.

ESCHYLE, *les Euménides*, IV, str. 4.

b) Le *priapéen deuxième*, constitué par un accouplement pareil de glyconiens deuxièmes (XXII). Eschyle en fait souvent la conclusion de ses strophes chorales[2].

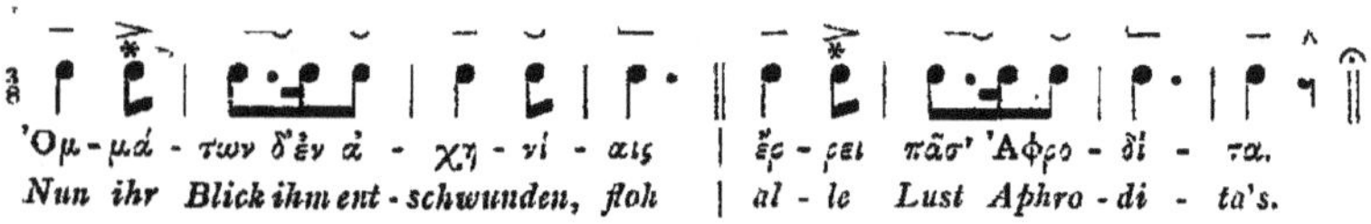

Ὀμ - μά - των δ᾽ ἐν ἀ - χη - νί - αις | ἔρ - ρει πᾶσ᾽ Ἀφρο - δί - τα.
Nun ihr Blick ihm ent - schwunden, floh | al - le Lust Aphro - di - ta's.

Agamemnon, II, str. 2.

c) Le *priapéen troisième*, moins usité que les deux précédents, se produit par la succession d'un glyconien troisième, de forme

[1] Auparavant ce genre de vers s'appelait *satyricum*, par allusion à son caractère champêtre. MAR. VICT., IV, 1, 76.

[2] Cf. *Agamemnon*, II, str. 2 et 3; III, str. 2; *les Choéphores*, IV, str. 2; *les Suppliantes*, V, str. 1, 2, 3; *les Perses*, II, str. 2.

catalectique (XXIII), et d'un glyconien deuxième, à terminaison tombante (XXII).

Οὐ βέ - βη-λος, ὦ τελε - ταὶ | τοῦ νέ - ου Διο - νύ - σου.

EUPHORION (cité par Schmidt, *Comp.*, p. 303).

Un seul mètre, parmi ceux qui forment de longues suites de vers, dérive de la tripodie logaédique : c'est le petit *vers asclépiade*; il se décompose en deux phérécratiens, un deuxième (XXV) et un premier (XXIV). Horace qui, dans ses odes, montre pour lui une prédilection particulière, sépare toujours les deux membres par une *diérèse*[1].

Mae - ce - nas, a-ta - vis | e - dite re - gi - bus,

HOR. *Od.* I, 1.

La mesure quinaire n'est représentée dans cette classe de vers que par le *tétramètre crétique*[2], composé de deux dipodies péoniques (XXXIII), dont la seconde finit par une contraction. C'est un vers très-aimé des comiques : Aristophane l'emploie souvent pour ses airs à danser[3]; Plaute en fait le rhythme principal de ses *cantica*. Chez les Latins la dernière brève des pieds impairs peut être remplacée par une longue irrationnelle, licence presque inconnue aux poëtes grecs :

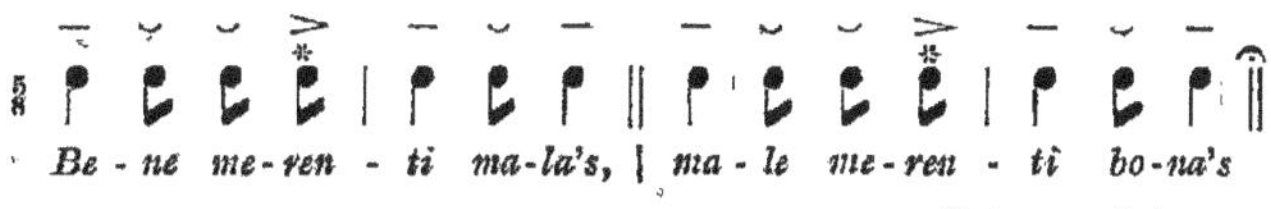

PLAUTE, *Asin.*, 129.

[1] Il existe quelques mètres dont le premier hémistiche est en logaèdes, le second en chorées. Les deux principaux sont le *metrum Eupolidium* (nous en avons donné un exemple ci-dessus, p. 169) et le *metrum Cratineum*, qui ne diffère du précédent que par son premier membre (un glyconien *premier* au lieu d'un *troisième*).

[2] Le nom vulgaire *dimeter creticus* date d'une époque où le sens des termes rhythmiques n'était plus compris. Voir ci-dessus, p. 31, ainsi que l'exemple (*Péons*), p. 96.

[3] C'est donc à tort qu'Aristote affirme (*Rhét.*, III, 8) que de son temps le péon ne formait jamais à lui seul un vers.

L'ionique mineur ne fournit qu'un seul mètre de deux membres dont les anciens aient fait usage en série continue : c'est le *galliambe*, composé de deux dipodies (XXXVIII), l'une pleine, l'autre catalectique. En ce mètre étaient conçus les hymnes phrygiens à Cybèle, que chantaient les prêtres-eunuques de la grande déesse (les *Galles*). Chez les poëtes récents la *forme brisée* domine. Le dédoublement de la seconde longue, la contraction de l'anacrouse et la résolution complète du dichorée en brèves sont des libertés autorisées. Rarement la césure est omise[1].

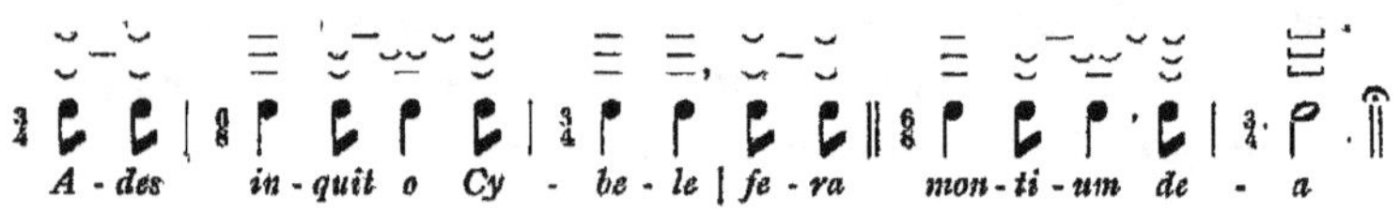

A - des in - quit o Cy - be - le | fe - ra mon - ti - um de - a

MAECEN. (ap. Ps.-Atil., p. 262).

L'ionique majeur engendre le mètre caractéristique de la poésie dissolue des Alexandrins : le *sotadée* (p. 124, 144), vers formé de deux dipodies (XL), sans césure fixe; sa terminaison est en général catalectique. Il se retrouve naturellement chez les Romains.

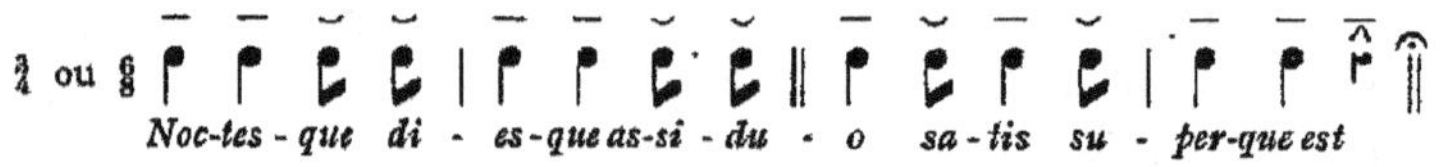

Noc-tes - que di - es-que as-si - du - o sa - tis su - per-que est

PLAUTE, *Amphitryon*, I, 14.

Aucun mètre ne prend autant de licences métriques quant à l'usage de la contraction, du dédoublement et de la forme brisée; d'où l'on peut conclure qu'il était plus souvent déclamé que chanté. On sait que les vers destinés à la récitation se distinguent par le peu de fixité de leur *schéma* syllabique.

D'autres mètres, disséminés dans les fragments lyriques antérieurs à Pindare, s'employaient parfois en série continue; nous nous dispenserons d'en donner ici l'énumération.

Nous passons à une autre catégorie de compositions odiques (nommées par les anciens métriciens τὰ ἐξ ὁμοίων ᾄσματα).

[1] Anciennement, le mètre galliambique s'appelait, comme tous les *Ionici* en général, *vers bachique* (μέτρον βακχειακόν). Il portait aussi le surnom de μητρῳακόν, qui lui vient des *Metroa*, chants en l'honneur de la grande Mère des Dieux. — « Plus d'une fois les bos- « quets de Cybèle redirent ce mètre; il paraît qu'on lui donna son nom, — galliambes — « parce qu'il est propre aux Galles, à ce qu'on suppose, d'avoir des mélodies chevro- « tantes. » TERENTIAN., v. 2889 et suiv.

Poésies odiques de la deuxième classe.

Une cantilène entièrement renfermée en deux membres n'a pu longtemps servir de cadre unique à la création musicale. Dès que la mélodie sort de l'état d'enfance, elle aspire à reculer ses limites. Or, pour qu'elle puisse s'étendre à volonté, sinon se développer organiquement, il suffit que le mélodiste enchaîne plusieurs membres isolés de même longueur, de manière à suspendre le sens musical jusqu'à la conclusion finale. Ce second degré du développement musical est représenté dans l'art grec par une forme caractéristique de la période. *Des membres d'égale étendue*, presque toujours des dipodies ou des tétrapodies, *se succèdent à la façon des vers de nos couplets modernes*, *c'est-à-dire sans aucun temps d'arrêt*. Les pauses, s'il y en a, sont comptées dans la mesure. Une semblable période musicale affecte nécessairement la coupe stichique répétée; son *schéma* est le suivant :

a — a — a — a — a — a — a.... ‖

(Voir l'exemple ci-dessus, page 133).

A l'imitation d'Hermann, Schmidt donne à un ensemble de vers ainsi disposés le nom de *système*. Le texte ne renferme aucune pause métrique autre que celle qui marque la conclusion finale. A cause de cette circonstance, l'*hiatus* entre le dernier mot d'un membre et le mot initial du membre suivant s'évite; de plus, la dernière syllabe des membres intermédiaires conserve sa quantité naturelle : une brève ne peut y tenir la place d'une longue. Hermann appelle vers enchaînés, *versus nexi*, les membres isolés d'une pareille période poétique, bien que la qualification de *vers* ne leur convienne pas rigoureusement, puisqu'ils n'en ont pas la marque distinctive : la syllabe finale de quantité indifférente. Ce sont des mètres simples mis bout à bout, et qui s'écrivent, soit en lignes séparées, soit à la suite les uns des autres; leur ensemble est très-justement désigné par le terme *hypermetron*, c'est-à-dire ce qui dépasse l'étendue maximum assignée au *metron* (32 unités). Indispensable pour toutes les mélodies qui ne souffrent pas d'interruption, et particulièrement pour celles qui accompagnaient les marches et les cortéges, la forme *systématique* se prêtait aux chansons familières ou badines, genre de poésie par lequel s'est immortalisé Anacréon; elle tenait aussi une place considérable dans le drame sérieux et comique. Les éléments rhythmiques de ces chants sont très-simples : des membres binaires dérivés des mesures de $^2/_4$, de $^3/_8$ et de $^3/_4$.

En ce qui concerne la dimension des périodes et la contexture du morceau entier, les systèmes dramatiques et ceux de la poésie lyrique présentent entre eux des différences assez notables; ils en avaient de non moins grandes quant au mode d'exécution.

Systèmes dramatiques.

Si l'on excepte les ariettes de la comédie, lesquelles ne diffèrent en rien des chansons, tous les systèmes admis par la poésie dramatique sont versifiés d'après un procédé uniforme. Ils se composent invariablement de dimètres — anapestes ou iambes, rarement trochées — à terminaison pleine; le membre final seul affecte la forme tombante. En d'autres termes, ces systèmes peuvent être considérés comme des tétramètres dont le membre antécédent est répété indéfiniment, tandis que le conséquent se fait attendre jusqu'à l'entière conclusion de la période.

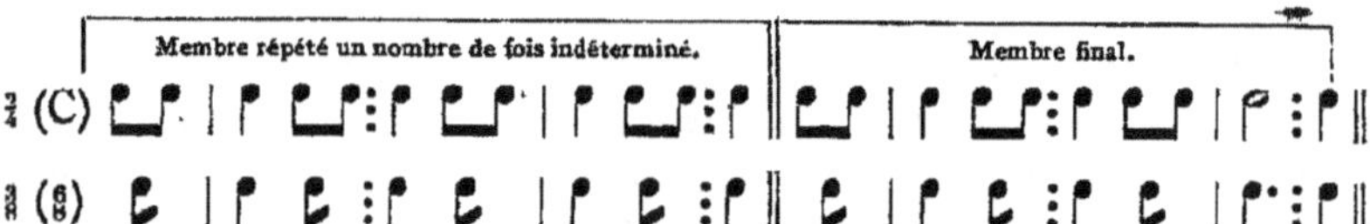

Parfois la dernière moitié d'un des membres intérieurs est entièrement remplie par des silences (voir ci-dessus, p. 133).

Les systèmes de cette espèce qui s'intercalent dans le dialogue de la comédie paraissent avoir été débités, par les acteurs du temps d'Aristophane, à la façon du *parlante* de l'opéra italien, plutôt que chantés. Jamais ils ne forment des morceaux complets. Généralement une période étendue, partagée entre deux interlocuteurs, succède, en guise de *strette* finale, à de longues tirades de tétramètres, anapestes ou iambes. C'étaient là de vrais morceaux de bravoure, qui rappellent en plus d'un point certains passages des anciens *intermèdes* napolitains. La première partie de la *parabase* se termine par un système d'anapestes que l'on appelait — à cause de sa vitesse qui ne permettait pas de reprendre haleine — le *pnigos* (c'est-à-dire l'étouffement) ou le *macron*.

Quant aux systèmes de la tragédie, ce sont des hypermètres anapestiques construits sur le même modèle que ceux de la comédie, mais bien différents et par leur *éthos* sévère et par leur caractère plus musical. Ils sont mis d'ordinaire dans la bouche des choreutes, soit à leur entrée, soit à l'arrivée ou au départ d'un personnage de haut rang, soit pendant l'évolution d'une marche triomphale ou d'un cortége funèbre, soit à la fin de la pièce. Nous devons en conclure que les anapestes tragiques n'étaient pas destinés à la déclamation parlée — mode d'exécution qui ne se conçoit guère chez une masse — mais au chant proprement dit. Dans la plupart des cas qui viennent d'être énumérés, le morceau entier se compose de plusieurs systèmes d'inégale étendue; la *parodos* d'*Agamemnon* comprend neuf sections, dont la longueur varie de cinq à huit membres. Les vers de cette espèce ne se chantaient donc pas sur une mélodie fixe; sans doute le thème musical était reproduit diversement, tantôt abrégé, tantôt amplifié : procédé de composition que nous retrouvons dans les antiennes de l'Église latine.

Systèmes lyriques.

Les chansons anacréontiques, ainsi que les ariettes de la comédie qui affectent la forme systématique, sont taillées sur deux patrons différents. Les unes se composent d'une seule période, dont tous les membres, y compris le dernier, ont une coupe semblable. En 3/4 l'ionique brisé remplace à volonté le pied normal.

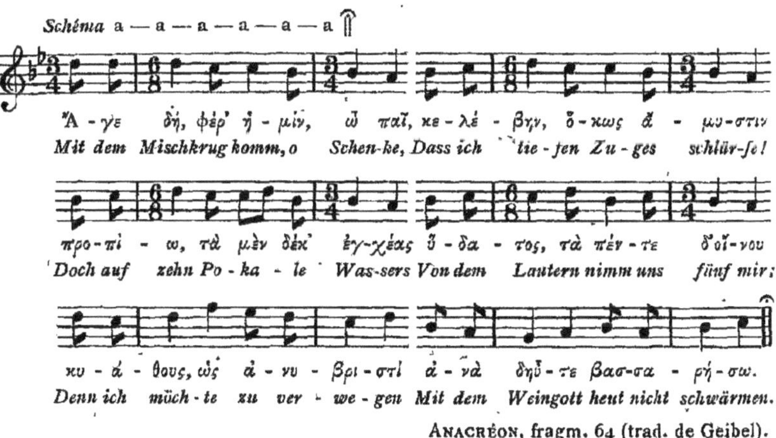

ANACRÉON, fragm. 64 (trad. de Geibel).

D'autres pièces de ce genre se divisent en strophes ou couplets réguliers, — quatrains le plus souvent — dont tous les membres ont le même *schéma* métrique, à l'exception du membre final, qui se distingue fréquemment des autres, et forme alors une sorte d'épode. Les mètres en usage dans les systèmes strophiques sont l'ionique mineur, l'*hémiambe*, le dimètre trochaïque et les glyconiens[1]. A cette dernière catégorie de mètres, si gracieux dans leur simplicité, appartient l'exemple suivant :

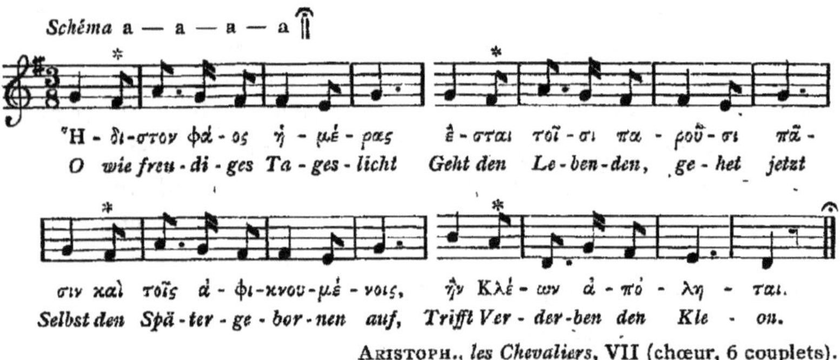

ARISTOPH., *les Chevaliers*, VII (chœur, 6 couplets).

Poésies odiques de la troisième classe

Il nous reste à parler d'une dernière catégorie d'œuvres odiques, qui tient le milieu entre les deux classes précédentes; les compositions qu'elle embrasse portent chez les métriciens le nom de *poemata communia* (*ποιήματα κοινά*). On entend par là *des œuvres poétiques qui ont toute l'apparence d'être composées en vers suivis, bien qu'en réalité elles se partagent en groupes symétriques de même étendue, c'est-à-dire en strophes*. La forme strophique est la plus avancée à laquelle puisse atteindre le chant monophone. En imposant à la fantaisie du musicien un cadre immuable mais suffisamment large, elle convertit la modulation vague et indéterminée en une mélodie aux contours fermes et précis. De plus, elle est la manifestation d'un principe esthétique commun aux deux arts subjectifs, musique et architecture : le principe de la répétition. Une mélodie a d'autant plus d'action sur le sentiment qu'elle a été précédemment entendue. En Grèce la coupe strophique apparaît dès les temps les plus reculés. Déjà l'Iliade renferme un passage où elle est évidente : la *déploration* entonnée alternativement par Andromaque, Hécube et Hélène autour du

[1] Cf. J. H. H. SCHMIDT, *Leitfaden*, p. 116 et suiv.

corps d'Hector (ch. XXIV, v. 720 et suiv.). Tous les peuples de l'ancien et du nouveau monde ont possédé ou possèdent des chants en strophes; les artistes grecs de la grande époque ont fait du perfectionnement de cette forme l'objet principal de leur technique poétique, musicale et orchestique.

En ce qui concerne la structure des périodes métriques et musicales, il existe de nombreuses analogies entre les strophes de la poésie *commune* et les sections ou systèmes dont nous venons de nous occuper; néanmoins les différences n'en sont pas moins réelles. Le système est une suite continue de membres enchaînés sans temps d'arrêt intermédiaires; *la strophe est un ensemble de plusieurs membres qui se succèdent, tantôt sans interruption* (lorsqu'ils finissent à l'intérieur du vers), *tantôt avec une interruption* (lorsqu'ils finissent en même temps que le vers).

Distiques. Les strophes les moins étendues sont celles de deux vers, ou *distiques;* elles se construisent sur un double type. La forme la plus élémentaire est représentée par le *distique élégiaque* (ἐλεγεῖον). Cette petite strophe se compose de deux hexamètres dactyliques : le premier garde sa forme habituelle; le dernier — le vers élégiaque proprement dit — a une tenue au troisième et au sixième pied, et n'admet la contraction du levé ni à la pénultième mesure, ni à l'antépénultième.

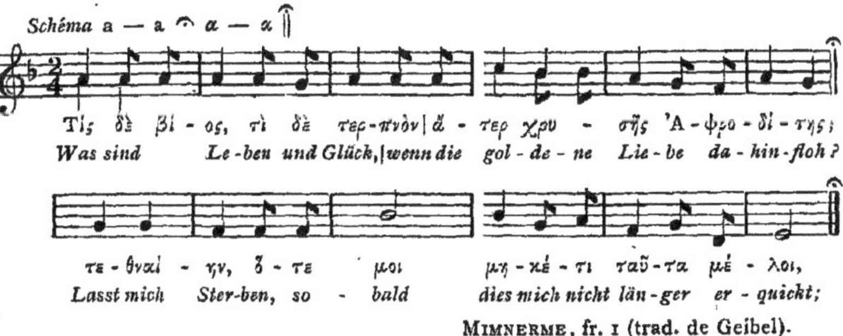

MIMNERME, fr. 1 (trad. de Geibel).

Originairement adapté par les peuples de l'Asie mineure à des chants mélancoliques accompagnés de la flûte, le mètre de l'élégie pénétra avant les temps historiques en Grèce et y jeta de profondes racines. Les poëtes-musiciens de l'Ionie surent les premiers infuser la vie dans cette forme métrique; ils en firent l'expression du sentiment humain agité par le flux et le reflux des sensations contradictoires. Chez les auteurs classiques le terme *elegeion* n'implique point un sujet poétique déterminé; il ne se rapporte qu'au rhythme. De bonne heure cette strophe, si pleine malgré sa concision, s'affranchit de la musique et s'appliqua à la poésie didactique et à l'épigramme; néanmoins le peuple grec ne cessa jamais de la chanter[1].

La seconde forme de distique offre un procédé de construction strophique plus ingénieux. Au lieu d'être simplement juxtaposés, les deux vers deviennent un tout inséparable, grâce à l'entrelacement de leurs membres. On saisit ici, pour ainsi dire sur le fait, la formation et le premier développement de la strophe. Dans les poésies de coupe stichique, chaque vers constitue, au point de vue musical, une période indépendante; en sorte que deux vers consécutifs s'expriment par le *schéma* :

A) 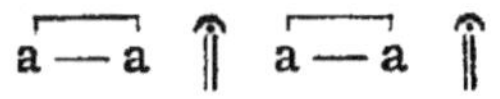 a — a 𝄐‖ a — a 𝄐‖

Dans un distique élégiaque les deux vers ne sont unis qu'extérieurement, par l'abréviation du repos médian et la forme caractéristique du second vers[2] :

B) 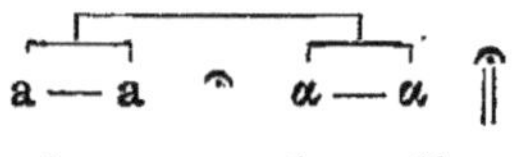 a — a 𝄐 α — α 𝄐‖

Enfin dans une strophe du genre de celles dont il s'agit ici, chaque vers n'est plus qu'un groupe palinodique qui doit trouver son complément dans le vers avec lequel il s'accouple :

C) 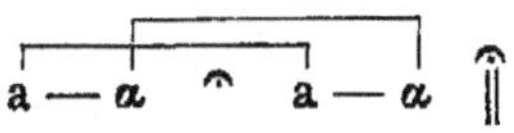 a — α 𝄐 a — α 𝄐‖

Cette dernière forme du distique domine dans les chansons de la Grèce moderne[3]; elle n'était pas moins populaire chez les anciens

1 Cf. BERGK, *Carm. pop.*, fr. 28; EURIP., *Androm.*, v. 103. — Les métriciens, négligeant la valeur des longues doubles, ne comptaient que cinq pieds dans le vers *élégiaque* (– ⏑ ⏑ | – ⏑ ⏑ | – – | ⏑ ⏑ – | ⏑ ⏑ –); c'est pourquoi ils le nommèrent *pentamètre*. Cependant St Augustin (*de Mus.*, IV, 14) mentionne les deux tenues.

2 Cette progression semble inhérente à l'esprit humain; elle s'est reproduite exactement dans la poésie française, où les vers *monorimes* (*schéma* A) ont été supplantés par les vers à rime plate (*schéma* B) et ceux-ci par les vers à rime croisée (*schéma* C).

3 Cf. BOURGAULT-DUCOUDRAY, *Mélodies populaires de Grèce et d'Orient*, p. 24.

Hellènes. Les deux vers de la *danse des fleurs* (ἄνθεμα) qu'Athénée a sauvés de l'oubli, en fournissent un exemple des plus gracieux[1]. Le couplet était partagé, sans aucun doute, entre une jeune fille et le chœur de ses compagnes.

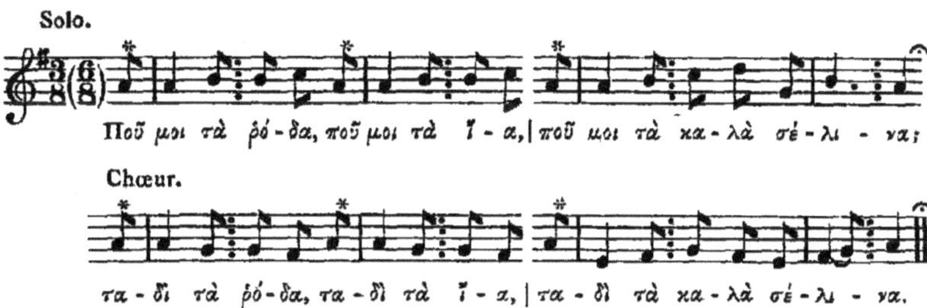

Quatrains. Les strophes de trois vers égaux ne semblent pas avoir été communes dans l'antiquité; en revanche le *quatrain* monomètre est un des moules primitifs de la lyrique grecque et particulièrement de la chanson lesbienne. Comme les œuvres d'Alcée et de Sappho ne nous sont parvenues qu'à l'état de fragments, nous ne connaissons guère leurs formes strophiques que par les imitations d'Horace. Une seule espèce de vers est employée sans mélange d'autres dans les odes du poëte latin : l'*asclépiade* (p. 176). — Chaque strophe pouvait être traitée par le mélodiste, soit comme une période palinodique répétée (a — b ⌒ a — b ⌒ a — b ⌒ a — b ‖), soit comme une période palinodique simple, dont les groupes contiennent quatre membres (a — b ⌒ c — d ⌒ a — b ⌒ c — d ‖). — Le *schéma métrique des vers est absolument fixe*. Le caractère franchement musical de ces poésies s'accuse par là d'une manière évidente; non-seulement les vers correspondants de chaque strophe ont le même nombre de mesures, mais les mêmes valeurs de notes se reproduisent syllabe pour syllabe dans toutes les strophes. Nous en concluons que les mélodies étaient strictement syllabiques. Ce qui constitue, par exemple, une anomalie très-choquante pour nous, c'est que le poëte ne s'astreint pas à faire concorder les repos grammaticaux avec ceux de la période musicale; souvent même la fin de la strophe n'est pas marquée par

[1] Bergk, *Carm. pop.*, fr. 19. Traduction : « Où sont les roses; où sont les violettes; « où est la belle ache? — Voici les roses; voici les violettes; voici la belle ache. »

un signe de ponctuation. — La *strophe asclépiade* fut très en faveur chez les Romains du siècle d'Auguste ; sa popularité au commencement de l'ère chrétienne est attestée par le fréquent emploi qu'en fait l'hymnodie catholique.

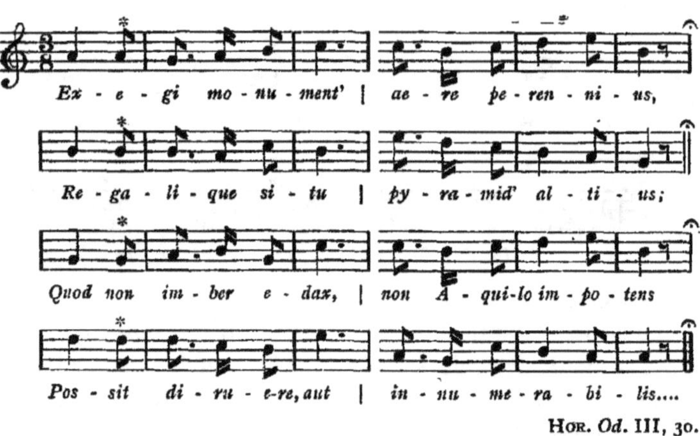

Hor. *Od.* III, 30.

Par l'insertion d'un *mesodicon* dipodique — en manière d'écho — dans le mètre ci-dessus, est né le *grand vers asclépiade*, dont Horace se sert également pour former des quatrains.

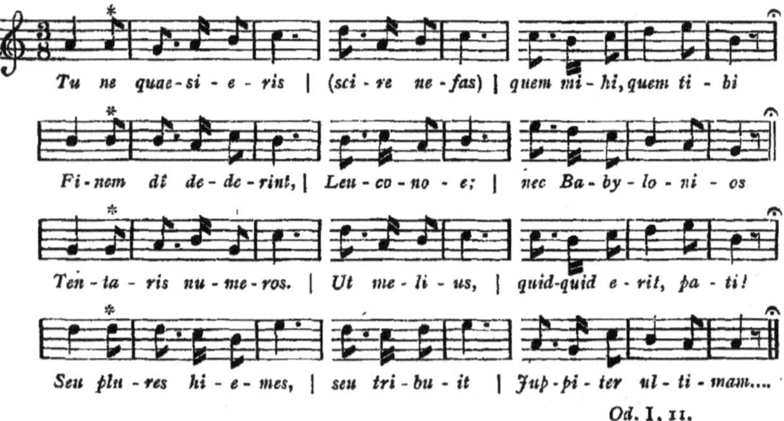

Od. I, 11.

Cette sorte de strophes lyriques forme la transition aux compositions orchestiques, dont la structure fera l'objet du paragraphe suivant.

§ III.

A ne les envisager qu'au point de vue de leur coupe rhythmique, les poésies odiques n'ont rien qui ne leur soit commun avec les cantilènes des peuples les moins avancés en civilisation; les Grecs se sont contentés de donner à ces formes vulgaires une destination plus idéale et de les élever à la hauteur de types absolus. Il en est différemment de celles dont il va être question. Les poésies que nous désignons par la qualification d'*orchestiques* ont fait partie d'un art propre à la Grèce des grands siècles, art étonnant et complet, utilisant à la fois le triple langage de l'idée, de la sensation, de l'action, — poésie, musique, danse — et parlant ainsi directement à l'intelligence, au cœur et aux sens. Leurs formes rhythmiques sont aussi éloignées de la simplicité des œuvres odiques que les amples périodes cicéroniennes le sont des courts versets de la poésie des Hébreux; bien que, d'un autre côté, par suite des conditions pratiques du chant en chœur, ces productions littéraires dussent être adaptées à des mélodies d'une exécution assez facile[1].

Le chant choral accompagné de danse (χορικὴ ποίησις) est une fleur délicate et exquise qui ne pouvait germer, pousser et s'épanouir qu'au sein d'une société chez laquelle l'amour de la vie en commun, le goût des fêtes publiques et des cérémonies religieuses s'alliaient à une haute idée de la dignité de l'art. On peut dire que ce fut une expression collective de l'activité artistique du peuple entier. Tenir en honneur le chant et la danse, ne consistait pas pour le Spartiate ou l'Athénien à jouir oisivement de ces arts, à la façon des rois barbares de l'Asie, en se faisant faire de la musique par des histrions mercenaires ou par de vils esclaves; les poésies destinées à célébrer la gloire des dieux, à retracer les exploits des héros, les vertus des ancêtres,

[1] « Anciennement c'étaient des hommes libres qui chantaient dans les chœurs. « Comme il était difficile de faire chanter beaucoup de personnes à la façon des « artistes...., on composait pour le chœur des mélodies plus simples. » Aristote, *Probl.*, XIX, 15 (cité en entier au T. I, p. 341, note 2).

étaient enseignées à la jeunesse dans les écoles; les chants, ainsi que les évolutions qui s'y joignaient, s'exécutaient en public par l'élite de la nation, par des citoyens libres, initiés dès l'enfance à la tactique militaire et adonnés à toutes les nobles occupations de l'esprit. La lyrique chorale ne dédaignait pas de descendre dans une sphère plus modeste, et de rehausser l'éclat des fêtes agraires, des solennités domestiques, — noces et funérailles — mettant ainsi en évidence la profonde signification religieuse et sociale de ces actes.

Un art qui embrassait l'existence entière, dans ses manifestations les plus diverses, était destiné à faire éclore et fructifier de nouveaux germes de poésie et de mélodie, à étendre le vaste domaine de la création artistique. Ce fut une des branches de la musique chorale, le dithyrambe dionysiaque, qui donna naissance au drame; celui-ci s'empara des sujets et des formes sur lesquels l'inspiration des poëtes et des musiciens s'était déjà exercée depuis des siècles, et s'appropria en même temps les rhythmes pittoresques du peuple. D'autres genres reçurent du chant orchestique une impulsion féconde : ses formes les plus faciles s'introduisirent dans la chanson de table et de société; mainte strophe inspirée par la danse parut d'un bel effet pour l'oreille, alors qu'elle était simplement chantée aux sons de la lyre, et même, quelques siècles plus tard, le poëte romain, qui se contentait de la récitation nue, entendait encore dans les quatrains éoliens un écho affaibli de leur mélodie primitive.

L'élévation et la grandeur de la lyrique chorale se reflètent dans l'ample et puissante structure de ses strophes. — *La strophe est un signe distinctif commun à toutes les compositions que nous comprenons sous la dénomination d'orchestiques;* elle a son origine dans un très-ancien rite religieux, la marche sacrée autour de l'autel, pendant la célébration du sacrifice. Mais si le cadre reste le même pour tant de poésies et de chants divers, ses dimensions et ses formes intérieures se modifient d'après les exigences, les traditions et les allures de chaque genre. Tandis que la structure des odes de Pindare est poussée jusqu'au raffinement, les productions de la lyrique subjective ont une contexture des plus simples; les chants dramatiques tiennent le milieu entre les deux tendances opposées. Il y a donc lieu de distinguer trois classes de compositions en strophes; nous les énumèrerons dans l'ordre où nous les montre l'histoire littéraire de l'Hellade.

La première classe renferme les compositions strophiques de la poésie éolienne, auxquelles on peut joindre presque tout ce qui nous est conservé des vieux maîtres de la lyrique chorale, Alcman, Stésichore et Ibycus.

La deuxième classe d'œuvres orchestiques comprend la lyrique chorale du grand siècle littéraire. Les *épinicies* (chants de triomphe) de Pindare sont les seuls monuments de cet art qui nous soient parvenus intacts, du moins quant au texte. Les autres variétés du genre, — hymnes, péans, prosodies, dithyrambes, hyporchèmes — ne nous sont guère connues que par les imitations qui s'en trouvent dans le drame sérieux et la comédie.

Enfin les chants du théâtre qui appartiennent au type orchestique forment la troisième classe. Ce sont des morceaux auxquels les acteurs ne prennent aucune part; ils sont exécutés par les choreutes dans l'*orchestra*[1], pendant que l'action est suspendue un moment et que la scène reste vide; leur texte consiste généralement en réflexions sur la situation des personnages. Ils forment la partie essentiellement musicale et lyrique du drame athénien; plus la tragédie est ancienne et plus l'élément choral y prend une grande place. Un semblable chant s'appelle *stasimon* (*στάσιμον μέλος* = *chant en place*), dénomination qui n'implique nullement que les exécutants restassent immobiles en le chantant (nous savons au contraire que la danse tragique, l'*emmeleia*, était ici principalement de mise); elle indique uniquement que la masse chorale, au moment d'entonner le morceau, occupait déjà sa place. Outre les *stasima*, lesquels sont généralement au nombre de trois, l'ancienne tragédie contenait souvent un autre chant de style orchestique pur : le chœur d'entrée ou *parodos* (*πάροδος*); dans les drames les plus récents, et même parfois chez Eschyle, il n'est plus purement choral; c'est un morceau mixte, dans lequel un ou deux personnages dialoguent avec le chœur. A cette sorte de

[1] Espace semi-circulaire devant la scène, mais plus bas que celle-ci, en sorte qu'il occupait à peu près la même place que l'orchestre de nos théâtres actuels.

chants répond, dans quelques tragédies, une marche de sortie. — Les anciennes pièces d'Aristophane contiennent également, sous une forme plus légère et plus variée, des morceaux de musique pareils à ceux que nous venons de décrire : chœurs d'entrée, de sortie, chants en place; ces derniers sont en outre représentés par une des parties caractéristiques de la comédie, espèce de hors-d'œuvre qui porte le nom de *parabase* (p. 172).

Règles des vers orchestiques.

Une poésie orchestique se distingue extérieurement d'une œuvre odique en ce que les vers dont elle se compose sont de longueur et de coupe inégales. — Le vers peut être rempli par un membre unique, de toute dimension; de même il peut contenir deux ou trois membres, à condition qu'aucun d'eux ne dépasse la tétrapodie. — Les membres juxtaposés dans un vers doivent appartenir à la même espèce de mesure (une exception est faite pour le dernier vers de la strophe); ils diffèrent à volonté par l'étendue et par la forme métrique. — La coupe usuelle des vers orchestiques à plusieurs membres est une de celles que nous avons rencontrées dans les quatrains monomètres (p. 185), à savoir : 1° deux membres égaux, affectant la forme d'une période stichique[1]; 2° trois membres à coupe mésodique. Dans l'ensemble de la période, ces deux ou trois membres enchaînés composent souvent un groupe palinodique. — Lorsque deux membres inégaux constituent un vers[2], — ce qui est plus habituel à Pindare qu'aux poëtes tragiques — un second vers, renfermant le même nombre de membres, soit dans un ordre identique, soit dans l'ordre contraire, s'accouple avec le premier pour faire une période[3]. — Aucune division dans le texte poétique ne coïncide obligatoirement avec celle des membres rhythmiques qui finissent à l'intérieur du vers; il en résulte que l'*enjambement* (p. 169) est de plein droit pour les poésies strophiques.

Pause finale du vers.

Pendant la pause qui termine chaque vers (p. 166-167), le chant et la danse cessaient un moment, tandis que les instruments faisaient entendre de petites ritournelles, des interludes

[1] Les deux membres sont en 3/8 des tétrapodies; en 2/4, des tétrapodies ou des tripodies; en 5/8, des tripodies ou des dipodies; en 3/4, des dipodies.

[2] Cela n'arrive jamais ni en 5/8 ni en 3/4.

[3] Voir *Nem.* XI, période initiale (citée plus loin, p. 210).

comparables à ceux des chorals protestants[1]. Aristophane fournit un témoignage frappant de cet usage, dans sa comédie des *Grenouilles* (v. 1284 et suiv.), où il imite plaisamment le chœur d'entrée de l'*Agamemnon* d'Eschyle, parodie dont on pourrait donner en français une idée approximative en utilisant des vers analogues de l'*Iphigénie* de Racine :

Tu te souviens du jour qu'en Aulide assemblés
(*Tradéridéradéra*)
Nos vaisseaux par les vents semblaient être appelés :
(*Tradéridéradéra*)
Nous partions; et déjà....
(*Tradéridéradéra*) etc. etc.

Structure des périodes orchestiques.

Les périodes orchestiques embrassent d'ordinaire plusieurs vers[2], *et sont, en conséquence, coupées de fréquents temps d'arrêt.* Ceux-ci font partie intégrante de la période musicale et doivent se correspondre non moins rigoureusement que les membres rhythmiques; ils étaient aussi nécessaires dans un chant monophone tant soit peu développé que le sont les cadences harmoniques dans la mélodie polyphone. La disposition des repos fournit des points de repère à l'aide desquels on s'oriente sûrement dans la structure d'une période chorale; elle y remplit le même office que la ponctuation dans la prose. Plus une période grammaticale ou mélodique est complexe, et plus ses divisions doivent être marquées avec netteté. La multiplicité ou la rareté des pauses a pour effet d'imprimer un mouvement très-caractéristique à la cantilène, tantôt suspendant le cours de l'idée mélodique à chaque pas, tantôt le débarrassant de tous les obstacles et prolongeant les vers jusqu'à perte d'haleine.

Toutes les formes régulières de la période musicale, depuis les plus simples jusqu'aux plus compliquées, *sont mises en œuvre dans la composition orchestique.* — En général la mesure ne change pas

[1] Les chants au luth, du XVIe et du XVIIe siècle, qui nous sont transmis en *tablature*, et notamment les romances espagnoles insérées dans le *libro de Vihuela*, de Millan (Valence, 1536) présentent la même particularité. Dans les compositions plus récentes de style profane, l'usage de couper régulièrement la mélodie par des ritournelles est rare; Gluck en donne néanmoins un exemple remarquable dans l'air de danse : *Jeunes cœurs, tout vous est favorable*, au Ve acte de son *Armide*.

[2] Assez souvent Pindare a des périodes d'un seul vers. Cf. *Nem.* XI, strophes, périodes 2, 3 et 4 (ci-après, p. 210).

au cours d'une période. Des exceptions à cette règle se rencontrent dans un petit nombre de chœurs tragiques, où les parties de la phrase qui ne se correspondent pas suivent parfois un genre différent de mesure (p. 77). Au surplus, l'association de rhythmes dissemblables dans une seule et même phrase mélodique n'est réalisable qu'à de certaines conditions. La mesure de 3/8, grâce à sa nature intermédiaire (p. 60), possède seule le privilége de se marier avec toutes les autres. — Les membres appariés d'une période chorale peuvent différer notablement par la forme métrique; souvent ils n'ont de commun que le genre de mesure et l'étendue (l'anacrouse se décompte à volonté). Grâce au retour symétrique des figures de la danse, il était possible de rendre visible et de mettre à nu, pour ainsi dire, la charpente de l'édifice rhythmique; de là ces libertés propres au style choral. Néanmoins les anciens savent si bien s'arrêter au point juste, que la contexture de leurs périodes devient rarement équivoque; lorsque plusieurs interprétations sont possibles, les analogies de la forme métrique permettent presque toujours de discerner avec certitude la coupe que l'auteur a eue en vue.

C'est également l'orchestique qui nous donne la signification des *proodica*, des *mesodica*, des *epodica* (p. 157). Ces membres, qui servaient de repos à la danse, ne faisaient partie que de la période poétique et musicale; de même que les ritournelles intercalées entre les vers, ils se trouvaient en dehors de l'eurhythmie orchestique. En effet, au lieu de commencer avec la cantilène, la danse ne se mettait parfois en train qu'après que le coryphée ou le chœur avait chanté quelques mesures; il arrivait aussi que les danseurs s'arrêtaient un moment au milieu de la mélodie ou que les évolutions du chœur cessaient avant la fin de la cantilène. Or, ces particularités se reflètent dans la structure de la strophe. — Les membres dépourvus de pendant doivent occuper dans la période une étendue moindre que les membres appariés. Ils sont séparés ou non du reste de la période par une pause; en d'autres termes, tout membre de cette espèce constitue à lui seul un vers, ou bien il n'est qu'une partie du vers initial, médian ou final.

Chaque période orchestique doit se terminer à la fin d'un vers, et être ainsi nettement séparée de la suivante. Le drame et toute la poésie lyrique antérieure à Pindare ont une propension marquée à se rapprocher de l'usage moderne, et à faire coïncider les terminaisons de la période grammaticale avec celles de la mélodie. Pindare, au contraire, semble éviter d'arrêter le sens à l'endroit où se termine un des segments de la strophe.

Quelques exemples des diverses coupes suffiront à éclaircir les règles qui viennent d'être données. Nous les choisirons exclusivement parmi les périodes qui, dans l'état actuel de nos aptitudes rhythmiques, nous sont parfaitement intelligibles, et dont la construction s'indique si clairement par la forme du vers, qu'elle ne saurait donner lieu ni à controverse, ni à incertitude.

Périodes stichiques.

La coupe stichique simple, selon qu'elle embrasse un ou deux vers, s'exprime par l'une des formules suivantes :

1) a—a ‖ 2) a ⌒ a ‖

Tous les vers employés en série continue, sauf le trimètre iambique, suivent la première disposition (p. 167). Des périodes stichiques du second modèle, c'est-à-dire partagées en deux vers, se rencontrent fréquemment dans la musique chorale, particulièrement avec des membres étendus. La *strophe alcaïque* (voir ci-après, p. 202) se compose de deux périodes ainsi bâties.

Une période de coupe stichique répétée n'est pas limitée quant au nombre de ses membres. En ce qui concerne le placement des pauses, elle ne comporte que deux combinaisons : ou bien tous les membres sont reliés les uns aux autres sans aucune interruption, ou bien chacun d'eux forme un vers séparé :

1) a—a—a—a.... ‖ 2) a ⌒ a ⌒ a ⌒ a ⌒ .... ‖

Ainsi qu'on l'a vu précédemment (p. 178), le modèle 1 était propre aux *systèmes* de la lyrique populaire et monodique; il convenait mal au style orchestique élevé, à cause de l'absence totale de temps d'arrêt. La formule 2 produit également peu de périodes chorales, si l'on excepte quelques chants tragiques qui participent du caractère de la déploration funèbre (*threnos*); dans une mélodie pareille l'uniformité devient un puissant moyen d'effet. Les hymnes *à Hélios* et *à Némésis* ont, d'un bout à l'autre, des périodes de cette espèce (voir T. I, p. 446-449).

Périodes palinodiques.

Dans les périodes à coupe palinodique, les divers groupes *doivent* être séparés par des pauses, en d'autres termes, finir en même temps que les vers. Ils *peuvent* avoir, en outre, des pauses intérieures, qui se reproduisent avec une symétrie rigoureuse dans les groupes correspondants. Une période palinodique de quatre membres ne se présente donc que sous deux formes :

1) a—b ⌒ a—b ‖⌒   2) a ⌒ b ⌒ a ⌒ b ‖⌒

Les combinaisons s'accroissent en proportion de l'étendue des groupes. Il nous suffira d'indiquer celles dont est susceptible une période de deux fois trois membres :

1) a—b—c |⌒ a—b—c ‖⌒ 2) a ⌒ b—c |⌒ a ⌒ b—c ‖⌒

3) a—b ⌒ c |⌒ a—b ⌒ c ‖⌒ 4) a ⌒ b ⌒ c |⌒ a ⌒ b ⌒ c ‖⌒

Le quatrain suivant d'Horace reproduit le modèle 3 :

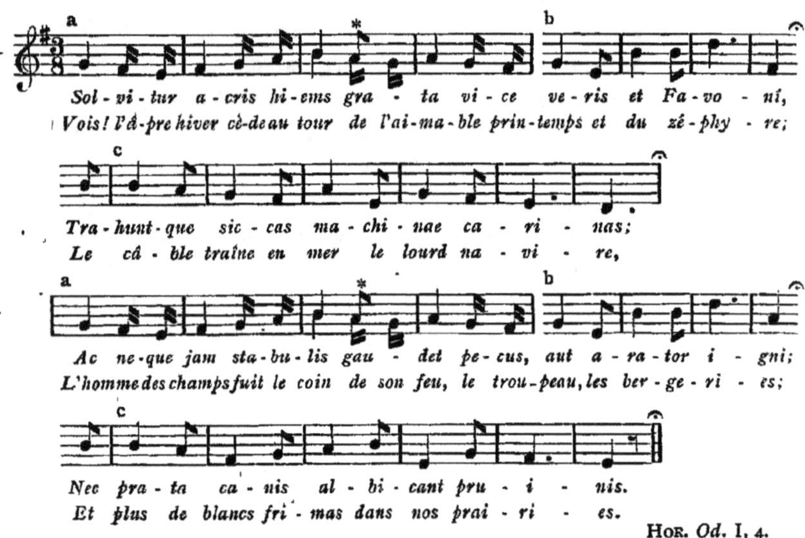

HOR. *Od.* I, 4.

Aucune règle ne limite le nombre des membres susceptibles d'entrer dans un groupe palinodique. La *petite strophe asclépiade* (*Exegi monumentum*, p. 185), étant traitée en période palinodique simple, embrasse deux fois quatre membres ; la *grande strophe asclépiade* (*Tu ne quaesieris*, ib.) compte deux fois six membres.

De semblables quatrains, composés de vers uniformes, peuvent être conçus aussi comme ayant la coupe palinodique répétée, auquel cas on compte autant de groupes que de vers; lorsque la forme métrique des membres présente des différences caractéristiques, le plan de la période se définit plus nettement.

Par son élégante facilité, la coupe palinodique, tant simple que répétée, convient avant tout à la chanson d'amour ou de table; le drame aussi en fait un fréquent usage. Chez Pindare on la rencontre rarement à un endroit saillant de la strophe. Remarquons à ce propos que certains mètres ne s'adaptent guère qu'à des coupes stichiques et palinodiques : ce sont les anapestes, les ioniques, les péons et les bacchius; tandis que les dactyles, les chorées tragiques, les épitrites, et par dessus tout les logaèdes, recherchent les périodes d'une structure moins primitive.

Periodes antithétiques.

La coupe antithétique pure (p. 154) exige que tous les temps d'arrêt se répondent à rebours; si, par exemple, le premier membre *a* est *suivi* d'une pause, le membre correspondant *a* devra être *précédé* d'une pause. Il résulte de là que l'arrêt central — lequel, au reste, n'est pas obligatoire — se compte en double. D'après la division des vers, une période antithétique de quatre membres affectera l'une des dispositions suivantes :

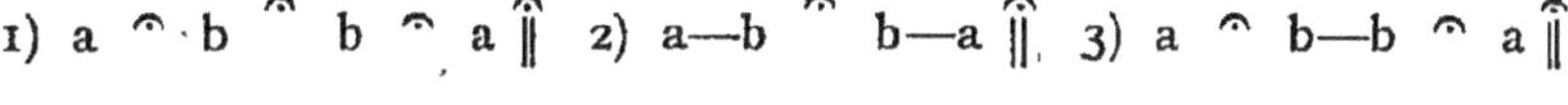

Période antithétique du modèle 3.

a

Παρ' αὐ-τὰ δ' ἐλ - θεῖν ἐς Ἴ - λί - ου πό - λιν
So kam auch sie, sag ich, einst zur Tro - er - stadt,

b b

λέ - γοιμ' ἂν φρό - νη - μα μὲν νη - νέ - μου γα - λά - νας
Ein Bild hol - den Sin - nes, gleich stil - lem Glanz des Mee - res,

a

ἀ - κα - σκαῖ - ον τ' ἄ - γαλ - μα πλού - του,
Des Reich - thums zau - ber - vol - les Klein - od,

Esch., *Agam.*, III (2e *stasimon*), str. 3.

En l'absence d'une orchestique bien réglée, la coupe antithétique devient promptement incompréhensible; prolongée au delà de quatre membres, elle n'existe guère pour nous que sur le papier. Les anciens, qui la réservaient pour leurs danses les plus savamment agencées, lui ont donné parfois jusqu'au double de cette étendue[1]. Il suffira de montrer ici les principales formes dont est susceptible, sous le rapport du placement des pauses, une période antithétique de six membres :

1) a 𝄐 b 𝄐 c 𝄐 c 𝄐 b 𝄐 a 𝄐|| 2) a—b—c 𝄐 c—b—a 𝄐||

3) a 𝄐 b—c 𝄐 c—b 𝄐 a 𝄐|| 4) a—b 𝄐 c 𝄐 c 𝄐 b—a 𝄐||

5) a—b 𝄐 c—c 𝄐 b—a 𝄐|| 6) a 𝄐 b 𝄐 c—c 𝄐 b 𝄐 a 𝄐||

La période palinodo-antithétique réunit deux principes de construction qui, au premier abord, semblent s'exclure : l'entrecroisement et l'inversion (p. 156). Pour ménager convenablement les points de repos dans un ensemble rhythmique aussi complexe, il est nécessaire de combiner les règles qui régissent à cet endroit les périodes palinodiques avec celles qui se rapportent aux périodes antithétiques. Elles se résument dans cette règle unique : *les pauses placées en dehors des groupes se répondent à rebours; les pauses placées au dedans des groupes se répondent dans l'ordre direct.* Ajoutons qu'à l'exception du membre central, *tous les membres qui ne font pas partie d'un groupe doivent être isolés par des pauses.* Un exemple de la coupe palinodo-antithétique a été donné plus haut (p. 136) : c'est le début du magnifique chœur d'entrée des *Euménides.* Voici le *schéma* de la période :

a—b 𝄐 c 𝄐 d—d 𝄐 c 𝄐 a—b 𝄐||

Cette forme paraît avoir été caractéristique pour les danses antiques les plus vives, telles que l'*hyporchème* et la *sikinnis.* Appliquée à de longues suites de vers, se divisant en groupes étendus mais peu nombreux, elle donne naissance à des périodes bâties sur le modèle de nos ariettes à *da capo*[2]. Si, au contraire, les groupes

[1] Une période de coupe antithétique pure embrassant huit membres se trouve dans *les Choéphores*, III, str. 7. Selon Schmidt (*Compos.*, p. 346) c'est la plus longue qui existe.

[2] Cf. EURIP., *les Bacchantes*, III; période de 18 membres dipodiques.

sont courts et en grand nombre, la phrase musicale n'offre au sentiment moderne aucune symétrie saisissable.

Périodes à membres dépareillés.

Passons à la coupe mésodique (p. 158). — Pendant l'exécution du *mesodicon*, les choreutes restaient probablement au repos, ou se contentaient de faire quelques balancements sur place, en sorte que la période dansée était coupée au milieu par une pause mesurée[1]. Une telle interruption devait contribuer puissamment à porter la clarté dans ces mélodies, dont les diverses parties nous paraissent si laborieusement enchevêtrées, à nous autres modernes, habitués à un tissu rhythmique simple et uniforme. Le membre non apparié peut se relier sans pause, soit au membre précédent (a—*mes.* 𝄐 a), soit au suivant (a 𝄐 *mes.*—a), soit à tous deux (a—*mes.*—a), ou se séparer de tout le reste (a 𝄐 *mes.* 𝄐 a). Les périodes mésodiques de cinq membres sont les plus intéressantes. Voici leurs deux principales formes :

1) a 𝄐 b 𝄐 *mes.* 𝄐 b 𝄐 a ‖ 2) a—b 𝄐 *mes.* 𝄐 b—a ‖

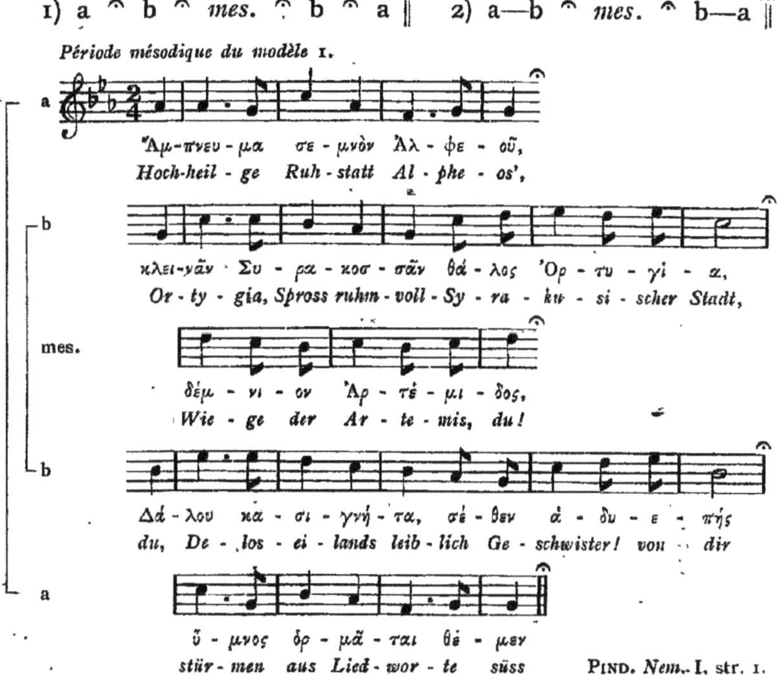

PIND. *Nem.* I, str. 1.

[1] Cf. ESCH., *Agam.*, I, épode, 1re période; *les Choéphores*, I, str. 2, 1re période.

On sait que la coupe *palinodo-mésodique* se produit lorsqu'un membre non apparié occupe le centre d'une période palinodique ou palinodo-antithétique (p. 159). La division des vers suit les mêmes règles que dans cette dernière coupe, mais elle est soumise à une règle en plus : pour que le *mesodicon* tranche sur le reste de la mélodie, il exige au moins une fin de vers, soit avant, soit après lui[1]. Comme toutes les coupes d'origine palinodique, celle-ci est éminemment favorable aux danses animées.

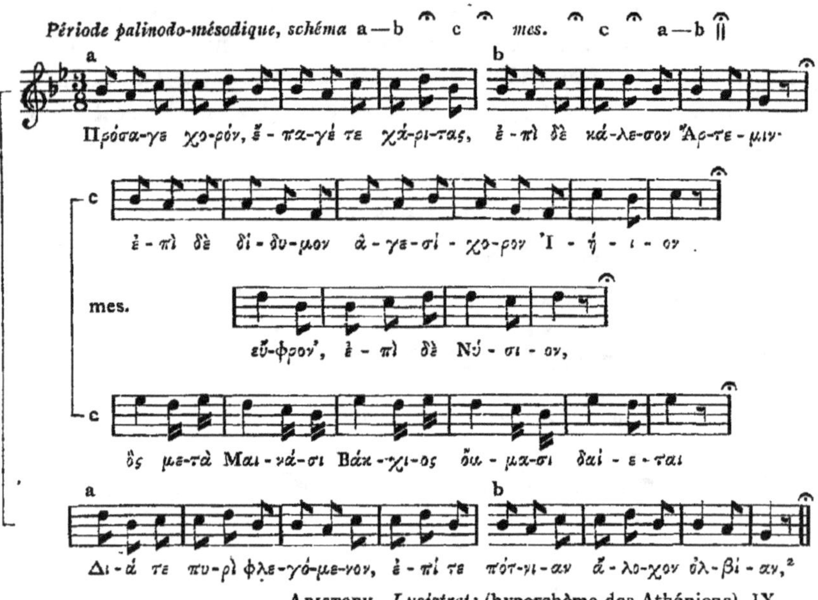

ARISTOPH., *Lysistrate* (hyporchème des Athéniens), IX.

Ainsi que nous l'avons dit précédemment (p. 157), le *proodicon* contient en général le thème mélodique développé dans le reste de la période (p. 160); ou bien il annonce un motif rhythmique faisant partie d'une des périodes subséquentes de la strophe[3].

[1] Cf. SOPH., *Œdipe Roi*, VI, str. 1; EURIP., *Alceste*, II, etc.

[2] Traduction : « Faites paraître le chœur, amenez les Grâces. Invoquez Diane, « invoquez Apollon qui préside aux danses, invoquez le dieu de Nysa, dont l'œil étincelle « à la vue des Ménades, et Jupiter qui fait briller la foudre, et sa vénérable épouse. »

[3] Cf. ESCH., *Agam.*, I, str. 5; *les Sept*, III, str. 2. — Il est à remarquer que la plupart des airs de J. S. Bach débutent par un véritable *proodicon* : c'est le motif principal, isolé de la suite du morceau par une ritournelle.

Il n'est admis que devant la période par laquelle la strophe commence. Il peut occuper à lui seul tout le vers ou s'enchaîner immédiatement au membre suivant :

Période antithétique précédée d'un proodicon.

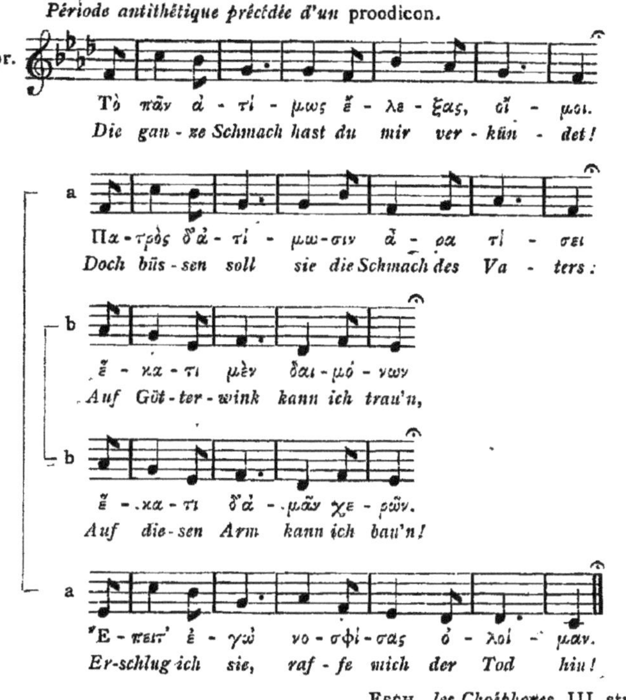

Esch., *les Choéphores*, III, str. 8.

Quant à l'*epodicon* (pp. 157, 159-160), il se compose le plus souvent de quatre mesures de 3/8 (logaèdes ou chorées), d'une dipodie logaédique (vers *adonien*), d'un iambe trimètre, d'une tripodie dactylique ou d'une pentapodie dorique. Son office habituel est de fournir une conclusion satisfaisante aux périodes formées d'éléments trop inégaux, ou, au contraire, trop uniformes. De même que les membres proodiques, les *epodica* forment tantôt à eux seuls un vers, tantôt ils ne remplissent qu'une partie du vers final de la période. L'*epodicon* par lequel se termine la strophe sapphique a suivi tour à tour les deux combinaisons; dans les poésies originales il se lie sans pause à la troisième pentapodie (p. 100), tandis qu'Horace en fait un petit vers séparé (p. 138).

Souvent des membres épodiques en mesure de 3/8 terminent des périodes appartenant à un autre rhythme, particularité dont l'hymne *à la Muse* nous a déjà offert un exemple (T. I, p. 445).

Période stichique suivie d'un epodicon.

Σέ - βο - μαι μὲν προ - σι - δέ - σθαι, σέ - βο - μαι δ'ἀν - τί - α λέ - ξαι
Mich er - füllt Scheu vor den An - blick, Mich er - füllt Scheu, und in Ehrfurcht

ep.
σέ - θεν, ἀρ - χαί - ῳ πε - ρὶ τάρ - βει.
Vor dem al - ten Kö - nig ver-stumm' ich.

Esch., *les Perses*, V (chœur épisodique), str. I.

Les *epodica* orchestiques ne sont pas uniquement bornés à la période finale de la strophe; comme ils font en quelque sorte l'office de ritournelles vocales, ils s'entremettent volontiers pour opérer la transition entre deux périodes de rhythme différent.

Structure des strophes.

Nous procédons maintenant à l'analyse des principales strophes orchestiques. — Dans la forme où elle nous est transmise par les monuments littéraires de la Grèce, une strophe se présente comme un ensemble de vers, de membres et de périodes, dont le *schéma* se reproduit plusieurs fois sans aucune modification; dans son origine première, *la strophe est un cadre destiné à être rempli bar une série bien ordonnée de mouvements corporels, formant une sorte de tableau mouvant, auquel la mélodie communique la plénitude de la vie :* le langage du geste est complété par le langage du son. La poésie fournit un objet à la création musicale et orchestique; elle lui donne une signification intelligible, tout en conservant son indépendance vis-à-vis des deux autres arts. Tandis que la danse et la musique, unies par un lien indissoluble, expriment le sentiment persistant qui traverse toute l'œuvre et qui revient incessamment sur lui-même, la parole poursuit sa voie propre et marche en avant sans se répéter. Enfin, le rhythme vient donner à la composition entière une parfaite cohésion, en soumettant les trois arts aux lois de la mesure. — De ce qui vient d'être dit se déduisent naturellement les conditions musicales de la mélodie orchestique. Forcée de s'adapter à des strophes d'un contenu très-divers, elle ne pouvait viser à une grande énergie d'expression; mais afin de prévenir la satiété, naissant facilement d'une fréquente répétition, les cantilènes chorales étaient tenues de réunir le charme à la régularité, la grâce à la hardiesse. Il en était surtout ainsi pour les compositions longuement développées de la lyrique pure. Quant aux strophes chorales du drame, n'étant liées que deux par deux, et chaque paire de strophes se renfermant dans un sentiment unique, elles comportaient un dessin mélodique moins vague, comme le prouve le fréquent parallélisme des mots, des phrases et de la ponctuation, par lequel se caractérise cette classe de poésies strophiques.

Le nombre de périodes dont peut se composer une strophe n'est fixé par aucune règle; les strophes les plus courtes ont une période unique, les plus longues en ont jusqu'à sept[1]. Bien que chaque période forme un tout rhythmique, la solidarité des divers éléments de l'ensemble exige qu'il y ait pondération entre eux, de manière que la strophe entière se fasse reconnaître spontanément comme un organisme réel. — L'unité de mesure est de règle pour les strophes lyriques. Pindare lui-même, à une seule exception près (*Pyth.* V), l'observe partout. Il n'en est pas de même des tragiques; ceux-ci s'affranchissent de ce lien (p. 70), non-seulement dans les morceaux d'action, mais aussi dans quelques chants du style choral pur. — Le plus souvent des périodes de construction simple terminent la strophe; en général la coupe antithétique ne fournit pas une cadence finale aussi satisfaisante que les coupes fondées sur le principe de la répétition (les stichiques et les palinodiques), à moins que celles-ci ne se prolongent outre mesure, auquel cas elles deviennent à leur tour molles et indécises. — Ajoutons toutefois que le mode de division et les proportions des parties constitutives de la phrase rhythmique ont encore plus d'influence sur sa carrure que n'en a l'ordre dans lequel ces parties sont disposées. Ainsi une période antithétique où n'entrent que des membres de deux ou de quatre mesures donnera mieux le sentiment d'une terminaison définitive qu'une période stichique ou palinodique composée de pentapodies

[1] Cf. la strophe épodique du chœur d'entrée des *Bacchantes* d'Euripide.

ou de tripodies. — La période initiale de la strophe et la dernière ont une importance capitale et doivent en conséquence renfermer les motifs les plus saillants; la première captive l'attention, la dernière décide de l'effet; une période intermédiaire, étant peu en vue, se contentera d'un dessin moins caractérisé. Il est digne de remarque que ces observations, déduites de l'analyse des compositions orchestiques de l'antiquité, s'appliquent dans leur ensemble à celles des strophes modernes qui, par la pureté et la sévérité de leurs formes musicales, rappellent celles des vieux lyriques grecs. Nous en donnerons comme exemple la célèbre romance de *Richard Cœur-de-Lion :*

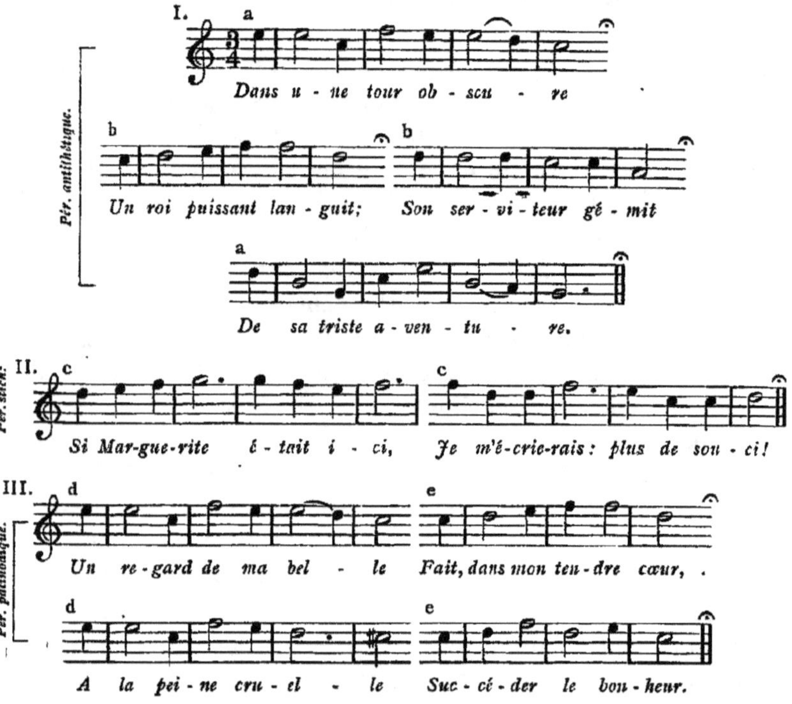

Strophes de la lyrique monodique.

Les formes strophiques les plus faciles sont les quatrains que les Lesbiens ont empruntés de la lyrique chorale primitive et des poëtes iambographes de l'Ionie. Ils se composent généralement d'une seule période, de coupe palinodique ou stichique[1]; en ce dernier cas le quatrain se termine par un *epodicon*. Quelques-uns se partagent en deux petites périodes. Telle est l'élégante *strophe alcaïque*, particulièrement aimée d'Horace :

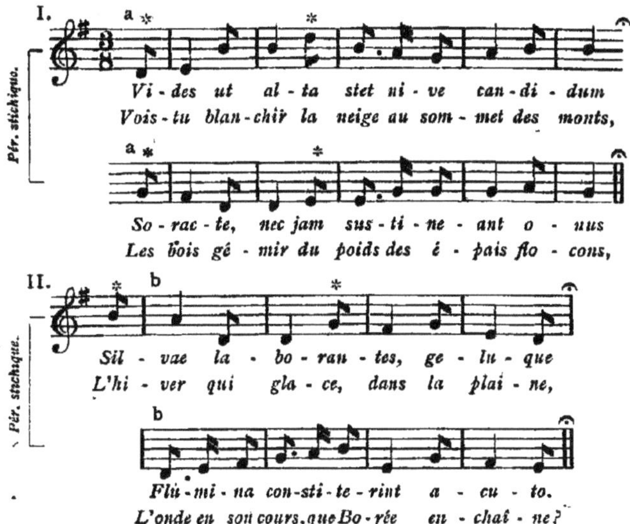

Hor. *Od.* I, 9.

Aucune strophe de trois périodes ne se rencontre parmi les mètres d'Horace; les *scolies* — chansons de table — et les ariettes comiques en ont un nombre assez considérable.

Strophes de la lyrique chorale.

Nous ne possédons que peu de données sur la coupe strophique de la lyrique chorale à sa période primitive, n'ayant conservé de toute cette littérature aucune pièce complète. Seul le grand fragment d'Alcman — une *parthénie* ou chœur de jeunes filles[2] — a pu

[1] « Les vieux lyriques, Alcée et Sappho, ont fait de petites strophes, en s'abstenant « d'introduire beaucoup de changements rhythmiques dans un nombre restreint de « membres; leurs *epodica* sont très-courts. Mais Stésichore et Pindare, ayant construit « des périodes développées, les ont divisées en un plus grand nombre de vers et de « membres, afin d'obtenir de la variété. » Dion. Halic., *de Comp. verb.*, XIX. — Horace n'a employé dans ses Odes que des strophes d'une seule période (palinodique ou stichique), à l'exception de la strophe alcaïque et des suivantes qui en ont deux : 1° *Miserar' est neque amori* (2 dipodies ioniques et 2 tripodies ioniques); 2° *Quis multa gracilis te puer in rosa* (2 petits asclépiades et 2 glyconiens deuxièmes).

[2] Ce morceau, d'une valeur historique inappréciable, a été découvert par le célèbre égyptologue Mariette, en 1855, dans un tombeau près de la deuxième pyramide. Cf. *Philologus*, XXVII, pp. 241, 577, et XXIX, p. 212.

être sûrement interprété à cet égard. Rien de plus régulier et de plus gracieux que la texture rhythmique de ce chant virginal. Les strophes, toutes pareilles, ont quatre périodes : la première, palinodique répétée ; les trois dernières, stichiques simples : chorées et logaèdes alternent avec une naïveté charmante. A l'exception de deux hexapodies, tous les membres sont de quatre mesures. Les poésies de Stésichore et d'Ibycus trahissent déjà un mécanisme strophique moins rudimentaire.

C'est dans les immortelles odes de Pindare que nous avons à étudier les formes de l'art choral arrivé à son apogée. Les strophes du grand lyrique ont une facture riche, grandiose, mais d'une saveur tant soit peu étrange pour le goût moderne. Destituées aujourd'hui de ce qui faisait leur principale séduction et leur vie réelle, — la mélodie et la danse — réduites à l'état de squelettes rhythmiques, elles semblent singulièrement recherchées dans l'agencement de leurs périodes, au point que plusieurs d'entre elles n'offrent aucun rhythme saisissable à la première audition. Évidemment ces chants recevaient une figuration orchestique fort travaillée, particularité qui s'explique par leur coupe et par leur étendue même. Rappelons-nous que deux cantilènes se partageaient à elles seules des morceaux très-longs : l'une pour les strophes, l'autre pour les épodes. Si à leur dessin mélodique, sobre et clair, fût venue se joindre une danse rhythmique également simple, elles eussent paru, au bout de peu de moments, d'une monotonie insoutenable. — A l'exception de la 5e Olympique (p. 73), les strophes de Pindare embrassent plusieurs périodes ; la coupe stichique ne s'y prolonge guère ; en revanche les périodes antithétiques et mésodiques y foisonnent. Il existe toutefois des nuances sensibles entre les diverses œuvres du maître, selon le genre métrique — logaèdes ou épitrites — et selon le mode — éolien, dorien ou lydien — qui s'y trouvaient employés. Les chants éoliens se caractérisent par des périodes logaédiques largement développées et d'une inépuisable variété de structure ; les odes doriennes, composées en rhythmes épitrites, se distinguent par la noblesse et la tranquille énergie qu'elles respirent ; celles du mode lydien, qui admettent indifféremment l'un des deux rhythmes que nous venons de nommer, n'ont ni le brillant des uns ni l'ampleur des autres : leurs courtes périodes sont formées d'éléments simples et peu variés. Quant à l'ode péonique (*Ol.* II), son élan fougueux semble réclamer l'harmonie éolienne.

Strophes chorales du drame.

Une grande variété, unie à la facilité et à l'effet, tel est le trait distinctif des formes strophiques de la tragédie. Hormis l'anapeste et le péon, dont le mouvement et l'*éthos* cadrent mal avec la gravité de la danse tragique, tous les rhythmes trouvent un emploi étendu dans ce genre de composition. S'adressant à une société très-mêlée, dont il doit charmer les loisirs, le chant théâtral emprunte tour à tour ses éléments à la musique populaire et à l'art aristocratique. La muse de Sophocle, si austère qu'elle soit, ne répugne pas à entonner des hyporchèmes joyeux à la place des sombres *stasima*. Naturellement la comédie a une plus grande profusion de formes issues de la danse vulgaire (trochées vifs, péons, anapestes); néanmoins les chœurs où Aristophane parodie le style sérieux ont une mise en œuvre aussi distinguée que les sublimes créations d'Eschyle.

Des strophes à une seule période se rencontrent en grande quantité dans les premiers drames d'Eschyle (*les Perses*, *les Sept devant Thèbes*, *les Suppliantes*). Mais les strophes à deux périodes sont les plus nombreuses. Les deux parties de la strophe sont conçues, en général, de manière à présenter des oppositions, des aspects variés, soit par l'étendue, soit par la division rhythmique des membres. Tantôt le poëte rompra l'uniformité de la coupe stichique par une phrase à construction antithétique ou mésodique; tantôt, au contraire, il fera succéder à une période trop arrondie une période inégale et heurtée; d'autres fois, une phrase amplement développée sera précédée ou suivie d'une toute petite période, en guise d'introduction ou de *coda*. — Lorsque dans une strophe se réunissent plusieurs périodes, la première et la dernière renferment les thèmes principaux; les périodes du milieu servent d'épisode. — Les combinaisons créées par le génie des trois immortels tragiques sont trop diverses pour que l'on en tente un classement quelconque. Il faut les étudier sur les textes, que Schmidt a publiés en entier, accompagnés de leurs *schêmas* métriques. On y verra qu'Eschyle réalise ses beautés maîtresses en développant un seul thème; Sophocle a des motifs épisodiques plus abondants, des strophes plus longues; Euripide recherche et atteint l'effet par les oppositions frappantes de la rhythmopée. Nous devons nous borner à un seul exemple.

Strophe tragique composée de trois périodes.

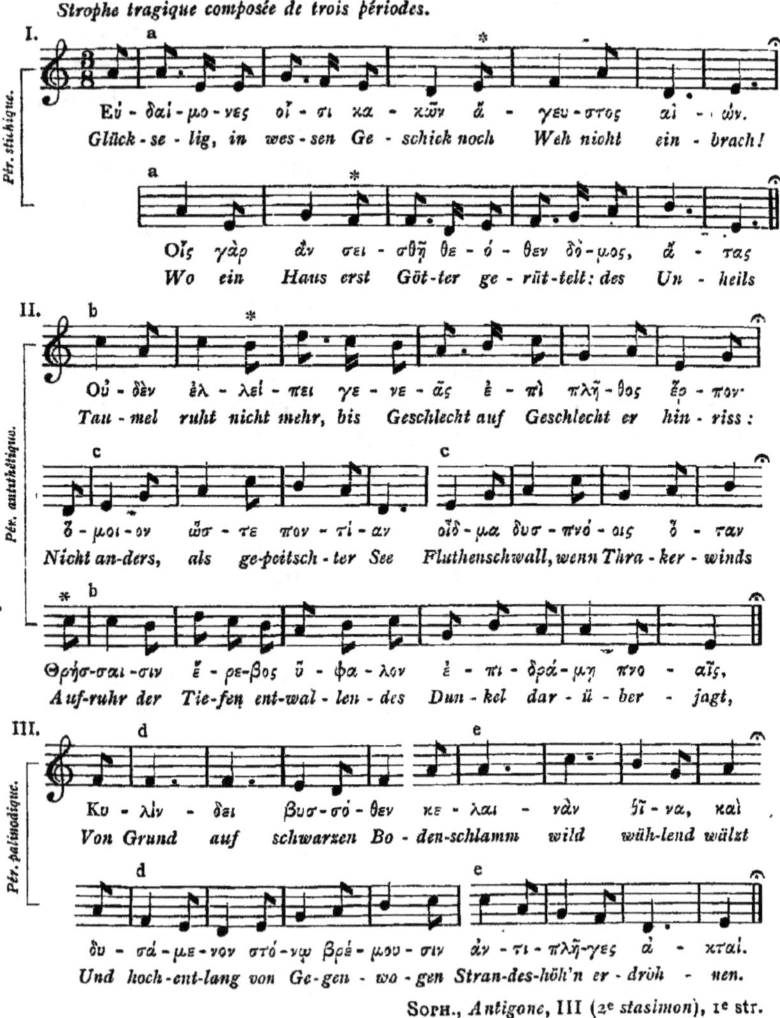

SOPH., *Antigone*, III (2e *stasimon*), 1e str.

Ainsi que nous l'avons dit précédemment (p. 200), les strophes dramatiques admettent le mélange de périodes appartenant à des genres différents de mesure. Voici les règles qui ressortent à cet égard de la pratique des anciens. Le $^2/_4$ ne se combine ni avec le $^5/_8$ ni avec le $^3/_4$; ces deux dernières mesures ne se mêlent pas davantage entre elles. Les Grecs n'accordent qu'à la seule mesure de $^3/_8$, si sympathique à l'organisation des peuples du midi de l'Europe (pp. 19-20, 60 et 190), la propriété d'aplanir les inégalités de rhythme et de terminer les strophes métaboliques. Sous la forme logaédique principalement, le $^3/_8$ rend la transition au $^2/_4$ très-aisée. Cela provient de ce que les logaèdes renferment un pied primitivement binaire, le dactyle, lequel, malgré sa division cyclique, ne dément pas son origine. Les mètres logaédiques sont également aptes à s'interposer entre les chorées et les ioniques, à s'unir avec des choriambes, des péons et des bacchius.

Strophe tragique composée de périodes appartenant à des rhythmes différents. (Cf. p. 76.)

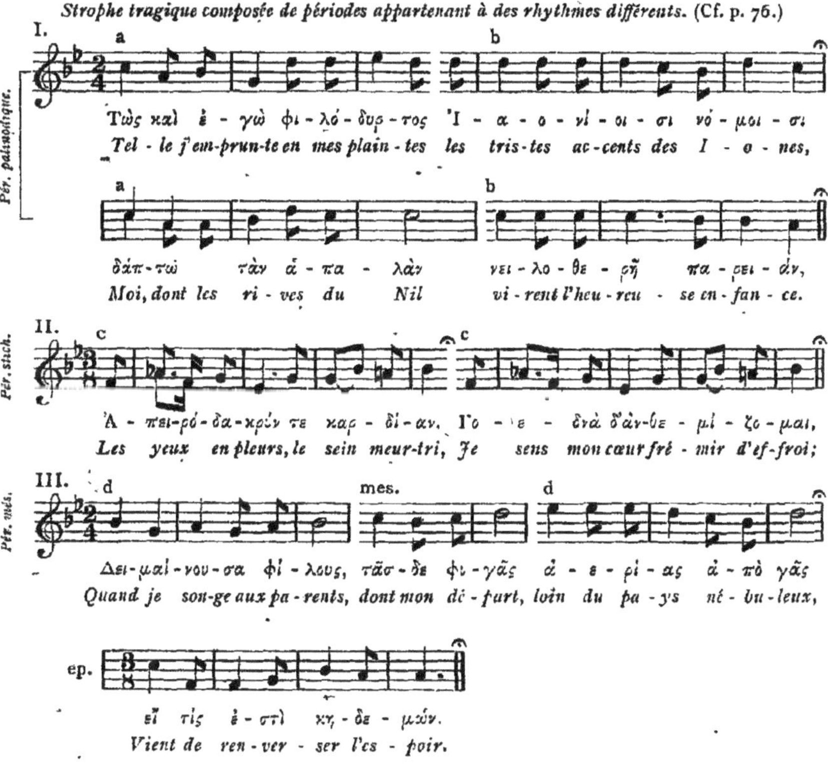

ESCH., *les Suppliantes*, I (chœur d'entrée), str. 3.

Un rôle important est réservé dans cette catégorie de strophes aux membres non appareillés. Presque toujours les *proodica* et les *epodica* sont appelés à préparer les changements de mesure, en sorte qu'ils ont un rapport rhythmique moins intime avec la période à laquelle ils sont liés qu'avec la précédente ou la suivante; ils annoncent le rhythme à venir, ou rafraîchissent le souvenir de celui qui est passé.

D'après la définition d'Aristoxène (T. I, p. 344), toute métabole exprime « une modification de sentiment se produisant au cours de l'œuvre. » Sans aucun doute, le passage d'une mesure à une autre coïncidait souvent avec un changement de mode et de ton, en sorte que les quatre harmonies du chœur tragique (ib., p. 195) et leurs échelles tonales correspondantes (ib., p. 230) se mélangeaient en même temps que les quatre espèces de mesures.

On a vu que toute composition de style orchestique se divise d'un bout à l'autre en strophes; celles-ci ont tantôt une coupe uniforme, tantôt des coupes différentes. — Toutes les strophes d'un chant auxquelles s'adaptait le même *schêma* rhythmique avaient aussi la même mélodie[1]. En dehors de quelques écarts insignifiants, la correspondance métrique des strophes pareilles est rigoureuse[2]. Mais cette régularité absolue n'est obligatoire que pour l'élément musical et orchestique. En ce qui concerne notamment la séparation des mots et leur disposition dans la phrase grammaticale, la versification strophique n'est tenue à aucune symétrie. Néanmoins, lorsque le poëte veut donner à certaines parties de son chant une expression très-intense, il amène à l'endroit correspondant de son texte des mots identiques ou apparentés entre eux, établissant ainsi d'une strophe à l'autre un parallélisme de sons ou d'idées[3]. De là au début des strophes tragiques l'emploi fréquent des interjections, partie du discours qui dans tous les idiomes tient plus du chant que de la parole. De là encore à la fin des strophes l'usage du *refrain* (*ephymnion*), *Cantica orchestiques.*

[1] Aristote, *Probl.*, XIX, 15 (ci-dessus, T. I, p. 341, note 2).

[2] Le ditrochée peut répondre à un pied ionique (ci-dessus, p. 180). Chez Pindare il arrive qu'à l'endroit où la strophe a le deuxième glyconien, l'antistrophe a le troisième, ce qui est sans exemple dans un chœur tragique.

[3] Cf. J. H. H. Schmidt, *Griechische Metrik*, § 27.

retour systématique du même vers ou de la même période poétique. Le refrain est de l'essence du chant choral et a été partout le précurseur de celui-ci : dans les fêtes religieuses des Hellènes primitifs, le chef du chœur entonnait, en l'honneur du dieu auquel la solennité était consacrée, un chant que la communauté interrompait périodiquement par une acclamation enthousiaste (*Ie paean* — *Io Bacche* — *Evohe*, etc.). Cet usage est contemporain de l'établissement des plus anciens cultes; déjà les hymnes du Veda ont des refrains analogues (*Evayâ-Marut*, etc.).

Chants isostrophiques.

La coupe la plus simple usitée dans le style choral consiste dans la répétition indéfinie d'un seul modèle strophique. En désignant par la même lettre les strophes pareilles, on exprimera donc ainsi la coupe dont il s'agit :

A A A A A A .... etc.

La forme isostrophique est le moule dans lequel l'art naïf et brut, aussi bien que l'art civilisé, s'est plu de tout temps à jeter l'idée mélodique; elle va de la chanson des sauvages polynésiens jusqu'aux plus belles productions de la musique moderne. La poésie lyrique de l'Europe occidentale n'en use pas moins que celle de l'antiquité; il est vrai que le compositeur de nos jours ne se fait aucun scrupule de donner la forme d'un air à un texte entièrement divisé en strophes. Bien que, par son mécanisme simple et sans apprêt, la coupe isostrophique fût principalement destinée en Grèce aux genres semi-populaires, telles que la chanson et les ariettes de la comédie, elle n'était pas exclue de l'art élevé. Parmi les odes de Pindare que le temps a épargnées, sept suivent la forme isostrophique. Par contre, il n'existe dans la tragédie aucun exemple d'un chant à plus de deux strophes pareilles.

Chants à strophes différentes.

A côté de cette coupe primitive se sont produites des combinaisons plus savantes, donnant lieu à une danse plus variée; de bonne heure on a imaginé de faire alterner deux ou plusieurs strophes de forme différente. Le drame, aussi bien que la lyrique chorale, a adopté le mélange des strophes; mais chacun des deux genres suit sa manière propre, quant à leur entrelacement.

Coupe ternaire.

Lorsque les chœurs lyriques ne sont pas formés de strophes de même modèle, ils se divisent en *péricopes;* on désigne par là un ensemble composé de deux sections mélodiques exactement pareilles, — *strophe* et *antistrophe* — auxquelles succède une section finale, ayant une autre forme métrique, partant une autre mélodie. Cette troisième et dernière partie de la péricope s'appellait l'*épode* (s. f. ἡ ἐπῳδός). La coupe que nous venons de décrire est représentée par le *schéma* suivant :

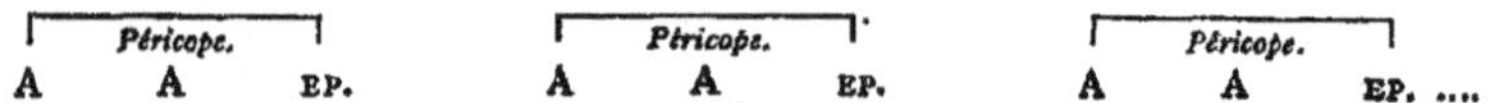

Selon l'explication traditionnelle, les mouvements et évolutions que les choreutes exécutaient en chantant la strophe se répétaient, dans le sens opposé, pendant l'antistrophe; ensuite le chœur, revenu à sa position première, restait au repos jusqu'à ce que l'épode fût terminée[1]. Probablement cela se faisait ainsi, en effet, aux époques primitives, lorsque le chant choral était encore renfermé dans l'enceinte du sanctuaire; mais plus tard, on a dû modifier cette mise en action. Si les épodes de Pindare eussent été privées de toute orchestique, la construction de leurs périodes se distinguerait en quelque chose de celle des strophes et antistrophes. Or il n'en est rien. Tout ce que l'on peut donc conjecturer avec quelque vraisemblance, c'est que les mouvements orchestiques qui accompagnaient l'épode étaient d'une nature spéciale[2].

L'adjonction d'une section indépendante, à la suite de deux strophes appariées, donne à la mélodie sa conclusion définitive et convertit, pour ainsi dire, la péricope entière en une vaste strophe. C'est l'application du principe palinodique, non plus à des groupes de quelques mesures, mais à des idées musicales complexes. On comprend aisément que, par suite de la division de toute l'œuvre en grandes sections arrondies et nettement limitées[3], il devint difficile au poëte lyrique de tenir l'attention de l'auditeur en suspens, jusqu'à complet achèvement du morceau[3].

[1] *Olim enim carmina in deos scripta ex his tribus constabant : circumire aram a dextra* strophen *vocabant*, *redire a sinistra* antistrophen, *post*, *cum in conspectu dei consistentes canticis reliqua peragebant*, epodon. Atil., p. 295, K. — Cf. Mar. Vict., I, 16, 2.

[2] Plutarque (*Quaest. conv.* IX, 15, 2) distingue trois éléments orchestiques : les *mouvements* (φοραί), les *figures* ou *attitudes* (σχήματα) et les *gestes indicatifs* (δείξεις).

[3] Le nombre des péricopes varie dans les épinicies de Pindare de 1 à 13.

Aussi, pour mieux entrelacer les diverses parties de ses grandes compositions, Pindare s'abstient-il fréquemment d'arrêter le sens grammatical à la fin des strophes, et même de séparer toutes ses péricopes par la ponctuation. Comme nous n'avons à nous occuper ici que de la coupe musicale, il suffira de reproduire, en guise d'exemple, une péricope du poëte thébain :

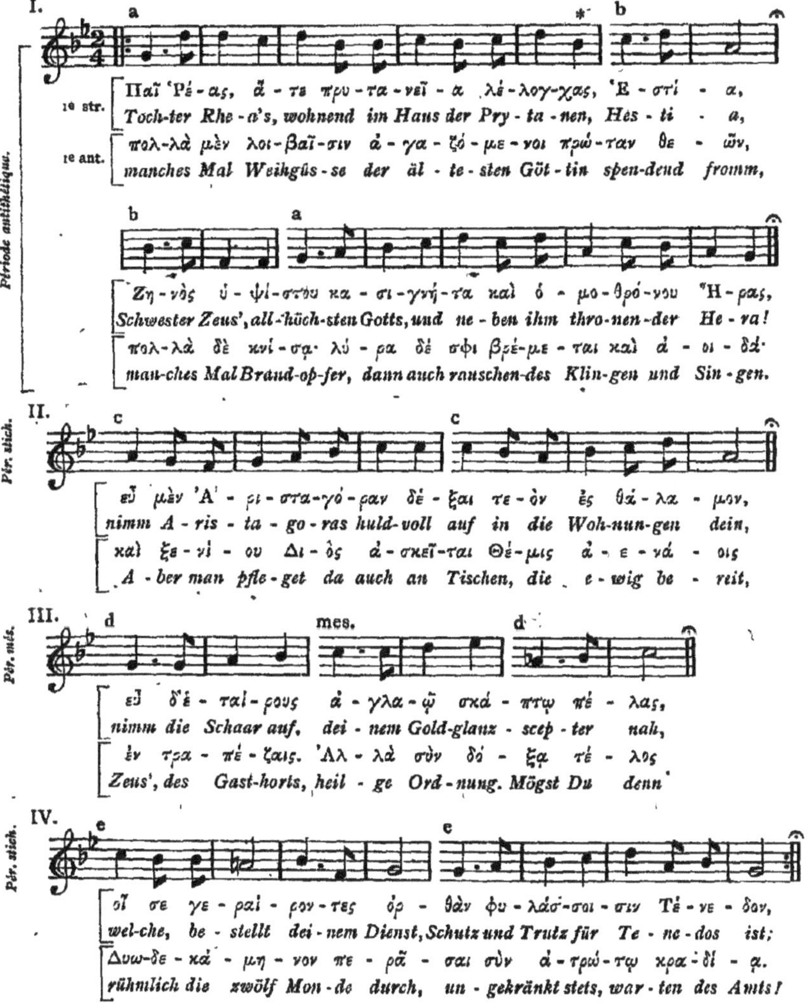

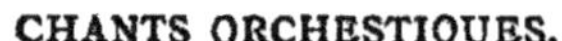

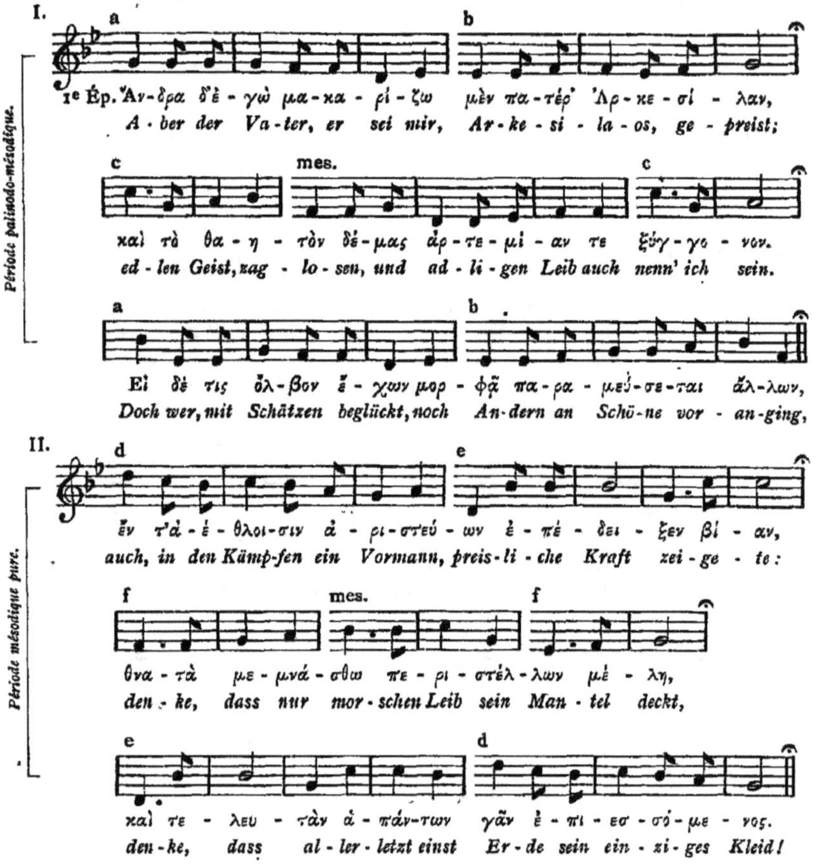

I. *Période palinodo-mésodique.*

a — b

1e Ép. Ἄν-δρα δ' ἐ - γὼ μα-κα - ρί - ζω μὲν πα-τέρ' Ἀρ - κε - σί - λαν,
A - ber der Va-ter, er sei mir, Ar-ke - si - la - os, ge - preist;

c — mes. — c

καὶ τὸ θα - η - τὸν δέ-μας ἀρ - τε - μί - αν τε ξύγ - γο - νον.
ed - len Geist, zag - lo - sen, und ad - li - gen Leib auch nenn' ich sein.

a — b

Εἰ δέ τις ὄλ-βον ἔ - χων μορ - φᾷ πα - ρα - μεύ-σε-ται ἄλ-λων,
Doch wer, mit Schätzen beglückt, noch An-dern an Schö-ne vor - an-ging,

II. *Période mésodique pure.*

d — e

ἔν τ' ἀ - έ - θλοι-σιν ἀ - ρι-στεύ - ων ἐ - πέ - δει - ξεν βί - αν,
auch, in den Kämp-fen ein Vormann, preis-li - che Kraft zei - ge - te:

f — mes. — f

θνα - τὰ με - μνά - σθω πε - ρι - στέλ - λων μέ - λη,
den - ke, dass nur mor - schen Leib sein Man - tel deckt,

e — d

καὶ τε - λευ - τὰν ἁ - πάν-των γᾶν ἐ - πι - εσ - σό - με - νος.
den - ke, dass al - ler - letzt einst Er - de sein ein - zi - ges Kleid!

PIND. *Nem.* XI (3 péricopes).

La répétition persistante de deux sortes de strophes, d'un bout à l'autre du morceau, pouvait convenir à la lyrique chorale, genre impersonnel, propre à raconter et à dépeindre plutôt qu'à émouvoir, et fortement empreint de couleur épique. Mais elle était incompatible avec le mouvement passionné du drame. Le chœur tragique, alors même qu'il reste inactif, partage jusqu'à un certain point les émotions et les sensations diverses des personnages. De là le besoin d'une disposition plus variée pour les chants orchestiques du théâtre. Le même modèle métrique ne sert que pour deux sections successives, en sorte que tous

Coupe des chœurs dramatiques.

les morceaux se composent d'une série de strophes accouplées, chaque couple ayant sa mélodie distincte[1] :

A A B B C C D D

Esch., *Agamemnon*, III (2e *stasimon*).

Là quantité et la longueur des groupes n'ont rien de fixe. Selon le genre d'effet qu'il a en vue, le poëte compose son *canticum* de quelques strophes de grande dimension, ou il en fait succéder plusieurs très-courtes. Chez Eschyle les *stasima* ont moins de développement que le chœur d'entrée; la marche de sortie n'est jamais longue. Sophocle introduit dans ses chœurs orchestiques des strophes peu nombreuses, d'une structure exquise. Euripide se contente souvent d'une seule paire de strophes, auxquelles il donne les plus vastes proportions. Dans la succession de ces groupes strophiques, le poëte-compositeur, sans détruire le sentiment de l'unité, s'attache à ménager des contrastes de toute nature, tantôt en changeant de rhythme, tantôt en variant la longueur ou la coupe des périodes[2]. Afin d'établir une cohésion étroite entre les diverses parties d'un morceau développé, il reproduit parfois à la fin de strophes dissemblables une période musicale entière, soit avec le même texte, soit avec un texte

1 La plupart des *proses* ou *séquences* de la liturgie catholique (*Dies irae*, *Lauda Sion*) ont cette coupe, non pas, il est vrai, par rapport au rhythme, lequel est isostrophique, mais par rapport à la mélodie; celle-ci change à chaque couple de strophes.

2 Voici l'analyse d'un chant orchestique très-développé, le chœur d'entrée des *Suppliantes* d'Eschyle. Les strophes accouplées sont au nombre de huit. La *première* couple a le rhythme dactylo-épitrite : chaque strophe forme une seule période palinodo-antithétique avec *proodicon* et *épodicon*. La *deuxième* paire strophique est en logaèdes; une seule période palinodo-mésodique remplit la strophe. La *troisième* strophe a été citée plus haut (p. 206), à cause des changements de mesure qu'elle renferme. La *quatrième* retourne au rhythme logaédique; elle se compose de deux petites périodes de coupe mésodique. La *cinquième* est également en 3/8; une petite période mésodique en chorées est suivie d'une période stichique en logaèdes, laquelle se termine par un *épodicon*. La *sixième* strophe, partie en chorées, partie en logaèdes, se compose de quatre courtes périodes, — la 1re et la 3e mésodiques, la 2e et la 4e stichiques — la dernière terminée par un *epodicon*. La *septième* strophe, en chorées purs, contient trois périodes : la première, stichique avec *epodicon*, la deuxième, palinodique, la troisième, stichique simple. Enfin la *huitième* et dernière paire de strophes, la plus étendue, débute par une longue période antithétique en chorées, et se termine par une suite d'anapestes, formant une période stichique répétée.

différent[1]. Ces refrains étendus, qui paraissent ne pas avoir été moins goûtés du public antique que de celui de nos jours, ont une allure simple et populaire.

A la suite d'une ou de plusieurs paires strophiques, les chants de la tragédie ont souvent une strophe dépourvue de pendant et destinée à fournir à la masse chorale un *tutti* large ou brillant. La strophe dépareillée, de même que celle qui termine les péricopes d'un chant lyrique, s'appelle *épode*. Mais ce terme a ici une acception différente, puisqu'il désigne une section mélodique qui ne revient pas dans la suite de la composition.

A A B B C C EP.

ESCH., *Agam.*, II (1er *stasimon*).

Les épodes du chant dramatique ne terminent pas nécessairement le morceau entier; souvent leur fonction est d'interrompre pour un instant la répétition symétrique de la mélodie, afin de marquer la transition à un nouvel ordre d'idées.

A A B B EP. C C D D E E

ID., *les Perses*, I (chœur d'entrée).

A A EP. B B C C D D E E F F

ID., *Agam.*, I (id.).

Placée au début du morceau, la section isolée reçoit la qualification de *proodique;* en ce cas, elle se combine parfois avec une *épode*.

PR. A A B B EP.

EURIP., *les Bacchantes*, I (id.).

Lorsqu'une strophe dépareillée vient s'interposer entre deux strophes correspondantes, elle prend la désignation de *mésodique*. Mais les morceaux au milieu desquels s'intercale une strophe de cette espèce, n'appartiennent plus au style choral pur. Ils se rattachent aux chants scéniques, les seuls dont il nous reste à traiter. Le paragraphe suivant leur est consacré.

[1] Telle est la période de quatre membres glyconiens qu'Eschyle emploie en guise de final : *Agamemnon*, II, str. 1, 2 et 3; *les Suppliantes*, V, str. 1, 2 et 3.

§ IV.

Coupe musicale du drame antique.

En ce qui regarde la part réservée à la musique, on a comparé depuis longtemps le drame antique à l'opéra, et les travaux philologiques les plus récents ont justifié pleinement cette manière de voir, pour autant qu'elle se limite à la partie vocale. Car en ce qui concerne l'instrumentation, il y a loin de la flûte unique dont parlent les auteurs de l'époque romaine aux sonorités riches et voluptueuses de l'orchestre moderne. Toutefois ce n'est pas notre opéra sérieux, mais bien l'opéra-comique qui présente le plus de ressemblance avec le drame grec; en effet, à côté du chant, ces deux derniers genres de spectacle admettent la parole, soit absolument nue, soit soutenue par le jeu des instruments.

La tragédie grecque — pour commencer par l'espèce de drame dont il nous reste le plus de monuments — se compose de deux parties essentielles qui sont aisément reconnaissables aux formes de la versification. En premier lieu une partie *lyrico-orchestique*, étrangère à l'action proprement dite et exprimant les sentiments qu'éveille dans l'âme du spectateur le contrecoup des événements tragiques : elle est entièrement confiée au chœur, et ses formes rhythmico-métriques ont été décrites au paragraphe précédent. En second lieu une partie *scénique* ou *mimétique*, c'est-à-dire le drame lui-même, contenu dans les discours et colloques répartis entre les divers personnages, discours et colloques auxquels le chœur se mêle par l'organe de son chef, le coryphée. Cette partie de l'œuvre est écrite en vers égaux; elle se sert de deux mètres anacrousiques, simples, énergiques et mouvementés : pour le dialogue courant, — l'équivalent du *recitativo secco* de l'ancien opéra italien et de la prose de l'opéra-comique — la tragédie emploie l'iambe trimètre[1]; lorsque le discours s'élève et que la situation prend une teinte marquée de solennité, des *systèmes* anapestiques (p. 179-180) se substituent aux suites non

[1] Voir ci-dessus, p. 174. — Le tétramètre trochaïque n'apparaît que par exception. Voir pp. 173 et 174 (note 2).

interrompues d'iambes[1]. Ces anapestes apparaissent d'habitude aux endroits où le dialogue se soude au chant et particulièrement avant le chœur d'entrée[2]; ils se font entendre sur le passage des cortéges triomphaux ou funèbres (pp. 120, 132-133), ou bien ils sont intercalés entre les strophes d'un *canticum*.

Chacune des deux grandes divisions de l'œuvre tragique avait son mode spécial d'exécution. Ainsi qu'on l'a vu précédemment, la partie lyrique se chantait d'un bout à l'autre. — Quant à la partie scénique elle était en grande partie déclamée. Mais dans cette déclamation même il y a lieu de distinguer deux degrés, deux manières. L'une, propre aux iambes trimètres et inventée pour ce vers, est la *paracatalogé*, déclamation parlée en mesure sur un accompagnement instrumental[3] : peut-être quelque chose d'analogue à ce débit moitié chanté dont les anciens acteurs de vaudeville faisaient usage dans les couplets d'un contenu très-sentimental. L'autre manière s'applique aux systèmes d'anapestes. Pour celle-ci aucun renseignement direct ne nous est parvenu; mais l'usage typique de l'anapeste comme mètre de transition et la fréquence de son emploi dans l'ensemble choral indiquent une déclamation chantée, se rapprochant assez souvent de la vraie mélodie[4]. Plus d'une fois déjà nous avons eu lieu de le constater : chez les anciens le mètre d'un morceau poétique est, en thèse générale, un *criterium* sûr pour déterminer le mode d'interprétation que l'auteur a en vue. Aux époques où l'art poursuit un développement organique, la forme et le fond se commandent mutuellement.

1 « L'anapeste a beaucoup de gravité. Partout où il s'agira d'imprimer à son sujet « un caractère grandiose aucun rhythme ne viendra mieux à propos. » DION. HALIC., *de Comp. verb.*, XVII. — Euripide a des scènes entières en systèmes anapestiques : tel est, au début d'*Iphigénie en Aulide*, le colloque nocturne entre Agamemnon et son vieil esclave. — L'anapeste ne précède jamais les chœurs où apparaît le rhythme quinaire.

2 Eschyle a des anapestes même devant ses *stasima*, mais cet usage n'a pas prévalu auprès de ses successeurs. Aristote (*Poét.*, ch. 12) définit le *stasimon* « un chant choral « *qui n'est pas accompagné d'une tirade d'anapestes ou de trochées.* » On sait que dans la comédie le tétramètre trochaïque tient la place des anapestes de la tragédie.

3 Voir ci-dessus p. 75, note 2. — ARISTOTE, *Probl.*, XIX, 6, cité dans le texte de la même page.

4 Le chant seul convient au chœur : faire parler à la fois 15 personnes (c'était le nombre des choreutes tragiques) serait ridicule et absurde.

Nous nous résumerons donc ainsi : les drames d'Eschyle, de Sophocle et d'Euripide connaissent trois langages : la parole, la déclamation chantée et la mélodie proprement dite. Au rebours de l'opéra-comique, que l'on appelait à son début une comédie mêlée d'ariettes, la tragédie doit être conçue comme une vaste composition chantée dans laquelle on a introduit une action. Lorsque l'on retranche d'une pièce d'Eschyle tous les trimètres, il reste un ensemble de chants qui se rattachent les uns aux autres par la parenté des formes rhythmiques et par l'unité de caractère. S'il existe, d'ailleurs, un axiome désormais soustrait à toute discussion, c'est que l'élément choral et orchestique — le *choricon* — fut le fondement sur lequel s'éleva le drame grec. On sait comment la tragédie prit naissance au sein même des rites dionysiaques (T. I, p. 46). Les louanges du dieu étaient célébrées par des chœurs dansés, entre lesquels on inséra plus tard des récits, soit pour varier l'intérêt de la composition, soit pour ménager aux exécutants quelques moments de repos. Au milieu du développement grandiose que la tragédie reçut par la suite, le souvenir de cette origine ne s'obscurcit pas; elle se perpétua dans le langage technique. Toutes les divisions par lesquelles la *Poétique* d'Aristote distingue les diverses phases de l'action scénique se rapportent aux mouvements ou aux chants du chœur. Le *prologos* est la partie de l'action qui se passe avant le chœur d'entrée; le terme *episodium* désigne tout ce qui est compris entre ce morceau et le dernier chœur sur place; enfin l'*exodos* est toute la partie du drame qui reste après ce chœur[1]. On décrira donc de la manière suivante la grosse charpente du drame attique : quatre chœurs dansés (la *parodos* et trois *stasima*) placés entre cinq tronçons de dialogue, — nos cinq actes — dont le premier s'appelle le *prologos*, le dernier l'*exodos*, tandis que les trois autres fragments détachés constituent ensemble l'*episodium*.

L'alternance continue d'un seul acteur récitant et d'un chœur chantant et dansant a pu suffire aux contemporains de Thespis, mais non plus aux Hellènes du Ve siècle. Déjà dans les plus

[1] πρό-λογος, ce qui est récité sans musique avant la πάρ-οδος (de παρὰ et ὁδὸς chemin), l'entrée (du chœur); ἐπ-εισόδιον, ce qui est introduit, digression, incident (le chœur étant considéré comme la partie principale); ἔξ-οδος, la sortie, le départ (du chœur).

anciennes tragédies qui nous restent, les parties dialoguées renferment de longs passages en vers lyriques, chants non plus dansés, mais *hypocritiques*, c'est-à-dire accompagnés de gestes. De même que les modernes, les dramaturges grecs enchâssent ces morceaux dans les scènes vives et touchantes, où il s'agit de dépeindre par une cantilène mélodieuse et pathétique un état de l'âme inaccessible à la froide parole[1]. Cette sorte de compositions musicales, à laquelle le présent paragraphe est consacré, renferme trois catégories de chants.

La première se compose des morceaux auxquels les personnages de la pièce prennent seuls part : les *chants de la scène* (ἀπὸ σκηνῆς). Comme les tragiques introduisent rarement plus de deux interlocuteurs à la fois, cette catégorie ne comporte que des monodies[2] et des chants à deux voix. Dans la plupart de ceux-ci l'un des acteurs se contente de donner la réplique à l'autre. Toutefois il arrive aussi que les deux personnages y concourent pour une part

[1] Les railleries sur l'invraisemblance du drame chanté, si communes parmi nous, se produisaient déjà à l'époque romaine. Voici comment s'exprime un des beaux esprits du siècle des Antonins, Lucien de Samosate, défendant la supériorité de la pantomime sur les autres genres de spectacle : « Pour ce qui est de la tragédie, tâchons d'abord de « l'apprécier d'après son apparence extérieure : quel spectacle hideux et effrayant que « cet homme arrangé de façon à paraître démesurément long, cheminant sur des « brodequins très-hauts, couvert d'un masque qui s'élève au-dessus de la tête, ayant une « bouche formidable, largement ouverte, comme si elle allait avaler les spectateurs ! « Je ne parle ni de ces fausses poitrines, ni de ces faux ventres, destinés à produire cette « épaisseur factice, sans laquelle ce qu'il y a de disproportionné dans la longueur deviendrait encore plus apparent par le manque de largeur. Ajoutez à cela la déclamation de « l'acteur, jetant des cris à l'intérieur [de tout cet attirail], élevant et baissant la voix, « chantonnant (περιᾴδων) parfois les trimètres iambiques, et, ce qui choque encore plus, « *chantant ses malheurs*, sans subir aucun contrôle, sinon pour ce qui touche à l'exécution « vocale, car tout le reste regarde des poëtes morts depuis longtemps. Passe encore « lorsque c'est une Andromaque ou une Hécube qui chante ; mais lorsqu'on voit entrer « en scène Hercule exécutant une monodie, sans se soucier ni de lui-même, ni de sa « massue, ni de la peau de lion dont il est revêtu, tout homme de sens pourrait à bon « droit qualifier de *solécisme* une pareille manière d'agir. » LUCIAN., *de Saltat.*, § 27. — Ce passage est d'autant plus intéressant que l'auteur y fait allusion à des chants insérés dans des tragédies d'Euripide encore existantes : l'élégie d'*Andromaque* (v. 103 et suiv.), l'air d'entrée d'*Hécube* (v. 59 et suiv.). Peut-être la mention d'Hercule se rapporte-t-elle au chant final des *Trachiniennes* de Sophocle (v. 1004 et suiv.). — C'étaient là sans doute des morceaux très-admirés.

[2] Io poursuivie (*Prométhée*, IV); Œdipe paraissant en scène après s'être aveuglé (*Œdipe Roi*, VII); Iphigénie se vouant à la mort (*Iphig. en Aulide*, V), etc.

égale et forment un *duo*, ou plutôt un air dialogué, car jamais ils ne chantent en même temps[1].

Une seconde classe de cantilènes scéniques — la plus ancienne — comprend les morceaux répartis entre un ou deux personnages et le chœur; on les appelle *chants dialogués* ou *amébées*. A l'époque classique ils étaient désignés sous les noms de *déplorations* (κομμοί) ou de *thrènes* (θρῆνοι); en effet ils sont imités des complaintes funèbres, dont la forme dialoguée s'est maintenue chez les peuples italo-grecs depuis les temps homériques jusqu'à nos jours[2]. Souvent le chœur participe à cette sorte de chants d'ensemble, non dans sa totalité, mais par la voix de son chef ou de plusieurs choreutes prenant la parole à tour de rôle[3].

La troisième catégorie se compose de morceaux en tout semblables aux chants de la scène et classés parmi eux, bien que les individus du chœur seuls y prennent part, soit qu'ils se séparent en deux groupes qui alternent, soit qu'ils se fassent entendre isolément l'un après l'autre, soit enfin que le chef des choreutes dialogue avec la masse[4]. Ces morceaux d'ensemble, que nous appellerons *chœurs épisodiques*, n'ont pas, d'après la *Poétique* d'Aristote, la longueur voulue pour être comptés parmi les véritables *chorica;* ils se distinguent en outre de ces derniers en ce qu'ils sont essentiels à l'action.

Souvent dans les tragédies de Sophocle et d'Euripide la *parodos*, au lieu d'être un morceau orchestique réservé au chœur, prend la forme d'un chant dialogué; rarement les *stasima* subissent la même transformation[5].

Le tableau suivant donnera, au point de vue de la coupe musicale, l'analyse complète d'une tragédie grecque. C'est à dessein que nous avons choisi une œuvre dont le sujet a été traité par le plus grand musicien dramatique des temps modernes.

1 Antigone et Ismène (*les Sept*, IX); Hélène et Ménélas (*Hélène*, IV); Électre et Oreste (*Électre* d'Euripide, VIII); Iphigénie et Oreste (*Iphigénie en Tauride*, IV), etc.

2 Voir ci-après, p. 371-372. — Cf. Aristote, *Poét.*, ch. 12.

3 Clytemnestre et le chœur (*Agamemnon*, VII); Électre et le chœur (*les Choéphores*, III); Athéné et le chœur (*les Euménides*, VII); Xerxès et le chœur (*les Perses*, VII), etc.

4 *Thrénos* des *Sept* (V), chœur dialogué des *Euménides* (II), d'*Alceste* (II), etc.

5 *Parodos* d'*Électre* (Soph.), d'*Œdipe à Colone*, de *Philoctète*, d'*Alceste*, d'*Hélène*, d'*Iphigénie en Tauride*, de *Prométhée* (voir ci-après, p. 526); 2e *stasimon* des *Euménides* (V), etc.

COUPE MUSICALE D'*ALCESTE* D'EURIPIDE.

N. B. Les chants lyrico-orchestiques sont désignés en majuscules; les chants de la scène en italiques; les passages déclamés musicalement en caractère ordinaire. Les vers du dialogue sont indiqués entre parenthèses.

Scènes		Coupe musicale
Ier Acte. Scène 1re, Apollon. Scène 2, Apollon, la Mort.	PROLOGOS.	(Trimètres, v. 1-27.) Système d'anapestes (v. 28-37) dit par la Mort : « Ah! ah! ah! que fais-tu auprès de ce palais ? » (Trimètres, v. 38-76.)
Scène 3, le Chœur.		I. PARODOS (v. 77-136), strophes précédées et entrecoupées d'anapestes : « Quelqu'un entend-il dans l'intérieur des gémissements ? »
IIe Acte. Scène 1re, le Chœur, une Servante. Scène 2, le Chœur.	EPISODIUM.	(Trimètres, v. 137-212.) II. *Chœur dialogué* (v. 213-236), une seule couple de strophes : « O Zeus, quelle issue trouver à ces maux ? » se terminant par un Système d'anapestes (v. 237-242) dit par le Coryphée : « Jamais je ne dirai que l'hymen apporte plus de joies que de souffrances. »
Scène 3, le Chœur, Alceste et Admète avec leurs enfants (Eumélos et un autre, personnage muet).	EPISODIUM.	III. *Monodie* d'Alceste (v. 243-272), deux couples de strophes, entremêlées de trimètres déclamés par Admète : « Soleil, lumière du jour.... » Système d'anapestes dit par Admète (v. 273-279) : « Hélas, ce sont de tristes paroles.... » (Trimètres, v. 280-392.) IV. *Monodie* d'Eumélos (v. 393-415), une couple de strophes, entrecoupée de trimètres déclamés par Admète : « Hélas, quel est mon malheur ! » (Trimètres, v. 416-434.)
Scène 4, le Chœur.		V. PREMIER STASIMON (v. 435-475), Chœur en l'honneur d'Alceste morte : « Fille de Pélias.... »
IIIe Acte. Scène 1re, le Chœur, Héraclès. Scène 2, le Chœur, Héraclès, Admète. Scène 3, le Chœur, Admète.	EPISOD.	(Trimètres, v. 476-567.)
Scène 4, le Chœur.		VI. DEUXIÈME STASIMON (v. 568-605), Chœur : « O maison toujours hospitalière.... »
IVe Acte. Scène 1re, le Chœur, Admète, Phérès.	EPISODIUM.	(Trimètres, v. 606-740.) Système anapestique chanté par le Chœur (v. 741-746) : « O victoire de ton courage.... »
Scène 2, un Serviteur. Scène 3, un Serviteur, Héraclès. Scène 4, le Chœur, Admète.	EPISODIUM.	(Trimètres, v. 747-860.) VII. *Chant dialogué*, 4 systèmes anapestiques, dits par Admète entre lesquels se placent deux couples de strophes amébées (v. 861-934) : « Hélas, triste aspect de mon palais désert.... » (Trimètres, v. 935-961.)
		VIII. TROISIÈME STASIMON (v. 962-1005), deux couples de strophes : « Sur les ailes de la muse.... »
Ve Acte. Scène unique, le Chœur, Admète, Héraclès, Alceste.	EXODOS.	(Trimètres, v. 1006-1158.) Système d'anapestes chanté par le Chœur (v. 1159-1163) : « Les événements que le ciel dispense.... »

La division des morceaux scéniques en monodies, chants dialogués et chœurs épisodiques n'a qu'une importance secondaire pour l'explication de leurs formes rhythmiques, lesquelles sont communes aux trois catégories. Ce qui caractérise ces formes, c'est la variété et la liberté. Cherchant à prendre le ton de toutes les situations, de tous les sentiments, les mélodies de la scène ne sont pas uniformément jetées dans un moule traditionnel et immuable, comme l'est, par exemple, la strophe pour le chant choral. Cette indépendance d'allures est inhérente au principe dramatique lui-même. Par son caractère à la fois épique et lyrique, le drame est, entre toutes les créations du génie artistique, la plus vivante, la plus complète et nous ajouterons la plus dévorante. L'opéra moderne, après s'être assimilé la plupart des formes auxquelles la musique vocale a donné naissance depuis deux siècles, tend de nos jours à absorber la symphonie[1]. De même on retrouve dans les chants scéniques d'Eschyle, de Sophocle et d'Euripide tous les éléments techniques disséminés dans les diverses variétés de la lyrique et de l'odique; mais en outre on y rencontre des rhythmes, des coupes de périodes et de morceaux dont les autres genres méliques ne présentent aucune trace.

Strophes scéniques.

Si nous considérons d'abord les compositions de la scène au point de vue de leur mode de structure, nous remarquerons que la plupart d'entre elles se rattachent au type choral et sont conséquemment divisées en strophes. La coupe strophique a survécu à la suppression de la danse, aussi bien dans la musique théâtrale que dans la chanson; jusqu'à nos jours elle a persisté même dans la poésie réduite à la seule récitation. En ce qui concerne leur étendue et leur contexture, les strophes scéniques présentent des modèles de toute espèce. Bien qu'elles soient aussi régulières que les strophes orchestiques, elles s'en distinguent par plus de limpidité et de pittoresque, par un mélange plus hardi des mesures et des mètres. Un exemple particulièrement intéressant sous ce dernier rapport est la monodie que chante Ion, au début du beau drame d'Euripide. Les strophes se terminent par un

[1] L'ouverture a suivi les transformations de la sonate; les modèles des airs et des duos d'opéra ont été pris par les compositeurs vénitiens et napolitains aux cantates de l'école romaine (Carissimi, Luigi Rossi, Pasquini, etc.).

refrain en *orthioi*, rhythme religieux emprunté des *nomes* de Terpandre (p. 110).

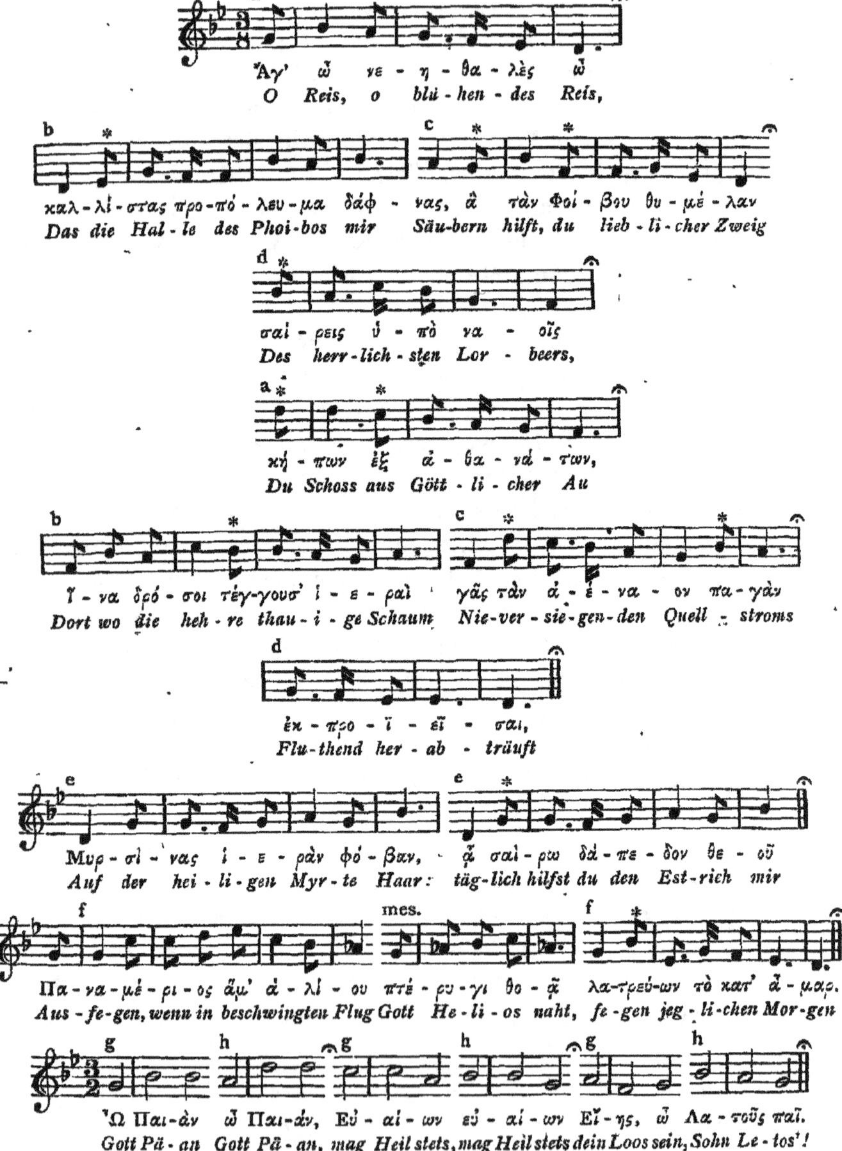

De même que les strophes chantées et dansées dans l'enceinte du chœur, celles de la scène procèdent par couples. Mais la matière dramatique ne se laisse pas toujours distribuer avec symétrie; c'est pourquoi l'on voit apparaître ici fréquemment des strophes non appariées et particulièrement des *mesodica*, inusitées dans les chœurs dansés. C'est là encore ce qui a porté les poëtes à interrompre la marche régulière des strophes par des tirades de vers égaux, disposés en *systèmes* ou en série continue.

Sections mélodiques ou *commata*.

Tout en conservant la forme strophique, le drame a donc été amené à en varier les dispositions et à y introduire des sections indépendantes. Il devait être entraîné ainsi logiquement à faire un pas de plus, et à laisser de côté la strophe partout où l'action et la passion prennent le pas sur le lyrisme[1]. Et cela est fondé sur le principe même de l'expression musicale. — Le chant choral a pour auxiliaire l'*orchesis*, les mouvements symétriques et sculpturaux du corps; il s'incarne dans la strophe, une mélodie toujours la même, qui plaît et émeut précisément par son retour; il exprime le sentiment subjectif, qui trouve sa volupté à se repaître d'une seule image retournée en tous sens. La cantilène dramatique, au contraire, a pour auxiliaire la *mimesis*, l'imitation des actes d'un individu distinct du poëte et de l'exécutant, actes qui changent incessamment de phases et d'aspects, et ne se répètent jamais en des moments identiques. Elle doit s'attacher à suivre pas à pas l'expression de la situation et de la parole, par des inflexions et des rhythmes s'adaptant aux accents et aux mouvements de la passion momentanément mise en jeu. Voilà pourquoi sa forme naturelle est le chant non strophique. Dans un de ses *Problèmes* consacrés à la musique, Aristote soulève la question : « Pourquoi les nomes (les monodies) ne « sont-ils pas composés en strophes comme les chœurs? » et il la résout par des considérations analogues. « Les mélodies de cette

[1] Il est remarquable que la mélodie dramatique des modernes s'est transformée en passant par des phases analogues. Chez les créateurs de l'opéra — Peri, Monteverde — et dans les cantates des maîtres romains du XVIIe siècle, — Caccini, Rossi, Carissimi — l'air ne connaît guère que la coupe strophique; avec Alessandro Scarlatti, Händel et Bach, la coupe mésodique, l'air à *da capo*, arrive à une domination incontestée; à partir de Gluck, la cantilène théâtrale devient entièrement libre dans ses divisions.

« sorte de morceaux, » dit-il, « varient sans cesse avec les actions « qu'elles se proposent d'interpréter, *d'autant que le chant doit « être plus expressif que les paroles.* » Et il ajoute, afin d'appuyer son raisonnement par un exemple : « Aussi depuis que les dithy- « rambes sont devenus *mimétiques* (ou imitatifs), ils n'ont plus « d'antistrophes, tandis qu'ils en avaient jadis[1]. » Les nomes dont il est question à cet endroit ne sont pas les cantiques religieux de Terpandre, mais les grands airs descriptifs de Phrynis et de Timothée, que les virtuoses du temps d'Aristote chantaient avec grand succès. Toutefois les nomes de l'école terpandrienne rejetaient également la forme strophique; il en est de même de ceux que Mésomède composa sous les Antonins[2].

Schmidt désigne par le terme *comma* une section poétique dont la mélodie et le *schéma* rhythmique ne se reproduisent pas dans une antistrophe[3]. Au fond les strophes isolées qui se rencontrent dans les chants scéniques sont des *commata*, avec la seule différence que ceux-ci ont en général une contexture plus simple et une étendue moindre : ils se composent la plupart du temps d'une période unique, comprise en peu de vers[4]. Au lieu de grandes phrases arrondies nous avons ici des exclamations vives et courtes, passant rapidement d'un sentiment à un autre alors même que la situation fondamentale ne se modifie pas. — La coupe commatique convient à toute espèce de morceaux de scène, soit monodies, soit chants dialogués; elle s'adapte en perfection aux longues lamentations qui suivent la catastrophe. A mesure

[1] Voir ci-dessus, T. I, p. 341, la traduction complète du problème.

[2] Il est important de remarquer que Suidas applique aux poésies chantées de Mésomède la qualification de *nomes* (voir T. I, p. 446). — Une des variétés de la chorale lyrique s'affranchissait également de l'usage constant de la coupe par strophes : l'*hyporchème*, la danse imitative.

[3] Les mots κόμμα, coupure, tronçon, incise, et κομμός, lamentation, déploration, n'ont pas entre eux de rapport direct, bien qu'ils dérivent tous deux de κόπτω, couper, hacher, frapper, et, par extension, *se frapper la poitrine en signe de deuil* (de là *déplorer*). — L'adjectif κομματικός ne vient pas de κομμός, mais de κόμμα, et s'applique au chant qui procède par incises, par sections. — De courts *commata* coupent souvent le récitatif de l'opéra moderne : telles sont dans la scène du cimetière de *Don Giovanni* les deux phrases que chante la statue : « Di rider finirai pria dell' aurora » et « Ribaldo! audace! « lascia a' morti la pace. »

[4] J. H. H. SCHMIDT, *Monod.*, p. 116.

que la tragédie s'éloigne du lyrisme dithyrambique pour se rapprocher du drame moderne, elle donne plus d'extension à cette forme musicale. Tandis que dans les drames d'Eschyle le désespoir de Xerxès vaincu, la prière filiale d'Électre et d'Oreste sur le tombeau de leur père, les gémissements d'Antigone et d'Ismène s'exhalent en strophes régulières, les héros et les héroïnes d'Euripide chantent des airs, dont le texte, d'un bout à l'autre, recevait une musique sans répétitions imposées, et qui avaient conséquemment une coupe semblable à celle de nos airs d'opéra. On doit avouer que, s'il est possible au musicien moderne de se créer une image satisfaisante de la mélodie chorale et strophique des Hellènes, il lui est infiniment plus difficile d'arriver à la conception d'une musique théâtrale, de forme libre, ayant pour toute ressource la cantilène homophone, quelque belle et expressive qu'on la suppose. Et cependant, l'esprit se refuse également à admettre que les vers passionnés et les rhythmes brûlants d'Euripide se soient produits, devant le peuple le plus artiste du monde, sur une musique incolore et insuffisante.

Rhythmes des chants scéniques.

Laissant de côté le problème actuellement encore insoluble auquel nous venons de toucher, arrivons aux particularités qui caractérisent les chants scéniques par rapport au choix des rhythmes. Sauf les ioniques, dont l'usage est très-rare, toutes les mesures et tous les mètres sont admis dans le chant théâtral. Deux formes rhythmiques, inconnues aux autres genres de poésie chantée, y ont acquis un développement considérable. La première, le *spondée anapestique* (p. 105), est donnée par les poëtes qui l'emploient comme un emprunt fait aux chansons plaintives de l'Asie[1], toujours accompagnées par un instrument à vent[2]. Ainsi qu'on l'a vu plus haut, l'anapeste, en tant que rhythme actif et énergique, joue un rôle important dans la partie chorale du drame. Ici il a un *éthos* entièrement opposé. Les notes d'égale

[1] « Je saluerai ton retour par l'hymne lugubre du chanteur *mariandynien*.... » *Les Perses*, v. 935-938. — « Pour répondre à tes chants, ô ma maîtresse, j'entonnerai un hymne « *asiatique*, avec les accents d'un pays *barbare* : muse plaintive, agréable aux morts, « qui inspire les chants d'Hadès et répugne aux cantilènes joyeuses. » *Iphigénie en Tauride*, v. 179-185.

[2] « En chants douloureux, *que n'accompagnent pas les sons de la lyre*, hélas ! hélas ! « éclatent les malheurs qui m'accablent. » *Ib.*, v. 144-147.

longueur émises par une secousse de l'organe vocal, expriment au mieux les clameurs du désespoir, la plainte insistante, ou le sanglot étouffé s'échappant avec effort de la poitrine d'un être malheureux. Parfois le ton de ces cantilènes s'exalte jusqu'au délire, mais le délire d'un être impuissant et faible. Néanmoins le spondée anapestique partage toutes les propriétés métriques du rhythme dont il dérive (p. 132 et suiv.). Peu favorable à la coupe strophique[1], il forme des sections sans aucun temps d'arrêt intérieur, sections en tout semblables aux *systèmes* (p. 178) et se succédant en longues séries. A ce rhythme appartiennent plusieurs grandes monodies d'Euripide, ainsi que le grand chant dialogué où Iphigénie, l'esprit troublé par de funestes présages, pleure avec les prêtresses de la Diane taurique les malheurs de la maison paternelle.

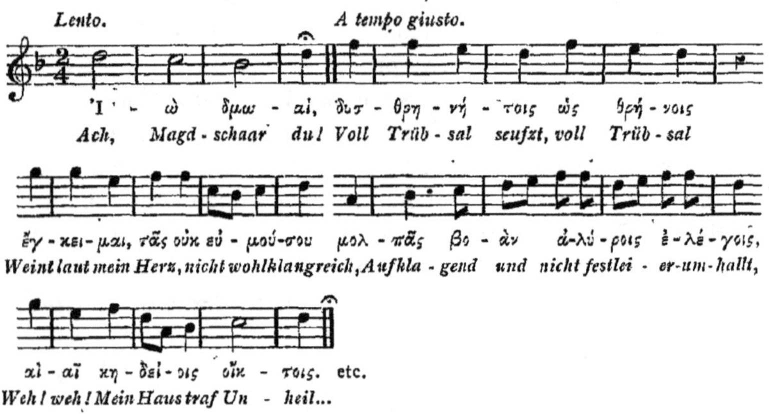

Un second rhythme dont aucune poésie autre que la dramatique ne montre de trace est le *dochmius* (pp. 79, 107, 111, 125, 144). Formé de la juxtaposition des deux rhythmes impairs, il exprime à merveille l'excitation nerveuse, l'inquiétude, la fluctuation incessante entre des sentiments opposés et néanmoins voisins : terreur et colère, désespoir et vengeance. Bien que le pied dochmiaque, par l'inégalité des rhythmes dont il se compose, semble

[1] Quelquefois les *commata* successifs ont une similitude si grande, qu'ils ressemblent à des strophes. — Par exception les spondées anapestiques forment des strophes véritables; tel est le chœur thrénodique à la fin des *Choéphores* (VII).

peu favorable à la danse, Eschyle le choisit pour des chœurs orchestiques; Sophocle et Euripide le réservent pour les chants de la scène. Afin d'empêcher que l'agitation ne dégénère en incohérence, les pieds dochmiaques en général vont deux à deux, et chaque couple forme un vers.

Le changement de mesure est fort usité dans la mélodie dramatique, non-seulement au commencement d'une nouvelle période, où la liberté est illimitée, mais encore à l'intérieur de la phrase musicale (p. 77). Les monodies d'Euripide présentent des accouplements rhythmiques inconnus au chant choral[1]. Ces transitions soudaines sont bien à leur place dans l'emportement de la passion, lorsque l'acteur passe subitement d'une idée à l'autre. Même dans le corps du vers, le passage du 5/8 au 3/8, et *vice versâ*, est toléré à tout endroit de la strophe ou de la section. On rencontre des périodes palinodiques dont les groupes sont composés de membres hétérorhythmiques.

a b a b

Παρ-θέ - νι-α δ' ἐ - μοῦ μα - τέ - ρος σπάργαν' ἀμ-φί - βο-λά σοι τάδ' ἐξ-

a b

ῆ-ψα, κερ-κί - δος ἐ - μᾶς πλά-νους[2].

Ion, X (duo de Créuse et Ion), sect. 9.

Périodes des chants scéniques.

Toutes les formes régulières de la période s'approprient au chant scénique; mais par suite de l'absence d'*orchesis*, les coupes peu compliquées (la stichique et la palinodique) lui conviennent le mieux : le *thrénos* en particulier incline aux formes populaires. Quant à la coupe antithétique, trop artificielle, elle trouve rarement son emploi dans la mélodie dramatique. En revanche, les membres non appariés y sont tout à fait à leur place.

En outre, *la musique scénique fait usage de périodes irrégulières*, c'est-à-dire de phrases mélodiques dont les parties géminées ne

[1] Anapestes et péons (monodie de Polymestor, *Hécube*, VIII); anapestes, dochmies et chorées (monodie de l'esclave phrygien, *Oreste*, VI).

[2] Traduction (Créuse) : « Jeune fille encore, moi, ta mère, je t'enveloppai de ces « langes, ouvrage de ma navette. »

sont pas en rapport exact (p. 161). Dans le chant pur, le contour mélodique et une disposition approximativement symétrique des accents suffisent à marquer les divisions de la période musicale; l'isochronisme des membres correspondants n'est pas indispensable (p. 3); il a été inconnu à la poésie des Hébreux, la plus musicale qu'il y eût jamais[1]. Eschyle et Euripide le négligent à dessein dans les situations terribles et poignantes du drame, alors que le sentiment, agité jusqu'au paroxysme par le spectacle de catastrophes meurtrières ou d'événements extraordinaires, perd tout équilibre et s'exhale en accents désordonnés. Néanmoins on se tromperait en croyant que ces constructions hardies n'obéissent qu'à la fantaisie. Les règles qui gouvernent les périodes non symétriques du chant théâtral ont été formulées et démontrées par Schmidt. Voici un résumé des principales d'entre elles :

1° Les mesures renfermant un nombre impair d'unités, à savoir 3/8, 5/8, ainsi que la mesure mixte issue de leur conjonction (le pied dochmiaque), sont les seules qui, en vertu de leur *éthos* mouvementé (p. 60), admettent des périodes irrégulières. Ni le 2/4 ni le 3/4 ne tolèrent de semblables constructions.

2° Souvent le manque de symétrie provient de ce que la phrase mélodique est coupée, soit par des interjections non soumises à la mesure (particulièrement des cris de douleur), soit par des trimètres iambiques pareils à ceux dont se sert le dialogue. Ces interruptions forment au dedans de la période musicale une sorte de parenthèse, étrangère à l'ensemble, et dont il fait abstraction pour ainsi dire. Toutefois en pareil cas, interjections et trimètres étaient certainement chantés aussi bien que le reste. Un brusque saut du chant au débit parlé ou réciproquement, pendant la durée d'une période oratoire dite par le même personnage, est trop choquant pour qu'on puisse imputer une semblable pratique aux Grecs[2].

1 Les chants populaires du peuple hébreu, dont quelques-uns ont passé dans le texte de la Bible (Cf. la chanson du puits, *Nombres*, XXI, 17-18), ne diffèrent pas en cela des autres parties poétiques du recueil sacré.

2 Il est impossible, par exemple, d'admettre que Cassandre ait commencé par chanter (*Agam.*, V, antistr. 3) : « Ces témoins, oui, je puis les en croire, ces enfants en larmes, « égorgés, » pour terminer la période en disant sur le ton du simple discours : « et ces « chairs mangées par un père. » — Cf. *Hélène*, IV (duo entre Hélène et Ménélas); *Iphigénie en Tauride*, IV (Iphigénie et Oreste); *les Phéniciennes*, I (Antigone et le Pédagogue).

Ce qu'il y a lieu de supposer, c'est que le chant de ces vers intercalés avait toute l'allure d'un récitatif.

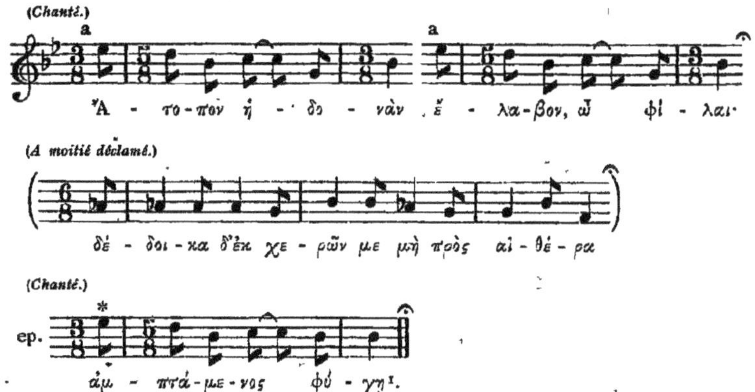

Iphigénie en Tauride, IV (duo entre Iphigénie et Oreste).

3° D'autres fois l'anomalie consiste dans la différence d'étendue des membres appariés, la mesure restant la même. Le 5/8 n'a que des tripodies à opposer aux dipodies; mais le 3/8, produisant des membres de toute longueur, a une plus grande latitude à cet endroit. Dans la petite période qui suit, une hexapodie répond à une tétrapodie.

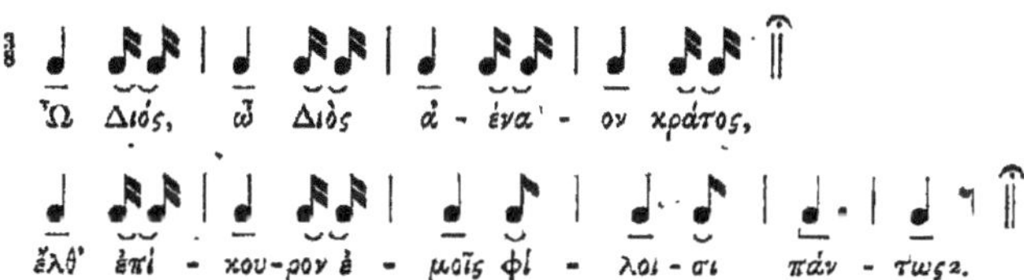

Oreste, V (chant dialogué entre Électre, le chœur et Hélène), sect. 1.

4° Une troisième espèce d'irrégularité enfin se produit lorsque les membres appariés suivent un genre de mesure différent : dans la plupart des cas leur étendue est à peu près égale. Il arrive notamment que *la tripodie choréïque* (ou *logaédique*), dont la durée totale est de 9 temps premiers, *s'apparie avec un pied dochmiaque*,

1 Trad. (Iphigénie) : « Un bonheur inespéré m'est tombé en partage, ô mes amies; « mais je crains que l'auteur de ma joie ne m'échappe et ne s'envole vers le ciel. »

2 Trad. (Électre) : « O puissance éternelle de Zeus, viens secourir efficacement ceux « que j'aime. »

qui n'embrasse que 8 unités. Une telle tripodie du 3/8 est appelée par Schmidt *hypodochmius*[1].

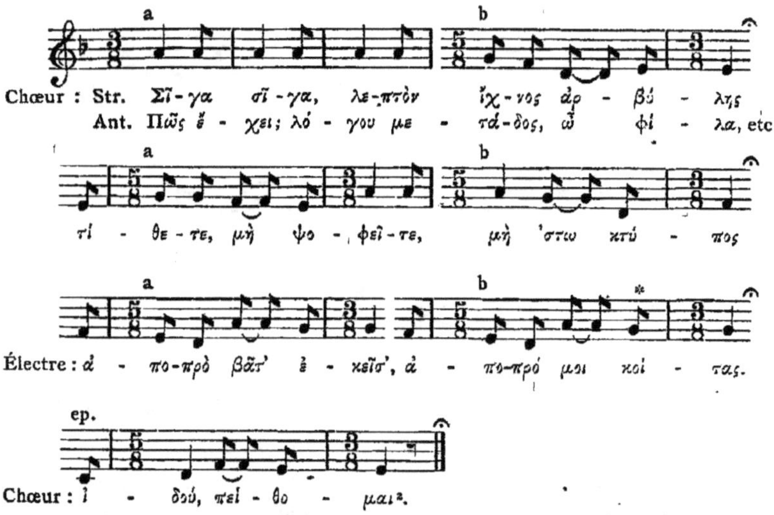

Oreste, I (*Parodos* dialoguée entre Électre et le chœur).

5° Les périodes irrégulières affectent une des formes propres aux périodes normales, le plus souvent la forme stichique. Néanmoins, d'autres principes de construction s'admettent aussi, à condition que la division en membres soit d'une clarté parfaite. Après les périodes stichiques, les palinodiques et les mésodiques se présentent le plus fréquemment.

Versification des chants scéniques.

En ce qui concerne la facture du vers, les compositions scéniques possèdent également leurs particularités propres. — Remarquons en premier lieu que, par suite de l'absence d'orchestique, ces chants, lorsqu'ils sont exclusivement formés de tétrapodies, n'ont pas besoin de repos multipliés (p. 190). Aussi la pause finale du vers s'omet-elle à volonté, non-seulement dans les spondées

[1] L'*hypodochmius* ne doit pas contenir de brèves irrationnelles. Cf. J. H. H. Schmidt, *Monod.*, p. 80-86. — Lorsque le *dochmius* est isolé par une pause de vers, il peut répondre à des membres d'une étendue quelconque, issus du 3/8 ou du 5/8.

[2] Traduction : (le chœur) « Silence! Silence! que nos pas ne laissent qu'une trace « légère; ne faites point de bruit, point d'éclat. (Électre) Allez plus loin, par là; « éloignez-vous de ce lit. (le chœur) Soit, j'obéis. » — En adaptant une mélodie à ces vers, j'ai tenu compte des indications de Denys d'Halicarnasse (ci-dessus, p. 99).

anapestiques (p. 225), mais encore dans les dactyles agités[1] et sans aucun doute en d'autres mètres. Par la même raison le vers prend une extension considérable, témoin le suivant qui n'embrasse pas moins de cinq membres.

Αἴ-λι-νον αἰ - άγ-μασιν ἃ τοῖσδε προ-κλαί - ω; μονάδ' αἰ - ῶ-να δι - ά-

ξου-σα τὸν ἀ - εἰ χρόνον ἐν λει-βο-μέ - νοι - σιν δακρύ - οις ἰ - α - χή - σω[2].

Eurip., *les Phéniciennes*, X (duo d'Antigone et Œdipe), sect. 3.

Mais il en est autrement si les périodes sont irrégulières ou de structure compliquée : en ce cas, les temps d'arrêt ne peuvent trop s'espacer, ni conséquemment les vers trop s'étendre. Lorsqu'une période irrégulière comprend plusieurs vers, chacun de ceux-ci doit former un membre isolé ou un groupe palinodique. Ajoutons enfin que tout vers renfermant plus d'un membre peut constituer à lui seul une période de cette espèce.

Un trait frappant de la versification scénique, c'est l'étroite concordance qui s'y observe entre les divisions de la période musicale et celles de la phrase grammaticale. Ici encore se montrent les tendances populaires du chant théâtral. Tandis que les représentants de l'art aristocratique — Pindare chez les Grecs, Horace chez les Romains — rendent leurs constructions strophiques indépendantes des repos grammaticaux, les poëtes dramatiques, lorsqu'ils font chanter leurs personnages, tiennent un compte aussi rigoureux de la ponctuation que les librettistes modernes, et se servent avec modération de l'enjambement. Souvent les strophes des chants alternatifs sont partagées entre plusieurs voix, un vers même se répartit entre différents personnages : manière empruntée des déplorations populaires. Or, — preuve évidente du rapport intime qui unissait le texte et la mélodie — en pareil cas la règle suivante est observée sans exception par les trois tragiques : *à l'endroit précis où dans la strophe il y a un*

[1] J. H. H. Schmidt, *Griech. Metrik*, p. 384.

[2] Traduction (Antigone) : « Moi qui me livre à ces cris de douleur, condamnée à vivre « seule, je passerai ma vie à verser des larmes amères. »

changement de personnages, un changement analogue doit avoir lieu dans l'antistrophe[1].

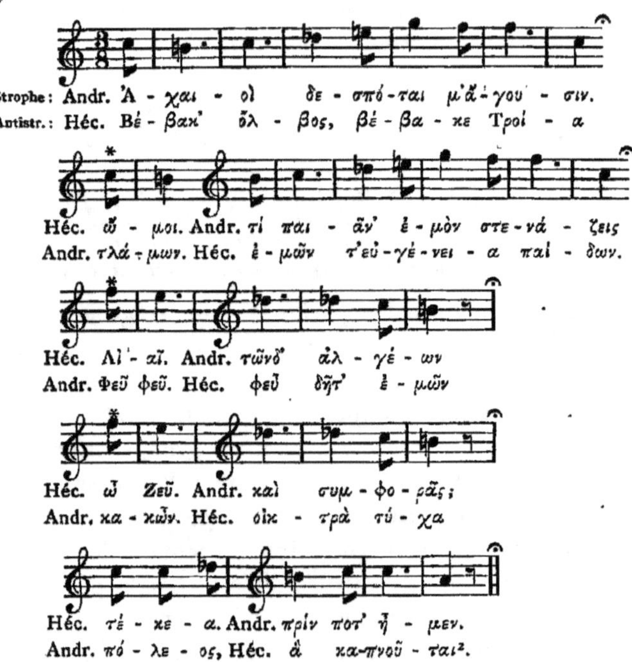

EURIP., *les Troyennes*, V (duo entre Andromaque et Hécube).

Chez nous les paroles des airs de théâtre se coupent, se répètent, se transposent au gré du compositeur. Dans l'antiquité, alors que le poëte et le musicien étaient une seule et même personne, on ne prenait pas avec le texte des libertés aussi grandes; il n'en est pas moins vrai que la recherche de l'expression et la poursuite de l'effet musical ont souvent pour effet de rapprocher la poésie antique de celle de nos *libretti* d'opéra. En sa qualité de poëte

[1] Cf. *Eumén.*, I; *les Sept*, IX; *Œdipe à Colone*, V; *Électre* (Soph.), V; *les Bacchantes*, IX.

[2] Traduction : *Strophe.* (Andromaque) « Les Achéens, nos maîtres, m'emmènent avec « eux. (Hécube) Hélas! (Andr.) Pourquoi gémis-tu sur des maux qui ne sont qu'à moi? « (Héc.) Ah! (Andr.) O douleurs! (Héc.) Hélas! (Andr.) O calamités! (Héc.) Mes enfants! « (Andr.) Nous ne sommes plus. — *Antistrophe.* (Héc.) C'en est fait de notre bonheur, « c'en est fait de Troie. (Andr.) Infortunée! (Héc.) Et de ma noble postérité. (Andr.) « Hélas! (Héc.) Hélas! Quels sont mes.... (Andr.) malheurs! (Héc.) Sort déplorable... » « (Andr.) de la cité... (Héc.) qui fume! »

musical, Euripide a été aussi maltraité par Aristophane que Quinault l'a été par Boileau; ses onomatopées, ses répétitions, ses interjections accumulées ont été raillées impitoyablement. Cependant il n'est pas certain que les satires mordantes et les immortelles parodies du grand comique impliquent une critique sincère et fondée. On ne peut nier, en effet, que la poésie, lorsqu'elle se marie à une mélodie expressive, ne doive sacrifier une partie de ses beautés littéraires et prendre une allure différente de celle qu'elle montre à l'état d'indépendance complète. Ni l'ampleur, ni l'abondance, ni la variété, ni la couleur de la poésie narrative ne lui conviennent; brève, hachée, énergique, pauvre en images, riche en accents, elle parle le langage de la passion. L'absence de toute rhétorique convient aux épanchements de l'âme. — Un trait non moins caractéristique de la poésie musicale, c'est l'amour de la répétition. La mélodie n'est point une narration qui passe, c'est un mot ravissant qu'on désire sans cesse entendre de nouveau, avec une nuance toujours plus profonde, plus intime. Tout le monde sait combien le vers le plus banal, transformé par le génie mélodique, peut exciter d'attendrissement et d'émotion. C'est par des répétitions bien ménagées qu'une impression, à laquelle d'abord l'auditeur était rebelle, finit par s'insinuer, et grandit bientôt au point d'envahir l'âme entière. — L'abondance des interjections se justifie par des considérations analogues; dans leur impétuosité irrésistible les passions s'expriment mieux par des sons à peine articulés que par des paroles. Chez Eschyle lui-même, le musicien prenait parfois le pas sur le poëte; sous le rapport littéraire la déploration des *Perses* n'a pas une valeur plus grande que les monodies les moins estimées d'Euripide.

Particularités mélodiques des cantilènes théâtrales.

C'est également au caractère expressif et déclamé des chants scéniques que nous ramènent les notices fragmentaires où il est question de leur forme mélodique. Selon Aristote les *solos* et les *duos* de théâtre s'adaptaient de préférence à l'*hypodoristi* ou à l'*hypophrygisti*, modes dont l'*éthos* énergique et décidé convenait à des personnages réels et agissants, rois ou héros[1]. Agathon,

[1] Voir T. I, p. 194. — Le mode dorien n'était pas tout à fait exclu de ce genre de musique. Cf. Plut., *de Mus.* (W., § XIII). D'autre part le mode phrygien paraît avoir été employé dans quelques morceaux scéniques de Sophocle.

poursuivant dans sa musique l'expression touchante et plaintive, mit en usage les intervalles chromatiques, rejetés, comme trop efféminés, par Phrynique et Eschyle[1]. Quant aux métaboles harmoniques, elles n'étaient certes pas moins fréquentes que les transitions d'un rhythme à un autre; nous savons qu'en général celles-ci entraînaient celles-là.

Coupe des *cantica* scéniques.

Au point de vue de leur structure poëtico-musicale, les chants insérés dans l'action scénique se rangent en deux grandes catégories, dont nous allons décrire rapidement les principales variétés.

Morceaux entièrement chantés.

Ceux de la première catégorie *sont entièrement composés en vers méliques et se chantaient conséquemment d'un bout à l'autre*. Ils comprennent deux sous-catégories :

a) les chants strophiques;

b) les chants commatiques.

Les premiers sont, à part deux ou trois morceaux très-courts, les seuls que l'on trouve chez Eschyle; l'air d'Io, le duo d'Antigone et d'Ismène, le chant plaintif de Xerxès et de son peuple, ainsi que tous les chœurs épisodiques du vieux tragique sont modelés sur le type choral. Afin d'éviter la trop grande uniformité, des strophes isolées, *proodiques*, *épodiques* et *mésodiques* surtout, se mêlent aux strophes accouplées (pp. 213, 222). En outre celles-ci ne se trouvent pas, comme dans le style choral, invariablement jointes; souvent l'auteur dispose les divers éléments de sa composition d'une manière plus ou moins complexe.

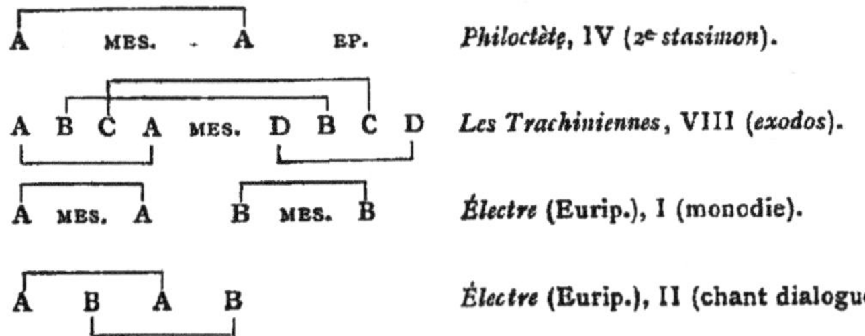

Relativement à la distribution des strophes entre les divers personnages, les chants dialogués présentent des combinaisons très-variées : tantôt la strophe est dite par le chœur et

[1] PLUT., *de Mus.* (W., § XIV).

l'antistrophe par l'acteur, tantôt le contraire a lieu; en d'autres circonstances il y a un ou plusieurs changements de personnes pendant la strophe; parfois même un vers est partagé entre deux ou trois interlocuteurs[1].

Les morceaux du second type — ceux qui se divisent en sections libres — sont propres à Euripide. Parmi les chants de cette espèce, les uns — des monodies pour la plupart — expriment un sentiment fondamental qui persiste à travers toutes les secousses de la passion; ils sont entièrement composés en un seul mètre, le spondée anapestique (p. 225). D'autres, ayant à rendre les diverses nuances que revêt une même affection éprouvée par des personnages différents, — ce sont en général des chants dialogués — gardent la même mesure, mais non pas la même coupe de membres[2]. Enfin il en est d'autres encore, — des monodies aussi — lesquels, agités à l'extrême, tumultueux, pleins de transitions soudaines, passant de l'exaltation à l'abattement, des larmes à la jubilation, changent de rhythme à chaque section mélodique. Le plus bel exemple de cette coupe est la grande monodie d'*Iphigénie en Aulide*[3] (ci-après, p. 549).

Cantica mêlés de vers déclamés.

Tous les morceaux que nous venons de décrire formaient d'un bout à l'autre de véritables mélodies. Nous abordons maintenant une deuxième catégorie de chants scéniques : *ceux dont les parties mélodiques sont interrompues çà et là par des passages déclamés en musique ou simplement parlés sur un accompagnement instrumental.* Les chants de cette espèce se reconnaissent en ce que leur texte présente un mélange de vers méliques et de vers en série continue. Ils se subdivisent également en deux sous-catégories, selon qu'ils suivent l'une ou l'autre des coupes que voici :

a) Strophes accouplées entre lesquelles sont insérés des systèmes d'anapestes : mélange de mélodie et de chant déclamé, comme le *recitativo obbligato* de l'ancien opéra italien;

1 Cf. *les Perses*, VII (Xerxès et le chœur); *Œdipe à Colone*, II (Œdipe et le chœur); *ib.*, IX (Antigone, Ismène et le chœur); *les Bacchantes*, IX (Agave et le chœur), etc.

2 Cf. *les Phéniciennes*, XI (Antigone et Œdipe); *les Bacchantes*, IV (Dionysos et le chœur); *Iphigénie en Aulide*, VI (Iphigénie et le chœur), etc.

3 Deux autres spécimens remarquables sont la monodie de Polymestor dans *Hécube* (VIII), et l'air tragi-comique de l'esclave phrygien dans *Oreste* (VI).

b) Sections libres (*commata*) ou strophes accouplées que séparent des trimètres iambiques : chant alternant avec une déclamation mélodramatique (p. 75).

La succession alternative de vers méliques et de systèmes d'anapestes a été sans doute imaginée pour les chants dialogués; elle n'a lieu qu'avec des strophes en mesure binaire ou en 3/8. La distribution la plus naturelle des rôles entre l'acteur et le chœur s'indique d'elle-même : l'un des deux — celui auquel échoit momentanément le rôle le plus actif — chante les strophes, l'autre récite les anapestes. L'*Orestie* d'Eschyle renferme trois modèles de cette sorte de morceaux : dans *Agamemnon*, — après la scène du meurtre — le chant alternatif entre Clytemnestre et le chœur, morceau plein du plus haut *pathos* tragique; dans les *Choéphores*, la touchante plainte d'Électre et d'Oreste, accompagnée du chœur, vrai chef-d'œuvre d'ingéniosité quant à l'entrelacement strophique (ci-après, p. 530); enfin, dans les *Euménides*, le chant de réconciliation entre Athéné et les sombres déesses, morceau dont l'agencement est, au contraire, d'une simplicité extrême : à chaque strophe du chœur, Athéné répond par une tirade en anapestes[1].

Quant aux morceaux formés d'un mélange de vers méliques et d'iambes trimètres, ils apparaissent dans les scènes d'un mouvement véhément. Le passage du chant à la déclamation mélodramatique et *vice-versâ*, que les Européens modernes admettent dans l'opéra-comique, devait être moins abrupte chez les Hellènes que chez nous : en effet, leur langue était très-musicale et leur mélodie syllabique, tandis que nous avons, au contraire, des langues peu mélodieuses et des cantilènes assez chargées de mélismes. On remarqua de bonne heure que l'effet de cette transition pouvait être utilisé non-seulement pour la poésie satirique, mais aussi pour les chants passionnés de la tragédie (p. 75). — Les morceaux dont nous nous occupons ici sont ou bien des chœurs épisodiques, entre les strophes desquels se placent des tirades déclamées par les personnages de la scène[2]; ou bien des chants

[1] Cf. *Ajax*, II (le chœur et Tecmessa); *Antigone*, V (Antigone et le chœur), etc.

[2] Cf. *les Choéphores*, VII; *les Sept*, IV, etc. Parfois les strophes se morcèlent en plusieurs fragments éparpillés dans le dialogue. Cf. *Électre* (Soph.), VII, etc.

dialogués — en forme strophique ou commatique — qu'interrompent ça et là des trimètres récités soit par le coryphée, soit par l'un des acteurs[1]. C'est dans cette classe de chants que les trois tragiques laissent le mieux entrevoir l'effet musical de leurs œuvres; Euripide surtout nous frappe par la variété et le tact qu'il déploie dans la structure des *cantica* mis dans la bouche de ses principaux personnages.

Les cantilènes théâtrales où s'entremêlent librement des trimètres et des rhythmes méliques sont les seules qui admettent des périodes irrégulières (p. 226 et suiv.). Chez Euripide les chants formés de périodes semblables ont tous la coupe commatique[2]; mais au temps d'Eschyle, la tragédie était encore trop imprégnée de lyrisme — ou peut-être les formes mélodiques n'avaient-elles pas acquis la souplesse nécessaire — pour que l'on s'avisât d'écrire une longue pièce de musique non coulée dans le moule traditionnel des strophes et antistrophes. En trois circonstances notamment, Eschyle abandonne la symétrie des périodes, mais non la coupe par strophes : premièrement lorsque Cassandre, dans un langage obscur et prophétique, annonce les meurtres qui vont ensanglanter le palais des Atrides; secondement à l'arrivée des Océanides accourant dans les airs à la rencontre de Prométhée; enfin dans le chant monodique où la malheureuse Io, affolée, torturée par l'aiguillon cuisant, exhale ses douleurs.

Chants de la comédie.

Nous ne pouvons terminer ce chapitre sans donner quelques notions sommaires sur la partie chantée de l'ancienne comédie, tout en nous réservant de revenir sur le même sujet dans le paragraphe consacré à l'immortel comique athénien, seul représentant pour nous de cette branche de l'art (p. 550 et suiv.). Au point de vue de son organisation scénique et musicale, la comédie est visiblement calquée sur le drame sérieux; elle se forme d'un

[1] Cf. *Agamemnon*, V (Cassandre et le chœur); *Œdipe à Colone*, IV (Œdipe, le chœur et Créon); *Hippolyte*, VII (le chœur et Thésée), etc.

[2] Cf. *Hélène*, IV (duo entre Hélène et Ménélas); *Hercule furieux*, IV (le chœur et Lykos); *Hippolyte*, VII (le chœur et Thésée); *Iphigénie en Tauride*, IV (Iphigénie et Oreste); *Ion*, X (Ion et Créuse); *Oreste*, V (Électre, le chœur et Hélène); *les Troyennes*, II (Hécube et Talthybios); *les Phéniciennes*, I (Antigone et le Pédagogue), etc.

mélange de poésies en rhythmes méliques, destinées au chant, et de scènes en iambes trimètres, récitées par les acteurs. La partie musicale, non moins importante que celle de la tragédie, se compose principalement de chants confiés au personnel choral et exécutés pendant les arrêts de l'action. Ceux-ci sont au nombre de quatre ou de cinq : en langage moderne l'ancienne comédie a cinq ou six actes. De même encore que dans la tragédie, les *episodia* renferment des morceaux de chant exécutés soit par les acteurs seuls, soit par les acteurs et le chœur[1].

Mais, pour s'adapter aux allures et aux sujets du théâtre comique, le cadre poétique et musical du drame a dû recevoir des formes qui diffèrent, à plusieurs égards, de celles qu'admet la tragédie.

Résumons d'abord les différences relatives à l'*exécution et aux formes métriques des parties dialoguées.* Le caractère réaliste de la comédie ne comportait pour le dialogue courant, versifié en trimètres, que le débit parlé sans aucune espèce d'accompagnement musical. D'autre part le discours comique emploie, dans une proportion plus grande que celui de la tragédie, des vers propres à une récitation semi-musicale; les plus fréquents sont des anapestes, des iambes et des trochées tétramètres et dimètres (p. 179). Souvent même de longs colloques sont conçus en vers purement méliques[2]. Tout porte à croire que de tels passages se déclamaient au son d'un instrument[3].

Une modification plus essentielle est celle que subit le *caractère de l'orchestique et de la rhythmopée.* Les graves évolutions de l'*emméleia* tragique sont remplacées par les mouvements vifs et indécents du *cordax*, la danse typique de la comédie. Les formes rhythmiques des morceaux chantés sont puisées à d'autres sources que celles de la tragédie, et particulièrement aux iambographes, aux chansons anacréontiques, aux scolies. Lorsque la

[1] Voir le plan musical des *Nuées*, ci-après, p. 555.

[2] Tel est le *metrum Eupolidium* dans la parabase des *Nuées*, v. 518 et suiv.

[3] Cela est dit expressément pour la parabase des *Oiseaux* (v. 682 et suiv.). — Dans les comédies de Plaute toutes les scènes composées en vers autres que les sénaires (trimètres) sont marquées de la lettre C, abréviation de *canticum*. Cf. RITSCHL, *Canticum u. Diverbium bei Plautus*, dans le *Rheinisches Museum*, T. XXVI, p. 599 et suiv., ou dans les *Opusc. philol.*, T. III.

comédie emprunte le style de la lyrique chorale et de la tragédie, c'est pour en faire la parodie. En somme elle a peu de rhythmes méliques qui lui appartiennent en propre.

La troisième distinction concerne la *structure musicale des chants du chœur*. Plus nombreux que le personnel choral de la tragédie, celui de la comédie a aussi un rôle moins passif. On peut en dire autant du coryphée, lequel intervient dans l'action d'une manière aussi effective que les acteurs principaux. Au lieu de se borner à des effusions lyriques, le chœur de la comédie, même dans les morceaux de chant, aime à converser, soit avec les personnages de la scène, soit avec le public. C'est pourquoi la plupart des passages auxquels il prend part ont la forme dialoguée et sont interrompus par des vers déclamés. Les entr'actes ne sont pas invariablement remplis par des *stasima;* une fois au moins dans chaque pièce ils le sont par un morceau propre à la comédie, la *parabase*. Pour exécuter cette poésie, mi-partie déclamée, mi-partie chantée et dansée, le chœur se tournait entièrement vers le spectateur. Lorsque la parabase est complète, elle se décompose en sept fragments, dont voici l'analyse.

A) Partie non strophique de la parabase, renfermant :

(1°) le *commation*, ariette très-courte en vers anapestes ou en logaèdes;
(2°) la *parabase* proprement dite, longue tirade d'anapestes tétramètres terminée par
(3°) le *pnigos*, petit système anapestique (pp. 134, 179). Ces trois parties s'exécutaient par le coryphée; la première était chantée[1], les deux dernières se déclamaient sur un accompagnement instrumental.

B) Partie strophique de la parabase, renfermant :

(4°) l'*ode*, strophe orchestique chantée et dansée par le chœur;
(5°) l'*épirrhème*, 16 ou 20 tétramètres trochaïques chantés par les choreutes sur la danse du *cordax;*
(6°) l'*antode*, reproduction de l'*ode;*
(7°) l'*antépirrhème*, reproduction de l'*épirrhème*.

Enfin quelques particularités se remarquent aussi dans la *coupe des chants scéniques* de la comédie. Ces morceaux, qui ont rarement une grande importance musicale, appartiennent à l'une des catégories suivantes :

a) Chœurs épisodiques interrompus par des vers parlés : ce

[1] Cf. Westphal, *Prol. zu Aeschylus*, p. 51.

sont tantôt des strophes accouplées, tantôt des sections libres disséminées dans le dialogue;

b) Chansons dites par un ou par deux acteurs : toutes celles qui nous restent d'Aristophane ont la coupe commatique[1];

c) Grands morceaux d'ensemble (*syntagmata*) placés ordinairement dans une scène d'altercation très-vive; ils se composent de deux longues tirades dialoguées, la première en anapestes (p. 171), la seconde en iambes tétramètres (p. 173), entre lesquelles viennent s'interposer des strophes chorales; par leur animation et leur chaleur scénique, ils rappellent les finales des chefs-d'œuvre de l'*opera buffa*[2];

d) Morceaux de sortie, tantôt chantés par le chœur en marchant, tantôt accompagnés d'une sorte de ballet[3].

Dans les pages qui précèdent nous nous sommes efforcé d'esquisser en contours aussi nets que possible la forme extérieure de la musique vocale des Hellènes, cette ombre lumineuse que le génie mélodique a laissé pour jamais autour des chefs-d'œuvre du lyrisme et du drame. Plus loin, procédant du connu à l'inconnu, nous essayerons de caractériser, au point de vue musical, la physionomie individuelle des grands maîtres de la poésie chantée, de préciser les particularités par lesquelles se distingue le style de chacun d'eux, de discerner l'influence qu'ils ont pu exercer l'un sur l'autre. Sans anticiper sur cette exposition historique, réservée pour la dernière partie de cet ouvrage, qu'il nous soit permis d'énoncer une réflexion qu'elle suggère invinciblement à l'esprit du musicien moderne. La voici : le drame, qui marqua l'heure de l'épanouissement complet de l'art mélique Conclusion.

[1] Cf. *les Acharniens*, II (chanson phallique de Dikéopolis); *les Nuées*, VII, VIII (ariettes de Strepsiade); *les Guêpes*, III, XIII (ariettes de Philocléon), etc.

[2] Cf. *les Chevaliers*, v. 756-940; *les Nuées*, v. 889-1104; *les Oiseaux*, v. 451-639; *Lysistrate*, v. 476-607; *les Grenouilles*, v. 895-1118. — Parfois un morceau de ce genre s'enchaîne avec d'autres scènes traitées en musique; un exemple pareil se présente dans *les Guêpes*, où aucun trimètre n'apparaît entre les vers 230 et 760. Ce long fragment, qui embrasse trois grandes scènes, renferme la *parodos*, un ariette de Strepsiade et un *syntagma* très-développé.

[3] Les comédies d'Aristophane qui ont un chant de sortie sont *les Acharniens*, *les Guêpes*, *la Paix*, *les Oiseaux*, *Lysistrate*, *les Grenouilles*, *l'Assemblée des femmes*.

des Hellènes, marque aussi le commencement de sa décadence et — nous oserons ajouter — les limites de son pouvoir. Lyrique par son origine et par la ténuité de sa structure musicale, la cantilène grecque n'était pas faite pour exprimer les orages de la passion individuelle; aussi après avoir reçu du théâtre une première et puissante impulsion, elle s'arrêta bientôt dans son développement et ne fit plus que traîner une longue vieillesse. Des siècles devaient passer; un nouveau principe devait entrer dans la musique et la régénérer avant qu'elle pût quitter son domaine subjectif et se mesurer définitivement avec le drame transformé, lui aussi, sous l'influence du romantisme occidental.

LIVRE IV.

HISTOIRE DE L'ART PRATIQUE.

CHAPITRE I.

LES INSTRUMENTS DE L'ANTIQUITÉ.

§ I.

AVant d'aborder la partie spécialement historique de cet ouvrage, dans laquelle nous nous efforcerons d'esquisser, par ordre d'époques, un tableau succinct du développement de chacune des branches de l'art musical, il nous reste à décrire les organes matériels dont disposait cet art pour la production de ses effets.

Bien que depuis les temps les plus reculés les Hellènes se soient trouvés en contact suivi avec les peuples de l'Asie occidentale, et qu'ils leur aient emprunté beaucoup d'éléments artistiques, ils sont toujours restés étrangers à leur goût pour la musique bruyante, pour les sonorités hétérogènes. Jamais les instruments à percussion[1] n'ont eu accès aux concerts grecs : ils ne se font entendre que dans les danses licencieuses propres aux cultes, originairement asiatiques, de Dionysos et de Cybèle. Parmi les instruments construits d'ordinaire en métal, les Grecs

[1] ATHÉN., l. XIV, p. 636, c, d, e. — Cf. VOLKMANN, *Plut. de Musica*, p. 137-140.

et les Romains connaissaient la trompette droite et cylindrique (*σάλπιγξ*, *tuba*), aux sons clairs, éclatants, et le cor recourbé (*κέρας*, *cornu*, *lituus*), dont le timbre, plus voilé, se rapprochait de celui de notre bugle[1]. L'un et l'autre n'étaient utilisés en Grèce que pour certains actes et cérémonies de la vie publique et religieuse : appels de guerre, proclamations des hérauts, sacrifices, funérailles; il en fut différemment à Rome, lorsque les Alexandrins, héritiers du luxe instrumental des anciens Égyptiens, y eurent mis à la mode les grands effets de masses[2]. Au résumé, les seuls agents sonores que les Hellènes aient admis dans leurs œuvres musicales appartiennent soit à la classe des *instruments à vent en bois*, soit à celle des *instruments à cordes pincées*.

Instruments à cordes.

Ces derniers eux-mêmes suivent tous le même principe, quant au mode d'ébranlement sonore et quant au maniement technique; ils ne se distinguent entre eux que par le nom, par l'aspect et par l'étendue. Leurs cordes se touchent à vide; chacune d'elles ne produit qu'un son unique. L'antiquité gréco-romaine ne paraît pas avoir fait usage d'instruments dont les cordes se raccourcissent artificiellement sous la pression des doigts, à l'instar de la guitare et du luth. Les rares instruments à manche dont le nom se rencontre çà et là servent à des expérimentations acoustiques, comme le *monocorde* (*κανών*), ou figurent parmi les produits étrangers accueillis par la population cosmopolite d'Alexandrie; tel est le *tricorde* ou *pandoura*[3].

Tous les instruments à cordes dont le compositeur antique avait la libre disposition étaient donc de la même famille que nos harpes, mais avec des dimensions plus petites et une plus faible intensité. On a eu beau améliorer peu à peu les procédés de facture, augmenter l'échelle des sons par l'adjonction de nouvelles cordes, le timbre n'en est pas moins resté le même; de sorte que

1 Sur les instruments de cuivre voir le § 1 de l'Appendice.

2 FRIEDLANDER, *Mœurs romaines du siècle d'Auguste*, trad. de CH. VOGEL. Paris, 1874, T. III, p. 370 et suiv.

3 « Le *monocorde* est une invention des Arabes; le *tricorde*, que les Assyriens nomment « *pandoura*, est une invention de ceux-ci. » POLLUX, l. IV, ch. 9, sect. 60. — Cf. MEIB., *Not. in Nicom.*, p. 45. — Bien qu'utilisé principalement pour l'étude des rapports mathématiques des intervalles, le monocorde n'était pas tout à fait exclu de la pratique musicale. Voir le passage de Ptolémée, T. I, p. 359, note 4.

nous sommes invinciblement amenés à cette conclusion : en fait d'instruments à cordes, les Grecs et les Romains n'ont possédé que celui dont le rôle est le moins essentiel dans l'orchestre moderne, encore ne l'ont-ils connu que sous une forme rudimentaire. Une sonorité pareille, sèche et sans éclat, suffisait à soutenir la voix, mais non à renforcer l'effet du chant par la magie du coloris instrumental.

Les appareils sonores dont il vient d'être question recevaient la qualification générique d'*instruments percutés* (κρουόμενα ὄργανα)[1]; leurs cordes étaient mises en vibration, soit directement par le doigt, soit au moyen d'un crochet en os, en métal ou en bois, dit *plectrum*, plectre[2]. Ce dernier procédé est le moins ancien : en général sur les vieux monuments les doigts seuls sont mis en œuvre. Homère ignore encore l'usage du plectre. Pour les instruments nationaux des Grecs, les deux procédés étaient adoptés concurremment. Quant à ceux d'origine asiatique, ils n'admettaient que le simple attouchement des doigts (*psalmos*), de là leur dénomination commune de *psalteria*[3].

Malgré le peu de variété dont les instruments de cette espèce sont susceptibles, leurs noms occupent chez Pollux et Athénée une liste assez étendue[4]. On ne peut douter que les deux compilateurs n'aient souvent appliqué des dénominations différentes à des objets identiques. Mais il n'y a certes pas là de quoi étonner un musicien moderne, habitué à des synonymies semblables[5]. Quant à la difficulté que l'on éprouve, en présence de renseignements insuffisants, vagues et divergents, à préciser les analogies

1 Ils sont dits aussi *tendus* (ἐντατά) ou *touchés* (καθαπτά).

2 Le mot πλῆκτρον a les diverses acceptions d'aiguillon, fouet, ergot de coq, éperon.

3 Faire résonner les cordes sans le secours du plectre se dit en grec ψάλλειν; un instrument ainsi mis en vibration était un ψαλτήριον. Aristote (*Probl.*, XIX, 23) donne cette épithète au *trigone*. — Apollodore (ap. Athén., l. XIV, p. 636, f) dit que le *psaltérion* est identique avec la *magadis*. — Cependant le mot ψαλτήριον désigne parfois un instrument spécial. Cf. Id., l. IV, p. 183, c, ainsi que la note suivante.

4 « Parmi les instruments percutés on compte la *lyre*, la *cithare*, le *barbiton* (ou *barymiton*), la *chélys*, le *psaltérion*, le *trigone*, la *sambuque*, la *pectis*, la *phorminx*, la *phénix*, la *spadix*, la *lyre phénicienne*, le *clepsiambe*, le *pariambe*, l'*iambuque*, le *scindapse*, l'*épigone*, etc. » Poll., l. IV, ch. 9, sect. 59.

5 *Viole* = *Quinte* = *Alto*; — *Hautbois de chasse* = *Cor anglais*; — *Corno di Bassetto* = *Clarinette alto*; — *Saxhorn* = *Bugle*, etc.

et les dissemblances, elle n'étonnera pas davantage les personnes tant soit peu familiarisées avec l'histoire de nos instruments européens. Celles-là savent combien il est malaisé d'acquérir des notions exactes de certains instruments employés il y a un siècle à peine (dans les œuvres de J. S. Bach, par exemple). Lorsque les documents ne concordent pas, les assertions des hommes spéciaux doivent naturellement prévaloir sur les citations des poëtes, dans lesquelles on ne peut s'attendre à trouver une exactitude absolue. Au reste, nous ne nous arrêterons pas à disserter longuement sur les instruments dont il n'est fait chez les anciens auteurs qu'une mention fugitive. Il nous suffira de combiner avec soin tout ce qui nous est transmis à l'égard de ceux qui ont joué un rôle nettement défini dans l'art hellénique.

Pour simplifier cette matière assez confuse, nous diviserons les instruments à cordes en deux classes : 1° ceux que les Grecs considéraient comme indigènes (ils avaient primitivement peu de cordes); 2° ceux dont l'origine asiatique n'était pas douteuse (ils avaient déjà beaucoup de cordes lorsqu'ils furent importés dans l'Hellade). Ces derniers, dont nous nous occuperons d'abord, se partagent eux-mêmes en deux groupes distincts.

Instruments etrangers.

Quatre instruments (la *pectis*, la *magadis*, la *lyre phénicienne* et la *sambuque*), assez semblables entre eux pour que plusieurs écrivains aient pu les identifier, forment le premier groupe. — La *pectis*, empruntée, selon toute apparence, aux Lydiens et presque toujours jouée par des femmes, était propre aux chants voluptueux de l'Orient. Elle avait un diapason élevé : Téleste de Sélinonte l'appelle « la *pectis* aux sons aigus[1]. » On dit que Sappho fut la première à en propager l'usage[2]. — La *magadis* était une variété de la *pectis*[3], également en faveur à Lesbos[4]; ses cordes étaient disposées de façon à permettre d'attaquer simultanément celles qui se répondaient à l'octave. Dérivé de *magas* (*μάγας*), chevalet, le mot *magadis* signifie octave et plus particulièrement l'octave harmonique, que l'on obtient en arrêtant la

[1] Voir ci-dessus, T. I, p. 183.

[2] Athén., l. XIV, p. 635, e.

[3] « La *pectis* est identique avec la *magadis*, au dire d'Aristoxène. » Ib., p. 635, e.

[4] Ib., p. 635, a.

vibration d'une corde juste à son point milieu. Par une extension du sens primitif, il désigne un instrument quelconque[1], construit, soit en vue de faire entendre des suites d'octaves, soit pour jouer à l'octave d'un autre instrument[2]. Selon cette dernière acception, notre petite flûte traversière, que les Italiens appellent *ottavino* (flûte octave ou *octavin*), serait la *magadis* de la flûte ordinaire. C'est sur une *magadis* montée de *vingt cordes*, invention des Lydiens, qu'Anacréon accompagnait quelques-unes de ses chansons érotiques[3]. — Un autre instrument, mentionné assez souvent sous le nom de *lyre phénicienne* (λύρα φοίνιξ ou φοινίκιον), sonnait aussi l'octave, à ce que l'on peut inférer du 18e problème musical d'Aristote[4]. — D'autre part on nous apprend que la lyre phénicienne est identique avec la *sambuque* syrienne, laquelle, de son côté, ne serait qu'une autre forme de la *magadis*[5]. Le son aigu de la sambuque paraît avoir beaucoup frappé les anciens[6].

Deux instruments de diapason grave (le *barbitos* et le *trigonê*) composent le second groupe. L'un ou l'autre se joignait habituellement à l'un des quatre instruments aigus, afin de soutenir

1 « *Magadis* : 1° flûte *citharistrie*; 2° instrument à cordes pincées par les doigts. » HESYCHIUS au mot Μαγάδεις.

2 « La *magadis* est un instrument touché par les doigts, au dire d'Anacréon, et une « invention des Lydiens. » ATHÉN., l. XIV, p. 634, f. — « On appelait *magadis* des « instruments qui étaient accordés à l'octave et à l'unisson du chant (πάρισα τῷ μέλει « au lieu de πρὸς ἴσα τὰ μέρη). » Phyllis de Délos ap. ATHÉN., l. XIV, p. 636, c. — Le terme musical *magadiser* (μαγαδίζειν) a le sens de *faire des suites de consonnances*, à la façon de l'*organum* d'Hucbald. Voir T. I, p. 358, note 2.

3 ATHÉN., l. XIV, p. 634, c, et p. 635, c. — Sur l'accord et l'étendue de la *magadis* voir le § 2 de l'Appendice.

4 Cité plus haut, T. I, p. 358, note 2.

5 « La *sambuque*, invention des Syriens, est dite aussi *lyrophoenix*. » ATHÉN., l. IV, p. 175, d. — « Euphorion (de Chalcis, qui fleurit vers 220 av. J. C.) dit qu'il existait « anciennement un instrument dit *magadis*, lequel, ayant été plus tard modifié dans sa « forme, reçut le nom de *sambuque*. » ID., l. XIV, p. 635, a. — Les versions sur l'origine de la sambuque diffèrent entre elles. ID., l. IV, p. 175, e; l. XIV, pp. 633, f.

6 « Parmi les instruments à cordes, la *lyre* correspond au caractère mâle, attendu sa « grande gravité et sa rudesse; la *sambuque* au caractère féminin. En effet, celle-ci « manque de noblesse, et à cause de son acuité considérable, résultant de la petitesse « de ses cordes, elle conduit au relâchement. Quant à ceux des instruments à cordes « qui sont intermédiaires [entre le grave et l'aigu], le *polyphthongue* (instrument inconnu) « participe du caractère féminin, et la *cithare* ne s'éloigne guère de la virilité propre à la « lyre. » ARIST. QUINT., p. 101.

le chant, tandis que la *pectis* ou la *magadis* exécutait à l'aigu un accompagnement plus ou moins figuré[1]. Le *barbitos*[2] fut cultivé principalement par les lyriques lesbiens et par ceux qui se rattachent à leur école[3]. Dans un chant de table, dédié à Hiéron de Syracuse, Pindare, rappelant sans doute une légende locale, dit en parlant du *barbitos*[4] :

« Terpandre de Lesbos l'imagina en entendant le premier, aux repas des Lydiens, « résonner sous les doigts la haute *pectis* en sons consonnants. »

Le second instrument qui s'adjoignait à la *pectis* est la harpe des Égyptiens et des peuples sémitiques, le *psaltérion triangulaire* ou *trigone*[5]. Sophocle en décrit ainsi l'usage dans une de ses tragédies perdues, *les Mysiens*[6] :

« [On entend] un grand nombre de *trigones* phrygiens et, en guise de réponse, les « accords (συγχορδία) de la *pectis* lydienne résonnent. »

L'étendue de tous ces instruments étrangers était sans doute fort diverse, et peut-être même n'avait-elle rien de fixe pour chacun d'eux en particulier. Mais la division de leur échelle, moins primitive que celle des instruments indigènes, révèle une communauté d'origine dont les anciens ont de tout temps gardé le sentiment très-net. A l'imitation des instruments à vent, également perfectionnés, sinon inventés, par les peuples de l'Asie mineure, l'échelle des *pectis*, des *trigones* et autres était combinée de manière à rendre possibles les changements subits de ton et de mode; ce qui s'obtenait par l'insertion d'un certain nombre de cordes chromatiques. Voilà un point que relèvent vivement

[1] Voir T. I, p. 363 et suiv.

[2] On trouve chez Pollux et chez Athénée les variantes *barbiton*, *barymiton*, *baromos* et *barmos*. — Athénée (l. IV, p. 183, b) cite deux vers du comique Anaxilas, dans lesquels il est question de *barbitos à trois cordes;* mais je crois qu'il faut lire : « J'aurais fabriqué des « *barbitos*, des *trichordes* (τρίχορδα au lieu de τριχόρδους), des *pectis*, des *cithares*, des « *lyres*, des *scindapses*. »

[3] « Le *baromos* et le *barbitos*, l'un et l'autre mentionnés par Sappho et par Anacréon.... » Athén., l. IV, p. 182, f. — Horace attribue l'invention du *barbitos* à Alcée (*Carm.*, I, 32); Néanthès de Cyzique (ap. Athén., l. IV, p. 175, e) en fait honneur à Anacréon.

[4] Athén., l. XIV, p. 635, d (Bergk, fr. 102, 3e éd.).

[5] Id., l. IV, p. 175, d. — Ptol., *Harm.*, l. III, ch. 7. — Cf. Aristote, *Probl.*, XIX, 23, d'où il paraît résulter que le *trigone* avait d'ordinaire une étendue de deux octaves.

[6] Athén., l. IV, p. 183, e.

les écrivains moralistes de l'école de Socrate, adversaires de toute innovation tendant à mitiger la sévérité de l'ancien art[1].

Mentionnons encore deux autres instruments polycordes (l'*épigone* et le *simikion*), lesquels, selon toute apparence, embrassaient la presque totalité du système musical en vigueur chez les anciens. L'*épigone*, nommé ainsi du nom de son inventeur, Epigone d'Ambracie, contemporain de Lasos et chef d'une école célèbre[2], avait *quarante* cordes[3]. C'est l'instrument le plus riche en sons que l'antiquité semble avoir possédé. Quelle était son échelle ? A supposer que les quarante cordes eussent été disposées dans l'ordre diatonique, l'étendue totale aurait atteint cinq octaves et une quinte, ce qui est en dehors de toutes lès probabilités. Rangées en échelle chromatique, elles eussent encore dépassé la triple octave d'un intervalle de tierce mineure. Or la dernière supposition n'a pas plus de vraisemblance que la première, en présence d'un texte d'Aristoxène, où il est dit expressément que la pratique musicale de ce temps ignorait l'usage d'instruments s'étendant jusqu'à trois octaves[4]. Il faut donc admettre que l'échelle de l'*épigone* renfermait des intervalles plus petits que le demi-ton. D'autre part nous savons qu'Epigone est précisément un de ces harmoniciens, prédécesseurs du grand *mousicos*, qui avaient

[1] « Il ne nous faudra pas, pour nos chants et notre mélodie, d'instruments polycordes « et capables d'exécuter toutes les harmonies.... Et nous nous dispenserons d'entretenir « des ouvriers pour fabriquer des *trigones*, des *pectis* et tous ces instruments à cordes « nombreuses et à échelles multiples.... Admettras-tu dans notre État l'aulète et le facteur « d'*auloi?* Cet instrument n'équivaut-il pas à celui qui possède le plus de cordes? « D'ailleurs, les instruments [à cordes] qui rendent toutes les harmonies, que sont-ils, « sinon des imitations de l'*aulos?* » PLATON, *Republ.*, liv. III, p. 399, c, d.

[2] Cf. ARISTOX., *Archai*, p. 3 (avec les notes de Meibom sur ce passage) et ATHÉN., l. XIV, p. 637, f. — « L'*épigone*, bien qu'il ait aujourd'hui la forme d'un *psaltérion* « vertical[a], conserve néanmoins le nom de celui qui le mit en usage. Epigone, originaire « d'Ambracie, fut reçu citoyen à Sicyone. Très-bon musicien et habile à se servir de « la main, il jouait sans plectre. » Juba (au commencement de l'ère vulgaire) ap. ATHÉN., l. IV, p. 183, c, d.

[3] POLL., l. IV, ch. 9, sect. 59. — Il n'y a aucune raison d'admettre, avec quelques écrivains modernes, que les cordes fussent doubles, de sorte que l'*épigone* n'aurait possédé en réalité que *vingt* sons différents. Cela n'est dit nulle part, ni à propos de cet instrument, ni à propos d'aucun autre.

[4] *Archai*, p. 20-21 (Meib.). Voir la traduction ci-dessus, T. I, p. 235, note 2.

[a] On peut inférer de ce passage qu'à l'origine les cordes de l'*épigone* étaient disposées horizontalement et se touchaient de la même manière que celles de la *zither* viennoise.

pour système d'enseigner les notes au moyen de la *catapycnose* (T. I, pp. 433 et 434). Chaque octave divisée d'après ce procédé contient *vingt* sons, et la juxtaposition de deux octaves (le son médian étant répété) donne exactement les quarante cordes cherchées. On est ainsi amené à croire que l'*épigone* servait à démontrer d'une manière sensible ce fractionnement des échelles. Sans un pareil instrument, qui, de même que nos pianos et nos orgues, renfermait tous les sons admis dans la pratique réelle de l'art, on ne voit pas comment les théoriciens eussent pu donner à leurs disciples une idée nette de la théorie musicale et de la valeur absolue des signes de la notation. Il est probable que l'*épigone* réunissait la collection complète des sons contenus dans la double octave du ton dorien, étendue que les anciens considéraient comme la partie essentielle de leur échelle générale, comme le domaine propre des voix d'homme[1].

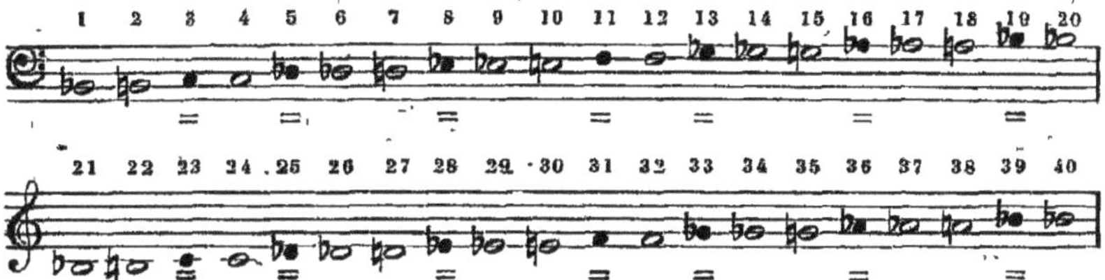

Le *simikion*, mentionné chez Pollux, comptait *trente-cinq* cordes[2]. En supposant que celles-ci fussent disposées par demitons, elles comprenaient deux octaves et une septième mineure (soit depuis la *proslambanomène* hypophrygienne, SOL1, jusqu'à la *nète hyperboléon* hyperphrygienne, FA4), ce qui ne sort pas des limites extrêmes assignées par Aristoxène aux instruments de son époque[3].

Nous passons sous silence quelques autres instruments à cordes d'un usage plus rare, et dont la plupart restèrent inconnus aux Hellènes des temps classiques, le *nablas*, le *scindapse*, la

[1] T. I, pp. 239, 240 et particulièrement la note 1 de cette dernière page.

[2] Liv. IV, ch. 9, sect. 59.

[3] « Si l'on a égard à la pratique donnée par la voix humaine et par les instruments, il « existe un intervalle *consonnant* maximum : celui de deux octaves et une quinte, *car « nous ne nous étendons pas jusqu'à trois octaves.* » ARISTOX., *Archai*, p. 20 (Meib.).

spadix, le *clepsiambe*, etc.[1], tous, comme les précédents, d'origine étrangère[2].

Instruments indigènes.

Arrivons aux instruments à cordes spécialement grecs, ou du moins adoptés comme tels. Ils sont au nombre de deux : la *lyre* et la *cithare*. Les monuments antiques de toute espèce — vases, statues, bas-reliefs, peintures, bijoux — nous ont conservé une foule de représentations fidèles de l'un et de l'autre. Leur forme ordinaire est celle-ci :

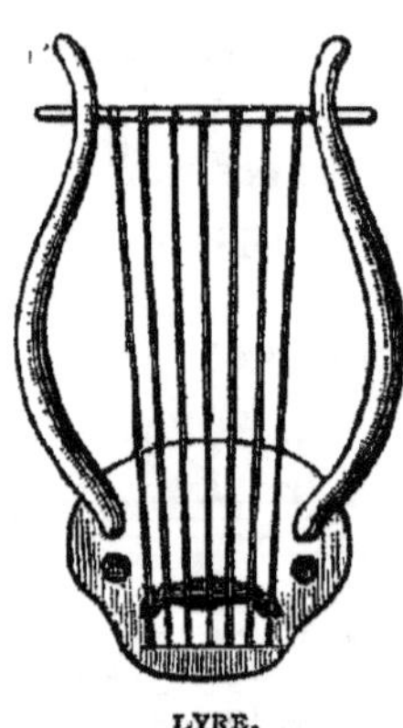

LYRE.

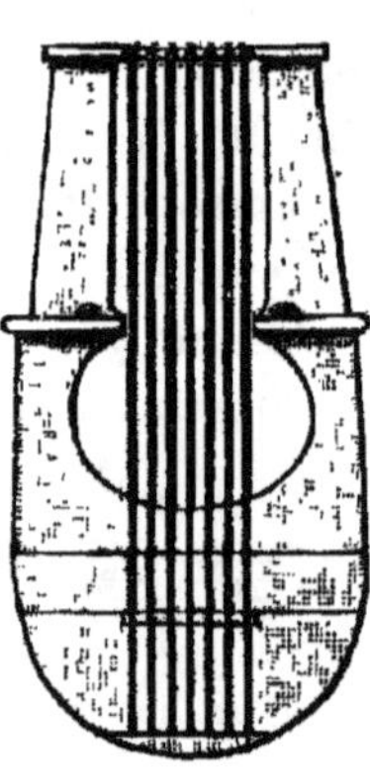

CITHARE.

La *lyre* (λύρα), telle qu'on la voit ici, répond à la description que les anciens nous ont laissée de l'instrument mythique d'Hermès. Selon l'opinion commune, la caisse de résonnance était primitivement formée par une écaille de tortue; de là le nom poétique de la lyre (*chelys* = tortue)[3]. Sur la face creuse de l'écaille,

1 *Scindapse*, instrument à quatre cordes (et à manche?), d'après un passage du poëte parodique Matron (vers 330 av. J. C.); il était de grande dimension. ATHÉN., liv. IV, p. 183, a. Cf. liv. XIV, p. 636, b. — La *spadix* est nommée par Pollux et par Nicomaque. Quintilien (*Inst. Or.*, I, 10, 31) en parle comme d'un instrument employé à Rome dans la musique efféminée des concerts et dont l'usage, selon lui, devrait être interdit aux filles honnêtes. — Les *iambuques* servaient à chanter des iambes réguliers, les *clepsiambes* des iambes métaboliques. Phyllis de Délos ap. ATHÉN., l. XIV, p. 636, b. — Suidas identifie les termes *iambuque* et *sambuque* (au mot σαμβυκή).

2 « Aristoxène appelle instruments exotiques les *lyres phéniciennes*, les *pectis*, les *magadis*, les *sambuques*, les *trigones*, les *clepsiambes*, les *scindapses*.... » ATHÉN., l. IV, p. 182, f.

3 Chez les poëtes, la lyre s'appelle *phorminx* (φόρμιγξ); dans le dialecte ionien-épique, le mot usuel est *kitharis* (κίθαρις), entièrement différent de *kithara*, cithare. Cf. WESTPH., *Geschichte*, p. 92 et suiv. — « La *kitharis* et la *cithare* diffèrent entre elles, dit Aristoxène

recouverte par une peau tendue, et parallèlement à la caisse de résonnance, s'élèvent deux branches légèrement recourbées et assujetties à leur partie supérieure par une traverse. Des cordes de boyau[1] viennent s'adapter à la traverse au moyen de chevilles[2], et vont rejoindre l'extrémité inférieure de l'instrument. Un chevalet sert à isoler la partie vibratile des cordes, et à prévenir leur contact avec le corps de l'instrument.

De même que nos instruments à manche (violons, guitares), la lyre a des cordes de longueur égale, la grosseur seule varie; c'est là le trait par lequel ce type instrumental se distingue des harpes, caractérisées par la longueur graduée des cordes.

Ainsi qu'on peut le constater à première vue, la *cithare* (κιθάρα) n'est autre chose qu'une lyre perfectionnée. Tandis que les deux bras de la lyre sont construits très-légèrement, de manière à faire converger tout le poids de l'appareil vers sa partie inférieure, dans la cithare les parties latérales offrent, au contraire, un développement plus considérable, et servent visiblement à augmenter la résonnance. La construction matérielle accuse plus de soin, et l'instrument dans son ensemble figure avec avantage à côté de la lyre. Ainsi que la *pectis* et la *magadis*, la cithare fut empruntée à l'Asie[3]; mais par une exception remarquable, due

« dans son *Traité d'instrumentation* (περὶ ὀργάνου) : car la *kitharis* est la *lyre*, et ceux qui « en jouent sont appelés [par le vulgaire] *citharistes*. Nous autres [musiciens], nous les « appelons *lyrodes*, de même que nous donnons le nom de *citharèdes* à ceux qui jouent « de la *cithare*. » AMMON., *de Diff. voc.*, p. 82. — Plus tard le mot *cithariste* désigna un musicien qui joue ou accompagne sur un instrument à cordes, sans chanter lui-même : « Le *citharède* diffère du *cithariste* en ce que le *citharède* met la voix en œuvre, tandis que « le *cithariste* s'applique seulement à jouer. » *Schol. Arist.*, III, p. 4. — « Des *citharistes* « faisant résonner des lyres heptacordes en ivoire et des instruments dits *barbitos*. » DION. HALIC., *Antiq. Rom.*, l. VII, ch. 72. — En général la qualification de *cithariste* porte avec elle l'idée d'un musicien de bas étage.

[1] PORPH., p. 294. — Cf. AMBROS, *Gesch. der Musik*, T. I, p. 469.

[2] Dans les lyres d'une construction très-primitive (telles que le *kissar* nubien, qui se trouve au Musée instrumental du Conservatoire de Bruxelles) des lanières, auxquelles étaient attachées les cordes, s'enroulaient sur la traverse en guise d'anneaux; l'on tendait et l'on accordait les cordes en faisant tourner ces anneaux sur leur axe.

[3] « La forme de la cithare fut établie en premier lieu par Képion, disciple de « Terpandre. Elle fut dite *asiade*, parce que les citharèdes lesbiens demeurant en Asie « avaient coutume de s'en servir. » PLUT., *de Mus.* (W., § V). Sur l'origine asiatique de la cithare voir BURETTE, *Rem. XXXIX*.

à son emploi dans les nomes apolliniques, elle devint, au même titre que la lyre, un des organes privilégiés de l'art national des Grecs.

Des deux instruments, la lyre était la plus répandue. Elle n'exigeait pas un long exercice; c'est pourquoi elle était adoptée, à l'exclusion de tout autre instrument de musique, pour l'éducation musicale de la jeunesse. Elle apparaît comme le représentant du chant et de la danse dans les jeux gymniques et dans les autres fêtes populaires; nous la voyons entre les mains des héros, des femmes, des musiciens semi-fabuleux (Orphée, Musée, Thamyris, Olympe), des Bacchantes, des Satyres, des Muses. Certaines divinités (Artémis, Dionysos, Éros, Hermès) ont souvent aussi une lyre pour attribut. Il en est de même d'Apollon, excepté lorsqu'il est représenté comme chef des citharèdes; dans ce cas, il tient une cithare. De ce qui précède nous conclurons que la lyre était familière à des personnes de toute classe, au lieu que la cithare convenait exclusivement aux musiciens de profession[1]; elle ne pouvait être maniée que par un virtuose, et on ne l'exhibait que dans les solennités publiques, dans les concours. Lors donc qu'Aristoxène parle de la difficulté de jouer des instruments à cordes, il n'a évidemment en vue que la cithare des agones.

Au premier abord on comprend difficilement en quoi la technique de la cithare pouvait être plus compliquée que celle de la lyre, puisque les deux instruments se jouaient de la même manière. La différence consistait principalement dans le style en vogue pour la musique de cithare, lequel admettait des raffinements d'exécution inusités ou impossibles sur la lyre, et principalement des changements rapides de l'accord, des traits d'agilité, des passages en doubles cordes, etc. Au temps des Antonins les citharèdes et les lyrodes formaient deux castes musicales bien distinctes, ayant chacune son vocabulaire technique[2].

[1] Aristote (*Polit.*, l. VIII, ch. 6) appelle la cithare un *instrument d'artiste* (ὄργανον τεχνικόν). — « Aristoxène préfère les instruments à cordes aux instruments à vent, « parce que ces derniers sont plus faciles; en effet plusieurs jouent de l'*aulos* et de la « *flûte* sans étude préliminaire, par exemple les bergers. » ATHÉN., l. IV, p. 174, e. — « On dit que, parmi les artistes grecs, ceux-là sont aulodes qui n'ont pu devenir « citharèdes. » CIC., *pro Mur.*, ch. 13.

[2] Cf. PTOL., *Harm.*, l. I, ch. 16; l. II, ch. 1 et 16.

Un phénomène caractéristique de l'histoire musicale, c'est la lenteur avec laquelle se développa l'étendue des lyres et des cithares, et la vive résistance que l'esprit conservateur des Grecs européens opposa toujours au perfectionnement des instruments nationaux. Longtemps on s'est contenté de sept ou de huit cordes, et ce nombre ne fut dépassé qu'à une époque où la décadence de l'art classique se faisait déjà sentir. La chose paraît très-étonnante quand on songe que depuis une date fort reculée la plupart des instruments asiatiques, infiniment plus étendus et plus riches, avaient pénétré en Grèce et y étaient cultivés avec succès. Mais ceux-ci semblent avoir été toujours exclus des compositions destinées à l'exécution publique ; ils n'apparaissent que dans les branches secondaires de l'art : dans les concerts de table, par exemple, où des esclaves des deux sexes accompagnaient sur la *pectis* et la *magadis* leurs chants bachiques ou lascifs. On les utilisait aussi, comme l'*épigone*, pour des démonstrations théoriques[1]. Ce fut sans doute par suite d'une recrudescence du sentiment national qu'après les guerres
490-479 av. J. C. médiques l'usage des instruments polycordes de l'Asie tomba dans un discrédit complet chez l'élite de la nation, en même temps que l'étude de l'*aulos :* « Alors, dit Aristote, disparurent « beaucoup *d'anciens instruments*, la *pectis*, le *barbiton*, les *trigones*, « les *sambuques*[2]. » Seul le bas peuple continua d'en faire ses délices; c'est au moins là ce qui résulte de quelques indications disséminées chez Aristophane et ses successeurs[3]. Mais lorsque les Grecs, après avoir perdu leur indépendance, devinrent cosmopolites, et que la saine culture artistique fit place à des excitations d'amateurs blasés, les instruments égyptiens et orientaux, même les plus bizarres, reprirent grande faveur. Alexandrie et plus tard Rome en virent des exhibitions qui, pour le nombre des exécutants et la variété des appareils sonores, ne le cèdent pas aux concerts monstres de nos jours[4]. Mais en dépit de ces tentatives,

[1] Nous avons rattaché à la *magadis* les origines de la notation. Voir T. I, p. 426.

[2] ARISTOTE, *Polit.*, l. VIII, ch. 6. — Cf. Euphorion ap. ATHÉN., l. IV, p. 182, e.

[3] Cf. ARISTOPH., *les Thesmophories*, v. 1216, ainsi que les passages d'Anaxilas, d'Anaxandride et d'autres comiques cités par Athénée (ll. IV et XIV).

[4] Voir ci-après, pp. 591, 607, 619 et suiv.

condamnées à rester stériles dans une musique homophone par essence, la lyre et la cithare ne cessèrent jamais d'être les représentants du véritable art gréco-romain.

Nous allons maintenant esquisser brièvement l'histoire de leurs progrès et de leurs transformations, en laissant de côté les interprétations symboliques, les légendes puériles, auxquelles ont donné lieu l'origine de la lyre et le nombre de ses cordes[1]. Sans nous arrêter au tétracorde d'Hermès, — fiction pythagoricienne — nous partirons de la lyre à *sept* cordes, en usage au temps de Terpandre et probablement connue bien des siècles avant lui[2].

Lyres heptacordes.

Les noms traditionnels par lesquels on désigne chacune des cordes de la lyre (*hypate*, *mèse*, etc.) ont ici leur acception propre et vulgaire; ils expriment uniquement l'ordre, la position (*thésis*) des cordes sur l'instrument, et non leur valeur harmonique (*dynamis*) ou leur hauteur absolue (voir T. I, pp. 89, 286 et suiv.). Si l'on joint les indications contenues dans ces termes aux renseignements que nous tirons des monuments et des documents, voici à peu près comment on est amené à se figurer la pratique instrumentale des temps primitifs.

L'exécutant tenait l'instrument sur le genou ou entre ses bras, les cordes les plus graves tournées vers le dehors, selon l'usage des violonistes et des harpistes modernes. Une semblable position explique d'une façon plausible la dénomination de *suprême* ou supérieure (*hypate*), donnée à la corde la plus grave, et, par contre-coup, celle d'*infime*, dernière (*nète*), dont on qualifiait la plus aiguë[3]. Les termes *parhypate* (voisine de l'hypate), *paranète* (voisine de la nète) *trite* (antépenultième) et *mèse* (médiane), se comprennent d'eux-mêmes. Toutes les cordes étaient attaquées,

[1] Cf. Volkmann, *Plut. de Mus.*, p. 157.

[2] Le nombre *sept* s'applique dans les cultes antiques de l'Asie à tous les objets qu'entoure une certaine vénération; les Védas connaissent sept planètes, sept sons, sept rivières, sept régions, etc. Cf. Benfey, *Glossar z. Sâma-Veda* au mot *sapta*. — Haug, *Vedische Räthselfragen*: Munich, 1876, §§ 2, 15, 24, 36, 45; Burnell, *the Arsheyabrâhmaṇa of the Sâma-Veda*. Mangalore, 1876, p. xliii. — Cf. T. I, p. 172, note 2.

[3] « Par analogie avec le mouvement de la planète Saturne, le plus élevé et par « conséquent le plus éloigné de nous, le son le plus grave de l'octocorde a été appelé « *hypate;* car ὕπατον veut dire *supérieur*. De même, par analogie avec le mouvement de « la Lune, le plus bas et le plus rapproché de la Terre, le son le plus aigu a reçu le nom « de *nète;* en effet νέατον signifie *le plus bas*. » Nicom., p. 6.

non au moyen du plectre, dont l'usage n'existait pas encore au
v. 725 av. J. C. temps de Terpandre, mais avec les doigts. On se servait des deux mains, à l'exclusion du petit doigt. Cette dernière particularité ressort de la position du *lichanos*, corde que touchait l'*index* de la main gauche[1]. En somme, le tétracorde grave appartenait à la main gauche, le tétracorde aigu à la main droite, à l'exception de la corde médiane, laquelle était ébranlée tantôt par l'une main, tantôt par l'autre[2].

A cette époque, presque contemporaine de la fondation de
754. Rome, il n'existait certainement aucun diapason fixe (T. I, p. 243)[3]. Néanmoins, dans la suite de ce paragraphe nous adopterons comme tel le *ton lydien* (*mèse* RÉ$_3$), ainsi que le firent de bonne heure les citharèdes nomiques et les virtuoses voués à la musique instrumentale. Afin de nous conformer au principe de la notation grecque, nous transcrirons ce ton par une échelle armée d'un bémol, en rappelant au lecteur que pour ramener les notes au diapason moderne, il faut les transposer une tierce mineure plus bas (T. I, pp. 216, 221). La partie centrale du trope lydien, utilisée par les instruments à cordes (SOL$_2$ — LA$_3$ au diapason antique, MI$_2$ — FA♯$_3$ au diapason moderne), correspond au médium

1 Λιχανός est le nom du second doigt de la main. D'autre part Nicomaque (p. 22) dit à propos du *lichanos hypaton* que « cette corde se touchait *toujours* (?) par le doigt « de la main gauche qui est voisin du pouce. » Ce renseignement, il est vrai, date d'une époque où la main gauche seule se servait des divers doigts, tandis que la main droite attaquait les cordes au moyen du plectre; de plus il ne se rapporte pas au *lichanos méson*. Mais si on le rapproche du texte cité dans la note suivante, on pourra sans témérité l'étendre au tétracorde inférieur de la lyre à sept cordes. Ce *lichanos* unique de l'heptacorde primitif recevait aussi, d'après le même Nicomaque (p. 7), la dénomination d'*hypermèse*, corde située *au-dessus de la mèse* (par rapport à l'exécutant).

2 « Selon les musiciens qui s'occupent des instruments à cordes, la quarte est appelée « *syllabe* (συλλαβή) à cause de la forme que prend la main dans le jeu de la lyre : en « effet, lorsqu'on se sert de l'heptacorde, la première compréhension des doigts embrasse « une quarte. » Élien ap. PORPH., p. 271.

3 Encore de nos jours les Indous, bien qu'ils aient une notation et un système musical très-complets, ne possèdent pas de régulateur pour l'acuité absolue des sons. Voici une communication que je reçois à cet égard du savant directeur de l'école indigène de musique à Calcutta, M. Sourindro Mahun Tagore, sous la date du 25 juin 1877 : « *We have not such instrument as pitch-pipe or tuning-fork, but in tuning the instruments we* « *are chiefly guided by the ear. Each person tunes the own to a certain pitch adopted by guess,* « *to the power of the instrument and quality of the strings and the capacity of the voice* « *intended to be accompanied.* »

de la voix de ténor[1]. Les anciens semblent avoir préféré les voix hautes pour le chant religieux[2] et les solos de concert; ils utilisaient les voix moyennes, les plus communes, dans la musique chorale, en réservant les basses pour le comique ou le grand tragique[3].

Selon une tradition en pleine vigueur au temps d'Aristote, l'étendue de la lyre se limitait primitivement à deux tétracordes conjoints[4] (*méson* et *synemménon*). C'est donc de la manière suivante que nous décrirons la succession mélodique et le maniement de l'instrument.

Accord primitif de la lyre à sept cordes.

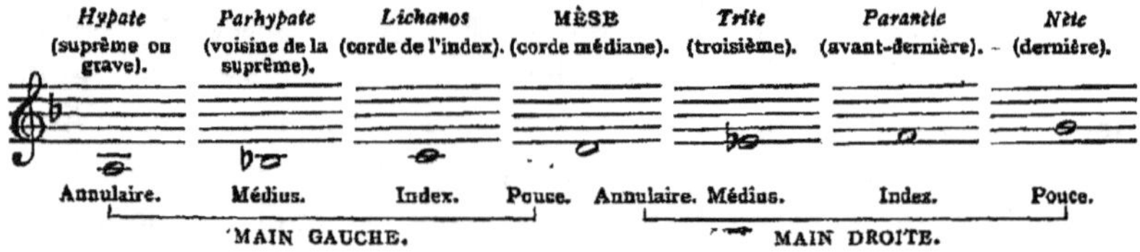

Hypate (suprême ou grave).	*Parhypate* (voisine de la suprême).	*Lichanos* (corde de l'index).	MÈSE (corde médiane).	*Trite* (troisième).	*Paranète* (avant-dernière).	*Nète* (dernière).
Annulaire.	Médius.	Index.	Pouce.	Annulaire. Médius.	Index.	Pouce.

MAIN GAUCHE. — MAIN DROITE.

Cette série de sons reproduit l'échelle authentique du mode mixolydien, privée de son octave complémentaire à l'aigu; de là est née la tradition, recueillie par Plutarque, d'après laquelle Terpandre aurait découvert l'échelle mixolydienne[5]. Cependant la *mixolydisti* pathétique n'a jamais été admise dans l'art des citharèdes : on ne mentionne parmi les œuvres de Terpandre que des nomes éoliens et doriens. Quelles ressources le susdit heptacorde offrait-il pour l'exécution de chants conçus dans l'un de ces deux modes? Si l'on admet que tout l'accompagnement consistait à doubler le *mélos*, sans faire entendre des accords d'aucune sorte, il devient évident que l'échelle dont nous venons de donner la notation convenait uniquement à des mélodies doriennes de construction plagale (T. I, p. 173). La terminaison se faisait sur

[1] T. I, p. 263. Cf. p. 236 et suiv., p. 340. — Cela se rapporte de tout point au diapason que Fétis attribue à une cithare du *British-Museum*, l'unique instrument authentique de cette espèce qui nous soit parvenu. *Hist. gén. de la mus.*, T. III, p. 250 et suiv.

[2] Cf. Isidore de Séville ap. Gerb., *Script.*, T. I, p. 22.

[3] Voir T. I, p. 342.

[4] *Probl.*, XIX, 47. Cf. Nicom., p. 20. — Sur les heptacordes de Terpandre, voir le § 3 de l'Appendice.

[5] Plut., *de Mus.* (W., § XVII).

la corde médiane, foyer central d'où rayonnait toute la mélodie et dans laquelle elle allait se perdre et s'absorber[1]. Mais une échelle ainsi arrangée n'eut été d'aucun usage pour des chants du mode éolien; ceux-ci n'auraient pu se terminer que sur le son le plus aigu, disposition contraire à la nature de la cantilène musicale. Pour exécuter les mélodies composées dans le style de ses compatriotes, et construites à la manière des doriennes, c'est-à-dire avec leur son principal au milieu, Terpandre n'eut qu'à hausser d'un demi-ton la corde antépénultième. Sous ce nouvel aspect, l'heptacorde renferme tout le tétracorde *méson* et les trois sons inférieurs du tétracorde *diézeugménon*. Ceux-ci, en tant que cordes de la cithare, se trouvent avoir dès lors un nom différent de celui qui leur revient dans le système musical absolu, et que nous indiquons entre parenthèses.

Deuxième accord de la lyre à sept cordes.

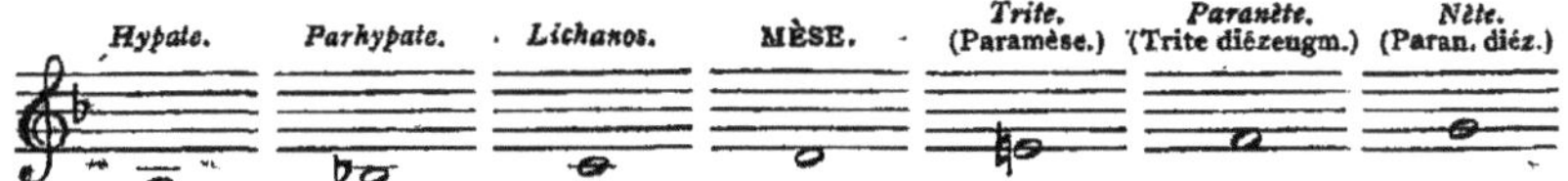

Outre les mélodies hypodoriennes ou éoliennes à forme plagale (type *Dies irae*, T. I, p. 174), des mélodies authentiques du mode dorien étaient aussi praticables sur cet heptacorde, mais à condition de ne pas dépasser au grave leur note finale, comme elles le firent plus tard (p. 170-171).

Les deux combinaisons que nous venons de décrire étaient probablement déjà en usage — la première dans le Péloponnèse dorien, la deuxième chez les Éoliens de Lesbos — avant la grande révolution musicale opérée par Terpandre. Le fameux chantre lesbien imagina un troisième mode d'accord qui lui donnait l'octave de l'*hypate*. Mais, afin de se conformer à l'antique simplicité et de ne pas dépasser le nombre sacré de sept cordes,

[1] Dans l'harmonie cosmique des néo-pythagoriciens, où les sept cordes de la lyre sont la représentation symbolique des sept sphères du système planétaire des anciens, la *mèse* est assimilée d'ordinaire au Soleil. NICOM., p. 7. Cf. VINCENT, *Notices*, p. 137 et suiv. — Les Indous modernes appellent la quatrième note de leur gamme *madhyama*, équivalent exact de *mèse*. — Sur l'importance de la corde médiane dans la musique de l'antiquité, voir T. I, p. 260, et particulièrement note 1.

il supprima l'intervalle de ton (ou de demi-ton) placé à l'aigu de la *mèse*, en sorte que les noms des trois cordes supérieures coïncidèrent de nouveau avec ceux qu'ils eurent plus tard dans le système général[1].

Troisième accord de la lyre à sept cordes.

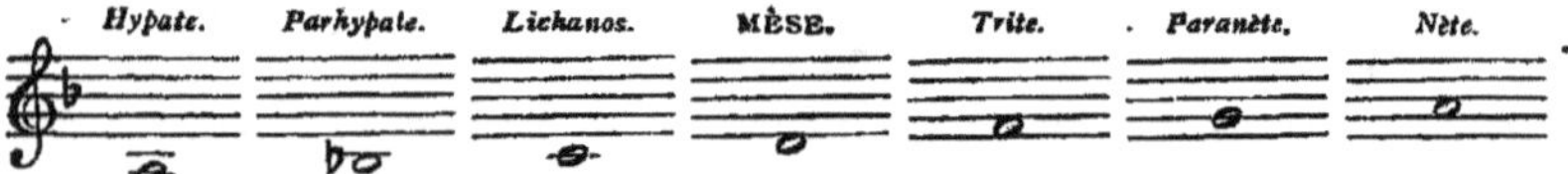

Au point de vue mélodique, cet heptacorde, privé d'un des sons de l'échelle diatonique, offre moins de ressources que les deux précédents. Mais sous le rapport harmonique l'inconvénient est largement compensé. Grâce à l'acquisition de la *nète diézeugménon*, quinte de la *mèse* et octave de l'*hypate*, le citharède entra en possession des éléments principaux de l'accompagnement antique (T. I, p. 365). On pourrait dire que la création du troisième heptacorde de Terpandre marque le moment où l'harmonie simultanée fit son entrée dans la pratique musicale, non pas encore comme partie essentielle de l'œuvre d'art, mais à titre de simple ornement esthétique. Afin d'obtenir un effet de consonnance à la conclusion des divers membres de la mélodie, l'instrumentiste — non pas nécessairement le chanteur — s'abstenait d'un des degrés de l'octave pendant toute la durée de la composition.

La disposition instrumentale dont nous venons de nous occuper impliquait déjà virtuellement l'octocorde. Pour créer celui-ci, il n'y eut qu'un pas à faire, lequel, au dire des historiens, fut Octocordes

1 « Les historiens de la musique ont attribué à Terpandre l'invention de la *nète* « *dorienne*, dont ses prédécesseurs s'abstenaient dans la mélodie. » PLUT., *de Mus.* (W., § XVII). — Deux versions existent au sujet de la corde supprimée. L'une (*la si♭ ut ré mi .... sol la*), s'appuyant sur la doctrine du pythagoricien Philolaüs interprétée par Nicomaque (p. 17), est préconisée par Westphal. L'autre, celle que nous adoptons (*la si♭ ut ré .... fa sol la*), a pour garantie Aristote (*Probl.*, XIX, 47), dont l'autorité doit prévaloir contre celle d'un auteur aussi superficiel que l'est Nicomaque. Cette dernière version a été défendue également par Boeckh. Remarquez que par la suppression de la *trite diézeugménon* (*fa*) on interrompt la série génératrice des quintes (quartes), en sorte que la *parhypate* (*si♭*) ne peut s'accorder que sur sa tierce majeure aiguë, la *mèse* (*ré*). Or, il n'y a pas trace d'un pareil mode d'accord avant Archytas (T. I, p. 310-311). — Voir au surplus la dissertation de M. A. Wagener au § 3 de l'Appendice.

franchi de bonne heure. La *huitième* corde fut intercalée entre la *médiane* et l'*antépénultième*, et accordée habituellement à un ton entier au-dessus de la *médiane*. Elle reçut le nom de *paramèse*, c'est-à-dire *voisine de la corde mèse*. De même que les noms des sept cordes de la lyre de Terpandre coïncident avec les désignations théoriques des sept notes aiguës du système *conjoint*, de même les termes imposés aux huit degrés de l'octocorde se reproduisent fidèlement dans les deux tétracordes qui occupent le centre du système *disjoint* (le *méson* et le *diézeugménon*). Mais le terme *mèse* perd son acception précise, puisque dans un nombre pair de cordes aucune ne saurait être médiane[1].

Accord de la lyre et de la cithare à huit cordes.

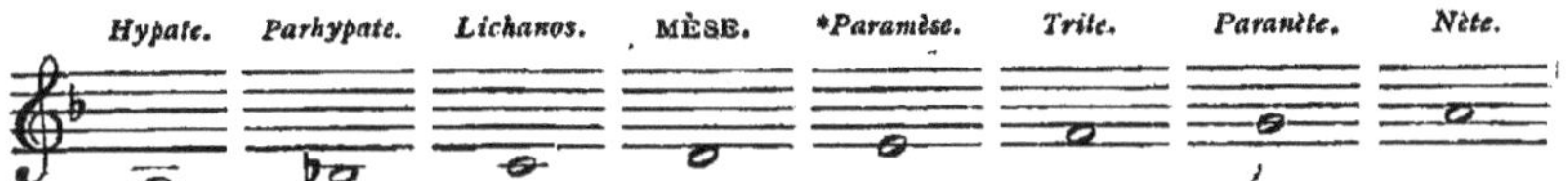

En s'enrichissant d'une corde, l'instrument national des Hellènes ne fut certainement pas privé de l'usage facultatif du tétracorde conjoint, ressource que possédait déjà la lyre heptacorde et sans laquelle les vieux nomes doriens de Terpandre seraient devenus inexécutables. A côté de la forme-type de l'octocorde, ayant la disjonction au milieu (*la si♭ ut ré* | *mi fa sol la*), il y en eut donc une autre ainsi faite : deux tétracordes conjoints au grave, disjonction à l'aigu (*la si♭ ut ré ré mi♭ fa sol* | *la*). Il est même à croire que l'on employa aussi une troisième disposition, inverse de cette dernière et ayant la disjonction à l'extrême grave (*la* | *si♮ ut ré mi mi fa sol la*). C'était là, en effet, l'unique moyen de faire entendre sur la cithare à huit cordes des mélodies hypodoriennes de construction authentique. Or le mode des Éoliens tenait une place trop éminente dans la musique de l'Hellade pour rester longtemps dépourvu d'une forme aussi essentielle.

Une opinion assez ancienne, mais qui a pour elle peu de proba-
v. 530 av. J. C. bilités, attribue à Pythagore la transformation de l'heptacorde en octocorde[2]. Disons qu'en tout cas la date de cette innovation ne

[1] Voir le 44e problème musical d'Aristote, traduit et cité T. I, p. 89, note 2.

[2] Nicom., p. 9. — Selon Boëce (*de Mus.*, l. I, ch. 20), la huitième corde aurait été ajoutée par un certain Lycaon de Samos. — Cf. Burette, *Rem.* CCII.

peut être postérieure à l'existence du vénérable sage de Samos. On admettra sans difficulté que les artistes de l'Hellade pouvaient se servir d'une octave complète, vers l'époque où Anacréon s'accompagnait, à la cour du tyran de Samos, d'une *magadis* montée de vingt cordes.

Ce fut selon toute probabilité le fondateur des écoles musicales Ennéacordes.
d'Athènes, Lasos d'Hermione, auquel les historiens attribuent des v. 500 av. J.C.
améliorations considérables dans la technique des instruments à vent, qui enrichit la cithare d'une *neuvième* corde[1]. Celle-ci fut ajoutée au grave de l'*hypate*, c'est-à-dire à la partie supérieure de l'instrument, eu égard à la position adoptée (voir ci-dessus, p. 253); de là son nom, *hyper-hypate*, littéralement *sur-hypate*. Selon la nomenclature usuelle, c'est la *lichanos hypaton* du trope lydien. De même que sur l'heptacorde, la *mèse* occupe le centre exact de la série des sons; au lieu de consonner à la quarte, elle consonne maintenant à la quinte des deux cordes extrêmes[2].

Accord de la lyre et de la cithare à neuf cordes.

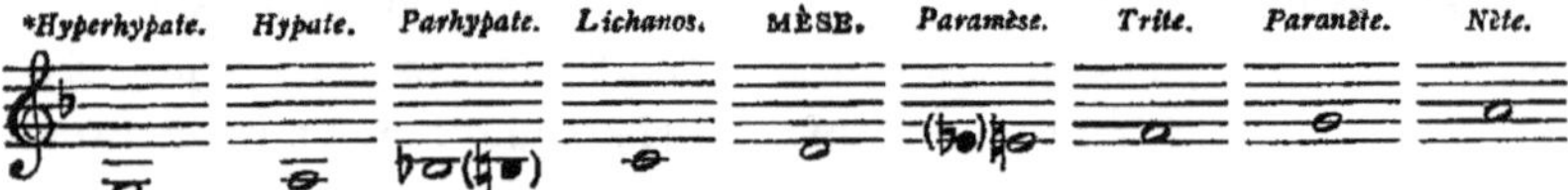

A cette période de l'histoire qui voit s'ouvrir l'ère brillante de l'art athénien, le chant à la cithare avait déjà dépouillé son austérité primitive; il ne consistait plus uniquement en nomes et hymnes sacrés, destinés à résonner dans les temples et excluant tous les modes autres que le dorien et l'éolien; il embrassait désormais une foule de compositions profanes (chansons d'amour et de table, airs à danser, etc.), lesquelles ne pouvaient s'accommoder de la répétition incessante des mêmes types mélodiques (T. I, p. 355). Déjà, selon toute apparence, les citharèdes avaient introduit dans l'art dont ils faisaient leur domaine l'usage des

[1] « Celui-ci ajouta de nouvelles cordes à la lyre.... » PLUT., *de Mus.* (Volkm., ch. XXIX). — Nicomaque (p. 35) attribue l'adjonction de la neuvième corde à un personnage inconnu, Théophraste de Piérie, lequel est déguisé sous le nom de *Prophrastus* dans toutes les éditions de Boëce (*Mus.* l. I, ch. 20).

[2] « *Quae quoniam* super *hypaten est addita*, hyperhypaten *est nuncupata.* » Ib. — Dans la gamme de cithare publiée par Vincent (*Not.*, p. 254), l'*hyperhypate* s'appelle *diapemptos*.

six harmonies mentionnées par Pollux : « en première ligne la « *doristi*, l'*iasti* et l'*aiolisti*, en seconde ligne l'harmonie phry- « gienne, la lydienne et la locrienne[1]. » En effet, il est important de remarquer que *la lyre à neuf cordes*, telle que nous venons de la décrire, *renferme toutes les espèces d'octaves correspondant aux six modes citharodiques, à l'exception de l'octave lydienne*. Les cantilènes de ce dernier mode n'ont à leur disposition que la seule forme plagale[2]. Quant aux chants authentiques du mode dorien, ils eurent désormais la faculté de s'étendre jusqu'à un degré au-dessous de leur finale, disposition qui semble être devenue typique par la suite (T. I, p. 170). Jusqu'à la fin de l'antiquité les cithares montées de neuf cordes sont restées les plus usitées; en réalité, elles possédaient dans leur étendue restreinte toutes les ressources nécessaires à l'art homophone[3].

Endécacordes. En dehors d'un récit de Boëce, fort sujet à caution, et d'un passage de Phérécrate dont la lecture est incertaine, nous n'avons aucune donnée sur l'existence réelle d'une cithare à *dix* cordes. Mais vingt ans avant la guerre du Péloponnèse des instruments à *onze* cordes étaient déjà en usage, si nous en croyons un poëte contemporain, Ion de Chios. (v. 450 av. J. C.) Pour réaliser ce progrès, il avait suffi de dédoubler les deux degrés variables de l'ennéacorde et d'assigner à chacun des quatre sons (*si*♭, *si*♮, *mi*♭, *mi*♮) une corde spéciale. La corde *si*♭ garda pour elle seule le nom de *parhypate*, et *mi*♭ devint la voisine constante de la *mèse*, tandis que les deux cordes ajoutées (*si*♮ et *mi*♮) furent considérées, la première

[1] POLLUX, l. IV, ch. 9, sect. 65. — La mention du mode locrien cultivé par Simonide et Pindare, mais tombé en désuétude dès le milieu du Ve siècle (T. I, p. 157), montre l'ancienneté de cette énumération.

[2] Formes authentiques (nous mettons les cordes finales en majuscules et les autres cordes principales en lettres romaines); pour le mode éolien : LA *si ut ré* mi *fa sol* la; SOL *la si*♭ *ut* ré *mi*♭ *fa* sol; — pour le locrien, LA (*si*) *ut* ré *mi fa sol* la; SOL (*la*) *si*♭ ut *ré mi*♭ *fa* sol; — pour le dorien, (*sol*) LA *si*♭ *ut* ré *mi fa sol* la; — pour l'ionien, SOL *la si ut* ré *mi fa* sol; — pour le phrygien, SOL *la si*♭ ut *ré mi fa* sol. L'ennéacorde contient, en outre, la *mixolydisti* authentique : LA *si*♭ *ut* ré *mi*♭ *fa sol* la. — La forme plagale de la *lydisti* est *sol la si* UT *ré mi* fa. Nous omettons les formes plagales des cinq autres modes, lesquelles seront facilement reconstituées par le lecteur.

[3] Sur l'ennéacorde, voir FORTLAGE, *Musik. Syst. d. Griechen in seiner Urgestalt*, p. 58. — Chacune des cordes recevait le nom d'une des neuf Muses. Cf. MARTINI, *Storia della Musica*, T. II, p. 28.

comme *lichanos* (*méson*) *chromatique*, la seconde comme *paranète synemménon chromatique* du trope lydien[1].

Accord de la lyre et de la cithare à onze cordes.

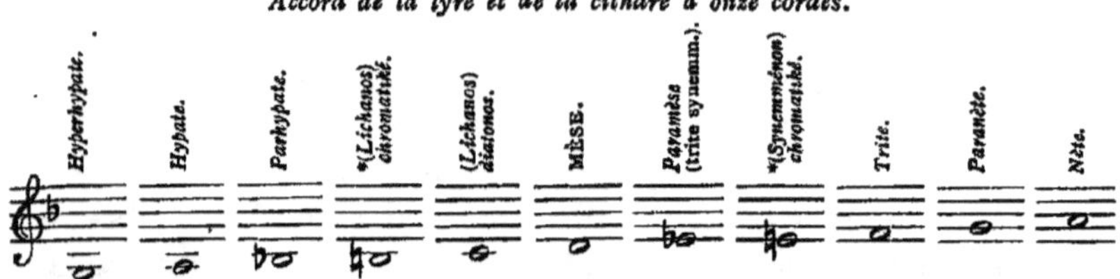

Malgré l'acquisition de deux nouvelles cordes, la cithare avait gardé ses anciennes limites et ne s'était enrichie d'aucun son nouveau; mais l'exécutant gagna l'avantage d'avoir désormais à sa disposition constante, outre deux tétracordes chromatiques (*ré si♮ si♭ la* et *sol mi♮ mi♭ ré*), les trois échelles tonales déjà contenues dans la lyre à neuf cordes : la première sans bémol (*sol la si♮ ut ré mi fa sol la*) appartenant au *tonos hypolydios;* la deuxième à un bémol (*sol la si♭ ut ré mi fa sol la*), du *tonos lydios;* la troisième à deux bémols (*sol la si♭ ut ré mi♭ fa sol la*), faisant partie du *tonos hyperlydios*. Voilà le *triple chemin* auquel Ion de Chios fait allusion dans sa célèbre épigramme[2] :

« Lyre à onze cordes, toi qui, dans une étendue de dix intervalles, possèdes un triple « chemin pour les harmonies consonnantes : jadis, simple heptacorde formé de [deux « fois] quatre sons, tu résonnais sous les doigts de tous les Hellènes, amis d'une musique « sobre. »

De la lyre de Terpandre à l'endécacorde d'Ion, en passant par la cithare à neuf cordes, le progrès est immense et marque des étapes significatives dans le développement historique de l'art musical. L'heptacorde ne fait entendre que les *deux* vieux modes isolés; avec neuf cordes le citharède peut exécuter *successivement* des mélodies diatoniques en *six* modes différents; enfin sur une

[1] On sait que le genre chromatique était principalement à sa place dans la musique de cithare (T. I, pp. 301, 320 et suiv.); l'enharmonique dans les instruments à vent (Ib., p. 296). Lorsqu'on voulait exécuter l'enharmonique sur la cithare, il suffisait de baisser de 3 *diésis* la corde *chromatique* (*si*♮ — si♭, *mi*♮ — mi♭), de façon à la faire passer à un quart de ton au-dessous de la *parhypate* diatonique. Une pareille descente s'appelle *eclysis*, c'est-à-dire relâchement (Ib., p. 330).

[2] Ps.-Eucl., p. 19 (Bergk, fr. 3).

cithare à onze cordes il lui est loisible de changer *instantanément* de genre, de ton et de mode. Néanmoins le mode lydien restait encore privé de sa forme authentique.

Dodécacordes. Cette lacune fut comblée par l'insertion de la *paranète* chromatique du tétracorde *diézeugménon* (*fa♯*). L'instrument, porté à *douze* sons, gagna par là un troisième tétracorde chromatique (*la fa♯fa♮mi*) et une quatrième échelle tonale, l'hyperiastienne (*sol la si ut ré mi fa♯sol la*). Tel fut probablement l'accord de la
v. 420 av. J.C. lyre sur laquelle Timothée accompagnait ses dithyrambes.

Accord de la lyre et de la cithare à douze cordes.

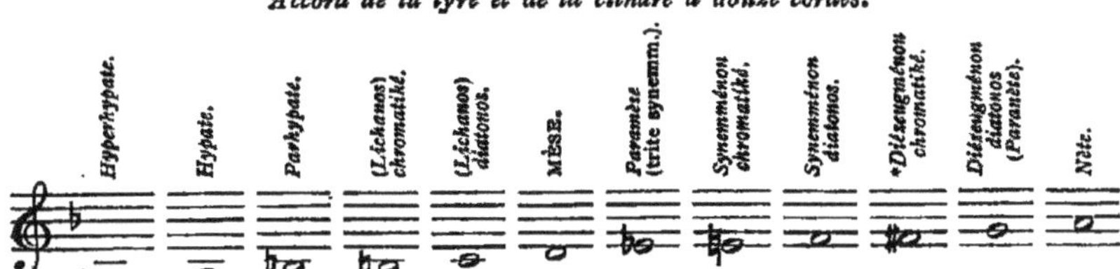

Outre l'échelle authentique du mode lydien (sol *la si* ut *ré mi fa♯*sol) et une seconde octave phrygienne (la *si ut* ré *mi fa♯sol* la), le dodécacorde fournit une foule de combinaisons nouvelles pour les mélodies plagales.

La manière dont nous venons d'exposer l'accord des instruments à 11 et à 12 cordes est différente du système admis par la plupart des modernes sur la foi des néo-pythagoriciens Nicomaque et Boëce, absolument étrangers à la pratique de l'art[1]. Confondant deux choses qui n'étaient identiques qu'à une phase primitive de la culture musicale, — à savoir l'extension graduelle du système des sons et le perfectionnement technique des instruments — les écrivains musicaux expliquent la transformation de l'heptacorde en dodécacorde par un accroissement extérieur de l'échelle, c'est-à-dire par l'adjonction successive de tétracordes

[1] Il est à remarquer que Boëce amplifie l'auteur qu'il copie (le pseudo-Nicomaque). Tandis que celui-ci dit simplement : « Théophraste de Piérie ajouta la 9e corde, Histiaïos « de Colophon la 10e, Timothée de Milet la 11e et ainsi de suite les autres » (p. 35), Boëce écrit (l. I, ch. 20) : « *Prophrastus autem Periotes* ad graviorem partem *unam addidit chor-* « *dam.... Histiaeus vero Colophonius decimam* in graviorem partem *coaptavit chordam*, etc. » — Au reste ce récit ne concorde nullement avec l'explication de Nicomaque, p. 20 et suiv.

diatoniques. Plusieurs raisons m'ont fait renoncer à l'opinion
traditionnelle[1]. La première c'est que les citharistes n'auraient
pas continué pendant des siècles à appeler *médiane* une corde
se trouvant, non pas au milieu, mais presque à l'extrémité aiguë
de l'instrument. — Une autre raison, non moins convaincante,
c'est que chez les écrivains contemporains de ces nouveautés,
— Glaucus, Platon, Aristote — le développement des instruments 450-350 av. J C.
à cordes est mis en relation directe avec le relâchement de la
musique, avec l'usage des intervalles chromatiques. Au surplus,
un passage dialogué du comique Phérécrate[2], malheureusement v. 415.
trop corrompu pour que l'on en puisse tirer beaucoup de renseignements
positifs (les chiffres surtout sont incertains), mais
très-clair quant au sens général, ne laisse aucun doute à l'égard
de ce que nous venons d'avancer :

« (La Musique) Je parlerai très-volontiers, car tu n'auras pas à m'écouter moins
« de plaisir que je n'en aurai à te parler. — Le premier auteur de mes maux fut
« Mélanippide ; il commença à m'énerver et par ses *dix cordes*[3] me rendit beaucoup plus v. 450.
« molle. — Mais cet homme ne suffisait point encore pour me réduire à l'état malheureux
« d'à présent. — Phrynis lançant sur moi un tourbillon [de sons] — *il renferma en neuf* v. 446
« *cordes* (ou *en onze cordes*) *douze harmonies*[4] — et me pliant, me torturant, amena ma
« destruction complète. — Toutefois celui-là encore m'était supportable, car plus tard il
« corrigea ses fautes. — .... Il fallut Timothée, ma chère, pour m'achever, après m'avoir v. 420.
« honteusement déchirée. — (La Justice) Quel est donc ce Timothée ? — (La Musique)
« Un Milésien aux cheveux roux. — (La Justice) Et quels sont les maux qu'il t'infligea ?
« — (La Musique) Il dépasse de loin tous les autres, chantant de petits fredons inusités,
« hors du ton (*ἐξαρμονίους*), excessivement aigus (*ὑπερβολιαίους*), flûtés (*νιγλάρους*)[5],
« indécents enfin ; il m'a coupée en morceaux comme un chou et m'a remplie de mauvais
« ingrédients. Un jour que je m'étais hasardée seule, il m'a fait violence et m'a liée avec
« *douze cordes*. »

Le troisième argument enfin, et le plus décisif, est tiré du passage suivant de Quintilien, qui démontre avec toute la lucidité désirable la division chromatique de l'échelle de la cithare : « Telle est la méthode que suivent les musiciens. Après avoir

[1] Burette en avait déjà senti l'inconsistance (voir *Rem.* CCII).

[2] PLUT., *de Mus.* (Volkm., ch. 30; W., § XVII).

[3] Correction de Volkmann (*Plut. de Mus.*, p. 124) : *χορδαῖσιν δέκα* au lieu de la leçon traditionnelle *χορδαῖς δώδεκα* (*par douze cordes*).

[4] Voir T. I, p. 355, note 4, où j'ai accepté la leçon proposée par Ulrici : *ἐννέα* (*neuf*) au lieu de *πέντε* (*cinq*) que donnent les manuscrits. Pour la mesure du vers il est indifférent de lire *ἐννέα* (*neuf*) ou *ἕνδεκα* (*onze*).

[5] *Niglaros*, petite flûte égyptienne. POLLUX, l. IV, ch. 10, sect. 82.

« établi sur la cithare *cinq sons*, ils remplissent avec diversité les « espaces compris entre lesdites cordes. *Ensuite, parmi les cordes « intercalées ils en insèrent d'autres encore*, de manière à parsemer « les trajets, fort peu nombreux, de beaucoup d'étapes. » Il est impossible de méconnaître dans ce passage les trois catégories de sons dont se composent les échelles que nous avons établies ci-dessus : d'abord les cordes stables, puis les autres degrés du genre diatonique, enfin les sons chromatiques[1].

L'histoire de la musique n'enregistre aucune modification dans l'étendue de la lyre et de la cithare depuis la guerre du Péloponnèse jusqu'à l'époque romaine[2].

Lyres et cithares sous l'empire romain.

En passant sans transition à la dernière période florissante de l'art antique, que nous devons placer au IIe siècle de notre ère, nous trouvons chez les musiciens de profession le nombre des cordes de la cithare accru parfois jusqu'à *quinze*[3]. Il va sans dire que les ressources pour la modulation n'avaient pas diminué dans la suite des temps. D'après la précieuse notice de l'Anonyme, dont nous nous sommes déjà occupé à deux endroits de notre premier volume (pp. 229 et 263), les citharèdes

[1] *Instit. orat.*, l. XII, ch. 10, 68, a. — Mieux qu'une exposition détaillée, le petit tableau suivant me servira à formuler clairement mon interprétation. La 1re rangée comprend les *sons stables* (j'emploie, comme d'habitude, l'échelle du ton lydien, *mèse* RÉ$_3$); la 2e rangée renferme les *degrés diatoniques intermédiaires;* la 3e les *sons chromatiques.*

1.	MI$_2$					LA$_2$					RÉ$_3$		MI$_3$					LA$_3$
2.		fa$_2$		sol$_2$			si♭$_2$		ut$_3$			mi♭$_3$		fa$_3$		sol$_3$		
3.			*fa♯$_2$*		*(sol♯$_2$)*			*si♮$_2$*		*(ut♯$_3$)*					*fa♯$_3$*		*(sol♯$_3$)*	

[2] On doit considérer comme une tentative isolée l'instrument construit par Pythagore de Zacynthe, un des prédécesseurs d'Aristoxène. Selon Artémon, auteur peu connu (ap. ATHÉN., l. XIV, p. 637, b-f), « il était semblable à un trépied de Delphes et *tenait lieu « d'une cithare triple*.... L'un des côtés de l'appareil était accordé en ton dorien, l'autre « en ton lydien et le troisième en ton phrygien. Pour jouer dans le ton qu'il voulait, « l'inventeur faisait tourner avec le pied la base, qui lui obéissait facilement, et prenant « tantôt un côté, tantôt l'autre, il avait rapidement sous la main le système qu'il « désirait. » M. Chappell (*History of Music*, T. I, p. 299) fait observer judicieusement qu'un instrument tel que le décrit Athénée, c'est-à-dire privé d'une caisse de résonnance, ne rendrait qu'un son imperceptible.

[3] La plupart des instruments ne paraissent en avoir eu que *onze* ou *douze*. Voir au § 4 de l'Appendice la dissertation consacrée à un document très-intéressant relatif à la technique de la citharodie, document resté inexpliqué jusqu'à nos jours.

avaient gagné depuis Timothée une échelle tonale du côté des dièses, l'*iastienne* (♯♯). Par contre, à prendre la notice à la lettre, ils en avaient perdu une du côté des bémols, l'*hypophrygienne* (♭♭). Mais cette omission n'est probablement qu'apparente. Suivant l'habitude des Aristoxéniens, l'auteur aura considéré le *mi* ♭ comme appartenant au système conjoint du ton lydien[1]. Si notre hypothèse est fondée, les cithares dont il est question, accordées originairement sur l'échelle diatonique du trope lydien, avaient *trois* cordes mobiles dans l'octave inférieure, *quatre* dans l'octave aiguë, ce qui permettait à l'exécutant de jouer en *cinq* tons. Nous supposons ces instruments munis d'un mécanisme analogue à celui des harpes actuelles, par le moyen duquel l'artiste modifiait l'accord sans avoir à interrompre l'exécution[2].

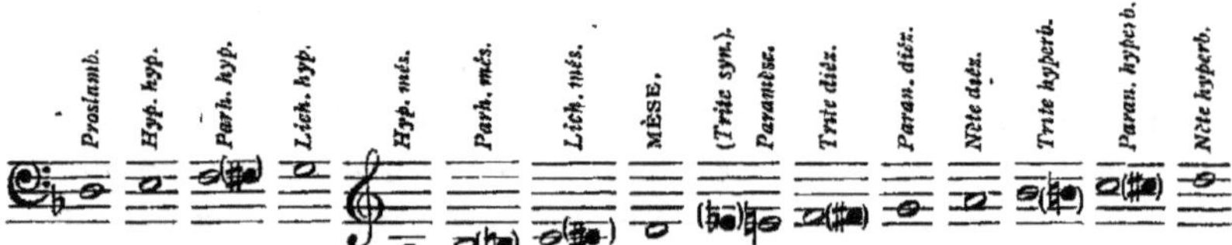

Renfermé dans les limites du trope lydien et ayant la partie principale de son échelle dans la région *nétoïde*, l'instrument que nous venons de décrire servait à l'accompagnement des chanteurs nomiques, des voix aiguës. Il était sans doute préféré aussi pour la citharistique pure. Mais à côté de lui existaient des lyres et des cithares de plus grande dimension, destinées à l'accompagnement des voix moyennes et graves, ainsi que du chant choral. Celles-ci étaient accordées originairement sur le ton dorien, dont l'octave centrale (FA2 — FA3) formait une sorte de terrain neutre, accessible à tous les genres de voix (T. I, pp. 219, 238). Par suite de leur rôle plus humble, ces instruments furent longtemps stationnaires en ce qui concerne le nombre des cordes. Lorsque les poëtes méliques font allusion à l'accompagnement de leurs chants, comme cela arrive parfois, ils parlent seulement de

[1] La modulation au tétracorde *synemménon* n'était pas considérée comme un changement de ton (T. I, p. 347).

[2] On remarquera que la harpe moderne a été munie également d'un certain nombre de degrés chromatiques fixes avant d'avoir une échelle diatonique mobile.

lyres heptacordes[1]. L'étendue d'un pareil instrument était comprise entre l'*hypate méson* et la *nète synemmènon* du trope dorien (FA$_2$ — MI♭$_3$); pour l'adapter aux différents types mélodiques de la musique chorale il suffisait de modifier convenablement la tension des degrés mobiles dans les deux échelles de quarte. Par ce simple mécanisme toutes les harmonies grecques devenaient praticables sous leur double forme, à l'exception de la *lydisti*, qui n'avait que la forme plagale[2].

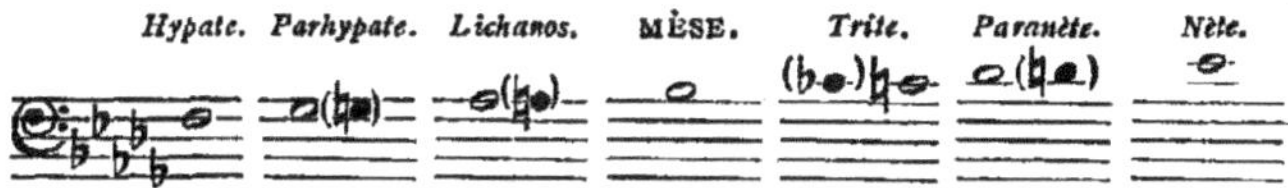

Lorsque à l'époque alexandrine les styles commencèrent à se confondre, les chanteurs solistes se mirent à utiliser les cithares graves; celles-ci subirent à leur tour la loi du progrès, et même dans une mesure plus large que les instruments à diapason élevé. La cithare qui sert de point de départ à toute la théorie harmonique de Ptolémée, et que l'on doit considérer comme un type très-répandu au IIe siècle, pouvait, au moyen de *six* cordes mobiles dans chaque octave, jouer en *sept* tons. Le mécanisme en a été analysé plus haut (T. I, p. 254-262).

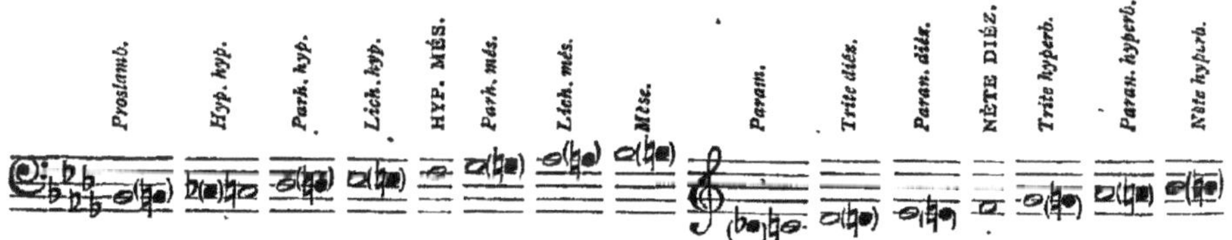

Ce fut là, sans doute, le dernier terme du perfectionnement auquel les instruments à cordes parvinrent dans l'antiquité.

[1] « Examine avec bienveillance ce chant chevaleresque, qu'accompagnent des *cordes* « *éoliennes*, et fais bon accueil à l'aimable lyre à *sept sons*. » PIND. *Pyth.* II, v. 69-71. — Cf. *Nem.* V, v. 24; EURIP., *Alceste*, v. 445-447 (1er *stasimon*); *Hercule furieux*, v. 685 (2e *stasimon*).

[2] L'emploi effectif du mode lydien dans la musique chorale accompagnée d'instruments à cordes est prouvé par le passage suivant : « Douce lyre, que ton tissu mélodique « se dessine sur l'harmonie lydienne, pour résonner agréablement aux oreilles d'Oenone « et de Chypre. » PIND. *Nem.* IV, v. 45-47.

Toutefois il ne paraît pas que ces appareils compliqués aient jamais réussi à se faire accepter généralement. Des lyres et des cithares de construction très-rudimentaire n'ont pas cessé d'être en faveur auprès des chanteurs populaires[1], de même que chez nous, un siècle et demi après l'invention de la harpe à pédales, les musiciens ambulants s'en tiennent encore à la harpe diatonique à sons fixes. Même parmi les citharèdes de profession, les instruments à tension invariable (T. I, p. 264) n'étaient certes pas moins usités que ceux dont la structure raffinée commandait une plus grande habileté, et leur usage a dû s'étendre à mesure que les traditions des anciennes écoles allèrent en s'affaiblissant.

Technique de la cithare.

Les notions que nous avons relativement au maniement de l'instrument et aux *effets* employés par les citharistes gréco-romains se réduisent à fort peu de chose; néanmoins, combinées avec soin, elles suffiront pour donner de la virtuosité antique une idée moins désavantageuse que celle qui est généralement reçue à l'époque actuelle, justement fière de sa supériorité à cet égard. — On a indiqué plus haut (p. 253 et suiv.) le doigté primitif des instruments à cordes. A la suite de l'introduction du plectre la position des mains paraît s'être intervertie. Voici, d'après un grammairien latin[2], comment se jouait la cithare, lorsque l'artiste se servait du plectre. Chacune des deux mains prenait part au jeu et avait son rôle propre. La droite faisait résonner les cordes au moyen du plectre, ce qui s'appelait *jouer en dehors* (*foris canere*), tandis que les doigts de la main gauche étaient employés à pincer simplement les cordes[3]; cette dernière manière de produire le son s'appelait *jouer en dedans* (*intus canere*). On est porté à inférer de là que dans les passages polyphoniques le plectre faisait entendre

[1] Voir le passage de Denys d'Halicarnasse, cité dans la note 3 de la page 249. L'écrivain ajoute que de son temps (Ier siècle) les cithares heptacordes étaient encore employées à Rome, dans les solennités publiques, mais que leur usage avait cessé chez les Grecs.

[2] PSEUDO-ASCONIUS *in Cic. Verr.*, I, 20, 50.

[3] « Quelqu'un interrogeait le musicien Androtion, habile cithariste, et le questionnait « ainsi sur la *science de l'accompagnement* (κρουματικὴ σοφίη) : Pourquoi, lui disait-on, « lorsque avec le plectre tu ébranles l'*hypate*, qui est sous ta *main droite*, la *nète*, qui est « sous ta *main gauche*, vibre-t-elle d'elle-même en rendant un petit son aigu ? » Épigramme de l'Anthologie, citée par M. Vincent (*Not.*, p. 288; *Lettre à M. Fétis*, p. 33).

avec une certaine intensité le chant principal, que les anciens plaçaient *au grave* (T. I, p. 364), tandis que la main gauche exécutait *à l'aigu*, en sons plus doux, une broderie mélodique ou harmonique. Le terme *épipsalmos*, employé par Ptolémée dans un passage très-intéressant pour le sujet qui nous occupe[1], désignerait avec justesse une semblable combinaison. L'action d'attaquer deux ou plusieurs sons à la fois est exprimée, dans le même texte, par le mot *syncrousis*, c'est-à-dire *percussion simultanée*. Il y est aussi question de certains dessins rapides, soit de forme ascendante (ἀναπλοκή), soit de forme descendante (καταπλοκή), soit de forme complexe (συμπλοκή). — Enfin il paraît que les joueurs de cithare, de même que nos harpistes, utilisaient dans la pratique le premier son harmonique (l'octave), lequel se produit lorsque l'exécutant, en appuyant légèrement un doigt sur le point milieu de la corde, la force à se partager en deux parties aliquotes, tandis qu'il l'ébranle au moyen de la main restée libre. C'est là probablement le genre d'effet que Ptolémée désigne par le terme *syrma* (sifflement) et qu'un autre auteur, plus ancien de quatre siècles environ, rend par *syrigmos*, mot dérivé de la même racine et ayant un sens analogue. L'historien athénien
v. 200 av. J.C. Philochoros[2] raconte que le virtuose Lysandre de Sicyone introduisit des innovations dans la citharistique pure, et qu'entre autres nouveautés il fit entendre le premier sur son instrument « la *magadis* (octave) qu'on appelle le *sifflement* (συριγμός). » Cette dernière épithète justifie pleinement notre interprétation; en effet, les sons dits *harmoniques* possèdent un timbre dont la parenté avec celui des flûtes est si peu méconnaissable, que les musiciens de tous les pays ont l'habitude de les désigner par un terme de signification analogue (*flageolet*, *flautino*). Les sons *suraigus* (ὑπερβολαῖοι) dont Phérécrate raille l'usage chez Timothée (ci-dessus, p. 263) et qu'il appelle également *flûtés* (νιγλάροι) appartenaient de toute nécessité à la même catégorie; en effet, un instrument dépourvu de manche ne saurait dépasser l'étendue de ses cordes à vide par aucun autre moyen.

[1] Liv. II, ch. 12. — Voir ci-dessus, T. I, p. 359, note 4.

[2] Ap. Athén., l. XIV, pp. 637, f; 638, a.

Disons en terminant que les compositions destinées à la cithare (κρούματα) admettaient deux styles; ou bien c'étaient des mélodies toutes nues (πρόσχορδα ἄσματα), ou bien le *mélos* recevait un accompagnement harmonique (πολύχορδον ἄσμα)[1]. Le premier style était seul conforme aux principes fondamentaux de la pédagogie grecque; le second n'était accessible qu'à des artistes, initiés à la science de l'accompagnement instrumental (T. I, p. 359). Par un hasard assez curieux, c'est précisément dans un passage où Platon réprouve le second style, comme contraire au but de l'éducation, que nous trouvons un résumé succinct des moyens d'effet qui lui étaient propres[2]. D'après le texte dont il s'agit, ces moyens consistaient dans l'emploi de l'*hétérophonie* (sons différents attaqués à la fois) et des *dessins figurés :* accords et dessins que le compositeur abandonnait au goût de l'exécutant. On s'attachait à obtenir un contraste marqué entre l'accompagnement, d'une part, et le *mélos*, d'autre part, en opposant le *serré* (πυκνότης) à l'*espacé* (μανότης), le *rapide* au *lent*, et l'*aigu* au *grave*, ou, pour parler un langage plus moderne, en faisant entendre un dessin d'accompagnement procédant par des *degrés conjoints*, par des *durées brèves*, et se développant à l'*aigu;* tandis que la mélodie principale, où dominaient les *intervalles disjoints*, les *durées composées*, résonnait au *grave*. Nous ne pouvons nous empêcher de faire remarquer que le grand philosophe donne là en quelques lignes une définition du contrepoint, plus juste et plus compréhensive peut-être, dans son extrême concision, qu'aucune de celles que l'on a essayées de nos jours[3].

Vers la fin du deuxième siècle de notre ère, l'art de jouer les instruments à cordes se trouvait encore dans un état très-florissant, ce que démontre la richesse du vocabulaire des citharèdes et des lyrodes d'Alexandrie pour les termes relatifs à la pratique des *nuances*[4]. Au IIIe siècle la technique musicale suivit le

[1] Pollux, l. IV, ch. 9, sect. 63.

[2] Cf. Wagener, *Mémoire sur la Symphonie des anciens*, p. 50 et suiv. — Voir ci-dessus, T. I, p. 31, note 1, et p. 302, note 4.

[3] Un seul détail de la définition de Platon n'est pas exact pour l'art moderne. Chez nous le *mélos* et le contrepoint se placent aussi bien à l'aigu qu'au grave.

[4] Ptol., *Harm.*, l. I, ch. 16; l. II, ch. 1 et 16.

rapide déclin de toute la culture païenne. Néanmoins, tant qu'il resta une lueur de cette antique culture, la lyre fut considérée, par les sauvages conquérants eux-mêmes, comme le symbole de l'art civilisé, sobre et élégant du monde gréco-romain[1]. Quand le roi
500 apr. J. C. barbare Clovis, assis sur le trône des Francs, voulut s'initier aux jouissances artistiques des anciens maîtres de l'univers, il se fit envoyer un citharède par son beau-frère Théodoric, le roi des Goths d'Italie[2]. C'est là, sauf erreur, la dernière fois que la cithare apparaît avec honneur dans les annales de la musique. Retombée, bientôt après, à l'état inculte chez les descendants des Romains, puis négligée et finalement abandonnée, elle fut remplacée par la *harpe* celto-germanique, l'ancien trigone de l'Égypte et de l'Assyrie. Mais le nom de la cithare, transféré à des instruments à cordes pourvus d'un manche, ne disparut pas au milieu des vicissitudes de l'art, et se retrouve dans tous les idiomes vivants de l'Occident[3].

§ II.

A l'exception des cors et des trompettes, que les Grecs excluaient de leur orchestre, les nombreux instruments à vent employés dans les exécutions musicales de ce peuple reçoivent la désignation générique d'*auloi* (αὐλοί). Ainsi que nous l'indiquent les monuments de l'art plastique, c'étaient des tuyaux de médiocre longueur, — semblables à nos flûtes, hautbois et clarinettes — qui émettaient des sons de hauteur différente au moyen des

[1] « *Romanusque lyra plaudat tibi, barbarus harpa....* » FORTUNAT, l. VII, 8, 63.

[2] « *Cum Rex Francorum, convivii nostri fama pellectus, a nobis citharoedum magnis « precibus expetisset, sola ratione complendum esse promisimus, quod te eruditionis musicae « peritum esse noveramus.* » CASSIOD., *Var.*, l. II, 40 (*Boetio patritio Theodericus Rex, de Acharedo mittendo regi Francorum*).

[3] Accentué à la latine (sur l'antépénultième), le mot *cithara* a donné à l'italien *cetra*, au vieux français *cetre*, *cestre*, à l'allemand *zither*. Une autre forme qui se trouve dans le français du moyen âge, *citole*, s'explique par le même mot latin, accentué à la grecque : *cithára*. De là vient aussi la forme usuelle *cithare*. Enfin une troisième série de mots dérive du grec κιθάρα (par l'intermédiaire de l'arabe?) : à savoir le vieux français *guiterne* et l'espagnol *guitarra*. Ce dernier mot à son tour a donné l'italien *chitarra* et le français moderne *guitare*.

raccourcissements graduels de la colonne d'air, raccourcissements résultant de l'ouverture de *trous* pratiqués dans la paroi du tube. Les anciens employaient pour la fabrication de leurs tuyaux le roseau, le buis, l'os, l'ivoire ou le métal[1]. Malgré l'opinion accréditée à cet égard dans l'antiquité comme de nos jours, il est certain que la matière du tuyau n'influe en rien sur le timbre : des expériences décisives en ont fourni la preuve irrécusable[2]. Les proportions de la colonne d'air et son mode d'ébranlement sont les seules causes efficaces de la variété que l'on observe dans le timbre des instruments dont nous allons nous occuper.

On ne peut douter qu'à l'époque gréco-romaine les instruments à vent n'aient été cultivés avec une prédilection particulière. Nous connaissons par une foule de textes les noms de ceux dont la pratique s'était le plus généralisée, et l'on cite de nombreux écrivains qui s'en sont spécialement occupés[3]. Mais c'est là tout. Jusqu'à ce jour l'incertitude la plus complète a plané sur la construction, le timbre et l'étendue des *auloi*. Aucun des traités consacrés à cet objet ne nous est parvenu, et leurs fragments épars, encadrés dans les vastes compilations des époques romaine et byzantine, n'ont pas encore été sérieusement mis à profit. La lecture des pages suivantes prouvera, nous l'espérons, qu'une étude patiente de ces documents, s'appuyant sur les indications que nous tirons des monuments (instruments conservés en partie, statues, bas-reliefs, etc.), est de nature à élucider maint point resté obscur jusqu'à présent. Mais les recherches d'érudition ne sauraient donner des résultats complets qu'à condition d'être fécondées par une application constante des lois observées en matière de facture instrumentale, lois indépendantes des temps et des lieux. Ce n'est qu'en combinant les données résultant de cette triple source d'informations, — la philologie, l'archéologie

[1] POLLUX, l. IV, sect. 71.

[2] M. Adolphe Sax le premier a démontré l'inanité de ce préjugé.

[3] « Parmi les Pythagoriciens, plusieurs ont cultivé l'aulétique; tels sont Euphranor, « Archytas, Philolaüs et maint autre. Euphranor a laissé un écrit sur les *auloi*; Archytas « de même. » ATHÉN., l. IV, p. 184, e. Le laborieux compilateur mentionne en outre, comme ayant écrit sur cette matière, Aristoxène (ch. XIV, p. 634, d, e), Alexon ou Alexis (l. IV, p. 182, c), Phyllis de Delos, Archestrate, Pyrrhandre (l. XIV, p. 634, d) et le lexicographe alexandrin Tryphon (l. IV, p. 174, e).

et l'observation scientifique — que nous avons pu entreprendre de reconstituer le groupe entier des instruments à vent, tel qu'il existait à la fin de la période classique.

Division selon l'acuité.

Remarquons d'abord qu'un passage négligé par tous les écrivains fournit une base solide à notre travail de reconstruction. C'est celui où le grammairien Didyme, citant un traité perdu d'Aristoxène, nous apprend que le musicien tarentin rangeait les *auloi* en *cinq classes* (γένη) : I) les *parthéniens* ou flûtes virginales (παρθένιοι); II) les *enfantins* (παιδικοί); III) les *citharistériens* (κιθαριστήριοι); IV) les *parfaits* (τέλειοι); V) les *plus-que-parfaits* (ὑπερτέλειοι)[1]. Pour être saisie selon son véritable esprit, cette division doit être éclaircie par quelques remarques préliminaires :

1° Les désignations des cinq classes d'*auloi* ont un sens collectif, bien que certains termes qu'on y rencontre (*aulos parthénien*, *citharistérien*) s'appliquent à des instruments déterminés. La classification d'Aristoxène embrassait sans aucun doute tous les instruments à vent employés par les musiciens de son temps.

2° Cette classification ne se fonde pas sur les différences spécifiques qui distinguent les *auloi* sous le rapport du timbre ou du système d'embouchure, mais uniquement sur le degré d'acuité des instruments. On ne s'étonnera donc pas de voir parfois réunis dans une même classe des appareils sonores qui n'avaient entre eux d'autre affinité que leur diapason.

3° Les cinq classes sont énumérées ci-dessus dans l'ordre où elles se succédaient de l'aigu au grave. En effet, Aristoxène nous apprend, dans un de ses écrits conservés, que les plus aigus parmi les instruments à vent étaient les *auloi parthéniens* et que les *plus-que-parfaits* avaient le diapason le plus grave; il ajoute en outre que les limites opposées des deux susdites classes se trouvaient à une distance de plus de trois octaves[2]. — Les *auloi* faisant partie des classes IV et V étaient englobés dans le nom générique d'*auloi masculins* (ἀνδρεῖοι)[3]; leurs sons occupaient la région des voix d'homme. Ceux des classes I, II et III étaient

1 Athén., l. XIV, p. 634, e, f.

2 Aristox., *Archai*, p. 21 (Meib.), cité au T. I, p. 235. — « L'*aulos parthénien* est plus aigu que l'*enfantin*. » Aristote, *Hist. anim.*, l. VII, ch. 1.

3 Athén., l. IV, p. 176, f.

situés dans la région aiguë; nous les réunirons sous la dénomination d'*auloi féminins* (γυναικεῖοι), déjà employée, avec une acception probablement plus étroite, dans le passage suivant d'Hérodote (l. I, § 17).

« Alyatte, roi de Lydie, fit la guerre aux Milésiens. Il conduisit sur leur territoire « son armée, laquelle entra dans le pays au son des *syrinx*, des *pectis*, de l'*aulos féminin* « et de l'*aulos masculin* (αὐλοῦ γυναικηΐου τε καὶ ἀνδρηΐου). »

Pendant tout le cours de ce paragraphe, nous nous référons à la division aristoxénienne. Il sera donc utile, avant d'aller plus loin, d'esquisser dans un tableau préliminaire, devant servir à orienter le lecteur, la hauteur que nous assignons aux divers instruments susceptibles d'un classement, sauf à justifier ultérieurement notre système dans ses détails.

AULOI FÉMININS.	I. AULOI PARTHÉNIENS. Étendue du *soprano suraigu* (MI$_3$ — MI$_5$ au diapason moderne).	*Gingras* des Phéniciens (p. 284). *Flûte traversière* ou *photinx* (p. 280). *Aulos funèbre* des Phrygiens (p. 284).
	II. AULOI ENFANTINS (ou HÉMIOPES). Étendue des voix ordinaires d'enfants et de femmes (UT$_3$ — MI$_4$, diap. mod.).	*Tibia chorica* des Romains (p. 289). *Aulos embaterios* (ib.). *Aulos dactylikos* (ib.).
	III. AULOI CITHARISTÉRIENS. Étendue du *mezzo soprano* (SI$_2$ — SI$_4$, diap. mod.).	Monaule des agones (p. 279). *Aulos mesocopos* (p. 289).
AULOI MASCULINS.	IV. AULOI PARFAITS. Étendue du *ténor* (RÉ$_2$ — SOL$_3$, diap. mod.).	*Aulos pythique* (p. 287). *Aulos phrygien* dit *élyme* (ib.). *Aulos bachique* ou *bombycos* (ib.). *Aulos funèbre* des Gréco-Romains (ib).
	V. AULOI PLUS-QUE-PARFAITS. Étendue de la *basse* (LA$_1$ — RÉ$_2$, diap. mod.).	*Aulos spondaïque* (p. 286).

Division selon le timbre.

Ordinairement les écrivains occidentaux traduisent *aulos* et son équivalent latin, *tibia*, par le mot *flûte*, en entendant par là notre flûte à bec. Mais c'est là une désignation vicieuse, à la faveur de laquelle se sont perpétuées les idées les plus erronées sur le caractère et le timbre des instruments à vent employés dans l'antiquité. Ainsi que le fera connaître la suite du présent paragraphe, plusieurs familles d'instruments se cachent sous cette appellation commune. Depuis longtemps, au reste, les écrivains ont vu clairement que les épithètes à l'aide desquelles les anciens se sont efforcés de décrire l'effet expressif de leurs divers *auloi* ne sauraient convenir toutes à notre flûte à bec. Si parfois le timbre de ces instruments est dépeint comme doux et gracieux, en d'autres circonstances il est qualifié de retentissant, lugubre, horrible[1]. D'ailleurs, les anciens ne pouvant mettre en œuvre pour leurs *auloi* que des tuyaux d'une dimension très-restreinte[2], il leur eut été impossible de réaliser une étendue de plus de trois octaves par un seul mode d'ébranlement de l'air.

On admet en général aujourd'hui qu'il y a lieu de distinguer deux grandes catégories d'*auloi*. En premier lieu les flûtes au sens moderne, dans lesquelles le son est produit par un courant d'air venant se briser contre une arête tranchante, soit le bord de l'orifice supérieur du tuyau (*flûte de Pan*), soit un coin taillé en biseau (*flûte à bec*, *flûte douce* ou *flageolet*), soit le bord d'un trou percé latéralement (*flûte traversière*). En deuxième lieu les instruments dont la colonne d'air résonne au moyen d'une anche, tels que nos clarinettes, hautbois et bassons.

Remarquons au surplus que de tout temps les Grecs, dans leurs *auloi*, les Romains, dans leurs *tibiae*, ont su discerner deux familles d'instruments : des *auloi* (*tibiae*) selon l'acception étroite du mot, et des *syringes* (*fistulae*)[3]. Déjà l'*Iliade* connaît cette distinction. Au commencement du chant X nous lisons :

« Lorsqu'il (Agamemnon) portait son regard sur la plaine de Troie, il était étonné de « voir tous ces feux qui brillaient sur les murs d'Ilion, et d'entendre le son des *auloi* et « des *syringes* se mêlant au bruit de la foule. »

Quand les écrivains gréco-romains sont amenés à marquer nettement la différence entre les deux types sonores, le mot *auloi*, en latin *tibiae*, désigne des instruments à anche[4], tandis que les *syringes*, *fistulae*, sont des flûtes[5]. Une curieuse anecdote relative

[1] Cf. POLLUX, l. IV, sect. 72 et 73.

[2] On ne voit sur aucun monument antique des instruments à trous dont le tuyau est entièrement replié sur lui-même, à l'instar du basson moderne.

[3] Cf. HOR., *Carm.*, l. IV, I, v. 21. — APUL., *Métam.*, l. XI, ch. 9.

[4] « Les instruments à vent sont, quant à l'espèce, des *auloi* ou des *syrinx*.... Les « parties des *auloi* sont : l'*anche*, les trous, le tuyau, etc.... » POLLUX, l. IV, sect. 67 et 70.

[5] Συρίζω, je siffle, σύριγμα, sifflement, etc.

à l'aulète Midas d'Agrigente, célébré dans la 12e Pythique de Pindare, le démontre clairement. Voici ce que raconte un ancien scholiaste : « Pendant qu'il était occupé à exécuter le morceau « de concours, son anche (γλωττίς) vint à se cacher dans la « bouche et alla s'attacher au palais ; le virtuose se mit alors en « devoir d'emboucher l'instrument au moyen des seuls tuyaux, « comme une *syringe*. Les auditeurs étonnés prirent plaisir à ce « genre de sonorité, et Midas obtint le prix[1]. » Si l'aventure s'est passée comme le dit le commentateur, il est certain que le virtuose sicilien exécuta en cette occasion un véritable tour de force. Car, à moins d'être muni à l'avance d'une bouche biseautée ou sifflet, un tuyau de flûte ouvert des deux côtés rend difficilement des sons[2]. Mais l'exactitude matérielle du fait en lui-même n'a qu'une importance secondaire. Nous avons voulu seulement appuyer d'un témoignage formel l'assertion énoncée plus haut, à savoir que les anciens entendaient par *syringe* un instrument à vent dépourvu d'anche, et que par conséquent celui des deux instruments qui en avait une était l'*aulos* proprement dit.

En résumé, le mot *syringe*, comme le latin *fistula*, n'a qu'une signification limitée et spéciale, tandis qu'*aulos*, chez les Romains *tibia*, embrasse dans son acception générique les deux familles d'instruments. Des cinq classes d'*auloi* admises par Aristoxène, les trois plus aiguës renferment incontestablement plusieurs variétés de flûtes.

La *syringe* n'était pas uniquement, comme on a l'habitude de le répéter, l'instrument rustique que les artistes mettent entre les mains des Faunes et des Satyres[3]. Aristote, au 4e chapitre de sa *Poétique*, parle d'un *art des syringes*, et l'on verra plus loin que vers l'époque de la conquête macédonienne l'usage d'un instrument de ce genre était obligatoire pour les virtuoses qui se disputaient

[1] *Schol. Pind. in Pyth.*, XII.

[2] Le *nay* des Égyptiens s'embouche de cette manière. Cf. VILLOTEAU, *Instruments des Orientaux*, 2e partie, ch. 5.

[3] « La statue d'Apollon à Délos tient un arc de la main droite, et de la gauche elle « porte les trois Grâces, chacune desquelles tient un instrument de musique : celle-ci « une *lyre*, celle-là un *aulos*, et celle du milieu une *syringe* qu'elle embouche.... L'on dit « que les offrandes qu'envoyaient anciennement à Délos les Hyperboréens y étaient « conduites au son des *auloi*, des *syringes* et de la *cithare*. » PLUT., *de Mus.* (W., § XII).

le prix à Delphes pour l'exécution du solo pythique (ci-après, p. 569-570). L'erreur où sont tombés les écrivains modernes provient de ce qu'ils n'ont pas tenu compte d'une distinction importante, formellement exprimée par le texte suivant : « Il y a « deux espèces de *syringes* : la syringe à un seul tuyau (ou « *monocalame*) et la syringe à tuyaux multiples (*polycalame*)[1]. » Dans ce dernier instrument, exclusivement champêtre, et dont les anciens attribuent l'invention à Pan, — on l'appelle encore aujourd'hui flûte de Pan — chacun des roseaux, bouché à l'extrémité inférieure et dépourvu de trous, ne produit qu'un son unique[2]. Les anciens accordaient les divers tuyaux de la syringe pastorale en les remplissant partiellement de cire. — Dans la syringe à un seul tuyau, entièrement semblable à notre flûte à bec ou flageolet, et munie d'une bouche biseautée, la différence d'acuité des sons se produit au moyen de trous latéraux. C'était là l'instrument cultivé par les artistes. Aristote s'occupe des deux espèces de *syringe* dans son 23e problème musical[3]. Les images de la flûte à sifflet se rencontrent sur les monuments antiques non moins fréquemment que celles de la flûte de Pan[4].

Dans la *syringe monocalame*, la partie supérieure du tuyau,

[1] Fragment de l'*Hagiopolite* dans VINC., *Not.*, p. 262.

[2] Les tuyaux dont se compose la flûte de Pan, étant bouchés à l'orifice inférieur, ne nécessitent, pour la production d'un son donné, que la moitié de la longueur qu'aurait un tuyau ouvert. Toutefois l'expérience démontre qu'ils donnent difficilement des sons plus graves que le RÉ$_3$.

[3] « Pourquoi l'*hypatè* est-elle le double de la *nète?* Est-ce d'abord parce que la corde, « lorsqu'on en touche la moitié, est à l'octave [aiguë] de cette même corde résonnant « tout entière? Il en est de même pour les *syringes* [*monocalames*], car le son qui s'échappe « par le trou du milieu est à l'octave de celui qui est produit par la *syringe* entière. « De même dans les *auloi* on obtient l'octave [grave] en doublant l'intervalle, et c'est « ainsi que procèdent les foreurs d'*auloi*. Ainsi encore ceux qui accordent les *syringes* « [*polycalames*] appliquent la cire au bout [du tuyau] pour obtenir l'*hypate*, tandis que « pour la *nète* ils le remplissent jusqu'à la moitié.... » — Nous avons cru devoir faire subir à ce problème divers changements, que nous nous bornons à indiquer. Au commencement nous avons remplacé ἡ νήτη τῆς ὑπάτης par τῆς νήτης ἡ ὑπάτη. Plus loin nous avons écrit αὐλοῖς au lieu de ἄλλοις et ἔτι au lieu de ὅτι (A. W.).

[4] Le latin *fistula*, comme son équivalent grec σύριγξ, désigne tantôt la flûte de Pan, *fistula pastoritia*, tantôt la flûte douce simple, laquelle servait souvent chez les Romains à donner le ton aux chœurs. Cf. MACROBE, *Praef. in Saturn.* — Au sujet de ce dernier instrument, voir le § 5 de l'Appendice, où sont discutées plusieurs questions se rattachant à la construction et au mécanisme de la *syringe monocalame* ou flûte douce.

renfermant le canal d'insufflation et la bouche biseautée, était appelée, comme l'instrument entier, σύριγξ, c'est-à-dire *sifflet;* elle se séparait à volonté du reste de l'appareil[1]. Cela ressort à l'évidence du passage suivant de Plutarque : « Téléphane de « Mégare (célèbre aulète du temps d'Alexandre) avait une telle « aversion pour l'usage des *syringes*, qu'il ne permit jamais aux « facteurs d'en appliquer sur ses *auloi*. Ce fut la principale raison « qui l'empêcha de disputer le prix au concours pythique[2]. » Le mot *syringe* ne désigne évidemment ici que l'appareil d'embouchure. Constatons aussi, en passant, que notre texte confirme une assertion énoncée plus haut, à savoir que des tuyaux pourvus d'une embouchure à sifflet gardaient souvent la désignation générique d'*aulos;* le nom usuel de la flûte à bec est *monaule* (c'est-à-dire *aulos simple*).

Flûtes douces ou à bec.

La *syringe* à tuyau unique est la seule que les artistes grecs aient utilisée. Contrairement aux instruments à anche, les flûtes ne peuvent s'étendre beaucoup vers le grave, à cause de la dimension considérable que nécessitent les tuyaux ouverts et de la quantité d'air qu'ils absorbent. Tous les monuments de la peinture et de la sculpture anciennes prouvent que les instruments de cette sorte n'ont pas dépassé dans l'antiquité une longueur d'environ 80 centimètres. En effet, s'il est vrai que dans la reproduction des accessoires les artistes grecs ne se sont jamais piqués d'une minutieuse exactitude, nous devons admettre néanmoins qu'ils n'ont pas manqué de se conformer aux proportions générales de longueur. Or, ces proportions démontrent qu'aucun instrument antique de la famille des flûtes n'a pu dépasser au grave notre LA$_2$ (octave inférieure du son donné par le diapason), lequel exige déjà une longueur de 78 centimètres[3]. — En revanche, par la facilité que possèdent les tuyaux à bouche de faire entendre les premiers harmoniques, l'octave et la douzième, ils s'étendent

[1] Il en était de même de l'anche (ci-après, p. 649).

[2] PLUT., *de Mus.* (W., § XIV).

[3] Les *flûtes à bec* du XVIe et du XVIIe siècle descendent parfois jusqu'à l'UT$_2$, mais ce son nécessite une longueur de 1^{m}30. L'énorme écartement des trous latéraux a rendu indispensable l'emploi de mécanismes inconnus dans l'antiquité. Notre flûte traversière a pour limite au grave l'UT$_3$, qu'elle dépasse difficilement.

considérablement du côté de l'aigu[1]. Il est même à remarquer que ces harmoniques sortent plus facilement que le son fondamental. De là une échelle riche et variée, ressource qui, pour l'exécution du solo, assure à la flûte un avantage réel sur les instruments à anche, dont l'étendue est naturellement plus restreinte[2].

D'après ce qui précède, il devient évident que *toutes les variétés de flûtes douces se rencontraient parmi les auloi féminins*. Des cinq instruments nommés par Aristoxène, nous en signalerons deux comme appartenant indubitablement à la famille qui nous occupe :

1° L'*aulos parthénien* ou flûte virginale (instrument-type de la classe I). Une courte notice de Pollux nous apprend qu'il servait à guider les danses et les voix des jeunes filles dans leurs cantilènes chorales, les *parthénies*[3]. Pour fixer le diapason de cet instrument, nous avons un excellent point de repère. Aristoxène dit que la flûte virginale s'élevait à *plus de trois octaves* au-dessus du son le plus grave des *auloi plus-que-parfaits*[4]. Or, ce dernier son devant coïncider avec la limite inférieure des voix d'homme, UT$_2$ antique, LA$_1$ moderne (T. I, p. 238), il s'en ensuit que la flûte virginale s'étendait jusque dans l'octave 5. Son échelle peut donc être déterminée approximativement entre SOL$_3$ et SOL$_5$ (diap. ant.).

2° L'*aulos citharistérien* (instrument-type de la classe III), ainsi nommé parce qu'il concertait avec la cithare. Le grammairien Didyme, sous Néron, l'identifie avec l'*aulos magadis* (c'est-à-dire la flûte octave)[5], et le vers suivant d'Ion de Chios semble indiquer

1 Lorsqu'une flûte résonne sous la moindre pression, la colonne d'air vibre dans son état le plus simple, et le son produit est celui qui se détermine par la longueur totale du tuyau. Si le tuyau reçoit une pression d'air plus forte, le son saute à l'octave du son fondamental. Si la pression augmente encore, il monte d'une quinte en plus. Tous les tuyaux ne donnent pas avec la même facilité des sons harmoniques. Plus le canal est long et étroit, plus la colonne d'air se partage facilement en parties aliquotes.

2 Les anciens mettent souvent en opposition l'acuité et la légèreté des *syringes* avec la sonorité grave de l'*aulos*. Cf. SPANHEIM, *Observ. in Callim. hymn.*, p. 293 et suiv. Ce dernier instrument est qualifié de *βαρύβρομος* ou *βαρύφθογγος* (= qui résonne au grave). Cf. EURIP., *Hélène*, v. 1350 (3e *stasimon*); *Épigr. de l'Anthol.*, l. VI, ch. 5, ép. 1.

3 POLLUX, l. IV, sect. 74. — « Les Amazones dansaient autour de la statue d'Artémis, « tantôt en exécutant une pyrrhique, tantôt en formant un chœur circulaire. De *suaves* « *syringes aux sons aigus* les accompagnaient.... » CALLIM., *Hymne à Artémis*, v. 240 et suiv. — « *Puellatorias* [*tibias*], *quibus a sono clariore vocamen datur.* » SOLIN., ch. V.

4 Voir T. I, p. 235, note 1.

5 ATHÉN., l. XIV, p. 634, e. — Cf. HÉSYCH., au mot *μάγαδεις*.

qu'en effet il était accordé, comme la cithare des chanteurs nomiques, sur l'échelle du ton lydien[1] :

« Que la *flûte-octave lydienne* guide les chants. »

S'il en était ainsi, la flûte *citharistérienne* reproduisait *à l'octave aiguë* l'échelle de la lyre et de la cithare, et c'est là ce qui lui aura valu l'épithète de *magadis*. Elle possédait donc, à coup sûr, les sons compris entre SOL$_3$ et LA$_4$ (diapason antique), conformément à l'étendue des cithares à 9, à 11 et à 12 cordes (voir ci-dessus, p. 259-262); mais comme les flûtes ont une faculté d'extension très-grande, on peut sans hésitation attribuer à la *magadis* le parcours entier du trope lydien[2], depuis le RÉ$_3$ jusqu'au RÉ$_5$ (diapason antique). Construite dans de pareilles proportions, les plus avantageuses pour ce type d'instrument, la flûte à bec possède une douceur toute féminine et excelle à exprimer des sentiments tendres auxquels se mêle une légère teinte de mélancolie, ce qui répond, trait pour trait, à ce que disent de la flûte lydienne les anciens écrivains[3]. Selon toute apparence la flûte citharistérienne était la *syringe* des virtuoses, le monaule des agones de Delphes, pour lequel Téléphane avait tant d'aversion (p. 277). Au premier abord il paraîtra difficile d'admettre qu'un instrument de si faible intensité ait pu jamais se faire entendre dans une assemblée publique; mais l'improbabilité s'évanouira si l'on veut bien se rappeler que la cithare, dont la sonorité n'avait certes pas plus de puissance, était admise à jouer des solos aux mêmes jeux pythiques.

Avant de passer à une autre catégorie d'instruments, nous ne pouvons omettre de mentionner brièvement la *flûte oblique* ou

[1] ATHÉN., l. XIV, p. 634, c.

[2] « *L'aulos magadis émet à la fois un son aigu et un son grave.* » ID., l. XIV, p. 634, d, e; l. IV, p. 182, d. Dans son 14e problème musical, Aristote fait allusion à cette propriété des flûtes que tout le monde a eu maintes fois l'occasion de constater. On sait que l'octave peut s'arpéger si rapidement sur les instruments de cette famille, que l'oreille, au lieu de deux sons successifs, croit entendre des sons simultanés.

[3] « *Iam tibiae multiforabiles cantus Lydios dulciter consonant.* » APUL., *Métam.*, l. X, ch. 31. — « Sur le tendre monaule il soupire ses plus suaves harmonies. » Protagoride de Cyzique ap. ATHÉN., l. IV, p. 176, b. — La flûte douce (συρίγγιον) sur laquelle Caïus Gracchus se faisait donner le ton (PLUT., *de Coh. ira*, ch. 6) avait sans doute un pareil diapason.

traversière (πλαγίαυλος), appelée par les Alexandrins *photinx*, et semblable — si l'on fait abstraction des clefs et autres mécanismes modernes — à la flûte de nos orchestres. Cet instrument, originaire d'Égypte ou de Libye[1], doit être probablement rangé parmi les variétés de la classe I. A l'époque classique les Hellènes semblent l'avoir peu cultivé. Plus tard la traversière fut souvent appelée, comme le monaule, à égayer de ses notes fraîches et limpides les banquets et les fêtes nuptiales[2].

Instruments à anche.

Arrivons aux *auloi* pourvus d'une anche. Par un bonheur inespéré, dû en grande partie à la solidité de la matière dont le tuyau est fait, on a rencontré, il y a peu d'années, quatre exemplaires de ce genre d'instruments en bon état de conservation, parmi les nombreux objets que les fouilles de Pompéi ont mis au jour et qui se trouvent réunis au Musée de Naples. Tous ont la même forme, la même dimension et ne diffèrent entre eux que par le nombre de trous dont ils sont percés[3]. Voici la représentation de l'un d'eux, vu par les deux faces opposées.

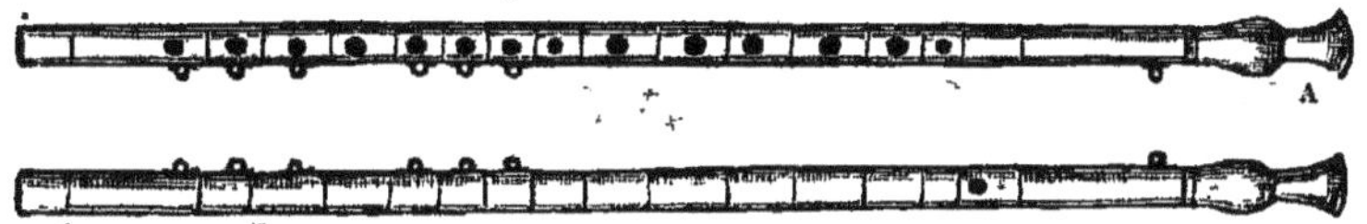

Ainsi que le montre l'extrémité droite de notre planche, reproduisant la partie supérieure de l'instrument, l'anche ne s'est pas retrouvée. Mais la simple inspection de ces antiques *tibiae* suffit pour nous renseigner sur la manière dont elles ont été primitivement mises en vibration. En effet il existe une solidarité si étroite entre la conformation du tuyau et celle de l'anche que

1 « La flûte oblique, faite en bois de lotus, est une invention des Libyens. » POLLUX, l. IX, sect. 74. — Apulée (*Métam.*, l. XI, ch. 9) nous décrit ainsi son usage dans le culte égyptien : « Venaient ensuite les musiciens au service du grand Sérapis, lesquels « faisaient entendre, sur leur flûte traversière avançant jusqu'à l'oreille droite, le chant « consacré au temple et au dieu. »

2 « *Photinx* et *monaules*, bons pour les festins, non pour la guerre. » Posidonius ap. ATHÉN., l. IV, p. 176, c. — Cf. POLLUX, l. IV, sect. 75. — Théocrite (*Idyll.*, XX, v. 28-29) parle de la traversière comme d'un instrument bucolique et l'associe à la flûte de Pan.

3 Pour de plus amples détails sur les instruments pompéiens et sur la manière dont nous les avons analysés nous renvoyons au § 6 de l'Appendice.

l'un des deux termes étant connu, l'autre s'en déduit avec une certitude absolue[1]. Mais il y a davantage. On va voir que la considération des propriétés inhérentes aux divers types de tuyaux et d'anches nous amène à des résultats plus complets : elle nous permet de déterminer approximativement le *timbre*, le *diapason* et l'*étendue* des diverses variétés de l'*aulos* à anche. — Un résumé des principaux faits constatés par l'expérience démontrera combien ce problème complexe était relativement facile à résoudre.

Deux systèmes d'anches se partagent tous les instruments à vent connus jusqu'à ce jour : des anches simples, battantes, pareilles à celle de la clarinette; des anches doubles, employées pour le hautbois et le basson[2]. De même que tous les peuples civilisés de l'ancien continent, les Grecs connaissaient apparemment l'anche double aussi bien que l'anche simple; toutefois on peut affirmer que *la plupart de leurs instruments à vent non compris dans la famille des flûtes résonnaient au moyen d'une anche battante*, de même que notre clarinette. Cette assertion, déjà plusieurs fois émise de notre temps sous forme d'hypothèse, est démontrée de tout point par la forme qu'affectaient les tuyaux sonores mis d'ordinaire en œuvre chez les anciens.

Les tuyaux qui entrent dans la construction des instruments à anche, chez les divers peuples, se fabriquent sur deux types. Les uns ont le même diamètre dans tout leur parcours, abstraction faite du pavillon dont ils sont parfois ornés[3]; pour employer l'expression des facteurs d'instruments, leur perce est cylindrique (sur ce type se construisent les *clarinettes*). Les autres, étroits vers l'anche, s'élargissent graduellement en forme de cône plus

[1] Les Grecs connaissaient parfaitement l'importance de cette partie de la construction des instruments à vent. Aristoxène a écrit un traité spécial sur la perce des *auloi*. Aristote s'occupe accessoirement du même sujet dans son fragment acoustique *de Audibilibus*. Voir aussi ci-après, p. 288, note 2.

[2] L'*anche* est dite *battante* lorsqu'elle engendre les vibrations de l'air par ses battements contre le cadre d'une espèce de rigole qu'elle recouvre. — L'*anche double* se compose de deux languettes de roseau, superposées et réunies de manière à laisser entre elles une ouverture servant à l'introduction de l'air; leurs bords libres sont assez rapprochés pour se fermer sensiblement à chaque vibration de l'air.

[3] Le pavillon n'est guère qu'un ornement : il n'influe pas beaucoup sur la hauteur et pas du tout sur le timbre. Son unique effet est de donner plus de *creux* au son le plus grave. Voir ci-après, p. 287, note 5.

ou moins prononcé (ainsi sont faits le *hautbois* et le *basson*). Peu importe d'ailleurs que le facteur ait conservé au tuyau une direction droite ou qu'il l'ait replié une ou plusieurs fois sur lui-même; c'est là une circonstance tout accessoire et uniquement déterminée par des motifs de goût ou de commodité. — On ne peut douter que la grande majorité des *auloi* antiques ne fût construite sur le premier type. Non-seulement les quatre *tibiae* trouvées entières à Pompéi, mais encore les nombreux fragments conservés au Musée de Naples ont un diamètre égal de l'un bout à l'autre. Rappelons-nous d'ailleurs que les plus anciens instruments à vent dont les Grecs aient eu connaissance étaient fabriqués en roseau; or les parties de la tige de cette plante qui fournissent des tuyaux d'une certaine longueur sont cylindriques[1].

Il est permis de dire d'une manière générale que *les tuyaux cylindriques ne s'associent qu'à des anches battantes; les tuyaux coniques*, par contre, *veulent des anches doubles;* conséquemment tous les instruments à anche se rattachent, soit à la famille des *chalumeaux* ou *clarinettes* (anche battante + tuyau cylindrique), soit à la famille des *hautbois* (anche double + tuyau conique)[2]. Or, comme les anciens utilisaient de préférence les tuyaux cylindriques, nous sommes fondés à en conclure que la plupart de leurs *auloi* appartenaient à la première famille. Aussi pour faire parler les *tibiae* pompéiennes dans toute leur étendue et en tirer une succession rationnelle de sons, a-t-il suffi d'y adapter une anche battante de forme rudimentaire[3].

Mais nous sommes à même d'énoncer un fait plus précis, à savoir que *pour la région grave les anciens n'avaient à leur disposition d'autres instruments à vent que des chalumeaux*. Voici sur quoi nous fondons cette proposition. Un tuyau cylindrique mis en

[1] Les nombreux *auloi* égyptiens du Musée de Leyde et de celui du Louvre affectent tous cette forme.

[2] Un célèbre facteur de notre époque a trouvé à la vérité un nouveau type d'instrument, le *saxophone*, en adaptant l'anche simple à des tuyaux coniques; mais la construction de cet instrument suppose un état plus avancé de l'art de la facture que celui auquel les Grecs sont parvenus. — Parmi tous les instruments actuellement connus, c'est là une exception unique à la règle.

[3] Celle de l'*arghoul*, chalumeau égyptien. Voir l'*Annuaire du Conserv. de Bruxelles* pour 1878, p. 141 et suiv.

vibration au moyen d'une anche, bien qu'il soit ouvert à l'extrémité inférieure, résonne comme le fait un tuyau de flûte bouché[1] : pour produire un son donné, il ne réclame que la moitié de la longueur qu'il faut à un tuyau ouvert. Ainsi un RÉ$_3$ ne nécessite qu'une longueur théorique de $0^m,292$ sur la clarinette, tandis que sur le hautbois (de même que sur les flûtes) il atteint une longueur double[2]. C'est que les instruments à anche et à perce conique parlent en tuyaux ouverts (comme les flûtes[3]), en sorte que la longueur correspondante à un son donné est le double de celle qu'aurait un tuyau fermé. A la vérité, ils peuvent descendre aussi bas que les tuyaux cylindriques, si on leur donne la longueur voulue. Mais alors, pour les rendre maniables, on est obligé de les replier sur eux-mêmes, comme on l'a fait pour le basson. De plus, si l'on cherche à produire l'échelle des sons d'une gamme, l'écartement considérable des trous rend indispensable l'usage des clefs, dès que l'on dépasse au grave le LA$_2$ (longueur $0^m,781$). Chez les Grecs, à qui les procédés perfectionnés de la facture moderne étaient inconnus, les instruments de la famille *hautbois* ne pouvaient être utilisés pour la région grave; nous savons d'autre part qu'il en est de même des flûtes (p. 277). Nous pouvons donc affirmer avec la plus entière certitude que tous les *auloi* rangés par Aristoxène dans les classes IV et V (*parfaits* et *plus-que-parfaits*) étaient des chalumeaux.

Dans la région aiguë les conditions pratiques se trouvent absolument interverties; ici la longueur des tuyaux et la distance des trous se présentent plus favorablement pour les *hautbois* que pour les *chalumeaux*. Ces derniers, par suite de la petite dimension de leur tuyau, ne peuvent s'élever au-dessus du MI$_4$ sans que leur son ne devienne glapissant, et sans que les trous ne se rapprochent de façon à rendre le doigté impraticable; les hautbois, au

[1] Voir p. 276, note 2.

[2] La longueur théorique peut être diminuée encore par l'étroitesse de la perce (voir p. 288, note 2). Les *tibiae* pompéiennes n'ont que 53 cent. de longueur pour leur son le plus grave, lequel répond exactement au SI$_1$ (diapason moderne).

[3] Dans les tuyaux de flûte, les variations de diamètre n'exercent pas une action prépondérante sur le timbre ni sur le diapason; en effet il existe de notre temps des flûtes traversières dont le tuyau, se rétrécissant légèrement du côté du bout ouvert, présente l'aspect d'un cône, tandis que d'autres ont un canal cylindrique.

contraire, se trouvent dans les conditions normales, au point de vue de la longueur du tuyau et de l'écartement des doigts. Malgré ces avantages, les instruments à double anche ne paraissent pas avoir acquis une importance réelle dans la musique grecque, probablement à cause de leur timbre rauque. En effet on a vu plus haut que l'instrument-type de la classe I (l'*aulos parthénien*) et celui de la classe III (l'*aulos cithâristérien*) doivent, à raison de leur destination et de leur caractère sonore, être placés dans la famille des flûtes; d'autre part une raison péremptoire, à développer plus loin, nous force de ranger l'instrument-type de la classe II (l'*aulos enfantin*) parmi les chalumeaux.

La famille des hautbois avait donc chez les anciens un domaine singulièrement restreint; ses représentants doivent être cherchés parmi les variétés secondaires des *auloi féminins*; c'étaient pour la plupart des instruments étrangers, peu cultivés par les Grecs et destinés à être joués sans chant. Tel est le *gingras*, dont le tuyau n'avait que la longueur d'un empan (20 à 25 cent.), dimension qui lui assigne une place dans la classe la plus aiguë, représentée par l'*aulos parthénien*. Ses sons étaient aigres et plaintifs[1]. Les Phéniciens, auxquels on attribue l'invention de ce petit hautbois, l'appelaient *Adonis*, du nom de certains chants mélancoliques sur la mort du jeune dieu tué par un sanglier. Les Athéniens du IVe siècle avant J. C. s'en servaient parfois dans leurs banquets[2]. Nous rangerons aussi parmi les hautbois l'*aulos funèbre* de la Phrygie, en usage également chez les Cariens[3], et peut-être identique avec les *auloi* dits *paratretoi* (percés sur le côté). Selon Pollux, ces instruments convenaient à des mélodies lentes et tristes, exécutées à l'aigu[4].

Par la forme du tuyau nous avons réussi à déterminer avec une certitude suffisante le *diapason* des principaux *auloi* grecs, ainsi que la *famille* dont ils font partie. La nature des anches

[1] ATHÉN., l. IV, p. 174, f. — Cf. POLLUX, l. IV, sect. 76.

[2] Amphis et Axionicos ap. ATHÉN., l. IV, p. 175, a, b.

[3] POLLUX, l. IV, sect. 75. — « Parmi les instruments à vent la trompette est réputée « mâle, à cause de sa rudesse; l'*aulos phrygien* passe pour être féminin, parce qu'il a une « expression douloureuse et larmoyante. » ARIST. QUINT., p. 101.

[4] POLLUX, l. IV, sect. 81.

va maintenant nous fournir le moyen de délimiter l'*étendue* des mêmes instruments. Pour ne laisser aucun doute à cet égard, il suffira d'énoncer le fait expérimental que voici : *l'anche double — de même que l'embouchure à sifflet — favorise le partage spontané de la colonne d'air, et, par conséquent, la production des premiers harmoniques, lorsque le tuyau atteint une certaine longueur; l'anche battante, au contraire, ne permet la division de la colonne d'air que par un moyen mécanique assez subtil*[1]. Ce moyen, les anciens l'ignoraient, ainsi que le prouvent les *auloi* pompéiens; leurs chalumeaux ne faisaient donc entendre que la série des sons fondamentaux correspondant au nombre de trous forés sur les côtés de l'instrument. Ils n'avaient pas, comme nos clarinettes, une seconde série de sons, reproduisant à la douzième supérieure la série entière des fondamentales; chaque trou ne donnait qu'un son unique, ce qui confinait l'étendue dans un nombre restreint de sons.

A présent nous n'aurons plus aucune difficulté à saisir la signification exacte des termes par lesquels Pollux désigne les diverses parties de l'*aulos*. Après avoir traité des *syringes*, le laborieux compilateur continue ainsi : « Les parties des *autres* « *auloi* sont : l'*anche* (γλῶττα), les *trous* (τρυπήματα), les *tuyaux* « (βόμβυκες), l'*holmos* (ὅλμος) et l'*hypholmion* (ὑφόλμιον)[2]. » Les trois premiers mots n'ont pas besoin d'explication; les deux derniers s'interprêtent très-naturellement dans le système des anches battantes. L'*holmos* est l'équivalent de cette partie de la clarinette que l'on appelle le *bec*, appareil destiné à recevoir l'anche[3]. Quant à l'*hypholmion*, l'étymologie nous indique qu'il

[1] Ce moyen consiste à percer au tiers de la longueur un petit trou destiné à provoquer le partage de la colonne d'air. Le trou est fermé par une clef que l'on ouvre pour faire monter les sons fondamentaux d'une *douzième*. — Ce fut là l'innovation par laquelle Denner, facteur d'instruments à Nuremberg, transforma les chalumeaux en clarinettes vers 1690. Le nouvel instrument tarda longtemps à être admis dans les orchestres. Quatre-vingts ans après son invention il était encore inconnu à Vienne, le principal centre musical du siècle passé; Gluck n'emploie que des chalumeaux dans l'*Orfeo* (1762) et dans l'*Alceste* italienne (1767).

[2] POLLUX, l. IV, sect. 70.

[3] Voir ci-dessus, p. 281, note 2. — Les diverses significations que les lexiques donnent au mot ὅλμος (corps cylindrique, mortier, tronc de l'homme), conviennent parfaitement à notre interprétation.

était situé au-dessous de l'*holmos*. C'est donc la partie supérieure du tuyau (marquée A sur la planche, p. 280), dans laquelle venait s'insérer l'*holmos*[1]. Le terme *zeugos* désigne l'ensemble de l'embouchure[2], à savoir l'anche réunie à l'*holmos*.

Il ne nous reste plus qu'à énumérer les diverses espèces de chalumeaux, et à leur assigner, autant que cela est possible, une place dans la division aristoxénienne.

Chalumeaux graves. Nous rencontrons ici tout d'abord les deux classes d'*auloi masculins*. Les plus graves de tous les instruments à vent de l'antiquité sont les chalumeaux dits *plus-que-parfaits* (classe V), dont la fonction principale consistait à accompagner les chœurs d'hommes[3]. Leur étendue, devant coïncider avec celle des voix de basse et de baryton (T. I, p. 238), était nécessairement comprise entre le son le plus grave de la région *hypatoïde* (UT$_2$ au diapason antique = LA$_1$ au diapason moderne) et le son le plus élevé de la région *mésoïde* (FA$_3$ antique = RÉ$_3$ moderne). A cette classe appartenaient les longues *tibiae* dites *spondaïques*, dont l'usage était prescrit dans les cérémonies du culte[4]; elles prenaient leur nom des mélodies liturgiques composées en spondées (ci-dessus, pp. 110 et 119). Les *tibiae* pompéiennes du musée de Naples ont eu, selon toute apparence, une pareille destination. Toutes quatre ont la même longueur; leur son le plus grave est notre SI$_1$ (= RÉ$_2$ antique); l'étendue vers le haut et le nombre des trous varient seuls (voir p. 295).

En second lieu, selon l'ordre d'acuité, viennent les *auloi parfaits* (classe IV). Ils correspondaient aux voix de ténor; nous leur

1 Le texte suivant de Ptolémée (*Harm.*, l. I, ch. 3) prouve que cette partie était située entre l'anche et le trou supérieur : « Dans les *auloi*, les sons produits par les trous les « plus rapprochés de l'*hypholmion* ont plus d'acuité que ceux qui sortent de trous plus « éloignés. » — Cf. HÉSYCH., aux mots ὅλμος et ὑφόλμιον.

2 Αὐλοὶ δίζυγες (NONN., *Dionys.*, ch. VIII, v. 17; ch. XL, v. 227), instruments à vent *à deux embouchures*; αὐλοὶ ἄζυγες (*Ib.*, ch. III, v. 75-76), cors primitifs *sans embouchure*. — Au sujet du terme ζεῦγος, resté incompris jusqu'à présent, voir la dissertation de M. A. W. au § 7 de l'Appendice.

3 POLLUX, l. IV, sect. 81.

4 Ibid. — « Le spondée est dit ainsi par rapport à la lenteur des cantilènes qu'entonnaient, au son de longues *tibiae*, les suppliants prosternés dans les temples; de là le « nom de *spondaules* donné à ceux qui jouaient habituellement cette sorte d'instruments. » MAR. VICTOR., I, p. 2478, éd. P.

assignerons donc comme limites extrêmes, d'une part, le son le plus aigu de la région *nétoïde* (SI$\flat_3$ antique = SOL$_3$ moderne), d'autre part, le son le plus grave de la région *mésoïde* (FA$_2$ antique = RÉ$_2$ moderne). Cette classe, la plus nombreuse et la plus importante, comprend les *auloi pythiques*[1], sur lesquels s'exécutait le nome traditionnel consacré à l'Apollon de Delphes (le *pythicon*) et dont les sons s'unissaient au chant du *péan*[2]. Chez les Romains le chalumeau pythique servait à l'accompagnement des monodies théâtrales[3]; les artistes qui en jouaient s'appelaient *pythaules*. Il peut être identifié avec l'*aulos tragique* mentionné par Athénée[4].

Quelques instruments de la classe IV avaient un tuyau recourbé; leur diamètre était plus large, et par conséquent leur sonorité plus ample, plus mordante. C'est d'abord la *tibia bachique*, dont Virgile parle au chant XI de l'Enéide (v. 736 et suiv.); peut-être ne diffère-t-elle pas de l'*aulos* dit *bombykos* (ronflant)[5], qui demandait une musique fougueuse et enthousiaste. Ce sont ensuite les chalumeaux employés dans les rites funéraires; ils se distinguaient par leur largeur considérable[6]. Aristote les appelle *auloi plaintifs* (*αὐλοὶ αἰάζοντες*)[7]. Remarquons en passant que les peuples de l'Asie se servaient en pareille occurrence d'instruments au diapason élevé, au timbre criard et perçant.

Parmi les chalumeaux *parfaits* nous avons encore à mentionner l'*aulos* phrygien dit *élyme* (*ἔλυμος*), dont il est mainte fois question

1 « Parmi les *auloi* appartenant aux régions intermédiaires, l'*aulos pythique* est réputé « le plus mâle, à cause de son diapason grave; l'*aulos chorique* tient de la nature « féminine à cause de sa propension vers l'aigu. » ARIST. QUINT., p. 101.

2 « Pour les péans on se servait des *auloi pythiques*, qui s'appelaient aussi *parfaits*. « On y jouait le *pythicon*, composition pour flûte sans chœur. » POLLUX, l. IV, sect. 81. — « Le jeu des *auloi pythiques* exprime le deuil. » ARTEMID., *Oneir.*, I, 58.

3 « Lorsque le chœur chantait, l'instrumentiste accompagnait sur des *tibiae choriques*; « dans les *cantica*, il répondait par des *tibiae pythiques*. » DIOM., p. 489, éd. P.

4 Liv. IV, p. 182, c.

5 POLLUX, l. IV, sect. 82. — Le mot *bombyx* signifie, de même que *bourdon* chez nous, le son le plus grave d'un instrument quelconque. ARISTOTE, *Métaph.*, l. XIV, ch. 6. Probablement les chalumeaux *bombykoi* avaient un pavillon. Voir p. 281, note 3.

6 « *Alii vero* (*flatus ventris*) *bombosi sunt, iis* [*sonis*], *qui ex latissimis tibiis eduntur*, « *similes; quo genere utuntur, qui vocantur siticines* (*τυμβαῦλαι*). » GALEN., *de Sympt. caus.*, l. III, ch. 6.

7 *De Anim. gener.*, l. V, ch. 7.

chez les poëtes du siècle d'Auguste. Inséparable du culte de la grande Mère des dieux, cet instrument avait, comme les précédents, un tuyau courbe, terminé par un pavillon en corne que les auteurs comparent à celui de la trompette (voir la planche, p. 291)[1]. Un renseignement d'Elien, recueilli par Porphyre, nous apprend que les *auloi* phrygiens avaient un diamètre plus étroit que ceux d'origine grecque[2]. Leur timbre était en conséquence moins plein que celui des instruments à gros tuyau (*bombykoi*); les littérateurs romains le dépeignent comme *terrifiant*, *strident*, *horrible*[3]. Mais il est bon de faire la part de l'exagération méridionale.

Chalumeaux aigus.

Il nous reste encore à passer en revue les chalumeaux de la région féminine. Les principaux appartiennent à la classe II d'Aristoxène, laquelle comprend les *auloi enfantins*. La destination de ces instruments nous permet de délimiter sûrement leur échelle. Celle-ci devait se trouver dans le médium des voix de femme et d'enfant (MI♭$_3$ — SOL$_4$ antique = UT$_3$ — MI$_4$ moderne). On peut donc tenir les chalumeaux enfantins pour identiques avec les *auloi féminins*, dont Hérodote révèle l'emploi chez les Lydiens, et qu'il sépare nettement des *syringes*, puisque il nomme les deux familles d'instruments dans la même phrase (ci-dessus, p. 273). Nous les considérons comme l'espèce la plus aiguë des chalumeaux, en nous fondant sur les passages suivants d'Athénée : « Les *auloi enfantins* sont identiques avec ceux que l'on appelle « *hémiopes*.... Leurs dimensions sont moins grandes que celles

1 ATHÉN., l. IV, p. 176, f, et p. 185, a. — POLLUX, l. IV, sect. 74. — Le chalumeau encorné (αὐλὸς κεραστής, NONN., *Dionys.*, ch. XLV, v. 43) figure sur la plupart des bas-reliefs qui représentent les anciennes bacchanales. L'appendice caractéristique rappelait la corne au son de laquelle on appelait les initiés aux mystères bachiques. — Voir la planche, p. 291.

2 « Si vous prenez deux *auloi* d'égale longueur, mais différents par la largeur du « tuyau, — telles sont les phrygiennes comparées aux grecques — vous constaterez que « *celle dont le tuyau est le plus large produira un son plus aigu* que celle dont le tuyau est « plus étroit. Nous voyons conséquemment les *auloi* phrygiens, lesquels ont une perce « très-étroite, émettre [à longueur égale] des sons beaucoup plus graves, que les *auloi* « helléniques. » Élien ap. PORPH., *Comm. in Ptol.*, p. 217. — « Juba dit que les *élymes* sont « dites *scytalies*, en raison de leur dimension [exiguë]. » ATHÉN., l. IV, p. 177, a. — Voir le mot σκυτάλη dans les lexiques.

3 Voici les principales épithètes que fournissent les textes réunis par Bartholinus (*de Tib. vet.*, l. II, ch. 8) : *furiosa tibia*, *buxus crepans*, *curvus gravis calamus*, *raucus buxus*, etc.

« des *auloi parfaits.* » Et à l'appui de ces assertions l'écrivain cite un vers assez bizarre tiré d'*Ixion*, drame perdu d'Eschyle :

« L'hémiope, le petit *aulos*, est aisément avalé par le grand[1]. »

La petitesse des *hémiopes* ou *auloi enfantins* suffit pour nous prouver qu'ils appartenaient à la famille des chalumeaux; des instruments du genre flûte ou hautbois auraient eu la même longueur que des *auloi parfaits*, tuyaux cylindriques mis en vibration par une anche (p. 283). Selon Athénée, les *hémiopes*, exclus des concours, avaient leur place dans les festins. Nous rangerons aussi dans la classe II les *tibiae* sur lesquelles les *choraules* romains accompagnaient les chants en chœur. Aristide leur assigne un caractère féminin[2]; elles jouaient donc à l'octave aiguë des voix d'homme. Peut-on classer dans la même catégorie les *auloi choriques*, qui s'unissaient chez les Grecs au chant des dithyrambes[3]? Les Romains ont suivi avec tant de docilité la tradition hellénique que la chose est assez probable. Enfin il n'est pas téméraire d'y placer aussi les instruments employés pour les marches militaires et les processions (les *auloi embaterioi*) ainsi que ceux dont on accompagnait la danse chorale mimée ou hyporchème (les *auloi dactyliques*)[4]. Un diapason grave ne se conçoit guère pour de pareils usages.

De ce qui a été dit plus haut relativement aux propriétés des tuyaux cylindriques associés à des anches (pp. 283 et 284), nous sommes fondés à conclure que la classe I ne contenait aucune variété de chalumeaux. Il n'en est pas de même de la classe III (représentée par la *flûte citharistérienne*). Nous n'hésitons pas à y faire entrer les *auloi* dits *mésocopes*, que nous tenons pour intermédiaires entre les deux variétés les plus anciennes, les *hémiopes* (ou *enfantins*) et les *parfaits*[5]; la région sonore qu'ils

[1] Liv. IV, pp. 177, a, 182, c. — Sans doute *hémiope* veut dire *ayant un tuyau plus petit de moitié* (que l'*aulos parfait*, l'instrument-type),

[2] Voir ci-dessus, p. 287, note 1.

[3] Pollux, l. IV, sect. 81.

[4] Ib., sect. 82.

[5] « Les *auloi mésocopes*, un peu plus petits que les *parfaits*, tiennent le milieu. » Hésych., au mot μεσόκοποι αὐλοί.

occupaient s'indique d'elle-même, c'est l'étendue des voix de *contralto* (LA$_2$ — MI$_4$ au diapason moderne).

Quant à quelques autres instruments à vent énumérés par les lexicographes, il n'y a aucun intérêt à s'y arrêter, vu l'absence de tout renseignement sur leur emploi, leur diapason et leur construction[1].

Auloi doubles. Une foule de monuments antiques représentent des musiciens de l'un et de l'autre sexe, lesquels font résonner à la fois deux instruments de même espèce. Ces tuyaux appariés (*αὐλοὶ δίδυμοι*), que les modernes appellent *flûtes doubles* ou *conjointes*, étaient des flûtes véritables ou bien des chalumeaux. Chaque tuyau devait être muni de son sifflet ou de son anche propre[2]; mais les deux sifflets ou les deux anches étaient souvent mis en vibration par un seul canal d'insufflation, aboutissant à un réservoir d'air (à l'instar de la cornemuse). Tantôt les *auloi* accouplés avaient le même diapason, et alors ils étaient dits *égaux* (*tibiae pares*); d'autres fois leurs dimensions différaient, en ce cas on les appelait *inégaux* (*tibiae impares*). Lorsqu'ils étaient inégaux, la main droite maniait le tuyau grave, la main gauche le tuyau aigu; de là l'habitude de nommer *tibiae dextrae* des *auloi* à diapason grave, *tibiae sinistrae* des *auloi* à diapason élevé[3]. C'est là au moins ce que nous devons conclure de plusieurs passages de Varron, et entre autres du suivant, où l'usage de ces instruments nous est enseigné : « La *tibia* droite est autrement faite que la « *tibia* gauche, mais de manière cependant à se marier avec elle : « car la première joue la partie principale dans les mélodies « d'une même composition, l'autre l'accompagnement[4]. » Vu la

[1] Pollux mentionne (l. IV, sect. 77) un *aulos* dit *Athênê*. Il nomme aussi les *idouthoi* (ib.), les *hypothéatriques* (faut-il lire *hypotrètes*, c'est-à-dire *percés en dessous*?) sur lesquels se jouaient les nomes aulétiques (sect. 82). Enfin il énumère des instruments dénommés d'après la ville ou la contrée dont ils étaient originaires, l'*aulos thébain*, les *auloi thraces*, *tyrrhéniens*, *syriens*, *libyens*, *égyptiens*, etc. Athénée (l. IV, p. 182, c) parle en outre des *lysiodes*, sur lesquels s'accompagnaient certains mimes alexandrins.

[2] Αὐλοὶ δίζυγες : voir ci-dessus, p. 286, note 2. — Bartholinus (*de Tib. vet.*, l. I, ch. 2) mentionne l'expression irrégulière *tibias bilinguos* (pour *tibias bilingues*), conservée par un grammairien latin.

[3] Cf. T. I, p. 364, note 4.

[4] « *Dextera tibia alia quam sinistra, ita tamen ut quodammodo sit conjuncta, quod est* « *altera ejusdem carminis modorum* incentiva, *altera* succentiva. » VARRO, *de Re rust.*, I,

destination populaire des *auloi* doubles, nous croyons que cette partie secondaire n'était qu'une simple tenue, sous forme de pédale aiguë[1], ou un redoublement de la mélodie à l'octave.

Parmi les instruments à anche, l'*élyme* phrygien (p. 287) s'employait généralement double; selon Hésychius le tuyau recourbé, le plus grave des deux, était celui de gauche[2], renseignement qui ne s'accorde pas avec les paroles de Varron. Voici, d'après un bas-relief du musée Capitolin, la figure de cet instrument, abstraction faite des trous que le monument n'indique pas :

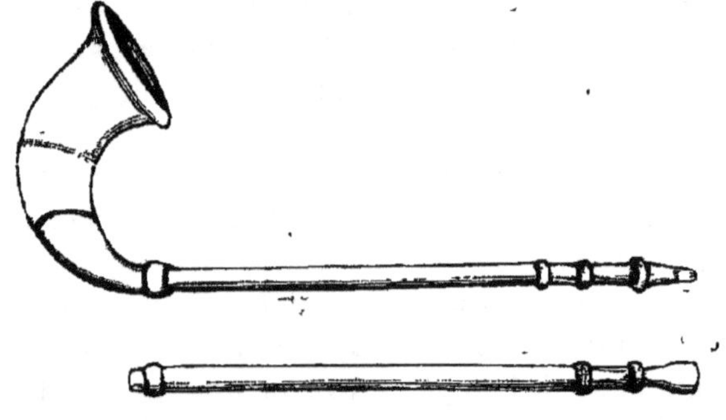

Virgile en fait mention au IXe chant de l'Enéide (v. 617 et suiv.) :

« O vous qui êtes en réalité des Phrygiennes et non des Phrygiens, allez sur les « hauteurs du Dindyme écouter les accents bien connus du chalumeau double. Les « tambours et le buis de Bérécynthe vous appellent vers la déesse de l'Ida : abandonnez « les armes aux hommes et laissez là le fer. »

Pollux mentionne une composition instrumentale propre aux fêtes nuptiales, — le *gamélion* — dont l'exécution nécessitait l'emploi simultané de deux *auloi* de dimensions différentes « car, » dit l'auteur, « l'époux doit être le plus grand des deux[3]. » Les flûtes doubles employées pour les festins (on leur donnait l'épithète

2, 15 (voir T. I, p. 364, note 3, et p. 359, notes 1 et 4). — « *Succinit tibia sinistra....* » Varro, *ib.*, I, 2, 16. — Cf. Wagener, *Mémoire*, p. 35.

1 Le tuyau le plus grave de l'*arghoul* (celui de droite) ne sert qu'à faire un accompagnement en bourdon. Cf. *Ann. du Cons. de Bruxelles* pour 1878, p. 143.

2 Au mot ἐγκεραύλης. — Les Valaques ont conservé jusqu'à ce jour un instrument semblable; c'est une cornemuse à deux tuyaux *encornés*.

3 Pollux, l. IV, sect. 80. Selon toute apparence c'étaient des flûtes douces (cf. p. 280).

de *parœnies*) étaient courtes et de même dimension, « en symbole de l'égalité qui doit régner entre les convives[1]. »

Ainsi que nous le voyons par ces trois exemples, l'usage des doubles *auloi* se déterminait par des considérations liturgiques ou symboliques plutôt que par les nécessités de la composition musicale. De même que la lyre, la flûte double sur les monuments est souvent un simple attribut poétique; dans les scènes de la vie réelle on la voit aux mains d'esclaves, de bergers : musiciens populaires qui rappellent les *pifferari* actuels de la campagne romaine. Quant aux virtuoses solistes de la grande époque, Olympe, Sacadas, Pronomos, ils en rejetaient l'emploi et ne se faisaient entendre que sur l'*aulos* simple. La vogue des instruments à tuyaux multiples et à sons simultanés (tels que la flûte double, la cornemuse et l'orgue) paraît s'être répandue principalement sous l'empire romain[2].

Mécanisme des instruments à vent.

Il est temps d'entrer dans quelques détails sur la conformation des diverses parties de l'instrument. — Dans l'antiquité, comme aujourd'hui, la qualité de l'anche était aux yeux de l'exécutant un objet de la plus grande importance. Les anches étaient en roseau, ainsi que les nôtres; elles devaient être « denses, lisses et égales, « afin, » dit Aristote, « que le souffle qui les traverse soit régulier « et sans intermittence[3]. » L'anecdote rapportée plus haut au sujet de Midas d'Agrigente prouve qu'elles étaient petites. D'après une phrase d'Aristote, on les pinçait au moyen des lèvres; toutefois il est certain que très-souvent les artistes gréco-romains, de même que les Orientaux modernes, les introduisaient en entier

1 Pollux, l. IV, sect. 80. — « Le chant du chœur m'est agréable, lorsque le *lotus aux* « *sons limpides* apparaît dans un banquet. » Eurip., *les Héraclides*, v. 892-893 (4e *stasimon*).

2 Si l'on s'en rapporte aux bas-reliefs qui ornent les cippes funéraires de deux *choraules* romains (voir Barthol., *de Tib. vet.*, l. I, ch. 6), les *tibiae choricae* (voir ci-dessus, p. 289) s'employaient doubles et *égales*.

3 *De Audibil.*, pp. 802 *b*, 18 et suiv. (éd. Bekker). — Le roseau employé à la fabrication de l'anche s'appelait *zeugitès*, celui du tuyau *bombykios* (voir le § 7 de l'Appendice). — L'anche s'enlevait à volonté; elle était gardée dans une boîte *ad hoc*, pour être préservée de toute détérioration. Pollux, l. X, sect. 153. — Lorsqu'elles étaient mises hors de service par un usage prolongé, les anches étaient dites ἐξηυλημέναι. Ib., l. IV, sect. 73. La préparation des anches formait une industrie à part : « Celui qui fabrique les *auloi* « s'appelle *aulopoios*, et pour ce qui concerne les parties de l'instrument il y a le *facteur d'anches* (γλωττοποιός) et le *foreur* (αὐλοτρύπης). » Ib., sect. 71.

dans la bouche. En ce cas, l'anche y vibrait librement et la bouche ne faisait que l'office de réservoir d'air. Ce procédé nécessitant une grande dépense de souffle amenait forcément le gonflement des joues[1]. Afin de dissimuler cet inconvénient aux yeux de l'auditeur, peut-être aussi en vue de prévenir la fatigue et de régler l'égalité des sons, les aulètes s'appliquaient une sorte de muselière en cuir, dite en grec *phorbeia* (φορβεῖα), en latin *capistrum*, laquelle, serrant les joues, passait devant la bouche, de manière à ne laisser qu'un orifice assez grand pour permettre l'introduction de l'embouchure[2].

Le nombre des trous sur les *auloi* simples a varié d'après les dimensions, le genre et la destination de l'instrument, d'après l'époque, les localités, et sans doute aussi, tout comme chez nous, d'après les habitudes individuelles des artistes. Si l'on en croit certains auteurs de l'époque romaine, les instruments à vent n'auraient eu originairement que quatre trous ou moins encore[3]. Pour les flûtes la chose est parfaitement possible. Nous savons que, par le simple renforcement du souffle, cette famille d'instruments fait entendre avec la plus grande facilité les premiers et les deuxièmes harmoniques (ci-dessus, p. 277-278). Au moyen de trois trous il était donc possible de faire entendre — dans un diapason élevé — toute l'échelle diatonique de l'une des trois formes principales de l'octave[4]. Supposons, en effet, une flûte à bec produisant le mi_3 lorsque le tuyau résonne dans sa totalité, et pouvant émettre, au moyen de l'ouverture successive de trois trous, fa_3, sol_3 et la_3. En utilisant les *premiers* et les *deuxièmes* harmoniques des quatre sons fondamentaux, un tel instrument fera entendre facilement dans sa seconde octave toute la gamme dorienne (mi_4 fa_4 sol_4

1 « Les expressions relatives au jeu de l'*aulos* sont : inspirer, souffler, envoyer le vent « dans l'instrument; avoir les joues pleines, grosses, enflées, saillantes, protubérantes, « remplies de vent; avoir les yeux écarquillés, farouches, injectés de sang.... On louera « un aulète en parlant de sa respiration impétueuse, par rapport à la quantité du son, au « timbre et à la vigueur du souffle, et à l'absence de grimaces.... » POLLUX, l. IV, sect. 68.

2 Cf. BARTHOL., *de Tib. vet.*, l. III, ch. 3, et WAGENER, *Mémoire*, p. 68 et suiv.

3 « Anciennement les trous n'étaient qu'au nombre de quatre, mais Diodore de Thèbes « en perça plusieurs, ouvrant, au moyen d'orifices latéraux, des issues au souffle. » POLLUX, l. IV, sect. 80. — Cf. WAGENER, *Mémoire*, p. 64-65.

4 Lorsque Proclus dit que chaque trou de la flûte produit *trois* sons, il ne peut être question que de flûtes à sifflet, de syringes. Cf. WAGENER, *Mémoire*, p. 72.

la_4 — si_4 ut_5 $ré_5$ mi_5)[1]. En outre, au moyen de la fermeture partielle des trous, des *doigtés fourchus*[2], etc., un artiste habile pourra produire les demi-tons intermédiaires, voire les intervalles plus petits du genre enharmonique et des *chroai*.

Toutefois des instruments aussi primitifs se rapportent à une époque presque légendaire. De bonne heure les *flûtes* simples furent percées d'une assez grande quantité de trous. Si nous acceptons comme normal le nombre sept[3], lequel se représente avec une persistance remarquable sur les instruments arabes et indous, voici, d'après le diapason antique (plus grave d'une tierce mineure que le nôtre), l'étendue et l'échelle que nous assignerons aux instruments-types des classes I et III (p. 278).

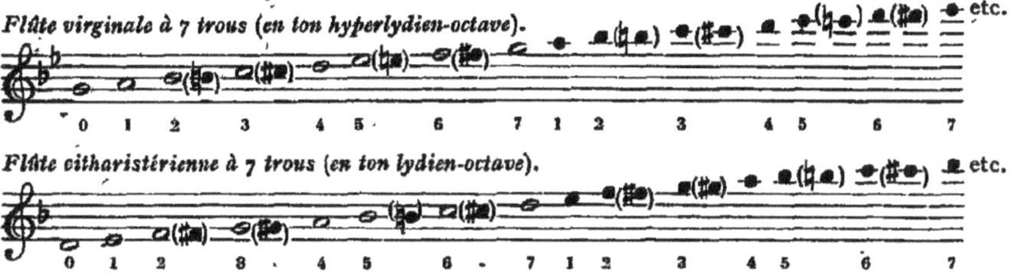

Étendue des chalumeaux.

Pour ce qui concerne l'abondance des sons et l'extension de l'échelle, les instruments de la famille des hautbois participent, bien que dans une mesure moindre, aux propriétés des flûtes. De même que celles-ci, ils produisent facilement les premiers harmoniques (ci-dessus, p. 285).

Quant aux chalumeaux, ainsi qu'on l'a vu plus haut (ib.), ils n'ont sous le rapport de la multiplicité des sons aucune des ressources que nous venons d'énumérer. Pour produire une octave diatonique complète, il ne fallait pas moins de sept trous, et il n'était pas possible de la répéter à l'octave ni à la douzième

[1] De même, en modifiant légèrement la place des deux premiers trous, on pouvait obtenir avec de pareils instruments l'octave phrygienne (mi_4 $fa\sharp_4$ sol_4 la_4, — si_4 $ut\sharp_5$ $ré_5$ mi_5) et l'octave lydienne (mi_4 $fa\sharp_4$ $sol\sharp_4$ la_4, — si_4 $ut\sharp_5$ $ré\sharp_5$ mi_5). Mais les octaves hypolydienne, hypophrygienne, hypodorienne et mixolydienne, renfermant toutes une fausse quinte, ne pouvaient s'exécuter sur une flûte à quatre trous.

[2] Voir le *Catal. du Mus. instr. du Cons. de Bruxelles* dans l'*Annuaire* pour 1878, p. 100.

[3] L'expression *septiforis tibia* se trouve dans Sidoine Apollinaire, poëte du Ve siècle, cité par Bartholinus (*de Tib. vet.*, l. I, ch. 5).

supérieures[1]. Rien d'étonnant dès lors si les *tibiae* de Pompéi ont un aussi grand nombre de trous, en dépit de leur étendue médiocre. En considérant ces antiques instruments, on comprend pourquoi les poëtes accollent volontiers au nom de la *tibia* l'épithète de *multifora*, c'est-à-dire *pourvue de beaucoup de trous*[2]. Voici l'échelle des quatre chalumeaux pompéiens, notée d'après la hauteur que nous attribuons au diapason gréco-romain, c'est-à-dire une tierce mineure plus haut que l'effet réel pour nous :

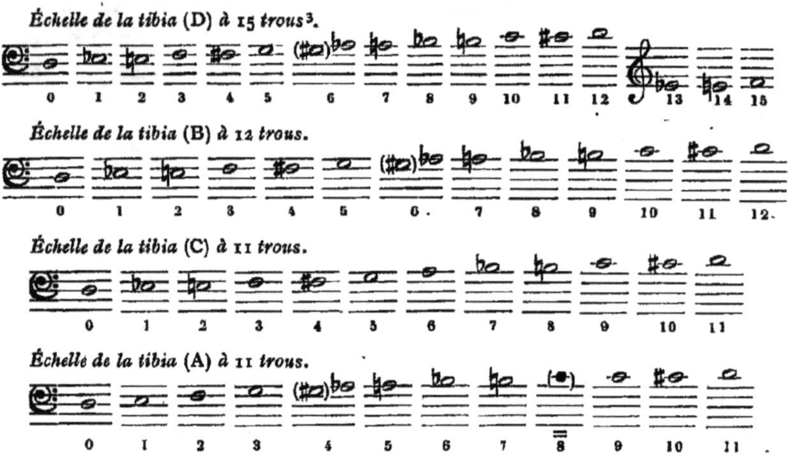

Il est intéressant de constater que les *tibiae* pompéiennes[4] confirment de tout point les assertions de l'auteur du traité anonyme

[1] On remarquera que les clarinettes, malgré tous les perfectionnements modernes, ont un doigté plus compliqué que les flûtes et les hautbois, et que pour faciliter l'exécution on se sert d'instruments accordés à divers diapasons.

[2] Voir les passages d'Apulée, d'Aviénus, d'Ovide, de Senèque, de Nonnos, etc., cités par Bartholinus (*de Tib. vet.*, l. I, ch. 5. — L'expression λωτοὶ πολύτρητοι se trouve dans une épigramme de l'Anthologie (l. IX, ép. 266).

[3] C'est l'instrument que représente la planche, p. 280.

[4] Comme il est impossible de recouvrir quinze, douze ou même onze trous avec *neuf* doigts, — le dixième, c'est-à-dire le pouce de la main droite, n'ayant d'autre fonction que de soutenir l'instrument — tous les trous, sauf celui qui est le plus près de l'embouchure, sont munis d'une douille ou virole, laquelle est percée d'un trou correspondant à celui qui s'ouvre dans le tube principal. En faisant mouvoir les viroles, au moyen d'anses en forme de petites cornes, l'artiste pouvait ouvrir ou fermer à sa guise les trous, même pendant l'exécution du morceau. Un seul trou dans chacun des quatre instruments s'ouvre sur le côté inférieur du tube; il est destiné à la main gauche. Sur le doigté et le mécanisme des *tibiae* pompéiennes voir le § 6 de l'Appendice.

relativement aux échelles tonales en usage chez les aulètes du Ier et du IIe siècle de notre ère[1]. D'après ce document, l'*aulos* jouait des morceaux en ton *phrygien* (à 3 bémols), en ton *hypophrygien* (à 2 bémols), en ton *lydien* (à un bémol), en ton *hypolydien* (sans dièse ni bémol), en ton *hyperiastien* (à un dièse), en ton *iastien* (à 2 dièses), et enfin en ton *hyperéolien* (à 3 dièses). Et il se trouve, en effet, que tous ces tons sont praticables sur deux des quatre instruments (D et B), à la seule condition d'employer le même son pour *sol*♯ et pour *la*♭. — La *tibia* C ne peut aborder les deux tons extrêmes, le *phrygien* et l'*hyperéolien*. Quant à l'instrument A, le plus incomplet, il ne possède que deux échelles diatoniques, la *lydienne* et l'*hypolydienne*, mais il renferme des éléments chromatiques dont l'emploi, à la vérité, n'est pas facile à saisir[2].

Le mécanisme compliqué des *tibiae* pompéiennes, quelque imparfait qu'il soit, si on le compare à celui des instruments analogues de l'époque moderne, témoigne d'un remarquable état d'avancement dans l'art du facteur; c'est pourquoi on ne peut en faire remonter l'invention à une date très-reculée. Sans aucun doute il a été précédé, et souvent remplacé plus tard, par un mécanisme plus simple, destiné à pourvoir les chalumeaux des sons indispensables, sans porter le nombre des trous au delà de celui des doigts. Plusieurs monuments gréco-romains nous ont conservé la figure d'*auloi* simples dont quelques trous latéraux sont surmontés d'une sorte de petite cheminée ou tube additionnel, dépassant légèrement la paroi du tube principal[3]. Ces appendices, que l'aulète mettait ou enlevait à volonté au moment de l'exécution, avaient pour but de modifier l'intonation fournie par la disposition primitive des trous. En effet, lorsqu'ils ont des proportions convenables, ils produisent facilement un abaissement de demi-ton pour chacun des trous dans lesquels ils sont introduits[4].

1 Anon. (Bell., § 28). L'auteur emploie les noms des 15 tropes néo-aristoxéniens, ce qui prouve qu'il n'écrivait pas avant la fin du Ier siècle. — Voir T. I, p. 229.

2 Voir le § 6 de l'Appendice.

3 Voir une statue de Faune au Musée Capitolin (galerie du 1er étage, no 12).

4 Cela résulte d'expériences faites à ma demande par un habile facteur de Bruxelles, M. Victor Mahillon, conservateur du musée instrumental au Conservatoire royal. Rien de plus simple que l'explication de ce fait : la longueur du tube principal, fournie par l'ouverture du trou, est augmentée de toute la hauteur du trou additionnel.

Ce sont là peut-être les *cavités* (*κοιλίαι*) mentionnées dans les *Principes* d'Aristoxène comme une des parties des *auloi* qui, avec les trous, influent le plus sur l'intonation[1]. Au moyen de l'application de cinq appendices de cette espèce, un instrument percé de sept trous et produisant une échelle diatonique (par exemple *fa*$_2$ *sol*$_2$ *la*$_2$ *si*♭$_2$ *ut*$_3$ *ré*$_3$ *mi*$_3$ *fa*$_3$) pouvait émettre les douze sons de l'octave chromatique, comme le montre l'exemple suivant, où les notes surmontées d'un astérisque désignent les sons produits par l'apposition du tube additionnel.

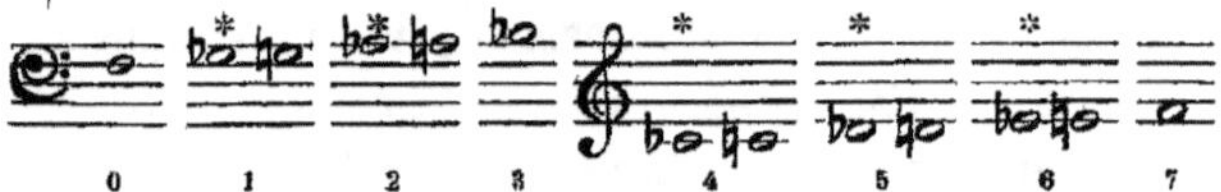

Quatre appendices, appliqués au 1er, au 5e, au 2e et au 6e trou, suffisaient pour permettre d'exécuter sur un tel instrument l'échelle authentique des cinq modes ou harmonies employés par les aulètes[2], à savoir la *lydisti* (FA *sol la* si♭ *ut ré mi* fa), l'*iasti* (FA *sol la si*♭ ut *ré mi*♭ fa), la *phrygisti* (FA *sol la*♭ si♭ *ut ré mi*♭ fa), la *syntono-lydisti* (FA *sol la*♭ *si*♭ *ut* ré♭ *mi*♭ fa) et la *doristi* (FA *sol*♭ *la*♭ si♭ *ut ré*♭ *mi*♭ fa). Des chalumeaux ainsi conditionnés ont dû exister déjà pendant la période de l'ancien art classique; ils justifiaient pleinement l'épithète de *panharmoniques* dont se sert Platon à leur égard[3].

Chalumeaux en divers tons.

L'impossibilité de produire des sons harmoniques et les limites naturelles de l'extension de la main (car on ne peut admettre pour une époque aussi ancienne l'usage de clefs, ou de tout autre

1 « L'opinion qui consiste à établir la théorie harmonique sur l'échelle des *auloi*, n'est « pas moins absurde.... Ce n'est pas parce que l'*aulos* possède des trous et des κοιλίας,.... « que chacun des intervalles reçoit la grandeur qui lui convient. » *Stoicheia*, p. 41-42 (Meib.). — Il semble être question aussi du même objet dans un passage de Nicomaque, p. 8-9.

2 POLLUX, l. IV, sect. 78. — Pausanias (l. IX, ch. 12), à propos de l'innovation de Pronomos (ci-après, pp. 302 et 303), ne parle que des trois modes principaux.

3 Simonide et Pindare, tous deux antérieurs à Pronomos, ont des expressions louangeuses pour la richesse de l'*aulos* : « καλλιβόας, *doué d'une belle sonorité*, πολύχορδος, « *abondant en sons* (SIMON., fr. 46), αὐλῶν πάμφωνον μέλος, *la mélodie des chalumeaux « composée de tous les sons »* (*Pyth.* XII, str. 3). — Pollux (l. IV, sect. 67) qualifie l'*aulos* de πολύφθογγος, πολύφωνος, ayant beaucoup de sons, πολυμελής, πολυμελπής, susceptible de mélodies diverses.

moyen mécanique permettant d'atteindre à des trous percés hors de la portée des doigts) empêchèrent l'échelle des instruments à anche battante de s'étendre au delà d'une neuvième ou d'une dixième. Bien que les quatre *auloi* pompéiens soient les instruments les mieux faits que l'antiquité nous ait légués, le plus complet ne dépasse pas la dixième mineure. On conçoit dès lors qu'il y eut nécessité, depuis une époque fort reculée, de construire, pour l'accompagnement des divers genres de voix, des chalumeaux de différentes dimensions. Un passage d'Aristoxène nous apprend que, de son temps, les facteurs construisaient jusqu'à six espèces d'*auloi* dans la seule étendue des voix d'homme, c'est-à-dire dans la région sonore assignée aux classes IV et V (p. 286-288). L'*aulos* le plus grave était l'*hypophrygien*, peu usité[1]; les suivants dans l'ordre ascendant étaient l'*hypolydien*, le *dorien*, le *phrygien*, le *lydien* et le *mixolydien*[2]. L'échelle totale des six instruments, devant nécessairement embrasser les trois régions de la voix d'homme, depuis l'UT$_2$, *lichanos hypaton* du trope *hypophrygien*, jusqu'au SI♭$_3$, *nète diezeugménon* du trope *mixolydien*, rien n'est plus facile que de restituer, au moins dans ses contours essentiels, l'échelle des *auloi* graves, ainsi que le montre le tableau suivant. Nous supposons chaque instrument muni de *huit* trous (à l'exception des deux plus graves auxquels nous n'en accordons que *sept*[3]), dont *trois à intonation variable*. Rappelons encore au lecteur que le diapason grec était à une tierce mineure

[1] « D'autres ajoutent au grave l'*aulos hypophrygien*. » *Stoicheia*, p. 37 (Melb.).

[2] L'*aulos* hypolydien, au lieu d'être accordé juste un ton à l'aigu de l'hypophrygien et un demi-ton au grave du dorien, s'accordait un quart de ton trop bas, de façon à se tenir à égale distance entre les deux; il en était de même de l'*aulos* lydien, par rapport au phrygien et au mixolydien. C'est ce qui ressort clairement du texte d'Aristoxène : « Les autres [harmoniciens], ayant égard à la perce des *auloi*, mettent un intervalle de « trois *diésis* entre chacun des trois tons les plus graves, l'*hypophrygien*, l'*hypolydien*[a] et « le *dorien*; ils séparent ensuite par un intervalle de ton le *phrygien* du *dorien*, par trois « *diésis* le *lydien* du *phrygien*, et par la même distance le *mixolydien* du *lydien*. » Ib. — Cela donne pour les *mèses* des susdits tons la série : SOL$_2$ — $\underline{\underline{\text{la}}}_2$ — SI♭$_2$ — UT$_3$ — $\underline{\underline{\text{ré}}}_3$ — MI♭$_3$.

[3] Sur les deux *auloi* les plus graves l'écartement des doigts eut été trop considérable pour atteindre une étendue de neuvième. Probablement ils s'arrêtaient à la *nète synemménon*, ainsi que le font les flûtes pompéiennes B, C et A.

[a] A cet endroit de son texte, Aristoxène, se conformant à l'ancienne terminologie, dit *hypodorien* (voir T. I, p. 250-251). Nous restituons à ce ton sa dénomination régulière, pour ne pas embrouiller le lecteur.

au-dessous du nôtre; en conséquence on doit abaisser d'autant toutes les notes pour retrouver leur effet actuel.

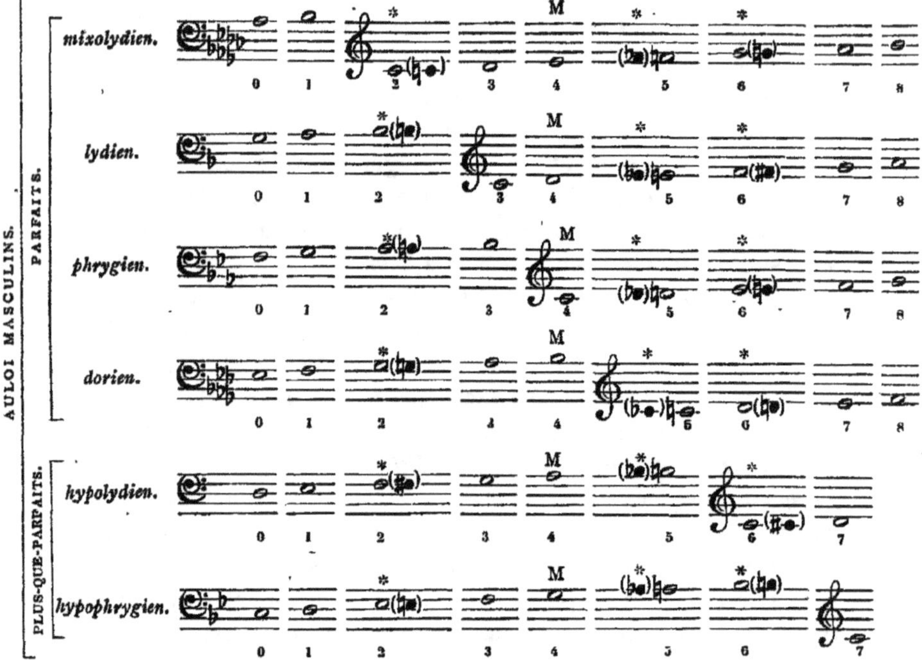

On remarquera que des quatre chalumeaux pompéiens, trois (B, C et A) ont exactement l'étendue que nous assignons à l'*aulos plus-que-parfait* du ton hypolydien[1]. Or, si l'on rapproche ce fait de ce qui a été dit plus haut au sujet de la classe V (p. 286), il devient très-probable que les quatre instruments étaient des *tibiae longae*, des chalumeaux spondaïques.

Au sujet des chalumeaux de la région féminine (les *hémiopes* ou *enfantins*, p. 288), nous n'avons aucun renseignement de détail. Toutefois on peut avancer, sans crainte d'erreur, que leurs variétés étaient peu nombreuses. En effet, si l'on considère, d'un côté, le système suivi par Aristoxène dans sa classification des

[1] On pourrait être tenté de croire que nous devons y voir des chalumeaux *hypophrygiens*, s'étendant de l'*hypate méson* à la *nète diézeugménon*. Mais la division de l'échelle de la *tibia* A (voir p. 295) rend cette hypothèse inadmissible, puisqu'elle exclut un des sons essentiels du trope hypophrygien, à savoir la *parhypate méson* (*mi* $♭_2$).

instruments à vent; d'autre part, l'étendue de la *flûte citharistérienne*, déduite de l'échelle de la cithare (p. 279); et, en troisième lieu, l'impossibilité de produire sur les chalumeaux des sons fondamentaux de bonne qualité à l'aigu du MI4, ou tout au plus du FA4 (p. 283), on reconnaîtra bien vite que le domaine des *hémiopes* était très-limité. Les Grecs se seront probablement contentés de reproduire à l'octave supérieure les deux chalumeaux *parfaits* qui correspondent au *médium* de la voix masculine : l'*aulos* dorien et le phrygien. Remarquons d'ailleurs que les mélodies chorales destinées à être chantées par des enfants ne brillaient guère par une grande variété; d'après la sévérité rigide de la pédagogie hellénique à l'endroit de l'*éthos*[1], deux échelles construites sur le modèle des cithares à 12 cordes (p. 262) devaient amplement suffire.

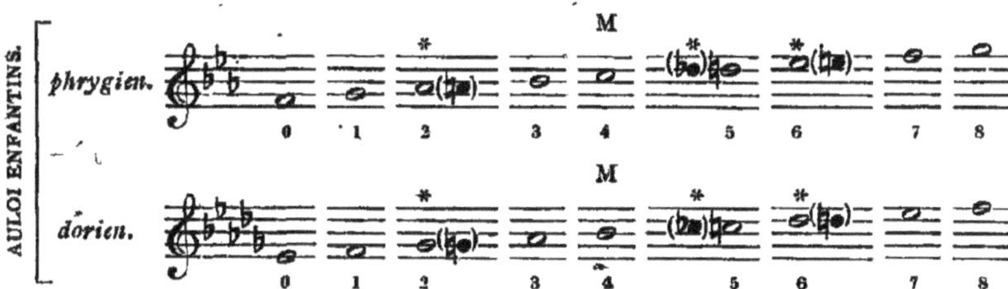

Quant aux chalumeaux *mésocopes* (p. 289), leurs variétés servaient vraisemblablement à combler la lacune existant entre l'*aulos enfantin* le plus grave et l'*aulos parfait* le plus aigu. Pour que la série ne subît aucune interruption, il faudrait supposer un *aulos mésocope* en ton *hypolydien-octave* (RÉ3 — MI4), un autre en ton *hypophrygien-octave* (UT3 — RÉ4) et un troisième en ton *hypodorien-octave* (SI♭2 — UT4).

Technique et histoire des *auloi*.

On ne peut douter que l'art de jouer des instruments à vent ne fut arrivé à un certain degré de perfection dans l'antiquité. L'*aulos*

[1] « Je vais dire quelle était l'ancienne éducation, aux jours florissants où j'enseignais « la justice et où la modestie régnait dans les mœurs..... Les jeunes gens d'un même « quartier, se rendant chez le maître de musique, marchaient ensemble dans les rues, « nus et en bon ordre; — à l'école ils s'asseyaient sans se toucher, et on leur apprenait « ou l'hymne *Redoutable Pallas, destructrice des villes*, ou *Cri terrible*; ils conservaient la « grave harmonie des airs transmis par leurs aïeux. Si quelqu'un d'eux s'avisait de « chanter d'une manière bouffonne, ou avec les inflexions molles et recherchées intro- « duites par Phrynis, il était frappé et chatié comme ennemi des Muses. » etc. ARISTOPH., *les Nuées*, v. 961-972.

a joui d'une faveur constante auprès du public gréco-romain; pour s'en convaincre il suffit de parcourir dans Pollux le répertoire des mots ayant rapport à l'art des aulètes[1]. En général les virtuoses antiques semblent avoir préféré, comme Téléphane, les chalumeaux aux flûtes[2]. A la vérité celles-ci offrent une étendue plus vaste, plus de facilités pour l'exécution. Mais les chalumeaux ont une supériorité incontestable par rapport à leur timbre mordant et caractéristique; celui de la flûte est entièrement dénué de chaleur et de passion. Les qualités que l'on recherchait chez l'aulète étaient la longueur et l'égalité de la respiration, la variété du timbre et des nuances, mais avant tout la prestesse de la main, l'agilité des doigts. Ce dernier point est peut-être celui sur lequel les écrivains insistent avec le plus de complaisance[3]. Ils énumèrent aussi plusieurs termes techniques désignant certains traits et agréments usités dans le jeu de l'*aulos*[4]; nous ne chercherons pas ici à les interpréter. Plus d'une fois encore nous aurons à revenir sur cette branche de la musique instrumentale.

Tous les écrivains de la période alexandrine prétendent que l'*aulos* fut importé en Grèce par des Phrygiens. Mais cette tradition se rapporte, selon toute apparence, à l'introduction de l'*aulos* à anche, le chalumeau. Quant à la flûte douce, elle a vraisemblablement existé en Grèce de temps immémorial. Plutarque la fait remonter au delà d'Orphée[5]. Les Arcadiens et les habitants de la Béotie se disputent l'honneur de l'avoir cultivée les premiers; le fondateur de l'art qui s'y rattache serait un personnage mythique,

1 « Les compositions instrumentales (*κρούματα*) destinées à la flûte (*αὐλήματα*) portaient différents noms : *prélude* (*πεῖρα*), *étude* (*γρόνθων*), etc. » POLLUX, l. IV, sect. 83. « — On caractérisait un morceau d'*aulos* par les épithètes : vigoureux, plein, chantant, « simple, composé d'un seul membre, varié de ton, attrayant, souple, riche d'inflexions, « pompeux, excitant, lugubre, gémissant, aigu, gai, etc. » Ib., sect. 73.

2 Je n'ai remarqué au Musée de Naples, parmi les nombreux débris d'instruments pompéiens, qu'un seul fragment de *syringe*.

3 « Les épithètes propres à un aulète sont : soufflant bien,.... ayant un son mâle, « nerveux, fort, juste, retentissant, saisissant, suave; ayant une émission douce, plaintive, « gracieuse, séductrice.... Notez aussi chez un aulète l'agilité, la dextérité et la facilité « de la main,.... de la langue et de la bouche, la plénitude et la continuité du son. » POLLUX, l. IV, sect. 72. — NONN., *Dionys.*, ch. III, v. 234-242. — Cf. BARTHOL., *de Tib. vet.*, l. I, ch. 7 et 8.

4 POLLUX, l. IV, sect. 83.

5 PLUT., *de Mus.* (W., § V).

v. 850 av. J.C. Ardalos de Trezène. Hésiode fait mention de la flûte à l'occasion du joyeux cortége des convives (*komos*) par lequel se terminaient
v. 950. les banquets grecs. Déjà dans l'Iliade même nous voyons des instruments à vent, unis à des lyres, accompagner un chant nuptial; or c'est là une coutume essentiellement grecque.

> « [Hephaistos] figura [sur le bouclier d'Achille] deux belles cités, séjour des mortels. Dans l'une il y avait noces et festins : à la lueur des flambeaux on conduisait les fiancés de leur demeure vers la ville. De toutes parts retentissaient des chants d'hyménée; des jeunes gens tournaient sur eux-mêmes en dansant, et, au milieu d'eux, des *auloi* et des *lyres* faisaient retentir leurs accents. Les femmes placées sur le seuil de leurs portes les regardaient avec admiration. » (chant XVIII, v. 490-496).

Ce qui reste hors de doute, c'est que les peuples de l'Asie mineure précédèrent les Hellènes dans la culture méthodique des instruments à vent; la musique militaire des Lydiens décrite par Hérodote (p. 273) renferme au moins trois variétés d'*auloi*. Il est non moins certain que le perfectionnement de cette branche de la technique musicale en Grèce date du temps où la mélodie passionnée des aulètes phrygiens s'y introduisit. Le pays d'Argos et plus encore la Béotie s'approprièrent le nouveau style instrumental; le lac d'Orchomène fournissait d'excellents roseaux, et le culte de Bacchus, fort en honneur dans la contrée, favorisa l'essor de cette musique enthousiaste; aussi jusqu'au temps des successeurs d'Alexandre, Thèbes resta-t-elle le siége principal de l'art aulétique[1].

Ces premiers instruments n'offraient à l'artiste qu'une seule
v. 500. échelle. Avant Lasos d'Hermione et même encore après lui, si les informations de Pausanias et d'Athénée sont exactes, la construction des *auloi* fut des plus élémentaires. Pour chacun des modes, les virtuoses qui se disputaient le prix aux concours publics avaient à se pourvoir d'un *aulos* spécial. Pronomos de
v. 450. Thèbes, le premier, imagina un procédé à l'aide duquel il était possible, sans changer d'instrument, d'exécuter dans une seule octave toutes les harmonies en usage chez les aulètes hellènes[2]. Peut-être ce procédé consistait-il tout simplement dans l'emploi des appendices dont il est question plus haut (p. 296). Quoi qu'il

[1] Dion Chrys., *Orat.*, VII, 12.
[2] Athén., l. XIV, p. 631, c; Pausan., l. IX, ch. 12. — Cf. Anon. (Bell., p. 41-42).

en soit, l'innovation de Pronomos était universellement répandue au temps de Platon, puisque le grand philosophe considère l'*aulos* comme le type des instruments propres à tous les modes, à tous les tons, et qu'il le compare, sous ce point de vue, avec les *pectis*, les *trigones*, etc. (p. 247, note 1). Introduite dans les disciplines musicales à Athènes vers l'époque de la guerre des Perses, l'étude 490-480 av. J. C.
de l'*aulos* eut une vogue si grande que la plupart des citoyens s'y adonnèrent[1]. Les diverses variétés d'instruments qu'Aristoxène prit plus tard pour types de sa classification sont déjà connus d'Aristote. Un disciple de Pronomos, le séduisant Alcibiade, par v. 430.
une boutade restée célèbre, voua au mépris l'art que lui-même avait cultivé jusque-là avec passion, et opéra ainsi dans le goût des Athéniens une révolution complète[2]. Mais cette réaction ne s'étendit pas au delà de l'Attique. A Thèbes le progrès ne s'arrêta point. Antagénide, célèbre virtuose béotien, mit en usage vers v. 400.
le même temps un nouveau style, plus orné, ce qui eut pour effet de provoquer une amélioration considérable dans la fabrication des anches[3].

A l'époque alexandrine les diverses variétés d'instruments à vent furent cultivées avec une ardeur plus grande encore dans toutes les classes de la population[4] : dilettantisme si contagieux qu'un roi d'Égypte, Ptolémée IX, mérita le surnom d'*Aulète*. Les musi- 80-51.
ciens romains des deux premiers siècles ne portèrent pas moins leur attention vers cette partie de l'art pratique. Pour le *solo*, la *tibia pythique* — au diapason du ténor — était la plus estimée[5]; la *tibia chorale* — dans le registre grave des voix féminines — accompagnait les ensembles dramatiques; les *tibiae* longues et graves étaient affectées à l'usage du culte romain; les *auloi*

1 ARISTOTE, *Polit.*, l. VIII, ch. 6. — ATHÉN., l. IV, p. 184, d, e.

2 AULU-GELLE, l. XV, ch. 17.

3 THÉOPHRASTE, *Hist. plant.*, l. IV, ch. 11.

4 « Les habitants d'Alexandrie, très-exercés à la musique de cithare...., ne sont pas « moins habiles à jouer de différents *auloi*, tels que les *enfantins*, les *parthéniens*, ainsi « que les *auloi masculins*, appelés par quelques-uns *parfaits* et *plus-que-parfaits*; ils « jouent en outre les *citharistériens* et les *dactyliques*. Quant aux *élymes*, ils passent pour « être les mêmes que les *phrygiens*, qui certainement ne sont pas moins familiers aux « Alexandrins. Ceux-ci connaissent aussi les *diopes*, les *mésocopes* et les *auloi* que l'on « nomme *hypotrètes*. » ATHÉN., l. IV, p. 176, e, f.

5 SAUMAISE, *Hist. Aug. script.* (éd. de 1620), p. 491 et suiv.

encornés des Phrygiens résonnaient dans les mystères de Cybèle. Point de funérailles ni de noces d'où les aulètes fussent absents. Mais après la proscription définitive du paganisme, au Ve siècle, les instruments à vent cessèrent d'être cultivés avec soin. La répulsion qu'inspira aux chrétiens une musique à laquelle les payens attribuaient le pouvoir d'apaiser les dieux, et liée étroitement à un culte abhorré[1], dut contribuer beaucoup à cet abandon; car, chose assurément digne de remarque, il n'en fut pas de même pour les instruments à cordes. Orphée et sa lyre sont un des symboles du christianisme primitif et se rencontrent fréquemment parmi les peintures des catacombes.

Hydraulis ou Orgue.

Un autre agent sonore, également mû par le vent, mais aussi supérieur aux antiques *auloi* que le christianisme l'était au grossier polythéisme des Romains, allait bientôt remplacer auprès des artistes les flûtes et les chalumeaux, abandonnés aux musiciens populaires pour une longue suite de siècles. Nous voulons parler de l'*orgue*. Il apparut à un moment où la musique des anciens Hellènes penchait déjà vers sa ruine. A la veille d'expirer, la Muse hellénique légua à l'art futur de l'Occident l'instrument grandiose destiné à personnifier, dans la multiplicité de ses sons, le nouveau principe autour duquel l'art musical allait graviter jusqu'à nos jours. Le colosse harmonique, surnommé par ses panégyristes le roi des instruments, naquit à Alexandrie, ce Paris de l'antiquité, où s'agitèrent et bouillonnèrent les éléments confus de la plus haute philosophie et de la plus abjecte corruption, cette cité cosmopolite prédestinée à être le trait d'union entre l'Orient et la civilisation gréco-latine, entre le monde payen et le christianisme.

L'origine de l'orgue fut des plus humbles : la *syringe polycalame*, la flûte de Pan, alimentée, non plus par les poumons de l'homme, mais par un soufflet. Un célèbre mécanicien alexandrin qui vécut
146-117 av. J. C. sous Ptolémée VII, Ctésibius, imagina d'employer l'eau à égaliser la pression du vent dans le sommier. Dès lors l'instrument

[1] « Un *tibicen* accompagne toutes les prières adressées aux dieux dans les temples.... « Les *tibicines* apaisent les dieux. » CENSORIN, *de Die natali*, ch. 12. — La dignité sacerdotale était attribuée à des *tibicines*. BARTHOL., *de Tib. vet.*, l. I, ch. 2.

s'appela *hydraulis*[1], nom qui fut conservé même après que l'emploi
de l'eau eut été abandonné comme trop compliqué. L'appareil que
décrit Vitruve, sous le consulat d'Auguste, était déjà un véritable 43-19 av. J.C.
orgue à plusieurs jeux, muni d'un clavier. Si les renseignements
de l'Anonyme ont une signification précise, on devra en conclure
qu'au Ier siècle de notre ère l'instrument avait une étendue totale
de trois octaves, divisée chromatiquement à quelques lacunes
près (T. I, pp. 229 et 352). Bien que les Romains du temps de
l'empire paraissent avoir eu une grande passion pour l'*hydraulis*,
— l'empereur Néron passait des heures entières à l'entendre —
on ne voit pas trop quel parti ils pouvaient tirer de l'instrument
polyphone dans un art tel que le leur. C'était là probablement un
objet de curiosité, admiré pour son mécanisme ingénieux, plutôt
qu'un moyen d'expression musicale. Pour trouver le rôle qui
lui convînt, un nouveau principe esthétique devait surgir. De
bonne heure le christianisme s'intéressa à l'orgue. Nous avons
une série de témoignages chrétiens et payens, grâce auxquels
il nous est possible d'entrevoir le développement graduel de cet
instrument pendant les temps de transition qui s'étendent depuis
la mort de Marc-Aurèle jusqu'à l'affermissement définitif de la 180-500 apr. J. C.
société nouvelle[2]. Toutefois l'usage officiel de l'orgue dans les
solennités du culte catholique n'est constaté qu'à partir du règne
de Charlemagne; c'est de là que l'on doit faire dater les com- 800.
mencements de l'art occidental.

[1] Athén., l. IV, p. 174, b-c.

[2] Tertullien (vers 200), le poëte Optatien (vers 330), l'empereur Julien (vers 355), St Augustin et le poëte Claudien (vers 400), Cassiodore (vers 500). Voir Chappell, *History of Music*, T. I, p. 325 et suiv., où les origines de l'orgue sont traitées en détail. — Sur le *ptéron* et autres instruments se rattachant à l'orgue, voir l'Appendice, § 8.

CHAPITRE II.

L'ART DE L'ÉPOQUE ARCHAÏQUE. LA MONODIE LYRIQUE ET LE SOLO INSTRUMENTAL.

§ I.

De tous les genres de musique, le premier que les Hellènes soumirent à des règles fixes fut la monodie accompagnée d'un instrument, et parmi les variétés du genre la priorité échut à la *citharodie*. Cette dénomination n'embrassait pas la généralité des poésies faites pour être exécutées au son de la cithare ou de la lyre par un chanteur isolé; elle excluait notamment les productions profanes. Elle s'appliquait à des cantates lyrico-épiques pour voix de ténor[1], qui de temps immémorial s'appelaient *nomes;* c'étaient des compositions d'une allure sévère, consacrées au culte d'Apollon[2]. Toute l'antiquité désigne comme le créateur de la monodie citharodique, et comme le plus ancien législateur de la musique grecque, Terpandre le Lesbien. Écoutons Héraclide du Pont : « Terpandre, en sa qualité de compositeur « de nomes citharodiques, adapta des mélodies aux hexamètres « de chacun de ses nomes et aux vers d'Homère, afin de les « chanter ensuite dans les agones[3]. »

Avec le nom du citharède de Lesbos, l'art musical entre dans le cadre de l'histoire. Terpandre n'est pas un personnage fictif. Les détails biographiques que l'on a sur lui, débarrassés des

[1] Voir ci-dessus, p. 254 et suiv.
[2] Cf. T. I, pp. 28 et 36.
[3] Plut., *de Mus.* (W., § V); et ci-dessus, T. I, p. 43.

éléments fabuleux qui y sont mêlés, se condensent sans effort, et voici le noyau historique qui s'en dégage : « Terpandre, « citharède lesbien d'Antissa, passa sur le continent et se fit « connaître d'abord à Delphes. Quatre fois il remporta le prix aux « concours pythiques, et ses nomes furent inscrits au répertoire « des chants du temple. Sur l'injonction de l'oracle il fut envoyé « à Sparte, afin de remédier par le pouvoir de son art aux maux « et aux discordes de la cité. Ses innovations y obtinrent une « sanction politique; elles furent imposées par des lois, et il y « établit, comme disent les anciens, la *première constitution de* « *l'art musical.* » L'époque où vécut Terpandre se laisse également circonscrire sans difficulté. C'est le moment où la Grèce sort de la pénombre des temps antéhistoriques, vers les premières Olympiades. Lorsque l'histoire musicale commence, l'épopée entre dans sa dernière phase avec les poëtes cycliques, les continuateurs de la légende troyenne. Arctinos, le plus ancien d'entre eux, fut contemporain de Terpandre.

Ol. I = 776 av. J. C.

Doit-on conclure de là que les Hellènes s'avisèrent pour la première fois d'adapter des mélodies à leurs vers plusieurs siècles après Homère? Une telle conclusion serait évidemment inadmissible. Toute vraie poésie fut chantée à son origine. Le vers fait pour la récitation est un produit artificiel propre à une société déjà raffinée. Aucune littérature poétique, au reste, ne garda une empreinte aussi vivace de sa destination primitive que celle du peuple hellénique. Non-seulement la versification grecque repose en entier sur des règles musicales, mais elle révèle les caractères essentiels de la mélodie qui lui était adjointe. C'est ainsi que l'hexamètre, le vers d'Homère et d'Hésiode, nous montre par sa structure qu'à l'époque reculée où il fut créé, les chansons épiques possédaient déjà la mesure régulière et des périodes d'une symétrie irréprochable, ce qui implique une cantilène également régulière, sinon belle et expressive.

La musique grecque avant Homère.

Tout nous prouve donc que bien des siècles avant Homère la mélodie vocale, issue spontanément de l'accent du langage, avait acquis, sous une forme rudimentaire, ses éléments constitutifs. D'après la tradition constante des anciens, les premiers poëtes-musiciens étaient originaires du nord de la Grèce. Bien qu'ils soient appelés Thraces, le foyer de leur école mythique doit être cherché au pied de l'Hélicon, en Béotie; c'est dans les vallées ombreuses autour de Thespies que l'art des Muses eut son berceau[1]. Deux noms représentent cette phase initiale de la culture musicale : le premier, Eumolpos, n'est que la personnification de la mélodie vocale, douce à l'oreille; l'autre, Thamyris, a une apparence semi-historique : sa légende est connue à Homère[2]. Si les traditions relatives à ces chantres des premiers âges renferment quelques parcelles de vérité, on peut croire que les Hellènes apprirent d'eux à régulariser les intonations mélodiques, en accordant la lyre par les consonnances primitives (T. I, p. 3)[3]. A côté de l'élément thrace, qui a une teinte hiératique très-prononcée, on reconnaît aussi dès les temps héroïques la présence d'influences orientales[4]; la muse populaire surtout en semble fortement pénétrée. — Cet art antéhistorique, cultivé par les chefs du peuple, les *anactes*, exercé comme une profession des plus honorables par une caste privilégiée, ne connaissait d'autre règle que le simple instinct; cependant il s'essayait déjà sur les sujets les plus divers. L'Iliade et l'Odyssée mentionnent plusieurs espèces de *chants accompagnés de danses en chœur* et exécutés aux sons des instruments : les uns d'allure populaire (cantilènes nuptiales, chants de deuil), les autres réservés au service du culte (hymnes et péans). La nécessité d'établir une symétrie parfaite dans les mouvements des danseurs avait bien vite amené la découverte du rhythme isochrone, découverte qui se réalisa par la création d'un type métrique dont l'oreille grecque ne s'est jamais lassée. L'*hexamètre dactylique* (p. 170) paraît être né sur le rivage oriental de la mer Égée; une voyante de Delphes, citée par Pausanias[5], en attribue l'invention à Olen, personnage mystérieux originaire de la Lycie ou des pays hyperboréens, et fondateur

[1] STRAB., l. IX, p. 409-410.

[2] *Il.*, ch. II, v. 594-595.

[3] « *Cithara sine voce cecinit Thamyris primus, cum cantu Amphion, ut alii Linus. Citharoedica carmina composuit Terpander.* » PLIN., *Hist. nat.*, l. VII, ch. 57.

[4] « Toute la musique grecque — chant, rhythme et instruments — vient de la Thrace et de l'Asie. » STRAB., l. X, p. 471. Phrygiens et Thraces paraissent avoir la même origine.

[5] Livre X, ch. 5.

du culte d'Apollon à Délos. — A côté des cantilènes orchestiques il existait aussi une *poésie sans danse, réservée à l'exécution monodique;* elle consistait en hymnes religieux et cosmogoniques, également soumis à la mesure régulière[1].

Chants épiques. Telles furent les créations musicales et poétiques qui se produisirent au début de la société grecque, alors que chacune des peuplades qui la composaient vivait encore étroitement confinée dans ses limites propres. Mais quand, à la suite des grands mouvements de population qui bouleversèrent l'Hellade vers le douzième siècle avant notre ère, l'esprit grec, violemment rejeté au dehors, se mit à déployer son activité dans de vastes entreprises, — navigations au delà des mers, combats avec les peuples de l'Asie mineure — le chant monodique, jusque là exclusivement religieux et sacerdotal, s'enrichit d'une branche nouvelle où l'humain se mêle au divin. La poésie épique surgit alors, splendide reflet de ces temps de lutte héroïque. Les *chansons de geste* (*κλέα ἀνδρῶν*), destinées à raconter les exploits des preux Achéens, s'exécutaient devant les rois et les nobles assemblés, par un chanteur de profession, un *aëde* (*ἀοιδός*), s'accompagnant de la *phorminx*. C'est ainsi que dans l'Odyssée Homère nous dépeint Phémios et Démodocos, artistes de tout point comparables aux bardes celtiques, aux jongleurs du haut moyen âge français. Le rhythme des chants épiques, comme celui des hymnes orchestiques d'Olen, était le dactyle hexamètre. Leur mélodie consistait en une *cantillation* assez monotone, se répétant de vers en vers, sauf peut-être une légère variante à la fin de chaque tirade; la partie instrumentale n'avait d'autre office que de soutenir la voix, de donner le ton au chanteur et de lui ménager quelques repos. Dominé par l'intérêt du récit, l'élément musical proprement dit passa de bonne heure au second plan, et lorsque les chants épars

v. 950 av. J. C.? furent réunis par Homère dans ses deux vastes compositions, la monotonie de la psalmodie traditionnelle devint de plus en plus sensible et parut bientôt insoutenable. Dès ce moment le lien

[1] « Héraclide fait observer que le texte des susdites œuvres (de Thamyris, etc.) « n'était pas une prose dégagée de toute mesure, mais qu'il était semblable à celui de « Stésichore et des anciens compositeurs, lesquels, après avoir fait des vers épiques, « y ajoutaient ensuite des mélodies. » PLUT., *de Mus.* (W., § IV).

intime qui réunit la musique et la poésie commence à se relâcher; l'épopée s'affranchit peu à peu de la forme mélodique. A la place de l'aëde s'accompagnant de la cithare, apparaît maintenant le rhapsode, le déclamateur. Vers l'époque de Terpandre la poésie 730 av. J.C. épique n'était plus chantée que par exception, et seulement pour des épisodes peu étendus.

Chant nomique.

Mais pendant que s'accomplissait ce travail de transformation, qui se prolongea pendant des siècles, la musique, expulsée de la poésie épique, commença de son côté à suivre sa propre voie. Le premier pas dans cette direction eut pour résultat la découverte de la *mélodie nomique*, cantilène non plus confondue avec l'intonation solennelle de la parole, mais créée par la libre fantaisie du musicien et se développant d'après des principes exclusivement musicaux. L'art naissant reçut son impulsion la plus puissante à Delphes, centre religieux et intellectuel de la race dorienne, où Apollon lui-même, disait-on, avait établi son sanctuaire de prédilection. Là se fonda la plus ancienne institution musicale de la Grèce, les agones ou concours pour la composition et l'exécution des nomes citharodiques. Là résonna pour la première fois le fameux *nome pythique*, destiné à célébrer la victoire du dieu de la lumière sur le serpent Python, et considéré plus tard comme le grand œuvre de la musique grecque, comme le prototype de toute composition vocale ou instrumentale digne d'être entendue dans une assemblée publique. On attribuait le recueil des nomes de Delphes aux deux plus anciens chantres victorieux : Chrysothémis de Crète et Philammon de Delphes. v. 850? Le caractère de ces nomes primitifs se confondait avec celui du péan, l'hymne à Apollon[1]; leur rhythme était tantôt l'hexamètre épique, tantôt le choral à notes uniformément longues, réminiscence d'un passé déjà lointain, où les hymnes religieux, encore privés de mesure, ne consistaient qu'en lentes exclamations.

Orphée.

Un poëte-musicien appartenant à l'école mythique des Thraces-Éoliens a laissé des vestiges plus nombreux encore dans la tradition musicale des Hellènes. C'est Orphée, personnage inconnu au cycle homérique, mais entouré plus tard de légendes merveilleuses.

[1] Strab., l. IX, p. 421; Pausan., l. X, ch. 7; Procl., *Chrestom.*, § 13, p. 349, Gaisf.

Il personnifie un art moins placide que le chant apollinique des prêtres de Delphes, et qui se rattachait au culte des divinités souterraines; on croit y entendre vibrer un accent plus ému, plus passionné. Et s'il est vrai que le musicien thrace appartient à la légende pure, on peut affirmer du moins que les écrivains de l'époque classique, en parlant des chants d'Orphée, ont en vue un style mélodique dont les particularités étaient parfaitement senties de leur temps. Sans doute les nomes dont le chantre mythique passait pour être l'auteur furent importés à Lesbos, v. 1000 av. J.C.? lorsque cette île devint une colonie éolienne, et continuèrent d'y être cultivés par la suite. La légende exprime ce fait à sa manière, en disant que les flots de la mer avaient apporté la lyre d'Orphée des rivages de la Béotie à l'île de Lesbos[1]. Depuis lors les Éoliens de la côte d'Asie eurent la réputation d'être la race la plus musicale entre tous les Hellènes, et leur mode national prit le premier rang dans la citharodie.

Terpandre. Lorsque l'épopée, née chez leurs voisins les Ioniens, eut acquis par le génie d'Homère une primauté incontestée sur toutes les productions de la muse grecque, son action se fit sentir dans la poésie chantée de l'école orphique-éolienne. Celle-ci s'incorpora l'élément épique, transformation qui fut l'œuvre de Terpandre. Tel est le sens que nous devons attribuer à ces paroles de Glaucus de Rhegium : « Terpandre imita Homère dans ses poé« sies et Orphée dans sa musique. » On comprend dès lors que les Grecs aient cherché à établir un lien généalogique entre leur divin poëte et leur premier musicien. Souvent celui-ci prit des fragments entiers de l'Iliade et de l'Odyssée pour texte de ses compositions vocales.

Quant au caractère musical de la révolution opérée à cette époque, il peut être déterminé ainsi : Terpandre adapta des cantilènes véritables aux vers hexamètres[2], jusque là psalmodiés ou déclamés; il le fit en s'inspirant principalement des modèles

[1] On montrait à Antissa, patrie de Terpandre, le tombeau et la tête d'Orphée.

[2] « Les anciens nomes citharodiques étaient en hexamètres. Nous en voyons la preuve « par Timothée. Celui-ci, en effet, composa ses premiers nomes de manière à mêler la « diction dithyrambique au mètre de l'épopée, afin de ne pas se donner l'apparence « d'avoir trangressé les anciennes règles de la musique. » PLUT., *de Mus.* (W., § V).

que lui fournissaient les chants traditionnels de l'école thrace. Plus tard, fixé sur le continent, il puisa aussi dans le trésor des nomes delphiques. Il fut ainsi le fondateur d'un art vraiment national où les créations musicales et le caractère moral des trois principales races de la Grèce historique — Ioniens, Éoliens, Doriens — se trouvaient fondus et amalgamés.

Coupe du nome citharodique.

Terpandre ne se borna pas à donner un tour plus mélodieux au chant des hexamètres. Le premier il sut étendre les bornes de la cantilène vocale, coordonner ses diverses parties et en faire un organisme complet. Il introduisit ainsi dans l'art musical le principe architectonique. Ses nomes ne se divisaient pas en strophes, ils avaient la forme commatique : en d'autres termes, le texte était mis en musique d'un bout à l'autre (p. 222). D'après une notice de Pollux[1] ils se décomposaient en sept parties, dont voici les noms techniques et l'ordre successif :

I) le *préambule* (ἔπαρχα), *hymne* ou *proëme* (προοίμιον)[2];
II) le *début* (μέταρχα);
III) la *transition* (κατάτροπα);
IV) l'*ombilic* (ὀμφαλός);
V) le *retour* (μετακατάτροπα);
VI) le *final* (σφραγίς);
VII) l'*épilogue* ou *sortie* (ἐπίλογος, ἐξόδιον), reprise de l'hymne.

Les deux parties extrêmes (I et VII) formaient ensemble une composition distincte, un hymne à quelque divinité, Zeus, Apollon ou Athéné. Terpandre composa des *proëmes* pour servir d'introduction à des fragments d'Homère, dont il avait fait le texte de ses chants[3]. Le nome proprement dit renfermait trois divisions essentielles, le début (II), l'ombilic (IV) et le final (VI), reliées par deux divisions secondaires, la transition (III) et le retour (V). Il est superflu de faire ressortir le principe esthétique

[1] Livre IV, sect. 66. — Cf. WESTPHAL, *Geschichte*, p. 76 et suiv.

[2] Les hymnes homériques étaient appelés par les anciens *proëmes*.

[3] « Après avoir rendu hommage aux dieux, ils passaient aux chants d'Homère ou à « ceux d'autres poëtes. Nous le voyons par les *proëmes* de Terpandre. » PLUT., *de Mus.* (W., § V). — Les proëmes de Terpandre étaient en hexamètres (*Ib.*).

contenu dans ce plan. Autour d'une partie principale (l'*ombilic*), occupant le centre, viennent se grouper des éléments divers, disposés de manière à se faire mutuellement équilibre. On peut dire que l'œuvre poétique et musicale reçoit par là, en quelque sorte, la forme d'un produit de l'art plastique. Mais cette division ternaire est en même temps celle que la *Poétique* d'Aristote prescrit comme un type général, propre à l'épopée aussi bien qu'au drame : l'exposition, le nœud, le dénoûment.

Comme il ne nous est parvenu que des débris insignifiants des poésies de Terpandre, nous ne connaissons ni l'étendue ni les proportions de leurs parties; nous ignorons aussi de quelle manière ce plan général s'adaptait aux divers sujets traités dans les cantates lyrico-épiques du musicien de Lesbos. Mais il nous reste le programme détaillé d'un genre de composition instrumentale qui rappelle la sonate moderne, et dont les divisions, visiblement calquées sur celles de Terpandre, peuvent nous guider avec sûreté : nous voulons parler du *nome pythique* (p. 351). Les cinq parties de la sonate grecque ne différaient des parties correspondantes du nome citharodique que par leurs désignations. Chacune d'elles avait pour objet de rappeler une des phases de l'action dramatique servant de thème obligé à ce genre de morceau; le point culminant (le combat d'Apollon avec le serpent) occupait le milieu de l'œuvre. Nous sommes autorisés à attribuer une disposition analogue à ceux des chants de Terpandre qui par leur sujet et leur allure se rapprochaient de l'épopée. Les nomes à l'ancienne manière, où l'élément lyrique tenait une large place, se pliaient avec non moins de facilité à cette coupe. Ici, sans aucun doute, le poëte, dans la partie principale, dépeignait sur un ton épique les hauts faits du dieu, tandis que le *début* et le *final* étaient plus fortement empreints de lyrisme. Cette seconde classe de chants avait donc, en premier lieu, une partie lyrique suivie d'une transition conduisant à la partie épique, nœud de la composition; puis une nouvelle transition amenant le retour au sentiment lyrique. Le nome entier était enchâssé dans un hymne, où l'inspiration du mélodiste prenait son vol le plus hardi.

Caractère musical du nome.

Bien que le plan qui vient d'être analysé se rapportât au sujet du poëme plutôt qu'à la musique, il est à supposer que la tournure de la mélodie variait au cours de l'œuvre d'après le contenu du texte. Néanmoins on serait dans l'erreur en attribuant aux cantilènes de ces temps reculés une variété analogue à celle qui distingue les morceaux commatiques d'un âge plus récent. Glaucus affirme expressément qu'avant Phrynis, la citharodie de l'école de Terpandre observait une extrême simplicité : « Il n'était « pas permis alors, » ajoute-t-il, « de changer de mode ou de « mesure à la manière moderne, et pour chacun des nomes « on gardait le même système d'accord[1]. » Un coup d'œil jeté sur les trois échelles heptacordes (p. 255 et suiv.) nous permettra d'entrevoir le contour mélodique des chants de Terpandre, lesquels étaient conçus, d'un bout à l'autre, soit en mode dorien, soit en mode éolien[2]. Il est plus aisé encore de reconstruire par la pensée leur forme rhythmique; les seuls éléments qu'elle admettait, l'hexamètre et les trois mesures de choral (p. 110), ne se mêlaient pas davantage entre eux. Les sections (ou *commata*) qui se succédaient pendant toute l'étendue du *canticum* ne différaient en conséquence que par le nombre de vers : il en est de même pour les monodies anapestiques d'Euripide (p. 225). Que si néanmoins les rhythmes du *proëme* étaient parfois autres que ceux du *nomos* proprement dit, il n'y avait là qu'une exception apparente : l'hymne étant considéré comme distinct du reste de la composition[3]. Quant à la partie instrumentale, elle se bornait sans doute à annoncer — dans un petit prélude — le mode et le caractère du morceau, et à remplir les pauses, indispensables pour l'exécutant, par de courtes ritournelles.

v. 450 av. J. C.

Selon une notice de Glaucus, quelques-uns des nomes de Terpandre auraient été empruntés au vieux Philammon de Delphes. Cette assertion, assez étonnante au premier abord, et qui se reproduit à propos d'autres musiciens, nous fait voir que les anciens envisageaient l'acte de la composition musicale sous un point de vue différent du nôtre, et la même conception se

[1] *De Mus.* (W., § V). — Cf. T. I, pp. 355 et 383.

[2] T. I, p. 181.

[3] Remarquons d'ailleurs que le passage de l'*hexamètre* aux *trochées sémantiques* ou aux *orthioi* ne constitue pas un changement de mesure au sens rigoureux du mot, mais seulement *une métabole dans la disposition de la rhythmopée* (ci-dessus, p. 71); tous ces mètres sont des tripodies du $^2/_4$.

retrouve partout où la musique homophone s'est élevée à la hauteur d'un véritable art. En général le compositeur européen invente son œuvre de toutes pièces ou, du moins, se propose un tel but. Le compositeur antique avait une ambition moins haute. Excepté les cas assez rares où il imaginait une cantilène entièrement nouvelle, il travaillait sur des types mélodiques consacrés, dont les linéaments fondamentaux étaient tracés d'avance, et s'appliquait à en tirer de nouveaux chants par voie d'amplification, de développement. Pour lui l'invention consistait à donner à ses matériaux, déjà dégrossis, une disposition non encore essayée; à faire avec des formules tirées du domaine commun des mélodies nouvelles. Ainsi ont procédé, du IVe au VIIIe siècle, les auteurs de l'Antiphonaire romain; ainsi procèdent depuis des siècles les musiciens de l'Inde. Remarquons que cette manière de composer est analogue à celle qui se pratique en architecture. Le *nomos* des citharèdes et des aulodes grecs, semblable au *sâman* des chantres du Véda[1], au *râga* des Indous modernes et au *neume* des musiciens ecclésiastiques de l'Occident, est un *schêma* mélodique dont la découverte était considérée comme une révélation spontanée, comme une inspiration réservée aux chantres favorisés des dieux. Ceci explique le soin que l'on mettait à conserver la généalogie de chaque nome et rend acceptable l'idée que nous avons exprimée en un autre endroit de ce livre (T. I, p. 429), à savoir que les cantilènes-types, notées par les prêtres, étaient précieusement gardées dans les archives de certains sanctuaires. Un *nomos* pouvait recevoir plusieurs poésies et probablement plusieurs rhythmes. Le nombre de ces thèmes mélodiques ne paraît pas avoir été très-grand dans l'antiquité, et je ne doute pas que la plupart ne continuent jusqu'à nos jours une existence obscure dans l'Antiphonaire de l'Église romaine.

[1] On entend par *Sâma-Veda* un recueil de vers ou de phrases qui se rencontrent pour la plupart dans le *Rig-Veda* et qui, modifiés en diverses manières, se chantent pendant les cérémonies du culte brahmanique. De nos jours les paroles sont censées constituer, avec le chant, un *sâman*.... Mais anciennement on entendait par *sâman* la mélodie seule, abstraction faite du texte. Cf. BURNELL, *the Ârsheyabrâhmaṇa*, p. XI et suiv. — Le mot *nome* n'indique pas toujours chez les écrivains gréco-romains un morceau de caractère élevé; il signifie en un sens indéfini morceau de musique, air. Cf. BURETTE, *Rem.* XIX.

Les anciens historiens de la musique prétendent que Terpandre aurait été le premier à désigner les chants citharodiques par des épithètes[1]. Pollux énumère les titres des huit nomes que l'antiquité attribuait au musicien de Lesbos; ce sont : 1° le nome *béotien;* 2° l'*éolien;* 3° l'*orthien;* 4° le *trochaïque;* 5° l'*aigu;* 6° le *tétraoïdios;* 7° le *terpandrien;* 8° le nome de *Képion*[2]. Quelques-unes de ces désignations autorisent des conjectures plus ou moins plausibles sur le caractère musical du morceau auquel elles correspondaient. Sans doute le *nome éolien* et le *béotien*, œuvres composées dans le style national de Lesbos et sous l'influence exclusive de l'école orphique, remontaient à la jeunesse du maître; ce furent là peut-être les premiers chants par lesquels sa réputation se fonda à Delphes. — L'*orthien* partageait son nom avec une foule de mélodies plus récentes appartenant à divers genres de musique[3], mais toutes caractérisées par l'*acuité* de leur registre et par une grande *élévation* de sentiment[4]; aussi tenons-nous le morceau en question pour identique avec l'*aigu*[5]. On peut dès lors supposer que le *nomos orthios* — le *chant élevé* — était celui pour lequel Terpandre avait imaginé son troisième mode d'accord, s'étendant jusqu'à la *nète diézeugménon* (p. 257), corde inconnue à ses prédécesseurs. Mais dans l'œuvre du chantre lesbien la dénomination *orthios* (ὄρθιος) se rapportait non-seulement au diapason et au caractère, mais encore au rhythme de même nom (pp. 66, 110),

Compositions de Terpandre.

[1] Les mélodies védiques (*sâmanas*) ont reçu depuis une antiquité très-reculée des surnoms analogues. Cf. BURNELL, *the Ârsheyabrâhmaṇa*, p. XXXV et suiv.

[2] Livre IV, sect. 65. Les gloses (ἀπὸ μὲν τῶν ἐθνῶν, etc.), reproduites par Hésychius et par Suidas, me paraissent dénuées de toute autorité. Cf. PLUT., *de Mus.* (W., § V).

[3] C'était, selon Hérodote (l. I, § 24), un nome orthien que chantait Arion, en s'accompagnant de la *cithare*, sur la poupe du vaisseau d'où il se précipita dans la mer. — En exécutant sur l'*aulos* un nome orthien, Timothée, célèbre aulète thébain, faisait courir Alexandre aux armes. SUIDAS, au mot *orthios*. Il est aussi question d'un nome *aulétique* appelé ainsi dans les *Acharniens*. *Schol. in v.* 16. — Les *orthioi* de l'école de Polymnaste étaient *aulodiques*. Voir au § suivant.

[4] Ce double caractère s'accorde au mieux avec la signification d'*orthios*, mot dérivé de ϝορθϝος (= ar. *vardhvas*, skr. *ûrdhvas*), élevé, haut, fier. — En parlant de son *nomos orthios*, Timothée disait à Alexandre que telles devaient être les *sonates royales* (βασιλικὰ αὐλήματα). SUIDAS, *Ib.* Ce morceau était composé en l'honneur d'Athéné, de même que celui dont il est question chez Dion Chrysostôme (*Orat.*, I, 1). — Cf. le 37e problème musical d'Aristote, cité et traduit au T. I, p. 241, note 1; POLLUX, l. IV, sect. 73.

[5] Plutarque (*ib.*) mentionne le *nome aigu*, et omet l'*orthios*.

lequel était employé dans le corps du morceau, c'est-à-dire dans les cinq parties essentielles du nome[1]. Le sujet de la poésie était la glorification d'Apollon, ainsi que l'indique le *proëme*, dont le premier hexamètre nous est parvenu :

« Qu'un nouveau chant s'élève de mon âme vers le dieu qui lance au loin les traits[2]. »

Le *nome trochaïque* tirait son titre d'un rhythme apparenté de près à l'*orthios*, le trochée *sémantique* (pp. 66, 110). — Il est permis de voir une allusion au *nome tétraoïdios* dans les deux célèbres hexamètres de Terpandre que Strabon a conservés[3] :

« Quant à nous, dédaignant désormais le *chant à quadruple mélodie*,
« Nous entonnerons pour toi sur la phorminx heptacorde des hymnes nouveaux; »

vers qui pourraient bien avoir donné naissance aux fables concernant la lyre à quatre cordes. — La désignation du *nome terpandrien* s'explique d'elle-même; le *nome de Képion* fut appelé ainsi d'après le disciple principal du maître. — Clément d'Alexandrie parle en outre d'un *nome dorien* composé par Terpandre; il cite les premiers vers du *début*, également en rhythmes de choral :

« Zeus, principe de toute chose, guide universel,
« Zeus, je t'adresse ce commencement des hymnes[4]. »

Le mode, le mètre et le caractère archaïque du fragment donnent lieu à supposer que c'était là un des nomes dont le thème était emprunté aux prêtres-chanteurs du temple de Delphes, le vieux sanctuaire de la race dorienne.

Une légende conservée par Pindare fait remonter à Terpandre l'invention du *barbitos*, instrument à cordes usité dans les festins (p. 246); de là vient sans doute qu'on lui attribua aussi la création des *scolies* ou chansons de table. Cette légende nous montre

1 « Ceux qui ont écrit sur ces matières rapportent que Terpandre créa l'espèce de « *mélodies élevées* dans laquelle s'emploie le [rhythme dit] *orthios*, et que d'après l'ana« logie de l'*orthios* il inventa le *trochée sémantique*. » PLUT., *de Mus.* (W., § XVII). — En tant que terme métrique, *orthios* désigne encore une autre combinaison de syllabes longues (voir ci-dessus, p. 55). — Mais la preuve que cette désignation n'avait souvent aucun rapport au rhythme, c'est que le *nome orthien* de Polymnaste était en dactyles.

2 Le même vers revenait au début de l'*exodion*. Cf. WESTPHAL, *Geschichte*, p. 79.

3 Livre XIII, p. 618.

4 *Strom.*, l. VI, p. 784.

Terpandre vivant parmi les Lydiens, détail historique dont il n'existe nulle trace autre part, et qui rentre difficilement dans le cadre de la vie de notre héros. Peut-être Terpandre n'est-il en cette occasion qu'un éponyme de l'école lesbienne, laquelle au siècle suivant s'illustra dans cette branche de l'art.

Après la mort du fameux citharède, son école, recrutée surtout parmi des artistes d'origine éolienne, se continua à Sparte. Un seul de ses disciples immédiats a laissé quelques traces dans l'histoire musicale : c'est Képion ou Kapion; il introduisit en Grèce la plus ancienne forme de la cithare (p. 250, note 3). Aussi, bien que Terpandre soit réputé le plus ancien citharède, lui-même désigne la *phorminx*, la lyre, comme son instrument habituel. L'école de Terpandre brilla surtout aux concours de musique qui faisaient partie de la fête lacédémonienne des Carnées, concours institués dans la XXVIe Olympiade. Ce fut là le théâtre brillant de l'activité des Terpandrides, lesquels y célébrèrent pendant plus de cent ans une suite non interrompue de triomphes. Les adeptes de cette école ne semblent pas avoir été en général des génies inventifs; ce sont des virtuoses exécutants qui se bornent à faire entendre aux fêtes des Hellènes le répertoire traditionnel de leur chef. Tel était le prestige dont s'entourait le nom de Terpandre, que le héraut chargé d'appeler les concurrents dans la lice, faisait comparaître d'abord les successeurs directs du maître, ensuite les autres chanteurs originaires de Lesbos, et en troisième lieu seulement les citharèdes venus des divers cantons de l'Hellade. La formule usitée en pareille circonstance — « qui se présentera après le chantre de Lesbos ? » — devint proverbiale et perpétua jusque dans la postérité la plus reculée le souvenir de Terpandre. Son école s'éteignit à Sparte après Périclite, le dernier vainqueur aux jeux carniens[1]. Ni Glaucus, ni Platon, ni Aristote ne connaissent plus de compositions du vieux musicien. Cependant l'île de Lesbos continua de produire des citharèdes renommés, se rattachant plus ou moins à ses traditions; parmi ceux-ci figurent au premier rang Arion de Méthymne[2],

La citharodie après Terpandre.

676 av. J. C.

v. 560 ?

v. 600.

[1] Voir T. I, p. 47, note 1.

[2] Procl., *Chrestom.*, § 13, p. 349, Gaisf.

v. 480 av. J. C. le créateur du dithyrambe, et Aristoclide[1], maître du célèbre Phrynis. Ce dernier transforma complétement le nome citharodique, en abandonnant la manière sobre et antique de Terpandre pour y substituer un style recherché, visant à l'effet théâtral. Nous le retrouverons plus loin, au début de la période de décadence. L'ancienne citharodie religieuse, négligée des virtuoses, se réfugia dans la vie privée; les disciples de Pythagore l'aimaient et la cultivaient comme le moyen le plus efficace pour obtenir le calme et l'équilibre de l'âme, but suprême du philosophe. Le nome alla dès lors se confondre de nouveau avec le *péan*[2].

§ II.

Un musicien originaire de l'Arcadie, Clonas, fut le fondateur de
v. 720. l'art aulodique. L'époque de sa vie se place peu après Terpandre. Il y a lieu de supposer que les innovations musicales réalisées à Sparte par le citharède de Lesbos pénétrèrent dans le pays voisin, chez les Arcadiens, peuple très-adonné à la musique[3], et que Clonas, à l'imitation de Terpandre, entreprit d'élaborer des règles pour une branche de l'art livrée jusque là à l'arbitraire et à la grossièreté. Héraclide du Pont dit que Clonas fut le créateur des *nomes aulodiques* et des *prosodies*; et qu'il composa aussi des *élégies* et des *chants en vers hexamètres*[4].

L'aulodie était de la poésie chantée, accompagnée par une flûte ou un chalumeau. Ce genre de musique exigeait donc au moins deux exécutants : le chanteur qui, de même que le compositeur, s'appelle *aulode*, et l'*aulète*, l'instrumentiste chargé d'accompagner la voix et de se faire entendre pendant les interruptions de la

1 « Aristoclide fut un excellent citharède de la famille de Terpandre. Il fleurit en « Grèce au temps des guerres médiques. Ayant admis [pour disciple] Phrynis, qui jouait « de l'*aulos*, il lui apprit la cithare. » *Schol. Aristoph. in Nubb.*, 971. — On ne sait à quelle époque a vécu Évanétide d'Antissa, autre citharède lesbien.

2 Remarquons toutefois que Proclus, l'auteur de la *Chrestomathie*, parle du nome comme étant encore cultivé par ses contemporains, vers le IIe siècle de notre ère.

3 Polybe, l. IV, ch. 20.

4 Plut., *de Mus.* (W., § V).

partie vocale[1]. Cette fonction, comparable à celle de nos musiciens d'orchestre, fut plus tard confiée à des Phrygiens que les poëtes prenaient à leur service[2] (p. 343). Originairement le nome aulodique était exécuté par un seul chanteur, de même que les nomes citharodiques; dans plusieurs variétés du genre, néanmoins, un chœur mêlait des refrains aux mélodies du soliste. A l'époque de Pindare les chants funèbres ou thrènes, auparavant dévolus à l'aulodie, sont devenus des compositions purement chorales et, à ce titre, accompagnés de danse.

Caractères du genre.

L'aulodie offre en tout un contraste frappant avec la citharodie. Ici l'esprit s'élève vers les sphères sereines de la contemplation religieuse; là, au contraire, l'âme, loin de trouver le calme, se sent entraînée dans le tourbillon des passions humaines. La citharodie, art d'apparat, réservé aux plus éminents poëtes-musiciens, est l'organe d'un culte essentiellement grec, le culte radieux d'Apollon, opposé à tout ce qui est passionné ou sombre, à tout ce qui est mollement plaintif ou efféminé; l'aulodie, plus intime, moins savante[3], se rattache aux cultes naturalistes de Dionysos et des divinités pélasgiques, lesquels favorisent les expansions les plus violentes du sentiment. Tandis que la citharodie jouissait d'un prestige sans limites, l'aulodie était tenue en médiocre estime; après avoir été admise une seule fois au concours pythique, elle en fut bannie pour toujours. Cependant on ne peut nier que dans la sphère de sentiments où l'aulodie se meut de préférence, l'art des sons ne se trouve sur son terrain originaire.

Variétés de l'aulodie.

Un disciple d'Aristote, l'illustre Théophraste, auteur de plusieurs écrits sur la musique, dit que cet art prend sa source dans

[1] On donnait pour récompense une couronne à l'aulode, mais non pas à l'aulète accompagnateur. ATHÉN., l. XIV, p. 621, b, c. — Quelquefois le compositeur, au lieu de se charger de la partie vocale de son œuvre, dirigeait l'exécution en jouant la partie instrumentale. C'est probablement en ce sens que Tyrtée est désigné comme *aulète* par Suidas. — Le prélude de l'instrumentiste s'appelait *προαύλιον* ou *προνόμιον*. POLLUX, l. IV, sect. 53; ARISTOTE, *Rhétor.*, l. III, ch. 14.

[2] « Chez les Grecs les aulètes étaient Phrygiens et avaient des noms d'esclave; tels « sont par exemple Sambas, Adon et Télos auprès d'Alcman, et auprès d'Hipponax, « Kion, Codalos et Babys. Ce dernier a fourni la locution dont on se sert à propos d'un « mauvais musicien : Il joue encore plus mal que Babys. » ATHÉN., l. XIV, p. 624, b.

[3] Voir le mot de Cicéron cité p. 251, note 1. — Cf. *Schol. Aristoph. in Avv.*, v. 858; ARISTOTE, *Probl.*, XIX, 43.

trois affections : la douleur, le plaisir et l'enthousiasme[1]; de là les trois genres typiques de chants accompagnés d'instruments à vent : la *déploration funèbre* (θρῆνος), le *chant du banquet* (κῶμος) et l'*hymne liturgique* (ὕμνος). — Chez tous les peuples de l'antiquité, tant Sémites qu'Aryens, les sons d'un instrument à vent se font entendre en l'honneur des morts; ils accompagnent les chants lamentables entonnés autour du défunt, et, par une transition naturelle, toute espèce de cantilènes tristes, mélancoliques ou simplement langoureuses[2]. En Phénicie et en Carie, où la musique funéraire était cultivée avec une grande supériorité[3], les instruments d'accompagnement avaient, paraît-il, un diapason aigu (p. 284). Avant Olympe il en fut sans doute de même chez les Grecs; plus tard ceux-ci semblent avoir préféré pour de pareilles compositions les chalumeaux graves (p. 287). — Une seconde espèce de chants aulodiques sert à égayer les repas et les fêtes nuptiales; l'instrument favori fut ici, jusqu'à la fin du paganisme, la *syringe monocalame*, la flûte douce (p. 280). — Enfin une dernière catégorie de poésies appartient à l'aulodie : les hymnes qui font partie intégrante des rites du culte (sacrifices, libations[4], etc.). Là encore l'emploi d'un instrument à vent est commun à la plupart des peuples de l'Orient et remonte à l'antiquité la plus reculée[5]. Un auteur romain attribue au jeu des *tibiae* le pouvoir d'apaiser les dieux[6]. Le rhythme naturel des cantilènes liturgiques est le *spondée majeur* (pp. 66, 119). Nous possédons, par rapport à leur contexture mélodique, quelques

1 PLUT., *Quaest. conviv.*, l. I, ch. 5, § 2.

2 JÉRÉM., ch. XLVIII, v. 36; MATTH., ch. IX, v. 23. — « Pour les déplorations il faut « le jeu des instruments à vent (lisez Ἔγχυλα au lieu de Οὐ νάβλα), et non pas la lyre. » Sophocle cité par PLUT., *de EI ap. Delph.*, § 20 [A. W.]. — Euripide donne à un chant de cette nature la qualification poétique d'ἄλυρος ἔλεγος, « plainte que n'accompagne « point la lyre » (Cf. *Iphigénie en Tauride*, I; *Hélène*, I).

3 Au temps de Platon il était d'usage chez les Athéniens de louer pour les convois funèbres une bande de musiciens cariens. *Lois*, l. VII, p. 800.

4 PLUT., *Quaest. conv.*, l. VII, ch. 8, § 4.

5 Le seul nom d'instrument que l'on trouve dans les hymnes du Véda peut être identifié, pour le sens et la racine, avec le grec *aulos* : c'est *vâṇa*, de VÂ, faire du *vent*, souffler (= ἀF(η)λος de ἄFημι). Le *vâṇa*, comme l'*aulos*, sert d'accompagnement aux chants du sacrifice. Cf. BENFEY, glossaire du *Sâma-Veda*, au mot *vâṇa*.

6 CENSORIN, *de Die natali*, ch. XII.

détails techniques qui seront consignés plus loin (§ IV); quant à la coupe de leurs vers et de leurs périodes, on peut s'en faire une idée par la ravissante parodie qu'a faite Aristophane de cette classe d'hymnes dans la seconde *parabase* des *Oiseaux*[1].

Clonas.

Tandis que les renseignements sur la vie et les œuvres de Terpandre sont relativement abondants, le souvenir de Clonas est à peu près effacé des traditions de l'Hellade. Aucun vers, aucun mot de lui ne nous reste; tout ce que nous savons de sa biographie se résume en un seul point : il était né à Tégée. Néanmoins on ne peut douter qu'à une certaine époque ce personnage n'eût un grand renom par toute la Grèce; car nous voyons les Béotiens, lesquels plus tard furent les maîtres dans l'art aulétique, disputer aux Arcadiens l'honneur de le compter parmi leurs compatriotes[2]. Constatons aussi que longtemps après la mort du vieil aulode, ses productions firent école chez les Laconiens. De même que Terpandre s'inspira d'Orphée, de même Clonas eut un précurseur mythique, Ardalos de Trézène. Selon toute vraisemblance, le créateur de l'aulodie se servait de la flûte douce, seul instrument à vent alors connu en Arcadie et peut-être aussi dans le reste du Péloponnèse (p. 301). Pour ce qui concerne le caractère de ses compositions, nous en sommes réduits à des conjectures. Il y a lieu de croire que par la facture mélodique, par l'usage des modes, par le rhythme et par l'absence de modulations, les chants de Clonas avaient une étroite affinité avec ceux de Terpandre. Toutefois leur construction n'était ni aussi ample, ni aussi fixe, et certains d'entre eux (les *élégies* par exemple) admettaient la coupe strophique.

Nomes de Clonas.

Les nomes qui paraissent appartenir réellement à Clonas sont au nombre de trois : le *comarchios*, l'*élégos* et l'*épikédeios*[3]. Le premier était un chant de table; en effet *comarchios* tient de près à *comos* (*κῶμος*), mot par lequel on désignait la promenade

[1] Voir le début de l'*Ode*, v. 1058 et suiv.

[2] Plut., *de Mus.* (W., § V).

[3] D'autres nomes, l'*apothétos* (le mystérieux) et le *schoinion* (le flexible?), étaient attribués avec plus ou moins de fondement à Clonas. Plut., *de Mus.* (W., § V), et Pollux, l. IV, sect. 65 et 79, où il faut lire *αὐλῳδικοί* au lieu d'*αὐλητικοί*. Quant au *trimélès*, que Plutarque met aussi parmi les nomes aulodiques (§ V), il fut composé plus tard par Sacadas. — Ἐπικήδειος est une correction de Westphal. Cf. *Geschichte*, p. 98.

joyeuse des convives échauffés par le vin, et défilant en l'honneur de Dionysos aux sons des voix et des *auloi*[1]. Les deux autres termes indiquent des compositions d'un caractère plaintif. L'*épikédeios* était un chant de deuil[2]; le *nomos élégos* avait, selon toute probabilité, le rhythme et la coupe de l'élégie.

L'élégie. C'est en effet une tradition soigneusement conservée chez les anciens que les premiers aulodes exécutaient des *élégies* mises en musique[3]. Les airs qui servirent de types et de modèles à cette classe de chants vinrent de l'Orient; c'étaient des mélodies tristes (*ἔλεγοι, naeniae*) accompagnées de la flûte lydienne, dans la composition desquelles les peuples asiatiques excellèrent de tout temps[4]. Quant au rhythme de l'élégie (p. 182), il est inséparable de l'hexamètre, lequel, d'après une légende vénérable, avait également son berceau en Asie (p. 309). Le peu d'altération que subit le vers homérique pour se transformer en distique élégiaque prouve bien que celui-ci n'était au fond qu'une simple variante du premier. N'ayant pas encore la hardiesse d'imaginer des rhythmes nouveaux, le poëte-musicien se contente de remplir, dans le second vers de chaque distique, la troisième et la sixième mesure par une tenue; grâce au retour périodique de cette forme conclusive, une petite strophe se produit (p. 182-183). Il est douteux que Clonas ait eu à opérer une telle innovation; son contemporain Callinos d'Ephèse manie déjà le mètre élégiaque avec une sûreté qui trahit un long usage. A son origine, l'élégie était entonnée, par un des convives, au repas qui suivait les funérailles; mais de bonne heure elle perdit son caractère spécial. Son rhythme noble et sérieux, appliqué à d'autres sujets, et en premier lieu à des chants patriotiques, ne garda de son ancienne destination qu'une teinte de profonde mélancolie. Pausanias nous a transmis une chanson populaire en rhythme élégiaque, relative au héros malheureux de la seconde guerre messénienne. « Lorsque, » dit-il,

1 Cf. BURETTE, *Rem.* XXIII.

2 « Le *thrénos* diffère de l'*épikédeios* (de ἐπί, pendant, et κηδεία, devoirs mortuaires) en « ce que le dernier est dit aux funérailles, le corps présent, tandis que le premier ne « dépend d'aucun temps particulier. » PROCL., *Chrestom.*, § 24, p. 352, Gaisf.

3 PLUT., *de Mus.* (W., § VII).

4 Cf. BERNHARDY, *Grundriss*, IIe part., 1re div., p. 400 et suiv.

« Aristomène entra dans Andania (ville des Messéniens située « sur la frontière de l'Arcadie), les femmes lui jetèrent des ban- « delettes et des fleurs, en chantant cette poésie, qui se répète « encore aujourd'hui :

« Dans la plaine de Sténycléros et jusqu'à la haute montagne,
« Aristomène poursuivit les cohortes de Lacédémone[1]. »

Par sa concision, le distique était un moule admirablement disposé pour recevoir des pensées revêtues d'une forme ingénieuse : maximes politiques, réflexions philosophiques et morales; aussi sut-il bientôt se passer de musique. Déjà Archiloque, un quart de siècle après Clonas, composa des vers élégiaques destinés à la lecture[2].

Clonas est cité aussi comme auteur de *prosodies*, variété d'hymnes que l'on chantait en marchant au son des *auloi*, pendant les processions (*théories*) prescrites par les usages du culte, à l'occasion d'une offrande solennelle ou de la consécration d'un sanctuaire[3]. Les *litanies* sur lesquelles défilent les processions et les pélérinages catholiques sont un équivalent des prosodies payennes et dérivent peut-être de là[4]. Cette espèce de chants suivait un mètre resté très-usuel pendant toute l'antiquité, le *prosodiaque* (p. 134), tripodie du $^{2}/_{4}$, laquelle, en sa qualité de rhythme de marche, était prolongée par des silences jusqu'à la tétrapodie[5]. Le mètre prosodiaque est identique, quant à la durée relative des sons, avec celui qui porte le nom de *rhythme pour la* Prosodies.

[1] Livre IV, ch. 16.

[2] L'élégie politique et gnomique est représentée par Solon (v. 594 av. J. C.), Théognis (540) et Phocylide. Presque tous les poëtes lyriques et dramatiques composèrent des élégies; Simonide (490) créa des chefs-d'œuvre en ce genre.

[3] Le mot *prosodion*, formé de πρός et de ὁδός, chemin, n'a rien de commun avec *prosodia*, de πρός et ᾠδή; il est synonyme de *parémiaque* (ci-dessus, p. 134, note 1). — « On appelait « *prosodion* le chant que l'on exécutait en se rendant aux autels ou aux temples; il se « faisait entendre, accompagné de l'*aulos*, pendant la marche. Dans un sens spécial ce « mot s'applique à l'hymne que l'on chantait au son de la cithare, lorsqu'on s'était « arrêté. » PROCL., *Chrestom.*, § 10, p. 348, Gaisf.

[4] La parodie burlesque d'un *prosodion* dans *les Oiseaux* d'Aristophane (v. 851-902) est très-instructive à cet égard.

[5] Outre que ces fréquents repos de la voix sont nécessaires pendant la marche, afin que les chanteurs puissent reprendre haleine, elles produisent un excellent effet, même quand elles ne sont remplies que par le rhythme des pieds frappant le sol en cadence.

marche armée (*κατ' ἐνόπλιον ῥυθμός*)[1]; mais l'un différait certainement de l'autre, et par la vitesse absolue des durées, et par la manière dont il se combinait avec la marche[2]. Comme il est dit que Clonas, outre ses élégies, a composé des hexamètres, on est tenté de présumer tout d'abord que ses chants de procession avaient cette dernière forme de vers[3]. Néanmoins il n'est point douteux que le véritable prosodiaque n'ait été employé par Clonas, puisque, à la génération suivante, Archiloque l'introduit déjà dans la mesure ternaire. Il nous est resté un spécimen fort intéressant de la forme rhythmique dont nous venons de nous occuper : un chant populaire en l'honneur de Lysandre, le fameux Mort en 395. général spartiate vainqueur d'Athènes.

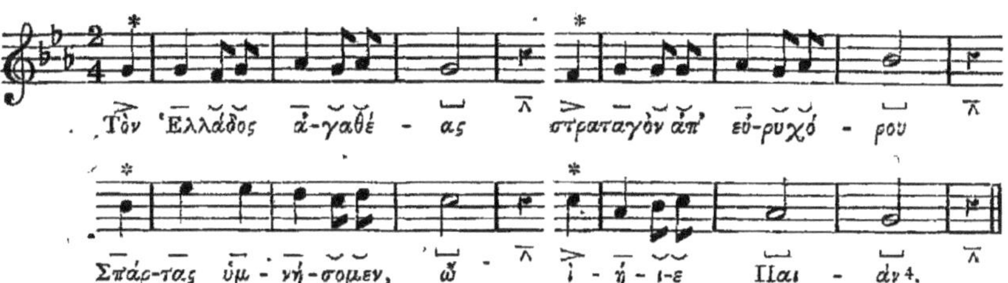

En adaptant au rhythme antique une mélodie dorienne, nous avons tenu compte à la fois de la nationalité du chant et d'une indication d'Aristoxène[5]. Relativement à la partie instrumentale des chants de procession, on sait qu'elle était exécutée à l'époque

1 L'usage de l'*énoplios* pour les processions est attesté par Xénophon (*Anab.*, l. VI, ch. 1, § 11), lequel dit, en parlant des Mantinéens : « Ils marchaient en mesure, tandis « que les *auloi* jouaient sur le rhythme *énoplios;* ils chantaient des *péans* et dansaient « [comme on le fait] dans les processions qui se rendent aux [temples des] dieux. »

2 On ne s'éloignera pas des probabilités en assimilant, pour le degré de vitesse, le *prosodiaque* au *pas ordinaire* de nos soldats (𝅗𝅥 = 76) et l'*énoplios* à notre *pas redoublé* (♩ = 130).

3 Il en est ainsi pour le *prosodion* d'Eumélos, composé un quart de siècle auparavant (761 av. J. C.). Voir le § I du chapitre suivant. — Faisons remarquer, au reste, que le prosodiaque, bien qu'il ait l'apparence d'un mètre anapeste, dérive probablement du vers épique : c'est le second hémistiche d'un hexamètre. Une tripodie composée de deux dactyles et un spondée (— ⏑⏑ | — ⏑⏑ | — —) recevait le surnom de *prosodiaque;* deux pareilles tripodies accouplées formaient un *hexamètre à la militaire* (*κατ' ἐνόπλιον*). Cf. WESTPHAL, *Metrik*, T. II, p. 399.

4 Traduction : « Nous célébrons le chef de la divine Hellade, venu de Sparte, la ville « aux larges espaces, ô Péan protecteur! » PLUT., *Vit. Lys.*, § 18.

5 PLUT., *de Mus.* (W., § XIII).

alexandrine sur l'*aulos embaterios*, variété du chalumeau enfantin (pp. 289, 300); ce qui nous autorise à supposer pour les temps de Clonas des flûtes au même diapason (les *citharistériennes*)[1].

L'école des aulodes arcadiens retomba dans l'obscurité après (Successeurs de Clonas.) la mort de son fondateur; un seul de ses représentants, Echembrotos, se fit connaître au dehors du pays. Mais les principes établis par Clonas furent repris et développés à Sparte, non toutefois sans subir jusqu'à un certain point l'influence de l'école d'Olympe, laquelle opéra une révolution complète dans le jeu des instruments à vent, un demi-siècle plus tard.

L'artiste le plus éminent, parmi ceux qui se rattachent aux (Polymnaste.) traditions de Clonas, fut l'ionien Polymnaste de Colophon, désigné par Glaucus comme l'un des fondateurs de la *seconde constitution musicale*. Il fleurit à Sparte, peu après Archiloque, (v. 640 av. J C.) entre Thalétas, qu'il célébra dans ses chants, et Alcman, qui honora sa mémoire[2]. Pas plus que du vieux maître de Tégée il ne nous reste des vers de ce poëte-musicien, et, pour reconstituer son image, détruite par le temps, nous en sommes réduits à de courtes notices disséminées de divers côtés. Pindare parle de lui comme d'un sage, et rappelle ses maximes[3]. Glaucus nous apprend que « Polymnaste produisit des œuvres semblables à « celles de Clonas » (nomes aulodiques, prosodies, élégies et chants en hexamètres). Bien qu'en sa qualité d'aulode il ait dû composer surtout des monodies, ses productions ont exercé une action puissante sur le développement de la lyrique chorale; lui-même, au reste, écrivit des chants pour le chœur[4]. Des mélodies portant le nom de Polymnaste, mais assez mal famées, à en juger par ceux qui les chantaient, étaient en vogue à Athènes pendant la guerre du Péloponnèse[5]. Westphal a pu attribuer avec (430-405.) vraisemblance à l'artiste ionien l'introduction de la notation

[1] Nonnos connaît encore l'usage des *syringes monocalames* à la guerre (*Dion.*, ch. XIV, v. 403; ch. XXVII, v. 227; ch. XXXIX, v. 128). — Les Lydiens employaient à la fois des *flûtes* et des *chalumeaux* dans leur musique militaire (ci-dessus, p. 273).

[2] PAUSAN., l. I, ch. 14; PLUT., *de Mus.* (W., § V).

[3] STRAB., l. XIV, p. 643 (Bergk, Pind., fragm. 169).

[4] Tel était l'hymne qu'il composa à la louange de Thalétas. PAUSAN., l. I, ch. 14.

[5] *Schol. Aristoph. in Eqq.*, v. 1287; SUIDAS, au mot Πολύμναστος. Peut-être n'y a-t-il là qu'une coïncidence fortuite de noms. — Cf. PLUT., *de Mus.* (W., § V).

instrumentale (T. I, p. 429). De toutes les compositions aulodiques de Polymnaste, la seule sur laquelle nous ayons quelques renseignements porte un titre que nous avons déjà rencontré parmi les chants de Terpandre : c'est le *nome orthien*. Il se peut que le canevas mélodique des deux œuvres fût le même ; en tout cas leur forme rhythmique n'avait rien de commun. Au lieu d'une grave mesure de choral, le nome de Polymnaste avait un mètre mouvementé, appelé par les grammairiens l'*espèce dactylique* (*κατὰ δάκτυλον εἶδος*), et consistant principalement en tétrapodies de dactyles non contractés (p. 129). Quelques érudits antiques prétendaient que la lyrique chorale avait puisé directement ce mètre dans l'œuvre du poëte ionien[1]. L'espèce dactylique devint le rhythme habituel des préludes et ritournelles aulodiques[2]; plus tard la citharodie s'en empara également[3]. En ce qui concerne la partie mélodique du *nomos orthios*, une particularité intéressante a été signalée plus haut (T. I, p. 300-301) : l'emploi du genre enharmonique à la manière récente, c'est-à-dire avec le fractionnement du demi-ton. Des changements de ton et de mode pouvaient s'y produire également ; car déjà à cette époque le système tonal possédait trois échelles, la dorienne, la phrygienne et la lydienne (T. I, p. 242 et suiv.). L'œuvre de Polymnaste fut le modèle de toute une catégorie de morceaux cultivés comme une spécialité par les disciples du maître : les *orthioi* ou *nomes élevés*[4], réputés très-difficiles à chanter par suite de leur diapason aigu[5]. Voilà à quoi se borne tout ce que nous savons au sujet de Polymnaste.

Les autres aulodes dont l'histoire a conservé les noms sont mentionnés comme poëtes élégiaques. Deux d'entre eux, Tyrtée et Mimnerme, occupent une place éminente dans l'histoire de la

1 « D'aucuns prétendent que l'*espèce dactylique* aurait été prise [par Stésichore] au « *nomos orthios*. » PLUT., *de Mus.* (W., § VI).

2 « Le *κατὰ δάκτυλον* est un genre de rhythme et de motif instrumental, dont se « servent les aulètes dans les préludes des nomes. » *Schol. Aristoph. in Nubb.*, v. 651.

3 Dans les *Grenouilles* d'Aristophane (v. 1263-1264), Euripide impute à Eschyle d'avoir emprunté des nomes citharodiques les rhythmes si pleins de caractère par lesquels débute la *parodos* d'*Agamemnon*.

4 PLUT., *de Mus.* (W., § VII).

5 Voir le problème d'Aristote cité T. I, p. 241, note 1.

littérature grecque, et ont droit également de figurer dans une histoire de la musique : on sait de source certaine que leurs poésies n'étaient pas écrites pour la récitation.

Tyrtée, que Sparte adopta comme un de ses plus grands citoyens et comme son chantre national, se rendit justement fameux par ses élégies patriotiques, genre déjà cultivé auparavant par Callinos d'Ephèse. Cette mâle poésie fut écrite pendant la seconde guerre messénienne, tantôt pour appeler les fils de la métropole dorienne aux armes, tantôt pour calmer parmi eux quelque sédition[1]. Outre ses élégies, Tyrtée écrivit des chants guerriers en mode dorien, destinés à accompagner la marche des hoplites; lui-même dirigeait l'exécution en jouant de l'*aulos*[2]. Ce sont là les plus anciennes poésies encore existantes où se retrouve l'*anapeste* proprement dit (p. 120), le mètre spartiate par excellence[3], étroitement lié aux danses armées, aux exercices gymnastiques, et sur lequel on entonnait depuis des siècles le cri de guerre de Lacédémone, le *chant de Castor*[4].

Tyrtée. — v. 708 av. J. C. — 645-628.

Deux fragments des refrains militaires de Tyrtée subsistent. Le premier, formé de six vers *parémiaques* (p. 134), est le début d'une marche (ἐμβατήριον), que les jeunes gens entonnaient en chœur, aux sons des chalumeaux, lorsqu'ils allaient au combat. Le texte a une allure toute populaire :

« Allez ! ô vous les fils de ces hommes — qui habitent Sparte la vaillante; — à gauche « tenez vos ronds boucliers, — de la droite brandissez votre lance. — Point n'épargnez « votre existence, — tel n'est pas l'usage de notre patrie.... »

L'autre fragment se compose en tout de deux tétrapodies d'anapestes, formant un *tétramètre* pareil à ceux de la parabase comique (p. 171), mais dont le mouvement, moins précipité, se rapprochait

[1] Cf. PAUSAN., l. IV, ch. 15-18; STRAB., l. VIII, p. 362.

[2] Suidas l'appelle compositeur d'élégies et *aulète* (voir pour le sens de ce mot, p. 321, note 1). Cf. BARON, *Poésies militaires de l'antiquité*. Bruxelles, 1835, p. 37-38.

[3] C'est par une courte chanson en anapestes que le héraut annonçait le commencement et la fin des courses. BERGK, *Poet. lyr., carm. pop.*, fragm. 14-16.

[4] « Le *mélos kastoreion* est laconien; il se chante à la guerre, sur le rhythme de « marche. » POLLUX, l. IV, sect. 78. — « Chez les Spartiates on entonnait le *mélos* « *kastoreion* sur l'*aulos* [*embatèrios*] lorsque, rangés en bataille, ils attaquaient l'ennemi. » PLUT., *de Mus.* (W., § XVI). — Cf. *Vit. Lyc.*, § 22; *Schol. Pind. in Pyth.*, II, v. 127.

sans doute de celui de l'*enoplios* ou pas redoublé (p. 326)[1]. En effet cet hymne patriotique était chanté, comme le précédent, par la troupe en marche.

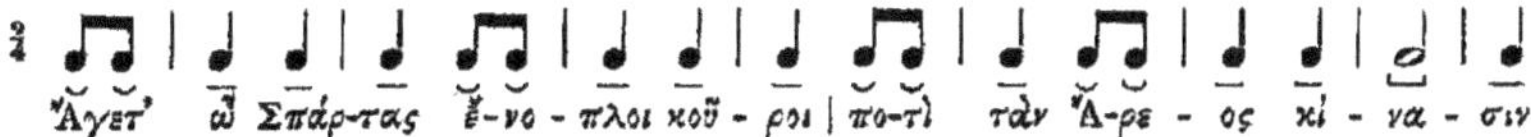

v. 629 av. J. C. L'Ionien Mimnerme de Smyrne fut le créateur de l'élégie amoureuse, genre dans lequel il acquit une supériorité telle qu'il eut l'honneur d'être mis par un poëte latin en parallèle avec Homère[2]. Il ne se rendit pas moins fameux par son talent musical comme aulode et comme virtuose sur la flûte douce[3]. Le poëte iambique Hipponax lui attribue la composition d'un *nomos Cradias*, morceau instrumental[4] sur lequel nous n'avons aucun renseignement digne de foi[5]. Les poésies élégiaques de Mimnerme, dont il nous reste des extraits assez importants, respirent une douce mollesse, une mélancolie séduisante, auxquelles la mélodie venait ajouter son charme irrésistible. Quoi de plus ravissant que le début du célèbre poëme de *Nanno* :

« Vie et bonheur, qu'êtes-vous, sans la présence de la rayonnante Aphrodite ? — « Ah ! puissé-je mourir plutôt que d'être privé des voluptés mystérieuses et des tendres « embrassements de l'amour ! — La fleur de la jeunesse se fane vite, pour l'homme aussi « bien que pour la femme; et lorsqu'arrive l'âge morose qui convertit en laideur la « beauté même, on se sent le cœur rongé de noirs soucis : on contemple sans plaisir la « lumière du soleil, on est déplaisant aux enfants, méprisé des femmes. — Tel est le sort « lamentable qu'un dieu a réservé à la vieillesse. »

Echembrotos. La série des élégiaques aulodes se termine par un compatriote de Clonas, sans doute un adepte de son école, Echembrotos d'Arcadie. Il fut couronné au premier concours musical qui eut 586 av. J. C. lieu à Delphes, après la guerre sainte contre les habitants de

1 Selon les métriciens, le tétramètre anapestique ne recevait que quatre percussions fortes, soit, en marchant, quatre abaissements du pied droit (p. 31). Pour une marche *chantée* cela est notoirement insuffisant, et il faut de toute force doubler le nombre des *ictus*, de manière que chaque anapeste soit marqué par deux pas, un pour le levé, un pour le frappé. Sans cela il faudrait supposer ou trop de lenteur dans la marche, ou trop de rapidité dans l'articulation.

2 PROPERCE, *Élég.*, I, 9.

3 STRAB., l. XIV, p. 643; ATHÉN., l. XIII, p. 598, a.

4 PLUT., *de Mus.* (W., § VI).

5 Cf. VOLKMANN, *Plut. de Mus.*, p. 85.

Crissa. Le fait est attesté par une offrande votive de l'artiste, un trépied qui se conservait encore à Thèbes au temps de Pausanias. v. 150 apr. J. C.
On y lisait l'inscription suivante :

« Echembrotos d'Arcadie dédia à Héraclès ce don, à l'occasion de sa victoire dans « les luttes amphictyoniques, où, en présence des Hellènes, il avait chanté des mélodies « et des élégies. »

Mais la tentative d'introduire dans les agones delphiques le solo vocal avec accompagnement de flûte ne fut pas renouvelée. À la deuxième pythiade on supprima une musique dont le style 582 av. J. C.
parut démodé, terne et peu convenable aux solennités d'apparat[1]. Cette exclusion dut porter un coup fatal à l'aulodie, qui par là se trouva pour ainsi dire déclassée et, comme à son origine, abandonnée aux inspirations primesautières de la muse populaire. Tandis que l'élégie devint un genre de littérature étranger au chant et perdit la dernière étincelle lyrique dans l'épigramme, la plupart des autres variétés de l'aulodie se convertirent en musique chorale. Dès lors le chant monodique accompagné d'un instrument à vent ne fut plus qu'une branche secondaire de l'art cultivé par les grands aulètes de la Grèce.

§ III.

Archiloque.

Après Clonas, le fondateur de l'ancienne aulodie dans le Péloponnèse, nous arrivons, en suivant l'ordre chronologique, à Archiloque, génie puissant dont la gloire s'est conservée intacte pendant toute l'antiquité à l'égal de celle d'Homère. Le terrain s'affermit sous nos pas : dates et renseignements biographiques sortent du vague. Archiloque naquit vers la XVe Olympiade dans 720 av. J. C.
l'île de Paros, l'une des Cyclades. Son père ayant été désigné par l'oracle pour conduire une colonie dans l'île de Thasos, Archiloque l'y suivit. Il mena une vie des plus aventureuses, prit part à des combats contre les barbares de la Thrace, courut par terre et par mer, remporta des prix aux concours publics et se rendit fameux et redoutable auprès des contemporains par ses

[1] PAUSAN., l. X, ch. 7.

poésies satiriques. Il périt dans un combat. La personnalité de l'artiste offre aussi quelque prise. A la vérité les mélodies d'Archiloque sont ensevelies depuis des siècles dans un profond oubli; mais la tradition ne s'en était pas complétement effacée sous l'empire romain, époque où la plupart de ses poésies existaient encore. Aujourd'hui même il reste de lui un nombre assez respectable de textes, dont les formes rhythmiques suffisent à nous donner une idée de la fécondité de son talent musical.

Nous nous trouvons ici en face d'une individualité artistique tout à fait différente de celles de ses prédécesseurs. Terpandre et Clonas empruntaient les sujets de leurs chants aux manifestations du sentiment religieux ou aux actes solennels de la vie privée. La poésie d'Archiloque, au contraire, est l'expression immédiate de sentiments personnels. A la vérité on rencontre, parmi les vers qui nous sont parvenus, quelques lambeaux d'hymnes et des élégies rentrant dans le cadre ordinaire du genre, mais la plupart des fragments appartiennent à la poésie familière; ce sont des chants bachiques, amoureux ou railleurs, où se montrent à nu tous les sentiments bons et mauvais d'une âme de feu, — l'amour, la haine, la colère — où les événements de sa propre existence sont pour le poëte l'occasion continuelle de ses épanchements. Par le ton et les sujets l'œuvre d'Archiloque accuse une tendance inconnue à l'époque antérieure. Nous y reconnaissons la *chanson* et plus particulièrement la chanson satirique.

Innovations musicales d'Archiloque.

C'est à la philologie de s'occuper du poëte de Paros en tant que littérateur. Ici nous n'avons à envisager que le musicien. Bien que nous ne puissions apprécier celui-ci que d'une manière très-incomplète, il nous apparaît clairement comme un de ces hommes rares qui ouvrent à leur art des voies nouvelles, et l'enrichissent de fertiles domaines encore vierges de toute culture. Celles des innovations musicales d'Archiloque[1] qui nous intéressent davantage se rapportent à l'élément rhythmique.

Nouveaux rhythmes.

La première consiste à avoir introduit dans l'art grec les formes typiques de la mesure simple à trois temps, notre 3/8 vif. Qu'il

[1] Elles sont énumérées dans le dialogue musical de Plutarque (W., § XVII), d'après une source assez récente, et d'une manière confuse et peu exacte.

me soit permis, à propos de cette mesure, d'appeler l'attention sur un fait digne de remarque. *Le* 3/8 (avec ses dérivés le 6/8, le 9/8 et le 12/8) *semble appartenir en propre à la race indo-européenne et particulièrement à ses ramifications les plus méridionales.* On sait que les hymnes du Véda ne connaissent d'autres mètres que l'iambe et le trochée; ce furent là aussi les véritables rhythmes populaires de la famille gréco-latine, comme ils le sont encore aujourd'hui des nations romanes (Italiens, Français, Espagnols, Portugais). Rien d'analogue ne se remarque chez les autres races de l'ancien continent. Parmi toutes les mélodies de l'extrême Orient qui me sont tombées sous la main (japonaises, chinoises, malaises, etc.), je n'en ai trouvé aucune qui puisse être attribuée à la famille du 3/8. D'autre part ce genre de mesure se montre avec une rareté excessive dans la musique des peuples de souche sémitique, tartare ou finnoise. Enfin il est à remarquer qu'il a disparu, ou peu s'en faut, chez les nations indo-européennes qui ont subi dans une forte mesure l'influence d'autres races, par l'effet d'une conquête ou d'une longue cohabitation (Indous, Persans, Grecs modernes). Si, comme j'ai lieu de le croire, le fait que je viens d'indiquer brièvement se confirme par des recherches ultérieures, il faudra en conclure que le rhythme est un élément plus persistant dans les chants des divers peuples que les formes mélodiques, et qu'il pousse ses racines jusqu'au plus profond du sentiment national[1].

Terpandre et Clonas avaient également exclu de leurs œuvres les diverses formes de la mesure de 3/8, bien qu'elles fussent déjà en usage à leur époque. En effet, les airs dansés et chantés aux fêtes champêtres de Déméter et de Dionysos suivaient de temps

[1] Chez les *déchanteurs* français, les plus anciens musiciens occidentaux qui se soient occupés de mesure, il n'est question, jusqu'à la fin du XIIIe siècle, que du rhythme ternaire; les mélodies les mieux connues de toute cetté période, celles d'Adam de la Halle, n'en présentent pas d'autre. Au XIVe siècle, en même temps que l'école belge, la mesure binaire apparaît, et prend bientôt un développement tel, que chez les contrepointistes du XVIe siècle le trois-temps devient une rareté. Après la résurrection du drame musical en 1600, l'influence méridionale ayant repris le dessus, les formes vives et piquantes du 3/8 et du 6/8 s'introduisent dans les cantates de l'école romaine, et de là dans les opéras vénitiens, par l'imitation des airs siciliens, espagnols et portugais. Cf. P. DELLA VALLE, *Della musica dell' età nostra*, dans la *Lyra barbarina* de J. B. DONI. Florence, 1763, T. II, p. 259.

immémorial le rhythme ternaire. Mais le style musical de ces cantilènes était réputé profane, vulgaire, et semblait inconciliable avec la poésie élevée. Ce n'étaient là que de rustiques essais, qui ne formaient point encore une espèce déterminée de productions musicales et poétiques, et n'offraient qu'un intérêt local. En s'inspirant des créations de la muse populaire, Archiloque élargit le cercle trop étroit de la versification épique et élégiaque; il détermina la création d'une foule de genres de poésie et posa les bases de la grandeur future de la composition mélique dans ses nombreuses variétés et ramifications.

Parmi les mètres ternaires cultivés par Archiloque, ceux qui tiennent la plus large part dans son œuvre et s'y emploient en série continue sont le *trimètre iambique* (p. 174) et le *tétramètre trochaïque* (p. 172). Le premier, emprunté apparemment des chansons carnavalesques en usage aux processions des phallophores[1], se rencontre surtout dans les pièces où la satire impitoyable du grand poëte parle un langage grossier, presque prosaïque; bien qu'à l'occasion l'*iambicon* sache aussi prendre un ton gracieux, une allure svelte et élégante. Un souffle plus lyrique, plus musical, anime le trochée tétramètre, le rhythme de la danse mimique des satyres[2]. Parfois le poëte lui donne à exprimer des sentiments dépourvus de toute amertume[3]. Un troisième rhythme choréïque dont Archiloque fait un fréquent usage, mais toujours en le combinant avec d'autres coupes, est le *dimètre iambique plein* (p. 135).

Archiloque fut le premier à soumettre au même joug rhythmique les deux grandes familles de mètres. Il intercala des

1 Cf. BERGK, *Poet. lyr., carm. pop.*, fragm. 8, 7, 46.

2 ARISTOTE, *Poét.*, ch. IV. — Il n'y a pas d'exemple chez Archiloque de l'emploi du tétramètre iambique, ni sous la forme pleine, ni sous la forme tombante, la plus usitée (p. 173). Mais un vers de ses *Iobacques*, le seul qui ait survécu jusqu'à nos jours (fragm. 120), présente une combinaison intéressante; c'est un iambe tétramètre à terminaison catalectique; dont le dernier membre est privé d'anacrouse.

> | — ⏑ ⋮ — > | — ⏑ ⋮ ⌞ ‖ — ⏑ ⋮ — > | — ⏑ ⋮ — ∧ ‖
Δή - μη-τρος ἁγ - νῆς καὶ κό - ρης τὴν πα - νή - γυ - ριν σέ - βων.

3 Voir l'admirable fragm. 66, dont le début rappelle involontairement celui d'un *Lied* de Goethe, mis en musique par Beethoven (*Herz, mein Herz, was soll das geben? was bedränget dich so sehr?*). L'analogie est d'autant plus frappante que le grand musicien moderne garde le rhythme d'Archiloque d'un bout à l'autre du morceau.

membres dactyliques parmi ses mètres ternaires, et juxtaposa parfois des chorées et des dactyles dans le même vers, sans oser encore toutefois les réunir dans le même membre. L'idée d'un pareil mélange fut prise aussi, selon toute apparence, aux rondes dansées du peuple, ainsi que l'indique le nom de *dactyle cyclique*. Voici une de ces formes mixtes, qu'Aristophane a reproduite, en changeant la place de la césure, dans le *cordax* qui termine sa comédie *les Guêpes*[1].

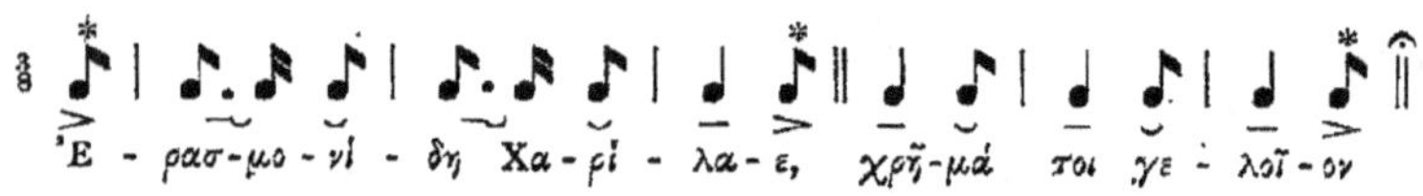

'Ε - ρασ-μο - νί - δη Χα - ρί - λα - ε, χρῆ-μά τοι γε - λοῖ - ον

Fragm. 79.

La seconde innovation musicale d'Archiloque ne fut pas moins féconde que la première. Avant lui les musiciens helléniques n'avaient travaillé que sur des vers de même mesure; leur technique ne s'étendait pas en conséquence au delà des formes propres aux compositions odiques (p. 164 et suiv.). Archiloque, le premier parmi les Grecs, introduisit dans ses chants des périodes rhythmiques composées de mètres inégaux[2]; par là il donna à la construction strophique le principe d'un développement indéfini. Sa combinaison la plus fréquente en ce genre consiste à faire alterner un vers de grande étendue avec un vers court. La différence de longueur des vers consécutifs produit un contraste inattendu, une pointe musicale dont l'effet est souvent très-gracieux et parfois d'un comique irrésistible[3]. De pareils groupes de vers croisés sont désignés sous le nom d'*épodes* (*οἱ ἐπῳδοί*)[4]. Il nous suffira d'indiquer ici les types épodiques dont les fragments du vieux poëte grec présentent des spécimens complets.

Nouvelles coupes de périodes.

[1] Cf. Westphal, *Metrik*, II, p. 567 et suiv.

[2] Les plus anciens chantres védiques sont déjà à cet égard aussi avancés qu'Archiloque. Comme lui ils font souvent alterner des dimètres iambiques avec des trimètres.

[3] *Scitis esse notissimum ridiculi genus, cum aliud expectamus, aliud dicitur.* Cic., *de Orat.*, II, § 255. — La chanson moderne procède de même, lorsqu'elle veut amener des effets comiques par la chute imprévue de la phrase. Voir entre autres le gracieux vaudeville, *Il était un oiseau gris*, dans *Rose et Colas* de Monsigny.

[4] Ce terme est du féminin (*αἱ ἐπῳδοί*) lorsqu'il désigne les épodes du chant choral. Voir ci-dessus, pp. 209, 213. — Peut-être était-ce le petit vers seulement qui s'appelait *épode* (d'ἐπὶ-ᾠδή = *ce qui est ajouté au chant*). Cf. Burette, *Rem.* XXVIII.

La combinaison la plus simple et la plus usuelle consiste à faire succéder à l'iambe trimètre un dimètre[1] :

$\frac{3}{8}$ ($\frac{6}{8}$)

Πά - τερ Λυ - κάμ-βα, ποῖ - ον ἐ - φρά - σω τό - δε;

τίς σὰς πα - ρή - ει - ρε φρέ - νας;

ᾗς τὸ πρὶν ἠ - ρή - ρει - σθα· νῦν δὲ δὴ πο - λὺς

ἀ - στοῖ - σι φαί - νε - αι γέ - λως[2].

Fragm. 94 (Cf. 87, 88).

Le poëte obtient des contrastes plus saisissants en accouplant deux mètres issus de genres rhythmiques différents. L'exemple suivant présente la réunion d'un iambe trimètre avec une tripodie de dactyles ternaires dont le dernier pied est incomplet :

$\frac{3}{8}$

Ἐ - ρέω τιν' ὔ - μιν αἶ - νον, ὦ Κη - ρυ - κί - δη.

ἀχ - νυμέ - νη σκυτά - λη.

πί - θη - κος ᾔ - ει θη - ρί - ων ἀ - πο - κρι - θεὶς

μοῦ - νος ἀν' ἐ - σχατι - ήν[3].

Fragm. 89 (Cf. 104).

[1] Cette coupe se retrouve dans les hymnes védiques. Cf. *Rig-Véda*, l. VIII, 29. En donnant au premier vers de chaque distique une terminaison féminine, on obtient le mètre des Iambes de Barbier.

[2] Traduction : « O père Lycambe, quelle parole viens-tu de prononcer ? Qui donc t'a « dérangé la cervelle ? Jadis elle était en bon état, et maintenant te voilà un objet de « risée pour tes concitoyens. »

[3] Traduction : « Je vais, ô Kérykidès (= fils de héraut), te conter une histoire, message « peu agréable. Un singe, fuyant la société des animaux, s'en allait seul vers un lieu « écarté.... » (A. W.)

Certains distiques d'Archiloque, construits d'après le même principe, ont une disposition métrique plus complexe. Telle est le suivant, dont le premier vers se divise en deux tétrapodies, la première dactylique, la seconde trochaïque tombante; le second vers est un iambe trimètre, également tombant. Horace a utilisé cette combinaison charmante dans ses odes (Cf. p. 193).

Τοῖ - ος γὰρ φιλό - τη - τος ἔ - ρως ὑπὸ | καρ - δί - ην ἐ - λυ - σθεὶς

πολ - λὴν κατ' ἀχ - λὺν ὀμ - μά - των ἔ - χευ - εν

Fragm. 103.

Quelle était la coupe musicale des chansons épodiques d'Archiloque ? La cantilène se terminait-elle avec chacun des distiques, ou embrassait-elle un plus grand nombre de vers ? En présence de l'extrême brièveté des fragments, il serait peut-être téméraire d'énoncer un jugement absolu à cet égard. L'opinion la plus probable est que les distiques se groupaient deux à deux de manière à former une suite de quatrains. Telle est la coupe invariable des poésies qui se rattachent aux formes métriques d'Archiloque, tant chez les Lesbiens que chez Horace[1]; au surplus elle s'indique presque d'elle-même dans tout ce qui nous reste de la littérature épodique. La création de la strophe de quatre vers serait donc encore une nouveauté prise par le poëte de Paros dans les chants orchestiques des cultes populaires et appropriée par lui aux formes relevées de la poésie odique; auparavant les artistes grecs ne s'étaient exercés que sur un seul type de strophes, le distique élégiaque[2] (p. 324). Strophes.

[1] Exemples : *a*) avec le grand vers en premier : *Diffugere nives, redeunt jam gramina campis* — *Laudabunt alii claram Rhodon aut Mytilenen* — *Solvitur acris hiems grata vice veris et Favoni*; *b*) avec le petit vers en premier : *Lydia, dic per omnes* — *Sic te diva potens Cypri*.

[2] Les chants védiques sont à cet égard en avance sur la poésie grecque. Une des strophes qui s'y rencontrent fréquemment (le *pragâtha*) se décompose en huit membres (iambes dimètres et trimètres), formant deux périodes de structure différente. Voir le *Rig-Véda* traduit par Grossmann (Leipzig, Brockhaus, 1876), T. I, p. 384.

Mélodie et accompagnement.

Bien qu'Archiloque ait surtout marqué son passage dans l'histoire de la musique par la création de nouveaux rhythmes et de nouvelles formes de périodes et de strophes, il n'en a pas moins laissé aussi la réputation d'un grand musicien au sens étroit du mot, et même d'un novateur dans la partie spécialement technique. « On croit, » dit Plutarque, « qu'il fit entendre le premier un « accompagnement distinct du chant : avant lui les instruments « suivaient la voix à l'unisson » (T. I, p. 44, note 1). Cette notice ne nous apprend rien sur la contexture des mélodies d'Archiloque, ni sur leurs formes instrumentales; mais elle suffit à prouver que la musique avait dans l'œuvre du poëte de Paros une plus grande part que les modernes ne l'admettent communément. Seules ses poésies en mètre élégiaque, bien qu'antérieures de plus d'un demi-siècle à celles de Tyrtée, semblent être écrites pour la récitation nue. Quant à ses autres productions, il y a lieu, au point de vue de leur importance musicale, de les diviser en trois classes : 1° les hymnes et épodes; 2° les tétramètres trochaïques; 3° les iambes trimètres. La première catégorie ne renferme que des chants véritables, pourvus d'une mélodie se divisant en périodes régulières et se répétant en forme de strophes. La nationalité d'Archiloque nous autorise à supposer que le mode ionien, âpre et dur (T. I, p. 185), y tenait une grande place, à côté du dorien et de l'éolien. Quant aux tétramètres, ils recevaient apparemment des cantilènes plus rudes de contour et d'une construction assez libre (comme celles des couplets anacréontiques); mais il n'y a pas lieu de songer ici à une psalmodie monotone, pareille à celle des aëdes épiques.

La *paracatalogé*.

En ce qui concerne l'exécution des trimètres d'Archiloque, Plutarque nous transmet un renseignement explicite. Il rapporte, d'après une source ancienne, que certains vers iambiques étaient chantés, tandis que d'autres se débitaient sur un accompagnement instrumental, désigné par le terme technique *paracatalogé* (p. 75). Malheureusement, il omet de dire de quelle manière la récitation s'encadrait dans la mélodie. Peut-être que le début de la pièce formait une sorte de *parlante* sur la musique, tandis que vers la fin la déclamation passait au chant proprement dit. Quoi qu'il en soit, l'insertion de tirades parlées au milieu d'un morceau de musique a de prime abord, pour nous autres modernes, quelque chose de plaisant, et c'était bien là le genre d'effet auquel visait Archiloque, car ses iambes avaient pour but de faire rire aux dépens de ceux qu'il y malmenait. D'autre part, ainsi que le remarque Aristote, le débit mélodramatique se prête non moins bien à l'expression des situations terribles; aussi Plutarque ajoute-t-il « que plus tard les auteurs tragiques s'emparèrent de « cet effet et que Créxos l'appliqua au dithyrambe. »

Instruments.

Il nous reste un point intéressant à éclaircir, à savoir quels étaient les instruments dont on accompagnait les chansons du style d'Archiloque. Nous avons à cet égard, au moins pour ce qui concerne les poésies iambiques, une notice de l'ancien écrivain musical Phyllis de Délos, conçue en ces termes : « Les instru- (v. 430 av J. C.) « ments à cordes avec lesquels on chantait les iambes s'appe- « laient *iambuques;* ceux dont on se servait pour les vers parlés, « *clepsiambes*[1]. » Le *clepsiambe*, à la vérité, est compris par Aristoxène dans les instruments d'origine asiatique, mais cette circonstance n'a aucune portée quand il s'agit d'un poëte ionien ou lesbien. Pas plus qu'Alcée, Sappho et Anacréon, Archiloque ne partagea à cet égard les préventions des Grecs occidentaux. La chanson profane, bien différente en cela des genres placés sous la surveillance des éphores de Sparte, n'était tenue à aucune règle fixe dans le choix de ses moyens techniques, et se servait tantôt de tels instruments, tantôt de tels autres.

Influence d'Archiloque sur l'art grec.

Les créations musicales d'Archiloque excitèrent l'enthousiasme des contemporains et obtinrent auprès de la postérité un succès durable. Au temps de Pindare son *hymne en l'honneur d'Héraclès* (fragm. 119) était encore répété à chaque concours olympique[2], par toute la Grèce assemblée. Les formes rhythmiques dont l'immortel chansonnier dota la poésie musicale furent une mine inépuisable qu'exploitèrent à l'envi, non-seulement les maîtres de la lyrique gracieuse et érotique, Alcman, Alcée, Sappho, Anacréon et leur

[1] ATHÉN., l. XIV, p. 636, b. — D'après Hésychius (au mot κλεψίαμβοι), Aristoxène désignait par le mot *clepsiambes* une catégorie déterminée des chants d'Alcman; ce dont il ressort, au moins, que l'instrument en question remonte à une époque voisine de celle d'Archiloque. Cf. WESTPHAL, *Geschichte*, p. 136 et suiv.

[2] Voir le début de la 9e *Olympique*, exécutée en 456 av. J. C.

brillant imitateur latin Horace, mais encore le grand comique Aristophane et même les représentants de la grave lyrique chorale et de la tragédie athénienne.

Successeurs d'Archiloque. La poésie satirique en iambes trimètres, peu musicale au fond, ne tarda pas à s'affranchir de son accompagnement instrumental; elle se constitua en genre séparé et fut cultivée par une classe spéciale de poëtes, les iambographes. Le plus ancien de ceux-ci,
v. 693 av. J. C. Simonide d'Amorgos, fut presque contemporain d'Archiloque. Il reste de lui un long fragment de satire contre les femmes, œuvre faite pour être récitée sans musique[1]. Un autre poëte iambique,
540. Hipponax, écrivait à Ephèse vers la LXe Olympiade. Petit, laid, méchant, doué d'une verve pleine d'amertume, il décocha contre ses ennemis les traits les plus mordants. Ses vers étaient destinés à la musique, au moins en partie; le poëte les chantait avec un accompagnement d'instruments à vent, et employait à cette fin trois aulètes phrygiens (p. 321, note 4). On attribue à Hipponax l'invention du *trimètre boîteux* (σκάζων), appelé aussi *choliambe*, lequel chez les Alexandrins devint le vers favori de la poésie didactique et principalement de l'apologue.

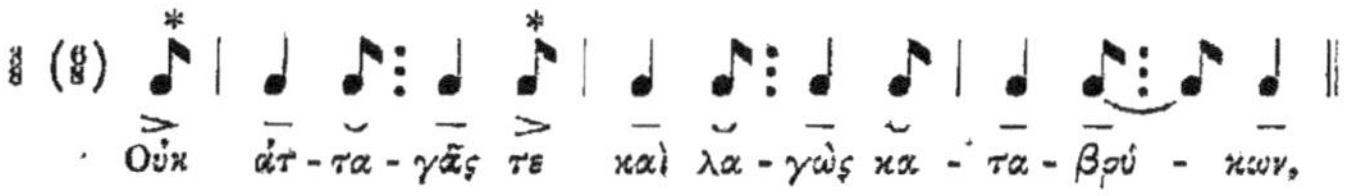

Οὐκ ἀτ - τα - γᾶς τε καὶ λα - γῶς κα - τα - βρύ - κων,

Fragm. 36.

Une autre forme métrique dont on fait remonter la paternité au poëte d'Ephèse, est le *tétramètre iambique à terminaison tombante* (p. 173) : rhythme charmant que l'ancienne comédie attique s'appropria, ainsi qu'elle le fit de toutes les variétés de l'iambe qui convenaient à ses ariettes. Parmi les poëtes méliques plus récents comptés au nombre des iambographes, celui dont les poésies ont
v. 350. le caractère le plus musical est Kerkidas, homme d'État et législateur de sa ville natale, Mégalopolis en Arcadie; il écrivit, sous le titre de *méliambes*, des chansons satiriques en logaèdes, dont il ne reste que des fragments peu importants[2].

[1] Athén., l. XIV, p. 620, c.

[2] Bergk, *Poetae lyrici graeci*, 4e éd., p. 798 et suiv.

§ IV.

Sans doute le génie d'Archiloque avait atteint sa complète maturité, lorsque les Grecs occidentaux furent initiés à une nouvelle branche de l'art, l'*aulétique*, que leur apportaient des virtuoses venus de la Phrygie. Là était, disait-on, le pays natal de la musique instrumentale, inventée par Hyagnis et transmise par Marsyas, son fils et disciple, à Olympe l'ancien[1]. Tels sont les personnages que la légende donne comme les créateurs de l'aulétique phrygienne; elle les fait vivre à une époque de beaucoup antérieure à la guerre de Troie[2]. Ces trois musiciens, de même que Thamyris, Orphée et Ardalos, sont fabuleux; ils appartiennent au cycle mythique de la Phrygie. Il n'en est pas de même pour le second Olympe, le descendant du disciple de Marsyas et le chef des aulètes expatriés; sa réalité historique doit être admise sans restriction. Il passe pour être l'auteur d'une foule de mélodies qui ont gardé pendant des siècles une grande célébrité en Grèce : deux artistes helléniques, Cratès et Hiérax, sont nommés ses disciples immédiats; de plus Glaucus, Platon, Aristote et Aristoxène en parlent comme d'un compositeur classique dont les œuvres faisaient partie du répertoire contemporain : un moderne ne parlerait pas autrement de Beethoven. Toutefois s'il est difficile de révoquer en doute le fait même de l'immigration phrygienne vers l'époque qui vient d'être énoncée, les circonstances n'en sont pas connues; aucun historien ne mentionne le district de la Grèce où Olympe se serait fixé avec ses compagnons. On est fondé à désigner l'Argolide, la patrie d'Hiérax et de Sacadas et le centre d'une célèbre école d'aulètes restée longtemps fidèle à la manière du maître.

v. 680 av. J. C.

Tout porte à croire que, malgré les récentes innovations de Clonas, la technique des instruments à vent n'était guère développée en Grèce lorsque la musique phrygienne s'y implanta.

[1] PLUT., *de Mus.* (W., § V et § VI); STRAB., l. X, p. 470; PAUSAN., l. X, ch. 30.

[2] Homère nous montre les Troyens jouant et de la flûte et du chalumeau (ci-dessus, p. 274).

Certes, avant qu'on ait pu essayer d'unir la voix humaine aux sons de la flûte, il a fallu acquérir une certaine habileté à manier l'instrument isolé; aussi les plus anciennes traditions grecques disent que les prédécesseurs d'Orphée étaient des aulètes, c'est-à-dire de purs instrumentistes[1]. Mais antérieurement à l'arrivée d'Olympe aucun Hellène ne s'était avisé de considérer le jeu des *auloi*, séparé de la poésie, comme une branche du véritable art. Le caractère général de la musique introduite par les Phrygiens était au reste en opposition avec les traditions indigènes, ou tout au moins avec les tendances doriennes. Les Grecs, habitués à l'expression calme et saine de leurs modes nationaux, entendirent pour la première fois des cantilènes d'une couleur étrange et maladive, enivrantes jusqu'au délire, pathétiques et touchantes jusqu'à l'énervement. Ces cantilènes étaient composées dans le style mélodique de la Phrygie et de la Lydie.

L'esprit conservateur des Grecs du continent semble avoir opposé tout d'abord une certaine résistance à l'invasion de l'aulétique phrygienne. Une musique d'où la parole était bannie devait choquer le goût littéraire de la nation. Toutefois on sait aujourd'hui que si la Grèce a développé l'originalité artistique la plus réelle qu'il y eut jamais, elle n'en a pas moins pris les types primitifs de ses œuvres d'art, en tous genres, à ses voisins orientaux. Nous ne nous étonnerons donc pas d'apprendre que bientôt les nouveaux instruments jouèrent un rôle considérable dans l'art hellénique. Le timbre grave, plein, mordant et passionné des *auloi* phrygiens, fit une profonde sensation sur des oreilles qui jusque là n'avaient entendu que les sons peu colorés de la flûte douce des Arcadiens, semblable à celle de la Lydie[2]. On

[1] PLUT., *de Mus.* (W., § V; voir ci-dessus, p. 4, note 2). — Il n'est pas douteux que les instruments à vent n'aient été cultivés avant les autres. Dans les hymnes védiques le son musical s'appelle *vâṇî* (*fém.*) de *vâṇa*, flûte (p. 322, note 5). Exemples : « *Abhi vâṇîr* « *ṛishîṇâm saptâ nûshata* : les sept sons des voyants chantent des louanges; *Mimate sapta* « *vâṇîḥ* : les sept sons retentissent. » Cf. BENFEY, glossaire du *Sama-Véda*, au mot *vâṇî*.

[2] Les Grecs firent toujours la différence entre leurs *flûtes*, au diapason aigu, et les *chalumeaux* phrygiens. PAUSAN., l. V, ch. 17. Ceux-ci sont qualifiés de βαρύβρομοι (*sonnant au grave*) par Euripide, dans un hymne à Cybèle, formant le 3e *stasimon* d'*Hélène* (VI), et par Aristophane, dans la *Parodos* des *Nuées*; ils sont appelés βαρύφθογγοι dans l'*Anthol. pal.*, VI, 51, v. 5. — Cf. le passage de Porphyre cité p. 288, note 2.

reconnut la supériorité des barbares pour le jeu des instruments à vent, et dès lors les aulètes phrygiens commencent à figurer, en qualité d'accompagnateurs, dans les solennités musicales de la Grèce (p. 321). Par leur influence la partie instrumentale des compositions aulodiques s'enrichit et devint plus brillante; les ritournelles prirent plus d'extension, au point que les exécutants habiles contractèrent l'habitude de jouer, en guise de *proaulion* (*ouverture*), un morceau de haute virtuosité, étranger au nome[1]. L'exécution plus parfaite de ces artistes asiatiques et la nouveauté de leur style musical devinrent un levain de progrès pour l'art. Cent ans plus tard l'aulétique obtint accès aux concours de Delphes, alors que le célèbre aulète Sacadas lui eut infusé un esprit vraiment national.

586 av. J. C.

Olympe offre le plus ancien exemple du musicien renfermé dans sa spécialité : assurément l'aulète phrygien n'a jamais composé un seul vers en langue grecque. Néanmoins il ne s'est pas borné à faire et à exécuter de la musique instrumentale; on cite parmi ses œuvres des chants liturgiques pourvus d'un texte[2]. Il fut donc à la fois aulète et aulode. Sa fécondité d'invention, bien que nous ne puissions l'apprécier que par l'analyse de son matériel technique, mérite encore, au bout de tant de siècles, de nous inspirer le respect. Glaucus de Rhegium résume le rôle du fameux aulète phrygien en ces termes : « Olympe agrandit « le domaine de l'art musical en y introduisant quelque chose « de nouveau et d'inconnu avant lui; il est regardé comme le « créateur de la belle musique chez les Hellènes[3]. »

Innovations rhythmiques d'Olympe.

Il est un point surtout que l'ancien annaliste a relevé avec soin et qui intéresse le musicien moderne : ce sont les innovations rhythmiques dont on fait honneur à Olympe, innovations qui exercèrent sur l'art grec une influence non moins grande que celles d'Archiloque, et donnèrent une impulsion vigoureuse au développement du chant orchestique. Glaucus dit expressément

1 Aristote, *Rhét.*, l. III, ch. 14.

2 En parlant des *métroa* et du *tropos spondeiazon*, Aristoxène distingue expressément entre le *mélos* et la *krousis*. Plut., *de Mus.* (W., § XIV : passages expliqués ci-dessus, T. I, p. 361-365).

3 Plut., *de Mus.* (W., § VIII).

que plusieurs formes métriques de la musique chorale furent puisées par Thalétas et Stésichore dans les pièces instrumentales d'Olympe[1]. L'artiste phrygien compléta le système rhythmique de la musique grecque, en ajoutant aux deux familles de mesures déjà établies avant lui (la binaire et la ternaire) une nouvelle famille, dont les Grecs jusque là n'avaient pas eu connaissance (la quinaire), et une variété caractéristique de la famille ternaire, le 3/4, la mesure à six unités.

Parmi les nations peu nombreuses qui peuvent légitimement revendiquer la possession du rhythme quinaire, les Crétois ont les plus anciens titres[2]; de temps immémorial les airs à danser de leur île étaient caractérisés par la forme du 5/8 que l'on appelle *crétique* (p. 105), variété du *péon* (p. 123). On faisait remonter ces mélodies aux Dactyles du mont Ida, êtres mystérieux, moitié forgerons[3], moitié prêtres. Le rhythme crétique a son origine dans les danses figurées qui se rattachaient au mythe local de Rhéa et du Zeus idéen[4]; sans aucun doute, il était appelé à reproduire, par l'énergie de sa cadence, quelque bruit métallique, soit le choc de la lance sur le bouclier, soit celui des marteaux sur l'enclume[5]. Rien d'étonnant s'il a passé en Grèce par l'intermédiaire d'un artiste phrygien; on sait que les historiographes anciens établissent un rapport intime entre les cultes de la Phrygie et celui des Dactyles ou Curètes[6]. Olympe mit en usage les formes de ce rhythme qui plus tard furent adaptées par Thalétas aux mélodies orchestiques qu'il composa pour la jeunesse lacédémonienne. Comme il ne nous reste absolument rien des œuvres d'Olympe et de Thalétas, nous sommes obligés, pour

1 PLUT., *de Mus.* (W., § VII, § VI).

2 C'est par allusion à cette origine qu'Aristophane se sert de la mesure à cinq temps dans les *Grenouilles*, v. 1356 (Ἀλλ' ὦ Κρῆτες, Ἴδας τέκνα). — Une observation assez intéressante, c'est que les peuples modernes chez lesquels le rhythme quinaire existe à l'état spontané (les Basques, les Finnois et les Turcs) n'appartiennent pas à la race indo-européenne.

3 D'après une très-ancienne tradition, les Dactyles Idéens fondirent les premiers le minérai de fer. On les confond avec les Curètes, les Corybantes, les Cabires, etc. Cf. STRAB., l. X, p. 466 et suiv.; BURETTE, *Rem*, XXXI.

4 STRAB., l. X, p. 468; LUCIAN., *de Salt.*, § 8; *Schol. Pind. in Pyth.*, II, 127.

5 Voir ci-dessus, p. 123, note 3. — Cf. VOLKMANN, *Plut. de Mus.*, p. 74.

6 Cf. Alexandre Polyhistor ap. PLUT., *de Mus.* (W., § V); STRAB., ib.

trouver un spécimen typique de la forme primitive du 5/8, de le prendre chez Alcman, poëte postérieur d'un demi-siècle à Olympe :

Ἀ-φρο-δί - τα μὲν οὐκ ἔ-στι, μάρ - γος δ' Ἔρως | οἶ - α παῖς παίσδει

ἄκρ' ἐπ' ἄν - θη κα-βαί - νων, ἃ μή μοι θί-γῃς, | τῶ κυ-παι - ρί-σκω.

Fragm. 38.

Une autre variété du rhythme quinaire mise en usage par l'aulète phrygien fut le 5/4 ou *péon épibate*, mesure dont il est souvent question chez les anciens (p. 37), bien qu'on n'ait pu jusqu'à ce jour en trouver aucun vestige dans la poésie mélique. Olympe se servit de ce rhythme pour le début de son *nome à Athéné*.

La troisième mesure enfin qu'Olympe fit connaître aux Grecs, le 3/4, fut toujours considérée dans l'antiquité comme originaire de la Phrygie (pp. 61, 124, 143)[1]. De même que le cinq temps, elle tenait à la musique bruyante des cultes de Cybèle et de Bacchus, dans laquelle des instruments à vent et à percussion jouaient le principal rôle. Sa forme originelle, l'*ionique mineur* (p. 96), fut appelé *bacchius* jusqu'à l'époque, assez récente, où ce terme passa à l'une des formes de la mesure quinaire (pp. 66, 103). Le plus ancien vers adapté au 3/4, le tétramètre catalectique, caractérisait les chants consacrés à la grande Mère des dieux, les *métroa*, que les *Galles* exécutaient avec une danse à la fois extatique et licencieuse : de là son nom de *métroakon* ou *galliambe*[2] (p. 177). Sans doute Olympe prit les modèles de ses rhythmes dans cette sorte de refrains. Comme les poëtes alexandrins et latins, l'aulète phrygien, à côté des ioniques réguliers, mit déjà fréquemment en œuvre les ioniques *brisés*, c'est-à-dire mêlés de ditrochées (p. 78), particularité importante à laquelle Aristoxène

[1] Cf. BERGK, *Poetae lyrici*, *Anacreont.*, 59.

[2] Les *Derviches tourneurs* actuels, hérétiques aux yeux des musulmans orthodoxes, et considérés par les Grecs instruits de Constantinople comme un reste des vieux cultes d'Asie, rappellent à certains égards les *Galles*. Les mélodies de la danse liturgique qui provoque leur extase présentent avec ce que nous savons de celles des prêtres-eunuques plusieurs coïncidences dignes d'être signalées. Elles sont également en mode phrygien, en mesure de 3/4 et s'exécutent sur des instruments à vent.

fait allusion en disant que, dans les *mêtroa*, Olympe utilisait souvent le chorée[1]. Des changements brusques et fréquents de l'accent rhythmique étaient essentiels au caractère enthousiaste et désordonné de la mélopée religieuse de l'Asie mineure[2]. A partir d'Olympe le 3/4 devint en Grèce le rhythme par excellence des mélodies du culte dionysiaque et des chansons bachiques et voluptueuses. On le retrouve chez Alcman, Sappho, Alcée et surtout chez Anacréon.

Innovations mélodiques.

Tout en révolutionnant l'art grec quant au rhythme[3], l'artiste phrygien tempéra sa fougue asiatique et agrandit son talent au contact d'un goût plus pur. Il étudia les maîtres nationaux, avant tout Terpandre, et fixa la coupe des nomes aulétiques à l'imitation de ceux que l'on chantait à la cithare[4]. Il fit adopter ses nouvelles harmonies, mais il s'essaya aussi avec succès dans le vieux mode dorien. On sait que l'art de Terpandre se distinguait par une grande sobriété dans le nombre des sons employés pour la mélodie. Chez Olympe la tendance à la simplicité est encore plus prononcée; rarement ses mélodies utilisent tous les degrés de l'octave. Dans le dialogue musical de Plutarque, Aristoxène décrit plusieurs de ces échelles incomplètes. D'abord il raconte comment Olympe fut amené, par la suppression de la *lichanos*, à découvrir le genre enharmonique (T. I, p. 298). Ensuite il énumère les éliminations qui avaient lieu dans la partie vocale

1 Plut., *de Mus.* (W., § XVII).

2 « Les danses bachiques et celles des Corybantes se calment dès que l'on change le « rhythme, en abandonnant le trochée, et la mélodie, en sortant du phrygien. » Plut., *Amator.*, ch. 16.

3 Parmi les mètres qu'Olympe mit en usage, Plutarque (*de Mus.*, W., § XVII) mentionne aussi le *prosodiaque* et le *trochée*. Mais tous deux avaient déjà reçu précédemment une culture artistique, le premier par Clonas, le second par Archiloque. Sans doute la méprise est due à la grande célébrité de deux œuvres d'Olympe où ces rhythmes se trouvaient employés : le *nome d'Arès*, composé en mètre prosodiaque, et le *nome d'Athéné*, dont la partie principale était en *trochées*. Une troisième combinaison rhythmique dont on faisait remonter la paternité à l'aulète phrygien est l'*espèce dactylique*, très-usitée dans l'ancienne chorale lyrique. Glaucus se rallie à cette opinion, tout en ajoutant que, d'après plusieurs de ses contemporains, Stésichore avait pris le mètre en question dans l'*orthios* de Polymnaste (voir ci-dessus, p. 328, note 1).

4 Trois termes de cette nomenclature sont conservés par Plutarque (W., § XIX) : ἀρχά, ἀνάπειρα, ἁρμονία. Les deux premiers sont traduits par Westphal comme synonymes; le dernier semble être fautif. Voir néanmoins Burette, *Rem.* CCXXXI.

de certaines cantilènes religieuses accompagnées d'instruments à vent, dont les unes (les *mêtroa*) étaient du mode phrygien, tandis que les autres (les *spondeia*) appartenaient au mode dorien. Il n'est pas difficile de se rendre compte de ces diverses suppressions, en prenant pour point de départ l'étendue des *auloi pythiques* (ci-dessus, pp. 287, 299), telle que nous devons la supposer antérieurement à l'invention de Pronomos (p. 302), et telle qu'elle ressort en effet des explications du grand théoricien.

Pour les compositions *phrygiennes* l'instrument disposait de l'échelle que voici :

Lichanos hypaton.	*Hypate méson.*	*Parhypate méson.*	*Lichanos méson.*	MÈSE phrygienne.	*Trite synemménon.*	*Paranète synemménon.*	*Nète synemménon.*
fa_2	sol_2	$la\flat_2$	$si\flat_2$	UT_3	$ré\flat_3$	$mi\flat_3$	fa_3
			Finale.				

Les compositions *doriennes* n'atteignaient pas au grave le *tétracorde hypaton* (T. I, p. 171, note 1). Lorsqu'elles affectaient la forme authentique, leur échelle était celle-ci :

Hypate méson.	*Parhypate méson.*	*Lichanos méson.*	MÈSE dorienne.	*Paramèse.*	*Trite diézeugmén.*	*Paranète diézeugmén.*	*Nète diézeugmén.*
fa_2	$sol\flat_2$	$la\flat_2$	$SI\flat_2$	ut_3	$ré\flat_3$	$mi\flat_3$	fa_3
Finale.							

Construites sous la forme plagale, elles n'avaient que le parcours suivant :

Hypate méson.	*Parhypate méson.*	*Lichanos méson.*	MÈSE dorienne.	*Trite synemménon.*	*Paranète synemménon.*	*Nète synemménon.*
fa_2	$sol\flat_2$	$la\flat_2$	$SI\flat_2$	$ut\flat_3$	$ré\flat_3$	$mi\flat_3$
			Finale.			

Or, en ce qui concerne les cantilènes du mode phrygien, Aristoxène nous apprend que certaines d'entre elles étaient privées de la *nète synemménon* (fa_3) et renfermées conséquemment dans un intervalle de septième (type *In illa die*, T. I, p. 232), tandis que d'autres (les *mêtroa*, par exemple) utilisaient tout le parcours de l'octave. Quant aux cantilènes doriennes du style spondaïque, elles se simplifiaient en trois manières différentes. Lorsqu'elles avaient la forme authentique, le son éliminé était tantôt la *lichanos méson* ($la\flat_2$), ce qui donnait l'enharmonique primitif, tantôt la *trite diézeugménon* ($ré\flat_3$), tantôt la *nète diézeugménon* (fa_3). Mais lorsqu'elles prenaient la forme plagale, la suppression portait sur la *nète synemménon* (*mi*♭3), en sorte que l'espace réservé à la cantilène se trouvait réduit à une sixte. Au cas où la mélodie était destinée à la voix humaine, le son retranché passait à la partie instrumentale, ce qui prouve qu'Olympe, pas plus qu'Archiloque, ne se contentait toujours d'un accompagnement à l'unisson (T. I, p. 360 et suiv.).

Opinion des anciens sur Olympe.

Malgré leur simplicité extrême, les mélodies d'Olympe passaient pour inimitables aux yeux d'Aristoxène (T. I, p. 383); certes un musicien du temps d'Alexandre aurait été aussi impuissant à s'approprier cette manière archaïque qu'un poëte de la même époque à reproduire le style d'Homère. Platon n'aimait, en matière de musique, que les compositions d'Olympe : les nomes d'*Athéné*, d'*Arès* et les *spondeia*[1]. Voici le magnifique éloge qu'il met dans la bouche de Socrate au sujet des productions de l'école phrygienne : « Ces mélodies aulétiques, plus que toutes « les autres, ont un caractère surhumain; seules elles nous « remuent et révèlent des âmes vraiment religieuses. Seules, « parmi les œuvres de cette espèce qui nous restent, elles sont « considérées comme des inspirations de la divinité[2]. » Aristote y sentait également un souffle divin par lequel l'âme était émue et excitée[3]. Une chose incontestable, c'est que les compositions du maître phrygien jouirent pendant des siècles d'une immense célébrité et se conservèrent dans la mémoire du peuple grec jusqu'au dernier jour de son existence politique.

Compositions d'Olympe.

Voici les œuvres d'Olympe qui étaient encore fréquemment exécutées à la fin de l'époque classique, et dont nous trouvons une analyse ou une mention dans les auteurs précités :

a) Compositions purement instrumentales :

1° *Mélodies en spondées* (*αὐλήματα σπονδεῖα*), du genre enharmonique et du mode dorien (T. I, p. 299). Aristoxène assure que de son temps les Hellènes continuaient à les faire entendre aux fêtes des dieux (T. I, p. 301).

2° *Epitymbidioi*[4], nomes funèbres, en mode syntono-lydien (et en

1 Plut., *de Mus.* (W., § XIII).
2 *Minos*, p. 318. — Cf. *Conviv.*, p. 215.
3 *Polit.*, l. VIII, ch. 5.
4 Poll., l. IV, sect. 78.

spondées anapestes ?). De ce nombre était la *complainte sur la mort du Python*, la première mélodie lydienne, au dire d'Aristoxène, que l'on ait entendue dans l'Hellade (T. I, p. 186).

3° *Nomos harmatios* (*air du char*), attribué par la légende à Olympe le vieux. Le motif mélodique, en mode phrygien, fut repris par Stésichore[1]; deux siècles plus tard Euripide s'en servit dans la tragédie d'*Oreste*[2]. Le rhythme primitif de ce nome était probablement l'ancien *bacchius*[3] (ci-dessus, p. 345).

4° *Nome en l'honneur d'Athéné*. Ce morceau, que Platon admirait et dont Aristoxène fait une description assez étendue (T. I, p. 206, note 1), appartenait au mode phrygien et au genre enharmonique. Le rhythme du *début* (*ἀρχά*) était le *péon épibate*, lequel au cours de l'œuvre cédait la place au trochée.

5° *Nome en l'honneur d'Arès*, également admiré de Platon. Il avait le rhythme prosodiaque[4] et, selon toute apparence, le mode dorien, à l'*éthos* belliqueux[5].

b) Compositions aulodiques, chants avec accompagnement de chalumeau :

6° *Hymnes en style spondaïque*. Les particularités de ce genre de mélodies doriennes viennent d'être décrites.

7° *Métroa*, chants dédiés à Cybèle, en mode phrygien et en rhythme ionique mêlé de ditrochées.

8° Diverses compositions phrygiennes mentionnées sans autre indication[6].

Que tant de productions musicales aient traversé intactes plus de trois siècles, cela ne doit pas nous étonner chez un peuple

1 Plut., *de Mus.* (W., § VI).

2 C'est ainsi que l'on explique d'habitude l'interpolation (*ἁρμάτειον, ἁρμάτειον*) qui se trouve dans un air de ce drame (v. 1385), où un eunuque phrygien, sous le coup d'une terreur indicible, fait le récit des horreurs dont il a été témoin. Ce chant unit l'expression de la plus violente douleur au caractère d'une mollesse tout asiatique.

3 Dans le passage en question, Euripide se sert du rhythme *dochmique*, apparenté de près au *bacchius* proprement dit, lequel dérive de l'*ionique mineur*.

4 Plut., *de Mus.* (W., § XVII).

5 Lorsqu'on rapproche le célèbre passage de la *République*, relatif aux harmonies, du commentaire qu'en donne Aristoxène dans *la Musique* de Plutarque (W., § XIII), il devient assez probable que Platon, en décrivant l'*éthos* religieux du mode phrygien, avait en vue le *nome à Athéné*, et, en dépeignant le caractère héroïque du dorien, le *nome à Arès*.

6 Plut., *de Mus.* (W., § XIV).

aussi conservateur que le furent les Grecs. D'abord tout porte à croire qu'elles furent fixées de bonne heure par la notation. Ensuite, de même qu'il y eut une école d'Homérides, vouée à la conservation du recueil sacré des poésies du maître, de même on ne peut nier l'existence d'une école d'aulètes fondée — ou se prétendant fondée — par Olympe, laquelle transmit aux générations suivantes les œuvres et le style de son chef.

Successeurs d'Olympe.

Deux disciples immédiats d'Olympe, Cratès et Hiérax, sont mentionnés par les écrivains musicaux. Tous deux étaient probablement originaires de l'Argolide, pays où les instruments à vent n'avaient cessé d'être en honneur depuis les temps fabuleux d'Ardalos; la chose est certaine pour Hiérax. D'anciennes autorités font de Cratès l'auteur du *nome polycéphale* (= *à plusieurs têtes*), bien que le poëte Pratinas attribuât cette mélodie célèbre au divin aulète phrygien[1]. L'école d'Olympe, pas plus que celle d'Homère, de Terpandre et d'Anacréon, ne se sera fait faute de glisser dans le répertoire vénéré plus d'une pièce apocryphe : pieuse fraude, universellement pratiquée pendant toute l'antiquité à l'endroit de productions artistiques ou littéraires puisées au contact d'une personnalité éminente. Eu égard au caractère plaintif qui dominait dans le nome polycéphale[2], nous sommes fondés à lui assigner le mode *syntono-lydien*. Le second disciple d'Olympe et son favori, Hiérax, a laissé son nom à une mélodie de l'Argolide, l'*Hiérakios nomos*, qui s'exécutait sur la flûte virginale par des jeunes filles portant des fleurs au temple d'Héré[3]. Il composa aussi un morceau resté en vogue jusque sous l'empire romain, l'*endrome* (= *courante*), qu'un artiste renommé était chargé de faire entendre sur l'*aulos pythique* aux jeux d'Olympie, pendant l'exercice du combat à cinq (*pentathle*)[4].

1 PLUT., *de Mus.* (W., § VI).

2 Selon Pindare, « Pallas elle-même travailla ce chant destiné à résonner sur *le chalu-* « *meau pourvu de tous les sons* » et reproduisant les gémissements des sœurs de Méduse, lorsque Persée lui eut coupé la tête. Cf. *Schol. Pind. in Pyth.* XII, et VOLKMANN, *Plut. de Mus.*, p. 82.

3 POLLUX, l. IV, sect. 78 et 79. — ATHÉN., l. XIII, p. 570, b.

4 Relativement à l'introduction du jeu de l'*aulos* dans l'exercice du *pentathle*, voir PAUSAN., l. V, ch. 7. — Le grand aulète Pythocrite de Sicyone, six fois vainqueur à Delphes, accompagna le *pentathlon* à Olympie. IB., l. VI, ch. 14. — Cette musique était

Sacadas d'Argos, que les Grecs proclament un de leurs plus grands musiciens, se rattache par sa patrie à l'école d'Olympe et en est le plus célèbre continuateur. Ainsi que son contemporain Echembrotos, il fut aulode et auteur d'élégies[1], et se distingua comme poëte-musicien chorique dans la période comprise entre Alcman et Stésichore. Mais il se rendit surtout illustre en qualité de compositeur et virtuose aulétique. Lorsque, après l'expédition de Crissa, les Amphictyons réorganisèrent les jeux pythiques à Delphes, et que les instruments à vent, unis ou non à la voix, obtinrent de figurer dans ces luttes musicales à côté de la citharodie, qui y avait la place d'honneur depuis les temps semi-fabuleux de Chrysothémis, ce fut Sacadas qui remporta le prix pour l'aulétique[2]. A cette occasion il fit entendre un nome en l'honneur du dieu de Delphes, et, depuis lors, racontent les anciens, Apollon, bien qu'hostile à tout chant passionné et larmoyant, se réconcilia avec l'instrument de Marsyas[3]. A la deuxième et à la troisième pythiade Sacadas fut encore proclamé vainqueur.

Sacadas.

v. 600 av. J. C.

586.

582 et 578.

L'œuvre musicale qui opéra ce revirement dans le goût national et fonda l'immense réputation de son auteur, est appelée par les écrivains *nome pythique* (*νόμος πυθικός*, — *πυθικὸν αὐλήμα*) ou simplement *pythicon*, termes que l'on peut traduire en langage moderne par *sonate* ou, mieux encore, par *concerto;* en effet, ils ont un sens générique et désignent toute une catégorie de compositions instrumentales taillées sur le même modèle et destinées à faire briller dans les concours le talent et l'habileté du virtuose. Chez les anciens, le solo instrumental était un genre essentiellement descriptif et imitatif qui, au moyen de mélodies sans paroles,

Le *pythicon*.

encore en usage au IIe siècle de notre ère, témoin le passage suivant de Plutarque (*de Mus.*, W., § XVI) : « De nos jours on a conservé l'habitude de jouer de l'*aulos* pendant « l'exercice du *pentathle*, mais sans faire entendre rien de choisi, rien d'ancien, rien « de ce qui était au goût des hommes de jadis, tel que le morceau composé à cette « intention par Hiérax, et qui s'appelait *endrome*. » Cf. PAUSAN., l. V, ch. 17.

[1] PLUT., *de Mus.* (W., § VII).

[2] « La troisième année de la XLVIIIe Olympiade.... les Amphictyons inscrivirent au « concours la *citharodie*, mais ils y ajoutèrent l'*aulodie* et l'*aulétique*. Les vainqueurs « furent : pour la citharodie, Mélampos de Céphallène, pour l'aulodie, l'arcadien « Echembrotos, pour l'aulétique, Sacadas d'Argos. Celui-ci l'emporta également aux « deux pythiades suivantes. » PAUSAN., l. X, ch. 7.

[3] PAUSAN., l. II, ch. 22,

se proposait de traduire des situations définies, déjà popularisées par la poésie et la légende. C'est ainsi que le nome pythique, divisé en cinq parties, dépeignait les diverses phases de la lutte d'Apollon et du serpent Python, symbole du conflit éternel entre la lumière et les ténèbres, entre le bien et le mal, thème religieux et musical aussi souvent traité par les artistes helléniques que la Passion du Sauveur par les artistes chrétiens. On ne peut mieux faire, pour donner une idée de la manière dont les anciens ont compris la musique instrumentale, que de transcrire purement et simplement le programme d'un nome pythique, tel que nous le lisons chez Pollux. « Dans l'*introduction* (πεῖρα) le dieu « observe le terrain et examine s'il est propre au combat; dans « la seconde partie, la *provocation* (κατακελευσμός), il défie le « dragon; dans la troisième, l'*iambique* (ἰαμβικόν), le combat « s'engage. » Ici le soliste imitait des fanfares de trompette et faisait entendre un trait particulier à l'*aulos* (l'*odontismos*), exprimant les grincements de dents du monstre. « Dans la quatrième « partie, la *prière* (σπονδεῖον), la victoire du dieu est célébrée; enfin « dans la cinquième, l'*ovation* (καταχόρευσις), Apollon entonne « des chants de triomphe[1]. » Il n'est pas difficile de reconnaître ici les cinq parties dont se composent les nomes de Terpandre, abstraction faite du *proëme* et de l'*épilogue* (p. 313-314), bien que dans l'œuvre instrumentale les termes indiquant chacune des parties soient entièrement différents. L'*iambicon*, le combat, est l'*ombilic*, le nœud du drame. Nous venons d'appeler le *pythicon* une sonate antique; l'assimilation se justifie en ce sens que la coupe était également fixe et le cadre invariable. Mais on s'aperçoit bien vite que l'art grec, privé de la polyphonie proprement dite, n'a pu quitter l'ornière suivie par la poésie chantée, ni s'élever à la conception d'une musique instrumentale ayant son principe et ses lois propres. Le nome pythique, œuvre objective, descriptive, cherchait à exprimer une *action* dans ses diverses phases; la sonate moderne, subjective, passionnée et entièrement affranchie de toute dépendance extérieure, prend simplement pour sujet une *idée musicale*, ou, si l'on veut, une *situation psychique* retournée en

[1] Livre IV, sect. 84.

tous sens. La musique instrumentale des anciens n'avait que l'unité extérieure de son programme, la nôtre réalise son unité par un élément qui lui est inhérent, le *ton* fondamental de la composition (T. I, p. 345).

Ce qui est certain, c'est que le plan de sonate imaginé par Sacadas resta debout dans son ensemble tant qu'il y eut un art véritable chez les Hellènes. Les modifications de détail qui y furent apportées par les aulètes du siècle suivant n'en altérèrent point les lignes essentielles[1]. La coupe du nome pythique passa du solo d'*aulos* à la musique d'instruments à cordes, que nous verrons bientôt admise au concours de Delphes. Enfin — et ceci achève notre parallèle — jusqu'à la chute complète de la société païenne, le virtuose instrumental, qu'il soit aulète ou cithariste, ne se présente pas plus devant le public sans faire entendre son *pythicon* que le pianiste ou le violoniste moderne ne se dispense de jouer son *concerto*. L'instrument des agones lui-même prit le nom de *pythique* et l'aulète soliste s'appela *pythaule*.

De la contexture mélodique et rhythmique de l'œuvre de Sacadas nous ne savons que ce que nous en laissent entrevoir le titre

[1] La description que fait Strabon du nome pythique est puisée à une source moins pure et moins ancienne que celle de Pollux : elle se rapporte à la coupe qu'avait prise le solo d'*aulos* vers l'époque de la conquête macédonienne. La voici : « Les parties du « nome pythique sont au nombre de cinq : le *prélude* (ἄγκρουσις), l'*essai* (ἄμπειρα), le « *défi* (κατακελευσμός), les *iambes et dactyles* (ἴαμβοι καὶ δάκτυλοι) et les *syringes* ou « *sifflements* (σύριγγες).... Timosthène, amiral de Ptolémée II, [a décrit cette composi- « tion[a].... Selon lui] elle était destinée à célébrer musicalement la lutte d'Apollon et du « dragon. Le *prélude* indique les préliminaires du combat. L'*essai* correspond au premier « engagement; le *défi* au combat lui-même. La partie *dactylo-iambique* exprime les actions « de grâces pour la victoire remportée.... Les *syringes* dépeignent l'agonie du monstre, en « imitant le râle de l'animal expirant. » Liv. IX, p. 421-422. — Le scholiaste de Pindare (*Argum. Pyth.*) parle aussi du nome pythique, mais d'une manière très-confuse : on trouve dans sa notice quatre termes qui se rapportent à des parties du nome (πεῖρα, ἴαμβος, δάκτυλος, σύριγμα). — La partie qui chez Strabon s'appelle *syringes*, chez le scholiaste de Pindare *syrigma* (elle remplace l'*odontismos* de Pollux), s'exécutait réellement au temps de Philippe de Macédoine sur une *syringe*[b] monocalame. A cet endroit l'exécutant laissait le chalumeau et prenait la flûte : usage auquel Téléphane ne voulut jamais se conformer (p. 277).

[a] J'adhère au changement de texte proposé par M. GUHRAUER, *der Pythische Nomos* (Leipsick, Teubner, 1876, tiré à part des *Jahrbücher f. class. Philol.*, T. suppl. VIII), p. 315-317.

[b] *Ib.*, p. 341-343 Cf. Dr v. JAN, *der Pythische Nomos u. die Syrinx*, dans le *Philol.*, T. XXXVIII, 2e part., p. 378 et suiv. — Peut-être l'accident arrivé en 494 (ou 490) à Midas d'Agrigente (p. 275) donna-t-il l'idée de cette innovation.

de trois de ses parties. Évidemment la prière ou *spondeion* était conçue dans la forme donnée par Olympe aux chants de même espèce : rhythme *spondaïque majeur*, mode *dorien*, mélopée *enharmonique* (ci-dessus, p. 348) ; on peut ajouter que l'enharmonique de Sacadas, comme celui de Polymnaste, admettait le partage du demi-ton en deux intervalles (p. 328). Le morceau final, l'*ovation*, avait sans doute un motif orchestique en rhythme ternaire ou quinaire[1]. Nous rapporterons la dénomination de la partie centrale, l'*iambicon*, au mouvement agressif et véhément de tout ce passage, plutôt que d'y voir l'indication d'une suite non interrompue d'iambes. Le virtuose-compositeur avait à y rappeler l'idée d'un combat, et, afin de rendre d'une manière plus pittoresque la situation, il imitait de loin en loin le bruit des instruments guerriers; un tel programme implique nécessairement de nombreuses oppositions de mesures et non une répétition indéfinie de la même formule rhythmique. Quoi qu'il en soit, l'*iambicon* était la partie la plus saillante de toute la composition; comme le premier *allegro* de nos concertos, et particulièrement la *cadence* qui le termine, l'*iambicon* devait mettre en relief l'habileté technique de l'exécutant; il devint le prototype d'une foule de pièces instrumentales (p. 358). Enfin il n'y a pas lieu de douter, étant donné le caractère descriptif de l'œuvre, que les métaboles de rhythmes ne fussent accompagnées de quelques changements de mode et de ton. Les fanfares de trompette intercalées dans l'*iambicon* ne pouvaient être, comme le *spondeion*, en mode dorien; elles appartenaient forcément à l'une des deux modalités majeures, sans doute à la phrygienne, propre à la musique militaire[2]. On
450 av. J. C. sait qu'antérieurement à Pronomos chacun des tropes nécessitait l'emploi d'un chalumeau distinct; aussi l'aulète pythique du VIe siècle, en se présentant aux agones, avait-il l'habitude de se munir de plusieurs instruments accordés en divers tons[3].

1 Le scholiaste de Pindare parle d'une danse en rhythme crétique (κρητικόν).

2 Cf. T. I, p. 184, note 1. — Ces fanfares se composaient nécessairement des mêmes intervalles mélodiques que celles qui s'exécutent de nos jours sur une trompette simple. Voir le § I de l'Appendice.

3 Voir ci-dessus, p. 302. C'est ce qui explique l'usage fréquent du pluriel pour le mot *aulos* chez les écrivains, et l'habitude qu'ont les statuaires de mettre plusieurs tuyaux entre les mains des virtuoses.

Nous perdons la trace de l'activité de Sacadas après sa troisième victoire à Delphes. Sa mémoire resta vénérée parmi 578 av. J. C.
ses compatriotes, qui lui élevèrent un monument sur l'Hélicon; Pindare composa un chant en son honneur[1]. Les pièces instrumentales du vieux maître furent admirées par une longue suite de générations. Lorsque le héros thébain Épaminondas, à la suite de ses victoires sur les Spartiates, célébra la reconstruction de l'antique Messène, les nomes de Sacadas furent exécutés 369
concurremment avec les compositions aulétiques de la nouvelle école de Thèbes, alors dans tout l'éclat de sa gloire[2].

§ V.

École d'Argos après Sacadas.

L'histoire du solo d'*aulos*, le plus ancien genre de musique instrumentale, nous a conduit jusqu'au premier quart du VIe siècle avant J. C. Pour ne pas briser l'enchaînement historique, nous sommes obligé, avant de passer aux manifestations de l'art collectif, de poursuivre un peu plus loin le développement de cette branche importante de l'art individuel, et de montrer l'établissement des deux genres secondaires qui s'y rattachent, la citharistique et le duo instrumental. Ces nouveautés se produisirent, peu après la mort de Sacadas, chez des populations soumises à l'influence directe de l'école d'Argos. « En ce « temps-là, » dit Hérodote, parlant des évènements qui se passèrent vers le milieu du VIe siècle, « les Argiens étaient réputés « les premiers entre tous les Hellènes dans l'art de la musique[3]. » Argos fut alors pour la musique instrumentale ce que Sparte était depuis longtemps pour la citharodie et le chant choral, l'initiatrice de tout le Péloponnèse et le berceau de l'art futur de la Grèce entière. Ses virtuoses n'eurent pas seulement la gloire de créer un style de composition et d'exécution qui se maintint avec

[1] PAUSAN., l. IX, ch. 30. Cf. PLUT., *de Mus.* (W., § VII). — Le tombeau du vieux musicien se voyait encore dans Argos au IIe siècle de notre ère. PAUSAN., l. II, ch. 22.

[2] IB., l. IV, ch. 27.

[3] Livre III, § 131. Cf. VOLKMANN, *Plut. de Mus.*, p. 129.

honneur après qu'une nouvelle école eut surgi en Béotie, ils furent aussi les premiers à passer de la simple pratique traditionnelle des instruments à une culture musicale plus rationnelle, fondée sur la connaissance d'une doctrine théorique et la transmission des mélodies au moyen de l'écriture. En effet tout porte à croire que le système des sept échelles tonales anté-aristoxéniennes (T. I, p. 212), imposé comme une loi d'État aux musiciens d'Argos[1], s'établit à l'époque de leur suprématie; et le développement des faits ultérieurs nous induit à supposer que la notation instrumentale, dont les éléments sont pris dans l'alphabet d'Argos (T. I, pp. 424, 429), devint alors d'un usage commun parmi les artistes du Péloponnèse. Cette supposition est d'autant
v. 500 av. J. C. plus fondée que, cinquante ans plus tard, nous voyons l'emploi de l'écriture musicale très-répandu non-seulement à Athènes, où il avait sans doute été porté par Lasos d'Hermione, mais encore dans les colonies grecques de l'Italie et de la Sicile.

École de Sicyone. Parmi les écoles locales qui rayonnèrent autour d'Argos, à Sicyone, à Tégée, à Hermione, celle de Sicyone a laissé les traces les plus distinctes. Le culte des arts musiques fleurissait dans l'antique cité, bien avant l'avènement de la famille des
v. 670. Orthagorides[2]; et après l'expédition de Crissa qui fut conduite
v. 590. par le tyran de Sicyone, Clisthène, on y établit, à l'imitation de Delphes, des agones en l'honneur d'Apollon pythien, où la musique avait sa place[3]. De bonne heure les Sicyoniens eurent souci de perpétuer le souvenir des faits qui intéressaient l'art musical; ils montraient avec orgueil les flûtes de Marsyas, retrouvées miraculeusement par un pâtre du pays et conservées dans un de leurs temples[4]. Ils avaient des registres officiels où

[1] « On dit qu'autrefois les Argiens établirent une punition contre ceux qui altéraient « la pratique musicale, et qu'ils frappèrent d'une amende celui qui le premier osa « employer plus de sept échelles tonales (je lis avec Westphal τόνων au lieu de χορδῶν), « et dépasser à l'aigu le ton mixolydien. » PLUT., *de Mus.* (W., § XX). On remarquera que le système primitif de la notation grecque concorde très-bien avec cette donnée.

[2] On ignore à quelle époque vécut le danseur Bacchidas de Sicyone dont il existait un monument votif dans le sanctuaire des Muses sur l'Hélicon. ATHÉN., l. XIV, p. 629, a.

[3] *Schol. Pind. in Nem.*, IX, 2. — Cf. C. I. Gr., n° 1108.

[4] PAUSAN., l. II, ch. 7.

l'on inscrivait, à côté des noms des prêtresses d'Argos[1], la vieille métropole de la contrée, ceux des compositeurs-poëtes, des chanteurs et des instrumentistes qui avaient paru aux agones du pays, ainsi que les titres des morceaux exécutés à ces solennités[2]. Un artiste de Sicyone, Pythocrite, devint le continuateur de Sacadas. Fait unique dans les fastes de la musique grecque, il obtint à Delphes le prix d'aulétique six fois de suite, à partir de la quatrième pythiade. A Olympie, où il s'était fait entendre pen- 574, 570, 566, 562, 558 et 554 av J C.
dant l'exercice du combat à cinq, probablement dans l'*Endrome* d'Hiérax (p. 350), on lui éleva après sa mort une statue qui subsista jusque sous l'empire romain[3]. L'école de Sicyone déploya une originalité plus grande encore dans les autres branches de la musique instrumentale : elle créa la *synaulie* (duo concertant) et perfectionna le solo de cithare.

Ce dernier genre de musique avait été produit pour la première Citharistique.
fois victorieusement en public par Agélaos de Tégée. L'artiste arcadien fut couronné dans la huitième pythiade[4], à l'avant- 558.
dernier concours où Pythocrite l'emporta sur tous les aulètes. Dès lors la citharistique fut inscrite au programme des concours de Delphes, et, plus heureuse que l'aulodie, sut y maintenir sa place jusqu'à la fin de l'antiquité. Sa première fondation est attribuée à Aristonicos d'Argos, contemporain d'Archiloque et v 590.
habitant de Corcyre[5]. Jusqu'à l'époque où nous sommes parvenus, la citharistique avait végété dans une obscurité complète; elle ne se développa qu'après avoir trouvé un modèle à imiter dans le chef-d'œuvre de Sacadas. En effet le solo de cithare fut calqué sur le plan du nome pythique des aulètes et en prit le

[1] Il s'agit des prêtresses d'Héra, les *Phalides*, dont les années de sacerdoce servaient de base à la chronologie de plusieurs États helléniques. THUC., l. II, ch. 2.

[2] Cf. WESTPHAL, *Plutarch*, pp. 66-67, 70-71. — Le Sicyonien Ménechme, qui vécut sous les premiers successeurs d'Alexandre (SUIDAS, au mot Μάναιχμος), se fit l'historiographe des musiciens et des acteurs dans un livre intitulé Περὶ τεχνιτῶν : une des sources d'Athénée pour l'histoire des instruments.

[3] PAUSAN., l. VI, ch. 14. — Ce fut sans doute à l'imitation de l'usage d'Olympie que les habitants d'Argos introduisirent la musique des instruments à vent dans leurs jeux *Sthéniens*, luttes gymniques consacrées à *Zeus Sthénios*. PLUT., *de Mus.* (W., § XVI). Cf. BURETTE, *Rem.* CLXIX.

[4] PAUSAN., l. X, ch. 7.

[5] ATHÉN., l. XIV, p. 637, f.

titre[1]. Même dans leurs pièces moins étendues, les citharistes semblent s'être rattachés à des parties déterminées de l'œuvre-type : les morceaux dits *iambes*, *iambides* et *pariambides*[2] avaient sans doute le même caractère musical que l'*iambicon* du nome pythique. Quant aux compositions citharistiques mises sous l'invocation de certaines divinités, — *nomes à Zeus, Athênê, Apollon*[3] — ce n'étaient là, paraît-il, que de simples transcriptions de morceaux primitivement destinés à des *auloi*[4]. Dès l'origine, toutefois, la musique pour instruments à cordes s'est distinguée par une particularité digne d'attention : l'usage du genre chromatique[5], contrairement au solo d'*aulos* qui avait à sa disposition le genre enharmonique. Peut-être la cause de cette particularité réside-t-elle dans le mécanisme des deux espèces d'instruments. A ce propos faisons remarquer ici que la cithare de concert se jouait, non pas avec le plectre, mais avec les doigts : manière considérée par les anciens comme plus difficile et accessible seulement à des artistes exercés[6]. Quels que fussent les perfectionnements apportés plus tard à la citharistique, ce dut être de tout temps une musique singulièrement terne, même pour le peuple grec, si sensible à la moindre excitation nerveuse ; aussi le solo de cithare ne put-il jamais rivaliser d'effet avec l'aulétique, qui dans la plupart des solennités publiques garda le privilége de clore le concours des virtuoses[7].

1 « Après la guerre de Crissa, les Amphictyons, outre les citharèdes, admirent au « concours musical des aulètes et des citharistes non chanteurs, lesquels avaient à « exécuter un morceau appelé *nome pythique*. » STRAB., l. IX ; p. 421.

2 POLLUX, l. IV, sect. 66. — Voir le lexique d'Hésychius aux mots *παριαμβίδες*, *ἰαμβαυλεῖν*, *ἰαμβίς*, etc. — A une époque récente le mot *pariambe* fut employé par les métriciens pour désigner le pied pyrrhique, formé de deux brèves. Cf. *Philol.*, T. XI, p. 343.

3 POLLUX, l. IV, sect. 66. — « Évidemment le *spondeion à Dionysos*, que, d'après « Ménechme, Dion de Chios joua le premier sur la cithare, avait été d'abord un morceau « d'*aulos*. » ATHÉN., l. XIV, p. 638, a.

4 Cf. ATHÉN., l. XIII, p. 570, b ; POLLUX, l. IV, sect. 77.

5 Voir ci-dessus, T. I, p. 301, note 3, et p. 320.

6 « L'instrument des psilo-citharistes est nommé *pythique* ; quelques-uns l'appellent « *dactylique* » (c'est-à-dire *qui a un doigté* ou *dont on joue avec les doigts*). POLLUX, l. IV, sect. 66. — Épigone jouait sans plectre (ci-dessus, p. 247, note 2).

7 Cf. ATHÉN., l. XII, p. 538, f ; LÜDERS, *die Dionysischen Künstler* (Berlin, Weidmann, 1873), p. 113 ; RANGABÉ, *Antiquités Helléniques* (Athènes, 1842), nº 961.

Les premiers essais de musique instrumentale concertante sont rapportés aux disciples d'Épigone d'Ambracie. Ce musicien, inventeur de l'instrument le plus riche en sons que l'antiquité ait connu (p. 247-248), fut à Sicyone le chef d'une école musicale dont les doctrines jouissaient encore de quelque crédit au temps d'Aristoxène[1]. On place son existence vers le milieu du VIe siècle avant J. C.[2]. Philochoros d'Athènes, parlant des innovations de l'artiste sicyonien Lysandre, dit que les Épigoniens mirent les premiers en usage la *musique de cithare accompagnée d'un instrument à vent*[3] (ἔναυλος κιθάρισις). C'est là une des subdivisions de la *synaulie* (ou *xynaulie*). Les Hellènes de l'époque classique emploient ce terme pour désigner des compositions non vocales exécutées par deux artistes[4], dont l'un est toujours un aulète. On peut distinguer au moins deux variétés de la *synaulie :* en premier lieu le duo pour instruments à vent (flûte et chalumeau), genre de musique mentionné par Aristophane au début de la comédie des *Chevaliers*[5]; en second lieu le duo pour flûte et cithare, dont il est ici plus particulièrement question[6]. Les deux combinaisons n'étaient point nouvelles au temps d'Épigone; depuis des siècles les musiciens de l'Asie connaissaient les concerts de divers instruments avec ou sans chant[7]; de même les Hellènes avaient des danses et des chœurs qui s'exécutaient aux sons des cithares

Synaulie.

1 *Archai*, p. 3 (Meib.); PORPH., p. 189.

2 WALTHER, *Diss. de Graecae poesis melicae generibus* (Halle, 1866), p. 56. — Cf. MARQUARDT, *Harm. fragm. des Aristox.*, p. 200.

3 ATHÉN., l. XIV, p. 637, f.

4 Un morceau joué sur l'*aulos* double n'était pas considéré comme une *synaulie*, terme qui implique le concours de deux exécutants.

5 Cf. WESTPHAL, *Geschichte*, p. 159.

6 « *Synaulie* se dit lorsque deux aulètes jouent en même temps.... ou encore lorsque la « cithare et l'*aulos* concertent » (ὅταν κιθάρα καὶ αὐλὸς συμφωνῇ). *Schol. Aristoph. in Eq.*, 9. — Cf. HESYCHIUS et SUIDAS, aux mots ξυναυλία et συναυλία. — Sémos de Délos, écrivain peu connu (ap. ATHÉN., l. XIV, p. 618, a), parle d'une troisième espèce de synaulie, mais en termes complètement inintelligibles. Il la définit « un concours symphonique où alternaient l'*aulos* et le *rhythme*, sans aucun texte destiné à l'exécutant « qui faisait entendre la mélodie » (ἀγὼν συμφωνίας ἀμοιβαῖος αὐλοῦ καὶ ῥυθμοῦ, χωρὶς λόγου τοῦ προσμελῳδοῦντος). Voir sur ce passage la dissertation de BREUER, *de Mus. Panathen. certam.* (Bonn, 1865), p. 29-33.

7 Voir les passages d'Hérodote et d'Homère cités pp. 273, 274, 302. — Le scholiaste d'Aristophane (*in Eq.*, 9) attribue l'invention de la synaulie à Olympe.

et des *auloi*[1]. L'innovation de l'école de Sicyone est d'avoir appliqué à l'ensemble instrumental la forme de la sonate, ou, plus exactement, d'avoir superposé à la sonate de cithare un accompagnement de flûte douce (p. 278-279). L'instrument à cordes, le plus grave des deux, jouait la partie principale, tandis que la broderie aiguë de la flûte citharistérienne n'avait qu'un rôle secondaire[2]; ce qui le prouve à l'évidence, c'est non-seulement la manière usuelle des anciens de mettre l'accompagnement à l'aigu de la mélodie (T. I, p. 364), mais encore cette circonstance remarquable que les nomes destinés à la synaulie portaient les mêmes désignations que ceux de la citharistique[3]. On sait au reste qu'Épigone, en tant que virtuose, brillait par son habileté sur les instruments à cordes. Un genre de musique qui mettait en œuvre deux exécutants se prêtait mal à devenir l'objet d'un concours, aussi resta-t-il confiné dans la vie privée. Chez les Athéniens néanmoins la synaulie pour deux instruments à vent eut sa place à la fête des Panathénées[4]. Cette modeste musique d'ensemble disparut devant les orchestres nombreux de l'époque alexandrine; le terme lui-même par lequel on la désigne n'est déjà plus très-clair pour les écrivains de l'époque romaine[5].

Lysandre. Le perfectionnement technique du solo de cithare et de la
(v 530 av J. C.) synaulie fut l'œuvre de Lysandre de Sicyone, artiste novateur qui malheureusement ne nous est connu que par un passage de Philochoros recueilli dans la précieuse compilation d'Athénée. Lysandre y est dépeint comme l'auteur d'une révolution complète

[1] Voir la procession panathénaïque dans Fétis, *Mémoire sur l'harmonie simultanée chez les Grecs et les Romains*, p. 104 et pl. II.

[2] Adapter un accompagnement de flûte *ad libitum* sur un chant vocal ou instrumental s'exprimait chez les anciens par le verbe ὑπαυλεῖν, *succinere*. Athénée (l. IV, p. 183, c) cite le passage suivant du comique sicilien Épicharme : « Sémélé danse, tandis que sur la « flûte, qui se joint à la cithare, un habile musicien joue (ὑπαυλεῖ) des *pariambides*. « Elle jubile en écoutant les sons pétillants qui se succèdent sans relâche. »

[3] « Les *iambes*, [les *iambides*] et les *pariambides* sont des nomes citharistériens auxquels « on adjoint l'*aulos*. » Pollux, l. IV, sect. 83.

[4] Ibid.

[5] Pollux (ibid.) s'exprime à ce sujet d'une manière très-dubitative : « *Quelques-uns* « *pensent*, » dit-il, « que la synaulie est une espèce d'accompagnement pour un instrument « à vent (προσαυλήσεως) comme [dans] l'aulodie. » Plutarque et Lucien n'emploient pas le terme.

dans ces deux branches de la musique instrumentale[1]. Il apporta des améliorations matérielles à la cithare des solistes en y adaptant des cordes plus longues et en donnant ainsi plus d'ampleur à la sonorité, naturellement sèche et maigre, des instruments à cordes pincées. Cette innovation lui permit d'utiliser le premier son harmonique de chaque corde (p. 268) et d'enrichir ainsi l'étendue de la cithare d'une octave entière[2]. Son talent de compositeur ne fut pas moins marquant : « le premier, » dit notre auteur, « il fit entendre des mélodies chromatiques d'une « belle couleur et donna le modèle des *iambides*. » Enfin le même document attribue à Lysandre la création d'un genre de musique que nous voyons reparaître à l'époque romaine : la *choro-citharistique*, association du jeu de la cithare à une danse d'ensemble[3].

Toutes les innovations importantes que nous venons d'énumérer sont de nature à nous donner une haute idée du degré d'avancement où la musique instrumentale était parvenue dans le Péloponnèse vers la fin du VIe siècle avant J. C., alors que l'Hellade continentale située au nord de l'isthme de Corinthe

[1] « Philochoros dit au 3e livre de l'*Atthide* : Lysandre le Sicyonien, virtuose sur la « cithare, changea le premier l'art de la citharistique simple, en augmentant la longueur « des cordes et en donnant de l'ampleur au son, ainsi que la citharistique avec *aulos*, « mise d'abord en usage par les Épigoniens. Et ôtant la maigreur qui régnait chez les « psilo-citharistes, il joua le premier des *chromata* bien nuancés, des *iamboi*, et fit entendre la *magadis* (*octave*) qu'on appelle le *sifflement*. Il appliqua aussi des changements « de ton (*métaboles*) à un instrument qui, avant lui, ne renfermait qu'une seule échelle « tonale, et, ayant étendu la chose, il s'entoura le premier d'un chœur. » ATHÉN., l. XIV, p. 637, f. — Les mots *μακροὺς τοὺς τόνους ἐντείνας* me paraissent suspects. Ils signifient littéralement ; *tonos aut nervos ita intendens ut essent longi*, ce qui ne présente pas un sens suffisamment clair. Si l'auteur avait voulu dire *longos nervos intendens*, il aurait dû supprimer l'article *τοὺς*. Ne pourrait-on pas, au lieu de *μακροὺς τοὺς τόνους*, lire *μακροτέρους τόνους*, c'est-à-dire *longiores nervos intendens ?* — La phrase *καὶ ὄργανον μετέλαβε μόνος τῶν πρὸ αὐτοῦ*, telle que la donnent les manuscrits, n'offre aucun sens acceptable. Serait-il trop téméraire de la changer de la manière suivante : *καὶ ὄργανον μετέβαλε μονότροπον πρὸ αὐτοῦ* ? La traduction de ce passage difficile a été faite d'après le texte ainsi modifié (A. W.).

[2] Voir le § IV de l'Appendice.

[3] Ce genre de musique figurait au programme des agones Capitolins de Rome, fondés par Domitien (81-96 apr. J. C.). SUÉT., § 4. — On rencontre des *choro-citharistes* parmi les vainqueurs des concours musicaux d'Aphrodisias en Carie, à la fin du IIe siècle de notre ère. C. I. Gr., n°s 2758 et 2759. Cf. WELCKER, *die Griechische Tragödien* (Bonn, 1841), p. 1284. — La *choro-citharistique* peut être considérée comme le pendant exact de l'aulétique associée à la danse.

n'avait encore produit aucun musicien de renom. Vers cette époque, des maîtres originaires de l'Argolide, les uns instrumentistes[1], les autres compositeurs, allèrent s'établir en Attique et y transplanter l'art de leur pays. Le plus illustre d'entre eux, Lasos d'Hermione, un des grands noms de la musique grecque, poëte, compositeur et théoricien à la fois, se fixa dans Athènes
v. 545 av. J. C. sous le gouvernement des fils de Pisistrate, et y fonda une école de laquelle sortit l'immortel chantre thébain[2]. Mais avant d'aborder la nouvelle période musicale qui s'ouvre avec Lasos, nous devons retourner d'un siècle et demi en arrière et raconter succinctement l'histoire du chant choral et de la chanson mondaine jusqu'à l'époque où nous sommes parvenus ici.

1 Épiclès d'Hermione fut un cithariste très en vogue à Athènes pendant la jeunesse de Thémistocle (PLUT., *Vit. Themist.*, § 5); Ariston d'Argos, aulète cyclique, est célébré dans une des épigrammes de Simonide (BERGK, fragm. 148).

2 Pindare -

CHAPITRE III.

ÉPOQUE DE L'ANCIEN ART CLASSIQUE : LA CHORALE DANSÉE; LA CHANSON D'AMOUR ET DE TABLE.

§ I.

UN quart de siècle après Olympe, un demi-siècle après que la monodie eût été soumise à des règles fixes par Terpandre, le chant choral, accompagné de danse et d'instruments, reçut sa première organisation stable. Cet évènement marque dans 665 av. J. C
l'histoire de l'art grec le commencement d'une nouvelle période, appelée par l'historien Glaucus la *seconde constitution de l'art musical*. A cette période appartiennent plusieurs artistes dont il a été déjà question dans les pages précédentes, et avant tout Polymnaste et Sacadas. Le mouvement partit de Sparte et s'étendit bientôt en Arcadie et au pays d'Argos, ces antiques foyers de l'art musical en Grèce; il pénétra aussi dans les colonies doriennes de l'Italie et de la Sicile, et eut son contre-coup à Lesbos, que d'anciennes relations rattachaient à l'école musicale de Lacédémone. Ce ne fut que plus tard qu'il gagna de proche en proche les provinces septentrionales de l'Hellade.

On sait quelle place éminente, parmi toutes leurs productions intellectuelles, les Grecs ont assignée à cette combinaison des trois arts musiques (p. 186), la plus complète et la plus originale, sans contredit, qu'ils aient connue. Ainsi que nous l'avons déjà indiqué plus haut (p. 147), l'orchestique était à la musique des anciens ce que la polyphonie est à la nôtre, l'élément complémentaire et déterminant : elle devait élever la mélodie — l'essence de la musique — à sa plus haute puissance expressive, en révélant sous une forme sensible la beauté de son organisme rhythmique, de même que l'orchestre moderne doit mettre à nu toutes les richesses de l'organisme harmonique de la cantilène. C'était, si l'on peut s'exprimer ainsi, une instrumentation pour l'œil. Aucune création de l'esprit ne reflète plus fidèlement le génie essentiellement plastique des Grecs[1]; chant et danse ont un rapport si intime dans l'esprit de l'Hellène que sa langue emploie le mot *danser* (χορεύειν) au sens de *célébrer*. Ajoutons enfin que nul art n'a d'aussi profondes racines dans les goûts et les habitudes séculaires du pays; chacun des cantons, chacune des villes de l'Hellade avait à l'époque classique ses danses particulières[2].

Toutefois il faut se garder de voir dans le chant orchestique des anciens quelque chose d'analogue aux chœurs avec ballet intercalés dans nos opéras. Une danse d'ensemble, lorsqu'elle est exécutée par un groupe de chanteurs, exclut toute espèce de sauts et de mouvements soudains. D'autre part la forme strophique de la plupart des poésies chorales nous prouve que la mimique n'y avait qu'une part très-restreinte (p. 199). Tous les éléments de l'orchestique ancienne étaient rangés sous trois catégories : 1° les *pas* (mouvements, marches, évolutions); 2° les *poses* (attitudes du corps); 3° les *gestes* (indications manuelles)[3]; ce dernier élément ne pouvait évidemment être utilisé que pour des mélodies qui ne se répétaient pas sur des textes différents[4]. L'effet de ces danses en chœur résultait de la simultanéité parfaite dans les mouvements du corps[5] et dans l'émission de la parole chantée; de l'unité d'expression qui décuplait la puissance du chant et de l'orchestique, puissance bien amoindrie lorsque les

1 « Les statues des artistes primitifs sont des réminiscences de l'ancienne orchestique. » ATHÉN., l. XIV, p. 629, b.

2 ATHÉN., l. I, p. 22, b; l. XIV, p. 629, d, e.

3 « L'orchestique comprend trois parties : le mouvement (φορά), l'attitude (σχῆμα) et « le geste (δεῖξις).... Le *mouvement* traduit une affection de l'âme, une action ou une « force; l'*attitude* imite une forme ou une image; le *geste* sert à désigner les choses « elles-mêmes placées à portée de l'œil du spectateur : par exemple la terre, le ciel.... » PLUT., *Quaest. conv.*, l. IX, ch. 15 (voir ci-dessus, p. 209). — Cf. *Philol.*, T. XXIII, p. 531.

4 « Lorsque la gesticulation s'effectue régulièrement et en mesure, elle se lie aux « noms propres que la poésie exhibe avec élégance et grâce.... » PLUT., *ib.*

5 ATHÉN., l. XIV, p. 628, f; PLAT., *Lois*, l. II, *passim*.

deux arts sont isolés. Quant à la danse entendue à la façon des modernes, elle était exécutée par des artistes de profession que l'on adjoignait au chœur[1].

Bien que le chant choral ne reçût une culture méthodique qu'après la monodie, il remonte aux temps les plus reculés de l'histoire grecque. De même que leurs voisins sémitiques, les Phéniciens, les Assyriens et les Israélites[2], les tribus grecques eurent de bonne heure des cantilènes accompagnées de mouvements orchestiques; déjà Homère connaît, sous une forme naïve et populaire, la plupart des genres qui depuis lors se sont développés si brillamment (p. 309). — Remarquons toutefois, avant d'aller plus loin, que le mot *chœur* (χορός) n'implique pas nécessairement chez les poëtes grecs l'idée d'une réunion de personnes chantant et dansant à la fois[3]. On peut dire d'une manière générale que pour les anciens une composition chorale est celle où interviennent plusieurs exécutants, soit comme chanteurs, soit comme danseurs. Dans la période antérieure à Thalétas on discerne jusqu'à cinq modes d'exécution pour la poésie chorique. — Première combinaison : une seule personne exécute la partie vocale en s'accompagnant d'un instrument à cordes, tandis que tout le chœur danse et se contente de renforcer en certains endroits le chant du soliste par des exclamations formant refrain (p. 207-208). Cette manière, la plus ancienne, est encore aujourd'hui en usage chez les peuples du midi de l'Europe[4]; Homère fait exécuter de la sorte le chant du *Linos*[5]. — Deuxième combinaison : la masse se divise en deux groupes distincts, l'un formé de chanteurs, l'autre de danseurs. C'est ainsi que l'hymne homérique à Apollon décrit les concerts de l'Olympe (p. 367). — Troisième

Chant chorique avant Homère

665 av. J. C.

[1] Cf. Athén., l. I, p. 22, a.

[2] *Exode*, XV, 20; *ib.*, XXXII, 19; *Juges*, XXI, 21.

[3] Il désigne avant tout une danse collective, abstraction faite de l'élément musical. Parfois il signifie l'endroit destiné à l'exercice de la danse : à Sparte la principale place publique était désignée sous le nom de *Chœur*. Pausan., l. III, ch. 11.

[4] La plupart des danses nationales de l'Espagne (*seguidillas, boleras, jota aragonesa*, etc.) s'exécutent de cette manière.

[5] « Au milieu des vierges et des adolescents un jeune garçon jouait harmonieusement « de la *phorminx* sonore en chantant d'une voix clairette le beau *Linos;* eux élevaient « ensemble la voix, l'accompagnant de leur chant, de leurs acclamations et frétillant « des pieds. » *Il.*, ch. XVIII, v. 569-572.

combinaison : le chœur entier prend part au chant et aux mouvements orchestiques. Telle est la manière généralement usitée pendant la période classique; nous la voyons décrite dans l'hymne à Apollon, à propos du chant de procession des prêtres crétois (p. 369). — Quatrième combinaison : la danse est supprimée; le morceau est exécuté sans aucun mouvement corporel, tous les choreutes debout. Ainsi dans l'Iliade se chante le péan par lequel l'armée achéenne apaise le courroux d'Apollon[1]. — Enfin il est une cinquième combinaison dont nous avons un exemple dans le dernier livre de l'Iliade (p. 372) : le chant, privé également d'orchestique, est partagé entre la masse chorale et un ou plusieurs solistes. — Nous allons jeter un rapide coup-d'œil sur les diverses classes de poésies chorales dont l'existence avant l'établissement définitif du genre est constatée par des témoignages sûrs.

Hymnes. Les *hymnes* dits pendant la célébration des sacrifices furent la plus ancienne expression collective des sentiments de terreur mystérieuse, d'angoisse et de confiance dont est saisi le cœur de l'homme en présence de l'objet de son culte. Tantôt prononcés ou murmurés à demi-voix dans une complète immobilité; tantôt modulés avec des accents passionnés, et accompagnés de gestes expressifs ou symboliques; tantôt enfin dépourvus de texte et réduits à des sons inarticulés ou à des syllabes sans signification précise[2], les chants de la liturgie furent l'embryon de presque toutes les formes de la chorale orchestique. Quinze siècles avant notre ère les peuplades ariennes établies sur les rives de l'Indus possédaient des hymnes strophiques d'une régularité parfaite, œuvres d'art de la plus haute poésie[3]. Aucune autre famille de la race indo-européenne n'a produit un recueil semblable au Véda. A la vérité la Grèce eut aussi de bonne heure ses hymnes religieux, dont le caractère variait selon les localités, selon les dieux qu'on

[1] Chant I, v. 472-474.

[2] Les prêtres égyptiens chantaient, en guise d'hymnes, les sept voyelles, tenant lieu de toute poésie. DEMETR., *de Elocut.*, ch. LXXI.

[3] Les hymnes du *Sâma-Véda* étaient (et sont encore aujourd'hui) exécutés en chant dialogué. Chaque strophe se divise ordinairement en quatre sections dont les trois premières sont dites chacune par un prêtre différent, tandis que la dernière s'exécute en *tutti* par tous les chantres sacerdotaux. BURNELL, *the Ârsheyabrâhmaṇa*, p. XXV.

y invoquait et selon les cérémonies dans lesquelles ils étaient intercalés : les uns en prose rhythmée[1] (à la façon de nos litanies) et dénués d'orchestique, les autres en vers mesurés (comme les hymnes de l'Église) et propres à être à la fois chantés et dansés. Mais les cantiques inspirés par la plupart des cultes helléniques restèrent confinés dans le temple et n'eurent aucune part directe au progrès de l'art[2]. Dépourvus sans doute de valeur littéraire, ils ne furent pas recueillis par la postérité : tout au plus en retrouve-t-on quelques réminiscences dans les parodies d'Aristophane[3].

Chorale apollinique.

Le culte grec auquel échut le privilége de faire éclore les premières œuvres poétiques et musicales marquées du sceau de la vraie beauté, tant pour le chant choral que pour le nome à voix seule, fut celui d'Apollon. Ce premier éveil de la faculté de création esthétique est symbolisé par l'*Apollon musagète*[4] (chef du chœur des Muses), mythe exprimé avec une naïveté charmante dans l'hymne homérique à la gloire du dieu :

« En jouant de l'élégante *phorminx*, le radieux fils de Léto se dirige vers Pytho la « rocheuse. Ses vêtements répandent une odeur d'ambroisie; son instrument, touché par « un plectre d'or, produit une résonnance suave. Puis, selon son dessein, il quitte la « terre pour l'Olympe, et se rend à la demeure de Zeus, où sont réunis les autres dieux. « Soudain les immortels s'éprennent de la lyre et du chant. Alors *toutes les Muses ensemble*, « *faisant alterner leurs belles voix*, *chantent* les dons immortels des dieux et les douleurs « des mortels.... Et *les Charites aux belles tresses*, *les joyeuses Heures*, *Harmonie*, *Hébé et la* « *fille de Zeus*, *Aphrodite*, *se mettent à danser*, en se tenant l'une l'autre par le poignet.... « *Phébus Apollon joue de la cithare* et marche en soulevant le pied haut et avec grâce » (v. 182-207).

Péans.

Si l'on en croit les légendes acceptées dans l'antiquité (p. 309), Olen[5], le fondateur du culte d'Apollon en Grèce, organisa les

[1] Cf. la litanie orphique dans ARISTOTE, *de Mundo*, ch. 7.

[2] Pamphos, l'hymnographe mythique des Athéniens, vécut entre Olen et Homère, si l'on en croit Pausanias (l. VII, ch. 21; l. VIII, ch. 37; l. IX, ch. 27, 29, 31, 35).

[3] Cf. *les Oiseaux*, v. 865 et suiv., v. 1058 et suiv.; *les Thesmophories*, v. 315 et suiv.; *les Grenouilles*, v. 324 et suiv. — On ne doit pas confondre avec les hymnes proprement dits les poëmes de ce nom qui poursuivent un but poétique ou philosophique, tels que les hymnes des Homérides, ceux de Callimaque et de Proclus. Les hymnes du IIe siècle de l'ère chrétienne qui nous ont été transmis en notation grecque sont des pastiches de nomes citharodiques.

[4] STRAB., l. X, p. 468; PIND., fragm. 115.

[5] Hérodote (l. IV, § 35) affirme que les hymnes chantés de son temps à Délos étaient l'œuvre d'Olen. — Cf. PAUSAN., l. I, ch. 18; l. V, ch. 7; l. VIII, ch. 21.

premiers chœurs de chant et de danse pour le service musical du temple de Délos, et Philammon en fit autant à Delphes[1]. L'hymne à Apollon porte le nom de *Péan*, l'une des qualifications du dieu (*παιάν* = *guérisseur*); son refrain est *Iépaian*. Selon les diverses circonstances où il s'emploie, le péan est une supplication dans le péril, un cantique d'actions de grâces ou une louange de la divinité : il présente déjà ces divers caractères dans l'épopée homérique. Plus tard il s'adressa aussi à des dieux autres qu'Apollon : à Artémis, sa sœur, à Zeus, à Athéné; enfin, au temps de la décadence on composa des péans en l'honneur des princes et des généraux[2]. Le *péan de table* était un cantique entonné à la fin des repas par tous les convives; enfin les Doriens eurent le *péan de combat*, chant d'attaque ou de victoire[3]. En général le péan est dépeint comme un hymne au caractère grave et austère[4]; il dérive du nome citharodique avec lequel on le confond souvent[5]. Son développement musical ne put avoir lieu qu'après la création de la cantilène nomique (p. 311) : en effet le chant choral implique une mélodie de contours très-arrêtés; toute improvisation, toute liberté est incompatible avec une exécution d'ensemble. De même que les anciens nomes delphiques, les péans se chantaient le plus souvent à la cithare, et avaient un texte en hexamètres ou en rhythmes orthiens[6]. Ils étaient exécutés, comme tous les hymnes, tantôt sans aucun mouvement corporel, tantôt avec une orchestique grave[7].

Prosodies. Lorsqu'un chœur d'hommes exécute l'hymne apollonique en marchant, celui-ci prend le nom de *péan prosodiaque* ou *prosodion*, chant de procession[8] (p. 325). L'auteur de l'hymne à *Apollon*

1 Plut., *de Mus.* (W., § IV).

2 Athén., l. XV, p. 696, e, f; p. 697, a.

3 Cf. Suidas au mot *παιᾶνας*.

4 Plut., *de El ap. Delph.*, § 9.

5 « Le plus ancien concours de Delphes fut celui des citharèdes : ils avaient à chanter « un *péan* au dieu. » Strab., l. IX, p. 421. — Même après Terpandre, le *péan* n'est pas toujours exécuté en chœur. Cf. *Vit. Pythag.*, § 52.

6 Il est intéressant de remarquer qu'Euripide fait chanter à Ion un refrain de *péan* en rhythmes orthiens (p. 221), précisément dans le sanctuaire de Delphes, d'où Terpandre a rapporté ses *orthioi* et ses trochées sémantiques (pp. 311, 318).

7 Athén., l. XIV, p. 631, d. — Cf. Lucian., *de Salt.*, § 16.

8 « Προσῴδιον, litanie avec hymnes.... Parmi les chants et les hymnes, les uns

pythien décrit l'exécution d'un chant de cette espèce. Les prêtres crétois que le dieu a appelés en Grèce pour y établir son culte, débarqués après une traversée miraculeuse, se dirigent vers Delphes par l'étroite vallée du Parnasse :

« Devant eux marchait l'*anacte*, le fils de Zeus, Apollon, tenant la *phorminx* en mains ; « *il en jouait* admirablement et soulevait le pied haut et avec grâce. En bel ordre, et « *marquant de leur pas la cadence*, les Crétois le suivaient et montaient vers Pytho. « *Ils chantaient l'Iépaian*, chant pareil aux *péans* de la Crête.... » (v. 517-522).

Des cantiques exécutés pendant le défilé d'une procession nécessitaient une mesure à temps égaux se continuant sans interruption. A partir de Clonas les prosodies eurent leur rhythme propre v. 720 av. J C.
(p. 325) ; auparavant elles étaient composées en tripodies dactyliques auxquelles on donnait parfois une forme particulière[1]. Il nous est resté un fragment de *prosodion* antérieur à Terpandre : deux hexamètres du poëte corinthien Eumélos[2]. Quant à l'accom- 761.
pagnement instrumental, il paraît avoir assez fortement varié selon les temps ; dans l'hymne homérique c'est la cithare, chez les écrivains de l'époque classique il n'est question que d'*auloi* (p. 325-326) ; enfin une ancienne peinture de vase nous montre le *prosodion* chanté aux sons des cithares et des flûtes doubles[3].

Les femmes, qui eurent un rôle très-important dans la première Parthénies
organisation du culte d'Apollon[4], furent de bonne heure associées

« s'appellent prosodies, les autres hyporchèmes, d'autres encore *stasima*. [A l'origine] on « appelait *prosodies* les cantiques que l'on exécutait en conduisant les victimes vers « l'autel ;... *hyporchèmes*, ceux qu'on chantait en dansant et en courant autour de l'autel, « pendant que la flamme consumait les victimes ; *stasima*, ceux qui étaient exécutés *sur* « *place*, lorsqu'on avait cessé de se mouvoir en cercle autour de l'autel. En courant « autour de l'autel, on se dirigeait d'abord de gauche à droite, à l'instar du cycle « zodiaque, parce que lui aussi se meut à l'encontre du ciel, en se dirigeant du couchant « au levant. Ensuite on allait de droite à gauche, à l'instar du ciel. Finalement, on « courait autour de tout l'autel. » *Etym. magn.* — Cf. *Schol. Pind. in Isthm.* I ; Suidas, au mot προσόδια ; Procl., *Chrest.*, p. 348, Gaisf.

[1] Cf. p. 326, note 3. — Les poëtes classiques conservaient souvent l'ancien rhythme en dactyles lorsqu'ils visaient à produire un effet de solennité et d'archaïsme. Voir le chœur final des *Euménides* d'Eschyle.

[2] Pausanias (l. IV, ch. 4) raconte ainsi l'origine de ce morceau : « Sous Phintas, fils « de Sybotas, les Messéniens envoyèrent pour la première fois à l'Apollon de Delphes « une offrande et un chœur d'hommes. Le *prosodion* fut enseigné aux choreutes par « Eumélos : c'est la seule de ses compositions tenue pour authentique. »

[3] Voir la procession panathénaïque mentionnée ci-dessus, p. 360, note 1.

[4] Phémonoé : Procl., p. 342, Gaisf. — Boio : Pausan., l. X, ch. 5.

aux manifestations collectives des arts musiques. En Ionie, où plus tard on emprunta aux peuples de l'Asie le régime de la séquestration du beau sexe, nous trouvons à l'époque intermédiaire entre Homère et Terpandre des chœurs de jeunes filles. Un Homéride, qui se désigne lui-même sous le nom de « l'aveugle « qui habite Chios la rocheuse, » trace le tableau gracieux de ces *parthénies* primitives dans l'hymne déjà cité :

« Ce qui à Délos te réjouit le plus le cœur, ô Phébus ! c'est d'y voir assemblés les fils « des Ioniens, aux vêtements flottants, en compagnie de leurs enfants et de leurs « chastes épouses. Ils se livrent en ton honneur aux luttes du pugilat, de la danse et du « chant.... Mais la grande merveille, au renom impérissable, ce sont les *vierges déliennes*, « les servantes du divin archer. *Elles chantent d'abord Apollon, puis elles rappellent le « souvenir de Léto et d'Artémis la chasseresse; elles célèbrent aussi les héros et les femmes du « temps passé*, et elles enchantent la foule des hommes » (v. 146-161).

Chœurs nuptiaux.

Non-seulement les solennités religieuses, mais aussi les évènements les plus émouvants de la vie de famille — noces et funérailles — donnaient lieu chez les anciens Hellènes à un grand déploiement de musique. Les cérémonies nuptiales, qui commençaient vers le soir et se prolongeaient fort avant dans la nuit, étaient entremêlées de danses et de chœurs auxquels prenaient part les jeunes gens des deux sexes. Trois moments de la fête surtout étaient marqués par des chants caractéristiques. Pendant le défilé du cortége qui conduisait, à la clarté des flambeaux, la fiancée vers son époux, on exécutait le cantique nuptial par excellence, l'*Hyménée;* à la fin du banquet, servi dans la maison de l'époux, les convives entonnaient l'*Épithalame;* enfin lorsque les conjoints s'étaient retirés, les compagnes de la mariée, réunies devant la porte de la chambre conjugale, faisaient entendre la *Sérénade* ou *Chant du coucher* (κατακοιμητικόν)[1]. Toute cette musique avait une couleur populaire et brillante, que rehaussait encore un mélange de timbres assez rare chez les Grecs : voix de femme et voix d'homme, instruments à vent et instruments à cordes[2]. La forme musicale du chant que l'on exécutait pendant la marche du cortége est clairement indiquée par deux ravissantes

1 Cf. KOECHLY, *Akademische Vorträge* (Zurich, 1859), T. I, p. 191 et suiv.

2 « Quel chant d'hyménée fit retentir ses accents, à l'aide du lotus de Libye qu'accom« pagnent la cithare, amie des chœurs, et les syringes, filles des roseaux ? » EURIP., *Iph. en Aul.*, 3e *stasimon* (IV). — Cf. DION. HALIC., *Ars Rhetor.*, ch. IV, § 1.

parodies d'Aristophane[1] : ce sont des couplets vifs et joyeux, dits par un soliste ou par un petit chœur, auxquels toute l'assistance répond par son refrain bruyant :

Ὑ - μήν, ὑ - μέ - ναι' ὦ. ARISTOPH., *la Paix*, IX.

Quant à l'appareil de la marche nuptiale, le vieux poëte Hésiode nous en a laissé une description très-vivante :

« Quelques-uns menaient dans un char aux roues rapides une jeune épousée vers son « époux. *L'Hyménée bruyant retentissait.* De loin brillait l'éclat des torches ardentes « portées par les serviteurs. Des femmes florissantes de beauté allaient en avant; les « hommes étaient suivis par un chœur de danseurs. *Celles-là, accompagnées par des syringes « éclatantes, laissaient échapper de leurs fraîches bouches un chant* qui faisait retentir les « échos d'alentour; *ceux-ci, aux sons de leur phorminx, conduisaient le gracieux chœur des « danseurs* » (*Bouclier d'Hercule*, v. 270-285).

Chœurs funéraires

Les chants consacrés aux solennités funèbres n'étaient pas moins anciennement répandus en Grèce. Par leur caractère musical ils se rattachaient à une catégorie de mélodies plaintives qui semblent s'être répandues dès une époque très-reculée dans tout le bassin oriental de la Méditerranée[2]; leur accompagnement consistait uniquement en instruments à vent (p. 322). Ainsi que les cantilènes nuptiales, la musique funèbre embrassait trois classes de morceaux; le *thrénos*, déploration mortuaire chantée d'ordinaire dans la maison du défunt; l'*épikédeios*, exécuté pendant la cérémonie des funérailles[3]; l'*élégie*, réservée au banquet (p. 324). Ce dernier genre de poésie était monodique, le second ne nous est connu par aucun exemple. Mais le *thrénos* était destiné à recevoir plus tard un développement très-riche dans la lyrique chorale et surtout dans la tragédie. La mise en scène primitive de cette sorte de cantate de deuil s'est maintenue jusqu'à nos jours, avec une fidélité étonnante, en Orient et même chez certains peuples occidentaux. Les *voceri* ou *gridate*, complaintes que les femmes corses ont l'habitude d'entonner autour d'un parent

[1] *La Paix*, IX; *les Oiseaux*, XIV.

[2] Le *Bormos* des Mariandyniens, le *Lityersès* des Phrygiens, les *Adoniada* des Phéniciens, le *Manéros* des Égyptiens roulaient sur le même sujet : un bel adolescent mourant de mort violente à la fleur de l'âge. POLLUX, l. IV, sect. 54 et 55; ATHÉN., l. XIV, pp. 619, f, 620, a. — Cf. FÉTIS, *Histoire*, T. III, p. 383.

[3] Cf. PROCL., p. 352 (passage traduit ci-dessus, p. 324, note 2).

ou d'un voisin tué, s'exécutent comme les scènes de même genre représentées sur les monuments grecs[1] et ont une couleur aussi antique que le *thrênos* intercalé par Homère dans le récit des funérailles d'Hector :

« Lorsqu'ils eurent transporté la dépouille mortelle dans la somptueuse demeure, on « la déposa sur un lit de parade. Tout autour on rangea des *chanteurs* pour entonner le « *thrênos*. Ceux-ci se mirent à soupirer la cantilène plaintive qu'accompagnaient les « gémissements des femmes.

« La première, Andromaque, aux bras éclatants de blancheur, [interrompit les chants « des hommes et] commença ainsi la déploration, en tenant entre ses mains la tête « d'Hector : O mon époux, tu perdis la vie dans sa fleur, tu me laisses veuve en ce « palais avec le fils, encore enfant, que nous engendrâmes....... — Ainsi dit-elle en « pleurant; et les femmes se mirent à lamenter.

« Alors Hécube aussi commença sa plainte de cette manière : Hector! toi, de tous « mes enfants le plus aimé! certes de ton vivant tu étais cher aux dieux, car même dans « le moment fatal du trépas, ils ont pris soin de toi....... — Ainsi dit-elle en pleurant; « et elle réveilla une plainte sans fin.

« Enfin Hélène, la troisième, entonna la déploration en disant : Hector! toi de mes « beaux-frères le plus aimé! Ah! j'ai maintenant pour époux le divin héros Alexandre « qui m'a menée à Troie! Hélas, que ne suis-je morte!...... — Ainsi dit-elle en pleurant; « et la foule immense se mit à geindre. » (*Il.*, ch. XXIV, v. 719 et suiv.).

Nous avons là l'esquisse d'une œuvre musicale très-étendue et dont la gradation est fort belle : en guise d'introduction, un chœur d'hommes, composé d'exclamations auxquelles s'associent par moments les femmes; ensuite le *thrênos* proprement dit, chant alternatif divisé en strophes de trois vers[2] et partagé entre Andromaque, Hécube et Hélène. Après chaque solo les assistants font entendre un *tutti* plaintif; la troisième fois tout le peuple troyen, assemblé au dehors, se joint aux gémissements des aëdes et des femmes. La forme dialoguée du *thrênos*, qui resta en vigueur parmi le peuple, devint typique pour les chants alternatifs de la tragédie. Le texte homérique ne parle d'aucun accompagnement instrumental, bien que l'usage général de l'antiquité indique le chalumeau; il n'y est pas davantage question de danse, V 500 av. J. C. élément essentiel dans le *thrênos* lyrique de l'époque de Simonide, mais non pas dans les déplorations du drame[3].

[1] GAIDOZ et ROLLAND, *Mélusine*, *Recueil de mythologie et de littérature populaire* (Paris, Viaut, 1878), pp. 47-50, 121 et 215. Balzac, dans son roman *le Médecin de campagne*, décrit des coutumes identiques en Dauphiné, sous la Restauration.

[2] WESTPHAL, *Prolegomena zu Aeschylus Tragödien* (Leipsick, Teubner, 1869), p. 15.

[3] Cf. R. MOWAT dans la *Mélusine*, p. 300.

Enfin nous rencontrons dans les pays helléniques, au temps d'Homère, un genre de chant dansé où l'élément orchestique dominait sur le texte et la mélodie : c'est l'*hyporchème*. Les rhythmes en étaient légers et véloces : les mouvements corporels ne se bornaient pas à de simples marches et évolutions; on y utilisait toutes les ressources de la mimique[1] (poses, gestes, etc.). Le berceau de l'hyporchème fut l'île de Crète, la terre classique de la danse pendant toute l'antiquité[2] : c'est là qu'Homère transporte la scène où il décrit ce ballet primitif : Hyporchèmes.

« Avec un art très-varié le divin boiteux figura sur le bouclier [d'Achille] un chœur de « danse, pareil à celui qu'autrefois dans Cnosse, la ville spacieuse, Dédale imagina pour « Ariadné à la chevelure magnifique. *On y voyait des adolescents et des vierges* d'une « beauté rare, *dansant* et se tenant les uns les autres par le poignet.... Tantôt, avec des « pas bien mesurés, ils tournoyaient légèrement dans le cercle;.... tantôt ils s'avançaient « en [deux] files les uns contre les autres. Devant les danseurs *un aède divin chantait et « jouait de la phorminx*. — *Deux jongleurs* se trouvaient parmi eux, lesquels, dès que le « chant commença, *se mirent à pirouetter* au milieu de la troupe » (*Il.*, ch. XVIII, v. 590-606).

De même que les hymnes et péans, l'hyporchème avait eu à l'origine une destination exclusivement religieuse, et avant tout apollinique[3]; mais de bonne heure il prit une allure à moitié profane[4], sans toutefois renier entièrement son origine[5]; enfin le mot *hyporchème* en vint à exprimer toute danse collective mimée ou figurée[6]. Chez Homère la partie musicale, chant et jeu de la cithare, est confiée entièrement au directeur de la danse; la partie orchestique se répartit entre la masse des choreutes et deux coryphées; ceux-ci sont chargés de l'élément mimique, tandis que le chœur concourt à une danse d'ensemble. A l'époque classique l'usage prédominant paraît avoir été de faire exécuter l'hyporchème par des hommes et des femmes chantant et dansant à la

[1] Plut., *Quaest. conv.*, l. IX, ch 15, § 12 et suiv.

[2] Sappho, fragm. 54; Simonide, fragm. 31; Athén., l. V, p. 181, b; l. XIV, p. 630, b, c; Lucian., *de Salt.*, § 8; *Schol. Pind. in Pyth.* II, 127.

[3] Lucian., *de Saltat.*, § 16. — Danses en l'honneur de diverses divinités : Pollux, l. IV, sect. 100 et suiv.

[4] Athén., l. XIV, p. 630, e; l. I, p. 20, e.

[5] Voir les exemples cités par Muff, *Ueber den Vortrag der chorischen Partien bei Aristophanes* (Halle, 1872), p. 22 et suiv.

[6] Athén., l. XIV, p. 628, d. — Cf. l. I, p. 15, d.

fois[1], tandis que des chalumeaux aigus, dits *dactyliques* (p. 289), jouaient l'accompagnement.

A côté de cette orchestique gracieuse, pratiquée par les jeunes gens des deux sexes, les Doriens de Crète possédaient aussi depuis des temps fort reculés un genre d'hyporchèmes exclusivement viril, propre à développer la force, la précision et la souplesse du corps dans l'exercice des armes. L'orchestique guerrière, qui avait pour type principal la célèbre *danse pyrrhique*[2], était une reproduction simulée des actes propres au combattant (maniement du bouclier et de la lance, course, attaque, etc.). Les écrivains grecs, échos des traditions populaires, les rattachent assez confusément aux Curètes et aux Dactyles de l'Ida. Ceux-ci, d'après un ancien conte mythique, avaient soustrait Zeus nouveau-né à la voracité de son père Cronos, en étouffant ses vagissements enfantins sous le bruit d'une danse dont le rhythme — anapeste ou crétique — était marqué par le choc des lances sur les boucliers[3]. D'autres branches de la musique chorale, et avant tout le *péan*, étaient cultivées avec non moins de supériorité par les Crétois, qui avaient fait du chant et de la danse en chœur une partie essentielle de leurs institutions pédagogiques, religieuses et politiques[4].

Il était réservé à l'île célèbre qui avait été le berceau de la religion civilisatrice d'Apollon, d'accomplir pour le chant orchestique le progrès que Lesbos avait réalisé pour le nome chanté à la cithare. L'organisation musicale et les danses collectives des Crétois, transportées chez leurs alliés et frères de race, les Spartiates, furent le point de départ d'une nouvelle ère artistique. L'homme qui attacha son nom à cet évènement mémorable fut Thalétas de Gortyne.

[1] ATHÉN., l. XIV, p. 631, c.

[2] STRAB., l. X, p. 480; ATHÉN., l. XIV, p. 629 et suiv.; *Schol. Pind. in Pyth.* II, 127; POLLUX, l. IV, sect. 99.

[3] STRAB., l. X, p. 468; LUCIAN., *de Saltat.*, § 8. — Voir ci-dessus, p. 344.

[4] PLAT., *Lois*, l. II.

§ II.

Les chroniqueurs de l'antiquité placent l'apparition du poëte-musicien crétois à Lacédémone environ vingt ans avant le début de la seconde guerre messénienne, dans la 4e année de la XXVIIIe Olympiade[1]. Comme Terpandre avait réussi à le faire trois quarts de siècle auparavant, Thalétas, à l'aide de ses chants, amena l'ordre et le calme dans une ville où régnaient la discorde et l'abattement, suites d'une crise politique aggravée, dit-on, par une épidémie pestilentielle qui désolait la vallée de l'Eurotas[2]. L'art individuel de l'Éolien de Lesbos avait su donner une expression idéale au sentiment religieux; l'art collectif du Dorien de Crète se fit l'interprète des aspirations patriotiques; tous les deux prirent rang parmi les institutions de l'État[3] et y eurent leur fonction déterminée. Tandis que le nome citharodique se produisait régulièrement à l'ancienne fête nationale d'Apollon carnien, les chœurs dansés donnèrent lieu à la fondation d'une solennité spéciale : les *gymnopédies*, exercices gymnastiques et musicaux exécutés par des éphèbes nus. Rien ne répondait mieux aux besoins de l'éducation publique et à l'esprit entier des mœurs doriennes que ces chœurs à la mode de Crète, puisque le succès de leur mise en œuvre dépendait de la subordination de tous à une fin commune, à une direction acceptée avec la docilité la plus absolue. Les résultats de l'innovation furent à la fois moraux et physiques; le chant choral servit à remettre en vigueur l'ancienne sociabilité relâchée pendant les agitations civiles, les danses gymnastiques à fortifier les corps affaiblis par la maladie,

Thalétas à Sparte.

665 av. J. C.

1 Bernhardy, *Grundriss*, T. II, 1re part., p. 531.

2 Plut., *de Mus.* (W., § XXII).

3 L'exercice de la musique sérieuse resta toujours un privilége réservé à la race conquérante. Il était défendu aux hilotes de chanter les compositions des maîtres spartiates. A ce propos on lit dans Plutarque (*Vit. Lyc.*, § 28) que « les Thébains, au temps où ils « étaient entrés en Laconie, ayant fait prisonniers des hilotes à qui ils demandaient « de chanter quelque chose de Terpandre, d'Alcman ou de Spendon le Laconien, les « hilotes refusèrent, disant que leurs maîtres ne le voulaient pas. »

la poésie, enfin, à inculquer dans tous les cœurs, dès l'âge le plus tendre, les sentiments de vertu et d'héroïsme. Aussi les institutions musicales de Thalétas furent-elles regardées par la postérité comme un des éléments de la législation de Lycurgue[1], et Sparte, grâce à son système pédagogique, devint la ville dont Pindare put dire deux siècles plus tard :

« Ici règnent la sagesse des vieillards et la valeur des jeunes hommes, la lance, les « chœurs, la Muse et la joie[2]. »

Compositions orchestiques de Thalétas

Pas un vers de Thalétas n'a été sauvé de l'oubli, et ce que nous savons de son activité musicale se borne à quelques faits généraux. Les compositions orchestiques dont le vieux maître paraît avoir introduit l'usage à Sparte étaient réservées à la partie mâle de la population ; elles appartenaient au genre de l'hyporchème et affectaient pour la plupart un caractère guerrier. On y distingue deux variétés bien définies. Les danses *gymnopédiques*, dans lesquelles ne paraissaient que de jeunes garçons dépouillés de tout vêtement, avaient l'allure grave et sévère de l'*emmêleia* tragique : « on y exécutait en mesure » dit Athénée, « certains « mouvements corporels et certaines poses gracieuses des mains. » La *pyrrhique*, l'ancienne orchestique guerrière de la Crète, convenait à tous les âges : enfants, adolescents, hommes faits, vieillards même la dansaient tout armés[3]. Les mouvements en étaient fort rapides et avaient un caractère franchement mimique[4]. Tantôt les danseurs simulaient l'attaque et la défense, tantôt ils imitaient les positions de ceux qui tirent de l'arc ou lancent le javelot ; ils se baissaient, sautaient en gesticulant et faisaient des évolutions militaires. La destinée des deux variétés de la danse militaire fût très-diverse; tandis que les gymnopédies restèrent une institution purement spartiate, la pyrrhique se répandit par toute la Grèce et y fut en vogue jusqu'aux derniers

1 PLUT., *Vit. Lyc.*, § 4; *Vit. Ag.*, § 10; STRAB., l. X, p. 482.

2 Fragm. inc. 182 (PLUT., *Vit. Lyc.*, § 21).

3 ATHÉN., l. XIV, p. 630-631.

4 PLAT., *Lois*, l. VII, p. 814-815. — Cf. RANGABÉ, *Antiq. hellén.*, T. II, p. 705, où l'on voit, d'après un bas-relief du IIIe siècle av. J. C., la représentation d'une pyrrhique. Les danseurs n'ont, pour toute armure, que le casque et le bouclier. Pollux (l. IV, sect. 99 et suiv.) énumère plusieurs autres danses militaires de Sparte et de Crète.

jours du paganisme[1]. D'après les rapports des anciens, elle nécessitait un exercice beaucoup plus long que la danse gymnopédique[2]. La disposition du personnel de ces ballets militaires, qui plus tard devint typique pour le chœur de la tragédie, était calquée sur l'ordre de bataille des phalanges lacédémoniennes : elle affectait la forme d'un carré[3]. Bien que dans toutes les variétés de l'hyporchème, l'orchestique fût l'élément prédominant, en règle générale les choreutes lacédémoniens chantaient en même temps qu'ils dansaient : cela nous est affirmé surtout pour la gymnopédie. Les poésies qui s'associaient à cette dernière danse étaient des péans[4], genre de chœurs auquel se sont adonnés avec prédilection tous les vieux maîtres de Sparte[5], et qui avait sa place, non-seulement aux gymnopédies, mais aussi aux autres solennités religieuses et politiques. Les péans de Thalétas étaient des cantiques pleins de sévérité et d'austérité; le sage Pythagore se plaisait à les redire aux sons de la cithare, et ses disciples avaient coutume de les chanter journellement, assis en cercle autour de l'accompagnateur[6].

Rhythmes de Thalétas.

Les données que nous avons au sujet des formes musicales de cet art primitif consistent en quelques lignes de Glaucus recueillies par Plutarque. Nous y apprenons néanmoins deux faits assez importants. Le premier c'est « que Thalétas imita les chants « d'Archiloque, tout en donnant aux siens plus d'extension. » Le second, « qu'il se servit du *péon épibate* (5/4) et du *crétique* (5/8), « rhythmes empruntés par lui aux morceaux de chalumeau « d'Olympe[7] » (p. 344-345). On peut révoquer en doute l'exactitude de cette dernière assertion, car il est probable que le vieux

[1] Elle figurait aux agones panathénaïques, où il y avait des prix spéciaux pour les enfants, pour les adolescents et pour les hommes faits (RANGABÉ, *Antiq. hellén.*, nos 960 et 987); et à ceux d'Aphrodisias en Carie. C. I., no 2758. Xénophon la vit danser en Thrace chez le roi Seuthès. ATHÉN., l. I, p. 15, e, f.

[2] Les enfants s'y exerçaient dès l'âge de cinq ans. ATHÉN., l. XIV, p. 631.

[3] « Ceux qui s'appellent *Laconistes* chantaient en *chœurs quadrangulaires*; les Athéniens « préféraient les chœurs dionysiaques, *en rond*. » ATHÉN., l. V, p. 181, c.

[4] Voir les textes réunis par BERNHARDY (*Grundriss*, T. II, 1re part., p. 531). C'est là sans doute ce qui a fait confondre parfois le péan avec l'hyporchème (*ib.*, p. 556 et suiv.).

[5] Éphore ap. STRAB., l. X, p. 480 et suiv.; PLUT., *de Mus.* (W., § VII).

[6] PORPH., *Vit. Pyth.*, § 32; IAMBL., *de Pythag. vit.*, § 110.

[7] PLUT. (W., § VII).

maître devait avoir appris dans son île natale tout au moins l'usage du rhythme crétique; mais l'emploi des deux mesures quinaires chez Thalétas n'en reste pas moins établi. Le crétique, l'incarnation de l'hyporchème pétulant[1], constituait, avec l'*enoplios* (p. 325-326), un des rhythmes principaux de la danse pyrrhique; le *péon épibate*, mystique et enthousiaste (p. 345), trouvait sans doute son emploi dans les péans gymnopédiques de Thalétas. Parmi les emprunts faits à Archiloque, nous devons compter évidemment les deux types originaires du 3/8, le trochée tétramètre et l'iambe trimètre (p. 334), si admirablement appropriés à toutes sortes de danses vives[2]. Quant aux développements donnés par Thalétas à la coupe de ses *cantica*, nous ne pouvons qu'émettre des conjectures fondées sur la nature de ces œuvres. Il n'y a pas lieu de supposer aux chants de la pyrrhique une division en strophes; on sait que les œuvres musicales destinées à traduire une action n'admettent pas une telle forme (p. 222). Nous en dirons autant pour les chœurs gymnopédiques : l'étroite parenté des péans primitifs avec les nomes, chants non strophiques, est affirmée très-nettement par les anciens écrivains. Tout se réunit donc pour prouver que la coupe par strophes était étrangère au chant choral primitif.

Instruments. Relativement à l'instrumentation de l'ancienne musique lacédémonienne, voici quelques renseignements sommaires qui sont parvenus jusqu'à nous. Les péans de Thalétas recevaient un accompagnement d'instruments à cordes; cette particularité, qui nous est révélée par le biographe de Pythagore, s'accorde avec l'ancienne coutume de Crète : on sait que les habitants de l'île marchaient à l'ennemi au son de la lyre ou de la cithare[3]. La pyrrhique était accompagnée par l'*aulos embaterios*[4] (p. 289), l'instrument caractéristique des bandes militaires de Sparte[5]. En certaines circonstances on associait les deux genres de sonorité :

[1] On le retrouve dans les plus récents spécimens du genre hyporchématique. Cf. Bacchyl., fragm. 23.

[2] Les vers du triple chœur attribué à Tyrtée (ci-après, p. 381, note 4) sont des trimètres.

[3] Plut., *de Mus.* (W., § XVI); Athén., l. XIV, p. 627, d; Aulu-Gelle, l. I, ch. 11.

[4] K. O. Müller, *die Dorier* (2e éd. Breslau, 1844), T. II, p. 330.

[5] Polyb., l. IV, ch. 20. — Cf. Barthol., *de Tib. vet.*, l. II, ch. 5.

« Les Lacédémoniens, » dit Pausanias, « faisaient entendre dans « leurs marches guerrières, non pas le bruit des trompettes, mais « des mélodies d'*auloi* sur lesquelles lyres et cithares exécutaient « des accompagnements[1]. »

Xénodame, v. 650 av. J. C.?

Nous savons peu de chose des successeurs immédiats de Thalétas, que Glaucus compte également parmi les fondateurs de la seconde constitution musicale à Sparte. Xénodame de Cythère fut célèbre par ses péans[2]; de plus on le cite, à côté de Pindare, comme un des maîtres du *style hyporchématique*[3], ce qui nous autorise à penser que chez lui la danse expressive n'était plus absolument réduite à des sujets militaires, et qu'elle s'exécutait déjà, comme à l'époque classique, par des jeunes gens des deux sexes. Les Spartiates excellaient dans la pantomime; car malgré leur gravité habituelle ils possédaient, outre leur esprit caustique si connu, une remarquable facilité d'imitation et une grande promptitude à saisir les ridicules d'autrui. Quelques-unes de leurs fêtes, les *Hyacinthies* entre autres, avaient une gaîté et un entrain qui fait un singulier contraste avec l'impitoyable sévérité de la législation dorienne[4].

Xénocrite, v. 640?

Un autre successeur de Thalétas, Xénocrite de Locres Epizéphyrienne[5], passait également, au temps de Glaucus, pour avoir composé des péans. Ce poëte-musicien, aveugle de naissance, ouvre la série assez nombreuse des maîtres antiques nés dans les colonies grecques d'Italie et de Sicile. Par une coïncidence digne de remarque, la pointe méridionale de la péninsule et l'île voisine ont été, à vingt-deux siècles de distance, le théâtre d'un grand mouvement musical et le berceau d'une foule de personnages célèbres dans les fastes de la musique; Alessandro Scarlatti,

[1] Livre III, ch. 17. — Cf. ALCMAN, fragm. 35. — La trompette tyrrhénienne était en usage chez les Argiens. PAUSAN., l. II, ch. 21.

[2] PLUT., *de Mus.* (W., § VII).

[3] ATHÉN., I, p. 15, d; PLUT., *ib.*

[4] « Des enfants à tunique retroussée jouent de la cithare, parcourant de leur plectre « toutes les cordes, [ou bien] chantent aux sons de l'*aulos* et célèbrent le dieu sur le « rhythme anapeste et dans un ton élevé.... Au théâtre on voit entrer de nombreux « chœurs de jeunes gens, exécutant des chants nationaux; des danseurs mêlés parmi « eux exécutent des pas antiques accompagnés par l'*aulos* et le chant. » ATHÉN., l. IV, p. 139, e. Il faut placer καὶ πρὸς τὸν αὐλὸν ᾄδοντες après ἐπιτρέχοντες (A. W.).

[5] Aujourd'hui *Gerace*, ville de la Calabre ultérieure, à 53 kil. N.-E. de Reggio.

Leo, Vinci, Paisiello, Bellini sont nés aux lieux où ont vécu Xénocrite, Stésichore, Ibycos, Teleste, Aristoxène. Autant que nous permettent de l'entrevoir deux ou trois notices éparses et obscures, Xénocrite eut, comme poëte et musicien, une individualité marquée[1]. Ainsi qu'après lui son frère de race Stésichore, « il prit des actions héroïques pour sujets de ses chœurs[2]; » le
v. 260 av. J. C. poëte alexandrin Callimaque lui attribue en outre la création d'une *harmonie italique*[3], qui n'est autre que le mode locrien (T. I, p. 157), employé par Simonide et par Pindare. La manière dont Glaucus parle de Xénocrite conduit à supposer que celui-ci passa la plus grande partie de sa carrière à Lacédémone, centre de la technique chorale pendant cette période reculée. Ce qui prouve l'éclat de l'école qui se rangea autour du nom de Thalétas, c'est l'attraction que le siège de cette école exerça sur les artistes originaires des pays de langue grecque situés aussi bien à l'est qu'à l'ouest de l'Hellade propre. A côté de l'Italiote Xénocrite, nous rencontrons à Sparte, parmi les illustrations
v. 640. musicales de l'époque, l'Ionien Polymnaste (p. 327) qui nous est déjà connu comme aulode. Il se fit l'organe du pieux respect dont la mémoire de Thalétas était entouré chez les Laconiens, en composant pour eux des chants à la louange du législateur musical[4].

La chorale en Arcadie et en Argolide.

L'élan donné par l'école de Thalétas avait été assez vigoureux, non-seulement pour établir l'art choral sur des bases solides et lui assurer un magnifique avenir à Sparte même, mais encore pour en transmettre le goût aux peuples rattachés à la métropole dorienne, soit par des relations de voisinage, soit par une communauté d'origine. En Arcadie on institua, pour les enfants des

1 Pindare parle des Locriens comme d'une population très-adonnée à la musique (*Ol.* XI, v. 14). Parmi leurs poëtes lyriques l'on cite Érasippe, Théano la pythagoricienne (Boeckh, *Expl. ad Ol.* X, p. 197), Eunomos (Lucian., *Ver. Hist.*, l. II, § 15). — Plus tard les Locriens furent renommés pour les chansons érotiques. Athén., l. XIV, pp. 639, a; l. XV, p. 697, b. On sait que les mœurs et la langue helléniques ont laissé des traces dans ces parages jusqu'à nos jours. Cf. *Philol.*, T. XI, p. 245 et suiv.

2 Plut., *de Mus.* (W., § VII). « Quelques-uns, » ajoute Glaucus, « qualifient ces sujets « du nom de dithyrambes. » L'historien, écrivant vers 430, emploie sans doute le mot dithyrambe avec l'acception qu'on lui donna depuis Mélanippide le jeune (450).

3 *Schol. Pind. in Ol.* XI, v. 17.

4 Pausan., l. I, ch. 14.

deux sexes, des exercices publics de chœurs dansés, et l'on
élabora tout un système d'éducation musicale dont Polybe, arcadien lui-même, détaille le mécanisme, quatre siècles plus tard, 213 av. J. C
avec une pointe d'orgueil national[1]. Argos eut également, longtemps avant Sacadas, des danses chorales inspirées de celles de
Lacédémone[2]. Dans les colonies grecques de l'Occident, l'orchestique jeta aussitôt des racines non moins profondes. Mais née
chez ces divers peuples au milieu de circonstances plus pacifiques,
elle dépouilla le caractère exclusivement viril auquel le rude esprit
des Doriens l'avait assujettie.

Après la seconde guerre messénienne, Sparte, débarrassée pour 645-628.
longtemps de ses ennemis extérieurs, put se relâcher de son rigo-
risme excessif et donner asile à un art plus gracieux. Au milieu
des changements politiques qui survinrent alors, l'orchestique
guerrière n'occupa plus autant les grands maîtres et la plupart
des œuvres de l'ancienne école tombèrent dans l'oubli[3]. De toutes
les productions poétiques et musicales écloses pendant les années
orageuses où se décida l'avenir de l'État lacédémonien, les seules
qui devaient traverser les siècles furent les chants de Tyrtée[4];
leur caractère universel et leur mérite durable les fit survivre aux
circonstances dont ils étaient issus et aux nombreuses évolutions
du goût. Peu d'années après la fin de la guerre nous voyons
fleurir à Sparte une musique chorale étrangère à la politique et
à la pédagogie, brillant plutôt par la grâce que par la force,
et concentrée presque entièrement dans les mains de la partie
féminine de la population.

Le représentant de cette nouvelle école, le maître que les Alcman
érudits de la période alexandrine regardent comme le vrai poëte

1 Livre IV, ch. 20.

2 PLUT., *de Mus.* (W., § VII). — Cf. E. HILLER, *Sakadas der Aulet*, dans le *Rheinisches Museum*, T. XXXI, nouv. sér., p. 77-78.

3 Au temps de Glaucus (430 av. J. C.) on n'était plus d'accord sur les genres auxquels devaient être attribuées les œuvres de Thalétas, de Xénodame et de Xénocrite. Cf. PLUT., *de Mus.* (W., § VII). L'annaliste ne mentionne Polymnaste qu'à titre d'aulode.

4 Outre ses chants de marche, qui s'exécutaient avec des mouvements orchestiques (ATHÉN., l. XIV, p. 631, f), Tyrtée fut, d'après Pollux (l. IV, sect. 107), le créateur des compositions orchestiques à trois chœurs : l'un formé d'enfants, l'autre d'hommes faits et le troisième de vieillards. Trois vers d'un de ces chants ont été sauvés par Plutarque (*Vit. Lycurg.*, § 21).

national de Sparte et le fondateur du style classique de la lyrique chorale, n'était ni d'origine laconienne ni même Hellène. Alcman était Lydien et né à Sardes. Une épigramme d'Alexandre l'Étolien
272 av. J. C. lui fait dire :

« Sardes, vieux séjour de mes pères, si j'avais été élevé dans tes murs, je serais porte-« plat ou danseur eunuque au service de la Grande-Mère, orné d'or et brandissant dans « mes mains le beau *tympanon;* mais maintenant j'ai nom Alcman, je suis citoyen « de Sparte, la ville riche en trépieds sacrés, et j'ai appris à connaître les muses de « l'Hélicon, qui m'ont fait plus grand que les despotes Daskylès et Gygès[1]. »

La période d'activité d'Alcman doit se placer entre 628 et 600
Ol. XXXVIII-XLV. av. J. C.[2]. Pendant cet espace de temps il remplit à Sparte les fonctions, très-honorées, de maître des chœurs; en cette qualité il composa le texte, la musique et la danse d'une foule de chants destinés aux solennités publiques et en dirigea l'exécution. Son chœur ordinaire était formé de jeunes Lacédémoniennes.

Par un hasard heureux il nous est parvenu plus de vers d'Alcman que de maint poëte d'une époque postérieure. Ces fragments, tous destinés à l'exécution musicale, diffèrent fortement entre eux par le ton poétique et par les sujets. On y rencontre bon nombre de textes qui n'ont pu être chantés qu'au milieu d'une réunion d'hommes, dans les banquets consacrés par les usages de Lacédémone. Excepté un péan de table (chœur entonné par la masse entière des convives), les morceaux de cette catégorie ont appartenu à des chants monodiques; le poëte y célèbre tantôt la beauté dont il est momentanément épris[3], tantôt les plaisirs de la bonne chère. Mais la plupart des vers conservés proviennent de chœurs pour voix de femme, accompagnés de danse. On peut les subdiviser en trois classes : les *hymnes*[4], morceaux d'une couleur naïve et archaïque; les *chants nuptiaux*[5], gracieux et profanes de ton; les odes virginales ou *parthénies* proprement dites. Non-seulement ces derniers chants étaient exécutés par des jeunes filles, ils avaient aussi pour thème la

1 Plut., *de Exilio*, § 2.

2 Cf. O. Müller, *Hist. de la littér. gr.* (trad. d'Hillebrandt), ch. 14. En général on recule trop l'époque de l'existence d'Alcman.

3 Cf. Athén., l. XIII, p. 600, f.

4 A Zeus Lycien, aux Dioscures, à Héré, Apollon, Artémis, Aphrodite, etc.

5 Cf. Koechly, *Akad. Vortr. u. Reden*, p. 193 et suiv.

louange d'une ou de plusieurs d'entre elles[1], et formaient ainsi la contrepartie des hymnes dédiés à de beaux éphèbes, genre de chœurs cultivé plus tard par Stésichore, Ibycos et Pindare. Le fragment le plus considérable que nous possédions d'Alcman est le célèbre *parthénion* découvert en Égypte il y a vingt-cinq ans[2].

La poésie chorale du vieux maître de chœurs n'exprime pas la grandeur et la force, mais l'aménité, le charme, les mouvements tempérés de l'âme. Écrite dans le rude et franc dialecte laconien, dont elle est l'unique monument littéraire, elle a une saveur toute locale, un je ne sais quoi de naïf qui n'exclut ni la noblesse ni l'élégance. On y respire un sentiment profond de la nature, ce qui, parmi les lyriques, ne se retrouve au même degré que chez Sappho. Parfois cette poésie a des accents d'une grâce mélancolique, témoin ce quatrain en hexamètres où le poëte, chargé d'années et pressentant sa fin prochaine, s'adresse à l'essaim toujours jeune de ses écolières :

« Plus jamais, jeunes filles aux voix fraîches et argentines, mes membres ne retrouve-« ront leur vigueur. Oh! que ne puis-je devenir comme le *céryle*[3] s'envolant, porté par « sa compagne, sur l'écume fleurie des mers, certain d'un beau voyage, lui l'oiseau « empourpré du printemps. » Fragm. 28.

Rhythmes d'Alcman.

Les traits dont se compose la physionomie de l'homme et du poëte, sensualisme candide, rusticité élégante, enjouement grave, se reflètent dans la rhythmopée facile et variée du vieux maître. On y retrouve presque toutes les formes métriques mises en œuvre par les prédécesseurs d'Alcman : iambes et trochées d'Archiloque (3/8), ioniques d'Olympe (3/4), rhythmes crétiques de Thalétas (5/8), anapestes de Tyrtée et dactyles hexamètres des chantres nomiques (2/4) : aussi le poëte-musicien pouvait-il dire de lui-même sans outrecuidance : « Tous les chants des « oiseaux, je les connais[4]. » S'il ne révéla pas aux Grecs des mesures entièrement inconnues pour eux, au moins sut-il offrir

1 Procl., p. 352, Gaisf. — Cf. *Philol.*, T. XXVII, p. 246 et suiv.

2 Voir ci-dessus, p. 202.

3 C'est un oiseau de mer : quelques-uns en font le mâle de l'*alcyon*. D'après une opinion populaire fort répandue dans l'antiquité, lorsque le mâle était devenu vieux et incapable de voler, la femelle le portait sur les ailes.

4 Fragm. 67. — Cf. fragm. 17.

sous de nouvelles formes celles dont l'art de son époque s'était déjà emparé. Il façonna au style choral *l'espèce dactylique*, mise d'abord en usage par Polymnaste[1] (p. 328). Ce rhythme qui, semblable en ceci à l'anapeste, n'aime pas les pauses à l'intérieur des périodes[2], convenait à l'allure svelte et dégagée de sa poésie.

Μῶσ' ἄγε, Καλ-λιό - πα, θύγα - τερ Διός, ἄρχ' ἐρα - τῶν ἐπέ - ων ἐπὶ δ' ἵ-μερον
ὕμ - νῳ καὶ χαρί - εν-τα τί - θει χορόν.

Fragm. 45.

Enfin Alcman est le plus ancien poëte chez lequel on trouve de véritables *logaèdes*, c'est-à-dire des mètres ternaires où les chorées, parfois contractés en tenues, parfois décomposés en tribraques, sont entremêlés de dactyles cycliques (pp. 115, 122). Déjà on distingue chez lui en germe les deux styles logaédiques qui par la suite sont devenus spéciaux, l'un à la chanson monodique des Éoliens de Lesbos, l'autre, à la chorale orchestique (p. 123). Les *logaèdes du style odique*, avec leurs formes simples et symétriques, sont représentés par le grand *parthénion*. Voici le début d'une des strophes entièrement conservées :

Ἦ οὐχ ὁ - ρῇς; ὁ μὲν κέ - λης Ἐ - νε[3]-τικὸς, ἁ δὲ χαί - τα
τᾶς ἐ - μᾶς ἀ - νε-ψι - ᾶς Ἀ - γη - σιχό - ρας ἐ - παν - θεῖ etc.

Cf. Christ, *Metrik*, p. 565.

Les *logaèdes du style lyrico-orchestique*, qui sous la main de Pindare devaient acquérir une incomparable richesse de formes, se montrent déjà avec leurs propriétés caractéristiques : mélange de membres d'inégale étendue; absence de symétrie dans le dessin rhythmique des membres appareillés. Le spécimen le plus remarquable que nous en offrent les restes d'Alcman est, d'après la

[1] Alcman a parlé de Polymnaste dans ses chants. Plut., *de Mus.* (W., § V).

[2] L'absence des pauses est également probable dans les *cantica* de la tragédie latine qui ont ce rhythme. Voir les vers de Pomponius « *Pendeat ex humeris dulcis chelys,* » cités par Welcker, *Griech. Trag.*, p. 1442.

[3] Au sujet de cette licence métrique, cf. *Philol.*, T. XXVII, p. 577-578.

conjecture ingénieuse d'un philologue moderne, le début d'une *sérénade nuptiale*[1] :

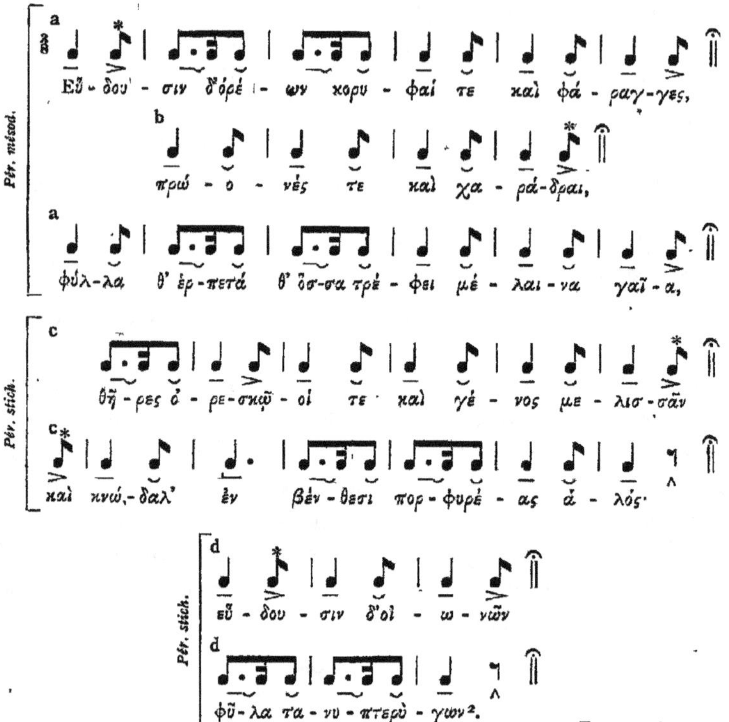

Pér. mésod.

a Εὕ - δου - σιν δ' ὀρέ - ων κορυ - φαί τε καὶ φά - ραγ-γες,

b πρώ - ο - νές τε καὶ χα - ρά-δραι,

a φύλ-λα θ' ἑρ-πετά θ' ὅσ-σα τρέ - φει μέ - λαι-να γαῖ - α,

Pér. stich.

c θῆ - ρες ὀ - ρε-σκῷ - οί τε καὶ γέ - νος με - λισ-σᾶν

c* καὶ κνώ,- δαλ' ἐν βέν - θεσι πορ - φυρέ - ας ἁ - λός·

Pér. stich.

d εὕ - δου - σιν δ' οἰ - ω - νῶν

d φῦ - λα τα - νυ - πτερύ - γων[2].

Fragm. 60.

Strophes

Mais où Alcman a indubitablement devancé tous les maîtres de l'art mélique et fait acte d'initiateur, c'est dans la coupe orchestique et musicale de ses *cantica*. Le grand *parthénion* présente le plus ancien exemple connu, chez les Grecs, d'un chant divisé en strophes dépassant l'étendue du quatrain[3]. Le procédé de composition est très-primitif encore : toutes les strophes suivent le

[1] KOECHLY, *Akad. Vortr.*, T. I, p. 194.

[2] Traduction : « Tout dort : les sommets et les gorges des montagnes, et les promontoires et les ravins, et les feuilles et les reptiles que nourrit la sombre terre, et les fauves habitants des hauteurs et le peuple des abeilles et les monstres cachés dans les profondeurs de la mer étincelante. Elles dorment aussi, les familles des oiseaux aux grandes ailes. »

[3] La coupe strophique du morceau a été rétablie par M. Ahrens. Voir le *Philologus*, T. XXVII, p. 241 et suiv., p. 577 et suiv.

même modèle rhythmique[1] (p. 208) et leur structure intérieure est de la plus grande simplicité (p. 202). Néanmoins on ne peut méconnaître dans ces formes naïves le germe dont sortiront un jour les grandioses constructions de Pindare. Au lieu de ne renfermer qu'une période unique, comme les épodes d'Archiloque (p. 335), ou même seulement deux vers d'égale étendue, comme le distique élégiaque (p. 182), les strophes d'Alcman embrassent plusieurs périodes, dont la longueur et parfois aussi la coupe diffèrent, et dont les divisions intérieures sont nettement marquées. « Alcman coupa ses rhythmes, » dit un écrivain antique, « et disséqua le chant; par là il procéda de la manière la plus « convenable pour la poésie musicale[2]. » La création de la strophe lyrique correspond à une transformation complète de la danse non mimée, à un progrès définitif dans la contexture mélodique des cantilènes chorales. Au lieu du retour irrégulier et fortuit d'un petit nombre de mouvements et de poses, on voit se produire la répétition exacte et régulière d'un groupe de mouvements variés, formant un tableau savamment composé qui se déroule et repasse plusieurs fois devant l'œil du spectateur. La cantilène cesse d'être enserrée dans d'étroites limites; elle s'élargit et, sans perdre son unité, elle atteint la variété à l'aide de métaboles rhythmiques et mélodiques.

Mélodies. L'innovation capitale dont nous venons de donner un aperçu assure, dans l'histoire de l'art musical, une place éminente à celui que les anciens ont appelé « l'aimable Alcman, le chantre « des hymnes nuptiaux, le cygne dont les mélodies sont chères « aux Muses[3]. » Il introduisit dans la cantilène orchestique, probablement assez raide encore chez Thalétas, Xénodame et Xénocrite, les richesses et le charme voluptueux de la mélopée

1 D'après Héphestion, Alcman mit aussi en œuvre la coupe suivante : sept strophes d'un modèle, auxquelles succédaient sept strophes d'un autre modèle.

A A A A A A A B B B B B B B

Mais cette combinaison ne fut reprise par aucun poëte plus récent. Cf. WESTPHAL, *Metrik*, II, p. 256; BERNHARDY, *Grundriss*, T. II, 1re part., p. 532.

2 « *Secuit Alcman numeros et comminuit carmen. Hinc poetice melice.* » Fragm. post Censor., 9.

3 Léonidas de Tarente (v. 250 av. J. C.) dans l'*Anthol. palat.*, VII, 19.

asiatique. Cet élément étranger, par lequel le Phrygien Olympe avait transformé la musique instrumentale, le Lydien Alcman le transporta dans le chant orchestique. Selon le mot d'un rhéteur : « Il sut marier la lyre dorienne à la cantilène des Lydiens[1]. » Mais la *lydisti* d'Alcman n'est pas la *plaintive*, dans laquelle le descendant du disciple de Marsyas soupira ses nomes funèbres (p. 348-349); c'est l'*élégante*, le mode lydien proprement dit (T. I, p. 187), qui se plaît à résonner sur la *pectis* orientale[2], unie à la flûte douce. Le poëte adoptif de Sparte utilisa ces souvenirs mélodieux du pays natal pour ses œuvres les plus gracieuses, et avant tout pour des chants nuptiaux, genre essentiellement lydien[3]. Cependant il sut, aussi bien qu'Olympe, faire vibrer les cordes helléniques; à l'époque d'Alexandre on avait encore de lui plusieurs *parthénies* en mode dorien[4]. 338 av. J. C.

Comme autrefois le *maestro al cembalo* dans l'opéra italien, Alcman, en qualité de maître des chœurs, dirigeait l'exécution de ses œuvres en jouant lui-même de la cithare; dans un de ses vers il s'enorgueillit naïvement de l'admiration qu'inspirait aux jeunes musiciennes de Sparte son talent d'instrumentiste[5]. Pour l'accompagnement des morceaux avec *auloi*[6], les chants nuptiaux, entre autres, il avait à son service trois musiciens originaires de la Phrygie, nommés Sambas, Adon et Télos[7]. Les poésies monodiques se chantaient aux sons d'un instrument à cordes, ainsi que le prouve le titre de *clepsiambes* donné à une catégorie de ces productions[8]; nous supposons qu'il s'agit ici des pièces en mètres iambiques (p. 339), toutes chansons de table[9]. Instrumentation.

1 HIMER., *Or.* V, 3.

2 La *magadis*, qui ne différait pas de la *pectis* (p. 244), est nommée au fragm. 91.

3 SUIDAS, au mot Ὑμεναίων.

4 Aristoxène ap. PLUT., *de Mus.* (W., § XIII).

5 Fragm. 66.

6 Plus tard les *flûtes parthéniennes* devinrent obligatoires pour tous les chœurs féminins. Cf. EURIP., *les Phéniciennes*, VI. Voir aussi plus haut, p. 278, note 3.

7 ATHÉN., l. XIV, p. 624 (voir ci-dessus, p. 340). Est-ce d'un de ses aulètes qu'Alcman parle dans les fragments 77, 78 et 82? — Ce fut seulement par exception qu'à Sparte le chef du chœur accompagna lui-même ses chanteurs sur l'*aulos* (cf. ARISTOTE, *Polit.*, l. VIII, ch. 6); en Attique, au contraire, c'était là, paraît-il, l'usage général après les guerres médiques (PLAT., *Alcib.* I, p. 125, c, d), au moins pour le dithyrambe.

8 Aristoxène, cité par HESYCHIUS, au mot κλεψίαμβοι.

9 Fragm. 74, 75, 76 et 77.

La chorale hors de Sparte.

Après Alcman, Sparte cesse d'être le foyer lumineux de l'art musical, et bientôt son école entre dans une obscurité complète[1]. Le chant choral surgit en d'autres contrées et prend une autre direction poétique. Il aborde des sujets réservés jusque là à l'épopée, en se rapprochant du nome terpandrien par la sévérité des formes rhythmiques et musicales. Outre l'Italiote Xénocrite, qui déjà auparavant s'était essayé sur des arguments héroïques, les plus anciens représentants de ce nouveau genre de poésie chorale paraissent être Xanthos, auteur d'une *Orestie*[2], et le célèbre aulète argien Sacadas, lequel composa une *Destruction d'Ilion*[3]. Aucun vers de ces poëmes ne s'est conservé, et nous manquons tout à fait de détails à l'endroit de leur contexture rhythmique. Un seul fait, que nous glanons parmi les notices de Glaucus, est à retenir pour l'histoire de la musique, c'est l'innovation tentée par Sacadas dans une composition chorale coupée en trois strophes, le *Trimélès* (= *chant à triple mélodie*). Le maître d'Argos avait imaginé de donner à chaque strophe une mélodie particulière : la première dorienne, la deuxième phrygienne et la troisième lydienne[4], ce qui produisait une métabole de mode et de ton dont on peut se représenter assez aisément le mécanisme et l'effet (voir T. I, p. 230 et suiv.).

v. 600 av. J. C.?

Stésichore.

La contrée qui dota la Grèce du poëte-musicien appelé à perfectionner la chorale épique et à fixer les formes essentielles du lyrisme dorien fut la Sicile. Ses grandes villes helléniques, Syracuse, Agrigente, Himère, Catane, avaient déjà des institutions musicales à l'époque où nous sommes parvenus; plus tard Sappho, Arion, Simonide, Eschyle, Pindare, Bacchylide, Philoxène y

[1] Trois noms indigènes émergent à moitié de cette obscurité : Dionysodote, compositeur de péans, nommé par Athénée (l. XV, p. 678, c), après Thalétas et Alcman; Gitiadas, dont Pausanias (l. III, ch. 17 et 18) mentionne un hymne à Pallas : il était contemporain de Lasos; Spendon, cité par Plutarque (ci-dessus, p. 375, note 3).

[2] « Xanthos est un poëte-compositeur antérieur à Stésichore,.... lequel a imité plusieurs « de ses sujets, entre autres l'*Orestie*. » Athén., l. XII, p. 513, a.

[3] Athén., l. XIII, p. 610, c. — Les chœurs tragiques en l'honneur d'Adraste, qui se chantaient à Sicyone avant l'avènement de Clisthène, c'est-à-dire au temps d'Alcman (Hérod., l. V, § 67), se rattachaient probablement à cette classe d'œuvres.

[4] Voir T. I, p. 242. — Les chroniques de Sicyone désignaient Clonas comme l'inventeur du *nomos trimélès*. Plut., *de Mus.* (W., § VII).

séjournèrent et y firent exécuter leurs compositions. L'épithète qui devint le nom de famille du vieux poëte lyrique[1] exprime d'une manière significative le rôle de celui-ci dans le développement de l'art grec, et la dignité presque sacerdotale dont la postérité se complut à l'honorer. Stésichore naquit à Himère[2],
dans la XXXVIIe Olympiade, d'une famille d'origine locrienne. 632-629 av J C
Lui-même habita quelque temps la patrie de Xénocrite[3], mais il passa la plus grande partie de son existence dans sa ville natale comme maître des chœurs, fonction qui devint héréditaire chez ses descendants, et grâce à laquelle il eut l'occasion de faire apprécier aux solennités publiques et religieuses, les produits
de sa muse féconde. Il mourut à Catane dans la LVIe Olympiade. 556-553
Les grandes compositions par lesquelles Stésichore immortalisa son nom roulaient sur des sujets empruntés à divers cycles mythiques. A côté de ces productions sévères, il composa des hymnes destinés à célébrer la beauté de jeunes adolescents[4]; puis des chants d'une nature intime, *Calyx*, *Rhadine*, histoires touchantes de jeunes filles mortes prématurément, l'une pour avoir vu dédaigner sa vertueuse passion, l'autre sacrifiée à la jalousie d'un tyran[5]. Cette dernière classe de poésies musicales, dont la littérature antérieure n'offre point d'exemples, et que l'on peut comparer au *lied* ou à la romance de nos jours, était conçue en vue de l'exécution individuelle et privée. Il en est de même des chansons de table de Stésichore, très en vogue auprès des Athéniens du temps d'Aristophane[6]. Enfin, au dire des anciens, le chantre sicilien aurait donné, dans un poëme intitulé *Daphnis*, le premier modèle de la *bucolique*, dont il avait trouvé les germes dans les agrestes refrains de son île natale[7] : timides préludes du chant idyllique qui devait fleurir si brillamment quelques siècles plus tard dans la patrie de Théocrite.

1 Στησί-χορος = *celui qui établit le chœur*. Son vrai nom était Tisias.

2 Aujourd'hui *Termini*, au S.-E. de Palerme.

3 Cf. ARISTOTE, *Rhétor.*, l. II, ch. 21.

4 « Stésichore, bien que peu porté à l'amour, traita aussi ce genre de chants qui « s'appelaient autrefois *pædiques*. » ATHÉN., l. XIII, p. 601, a.

5 ID., l. XIV, p. 619, d, e; STRAB., l. VIII, p. 347.

6 *Schol. Aristoph. in Nub.*, 179; *in Vesp.*, 1222. Cf. HÉSYCH., aux mots Τριὰς Στησιχόρου.

7 Cf. ATHÉN., l. XIV, p. 619, a.

Toute l'antiquité est unanime pour ranger Stésichore parmi les poëtes de premier ordre. Selon le mot de Quintilien « il porta sur « la lyre le fardeau de l'épopée; » d'autres disaient « que l'âme « d'Homère avait passé en lui. » En présence du petit nombre et de la brièveté désespérante des lambeaux qui ont échappé à une destruction complète, il n'est pas possible de contrôler ces jugements; toutefois le peu qui subsiste des cantates épiques de Stésichore[1] atteste un génie vigoureux, une imagination vive, unie à un style plein de noblesse et d'élévation. A ces traits nous reconnaissons le précurseur de Pindare.

Rhythmes de Stésichore.

Si la figure du poëte ne se dégage qu'imparfaitement des rares débris de son œuvre, celle du musicien s'en laisse abstraire avec beaucoup plus de difficulté encore. Et lorsque, pour reconstruire une image tant soit peu satisfaisante, nous cherchons quelque supplément d'information dans les maigres extraits de Glaucus, notre perplexité ne fait que s'augmenter; en effet, ce que nous révèlent les restes poétiques de Stésichore au sujet de sa musique s'accorde très-mal avec les assertions de l'historiographe. Celui-ci nous dépeint le maître occidental comme s'étant inspiré principalement des mélodies de l'école phrygienne : « Stésichore l'Himé« rien, » dit-il, « ne se proposa pour modèle ni Terpandre, ni « Archiloque, ni Thalétas, mais bien Olympe. Il se servit du *nomos* « *harmatios*....[2] » D'après cela on devrait s'attendre à rencontrer chez le poëte sicilien une rhythmopée riche et variée, une prédominance marquée des mesures quinaires et ternaires propres aux cantilènes aulétiques d'Olympe; or il n'en est rien[3]. A s'en tenir uniquement aux vers conservés, on doit reconnaître que de tous les poëtes lyriques Stésichore fut le plus pauvre en rhythmes. Partout nous ne trouvons que des mètres issus de la mesure de $^2/_4$, s'écoulant avec un mouvement calme et placide sous lequel se devine

[1] Ces fragments poétiques, *dont le plus long a six vers*, proviennent d'œuvres intitulées *les Jeux funèbres pour Pélias*, *Géryon*, *les Chasseurs du sanglier*, *Eriphyle*, *la Ruine d'Ilion* (sujet traité par Sacadas), *Hélène*, l'*Orestie* (sujet emprunté à Xanthos).

[2] Plut., *de Mus.* (W., § VI).

[3] Le prétendu imitateur d'Olympe proteste contre l'usage de l'*aulos* pour le service d'Apollon (fragm. 50), ce qui se rapporte peut-être à la victoire de Sacadas à Delphes (en 586 av. J. C.).

une austère cantilène du mode dorien[1]. Une seule hypothèse permet de concilier tant de contradictions, c'est que le dire de Glaucus se rapporterait à la portion perdue des œuvres du maître, et particulièrement aux chansons profanes : cette hypothèse nous l'adoptons. Il y a donc lieu, selon nous, de distinguer dans Stésichore deux artistes ayant chacun sa physionomie distincte : d'un côté l'auteur des cantates épiques, le seul dont les Grecs alexandrins aient connu les poésies; de l'autre, le Stésichore des cantilènes d'amour et de table : c'est ce dernier que Glaucus a rattaché à l'école d'Olympe. Un indice favorable à notre explication, c'est que les deux vers de *Rhadine* — tout ce qui reste de cette catégorie de productions — ont un rhythme bien différent de celui des chants choriques de notre poëte. Ce sont de *grands asclépiades*, mètre logaédique très-gracieux et fort usité à la même époque chez Alcée et Sappho[2] :

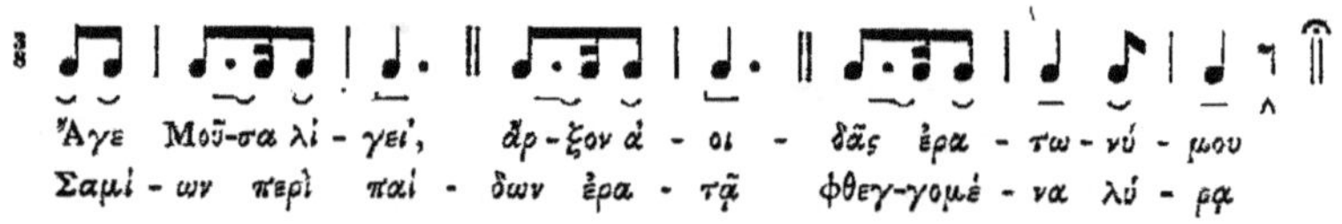

Ἄγε Μοῦ-σα λί - γει', ἄρ - ξον ἀ - οι - δᾶς ἐρα - τω - νύ - μου
Σαμί - ων περὶ παί - δων ἐρα - τᾶ φθεγ-γομέ - να λύ - ρα

Fragm. 44.

Quant aux fragments lyrico-épiques de l'Himérien, ils appartiennent tous à l'une ou à l'autre des deux formes suivantes de la mesure binaire : l'*espèce dactylique*, déjà employée par Alcman (p. 384) et, plus anciennement encore, par Polymnaste[3]; le *dactyle épitrite* ou *rhythme dorique* (pp. 112, 120, 131), dont il n'existe aucun spécimen antérieur à Stésichore, en sorte que les anciens lui en ont attribué la paternité[4]. L'on sait que les dactyles épitrites forment l'un des deux types métriques de la danse chorale à sa

[1] Le fragment 34, il est vrai, parle du mode phrygien : « De pareils dons des Charites « doivent être joyeusement chantés, au premier souffle du printemps, sur une mélodie « phrygienne. » Mais ces vers soulèvent deux difficultés. D'abord, ce sont des *dactylo-épitrites*, ce qui ne cadre pas avec la *phrygisti*. Ensuite, quelles étaient ces mélodies *phrygiennes* qui se chantaient *joyeusement* en l'honneur des Charites ?

[2] Stésichore a pu connaître personnellement Sappho, qui séjourna en Sicile vers 595.

[3] D'après une opinion répandue au temps de Glaucus, Stésichore aurait emprunté directement l'*espèce dactylique* au *nomos orthios* de Polymnaste (p. 328, note 1).

[4] Les grammairiens ont accolé le nom de Stésichore aux types usuels de cette classe de mètres. Cf. CHRIST, *Metrik* (Leipsick, 1874), p. 331.

période d'efflorescence : celui dont Pindare caractérise la mâle et tranquille énergie par l'expression de *pas dorique*[1]. Le rhythme dactylo-épitrite convient à toutes les variétés du chant orchestique, sauf l'hyporchème. Voici l'une de ses combinaisons les plus fréquentes chez Stésichore :

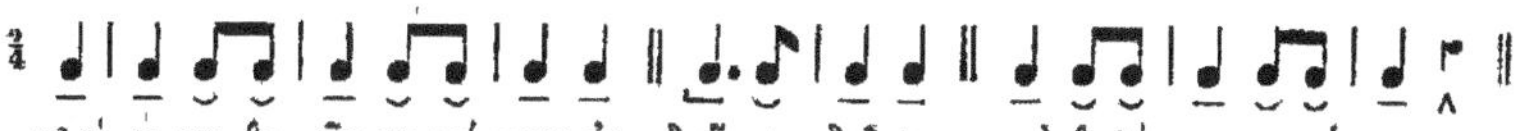

κλεί-ου-σα θε - ῶν τε γά-μους ἀν - δρῶν τε δαῖ-τας καὶ θαλί - ας μακά-ρων.

L'*Orestie*[2] (fr. 32).

Coupe des strophes et des *cantica*

Les anciens attribuent au poëte sicilien le mérite d'avoir fourni les premiers modèles de ces phrases musicales de longue haleine et de ces strophes majestueuses qui forment les deux traits distinctifs du grand style choral. « Stésichore et Pindare, » dit Denys d'Halicarnasse le jeune, « ayant construit des périodes « développées, les ont divisées en un grand nombre de vers et de « membres » (p. 202). Sans vouloir récuser ce témoignage, porté à une époque où la plupart des textes poétiques du vieux maître existaient encore, nous dirons que sous le rapport de la construction des périodes, les fragments conservés offrent infiniment moins d'intérêt musical que ceux d'Alcman. En ce qui touche à la composition strophique, le parallèle n'est pas possible, puisque, selon toute apparence, aucune strophe de Stésichore ne nous est parvenue entière[3].

Une gloire que l'on ne dispute pas au chantre de Sicile, c'est d'avoir imaginé la coupe normale des chants orchestiques, consistant dans le retour régulier du groupe ternaire : strophe, antistrophe, épode (p. 108 et suiv.). Toute l'antiquité appela ce type de composition *la triade de Stésichore*. Il est probable que le grand lyrique y fut amené par le besoin de donner une suffisante variété de mouvements à un chœur nombreux. En effet, si l'on s'en rapporte aux indications du monument symbolique qui lui fut élevé après sa mort[4], son personnel choral était de 64 personnes, disposées en carré, à la manière des chœurs spartiates : huit en

[1] Δώριον πέδιλον : *Olymp.* III, str. 1.

[2] Outre l'*Orestie*, *Hélène* et la *Destruction d'Ilion* étaient en épitrites.

[3] Il se pourrait toutefois que le fragm. 8 (tiré de *Géryon*) fût une strophe complète.

[4] POLLUX, l. IX, sect. 100.

largeur, huit en profondeur. La strophe mettait donc 32 choreutes en action; les 32 autres exécutaient l'antistrophe, et la masse entière prenait part à l'épode. Si chacun des membres du chœur chantait en même temps qu'il exécutait les mouvements orchestiques, l'effet d'un tel ensemble devait certes être aussi imposant pour l'oreille que pour les yeux. — En ce qui concerne l'accompagnement des cantates épiques de Stésichore, tous les témoignages se réunissent pour affirmer qu'il était confié à des instruments à cordes[1], ce qui accentue encore l'affinité de ces chants avec le nome citharodique.

Une génération après Stésichore nous rencontrons un autre poëte choral originaire des colonies grecques de l'Occident, Ibycos de Rhegium, dont la fin tragique a donné lieu à un proverbe encore populaire de nos jours. Par le mécanisme rhythmique de ses œuvres et la simplicité de leur structure musicale, il peut être regardé comme le successeur de l'Himérien. Plusieurs écrivains prétendent qu'il traita aussi des sujets tirés des vieux mythes. Mais rien ne subsiste des chœurs épiques d'Ibycos. Tous les fragments que nous possédons de lui sont des cantates érotiques et datent de l'époque où le poëte italiote charmait à Samos la cour de Polycrate. A ce double titre, sa place est auprès d'Anacréon. 530-522 av. J. C.

§ III.

Au moment où le chant choral, cultivé par les Doriens du Péloponnèse, arrive à des formes régulières avec Alcman, une manifestation toute différente du génie poétique et musical de l'Hellade se fait jour chez les Grecs voisins de l'Asie. L'ode éolienne surgit à Mitylène, sur la rive orientale de l'île de Lesbos. Mais cet art tout mondain n'a rien de commun avec la tradition de Terpandre, laquelle se continue dans les villes de l'ouest, Méthymne, Antissa, et revit, vers la même époque, dans un citharède fameux, Arion. Grâce à la situation admirable de leur

Lesbos vers 600 av. J. C.

[1] « Stésichore établit le premier un chœur chantant à la cithare. » SUIDAS.

île, l'esprit d'entreprise s'était éveillé chez les descendants des Béotiens immigrés. Enrichis par le trafic maritime, les habitants de Mitylène étaient parvenus à un degré de prospérité et de développement intellectuel qu'aucun rameau de la famille éolienne n'a atteint ni avant, ni après. Une caste aristocratique, altière et puissante, passant sa vie entre les brigues politiques, les expéditions commerciales et guerrières, les plaisirs de la table et de l'amour, gouvernait l'État et cultivait les arts indigènes avec la fougue propre à la race. A plusieurs égards la Lesbos du VIe siècle rappelle la physionomie de certaines républiques italiennes vers l'époque de la Renaissance, telles que Gênes ou Venise; de part et d'autre nous voyons une société raffinée, lettrée, éprise d'art, mais en même temps violente, sensuelle et sans frein moral. Agir et jouir, telle est la devise de cette chevalerie éolienne.

L'élément féminin avait à Lesbos une condition bien différente de celle qu'il eut plus tard en Attique et partout où dominait l'esprit ionien. Plus complètement encore que les Doriens, les Éoliens insulaires, comme leurs frères du continent, avaient conservé et développé sur ce point les antiques traditions grecques, accordant à la femme une part active dans la vie sociale, ainsi que dans les fêtes et réjouissances, et lui offrant par là l'occasion de déployer une individualité marquée. Tandis que chez les Ioniens le beau sexe restait confiné dans les gynécées, d'après la coutume asiatique, à Lesbos il cultivait la poésie et la musique avec autant d'ardeur et de succès que les hommes. Des associations présidées par les femmes les plus distinguées se donnaient pour mission de former les jeunes filles aux nobles manières et de leur apprendre à chanter et à bien dire. Les relations des deux sexes avaient un caractère de liberté analogue à celui que sanctionnent les mœurs modernes.

Les manifestations esthétiques d'une société ainsi constituée devaient être musicales plutôt que plastiques. Aussi l'Éolide n'a-t-elle eu d'autres artistes que des poëtes-musiciens, et la poésie chantée, au sein d'un État oligarchique, où l'individualisme se donnait libre carrière, ne pouvait-elle être qu'une effusion ardente des passions privées. Et en effet la poésie lesbienne est par essence monodique et indépendante de la danse. Le chant choral, organe d'une collectivité et exigeant des sujets d'intérêt public, était destiné à se développer dans une république militaire, où régnait une discipline de fer, où une pensée de solidarité animait tous les membres de la communauté. A Lesbos il ne put acquérir d'importance réelle. On ne s'imagine guère les opulents seigneurs de Mitylène chantant en chœur et exécutant une danse d'ensemble sous une direction unique. Les compositions orchestiques qui se produisaient en certaines circonstances étaient confiées à des chœurs de vierges et d'adolescents.

La poésie de cette nouvelle école lesbienne appartient au genre de la chanson. L'âme y épanche en toute liberté les sentiments dont elle est momentanément agitée, en choisissant, comme son interprète spontané, le plus archaïque et le plus familier de tous les dialectes grecs, l'éolien. Les combinaisons rhythmiques, appartenant presque exclusivement à la mesure de 3/8 et au mètre logaédique, se distinguent par le naturel et l'élégance[1]. Les vers ont une propriété remarquable, qui accuse l'absence d'orchestique : la forme libre de la première mesure du membre, ce que l'on appelle la *basis éolienne*[2] (p. 140). On n'y aperçoit que les deux types strophiques les plus anciens : la strophe à deux vers, dont la première application fut faite dans l'élégie (p. 324); le quatrain, qui remonte probablement à Archiloque (p. 337). Tout ceci nous révèle une cantilène coulante, courte, aux contours nets et incisifs. Comme nos chansonniers, les poëtes de Lesbos faisaient souvent leurs vers sur des mélodies locales, telles qu'il en existait parmi les diverses corporations qui se partageaient la population des villes helléniques[3] : la chose est prouvée à l'évidence par le nombre restreint de leurs mètres, contrastant si fortement avec

L'ode lesbienne

[1] Les mètres choréïques, assez rares, proviennent d'Archiloque; les ioniques se trouvent antérieurement chez Alcman. Quant aux logaèdes, ils rappellent aussi à certains égards quelques-uns de ceux d'Alcman, sans qu'il y ait toutefois des preuves d'un emprunt direct.

[2] Cf. J. H. H. Schmidt, *Griech. Metrik*, p. 460 et suiv.

[3] Athénée (l. XIV, p. 618 et suiv.) mentionne les chansons des meuniers, des tisserands, des moissonneurs, des nourrices, des journaliers, des baigneurs, des bouviers, etc. — Plutarque (*Sept. Sap. conv.*, § 14) a conservé le refrain d'une chanson lesbienne, contemporaine d'Alcée et de Sappho : « Mouds, meule, mouds, car Pittacos moud aussi, « lui, le roi de la grande Mitylène. »

la variété inépuisable des rhythmes créés par les compositeurs orchestiques de la même époque. Les odes de Lesbos suivaient le mode éolien, le plus européen des modes grecs, caractérisé très-nettement par Héraclide du Pont (T. I, p. 180); néanmoins aux airs indigènes se mêlèrent de bonne heure des réminiscences de cantilènes mélancoliques à la manière orientale, ce qui donna lieu à la création d'un type de mélodie propre à l'expression des sentiments langoureux et passionnés, le mode mixolydien[1] (T. I, p. 188). Pour l'accompagnement des chansons lesbiennes, les instruments à cordes en usage chez les peuples de la Lydie sont employés de préférence à la lyre et à la cithare hellénique (ci-dessus, p. 244-246). Les *auloi*, bannis de cet art élégant, ne sont admis que dans les genres anciens et populaires : les péans de table, les hymnes nuptiaux[2].

Aucune des productions de la muse lyrique de l'Hellade n'a été plus sympathique au goût occidental et n'y a jeté des racines aussi profondes que l'ode lesbienne. Ses rhythmes et ses formes strophiques, transportés dans la littérature romaine et de là dans le chant ecclésiastique, n'ont pas encore, au bout de tant de siècles, épuisé leur popularité parmi nous. Tandis que la chorale dorienne, avec ses poses et sa symétrie architecturale, tourne facilement à l'art décoratif, à la convention et à la sécheresse, et que la structure majestueuse des strophes de Pindare lui-même nous étonne plus qu'elle ne nous charme, le souffle chaud et humain qui pénètre l'art éolien remue en nous les fibres les plus intimes du sentiment et garde jusqu'à ce jour toute sa puissance communicative. Par un privilége unique, et qui n'a pas peu contribué à rehausser son prestige, cet art apparaît sur la scène de l'histoire sans enfance comme sans vieillesse; semblable à un météore lumineux, il brille quelques instants pour disparaître sans

[1] L'usage de l'ionique mineur chez Alcée et Sappho permet de conclure aussi à l'emploi de l'harmonie phrygienne, propre à ce mètre (pp. 61, 345 et *passim*).

[2] « Il entonne sur l'*aulos* un péan lesbien. » ARCHIL., fragm. 76. — Les épithalames de Sappho avaient pour accompagnement des *pectis* et des *auloi*. DION. HALIC., *Ars rhetor.*, ch. IV, § 1. Comme la *pectis* avait un diapason aigu (p. 244), il est probable que les *auloi* auxquels elle s'associait étaient des chalumeaux masculins de la classe des *parfaits* (p. 286). Les anciens, dans leur musique concertante, avaient l'habitude d'accoupler un instrument aigu à un instrument grave (pp. 245, 359).

retour. Tout le génie de la merveilleuse école de Lesbos s'est incarné dans les deux figures rayonnantes d'Alcée et de Sappho.

Alcée écrivit ses poésies entre la XLe et la L[e] Olympiade. Issu d'une famille patricienne de Mitylène, il prit une part active aux événements politiques et aux luttes civiles qui changèrent plusieurs fois en peu d'années le sort de sa ville natale. Le parti oligarchique, auquel il appartenait, ayant été vaincu dans une de ses tentatives contre le pouvoir dictatorial soutenu par le peuple, Alcée fut exilé et mena longtemps une vie errante. Plus tard il accepta l'amnistie offerte par le magnanime ésymnète Pittacos, dont il s'était montré le plus violent détracteur, et après une existence agitée, il eut le bonheur de retourner dans sa patrie pacifiée et d'y passer ses derniers jours. Alcée 620-580 av J C

Si l'on en excepte quelques hymnes, qui d'ailleurs ont des formes métriques tout à fait profanes, la poésie d'Alcée, dont il nous reste un certain nombre de fragments, est l'expression palpitante de sa nature pleine de fougue et de noblesse, se révélant au milieu des luttes politiques, des jouissances de la vie ou des émotions de l'amour. Horace a peint en quelques traits vigoureux cette figure de poëte, son principal modèle :

« Redis maintenant un chant latin, ô *barbiton*. Autrefois tu résonnas sous les doigts « du citoyen de Lesbos, lequel, encore chaud du carnage, ou dans le fracas des camps, « ou après avoir amarré à la rive humide le navire ballotté par les flots, chantait Bacchus « et les Muses et Vénus et son fils, qui partout suit ses pas, et Lycus, si séduisant avec « ses yeux noirs, avec ses boucles noires. » *Od.*, l. I, 32.

Ainsi que l'indique le lyrique romain, les vers d'Alcée se rangent sous trois grandes catégories : les chansons politiques et guerrières, les chansons de table, les chansons d'amour. Chacune des trois classes est représentée par des morceaux de la plus grande beauté, dont la plupart ont servi de modèle à l'ami de Mécène. Dans les chansons à boire Alcée a été le créateur des motifs traditionnels qui depuis des siècles défrayent ce genre de poésie[1]. Peu de chose nous est parvenu de sa poésie érotique.

[1] Tantôt les rigueurs de l'hiver l'invitent à prendre la coupe auprès de la flamme pétillante du foyer (fragm. 34); tantôt les ardeurs de l'été provoquent la soif (fragm. 39); tantôt le vin est célébré comme le remède aux chagrins de la vie (fragm. 35), la liqueur magique qui chasse les soucis (fragm. 41). Le poëte pousse la passion jusqu'au point de prendre la mort d'un adversaire politique pour sujet de sa chanson (fragm. 20).

A côté de vers consacrés à célébrer les séductions du beau Lycos, nous trouvons une déclaration timide et pleine de réserve, adressée à l'immortelle émule du grand poëte lesbien :

« Sappho couronnée de violettes, pure, souriante! Je voudrais t'avouer quelque chose, « mais la honte me retient » (Fragm. 55).

A quoi Sappho fait cette réponse sévère :

« Si la passion du bien et du beau t'inspirait, et si ta langue ne s'apprêtait à dire « quelque chose de mauvais, la honte ne te ferait point baisser les yeux, mais tu ferais « une juste requête » (Fragm. 29).

Sappho. 600-370 av J.C.? La femme qui a écrit ces lignes pudiques est sans pareille dans l'histoire de la littérature antique ou moderne. Strabon l'appelle « un être merveilleux » et il ajoute : « je ne sache pas « que dans le long espace de temps dont les humains ont gardé « la mémoire, il ait surgi aucune femme qui lui fût de loin com« parable comme génie poétique[1]. » Sappho (dans le dialecte local, Psappha = *Claire*) était sans doute de quelques années plus jeune qu'Alcée, puisqu'elle vivait encore en 568. Sa famille tenait à Mitylène un rang distingué par la noblesse et l'opulence. Dans sa jeunesse elle quitta sa patrie et demeura quelque temps v 596? en Sicile. Mariée à un riche citoyen de Lesbos, elle en eut une fille appelée Cléis, du nom de la mère de Sappho. Déjà du vivant de cette femme extraordinaire, son génie excitait l'enthousiasme; le sage et grave Solon apprenait ses odes par cœur. Autour d'elle s'était réunie une cour de jeunes filles nobles et distinguées dont elle était, suivant les mœurs de son pays, la poétique institutrice. La postérité a retenu le nom d'une de ces gracieuses créatures, Érinna, morte dans sa dix-neuvième année. Une foule de légendes ont altéré de bonne heure la physionomie morale de Sappho, les unes simplement romanesques, comme celle de sa passion malheureuse pour Phaon et de l'acte de désespoir qui en fut la suite, les autres déshonorantes pour sa mémoire. Le caractère apocryphe de ces contes n'est plus guère mis en doute aujourd'hui. En ce qui concerne particulièrement les historiettes calomnieuses qui tendent à représenter l'illustre poëtesse lesbienne comme une femme perdue de mœurs et adonnée à des

[1] Livre XIII, p. 617.

vices contre nature, on sait qu'elles se produisirent d'abord chez les auteurs comiques. Impuissants à comprendre cette prodigieuse nature féminine, mélange exquis de naïveté et de raffinement, de sensualisme et d'idéalité, les Athéniens de la fin du Ve siècle, qui ne faisaient pas de différence entre une femme lettrée et une courtisane, furent amenés les premiers à prêter un sens matériel aux expressions passionnées dont se sert Sappho en parlant à ses compagnes.

En définitive l'amour, avec toutes les expressions qui se rapportent à ce sentiment, prend dans la poésie de Sappho, comme dans le langage de l'ascétisme chrétien, une acception différente de celle qui lui revient naturellement. Il désigne chez la poëtesse payenne une tendance exaltée vers la beauté physique, féminine aussi bien que masculine, et s'exprime par le même vocabulaire que la passion d'un sexe pour l'autre[1]. Entendu avec ces nuances, l'amour est l'élément principal et pour ainsi dire l'essence de la poésie sapphique : l'amour dans ses joies et ses peines, dans ses transports brûlants et ses mortelles angoisses, mais l'amour paré de ses plus nobles attributs : la soif d'idéal et de lumière; le mépris de ce qui est bas et vulgaire. Avec quelle inspiration inépuisable le poëte sait reproduire son thème unique, en le variant sans cesse par de nouveaux motifs présentés sous les aspects les plus séduisants!

Les fragments de Sappho sont nombreux mais très-courts, si l'on excepte les deux célèbres odes que l'on pourrait intituler : *Prière à Aphrodite* et *Bonheur et angoisses de l'Amour*[2]. A côté de ces deux morceaux d'un sentiment très-intense, on rencontre des vers dont le caractère gracieux et enjoué est relevé quelquefois par une pointe d'ironie; la plupart s'adressent aux compagnes de la grande poëtesse. Nous remarquons ensuite des strophes

[1] Ce n'est pas ici le lieu de traiter le problème psychologique et moral que soulève la conception de l'amour unisexuel dans la poésie grecque, conception qui s'exprime par cette phrase : *L'amour platonique entre deux personnes de sexe différent était un non-sens aux yeux des Grecs.* — Aucun auteur n'a peut-être résolu ce problème d'une manière aussi remarquable que ne l'a fait Proudhon dans son ouvrage intitulé : *de la Justice dans la Révolution et dans l'Église* (Paris, Garnier, 1858), T. III, p. 238 et suiv., particulièrement p. 253.

[2] Fragm. 1 et 2.

isolées, d'une couleur vaporeuse et mélancolique, que l'on dirait empruntées à des *Lieder* de l'Allemagne moderne[1]; puis quelques lambeaux d'une complainte sur la mort d'Adonis[2], morceau dont le refrain a donné naissance au petit vers (l'*adonien*) par lequel se termine la strophe sapphique. Comme son contemporain Alcman, Sappho exprime avec un sentiment profond les charmes de la nature. Elle aime à s'adresser au monde des oiseaux et des fleurs[3]. Les poésies musicales dans lesquelles Sappho excella particulièrement furent les hymnes nuptiaux, qui avaient déjà reçu une culture littéraire chez le vieux maître des chœurs de Sparte (p. 382). Les poëtes latins, et surtout Catulle, allèrent y chercher les modèles de leurs épithalames. Est-il possible d'imaginer quelque chose de plus frais en ce genre que le chant de l'*Étoile du Soir*[4]?

« Vénus, la plus belle des étoiles qui brillent au ciel ! Vénus, tu réunis tout ce qu'a « séparé la brillante Aurore. La brebis, le chevreau et l'enfant, tu les ramènes auprès « de leur mère. Tu ramènes le fiancé auprès de sa fiancée. Les jeunes filles disent, il « est vrai : Je resterai vierge. Mais en elles-mêmes elles pensent : Ah! si j'étais mariée ! « Hymen! Hyménée ! viens ô Hymen ! Hyménée ! »

Mètres éoliens. Une grande partie des formes rhythmiques employées dans la chanson éolienne sont communes aux deux poëtes de Lesbos ; il est probable que les odes composées en de pareilles mesures se chantaient le plus souvent sur des mélodies connues des habitants de Mitylène. Parmi les principaux mètres de cette classe nous remarquons en première ligne deux vers très-usités par les poëtes latins jusqu'en plein moyen âge : le *petit asclépiade* (p. 176) et le *grand asclépiade*[5] (p. 185) que nous avons rencontré chez Stésichore (p. 391); en seconde ligne les *dactyles* dits *éoliens* : transformation de l'hexamètre binaire (le vers de l'épopée et du nome apollinique) en un rhythme ternaire. Tantôt l'ancien vers

[1] Fragm. 52 (cité p. 404).
[2] Fragm. 62 et suiv.
[3] Fragm. 16, 39, 88.
[4] D'après la restitution de KOECHLY (*Akad. Vortr.*, T. I, p. 197).
[5] Ces mètres tirent leur dénomination usuelle du poëte alexandrin Asclépiade de Samos, qui vivait vers 280 avant J. C. Non-seulement Horace, mais aussi Sénèque et Prudence en firent usage. Cf. CHRIST, *Metrik*, p. 494 et suiv. — Sappho a écrit son chant d'*Adonis* en grands vers asclépiades.

épique conserve sa structure habituelle; tantôt la première mesure a une forme libre, dans ce cas nous avons l'*hexamètre éolien*[1] :

Ἦ-ρος ἀν-θεμό - εν-τος ἐ - πά-ϊ-ον ἐρ-χομέ - νοι - ο.

ALCÉE, fragm. 45.

A voir la persistance avec laquelle Alcée reproduit les mêmes types de vers et de strophes[2], on est autorisé à supposer que sa fécondité d'invention mélodique fut moins grande que celle qu'il déploya comme poëte. Mais les mètres qui lui appartiennent en propre portent à un haut degré l'empreinte de son génie mâle et vigoureux. Outre les éléments dont se compose le beau modèle de strophe qui a gardé son nom (p. 202), les principales formes métriques dont il peut être considéré comme l'inventeur sont le *vers alcaïque de 12 syllabes*, dans lequel il écrivit sa déclaration d'amour à la belle Sappho[3], et le mètre anonyme employé pour l'ode où il décrit la splendide salle d'armes de son palais de Mitylène. Le caractère chevaleresque des nobles seigneurs de Lesbos et de la Thessalie, caractère mêlé d'un peu de morgue, si l'on en croit Héraclide (T. I, p. 180), se traduit à merveille dans ce motif pompeux :

Μαρμαί-ρει δὲ μέ-γας δό - μος χάλκῳ· πᾶσα δ' Ἄ-ρῃ κε - κόσμη - ται στέ-γα

Fragm. 15.

Sappho, au contraire, qui dans toute sa personnalité suave se révèle à nous comme une incarnation de la musique, fut une créatrice infatigable de mélodies et de rhythmes : les anciens l'ont surnommée « la dixième Muse. » Elle mit en usage la mélopée mixolydienne, très-bien appropriée à sa poésie voluptueusement

[1] WESTPHAL, *Metrik*, II, p. 358 et suiv. On doit considérer comme une modification de l'hexamètre éolien le *vers sapphique de 14 syllabes*. Cf. J. H. H. SCHMIDT, *Compos.*, p. 210-211.

[2] Strophes alcaïques et mètres asclépiades. — Des motifs perdus d'Alcée se retrouvent dans Horace. Cf. WESTPHAL, *Metrik*, T. II, p. 545.

[3] Fragm. 55. Voir p. 140.

pathétique[1], et enrichit l'accompagnement instrumental en ajoutant, à la manière lydienne, la *pectis* aiguë au *barbiton* grave (p. 244 et suiv.). Nous ne pouvons songer à énumérer ici toutes les variétés du rhythme logaédique dont elle a doté la chanson. Il nous suffira de citer deux de ses thèmes les plus gracieux, choisis dans une catégorie métrique que les grammairiens rangent indûment parmi les *choriambes*. Celui-ci lui fut inspiré sans doute par une danse crétoise.

Κρῆσ - σαί νύ ποτ' ὧδ' ἐμ-μελέ - ως πό - δεσ - σιν
So haben wohl einst kretische Frau'n im Tac - te

Fragm. 54.

Le motif suivant composé de deux tétrapodies, un modèle de grâce et de délicatesse féminine, fut adopté par Anacréon et par les poëtes latins. (La forme anacrousique, dont on verra un exemple étendu à la page suivante, est très-fréquente chez Sappho.)

Δεῦτέ νυν ἄ - βραι Χάρι - τες, καλλίκο - μοί τε Μοῖ - σαι.
De-li-ci - um, blandi-ti - ae, ludus, a - mor, vo - lup - tas (Auson.).

Fragm. 60.

Strophes éoliennes

Toutes les odes lesbiennes sont coupées, comme la chanson des modernes, en strophes[2], dont le *schéma* rhythmique ne varie pas au cours du morceau. Les pièces écrites d'un bout à l'autre en vers de même mesure appartiennent conséquemment à la classe des *poemata communia* (p. 181 et suiv.) : leurs strophes embrassent tantôt deux, tantôt quatre vers[3]. — La coupe par distiques était en usage pour les *grands vers asclépiades*, pour les *dactyles éoliens*[4], et probablement pour tous les vers de grande dimension. Il y a donc lieu d'attribuer la même coupe aux vers

[1] Si l'historiette racontée par Philostrate (*Vit. Apoll.*, l. I, § 30) s'appuie sur des renseignements sérieux, il y aurait lieu de supposer que la *mixolydisti* ne serait autre chose que le mode propre aux Pamphyliens.

[2] S'il en était autrement, Horace, qui se déclare partout le disciple et l'imitateur d'Alcée, aurait écrit des odes non strophiques.

[3] Le fragment 54 de Sappho semble former une strophe de trois vers.

[4] Christ, *Metrik*, p. 497, et Westphal, *Metrik*, T. II, p. 355, d'après Héphestion.

logaédiques se décomposant en deux tétrapodies, et de diviser le fragment 78 de Sappho en deux strophes.

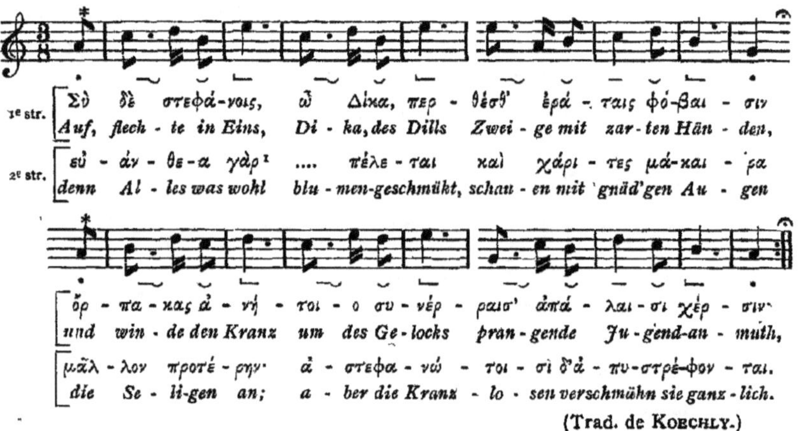

(Trad. de Koechly.)

La strophe monomètre de quatre vers a été popularisée par Horace dans ses odes en petits asclépiades, par exemple « *Exegi* « *monumentum aere perennius* » (ci-dessus, p. 185), coupées certainement sur le modèle de celles d'Alcée.

Quant aux morceaux où entrent des mètres différents, ils se divisent invariablement en strophes de quatre vers. Ces quatrains, dont la plupart des types ne nous sont connus que par les imitations latines, se construisent d'après un des principes suivants :

a) Deux groupes épodiques s'accouplent : procédé de construction emprunté, selon toute probabilité, à Archiloque (p. 336-337). Un seul type de cette espèce se reconnaît avec certitude dans les fragments des deux poëtes lesbiens, bien qu'il n'en existe plus un quatrain entier : nous voulons parler de la *strophe asclépiade deuxième*, dont on peut citer comme exemple l'ode « *Sic te diva* « *potens Cypri*[2]. »

b) Trois vers de même forme ont un petit vers en guise de conclusion. Sur ce modèle est bâtie la célèbre strophe *sapphique*[3],

[1] Lacune dans les manuscrits d'Athénée.

[2] Westphal, *Metrik*, T. II, p. 763. — Autres strophes d'Horace construites sur le même type ; ci-dessus, p. 193, et p. 337, note 1.

[3] C'est aussi la coupe de la strophe *asclépiade troisième* : « *Quis desiderio sit pudor aut* « *modus.* »

composée de trois pentapodies logaédiques et d'un *vers adonien* (p. 100). Bien que plusieurs auteurs anciens contestent à la grande lesbienne la gloire d'avoir créé le type strophique appelé de son nom et illustré par ses deux immortels chefs-d'œuvre, on ne saurait nier que cette forme poétique n'ait une suavité toute féminine. Alcée s'en est parfois servi pour des chants d'un caractère doux et calme.

c) Le quatrain entier se compose de deux périodes musicales indépendantes l'une de l'autre. Ce procédé de composition a donné naissance à la *strophe alcaïque* (p. 202), laquelle, par l'adjonction de l'anacrouse et la variété de ses éléments métriques, a un élan plus vigoureux que la strophe sapphique. Le « poëte viril « et batailleur[1] » en a fait un usage très-étendu, particulièrement dans les chants où dominent des sentiments énergiques. Il est intéressant de remarquer que la strophe d'Alcée ne se rencontre chez Sappho qu'une seule fois, précisément dans les vers où la sublime femme rappelle son émule, épris d'elle, à des sentiments de retenue et de pudeur.

Enfin l'on trouve chez Sappho un spécimen de ces petits couplets formés de quatre vers d'un seul membre, coupe analogue à celle des systèmes de l'école anacréontique, et prise sans doute dans la chanson populaire[2].

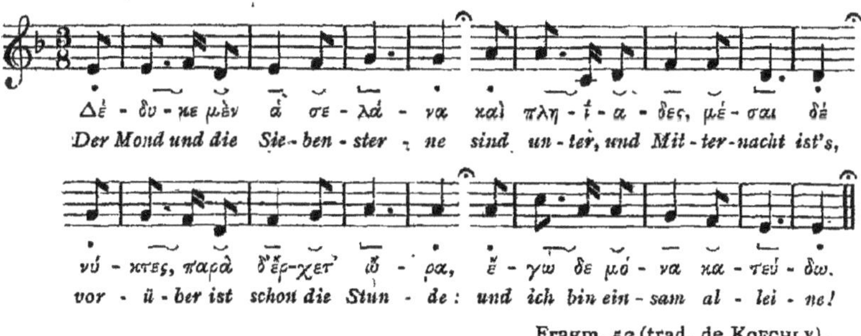

Fragm. 52 (trad. de KOECHLY).

[1] ATHÉN., l. XV, p. 687, d.

[2] La mélodie de cette petite strophe est composée dans le mode mixolydien hexaphone (T. I, p. 147 et suiv.), celui dont Sappho devait se servir, s'il est vrai qu'elle ait inventé l'harmonie en question.

§ IV.

Alcée et Sappho n'eurent à Lesbos aucun successeur dont
l'histoire ait conservé le nom. La gloire de l'école lesbienne
s'évanouit avec eux; le dialecte éolien, auquel ils avaient donné
une valeur littéraire, retomba dans l'obscurité. Aussi bien l'existence politique de l'Éolide et de l'Ionie touchait à sa fin; la
génération suivante put déjà voir toutes les villes libres de la
côte d'Asie devenir vassales de la Lydie, pour être absorbées,
après la chute de Crésus, dans le vaste empire des Perses. Un 546 av. J C
peu plus tard les îles eurent le même sort. Le point où la
muse de la Grèce orientale exhala ses derniers accents fut l'île
ionienne de Samos; à la cour fastueuse de Polycrate fleurit un 532-522
art dérivé de celui des Lesbiens. Le tyran adroit et audacieux
qui par la violence avait usurpé le pouvoir et le conservait,
tenait une cour semblable pour le luxe à celle des princes orientaux, mais embellie par la grâce et le goût helléniques. Dans son
château-fort d'Astypalée, bâti sur une éminence au bord de la
mer et fidèlement gardé par une garde scythe, il se faisait verser
le vin par de beaux adolescents, amenés de gré ou de force des
rivages les plus divers. Les statuaires rivalisaient de talent pour
reproduire en marbre ou en airain les formes de ces pages favoris,
les poëtes pour célébrer leur beauté par des chants inspirés.
Polycrate attira à sa cour les deux poëtes-musiciens les plus
fameux de son temps : l'ionien Anacréon, dont les chansons
monodiques devaient égayer les élégantes orgies du potentat;
l'italiote Ibycos de Rhegium, chargé de la composition et de la
direction des chants orchestiques, exécutés, avec grand apparat,
pendant ses banquets somptueux. Devant les éloges passionnés
de la beauté masculine, qui forment le thème fondamental des
vers d'Anacréon et d'Ibycos, le sentiment moderne éprouve un
certain malaise; toutefois on doit y voir plutôt un sujet à la
mode, une convention littéraire analogue aux subtilités des *cours
d'amour* chez les Provençaux, que l'expression d'un sentiment

personnel[1]. Ce qui est certain, c'est que ni le régime politique de Samos, ni l'atmosphère voluptueuse d'une cour corrompue ne pouvaient convenir aux esprits indépendants et austères chez lesquels vivaient les antiques vertus de la Grèce; tel était le fils du graveur d'anneaux Mnésarque, le sage Pythagore, lequel à
v. 550 av. J. C. l'âge de 40 ans émigra en Italie, et alla porter dans les villes libres colonisées par les Grecs les germes d'une nouvelle philosophie en même temps que les principes d'une musique spiritualiste.

Anacréon avait déjà atteint l'âge d'homme lorsque sa ville
v. 540. natale, Téos, tomba au pouvoir des Perses, et que ses concitoyens, et lui avec eux, émigrèrent en Thrace, où ils s'établirent dans Abdère. Le poëte résida à la cour de Samos pendant la
532-522. majeure partie de la domination de Polycrate. Après la fin tragique du tyran, il accepta l'asile que lui offrit à Athènes le fils de Pisistrate, Hipparque, grand protecteur des lettres et des arts. On sait que celui-ci fut assassiné à son tour par Harmodios
524. et Aristogiton. A partir de ce moment on perd toute trace certaine de l'existence d'Anacréon. D'après l'opinion commune il vécut au delà de quatre-vingts ans. La postérité ne lui marchanda pas l'admiration : il eut une nuée d'imitateurs, et son nom servit à désigner tout un genre de littérature cultivé sans interruption jusqu'aux temps modernes.

La tradition populaire représente Anacréon sous les traits d'un vieillard à cheveux blancs, de mœurs faciles, uniquement occupé de chanter le jus de la treille et les charmes de Bathylle. Sans être mensongère de tout point, elle a forcé les traits du poëte de Téos en le dépeignant d'après les chansonnettes badines qui portent le nom d'*anacréontiques* : on sait aujourd'hui que ce recueil, où se trouvent mêlés et confondus des joyaux littéraires avec des morceaux médiocres et même mauvais, appartient, dans son ensemble, à une date beaucoup plus récente. Quant aux fragments authentiques, ils sont en petit nombre et généralement courts; néanmoins ils suffisent à montrer le poëte ionien sous des aspects divers et à nous donner de son talent une idée très-

[1] Pindare dépeint comme un âge de mœurs enviables celui où le poëte, sans nul appât de rémunération, composait des chants en l'honneur des beaux jeunes gens. *Isthm.*, II, v. 1 et suiv., avec les scholies sur ce passage.

élevée. Une partie de ces fragments consiste en épigrammes et en élégies destinées à la lecture ou à une récitation semi-musicale; nous n'avons pas à nous en occuper ici. Parmi les vers réservés au chant, la plupart sont, comme les poésies apocryphes, des chansons à boire, faites pour l'exécution monodique. Le fond littéraire en est souvent très-léger et la morale qui y est prêchée n'a rien d'austère, mais à travers les banalités du sujet imposé et la négligence voulue de la forme, on y sent l'artiste sûr de lui-même, l'Hellène distingué qui ne s'écarte pas de la juste mesure et sait garder sa sobriété native[1] même au sein des plaisirs. Ce qui reste de ses poésies érotiques s'adresse tantôt aux mignons de Polycrate, tantôt à de belles filles dont le vieillard recherchait les faveurs; d'autres pièces ne laissent deviner ni la qualité ni le sexe du destinataire. Anacréon ne se confina pas entièrement dans la chanson bachique et badine; il toucha aussi avec bonheur les cordes de la satire. Nous en avons la preuve dans le plus long fragment du poëte, une chanson composée à l'adresse d'un parvenu insolent, Artémon, son rival auprès de la blonde Eurypyle. Il y règne une verve mordante, une railleuse amertume, qui rappelle jusqu'à un certain point les iambes d'Archiloque. Enfin on trouve parmi les restes des poésies méliques du vieillard de Téos des hymnes, à Artémis et à Dionysos, d'une forme moins sévère encore que ceux des Lesbiens[2].

Rhythmes d'Anacréon

Sous le rapport de la composition rhythmique, Anacréon ne saurait prétendre au titre de créateur. Ses formes choréïques (iambes et trochées) sont empruntées à Archiloque. Pour les logaèdes, son rhythme prédominant, il a pris ses modèles chez les Lesbiens et plus particulièrement chez Sappho[3], tout en abandonnant les pentapodies et les hexapodies, dont l'ampleur ne convenait pas à sa muse légère. En général il se contente de faire des variations sur les motifs les plus gracieux de la grande

[1] Athénée dit expressément (l. X, p. 429, b) qu'Anacréon était très-sobre.

[2] D'après Critias (ap. Athén., l. XIII, p. 600, d, e) les hymnes d'Anacréon s'exécutaient à certaines veillées religieuses par de jeunes filles.

[3] La parenté des mélodies de Sappho et d'Anacréon est probablement ce qui a porté les anciens à associer si souvent les deux noms. Une légende assez ancienne fait des deux poëtes des amants, malgré l'anachronisme flagrant. Sappho est née un demi-siècle avant Anacréon. Cf. Athén., l. XIII, p. 598 et suiv.

poëtesse lesbienne; les glyconiens et les pseudo-choriambes (p. 402) reviennent chez lui avec une préférence marquée. On pourrait dire que la rhythmopée de Sappho exprime la grâce féminine unie à l'énergie, celle d'Anacréon une mollesse tant soit peu efféminée. La répétition continuelle des membres de quatre mesures donne aux chansons du poëte ionien une allure facile et familière à l'oreille moderne, mais non pas exempte de vulgarité. La seule particularité rhythmique par laquelle Anacréon se distingue des poëtes méliques antérieurs, c'est l'usage fréquent des dipodies ioniques à forme brisée (p. 180). Pour retrouver la filiation de ce rhythme il est inutile de remonter aux *métroa* d'Olympe (p. 345); les mélodies de la Phrygie, qui devaient être très-répandues à la cour presque asiatique de Polycrate, lui en auront sans doute suggéré l'idée.

Strophes. Il est un point où la technique d'Anacréon se sépare de celle des autres poëtes et aboutit à des formes véritablement individuelles, c'est la structure générale de ses chants. A la vérité, le poëte de Téos utilise les formes déjà employées par ses prédécesseurs et notamment les strophes monomètres de deux vers, que nous avons rencontrées dans la chanson lesbienne[1]. On trouve en outre chez lui des quatrains à la manière d'Archiloque, issus de la juxtaposition de deux groupes épodiques. Parmi les rares spécimens de cette dernière coupe nous signalerons une moitié de strophe très-intéressante, en ce qu'elle offre le plus ancien exemple du rhythme consacré plus tard aux *chansons ithyphalliques*[2].

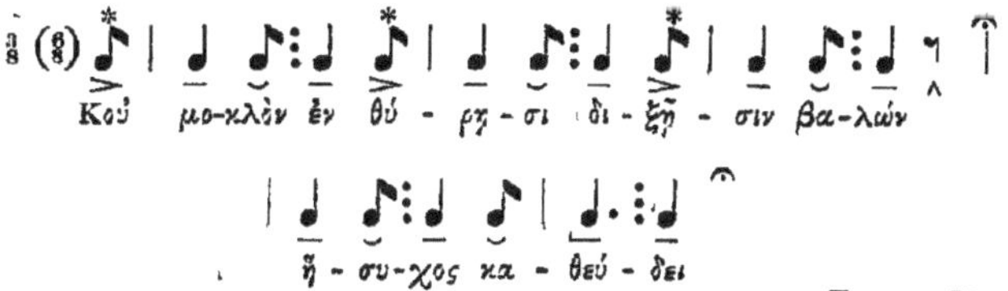

Κοὐ μο-κλὸν ἐν θύ - ρῃ - σι δι - ξῇ - σιν βα-λὼν

ἥ - συ-χος κα - θεύ - δει

Fragm. 88.

Mais, contrairement à tous les poëtes lyriques qui l'ont précédé, Anacréon a laissé un exemple décisif de la *strophe à trois vers*

[1] Fragm. 42, 44, 45 (ioniques); 24, 32 (choriambes); 84 (trimètres iambiques).

[2] Le fragm. 87 est calqué sur un des modèles d'Archiloque, cité p. 336 : Ἐρέω τιν' ὑμῖν αἶνον.

dans la chanson sur Artémon. Le procédé de construction est aussi simple que possible : deux vers de même coupe ont un membre épodique pour conclusion :

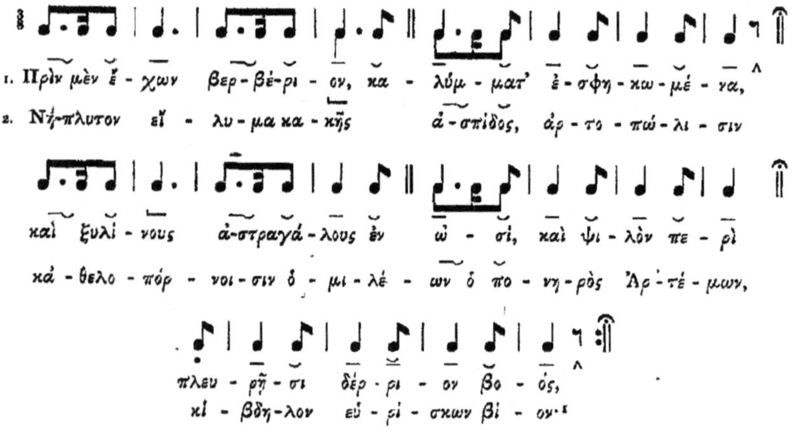

1. Πρὶν μὲν ἔ - χων βερ - βέ - ρι - ον, κα - λύμ - ματ' ἐ - σφη - κω - μέ - να,
2. Νή-πλυτον εἴ - λυ - μα κα - κῆς ἀ - σπίδος, ἀρ - το - πώ - λι - σιν

καὶ ξυλί - νους ἀ-στραγά - λους ἐν ὠ - σί, καὶ ψι - λὸν πε - ρὶ
κἀ - θελο - πόρ - νοι - σιν ὁ - μι - λέ - ων ὁ πο - νη - ρὸς Ἀρ - τέ - μων,

πλευ - ρῆ - σι δέρ - ρι - ον βο - ός,
κί - βδη - λον εὑ - ρί - σκων βί - ον.[1]

Fragm. 21.

Parmi les diverses formes usitées par Anacréon, il en est une qui porte à un haut degré le cachet de son individualité. Elle consiste à diviser le chant entier, non pas en *strophes*, composées de vers que séparent des pauses, mais en *systèmes*, formés de petits mètres enchaînés (p. 178 et suiv.). Des morceaux ainsi conçus ont dû se rencontrer déjà dans les *hyménées* d'Alcman et de Sappho, et leur origine musicale remonte sans doute aux *prosodies*, lesquelles, chantées sur une marche, ne souffraient aucune interruption de la mesure; mais Anacréon s'est servi le premier de la coupe par systèmes comme forme normale de ses chansons de société, et, ce qui est caractéristique pour sa manière, il en étend l'usage à ses hymnes. Souvent les couplets de cette sorte ne se distinguent des véritables strophes que par l'absence de tout point d'arrêt, mais il arrive aussi que le nombre des membres n'est pas identique pour toutes les sections d'un même Systèmes.

[1] Traduction : « Jadis il était serré comme une guêpe dans sa tunique étriquée. Il « portait aux oreilles de petits dés en bois, et autour des reins une peau de bœuf au poil « usé, enveloppe non lavée de quelque méchant bouclier. Il passait son temps, le misé- « rable Artémon, en compagnie de boulangères et de courtisanes de bonne volonté, « menant une existence véreuse. »

morceau, ce qui nous indique un tissu mélodique singulièrement relâché. Lorsque le mètre par lui-même ne fournit pas une conclusion satisfaisante, la fin de chaque couplet est mise en évidence par un membre de forme catalectique ou tombante[1].

Tous les chansonniers de l'école anacréontique ont fidèlement conservé la coupe par systèmes, mais en se restreignant à deux types rhythmiques : le *dimètre ionique* (p. 180) et l'*hémiambe* (p. 135); ce dernier, qui ne se trouve pas dans les fragments authentiques d'Anacréon, est issu apparemment du premier.

Mélodies

Nous n'avons pas à ajouter grand chose à ce qui vient d'être dit touchant la forme musicale des chants d'Anacréon. Leur contexture rhythmique démontre clairement que les mélodies étaient jetées pour la plupart dans un moule assez uniforme, et visaient à la facilité, à une aimable négligence, beaucoup plus qu'à la nouveauté du contour. En ce qui concerne l'usage des modes, l'allure générale de la poésie d'Anacréon et le goût asiatique de la cour samienne nous autorisent à assigner le premier rôle à l'élégante *lydisti*; d'autre part l'étroite affinité des rhythmes d'Anacréon avec ceux de Sappho impliquent également un emploi assez étendu de l'*aïolisti*. Enfin nous savons que le mètre ionique était considéré par les anciens comme inséparable du mode *phrygien* (p. 346, note 2). C'est donc une troisième harmonie à mettre au compte du chantre de Téos[2].

Accompagnement.

On est mieux renseigné à l'égard des instruments dont Anacréon avait l'habitude d'accompagner ses chansons; le poëte y fait assez souvent allusion. De même que chez les Lesbiens, et surtout chez Sappho, qu'Anacréon semble encore avoir imitée en ceci, des instruments à cordes d'origine lydienne étaient seuls appelés à cet office : un poëte athénien qualifie Anacréon d'« adversaire des *auloi*[3]. » A l'aigu la *pectis* ou la *magadis à vingt cordes* exécutait sur le chant une broderie instrumentale, partie

[1] Fragm. 1-14, 15, 63, 64, 75, 90.

[2] Westphal, sur l'autorité de Posidonius (ap. ATHÉN., l. XIV, p. 635, c, d), attribue à Anacréon l'usage des modes phrygien, *dorien* et lydien; mais l'assertion de l'auteur alexandrin repose sur une base manifestement fausse et me semble sans valeur.

[3] « Le doux Anacréon de Téos,.... l'adversaire des *auloi*, l'ami du *barbiton*.... » Critias ap. ATHÉN., l. XIII, p. 600, d. — Lorsque Anacréon parle des chalumeaux *hémiopes* (fragm. 20), il n'est pas question d'un chant à lui.

dont l'auteur se chargeait lui-même[1]. Au grave le *barbiton* soutenait la partie vocale (p. 244 et suiv.).

De simples chansons, appropriées surtout à l'exécution individuelle, ne pouvaient suffire à épuiser les besoins poétiques et musicaux de Polycrate et de son entourage. Aussi le potentat songea-t-il bientôt à attirer auprès de lui un maître en matière de chant choral et orchestique, un artiste occidental : son choix se porta sur Ibycos de Rhegium (p. 391). A Samos il ne pouvait s'agir de chœurs gymnastiques et pédagogiques, à la mode de Sparte, ou de cantates empruntées aux vieux mythes, comme celles de Stésichore et de ses prédécesseurs; la lyre dorienne dut prendre un ton plus sensuel pour s'accorder avec la poésie en crédit à la cour du tyran. C'est alors sans aucun doute qu'Ibycos composa les chants d'amour (ou *hymnes pædiques*) dont quelques passages, d'une rare magnificence, ont survécu jusqu'à nos jours : poésies consacrées à la glorification enthousiaste de beaux adolescents, et exécutées, à la fin des banquets d'apparat, par un chœur dansant de jeunes gens des deux sexes, avec accompagnement de nombreux instruments. Déjà auparavant Stésichore (peut-être même Alcman) avait traité de semblables sujets sous forme de musique chorale (p. 389); plus tard l'austère Pindare composa des chants analogues, qui figurent dans la collection de ses fragments avec le titre de *scolies*, et son imitateur Bacchylide en fit autant. Mais Ibycos effaça tous ses prédécesseurs et successeurs par la supériorité qu'il déploya dans la peinture des émotions nées de la contemplation de la beauté virile. Homme de passions impétueuses, ses chœurs érotiques étaient pleins du feu qui embrasait son âme; cependant sa fougue est toujours dominée par un goût exquis : jamais l'expression ne cesse d'être noble et poétique.

Ibycos 530-522 av. J. C

Autant que l'exiguité des fragments permet d'en juger, la rhythmopée d'Ibycos, peu riche en combinaisons, se rattache de près à celle de Stésichore. Les seules mesures qui se remarquent dans les vers conservés sont le 3/8 et le 2/4. La première n'est représentée que par des *logaèdes* d'une forme très-simple :

Rhythmes d'Ibycos.

[1] « *Je pince* la *pectis* en chantant pour la chère et tendre enfant. » Fragm. 17. — « *Je pince* la *magadis* lydienne, munie de vingt cordes, ô Leucaspis.... » Fragm. 18.

des monomètres tétrapodiques, lesquels toutefois ne rappellent aucun des motifs lesbiens. Quant à la mesure binaire, elle ne se réalise dans les vers d'Ibycos que sous forme de dactyles et d'anapestes, ce qui concorde avec la manière du maître sicilien. Nulle part — simple effet du hasard peut-être, — nous n'y rencontrons des épitrites, cette classe de mètres que l'on dit inventée par Stésichore (p. 391-392). En revanche les strophes binaires d'Ibycos présentent une particularité peu accusée chez son prédécesseur, et plus tard sans exemple dans toute la mélique grecque : l'usage de l'anapeste comme rhythme orchestique. Ibycos ne se contente pas d'utiliser cette forme métrique pour des motifs secondaires; il s'en sert fréquemment comme thème principal au début et aux endroits apparents de la strophe.

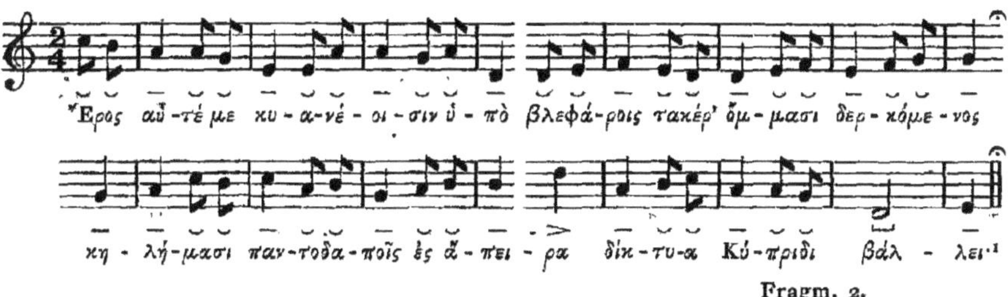

Fragm. 2.

La coupe des périodes d'Ibycos, partout où la lecture est bien établie, procède des principes les plus élementaires, de même que chez Stésichore. La construction strophique paraît ample et développée, si nous en jugeons d'après les deux fragments les plus longs (1 et 2), lesquels, vraisemblablement, constituent chacun une strophe complète.

Mélodies. Toute cette forme extérieure nous fournit des indications précieuses sur les danses et la musique d'Ibycos, et par là même sur le caractère éthique de son œuvre, caractère déjà aussi mal compris à la fin de l'antiquité que celui des odes de Sappho. Rhythmes, périodes et strophes nous montrent avec évidence une

[1] Traduction (de tout le fragment) : « De nouveau Eros me lance, de dessous les noirs « cils de ses paupières, des regards embrasés et, par des prestiges de tout genre, me « pousse dans l'immense filet de Cypris. Oh! je tremble à son approche; tel un coursier « déjà vieux, attelé pour disputer le prix dans les jeux, entre à regret dans la carrière « pour lutter avec des chars rapides. »

orchestique noble, composée de figures et d'attitudes très-arrêtées, partant une mélodie sobre, sans rien d'alangui ni de tumultueux ; or, une pareille danse et des cantilènes ainsi conçues nous transportent en plein dans le domaine de la chorale apollinique. Lorsqu'Aristoxène affirme que certains chants amoureux suivaient l'austère mode dorien[1], il est permis de songer aux chœurs d'Ibycos. Ce serait méconnaître totalement l'esprit de l'ancien art classique que de supposer des rhythmes aussi fermes que les anapestes associés à une orchestique lascive ou désordonnée. Si le poëte de Rhegium avait été réellement possédé de la fureur érotique que l'antiquité récente lui attribue[2], il eût trouvé dans la musique grecque assez de rhythmes pour traduire un pareil état de l'âme (ioniques, bacchius, etc.). Nous sommes donc amenés à constater ici que les préjugés hautains des Athéniens du Ve siècle, à l'endroit de leurs frères de race tombés sous le joug médique, s'étendirent à l'art de ces derniers, et rejaillirent sur le poëte choral de la cour de Polycrate. Sans doute le tragique Agathon n'est qu'un écho de la malveillance populaire, lorsque, dans une des comédies d'Aristophane, il dépeint Alcée, Anacréon et Ibycos comme coiffés de la mitre persane et composant leurs mélodies et leurs danses d'après le goût des barbares de l'Asie[3].

En un point néanmoins Ibycos a subi l'influence de l'art oriental, c'est dans l'instrumentation de ses chœurs. De même qu'Alcée, Sappho et Anacréon, il abondonna la cithare des Grecs occidentaux pour les instruments polycordes de la Lydie.
L'historien Néanthès de Cyzique lui attribue même l'invention v. 120 av. J.C.
de la *sambuque*[4], variété de la *pectis* (p. 244), et destinée, comme celle-ci, à broder à l'aigu sur la mélodie. Simalos, un des pages de Polycrate, est nommé parmi les musiciens chargés d'accompagner sur la *pectis* le chant du chœur[5].

1 Ap. Plut., *de Mus.* (W., § XIII).

2 Cf. Cic., *Tusc.*, IV, 33.

3 Aristoph., *Thesm.*, v. 161.

4 Ap. Athén., l. IV, p. 175, d, e. — Cf. Suidas, au mot Ἴβυκος.

5 Anacréon, fragm. 22. — Dans le fragment 20 du poëte de Téos, il est question de chalumeaux *hémiopes* (ou *enfantins*) accompagnant la danse, mais rien ne prouve qu'il s'agisse d'un chant orchestique d'Ibycos.

§ V.

Nous venons de voir quelques-unes des créations rhythmiques de la muse lesbienne servir de point de départ aux formes musicales d'Anacréon; nous allons maintenant retrouver des éléments de même origine dans une modeste branche du chant monodique cultivée parmi la démocratie athénienne, les *scolies*, catégorie spéciale d'airs de table[1]. Ce genre de poésie, dont il est souvent question chez les comiques et chez les anciens prosateurs, fut en grande faveur depuis les expéditions médiques jusqu'à la fin
490-404 av J C. de la guerre du Péloponnèse.

L'usage de terminer les festins par un intermède musical n'a rien de particulier aux Hellènes; des monuments d'une date fort reculée prouvent qu'il fut général dans les vieilles monarchies de l'Asie occidentale. En Grèce nous le voyons pleinement établi au temps de la rédaction de l'Odyssée. Un aëde, ayant la même position que le barde écossais ou gallois attaché au service du chef du clan, a pour fonction spéciale d'embellir les repas de son maître et de distraire les hôtes de la maison par ses chants, qu'il accompagne du jeu de la *phorminx :* tel est Phémios dans le palais d'Ulysse[2], Démodocos chez le roi des Phéaciens. Homère ne fait chanter à ces personnages que des récits d'aventures mythiques ou guerrières. Au temps d'Hésiode la partie musicale des festins n'a plus un caractère aussi uniforme; déjà la flûte y figure, tantôt mêlée à la voix des convives, tantôt guidant leurs
654-628. joyeux ébats[3]. Vers l'époque de la seconde guerre messénienne, les *syssities* ou pique-nique des Lacédémoniens ont un programme

[1] L'étymologie de *scolion* (σκολιὸν μέλος) a été très-controversée dès l'antiquité, sans qu'on ait réussi à l'éclaircir. Ce qui est certain c'est que ce mot a l'acception générale de *chant de table* (παροίνιον μέλος). Cf. SUIDAS, au mot σκολιόν; ARISTOTE, *Polit.*, l. III, ch. 14; ATHÉN., l. XV, p. 693, f, et suiv.; PLUT., *Quaest. conv.*, l. I, ch. 1, § 5. — *Schol. Aristoph. in Vesp.*, 1222; *in Ran.*, 1302. — Cf. BURETTE, *Rem.* CLXXVIII, où sont détaillés tous les renseignements fournis par les lexicographes.

[2] *Odyss.*, ch. I, v. 150 et suiv., ch. VIII, v. 471 et suiv.

[3] Cf. le *Bouclier d'Hercule*, v. 281 et suiv.

musical fixé par des règles précises et fort peu différent au fond de celui qui subsista jusqu'à la fin du paganisme. Lorsque le repas est terminé, les coupes se remplissent de vin pur pour la libation solennelle[1], pendant que les convives exécutent en chœur un *péan*, accompagné par l'*aulos* ou par la cithare[2]. Ensuite commence le *symposium* proprement dit, le dessert ; chacun des assistants entonne une chanson à son tour. C'était là que les citoyens de Sparte chantaient les élégies patriotiques de Tyrtée, les seules poésies de table sanctionnées par les mœurs rigides de l'État dorien[3]. On sait que l'élégie (p. 324) exigeait un accompagnement de flûte; cette partie était jouée d'ordinaire par un aulète gagé[4].

Même à Lacédémone on ne s'en tint pas longtemps à une
musique aussi austère. Une seule génération après Tyrtée on 628-600 av J.C.
commença déjà à y admettre des chansons monodiques roulant sur des sujets peu graves : l'éloge du vin, de la bonne chère et de l'amour[5]. L'exécutant, lequel était souvent l'auteur lui-même, s'accompagnait sur un instrument à cordes et pouvait conséquemment se passer d'un musicien mercenaire, avantage important aux yeux d'un Hellène. Ainsi se produisirent à Sparte les *clepsiambes* d'Alcman (p. 380); ainsi s'exécutaient en d'autres contrées de la Grèce les odes sympotiques d'Alcée (p. 396), de Stésichore (p. 387) et d'Anacréon (p. 408), et en général toutes les compositions profanes qui excluent l'intervention d'un chœur[6].
Jusqu'au temps de Périclès il n'y a chez les Grecs aucune trace 469-429.
de séances musicales publiques analogues à nos concerts.

C'est d'après le cérémonial décrit plus haut que nous devons nous figurer la mise en scène des scolies athéniennes, telle qu'elle

1 Pendant le reste du dîner les anciens ne buvaient que du vin mêlé d'eau. Cf. ATHÉN., l. XV, p. 693, c, d.

2 ALCMAN, fragm. 24; THÉOGNIS, *Élég.*, v. 761; PLUT., *Quæst. conv.*, l. VII, ch. 8, § 4. Voir ci-dessus, p. 368.

3 ATHÉN., l. XIV, p. 630, f.

4 THÉOGNIS, *Élég.*, v. 941-944, 1065.

5 Deux vers de Pindare (ci-dessus, p. 246) sont le fragile fondement sur lequel on a bâti la légende de l'invention des *scolies* par Terpandre. PLUT., *de Mus.* (W., § XVII).

6 Les *scolies* de Pindare n'ont de commun avec ce genre de morceaux que le nom. Voir ci-dessus, p. 411.

510 av. J. C. fut réglée après l'établissement du gouvernement démocratique. Les écrivains nous font connaître à cet endroit quelques coutumes locales. Après le péan, exécuté en chœur, chacun des convives, tenant une branche de myrte qui passait de main en main au plus proche voisin, chantait à tour de rôle. Pouvoir en toute occasion s'acquitter agréablement d'une telle tâche était considéré comme le complément d'une éducation libérale. Thémistocle ayant été forcé d'avouer son inhabileté à cet endroit y perdit une partie de son prestige. Comme conclusion de la séance on présentait une lyre aux convives qui avaient la meilleure réputation de poëtes et de musiciens, les invitant successivement à faire entendre « quelque beau chant renfermant une sentence ingénieuse, un « précepte utile pour la conduite de la vie[1]. »

Par cette définition d'un écrivain ancien on voit que la *scolie* attique, tout en ayant emprunté de l'ode lesbienne ses rhythmes et ses mélodies, a un caractère littéraire bien différent et apparenté de près à l'élégie gnomique. Impétueuse et passionnée chez les Éoliens, voluptueuse et galante en Ionie, la poésie de table devient à Athènes politique et moraliste. Elle ne chante ni le vin, ni la beauté, mais la louange des grands patriotes et des dieux protecteurs de la cité. Un tel genre convenait surtout à des banquets d'artistes, de poëtes et de philosophes.

Tout ce qui nous est parvenu de cette branche de la littérature se réduit à une trentaine de strophes complètes, recueillies par Athénée, plus quelques fragments épars. Une grande partie de ces morceaux sont anonymes, et ce ne sont certes pas les moins intéressants comme idée poétique. Quelques autres portent des noms de poëtes inconnus. Cette dernière catégorie renferme deux pièces d'une rare vigueur : l'une est attribuée au Crétois Hybrias :

« Ma grande richesse à moi, c'est ma lance et mon épée et mon beau bouclier, « rempart du corps. L'une me sert à labourer, l'autre à moissonner et le troisième à « fouler la vendange. Grâce à eux on me nomme le maître de la maison. Ceux qui n'ont « pas le courage d'avoir une lance, une épée et un beau bouclier, rempart du corps, tom- « bent à genoux devant moi et m'appellent *Maître* et *Grand Roi*. » ATHÉN., l. XV, p. 695, f.

La seconde scolie de cette espèce fut composée par un Athénien du nom de Callistrate, en l'honneur des meurtriers d'Hipparque.

[1] Artémon ap. ATHÉN., l. XV, p. 694, a-c.

Elle a joui d'une grande et longue célébrité ; Aristophane y fait allusion comme à une chanson généralement répandue et aimée[1]. En voici la traduction :

I. « Dans un rameau de myrte je porterai mon épée comme Harmodios et Aristogiton « lorsqu'ils tuèrent le tyran et établirent l'égalité des lois dans Athènes. » — II. « Cher « Harmodios, tu n'es point mort, sans doute : tu vis dans les îles des bienheureux, « où séjournent, dit-on, Achille aux pieds rapides et le vaillant Diomède, fils de Tydée. » — III. « Dans un rameau de myrte je porterai l'épée, comme Harmodios et Aristogiton, « lorsque, aux fêtes d'Athéné, ils firent périr le tyran Hipparque. » — IV. « Toujours « votre mémoire vivra sur la terre, cher Harmodios, et toi, Aristogiton, parce que « vous avez tué le tyran et établi dans Athènes l'égalité des lois. » ATHÉN., l. XV, p. 695, a, b.

Enfin plusieurs chansons de table ont pour auteurs des poëtes-musiciens qui ont laissé un nom dans l'histoire de la littérature. Le plus ancien est le grand législateur des Athéniens, le sage Solon. mort en 559 av. J. C.
Parmi ses œuvres poétiques, consistant en élégies, iambes et tétramètres, se trouve une scolie qu'il composa dans sa vieillesse[2]. Vient ensuite Pytherme de Téos, dont il n'est fait mention que chez Athénée[3]. Il vécut avant Hipponax (p. 340) et composa des v. 540.
scolies en mode ionien. Tout ce qui nous reste de lui se réduit au premier vers d'une de ses chansons :

Οὐ-δὲν ἦν ἄρα τἄλ-λα πλὴν ὁ χρυ-σός.

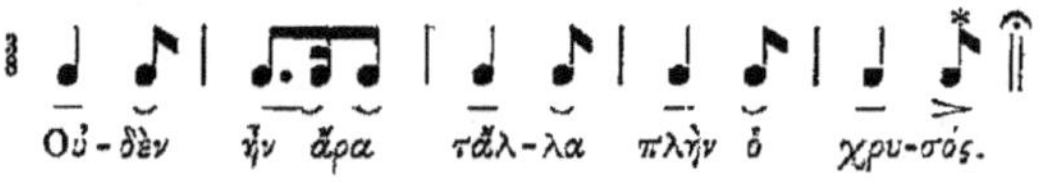

Simonide, l'un des grands maîtres de la lyrique chorale, a cultivé né en 556, mort en 469.
avec succès ce genre de poésie, admirablement approprié à son talent souple et gracieux[4]. Timocréon de Rhodes, qui fleurit peu de temps après la guerre des Perses, eut plus de vogue v. 470.
encore auprès des Athéniens par ses scolies. Doué d'une force herculéenne et d'un talent poétique brutal mais irrésistible, cet homme étrange, après avoir suivi le parti de Thémistocle, devint l'ennemi mortel du héros et composa à son adresse des chants empreints d'une haine sauvage[5], où il parodiait les rhythmes

1 *Lysistrate*, v. 632.
2 DIOG. LAERT., l. I, ch. 2, sect. 14. Cf. PLUT., *Vit. Sol.*, § 29.
3 Livre XIV, p. 625, c.
4 *Schol. Aristoph. in Vesp.*, 1222; *in Nub.*, 1356 et suiv.; BERGK, *Poet. lyr. graec.*, p. 1289.
5 PLUT., *Vit. Themistocl.*, § 21.

v. 450. majestueux de Pindare[1]. La poétesse Praxilla de Sicyone, connue surtout par un mètre auquel on a donné son nom (p. 139), composa 427-388 av. J.C. des scolies fort en faveur dans Athènes au temps d'Aristophane. Le couplet que nous allons transcrire partagea la popularité du chant de Callistrate :

« Que l'histoire d'Admète, ami, te soit toujours présente à la mémoire. Hante les « gens de cœur, évite les couards, sachant que des lâches il y a peu de services à « attendre. » ATHÉN., l. XV, p. 695, c.

Mètres et mélodies.

A une exception près[2], toutes les scolies conservées ont des rhythmes logaédiques. Elles s'exécutaient en général sur des airs traditionnels : comme les chansonniers modernes, les Athéniens imaginaient rarement des cantilènes nouvelles pour leurs poésies de table. La preuve en est dans l'uniformité du *schéma* rhythmique. Si nous faisons abstraction d'une demi-douzaine de morceaux, nous ne rencontrons que deux modèles de strophes, dont chacun avait sa mélodie fixe et consacrée par l'usage[3]. Le premier air, le *mélos d'Admète*, tenait son nom de la fameuse scolie de Praxilla. La facture musicale en est des plus simples : c'est une strophe monomètre, composée de *deux grands vers asclépiades*, que nous avons déjà rencontrée chez Stésichore (p. 391) et chez les deux lyriques lesbiens; elle nous est restée familière par les odes d'Horace. L'*air d'Admète* jouissait d'une faveur si générale auprès du peuple d'Athènes, qu'on l'avait arrangé pour être joué en solo sur un instrument à vent. Le second timbre et le plus répandu était désigné habituellement sous le nom de *mélos d'Harmodios*[4]. On le retrouve dans la plupart des chansons anonymes; en outre il fut employé par Simonide et par Callistrate; Aristophane se sert encore du même motif dans l'*Assemblée des femmes* composée en 392. Cet air remonte

[1] Bien que les fragments 1 et 3 (Bergk) soient des dactyles épitrites, leur contenu poétique prouve à l'évidence qu'ils n'ont pas appartenu à des chants orchestiques.

[2] La chanson de Timocréon, composée en trochées dimètres liés en forme de système.

[3] Les scolies auxquelles s'adaptaient des mélodies originales avaient des formes métriques et strophiques plus hardies que les timbres courants.

[4] Cf. *Schol. Aristoph. in Vesp.*, 1239, 1245; *in Acharn.*, 980. Il y est également question de deux autres airs de scolies très-aimés à Athènes : l'*air de Télamon* (Bergk, 17, 18, 19, 20) et celui de *Clitagora*, poëtesse thessalienne (ib., 29). Cf. SUIDAS, à l'article Ἀδμήτου μέλος, καὶ Ἁρμοδίου.

probablement à Pytherme (c'est-à-dire à 540), si l'on en juge par l'unique vers qui nous reste du vieux poëte ionien (p. 417). Nous pouvons nous faire par là une idée de la longue faveur qui s'est attachée à certaines mélodies dans l'antiquité. La strophe de l'*air d'Harmodios* est bâtie sur le même principe que celle dont Alcée passe pour être l'inventeur; néanmoins rien ne prouve qu'elle doive être attribuée à l'illustre citoyen de Lesbos. A travers le dessin rhythmique se devine une mélodie franche et vigoureuse.

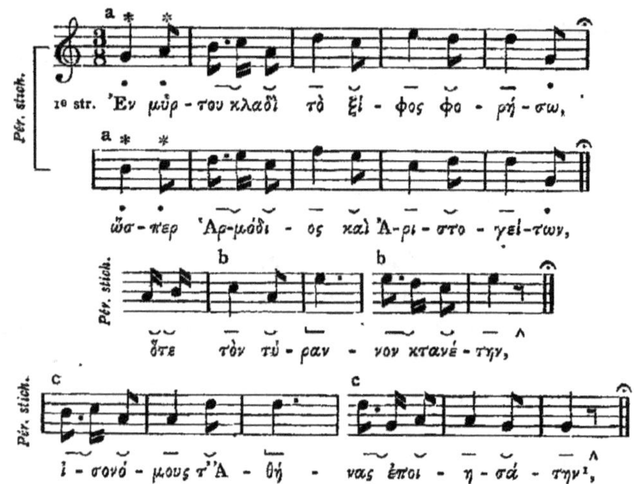

La vogue de ce genre de poésies musicales s'évanouit au milieu des misères et des bouleversements qui ébranlèrent la société athénienne à la suite de la désastreuse guerre du Péloponnèse. 431-404 av J. C.
Au surplus elle était déjà en baisse longtemps auparavant. Dans les *Nuées* d'Aristophane, Phidippide, un jeune homme du bel air, 423
représentant des nouvelles couches sociales, se moque des scolies, trouvant « que c'est une niaiserie de jouer de la lyre à table et de « chanter comme une femme en train de moudre du grain[2]. » La chanson politique et moraliste n'occupa plus qu'une place infime dans les auditions musicales (ἀκροάματα) dont le goût

[1] Voir la traduction française, p. 417.

[2] V. 1357 et suiv. La génération actuelle a vu disparaître la même habitude en France. A l'heure présente le *Caveau* de Paris est probablement le seul représentant de la scolie moderne.

s'introduisit alors. On s'y régalait de musique instrumentale exécutée le plus souvent par des femmes, à la manière asiatique; l'on se procurait aussi des cantatrices à prix d'argent[1]. Nous avons une peinture vivante de ces concerts de table dans un
406 av. J.C. passage de Platon le comique.

« Déjà presque tous les convives ont soupé. Holà! qu'on enlève vite les tables..... « Cette jeune fille aurait déjà dû tenir ses flûtes prêtes[2] et commencer à préluder. — « Quant à moi, je vais verser des odeurs égyptiennes, de l'onguent irisé! Ensuite, je « distribuerai des couronnes à tous les convives. — Que quelqu'un ait soin du vin. — « Le voilà mêlé. — On apporte l'encens...., la libation se fait; et les buveurs vident « longuement leur coupe; l'on chante le *scolion*.... La joueuse de flûte fait entendre aux « buveurs une mélodie carienne; une autre jeune fille joue du *trigone*, et chante une « cantilène ionienne en s'accompagnant. » ATHÉN., l. XV, p. 665, b, c, d.

Peu à peu le raffinement et le luxe gastronomique, la débauche et les exhibitions licencieuses prirent chez les hommes du monde la place de l'ancienne chanson. Les Alexandrins parlent des scolies comme d'une vénérable vieillerie, et disputent sur l'étymologie du mot. Dans les cénacles littéraires on les remplaça par des récitations parlées ou par des entretiens philosophiques, tels que nous les voyons encore en vigueur au IIe siècle de notre ère chez Plutarque[3] et dans le *Banquet des Savants* d'Athénée.

[1] PLAT., *Protag.*, p. 347, c, d.

[2] On sait que les instruments à vent destinés à se faire entendre dans les festins appartenaient à la région aiguë; c'était la *flûte citharistérienne* (p. 278), ou bien le chalumeau *hémiope* (p. 289), ou des doubles flûtes *paræniennes* (p. 291-292); plus tard on employa aussi à cet effet le *gingras*, petit hautbois phénicien (p. 284), et la flûte traversière (p. 280).

[3] *Quaest. Conv.*, l. VII, ch. 8.

CHAPITRE IV.

LE DITHYRAMBE. APOGÉE ET FIN DE LA LYRIQUE CHORALE. LE NOUVEAU NOME CITHARODIQUE.

§ I.

DAns le précédent chapitre nous avons vu comment le chant du *péan*, primitivement identique avec le nome des citharèdes, donna naissance à une chorale dansée qui se développa sous l'égide des institutions politiques et religieuses de la société dorienne. Cet art aristocratique reçut des formes fixes de Stésichore, à l'époque même où Sacadas créait une musique instrumentale indigène, où Alcée et Sappho révélaient au monde les trésors de leur poésie. A ce moment intéressant de l'histoire musicale surgit un nouveau style choral étranger au culte d'Apollon et issu de la muse populaire. Le fougueux *dithyrambe*, l'hymne à Dionysos, ennobli par le goût idéaliste de l'Hellène, devient à son tour le point de départ d'une nouvelle branche de poésie chantée, laquelle après avoir absorbé en elle tous les éléments de l'art apollinique, porte, au sein de la démocratique Athènes, la dernière et la plus riche floraison du génie poétique et musical de l'antiquité.

V. 590 av. J. C.

L'art d'Apollon et l'art de Dionysos

Il nous faut ici insister de nouveau sur les idées religieuses et esthétiques que le symbolisme antique a groupées autour des deux grandes divinités de la Grèce intellectuelle. Apollon, personnification de ce qui est constant et homogène dans l'univers, préside aux lois d'ordre et d'harmonie qui gouvernent le monde moral; les hymnes inspirés par lui célèbrent le triomphe de l'individualité humaine sur les forces aveugles de la nature; à ces chants pleins de sérénité suffit l'accompagnement discret de la cithare. Dionysos (ou Bacchus) personnifie dans le monde physique ce qui est sujet à changement, les phénomènes météorologiques, la génération et la destruction des êtres; dans le monde de l'âme, le trouble des passions; sa musique, accompagnée d'instruments à vent et de bruits rhythmiques, est l'expression immédiate des sensations de douleur, de joie, de volupté et d'angoisse qui se disputent l'âme humaine, aux prises avec les réalités de l'existence, et l'entraînent comme dans une ronde de sabbat. Voici comment Plutarque résume les doctrines qui avaient cours à cet égard auprès de ses contemporains :

« Nous entendons les théologiens dire et chanter en prose et en vers que Dieu est par « essence incorruptible et éternel, mais qu'en vertu d'un arrêt immuable il opère en « lui-même des transformations, — tantôt convertissant la nature en feu et assimilant « toutes choses, tantôt se révélant d'une manière multiple par des formes, des affections « et des forces différentes; tel est son état actuel que l'on désigne communément par le « nom de *Cosmos* (monde). Mais les grands sages, voulant céler ces arcanes au vulgaire, « appellent la transformation en feu, *Apollon*.... et *Phoebus*.... La transformation et « l'arrangement des éléments constitutifs en air, en eau, en terre et en astres, ainsi que « la création de plantes et d'animaux sont interprétés par eux comme un démembrement « et un morcellement; ils donnent à ces phénomènes les noms de *Dionysos*, *Zagreus*, « *Nyctélios*, *Isodætès*. Et ils parlent de destructions et de disparitions, de morts et de « résurrections, qui ne sont que des énigmes et des fables relatives à ces changements. « Et *ils chantent à Dionysos des cantilènes dithyrambiques pleines de pathétique et de transi-« tions, exprimant je ne sais quoi d'égaré et de désordonné.... Pour Apollon, au contraire, il « faut le péan, hymne sévère et recueilli....* On donne pour attributs à Apollon l'invariabilité, « l'ordre et une gravité sans mélange; à Dionysos, une mobilité composée d'enjouement, « de violence, de sérieux et de démence.... C'est ainsi que l'on a décrit, non sans justesse, « le propre de chacune des transformations de la divinité. Or, comme les espaces de « temps qui séparent les évolutions ne sont pas égaux en durée, la *période* dite *de* « *plénitude* étant plus longue que la *période de dévastation*, le même rapport s'observe « [dans la célébration des fêtes]. Durant la majeure partie de l'année on chante le péan « aux sacrifices; mais à l'entrée de l'hiver on réveille le dithyrambe, tandis que l'on « impose silence au péan, et pendant trois mois l'on invoque Bacchus au lieu d'Apollon, « attendu que le temps de la création, comparé au temps de la combustion, est estimé se « trouver dans la proportion de trois à un. » PLUT., *de EI ap. Delph.*, § 9.

De même que chacun des deux cultes a donné naissance à un type distinct de productions poético-musicales, de même il a marqué d'une empreinte ineffaçable les artistes voués à son service. Le chantre apollinique est un *voyant*, dont l'individualité ne s'absorbe pas dans son œuvre, mais qui, pareil au peintre et au statuaire, la voit d'un œil observateur au dehors de soi. L'artiste dionysiaque est un *possédé*, au sens théologique du mot; il se dépouille volontairement de son identité et devient l'homme de la nature[1]. Et ce phénomène est endémique : il se transporte sur tout le groupe des exécutants. « C'est par là, » dit M. Nietzsche, « que le « dithyrambe se distingue de tout autre chant choral. Les jeunes « filles qui marchent en procession vers le temple d'Apollon, un « rameau de laurier à la main et chantant un *parthénion*, restent « ce qu'elles sont et gardent leur nom de famille; le chœur « des initiés qui chante et danse le dithyrambe est un groupe « d'hommes transformés, dont les membres ont oublié leur « origine, leur rang; ils sont les serviteurs de Dionysos et vivent « en dehors de tout temps, de toute relation sociale. A leurs « propres yeux ils ont pris la forme de Satyres, et comme tels ils « sont les compagnons de leur dieu[2]. » Aussi l'antiquité a-t-elle salué dans Bacchus le créateur du drame. Les jeux scéniques étaient placés sous son patronage. Jusqu'à la fin du paganisme les acteurs s'appellent *artistes dionysiaques*, dénomination à laquelle participaient les virtuoses musiciens exerçant leur art au théâtre[3].

Les monuments les plus considérables qui restent de la poésie dionysiaque, sont les parties chorales des *Bacchantes* d'Euripide, dans lesquelles on doit voir, selon toute apparence, des imitations de l'ancien style dithyrambique. Ces chants, non moins intéressants pour le musicien que pour le littérateur, brillent d'une beauté étrange; il y règne un mélange de mysticisme et de fureur

[1] Les anciens envisagent le dithyrambe comme l'exacte contrepartie du nome citharodique. Proclus (*Chrest.*, p. 349, Gaisf.) fait un parallèle intéressant des deux genres : « Le dithyrambe est très-agité; sa danse manifeste une sorte de fureur. Il convient « à des affections véhémentes, particulièrement à celles qu'inspire le dieu [Dionysos]. « Ses rhythmes sont impétueux et sa diction est sans apprêt. Le nome au contraire « se manifeste par un *éthos* régulier et pompeux, il est plus calme dans ses rhythmes et « il emploie volontiers des mots composés. En outre chacune des deux espèces a son « harmonie propre. Le dithyrambe réclame le mode phrygien et l'hypophrygien, le « nome s'exécute sur l'échelle lydienne des citharèdes. L'origine du dithyrambe paraît « se rattacher aux réjouissances des campagnards et à l'allégresse des festins, tandis « que le nome semble avoir sa source dans le péan. » Je crois qu'il faut lire ὁ δὲ νόμος τοὔναντίον διὰ τῶν ἠθῶν (ce mot manque dans les Mss.) κινεῖται (Mss. ἀνεῖται) τεταγμένως καὶ μεγαλοπρεπῶς (A. W.).

[2] *Die Geburt der Tragödie aus dem Geiste der Musik*, p. 40.

[3] Cf. PLUT., *Vit. Arat.*, § 53; *de Inim. utilit.*, § 3.

sauvage, de couleurs chatoyantes et de sombres reflets, dans lequel nous reconnaissons le dieu multiforme décrit par les théologiens antiques. On en jugera par quelques passages du chœur d'entrée de ce magnifique drame :

Introduction. « Abandonnant la terre d'Asie et la sainte montagne du Tmolos, j'accours « pour accomplir en l'honneur de Bromios un doux travail et un labeur sans fatigue, « pour célébrer Bacchus. Vous qui vous trouvez par le chemin ou dans les demeures : « loin d'ici ! que l'on observe un religieux silence.... »

Strophe 1. « Heureux celui qui, initié aux mystères sacrés,.... se mêle sur les hauteurs « aux transports des bacchantes, et qui, célébrant les orgies de Cybèle, mère des « dieux, le thyrse à la main et le front couronné de lierre, se consacre au service de « Dionysos. Allez, bacchantes, allez, suivez le dieu Bromios, dieu et fils de dieu. Des « monts de la Phrygie jusqu'aux spacieuses plaines de l'Hellade, suivez Bromios!

« . . . . »

Strophe 2. « O Thèbes, patrie de Sémélé, couronne-toi de lierre, pare-toi du vert « smilax aux grappes fleuries, et livre-toi aux transports de la fureur bachique, ornée de « rameaux de chêne ou de sapin; décore les nébrides tachetées, dont tu es revêtue, de la « toison des blanches brebis; munis-toi pieusement de la férule licencieuse. Bientôt la « contrée entière célèbrera, par des danses en chœur, Bromios, qui conduit les troupes « joyeuses sur la montagne, où séjourne l'essaim de tes femmes, loin de ses toiles et de « ses fuseaux, en proie à la fureur divine de Dionysos. »

Antistrophe 2. « O sainte demeure des Curètes, grottes vénérées de Crète, asiles de « Zeus à sa naissance, c'est dans vos retraites que les Corybantes à triple casque « inventèrent pour moi le tambour, et mêlèrent leurs clameurs bachiques au timbre « suave des chalumeaux phrygiens. Ce tambour bruyant, fait pour accompagner les « chants des bacchantes, ils le remirent aux mains de Rhéa; mais les Satyres, dans « leur ivresse, l'obtinrent de la déesse et le firent résonner dans les danses triennales « chères à notre dieu. »

Épode. « Quelle ivresse pour lui de s'égarer sur les hauteurs, de quitter les danses « rapides pour se jeter sur la terre, revêtu de la nébride sacrée, de poursuivre le bouc « et de manger sa chair palpitante, en se dirigeant vers les monts de la Phrygie et de la « Lydie. Bromios est le chef! *Evoé!* Des ruisseaux de lait, des ruisseaux de vin, des « ruisseaux de miel, nectar des abeilles, arrosent la terre. L'air est embaumé des « suaves parfums de la Syrie. Et Bacchus tenant une torche de pin, allumée dans une « férule, l'agite en courant, excite les danses vagabondes et les anime par ses cris, « laissant sa chevelure élégante flotter au gré des vents. En même temps il fait éclater « ces clameurs : *Courage, courage, bacchantes, vous, la joie du Tmolos, d'où s'échappent « des flots d'or! Chantez Bacchus en vous accompagnant de tambours aux sons graves. Célébrez « le dieu joyeux par des cris d'allégresse, par des airs phrygiens; que les doux sons du « chalumeau sacré fassent entendre des accents en accord avec votre course rapide. A la « montagne! A la montagne!* Alors la bacchante enivrée, semblable au jeune poulain qui « suit sa mère dans les pâturages, bondit et s'agite en cadence! » V. 64-169.

Le chant dionysiaque avant Arion.

Les allusions répétées aux contrées de l'Asie, l'association habituelle des noms de Cybèle et de Dionysos[1] ainsi que toute la

[1] STRAB., l. X, p. 469 et suiv.

couleur exotique de ce genre de poésie suffisent à prouver que l'art romantique dont nous avons là les splendides restes sous les yeux n'est pas un produit ancien et inaltéré du génie hellénique. Il n'a pas, comme la chorale d'Apollon, ses racines dans les souvenirs des temps légendaires. Le culte dont il est l'expression n'a pris quelque importance dans les sphères élevées de la société grecque qu'à l'époque historique, alors que le sombre fanatisme de l'Orient et de la Thrace envahit le pays et altéra les rites locaux. Encore chez Hésiode le « très-joyeux » Dionysos, personnage 850 av. J.-C.?
secondaire parmi les immortels de l'Olympe, n'est que le dieu des vignerons et des laboureurs, qui répand autour de lui la gaîté et l'abondance[1], tandis qu'Apollon, divinité de premier rang, est le protecteur de la cité, l'initiateur à la vie idéale et intelligente. Aussi les manifestations collectives du culte dionysiaque eurent-elles longtemps un caractère exclusivement agreste. De tout temps elles donnèrent lieu en Grèce à des fêtes marquées par une licence effrénée, et dont les éléments principaux n'ont guère varié pendant des siècles : mascarades représentant les jeux des hommes-boucs, les Satyres, promenades et processions dans lesquelles s'étalait un symbolisme obscène (les *phallophories*). On sait que notre carnaval actuel est un souvenir lointain de ces divertissements. Archiloque prit les modèles de ses rhythmes v. 690
ternaires dans les chansons burlesques qui en formaient une des parties essentielles (p. 333 et suiv.); là aussi se trouve le germe de la comédie attique. Ces épanchements spontanés de la muse vulgaire consistaient en cantilènes monodiques interrompues çà et là par une acclamation en chœur (*Io Bacche*[2]). Dans la plus ancienne littérature poétique le dithyrambe est un chant de *libation*, sorte de *péan* bachique, entonné au milieu d'une joyeuse compagnie de buveurs par un d'entre eux, et accompagné du jeu de la flûte douce. C'est ainsi qu'en parle Archiloque[3]. Quant à une chorale dionysiaque sérieuse, apte à être considérée comme

[1] *Théog.*, v. 941; *Boucl. d'Herc.*, v. 400; *Œuvres et Jours*, v. 614.

[2] De là les chansons dites *Iobacques*. Voir p. 334, note 2.

[3] Ap. ATHÉN., l. XIV, p. 628, a, b. — Un fragment intéressant d'hymnodie dionysiaque est le vieux chant par lequel les femmes de l'Élide invoquaient, sous la figure symbolique d'un taureau, le dieu qui préside à la reproduction des êtres. PLUT., *Quaest. graec.*, § 36.

l'avant-coureur du dithyrambe tragique et l'ancêtre du drame grec, nous n'en avons d'autre indice que le passage bien connu d'Hérodote :

> « Les habitants de Sicyone rendaient au héros Adraste toute sorte d'honneurs ; et « principalement ils célébraient ses souffrances par des *chœurs tragiques*, n'honorant
> v. 600 av. J. C. « pas Dionysos mais bien Adraste. Clisthène [voulant écarter les souvenirs de l'ancienne « suprématie d'Argos], restitua les chœurs à Dionysos. » Livre V, § 67.

Arion. Une poésie musicale se rattachant aux vieux cultes indigènes ne pouvait se développer que parmi des populations composées en grande partie d'éléments non doriens et dont l'activité intellectuelle n'était pas comprimée par une oligarchie toute-puissante[1]. Aussi voyons-nous surgir l'art dithyrambique au VIe siècle dans les villes du Péloponnèse, gouvernées par des autocrates amis des sciences et des arts. D'après le témoignage d'Hérodote, ce fut à Corinthe, séjour de luxe et centre d'un trafic commercial prospère, qu'il reçut sa première organisation régulière. Cette innovation féconde est attribuée par l'ancien historiographe à un musicien originaire de l'île de Lesbos, Arion de Méthymne, le héros d'un conte merveilleux resté populaire jusqu'à nos
628-625. jours[2]. Il naquit dans la XXXVIIIe Olympiade. Disciple d'Alcman, d'après une tradition rapportée par Suidas, Arion fut le meilleur citharède de son temps et contribua à maintenir la supériorité incontestée que les chantres de Lesbos avaient conquise aux agones carniens[3] (p. 319). Il développa le nome citharodique et y admit d'autres rhythmes binaires que l'hexamètre[4]. Parmi les chants dont la composition lui est attribuée, figurent des *proëmes* ou *hymnes*, genre déjà cultivé par Terpandre (p. 313). Cette classe d'œuvres appartient probablement à la jeunesse d'Arion, laquelle dut s'écouler à Sparte. Après avoir passé plusieurs années en voyages artistiques qui le conduisirent en Sicile, où

[1] Légendes relatives aux origines du dithyrambe et de la tragédie dans WELCKER, *Ueber das Satyrspiel* (Francfort, 1826), p. 225-227.

[2] Livre I, § 23. — Cf. *Schol. Pind. in Ol.* XIII, 25; *Schol. Aristoph. in Av.*, 1403.

[3] Probablement le nome *orthien* qu'Hérodote lui fait chanter (voir p. 317, note 3) était celui de Terpandre.

[4] « Terpandre constitua le nome et se servit de l'hexamètre; ensuite Arion de « Méthymne, compositeur et citharède, l'augmenta notablement. Mais Phrynis de « Mitylène transforma le nome en mêlant des vers de toute sorte avec l'hexamètre. » PROCL., *Chrestom.*, § 13, p. 349, Gaisf.

il put connaître Sappho et Stésichore, Arion se fixa à la cour de Périandre, le fameux tyran de Corinthe, et devint le Lulli de ce Louis XIV, le maître de ses chœurs de chant et de danse. Comme le musicien florentin il dota sa patrie d'adoption d'une branche d'art inconnue jusque là : le drame musical.

v. 595 av. J. C.

v. 590.

Le dithyrambe corinthien.

Nous ne pouvons douter, en effet, que le dithyrambe d'Arion n'eût un caractère dramatique très-prononcé, et qu'il ne réunît, en outre, les deux éléments opposés de l'art de Dionysos : l'élément agreste et joyeux, cultivé de temps immémorial dans les campagnes grecques, et l'élément tragique, que nous avons vu mis en œuvre à Sicyone. Il fut donc à la fois le père du drame satyrique et de la tragédie. Cela résulte de la notice suivante de Suidas : « *Arion fut le créateur du style tragique. Il régla le chœur dithyrambique.... et donna des titres aux chants de celui-ci. Il introduisit dans ses dithyrambes des Satyres s'exprimant en langage mesuré*[1], » notice complétée par le passage suivant d'Aristote :

La tragédie remonte aux chantres-coryphées du dithyrambe...; elle grandit peu à peu par le développement de ses éléments, à mesure qu'ils se manifestaient au dehors, et ne cessa de se transformer qu'après s'être constituée selon sa nature propre.... En ce qui concerne l'étendue de l'action, très-restreinte à l'origine, la tragédie progressa tard : *et il lui fallut beaucoup de temps pour se dégager du dialogue plaisant, reste du genre satyrique dont elle sortait.... Poét.*, ch. 4.

Bien qu'il ne nous soit parvenu ni un seul vers authentique d'Arion[2], ni le titre d'aucune de ses œuvres, nous allons essayer de nous faire, à l'aide de quelques renseignements épars et de ceux que nous fournissent les monuments du théâtre grec, une idée plus ou moins satisfaisante de la conception poétique ainsi que de la forme littéraire et musicale du dithyrambe corinthien.

Ce genre de composition, que nous définirons une tragédie lyrique ou, si l'on veut, un drame sans appareil théâtral (comme

[1] Les Satyres faisaient-ils partie du chœur proprement dit, ou bien formaient-ils, comme le prétendent quelques-uns, une seconde masse, spécialement chargée des divertissements et des parties mimées? Nous ne discuterons pas cette question très-controversée. Cf. CHAIGNET, *la Tragédie grecque* (Paris, Didier, 1877), p. 33 et suiv. Cet auteur veut conclure de l'emploi du mot λέγοντας que les Satyres ne faisaient que déclamer. Mais cela n'est pas possible : *on ne parle pas en chœur*.

[2] Le chant apocryphe transmis par Elien (BERGK, *Poet. lyr. graec.*, p. 872) a été composé postérieurement à Mélanippide le jeune (450 av. J. C.), si l'on en juge par les rhythmes, semblables à ceux du nouveau dithyrambe.

notre *oratorio*), appartenait pour une moitié à la poésie lyrique, pour l'autre moitié à la poésie dramatique et narrative : les parties lyriques étaient confiées à un *chœur de cinquante chanteurs-danseurs*, les colloques et récits à un *coryphée* ou *préchantre* (ἔξαρχος). Aristote voit avec raison dans le rôle du préchantre le noyau primitif de la tragédie. Sans doute ce personnage racontait, soit comme représentant du dieu lui-même, soit comme messager ou héraut, l'un des épisodes de l'existence terrestre de Dionysos : sa naissance, ses courses vagabondes, ses miracles, ses souffrances, sa résurrection triomphante, tandis que les choreutes, déguisés en Satyres et se considérant comme une troupe appartenant à Dionysos, manifestaient les sentiments de joie, de terreur, de jubilation, que leur inspirait ce récit, tout comme si les faits faisant l'objet de la narration se fussent passés sous leurs yeux[1]. De même que le drame liturgique du moyen âge, le dithyrambe était mêlé d'intermèdes bouffons, consistant en chants dansés d'un caractère mimique.

Contrairement aux chœurs spartiates, qui affectaient la figure d'un carré, le groupe des hommes chargés d'exécuter le dithyrambe formait un cercle[2] et se mouvait autour d'un autel (θυμέλη), qui en occupait le centre ; de là le terme de *chœur cyclique*[3] qui pendant toute l'antiquité est resté inséparable du genre. Les mouvements orchestiques s'exécutaient probablement de telle manière que la figure circulaire de l'ensemble était gardée intacte, les danseurs se contentant d'échanger leurs places entre eux : en sorte qu'à la fin du morceau chacun se trouvait avoir repris son poste primitif[4]. La disposition du chœur nous indique clairement la place occupée par le préchantre. Il se tenait à côté de l'autel, près de la table

[1] La manière dont l'Église catholique fait chanter pendant la semaine sainte les récits évangéliques de la Passion de Jésus n'est pas sans quelque analogie avec l'exécution du dithyrambe. Ces récits se répartissent en trois (ou quatre) rôles. Le *chantre* (équivalent de l'*exarchos*) dit les parties narratives ; le *sous-diacre* se charge des discours et phrases que l'Évangéliste met dans la bouche des acteurs secondaires du drame sacré (en certaines églises les repliques collectives des Apôtres, des Juifs, etc., sont dites par un *chœur*) ; enfin l'*officiant* ne prononce que les paroles de Jésus, sur un son grave et invariable.

[2] ATHÉN., l. V, p. 181, c ; texte cité plus haut, p. 377, note 3.

[3] PROCL., *Chrestom.*, p. 348. — Suidas donne au père d'Arion le nom de Kyklios. Toujours l'épithète *cyclique* est synonyme de *dithyrambique*.

[4] Cf. BUCHHOLTZ, *die Tanzkunst des Euripides* (Leipzig, Teubner, 1871), p. 82-83.

du sacrifice (ἐλεός)[1], ayant à côté de lui un aulète accompagnateur, et pouvait, en se tournant tantôt d'un côté, tantôt d'un autre, s'adresser aux choreutes qui l'entouraient et leur communiquer ses sentiments et ses impressions.

Voilà pour ce qui regarde l'ordonnance générale du spectacle. Maintenant tâchons de nous rendre compte de l'organisme musical de cet embryon dramatique. Le rôle entier du coryphée-acteur était écrit en vers suivis, sans aucune division strophique; il se débitait sur une récitation musicale. Le vers employé était le tétramètre trochaïque, rhythme usité d'ancienne date pour les danses champêtres du culte dionysiaque. — Ceci nous est transmis par Aristote[2]. — Quant aux chants du chœur, liés à une orchestique d'ensemble, ils formaient toute la composition poético-musicale proprement dite. Leurs rhythmes, leurs cantilènes et leur orchestique prenaient nécessairement des allures diverses selon qu'ils avaient à exprimer l'un ou l'autre des deux caractères appelés à dominer tour à tour dans l'œuvre (Dionysos souffrant, Dionysos triomphant). A cet égard nous n'avons aucune donnée; mais il est permis de suppléer en partie au manque de renseignements par les lumières que nous fournit l'étude des formes musicales du drame classique. Sans aucun doute, ces formes, dans tout ce qui leur appartient en propre, dérivent en droite ligne du dithyrambe tragique. En effet, il est impossible d'expliquer l'apparition soudaine, dans les plus anciennes tragédies connues, de toute une catégorie de rhythmes et d'un type de structure dont la littérature mélique antérieure n'offre pas le plus léger vestige, — les *dochmies*, la coupe des *cantica* par strophes accouplées (p. 211-213) — à moins d'admettre que ces rhythmes et ces moules strophiques n'aient été auparavant assouplis et façonnés par un long usage. Or, où pourraient-ils avoir reçu cette culture préparatoire, sinon dans le genre qui fut le prototype de la tragédie[3]?

Coupe musicale du dithyrambe.

1 Cf. POLLUX, l. IV, sect. 123.

2 *Poét.*, ch. 4.

3 On peut, il est vrai, objecter à cette opinion que les fragments de Glaucus recueillis par Plutarque ne signalent aucune innovation rhythmique d'Arion; mais cette circonstance n'est pas concluante. L'annaliste ne se montre guère mieux renseigné au sujet d'Alcman, maître du fondateur du dithyrambe et le musicien mélique le plus riche en rhythmes.

Danses du dithyrambe.

Pour déterminer les formes rhythmiques et, par contrecoup, la contexture musicale des chants choraux du dithyrambe, nous avons un excellent point d'appui : ce sont les brèves notices qui nous sont parvenues au sujet des trois danses admises dans la chorale dionysiaque. La première, expression du dieu « très-joyeux » d'Hésiode, est la danse des Satyres, la *sikinnis*, ornement des fêtes et mascarades populaires. Elle avait un caractère imitatif très-prononcé et rentrait conséquemment dans la classe des hyporchèmes; ses pas et ses mouvements étaient pleins d'animation, de bizarrerie et de verve : « la *sikinnis*, » dit Athénée, « n'exprime pas la passion douloureuse, c'est pourquoi « elle ne connaît pas la lenteur[1]. » Des chants accompagnés d'une semblable orchestique ne pouvaient entrer dans une action émouvante qu'en guise de *divertissements*, comme les ballets de nos opéras; aussi lorsque la séparation des deux espèces de drames fut accomplie, ces hors-d'œuvre disparurent-ils de la tragédie : Sophocle seul en garde quelques vestiges dans ses chœurs hyporchématiques (p. 204). Leur place naturelle fut le drame satyrique : le premier chant choral (ou *parodos*) du *Cyclope* d'Euripide est une *sikinnis*.

« Où vas-tu donc, toi qui es issu de noble père et de noble mère ? Où vas-tu à travers « ces rochers ? N'y a-t-il pas ici une douce brise, un gras pâturage, et l'eau tournoyante « des fleuves, qui repose dans les abreuvoirs, près des antres où t'appellent les bêlements « de tes petits ? Psitt ! ne veux-tu pas venir de ce côté ? Ne brouteras-tu pas de cette « herbe ? ne reviendras-tu pas à ce côteau couvert de rosée ? Ohé ! descends, animal aux « longues cornes, où je vais te lancer une pierre; reviens auprès du pâtre de l'agreste « Cyclope. » V. 41-81.

La seconde danse que les auteurs antiques attribuent au dithyrambe est la *tyrbasia*[2] (la *tumultueuse*), expression orchestique du Dionysos ténébreux, inspirant à ses fidèles une ivresse confinant à la démence. Elle était sans doute destinée à traduire le « je ne « sais quoi d'égaré et de désordonné » dont parle Plutarque. Quant aux chants « pleins de pathétique et de transitions » auxquels elle s'associait, ils ont été les prototypes des chœurs épisodiques de la tragédie, morceaux composés d'exclamations passionnées, de

[1] Livre XIV, p. 630, b, c.

[2] Pollux, l. IV, sect. 104; Hesych., au mot τυρβασία.

plaintes ou de malédictions, et motivés par l'approche imminente de la catastrophe finale ou par son accomplissement. Citons comme exemple ce chœur des *Bacchantes* :

« A la montagne, chiens rapides et furieux! A la montagne où les filles de Cadmus « exécutent leurs danses enivrantes! Aiguillonnez-les contre l'insensé qui vient, sous « des vêtements de femme, épier les bacchantes.... Apparais, Dionysos, sous la forme « d'un fier taureau, d'un serpent à cent têtes ou d'un lion à l'aspect ardent. Viens, et « d'un air riant entoure du lacet mortel le chasseur téméraire tombé au milieu de la « troupe des Ménades. » V. 977-1023.

Une troisième danse doit être attribuée à la chorale dionysiaque : la grave *emméleia* de la tragédie classique[1]. En effet le dithyrambe avait aussi ses moments de calme relatif, par exemple lorsque, en entrant, le chœur entonnait un hymne à son dieu, chant qui devint le noyau de la partie lyrique du drame grec[2], la *parodos* et les *stasima*.

Rhythmes du dithyrambe.

Il est permis d'affirmer que le 3/8 était le rhythme principal des chants orchestiques du dithyrambe, comme il le fut plus tard des chœurs du drame. C'est là l'ancienne mesure de la chanson populaire à Dionysos et à Déméter, les dieux des races autochthones, comme le 2/4 est la mesure du nome à Apollon, la divinité tutélaire des conquérants doriens. On sait que le 3/8 est d'usage commun dans toutes les variétés de la chorale grecque; il pouvait donc s'adapter aux trois caractères de la composition dithyrambique, et prendre tour à tour des allures et une rhythmopée très-diverses. C'est probablement dans le dithyrambe que se développèrent les formes-types des *logaèdes dramatiques* (pp. 123, 141), mélange de mètres éoliens et de motifs empruntés à la lyrique chorale. La *sikinnis* d'Euripide a la mesure logaédique; la complication ingénieuse et pittoresque de ses figures se réflète dans la construction hardie de la période unique[3] qui remplit toute la

[1] Lucien (*de Saltat.*, § 22) fait remonter aux Satyres l'invention de l'*emméleia* aussi bien que celle de la *sikinnis*. D'après Hérodote (l. VI, § 129) cette danse était déjà en vogue au temps d'Arion, puisque Hippoclide l'exécuta à la cour de Sicyone, lors de la fameuse réunion des prétendants d'Agariste, évènement qui eut lieu avant 570. — Cf. ATHÉN., l. XIV, p. 630, e.

[2] Aristote cité par Thémistius de Paphlagonie (vers 350 apr. J. C.). Voir CHAIGNET, *la Tragédie grecque*, p. 60.

[3] M. J. H. H. Schmidt tient cette période (selon lui antithétique pure) pour la plus longue qui existe dans la littérature mélique des Grecs.

strophe initiale. Le dessin rhythmique de ce morceau est d'un effet tellement saisissant par lui-même, que tout contour mélodique est superflu pour le goûter.

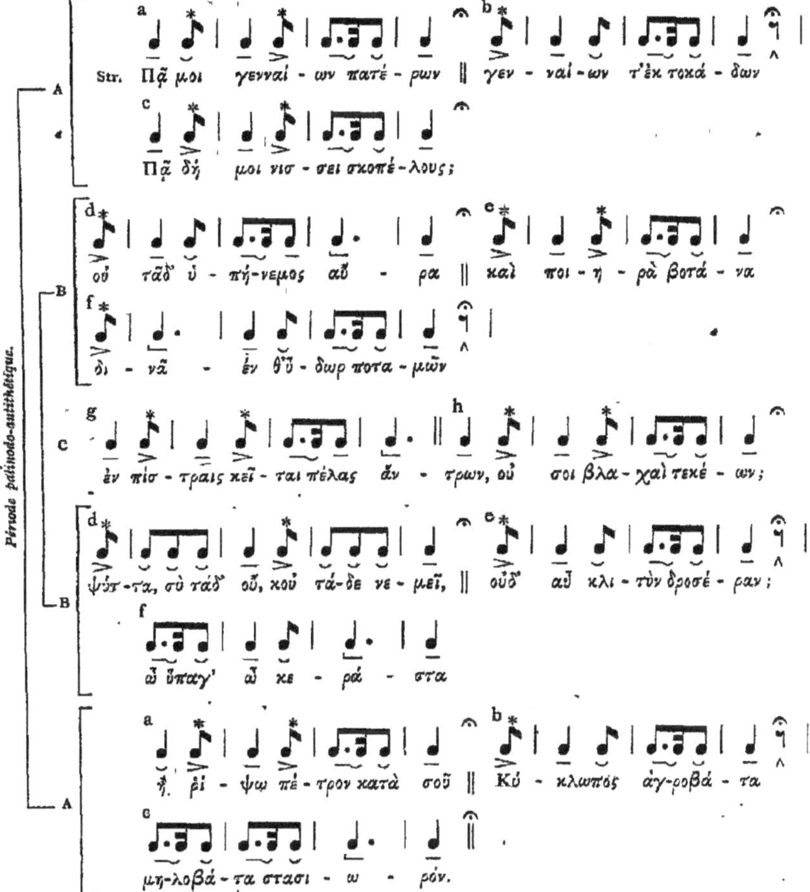

A côté du 3/8, son rhythme fondamental, le dithyrambe accordait une place assez considérable à l'autre mesure de la famille ternaire; celle-ci (le 3/4) fut appelée très-longtemps la *bachique* (βακχεῖος), et ne reçut qu'aux temps alexandrins la dénomination d'*ionique mineur*[1]. De même que le 3/8 représente l'élément

[1] WESTPHAL, *Metrik*, T. II, p. 111-112.

indigène de l'art dionysiaque, de même le 3/4 en représente l'élément étranger, extatique[1], qui s'y est ajouté postérieurement. Pour ne conserver aucun doute à cet égard, il suffira de se rappeler que le 3/4 fut acclimaté en Grèce par les nomes aulétiques consacrés à la grande déesse de l'Asie (p. 345), et qu'il était inséparable de la *phrygisti*, l'harmonie fondamentale du dithyrambe. L'emploi des ioniques dans les chants de la tragédie se constate déjà à l'époque de Phrynique, le plus ancien poëte théâtral dont il reste des fragments[2]. Chez Eschyle et chez Euripide ce rhythme apparaît dans les morceaux lyriques d'un mouvement passionné : la *parodos* des *Perses*, les trois premiers chœurs des *Bacchantes*, réminiscences d'anciens dithyrambes tragiques[3].

Enfin nous devons revendiquer pour la tragédie lyrique une des formes du 5/8, particulière aux chants scéniques du drame athénien et inconnue à la chorale apollinique; les grammairiens l'appellent également *bacchius*[4] (p. 103). Historiquement ce rhythme est issu du précédent : c'est en quelque sorte un *ionicus raccourci*[5]. La parenté des deux combinaisons métriques est surtout mise en lumière si l'on part de l'*ionique brisé* (p. 78).

Ionicus (*bacchius primitif*). $\frac{3}{4}$

Ionique brisé . . . . . $\frac{3}{4}$

Bacchius des métriciens. . $\frac{5}{8}$

Le *bacchius* quinaire appartient en propre aux cantilènes chorales ou monodiques intimement liées à l'action et exprimant les sentiments du personnage qui occupe la scène. Mais on ne le rencontre guère que mélangé avec le 3/8. Il est permis de dire que dans la tragédie des Hellènes, la cantilène pathétique procède de l'association des deux mesures impaires (p. 60). Les nuances et

[1] Dans les *Grenouilles* (v. 324 et suiv.) le chœur des initiés aux mystères d'Éleusis chante un hymne à Iacchos (Dionysos) en rhythme ionique.

[2] Phrynique a laissé son nom au *tétramètre ionique*.

[3] Peut-être Euripide a-t-il pris pour modèle de ses *Bacchantes* le *Penthée* de Thespis.

[4] *Schol. Hephest.*, p. 171, 27, Gaisf.

[5] Cela explique pourquoi le *bacchius* se mêle rarement à l'autre forme du 5/8, le *péon*.

dégradations des sentiments, que la musique moderne s'attache à exprimer au moyen des modulations et des timbres, l'art antique les reproduisait, pour ainsi dire, plastiquement, par les transitions d'un rhythme à un autre. Il n'y a donc pas lieu de voir une simple rêverie de sophiste dans ce passage d'Aristide Quintilien :

« Les rhythmes composés qui produisent des mouvements corporels très-variés, « communiquent à l'âme un trouble profond.... Ceux qui passent violemment d'un genre « de mesure à un autre, tiraillent l'âme, en divers sens, par chacune de leurs différences, « la contraignant à suivre la variété et à se l'assimiler. » Page 99 (Meib.).

La manière habituelle dont les trois grands tragiques réalisent le mélange du 5/8 et du 3/8 est de faire alterner régulièrement un *bacchius* et un *chorée*, ce qui produit le rhythme *dochmiaque* (pp. 79, 125, etc.), le plus saisissant peut-être de tous ceux qui se rencontrent dans le drame sérieux. Un autre mode de combinaison, plus primitif, consiste à entremêler simplement des membres choréïques à des *bacchius* isolés. Nous ne pouvons douter que le dithyrambe ne connut déjà les deux procédés, à considérer la variété que cette catégorie de rhythmes présente dans une des plus anciennes tragédies d'Eschyle, *les Sept devant Thèbes*. Les *bacchius* et les *dochmies* étaient, selon toute probabilité, les mesures caractéristiques de la *tyrbasia*. Comme exemples de leur emploi génial, nous nous contenterons de signaler deux chants orgiastiques des *Bacchantes*, où l'ivresse furieuse de Dionysos atteint son paroxysme : on y voit les deux rhythmes tantôt s'entrelacer étroitement, tantôt marcher isolés, pour se réunir ensuite de nouveau. Le premier morceau auquel nous faisons allusion est le chœur *strophique* qui précède l'annonce de la catastrophe (p. 430) ; le second est le sauvage hymne de triomphe où les Ménades célèbrent la mort de l'infortuné roi de Thèbes :

« Dansons en rond pour Bacchus, proclamons le désastre de Penthée, né des dents du « serpent. Il reçut des vêtements féminins et un thyrse bien orné, symbole d'une mort « inévitable, en suivant le taureau qui le conduisait à sa perte. O bacchantes thébaines, « votre hymne de triomphe s'est changé en larmes et en gémissements ! O glorieux « combat où la main d'une mère se plonge dans le sang de son fils ! » V. 1153-1167.

Nous donnons ce chant commatique en entier, pour que le lecteur puisse se faire une idée des métaboles rhythmiques qu'admettait le style du dithyrambe, et auxquelles correspondaient sans doute autant de métaboles harmoniques.

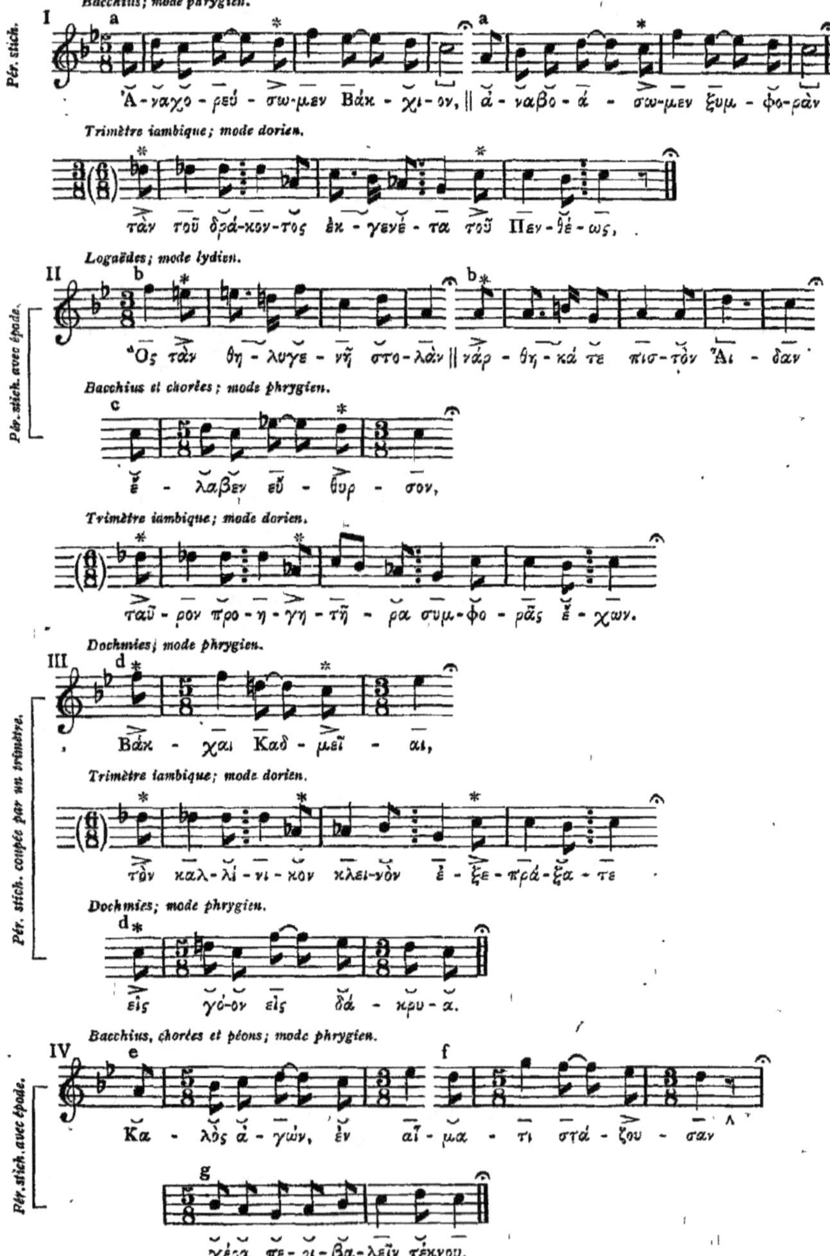
Bacchius; mode phrygien.
Pér. stich.
I
a
Ἀ-ναχο-ρεύ-σω-μεν Βακ-χι-ον, || ἀ-ναβο-ά-σω-μεν ξυμ-φο-ρὰν
Trimètre iambique; mode dorien.
τὰν τοῦ δρά-κον-τος ἐκ-γενέ-τα τοῦ Πεν-θέ-ως,
Logaëdes; mode lydien.
II
b
Pér. stich. avec épode.
Ὃς τὰν θη-λυγε-νῆ στο-λὰν || νάρ-θη-κά τε πισ-τὸν Ἀι-δαν
Bacchius et chorées; mode phrygien.
c
ἔ-λαβεν εὔ-θυρ-σον,
Trimètre iambique; mode dorien.
ταῦ-ρον προ-η-γη-τῆ-ρα συμ-φο-ρᾶς ἔ-χων.
Dochmies; mode phrygien.
III
d
Pér. stich. coupée par un trimètre.
Βάκ-χαι Καδ-μεῖ-αι,
Trimètre iambique; mode dorien.
τὸν καλ-λί-νι-κον κλει-νὸν ἐ-ξε-πρά-ξα-τε
Dochmies; mode phrygien.
d
εἰς γό-ον εἰς δά-κρυ-α.
Bacchius, chorées et péons; mode phrygien.
IV
e
f
Pér. stich. avec épode.
Κα-λὸς ἀ-γών, ἐν αἵ-μα-τι στά-ζου-σαν
g
χέρα πε-ρι-βα-λεῖν τέκνου.

Instrumentation et modes.

En ajoutant un contour mélodique aux vers inspirés du grand poëte, afin de faciliter aux musiciens l'intelligence de leur contexture rhythmique, nous n'avons pas eu la présomption de reproduire, même de très-loin, l'effet musical d'un tel morceau. Pour voir le pâle squelette prendre l'apparence de la vie, il faut se représenter en imagination la danse passionnée d'un groupe de cinquante méridionaux possédés d'un même enthousiasme, en même temps que l'instrumentation bruyante réservée à cette musique orgiastique : instrumentation dont Eschyle fait la description poétique (mais non point imaginaire certes) dans ce fragment tiré d'une de ses tragédies perdues (*les Édoniens*) :

« L'un des musiciens, tenant dans ses mains des tuyaux [sonores], ouvrage du tour, « fait entendre, par les mouvements de ses doigts, une mélodie dont l'accent passionné « inspire la fureur : l'autre fait résonner des cymbales d'airain.... La percussion « (ψαλμός) résonne bruyamment. Des sons terribles, semblables aux mugissements du « taureau, surgissent on ne sait d'où, et le bruit du tambour, pareil à un tonnerre « souterrain, roule en répandant une profonde terreur.... Les murs en sont affolés et les « toits pris d'ivresse. »

Aucun prosateur ne parle, à propos du dithyrambe, d'instruments à percussion; peut-être étaient-ils aux mains des danseurs. Mais tous les témoignages sont unanimes à donner aux chants dionysiaques un accompagnement d'*auloi*. Ceux-ci étaient des chalumeaux d'une sonorité mordante[1], des *parfaits* ou des *hémiopes* (p. 289), et non les flûtes douces des hymnes nuptiaux. Relativement au choix du mode, il était commandé par l'origine phrygienne du rituel bachique et ne paraît avoir subi aucune modification à travers les transformations du genre, en sorte qu'Aristote a pu énoncer cet axiome :

« Toute composition dionysiaque et toute orchestique de même espèce réclament de « préférence, parmi les instruments, les *auloi*; et parmi les harmonies, elles se choisissent « la phrygienne, comme celle qui leur convient le mieux. Aussi le dithyrambe est-il « universellement considéré comme phrygien. » *Polit.*, l. VIII, ch. 7.

Néanmoins les modes autres que la *phrygisti* ne devaient pas être totalement exclus du dithyrambe[2], sans cela comment les métaboles fréquentes, inhérentes au genre, eussent-elles été possibles? Probablement ils n'y figuraient qu'à l'arrière-plan et pour les

[1] Voir ci-dessus p. 342, note 2.

[2] Proclus constate aussi l'usage de l'hypophrygien (ci-dessus p. 423, note 1).

besoins de la modulation. C'est à ce point de vue que nous nous sommes placé en adaptant des notes au dessin rhythmique d'Euripide.

Arion ne laissa pas de successeur connu : après lui on ne trouve plus aucun vestige de son art à Corinthe. Le dithyrambe y fut-il aboli lorsque la mort de Périandre eut entraîné la chute complète de la race de Kypsélos, et que sous l'influence de Sparte une constitution dorienne y fut intronisée? On ne sait. Quoi qu'il en soit, l'histoire ne mentionne aucun artiste intermédiaire entre le poëte qui créa le dithyrambe et celui qui le transforma en tragédie un demi-siècle plus tard. Cette lacune, nous sommes fondé à la combler par les essais tragiques de l'école de Sicyone, bien que la plupart des traditions relatives à l'important mouvement artistique dont il s'agit ne donnent aucune indication chronologique. Ce fut dans cette antique ville, très-voisine de Corinthe, que le dithyrambe se rapprocha le plus, quant aux sujets poétiques, du drame sérieux de la période classique : « les « inventeurs de la tragédie, » dit un rhéteur, « sont les Sicyoniens; « les poëtes attiques n'ont fait que la perfectionner[1]. »

Le dithyrambe après Arion.

586 av. J. C.

582.

On se rappellera la notice d'Hérodote (p. 426), où nous avons appris que déjà lors de l'avènement de Clisthène, les citoyens de Sicyone avaient l'habitude de célébrer le souvenir du héros de la contrée, Adraste d'Argos, par des *chœurs tragiques*. Clisthène, dit l'antique historien, changea la destination de ces chants et *les restitua à Dionysos*. D'autre part voici une curieuse anecdote qui semble se rapporter à une époque plus récente :

v. 600.

« Épigène le Sicyonien, le *seizième* prédécesseur de Thespis[2], exhibant une tragédie « qui n'était pas composée en l'honneur de Dionysos, des spectateurs lui crièrent : Qu'y « a-t-il là pour Dionysos? mot qui passa depuis en proverbe. » SUIDAS, au mot Οὐδέν.

Si l'anecdote repose sur un fait historique, celui-ci ne peut s'être passé qu'après la mort de Clisthène et la fin de la maison des Orthagorides, fin qui suivit de près celle de la *tyrannis* à Corinthe et coïncide avec l'apparition de l'école instrumentale de Sicyone (p. 356 et suiv.). Deux faits, de toute manière, se

v. 570.

[1] Thémistius cité par CHAIGNET, *la Tragédie grecque*, p. 40.

[2] A l'article *Thespis*, Suidas dit que d'après quelques-uns Épigène était seulement *l'avant-dernier* prédécesseur du père de la tragédie.

dégagent nettement de ces traditions assez confuses : en premier lieu les tragiques sicyoniens abandonnèrent le terrain purement religieux pour aborder les sujets tirés de la légende héroïque ; en second lieu, ils n'avaient ni scène ni acteurs, et leurs prétendues tragédies n'étaient au fond que des dithyrambes à la manière d'Arion[1]. Écoutons le rhéteur Zenobius :

« Tandis que les chœurs avaient jusque là chanté le dithyrambe à Bacchus, les poëtes « célébrèrent désormais les Ajax et les Centaures. C'est pourquoi plus tard, tout en « renonçant à la vieille coutume, ils jugèrent convenable, afin de ne pas paraître « oublier complètement le dieu, de faire entrer dans leur œuvre un chœur de Satyres. » Chap. V, p. 356 (éd. Gaisford).

Le chant dionysiaque à Athènes.

Ce fut en Attique, contrée restée jusque là étrangère à la haute culture des arts musiques, que le germe dramatique déposé dans le chant de Bacchus put éclore et arriver à son épanouissement complet. Cette métamorphose se rattache intimement au grand mouvement artistique et littéraire qui marque l'avènement des

561-510 av. J. C. Pisistratides. Comme les Clisthène de Sicyone et les Périandre de Corinthe, les usurpateurs du pouvoir populaire à Athènes donnèrent une vigoureuse impulsion au progrès intellectuel ; on sait que l'établissement définitif du texte homérique est dû à leur initiative. Ils aimaient à s'entourer de tout l'éclat que les arts pouvaient prêter à leur maison, et attirèrent à Athènes les poëtes-musiciens les plus réputés : Anacréon, Simonide et Lasos. Leur domination, haïe et sourdement minée par la caste aristocratique, cherchait, comme toutes les dictatures, à s'appuyer sur les masses. De là l'extension considérable donnée au culte populaire de Dionysos ; de là les réformes par lesquelles ce culte acquit désormais un caractère civil et politique. Aux trois anciennes fêtes célébrées de temps immémorial, — les *petites dionysiaques* (ou *dionysiaques champêtres*), dans la dernière moitié de novembre ou dans la première moitié de décembre, les *lénéennes*, fête des pressoirs, en janvier-février, et les *anthestéries*, fête de la floraison, en février-mars, — on en ajouta une quatrième, destinée à être la principale, les *grandes dionysiaques* (ou *dionysiaques*

[1] En somme Épigène et son école prirent pour sujets de leurs *chœurs et danses circulaires* des mythes semblables à ceux que Xénocrite et Stésichore avaient traités dans leurs chants destinés à un *chœur carré*. Voir ci-dessus, pp. 380, 389.

urbaines), dont on chercha à rehausser l'éclat par des concours et des solennités musicales en rapport avec l'idée religieuse qui lui avait donné naissance. Elle avait lieu à la fin de mars ou au commencement d'avril, saison où la mer, se recouvrant de nombreuses voiles, amenait à Athènes une foule d'étrangers[1]. Toutes ces fêtes, surtout la dernière qui se prolongeait pendant six jours, furent un terrain admirablement préparé pour la culture de l'art dionysiaque. Aussi vit-on se produire, déjà avant la chute du régime autocratique, un fait de haute portée : le dithyrambe 510 av. J. C.
tragique devaient la tragédie.

Les écrivains s'accordent à considérer comme le créateur du drame sérieux, Thespis, du bourg d'Icarie en Attique; le vieux poëte sut détacher l'action de son cadre lyrique, et lui donner un libre mouvement. On s'accorde également à placer cet évènement dans la LXIe Olympiade. « C'est à partir de cette époque, » 536-533.
dit la *Chronique de Paros*, « que parut Thespis, le poëte qui le « premier fit jouer un drame dans la ville[2]. »

L'innovation fondamentale de Thespis consista avant tout dans l'arrangement qu'il donna à son personnel chantant et dansant. Au lieu du préchantre, se tenant sur les marches de l'autel et entouré de ses choreutes, il y eut désormais un véritable *acteur* (ὑποκρίτης), qui la plupart du temps n'était autre que le poëte lui-même, costumé, grimé, et monté sur une estrade placée derrière le chœur. Par une conséquence naturelle de cette nouvelle disposition, l'emplacement sur le devant de la scène, affecté aux évolutions orchestiques (de là son nom d'*orchestre*), fut désormais un hémicycle et non plus un cercle complet; quant au groupe choral lui-même, réduit de 50 à 48 personnes, il prit la forme d'un carré long, contenant douze hommes de front sur quatre de profondeur. Voilà, pour employer le mot d'un poëte antique, *la trouvaille de Thespis*[3], l'acte décisif qui convertit le dithyrambe en tragédie et constitua le théâtre sur des bases immuables.

1 Cf. CHAIGNET, *la Tragédie grecque*, p. 260 et suiv.

2 BOECKH, *Chron. Par.*, Ép. 43 (C. I. Gr., T. II, p. 301). — Cf. SUIDAS, au mot Θέσπις. — Si les rapports de Solon avec Thespis n'étaient pas imaginaires (PLUT., *Vit. Sol.*, § 29), il faudrait reculer d'un quart de siècle au moins l'invention de la tragédie, puisque le grand législateur mourut en 559 av. J. C.

3 Dioscoride dans l'*Anthol. Pal.*, VII, 411.

Comme nous consacrons plus loin un chapitre spécial au développement musical du drame grec, nous laisserons momentanément de côté les innovations attribuées à Thespis dans la conduite de l'action, pour suivre les destinées du genre musical et poétique qui, après la création de la tragédie, continua à porter le nom de dithyrambe et qui, cultivé par les génies les plus éminents de la période athénienne, finit par absorber en lui toute la production musicale de la Grèce.

§ II.

Nous voyons figurer le dithyrambe attique, à côté de la tragédie déjà perfectionnée, dans les joûtes musicales célébrées annuellement aux grandes dionysiaques, la fête printanière de Dionysos ressuscité. On place le premier concours de dithyrambe
508-505 av. J. C. dans la LXVIIIe Olympiade[1]. La réalisation de l'œuvre aussi bien que sa création était l'objet de ces luttes; chacun des poëtes-musiciens se présentait avec un chœur cyclique de 50 personnes, directement instruit par lui, et le vainqueur partageait avec ses exécutants le prix et les honneurs.

Lasos. Le maître à qui la Grèce dut l'institution de ce nouvel art dionysiaque fut un artiste de l'Argolide et l'une des figures les plus remarquables dans la galerie des musiciens helléniques : Lasos d'Hermione, dont un auteur latin dit « qu'il révéla aux mortels la « puissance de l'harmonie[2]. » Philosophe compté par quelques-uns au nombre des sept sages, rhéteur spirituel, poëte, compositeur, écrivain didactique sur la théorie musicale, acousticien[3], il exerça, dans toutes les branches de son activité multiple, une influence prodigieuse sur son époque, et eut la gloire d'instruire

1 Cf. CHAIGNET, *la Tragédie grecque*, p. 57, note 1.

2 Voir le passage de Martianus Capella cité T. I, p. 70, note 1.

3 Voir T. I, pp. 50, 63, 69, 431, etc. — Cf. BURETTE, *Rem.* CXCVII. Ses bons mots (*Λασίσματα*, Hésych.) étaient célèbres. Chaméléon d'Héraclée du Pont avait écrit sur Lasos un ouvrage (ATHÉN., l. VIII, p. 338, b) dont la perte est des plus regrettables pour l'histoire de la musique grecque.

Pindare dans la composition lyrique[1]. Né, d'après Suidas, dans
la LVIIIe Olympiade, Lasos fit probablement ses études musicales 548-545 av. J. C.
à Argos (p. 354). Devenu célèbre de bonne heure au dehors du
Péloponnèse, il fut appelé par la famille de Pisistrate à Athènes,
pour y remplir les fonctions de maître de chœurs; ses talents et
ses connaissances étendues lui assurèrent une autorité incontestée
parmi les artistes et un puissant crédit auprès d'Hipparque[2]. Son
rôle public finit sans doute avec la chute de son protecteur. On 514.
ne sait à quelle époque il mourut[3]. Toutes ses poésies ont péri,
à l'exception de trois vers qui formaient le début d'un hymne à
Déméter, divinité très-vénérée dans sa ville natale[4].

Caractère poétique du dithyrambe athénien.

Plusieurs écrivains de la période alexandrine font de Lasos le fondateur du chœur cyclique[5]. Leur assertion, prise dans un sens absolu, ne se concilie pas avec celle d'Hérodote, plus ancienne et préférable, qui attribue ce mérite à Arion. Néanmoins elle renferme un certain fond de vérité, en ce sens que le dithyrambe attique, tel qu'il sortit des mains de Lasos, était un genre entièrement distinct du dithyrambe corinthien. Cette proposition, nous ne pouvons la démontrer par les poésies dithyrambiques de Lasos, puisqu'il n'en reste pas un seul vers, mais bien par celles qui appartiennent à son école et particulièrement par les fragments de Pindare et de Likymnios. En effet rien de ce que l'on observe ici — sujets, caractère poétique, rhythmes, mètres — ne se rapporte à ce qui est dit du vieux dithyrambe tragique. Au lieu d'un mélange de déplorations passionnées et de scènes bouffonnes, nous rencontrons une poésie brillante et sereine, entièrement exempte de *pathos* tragique; au lieu de rhythmes bachiques et désordonnés — ioniques ou dochmies — nous voyons reparaître les mètres usuels de la lyrique dorienne : les *logaèdes orchestiques* et même les *dactyles épitrites*, ce rhythme

1 THOM. MAG., *Vit. Pind.*

2 HÉROD., l. VII, § 6.

3 Il doit avoir vécu assez vieux, puisqu'il s'occupa d'expériences acoustiques (selon Théon de Smyrne, ch. 12), ce qui suppose la connaissance des travaux de Pythagore; or ceux-ci ne doivent pas avoir pénétré à Athènes avant les guerres médiques.

4 PAUSAN., l. II, ch. 34.

5 CLEM. ALEX., *Strom.*, l. I, p. 365; *Schol. in Pind. Ol.* XIII, 25; *Schol. Aristoph. in Av.*, 1403; SUIDAS, au mot κυκλιοδιδάσκαλος.

caractéristique de la pompe chorale. Au surplus, pourquoi les poëtes auraient-ils persisté à se modeler sur un genre vieilli et sans raison d'être depuis qu'il avait trouvé sa formule définitive dans la tragédie? Tout se réunit pour nous prouver que le dithyrambe de Lasos répond à une conception de Dionysos plus gracieuse et plus noble que celle qui donna naissance au drame, conception où les attributs d'Apollon se confondent en partie avec ceux de Bacchus[1]. Cette chorale athénienne qui, d'après un écrit aristoxénien, appartenait au trope *hésychastique* ou calmant, tout comme les hymnes et épinicies de Pindare[2], était au dithyrambe monodique de l'époque d'Archiloque ce que le péan choral était au nome chanté à la cithare. Peut-être Lasos trouva-t-il le germe de cette classe de compositions dans les *péans de printemps* consacrés à Bacchus, lesquels se chantaient en diverses contrées de la Grèce. En effet le thème fondamental du poëme était la naissance de Dionysos, en d'autres termes le retour de la belle saison, annoncé par des perturbations atmosphériques[3]. Du reste, pas plus que ses successeurs, Lasos n'emprunta exclusivement ses sujets à la mythologie dionysiaque : on cite de lui un dithyrambe intitulé *les Centaures*.

Caractère musical.

Au point de vue orchestique et musical, le dithyrambe attique était un genre intermédiaire, tenant à la fois du dithyrambe d'Arion et de la lyrique chorale. Du premier il conserva quatre particularités : la disposition circulaire du personnel chantant et dansant, l'animation du mouvement rhythmique, la prédominance du mode phrygien et l'accompagnement obligé d'instruments à vent (p. 436). Du lyrisme dorien il prit la danse plastique qu'il substitua à la danse imitative; de plus il s'en appropria les rhythmes, et en particulier le dactyle épitrite, qui jusque-là n'avait pas été appliqué à des mélodies vives et enthousiastes. C'est ainsi que nous entendons cette phrase d'Aristoxène, restée jusqu'à présent

[1] Cf. DAREMBERG et SAGLIO, *Dict. des Ant. gr. et rom.*, au mot *Bacchus*.

[2] Voir T. I, p. 339. — « Chez les prédécesseurs de Philoxène et de Timothée, le « dithyrambe était encore entièrement sérieux. » DION. HALIC., *de Comp. verb.*, ch. 19.

[3] « Ils chantent dans leurs vers, » dit Aristophane, « la vitesse terrible des Nuées « humides qui lancent des éclairs.... et les tempêtes furieuses, les oiseaux aériens,... « enfin la pluie et la rosée qui s'échappent des nuages. » *Les Nuées*, v. 335 et suiv.

à l'état d'énigme : « Lasos accommoda les rhythmes à l'allure du « dithyrambe[1]. » Nous savons d'Aristote que les compositions cycliques de l'époque de Lasos avaient la forme antistrophique[2], mais nous ignorons s'il s'agit de la coupe ternaire mise en vigueur par Stésichore (pp. 208 et 392) ou de celle des chœurs de la tragédie (p. 212), que nous supposons être un héritage du dithyrambe corinthien[3].

Aulétique cyclique.

Création d'un artiste du Péloponnèse, la chorale dionysiaque des Athéniens mit à profit les progrès accomplis depuis un siècle par les virtuoses d'Argos et de Sicyone (p. 355 et suiv.). « Lasos, » dit encore Aristoxène, « enrichit la polyphonie des instruments à « vent, en se servant de sons nombreux et fort éloignés les uns des « autres; par là il opéra un changement notable dans la musique « de son temps. » Le mot *polyphonie* ne doit pas nous induire à imaginer une harmonie de flûtes ou de chalumeaux : il signifie ici tout simplement *pluralité de sons émis successivement.* En effet le dithyrambe attique n'eut pour toute instrumentation qu'un seul *aulos*, le chalumeau *chorique* (p. 289); les inscriptions assez nombreuses relatives aux concours cycliques d'Athènes ne portent jamais plus d'un nom d'aulète[4]. Mais la partie instrumentale ne se bornait pas à doubler servilement la mélodie, elle consistait en un accompagnement figuré, et faisait entendre des ritournelles pendant les pauses du chant. Aussi ne pouvait-elle être exécutée par un musicien subalterne. L'aulète cyclique hellène ou phrygien, lequel se tenait au centre du chœur circulaire, était un virtuose renommé; dès l'époque de Lasos son nom commence à figurer dans les inscriptions commémoratives. Le plus ancien artiste de cette classe dont le nom nous soit parvenu est Ariston d'Argos, célébré par Simonide[5]. Plus tard l'accompagnement du dithyrambe — l'*aulétique cyclique* — devient l'objet de concours spéciaux. L'esprit grec, toujours conservateur en matière de

[1] Ap. PLUT., *de Mus.* (W., § XVII).

[2] Cf. ARISTOTE, *Probl.*, XIX (ci-dessus, T. I, p. 341, note 2). Dans ce problème, Aristote n'a pas en vue le dithyrambe corinthien; il compare les compositions faites depuis Mélanippide le jeune avec celles de l'époque immédiatement antérieure.

[3] La coupe strophique n'est pas reconnaissable dans les fragments conservés.

[4] C. I. Gr., nos 215-226; RANGABÉ, *Antiq. hellén.*, nos 972 et suiv.

[5] Fragm. 148 (B.). — Cf. DIOG. LAERT., l. VII, ch. 2, sect. 9.

musique, protesta vainement contre cette invasion de la virtuosité.
v. 500 av. J. C. Pratinas de Phlionte dit que « mainte personne s'indignait de « voir que les instrumentistes ne voulaient pas se subordonner « aux chœurs comme ils le faisaient autrefois, mais que les chœurs « servaient d'accompagnement aux aulètes[1]. » Rien d'étonnant donc si Lasos est considéré par Aristoxène comme l'auteur d'un changement radical dans l'ancienne musique.

Lasos poëte-musicien. Les documents très-clairsemés qui parlent du célèbre maître d'Hermione ne suffisent pas à nous donner une idée de son mérite comme producteur, ni à lui assigner sa vraie place parmi les artistes de son époque. Mais ils suffisent pour nous prouver qu'il ne lui fut pas donné de déployer comme poëte-compositeur la supériorité dont il fit preuve comme chef d'école : on sait qu'étant entré en lice avec Simonide il fut vaincu[2]. Sa préoccupation à l'endroit d'une sonorité riche et pure se trahit par un détail assez bizarre. Voulant éviter dans la partie vocale toute articulation âpre et dure, il avait composé des poésies étendues où la lettre *s* n'était pas employée une seule fois[3]. Ce raffinement d'euphonie, que Pindare ne put s'empêcher de blâmer chez son maître et chez les imitateurs de celui-ci[4], se remarque dans les vers conservés de l'hymne à Déméter.

Ses successeurs. Bien que le dithyrambe ait été en quelque façon la seule poésie chorale des Athéniens, et la dernière que les Grecs ont cultivée avec soin, il n'a laissé après lui que de rares débris. Les chefs classiques de la chorale traditionnelle n'ont cependant pas négligé
508-476. le nouveau genre. Simonide fut le rival heureux de Lasos aux agones cycliques et y obtint le prix 56 fois[5]; on ne connaît
500-470. que le nom d'un de ses dithyrambes : *Memnon*. Pindare, pour embellir les fêtes d'Athènes, écrivit plusieurs compositions dithy-
480-456. rambiques; Bacchylide en fit aussi. Mais de Pindare seul il nous

1 ATHÉN., l. XIV, p. 617, b.

2 *Schol. Aristoph. in Vesp.*, 1410, 1411.

3 ATHÉN., l. X, p. 455, c. — « Les musiciens, a dit souvent Aristoxène, évitent le « *sigma*, parce que la prononciation en est dure et convient mal pour [le chant accompagné] des instruments à vent; ils se servent beaucoup, au contraire, du *rho*, comme « étant facile à prononcer. » ID., l. XI, p. 467, a, b.

4 Cf. BOECKH, *Fragm. Pind.*, p. 581-582.

5 Fragm. 145 (B.).

est parvenu des fragments : entre autres une strophe de la plus grande beauté. En voici le début et la fin, les deux seules parties dont la contexture musicale se dégage avec clarté des *schémata* compliqués du chantre thébain :

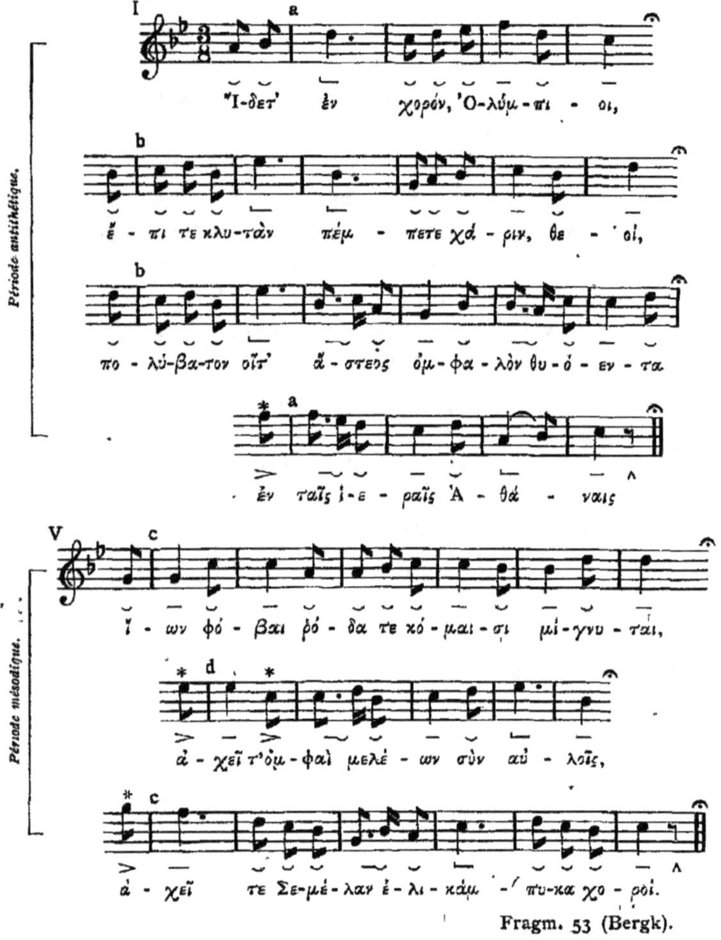

Fragm. 53 (Bergk).

Quelques poëtes de second rang, contemporains des derniers maîtres illustres de la lyrique chorale, sont mentionnés comme auteurs de dithyrambes, antérieurement à la transformation du genre opérée par Mélanippide vers le milieu du Ve siècle. Les

v. 500 av. J. C. plus anciens d'entre eux sont Mélanippide le vieux, grand-père
v. 475. du réformateur[1], l'athénien Lamprocle ou Lampros, qui compta
parmi ses disciples l'immortel tragique Sophocle[2], et Diagoras,
v. 465. surnommé l'*Athée*[3]; leurs compositions dithyrambiques sont per-
v. 455. dues. Likymnios de Chios doit être un peu plus récent[4]; on a
sauvé de ses dithyrambes quelques vers en dactyles épitrites,
traités dans la manière de Pindare[5]. Son compatriote et contemporain Ion, l'ami d'Eschyle[6], cultiva avec succès divers genres de
poésie chantée, et aborda même la tragédie[7]; il reste trois vers
d'un de ses chants cycliques[8]. Ajoutons enfin que la poétesse
v. 450. sicyonienne Praxilla laissa également des dithyrambes; parmi
ceux-ci l'on cite *Achille*, dont un seul vers a été conservé[9].

Nous venons de parler d'une modification apportée au dithyrambe vers 450 av. J. C. Elle consista à y donner une place importante au chant individuel. Avant de caractériser cette innovation, qui signale la dernière phase de la grande musique vocale chez les Hellènes, et que les philosophes considèrent comme le premier pas dans la voie de la décadence finale, nous devons revenir un moment sur nos pas, pour décrire la brillante période que la lyrique chorale eut encore à traverser après Ibycos, et par laquelle elle termina ses glorieuses destinées.

1 « Mélanippide de Mélos, né dans la LXVe Olympiade (520-517 av. J. C.), écrivit plusieurs livres de dithyrambes.... » SUIDAS.

2 ATHÉN., l. I, p. 21, f; l. XI, p. 491, c. — Cf. BURETTE, *Rem.* CXIII; VOLKMANN, *Plut. de Mus.*, p. 102.

3 « Diagoras de Mélos, philosophe et compositeur de chants,.... contemporain de « Pindare et de Bacchylide, antérieur à Mélanippide le jeune, en sorte qu'il fleurit vers « la LXXVIIIe Olympiade (= 468-465 av. J. C.). » SUIDAS. Cf. *Schol. Aristoph. in Ran.*, 320. — Les vers peu nombreux qui nous restent de ce poëte libre penseur ont appartenu à une catégorie de chants autre que le dithyrambe.

4 Il fut disciple du célèbre sophiste Gorgias (né en 487). Aristote le mentionne en plusieurs endroits de sa *Rhétorique* (l. III, chap. 2, 12 et 13).

5 BERGK, *Poet. lyr. graec.*, p. 1251-1252.

6 Cf. *Philol.*, T. VIII, p. 734 et suiv.

7 *Schol. Aristoph. in Pac.*, 835. Cf. SUIDAS, au mot διθυραμβοδιδάσκαλοι.

8 BERGK, *Poet. lyr. gr.*, p. 580 et suiv.

9 IB., p. 1224.

§ III.

Jusqu'à ce jour on ne semble pas avoir suffisamment fait attention à la diffusion étonnante de la pratique musicale dans les pays de langue grecque vers l'époque de la guerre des Perses. 490-479 av. J. C
Cependant le fait nous est révélé de la manière la plus évidente par le recueil des *épinicies* de Pindare. Nous avons là le texte d'une cinquantaine de cantates, composées en l'honneur de nobles Hellènes, vainqueurs à l'un des quatre grands jeux nationaux, et exécutées soit à l'occasion de la rentrée solennelle du triomphateur dans sa ville natale, soit en commémoration de la date glorieuse. Ces morceaux sont écrits pour des localités disséminées sur tous les points du monde grec : l'Hellade propre, la Sicile et les colonies italiques, la Thessalie, la Cyrénaïque, les îles de la mer Égée[1]. On sait que l'exécution de pareilles œuvres nécessitait le concours d'un personnel nombreux et longuement exercé au chant et à la danse, sous la direction d'un maître capable. Nous pouvons conclure de là que des chœurs organisés d'une manière stable et régulière, auxquels étaient attachés sans doute quelques instrumentistes, fonctionnaient à cette époque dans toutes les villes quelque peu importantes. Or, pour rendre en perfection les œuvres complexes dont il s'agit, une technique musicale et orchestique uniquement fondée sur la tradition et l'enseignement oral n'aurait pu suffire; partout où existaient des institutions chorales, l'usage de la notation devait être fort répandu, sinon tout à fait vulgarisé. En effet nous savons, par les scholiastes et par le propre témoignage de Pindare, que le grand poëte a pu rarement présider en personne aux études et à l'exécution de ses chants. La plupart du temps il envoyait son manuscrit, par voie de terre ou de mer, aux lieux où la solennité musicale devait

[1] Voici les villes où les épinicies de Pindare ont été exécutées : Athènes, Argos, Corinthe, Delphes, Olympie, Oponte, Orchomène, Thèbes; Égine, Ialysos, (dans l'île de Rhodes), Ténédos; Agrigente, Camarina, Etna (Catane), Himère, Syracuse. Les suscriptions des fragments de Simonide fourniraient un ample supplément à cette liste de noms géographiques, où, de toutes les provinces grecques, l'Ionie seule, alors courbée sous le joug des Perses, n'est point représentée.

s'organiser. Lui-même dit dans la IIe *Pythique :* « Cette cantilène « vous est envoyée, comme une marchandise phénicienne, à « travers les flots blanchâtres. » Et dans une autre de ses pièces : « Je ne suis pas comme le statuaire, dont l'œuvre, construite en « un lieu fixe, repose sur sa base immuable : ces doux chants par« tiront d'Égine, portés par chaque navire, par chaque barque[1]. » La mélodie, aussi bien que le texte, ne pouvait naturellement être transmise à distance que par l'écriture. Force nous est donc d'admettre qu'au moins les chefs de chœurs devaient être, tout autant que les musiciens de nos jours, en état de solfier à livre ouvert la musique notée, et il n'en était certes pas autrement pour les artistes chargés de la partie instrumentale[2]. Même parmi les choreutes une telle habileté, selon toute apparence, n'était pas rare ; sans cela que de répétitions il aurait fallu pour fixer dans la mémoire d'une masse nombreuse les mélodies de longue haleine si communes chez l'illustre chantre thébain !

Écoles d'Athènes.

A l'époque dont nous venons de parler, le principal siége des études musicales n'était plus, comme autrefois, le Péloponnèse (p. 356), mais Athènes. L'illustre cité était déjà un foyer d'art très-considérable, longtemps avant qu'elle ne devînt le véritable centre de la vie nationale, par l'élan irrésistible que ses citoyens imprimèrent à la défense du territoire contre l'invasion asiatique. De toutes les provinces et colonies de la Grèce on y voyait accourir l'élite des jeunes artistes, avides de recueillir les leçons des maîtres fameux qui avaient élu domicile dans l'héroïque cité. La plus célèbre des écoles athéniennes antérieures aux guerres
510-500 av. J.-C. médiques fut celle de Lasos (p. 440), qui compta Pindare parmi ses adeptes. Elle fut contemporaine d'une autre école très-renommée, dont le chef était Pythoclide de Kéos, à la fois aulète et philosophe, plus tard maître de musique et conseiller intime de Périclès[3].

1 *Ném.* V, v. 1-3.

2 Pindare avait-il l'habitude en pareil cas de noter aussi l'accompagnement instrumental ? On est assez tenté de le supposer, puisque le grand lyrique est expressément cité parmi ceux qui donnaient le plus de soin à cette partie de leur œuvre. Voir ci-après, p. 471. — Probablement les principales figures de l'orchestique étaient aussi indiquées par une notation quelconque.

3 Pythoclide dut naître vers 540. Vers 470 (donc à l'âge de 70 ans) il instruisit Périclès, né en 494. PLUT., *Vit. Per.*, § 4 ; PLAT., *Alcib.* I, p. 118, c.

Pythoclide eut pour disciple et successeur Agathocle[1], que l'on v. 500 av. J. C.
nomme également parmi les maîtres de Pindare. Le continuateur de cette école fut, à l'époque de la guerre des Perses et un peu après, le poëte dithyrambique Lamprocle (p. 446)[2]. Enfin, vers le milieu du Ve siècle, l'école passe aux mains de l'athénien 450.
Damon, le musicien-philosophe écouté et admiré de Socrate, le grave moraliste dont Platon nous a transmis les maximes, le profond politique avec lequel Périclès passait des journées entières « pour s'instruire toujours davantage[3]. » Sur le terrain spécial de la musique, Damon garda pendant plusieurs siècles la réputation d'un harmonicien de premier ordre[4]. D'autres maîtres dont les noms ont moins de notoriété sont cités également avec éloge par les écrivains de l'époque[5].

En ce qui concerne le programme d'études adopté dans les écoles musicales d'Athènes, nous ajouterons peu de chose à ce qui a déjà été dit sur cet objet en divers endroits de notre ouvrage (notamment T. I, p. 66-80, T. II, p. 83). L'enseignement musical, conçu surtout en vue des poëtes-compositeurs, se limitait aux éléments les plus indispensables de l'harmonique et de la rhythmique[6], à l'exercice usuel des instruments et à l'étude de l'écriture musicale. Ce dernier point seul était traité d'une manière approfondie; aussi Aristoxène a-t-il pu dire de ses prédécesseurs que

1 « Pythoclide enseigna la musique sévère. Il était pythagoricien et eut pour disciple « Agathocle, lequel à son tour instruisit Lamprocle, le maître de Damon. » *Schol. Plat. Alcib.*, p. 118, c. On attribue à Pythoclide la découverte du son complémentaire de l'octave mixolydienne : celle-ci avait été mise en usage sous la forme hexaphone par Sappho (ci-dessus, p. 404).

2 D'après Aristoxène ce fut Lamprocle qui démontra théoriquement la constitution harmonique du mode mixolydien (T. I, p. 147 et suiv.), après que l'échelle de ce mode eût été complétée par Pythoclide.

3 PLAT., *Alcib.* I, p. 118, c; *Lach.*, p. 180, d; *ib.*, p. 197, d; *Républ.*, p. 400. Cf. BURETTE, *Rem.* CXVII; MEIBOM, *Not. in Arist. Quint.*, p. 300 et suiv.

4 Voir ci-après, p. 450, note 4. — Ce fut Damon qui détermina l'octave hypolydienne et lui assigna une échelle tonale correspondante (T. I, p. 249).

5 Le cithariste Connos est mis par Socrate au-dessus de Lamprocle. PLAT., *Menex.*, p. 236, a; *Euthyd.*, p. 272, c.

6 En matière d'harmonique on enseignait la théorie des *intervalles*, des *systèmes*, des *harmonies*. PLAT., *Phileb.*, p. 17, c, d. — Cf. ARISTOX. (Meib.), pp. 7, 35 et *passim*. L'enseignement du rhythme n'était pas séparé de celui de la métrique. Voir ci-dessus, p. 6 et suiv.

« la notation des mélodies était considérée par eux comme le but « principal de la science musicale[1]. » De là le rôle considérable que jouaient auprès des maîtres athéniens les diagrammes ou échelles notées, présentant tantôt l'étendue entière des sons, décomposée dans ses éléments les plus petits (voir T. I, p. 434), tantôt les octaves modales disposées selon la succession du genre enharmonique (T. I, p. 286)[2]. Mais si, pour la partie technique de l'art musical, les chefs des écoles d'Athènes suivaient une méthode tout empirique et incomplète, en revanche ils accordaient dans leurs leçons une grande place à la partie éthique ou éducative, dont l'objet était de rechercher les rapports des divers types de mélodies, de rhythmes et de sonorités avec les dispositions fondamentales de l'âme, et qui se proposait pour but l'amélioration morale de l'individu et de la communauté. Cette branche de la discipline musicale, dont l'origine pythagoricienne se laisse facilement deviner, était déjà enseignée en partie à l'école de Pythoclide, de Lasos et d'Agathocle; mais ce fut Damon qui lui donna son entier développement. Les principes qu'il professait à cet endroit furent adoptés par Socrate, et l'on sait que Platon s'appropria le fameux axiome du maître : « Que jamais le style « musical ne change sans que les principes constitutionnels de « l'État ne se modifient également[3]. » Aristote préconisa des idées semblables dans sa *Politique*. Il serait difficile à un moderne de juger équitablement une doctrine qui s'accorde aussi peu avec notre conception du but esthétique de la musique et dont, au reste, peu de débris authentiques nous sont parvenus[4]. Mais ce

[1] Aristox., p. 39 (Meib.).

[2] Ib., pp. 2, 6, 35, 36.

[3] Plat., *Républ.*, p. 424, c.

[4] Peut-on considérer comme tel le curieux passage d'Aristide Quintilien (p. 93-96) consacré à l'*éthos* de la mélopée, lequel se termine par ces mots remarquables : « A cause « de la similitude (entre les harmonies et les mouvements de l'âme), les sons d'une « mélodie cohérente forment le caractère, alors qu'il n'existe pas encore, chez les « enfants et les adultes, ou bien révèlent celui qui est caché au plus profond de l'âme, « *ainsi que Damon l'a rendu manifeste. C'est pourquoi dans les harmonies qui nous restent* « *de lui*, les sons mobiles sont tantôt féminins, tantôt masculins, tantôt ils sont employés « en grand nombre, tantôt plus rarement, tantôt ils sont entièrement laissés de côté. « Cela vient évidemment de ce qu'il existe une harmonie appropriée d'une manière « spéciale au caractère de chaque âme. »

qui n'a pas lieu de nous étonner, c'est que les musiciens-sophistes d'Athènes, en développant leurs théories, aient souvent offusqué les idées dominant au sein d'une république ombrageuse, et se soient vus accuser de propager sous le couvert de la musique des principes attentatoires à la constitution de l'État[1].

L'art athénien.

Bien qu'Athènes fût l'école universelle des poëtes-musiciens helléniques, et, à ce titre, fidèle gardienne des saines traditions, bien que ses sophistes fussent les arbitres du goût et ses citoyens de fins appréciateurs de toute œuvre de génie ou de talent, l'illustre cité eut, en tant que centre d'une école attique de musiciens-poëtes, un goût profondément distinct de celui du reste de l'Hellade, et ne prit aucune part au développement de la chorale apollinique. L'art de Simonide et de Pindare fut apprécié et admiré par l'élite de la population, mais ne pouvait satisfaire les aspirations d'une démocratie consciente de sa force et de son génie; au sentiment des vifs et spirituels Athéniens, ces louanges de potentats, de vieilles familles nobles, de hobereaux, conducteurs de chars et athlètes, devaient paraître surannées et légèrement enflées[2]. Aussi tous les poëtes qui ont cultivé la lyrique chorale sont étrangers à l'Attique. Les chantres originaires de cette contrée ont pour spécialité l'art de Dionysos; ils composent des dithyrambes (Lamprocle, Kinésias) ou des drames (Phrynique, Eschyle, Sophocle, Euripide, Aristophane)[3].

La lyrique chorale du Ve siècle.

La dernière efflorescence de la lyrique chorale se rattache directement à l'ancien art du Péloponnèse et des colonies de l'Occident. Si l'on excepte les chœurs militaires, lesquels ne pouvaient trouver leur place que dans l'organisation politique de Lacédémone, les diverses classes de poésies cultivées par Stésichore, par Alcman et par Thalétas reparaissent, avec un développement plus riche, chez Simonide, chez Pindare et chez Bacchylide. La classe des *hymnes* proprement dits est représentée

1 Plat., *Protag.*, p. 316, e. — On sait que Damon fut frappé d'ostracisme. Plut., *Vit. Aristid.*, § 1; *Vit. Nic.*, § 6.

2 Au reste, certaines variétés de la lyrique chorale, par exemple les parthénies ou odes virginales, étaient difficilement compatibles avec les mœurs athéniennes, lesquelles ne permettaient guère aux jeunes filles de paraître en public. Seules les filles des étrangers domiciliés à Athènes figuraient dans la procession des Panathénées.

3 Cf. Plut., *de Glor. Athen.*, § 5.

par des fragments nombreux mais très-courts. Celle des *péans* n'a guère laissé de restes plus importants. Il est difficile de déterminer en quoi les *prosodies* de l'époque pindarique différaient des deux classes antérieures; les exemples qui nous sont parvenus n'ont rien du caractère d'une marche ou d'une litanie. Les *parthénies* ont été très en faveur auprès des poëtes-musiciens de la période classique; elles étaient propres aux populations de race éolienne ou dorienne. Le grand lyrique thébain a laissé de l'exécution de ces odes virginales une description gracieuse, qui fait songer aux cantiques à la madone, en usage dans l'Italie méridionale[1]; il est, avec le vieil Alcman, le principal représentant de cette branche intéressante du chant choral. L'*hyporchème*, dont nous n'avons aucun spécimen remontant plus haut que le Ve siècle, jouit également d'une grande vogue au temps de Pindare. A en juger par les fragments assez considérables que nous possédons encore, les sujets de cette classe de poésies comportaient une grande variété et se prêtaient au style élevé, comme aux plus joyeuses effusions; les anciens comparent l'hyporchème tantôt à l'*emméleia*, la danse de la tragédie, tantôt au *cordax* comique[2]. — Indépendamment des genres précédents, qui de tout temps ont appartenu à la lyrique chorale, certains autres, dont la destination était primitivement différente, deviennent des chants orchestiques chez Simonide, Pindare et Bacchylide. Tels sont les *thrènes* (déplorations funèbres), déjà connus d'Homère sous la forme de morceaux dialogués (p. 372) et rangés aussi parmi les variétés les plus anciennes du chant aulodique (p. 322). Telles sont encore les *scolies*, désignation

[1] « Maintenant je veux prier la Grande Mère, l'auguste déesse que, dans le silence de « la nuit, les jeunes filles invoquent devant la porte de mon jardin, en même temps que « Pan. » *Pyth.* III, v. 77-79. — Institution d'un concours de parthénies. Athén., l. XIV, p. 619, e. — Subdivisions des parthénies, les *daphnéphorica* (porte-lauriers) et les *oschophorica* (porte-rameaux). Cf. Bernh., *Grundriss*, T. II, 1e part., p. 565.

[2] Les deux variétés de l'hyporchème sont issues, l'une de la *gymnopédie*, l'autre de la *pyrrhique*. Nous en avons des échantillons caractéristiques dans les trois chœurs par lesquels Aristophane termine sa comédie de *Lysistrate :* le premier et le dernier sont chantés par les ambassadeurs de Sparte, le deuxième est mis dans la bouche des Athéniens. Ces morceaux dépeignent avec des couleurs frappantes le contraste du caractère athénien et du caractère spartiate, celui-là vif et pétulant, celui-ci ferme et un peu lourd; le premier s'exprimant par une accumulation de brèves, le second par des chorées purs et des dactyles cycliques mêlés de tenues.

qui chez Pindare s'applique à des morceaux orchestiques, composés en l'honneur de personnages illustres ou de beaux éphèbes [1]. — Enfin nous voyons surgir, une vingtaine d'années avant les guerres médiques, un genre de chœurs dont il n'existe pas de vestige dans la littérature mélique antérieure : les chants de triomphe destinés à célébrer les louanges des vainqueurs aux grands jeux publics. Outre le recueil des *épinicies* de Pindare, il reste encore de cette catégorie de compositions des fragments assez étendus de Simonide et de Bacchylide.

Structure des chœurs lyriques.

Si nous jetons les yeux sur la coupe musicale des *cantica*, nous remarquerons tout de suite que, sous ce rapport, la lyrique de Pindare et de Simonide n'a rien imaginé de nouveau et se contente d'utiliser les trois types traditionnels, correspondant aux trois âges du genre. La *coupe libre* ou commatique, que nous avons attribuée aux chants choraux et aux danses mimiques de Thalétas (p. 378), se maintient dans l'hyporchème de l'époque de Pindare. La *coupe isostrophique* (p. 208), dont les plus anciens exemples existent chez Alcman, peut se considérer comme étant commune à presque toutes les classes de poésie dansée, sauf l'hyporchème. Sans doute elle était obligatoire pour les hymnes et les péans, qui se chantaient à volonté avec ou sans mouvements orchestiques [2], et, autant que nous en apprend l'état actuel des textes, pour les prosodies et les parthénies. Enfin la *coupe ternaire* de Stésichore, par strophe, antistrophe et épode (p. 209), est propre aux chœurs d'apparat, épinicies, encomies et scolies, peut-être aussi aux thrènes.

Ces trois types de structure correspondent à autant de styles orchestiques, dont les caractères marquants se reflètent clairement dans la forme des périodes. — A la coupe libre répond le *style de la danse expressive ou figurée*, consistant en mouvements, attitudes et gestes qui expriment une action, et ne reviennent pas dans le même ordre; il se réalise musicalement par des périodes mélodiques de toute sorte, sauf celles qui résultent de la répétition pure ou simple d'un membre ou d'un groupe (les stichiques

[1] Les *scolies* de la première espèce ne se distinguent guère des morceaux que Boeckh, dans son édition de Pindare, range parmi les *encomies* (chants de louange).

[2] ATHÉN., l. XIV, p. 631, c, d.

et les palinodiques). — A la coupe isostrophique répond le *style orchestique simple ou religieux*, composé de quelques marches et évolutions se reproduisant d'après un ordre peu varié : style rendu dans la mélodie par des périodes issues du principe de la répétition immédiate ou alternante (stichiques et palinodiques pures). — Enfin la coupe par triades a pour expression visible le *style orchestique riche ou profane* (ce dernier terme pris dans un sens très-relatif), perfectionnement du précédent : aux éléments du style simple il joignait des pas et des poses sans signification précise mais savamment variés, et combinés dans chaque morceau de manière à former un ensemble de figures remplissant la strophe, l'antistrophe et l'épode, pour recommencer à chaque péricope (p. 199). Cette danse chorale, le chef-d'œuvre de la technique grecque, est celle dont les épinicies de Pindare évoquent en nous l'image la plus vivante; ses entrelacements multiples se discernent clairement dans ces périodes à structure tantôt majestueuse, tantôt bizarre et originale, où le principe de l'inversion se combine avec celui du croisement (antithétiques, palinodo-antithétiques, palinodo-mésodiques).

Rhythmes et mètres.

Le parallélisme remarquable que montre la lyrique chorale dans ses trois types de structure musicale et dans ses trois styles orchestiques, se poursuit, au moins jusqu'à un certain point, dans les trois familles de rhythmes qu'elle met en œuvre. La mesure de 5/8 est celle de la *danse guerrière et imitative;* à l'autre pôle rhythmique, la mesure de 2/4 est, par nature autant qu'historiquement, celle des *cantilènes liturgiques;* le 3/8 appartient aux genres intermédiaires. L'usage des poëtes lyriques est conforme à ces données. En effet le 5/8 n'apparaît guère que dans les hyporchèmes; le 2/4, exclu de cette dernière catégorie de chants, est la seule mesure employée pour les hymnes proprement dits et domine dans les autres variétés de la chorale religieuse; enfin le 3/8 se prête à tous les genres de poésie orchestique, les hymnes exceptés. Sous ce rapport encore Simonide et Pindare ont probablement peu innové.

Une propriété par laquelle l'art des deux grands maîtres se sépare de celui des lyriques antérieurs, c'est la richesse et la distinction constante de la forme rhythmique. Rejetant toutes les combinaisons de la rhythmopée qui rappellent, de près ou de loin, soit le chant populaire, soit la poésie récitée, la chorale classique n'utilise pour chacune des deux mesures principales qu'un type de mètres : pour le $^2/_4$ les dactyles-épitrites (p. 391); pour le $^3/_8$ les logaëdes du style lyrico-orchestique (p. 384). Quant au $^5/_8$, il se traduit chez Pindare, l'unique poëte qui en fasse quelque usage, par un mélange de *péons* et de *bacchius*. — Seule la variété la plus vive de l'hyporchème fait exception à ce qui vient d'être dit et possède ses rhythmes particuliers : chorées purs et tribraques, anapestes entièrement décomposés en notes brèves[1], crétiques se succédant sans interruption[2]; de plus elle emploie fréquemment le changement de mesure.

Mélodie et instrumentation.

Relativement aux particularités de la musique chorale qu'il est impossible de découvrir par l'étude des *schémata* métriques, nous en sommes réduits aux indications éparpillées dans les écrits historiques ou dans les textes poétiques eux-mêmes. La mélopée de Simonide et de Pindare était diatonique pure, et excluait tout luxe de modulation. Ce style musical, appelé *vieux* au temps d'Aristoxène[3], visait uniquement à exprimer le sentiment fondamental dans toute sa généralité. La ressource spéciale que l'art antique offrait à cet égard était le choix du mode. Parmi les nombreuses harmonies propres au chant choral, la dorienne occupa de tout temps le premier rang. Son usage ne se limitait pas aux chœurs religieux d'un genre austère, il est aussi constaté chez les maîtres de la nouvelle lyrique chorale pour les parthénies[4], et même pour l'hyporchème le plus animé dont le texte soit parvenu jusqu'à nous[5]. La seconde place appartient à l'harmonie éolienne, dont la sonorité grave s'adaptait également bien au chant des hymnes[6] et à la légèreté du style hyporchématique[7]. La troisième place revient à l'harmonie lydienne, acclimatée en Grèce par les parthénies d'Alcman, et qui sans doute resta

1 Cf. PRATINAS, fragm. 1.
2 Cf. BACCHYLIDE, fragm. 23 et 31.
3 PLUT., *de Mus.* (W., § XIV).
4 IB. (W., § XIII).
5 PRATINAS, fragm. 1.
6 Cf. LASOS, fragm. 1.
7 Cf. PRATINAS, fragm. 5.

affectée aux variétés les plus gracieuses de cette sorte de chants[1]. L'usage des trois susdites harmonies dans les épinicies de Pindare est attesté par le poëte lui-même (p. 203). — On peut assigner au *thrênos* le mode syntono-lydien. — Enfin une notice d'Héraclide du Pont nous apprend que du temps de Simonide et de Pindare il y eut un moment de vogue pour l'harmonie locrienne, modification caractéristique du mode dorien, fort usitée dans les colonies grecques de l'Italie (T. I, pp. 157 et 382) : il est permis d'y voir un élément emprunté aux chants de Stésichore. — Voici ce qu'on est en droit d'avancer relativement à l'usage des divers genres de voix et d'instruments dans la chorale orchestique. Les parthénies étaient accompagnées de *flûtes douces*, jouant à l'octave supérieure des voix virginales (pp. 278 et 294). Des *chalumeaux* appartenant à la classe des *parfaits* s'associaient au chant du *thrênos* choral (p. 287), lequel était exécuté en conséquence par des voix moyennes d'homme. Pour la plupart des autres genres l'instrumentation paraît avoir varié selon les circonstances. Tandis que les prosodies chantées pendant les processions liturgiques avaient un accompagnement d'instruments à vent[2], les poésies de même nom composées pour l'exécution orchestique se chantaient d'habitude à la cithare. Le péan chez les Pythagoriciens était entonné aux sons d'un instrument à cordes (p. 377); dans les banquets, au contraire, on lui donnait pour accompagnement habituel le *chalumeau parfait*[3]. L'hyporchème était exécuté par des voix d'homme et de femme[4]; son instrumentation se composait d'*auloi dactyliques* (p. 289), parfois aussi, paraît-il, d'instruments à cordes[5]. Enfin les genres profanes, libres du joug de la tradition, étaient traités à cet égard selon la fantaisie du poëte. Pindare s'est servi certainement du *barbiton* dans sa scolie à Hiéron, où il rappelle la

[1] L'illustre éditeur de Pindare, Boeckh (*Fragm. Pind.*, p. 592), revendique avec raison cette harmonie pour la parthénie à Pan, dont le début, en membres glyconiens, a une allure populaire très-rare chez le grand lyrique.

[2] Voir la définition de Proclus citée plus haut, p. 325, note 3.

[3] Voir plus haut, p. 287. C'est certainement du *péan de table*, le plus répandu à l'époque alexandrine, que Pollux entend parler.

[4] Athén., l. XIV, p. 631, c.

[5] Il n'est pas à supposer que l'hyporchème de Pratinas, diatribe passionnée contre les *auloi*, ait été accompagné par de semblables instruments.

naissance de l'instrument favori des Éoliens[1], et il a varié l'instrumentation de ses épinicies autant que le comportaient les maigres ressources de l'art de son pays et de son époque.

Avant de soumettre à une analyse plus détaillée l'élément Poëtes lyriques secondaires.
musical contenu dans l'œuvre des trois principaux chefs de la chorale classique, nous résumerons brièvement ce que l'on sait au sujet de quelques compositions dues à des poëtes qui se sont bornés à cultiver une faible partie du vaste domaine lyrique. La plupart de ces chœurs paraissent avoir appartenu à la classe des hymnes et péans. De Lasos il reste le début d'un hymne consacré v. 525 av. J.C. (?)
à la Déméter d'Hermione[2]. Deux poëtes athéniens ont produit des œuvres de même genre : Apollodore, l'un des maîtres de Pindare[3], v. 510.
et Lamprocle, le compositeur de dithyrambes. Celui-ci est consi- v. 475.
déré comme l'auteur d'un célèbre hymne à Pallas, sorte de chant national en rhythme dactylique, que l'on enseignait dans les écoles publiques d'Athènes pendant la jeunesse d'Aristophane. v. 435.
Le début en est parvenu jusqu'à nous :

« Je t'invoque, ô Pallas, chaste guerrière qui brises les murailles, fille du grand Zeus,
« vierge fameuse qui sais dompter par la force des armes[4]. »

Tynnichos de Chalcis s'illustra auprès de ses contemporains par v. 500?
un péan qu'Eschyle et Platon ont déclaré le chef-d'œuvre du genre et une « trouvaille des Muses »[5]. Cette qualification, dont l'auteur s'était servi lui-même, est tout ce qui subsiste de son œuvre. Parmi les fragments du poëte dithyrambique Likymnios figurent v. 455.

[1] Boeckh, *Fragm. Pind.*, p. 617.

[2] Fragm. 1. Voir ci-dessus, pp. 441 et 444.

[3] Bergk, *Poet. lyr. graec.*, p. 1110.

[4] Ib., p. 1115-1116. Quelques-uns attribuent ce morceau à Phrynique, l'un des fondateurs de la tragédie, d'autres à Stésichore. Cf. p. 1221.

[5] « Nous n'avons de Tynnichos de Chalcis aucune autre composition digne d'être « retenue si ce n'est son péan, que tout le monde chante : peut-être la plus belle de toutes « les œuvres musicales, et véritablement, comme il le dit lui-même, *une trouvaille des « Muses.* » Plat., *Ion.*, p. 534, d. — « On raconte d'Eschyle que, pressé par les habitants « de Delphes d'écrire un péan à leur dieu, il répondit que la chose était faite, pour le « mieux, par Tynnichos, et que si à l'œuvre de celui-ci il opposait la sienne, elle aurait « le même sort que les statues récentes des dieux en présence de leurs statues antiques : « c'est-à-dire que celles-là, rudes et simples, sont réputées divines, et que les autres, « plus jeunes et travaillées avec plus d'art, sont admirées, mais qu'elles ont moins du « dieu en elles. » Porph., *de Abst.*, II, p. 133.

quelques vers épitrites d'un péan *à la Santé*[1] (*Hygie*), morceau que l'identité de son titre et de sa forme rhythmique rattache intimement à un morceau plus long donné par Athénée comme l'œuvre d'un poëte inconnu, Ariphron de Sicyone[2].

Corinne. On s'est abstenu jusqu'à présent de déterminer la classe de productions lyriques dans laquelle doivent se ranger les vers, assez nombreux, qui portent le nom de la poétique amie et
v. 510 av. J. C. conseillère de Pindare, Corinne de Tanagra[3]. Le sexe de l'auteur, ses rhythmes pimpants et faciles (ce sont pour la plupart des tétrapodies logaédiques qui rappellent Alcman et Sappho), le dialecte et la saveur toute locale de sa poésie[4], autorisent la supposition que nous avons devant les yeux des extraits de ces *parthénies*, si en faveur parmi les jeunes filles de la Béotie et dont la sévère muse de Pindare ne dédaigna pas à l'occasion d'imiter le ton naïf et cordial. La belle poétesse elle-même dépeint au vif sa personne et le caractère de son art dans un charmant couplet :

« En *peplum* blanc je chante aux femmes de Tanagra de vieilles histoires. Toute la ville « se délecte fort du clair babil de ma voix » (Fragm. 20).

Κλία γέ - ροντ' ἀ - ϊ-σομέ - να Ταναγρί - δεσ-σι λευ-κοπέ - πλυς·

μέγα δ' ἐ - μῆς γέ - γασε πό - λις λιγουρο - κω-τί - λης ἐνό - πης.

Pratinas. Parmi les débris qui couvrent aujourd'hui le champ jadis si vaste de la poésie musicale des Grecs, nous rencontrons un monument mutilé, mais précieux encore, de l'ancien art hyporché-
v. 500. matique. L'auteur de ce morceau, Pratinas de Phlionte, que nous

[1] Fragm. 4.

[2] Livre XV, p. 702, a, b.

[3] « Corinne.... élève de Myrtis (autre femme-poëte de race éolienne que Plutarque, « *Quaest. graec.*, § 40, appelle *compositeur de chants*, ποιήτρια μελῶν). Elle vainquit « Pindare jusqu'à cinq fois, dit-on, et composa cinq volumes d'épigrammes et de « mélodies (νόμους) lyriques. » SUIDAS.

[4] Les titres des œuvres de Corinne indiquent des sujets empruntés aux légendes mythiques de la contrée : *Boiotos*, *Orion* (ou *la Descente aux enfers*), *Iolaos*, *les Sept devant Thèbes*. — Cf. KOECHLY, *Akad. Vortr.*, p. 208 et suiv.

retrouverons plus loin parmi les fondateurs de la scène athénienne, est considéré comme un des maîtres éminents de l'orchestique savante[1]. Aristoxène le compte au nombre de ceux qui donnèrent un soin particulier à la partie instrumentale de leurs chants[2]. Ses compositions lyriques consistaient principalement en hyporchèmes[3], dont les sujets paraissent avoir été empruntés pour la plupart à des matières musicales. C'est là au moins ce qui ressort des restes de sa poésie[4] et des notices relatives à l'histoire de la musique pour lesquelles Plutarque invoque le témoignage du vieux poëte[5]. Le fragment dont nous voulons parler est une apostrophe fougueuse dirigée contre les aulètes qui cherchaient à accaparer les applaudissements du public ignorant, au détriment des compositeurs :

« Quel est ce bruit confus ? Quelles sont ces danses ? Quel affront vient d'atteindre « l'orchestre bruyant et bachique ? C'est à moi qu'appartient Dionysos; c'est à moi de « faire entendre ces sons éclatants; c'est à moi de courir sur les montagnes en com« pagnie des Naïades, de chanter comme le cygne exhalant ses brillantes mélodies ! — « La voix a été instituée reine par la Piéride. Que le chalumeau se fasse entendre après « elle, car il est son subordonné. Ce n'est que dans le bruyant festin, dans les luttes « qu'au sein de l'ivresse se livrent les jeunes gens devant la porte [des jeunes filles ?], « qu'il peut commander en maître. — Frappe ce Phrygien...., brûle ce maudit roseau, « qui se remplit de salive, ce bavard à voix de basse, contempteur de la mélodie et du « rhythme, ce tuyau foré par la tarière. — Vois (Dionysos) ! en ton honneur nous faisons « mouvoir nos mains et nos pieds agiles ! O roi couronné de lierre, dont le cortége « triomphant est accompagné de dithyrambes, prête une oreille favorable à mon chant « dorien qui se mêle à la danse[6] » (Fragm. 1).

Le texte de Pratinas n'est pas assez sûrement établi pour que l'on se hasarde à en reconstruire l'architecture intérieure, la disposition des périodes mélodiques. Tel qu'il est, il suffit néanmoins pour nous montrer qu'il a appartenu à l'une des œuvres les plus brillantes que le génie poétique et musical de la Grèce ait enfantées. Nous nous contenterons de transcrire son début

[1] Athén., l. I, p. 22, a. — Cf. Burette, *Rem.* XLVI.

[2] Ap. Plut., *de Mus.* (W., § XVIII).

[3] Ib. (W., § VII).

[4] Fragm. 1, 2 et 5. — Pratinas exprime une prédilection marquée pour les deux anciens modes nationaux, le dorien (fragm. 1) et l'éolien (fragm. 5, cité T. I, p. 156).

[5] *De Mus.* (W., §§ VI et XXII).

[6] Au vers 12 je lis avec Bergk : *ὀλεσισιαλοκάλαμον*; au vers 15, *ἅδε σοι δεξιᾶς*, conjecture de Bamberger. (A. W.)

pétillant, aux allures de *scherzo*, en suivant la division rhythmique indiquée par Westphal[1] :

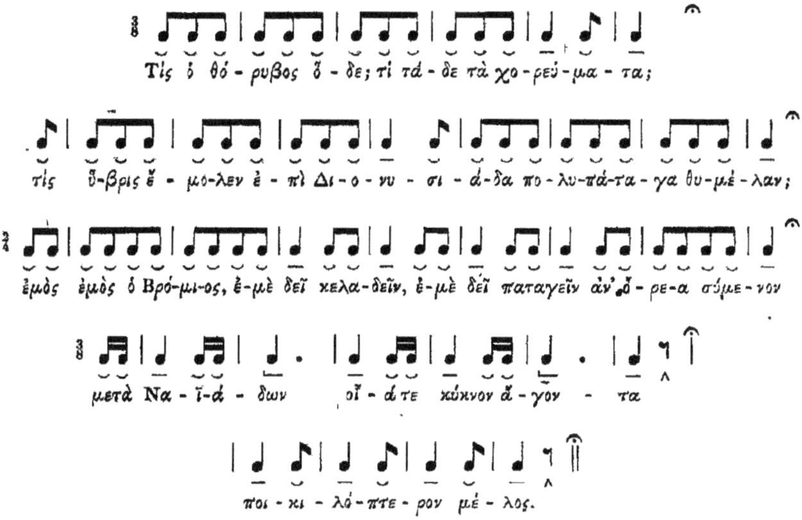

Τίς ὁ θό - ρυβος ὅ - δε; τί τά - δε τὰ χο - ρεύ - μα - τα;

τίς ὕ-βρις ἔ - μο-λεν ἐ - πὶ Δι - ο - νυ - σι - ά-δα πο - λυ-πά-τα - γα θυ-μέ - λαν;

ἐμὸς ἐμὸς ὁ Βρό-μι-ος, ἐ-μὲ δεῖ κελα-δεῖν, ἐ-μὲ δεῖ παταγεῖν ἀν᾽ ὄ - ρε-α σύμε - νον

μετὰ Να - ϊ-ά - δων οἷ - ά τε κύκνον ἄ - γον - τα

ποι - κι - λό - πτε - ρον μέ - λος.

Trois maîtres ont abordé tous les genres de la chorale dansée et personnifient les phases caractéristiques de sa dernière efflorescence : Simonide en marque le début, Pindare l'épanouissement complet, Bacchylide la période finale. D'après l'opinion la plus
Simonide. vraisemblable, Simonide naquit à Iulis, petite ville de l'île de
556-553 av. J.C. Kéos, dans la LVIe Olympiade[2], date où les chronographes placent la mort de Stésichore; son existence se prolongea jusqu'à 88 ans. Il vit l'apogée de la puissance athénienne, et mourut avant que les signes précurseurs d'une rapide décadence eussent paru. Après avoir rempli, assez jeune, dans son île natale, les fonctions de maître de chœurs, il alla se fixer dans Athènes auprès
527-514 ? d'Hipparque. Sans doute il connut à cette époque Anacréon et Lasos. Après la chute du pouvoir dictatorial et l'établissement du
510. régime démocratique, Simonide quitta momentanément Athènes

1 *Metrik*, T. II, p. 580 et suiv. — Au point de vue du rhythme, l'hyporchème de Pratinas est à comparer avec ceux des *Bacchantes* (IV), du *Cyclope* (II) et de *Lysistrate* (ci-dessus, pp. 197 et 117).

2 Suidas. Cf. Chaméléon ap. Athén., X, p. 456, c, et suiv.

et séjourna quelque temps à la cour des Aleuades en Thessalie; là il put rencontrer le jeune Pindare, qui y fit exécuter en 502 son plus ancien chant de triomphe (la Xe *Pythique*). Nous le retrouvons, à Athènes, dans les années qui précèdent les guerres médiques, déjà âgé de plus de 50 ans, lié avec les personnages 500-490 av. J. C.
les plus éminents, et possédant l'influence politique et l'autorité d'un citoyen considérable. Ce fut là le point culminant de sa renommée poétique. Simonide fut désigné d'un consentement unanime pour être le héraut des exploits du patriotisme hellénique; il chanta sous toutes les formes les immortelles journées de Marathon, des Thermopyles, d'Artémision, de Salamine et de Platée. Rival heureux des plus grandes illustrations artistiques 490-479.
de son époque, il remporta encore à 80 ans le prix du dithyrambe. 476
Arrivé à la fin de sa longue carrière, le poëte retourna aux préférences de son âge viril et quitta le séjour agité de la démocratie athénienne pour le calme de la vie des cours. Il passa ses dernières années, comblé d'honneurs et de marques d'affection, auprès d'Hiéron de Syracuse et de Théron d'Agrigente, les Mécènes de l'art choral, qui eurent aussi pour hôtes Pindare et Bacchylide. Il vécut jusqu'à la 1re année de la LXXVIIIe Olympiade et fut enterré à Syracuse. Malgré son renom d'avarice, 468.
Simonide laissa un souvenir entouré de vénération et la réputation d'un homme d'esprit, diseur de bons mots[1]. Sa fécondité poétique fut prodigieuse et se manifesta dans tous les genres cultivés de son temps. Sans avoir l'essor sublime de l'aigle thébain, Simonide a des qualités de premier ordre : le charme juvénile, la sérénité souriante, l'aménité, le naturel. Sa muse facile et distinguée chanta pendant plus d'un demi-siècle toutes les gloires de son pays. Ses élégies et ses épigrammes sont restées célèbres. Comme auteur de chants orchestiques, la seule de ses spécialités qui doit nous occuper ici, il composa des hymnes, des péans, des parthénies doriennes, des hyporchèmes : il fut selon toute vraisemblance le créateur des épinicies et transporta le *thrénos*, auparavant un simple chant aulodique (p. 322), dans la lyrique chorale.

[1] Cf. Athén., l. VIII, p. 352, c.

Poésies conservées.

De la littérature mélique de Simonide il ne subsiste guère que des débris en ruine. Les *péans* et les *parthénies*, comme les *dithyrambes*, ont disparu en entier[1]; des *hymnes* nous ne possédons que des lambeaux informes. Le fragment d'*hyporchème* est intéressant par son contenu littéraire; malheureusement sa structure musicale ne peut plus être reconnue avec sûreté[2]. Il en est de même pour les vers assez nombreux tirés des *épinicies :* on y recueille des pensées ingénieuses exprimées avec une exquise délicatesse; mais ce serait folie que de chercher à rétablir le dessin rhythmique de ces poésies, en prenant pour guide les restitutions conjecturales tentées jusqu'à présent. Abstraction faite de deux ou trois pièces comprises parmi les vers non classés, la seule partie de l'héritage de Simonide dont il y ait quelque profit à tirer pour notre genre de travaux sont les restes des *thrènes.* On sait que dans cette sorte de chants, le poëte de Kéos, par ses accents touchants et mélancoliques, se montra supérieur à tous ses rivaux, voire au grand Pindare lui-même. Le *thrénos* orchestique a une coupe musicale distincte des déplorations populaires, dont l'*Iliade* nous fournit le plus ancien exemple authentique (p. 354). Tandis que celles-ci étaient conçues dans la forme des chants dialogués de la tragédie, qui n'en sont qu'une imitation perfectionnée, et consistaient en apostrophes passionnées interrompues par des exclamations en chœur, chez Simonide et Pindare le *thrénos* ne se distingue pas extérieurement des autres variétés de la lyrique chorale; comme celles-ci, il était sans doute coupé en péricopes[3] et accompagné d'une danse collective.

Formes musicales.

Les morceaux qui appartiennent incontestablement à notre auteur ne présentent pas d'autres rhythmes que des *dactylo-épitrites* et des *logaèdes.* Pour les épitrites, dont peu de spécimens de quelque étendue se trouvent dans les fragments conservés, l'affinité avec les modèles de Stésichore est visible; l'hexamètre

[1] C'est arbitrairement que M. Bergk assigne à un péan de Simonide (fragm. 27) deux vers cités par Aristote comme exemple du rhythme quinaire (*Rhét.*, l. III, ch. 8).

[2] Plut., *Quaest. conv.*, l. IX, 15 (fragm. 29, 30, 31). Plutarque en parle comme d'un chant encore exécuté de son temps.

[3] D'après la division de Bergk, ce qui reste de la *plainte de Danaé* (fragm. 37) consisterait en une antistrophe et une épode.

dactylique, divisé en deux tripodies de même forme[1], tient encore une place prépondérante. En géneral cette classe de rhythmes est traitée avec une certaine timidité. Dans les logaèdes, au contraire, Simonide est en notable progrès sur ses devanciers Alcman et Ibycos ; ses chants en mesure ternaire, et particulièrement la *plainte de Danaé*, ont une grande diversité de membres de toute dimension. D'autre part la liberté de la facture rhythmique décèle une orchestique travaillée : le poëte lui-même se vante « de savoir « bien unir et accommoder au chant les mouvements expressifs « de la danse. » Néanmoins il ne manque pas chez lui de périodes logaédiques qui par leur grâce facile rappellent jusqu'à un certain point les couplets monomètres des Lesbiens. Telle est la suivante, laquelle pourrait bien avoir inspiré une des strophes de Pindare (ci-dessus, p. 73), également formée de tripodies et de pentapodies, mais avec une disposition inverse :

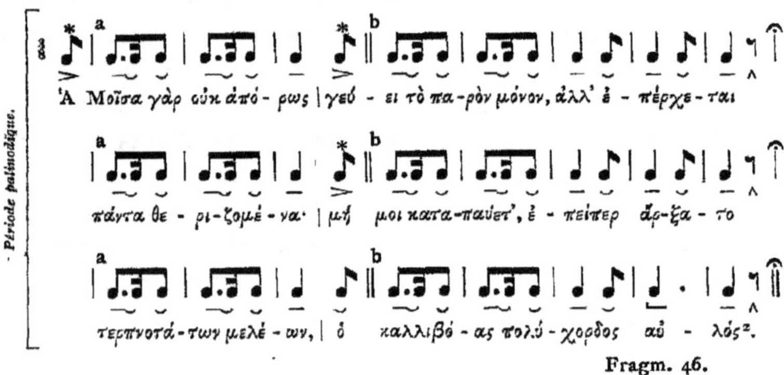

Fragm. 46.

Nous ne savons rien de particulier relativement aux qualités qui distinguaient le célèbre lyrique en tant que musicien. Aristoxène met le style mélodique de Simonide sur la même ligne que celui de Pindare, comme un modèle du plus pur classicisme[3]; mais nulle part il ne cite le poëte de Kéos parmi ceux qui ont introduit un

[1] C'est l'hexamètre *à la militaire*. Voir ci-dessus, p. 326, note 3.

[2] Traduction : « Car la Muse, féconde en ressources, ne se contente pas de ce qu'elle « trouve sur sa route, mais va partout cherchant ses sujets. Ne cessez donc pas, puisque « le chalumeau à la voix suave, aux sons multiples, a commencé ses joyeuses mélodies. »

[3] Ap. PLUT., *de Mus.* (W., § XIV).

élément nouveau dans la musique[1]. Si l'on s'en réfère au surnom que l'antiquité a donné à Simonide (*Mélicerte*, c'est-à-dire *doux comme le miel*), la suavité du contour devait être le trait saillant de ses cantilènes. Parmi les instruments, l'*aulos* seul est mentionné dans les vers conservés (voir le fragment ci-dessus).

Pindare. Le prince des lyriques grecs, Pindare, est postérieur à Simonide de toute une génération. Il naquit la 3e année de la LXIVe Olympiade,
522 av. J.C. dans un village voisin de Thèbes, d'une ancienne famille de musiciens. Il étudia à Athènes sous Lasos et demanda aussi des conseils sur son art au sophiste Agathocle, au lyrique Apollodore et à sa compatriote illustre Corinne de Tanagra. Son génie créateur s'alluma de bonne heure et parut dans tout son éclat avant
502. que le poëte eut atteint l'âge d'homme; à vingt ans il fit exécuter une de ses épinicies dont le texte s'est conservé jusqu'à ce jour (la Xe *Pythique*), et plus tôt encore, selon toute apparence, son *hymme à Thèbes*. Dès lors il s'adonna tout entier à l'exercice de son art de poëte et compositeur de chants orchestiques. D'après les renseignements que fournissent les dates de ses odes triomphales, Pindare arriva à la plénitude de son talent et de sa célébrité vers la fin des guerres médiques. Son activité artistique se prolongea, sans intermittences notables, pendant un quart de siècle; ses plus belles œuvres se placent entre 480 et 470. Comme Simonide, mais avec plus d'indépendance et de dignité, il composait, moyennant rémunération, pour les fêtes et les banquets de riches particuliers, ces chants de louange si fort en vogue alors sous le nom d'épinicies, scolies, encomies; pour les cérémonies religieuses et les solennités publiques, il écrivait des hymnes, des péans, des prosodies, des parthénies. Aucun artiste n'eut de son vivant un prestige aussi universel : les rois et les potentats se disputaient sa présence; les citoyens d'Athènes lui décernèrent le titre et les honneurs d'hôte public de leur ville; les prêtres de Delphes lui accordèrent un siége d'honneur dans leur sanctuaire vénéré. Tout entier à la mission presque sacerdotale

[1] Selon Suidas, il aurait ajouté la *troisième* corde à la lyre; selon Pline, la *huitième*. L'assertion du lexicographe byzantin est d'une absurdité flagrante, celle de l'auteur latin peut s'accepter, jusqu'à un certain point : au moins ne présente-t-elle aucune difficulté chronologique (voir ci-dessus, p. 258). Cf. BURETTE, *Rem.* CXXI.

qu'il s'était donnée, Pindare traversa ainsi une vie calme au milieu d'une époque orageuse, tantôt résidant à Thèbes, son séjour ordinaire, tantôt voyageant en Grèce et en Sicile. Il vécut jusqu'à 80 ans; une ancienne tradition le fait mourir à Argos. 442 av. J. C.
Sa maison, où vécurent après lui ses descendants, honorés par leurs concitoyens d'importants privilèges, fut épargnée sur l'ordre exprès d'Alexandre lorsqu'un siècle et demi plus tard le jeune conquérant détruisit Thèbes. 331.

Pindare fut certainement un Hellène de cœur autant que d'esprit, un poëte national dans le sens le plus élevé du mot, mais il ne fut pas et ne put être, en sa qualité d'enfant de Thèbes, l'homme de son époque. Il dut laisser à son vieux rival Simonide l'honneur de chanter la grande épopée contemporaine, « la lutte des Athéniens et des Grecs contre les Perses et leurs « alliés les Thébains. » Bien qu'il n'essaye nulle part de justifier ou d'atténuer la trahison de ses concitoyens, et qu'il proclame ouvertement son admiration pour l'héroïque Athènes, « le ferme « pilier de l'Hellade, » il ne fait aux guerres médiques que des allusions lointaines et voilées; en présence de l'humiliation de Thèbes, la ville de ses pères, qu'il ne saurait renier, même couverte d'opprobre, il impose silence à ses sentiments de patriotisme. Cette situation profondément tragique n'a pas dû contribuer peu à donner à tout l'art de Pindare cette teinte étrange et mystérieuse qui le place pour ainsi dire en dehors des conditions chronologiques. Par son contenu littéraire cet art appartient à l'âge précédent dont il clôt le cycle des manifestations lyriques, réunissant dans une puissante synthèse le lyrisme épique de Stésichore, le lyrisme subjectif d'Alcman, le lyrisme théosophique de l'école pythagoricienne et jusqu'au lyrisme érotique d'Ibycos. Quelle composition extraordinaire que celle de ces épinicies où, à propos d'un jeune garçon vainqueur à la course ou au pugilat, le poëte s'élance du premier bond à des hauteurs vertigineuses, évoquant les mythes les plus lointains, parcourant tous les domaines où l'entraîne sa riche fantaisie, et sachant, après mille détours imprévus, ramener au modeste thème de son chant l'auditeur émerveillé et subjugué. On s'explique l'impression éblouissante que ces chants produisirent à leur apparition et

L'homme et le poëte.

l'empressement avec lequel ils furent accueillis dans tous les cantons de la Grèce; mais on comprend aussi pourquoi leur popularité ne fut pas de longue durée. De bonne heure les vers de Pindare parurent obscurs et inintelligibles à la masse de la nation. A l'époque de la guerre du Péloponnèse ils avaient cessé de se faire entendre dans la bouche du peuple[1]; mais ils n'en eurent pas moins de succès auprès des lettrés; et lorsque, plus tard, leurs mélodies furent perdues et leurs rhythmes considérés comme une sorte de prose oratoire[2], ils ne cessèrent point d'être inscrits au nombre des chefs-d'œuvre de la poésie antique.

431 av. J. C.

L'œuvre poétique.

La preuve la plus irrécusable de l'appréciation que Pindare rencontra pendant plusieurs siècles, c'est la masse imposante de ses poésies qui ont échappé aux chances de destruction, alors que presque toute la littérature lyrique des Grecs a disparu. Une des principales sections de son œuvre nous est parvenue à peu près entière : les *épinicies*, divisées en quatre recueils dont les titres (les *Olympiques*, les *Pythiques*, les *Néméennes* et les *Isthmiques*) indiquent les fêtes nationales auxquelles ils durent la naissance. Outre les fragments de dithyrambes, mentionnés plus haut (p. 444), et les vers dont la provenance est douteuse, il reste des débris assez nombreux de chants pindariques appartenant à toutes les classes de la lyrique chorale. Parmi les *hymnes* nous nous contenterons de mentionner celui que le poëte écrivit en l'honneur de Thèbes, une œuvre de sa jeunesse dont deux strophes subsistent. De ses *péans* l'on ne possède que des vers isolés. Les extraits des *prosodies* ont plus d'importance, particulièrement le chant composé pour le sanctuaire de Délos, lequel consiste en un fragment de strophe avec son antistrophe entière. On a sauvé peu de chose des *parthénies;* ce qui reste de plus intéressant en ce genre est le début d'un hymne à Pan. Par compensation, la classe des *hyporchèmes* nous offre deux morceaux assez étendus d'une couleur très-brillante. Les *scolies*, chants où le plaisir et

[1] Eupolis ap. ATHÉN., l. I, p. 3, d. — Néanmoins les parodies d'Aristophane prouvent qu'à la fin du siècle ils étaient encore connus du public athénien.

[2] Horace dit en parlant des dithyrambes de Pindare : « *Numeris lege solutis.* » *Carm.*, l. IV, 2. — Cicéron (*Orat.*, ch. 55, 183) ne voit que de la prose dans les vers des lyriques grecs.

l'amour sont traités avec une gravité toute dorienne, se trouvent dans un état de conservation meilleur encore. On y remarque deux fragments qui rappellent la manière d'Ibycos : l'un sur les courtisanes de Corinthe, l'autre dédié à un séduisant éphèbe, Théoxène de Ténédos. Enfin il nous est parvenu quelques précieuses reliques des *thrènes;* elles contiennent les plus hautes pensées morales et parlent un langage qu'on dirait emprunté à l'*Ecclésiastique* ou à la *Sapience.*

Rhythmes de Pindare.

Pour la forme musicale, comme pour l'idée poétique, l'art de Pindare est tourné vers le passé; c'est l'ancienne chorale apollinique arrivée au terme final de son développement. On n'y voit pas apparaître de nouveaux types rhythmiques, mais les trois familles de mesures qui se partagent le domaine de la cantilène chorale (p. 454) y développent toute la richesse de formes à laquelle pouvait atteindre l'antiquité dans cet ordre de créations artistiques. Le rhythme *dactylo-épitrite*, débarrassé de son ancienne rudesse dorienne, exhibe chez Pindare la souplesse dont il est susceptible pour l'expression des sentiments d'énergie calme, de sobre élégance. Ses deux facteurs rhythmiques, la tripodie de dactyles ($\frac{3}{4}$ ♩ ♫ | ♩ ♫ | ♩ ♩) et la dipodie épitrite (♩. ♪ | ♩ ♩), que Stésichore et Simonide se contentaient de juxtaposer simplement, se pénètrent et se fondent en une véritable unité; l'élément dactylique, autrefois prédominant, n'occupe plus que le rang secondaire. D'après les diverses classes de chants, l'*éthos* du rhythme épitrite se nuance en outre d'une manière très-saisissable par la structure variée des périodes musicales. Une sévère simplicité caractérise l'*hymne à Thèbes*, avec ses pentapodies uniformes que vient interrompre, à la fin de chaque période, une tripodie dactylique. La *prosodie pour Délos* a une forme musicale plus variée, mais également naturelle. La grâce et la noblesse, telles sont les qualités que revêt le rhythme épitrite dans les *hymnes pædiques* ou *scolies :* la phrase mélodique est savamment bâtie sans tomber dans la recherche. Enfin une douce majesté, une sérénité grandiose, unies à l'art le plus exquis, distinguent les épinicies en rhythmes épitrites : depuis Boeckh on leur donne l'épithète d'*odes doriennes*[1]. Ici toutes les formes de la période compatibles avec le style sérieux trouvent leur emploi.

Par une exception remarquable, les *thrènes* ont des épitrites à la manière de Stésichore; les tripodies de dactyles y tiennent une large place. Le grand poëte a pleinement conscience de la majesté de ses compositions doriennes; lui-même les compare à des œuvres architecturales[1].

Les *logaèdes orchestiques*, dont les traits dominants, encore vagues chez Alcman, s'accusent nettement chez Simonide, acquièrent chez Pindare la plénitude de leurs formes. Dérivés sans doute de l'hyporchème laconien, ils donnaient lieu à une composition excessivement travaillée. Le spécimen le plus complet du style logaédique, tel qu'il sortit des mains de Pindare, avec son exubérance et, disons-le aussi, avec ses raffinements si étranges pour nous, est le fragment dithyrambique dont le début et la fin sont reproduits plus haut (p. 446). Nous ne nous arrêterons pas aux logaèdes hyporchématiques, la coupe musicale de ces vers n'étant pas reconstituée jusqu'à présent. Quant aux épinicies logaédiques, elles brillent en général par leur élan fougueux, et paraissent avoir eu, d'après les indications du poëte, une mélodie éolienne (*Ol.* I, *Pyth.* II, *Ném.* III). Des logaèdes se rapprochant des motifs faciles de Sappho et de Corinne ne se rencontrent que dans quelques vers isolés : par exemple le début de la *parthénie à Pan*, morceau d'un ton tout à fait local. On peut toutefois admettre, avec J. H. H. Schmidt, un *style logaédique mitigé* pour certaines épinicies du mode lydien; coupées en courtes périodes d'une structure très-légère, ces cantilènes respirent une fraîcheur virginale et révèlent une orchestique sans apprêt[2].

Enfin les *péons* sont brillamment représentés dans la IIe *Olympique*, morceau unique dans la littérature du lyrisme choral[3]. Nous en donnons la péricope initiale avec une mélodie locrienne que nous avons composée en nous inspirant des rares types de ce beau mode conservés dans l'Antiphonaire romain.

[1] *Olymp.* VI, v. 1-3.

[2] Ce sont la Ve *Olympique*, peut-être une réminiscence de Simonide (voir l'exemple cité à la page 463), la XIVe *Olympique* et la IVe *Néméenne*.

[3] Ce morceau, où les *bacchius* se mêlent librement aux *péons*, prouve que J. H. H. Schmidt est dans l'erreur en établissant une différence de mesure entre les deux formes métriques. Voir ci-dessus, p. 66, note 2.

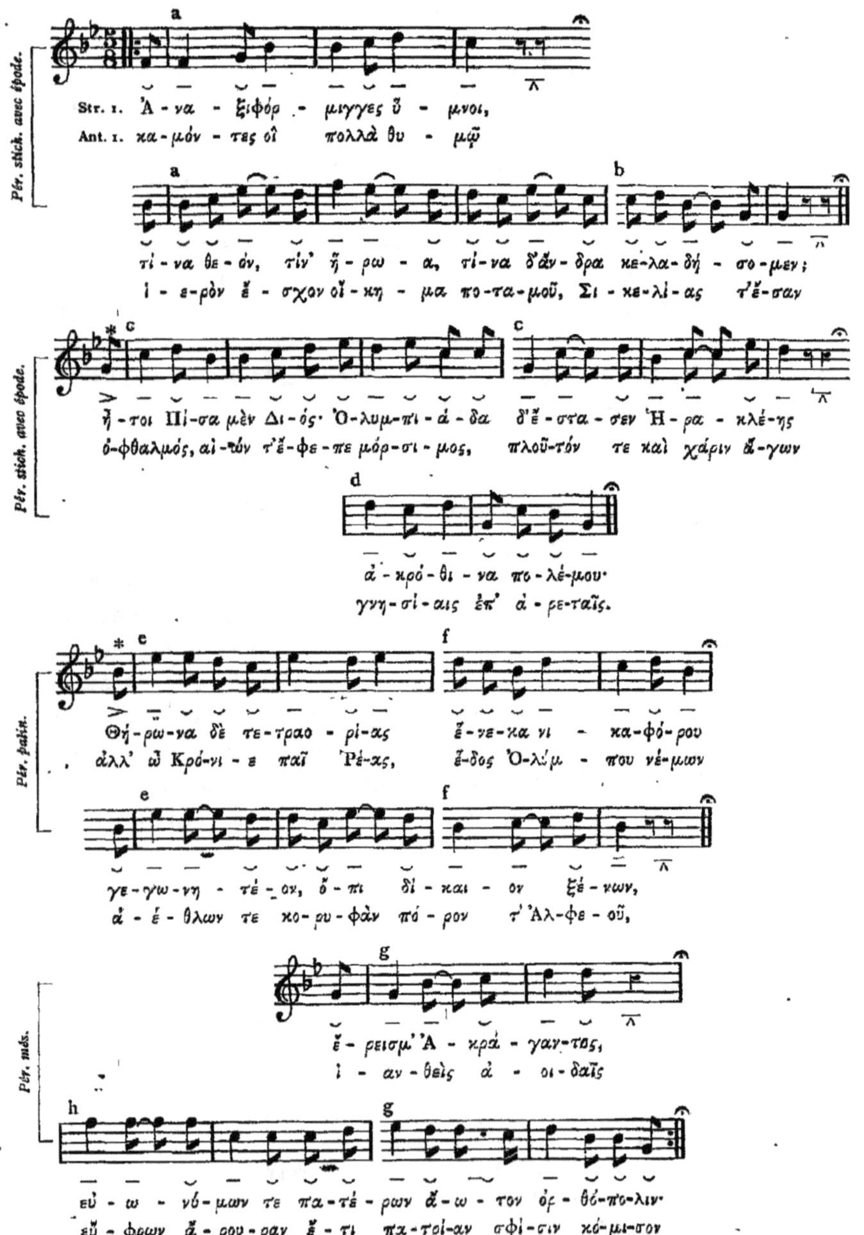
Pér. stich. avec épode.
Str. 1. Ἀ - να - ξιφόρ - μιγγες ὕ - μνοι,
Ant. 1. κα - μόν - τες οἳ πολλὰ θυ - μῷ
τί - να θε - όν, τίν' ἥ - ρω - α, τί - να δ' ἄν - δρα κε - λα - δή - σο - μεν;
ἱ - ε - ρὸν ἔ - σχον οἴ - κη - μα πο - τα - μοῦ, Σι - κε - λί - ας τ' ἔ - σαν
Pér. stich. avec épode.
ἤ - τοι Πί - σα μὲν Δι - ός· Ὀ - λυμ - πι - ά - δα δ' ἔ - στα - σεν Ἡ - ρα - κλέ - ης
ὀ - φθαλμός, αἰ - ὼν τ' ἔ - φε - πε μόρ - σι - μος, πλοῦ - τόν τε καὶ χάριν ἄ - γων
ἀ - κρό - θι - να πο - λέ - μου·
γνη - σί - αις ἐπ' ἀ - ρε - ταῖς.
Pér. palin.
Θή - ρω - να δὲ τε - τραο - ρί - ας ἕ - νε - κα νι - κα - φό - ρου
ἀλλ' ὦ Κρό - νι - ε παῖ Ῥέ - ας, ἕ - δος Ὀ - λύμ - που νέ - μων
γε - γω - νη - τέ - ον, ὄ - πι δί - και - ον ξέ - νων,
ἀ - έ - θλων τε κο - ρυ - φὰν πό - ρον τ' Ἀλ - φε - οῦ,
Pér. més.
ἔ - ρεισμ' Ἀ - κρά - γαν - τος,
ἰ - αν - θεὶς ἀ - οι - δαῖς
εὐ - ω - νύ - μων τε πα - τέ - ρων ἄ - ω - τον ὀρ - θό - πο - λιν·
εὔ - φρων ἄ - ρου - ραν ἔ - τι πα - τρί - αν σφί - σιν κό - μι - σον

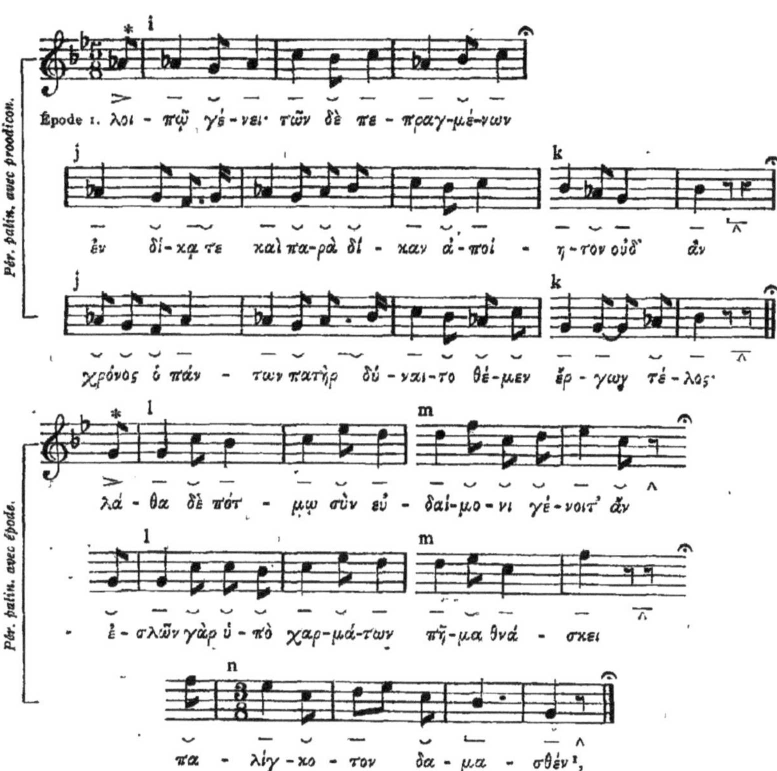

Mélodies de Pindare.

Par une exception, malheureusement unique dans l'histoire de l'art grec, nous possédons en partie, selon toute probabilité, la

[1] Traduction : « Hymnes qui régnez sur la lyre, quel dieu, quel héros, quel mortel « célébrerons-nous ? Pise est à Zeus, Héraclès a fondé les prix olympiques, des prémices « de la guerre : mais c'est Théron, le vainqueur au quadrige, qu'il est de notre devoir de « chanter, lui le défenseur des droits de l'hospitalité, le rempart d'Agrigente, le protecteur « des villes, la fleur d'une tige d'ayeux honorés. Après beaucoup de maux vaillamment « supportés, ils occupèrent le sol sacré du fleuve, et devinrent la lumière de la Sicile. « Alors vint une ère de prospérité, apportant richesse et faveur pour prix des vertus de « leur race. O fils de Cronos et de Rhéa, toi qui tiens sous ta loi les demeures de « l'Olympe et la plus glorieuse des arènes et le cours de l'Alphée, daigne, adouci par « nos chants, transmettre à leur lignée l'héritage paternel. Des faits accomplis selon la « justice ou contre la justice, le temps lui-même, père de toutes choses, ne saurait faire « des actes non consommés ; mais l'oubli succède à un retour de bonheur, car sous « l'influence de joies salutaires la souffrance passée meurt vaincue, et le ressentiment, « toujours prêt à renaître, reste dompté. »

mélodie authentique de l'une des œuvres de Pindare, la I^e *Pythique* (T. I, p. 450)[1]; et tout ce que nous apprenons au sujet de la mélopée du chantre thébain, soit par les traces qu'elle a laissées dans les *schémata* rhythmiques, soit par les jugements des anciens, concorde, d'une manière remarquable, avec l'impression que nous laisse ce fragment noté. On doit reconnaître que le jésuite Kircher, s'il était l'auteur de la cantilène en question, aurait fait preuve, en composant son pastiche, d'un véritable génie philologique et musical. Le style sévère et châtié des chants de Pindare avait déjà quelque chose d'archaïque pour les contemporains : au dire de Plutarque le célèbre poëte-musicien « avouait ignorer la manière « négligée en usage dans les mélodies de son époque[2]. » A la vérité sa mélopée prenait des allures fort diverses selon la nature des harmonies et des rhythmes auxquelles elle se trouvait liée : la classification établie à cet égard par Hermann et Boeckh se déduit si directement de l'étude des textes qu'elle ne doit pas différer beaucoup de celle qui paraît avoir existé au temps des Alexandrins[3]. Mais il est certain que dans ses plus gracieuses odes lydiennes, comme dans ses dithyrambes les plus enthousiastes et même dans ses chants d'amour, le grand lyrique ne se sera jamais départi de cette sereine chasteté qui constitue l'essence de son art aristocratique.

Instrumentation des odes de Pindare.

Pindare est compté par Aristoxène au nombre des *poëtes-musiciens renommés pour la composition des accompagnements* (*ποιηταὶ κρουμάτων ἀγαθοί*)[4]. On ne saurait en effet douter qu'il n'attachât une importance réelle à cette partie de son œuvre, puisqu'il ne dédaigne pas d'indiquer dans une foule de morceaux les instruments appelés à s'y faire entendre. Grâce à ces indications nous apprenons à connaître pour les épinicies trois systèmes d'instrumentation. Le premier ne mettait en œuvre que des instruments

1 Les doutes que j'avais au sujet de l'authenticité de cette mélodie lors de la publication du premier volume du présent ouvrage (T. I, p. 6) ont singulièrement diminué depuis cette époque. Voir l'Appendice, § 9.

2 *De Pyth. orac.*, § 18. Cf. DION. HALIC., *de Comp. verb.*, ch. 22.

3 Apollonius d'Alexandrie rangea en classes les chants de Pindare d'après le mode auquel elles appartenaient. *Etym. magn.*, au mot εἰδογράφος. Cf. VOLKMANN, *Plut. de Mus.*, p. 66.

4 PLUT., *de Mus.* (W., § XVIII).

à cordes. Son emploi se constate pour les Iᵉ, IIᵉ et IXᵉ *Olympiques*, pour les Iᵉ, IIᵉ et VIIIᵉ *Pythiques*, pour les IVᵉ et Xᵉ *Néméennes*. On remarquera que cette liste renferme les chants pindariques les plus justement célèbres, et qui brillent entre tous par leur caractère sublime[1]. Il est difficile de voir là un simple effet du hasard. Au début de la Iᵉ *Pythique*, Pindare célèbre la lyre comme le symbole du pouvoir surhumain de la musique :

« Lyre d'or, commun trésor d'Apollon et des Muses à la noire chevelure : toi qu'écoute « le pas initial de la joyeuse danse : tout le chœur est attentif à la mesure de son chef « dès que tu fais entendre le prélude des chants. Oui, tu éteins l'éclair acéré s'élançant « du sein de la flamme éternelle. Sur le sceptre de Zeus sommeille, en laissant pendre « mollement ses ailes, l'aigle, roi des airs. Autour de sa tête recourbée tu as répandu un « nuage épais qui alourdit doucement sa paupière; en dormant il balance sa croupe « ondulée sous le charme de tes notes percutées. Le féroce Arès, laissant là le violent « fracas des armes, se rafraîchit le cœur et se délecte. Tes flèches vont atteindre l'esprit « des immortels par l'art auquel se complaisent le fils de Léto et les Muses au sein « arrondi. Mais tout ce qui n'aime pas Zeus recule épouvanté en entendant la voix des « Piérides, soit par terre, soit par mer.... »

Le second système d'instrumentation admettait seulement des instruments à vent (*chalumeaux hémiopes* ou *flûtes citharistériennes*); il n'est explicitement signalé que pour une seule épinicie, la Vᵉ *Olympique*, cantilène lydienne d'une couleur toute populaire (p. 73); mais nous pouvons l'étendre sans témérité à deux autres chants logaédiques dont le mètre simple trahit une mélodie lydienne : la XIVᵉ *Olympique*, et la IIᵉ *Néméenne*. Les motifs rhythmiques de ces poésies ont un certain air de parenté avec ceux des deux célèbres éoliennes, Corinne et Sappho; d'autre part on se rappellera que l'*aulos* était l'instrument national des compatriotes de Pindare, les Béotiens.

Enfin un troisième procédé d'accompagnement consistait à réunir les deux espèces d'agents sonores, les cithares et les instruments à vent faits pour se joindre à elles : *les flûtes citharistériennes*. Cette instrumentation est indiquée dans les IIIᵉ, VIᵉ et VIIᵉ *Olympiques*, dans les IIIᵉ et IXᵉ *Néméennes* et dans la IVᵉ *Isthmique*, morceaux qui n'offrent aucune particularité

[1] L'usage de cette instrumentation dans la IVᵉ *Néméenne*, chant gracieux de rhythme logaédique et d'harmonie lydienne, s'explique par le texte. Pindare rappelle au vainqueur son père récemment mort, grand amateur du jeu de la cithare.

caractéristique propre à nous expliquer la préférence de l'auteur pour la combinaison instrumentale dont il s'agit. Peut-être n'a-t-il été guidé en pareille occasion que par des motifs tout extérieurs.

Le dernier maître de la lyrique chorale, Bacchylide, doit être né Bacchylide.
tout au plus une douzaine d'années après Pindare[1]. Compatriote v. 510 av. J. C.
et neveu de Simonide (il était fils du frère de celui-ci), il paraît avoir également rempli les fonctions de maître de chœurs dans l'île de Kéos. Arrivé à la célébrité vers la fin des guerres médiques, il fut appelé à la cour de Syracuse et y vécut avec son oncle. A tort ou à raison Simonide et son neveu s'attirèrent le ressentiment de Pindare, lequel, dans sa IIe *Olympique*, dédiée à Théron d'Agrigente, accuse ses deux rivaux, à mots couverts, d'être bassement envieux de sa gloire. Plus tard — probablement après la chute de la monarchie et l'établissement du gouvernement
républicain à Syracuse, révolution qui fut accomplie quelques 466.
années après dans le reste des colonies grecques de la Sicile — 460.
Bacchylide se retira dans le Péloponnèse[2].

Ainsi que ses deux grands prédécesseurs, Bacchylide aborda tous les genres de poésie chorale. Mais une fort petite partie de ses textes nous est parvenue. Les *parthénies* et les *dithyrambes* ont disparu jusqu'au dernier mot; des *hymnes* et des *hyporchèmes* il subsiste à peine quelques vers. Les restes des *épinicies* et des *prosodies*, ainsi qu'un certain nombre de fragments tirés on ne sait d'où, sont un peu moins émiettés. Enfin deux morceaux assez étendus se sont conservés jusqu'à nos jours : le premier provient d'un *péan à la Paix*, l'autre d'une *scolie chorale*.

La muse de Bacchylide n'a ni le ton héroïque ni l'accent Rhythmes.
élégiaque du chantre de Marathon et de Salamine; elle est sensuelle, amie de la paix et du plaisir. Ses qualités dominantes sont la correction, la délicatesse, le brillant, une aisance élégante et harmonieuse. Les rhythmes les plus abondants sont les dactylo-épitrites : des quarante fragments de notre poëte, une douzaine à peine ont d'autres mesures. Au premier abord cette classe de

[1] Il était déjà en possession de toute sa notoriété vers 476, à ce que l'on peut induire de la IIe *Olympique*, composée en cette année.

[2] PLUT., *de Exil.*, § 14.

mètres paraît traitée à la manière de Pindare, les membres épitrites dominant sensiblement sur les tripodies dactyliques. Mais l'analogie est superficielle. En y regardant de plus près on s'aperçoit que l'on est bien loin de l'art puissant du chantre de Thèbes. La construction périodique est peu variée et ne dépasse pas les procédés les plus élémentaires; les strophes suivantes, que l'on a pu reconstruire, rappellent par leur simplicité excessive les quatrains lesbiens :

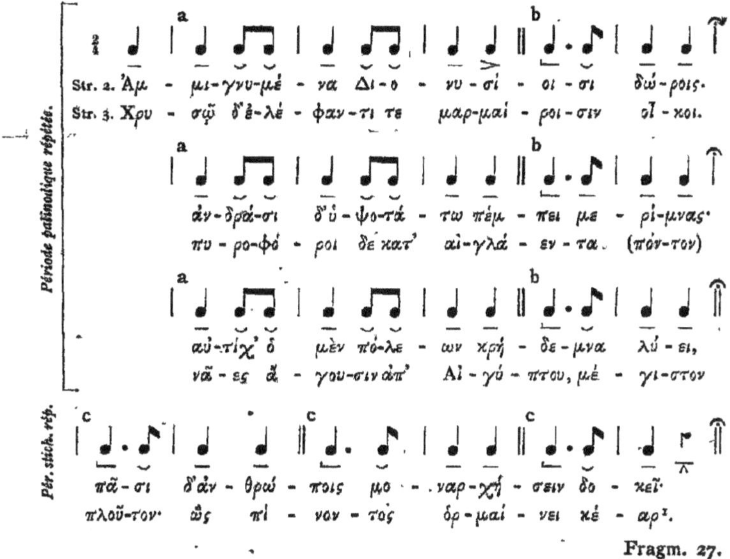

Fragm. 27.

Tout cela décèle une mélodie coulante, mais dénuée de souffle et d'ampleur : une orchestique déjà sur la pente de la facilité vulgaire. Le même caractère d'aimable négligence se remarque dans les rhythmes ternaires : les logaèdes ne s'écartent pas des combinaisons usuelles; les vers sont courts et ont des coupes peu

[1] Traduction de tout le fragment : (« Une douce violence sort de la coupe et adoucit « l'âme; en même temps le cœur est ébranlé par l'attente de l'amour) mêlé aux dons « de Dionysos. Les pensées des hommes prennent un puissant essor; d'emblée on « renverse les créneaux des villes et l'on se croit seul souverain de l'humanité tout « entière. Les maisons brillent d'or et d'ivoire; des navires qui portent le blé dans leurs « flancs amènent d'Égypte, par delà la mer étincelante, l'abondance des richesses. « A ces hauteurs aspire l'âme du buveur. »

variées. Les chorées purs, abandonnés comme trop populaires par Simonide et Pindare, reparaissent chez Bacchylide sous des formes et avec une allure analogues à celles que l'on trouve chez Anacréon. Enfin nous observons les mêmes tendances à la simplification dans les mètres quinaires; quelques fragments d'hyporchèmes ont des vers crétiques qui rappellent ceux d'Alcman.

En dehors des particularités qui se laissent déduire des vers, nous ne savons rien de l'activité musicale de Bacchylide, sinon que plusieurs de ses parthénies étaient composées en mode dorien[1]. Mais tout nous indique qu'au point de vue de la pureté du style mélodique le neveu de Simonide représente la décadence complète de l'ancien art choral. Cette décadence paraît avoir été singulièrement accélérée par la révolution politique qui s'accomplit en Sicile avant la mort du poëte même. La victoire 460 av. J. C.
de la démocratie fut mortelle pour un art intimement lié au culte des grandes familles, des idées conservatrices, et nécessitant un nombreux personnel dressé en vue d'une technique raffinée. Produit d'un état social disparu depuis longtemps, la chorale apollinique, issue des danses militaires et religieuses de la race dorienne, était arrivée au terme suprême de ses destinées et ne devait plus jamais ressusciter. Le chant collectif de Dionysos subsista seul désormais, mais lui aussi dut se réformer d'après le goût du jour. Cette seconde et dernière transformation du dithyrambe sera racontée brièvement dans les pages qui vont suivre.

§ IV.

Les belles années de paix qui commencent avec l'activité
politique de Périclès virent s'accomplir de profonds changements 464.
dans la constitution civile, dans la vie sociale et dans l'esprit public des Athéniens : le gouvernement passe définitivement au parti populaire; le développement du luxe et du bien-être, suite de la prospérité commerciale et de la puissance politique, met fin aux mœurs simples d'un autre âge, affaiblit le sentiment

[1] Aristox. ap. PLUT., *de Mus.* (W., § XIII).

religieux et favorise l'essor de l'individualisme. Tout ce nouvel état de choses, brillant mais destiné à une durée éphémère, se reflète dans l'art traditionnel de l'Attique, travaillé par une activité dévorante; la nouvelle tragédie, personnifiée en Sophocle, vient de supplanter dans la faveur publique le drame austère d'Eschyle; la comédie, à peine sortie de l'enfance, est déjà à l'aurore de son apogée. Enfin — et c'est ici le point qui doit nous occuper — le dithyrambe subit une nouvelle transformation poétique et musicale : il abandonne le lyrisme pour devenir, selon l'expression d'Aristote, imitatif ou dramatique[1]; en même temps le chant collectif y abdique son empire absolu et s'associe au chant individuel. Ce fut vers le milieu du Ve siècle que l'on commença à intercaler dans les compositions cycliques des morceaux à une voix[2], chantés par un personnage du groupe choral[3]. Cette innovation ramenait en quelque sorte le dithyrambe à la structure primitive qu'Arion lui avait donnée à Corinthe (p. 427-428); évidemment des œuvres telles que le *Cyclope* de Philoxène, le *Marsyas* de Mélanippide, doivent être conçues comme des drames exécutés sans appareil théâtral (scène, costumes, etc.)[4]. Nous avons l'analogue de ce genre dans certains *oratorios* coupés en forme de pièces de théâtre, par exemple l'*Héraclès* et le *Samson* de Händel. Pas plus que le dithyrambe lyrique de Lasos, le genre transformé ne s'en tint aux sujets tirés de la mythologie dionysiaque. Les seules de ses particularités traditionnelles restées

468 av. J.-C.

Réforme du dithyrambe.

1 *Probl.* XIX, 15 (texte cité et traduit T. I, p. 341, note 2).

2 « Le comique Aristophane mentionne Philoxène, et dit qu'il a intercalé des monodies « dans les chœurs cycliques. » PLUT., *de Mus.* (W., § XVII).

3 Il est douteux que le préchantre du nouveau dithyrambe fût en général un virtuose célèbre. Si tel eut été le cas, on ne s'expliquerait pas pourquoi son nom ne figure jamais sur les inscriptions commémoratives des victoires cycliques, tandis que le nom de l'aulète n'y manque jamais, à côté de ceux de la tribu victorieuse, du chorége et du maître de chœurs (*didaskalos*). Remarquons en passant que chez les Grecs ce dernier terme, comme en Italie son équivalent *maestro*, désigne souvent les fonctions réunies de directeur musical et de compositeur.

4 Sans cela on ne voit pas pourquoi le *Cyclope* de Timothée et celui de Philoxène n'eussent pas été comptés parmi les drames satyriques. — Les concours de dithyrambes avaient toujours lieu au théâtre, mais dans l'*orchestra*. — Peut-être était-ce le choix du sujet qui déterminait, encore comme dans notre *oratorio*, la forme plus ou moins dramatique du texte.

intactes dans cette seconde évolution du chant de Bacchus furent l'emploi de l'harmonie phrygienne comme mode principal (p. 436) et la disposition circulaire du chœur.

L'Athènes de Périclès ne se contenta pas de cultiver les diverses variétés de l'art attique; élevée par le prestige de ses victoires et de son génie universel au rang de métropole de la civilisation grecque, peuplée d'écoles de musique depuis longtemps fameuses et, seule entre toutes les villes de l'Hellade, investie du pouvoir de faire et de défaire les réputations, elle concentra bientôt en elle tout le mouvement musical de l'époque et sut attirer dans sa sphère d'action les manifestations remarquables de l'activité artistique qui se produisaient en d'autres parties du pays. Parmi les branches de la virtuosité individuelle qui florissaient alors, deux réussirent à prendre une place éminente dans la faveur du public athénien : le solo d'instrument à vent, le chant accompagné de la cithare. Toutes deux venaient d'inaugurer une nouvelle ère, l'une par l'apparition de l'aulétique thébaine, l'autre par la renaissance du nome citharodique chez les Lesbiens; cette fois encore, on le voit, l'impulsion au progrès vint de la race éolienne, qui donna à la Grèce tant de chantres et de musiciens fameux.

L'aulétique thébaine.

Jusqu'aux guerres médiques l'art de jouer des instruments à vent avait été exercé dans Athènes par des Phrygiens ou par des artistes originaires du Péloponnèse. Après la défaite des hordes asiatiques les choses changent d'aspect : les aulètes barbares disparaissent complétement, leur place est prise par des musiciens grecs en possession d'une habileté jusque-là inconnue. Le nouvel art aulétique avait son foyer principal en Béotie, le séjour mythique des Muses. Le jeu des instruments à vent y était cultivé avec passion, aussi bien par les nobles que par le peuple. Nous en voyons un exemple dans la famille de Pindare, laquelle se vantait de sa haute extraction : d'après les biographes, le père du poëte était un aulète de mérite, et lui-même, l'immortel lyrique, ne dédaigna pas d'acquérir quelque habileté sur l'instrument national[1]. Mais la réputation des virtuoses béotiens

[1] Cf. BURETTE, *Rem.* CCXIII.

fut lente à franchir les limites de leur province. Le plus ancien
de ces artistes dont l'histoire musicale s'occupe est Pronomos de
né v. 475 av. J.C.? Thèbes, chef d'une famille dans laquelle la profession d'aulète
resta héréditaire; par le perfectionnement qu'il apporta au mécanisme du chalumeau, il fraya les voies à une technique plus
avancée (p. 302). L'époque où il atteignit le point culminant de
sa réputation à Athènes est déterminée par une circonstance
intéressante : il instruisit Alcibiade dans l'art aulétique, peu
v. 428. d'années avant le commencement de la guerre du Péloponnèse[1].
Son ambition ne se borna pas à recueillir les applaudissements
dus au soliste habile; il composa des œuvres de musique instrumentale qui passèrent à la postérité. Son illustre compatriote
369. Épaminondas les fit exécuter, à côté des compositions du vieux
Sacadas d'Argos, dans les fêtes solennelles qu'il ordonna pour
célébrer la réédification des murs de Messène (p. 355). L'éminent
instrumentiste s'adonna même à la poésie chantée et composa
pour les habitants de Chalcis un *prosodion* destiné aux processions à Délos[2]. A partir de Pronomos la supériorité de l'école
thébaine pour le jeu des instruments à vent va grandissant,
rejetant peu à peu dans l'ombre l'ancienne renommée des virtuoses du Péloponnèse. Son fils Œniadès continua dignement la
tradition paternelle; il fut victorieux à Athènes comme aulète
Ol. XCIX, 1. cyclique, en 384 av. J. C.[3] La fête musicale organisée par le
369. héros thébain quinze ans plus tard, fut un concours entre les
deux écoles rivales d'Argos et de Thèbes, où la primauté des
aulètes béotiens fut définitivement consacrée. Il est permis de
supposer qu'en cette circonstance Œniadès fut choisi pour faire
entendre devant l'assemblée des Grecs les œuvres de son père.

L'influence que la technique perfectionnée de l'école thébaine exerça sur l'élément instrumental du nouveau dithyrambe ne saurait être révoquée en doute. Elle se traduisit par une richesse

[1] Duris de Samos ap. ATHÉN., l. IV, p. 184, d; l. XIV, p. 631, e. — Cf. DINSE, *de Antigenida Thebano* (Berlin, Schade, 1856), p. 18.

[2] PAUSAN., l. IX, ch. 12. — Voici un détail très-intéressant conservé par Pausanias à propos du virtuose thébain : il était admiré pour l'expression de son visage et la noblesse de son attitude, d'où nous pouvons raisonnablement conclure qu'il ne se servait ni de *phorbeia* ni, par conséquent, d'*auloi* doubles.

[3] RANGABÉ, *Antiq. hell.*, n° 972. — Cf. C. I. Gr., n° 215.

plus grande donnée aux accompagnements de la partie chorale et orchestique. L'aulète cyclique, naguère un personnage subalterne maigrement rétribué, et souvent un esclave, rançonne maintenant le poëte ou le chorége à son gré. Écoutons Plutarque ou plutôt Aristoxène :

« [Après Lasos] l'aulétique, de très-simple qu'elle était, se convertit en une musique « très-variée. Car anciennement, et cela jusqu'au dithyrambiste Mélanippide [le jeune], « les aulètes recevaient des auteurs eux-mêmes leur salaire, l'œuvre étant alors consi- « dérée comme l'objet principal, et les instrumentistes comme l'accessoire. Mais cet « usage se pervertit par la suite. » PLUT., *de Mus.* (W., § XVII).

La citharodie lesbienne, qui se rattachait aux institutions de La nouvelle citharodie.
Sparte par des liens aussi antiques que la chorale dansée, avait vu son étoile pâlir après Arion. Un artiste dont le nom seul est connu, Périclite, soutient le dernier l'honneur des Terpandrides
aux agones carniens. Puis arrive une période d'obscurité complète v. 560 av. J. C.
qui se prolonge jusqu'à la fin des guerres médiques. Vers cette 479.
époque un peu d'éclat rejaillit de nouveau sur l'art des Éoliens de Lesbos; Aristoclide d'Antissa est salué comme un descendant de Terpandre et le restaurateur du nome citharodique[1]; son disciple Phrynis devient dans Athènes le chef d'une école novatrice de chantres monodistes. Les érudits anciens ne nous ont transmis aucune information sur les formes musicales des chants d'Aristoclide; mais ce que nous savons de toute manière c'est qu'ils ne sortaient pas de la mesure binaire, puisque ce pas fut franchi par Phrynis seulement (ci-après, p. 487). Les nomes citharodiques dans lesquels Eschyle et, avant lui, Phrynique prirent les motifs de quelques-uns de leurs chœurs, avaient des mètres de la famille dactylique[2]. Par contre, tout nous induit à croire que la citharodie nouvelle, comme la nouvelle aulétique, tira parti des progrès matériels apportés à la confection des instruments. Au lieu de la primitive lyre à sept sons, propre aux nomes du style archaïque, elle fit usage de cithares montées de neuf ou de onze cordes, instruments disposés en vue d'une musique riche

[1] Nous le supposons né vers 510, et maître de Phrynis vers 460. Voir ci-dessus, p. 320, note 1.

[2] C'est au moins là ce que l'on peut conclure de plusieurs parodies insérées par Aristophane dans *les Grenouilles*.

né v. 484 av. J.-C. en modulations[1]. Un poëte-musicien contemporain, Ion de Chios, relègue l'heptacorde terpandrien dans les temps jadis (p. 260). — L'école d'Aristoclide ne prit pas racine à Athènes du vivant du maître, mais elle s'y établit solidement avec son disciple Phrynis, lequel, d'après l'assertion du scholiaste d'Aristophane, aurait été le premier citharède qui se fit entendre devant le
446. public athénien[2].

Caractéristique de la nouvelle école

Le caractère musical de toute cette période peut se résumer ainsi : le progrès technique porte sur la variété de la mélopée; la métabole harmonique, c'est-à-dire l'opposition fréquente des divers modes, tons et genres, devient le principal moyen d'expression[3]. La rhythmopée passe au second plan, non pas que les musiciens cessent de se servir des diverses mesures et d'en faire des mélanges nouveaux (au contraire, « ils ont usé à cet égard « d'une licence extrême, » dit le jeune Denys d'Halicarnasse[4]), mais ils laissent de côté les constructions ingénieuses des périodes orchestiques pour des formes plus simples et, dans l'usage du matériel rhythmique, ne tiennent plus compte des lois de l'*éthos*. Aristoxène caractérise la nouvelle école d'un mot : les anciens étaient *amateurs de rhythmes*, tandis que les modernes sont *amateurs de la pluralité des tons*[5]. En ce qui concerne la richesse des accompagnements, il proclame aussi l'infériorité des novateurs, lesquels cherchaient leurs effets dans la rapidité des traits, dans l'usage des sons suraigus obtenus par un artifice technique (p. 268), etc. Enfin pour ce qui touche à l'instrumentation on renverse les barrières que la tradition avait élevée entre les divers genres de monodies, et l'on intercale dans le chant aulodique du dithyrambe des airs accompagnés à la cithare[6].

[1] Voir ci-dessus, p. 259 et suiv.
[2] *Schol. in Nub.*, 971.
[3] Voir T. I, pp. 301-302, 355 et *passim*.
[4] *De Comp. verb.*, ch. 19.
[5] Ap. Plut., *de Mus.* (W., § XIV).
[6] L'ariette du *Cyclope* de Philoxène, dont quatre vers ont été conservés, se chantait avec un accompagnement de cithare. Cf. *Schol. Aristoph. in Plut.*, 290. — Il n'est pas croyable que les vers du *Marsyas* de Mélanippide (ci-après, p. 486), dirigés contre les *auloi*, aient été associés aux instruments dont il y est parlé en termes aussi méprisants.

Cette révolution artistique est en relation directe avec les habitudes et les goûts qui s'étaient implantés dans le public athénien depuis la victoire de la démocratie. De nombreuses représentations dramatiques et exécutions musicales, auxquelles toute la population était gratuitement admise, revenaient chaque année à des époques déterminées. On jouait la tragédie et la comédie en hiver aux trois fêtes de Bacchus (p. 438-439); il y avait des concours de dithyrambes aux dionysiaques du printemps (p. 440), puis d'autres concours de même espèce, ainsi que des exécutions de danses pyrrhiques aux Panathénées[1], dans les derniers jours de juillet. Ces spectacles, qui mettaient en mouvement un personnel choral très-considérable, avaient lieu au grand théâtre[2]. Pour les virtuoses musiciens, qui jusque-là n'avaient eu guère d'autre occasion de se produire à Athènes que les banquets des riches citoyens, Périclès fonda des agones spéciaux, également célébrés pendant les fêtes panathénaïques; des prix y étaient affectés à la composition et à l'exécution de nomes citharodiques, de morceaux pour cithare seule, d'élégies accompagnées de flûte et de sonates de chalumeau[3]. En vue de cette sorte de concours-festivals, l'illustre homme d'État fit bâtir l'*Odéon*, édifice couvert, de dimensions moins vastes que le théâtre de Dionysos, qui était dépourvu de toiture[4]. Bien que ces agones eussent principalement lieu à la grande fête religieuse des Athéniens, ils prirent bientôt un caractère tout à fait mondain; au lieu du laurier delphique, les virtuoses recevaient des couronnes en or et des primes en argent[5]; la divinité, autrefois l'objet de la solennité,

Les spectacles et le public à Athènes.

Ol. LXXXIII, 3 = 446 av. J. C.

Ol. LXXXIV, 1 = 444

[1] Breuer, *De musicis Panathenaeorum certaminibus*, p. 11 et suiv.

[2] Curtius, *Griech. Gesch.*, pp. 290 et 299.

[3] Cf. Breuer, *Ib.*, p. 18 et suiv.

[4] Auparavant les concours de virtuoses avaient aussi eu lieu au théâtre. Relativement à la construction de l'*Odéon* de Périclès et des autres édifices de même nature, voir le résumé intéressant de M. Alb. Müller dans le *Philologus*, T. XXXV, p. 297 et suiv. Cf. Hésych., au mot ᾠδεῖον.

[5] D'après une inscription panathénaïque, que M. Rangabé, le premier éditeur de ce document (*Antiq. hellén.*, n° 961), place vers la C^e Olympiade (= 380 av. J. C.), le premier prix pour la citharodie consistait en une couronne d'or de la valeur de 1000 drachmes, ou une somme d'argent équivalente; il y avait en outre un 2e prix, un 3e, un 4e et un 5e avec des primes moindres. Le 1er prix de citharistique était de 500 drachmes. Le 1er prix d'aulodie 300 drachmes. La prime des aulètes manque.

n'en fut plus que le prétexte, et l'artiste, pour réussir, dut se plier au goût capricieux de la multitude. Platon dépeint la musique et le public athénien de la dernière moitié du Ve siècle avec des couleurs qui n'ont rien de bien étrange pour nous :

« Parlons d'abord des lois qui autrefois réglaient la musique; nous remonterons « jusque-là pour mieux expliquer l'origine et les progrès de la licence qui règne « aujourd'hui. Anciennement notre musique était divisée en plusieurs espèces et formes « particulières; l'un des genres du chant se composait des supplications aux dieux, que « l'on appelle *hymnes;* un autre genre, tout opposé, était celui dont les *thrènes* font partie; « un troisième genre comprenait les *péans;* enfin un quatrième, né du culte de Dionysos, « était le *dithyrambe.* On appelait *nome* toute autre espèce de mélodie : de là les *nomes* « *citharodiques.* Ces mélodies et autres semblables une fois fixées, il n'était permis à « personne de les changer. Les sifflets et les clameurs de la multitude, les battements « de mains et les applaudissements n'étaient point alors, comme ils le sont de nos jours, « les juges qui décidaient si la règle avait été bien observée, et punissaient quiconque « s'en écartait : cette mission incombait à des hommes versés dans la science musicale; « ils écoutaient en silence jusqu'à la fin et tenaient à la main une baguette qui suffisait à « tenir en respect les enfants, leurs précepteurs et tout le peuple. Les citoyens se « laissaient ainsi gouverner paisiblement et n'osaient porter leur jugement par une « acclamation tumultueuse. — Les compositeurs furent les premiers qui, avec le « temps, introduisirent dans l'art un désordre indigne des Muses. Ce n'est pas qu'ils « manquassent de génie; mais connaissant mal la nature et les vrais principes de la « musique, ils s'abandonnèrent à tous les caprices de leur fantaisie et se laissèrent « entraîner par la sensualité. Ils mêlèrent ensemble *hymnes* et *thrènes*, *péans* et *dithyrambes*, « *aulodies* et *citharodies*, et mettant tout pêle-mêle, ils en vinrent, dans leur extravagance, « jusqu'à s'imaginer que la musique n'a aucune beauté intrinsèque et que le plaisir « qu'elle cause au premier venu, qu'il soit homme de bien ou non, est la règle la plus « sûre pour en juger. Comme ils composaient leurs œuvres d'après ces idées, et qu'ils « y conformaient leur poésie, peu à peu ils enlevèrent toute bienséance à la multitude, « laquelle en vint à se croire en état de juger par elle-même en fait de musique; d'où il « est arrivé que le public des théâtres et des concerts, muet jusqu'alors, a élevé la voix, « comme s'il s'entendait en beautés musicales, et que le gouvernement d'Athènes, « d'aristocratique qu'il était, est devenu, pour son malheur, *théâtrocratique.* Encore le « mal n'aurait-il pas été si grand, si la démocratie eut été renfermée dans les seuls « hommes libres; mais le désordre ayant passé de la musique à tout le reste, et chacun « se croyant capable de juger de tout, cela produisit un esprit général d'indépendance; « la bonne opinion de soi-même délivra chaque citoyen de toute crainte, et l'absence « de crainte engendra l'impudence : or, pousser l'audace jusqu'à ne pas redouter les « jugements de ceux qui valent mieux que nous, c'est la pire espèce d'impudence.... » *Lois*, l. III, p. 700 et suiv.

Résumé Si Platon malmène les représentants de la nouvelle école, les comiques contemporains, Aristophane et Phérécrate, ne les épargnent pas davantage et les prennent pour cible de leurs plaisanteries. Au siècle suivant, le grand critique musical Aristoxène reprend le thème de Platon, et accuse les innovateurs d'avoir substitué à l'ancien style mélodique, sobre et châtié, une manière affectée et pleine d'effets de mauvais aloi[1]. Seul, parmi les écrivains autorisés, Aristote leur est favorable; en plusieurs endroits de ses ouvrages il mentionne Timothée et Philoxène avec éloge, et les considère comme des classiques[2]. La philologie moderne qui n'a plus devant elle que d'insignifiants lambeaux de la littérature mélique, s'est rangée en général à l'opinion de la majorité des auteurs grecs, et accable de ses dédains les derniers dithyrambistes. Et cependant l'opinion du grand Stagirite, même isolée, aurait dû suffire pour rendre nos érudits plus circonspects, et les empêcher de prendre au pied de la lettre non-seulement les utopies platoniciennes et les plaisanteries aristophanesques, mais encore les lourdes amplifications des rhéteurs de la décadence. Si nous jugions l'art grec d'après les conceptions esthétiques de Platon, que devrions-nous dire de la tragédie? Et si Euripide ne nous était connu que par le rôle qu'on lui fait jouer dans l'ancienne comédie, quelle idée nous ferions-nous de sa valeur réelle? — En ce qui concerne Aristoxène, autorité plus solide en matière de musique, s'il a préféré le style de Pindare et d'Eschyle à celui de Timothée et d'Euripide, il n'a pas toujours affecté pour les poëtes-musiciens de la nouvelle école le suprême dédain sous lequel on est convenu de les écraser, puisqu'il s'est fait le biographe de l'un d'eux, Téleste de Sélinonte[3]. Le jugement d'Aristote en cette matière doit l'emporter d'autant plus sur les autres, que les faits l'ont pleinement sanctionné. Ce ne fut pas un art stérile, en effet, que celui dont nous allons parler : il se rattache intimement au développement de la musique de théâtre. Comme la musique de chambre du XVIIe siècle chez nous, il prépara des moules et des formes pour les parties chantées du drame : son adversaire le plus acharné, Aristophane lui-même,

[1] « Crexos, Timothée, Philoxène et les autres compositeurs de leur temps devinrent « plus hardis et donnèrent dans les nouveautés, adoptant le style connu présentement « sous les noms de φιλάνθρωπον (agréable) et θελκτικόν (enchanteur). » PLUT., *de Mus.*, (W., § X). Au lieu de θελκτικόν les mss. et toutes les éditions ont θεματικόν, ce qui ne donne aucun sens satisfaisant (A. W.). — Cf. VOLKMANN, *Plut. de Mus.*, p. 97-98.

[2] *Métaphys.*, l. X, ch. 3; *Poét.*, ch. 2 et *passim*.

[3] Cf. MAHNE, *Diatribe de Aristoxeno* (Amsterdam, 1793), p. 92 et suiv.

s'en inspira souvent. De plus les productions de la nouvelle école obtinrent mieux qu'un succès éphémère : acclamées dans les concerts, imitées par les maîtres de la scène tragique, adoptées même, en certaines contrées de la Grèce, pour servir de base au développement esthétique de la jeunesse[1], ces œuvres restèrent en vogue jusqu'à l'affaissement définitif de la société païenne, et constituèrent le dernier répertoire que les *dilettanti* de l'antiquité aient connu.

Nous résumerons donc ainsi nos conclusions à l'endroit du nouveau style musical : s'il est vrai que la dégénérescence des mœurs et les variations de la mode eurent leur part dans cette création, il n'en est pas moins certain que la transformation tant critiquée fut la suite logique du développement de la chorale dionysiaque, l'art autochthone d'Athènes. Ce fut un suprême effort de l'esprit grec pour sortir de la mélodie lyrique, asservie à la danse ou confinée dans les formes populaires, et s'élever à l'expression musicale du langage des passions actives. L'effort réussit dans une certaine mesure, on doit le supposer, puisqu'il aboutit à un style artistique dont plusieurs générations se contentèrent. D'autre part néanmoins, il est permis de croire avec les conservateurs grecs que la musique antique, en sortant du lyrisme vague, pour s'essayer à rendre les effets puissants de la scène, s'écartait de son principe et dépassait ses limites propres : du côté de la modulation et des effets d'instrumentation elle n'avait pas de conquêtes à faire pour un avenir durable. Ce qui a passé de la musique grecque dans la nôtre, par l'intermédiaire du chant de l'Église chrétienne, ne provient certainement pas de l'art raffiné des Phrynis et des Timothée.

Le document le plus sûr que nous ayons pour déterminer, sinon l'époque précise, du moins l'ordre de succession des principaux
416 av. J.C. artistes de la nouvelle école antérieurs à la XCI[e] Olympiade, est

[1] « Chez les seuls Arcadiens les enfants apprennent dès la plus tendre jeunesse à « chanter régulièrement les hymnes et les péans par lesquels chaque ville, selon l'usage « traditionnel, célèbre les héros et les dieux indigènes. Ensuite ils apprennent les « nomes de Timothée et de Philoxène, et chaque année aux fêtes de Dionysos, ils « exécutent dans les théâtres des chœurs accompagnés par des aulètes. » Polyb., l. IV, ch. 20.

la célèbre diatribe du comique Phérécrate[1], reproduite en partie dans les pages précédentes (p. 263). Nous prenons ce texte pour base de la courte exposition qui va suivre.

Mélanippide y ouvre la série des « corrupteurs du goût. » Un Mélanippide.
des personnages de la pièce, la Musique, représentée sous les traits d'une femme maltraitée et déshonorée, l'accuse d'être « le premier auteur de ses maux. » Petit-fils d'un compositeur de même nom qui vécut aux temps de Lasos (p. 446), Mélanippide le jeune naquit, selon toute vraisemblance, peu de temps après la fin des guerres médiques et produisit ses premières compositions v. 475 av J. C.
aux concours cycliques d'Athènes vers 450[2]. Il passa la dernière partie de sa carrière à la cour du roi Perdiccas de Macédoine, où il mourut[3]. Le philosophe Aristodème, ami de Socrate, lui v. 415?
décernait la primauté pour le dithyrambe, au même titre qu'on la reconnaissait à Homère pour l'épopée, à Sophocle pour la tragédie, à Polyclète pour la statuaire et à Zeuxis pour la peinture[4]. De toutes ses œuvres on n'a conservé qu'une vingtaine de vers, tirés pour la plupart de trois dithyrambes : les *Danaïdes*, *Perséphoné* et *Marsyas*. Cette dernière composition avait pour sujet la lutte d'Apollon, le dieu de la cithare, avec le représentant fabuleux de l'aulétique phrygienne. Quatre vers qui nous en

1 La carrière dramatique de Phérécrate s'étend de l'Ol. LXXXV, 3 (437 av. J. C.) à l'Ol. XCI (415). Cf. BERNHARDY, *Grundriss*, T. II, 2e part., p. 518.

2 Cette date, antérieure à celle que l'on met habituellement en avant, ressort rigoureusement du texte de Phérécrate. L'auteur comique donne Mélanippide pour prédécesseur à Phrynis; or, celui-ci se fit connaître par une victoire remportée aux Panathénées en 446 (ci-après, p. 487). — Notre date au reste est corroborée par une foule de synchronismes. Selon Suidas, Mélanippide est postérieur à Diagoras de Mélos, et celui-ci appartient à la même génération que Pindare (voir p. 446, note 3). On sait encore que Mélanippide (le jeune) était contemporain de Socrate (né en 468, mort en 400) et qu'il eut Philoxène pour disciple vers 424. D'après notre supputation, Mélanippide le vieux, né en 520, eut à l'âge de vingt-cinq ans (495) une fille, laquelle, mariée au poëte Criton, devint mère à vingt ans (475) de Mélanippide le jeune. Celui-ci aurait donc débuté à vingt-cinq ans, ce qui est tout à fait dans l'ordre.

3 « Mélanippide, fils de la fille du vieux Mélanippide, et de Criton qui fut lyrique « lui-même. Il innova beaucoup dans la mélopée des dithyrambes, et termina son « existence à la cour du roi Perdiccas. Il composa, comme son aïeul, des chants lyriques « et des dithyrambes. » SUIDAS. — Perdiccas II régna de 454 à 414; donc, d'après notre calcul, entre la 24e et la 61e année de la vie de Mélanippide.

4 XÉNOPH., *Memorab.*, l. I, ch. IV, § 3.

restent, provenant sans doute d'un morceau monodique, expriment la plus vive aversion contre le jeu des *auloi*, ce qui ne laisse pas que d'être assez étonnant dans un dithyrambe.

« Pallas rejeta de sa main sacrée les instruments [du Satyre], en disant : loin de moi, « objets repoussants, souillure pour le corps ! Eh quoi ! je me vouerais à la laideur ? » Fragm. 2.

Les courts fragments de Mélanippide ne révèlent rien de bien révolutionnaire quant à la partie rhythmique; ils n'ont d'autres mètres que ceux du dithyrambe attique et de la chorale dorienne (épitrites et logaèdes); les irrégularités que nous remarquons en quelques passages ne sont peut-être que des corruptions du texte. Tout cela ressemble fort à ce que nous trouvons chez Likymnios et Bacchylide. Au surplus, l'innovation caractéristique par laquelle Mélanippide a mérité le titre de fondateur du nouveau dithyrambe portait avant tout sur la coupe du *canticum*. Elle consiste à s'être émancipé de la division par strophes, propre au lyrisme, pour adopter la forme mélodique libre, réservée auparavant au nome et à l'hyporchème. En effet les *anaboles* tant ridiculisées par les comiques ne différaient pas des *commata* dont se composent chez Euripide les chants de la scène (p. 222). Ainsi que les monodies en spondées-anapestes, si fréquentes dans les œuvres du grand dramaturge, les chants anaboliques étaient fort longs et leurs périodes avaient une construction des plus lâches[1]. Aristote a parfaitement démontré la connexité des deux réformes; le dithyrambe devenant monodique et imitatif devait abandonner la strophe (voir p. 222 et suiv.). Néanmoins la tragédie tarda assez longtemps à s'approprier la coupe libre pour les cantilènes des acteurs; les drames les plus anciens où

[1] « Le discours est ou bien simplement enchaîné par des conjonctions, à la manière « des *anaboles* dithyrambiques, ou bien il forme une unité cohérente comme dans les « chants strophiques des anciens compositeurs.... Les périodes, lorsqu'elles sont trop « longues, deviennent un discours entier, comme en musique l'*anabole*. Alors il arrive « [à l'orateur] ce qu'a blâmé Démocrite de Chios chez Mélanippide, lequel, au lieu de « chants en antistrophes, composait des *anaboles*.... » Aristote, *Rhét.*, l. III, ch. 9. — Ce Démocrite est mentionné également par Pollux (l. IV, sect. 65), en compagnie d'un certain Philoxène de Siphnos, comme ayant mis en vogue une manière de chanter pleine d'affectation et que l'on désignait, d'après le nom des deux artistes, par les verbes χιάζειν et σιφνιάζειν.

elle apparaît sont la *Médée* d'Euripide, représentée en 431, et l'*Œdipe à Colone* de Sophocle, composé vers la même époque[1].

Suidas dit que « Mélanippide innova beaucoup dans la mélopée « des dithyrambes. » Les paroles que Phérécrate met dans la bouche de la Musique — « il m'énerva et m'amollit » — ont un sens très-clair; elles signifient de toute évidence que Mélanippide appliqua à la poésie chantée l'usage de cantilènes chromatiques, emprunté aux citharistes sicyoniens (p. 358). Quant aux dix ou douze cordes dont il est fait mention, nous n'en tirerons qu'un seul renseignement, propre à confirmer notre allégation antérieure : à savoir que le nouveau dithyrambe, au moins dans ses parties monodiques, était accompagné par la cithare.

A cette phase du genre appartient aussi Créxos, qui n'est pas nommé dans le célèbre passage de Phérécrate. Selon Aristoxène il aurait introduit dans le dithyrambe la déclamation mélodramatique accompagnée d'un instrument à cordes (*paracatalogé*)[2], ce qui nous autorise à y supposer l'existence d'une partie dialoguée assez importante.

Le second personnage[3] que le vieux comique fait figurer parmi les bourreaux de la Musique est Phrynis, fils de Camon. Né à Mitylène, dans les années qui suivirent immédiatement la guerre nationale[4], Phrynis, après s'être adonné pendant quelque temps à l'étude des instruments à vent, se mit à l'école du citharède Aristoclide, son compatriote, et ne tarda pas à éclipser la gloire de son maître; en 446 il obtint le prix comme chanteur et poëte citharodique aux concours des Panathénées[5]. Il fut le Rossini de l'Hellade, le créateur de la mélodie fleurie et sensuelle; il excita

Phrynis. — v 475 av. J. C. — v 455. — Ol LXXXIII, 3

[1] La strette d'Antigone, à la fin du chant d'entrée d'*Œdipe à Colone* (Ὦ ξένοι αἰδόφρονες), répond de tout point à la définition qu'Aristote donne de l'*anabole*.

[2] Ap. PLUT., *de Mus.* (W., § XVII). — Cette notice nous prouve une fois de plus que l'*aulos* ne se faisait pas entendre dans toutes les parties du dithyrambe nouveau.

[3] Je ne suis pas ici l'édition de Westphal, mais le texte généralement reçu.

[4] Pour fixer approximativement cette date, je me fonde sur trois faits attestés : Phrynis fut vainqueur à Athènes dans la 3e année de la LXXXIIIe Olympiade, c'est-à-dire en 446 av. J. C.; son maître Aristoclide se fit connaître vers 480; enfin il entra en lice avec son disciple Timothée, né vers 445, ce qui ne put avoir lieu avant 420.

[5] *Schol. Aristoph. in Nub.*, 971. — Cf. VOLKMANN, *Plut. de Mus.*, p. 77.

les mêmes enthousiasmes et s'attira les mêmes dénigrements que l'illustre compositeur italien : comme celui-ci il eut ses fanatiques admirateurs et ses détracteurs passionnés. Son style mélodique était emprunté aux Ioniens d'Asie, alors sujets du Grand Roi : les anciens le dépeignent comme contourné et surchargé de modulations[1] : « Phrynis, » fait dire Phérécrate à la Musique, « lançant sur moi un tourbillon de notes, — *il renfermait « en neuf cordes douze harmonies*[2] — et me pliant, me torturant à « son gré, amena ma perte. » Si le *mélodiste à l'ionienne* (ainsi l'appelle Timothée) fut accueilli avec faveur par le peuple d'Athènes, il n'obtint pas le même succès auprès des routiniers spartiates ; la légende veut que les Éphores l'aient contraint à couper deux de ses neuf cordes[3]. Parvenu à l'âge mûr il se convertit à un style plus classique : « plus tard, » dit la Musique, « il racheta ses anciens péchés. » Malgré cela, peut-être à cause de cela, il fut vaincu aux concours publics par son disciple
v. 420 av. J. C. Timothée.

Bien que Phrynis soit le véritable chef de la nouvelle école des dithyrambistes, il ne peut être compté parmi eux. Successeur de ces chantres de Lesbos dont la supériorité était proverbiale, il s'est borné à composer et à exécuter des monodies d'un genre profane. Avec Phrynis s'opère la transformation du nome citharodique en air de concert. Le célèbre maître lesbien personnifie la dernière phase de développement, ou si l'on veut la décadence finale de ce genre de musique. Le nome primitif de l'époque de Terpandre poursuivait, d'un bout à l'autre, son cours majestueux et uniforme, sans jamais changer de mode ni de mètre (p. 315) ; Arion, le représentant de la seconde époque du chant nomique,

[1] ARISTOPH., *les Nuées*, v. 970 et suiv. — « Il (Aristophane) appelle les dithyrambistes « tortureurs de chants, parce que leurs compositions, n'étant pas assujetties à une seule « harmonie (je lis ὅτι διὰ τὸ ἁρμονίᾳ [μιᾷ] μὴ ὑποπίπτειν), ont beaucoup de tours et de « détours. » *Schol. Aristoph. in Nub.*, 333. — Cf. SUIDAS, au mot *κυκλίων* ; POLLUX, l. IV, sect. 65 et 66.

[2] Voir T. I, p. 355, note 4 une explication de ces mots à laquelle je m'en tiens encore aujourd'hui. — La cithare de Phrynis aurait donc été l'ennéacorde décrit ci-dessus (p. 259), *avec six cordes mobiles au lieu de deux.*

[3] PLUT., *Vit. Agid.*, § 10. La même chose est racontée de Timothée (ci-après, p. 492).

introduisit un peu plus de variété dans la rhythmopée, tout en gardant l'hexamètre comme mesure fondamentale (p. 426); il se servit sans doute de l'*espèce dactylique*, l'un des rhythmes caractéristiques de son maître Alcman (p. 384). Nous passons sur Aristoclide dont on ne mentionne aucune innovation. Enfin Phrynis, sans abandonner davantage l'hexamètre traditionnel, l'entoura de rhythmes libres, propres aux vers chantés; en d'autres termes, il introduisit dans ses chants des sections mélodiques semblables aux *anaboles* du nouveau dithyrambe. De plus il étendit la cantilène au delà de l'intervalle de septième[1]. Les chants de Phrynis passèrent à l'état d'œuvres classiques : un écrivain du siècle suivant, Phanias, les met sur la même ligne v. 330 av J. C.
que ceux de Terpandre[2]. Néanmoins leur succès fut moins durable que celui des œuvres analogues de Timothée, lesquelles, tout en appartenant au même style, avaient sans doute des formes plus développées. Il arriva de la sorte que le disciple passa auprès de la postérité pour le représentant légitime de l'école. On ne saurait, au reste, déterminer avec précision la part de Phrynis dans les nouveautés de l'époque des dithyrambistes, car aucun écrivain n'a pris soin de nous conserver la moindre parcelle de poésie du dernier chantre lesbien.

Après Phrynis, notre document arrive à Kinésias d'Athènes, Kinésias.
auteur dithyrambique des premiers temps de la guerre du Péloponnèse. Aristophane, qui en a fait un de ses plastrons habituels, v. 420
le représente sur la scène comme un personnage grotesque, long, émacié, mal bâti et, par dessus le marché, libidineux; il le qualifie de « poëte aérien, ténébreux, nébuleux » et incompréhensible[3]. Ce qui se dégage de positif de toutes les plaisanteries du grand comique et des commentaires de ses scholiastes ne suffit pas à nous donner une idée bien nette du talent musical de

1 PROCL., *Chrest.*, p. 349, éd. Gaisf. (texte cité et traduit en partie p. 426, note 4). — Voir les chants scéniques des dernières pièces d'Euripide, où l'imitation des nomes de Phrynis et de Timothée est infiniment probable.

2 Ap. ATHÉN., l. XIV, p. 638, e.

3 *Les Oiseaux*, v. 1372 et suiv., *Lysistrate*, v. 845 et suiv., *les Grenouilles*, v. 153, avec les scolies sur ces divers passages. — Cf. BURETTE, *Rem.* CCIV. — Portrait curieux de Kinésias dans ATHÉNÉE, l. XII, p. 551, d, et suiv. — Un de ses dithyrambes était intitulé *Asclépios*. BERGK, *Poet. lyr. graec.*, p. 1247-1248.

Kinésias : nous y apprenons que la danse de ses chœurs était très-mouvementée[1] et que son style mélodique se distinguait par la bizarrerie et la recherche. Tout cela s'accorde avec le langage que Phérécrate fait tenir à la Musique....

« Le maudit chantre attique Kinésias, en bourrant ses strophes de motifs torturés, « hors de toute harmonie, m'a abîmée outre mesure, en sorte que la composition des « dithyrambes en est entièrement mise sens dessus dessous. Toutefois celui-ci encore « m'était tolérable.... »

Timothée. Le vrai, le grand révolutionnaire musical, dont les trois précédents ne sont que les timides précurseurs, c'est Timothée. C'est à lui que l'Harmonie outragée adresse ses malédictions les plus sanglantes :

« Cet infâme Milésien, aux cheveux roux, dépasse de loin tous les autres, chantant de « petits fredons inusités, hors du ton, excessivement aigus, flûtés, indécents enfin; il m'a « coupée en petits morceaux comme un chou et m'a remplie de mauvais ingrédients. Un « jour que je m'étais hasardée seule, il m'a fait violence et m'a liée avec *douze cordes*.... »

Nous venons d'entendre le comique Phérécrate. Maintenant écoutons le philosophe Aristote :

« Si Timothée n'avait point existé, nous ne possèderions pas autant de compositions « musicales, et s'il n'eût jamais existé de Phrynis, nous n'aurions pas eu un Timothée. » *Métaphys.*, l. I min., p. 993, b.

L'homme si diversement jugé par ses contemporains et par la postérité fut à la fois compositeur de dithyrambes, comme Mélanippide, et citharède, comme Phrynis : plus souvent son nom est accompagné de la dernière qualification. Timothée vécut très-vieux; il put voir dans sa jeunesse les beaux jours de Périclès et mourut sous le règne de Philippe de Macédoine, le destructeur de la liberté hellénique[2]. Né à Milet en Ionie, vers 445, il fit ses études de poëte et de musicien à Athènes, sous la direction de Phrynis. La nature l'avait fait un génie novateur. Toutefois à ses v. 415 av. J. C. débuts il suivit fidèlement la manière classique : « il composa ses « premiers nomes de manière à mêler la diction du dithyrambe « à la mesure de l'épopée, afin de ne pas se donner l'apparence « d'avoir transgressé les anciennes règles de la musique[3]. » Mais

1 Il fut l'auteur d'une *pyrrhique* très en vogue à Athènes. *Schol. in Ran.*, 153.

2 Cf. Suidas, au mot Τιμόθεος; Burette, *Rem.* XXVI.

3 Plut., *de Mus.* (W., § V).

bientôt il s'affranchit complétement de la tradition à l'endroit des formes rhythmiques[1], et en matière de hardiesses mélodiques il sut encore renchérir sur les innovations de Phrynis. Il ajouta une *douzième corde* à la cithare (p. 262). Il mit à la mode les effets de la musique imitative et ne recula pas en ce genre, dit-on, devant le réalisme le plus naturaliste. Toutes ces hardiesses ne furent pas acceptées sans résistance. La première fois que Timothée fit entendre en public des compositions de sa seconde manière, les *dilettanti* de l'*Odéon* sifflèrent; Euripide, qui se trou- v. 420 av. J. C.
vait parmi les assistants, encouragea le jeune maître et l'exhorta à suivre sa voie, lui prédisant, pour le plus prochain avenir, un succès éclatant et universel[2]. La prophétie du grand tragique ne tarda pas à se réaliser. Timothée osa entrer en lice avec Phrynis lui-même, et il l'emporta sur son vieux maître. Il eut l'immodestie de célébrer son propre triomphe dans une chanson dont quelques vers nous sont parvenus :

« Que tu fus heureux, ô Timothée, lorsque tu entendis le héraut proclamer à haute « voix : Timothée le Milésien a vaincu le fils de Camon, le *mélodiste à l'ionienne*. » Fragm. 11.

L'aversion de Timothée pour l'art ancien est exprimé d'une manière piquante dans ce bout de chanson en rhythme anacréontique :

« Je ne chante pas le suranné, le nouveau est de beaucoup préférable. Aujourd'hui « règne le jeune Zeus; jadis Cronos était le maître. Au diable la vieille muse. » Fragm. 12.

Avec le citharède milésien, le solo vocal a trouvé la dernière forme qu'il eut dans l'antiquité : « Timothée, » dit Proclus, « a intro- « duit la coupe du nome actuellement usitée[3]. » Mais le chef de la nouvelle école ne se borna pas à être citharède; il cultiva avec un égal bonheur tous les genres de musique connus de son temps. Il brilla dans le dithyrambe et laissa un grand nombre de pièces instrumentales[4]. A part les railleries des comiques et

[1] « On appelle *chants libres* (ἀπολελυμένα) ceux qui sont écrits au hasard et sans « mètre déterminé : tels sont les nomes citharodiques de Timothée. » HÉPHESTION, p. 19.

[2] PLUT., *An seni sit ger. resp.*, § 23.

[3] *Chrestom.*, p. 349, éd. Gaisf.

[4] « Il écrivit en vers 19 nomes musicaux, 36 *proëmes* (voir ci-dessus, p. 313), [l'hymne « en l'honneur d']Artémis,... des encomies, *les Perses, le Navigateur, Phinéidas, Laërte;*

l'inévitable censure de Sparte[1], le poëte-compositeur-chanteur-instrumentiste semble n'avoir connu, dans la plus grande partie de sa carrière, que des succès. Sa réputation s'étendit au delà
413-399 av. J. C. des limites de l'Hellade propre : le roi de Macédoine Archélaos l'appela à sa cour[2]; les citoyens d'Ephèse lui demandèrent un hymne pour leur grande déesse[3]. A la fin cependant le public se lassa d'encenser et d'acclamer toujours la même idole. Timothée connut à son tour les amertumes de l'insuccès, les déceptions de l'artiste vieilli : il eut le chagrin de voir sa gloire momentanément mise en échec par une école encore plus avancée que la sienne, la dernière que la Grèce musicale ait possédée[4]. Il termina
Ol CV, 1 sa longue carrière en 357, à l'âge de 90 (d'autres disent 97) ans[5].

Les fragments conservés des poésies de Timothée sont en petit nombre et d'une brièveté désolante. Ceux dont l'origine est connue proviennent de l'*hymne en l'honneur de l'Artémis d'Ephèse*, d'un nome célèbre intitulé *les Perses*, et d'un dithyrambe, *le Cyclope*, dont, selon toute apparence, Timothée emprunta à Euripide le sujet, traité plus tard avec plus de succès encore par Philoxène. Tout mesquin qu'il soit, cet héritage suffit à nous apporter maint renseignement précieux, à éclaircir maint point obscur et intéressant de l'histoire musicale. Les quatre vers de l'*hymne à Artémis* (un tétramètre dactylique et trois vers anapestes) indiquent un chant de caractère simple et archaïque. L'hexamètre qui se trouve parmi les trois fragments des *Perses* démontre que ce nome appartient à la première manière de

« en outre 18 dithyrambes, 21 hymnes et autres œuvres semblables. » SUIDAS. — Étienne de Byzance mentionne de lui 18 livres de nomes citharodiques et *mille préludes pour instruments à vent* (προνόμια αὐλῶν χίλια). — D'après le comique Machon (ATHÉN., l. VIII, p. 341, c), Philoxène, en mourant, fit allusion à un air de Caron, tiré de *Niobé*, dithyrambe de Timothée.

[1] PLUT., *Inst. Lacon.*, § 17; ATHÉN., l. XIV, p. 636, e; PAUSAN., l. III, ch. 12. Le document produit à ce sujet par Boëce (*de Mus.*, l. I, ch. 1) est apocryphe.

[2] PLUT., *de Alex. fort. et virt.*, *Or.* II, § 1.

[3] « Ayant appris que Timothée, expert dans le jeu de la cithare et dans l'art de la « composition, attirait particulièrement l'attention des Hellènes, le peuple d'Éphèse le « gratifia de mille sicles d'or, afin qu'il chantât Oupis (Artémis ou Diane). » Alex. Ætol. ap. MACROB., *Saturn.*, l. V.

[4] Cf. ATHÉN., l. VIII, p. 352, a, b.

[5] C. I. Gr. (*Marm. Par.*), T. II, pp. 302 et 343.

Timothée. Deux morceaux perdus jusqu'au dernier mot, l'*Accouchement de Sémélé* et *le Navigateur*, dont le caractère réaliste a donné lieu à des bons mots célèbres, étaient sans aucun doute des nomes de la seconde manière. Le fragment le plus étendu du *Cyclope* indique par sa rhythmopée soignée et classique qu'il a fait partie d'un morceau choral, ce qui cadre d'ailleurs parfaitement avec le contenu poétique du texte :

Période antithétique.

a ... b

Ἔ - χευ-ε δ' ἓν μὲν δέ - πας κίσ-σι - νον με - λαί - νας

c

σταγό-νος ἀμβρό - τας ἀ - φρῷ βρυ - ά - ζον·

c

εἴ - κο - σιν δὲ μέτρ' ἀνέ - χευεν, ἔ - μισ - γε δ'

a ... b

αἷ-μα Βακχί - ου νε - ορ-ρύ - τοις δακρύ - οι-σι Νυμ - φᾶν[1].

Fragm. 5.

Un vers isolé (dimètre anapestique entièrement résolu en brèves), provenant selon toute apparence de la même composition[2], ne peut être qu'un reste d'hyporchème :

Τε-τα - μένον ὀ - ρί - γανα δι - ὰ μυε - λο-τρε - φῆ.

Fragm. 7.

Ces deux exemples offrent de l'intérêt en ce qu'ils trahissent la présence d'un élément choral et orchestique assez développé jusque dans les dithyrambes de la dernière période.

Timothée fut certainement un homme de génie, et ce qui le

[1] Traduction : « Il y versa le contenu écumant d'une coupe en lierre, remplie de « gouttes noirâtres de la divine liqueur, et y ajouta vingt mesures d'eau ; puis il « mélangea le sang de Bacchus avec les larmes récentes des Nymphes. »

[2] On le donne comme étant tiré d'un dithyrambe intitulé *Ulysse*.

prouve, c'est que ni les malédictions de Phérécrate ni les plaisanteries malicieuses de ses confrères — il nous en est parvenu quelques-unes[1] — n'ont empêché ses œuvres de passer à la postérité. Le fait rapporté dans l'anecdote suivante se passa un siècle et demi après la mort du célèbre musicien ; il nous montre qu'à la veille de disparaître de la scène de l'histoire, les Hellènes savaient encore honorer leurs grands patriotes :

v. 188 av. J. C. « Comme les Argiens célébraient les jeux de Némée, Philopœmen se trouva par « hasard présent au concours des chanteurs à la cithare. Pylade de Mégalopolis, le plus « célèbre citharède de son temps et vainqueur au concours pythique, avait à chanter « ce jour-là le morceau de Timothée, intitulé *les Perses*. Lorsque l'artiste se mit à « entonner le chant : *Celui qui conquit pour les Hellènes le magnifique trésor de la liberté*, « tout le peuple fixa ses regards sur Philopœmen et donna à connaître par ses applau- « dissements qu'on lui appliquait les paroles chantées. » PAUSAN., l. VIII, ch. 50 ; PLUT., *Vit. Philop.*, § 11.

Philoxène. Après Timothée, le dernier musicien flagellé par Phérécrate
421. vers la dixième année de la guerre du Péloponnèse, il nous reste à mentionner trois compositeurs dithyrambiques dont l'existence se place en deçà de cette date.

Philoxène de Cythère eut autant de réputation que Timothée,
436-433. à côté duquel il est nommé souvent. Né vers la LXXXVIe Olympiade, Philoxène, de même qu'une grande partie de ses concitoyens, fut amené captif à Athènes, lorsque, la septième ou la
424 ou 423. huitième année de la guerre du Péloponnèse, son île natale eut été enlevée par les Athéniens à l'État lacédémonien. Il fut vendu comme esclave à Mélanippide, lequel se plut à l'instruire dans la technique poétique et musicale[2]. Ses débuts durent avoir lieu vers 410 ; il parvint à la célébrité vers 400, époque où il alla vivre à la cour de Denys de Syracuse. Une grande familiarité

[1] « Timothée chantant au théâtre son hymne à Artémis, lequel débute par les « épithètes : *furieuse, forcénée, transportée, enragée* (μαινάδα, θυιάδα, φοιβάδα, λυσσάδα), « Kinésias se leva au milieu des spectateurs et s'écria : *Puisse le ciel te faire naître une « telle fille !* » PLUT., *de Aud. poet.*, § 4. — « [Le cithariste] Stratonice (vers 360), entendant « chanter un passage de l'*Accouchement de Sémélé*, composition de Timothée, s'écria : « *Si au lieu d'une divinité elle eût mis au monde un ouvrier, quels cris aurait-elle donc « poussés ?* » ATHÉN., l. VIII, p. 352, a. — « [L'aulète] Dorion (vers 375), se moquant « d'une tempête [musicalement dépeinte] par Timothée dans son *Navigateur*, dit : « *J'ai entendu des tempêtes plus terribles dans mon pot-au-feu.* » IB., p. 338, a.

[2] SUIDAS, au mot Φιλόξενος, Εὐλυτίδου. Mélanippide le jeune, étant né vers 475, avait donc atteint la cinquantaine en 425.

s'établit entre le poëte et le tyran, lui-même amant des Muses : ce qui n'empêcha pas Denys d'envoyer de temps en temps aux carrières son compagnon de table et son rival auprès de la belle Galatée. D'après la jolie anecdote racontée par le comique Machon[1], Philoxène serait mort d'une indigestion[2] à Syracuse; selon des autorités plus graves, il aurait terminé ses jours à Éphèse la 1re année de la Ce Olympiade, à l'âge de 56 ans. 380 av. J. C.

Les poésies méliques de cet artiste consistaient en dithyrambes; aussi a-t-on l'habitude de classer parmi ce genre de composition un long morceau (ou plutôt une série de petits fragments assez décousus) provenant d'un poëme intitulé *le Banquet*[3]. Néanmoins le fond non moins que la forme se prêtent très-mal à la musique, et protestent contre une telle attribution. Nous savons par un passage de la *Politique* d'Aristote qu'un des dithyrambes de Philoxène était appelé *les Mysiens;* l'auteur, voulant faire du nouveau, avait eu d'abord le projet de le traiter entièrement en mode dorien, mais entraîné, malgré lui, par les exigences du genre, il ne put exécuter son plan jusqu'au bout, et termina son œuvre en mode phrygien[4]. La plus célèbre des compositions de Philoxène était *le Cyclope* (ou *Polyphème et Galatée*)[5], sujet dont Euripide avait déjà fait auparavant un drame satyrique[6] et que Timothée s'appropria pour un de ses dithyrambes. Théocrite en fit plus tard une de ses plus charmantes idylles, et, au dernier siècle, Händel s'inspira de la même légende pour un de ses

1 Athén., l. VIII, p. 341, a, et suiv.

2 Les traits de gourmandise et de parasitisme qu'on lui impute (cf. Athén., l. I, pp. 5, 6 et suiv.), doivent, selon toute apparence, être mis au compte d'un contemporain homonyme, Philoxène de Leucade.

3 Fragm. 1-5.

4 Livre VIII, ch. 7; passage cité T. I, p. 184, note 2.

5 « Denys, tyran de Sicile, s'enivrait volontiers avec Philoxène; mais « celui-ci « ayant été surpris en commerce illicite avec une certaine Galatée, maîtresse du tyran « [et joueuse de flûte], Denys l'envoya aux carrières. C'est là que Philoxène écrivit « son *Cyclope*, adaptant sa pièce à ce qui venait d'arriver. Le Cyclope était Denys; « Galatée, la joueuse de flûte dont le tyran était amoureux; Philoxène avait pris pour « lui le rôle d'Ulysse.... » Athén., l. I, p. 6, f, et suiv.

6 Euripide est mort en 406, quelque temps avant que Denys usurpât le pouvoir suprême; il n'a donc pu emprunter l'idée de son drame satyrique à Philoxène. Mais entre celui-ci et Timothée, il est plus difficile de décider de la priorité.

chefs-d'œuvre. D'après ce que nous apprennent les notices des scholiastes et une demi-douzaine de vers sauvés de la destruction, c'était une composition satirique et bouffonne, participant à la fois de l'opéra, du ballet et de la cantate[1]. Le cyclope Polyphème y était représenté comme un monstre inoffensif et bonasse, errant par monts et par vaux, en compagnie de ses troupeaux, à la recherche de la cruelle nymphe, et soupirant aux sons de la cithare des romances langoureuses[2], tandis qu'un chœur de chèvres, auquel il recommande de bêler de son mieux, se joint à ses chants. De son côté Ulysse avec ses compagnons de navigation se met à la recherche de Polyphème, l'enivre et lui crève les yeux. Nous avons le commencement d'une ariette bucolique chanté par le cyclope amoureux :

« Créature au beau visage, — aux tresses d'or, — à la voix enchanteresse, — « ô Galatée ! — joyau des amours. » Fragm. 8.

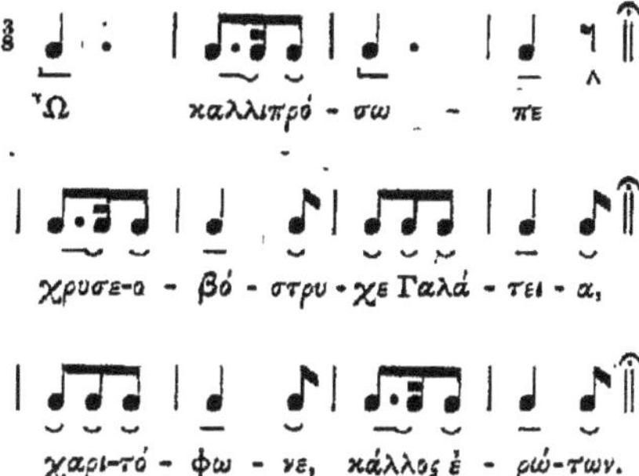

Sur Philoxène musicien il nous est parvenu peu d'informations spéciales. Un mot du poëte élégiaque Hermésianax donne à croire que dans ses accompagnements il attribuait la part prépondérante aux instruments à vent[3]. La mélopée de Philoxène est signalée par le grand *mousicos* de Tarente comme plus empreinte

[1] *Zénobius* l'appelle un drame (cf. Bergk, fragm. 9).

[2] *Schol. in Aristoph. Plut.*, 290 (cf. Bergk, fragm. 11).

[3] Ce poëte, qui vivait sous Philippe de Macédoine (360-337 av. J. C.), donne à Philoxène l'épithète de λωτοῦ πιστότατον ταμίην, très-fidèle intendant de l'*aulos*. Athén., l. XIII, 598, e. — On sait que l'aulète thébain Antigénide, plus tard très-célèbre, fut dans sa jeunesse l'accompagnateur ordinaire des chœurs dithyrambiques de Philoxène.

encore du mauvais goût de l'époque que celle de Timothée[1]. On sait que les nomes des deux maîtres étaient classiques chez les Arcadiens. Le surnom de *Myrmex* (*fourmi*) donné à Philoxène, fait allusion à de petites recherches techniques fort à la mode alors, particulièrement l'usage de dessins mélodiques remplis de demi-tons et que les anciens aimaient à comparer aux empreintes laissées par des fourmis cheminant sur la pierre[2]. D'autre part, les Philoxéniens, et parmi eux l'auteur comique Antiphane, font un éloge pompeux des mélodies de leur musicien préféré : Ol. XCVIII =388-385 av J. C.

« Combien Philoxène l'emporte sur tous les compositeurs !.... Et que ses cantilènes « sont admirablement variées par des modulations, par des passages chromatiques ! Ce « fut un dieu parmi les hommes; lui savait vraiment ce que c'est que la musique.... « Maintenant les compositeurs intercalent dans leurs œuvres les mélodies des autres. » Athén., l. XIV, p. 643, d, e.

Téleste de Sélinonte, né apparemment vers 420, fut contemporain de Philoxène[3] et cultiva le même genre de compositions; très-jeune encore, il remporta en 401 le prix à Athènes pour le dithyrambe[4]. Il dut atteindre un âge très-avancé; son biographe Aristoxène, qui fleurit sous le règne d'Alexandre, se rappelait l'avoir vu en Italie[5]. Téleste s'acquit de son vivant une grande réputation, laquelle persista après sa mort. Alexandre, se trouvant dans la Haute-Asie, se fit envoyer de Grèce, avec les tragédies des trois grands maîtres, les dithyrambes de Téleste et de Philoxène[6], œuvres qui eurent sans doute leur place dans le

Téleste. Ol. XCIV, 3 v. 345.

1 « [Télésias] fut tellement séduit par cette musique de concert, pleine de variété, « qu'il en vint à dédaigner celle des maîtres classiques (Simonide et Pindare) dans le « goût de laquelle on l'avait élevé. Il se mit à étudier les compositions de Philoxène et « de Timothée, et *précisément celles qui étaient le plus chargées de broderies et renfermaient « le plus de nouveautés*. Mais voulant ensuite composer lui-même et ayant essayé de le « faire [tour à tour] dans le style de Pindare et *dans celui de Philoxène*, il ne put jamais « réussir à s'approprier cette dernière manière, tant la bonne éducation de sa jeunesse « agissait encore sur lui. » Plut., *de Mus.* (W., § XVIII).

2 Μυρμηκίαι, μύρμηκος ἀτραποί.

3 Diodore de Sicile (l. XIV, 46) les fait vivre tous deux vers l'Ol. XCV (400-397 av. J. C.).

4 C. I. Gr. (*Marm. Par.*, *Ep.* 65), T. II, pp. 302 et 342.

5 Voir le passage d'Apollonios Dyscolos, cité par Mahne, *Diatribe de Aristoxeno* (Amsterdam, 1793), p. 92 et suiv. — Le peintre Nicomaque fut chargé par Aristrate, tyran de Sicyone sous Philippe de Macédoine (360-336 av. J. C.), de faire le portrait du maître italique. Plin., *Hist. nat.*, l. XXXV, § 56.

6 Plut., *Vit. Alex.*, § 8.

festival célébré à Suse à l'occasion des noces du jeune conquérant avec la fille de Darius[1]. L'infatigable compilateur Athénée nous a laissé de Téleste quatre fragments, aussi intéressants par leur contenu littéraire — tous ont rapport à la musique et particulièrement aux instruments — que par leur forme rhythmique. Le premier et le plus étendu, tiré d'un dithyrambe intitulé *Argo*, est une protestation contre la légende insérée par Mélanippide dans son *Marsyas* (p. 486) :

« Mon esprit se refuse à croire que la sage et sainte Pallas, après avoir pris sur des « hauteurs boisées le docte instrument, l'ait rejeté de ses mains, de peur d'une honteuse « laideur, rendant ainsi célèbre le fils d'une nymphe, Marsyas, le centaure à la danse « bruyante. Comment en effet un si violent désir de beauté se serait-il emparé du cœur « de la vierge à laquelle Clotho refusa les joies de l'épouse et de la mère? Non, c'est une « vaine et triste rumeur qui s'est envolée vers Hellas, une fable inventée par des poëtes « songe-creux, afin de déconsidérer et de rendre odieux aux mortels cet art savant que « le souffle inspiré de la vénérable déesse communique à Bromios, comme la plus douce « des jouissances, en même temps qu'elle lui donne la brillante grâce d'un jeu aussi « rapide que le vol des oiseaux[2]. »

Le second fragment, extrait d'un *Asclépios*, contient également un éloge de l'*aulos*. Le troisième provient d'un dithyrambe dont le titre était *Hymenaios;* il s'occupe d'un instrument à cordes, la *magadis*[3]. Enfin le quatrième morceau raconte comment les mélodies des Phrygiens et des Lydiens furent importées en Grèce :

« Ce fut aux repas des Hellènes, et accompagnés par le jeu des chalumeaux, que les « compagnons de Pélops entonnèrent d'abord le nome phrygien de la Mère des mon- « tagnes : ils firent entendre aussi, aux sons aigus de la *pectis*, pincée par les doigts, un « chant lydien retentissant. » Fragm. 5.

Le caractère du style rhythmique de Téleste est tout à fait négatif; il consiste uniquement dans la recherche de l'effet par tous les moyens imaginables. Tantôt les rhythmes sont d'une simplicité visant à l'archaïsme, ce qui jure avec la recherche des expressions poétiques (tel est le fragment d'*Asclépios* composé en hexamètres *à la militaire*[4]), tantôt les mètres les plus divers se mêlent sans aucune eurhythmie saisissable; de loin en loin le

[1] Charès ap. Athén., l. XII, p. 538, c, et suiv.

[2] Fragm. 1. Au vers 13 (Bergk) j'écris avec Kaiser *τὰν θυμαρεστάταν*, au lieu de la leçon inintelligible des Mss. *τὰν οὐ μεριθοτάταν*. (A. W.)

[3] Voir le § 2 de l'Appendice.

[4] Voir ci-dessus, p. 326, note 3. — Le deuxième vers du fragment n'a qu'un hémistiche.

musicien se contente seulement de reproduire le motif initial de la section mélodique[1]. Ce ne sont pas là les *amateurs de rhythmes* des temps classiques, mais les *tortureurs de mélodies* dont parlent les comiques, ceux qui, « mêlant dans un même morceau « le dorien, le phrygien et le lydien, le diatonique, le chromatique « et l'enharmonique, et prenant des licences non permises avec le « rhythme[2], » ont mis la musique sens dessus dessous. Le dernier fragment dont on vient de lire la traduction est une véritable curiosité en ce genre; la promiscuité rhythmique s'y étale sans vergogne. A côté du dactylo-épitrite, la mesure binaire de la sereine chorale apollinique, on y voit apparaître non-seulement des mètres issus du 3/8, chorées et logaèdes à l'éolienne, mais encore, fait sans exemple (à ma connaissance), la mesure senaire, le rhythme orgiastique du culte de la déesse phrygienne[3]. Cela ne rappelle-t-il pas certains compositeurs de nos jours, accouplant un chant d'église avec un refrain de carrefour, pour obtenir, au moyen d'un contraste violent, un effet quand même ?

Πρῶ - τοι πα - ρὰ κρα - τῆ - ρας Ἑλ - λά - νων ἐν αὐ - λοῖς

συνο - πα - δοὶ Πέλο - πος μα-τρὸς ὀ - ρεί - ας

Φρύγι-ον ἄ - ει - σαν νό - μον·

τοὶ δ' ὀ - ξυ - φώ-νοις πη - κτί - δων ψαλ - μοῖς κρέ - κον

Λύδι-ον ὕμ - νον.

Polyide, le dernier auteur dithyrambique de quelque renom et, nous ajouterons, le dernier compositeur de musique vocale Polyide.

[1] Cf. fragm. 1 et 5.

[2] DION. HALIC., *de Comp. verb.*, ch. 19.

[3] Évidemment le rhythme ionique a été suggéré au compositeur par la mention de l'hymne en l'honneur de Cybèle.

dont l'histoire musicale de la Grèce fasse mention, débuta vers 400[1]; il était peintre en même temps que poëte et musicien. Rien de lui ne nous est parvenu, sauf le titre d'un de ses dithyrambes, *Atlas*[2]. Aristoxène parle de cet artiste avec un souverain mépris[3]; mais nous savons que le témoignage du grand musicien est suspect quand il s'agit de l'école dont nous nous occupons. Ce qui n'est pas douteux c'est que Polyide se vantait de ce qu'un de ses élèves, Philotas, l'avait emporté sur Timothée, vanterie qui lui attira une verte replique d'un musicien bel-esprit, le cithariste Stratonice[4]. Les nomes de Polyide acquirent une célébrité qui se prolongea longtemps. Dans un plébiscite crétois[5] de l'époque romaine, un citharède de Téos, du nom de Ménéclès, est vanté pour avoir souvent exécuté à Cnosse « les compositions « de Timothée, de Polyide et des anciens poëtes indigènes. »

1 Polyide, né vers 420, vivait encore vers 360, puisqu'il connut Stratonice. Cf. BURETTE, *Rem.* CXLVII.

2 BERGK, *Poet. lyr. gr.*, p. 1278.

3 « On pourrait dire avec la même justesse que les citharèdes de nos jours ignorent « le style de Timothée, car ils l'ont abandonné pour se jeter dans la musique de savetier « (κατύμματα) et dans les élucubrations de Polyide. » PLUT., *de Mus.* (W., § XIV).

4 ATHÉN., l. VIII, p. 352, b.

5 C. I. Gr., n° 3053. — Cf. BERNHARDY, *Grundriss*, T. II, 1e part., p. 528.

CHAPITRE V.

LA MUSIQUE DANS LE DRAME GREC.

§ I.

IL nous faut revenir maintenant à la tragédie que nous avons perdue de vue au moment où elle se détache du dithyrambe primitif (p. 439). En signalant rapidement les diverses étapes que parcourut dans sa carrière courte et brillante ce genre de poésie musicale, synthèse merveilleuse du génie grec, nous n'avons en vue que la partie mélique, et nous ne nous occuperons des autres éléments du drame qu'autant qu'ils sont en relation directe avec celui-ci.

Le chœur groupé en carré, selon la manière spartiate, au lieu de former un cercle, comme chez Arion et ses successeurs, resta la pierre angulaire de l'édifice tragique; les chants dansés, à l'exécution desquels participait une masse imposante de *cinquante* personnes[1], ne cessèrent point, après l'innovation de Thespis, d'être le noyau de l'œuvre. Les récits déclamés par l'acteur, avec ou sans instruments, ne furent que des intermèdes, destinés à procurer aux choreutes des haltes nécessaires, aux spectateurs une variété de sensations propre à prévenir l'ennui (p. 216). Il est à remarquer que jusqu'aux dernières époques du drame musical les titres des pièces furent empruntés fréquemment à la personnalité collective représentée par le

[1] Cf. CHAIGNET, *la Tragédie grecque*, p. 103; POLLUX, l. IV, sect. 110.

chœur[1]. Mais en remplaçant le *préchantre* dithyrambique, entouré de la ronde des servants de Bacchus, par un *acteur* se tenant sur une estrade séparée du personnel choral, Thespis accomplit une révolution considérable et introduisit dans l'art un principe de dualité qui, à la longue, devait amener l'élimination du chœur. Au lieu d'entendre simplement une narration pathétique du mythe, le public vit désormais celui-ci mis en action. Le préchantre n'était qu'une émanation de la collectivité : tous les chantres du dithyrambe étaient possédés d'un même esprit; les choreutes tragiques, eux, n'identifient pas nécessairement leurs sensations avec celles de l'acteur : de là collision, choc de passions diverses, ce qui est la condition essentielle du drame. Le chœur remplit ainsi une double fonction : en l'absence de l'acteur, lorsque l'action est suspendue pour un moment, *il se tourne vers le public*, et, reprenant son ancien rôle dionysiaque, il épanche ses sentiments collectifs par des chants pleins de lyrisme; en présence de l'acteur, il suit avec intérêt, *le visage dirigé vers la scène*[2], la marche des événements, pour y intervenir au besoin, soit en qualité de conseiller ou de confident, soit comme un élément indispensable de l'action. Il devient un personnage lui-même, rompant ainsi l'uniformité d'un monologue perpétuel.

Thespis n'employa jamais qu'un seul acteur. Mais lorsqu'il eut introduit l'usage du masque[3], procédé dont on ne se départit plus durant toute l'antiquité, cet acteur unique, qui n'était autre que le poëte, put, en changeant de masque et de costume, remplir successivement plusieurs rôles dans une tragédie[4]. Voir représenter

[1] De Thespis : *les Prêtres*, *les Jeunes gens;* de Phrynique : *les Pleuroniennes*, *les Phéniciennes*, *les Danaïdes*, *les Perses*, *les Libyens;* d'Eschyle : *les Suppliantes*, *les Perses*, *les Choéphores*, *les Euménides;* de Sophocle : *les Trachiniennes;* d'Euripide : *les Héraclides*, *les Troyennes*, *les Phéniciennes*, *les Bacchantes;* d'Aristophane : *les Acharniens*, *les Chevaliers*, *les Nuées*, *les Guêpes*, etc.

[2] Sur la position des choreutes, voir RICH. ARNOLDT, *die Chorpartien des Aristophanes* (Leipzig, Teubner, 1873), p. 183.

[3] « Thespis jouait ses rôles tragiques d'abord en se teignant le visage de céruse, puis « en se le couvrant de feuilles de pourpier; plus tard il introduisit l'usage de vrais « masques en lin. » SUIDAS, au mot Θέσπις.

[4] Les plus anciennes pièces d'Eschyle se ramèneraient sans grand effort à ce système, particulièrement *les Suppliantes*, où, sauf à de très-rares moments, il n'y a jamais qu'un seul acteur en scène.

par le même individu divers personnages d'une pièce ne semblait pas plus invraisemblable aux Grecs que de lui voir jouer un rôle dans deux œuvres distinctes, le déguisement ne permettant pas de reconnaître la personne de l'artiste.

Outre quelques vers d'une authenticité douteuse, il ne reste de toute l'œuvre de Thespis que les titres de quatre pièces : *les Jeux funèbres de Pélias et de Phorbos*, *les Prêtres*, *les Jeunes gens*, *Penthée*[1]. Si ces titres ne sont pas apocryphes, nous pouvons en conclure que le père de la tragédie choisit, comme Épigène de Sicyone, des sujets autres que les mythes de Bacchus. Nous y trouvons aussi la preuve que son personnel choral n'était pas invariablement composé de Satyres. Comment concilier ce dernier résultat avec l'opinion reçue, qui veut que la tragédie primitive, mélange de sérieux et de grotesque, renfermât les éléments dont s'est formé plus tard le drame satyrique ? L'hypothèse la moins compliquée pour résoudre cette difficulté est d'admettre que Thespis ait divisé son chœur, très-nombreux, en deux groupes, l'un chargé de la partie tragique et se rattachant directement au drame proprement dit, l'autre réservé pour les intermèdes joyeux[2]. Un tel dédoublement n'a rien d'incompatible avec les habitudes théâtrales des Grecs; nous le verrons s'effectuer sur une plus vaste échelle, et d'une manière normale, lors de l'établissement des concours tragiques.

Coupe de la tragédie primitive.

Bien que le plan des drames de Thespis ne nous ait été transmis par aucun document, il n'est pas difficile de retrouver ses linéaments essentiels, en rapprochant les définitions aristotéliciennes (p. 216) de la notice suivante empruntée aux mêmes sources par un sophiste du IIe siècle de notre ère. « Aristote « pense que la forme primitive de la tragédie ne fut qu'un hymne « chanté aux dieux par le chœur entrant, et qu'ensuite Thespis

[1] Suidas, au mot Θέσπις.

[2] Nous aurions alors le parfait équivalent de ce qui s'est passé pour le drame musical de l'Europe moderne. Dans les opéras des compositeurs vénitiens du XVIIe siècle (Cavalli, Cesti etc.) un intermède comique à deux personnages, lequel fait corps avec la pièce, vient terminer chacun des actes. Au siècle suivant les *intermezzi* se séparent complétement de la pièce sérieuse et forment des œuvres distinctes. Le modèle classique du genre est la *Serva padrona* de Pergolèse.

« inventa le *prologos* et la *rhêsis* » (la partie dialoguée)[1]. Cela paraît aussi clair que possible. L'*hymne*, le germe primitif de tout l'organisme de la tragédie, devient à partir de Thespis le *choricon*, le chant orchestique, se décomposant en *parodos* et *stasimon*. La *rhêsis*, remplaçant les récits du préchantre dithyrambique, est la partie scénique intercalée entre les divers morceaux de poésie chorale et de plus celle qui sert de conclusion au drame; elle comprend donc l'*episodium*, divisé à volonté en plusieurs sections, ainsi que l'*exodos*. Enfin le *prologos* est l'exposition du fait mythique, par laquelle s'ouvre la tragédie. Or les divisions qui viennent d'être énumérées (le *prologos*, l'*episodium*, l'*exodos* et le *choricon*) sont, d'après le témoignage explicite d'Aristote, communes à toutes les compositions théâtrales de son époque, au drame satyrique et à la comédie non moins qu'à la tragédie[2]. Il faut donc admettre que ce plan typique, commandé d'ailleurs en grande partie par les éléments mêmes du théâtre grec, est aussi bien l'œuvre de Thespis que l'introduction d'un acteur.

Le dialogue, dont la plus grande part revenait au personnage scénique, n'avait chez Thespis qu'une étendue assez restreinte et se déclamait, selon toute apparence, d'un bout à l'autre. A l'origine cette partie de la tragédie était conçue en tétramètres trochaïques (p. 172), mais il y a tout lieu de penser que de bonne heure l'iambe trimètre s'y fit une place importante[3] : « Dès que le « parler eut été introduit au théâtre, » dit Aristote, « la nature « elle-même se chargea d'indiquer le mètre convenable. » Avec l'iambe Thespis prit aussi sans doute à Archiloque la déclamation mélodramatique[4], nécessaire pour adoucir la transition entre la parole nue et le chant.

La partie chorale du drame primitif devait être très-développée,

1 Thémistios cité par CHAIGNET, *la Trag. gr.*, p. 60.

2 « Les parties de la tragédie, quant à leur nombre et aux distinctions qu'elles com« portent, sont en premier lieu le *prologos*, l'*episodium* et l'*exodos*, puis le *choricon*, lequel « de son côté se divise en *parodos* et *stasimon* : les dites parties sont communes [à tous « les genres de drame]. En second lieu les *chants scéniques* et les *chants dialogués*, « exclusivement propres à la tragédie. » *Poét.*, ch. 12.

3 Les trimètres de Thespis, cités par Plutarque (*de Aud. poet.*, § 14) et par Pollux (l. VII, sect. 45), ne présentent pas de garanties d'authenticité. Cf. CHAIGNET, *la Trag. gr.*, p. 64-65.

4 PLUT., *de Mus.* (W., § XVII), texte traduit ci-dessus, p. 75, note 2.

d'abord à cause de son importance capitale, — Aristophane appelle les chants le nerf de la tragédie[1] — ensuite par nécessité pratique; c'était en effet pendant l'exécution de la *parodos* et des *stasima* que l'acteur unique avait à changer de masque et de costume, quand besoin était. Les théâtres grecs n'ayant pas de rideau[2], les cantilènes chorales servaient d'entr'actes. Thespis appliqua à ces morceaux une orchestique savante[3] qui passa depuis pour le modèle du genre : un siècle plus tard les danses du fondateur de la scène grecque continuaient à faire les délices des Athéniens de vieille roche[4]. Dans ces premières œuvres théâtrales, où les qualités propres de la tragédie et du drame satyrique se confondaient encore, chœurs et danses avaient tantôt le caractère sérieux (*emméléia*), tantôt le caractère de l'hyporchème (*sikinnis*); nous retrouvons une réminiscence de cet état de choses chez Sophocle (p. 204).

Ces deux parties constitutives du drame grec, *choricon* et *rhésis*, chant dansé et déclamation tragique, nous devons les supposer chez Thespis grossièrement juxtaposées. Tout au plus est-il permis d'admettre dans la tragédie des premiers temps l'existence de *chœurs épisodiques* (p. 218), chants dont la véritable place est dans les situations les plus tendues, alors que le spectateur et le chœur se trouvent sous le coup d'une catastrophe imminente. Ils consistent en supplications pressantes, adjurations brèves et énergiques; leurs strophes sont séparées par des tirades en trimètres mises dans la bouche de l'acteur. Par contre le rôle du personnage actif ne renfermait pas de véritable cantilène[5]. Non-seulement la tragédie de Thespis, comme celle d'Eschyle, n'avait pas de monodies scéniques, elle ignorait aussi les thrènes et autres chants dialogués; ceux-ci ne prirent pied qu'à partir de Phrynique. Lorsque le chœur avait à échanger ses idées ou ses impressions avec l'acteur, le coryphée *parlait* au nom de tous, en se servant également d'iambes trimètres.

1 *Les Grenouilles*, v. 862.

2 Cf. *Philol.*, T. XXIII, p. 327.

3 « On dit que les vieux compositeurs, Thespis, Pratinas, Karkinos, Phrynique, étaient « appelés *orchestiques*. » ATHÉN., l. I, p. 22, a. — Cf. l. VIII, p. 351, f.

4 ARISTOPH., *les Guêpes*, v. 1476 et suiv.

5 Dans les anciennes pièces d'Eschyle l'acteur principal n'a pas de vers méliques.

Création du drame satyrique. En tant qu'œuvre littéraire, la tragédie n'acquit pas entre les mains de son créateur assez de fixité et de perfection pour avoir accès aux agones[1]; la période de formation, caractérisée par le mélange d'éléments hétérogènes, n'avait pas complétement atteint son terme. Bientôt le théâtre naissant s'enrichit d'un nouveau genre : à côté de la tragédie surgit le drame satyrique. Cette innovation s'explique aisément, si l'on admet que l'élément joyeux du dithyrambe corinthien avait passé dans la tragédie[2]. Le mélange du sérieux et du comique ne pouvait être toléré par le goût athénien sur le théâtre émancipé du symbolisme et de la liturgie. Pour que le drame devienne réellement tragique, il faut que les Satyres en soient exclus et, avec eux, le principe naturaliste dont ils sont l'incarnation. Mais afin que le sens et la signification originelle de l'œuvre ne se perde pas totalement, afin qu'il reste toujours « quelque chose pour Dionysos, » on terminera chacune des représentations tragiques par une petite pièce bouffonne, dont les compagnons de Bacchus formeront l'élément obligé. Grâce à cette combinaison, l'esprit des auditeurs, tendu outre mesure par le spectacle d'événements funestes, se reposera de ses émotions et rapportera du spectacle une impression totale de satisfaction et d'apaisement.

Chérile et Pratinas. L'innovation paraît avoir eu lieu du vivant de Thespis même. Deux auteurs tragiques de la génération suivante, Chérile et Pratinas, possèdent des titres égaux à se voir attribuer l'honneur d'avoir fait du divertissement rustique un genre séparé, digne de prendre place à côté des plus nobles productions de la scène. L'athénien Chérile eut une carrière très-longue et marquée par de grands succès; il aborda le théâtre quelques années après la
v. 524 av. J. C. mort de Pisistrate[3], vers le moment où Lasos vint se fixer dans
Ol. LXXVII, 4. Athènes, et continua à produire, prétend-on, jusqu'en 468 av. J. C., quatre ans après *les Perses* d'Eschyle. Il aurait ainsi commencé

[1] Plut., *Vit. Sol.*, § 29.

[2] « On dit que des Satyres accompagnent Dionysos et procurent au dieu beaucoup « de plaisir et de joie dans les danses et les tragédies. » Diod. Sic., l. IV, ch. 5.

[3] « Chérile, athénien, commença à prendre part aux concours vers l'Ol. LXIV (524-521 « av. J. C.). Il fit 160 drames et fut vainqueur 13 fois. Quelques-uns disent qu'il apporta « des changements aux masques et aux costumes de théâtre. » Suidas, au mot Χοιρίλος.

rival de Thespis et fini rival de Sophocle[1]. La supériorité de Chérile pour le drame satyrique est consacrée par un dicton resté longtemps populaire. Même dans le genre sérieux son talent ne fut pas complétement écrasé par le redoutable voisinage du génie d'Eschyle. Un titre de tragédie, *Alopé*[2], voilà tout ce qui reste du vieux poëte. — Quant à Pratinas de Phlionte (p. 159), il n'a eu, selon les biographes, que des succès assez ordinaires dans le genre sérieux. Lui-même reconnut clairement le vrai domaine de son talent; il déploya sa fécondité dans les tableaux réalistes de l'intermède dionysiaque, où sa danse pétillante et ses rhythmes alertes étaient à leur place[3]. Pratinas et son fils Aristias, les deux grands hommes de la petite ville de Phlionte[4], ont, à côté d'Eschyle, composé les drames satyriques les plus célèbres. Mais tout leur héritage littéraire a disparu, à quelques titres près[5]. v. 500 av. J. C.

Coupe du drame satyrique

Les données que l'on possède au sujet de cette variété du drame sont des plus bornées. Soit que la valeur littéraire des pièces rustiques parut trop mince au monde érudit des derniers siècles de l'antiquité, soit que leur nombre n'ait jamais été considérable et que la plupart aient disparu de bonne heure, toujours est-il que les compilateurs alexandrins n'en ont presque rien sauvé. Même les titres sont très-rares. Un seul spécimen nous reste, et il appartient au dernier des grands maîtres de la scène grecque : c'est *le Cyclope*, sujet souvent appliqué à des compositions musicales d'un caractère pittoresque, et source intarissable de gaîté pour le

[1] Cf. Suidas, au mot Σοφοκλῆς; Chaignet, *la Trag. gr.*, p. 70.

[2] Cf. Pausan., l. I, ch. 14.

[3] « Pratinas de Phlionte, auteur de tragédies, concourut avec Eschyle et Chérile « dans l'Ol. LXX (500-497 av. J. C.). Le premier il écrivit des drames satyriques. « Comme il était en train de répéter, les échafaudages sur lesquels se tenaient les « spectateurs vinrent à s'écrouler, ce qui fit que les Athéniens construisirent un théâtre « en pierre. Pratinas composa 50 pièces, dont 32 drames satyriques. Il ne gagna le « prix qu'une seule fois. » Suidas.

[4] Pausan., l. II, ch. 13.

[5] Aristias se présenta au concours, en même temps qu'Eschyle et Polyphradmon, la 1re année de l'Ol. LXXVIII (467 av. J. C.); il obtint le second prix avec *Persée*, *Tantale*, une troisième pièce, dont le titre est perdu, et *les Lutteurs*, drame satyrique de son père (voir ci-après, p. 520). On cite encore d'Aristias : *Antée*, *Atalante*, *les Parques*, *le Cyclope* et *Orphée*. Cf. Chaignet, *la Trag. gr.*, p. 70. Il ne reste de tout cela qu'un seul trimètre, recueilli par Athénée (l. II, p. 60, b).

public gréco-romain[1]. En l'absence de tout autre document, force nous est de demander au drame d'Euripide quelques lumières sur ceux de Chérile et de Pratinas. Au reste il n'y a aucune raison de croire que le genre se soit considérablement modifié pendant les trois quarts de siècle qui séparent ces œuvres : on sait que les Hellènes avaient l'habitude de garder intacts les caractères et les formes de chaque ordre de productions artistiques. A en juger par notre unique exemple, les compositions satyriques étaient courtes. Comme ton poétique, la pièce d'Euripide garde le milieu entre la tragédie et la comédie : les personnages sont ceux du drame sérieux, héros ou demi-dieux, mais l'auteur les place dans des situations comiques, et leur fait parler un langage tantôt boursoufflé, chargé à dessein, tantôt familier et plein de bonhomie. On n'y trouve rien de ces personnalités violentes, rien de l'obscénité éhontée dont Aristophane est coutumier : le tout porte l'empreinte d'un enjouement insouciant, d'une sensualité candide et d'une raillerie sans fiel. Une telle espèce de productions, qui n'est pas sans quelque analogie avec l'opérette de nos jours, atteignait parfaitement son but : donner à la fin du spectacle un divertissement inoffensif, en rappelant par là au public l'idée dionysiaque que, dans ses progrès, la tragédie laissait tomber peu à peu dans l'oubli.

Voici les principales particularités musicales à signaler dans l'opérette satyrique d'Euripide : les parties chantées y tiennent moins de place que dans la tragédie (100 vers sur 700) ; elles consistent en trois chœurs accompagnés d'une danse très-vive, une chanson à boire, et enfin un tout petit chœur épisodique. A l'exception de quelques anapestes servant d'introduction aux couplets bachiques, il y a absence de transition entre les trimètres du dialogue et les rhythmes destinés au chant[2]. Le tableau suivant permettra d'embrasser d'un coup d'œil le plan musical de notre pièce.

[1] Outre les dithyrambes composés sur ce sujet (voir pp. 492, 495), un drame satyrique d'Aristias a pour titre *le Cyclope*. Cf. SUIDAS, au mot ἀπώλεσας.

[2] Il est assez singulier que la pièce d'Euripide ne renferme ni trochées tétramètres ni procéleusmatiques (p. 106), rhythmes que les anciens déclarent être propres au genre satyrique.

COUPE MUSICALE DU *CYCLOPE* D'EURIPIDE.

N. B. Les chants lyrico-orchestiques sont désignés en majuscules; les chants de la scène en italiques; les passages déclamés musicalement en caractères ordinaires. Les vers du dialogue sont indiqués entre parenthèses.

Actes et scènes		Coupe musicale
Ier Acte. Scène 1re, Silène.	PROL.	(Trimètres, v. 1-40.)
Scène 2, Silène, le Chœur.		I. PARODOS (v. 41-81), *sikinnis*, deux strophes chorales et une épode (logaèdes) : « Où vas-tu donc, toi qui es issu de noble père et de noble mère ? »
IIe Acte. Scène 1re, Ulysse, Silène, le Chœur. Scène 2, Ulysse, le Chœur. Scène 3, Ulysse, Silène, le Chœur. Scène 4, le Cyclope, Ulysse, Silène, le Chœur.	EPISODIUM.	(Trimètres, v. 82-355.)
Scène 5, le Cyclope, Silène, le Chœur.		II. HYPORCHÈME non strophique (v. 356-374) remplaçant le *premier stasimon* (chorées) : « Ouvre, Cyclope, les bords de ton vaste gosier. »
IIIe Acte. Scène 1re, Ulysse, le Chœur.	EPISODIUM.	(Trimètres, v. 375-482.)
Scène 2, le Chœur.		Deux systèmes d'anapestes (v. 483-494) chantés par des demi-chœurs : « Allons, qui sera le premier ? »
Scène 3, le Cyclope, le Chœur.		III. *Chanson à boire* (v. 495-518), trois couplets (ioniques brisés) chantés, le 1er et le 3e par le Chœur, le 2e par Polyphème : « Bienheureux qui célèbre l'orgie. »
Scène 4, le Cyclope, Ulysse, le Chœur. Scène 5, le Cyclope, Ulysse, Silène, le Chœur. Scène 6, Ulysse, le Chœur.		(Trimètres, v. 519-607.)
Scène 7, le Chœur.		IV. HYPORCHÈME non strophique (v. 608-623) remplaçant le *second stasimon* (chorées rapides) : « Les tenailles de la douleur vont saisir le cou du barbare. »
IVe Acte. Scène 1re, Ulysse.	EXODOS.	(Trimètres, v. 624-655.)
Scène 2, le Chœur.		V. *Chœur dialogué* non strophique (v. 656-663) : « Courage, brandissez le tison, hâtez-vous ! »
Scène 3, le Cyclope, Ulysse, le Chœur.		(Trimètres, v. 664-707.) VI. Deux trimètres chantés par le Chœur (v. 708-710) : « Compagnons de la navigation d'Ulysse, nous nous consacrons désormais au service de Dionysos. »

Phrynique. Commencements de la tragédie classique.

A cette première période de l'art dramatique, pleine d'une vie intense, les personnalités marquantes se succèdent avec la même rapidité que les progrès et les innovations fécondes; moins d'un quart de siècle après Thespis nous voyons se produire un de ses disciples dont le nom, souvent associé à celui d'Eschyle, marque les commencements de l'ère classique de la tragédie : l'athénien
Ol. LXVII, 2. Phrynique[1]. Il fut vainqueur au concours de 510 av. J. C. et donna
Ol. LXXV, 4. ses *Phéniciennes* en 476, quatre ans avant *les Perses* d'Eschyle[2]; toute sa carrière dramatique est probablement contenue entre ces deux dates. Il fut contemporain de Chérile et de Pratinas; sa période la plus brillante coïncide avec la jeunesse d'Eschyle : comme ce dernier il alla mourir en Sicile[3]. Son fils Polyphradmon, de même que les fils de Pratinas, d'Eschyle, de Sophocle et d'Euripide, soutint honorablement la réputation de la famille.

L'innovation capitale que Phrynique apporta à l'économie de la tragédie, fut d'introduire l'élément féminin sur la scène et dans le chœur. En effet, l'on rencontre dans la liste de ses pièces : *Alceste*, *Andromède*, *les Danaïdes*, *les Phéniciennes*. Comme le théâtre antique n'eut jamais ni actrices, ni cantatrices, ni choreutes-femmes, les rôles de cette sorte furent toujours remplis par des hommes, et l'usage du masque dut être étendu au chœur. Ici, il faut bien l'avouer, notre admiration pour l'antiquité reçoit une rude atteinte. Entendre interpréter par un organe masculin les accents touchants d'Iphigénie ou d'Antigone, voilà ce qu'aucune convention théâtrale ne rendrait supportable au spectateur moderne. Une autre nouveauté due à Phrynique, et souvent mise à profit depuis, fut la division du personnel choral en deux demi-chœurs[4].

De tous les ouvrages dramatiques du vieux poëte[5], il ne nous

1 Suidas, au mot Φρύνιχος, Πολυφράδμονος. Voir l'excellent résumé de Chaignet, *la Trag. gr.*, p. 71-92.

2 Cf. Bernhardy, *Grundriss*, T. II, 2e part., p. 18.

3 *Proleg. in Schol. Aristoph.*, III.

4 Exemples : *les Suppliantes*, *les Euménides*. — Phrynique employait simultanément un chœur de femmes et un chœur d'hommes; c'est ce qu'indique le double titre de quelques-unes de ces pièces : *Égyptiens* et *Danaïdes*, *Conseillers* et *Phéniciennes*.

5 Il cultiva aussi la poésie lyrique. On lui attribue un hymne célèbre. Voir ci-dessus, p. 457.

est parvenu, à part un petit nombre de vers détachés, qu'une douzaine de titres de tragédies[1]. La plupart de ceux-ci indiquent des sujets mythiques : *Antée*, *Actéon*, *Alceste*, *Andromède*, *Tantale*, *Érigone;* quelques autres se réfèrent à des événements contemporains : *la Prise de Milet*, *les Phéniciennes*. On sait qu'Eschyle dans *les Perses* reprit la donnée de cette dernière pièce. Un drame qui représentait le retour de Xerxès à Suse après le désastre de son armée, n'était pas de nature à déplaire aux vainqueurs de Salamine; il en fut différemment de la *Prise de Milet*, qui mettait devant les yeux des Athéniens un fait humiliant pour l'amour-propre national. Écoutons Hérodote :

« Les Athéniens ont montré de toutes sortes de manières la douleur que leur causa la « perte de Milet, mais surtout parce que Phrynique ayant composé un drame intitulé « *la Prise de Milet*, et l'ayant fait représenter, tous les spectateurs fondirent en larmes; « de plus les Athéniens condamnèrent à une amende de mille drachmes le poëte qui « leur avait rappelé des malheurs propres, des douleurs de famille, et défendirent que « personne fit encore jouer cette pièce. » Livre VI, § 21.

La tentative d'introduire le drame historique sur le théâtre grec ne fut plus renouvelée après Eschyle; il est vrai qu'Athènes ne devait plus revoir une épopée en pleine actualité comme la guerre des Perses.

Phrynique est souvent cité à côté d'Eschyle pour le pathétique profond qu'il déploya dans ses tragédies. On vante aussi la variété de ses danses chorales[2]. Mais il est surtout célébré comme inventeur de belles mélodies : l'action prépondérante de l'élément féminin dans le drame est ainsi corrélative au développement de l'élément musical, ainsi que nous l'observons aussi chez Euripide. Les écrivains ne tarissent pas d'éloges sur la suavité touchante des cantilènes de Phrynique. Dans la fameuse scène des *Grenouilles*, Eschyle, tout en se défendant d'être un plagiaire, comme Euripide

Phrynique musicien.

[1] En tenant compte des titres doubles et de ceux qui ne peuvent appartenir à des tragédies, on arrive à la liste suivante : 1° *les Pleuroniennes;* 2° *les Égyptiens* (ou *les Danaïdes*); 3° *Actéon;* 4° *Alceste;* 5° *Antée* (ou *les Libyens*); 6° *la Prise de Milet* (ou *les Perses*); 7° *les Phéniciennes* (*les Conseillers* ou *les Sidoniennes*); 8° *Andromède;* 9° *Tantale;* 10° *Érigone*. Cf. Chaignet, *la Trag. gr.*, p. 73-74.

[2] Lui-même, dans une épigramme conservée par Plutarque (*Quaest. conv.*, l. VIII, ch. 9, § 3), dit avoir à sa disposition « autant de figures de danse qu'une orageuse nuit « d'hiver soulève de vagues sur l'onde. » Voir ci-dessus, p. 505, note 3.

le lui reproche, avoue hautement s'être inspiré plus d'une fois des mêmes modèles que son prédécesseur. L'éloge du mélodieux chantre tragique, tempéré par un petit grain d'ironie, revient souvent chez Aristophane. Citons-en comme exemple la strophe de l'ode dans la première parabase des *Oiseaux*[1] :

« Muse bocagère, — *tio, tio, tio, tio, tio, tiotinx* — muse aux accords variés ! Souvent « avec toi au fond des bois et sur la cime des monts — *tio, tio, tio, tio, tio, tiotinx* — « reposant sous le feuillage d'un frêne, — *tio, tio, tio, tio, tiotinx* — je tire de mon « gosier flexible des nomes sacrés qui accompagnent les danses augustes dédiées à « Pan et à la Mère des montagnes ! — *tototo-tototo-tototo-tinx !* — C'est dans ton séjour « fleuri que Phrynique, comme une abeille, trouve les sucs délicieux dont il compose ses « cantilènes ravissantes. »

Le caractère essentiellement musical du talent et des œuvres de Phrynique est confirmé par un problème d'Aristote :

« Pourquoi Phrynique et ses imitateurs furent-ils avant tout mélodistes ? Ne serait-ce « pas parce que, en ce temps-là, les parties chantées de la tragédie l'emportaient de « beaucoup en étendue sur les parties récitées? » Chap. XIX, 31.

Ces témoignages et une foule d'autres[2] nous autorisent à voir en Phrynique, sinon le créateur des formes musicales de la tragédie grecque, — la plupart de ces formes sont un héritage du dithyrambe corinthien — au moins l'artiste qui les a portées au degré de développement où nous les montrent les plus anciennes pièces d'Eschyle : *les Suppliantes*, *les Perses* et *les Sept devant Thèbes*. En tant que musiciens, Phrynique et Eschyle seront donc pour nous, comme ils le sont pour Aristoxène, les représentants du drame classique à sa période la plus reculée[3]. Nous considérons les dernières années de la guerre des Perses comme l'époque où la tragédie arriva à la possession de tout son matériel technique. C'est de ce point de vue que nous allons tâcher de déterminer la part de création qui, selon nous, peut être attribuée

1 Cf. *les Grenouilles*, v. 1298 et suiv. — L'injure mise dans la bouche d'Euripide (*ib.*, v. 910) implique un éloge de la part d'Aristophane. — Les motifs de Phrynique faisaient encore les délices des amateurs au temps d'Aristophane. Dans *les Guêpes* (v. 218 et suiv.) les vieux juges vont chercher Philocléon « dès le milieu de la nuit, « en fredonnant d'anciennes mélodies tirées des *Sidoniennes* de Phrynique. »

2 « Phrynique, auteur de tragédies, était admiré pour la composition mélodique.... « compositeur de chants suaves. » *Schol. in Av.*, 750. — Cf. *Schol. in Vesp.*, 220; *in Ran.*, 1297, 1299.

3 Ap. PLUT., *de Mus.* (W., § XIV). — Cf. *Quaest. conv.*, l. I, ch. 1, § 5.

avec vraisemblance à Phrynique, et d'esquisser la structure musicale que le vieux maître donna aux chants du théâtre.

Coupe musicale de la tragédie ancienne.

Dans le drame primitif, encore à moitié dithyrambe, la partie chantée, entièrement confiée au chœur, se produisait en grande partie pendant les moments où la scène était vide; jamais la mélodie n'avait à exprimer les sentiments déterminant les actions du personnage, fonction exclusivement réservée à la parole. La tragédie, arrivée à son développement normal, se donna pour tâche de fondre dans un tout harmonieux les éléments distincts et opposés qu'elle portait dans son sein : *parole* et *chant*, *scène* et *orchestre*, *acteur* et *chœur*. Pour graduer le passage de la simple parole à la mélodie chorale, elle inséra entre les iambes parlés et les vers destinés au chant quelques systèmes d'anapestes déclamés musicalement. Pour relier la *scène* à l'*orchestre*, elle permit à la musique d'intervenir dans les moments de l'action où la véhémence des sentiments personnels ne laisse pas de place à l'effusion des sentiments collectifs. Ici le drame antique poursuivait manifestement le même but que l'opéra moderne : remuer l'âme du spectateur, au moyen d'un emploi simultané de toutes les forces esthétiques, aussi profondément qu'il est donné au théâtre de le faire. C'est là une innovation fondamentale, due sans doute à Phrynique; en effet dans les plus anciens drames d'Eschyle la musique a déjà envahi une portion des *episodia* et l'*exodos* en entier. Cette dernière partie est occupée d'ordinaire par une longue complainte[1], en forme de dialogue, chantée par un des personnages de la scène et le chœur (p. 218) : acteurs et choreutes, après l'accomplissement de la catastrophe redoutée, donnent une libre expansion à leur douleur et à leur commisération. Par leur forme poétique, simple parfois jusqu'à l'insignifiance, ces chants se rattachent, non pas au *thrènos* lyrique, tel que l'ont conçu Simonide et Pindare, mais aux cantilènes funèbres d'origine populaire dont nous avons trouvé un spécimen idéalisé dans le dernier livre de l'Iliade (p. 372). Ce sont là les morceaux de musique les plus étendus de la tragédie ancienne; l'auteur visait à s'y

[1] Dans *les Perses* et *les Sept*, le *thrènos* s'enchaîne avec le dernier *stasimon* qui lui sert d'introduction.

montrer plutôt compositeur inspiré que grand poëte (p. 231-232). Chez Phrynique le *thrênos* était vraisemblablement le seul passage de l'œuvre où l'acteur eût une partie entièrement chantée[1] : il en est encore ainsi pour toutes les pièces d'Eschyle, à l'exception de *Prométhée*. Lorsque le dénouement ne donne pas lieu à une lamentation, la place vide est occupée par un chant en strophes, sur lequel le chœur opère sa sortie[2] (ἄφοδος). Quant aux *chœurs épisodiques* (p. 218), ils sont de l'essence du drame et ne pouvaient manquer chez les prédécesseurs de Phrynique; mais il est possible que celui-ci ait élargi leurs formes, bien qu'il paraisse avoir plus réussi dans le suave que dans l'énergique. Les autres variétés de cantilènes scéniques sont inconnues aux productions de cette période : Phrynique, pas plus qu'Eschyle, n'a fait de morceaux entièrement chantés en scène.

Rhythmes de la tragédie ancienne.

Le matériel rhythmique de la tragédie grecque peut être regardé comme ayant pris sa forme définitive à l'époque de Phrynique. En dehors des parties tout à fait musicales, le drame sérieux manifeste dès ses débuts une tendance très-accusée à réduire ses mètres à deux : l'iambe trimètre[3], le vers du dialogue ordinaire parlé sur un accompagnement instrumental (pp. 174, 215), et le dimètre anapestique, le rhythme du chant déclamé[4] (pp. 132, 179-180, 215); quant au trochée tétramètre, encore prédominant chez Phrynique (p. 173), il disparaît presque entièrement chez Eschyle; Euripide le remet en honneur pour certains colloques d'un ton véhément[5]. On voit qu'à l'endroit des mètres du dialogue, le drame sérieux est bien pauvre en comparaison de la comédie. Pour les parties réservées à l'exécution musicale, en revanche, l'art d'Eschyle déploie une richesse rhythmique devant laquelle pâlissent tous les autres genres de poésie et que la tragédie récente n'a su ni augmenter ni même conserver entière.

1 On remarquera que dans les plus anciens drames d'Eschyle (*les Perses, les Sept*), les acteurs qui participent au *thrênos* ne paraissent pas avant ce moment-là.

2 POLLUX, l. IV, sect. 108. — Cf. WESTPHAL, *Proleg.*, p. 14-30.

3 Iambe trimètre de Phrynique, cité par CHAIGNET, *la Trag. gr.*, p. 90.

4 Des systèmes d'anapestes paraissent avoir été déjà employés par Thespis. Clément d'Alexandrie en reproduit cinq que M. Chaignet (*la Trag. gr.*, p. 64, note 2) croit tirés des *Prêtres*.

5 Sans doute Phrynique l'employa beaucoup, puisqu'il passe pour en être l'inventeur.

La plupart des éléments rhythmiques des chants de la tragédie ont été puisés à diverses sources connues; quelques-uns d'entre eux, mais précisément les types les plus caractéristiques, sont inconnus à toutes les autres branches de la littérature mélique. Trois classes de rhythmes ont été empruntées probablement au dithyrambe corinthien : en premier lieu les diverses variétés du 3/4, *ioniques* et *choriambes;* en second lieu les *bacchius* quinaires et les *dochmies*, mesures propres aux chœurs épisodiques et aux chants dialogués; en troisième lieu les *logaèdes tragiques* (p. 431 et suiv.). Cette dernière classe de rhythmes, la plus souple, la plus variée et la plus docile à l'empreinte individuelle de chaque poëte, renferme des éléments empruntés à des genres autres que le dithyrambe, nommément à la chanson lesbienne[1] : les formes faciles, qui rappellent les motifs sapphiques, apparaissent toujours à la terminaison des strophes. Les *glyconiens* (p. 139) et les *priapéens* (p. 175), dont la cadence agréable et ferme paraît avoir eu un grand charme pour les oreilles du public athénien, sont typiques en ce sens chez Eschyle[2]. Une quatrième classe de rhythmes destinés au chant a été prise par Phrynique aux nomes des citharèdes[3] : ce sont les *dactyles* que nous appellerons *tragiques*, faute d'un nom consacré : mélange de tripodies et de tétrapodies, dans lequel apparaissent de loin en loin quelques épitrites isolés. Tous les chants d'Eschyle qui appartiennent à cette catégorie sont pleins d'une sombre majesté et rappellent un brillant passé évanoui sans retour[4]. L'origine que nous venons

[1] On rencontre le *grand asclépiade* dans un fragment des *Pleuroniennes* de Phrynique. PAUSAN., l. X, ch. 32.

[2] Exemples : *les Suppliantes*, 2e *stasimon* (V); *les Perses*, 1er *stasimon* (III), str. 1 et 3. Voir ci-dessus, p. 213, note 1.

[3] « Tout le monde admet que Phrynichos dans ses chants se rencontre avec les « [nomes] chantés à la cithare. » *Schol. in Ran.*, 1298. Cf. 1299.

[4] Les principaux sont la *parodos* des *Suppliantes*, le 3e *stasimon* des *Perses* (VI), lequel sert d'introduction au *thrênos*, la *parodos* d'*Agamemnon* et le chœur de sortie des *Euménides*, conséquemment le premier et le dernier chant de l'*Orestie*. Les rhythmes pompeux de ces chants de style archaïque sont magnifiquement parodiés par Aristophane : *les Nuées*, *parodos* (I); *les Grenouilles*, chœur chanté à l'entrée d'Eschyle (X); chœur épisodique (XI); deux potpourris chantés par Euripide (XV et XVI); chant de sortie par lequel le chœur reconduit Eschyle à la clarté des flambeaux (v. 1528-1533). — A la même espèce de rhythmes appartiennent aussi, selon toute apparence, les deux vers conservés des *Phéniciennes* de Phrynique (cf. CHAIGNET, *ib.*, p. 83).

d'assigner aux dactyles tragiques se déduit du passage si connu des *Grenouilles* d'Aristophane :

Euripide (à Dionysos) : « Attends, écoute cet autre chant choral, bâclé d'après des « nomes citharodiques. » (Il chante un potpourri, composé de chœurs dactyliques de diverses tragédies d'Eschyle. Les vers sont séparés par un refrain en trochées, *phlátto thrátto phlátto thrát*, imitant la ritournelle d'un instrument à cordes.) — Dionysos : « D'où vient cette raclerie ? De Marathon ? Ou aurais-tu par hasard collectionné les « airs qui servent aux puiseurs d'eau ? » — Eschyle : « Non ! de ce qui était beau j'ai « tiré une autre chose également belle, afin de ne point être vu fauchant de compagnie « avec Phrynique la même prairie sacrée des Muses. » V. 1281 et suiv.[1]

Enfin parmi les rhythmes de la tragédie il en est deux dont la provenance est couverte d'obscurité. Les *spondées anapestiques* (pp. 105, 120) sont spécialement affectés aux déplorations[2] (p. 225); peut-être dérivent-ils des complaintes que l'on entonnait sur le passage des cortéges funèbres. Quant aux *chorées tragiques* (pp. 122, 126), les rhythmes par excellence de la sévère *emméléia*, on est tenté d'y voir une création des fondateurs de la scène athénienne. C'est le triomphe de la rhythmopée d'Eschyle, pleine du souffle de sa robuste et austère mélodie[3]. — Il est étonnant que le chant théâtral de l'époque de Phrynique et d'Eschyle n'ait fait aucun emprunt direct à la lyrique chorale, alors à l'apogée de son développement. Si l'on excepte *Prométhée*, dont les parties méliques paraissent avoir été remaniées à une époque postérieure, les productions d'Eschyle ne renferment pas de vrais épitrites. De même les logaèdes de la tragédie n'ont que des affinités éloignées ou fortuites avec ceux de Simonide et de Pindare.

Harmonies de la tragédie ancienne.

Cette grande abondance de rhythmes destinés au chant montre à elle seule combien la cantilène tragique devait offrir de nuances expressives et d'accents variés. La logique qui préside au choix des diverses formes, selon les différents types de situation, la franchise des motifs rhythmiques et leur relation directe au texte, toutes ces propriétés de l'art grec se réunissent pour laisser entrevoir parfois le dessin de la mélodie avec une limpidité et

[1] Cf. *Schol. in Ran.*, 1281-1299.

[2] Exemples : début du *thrênos* des *Perses*; fin de la *parodos* des *Suppliantes*.

[3] Les chants ternaires de cette espèce abondent déjà dans les premiers drames d'Eschyle.

une réalité telles, que l'on peut se passer presque du contour précis. Au reste les notices disséminées chez les auteurs au sujet des cantilènes du drame confirment de tout point les impressions spontanées que nous donnent ces linéaments muets. Les chants de la tragédie au temps de Phrynique et d'Eschyle n'admettaient pas le genre chromatique[1], moins encore certes l'enharmonique. Par contre, ils étaient riches en métaboles de mode et de ton, ainsi que le démontrent les changements de mesure si fréquents déjà, même à l'intérieur des strophes. Deux modes caractérisent la musique chorale de l'ancienne tragédie : le *mixolydien*, le mode de la plainte passionnée, et le *dorien*, expression de l'héroïsme stoïque. Le mixolydien représente l'élément féminin, humble et insinuant; le dorien, l'élément masculin, dur, impérieux[2]; malgré cette opposition complète, la transition de l'un à l'autre mode est d'une simplicité surprenante. Aristoxène affirme expressément que les tragiques ont emprunté l'harmonie mixolydienne aux mélodies de Sappho[3]. Cette notice est importante pour plusieurs raisons. Premièrement, elle assigne à cet emprunt une date assez reculée : en effet pour peu que l'on se rappelle l'histoire de ce mode (T. I, p. 147), on sait que la période du mixolydien sapphique s'est terminée avec Lamprocle. v. 475 av J. C.
Secondement, elle nous montre encore ici les premiers maîtres de la scène tournant les yeux vers les poëtes lesbiens plutôt que vers les lyriques de l'école dorienne; circonstance qui s'accorde avec la manière dont nous avons expliqué la formation du style logaédique dans la tragédie. — A côté des deux modes principaux de la chorale dramatique, deux ou trois autres harmonies paraissent avoir occupé un rang secondaire : ce sont la gracieuse *lydisti*, la *syntono-lydisti* éplorée et l'enthousiaste *phrygisti*[4]. Quant aux harmonies hypodorienne et hypophrygienne, elles sont exclues

[1] Plut., *de Mus.* (W., § XIV); passage cité et traduit T. I, p. 301, note 3.

[2] Voir ci-dessus, T. I, p. 189. — Jugement d'Euripide sur le mode mixolydien. Plut., *de Rect. aud. rat.*, § 15. — La *doristi* était parfois employée dans les chants dialogués (Plut., *de Mus.*, XIII), mêlée sans doute avec la *mixolydisti*.

[3] Plut., *ib.*

[4] Cf. T. I, p. 194 et suiv. — L'usage du mode phrygien dans les chœurs de la tragédie est suffisamment démontré par l'origine dithyrambique du drame sérieux et par l'apparition assez fréquente du rhythme ionique (3/4), son compagnon inséparable.

par Aristote du chant choral de la tragédie, et réservées pour les personnages héroïques de la scène, à cause de leur *éthos* décidé. Mais par là même elles ne convenaient guère aux tragédies de l'époque dont nous nous occupons : à en juger par les plus anciennes productions d'Eschyle, ce ne sont pas les héros (Danaos, Étéocle) mais des femmes ou des personnages masculins sans énergie (Antigone, Ismène, Xerxès) qui intervenaient primitivement dans les parties chantées du drame.

Instrumentation. On a peu de particularités à l'endroit de l'accompagnement des cantilènes théâtrales. Les deux genres d'instruments y étaient admis[1]. Toutefois l'*aulos*, en vertu de ses anciennes attaches avec la religion de Dionysos, y avait le pas sur la cithare apollinique : son emploi spécial était de se joindre aux mélodies chorales[2]. En avant du chœur, lorsque celui-ci faisait sa sortie en chantant l'*aphodos*, marchait un joueur de chalumeau[3]. Les *auloi* destinés à se faire entendre dans la tragédie étaient d'une espèce particulière, puisqu'ils avaient un nom spécial : *chalumeaux tragiques* (p. 287). Quant aux instruments à cordes, ils avaient pour office principal de se joindre à la déclamation semi-musicale ; néanmoins certains indices témoignent en faveur de leur usage dans les chants orchestiques de la tragédie[4].

[1] « Il en est tout à fait de même pour la musique de chalumeau, de cithare ou de « quelque autre instrument dont fait usage l'art de Dionysos, soit tragédie, soit « comédie.... » MAX. TYR., *Diss.*, VII, § 6.

[2] Les troupes de tragédiens qui se présentaient aux agones ou faisaient des tournées avaient toujours avec elles un aulète. Cf. LÜDERS, *die Dionysischen Künstler*, p. 187 et suiv.; *Schol. Aristoph. in Pac.*, 531. — Pollux, à propos du chœur tragique, parle de *symphonie*, de *synodie* et de *synaulie* (l. IV, sect. 107).

[3] *Schol. Aristoph. in Vesp.*, 582. — Il y avait des types mélodiques fixes pour les ritournelles de chalumeau qui s'intercalaient dans le chant de sortie. Voir SUIDAS, au mot Ἐξόδιοι νόμοι.

[4] Nous appelons particulièrement l'attention sur le passage suivant qu'Aristophane met dans la bouche d'Eschyle (*ib.*, v. 1301 et suiv.) : « Pour Euripide, il emprunte ses « mélodies à toutes les courtisanes, aux scolies de Mélitos, aux aulètes cariens, aux « thrènes, aux petits airs de danse, et je vais le prouver à l'instant. Qu'on m'apporte « une petite lyre. Mais qu'est-il besoin de lyre pour lui ? Où est la joueuse de « castagnettes ? Viens muse d'Euripide! voilà l'accompagnement qui convient à tes « chants. » Cf. *Schol. in Ran.*, 1302, 1305. — Sans doute le *didascalos*, qui souvent n'était autre que le poëte, se chargeait de la partie d'instrument à cordes : « Sophocle « dirigeant l'exécution de *Thamyris* accompagna lui-même sur la cithare. » ATHÉN., l. I, p. 20, f. — Agathon est représenté dans les *Thesmophories* portant, comme attribut

Avant de caractériser brièvement la composition musicale des principales tragédies grecques dont le texte intégral nous est parvenu, nous dirons quelques mots indispensables de l'organisation matérielle des représentations tragiques chez les Athéniens[1]. Les concours tragiques.

Ces représentations n'ont jamais cessé de constituer une partie importante des solennités religieuses qui les avaient vu naître. Pendant toute la période florissante du théâtre athénien, les œuvres nouvelles se produisaient aux concours dramatiques qui avaient lieu annuellement aux grandes dionysiaques, la fête du printemps[2]. L'institution des concours de tragédies remonte aux temps des Pisistrates (p. 445); Chérile, dit-on, serait entré en lice pour la première fois une dixaine d'années avant le meurtre d'Hipparque, à peu près seize ans avant le premier concours de dithyrambes[3]. Mais nous n'avons des données positives sur ces v 425 av. J. C luttes fécondes qu'à partir de la fin des guerres médiques. En 467 Ol. LXXVIII, 1. Eschyle remporta le premier prix, Aristias, fils de Pratinas, eut le second prix, Polyphradmon, fils de Phrynique, vint en troisième ligne[4]. Voici les dispositions traditionnelles du programme des concours. Chaque année trois poëtes-musiciens dramatiques étaient admis à entrer en lice. L'archonte fournissait à chacun d'eux un chœur de 48 hommes, personnel que l'auteur était tenu d'instruire, de même qu'il avait à faire répéter les acteurs; ceux-ci lui étaient désignés par la voie du sort, à moins qu'il n'eût déjà engagé lui-même les interprètes de son œuvre. Ces fonctions de *maestro* (*didaskalos*) étaient essentielles, puisque la mise en scène faisait l'objet principal du concours : en matière d'art, la

ordinaire du poëte tragique, une lyre, et de plus, afin de marquer sans doute le caractère efféminé de sa musique, un barbiton, l'instrument des Grecs orientaux. Voir ci-dessus, p. 413.

[1] Pour ce qui concerne la disposition de l'édifice, l'emplacement de la scène et de l'orchestre, les détails d'organisation des concours, etc., nous renvoyons le lecteur français à la traduction de l'*Histoire de la littérature grecque* d'Otfr. Müller, et surtout aux notes complémentaires de M. Karl Hillebrand.

[2] Les pièces déjà jouées auparavant paraissaient plutôt à d'autres fêtes, les *Lénéennes* (janvier-février) ou les *petites Dionysies* (novembre-décembre).

[3] Voir ci-dessus, p. 506, note 3.

[4] Cf. BERNHARDY, *Grundriss*, T. II, 2e part., p. 259; CHAIGNET, *la Trag. gr.*, p. 118; WESTPH., *Proleg.*, *zu Æsch.*, p. 2.

réalisation effective tenait plus à cœur aux Grecs que la création poëtique[1]. Tous les frais nécessités par la représentation tombaient à charge d'un riche citoyen, lequel, en vertu de ce dispendieux honneur, avait le titre de *chorége*[2]. Chacun des trois concurrents était obligé de faire représenter, dans une même séance, trois tragédies suivies d'un drame satyrique. Souvent les quatre pièces appartenaient à un même cycle d'aventures ou de mythes; d'autres fois elles étaient unies par un lien purement idéal, une conception subjective que chacun des drames avait à faire ressortir à sa manière. Ce tout complet s'appela dans l'antiquité récente une *tétralogie*[3]; le groupe des trois tragédies, envisagé à part de la farce satyrique, constituait une *trilogie*[4]. Ainsi dans le concours qui vient d'être mentionné, Polyphradmon fit jouer une trilogie intitulée *la Lycurgie*, à laquelle succéda un drame satyrique dont le nom est perdu; Eschyle donna une tétralogie, *la Thébaïde*, composée de *Laïos*, *Œdipe* et *les Sept devant Thèbes*, tragédies, *le Sphinx*, drame satyrique; Aristias fit représenter *Persée*, *Tantale* et une troisième tragédie inconnue : comme drame satyrique il donna *les Lutteurs*.

Les 48 choreutes, constituant le personnel chantant et dansant mis à la disposition de l'auteur, ne formaient pas une masse unique appelée à participer simultanément à l'exécution de l'œuvre entière. Le poëte-musicien les divisait en quatre chœurs de 12 personnes, ayant chacun son organisation distincte et son chef ou coryphée[5]. Chaque groupe était désigné pour former le chœur propre dans une des pièces de la tétralogie; en outre il devait participer comme masse accessoire à l'exécution d'un des autres drames, lorsque l'intervention d'un second chœur était

1 Le fils ou le petit-fils pouvait se présenter en lice avec des compositions de son père ou de son grand-père.

2 Thémistocle remporta le prix comme *chorége* avec une pièce de Phrynique. PLUT., *Vit. Them.*, § 5.

3 DIOG. LAERT., l. III, sect. 56.

4 Le drame satyrique, réminiscence des farces dionysiaques, ne faisait-il pas obligatoirement partie du concours ? Cela semble assez probable. — Eschyle a laissé 70 tragédies et 5 drames satyriques seulement. Pratinas, au contraire, ne composa que 18 tragédies, tandis qu'il donna 32 drames satyriques.

5 Plus tard chacun des chœurs fut porté à 15 personnes (3 × 5).

réclamée par les nécessités de l'œuvre[1]. En groupant ses exécutants d'après leur genre de voix et leurs aptitudes personnelles en matière de chant et de danse, l'auteur était à même de former quatre chœurs ayant chacun son caractère vocal et orchestique bien défini[2]. Lorsque le chœur simple faisait face au spectateur, il y avait quatre personnes de front, trois dans le sens de la profondeur. Les meilleurs choreutes ainsi que le coryphée avaient leur place au premier rang, le plus rapproché du public[3].

A l'acteur unique du temps de Thespis l'ancienne tragédie classique en ajouta un second : le *deutéragoniste;* elle put donc déjà mettre, au moins, deux interlocuteurs en présence[4]. Ce fut là une innovation radicale et pour ainsi dire le commencement du drame véritable. Tant qu'il n'y avait eu en scène qu'un seul personnage à la fois, tout devait se passer en entretiens avec le coryphée et en récits de messagers[5]; dorénavant l'action pourra se nouer et se dénouer entièrement sur le théâtre, le chœur restant simple spectateur. De plus, chacun des acteurs pouvait, moyennant un

[1] *Les Suppliantes :* chœur des Danaïdes, chœur des suivantes; *les Euménides :* chœur des Euménides, chœur des prêtresses de Pallas. Il y avait en outre dans cette dernière pièce deux chœurs muets : celui des juges de l'Aréopage et celui des Athéniens; aussi, si l'on en croit Pollux (l. IV, sect. 110), un tel déploiement de luxe théâtral parut outré au goût des Athéniens.

[2] Dans la première pièce de l'*Orestie* le chœur se compose des vieillards d'Argos; dans la seconde pièce, des jeunes filles de la suite d'Électre; dans la troisième pièce le chœur principal est formé par les Euménides; dans la quatrième, par les Satyres.

[3] Les groupes de *quatre* (plus tard cinq) choreutes *placés l'un à côté de l'autre* s'appelaient στοῖχοι (rangs); les groupes de *trois* choreutes *placés l'un derrière l'autre* s'appelaient ζύγα (files). Le rang le plus rapproché des spectateurs, qui était compté comme le troisième (τρίτος), renfermait le chef du chœur (ἡγέμων, κορυφαῖος); celui-ci prenait place sur la *thymélé*, lorsque le chœur était au repos, et conversait de là avec l'acteur. Cf. CHAIGNET, *la Trag. gr.*, p. 228; POLLUX, l. IV, sect. 109.

[4] Sur l'autorité d'un passage de la *Poétique* d'Aristote (ch. 5), l'on attribue l'invention du second acteur à Eschyle et du troisième à Sophocle. Mais dans un autre de ses écrits, dont le rhéteur Thémistios cite des extraits, Aristote revendique déjà le troisième acteur pour Eschyle, et, en effet, la tragédie des *Sept devant Thèbes*, antérieure d'un an aux débuts de Sophocle, nécessite trois acteurs. Quoi qu'il en soit, et tout en laissant à Eschyle l'honneur d'avoir le premier mis plus d'un acteur en scène, nous ne doutons pas que Phrynique n'ait utilisé cette invention dans les pièces qu'il a composées postérieurement aux débuts d'Eschyle. Cf. CHAIGNET, *la Trag. gr.*, p. 97 et suiv.; *Scenische Alterthümer* dans le *Philologus*, T. XXIII, p. 517 et suiv.

[5] *Les Sept devant Thèbes* offrent un exemple de ce type primitif de la tragédie grecque, bien que trois acteurs y soient indispensables.

changement de costume et de masque, reparaître dans plusieurs rôles; enfin le poëte avait la faculté de leur adjoindre autant de personnages muets qu'en exigeait l'action. Le *protagoniste* de l'ancienne tragédie, successeur de l'acteur unique de Thespis, n'avait dans son rôle ni chants dialogués ni airs; selon toute apparence il ne devait pas être chanteur. C'est ce que nous pouvons conclure des anciennes pièces d'Eschyle, où les personnages secondaires seuls participent au grand morceau d'ensemble, sans paraître dans le reste de la pièce.

Voici comment on peut résumer la situation à l'avénement d'Eschyle : la partie chorale et lyrique est encore souveraine; mais à côté et en dehors d'elle grandit une puissance rivale et envahissante : l'action dramatique. Déjà celle-ci a acquis ses organes essentiels et se prépare tout doucement à supplanter le lyrisme et à l'expulser du théâtre.

La période productive de la tragédie classique s'étend jusqu'à la mort d'Euripide. Dans l'analyse historique qui suit nous ne nous occuperons que des trois grands hommes dont il nous est parvenu des drames entiers.

§ II.

Eschyle. L'immortel représentant de l'ancienne tragédie classique,
Ol. LXIII, 4. Eschyle, naquit au bourg d'Éleusis en 525 av. J. C. On ne sait
rien de ses études, sinon qu'elles eurent un résultat précoce,
Ol. LXX, 1 = 499 av. J. C. puisque à l'âge de 24 ans le jeune poëte entra en lice avec
Pratinas. Il remporta sa première victoire au concours tragique
Ol. LXXIII, 4. de 484, à l'âge de 39 ans. Lorsqu'arrivèrent pour sa patrie les
jours de danger et d'angoisses, il quitta le théâtre pour les camps,
et fit vaillamment son devoir à Marathon, où il fut blessé, à Sala-
479 mine et à Platée. Le sol hellénique purgé des Barbares, Eschyle
retourna aux Muses. C'est pendant les magnifiques années qui
succédèrent aux guerres nationales que nous devons placer la
période de sa plus grande activité poétique et de sa faveur auprès
du public athénien. Maître sans rival dans le drame satyrique et
dans la tragédie, il composait aussi des chants lyriques et lutta

avec Simonide pour l'élégie. Au printemps de 471[1], il fit représenter *les Perses*, la plus ancienne de ses pièces conservées. Fort peu de temps après, il fut appelé en Sicile à la cour de Syracuse, où se trouvaient alors Simonide et Bacchylide; le soldat de Marathon s'y rencontra avec le Thébain Pindare. Hiéron venait de construire sur l'emplacement de l'ancienne Catane la ville d'Etna. A cette occasion, Eschyle composa une pièce de circonstance, *les Etnéennes*, et le potentat sicilien, pour faire honneur à son illustre hôte, fit jouer *les Perses* avec une splendeur inaccoutumée. Au retour du poëte en Grèce commence pour lui une période mêlée d'amertumes et de triomphes; la faveur mobile du public d'Athènes va à la jeune école; en 468 Eschyle lutte avec le débutant Sophocle et a le dessous, en 467 il obtient le premier prix avec *les Sept devant Thèbes* : il avait alors 58 ans. Mécontent et aigri, soit de la froideur croissante de ses concitoyens, soit de la tournure que prenait la politique athénienne et même, dit-on, poursuivi comme coupable d'un sacrilége, Eschyle prit le parti d'aller s'établir définitivement en Sicile, et sur ces entrefaites Hiéron étant mort, le vieux tragique se retira à Géla. Il ne fit plus qu'une seule apparition dans Athènes, en 458, pour y mettre en scène l'*Orestie*, immortel chef-d'œuvre qui triompha de toutes les préventions et excita une admiration universelle. Deux ans plus tard il mourut à Géla, âgé de 69 ans. Les Siciliens lui élevèrent un mausolée et les Athéniens une statue. Il avait obtenu 13 fois le prix au concours dramatique.

Ol. LXXVII, 1. — v. 470 av. J. C ? — Ol. LXXVII, 4 — Ol. LXXVIII, 1 — Ol LXXVIII, 2 = 467. — Ol. LXXX, 2. — Ol. LXXXI, 1 = 456.

Eschyle poëte dramatique.

Eschyle laissa, dit-on, 70 tragédies et 5 drames satyriques[2]. De tout cela il ne reste que 7 tragédies complètes, dont deux (*les Suppliantes* et *Prométhée*), ont été représentées à une date inconnue. Nous n'avons pas à étudier ici les œuvres du grand tragique, non plus que celles de ses successeurs, au point de vue poétique et littéraire. Nous nous contenterons de faire observer à

[1] Comme les drames nouveaux étaient joués aux *lénéennes* et aux *grandes dionysiaques*, fêtes qui tombent dans nos mois de janvier, février et mars, il faut, en transcrivant à la moderne la date de leur représentation, compter une année avant J. C. de moins que celle qui est indiquée dans la réduction habituelle des Olympiades en années de l'ère anté-chrétienne.

[2] Bernhardy, *Grundriss*, T. II, 2e part., p. 250 et suiv.

ce propos qu'Eschyle fut, sinon le créateur de la coupe tétralogique du drame grec, au moins celui qui sut manier cette forme avec un génie incomparable et lui infuser la vie la plus intense. Les tragédies que nous possédons ont appartenu à cinq tétralogies, dont les pièces perdues sont connues quant à leur titre et à la place qui leur revenait dans la composition entière[1] :

La Danaïde (date inconnue mais très-ancienne[2]).	1. Les Suppliantes. 2. *Les Servants de Noces* (θαλαμοποιοί). 3. *Les Danaïdes*. 4. *Amymone*, divertissement satyrique.
La Persique, représentée en 471 av. J. C.	1. *Phinée*. 2. Les Perses. 3. *Glaucus le marin*. 4. *Prométhée boute-feu*, divertissement satyrique.
La Thébaïde, représentée en 467. . . .	1. *Laïos*. 2. *Œdipe*. 3. Les Sept devant Thèbes. 4. *Le Sphinx*, divertissement satyrique.
L'Orestie, représentée en 458.	1. Agamemnon. 2. Les Choéphores. 3. Les Euménides. 4. *Protée*, divertissement satyrique.
La Prométhéide (date inconnue) . . .	1. Prométhée enchaîné. 2. *Prométhée délivré*. 3. *Prométhée porte-feu*. 4. ***

Si l'on fait abstraction de la deuxième de ces compositions, on remarquera que les trois drames sérieux d'une tétralogie appartenaient au même cycle mythologique, dont ils reproduisaient les faits les plus intéressants dans l'ordre historique. Ainsi la première partie de l'*Orestie* représente Agamemnon revenant de Troie en compagnie de sa captive Cassandre, et trouvant avec elle la mort dans sa propre maison, assassiné par sa femme Clytemnestre, laquelle a pour complice son amant Égisthe. Dans la seconde partie, Oreste, parvenu à l'âge d'homme,

[1] Cf. Westphal, *Prolegomena zu Aeschylos* (Leipzig, Teubner, 1869), p. 3-4. Sauf l'*Orestie*, les titres qui désignent la tétralogie entière ne remontent pas à l'antiquité; ils ont été imaginés par les philologues modernes.

[2] Cf. *Philol.*, T. XXIII, p. 521.

revient d'exil et, d'accord avec sa sœur Électre, venge la mort de son père par le meurtre de sa mère. Enfin la troisième tragédie montre le parricide Oreste poursuivi par les Euménides et absous devant la Justice divine, personnifiée en Pallas-Athéné. Chacune de ces pièces, bien que formant une action complète en elle-même, n'est donc autre chose qu'un fragment du drame entier; elle ne renferme qu'une situation unique, en sorte que chez Eschyle le mouvement théâtral naît presque uniquement de la succession des tableaux isolés[1]. Si l'on en juge par les titres des drames satyriques, le lien qui rattachait ce divertissement aux autres parties de l'œuvre était moins étroit, parfois même conventionnel. La composition à laquelle appartient la tragédie des *Perses* nous fournit le modèle d'une trilogie dont les pièces, au lieu d'offrir une suite chronologique, ne se rattachaient l'une à l'autre que par une conception subjective de l'auteur : elle avait pour sujet les luttes de l'Europe et de l'Asie. Le but du poëte était de traduire sous une forme dramatique ce thème de philosophie historique : la supériorité de la culture hellénique sur l'état social des Orientaux, de la liberté sur l'asservissement politique, de la république sur la monarchie.

Nous n'avons pas à nous appesantir non plus sur les améliorations qu'Eschyle apporta à la partie matérielle de la représentation tragique (décors, costumes, masques, accessoires, etc.) ainsi qu'à l'art de la danse, dont il semble avoir fait un usage très-étendu[2]. En toutes ces choses la pratique établie par lui acquit force de loi pour les auteurs plus récents[3]. Une innovation

1 Pour les différentes pièces d'une trilogie, Eschyle possède un système distinct de structure; en général la troisième est la plus courte. Le plan musical se modifie également : on remarquera, entre autres particularités, le grand développement de la *parodos* dans les pièces initiales, l'abondance des chœurs épisodiques dans les pièces finales.

2 « Eschyle.... imagina la plupart des *attitudes* et des *figures* qui depuis furent en « usage dans les chœurs.... Il jouait très-bien lui-même ses drames.... Aristoclès dit que « Téleste, le danseur d'Eschyle, fut un artiste tel que, en dansant *les Sept devant Thèbes*, « il rendait visible par la danse tout l'argument du drame. » ATHÉN., l. I, p. 21, e, et suiv. — Figures orchestiques de la tragédie : POLLUX, l. IV, sect. 105.

3 « Eschyle embellit les décors de la scène et charma les regards par la magnificence du « spectacle, par les peintures et les machines...; il donna aux comédiens des gants ainsi « que de longues robes traînantes...; il agrandit leur taille en les chaussant de cothurnes « plus élevés. » *Vie d'Eschyle* (Ms. de la bibl. Méd.), citée par CHAIGNET, *la Trag. gr.*, p. 98.

d'Eschyle qui mérite toutefois d'être rappelée ici, c'est l'usage régulier de trois acteurs[1] : ce nombre ne fut pas dépassé tant que la Grèce posséda une scène véritable.

Eschyle musicien. Arrivons au point spécial qui nous occupe : la musique, élément important de la tragédie grecque. En analysant les textes méliques d'Eschyle, nous négligerons *Prométhée*, dont les morceaux chantés ne rappellent en rien le faire du grand tragique, mais bien celui de ses successeurs. Il y a lieu de croire que la musique de ce drame a été retouchée[2] au commencement de la guerre du
v. 430 av. J. C. Péloponnèse : c'est là au moins ce qu'indiquent les rhythmes, apparentés de près à ceux des productions contemporaines de Sophocle et d'Euripide.

Il est facile de reconnaître deux manières dans la facture musicale d'Eschyle : la première est propre aux plus anciennes pièces, *les Suppliantes*, *les Perses*, *les Sept;* la seconde caractérise la trilogie d'Oreste. Ainsi que nous avons cherché à l'établir plus haut, les œuvres de la première manière ne doivent pas s'éloigner beaucoup du style de Phrynique ; ce sont elles que nous avons prises pour base de notre reconstitution des formes du chant tragique à sa période classique la plus reculée. Les drames de la seconde manière sont ceux où nous voyons la personnalité musicale d'Eschyle arrivée à la pleine possession d'elle-même. Leurs caractères distinctifs, par rapport à la forme rhythmique, peuvent s'énoncer ainsi : structure plus sévère; motifs moins abondants peut-être[3], mais plus largement développés[4]. Une autre particularité digne de remarque est la coupe variée des chants scéniques. Tandis que le *thrênos* des *Perses* et celui des *Sept*

[1] Voir ci-dessus, p. 521, note 4. — Deux acteurs suffisent pour *les Suppliantes* et pour *les Perses ;* toutes les autres pièces d'Eschyle en exigent trois.

[2] Cf. WESTPHAL, *Proleg. zu Aesch.*, p. 6. — M. J. H. H. Schmidt, tout en tenant pour l'authenticité complète de *Prométhée*, constate de nombreux rapports entre la composition rhythmique de cette pièce et celle des tragédies de Sophocle.

[3] Dans l'*Orestie*, Eschyle reprend, pour les traiter avec un développement plus grand, des motifs de ses premières pièces. Le thème prédominant de l'*Agamemnon*

$\frac{3}{8}$ ♪ | ♩ ♪ | ♩. | ♩ ♪ | ♩ ♪ | ♩. | ♩

est déjà employé dans les *Suppliantes* et dans *les Sept.*

[4] C'est un préjugé de croire que chez Eschyle l'élément musical va en diminuant. Les trimètres n'occupent pas dans *Agamemnon* une plus grande place que dans *les Perses.*

sont composés uniquement de strophes appariées, qui se suivent et s'écoulent avec la même régularité que les rimes dans une tirade de tragédie française, les morceaux correspondants de l'*Orestie* ont un plan plus dramatique : entre les strophes viennent se placer des anapestes tenant lieu de notre récitatif (p. 235 et suiv.) ; en outre les strophes de même modèle ne sont pas astreintes à se succéder immédiatement[1].

Œuvres de la première manière.

Bien que les œuvres de la première manière accusent un art parfois simple et rude, elles n'en présentent pas moins d'intérêt pour le musicien. Le trait commun de la partie chantée des *Suppliantes* et de celle des *Perses* est la *variété de l'expression musicale dans l'unité de la situation*. Ce caractère se remarque surtout dans *les Perses*. Chacun des moments importants de la situation unique est rempli par un morceau conçu avec profondeur. Au début les sombres pressentiments des sujets de Xerxès s'expriment par un chœur d'entrée aux rhythmes fiévreux, énervés (ioniques mineurs), où respire le fatalisme oriental. Bientôt le drame se noue : des messagers arrivent, annonçant la défaite de l'armée du Grand Roi : la reine et le peuple, éperdus, évoquent l'ombre de Darius pour connaître le destin réservé à la Perse. Ici se place un morceau d'ensemble plein de mouvement dramatique (le second *stasimon*) : des strophes concises et puissantes, remplies de changements de rhythme (choriambes, logaèdes, chorées), dépeignent l'agitation croissante et tumultueuse de la foule[2]. Et lorsque le vieux roi sort de son tombeau devant son peuple prosterné, quel effet saisissant dans cette phrase chorale de huit mesures, murmurée deux fois *sotto voce* par l'assistance frémissante[3] ! Enfin Xerxès lui-même apparaît, seul, les vêtements en désordre, comme une image vivante de l'effondrement du vaste empire : tout son peuple entonne avec lui un long chant de deuil. Cette situation émouvante est préparée par un admirable chœur. Rien n'est plus beau que la gradation rhythmique de la scène ; les plaintes, nobles et viriles avant l'arrivée de Xerxès (dactyles tragiques),

1 Les tirades de dialogue jetées entre les chœurs épisodiques ont une symétrie moins raide : elles ne se composent pas d'un nombre de trimètres aussi rigoureusement déterminé que celui des vers d'une strophe. Cf. Westphal, *Proleg. zu Aesch.*, p. 191.

2 La 1re strophe est notée à la page 76.

3 Voir ci-dessus, p. 199.

s'animent dès que la voix de l'infortuné souverain se joint aux accents désolés de la multitude (spondées anapestiques); puis, passant de la mesure binaire à la ternaire, elles éclatent en sons rapides, stridents, pour aboutir finalement à des cris entrecoupés de sanglots et de gémissements désordonnés[1]. Le lien qui unit entre eux tous les chants des *Perses* est une grandeur étrange qui rappelle l'Orient; celui par lequel les cantilènes des *Suppliantes* se rattachent les unes aux autres consiste en un pathétique simple, nuancé de suavité féminine. Nous nous contenterons de signaler dans cette pièce le chant d'entrée, modèle de rhythmopée variée, où résonne une note élégiaque; le chœur péonique par lequel les Danaïdes acclament leur protecteur Pélasgos, et le morceau de sortie en double chœur, strophes dialoguées d'une grâce mélancolique, auxquelles une magnifique invocation à Zeus protecteur sert de *tutti* final. Tout autre est le coloris musical de la tragédie des *Sept devant Thèbes*. On sait le jugement qu'Aristophane met dans la bouche d'Eschyle : « Cette tragédie était pleine du souffle d'Arès. » Le caractère martial remplit, en effet, le drame proprement dit, contenu dans le rôle d'Étéocle et du héraut, mais il ne se reflète qu'indirectement sur la partie musicale. Les chants épisodiques des femmes thébaines n'expriment pas la rage des combats, mais les sentiments qu'éveillent chez des êtres faibles et passifs la vue des horreurs de la guerre; ce sont des cris d'angoisse qui, d'un bout à l'autre de la pièce, gardent le rhythme dochmiaque, le plus agité parmi tous ceux dont le chant dramatique des Grecs ait connu l'usage. L'âpreté de la situation unique et sa tension croissante font que le dénouement, quelque funeste qu'il soit, laisse une impression de soulagement. Cette impression se traduit dans une déploration grandiose qu'exécute le chœur, divisé en plusieurs groupes : le morceau se termine par un touchant duo entre les deux sœurs du héros mort.

Œuvres de la seconde manière.

Les passages chantés des trois pièces dont se compose l'*Orestie* présentent également un caractère commun que les travaux de M. J. H. H. Schmidt ont mis en pleine lumière : *l'unité de la composition à travers la variété des situations*. Bien que ces produits

[1] Cf. WESTPHAL, *Proleg. zu Aesch.*, p. 127.

du génie musical de la Grèce antique ne survivent plus que dans l'un de leurs deux facteurs, la rhythmopée, ils se révèlent à nous comme des créations esthétiques qui, par leur puissance d'expression, ne le cèdent pas aux mélodieuses merveilles de notre siècle. Il faudrait un volume entier pour les analyser dans leur individualité et dans leur rapport à l'ensemble de la trilogie. Nous nous bornerons à signaler leurs plus frappantes beautés, en renvoyant aux ouvrages de l'éminent philologue allemand ceux de nos lecteurs qui désireront étudier de près la structure mélodique du chef-d'œuvre d'Eschyle[1].

Comme drame et poésie, *Agamemnon* brille entre toutes les pièces du vieux tragique par la richesse de l'invention; comme production musicale elle se place également au premier rang. La partie chorale surtout est d'une magnificence sans pareille. Nulle part les chorées tragiques, les rhythmes de l'orchestique sévère d'Eschyle, ne sont traités avec une inspiration aussi soutenue que dans les premiers chœurs de cette tragédie. Les deux chants scéniques qui remplissent la plus grande portion du dernier acte palpitent d'une puissante vie dramatique. Est-il possible d'imaginer, pour un morceau d'opéra, début plus mouvementé que celui où la voyante, restée muette depuis son entrée en scène, éclate tout à coup en apostrophes brûlantes :

« O ciel, ô terre, Apollon, Apollon[2] ! »

Et peut-on n'être point frappé du souffle ardent qui anime la malédiction des vieillards d'Argos et le chant dialogué où Clytemnestre, debout près du cadavre de son époux, justifie son action comme la revanche du sacrifice de sa fille Iphigénie, et accepte avec un sombre orgueil la responsabilité du crime commis.

Les morceaux orchestiques des *Choéphores* ont une allure moins superbe que ceux d'*Agamemnon*, à l'exception du chant sauvage qu'entonne le chœur pendant qu'Oreste accomplit l'horrible œuvre de vengeance ordonnée par Apollon. Évidemment le point saillant de la composition musicale est le grand *thrênos*, partagé entre

[1] Voir en particulier *Compos.*, p. 479 et suiv.

[2] On trouve l'analyse de ce morceau dans J. H. H. SCHMIDT, *Eurhythmie*, p. 143 et suiv.

Électre, Oreste et le chœur. Aucune poésie musicale de l'antiquité n'offre un entrelacement de strophes aussi ingénieux :

Introduction en anapestes (le coryphée) : « Et maintenant, augustes déesses de la fatalité.... »

Str. A (Or.) : « O Père si affreusement traité, que te dire ? que faire ? »
Str. B (Chr) : « Enfant, la dent vorace du feu n'anéantit pas l'esprit d'un mort. »
Ant. A (Él.) : « Entends aussi, ô Père, mes lamentations amères ! »

1er syst. d'anap. (coryph.) : « Ces plaintes, un dieu peut les convertir en cris de joie. »

Str. C (Or.) : « Plût aux dieux, que sous Ilion, tu fusses tombé ! »
Ant. B (Chr) : « Cher à tes amis, morts glorieusement avec toi.... »
Ant. C (Él.) : « Mais tu n'a pas succombé devant les murs de Troie. »

2e syst. d'anap. (coryph.) : « Plus précieuses, ô mon enfant, que l'or.... »

Str. D (Él.) : « Aiguës comme une flèche, tes paroles ont pénétré dans mon oreille. »
Str. E (Chr) : « Puissé-je chanter bientôt l'hymne de mort sur l'homme égorgé ! »
Ant. D (Or.) : « Quand donc le tout-puissant *Zeus* abaissera-t-il la main ? »

3e syst. d'anap. (coryph.) : « La loi veut que le sang répandu par le meurtre soit payé. »

Str. F (Or.) : « Où êtes-vous, Puissances qui commandez aux morts ? »
Ant. E (Chr) : « Tout mon cœur est ébranlé par ces plaintes. »
Ant. F (Él.) : « Que dirons-nous de plus ? »
Str. G (Chr) : « Ma douleur s'est exhalée en lamentations.... » (Él.) : « O funeste mère ! »
Str. H (Or.) : « Tu as proclamé l'infamie du crime. »
Ant. H (Él.) : « Son corps, sache-le, fut mis en pièces. »
Ant. G (Chr) : « Tu as fait connaître la destinée paternelle.... » (Él.) : « Écris au plus profond du cœur.... »
Str. I (Or., Él., Chr) : « Je t'invoque, ô mon père ! »
Ant. I (Or., Él., Chr) : « Qu'Arès lutte contre Arès, le droit contre le droit ! »
Str. J (Or.) : « O malédiction héréditaire ! »
Ant. J (Él.) : « Pour cette maison aucun salut du dehors ! »

Comme transition aux trimètres récités, un système d'anapestes dit par le coryphée : « Vous êtes heureux, vous qui régnez sous la terre. »

La particularité qui distingue les scènes chantées des *Euménides* et leur donne une similitude incontestable avec celles des *Sept* (également une pièce finale), est l'abondance de chœurs épisodiques, partant de strophes dochmiaques. A vrai dire les *Euménides* ne renferment que deux chants lyrico-orchestiques : la magnifique *parodos*[1] et le *stasimon* :

« Voici l'écroulement, œuvre du nouvel ordre de choses. »

Comme conception musicale, rien n'est plus remarquable que toute la portion du drame qui suit la sortie d'Oreste. Les antiques

[1] Nous en avons donné le début p. 136.

déesses de la Terre, voyant s'échapper la proie à laquelle elles ont droit, maudissent les nouvelles divinités qui trônent sur l'Olympe. Mais la voix persuasive d'Athéné les amène peu à peu à des idées de conciliation; une alliance est consentie entre les deux parties, et les Érinnyes acceptent le sanctuaire que Pallas leur offre dans ses murs. Les trois morceaux de chant que renferme cette longue scène traduisent, par une admirable gradation de formes rhythmiques, les diverses phases de la situation et se fondent en une seule composition de la plus grande beauté. Au début tout est violence, agitation : *mélange de rhythmes quinaires et ternaires*. Les Euménides lancent leurs imprécations contre les dieux de fraîche date dans un *allegro* désordonné et entrecoupé :

'Ι - ὼ θε - οὶ νε - ώ - τε - ροι, πα - λαι - οὺς νό - μους

tandis qu'Athéné discute avec elles en trimètres, le rhythme où s'exprime la froide raison. Puis des sentiments moins âpres se font jour, le mouvement de la mesure se modère; *plus de rhythmes quinaires, mais des* 3/8 *et des* 2/4. Les strophes choréïques du chœur,

Moderato.

Δέ-ξο - μαι Παλλά - δος ξυ - νοι-κί - αν, οὐδ' ἀ - τι-μά - σω πό - λιν

dans lesquelles apparaissent peu à peu des membres dactyliques, alternent avec des systèmes d'anapestes. Enfin la paix est conclue; *des rhythmes binaires seuls se font entendre*. Les prêtresses d'Athéné entrent en scène pour conduire les Érinnyes dans le temple souterrain qu'Athènes leur consacre. La procession, éclairée par des torches, défile sur ce motif solennel :

Andante.

Βᾶ - τε δό - μῳ, μεγά - λαι φι-λό - τι - μοι

Avec l'*Orestie* se termine la première période du drame classique des Grecs : la tragédie de Sophocle caractérise la seconde. Dans Sophocle.

la marche de l'action le jeu des passions humaines se substitue à la force immuable de la fatalité. La plupart des historiens littéraires font dater d'ici seulement l'âge d'or de la tragédie. Pour Aristoxène, le musicien puriste, il en est différemment : selon lui, Phrynique et Eschyle sont les véritables modèles du chant dramatique; tous leurs successeurs, plus ou moins soumis aux influences du nouveau dithyrambe, participent à la décadence. Par rapport au style musical, transition de la manière de Phrynique et d'Eschyle à celle d'Euripide, nous désignerons sous le nom de *tragédie moyenne* la production théâtrale de cette seconde période. Sophocle, né à Colone, village des environs
Ol. LXX, 4. d'Athènes, vers 497 av. J. C.[1], fut disciple, pour la musique et la danse, du compositeur de dithyrambes Lamprocle. Très-habile accompagnateur à la cithare, dès ses plus tendres années, il fut choisi pour conduire le chœur qui chanta le péan de victoire
Ol. LXXVII, 4. après la bataille de Salamine[2]. Au printemps de 468, il entra victorieusement en lice avec le grand Eschyle. Il parcourut une longue carrière, remplie de gloire et de triomphes, et fut sans rival sur la scène d'Athènes depuis la mort d'Eschyle jusqu'aux
456-441 av. J. C. premiers succès d'Euripide; son talent brilla aussi dans la composition lyrique : ses élégies et un péan *à Asclépios* furent célèbres[3]. Il travailla sans relâche jusqu'à sa mort qui arriva en 405 avant J. C.[4]

Œuvres conservées. Sophocle laissa plus de cent pièces dont 18 drames satyriques[5], genre où il excellait. Aujourd'hui il ne nous reste plus de lui que 7 tragédies : *Ajax*, *Électre*, *Œdipe Roi*, *Œdipe à Colone*, *Antigone*, *les Trachiniennes* (*Hercule* et *Déjanire*) et *Philoctète*. Aucune d'elles ne paraît appartenir à la jeunesse de l'auteur, ni être de beaucoup
431. antérieure au début de la guerre du Péloponnèse. En général la date de la représentation des drames de Sophocle est entourée d'incertitudes; il n'y a d'exception que pour *Philoctète*, l'un des

[1] Cf. BERNHARDY, *Grundriss*, T. II, 2e part., p. 287.
[2] ATHÉN., l. I, p. 20, f.
[3] Cf. BERGK, *Poet. lyr. graec.*
[4] Cf. SCHÖLL, *Sophokles' Werke verdeutscht* (Stuttgard, Hoffmann, 1857). *Einleitung zu Œdipus auf Kolonos*, p. 9.
[5] Cf. BERNHARDY, *Grundriss*, T. II, 2e part., p. 311 et suiv.

plus récents, joué la première fois en 409 av. J. C.[1] Pour les trois tragédies dont les malheurs de la maison d'Œdipe ont fourni la matière, nous adopterons le système de M. Schöll, qui place leur apparition dans la première ou la seconde année de la guerre du Péloponnèse[2]. *Ajax* est sans contredit une des œuvres de la meilleure époque; *Électre*, drame d'un mérite très-inégal, n'a pas de date certaine; *les Trachiniennes*, production assez faible, appartiennent à la vieillesse du maître. Tous ces ouvrages paraissent avoir été plus ou moins interpolés et retouchés par Iophon, le fils du poëte, ou par Sophocle le jeune, son petit-fils[3]. Mais les parties musicales portent moins de traces d'altérations que le dialogue.

Ol. XCII, 3.

430 ou 429 av. J. C.

Réformes dramatiques.

On peut tenir pour apocryphes la plupart des innovations communément attribuées à Sophocle, soit dans la réalisation matérielle de l'œuvre, soit dans l'économie du genre. Parmi les réformes de la première espèce une seule semble lui appartenir légitimement; l'augmentation du personnel choral, porté de douze à quinze[4] : cinq hommes de front sur trois de profondeur. Quant à l'adjonction du troisième acteur, elle est antérieure à ses débuts[5]. On a aussi des raisons de douter que Sophocle ait complétement abandonné le principe de la composition trilogique; il est difficile en effet de méconnaître l'unité des trois drames qui se rattachent au mythe d'*Œdipe*[6]. Euripide, le premier, au lieu de présenter au même concours un seul grand ouvrage théâtral se subdivisant en quatre ou trois parties, prit pour règle de mettre sous les yeux du public quatre œuvres poétiques distinctes, qui auraient pu tout aussi bien être représentées en plusieurs fois.

Les nouveautés poétiques et musicales qui se constatent par l'analyse des drames conservés de Sophocle ont plus d'importance. Les premières sont du domaine de la philologie et nous n'avons

1 SCHÖLL, *Anhang zu Philoktetes*, p. 191.

2 *Einleitung zu Œdipus auf Kolonos*, p. 20 et suiv.; *zu Antigone*, p. 16 et suiv.

3 *Ib.*, p. 72 et suiv.

4 SUIDAS, au mot Σοφοκλῆς. — Le coryphée occupa depuis lors la place du milieu dans le rang le plus rapproché du public.

5 Voir ci-dessus, p. 521, note 4.

6 SCHÖLL, *Einleitung zu Antigone*. — M. S. rattache à des compositions étendues toutes les tragédies conservées de Sophocle.

pas à nous en occuper ici; il en est autrement des secondes. Au point de vue de la coupe musicale et de la forme rhythmique, les drames de Sophocle ont une étroite affinité avec le *Prométhée* d'Eschyle et les plus anciennes pièces d'Euripide : *Alceste* (438), *Médée* (431), *Hippolyte* (429) et *Andromaque*. Nous allons résumer brièvement les différences qui séparent ces productions de celles d'un âge plus reculé.

La musique chez Sophocle

Eu égard à l'extension considérable que prend le dialogue dans le drame moyen, l'élément musical y tient moins de place que chez Eschyle; on y trouve autant de poésies destinées à l'exécution orchestique, mais elles sont loin d'avoir un aussi grand nombre de strophes (p. 212). Par contre, les chœurs épisodiques et les cantilènes dialoguées se multiplient. Souvent la *parodos* est une scène d'action. Enfin les monodies et les duos des acteurs (*ἀπὸ σκηνῆς*), catégorie de morceaux inconnue au drame de l'époque antérieure, commencent à apparaître de loin en loin[1]. A partir de Sophocle la poésie chantée ne se produit pas seulement, soit en compagnie de la danse, soit isolée, pendant les moments où l'action est arrivée à un de ses points d'arrêt; elle intervient dans les moments actifs du drame, alors surtout que des passions contraires, violemment surexcitées, s'entrechoquent et amènent des péripéties émouvantes. Au lieu de se borner à exprimer une situation unique et invariable, certains morceaux de musique embrassent plusieurs scènes consécutives. Il est donc permis d'affirmer que la part attribuée au chant proprement dit dans la tragédie moyenne équivaut à celle que lui réserve le drame lyrique des modernes. En effet, les scènes traitées en vers méliques par Sophocle et Euripide sont précisément celles que s'adjugerait un compositeur de nos jours appelé à mettre en musique, dans la forme de l'opéra-comique français (parole et chant mêlés), un des sujets de ces poëtes[2]. A l'appui de notre dire il suffira de décrire

[1] *Œdipe Roi* (VII), air d'Œdipe; *Électre*, (V), duo entre Électre et Oreste; *les Trachiniennes* (VII), chant dialogué entre Héraclès, le vieillard et Hyllos, morceau en grande partie d'Iophon, d'après M. Schöll (*die Trachinerinnen*, p. 120 et suiv.).

[2] Une des principales critiques adressées de nos jours au drame musical des modernes atteint également le drame antique. Toutes les tragédies grecques ont des morceaux de chant s'isolant complétement de ce qui précède et de ce qui suit, ni plus ni moins que les opéras de Rossini et les opéras-comiques de Grétry ou de Boieldieu.

brièvement le programme de la partie chantée d'*Œdipe à Colone* :

I. *Parodos dialoguée* : Antigone, Œdipe, le chœur (v. 116-253). Les habitants de Colone entrent en scène poursuivant l'étranger téméraire qui a profané le bois sacré, redoutable sanctuaire des Érinnyes. Œdipe ayant révélé son nom, le chœur, après s'être apitoyé un moment sur le sort du malheureux, lui enjoint de quitter le pays; Antigone implore la pitié et un asile pour le vieillard aveugle.

II. *Chant dialogué* : Œdipe, le chœur (v. 510-548). On arrache à Œdipe un aveu détaillé de tous ses malheurs.

III. Chœur dansé, 1er *stasimon* (v. 668-719). Les habitants de Colone célèbrent la beauté de leur contrée « au sol clair, riche en coursiers. »

IV. *Chant dialogué* : Créon, Œdipe, le chœur (v. 833-886). Ne pouvant se faire livrer Œdipe pour le reconduire à Thèbes, Créon tente d'enlever Antigone de vive force, malgré la résistance que lui oppose le chœur; sa tentative est déjouée par l'arrivée du roi d'Athènes. Thésée accorde à Œdipe un asile dans ses États.

V. Chœur dansé, 2e *stasimon* (v. 1044-1095). Péan de guerre, dirigé contre Thèbes, l'ennemie héréditaire d'Athènes. Les habitants de l'Attique invoquent l'aide d'Apollon, le divin archer, contre les persécuteurs de leur hôte.

VI. Chœur dansé, 3e *stasimon* (v. 1211-1248). Au moment où Polynice va paraître devant son père, le chœur, profondément ébranlé par le spectacle de tant d'infortunes, déplore dans un chant triste et sombre les misères de la destinée humaine.

VII. *Chœur épisodique* (v. 1447-1499). Le tonnerre de Zeus se fait entendre, annonçant à Œdipe le terme fatal de son existence.

VIII. Chœur dansé, 4e *stasimon* (v. 1556-1578). Hymne aux divinités infernales, pour qu'elles accordent au malheureux Œdipe un trépas sans angoisses.

IX. *Thrênos* : Antigone, Ismène et le chœur (v. 1670-1750). Plaintes des deux jeunes filles après la mort de leur père; le chœur s'associe à la déploration.

Dans la coupe des chants non orchestiques deux nouveautés sont à constater. D'abord il arrive souvent que les strophes, déjà séparées les unes des autres par une tirade de trimètres, se fractionnent également en deux ou trois phrases chantées, entre lesquelles viennent s'interposer des vers déclamés en mélodrame. Nous savons par Aristote que ces chants interrompus faisaient une vive impression sur le public antique (p. 75). Ils ne se produisent qu'aux moments où l'angoisse et le désordre des esprits sont portés au comble, par l'attente d'un événement funeste[1]. En second lieu nous voyons apparaître dans les chants scéniques de Sophocle des morceaux divisés, non plus en strophes, mais en sections ou *commata* (p. 222), et sans doute imités des *anaboles* de Mélanippide[2]. Coupe des *cantica*.

[1] Cf. *Œdipe à Colone*, IV; *Ajax*, III et VI; *Électre*, VII.

[2] Il est difficile de décider, lequel, de Sophocle ou d'Euripide, a le premier introduit dans le drame des chants en sections. *Hippolyte*, la plus ancienne pièce d'Euripide qui renferme des morceaux de cette espèce, est de 428 av. J. C., *Œdipe à Colone* de 429.

L'exemple le plus instructif pour la coupe des compositions de cette espèce est la *parodos* d'*Œdipe à Colone*. Les diverses phases de la situation sont développées dans un morceau divisé en trois parties, où l'auteur emploie successivement les divers types de composition mélodique : l'entrée du chœur est en *strophes* alternant avec des *systèmes* d'anapestes ; l'interrogatoire d'Œdipe, nœud de la situation, a la coupe par *sections;* la strette finale d'Antigone se compose d'un long *système* en dactyles agités.

Rhythmes. En ce qui touche à l'usage des rhythmes du chant scénique, la tragédie moyenne n'innove pas ; comme l'art de la génération antérieure elle se sert principalement de dochmies, de chorées et de logaèdes. Dans la partie chorale et dansée, elle s'éloigne de la pratique antérieure par deux particularités. La première est l'usage des *dactylo-épitrites*. Chez Eschyle (*Prométhée* toujours excepté) les chœurs en mesure binaire sont bâtis sur des motifs purement dactyliques ; tout au plus renferment-ils de loin en loin quelques épitrites isolés. Dans les tragédies composées entre 440 et 420, au contraire, le rhythme épitrite s'emploie à la manière de Pindare ; il est particulièrement usité pour la *parodos*, lorsqu'elle appartient au genre choral pur[1]. Parmi les spécimens les plus remarquables de cette catégorie se trouve le beau péan de combat dans *Œdipe à Colone* (V), dont le thème initial, trois fois répété, prend une allure si martiale et si fière par l'adjonction de l'anacrouse :

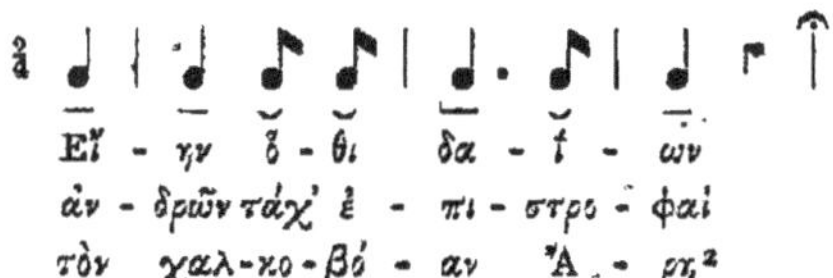

La seconde particularité rhythmique des chants dansés de la tragédie moyenne est la disparition graduelle des *chorées tragiques*, propres à la sévère muse d'Eschyle. Chez Sophocle, les chants en mesure ternaire sont rarement purs d'éléments logaédiques[3]. Les

[1] Ceci est le cas pour *Ajax*, *Œdipe Roi*, *les Trachiniennes*.

[2] Traduction : « Que ne suis-je à l'endroit où mes ennemis, faisant volte face, enga- « geront la lutte en poussant le cri de guerre !.... »

[3] Voir comme exemple de la rhythmopée de Sophocle la strophe notée, p. 205.

logaèdes deviennent le rhythme presque universel de l'orchestique théâtrale après 430.

Il serait téméraire d'affirmer que toutes les innovations énumérées dans les pages précédentes proviennent de Sophocle. Comme ses ouvrages conservés sont contemporains de ceux d'Euripide, et qu'aucun d'entre eux ne paraît être antérieur à l'*Alceste*, le plus ancien drame que nous ayons du troisième 438 av. J. C.
tragique, on ne saurait décider à coup sûr auquel des deux poëtes revient la priorité des réformes. Mais ce qui sans conteste appartient à Sophocle, ce sont les qualités musicales découlant de son génie propre. C'est d'abord la rare perfection de la structure mélodique, qualité qui brille au plus haut degré dans ses chœurs. Aucun poëte n'a poussé aussi loin l'art de tirer d'un thème rhythmique tous les développements dont il est susceptible[1]; aucun n'a su mieux que lui, dans le choix des motifs, allier le naturel à la noblesse. Même dépouillées de la mélopée qui leur donnait la chaleur et la vie, les créations rhythmiques de Sophocle gardent encore quelque chose du parfum de suavité dont, au jugement de l'antiquité entière, ses cantilènes étaient remplies[2]. Une autre qualité musicale inhérente à l'individualité du poëte est la vivacité entraînante de ses hyporchèmes, chœurs mimés qui font une si admirable diversion à l'uniformité de la chorale tragique[3]. On peut citer comme l'un des plus beaux exemples de ces chants joyeux le deuxième *stasimon* d'*Ajax* (V), dont voici le début :

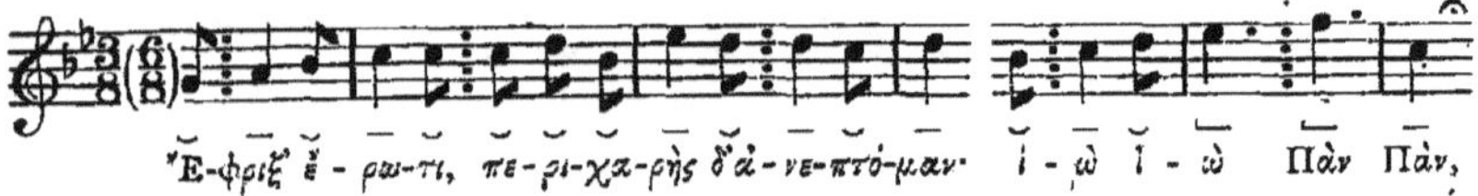

[1] Voir l'analyse de quatre beaux chœurs de Sophocle, le 1er *stasimon* d'*Œdipe à Colone*, celui d'*Ajax*, les chœurs d'entrée des *Trachiniennes* et d'*Œdipe Roi*, dans J. H. H. Schmidt, *Compos.*, p. 428 et suiv.

[2] « Σοφοκλέους μελῶν, dit ainsi à cause de la suavité des mélodies de Sophocle. « Remarquez combien Aristophane exalte Sophocle, même par le choix des termes, « tandis qu'il rabaisse Euripide, en disant à propos du premier μελῶν, *des chants*, mais « au sujet d'Euripide ἐπυλλίων, *des chansonnettes*. » *Schol. Aristoph. in Pac.*, 531.

[3] Voir ci-dessus, pp. 204, 505. — Cinq des sept tragédies de Sophocle renferment un hyporchème : *Ajax* (V), *Œdipe Roi* (V), *Antigone* (VII), *les Trachiniennes* (II) et *Philoctète* (II).

Ce caractère vif et enthousiaste, réminiscence directe du style dithyrambique, paraît avoir été aussi appliqué par Sophocle à des cantilènes destinées à s'exécuter sans danse. Ses biographes nous apprennent que dans quelques morceaux scéniques il introduisit des mélodies du mode phrygien[1] : or de pareils accents ne s'unissaient qu'aux rhythmes ternaires les plus mouvementés. Toutefois l'usage de l'harmonie phrygienne pour les chants de la scène semble avoir été abandonnée par les tragiques postérieurs[2], et même les textes actuels du maître n'en gardent aucune trace. Ce qui est positif, c'est que les morceaux dialogués de Sophocle ont une animation qui, à nous autres modernes, semble parfois excessive pour le drame sérieux. Un trait caractéristique chez ce poëte est la fréquence des mélodies morcelées (p. 230 et suiv.), dans lesquelles un seul vers renferme deux, trois, et parfois jusqu'à quatre changements de personnages[3].

Nous n'entreprendrons pas d'analyser les sept tragédies de Sophocle, ni d'en faire un examen comparatif par rapport aux beautés musicales qu'elles renferment. Il nous suffira de signaler, comme les plus dignes d'attention à cet égard, *Ajax* et les trois drames tirés de la légende d'*Œdipe;* parmi ces derniers *Œdipe à Colone* possède la partie chantée la plus riche. Ce fut là sans doute un des chefs-d'œuvre de la musique dramatique des Grecs; aucune tragédie n'offre des chants plus largement conçus et aussi parfaitement dessinés que la *parodos* dialoguée et la déploration finale. Le premier est un morceau de longue haleine, dont la structure a été indiquée dans les pages précédentes (p. 536); l'autre consiste en deux couples de strophes choréïques, qui révèlent un art accompli dans l'agencement de leurs membres et périodes, tout en gardant un tour naturel et aisé : la dernière couple strophique est une admirable paraphrase du duo correspondant des *Sept devant Thèbes*.

Euripide. Passons à Euripide, le représentant de la *tragédie nouvelle*, le poëte-compositeur que les critiques modernes, d'accord avec les

[1] Cf. WESTPHAL, *Metrik*, T. I, p. 11, note 1.

[2] Aristote (ci-dessus, T. I, p. 194 et suiv.) ne mentionne pas ce mode parmi ceux qui de son temps s'employaient pour les monodies scéniques.

[3] Cf. *Électre*, III; *Œdipe à Colone*, I, str. 2; *ib.*, II, str. 2; *ib.*, IX; *les Trachiniennes*, VI.

comiques et les moralistes grecs, considèrent comme le principal agent de la décadence du drame sérieux. Né en 482 av. J. C.[1], Ol. LXXIV, 3. Euripide débuta dans la carrière d'auteur dramatique l'année de la mort d'Eschyle; il remporta sa première victoire quinze ans Ol. LXXXI, 1 = 456 av. J. C. plus tard. Toute sa vie fut absorbée par la production artistique; Ol. LXXXIV, 3. = 441. le seul événement qui en rompt l'uniformité est un voyage en Macédoine, voyage dont le poëte ne devait pas revenir. Euripide mourut à la cour du roi Archélaos l'an 406 av. J. C. Ol. XCIII, 3. Bien qu'il fût rarement heureux au concours tragique, il s'acquit dès son vivant une réputation qui plus tard éclipsa jusqu'à un certain point celle de ses deux immortels prédécesseurs. Il laissa, dit-on, 92 pièces; les Alexandrins en connaissaient encore 75, dont 8 drames satyriques. Aujourd'hui il nous reste d'Euripide, outre une production de cette dernière classe, le *Cyclope*, et en décomptant *Rhésos*, généralement tenu pour apocryphe, dix-sept tragédies dont la succession chronologique se détermine à peu près de la manière suivante[2] :

1. Alceste, Ol. LXXXV, 2 (= 438 av. J. C.).
2. Médée, Ol. LXXXVII, 1 (= 431).
3. *Andromaque*.
4. Hippolyte, Ol. LXXXVII, 4 (= 428).
5. *Électre*.
6. *Les Héraclides*.
7. Hécube, vers l'Ol. LXXXVIII (= 427-424).
8. *Héraclès furieux*.
9. Les Suppliantes, Ol. XC, 2 (= 418).
10. Les Troyennes, Ol. XCI, 2 (= 415).
11. *Ion*.
12. *Iphigénie en Tauride*.
13. Hélène, Ol. XCI, 4 (= 412).
14. Les Phéniciennes, Ol. XCII (= 411-408).
15. Oreste, Ol. XCII, 4 (= 408).
16. *Les Bacchantes*. } Pièces posthumes.
17. *Iphigénie en Aulide*. }

Nous passerons rapidement sur l'œuvre littéraire et les réformes théâtrales de celui qu'Aristote appela « le plus tragique de tous « les poëtes. » Le trait essentiel de la dramaturgie d'Euripide est l'envahissement de la scène par la passion individuelle, et avant tout par la passion féminine dans ses manifestations les plus

[1] Cf. Bernhardy, *Grundriss*, T. II, 2e part., p. 348 et suiv.

[2] Deux *criteria* principaux nous ont servi à établir la place des pièces dont la date de la représentation ne nous a pas été transmise. En premier lieu, la présence ou l'absence du trochée tétramètre dans les scènes dialoguées : *les Troyennes* (415 av. J. C.) et toutes les pièces qui lui sont notoirement postérieures (*Hélène*, *les Phéniciennes*, *Oreste*, *les Bacchantes*, *Iphigénie en Aulide*) renferment le susdit mètre. En second lieu, les rhythmes et la forme des *cantica* scéniques, l'usage des dactylo-épitrites dans les chœurs dansés.

dramatiques : la jalousie furieuse (Médée), l'amour adultère (Phèdre), le dévouement conjugal (Alceste), l'amour maternel (Hécube, Andromaque, Créüse), l'amour filial poussé jusqu'au crime (Electre); l'amour de la patrie (Iphigénie). Une pareille révolution poétique ne laissait au chœur qu'un rôle des plus effacés dans la conduite de l'action scénique; aussi les chants lyrico-orchestiques qui remplissent les pauses de la représentation se rattachent assez mollement au drame, et ne visent guère qu'à l'effet musical. On peut déjà en quelque sorte assimiler ces chœurs aux *embolima* de la tragédie plus récente, morceaux plaqués — pour nous servir de l'expression moderne — propres à être exécutés, en guise d'intermèdes lyriques, pendant les entr'actes d'un drame quelconque[1].

Euripide musicien.

Le système inauguré par Euripide eut pour conséquence naturelle d'augmenter l'importance des parties lyriques confiées aux personnages de la scène. Tandis que chez Eschyle tout le poids de la composition musicale se concentre dans les chants du chœur, chez Sophocle il se répartit presque également entre la scène et l'orchestre; chez Euripide il est passé définitivement du côté des individus agissants. On peut dire que l'introduction de l'élément féminin sur la scène ouvrit à l'imagination mélodique des domaines inexplorés[2]; les héroïnes d'Euripide chantent beaucoup; désormais l'acteur qui jouait cette sorte de rôles (le protagoniste) dut être doublé d'un bon chanteur. Partout où il y a une émotion violente à exprimer, un cri du cœur à noter, l'iambe trimètre fait place à des rhythmes méliques. De là ces monodies et ces duos, précurseurs de nos morceaux d'opéra, et l'un des éléments caractéristiques de la tragédie nouvelle[3]. En tant que compositeur[4], Euripide paraît avoir excellé dans l'expression des

[1] Aristote dans sa *Poétique* (ch. 18) rattache l'introduction des *embolima* à un auteur tragique, contemporain d'Euripide, mais un peu plus récent, Agathon, lequel débuta en 416 av. J. C. (Ol. XC, 4).

[2] Il n'est pas sans intérêt de constater que des cinq chefs-d'œuvre de Gluck, trois sont composés sur des sujets d'Euripide.

[3] L'acteur Céphisophon, l'ami intime du poëte et, à ce que l'on prétend, l'amant de sa femme, les chantait avec grand succès.

[4] D'après son biographe, Euripide se faisait aider pour la partie musicale par Iophon et Timocrate d'Argos. Cf. Westphal, *Metrik*, T. I, p. 11, note 1.

sentiments touchants; même dans les chœurs son génie le poussait vers la mélodie pathétique. Une anecdote curieuse à ce titre nous est transmise par Plutarque :

« Pendant qu'Euripide enseignait certain jour à ses choreutes une composition « musicale, ayant vu rire quelqu'un, il lui dit : *Si tu n'étais pas dénué de tout sentiment « esthétique et de toute instruction, tu ne rirais pas, en entendant chanter du mixolydien.* » PLUT., *Rect. aud. rat.*, § 15.

Dans la structure musicale de ses morceaux scéniques, airs ou chants dialogués, Euripide imite les monodies du nouveau dithyrambe. La coupe commatique, dont Eschyle et Sophocle ne font usage que par exception, remplace régulièrement chez lui la coupe par strophes (p. 222 et suiv.); la symétrie exacte des membres correspondants d'une phrase mélodique est abandonnée au profit de l'expression (p. 226 et suiv.), en sorte que la cantilène théâtrale arrive à se rendre entièrement indépendante des formes normales de la composition orchestique. Mais le créateur de la nouvelle tragédie n'est pas moins habile à manier ces formes; sous le rapport de la facture musicale ses chœurs ne sont en rien inférieurs à ceux des deux maîtres qui l'ont précédé. C'est d'Euripide que le chant théâtral, dans sa double manifestation, a reçu sa technique définitive pour toute la durée de l'art antique. Aussi malgré les mordantes railleries d'Aristophane, les cantilènes du célèbre tragique, après avoir excité dans leur nouveauté des transports allant jusqu'au délire, ont survécu à presque toute la production musicale de la Grèce[1]; nous savons par Denys d'Halicarnasse et par Lucien de Samosate qu'au second siècle de l'ère chrétienne on les exécutait encore sur tous les théâtres[2] du

Innovations musicales.

1 « Tous deux sont tellement ensorcelés des cantilènes d'Euripide, que n'importe « quelle autre chose leur paraît être de petits vers, bons tout au plus à être chantés « avec l'accompagnement du *gingras* (p. 284), et un ennui mortel. » Axionicus ap. ATHÉN., l. IV, p. 175, b. — Vers 280 avant J. C., raconte Lucien, les habitants d'Abdère en Thrace furent pris d'une monomanie épidémique qui consistait à chanter dans le délire de la fièvre des vers d'Euripide, et particulièrement le célèbre duo d'*Andromède*, qu'Aristophane a parodié dans *les Thesmophories* (v. 1015 et suiv.). *Quom. hist. conscr. sit*, § 1. — Passion des Grecs de la Sicile pour les chants d'Euripide. PLUT., *Vit. Nic.*, § 29.

2 Denys d'Halicarnasse cite *Oreste* (ci-dessus, p. 99, note 1), Lucien mentionne *Hécube*, *Andromaque*, *Héraclès furieux* (p. 217, note 1). — L'air du Phrygien dans *Oreste* était célèbre. Cf. BERNH., T. II, 2e part., p. 404.

vaste empire romain; tandis que nous n'avons aucun témoignage analogue ni pour Eschyle, ni pour Sophocle, ni pour Aristophane.

Première manière. Euripide n'est pas arrivé d'emblée à son originalité musicale. Ses premières pièces ont, quant à la coupe des parties méliques, de nombreuses analogies avec les productions contemporaines de Sophocle : comme celles-ci, elles affectionnent pour les cantilènes chorales le rhythme dactylo-épitrite (p. 536), étranger à l'ancienne tragédie. On y remarque toutefois des contrastes plus frappants dans la rhythmopée des mesures ternaires et quinaires, contrastes reposant sur un usage fréquent de groupes de notes brèves, opposés à des tenues (p. 103 et suiv.); les changements de mesure sont fréquents et hardis. Enfin la coupe des membres incline vers la facilité et la négligence : la tétrapodie domine partout, en sorte que les motifs mélodiques affectent une carrure toute moderne. Plus souvent que chez Sophocle, la division strophique fait place à la coupe libre.

Cette première manière est représentée par trois tragédies dont la date est connue (*Alceste*, *Médée*, *Hippolyte*), et par deux pièces d'époque incertaine (*Andromaque* et *Électre*). De ces cinq œuvres,
438 av. J. C. *Alceste* est celle où la technique musicale de l'auteur se montre encore le moins fixée : l'air où l'héroïque épouse adresse ses déchirants adieux à sa famille et la petite ariette de son fils, strophiques tous deux, laissent néanmoins entrevoir déjà quelques-uns des traits propres aux cantilènes d'Euripide. La monodie d'Alceste se compose de quatre strophes accouplées, entre chacune desquelles deux vers, déclamés par Admète, viennent rompre le cours égal de la mélodie; tout le morceau a sa terminaison dans
431. une *strette* chaleureuse[1]. La partie chantée de *Médée* est restreinte et offre peu d'intérêt. A l'exception de la *parodos*, traitée en morceau dialogué, elle ne renferme que des chœurs coupés d'une manière identique : deux paires de strophes, la première en mesure
428. binaire, la seconde en logaèdes. Il en est autrement d'*Hippolyte*, pièce contemporaine de la trilogie d'*Œdipe* de Sophocle; au point de vue musical cette tragédie a le droit d'être comptée parmi les

[1] Ce morceau se trouve au même moment du drame que le sublime air de Gluck : « *Ah per questo già stanco mio core* » (« Ah! malgré moi mon faible cœur partage ») avec sa fameuse strette finale.

plus belles compositions d'Euripide. Nous avons là les plus anciens exemples de cantilènes divisées d'un bout à l'autre en sections libres. Trois morceaux, remarquables à divers titres, ont cette coupe : un chœur épisodique qu'interrompent des apostrophes passionnées de Phèdre (V), un chant dialogué entre Thésée et les choreutes (VII), le chœur qui précède l'apparition de la déesse protectrice du chaste héros (IX). Les parties méliques d'*Andromaque* ont une affinité incontestable avec celles d'*Hippolyte;* les plaintes désespérées de l'héroïne ne se traduisent pas en strophes, mais en petites sections inégales, accusant une mélodie haletante, hachée, pleine d'une agitation convulsive. Les chants scéniques d'*Électre* rappellent, au contraire, la manière d'*Alceste;* aucun d'eux n'a la forme commatique. Deux de ces morceaux se distinguent par l'ingénieux agencement de leurs strophes : l'air d'Électre, au début de la pièce, et le morceau dialogué avec lequel il s'enchaîne (p. 233). Ce dernier chant paraît avoir joui d'une réputation populaire[1].

Deuxième manière v. 425 av. J. C

La seconde manière musicale d'Euripide, dont les plus anciens monuments sont contemporains des débuts de Timothée, se distingue de la première par des nuances très-saisissables. Les monodies, courtes et généralement strophiques dans les œuvres de date ancienne, prennent une extension considérable et s'attachent à exprimer, non plus un sentiment unique, mais la lutte et les conflits de la passion, condensés en une grande situation dramatique. Ce sont des airs à forme libre, tantôt coupés entièrement en spondées anapestiques, tantôt remplis de changements de mesure et de mouvement (p. 234). L'exécution de pareils morceaux nécessitait un talent de virtuose et convenait au concert aussi bien qu'au théâtre; leurs formes musicales se rattachaient à celles de Timothée, le novateur dont Euripide fut un adhérent déclaré.

[1] Voici l'anecdote contée par Plutarque dans la *Vie de Lysandre*, § 15 : « Quelques-uns « disent que (après la prise d'Athènes, en 404 av. J. C.) l'on proposa réellement dans le « conseil des alliés de réduire en servitude tous les Athéniens.... L'assemblée fut suivie « d'un festin où se trouvaient les généraux. Au cours du repas un Phocéen s'étant mis à « chanter le début du premier chœur d'*Électre* d'Euripide : *O fille d'Agamemnon, je suis « venu vers ta demeure rustique*, tous les convives se sentirent attendris, et ils virent « ce qu'il y aurait d'horrible à détruire une ville si célèbre et qui avait produit tant de « grands hommes. »

Ainsi s'expliquent certaines particularités rhythmiques de ces cantilènes, entre autres l'usage du dactyle hexamètre, la mesure traditionnelle du nome citharodique. — De grandes scènes chantées, réparties entre deux personnages, apparaissent dans les situations les plus émouvantes : reconnaissances soudaines de frère et sœur (*Iphigénie en Tauride*), de mari et femme (*Hélène*), de mère et fils (*Ion*); l'effet de ces duos, pleins de mouvement et de chaleur, est encore vivant pour quiconque ressent les beautés spéciales de l'art antique. — Les chœurs abandonnent le rhythme épitrite pour s'attacher exclusivement aux logaèdes; ils sont plus développés et ont en général un coloris plus riche que les chants orchestiques de la première manière; ils révèlent une danse élégante, mais déjà sensuelle et amollie; sous leurs *schémata* nous lisons la décadence imminente de l'art classique.

v. 425 av. J. C. La plus ancienne des tragédies de cette classe, *Hécube*, se recommande à notre attention par deux beaux morceaux scéniques. Le premier est le chant d'entrée :

« Jeunes Troyennes, guidez les pas de votre vieille maîtresse hors de la tente.... »

composition très-étendue embrassant trois scènes (le monologue d'Hécube, l'entrée du chœur, le dialogue d'Hécube et de Polyxène) : d'un bout à l'autre le poëte garde le rhythme anapeste, sans tomber dans la monotonie[1]. Un autre morceau à signaler dans cette tragédie est la monodie de Polymestor, placée au moment où le roi barbare, en punition du meurtre de Polydore, a été aveuglé par les ordres d'Hécube, après avoir vu massacrer ses enfants :

« Hélas! hélas! où aller? où me tenir? où aborder? Marchant sur les mains, à la « manière des bêtes sauvages, quel chemin suivre, par ici, par là, pour saisir les « homicides Troyennes, auteurs de ma ruine?.... me précipiterai-je dans le fleuve « d'Hadès, aux noires ondes? »

Une situation aussi horrible ne pouvait s'exprimer que par des périodes et des rhythmes désordonnés. Aussi le chant de

[1] L'unique différence consiste en ce que les parties chantées par les acteurs ont la forme spondaïque, tandis que la partie chorale qui les sépare est composée en anapestes de marche. Ce léger changement dans la rhythmopée suffit pour imprimer du mouvement à toute la composition musicale.

Polymestor renferme-t-il des hardiesses rhythmiques extraordinaires, entre autres cette métabole du $^2/_4$ au $^5/_8$:

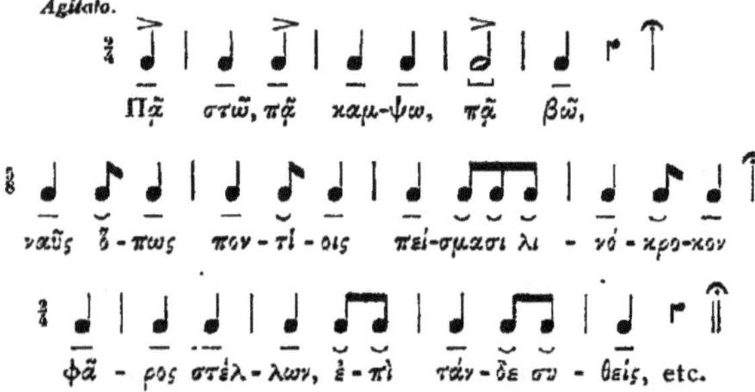

Les chœurs d'*Hécube* ont un caractère gracieux; leurs strophes sont peu étendues. — Dans l'*Héraclès furieux*, en revanche, les chœurs, largement développés et travaillés avec soin, ne sont pas moins remarquables que les morceaux scéniques, également nombreux. Parmi ceux-ci nous nous bornerons à signaler le chant dialogué entre Amphitryon et le chœur, après la scène du délire meurtrier d'Héraclès, ainsi que le duo si pathétique où l'infortuné vieillard révèle à Thésée tous les malheurs survenus et pleure ses petits-fils égorgés par leur père. — La tragédie des *Suppliantes*, pièce de circonstance, offre cette particularité remarquable que la partie mélique est entièrement chorale. On y trouve un exemple instructif pour la division des personnes dans les chœurs dialogués : nous voulons parler du chant funèbre où les enfants des sept guerriers d'Argos morts sous les murs de Thèbes rapportent aux mères des héros les cendres de leur fils.

418.

Troisième manière.

La tragédie *les Troyennes*, représentée en 415, ouvre la série des œuvres de la dernière époque : celles-ci se font reconnaître aisément en ce qu'une portion de leur dialogue est en tétramètres trochaïques. Le drame que nous venons de nommer est assez peu estimé comme œuvre littéraire et médiocrement intéressant quant à la partie musicale : nous ne trouvons guère à y citer que la monodie strophique de Cassandre, épanchement de l'ivresse prophétique de la voyante, et un chant dialogué entre Andromaque et Hécube[1]. — *Ion*, que nous croyons pouvoir placer ici, est une

[1] Nous en avons donné le début à la p. 231.

des tragédies où le talent du compositeur se montre avec le plus d'éclat. Les quatre chœurs ont une grande exubérance de formes rhythmiques ; nulle part nous ne pouvons mieux admirer l'inépuisable fécondité que l'imagination antique a su donner à un terrain pour nous si pauvre. Les chants de la scène ne sont pas moins dignes d'éloges. Nous ne nous arrêterons un instant qu'au premier morceau, la grande monodie d'Ion dans le temple, une des plus belles créations musicales d'Euripide. Cet air, qui se divise en trois parties fort diverses de coupe et de rhythme, s'enchaîne avec un chant d'ensemble entre le héros de la pièce et le chœur des jeunes Athéniennes.

A. *Systèmes d'anapestes* (déclamation chantée avec accompagnement instrumental). « Déjà le soleil fait briller sur la terre son char étincelant; à l'aspect de ses feux, les « astres fuient dans le sein de la nuit sacrée.... Allez, ministres de Phébus que Delphes « adore, allez vers la source argentée de Castalie, et après vous être lavés dans ses eaux « pures, entrez dans le temple.... Pour moi, fidèle aux soins dont je me suis acquitté dès « mon enfance, je vais purifier l'entrée du sanctuaire.... »

B. *Strophe*[1] (chant véritable). « Viens, rameau verdoyant du laurier touffu, dont « l'office est de balayer le sol que recouvre la voûte du temple d'Apollon !.... O Péan ! — « ô Péan ! — béni, — béni sois-tu, — fils de Latone ! »

Antistrophe. « A l'entrée de ton sanctuaire, ô Apollon, je remplis un ministère honorable « en me vouant au service du lieu où tu rends tes oracles.... O Péan ! — ô Péan ! — béni, « — béni sois-tu, — fils de Latone ! »

C. *Sections mélodiques en spondées anapestes* (chant déclamé). « Mais laissons reposer « ce rameau de laurier; de ces vases d'or je répandrai l'eau limpide des sources de « Castalie.... »

Sans être aussi fourni de musique que le drame précédent, *Iphigénie en Tauride* est digne de toute notre attention. Les chœurs ne le cèdent guère en beauté à ceux d'*Ion*. Deux grands morceaux scéniques, la *parodos* chantée par Iphigénie et les prêtresses, et un duo entre Iphigénie et Oreste, portent le cachet de la meilleure époque du poëte-compositeur. Le premier est particulièrement à remarquer par l'originalité de sa forme rhythmique. Bien qu'il soit très-long (plus de 400 mesures), il conserve partout le même rhythme (le spondée anapeste) et la coupe par sections. Ce qui rend tolérable cette uniformité, que l'inspiration soutenue du mélodiste a pu seule convertir en une véritable beauté, c'est la gradation du mouvement, laquelle ressort

[1] Voir ci-dessus, p. 221.

clairement du contenu poétique. A cet égard on reconnaît trois divisions bien distinctes :

I. *Andante sostenuto* (introduction du chœur). « Faites un religieux silence, vous qui « habitez, sur les rivages du Pont-Euxin, la contrée située au pied des deux rochers « voisins.... »

II. *Più mosso* (*a.* Premier solo d'Iphigénie[1]). « O mes compagnes, à quelles tristes « lamentations je m'abandonne !.... » (*b.* Réplique du chœur). « J'entonnerai des chants « pour répondre aux tiens, ô maîtresse.... »

III. *Allegro agitato* (strette d'Iphigénie). « Hélas ! dès le commencement l'hymen de « ma mère me fut funeste.... »

Nous arrivons ensuite à *Hélène*, pièce peu réputée comme 412 av. J.C.
œuvre poétique, mais à coup sûr très-attachante dans ses parties musicales. Rien de plus brillant que les rhythmes des morceaux d'ensemble : les chants dialogués entre Hélène et ses compagnes respirent la langueur et la volupté du climat ardent de l'Égypte; le duo où Hélène et Ménélas se reconnaissent après leur longue séparation est plein de chaleur dramatique[2].

Comme couleur générale, il y a un contraste complet entre la
pièce dont nous venons de parler et *les Phéniciennes*. Ici c'est la v. 411.
corde pathétique que le poëte fait vibrer; tout est sombre et sévère. Les chœurs ont une rudesse rappellant en maint endroit le faire d'Eschyle; le second *stasimon*, hymne à Arès, a une physionomie des plus archaïques avec ses dactyles hexamètres. Deux morceaux de scène méritent une mention spéciale : au début de la pièce, le grand duo où le précepteur d'Antigone, montant avec la jeune fille sur la terrasse du palais, lui fait voir l'armée des Argiens campée sous les murs de Thèbes; au dénoument, — Œdipe partant pour l'exil — le chant final comprenant un air d'Antigone et le duo d'Antigone avec Œdipe. C'était là, certainement, un morceau fait sur le modèle des nomes de Timothée, ainsi que le fait voir le mélange de dactyles hexamètres et de chorées (p. 495).

Oreste, tragédie confinant en certains endroits à l'opéra-bouffe, 408.
resta au répertoire théâtral jusque sous l'empire romain. Bien que cette œuvre bizarre soit décriée depuis des siècles, elle n'en offre pas moins d'intérêt pour le musicien; tous les chants scéniques se distinguent par quelque particularité remarquable. C'est

1 Voir le début de cette partie à la p. 225.

2 Une section de ce morceau est reproduite à la p. 107.

d'abord la *parodos* dialoguée : Électre veille sur Oreste, un moment assoupi ; elle conjure ses compagnes de ne pas troubler le sommeil de son malheureux frère[1]. Le contraste entre le contenu paisible du texte et l'agitation du rhythme rappelle involontairement l'air sublime d'Oreste dans l'*Iphigénie en Tauride* de Gluck : « le calme rentre dans mon cœur. » C'est ensuite la monodie d'Électre condamnée à mort, puis le morceau d'ensemble qui remplit la scène du meurtre d'Hélène ; ce dernier chant se termine par une strette sauvage dont la rhythmopée est extraordinaire, même chez Euripide :

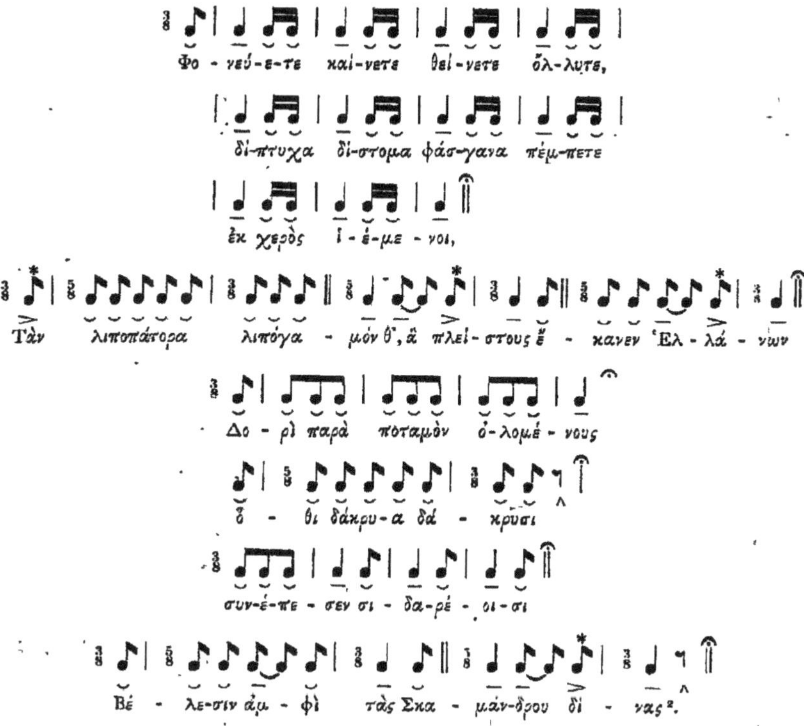

Mais la scène musicale la plus curieuse est le célèbre air de l'esclave phrygien, où la fin tragique d'Hélène est racontée d'une

[1] Voir le début de ce morceau à la p. 229.

[2] Traduction : « Tuez, égorgez, massacrez ; enfoncez le fer acéré dans le sein d'une « femme perfide, qui a abandonné son père, qui a abandonné son époux, » etc.

manière si prolixe et avec un tel luxe d'exclamations larmoyantes que l'on doute si l'auteur n'a pas visé à l'effet comique.

« Échappé au fer meurtrier des Argiens, et chaussé à la mode phrygienne, je fuis en « traversant les lambris de cèdre, ornement de la chambre nuptiale, et les triglyphes « doriques, loin, — bien loin! — ô terre, — terre! dans ma course vagabonde.... Ilion, « Ilion! malheur à moi! Capitale de la fertile Phrygie, mont sacré de l'Ida, combien je « pleure ta ruine par un chant funèbre et des vociférations barbares.... »

Ce chant est le modèle accompli d'un véritable pot pourri rhythmique. Il est divisé en douze sections[1] (*commata*) où sont représentées toutes les mesures usitées dans les chants de la scène : chorées et logaèdes (3/8), anapestes (2/4), péons (5/8) et dochmies.

Les deux pièces posthumes d'Euripide, *les Bacchantes* et *Iphigénie en Aulide*, ne sont pas moins dignes d'admiration pour la beauté des passages chantés qu'elles ne sont admirées pour leur mérite poétique. Toutes deux ont une grande richesse de cantilènes chorales. Mais à cet égard, la tragédie des *Bacchantes* remporte la palme parmi toutes les œuvres d'Euripide. Outre la *parodos*, morceau d'une structure magnifique, dont l'épode est la création strophique la plus étendue de la littérature grecque, ce drame ne renferme pas moins de cinq chœurs; les deux derniers ont déjà été signalés (p. 434) comme des imitations d'anciens dithyrambes. La partie scénique, moins importante au point de vue musical, renferme deux morceaux d'ensemble d'un caractère saisissant; le chant dialogué où Dionysos, invisible à ses fidèles, les excite à réduire en cendres le palais de Penthée; celui qu'entonne Agave lorsque, pleine du délire bachique, elle promène la tête de son fils plantée sur un thyrse. Quant aux cantilènes scéniques de l'*Iphigénie en Aulide*, elles appartiennent en entier au rôle de l'héroïne et ne se composent que de deux morceaux. Le premier — l'adieu d'Iphigénie à la vie — est un monologue musical au souffle large, aux rhythmes hardiment variés :

« Hélas! hélas! forêts de la Phrygie couvertes de neige, mont Ida où Priam exposa « Pâris.... »

Le second air, qui n'est à vrai dire que la continuation du précédent, débute par une *strette* animée : la sublime jeune fille

[1] La section 3 est reproduite ci-dessus, p. 77.

marche au sacrifice, remplie d'un enthousiasme divin et chantant un hymne de triomphe.

« Conduisez-moi à l'autel, victorieuse d'Ilion et des Phrygiens; apportez les couronnes « qui doivent ceindre ma tête.... »

Toute cette grande scène musicale a une conclusion digne d'elle dans la phrase majestueuse du chœur :

« Voyez s'avancer la vierge triomphatrice d'Ilion et des Phrygiens.... »

L'art tragique de l'Hellade se termine par un chef-d'œuvre, puis semble s'effondrer soudain. Des nombreux successeurs d'Euripide, arrangeurs et metteurs en scène plutôt qu'artistes producteurs, la postérité dédaigna de conserver les textes; tout au plus nous transmit-elle, avec leurs noms, quelques titres de pièces. Un succès auquel la barbarie du Ve siècle put seule mettre fin vengea Euripide des railleries d'Aristophane.

§ III.

Origines de la comédie.

Comme la tragédie, la comédie a son origine dans le rituel du culte de Dionysos[1], mais elle se rattache à une solennité différente. Le drame sérieux avait pour point de départ les *lénéennes*, la fête d'hiver, consacrée aux souffrances de Bacchus; la comédie naquit dans les joyeuses *dionysiaques champêtres*, destinées à glorifier, à la fin des vendanges, le dieu triomphant (p. 438). Religieuses par leur signification, ces fêtes avaient une allure profane et licencieuse. Une de leurs parties principales étaient les processions dites *phallophories*, où l'on portait en triomphe le symbole de la force génératrice, tandis que la foule formant le cortège, revêtue de vêtements bizarres, de masques, etc., chantait en chœur des hymnes obscènes en rhythme iambique[2], lesquels étaient

[1] « *Comoedia fere vetus, ut ipsa quoque olim tragœdia, simplex carmen fuit, quod chorus* « *circa aras fumantes, nunc* spatiatus, *nunc* consistens, *nunc* revolvens gyros, *cum tibicine* « *concinebat.* » Citation prise dans O. MÜLLER (*Hist. de la litt. gr.*, trad. franç., ch. 21).

[2] Les trimètres alternent souvent avec des vers ithyphalliques (p. 408). ATHÉN., l. XIV, p. 622, b. — Cf. ARISTOTE, *Poét.*, ch. 4.

accompagnés d'une danse à la fois lascive et bouffonne, le *cordax*. De loin en loin le défilé s'arrêtait; alors les promeneurs avinés, se tournant vers les spectateurs accourus au bruit, se mettaient à déverser les railleries les plus outrageantes, en vers et en musique, sur le premier venu qui leur tombait sous la main. Ces intrigues de carnaval ont été le prototype de la *parabase*, noyau de l'ancienne comédie et son élément musical caractéristique. Pour la conception scénique, le ton et les formes du dialogue, la comédie attique s'inspira des modèles que lui fournirent les farces improvisées du peuple de Mégare[1] et la comédie de Sicile. Cette dernière, illustrée par Épicharme[2] un demi siècle avant Aristophane, est censée remonter jusqu'au vieux poëte iambique Aristoxène de Sélinonte : elle donna à la scène comique des Athéniens ses rhythmes de dialogue (le trochée, l'iambe et l'anapeste tétramètres, l'iambe trimètre). Les trois éléments constitutifs de l'ancienne comédie, — hymnes dansés des *phallophores*, satire carnavalesque et colloques plaisants — se réunirent pour former un genre de spectacle et de composition dramatique jeté dans le même moule que la tragédie déjà adulte, et pourvu des mêmes ressources musicales et orchestiques. De par sa nature, la comédie eut une liberté plus grande, tant pour le choix et l'exécution des sujets que pour le caractère des chants, caractère tellement souple qu'il embrasse tous les genres, depuis le refrain des carrefours jusqu'à l'ode pindarique. De même dans son langage le théâtre comique ne connut ni règle ni frein, et se permit les crudités les plus choquantes, pourvu que la foule put y trouver matière à s'égayer : un spectacle où les hommes seuls avaient accès ne s'imposait aucune retenue. Néanmoins, en dépit de leur licence, ces jeux scéniques ne perdirent jamais de vue leurs antiques rapports avec le culte : « loin de nos orgies, « s'écrie Aristophane, quiconque n'est pas initié aux mystères « dionysiaques.... »

v. l'Ol XXIX = 664 av. J. C.

La comédie ne se montra à Athènes, sous une forme élaborée, qu'après la chute du gouvernement absolu. Chionide, le Thespis

Période primitive.

[1] Cf. BERNHARDY, *Grundriss*, T. I, pp. 404, 409 et suiv.; T. II, 2e part., p. 453 et suiv. — Les plus célèbres comiques de Mégare furent Susarion et Méson.

[2] IB., p. 455 et suiv. Épicharme vécut à Syracuse (478-467), et y mourut vers 450.

de ce genre théâtral, commença à se produire un peu avant la
v. 488 av. J. C guerre des Perses : l'apogée de sa carrière coïncide avec les der-
v. 460. nières années d'Eschyle[1]. Son successeur Cratès fixa les formes
littéraires de la comédie; le premier, il écrivit son dialogue, au
lieu de l'abandonner aux hasards de l'improvisation, et présenta
448-423. dans ses pièces des tableaux de mœurs. Cratinos, poëte créateur
et nature pleine de verve, donna des allures plus nobles à la scène comique, tant par les arguments que par le style[2]. De son époque datent l'admission définitive du genre aux concours annuels[3], ainsi que les usages dont nous allons donner un court résumé.

Les représentations des comédies se donnaient dans le même local que celles des drames sérieux. Le nombre des acteurs paraît avoir été fixé par Cratinos à trois, comme dans la tragédie; mais les pièces comiques exigeaient de plus fréquents changements de rôle, à cause de la grande quantité des personnages secondaires. Les masques des choreutes, comme ceux des acteurs, avaient des traits marqués et exagérés jusqu'à la caricature; on peut s'imaginer aisément le caractère bizarre d'une troupe d'individus devant représenter tour à tour des guêpes, des oiseaux, des grenouilles, des nuées. Le personnel choral se composait de *vingt-quatre* hommes, la moitié du nombre de ceux qui, au temps d'Eschyle, participaient à l'exécution d'une tétralogie tragique (p. 520). Quand les choreutes occupaient leur place normale, les rangs étaient de six dans le sens de la longueur, de quatre dans le sens de la profondeur[4]. Cette quantité considérable de chanteurs danseurs, incontestablement avantageuse pour l'effet musical et orchestique, venait de ce que, au concours de comédie, chacun des poëtes concurrents n'avait à présenter qu'une seule pièce, et pouvait en conséquence y utiliser tout le groupe à la fois[5]. — La partie instrumentale de la comédie paraît avoir été identique à celle du drame sérieux dans les morceaux véritablement

1 Cf. SUIDAS, au mot Χιωνίδης.

2 ARISTOTE, *Poét.*, ch. 5. — Cf. BERNHARDY, *Grundriss*, T. II, 2e part., p. 205 et suiv.

3 En 423 Cratinos l'emporta sur Aristophane concourant avec *les Nuées*.

4 POLLUX, l. IV, sect. 109. — Cf. R. ARNOLD, *die Chorpartien bei Aristophanes, scenisch erläutert* (Leipzig, 1873), p. 183 et suiv.

5 Parfois la masse chorale se divisait en deux demi-chœurs. *Lysistrate* offre un exemple intéressant de cette combinaison.

chantés (p. 518)[1]; quant au débit semi-déclamé, semi-musical, il s'associait d'ordinaire au jeu de l'*aulos* : « Souvent, » dit un scholiaste d'Aristophane, « les parabases se récitent avec un « accompagnement d'instrument à vent[2]. »

La belle époque de la comédie attique s'étend depuis le début de la guerre du Péloponnèse jusqu'à la catastrophe de l'expédition de Sicile. Les personnalités éminentes qui occupèrent la scène pendant ce temps furent Phérécrate, Eupolis, Phrynichos (distinct de l'auteur de tragédies), Platon le comique[3], et Aristophane, nom dont le rayonnement obscurcit la gloire de tous les autres. Né à une date inconnue, le sublime bouffon débuta en 427 et donna sa dernière pièce, *Plutus*, en 388; sa carrière embrasse donc toute la période dont nous venons d'esquisser les limites, et se prolonge jusque dans la période suivante, qui vit la naissance du drame entièrement parlé, ou du moins privé de chant choral. L'ancienne comédie attique eut des destinées aussi courtes que brillantes; fille du gouvernement populaire, elle périt avec lui, au milieu des tourmentes et des désastres qui mirent fin à la grandeur politique et à la prospérité matérielle d'Athènes.

Période classique.

429-413 av. J. C.

Ol. LXXXVIII, 1.

Ol. XCVII, 4.

Les productions d'Aristophane illustrent de la manière la plus instructive l'histoire de cette branche de l'art. Elles se divisent en trois classes. La première comprend les pièces qui correspondent à l'apogée de l'idée démocratique, et ont des tendances politiques très-précises, pacifiques et réactionnaires; ce sont *les Acharniens, les Chevaliers, les Nuées, les Guêpes, la Paix* et *les Oiseaux*. Dans les

Aristophane.

425-414.

[1] Mention est faite de l'*aulos* aux endroits suivants : *les Nuées*, v. 313; *les Oiseaux*, pp. 682-683, 857 et suiv.; *Lysistrate*, v. 1243 et suiv.; *les Grenouilles*, v. 313. Les deux parodies par lesquelles, dans cette dernière pièce, Euripide raille les chœurs d'Eschyle (v. 1264-1277 et v. 1285-1295), sont accompagnées, la première par l'*aulos*, la seconde par un instrument à cordes. — Dans leurs pérégrinations, les troupes de comédie menaient avec elles leur aulète et leur *didaskalos*, chef et accompagnateur à la cithare. Voir les inscriptions delphiques dans Lüders, *die Dionysischen Künstler*, p. 187 et suiv.

[2] *Schol. in Av.*, 682.

[3] Phérécrate travailla depuis 437 av. J. C. jusque vers 415. Cf. p. 485, note 1. — Eupolis fut victorieux la première fois en 428 av. J. C. (Ol. LXXXVII, 4). Ami d'Aristophane, il s'attribuait une grande part dans la composition des *Chevaliers*. — Phrynichos le comique débuta vers 431 av. J. C. (Ol. LXXXVII, 1) et termina sa carrière dramatique en 405 (Ol. XCIII, 3); il mourut en Sicile. — Platon le comique fleurit depuis environ la LXXXVIIIe Ol. (427-424) jusqu'en 391 (Ol. XCVII, 1).

ouvrages de la seconde époque les affaires publiques passent à l'arrière-plan; la satire du poëte vise plutôt les personnalités littéraires que les favoris de la démocratie athénienne : les pièces
411-405. dont il s'agit sont *Lysistrate*, *les Thesmophories* et *les Grenouilles*.
392. Enfin une troisième catégorie de comédies, l'*Assemblée des femmes*
388. et *Plutus*, nous transporte à une époque où la ruine d'Athènes était consommée et ses antiques institutions sociales et religieuses en voie de disparaître; les sujets sont pris exclusivement dans la vie ordinaire.

La diversité que nous venons de signaler dans la conception dramatique des œuvres d'Aristophane se réflète avec fidélité dans la composition de leurs parties musicales. Jusqu'à l'époque de la prise d'Athènes, les chants de la comédie, nombreux et développés, consistent principalement en chœurs et en morceaux d'ensemble : ils renferment toujours une *parodos* et un ou deux *stasima*. Dans la première partie de cette période, alors que la critique des affaires de l'État est à l'avant-plan, la *parabase* prend une importance capitale : les plus anciennes pièces ont deux parabases, la première complète, la seconde incomplète[1]. Cet intermède voit s'amoindrir son importance dès que la satire politique disparaît; les pièces de la seconde époque n'ont qu'un fragment de parabase (*les Thesmophories*, *les Grenouilles*), ou en manquent tout à fait (*Lysistrate*). Dans les pièces de la troisième manière enfin, la partie chorale est presque réduite à rien; plus de parabase ni de *stasimon;* en fait de chants orchestiques, il ne reste que le chœur d'entrée. Pour ce qui concerne les passages monodiques, même progrès que dans la tragédie; les ariettes des personnages, simples chansons ou couplets d'abord, deviennent plus tard des airs développés, et finissent par constituer l'unique élément musical du drame joyeux.

D'après ce que nous venons de dire, l'on comprendra qu'il est impossible de formuler en règles précises la coupe musicale des drames d'Aristophane; néanmoins pour l'indiquer en ses traits généraux, nous allons analyser le plan d'une œuvre appartenant à la période moyenne de la carrière de notre auteur.

[1] Cf. WESTPHAL, *Proleg. zu Æsch.*, p. 38 et suiv.

COUPE MUSICALE DES *NUÉES* D'ARISTOPHANE.

N. B. Les morceaux orchestiques sont désignés en majuscules, les chants mêlés à l'action en italiques; les passages déclamés musicalement en caractère ordinaire. Les vers du dialogue parlé sont indiqués entre parenthèses.

Actes et scènes		Coupe musicale
Ier Acte. Scènes 1-4.	PROLOGOS.	(Trimètres, v. 1-262.)
Scène 5, Strepsiade, Socrate.	PROLOGOS.	Anapestes tétramètres (v. 263-275) déclamés (avec un accompagnement instrumental) par les deux acteurs et servant d'introduction au morceau suivant : « Faites silence, ô vieillard.... »
Scène 6, les mêmes, le Chœur.		I. PARODOS (v. 276-313), une couple de strophes que séparent des tétramètres anapestiques dits par Socrate et Strepsiade : « Nuées éternelles.... »
IIe Acte. Scène 1re, les mêmes, le Chœur.	EPISODIUM.	(Anapestes tétramètres et *pnigos*, v. 314-456.) II. *Chant épisodique dialogué* (v. 457-475) entre Strepsiade et le coryphée : « Cet homme a une volonté ferme. » Deux anapestes tétramètres, v. 476-477. (Trimètres, v. 478-509.)
Scène 2, le Chœur.		III et IV. PREMIÈRE PARABASE, complète (v. 510-626). « Va donc, joyeux de ta valeur ! »
IIIe Acte. Scène 1re, Socrate, Strepsiade, le Chœur.		(Trimètres, v. 627-699.)
	EPISODIUM.	V. *Chœur épisodique* (v. 700-812), une couple de strophes séparées par un dialogue entre Strepsiade et Socrate. Les vers de ce dialogue étaient en partie récités sans musique (iambes trimètres), en partie déclamés musicalement (anapestes dimètres) : « Médite et réfléchis. »
Scène 2, Strepsiade, Phidippide.	EPISODIUM.	(Trimètres, v. 813-888.)
Scène 3, les mêmes, Socrate. Scène 4, Socrate, Phidippide, Dikaios, Adikos.	EPISODIUM.	VI. *Morceau d'ensemble* ou *syntagma* (v. 889-1104), se composant de *a)* un dialogue en dimètres anapestiques; *b)* une strophe chorale; *c)* des anapestes tétramètres terminés par un système; *d)* l'antistrophe; *e)* des iambes tétramètres terminés par un système : « Viens ici et montre toi aux spectateurs ... »
Scène 5, Socrate, Phidippide, Strepsiade, le Chœur.	EPISODIUM.	(Trimètres et tétramètre, v. 1105-1114.)
Scène 6, le Chœur.		SECONDE PARABASE, incomplète (1115-1130), ne renfermant que l'épirrhème : « Ce que nos juges gagneront, s'ils nous accordent un appui mérité, on va le dire. »
IVe Acte. Scène 1re, Strepsiade, le Chœur.	EPISODIUM.	(Trimètres, v. 1131-1153.)
Scène 2, les mêmes, Socrate.	EPISODIUM.	VII. *Ariette* de Strepsiade (v. 1154-1169), à coupe commatique : « Je crierai donc à haute voix.... »
Scène 3, Strepsiade, Phidippide, le Chœur.	EPISODIUM.	(Trimètres, v. 1170-1205.) VIII. *Ariette* de Strepsiade (v. 1206-1213), à coupe commatique : « Heureux Strepsiade! »
Scène 4, Pasias avec un témoin, Strepsiade, le Chœur. Scène 5, Amynias, Strepsiade, le Chœur.	EPISODIUM.	(Trimètres, v. 1214-1302.)
Scène 6, le Chœur.		IX. STASIMON (v. 1303-1320), une couple de strophes chorales : « Faire le mal ne profite pas. »
Ve Acte. Scène 1re, Strepsiade, Phidippide, le Chœur.	EXODOS.	(Trimètres, v. 1321-1344.) X. *Chant épisodique* (v. 1345-1398), une couple de strophes chorales que séparent des iambes trimètres et dimètres déclamés par le coryphée, Strepsiade et Phidippide : « C'est à toi, vieillard, d'aviser. » (Iambes trimètres, tétramètres et dimètres, v. 1399-1452. Trimètres, v. 1453-1509.)
Scène 2, Strepsiade, le Chœur. Scène 3, Socrate et ses disciples, Strepsiade, le Chœur.	EXODOS.	Un tétramètre anapestique (v. 1510), déclamé avec accompagnement instrumental par le Coryphée : « Et maintenant retirons-nous.... »

Aristophane musicien.

Pour l'artiste aussi bien que pour l'érudit, les parties chantées de l'œuvre d'Aristophane sont dignes de toute attention. Dès le premier abord on est frappé de la variété exubérante des idées musicales; un examen plus attentif révèle au lecteur charmé l'incomparable facilité du poëte à s'assimiler les procédés de ses prédécesseurs et à jeter son idée dans les moules les plus divers. La plupart des types de structure répandus dans les nombreuses branches de la littérature mélique se retrouvent là mis en œuvre avec une rare perfection : épodes à la manière d'Archiloque, couplets imités de la chanson lesbienne et des scolies, strophes orchestiques reproduisant tantôt le style de la lyrique chorale, tantôt celui du chant tragique; puis des formes d'une simplicité primitive empruntées aux refrains du peuple, aux hymnes du culte. Grâce à ses parodies et ses imitations, Aristophane nous a transmis des spécimens de musique populaire et liturgique qui sans cela eussent été perdus à jamais. Comme ses textes méliques sont les seuls de leur espèce, il est difficile d'y distinguer nettement les éléments qui appartiennent au fonds technique de la comédie de ceux que le poëte a le premier introduits au théâtre. On ne peut douter qu'il n'ait mis à contribution mainte trouvaille musicale de ses émules, de même qu'il a utilisé les innovations d'Euripide, tout en les raillant. Mais ce qui est bien incontestablement à lui et constitue la marque de son génie, c'est un merveilleux talent de combinaison, qui sait fondre tous les contrastes, concilier la plus haute idéalité avec le réalisme le plus effréné; c'est la suprême distinction de la forme qui donne un charme durable à des fantaisies bizarres et folles; c'est enfin une souplesse capable de se plier à des conditions matérielles si désavantageuses qu'elles eussent réduit à l'impuissance une nature moins vigoureusement trempée.

Au point de vue de la facture musicale, les onze comédies d'Aristophane se partagent en trois groupes, lesquels correspondent, à peu de chose près, aux trois manières de sa composition poétique et théâtrale.

Le premier groupe comprend les cinq pièces les plus anciennes. Leur trait commun est l'usage presque exclusif des rhythmes de la danse vive (5/8 et 3/8), trait d'autant plus marqué que l'œuvre

remonte à une date plus reculée. Dans *les Acharniens* et *les Chevaliers*, les péons et les iambes dominent, dans *les Nuées*, *les Guèpes* et *la Paix*, le rhythme quinaire passe au second plan, et la mesure ternaire est représentée par des motifs d'une vivacité moins agressive : trochées et logaèdes. Ne pouvant détailler par le menu la musique de chaque pièce, nous nous bornerons à signaler en passant quelques morceaux saillants. Parmi les chants péoniques dont *les Acharniens* sont pleins, on doit citer, pour son 425 av. J.C.
originalité, l'ode de la première parabase :

« Viens ici, muse acharnienne, toi qui as l'ardeur et l'éclat du feu ! »

ainsi qu'un *stasimon* (XI) où se rencontrent des coupes de membres peu familières à la mesure de 5/8 (tripodies et pentapodie[1]). Dans *les Chevaliers*, outre la *parodos*, dont la coupe est assez 424.
recherchée pour la comédie, l'on remarquera les belles strophes chorales de la première parabase, avec leurs rhythmes alertes et joyeux (glyconiens, phérécratiens) :

« Roi des coursiers, Poséidon ! toi qui te plais aux hennissements.... »

et deux chants d'entr'acte remplis d'entrain populaire (VII et VIII), auxquels l'auteur a donné la forme de couplets[2]. La partie musicale des *Nuées* s'ouvre par un chœur d'entrée en dactyles 423.
graves, morceau d'une élévation rare et, par sa structure majestueuse, digne d'être comparé aux strophes de Pindare et d'Eschyle.

« Nuées éternelles, du sein retentissant de l'Océan notre père, élevons-nous en « vapeurs légères et transparentes sur les sommets couronnés de vertes forêts.... »

Les Guêpes ont également une *parodos* fort belle, en rhythme 422
logaédique, laquelle prend place parmi les plus ingénieuses créations strophiques d'Aristophane. Plusieurs chœurs de cette pièce se distinguent par un rhythme pétulant qui trahit les mouvements déhanchés du *cordax*[3] : le plus pittoresque d'entre eux est peut-être la chanson à danser par laquelle se termine la pièce : le

[1] Deux fragments de ce chant ont été cités plus haut, p. 105 et p. 41.

[2] L'un d'eux est cité à la p. 181.

[3] Voir entre autres l'épirrhème de la 2e parabase : « O bienheureux Automénès, » dont le premier vers est cité comme exemple des *péons*, p. 96.

motif rhythmique en est emprunté au vieux iambographe Archiloque (p. 335). Le texte du morceau décrit la danse comique avec quelques traits pleins de désinvolture :

« Fais des ronds de jambes, tourne sur toi-même, frappe-toi le ventre, lance ta jambe « en l'air, pirouette comme un tonton.... »

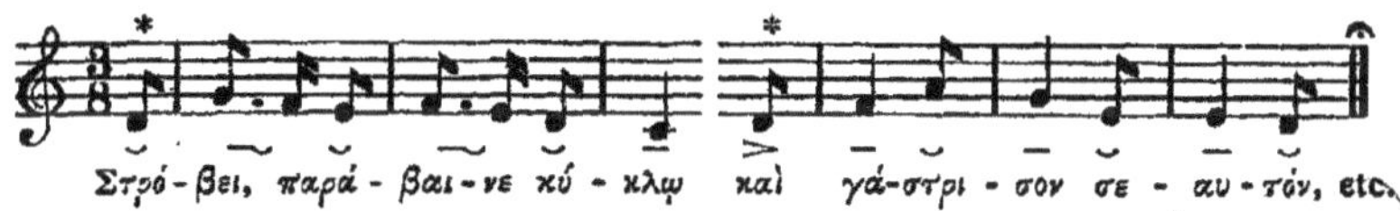

421 av. J. C. Dans *la Paix* enfin, dernière pièce du premier groupe, nous signalerons les strophes chorales des deux parabases ; le premier de ces morceaux est un chant dactylo-épitrite imité de Stésichore, et dont le style rhythmique est aussi pur que possible; l'autre est une danse très-vive en rhythme crétique, remarquable par sa saveur toute populaire. Nous devons aussi une mention au final de la pièce, chanson nuptiale sur laquelle défile le chœur des laboureurs. Aristophane a probablement pris le rhythme de ces rustiques couplets à son confrère Phérécrate.

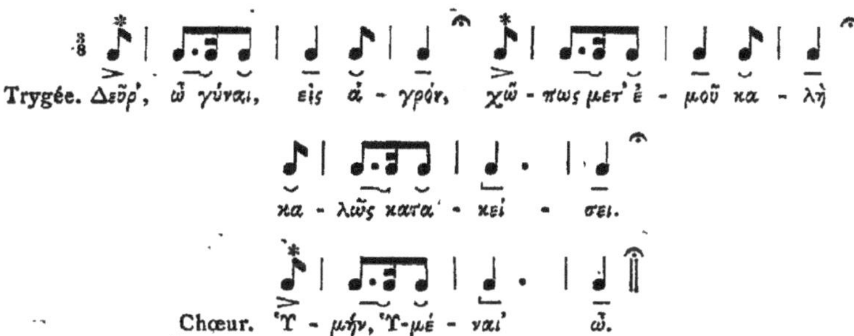

« Viens dans nos champs, chère épouse, et que près de moi ta beauté embellisse « ma couche. Hymen, hyménée ! »

Le second groupe de pièces que réunit un même style musical comprend *les Oiseaux*, *Lysistrate*, *les Thesmophories* et *les Grenouilles*, comédies qui brillent par la richesse de la partie musicale, et marquent à cet égard l'apogée de l'art d'Aristophane. Que d'invention rhythmique dans les ravissantes cantilènes des
414 av. J. C. *Oiseaux*, telles que l'ode de la première parabase et la délicieuse ariette de la Huppe ! Cet « appel aux oiseaux » est une fantaisie

vocale — vraie *sonatina di gola*[1] — où tous les rhythmes sont représentés par leurs mètres les plus piquants; elle débute par une introduction en anapestes, poétique et solennelle comme le calme des nuits :

« O ma compagne fidèle, cesse de sommeiller; fais entendre ces hymnes sacrés que
« soupire ta bouche divine, en pleurant le triste sort d'Itys.... »
« (3/8, *Tribraques et Iambes*) *E-pópopo-pópopo-pópopo-poi! I-ó! I-ó!* Venez, venez, venez,
« venez, accourez tous, compagnes chéries! — (5/8 + 3/8, *Dochmies*) Vous qui fouillez
« les fertiles guérêts; — (3/8, *Logaèdes-chorées*) vous, innombrables tribus au vol rapide
« et aux gosiers mélodieux, qui pillez l'orge et les graines des terres ensemencées; vous
« qui vous plaisez sur la glèbe, au milieu des sillons, à gazouiller d'une voix grêle :
« *tio, tio, tio, tio, tio, tio, tio, tio!* — (3/4 et 3/8, *Ioniques et chorées*) Et vous qui dans les
« jardins sautillez sous le feuillage du lierre, ou qui, sur les montagnes, becquetez le
« fruit de l'olivier sauvage et de l'arbousier, venez, accourez à mon chant : *trio-tó, trio-tó,*
« *toto-brix!* — (5/8, *Péons*) Vous aussi qui dans les vallées marécageuses vous nourrissez
« de moucherons à la trompe aiguë, vous qui habitez les lieux humides de rosée et
« les riantes plaines de Marathon, gélinote au plumage émaillé de mille couleurs, —
« (2/4, *Dactyles*) troupe ailée qui voltigez avec les alcyons sur les vagues de la mer,
« venez entendre la grande nouvelle; nous rassemblons ici toutes les tribus des oiseaux
« au long cou. — (2/4, *Spondées dactyliques*) Il nous est venu un vieux très-retors, inven-
« teur d'idées nouvelles et prompt à tenter de nouvelles entreprises. — (3/8, *Trochées*)
« Venez délibérer tous; vite, vite, vite, vite! — (*Anap. procéleusmatiques*) *Toro-tóro,*
« *toro-tóro, toro-tix! — kikka-báu! kikka-báu! — toro-tóro, toro-tóro, lili-lix!* »

Et dans le reste de la pièce, que de parodies amusantes et spirituelles! C'est d'abord un chant d'attaque à la spartiate (*embaterion*), dont le rhythme anapeste fréquemment résolu en brèves indique l'accompagnement d'une danse pyrrhique (III). Puis un *prosodion* en chorées graves[2], qu'un corbeau accompagne sur le chalumeau (IX); ensuite un hymne spondaïque, lent et solennel[3], coupé de la manière la plus comique par des péons rapides (X); enfin, pour conclusion de l'œuvre, un épithalame plein de feu, dansé en partie[4]. — Les morceaux de chant de *Lysistrate*, moins 411.
nombreux mais aussi brillants, ont un piquant particulier, grâce à la division du chœur en deux groupes distincts (hommes, femmes); tous ces chants sont doubles : il y a deux chœurs d'entrée, deux

1 Expression appliquée par Métastase aux airs à fioritures dont les opéras de ses contemporains étaient remplis.

2 La mesure de 3/8 se rencontre dans un autre *prosodion*, le fragm. 19 de Bacchylide (Bergk).

3 Le thème initial est noté à la p. 104.

4 Voir le début à la p. 106.

parabases et un *stasimon* en double chœur. Comme final de la pièce, un divertissement composé de trois danses nationales, la première et la dernière pour les ambassadeurs de Sparte, la
410 av. J. C. seconde pour les Athéniens[1]. — Dans *les Thesmophories* les parties chantées, qui occupent une place assez restreinte, se distinguent par une particularité curieuse : nulle part elles ne forment des strophes. Plusieurs morceaux méritent l'attention du musicien. En tête de ceux-ci nous désignerons le grand hyporchème, peinture vivante de la danse d'ensemble chez les Athéniens :

« Élancez-vous, partez d'un pied léger, dansez en rond, prenez-vous par la main ; que « chacune marque le rhythme de la danse et s'avance d'un pas rapide. Que le cercle des « danseuses tourne et promène son regard de tous côtés. »

Ὄρ - μα, χώ - ρει

κοῦ-φα ποσίν, ἄγ', ἐς κύ - κλον,

χερ-σὶ σύν - α - πτε χεῖ - ρα, etc.

Vient ensuite la parodie d'un duo lequel, dans sa nouveauté, eut une vogue délirante dont le souvenir se conserva pendant des siècles[2] ; ce chant appartenait à une tragédie perdue d'Euripide, *Andromède*, jouée peu de temps avant la pièce d'Aristophane. Un troisième fragment mélique digne de remarque est le *stasimon* commençant par une invocation à Pallas-Athéné, chœur d'un rhythme franc et vigoureux.

Mais de toutes les comédies d'Aristophane aucune n'est aussi
405. riche de musique que la dernière du second groupe, *les Grenouilles*. Voici deux morceaux qui ne peuvent être passés sous silence : la première *parodos*, chant dialogué entre Dionysos et le chœur, avec son refrain imitant le coassement des grenouilles (p. 135) ; la seconde *parodos*, sorte d'intermède musical chanté, aux sons des chalumeaux sacrés, pendant la fête nocturne des initiés aux

[1] La première période de la danse athénienne est notée p. 197. — Cf. p. 452, note 2.

[2] Voir ci-dessus, p. 541, note 1.

mystères d'Éleusis. Cette dernière composition comprend quatre hymnes en l'honneur des divinités invoquées dans cette sorte de réunions; à Dionysos, célébré sous le nom d'Iacchos, un chant mystique et enthousiaste :

Ἴ - ακχ', ὦ πολυ - τί-μοις ἐν ἕ - δραις ἐν - θάδε ναί - ων,

à Pallas-Athéné, un *prosodion* ou chant de procession en style archaïque, à notes lentes et égales (spondées-anapestes) :

Χώ - ρει νῦν πᾶς ἀν - δρείως εἰς τοὺς εὐ - ανθεῖς κόλπους etc.

à Déméter, une cantilène rustique en iambes dimètres, d'allure vive et facile :

Δή - μη-τερ, ἁ-γνῶν ὀρ - γί - ων ἄ - νασ-σα, συμ-πα - ρα-στά-τει,

à Iacchos, invoqué comme « ami de la danse, » une joyeuse chanson au rhythme impétueux :

Ἴ - ακ-χε πολυτί - μη-τε, μέλος ἑ - ορ - τῆς

la série se termine gaîment par un vaudeville satirique et un gracieux chœur de sortie[1]. Mentionnons encore les deux chœurs dactyliques qui se trouvent au commencement de la scène du jugement; dans le premier l'auteur a manifestement eu l'intention de caractériser la personnalité d'Eschyle : des strophes pleines de majesté annoncent l'entrée du poëte « aux mots gigantesques et solidement charpentés. » Enfin signalons en passant les parodies des chœurs d'Eschyle, chantées par Euripide et les imitations des grands airs d'Euripide, mises dans la bouche du vieil Eschyle.

Nous n'aurons pas à nous arrêter longtemps au troisième groupe, lequel renferme les deux dernières pièces du grand

1 Un pareil mélange de chants religieux et bouffons rappelle la *Zauberflöte* de Mozart.

comique. L'élément musical s'efface et disparaît presque, non
pas faute d'inspiration, mais par la décadence de la chorégie,
392 av. J. C. suite de la misère des temps. Dans l'*Assemblée des femmes* le
chœur, considérablement réduit dans son personnel, a perdu
toute importance; les entr'actes sont remplis par des ballets
sans chant. La seule partie musicale intéressante est une suite
d'ariettes dialoguées, qui se trouve dans la scène où une vieille
femme et une jeune fille, embusquées aux fenêtres de deux maisons voisines, cherchent à attirer chez elles un jeune passant[1].
388. Dans *Plutus*, enfin, le chœur est un groupe de danseurs; un
coryphée chantait à lui seul sans doute la *parodos* et les autres
vers méliques, très-clairsemés[2]. — Nous sommes arrivés au terme
de l'art vocal chez les Hellènes.

[1] Le second de ces morceaux est composé sur le *schéma* rhythmique de la *scolie de Pytherme* (p. 418-419).

[2] Quatre vers, probablement dochmiaques (637-640) et les anapestes de la fin.

CHAPITRE VI.

DÉGÉNÉRESCENCE ET DISSOLUTION FINALE DE L'ART ANTIQUE.

§ I.

EN parcourant l'œuvre d'Aristophane, comprise dans un espace de temps très-restreint, nous avons vu le chant comique traverser sa période juvénile, arriver bientôt à la maturité, puis tout à coup perdre ses parties chorales et retomber dans l'insignifiance, se contentant d'ariettes fredonnées sur les mètres les plus vulgaires et, comme entr'actes, de quelques danses faciles. C'est en cette situation que la comédie, rayée désormais du nombre des genres méliques, se retrouve chez les Latins[1]. — Un sort presque analogue échut à la tragédie. Sous la main des successeurs d'Euripide la rhétorique creuse, la dialectique captieuse des sophistes envahissent le drame sérieux et le rendent prosaïque; l'élément musical se réfugie dans les morceaux où le talent individuel trouve à se faire valoir. L'auteur, comme l'exécutant, ne vise qu'à faire montre de son habileté technique[2]. Le peu que nous savons de la musique d'Agathon[3] indique une

Décadence du drame. 424-388 av. J. C.

v. 415 av. J. C.

[1] Les pièces de Ménandre et de son école avaient des ariettes, ainsi que le prouvent les imitations de Plaute et de Térence. Le théâtre romain a trop servilement copié celui des Hellènes, pour se permettre des innovations radicales.

[2] Chérémon, un des derniers représentants de la tragédie attique, déploya un luxe de rhythmes plein de mauvais goût dans son drame polymétrique *le Centaure*. ATHÉN., l. XIII, p. 608, e.

[3] Agathon remporta sa première victoire dramatique dans l'Ol. XC, 4 (= 416) et se rendit à la cour d'Archélaos avant l'Ol. XCIII, 4 (= 405).

mélodie fade, doucereuse, pleine d'afféterie et un accompagnement instrumental de caractère non moins relâché[1]. — Néanmoins la dégénérescence du drame sérieux fut moins prompte et moins complète que celle de la comédie : tandis que les pièces d'Aristophane, pleines d'allusions aux événements contemporains et déjà inintelligibles par conséquent à la génération suivante, disparurent du répertoire, celles des trois grands tragiques s'y maintinrent pendant longtemps encore. Car si l'esprit de l'ancien art avait péri dans les convulsions politiques et sous les influences d'une critique dissolvante, les chefs-d'œuvre d'Eschyle, de Sophocle et d'Euripide étaient encore exécutés, tant bien que mal, par les soins de leurs descendants ou de leurs collatéraux, propriétaires de leurs pièces, auteurs eux-mêmes, mais avant tout régisseurs, metteurs en scène et arrangeurs, avides de prix et de rémunérations pécuniaires[2]. Ces dramaturges de la décadence savaient encore reproduire et varier avec une certaine habileté les motifs rhythmiques de leurs prédécesseurs, mais non pénétrer les mécanismes délicats de l'ancienne structure orchestique. C'était là un secret perdu à jamais[3].

Chant choral.

La décadence du lyrisme orchestique, commencée plus anciennement, continue sa rapide marche. Un seul genre de chant dansé est encore debout, bien que profondément modifié depuis un demi-siècle[4] : le dithyrambe. L'exécution des chœurs cycliques est toujours à Athènes le sujet de concours brillants, dont le souvenir se perpétue par des inscriptions ; celles qui sont venues jusqu'à nous mentionnent les noms de la tribu victorieuse, du chorége, du

[1] Il introduisit le genre chromatique dans les chants scéniques de sa tragédie *les Mysiens*. Plut., *Quaest. conv.*, l. III, ch. 1, § 1. Précédemment Mélanippide avait déjà employé ce genre dans le dithyrambe (p. 487). — L'orchestique d'Agathon, partant sa mélopée chorale, suivait le style phrygien. Aristoph., *les Thesmoph.*, v. 120 et suiv.

[2] Eschyle eut pour fils Euphorion, pour neveu Philoclès; Sophocle eut pour fils Iophon, l'arrangeur de la plupart des pièces de son père, pour petit-fils Sophocle le jeune. Euripide eut pour neveu Euripide le jeune.

[3] L'interpolateur de la *parodos* d'*Iphigénie en Aulide*, tout en copiant les motifs rhythmiques de l'*Agamemnon* d'Eschyle, ne s'entend plus à construire des périodes orchestiques. Il ne sait bâtir que des membres et des vers. J. H. H. Schmidt, *Monod. u. Wechselgesänge*, p. CCLXXXVII.

[4] A partir de cette époque, le mot *choraule* est synonyme d'*aulète cyclique*; la *flûte chorique* accompagne le dithyrambe (ci-dessus, p. 289).

maestro et de l'aulète[1]. A côté du dithyrambe, nous voyons aussi figurer aux concours panathénaïques d'Athènes des danses pyrrhiques exécutées, selon l'usage traditionnel de Lacédémone, par un triple chœur : les enfants, les adolescents, les hommes[2]; elles ont gardé leur vogue jusqu'à la fin du paganisme. Quelques autres variétés de l'ancienne lyrique chorale subsistent encore, réduites et changées de destination : le *péan*, privé de danse, se chante maintenant dans les banquets; le *prosodion* figure parfois sur le programme des concours[3]. Mais ici de même se remarque un ralentissement graduel de la production. Les seuls représentants de cette période d'agonie du chant orchestique sont Castorion de Soli (dans l'île de Chypre), dont les compositions chorales furent exécutées pendant la pompe des fêtes dionysiaques que conduisit Démétrius de Phalère lorsqu'il était archonte d'Athènes[4]; 389 av. J. C.
Cléomène de Rhégium[5], compositeur de dithyrambes; Ariphron de Sicyone[6] et le grand Aristote[7], tous deux auteurs d'un *Péan à Hygie*, comme Likymnios (p. 457-458). Aucun d'eux n'a inventé des formes musicales nouvelles; tous ces derniers poëtes musiciens[8] ne font plus guère que copier servilement les anciens modèles.

Citharodie et aulodie.

Même phénomène pour la monodie lyrique. Beaucoup de chanteurs citharodiques de cette époque figurent, soit sur les inscriptions, soit dans les notices des scholiastes et des grammairiens, sans qu'il soit fait aucune mention de leurs œuvres[9]; les pièces

1 Les huit inscriptions datées, recueillies par Boeckh et Rangabé, vont de l'Ol. XCIX, 1 (383 av. J. C.) à l'Ol. CXXVII, 2 (270 av. J. C.).

2 BREUER, *de Musicis Panathenaeorum certaminibus*, p. 14 et suiv.

3 Cf. WESCHER et FOUCART, *Inscriptions de Delphes* (Paris, 1863, F. Didot), n° 5.

4 ATHÉN., l. XII, p. 542, e; BERGK, *Poet. lyr. gr.*, p. 1280 et suiv.

5 IB., p. 1223.

6 IB., p. 1249 et suiv. — Cf. WESTPHAL, *Metrik*, 2e édit., T. II, p. 676.

7 Cf. BERGK, *Poet. lyr. gr.*, p. 663 et suiv.

8 Platon a composé des dithyrambes dans sa jeunesse. Un poëte au nom problématique est cité par le marbre de Paros (C. I. Gr., T. II, pp. 302 et 342) comme ayant remporté le prix du dithyrambe entre 397 et 380 av. J. C. Un certain Nicoclès eut le même prix vers l'époque d'Alexandre. BREUER, *de Mus. Panath. certam.*, p. 12. Enfin Lycophronidès, poëte dont il existe deux fragments de chansons érotiques (BERGK, p. 1279), appartient à la même période.

9 Un des plus fameux citharèdes d'Athènes à cette époque fut Exékestidès, vainqueur au concours pythique, aux Carnées et deux fois aux Panathénées. Il en est question dans *les Oiseaux*, v. 11. Voir la scholie sur ce passage.

classiques de leur répertoire étaient les nomes de Timothée[1] et de Phrynis. Quant à des compositeurs-citharèdes on n'en cite que deux : Argas et Télénicos de Byzance. « Ils firent, dit un disciple « d'Aristote, de mauvais nomes, qui eurent néanmoins un certain « succès en ce genre, mais ils n'eurent point la présomption « de toucher, même de loin, aux nomes de Terpandre ni à ceux « de Phrynis[2]. » Ce jugement sévère ne fut pas celui de tous les contemporains, au moins en ce qui concerne Argas, lequel de son vivant dut avoir une réputation très-brillante, puisqu'il fut appelé en Thrace pour embellir par son talent les noces du
382 ou 381 av. J.C. général athénien Iphicrate avec la fille du roi Cotys[3]. L'aulodie, moins estimée, continuait à garder sa place aux concours des Panathénées[4], mais elle brillait surtout en Béotie, nommément aux *Charitesia* (fête des Grâces) d'Orchomène[5].

Parodies et danses imitatives.

Une classe nombreuse de virtuoses qui surgit vers la même époque, et sut capter les suffrages d'un public blasé et affolé de nouveautés, fut celle des *parodistes :* elle était originaire de l'Italie méridionale, où vingt siècles plus tard devait naître et fleurir l'*opera buffa*. Parmi ces artistes les uns avaient pour spécialité l'imitation plaisante des dithyrambes, les autres parodiaient les mélodies simples et vénérables des citharèdes de l'ancienne manière[6]. Les *hilarodes*, dont le costume et le genre gardaient un certain *decorum*, faisaient la caricature de la tragédie; de même que les aulodes avaient à côté d'eux un joueur ou une joueuse d'*aulos* qui exécutait l'accompagnement de leurs morceaux, de même l'hilarode chantait au son d'un instrument à cordes touché par

1 Voir l'anecdote rapportée ci-dessus, p. 498.

2 Phénias ap. ATHÉN., l. XIV, p. 638, c. — Cf. PLUT., *Vit. Demosth.*, § 4; HÉSYCH., au mot Ἀργάς.

3 ATHÉN., l. IV, p. 131, b. — Argas est mentionné avantageusement par deux auteurs de la comédie moyenne, Alexis et Anaxandride. IB., l. XIV, p. 638, c, d.

4 Cf. RANGABÉ, *Antiq. hell.*, n° 963. L'inscription aurait été rédigée peu après l'Ol. C (= 380-377 av. J. C.). — Cf. PLUT., *de Mus.* (W., § VII).

5 BOECKH, C. I. Gr., n°s 1583 et 1584; LÜDERS, *die Dionysischen Künstler*, n° 109, p. 186.

6 « Straton de Tarente fut admiré pour ses imitations de dithyrambes; l'Italiote « Œnonas pour ses parodies de citharèdes. Ce dernier représenta Polyphème chantant « des gargouillades, et Ulysse après son naufrage parlant jargon. » Aristox. ap. ATHÉN., l. I, p. 19, f. — Aristoxène dit aussi que « quelques parodistes employèrent par « bouffonnerie l'hexamètre, ce que fit le premier le susdit Œnonas, en imitation des « citharodies.... » IB., l. XIV, p. 638, b.

un artiste de l'un ou de l'autre sexe[1]. Les *Magodes* ou *Lysiodes* se rattachaient au drame comique; ceux-ci ne gardaient aucune retenue. Habillés en femmes, ils jouaient des rôles de courtisanes, de débauchés, d'ivrognes, et débitaient des poésies licencieuses, avec un accompagnement de tambours, de crotales[2] et de flûtes *lysiodes* (p. 290); leurs chansons avaient le rhythme connu plus tard sous le nom de *sotadée*[3] (p. 177). Ces charges burlesques et obscènes des chefs-d'œuvre du théâtre hellénique eurent leur pendant dans les scènes de ballet ou danses imitatives exécutées par un artiste de profession, lesquelles allaient supplanter l'orchestique issue des cultes nationaux. Dès les temps homériques la danse individuelle avait été pratiquée en Grèce (p. 373), mais elle n'acquit un développement outré qu'à l'arrière-saison de l'existence nationale. Ici encore c'est l'art exercé par un seul, pour le plaisir d'une foule grossièrement sensuelle, qui s'élève sur les ruines de l'art collectif, exercé par toute la communauté en l'honneur des dieux et de la cité. Pollux et Athénée nous apportent une liste assez longue de pas caractéristiques de tout genre : militaires, rustiques, gymnastiques, lascifs et bouffons; ces derniers portent parfois les titres les plus bizarres : *la Chouette*, *le Lion*, *la Farine répandue*, *l'Abolition des dettes*, *l'Embrasement du monde*. En général de pareilles danses s'exécutaient aux sons de l'*aulos*[4]. Des pantomimes de même sorte étaient aussi en vogue à la cour des potentats barbares voisins des Grecs[5].

1 ATHÉN., l. XIV, p. 620, d, et suiv.

2 IB., p. 621, c, d. — « *Magode*, dit Aristoclès dans son livre sur la Musique, est « la même chose que *lysiode*. Mais Aristoxène prétend que celui qui joue des rôles « d'homme et de femme est le *magode*, tandis que le *lysiode* joue des rôles de femme « sous l'habit d'homme. Ils chantent la même espèce de musique et tout le reste leur « est également commun. » IB., p. 620, e.

3 WESTPHAL, *Metrik*, 1re éd., T. III, p. 324 et suiv.

4 POLLUX, l. IV, sect. 99 et suiv.; ATHÉN., l. XIV, p. 618, c, p. 629, d, et suiv. — Quelques aulètes récents joignaient eux-mêmes à leur jeu une orchestique convenable : « Théophraste dit que l'aulète Andron de Catane fut le premier qui exécuta des mouve« ments corporels et des rhythmes en jouant; de là les anciens ont introduit le verbe « *siciliser* (σικελίζειν) au sens de danser. » ATHÉN., l. I, p. 22, c. — Le même usage existait chez les chanteurs à la cithare : « Phyllis de Délos le musicien dit que les anciens « citharèdes faisaient des mouvements fort légers avec le visage, mais très-fréquents « avec les pieds, exécutant une sorte de marche ou de danse. » IB., p. 21, f.

5 Cf. Xénophon cité par ATHÉN., l. I, p. 15, e, et suiv.

La nouvelle aulétique de Thèbes.

La fin de la grande production dramatique et musicale coïncide avec l'effondrement de la puissance athénienne, suite des désastres de la longue guerre du Péloponnèse. Après Aristophane et Timothée l'ère des artistes créateurs est close, l'ère des virtuoses instrumentistes commence. Ce n'est plus l'invention jointe à l'exécution, mais l'exécution seule qui est l'objet du prix. Pendant le dernier acte du grand drame de l'existence nationale, lequel va
399-336 av. J. C. de la mort de Socrate jusqu'au règne d'Alexandre, une seule branche de l'art musical poussa encore quelques vigoureux rameaux : ce fut la musique instrumentale. Elle avait pour centre principal la patrie d'Épaminondas et de Pélopidas, la Béotie, qui procura à la liberté expirante de la Grèce ses derniers beaux jours. L'histoire de l'antique Hellade nous montre toujours la supériorité dans les arts musiques réunie à la possession incontestée de la puissance politique; au VIe siècle cette double primauté revient à Sparte, au Ve elle est conquise par Athènes, au IVe siècle, enfin, elle passe à Thèbes.

La pratique des instruments à vent, on se le rappelle, florissait depuis longtemps en Béotie. Déjà cinquante ans auparavant
450. l'artiste thébain Pronomos s'était fait apprécier et admirer dans Athènes (ci-dessus, p. 478). Sous son impulsion l'aulétique y avait acquis un crédit inusité et s'était répandue au sein des classes les plus éclairées; aussi fut-elle rangée un moment, à côté de la citharodie, parmi les branches de l'éducation : des hommes politiques, des littérateurs ne crurent pas déroger en faisant admirer leur talent d'amateurs aulètes[1]. Denys de Thèbes, dont le nom ne nous est connu que par une anecdote d'Aristoxène et une phrase louangeuse de Cornelius Nepos[2], est dépeint comme un maître classique pour la musique vocale aussi bien que pour
420-400? l'instrumentale; il paraît avoir vécu vers la fin du Ve siècle[3]. A la même époque appartient un autre virtuose renommé de l'école

[1] ARISTOTE, *Polit.*, l. VIII, ch. 6; ATHÉN., l. IV, p. 184, d; PLUT., *Vit. Alcib.*, ch. 2.

[2] PLUT., *de Mus.* (W., § XVIII). — « *[Epaminondas] citharizare et cantare ad chordarum* « *sonum doctus est a Dionysio, qui non minore fuit in musicis gloria quam Damon aut* « *Lamprus quorum pervulgata sunt nomina.* » CORN. NEP., *Epamin.*, § 2.

[3] On est disposé à l'identifier avec le père d'Antigénide. Cf. VOLKMANN, *Plut. de Mus.*, p. 125-126; DINSE, *de Antigenida Thebano musico* (Berlin, 1866, Schade), p. 27 et suiv.

béotienne, Chrysogone[1], lequel publia sous le nom d'Épicharme des poésies méliques[2].

Le mouvement musical reçut à Thèbes son impulsion définitive des réformes pédagogiques qu'y implanta Philolaos, un des plus v. 430 av. J. C
illustres adeptes de la philosophie pythagoricienne. « Voulant, » dit Plutarque, « calmer et adoucir dès l'enfance le naturel « impétueux des Thébains, le législateur mêla à tous les actes « d'importance ou de plaisir l'exercice des instruments à vent et « l'honora par des priviléges[3]. » Épaminondas lui-même donna à ses compatriotes l'exemple de son amour pour l'art national en se mettant à l'école d'Olympiodore et d'Orthagoras, deux v. 395.
maîtres renommés pour leur talent sur l'*aulos*[4]. De cette époque date la prédominance exclusive de l'école thébaine, titre de gloire tellement précieux aux yeux des compatriotes de Pindare qu'ils se consolaient même de la destruction de leur ville, dit-on, 335.
lorsqu'ils retrouvèrent au milieu des ruines cette inscription :

« La Grèce a proclamé Thèbes victorieuse au jeu de l'*aulos*[5]. »

C'est de là aussi que l'on doit faire dater l'institution ou du moins la renommée des grandes fêtes musicales de la Béotie, renommée qui se maintint longtemps après la perte de l'indépendance nationale. Des indices sérieux nous autorisent à supposer que vers le même temps les aulètes solistes de l'école thébaine avaient pris l'habitude de combiner la pratique du chalumeau avec celle de la flûte douce, usage qu'ils réussirent à faire

[1] Lorsqu'Alcibiade fit son entrée solennelle dans le port d'Athènes (408 av. J. C.), Chrysogone, revêtu de la *stola* pythique, donna la mesure aux rameurs en jouant sur l'*aulos* l'air nautique dit *triêrikon* (τριηρικόν). Duris ap. Athén., l. XII, p. 535, d. Plutarque (*Vit. Alcib.*, § 32) conteste l'exactitude de cette anecdote. Cf. v. Leutsch, *Metrische Studien*, dans le *Philol.*, T. XI, p. 724 et suiv. — L'instrument dont on se servait sur les trirèmes (αὐλὸς τριηρικός) était une flûte à sifflet (σύριγξ). Voir les citations réunies dans le susdit travail, p. 725 et suiv.

[2] Aristox. ap. Athén., l. XIV, p. 648, d.

[3] Plut., *Vit. Pelopid.*, ch. 19. — Voir ci-dessus, p. 271, note 3.

[4] Aristox. ap. Athén., l. IV, p. 184, d, e; Corn. Nep., *Epam.*, § 2. — Orthagoras est cité par Platon dans le *Protagoras*, p. 318, c.

[5] Dion Chrysostôme cité par Burette, *Rem.* CXLV. — Voici, dans l'ordre chronologique, les aulètes thébains cités sur les inscriptions des concours athéniens : Œniadès, fils de Pronomos (383 av. J. C.); Théon (334); Elpénor, fils de Timothée (319); Lycos (entre 291 et 270); Théon (270); Charès (date inconnue).

prévaloir dans l'exécution du nome pythique au concours de Delphes. Afin de dépeindre au naturel les sifflements du serpent Python blessé à mort, ils remplacèrent l'*odontismos* (p. 352) par un passage joué sur la flûte à sifflet ou *syringe*. Telle est probablement l'origine de la désignation (σύριγγες) donnée par Strabon à la dernière partie du nome pythique, et inconnue à la nomenclature originaire que Pollux a conservée[1]. Le nouvel usage trouva des opposants chez les autres aulètes grecs : cela nous est affirmé expressément pour Téléphane de Mégare (p. 277).

400-375 av. J. C. Antigénide est le chef de la nouvelle école thébaine. On ne dit pas quand il vécut ni quand il mourut, mais les dates essentielles de son existence d'artiste sont suffisamment déterminées par quelques synchronismes : il s'attacha à Philoxène comme aulète accompagnateur[2], avant le départ du célèbre poëte dithyrambique pour la Sicile; d'où l'on peut conclure qu'il alla habiter Athènes vers 404. Sa réputation s'était étendue dans tous les pays grecs vers 382, époque où il se fit entendre aux noces d'Iphicrate avec la fille du roi de Thrace[3]. On ne peut douter de l'impression profonde que le célèbre virtuose produisit sur ses contemporains; un mot attribué à Épaminondas en fait foi :

« Quelqu'un lui annonçant que les Athéniens avaient envoyé dans le Péloponnèse « des troupes équipées d'armes toutes neuves : *Eh bien*, dit-il, *Antigénide a-t-il peur « lorsqu'il voit des instruments nouveaux entre les mains d'un Tellis* (le plus mauvais aulète « de ce temps-là)[4]? »

Mais un témoignage plus imposant encore du mérite extraordinaire d'Antigénide, c'est la popularité que son nom avait conservée chez les Romains quatre siècles plus tard. Pour expliquer une renommée aussi persistante, il faut admettre qu'Antigénide laissa après lui des compositions remarquables, instrumentales à coup sûr, mais peut-être aussi vocales[5]. Comme exécutant il était

1 Voir la note de la p. 353.

2 SUIDAS, au mot Ἀντιγενίδης.

3 ATHÉN., l. IV, p. 131, b. — Cf. DINSE, *de Antigen. Theb.*, p. 15 et suiv. — Nous supposons Antigénide né vers 425; il aurait eu conséquemment 43 à 44 ans lors du mariage d'Iphicrate.

4 PLUT., *Apophth. Epam.*, 20.

5 Suidas dit de lui : ἔγραψε μέλη. Or ce dernier mot ne se dit pas, que je sache, de compositions instrumentales; en général de telles œuvres sont désignées par le terme κρούματα.

surtout admiré pour le moëlleux du son, la variété et le brillant de son jeu[1], qualités qu'il obtint principalement en usant d'anches plus souples que celles dont s'étaient servi ses prédécesseurs (p. 303). Néanmoins, tout en perfectionnant la technique instrumentale, Antigénide paraît avoir eu dans son art, aussi bien que dans son enseignement, une tendance essentiellement classique. Le grand critique Aristoxène, qui n'est guère plus jeune que d'une seule génération, a parlé avec éloge de l'artiste thébain[2]. Son mépris pour les applaudissements de la foule ignorante est caractérisé par deux jolies anecdotes :

« Voulant consoler un de ses disciples qui, bien que très-habile, avait été peu applaudi, « et l'encourager à reparaître devant le public avec toute la confiance nécessaire, il lui « dit : *joue pour moi et pour les Muses.*

« Se trouvant un jour au théâtre et entendant de loin le brouhaha du peuple qui « applaudissait un aulète : *il faut que ce soit bien mauvais*, dit-il, *autrement le public serait « moins prodigue d'acclamations*[3]. »

L'école d'Antigénide fut brillamment continuée par une pléiade de virtuoses dont quelques-uns ont échappé à l'oubli réservé à leurs pareils. Isménias, un des plus renommés, appartient à la génération suivante; il vécut sous Philippe de Macédoine 359-336 av. J. C
et fut captif chez Atéas, roi des Scythes[4]. Son habileté resta proverbiale[5], et ses compositions acquirent auprès du peuple une faveur qui leur fut amèrement reprochée par Dionysodore, aulète d'un goût plus sévère[6]. Timothée de Thèbes eut une 340-320?
célébrité plus grande encore : son nom a traversé les siècles environné de prestige[7], grâce à des légendes plus ou moins véridiques[8], grâce aussi probablement à la confusion qui s'établit

1 « *Tibicen quidam fuit Antigenidas, omnis voculae melleus modulator, et idem omnibus « modis peritus modificator; seu tu velles Aeolium simplex, seu Iastium varium, seu Lydium « querulum, seu Phrygium religiosum, seu Dorium bellicosum.* » APUL., *Florid.*, § 4.

2 MAHNE, *Diatribe de Aristoxeno* (Amsterdam, 1793), p. 155-156.

3 Cf. BURETTE, *Rem.*, CXLV.

4 PLUT., *Moral.*, p. 174.

5 DIOG. LAERT., l. VII, sect. 125. Cf. DINSE, *de Antigen. Theb.*, p. 57-59.

6 « L'aulète Dionysodore disait avec fierté que ses œuvres instrumentales n'avaient « pas été entendues sur des trirèmes, ni auprès des fontaines, comme celles d'Isménias. » DIOG. LAERT., l. IV, sect. 22.

7 Cf. LUCIAN., *Harmon.*, § 1.

8 Toutes ont la même donnée fondamentale : Alexandre saisissant ses armes à l'audition d'un morceau de caractère guerrier composé et joué par son musicien favori;

de bonne heure entre lui et l'illustre citharède milésien : ce qui est certain c'est que le grand Alexandre admirait l'aulète thébain pour son talent plein de virilité[1] et le combla d'honneurs. Enfin l'on peut inscrire un troisième nom, moins fameux, dans les fastes de l'école de Thèbes, au temps de la conquête macédonienne : celui de Caphésias[2].

A côté des aulètes béotiens, qui se rangeaient sous la bannière d'Antigénide, surgirent quelques autres virtuoses dont le nom
360-335 av. J.C. s'est transmis à la postérité. Dorion fut le chef d'une école rivale qui prit assez d'extension pour qu'Aristoxène s'en occupe : il laissa une réputation de bon compositeur[3]. Téléphane de Mégare ne fut pas moins fameux en ce temps, bien qu'il s'abstînt de participer au concours de Delphes[4] (p. 277). Évios de Chalcidée conquit également les suffrages de ses contemporains; il brillait surtout, paraît-il, comme aulète cyclique[5].

Citharistique. Bien que l'aulétique, avec ses timbres moëlleux et vibrants, fût destinée à rester le domaine privilégié des virtuoses antiques, le solo d'instruments à cordes, qui depuis les temps de l'école de Sicyone avait été cultivé sans aucun éclat, rentra, lui aussi, pendant le IVe siècle dans la voie du progrès et des succès. A en juger par les noms d'artistes qui nous sont parvenus, la citharistique fleurit principalement en Attique[6] et dans la Grèce orientale. Parmi les virtuoses appelés à la cour du roi de Thrace

on désigne tantôt le *nome à Athéné*, tantôt l'*Orthios*, tantôt l'*Harmation*. Cette anecdote est répétée trois fois chez Suidas (sous les mots Ἀλέξανδρος, Τιμόθεος, Ὀρθιασμάτων). Plutarque la met au compte d'Antigénide (*de Alex. s. virt. s. fort.*, *Or.*, § 2). Cf. DINSE, *de Antigen. Theb.*, p. 18 et suiv.

1 Le passage suivant d'Athénée prouve que les comiques ne s'en sont pas moins égayés sur son compte : « On se sert du mot *canarder* (χηνίζειν), en parlant de ceux qui « jouent du chalumeau. Diphilos, dans sa comédie intitulée *l'Attelage*, dit : Tu as « canardé! *Ainsi font tous ceux de la bande de Timothée.* » ATHÉN., l. XIV, p. 657, e. — Un fils de Timothée, Elpénor, figure comme aulète d'un chœur d'enfants sur une inscription athénienne de l'Ol. CXV, 1 (= 319 av. J. C.). RANGABÉ, *Antiq. hell.*, n° 986.

2 ATHÉN., l. XII, p. 538, f; l. XIV, p. 629, a, b.

3 PLUT., *de Mus.* (W., § XIV). Dorion est appelé κρουματοποιός par Athénée, l. VIII, p. 337, b.

4 Cf. DINSE, *de Antigen. Theb.*, p. 44.

5 Évios est mentionné en cette qualité sur une inscription athénienne de 319 av. J. C. C. I. Gr., n° 224. — Cf. ATHÉN., l. XII, p. 538, f; POLL. l. IV, sect. 79.

6 « De même que Thèbes avait ses familles d'aulètes, Athènes avait l'antique maison « des Eunides vouée de père en fils au culte de la cithare. » DINSE, *de Antigen. Theb.*, p. 27.

lors du mariage d'Iphicrate, nous rencontrons un cithariste origi- v. 382 av. J. C.
naire des environs d'Athènes, Céphisodote d'Acharnes[1]. Le chef
de l'école fut Stratonice. Aussi célèbre pour son esprit caustique 375-360.
que pour son talent musical, l'artiste athénien eut la chance,
après sa mort, de trouver dans le poëte Machon un historiographe v. 270
diligent à recueillir ses bons mots[2]. Il ne fut pas si heureux pour ce qui regarde son activité artistique : tout ce qui nous est parvenu à cet égard se résume en quelques mots du péripatéticien Phénias : « Stratonice d'Athènes paraît avoir introduit la « *polychordie* dans la musique pour cithare seule[3].... » Par polychordie l'on doit entendre ici des passages entiers en doubles cordes, et l'emploi systématique de cette sorte de traits; car nous savons que les artistes grecs n'avaient pas attendu jusque là pour intercaler quelques intervalles harmoniques dans le tissu de la mélodie vocale ou instrumentale. Au reste, l'innovation attribuée à Stratonice n'eut que la valeur d'un effet spécial, propre à la citharistique, et n'exerça aucune influence sensible sur le développement de l'art en général; après lui, comme avant, la polyphonie resta pour le musicien antique un élément de pure ornementation. Le célèbre cithariste transmit son talent de virtuose et ses connaissances musicales à de nombreux disciples : il ouvrit une école pour les sciences harmoniques, à l'usage des instrumentistes; le premier il rédigea une tablature de cithare[4].

[1] ATHÉN., l. IV, p. 131, b. — Cf. DINSE, *de Antigen. Theb.*, p. 13.

[2] ATHÉN., ch. VIII, p. 348, d, et suiv. — Voici quelques synchronismes qui permettent de déterminer à peu près l'époque où vécut Stratonice. Le roi Ptolémée, à qui l'artiste a dit le mot historique : « Autre chose, ô roi, est le sceptre, autre chose le plectre, » est Ptolémée Aloritès, roi de Macédoine, qui régna de 371 à 368. — Nicoclès, roi de Cypre, lequel, au rapport de Phénias, fit boire du poison à Stratonice, pour avoir ridiculisé ses fils, monta sur le trône en 374.

[3] ATHÉN., l. VIII, p. 352, c.

[4] Phénias dit de Stratonice que « *le premier* il prit des disciples pour la science « harmonique (μαθητὰς τῶν ἁρμονικῶν ἔλαβε) et composa un *diagramme*.... » Ces deux assertions, prises au pied de la lettre, sont en contradiction avec tout ce que l'on sait au sujet des anciennes écoles athéniennes. Aussi doit-on les rejeter complétement ou les entendre dans un sens relatif. C'est ce dernier parti que nous avons pris. Selon nous l'institut de Stratonice était une *école de musique*, et non pas une *école des arts musiques* (poésie, musique, danse), comme celles de Lasos et de Damon. Quant à son *diagramme*, nous y voyons un tableau destiné à servir de guide aux jeunes citharistes, et analogue à celui dont nous nous occupons au § IV de l'Appendice.

La musique à l'époque d'Alexandre. Le tableau qui vient d'être esquissé à grands traits nous
montre que si le génie et la force productrice avaient déserté
les hauts sommets de l'art, en revanche, le talent et l'habileté
technique s'étaient répandus parmi les artistes exécutants, musiciens et acteurs. D'autre part, le dilettantisme avait envahi
la population entière des villes et pénétrait même jusqu'aux
338 av. J. C. artisans et aux esclaves. A partir de la conquête macédonienne
l'on voit les théâtres ouvrir leurs portes en dehors des fêtes de
Dionysos; représentations de tragédies et de comédies, concerts
et concours, entremêlés de divertissements plus vulgaires, sont
devenus la distraction quotidienne d'une nation spirituelle et
toujours éprise du beau, mais énervée par la corruption. Philippe
336-323. de Macédoine flatta et favorisa le goût des Hellènes pour les
spectacles; Alexandre le partagea avec passion et fut un Mécène
sans pareil. Tous les événements de son règne féerique furent
célébrés par des fêtes théâtrales d'une magnificence inouïe.
334. Lorsqu'il partit pour la conquête de l'Asie, il emmena avec lui une
nombreuse suite d'acteurs et de musiciens, formant, pour ainsi
dire, sa troupe ordinaire et chargés d'embellir ses loisirs. Aux jeux
funèbres en l'honneur d'Héphestion il réunit jusqu'à trois mille
artistes, accourus à Ecbatane des divers cantons de la Grèce[1].
Parmi les réjouissances célébrées à Suse, lors des noces du jeune
329. conquérant avec la fille de l'infortuné Darius, figure un grand
festival, auquel prirent part les virtuoses les plus renommés de
l'époque. Un biographe d'Alexandre nous a laissé le compte-rendu de cette solennité curieuse[2], laquelle se décompose en trois
parties distinctes, et dût se répartir sur autant de journées. Si
l'on supprime les prestidigitateurs, qui paraissent tout au commencement, ainsi que les aulodes, l'ordonnance du programme,
quant à la succession des matières, est de tout point semblable
à celle que nous voyons observée, un siècle plus tard, dans les
grands agones de la fête des *Sotéries* à Delphes[3]. Nous allons
reproduire, en la paraphrasant, la description de l'historiographe,
pour ce qui regarde la partie musicale et dramatique. Et afin de

[1] LÜDERS, *die Dionysischen Künstler*, p. 104 et suiv.

[2] Charès ap. ATHÉN., l. XII, p. 538, b, et suiv.

[3] Cf. WESCHER et FOUCART, *Inscript. de Delphes*, n°s 3-6.

reconstituer une image plus vivante de ce genre de fêtes, nous nous permettrons de combler par conjecture une lacune du texte, en indiquant le nom des auteurs dont, selon toute probabilité, les œuvres furent exécutées aux noces d'Alexandre et de Statira.

PREMIÈRE PARTIE : *Concours des solistes.*

La séance fut ouverte par un *rhapsode*, Alexis de Tarente, lequel récita des fragments de l'épopée homérique.

Ensuite vinrent les *citharistes*, Cratinos de Méthymne, Aristonyme d'Athènes et Athénodore de Técs; chacun d'eux exécuta un *pythicon* ou sonate instrumentale de sa composition.

Puis vinrent deux *citharèdes*, Héraclite de Tarente et Aristocrate de Thèbes, qui chantèrent, en s'accompagnant, des nomes de Phrynis et de Timothée.

Après cette partie importante du programme, ce fut le tour des *aulodes*. Denys d'Héraclée et Hyperbole de Cyzique parurent accompagnés par leurs aulètes; ils chantèrent des élégies de Tyrtée, de Mimnerme et de Théognis.

Enfin la première journée se termina par le concours des *aulètes*. Cinq concurrents se présentèrent : Timothée de Thèbes, Phrynique, Caphésias, Diophante, Évios de Chalcidée. Chacun d'eux exécuta une sonate pythique de sa composition.

SECONDE PARTIE : *Concours des chœurs cycliques.*

Chacun des cinq aulètes susdits se fit entendre à tour de rôle dans un des *dithyrambes* chantés par les divers chœurs inscrits pour le concours; les œuvres choisies étaient de Philoxène et de Téleste, dont Alexandre s'était fait envoyer le texte et la musique[1].

TROISIÈME PARTIE : *Concours dramatique.*

Trois compagnies de *tragédiens*, dont les protagonistes étaient Thessalos, Athénodore et Aristocrite[2], exécutèrent chacune une œuvre d'Euripide ou de Sophocle.

Trois troupes de *comédie*, dirigées par leurs premiers acteurs, Lycon, Phormion et Ariston, jouèrent chacune une pièce choisie dans le répertoire d'Antiphane et d'Anaxandride.

Chacune des six troupes dramatiques avait son *maestro* accompagnant à la cithare (διδάσκαλος), son aulète[3], et sans doute aussi son chœur distinct. Il y avait en outre un accompagnateur suppléant (ψάλτης), nommé Phasimèle[4].

Cependant il s'en fallait que dans l'empire d'Alexandre tous les amateurs de musique fussent aussi enthousiastes de l'art à la mode que l'était le souverain. Une minorité de philosophes-musiciens protestaient contre les tendances musicales de leur temps,

[1] Voir ci-dessus, p. 497.

[2] Cf. LÜDERS, *die Dionysischen Künstler*, p. 120 et suiv.

[3] Voir les inscriptions des *Sotéries* de Delphes.

[4] C'est là au moins mon interprétation. Je ne sais comment expliquer autrement la mention de ce personnage : ψάλτης implique l'idée d'une fonction subalterne.

et ne voyaient le salut que dans un retour aux anciennes et saines traditions. Le chef de ce parti réactionnaire était le célèbre théoricien Aristoxène de Tarente, lequel devait avoir atteint la
319 av. J. C. trentaine lors du festival de Suse[1]. Dans sa jeunesse il avait eu d'autres sentiments pour la nouvelle école, lorsqu'il se fit le biographe de Téleste, qu'il avait vu, étant encore presque enfant, en Italie[2]. Mais plus tard il épousa avec ardeur les doctrines les plus étroitement conservatrices en fait de critique musicale. Tout ce qui s'était fait depuis la renaissance du chant individuel, au temps de Phrynis et de Timothée, était selon lui à condamner; Euripide et même Sophocle se trouvaient ainsi enveloppés dans l'anathème. Il accablait de ses sarcasmes les musiciens qui se pliaient aux goûts dépravés de la foule et avaient abandonné la grande manière classique de Pindare, de Simonide, de Phrynique et d'Eschyle pour adopter le style *agréable* et *enchanteur* tant prisé par les hommes du commun[3]. Ces lamentations sur la perte de l'ancienne musique chaste et idéale, ces protestations contre l'invasion de l'élément sensuel, la confusion des genres et la tyrannie du public grossier n'étaient pas nouvelles au temps d'Aristoxène. Nous les avons déjà rencontrées chez Platon (p. 486), et l'on sait que ce fut un des thèmes favoris de la comédie ancienne. La source n'en est pas douteuse : tout cela provient d'un fonds d'idées pythagoriciennes qui servit de base aux principes d'éthique enseignés dans l'école de Damon et sans doute aussi dans celle de ses successeurs, Ératocle, Agénor de Mitylène[4], Dracon. On sait que Platon fut disciple de ce dernier[5]. Au reste les mêmes critiques reparaissent chez les philosophes moralistes de l'antiquité récente, Cicéron, Quintilien, Plutarque;

[1] Nous le supposons né vers l'Ol. CV (= 360-357 av. J. C.). Il aurait connu en Italie vers 342, — à l'âge de 18 ans — le dithyrambiste Téleste de Sélinonte, né vers 420, donc âgé alors de 78 ans.

[2] Il paraît aussi avoir parlé avec éloge d'Antigénide. Voir ci-dessus, p. 571.

[3] Voir ci-dessus, p. 483, note 1, ainsi que le passage de Thémistios cité par MAHNE, *Diatr. de Aristox.*, p. 166-167.

[4] ARISTOX., *Archai*, p. 5, *Stoicheia*, p. 36-37 (Meib.). — Isocrate, qui florissait vers 385, a composé en faveur des enfants d'Agénor un plaidoyer qui nous est parvenu. — Sur Pythagore de Zacynthe, qui appartient probablement à la même période, voir ATHÉN., l. XIV, p. 637, c-f.

[5] OLYMPIODORE, *Vit. Plat.*; ANON., *Vit. Plat.*

de nos jours même elles se reproduisent, appliquées à l'art occidental, sans variantes notables, ce qui prouve que si la musique se modifie d'une manière prodigieuse dans le cours des âges, les sensations et les idées qu'elle éveille dans la nature humaine restent essentiellement les mêmes. Est-il nécessaire de dire que les doctrines esthétiques d'Aristoxène furent impuissantes à enrayer le mouvement? L'antiquité s'inclina devant l'éminent théoricien et en fit son oracle dans les choses de la science musicale; elle lut avec avidité ses ouvrages historiques et critiques, mais elle ne revint pas et n'aurait pu revenir à son ancien art. L'admirateur du passé eut beau vanter les mérites du genre enharmonique; cette succession d'intervalles minimes donnait des nausées aux nouvelles générations[1] : lui-même est forcé de l'avouer. Des artistes nourris dans le culte de l'art classique, après avoir essayé de lutter, se laissaient entraîner par le courant, sauf à échouer misérablement, comme il advint à ce Télésias de Thèbes dont Plutarque raconte, d'après le grand écrivain musical, l'instructive histoire[2].

Et cependant Aristoxène n'est pas un simple *laudator temporis acti*. C'est un penseur qui, jeune, a vu le suprême désastre de la patrie. Admirateur passionné de la Grèce des temps médiques, il a, tout autant que Platon, un sentiment très-profond de la solidarité étroite qui rattachait la grandeur et la stabilité des institutions de l'État à la pureté et à la sévérité des principes de production artistique. Ces changements dans la musique, insignifiants et presque puérils pour nous, sont à ses yeux les symptômes certains du mal qui ronge la société grecque, et qui, après lui avoir coûté la liberté politique, la conduiront inévitablement à son anéantissement; pour lui la décadence a commencé le jour même où la musique de concert est apparue avec Phrynis et Timothée, le jour où le virtuose est monté sur une estrade, non pour exercer son art à la gloire d'Apollon ou de Dionysos, mais pour obtenir les applaudissements de la foule ignorante et désœuvrée. Peut-on lire, sans être saisi d'un mouvement de

1 Cf. PLUT., *Quaest. conv.*, l. VII, 8, 1.

2 Voir ci-dessus, p. 497, note 1.

mélancolique sympathie, le passage suivant de ses *Propos de table*, où l'on croit entendre sonner le glas de l'antique culture hellénique?

« Il en est de nous comme des habitants de Pœstum, ville située près du golfe « Tyrrhénien. Autrefois Hellènes, ils ont désappris la langue et la culture de leur pays « d'origine et sont devenus Tyrrhéniens ou Romains. Une seule fête hellénique est « encore célébrée parmi eux; ce jour-là ils se rappellent les noms et les usages de la « patrie et ils se séparent en gémissant et en versant des larmes. — Et nous de même, « aujourd'hui que le théâtre s'enfonce tous les jours davantage dans la barbarie et que « l'art ne brigue plus que la faveur de la multitude, nous allons dans notre cercle étroit « célébrer une fête commémorative à la Musique du temps jadis. » ATHÉN., p. 637, a, b.

§ II.

La musique grecque après Alexandre.

Aristoxène et ses amis pouvaient avec raison célébrer les funérailles de la musique d'autrefois; l'art pur et sévère que la Grèce avait connu dans ses jours de gloire et de liberté était mort sans retour. Les chants inspirés de Pindare, disparus depuis longtemps du répertoire musical, n'occupaient plus que les érudits. Dans le théâtre, resté l'unique sanctuaire de l'art musical et dramatique[1], ni les tragédies d'Eschyle, ni les comédies d'Aristophane ne paraissaient plus[2]. A la vérité, Sophocle et Euripide se maintenaient dans la faveur du public et devaient s'y maintenir pendant des siècles encore, bien qu'avec une foule de changements et de coupures; mais l'audition de leurs magnifiques chants ne pouvait plus provoquer la création d'œuvres pareilles. Outre que l'imagination, cette faculté merveilleuse des nations jeunes, avait disparu, le mécanisme de la mélopée orchestique et le sens du rhythme s'étaient perdus depuis que les poëtes et les musiciens commençaient à former deux castes distinctes, révolution artistique qui s'accomplit pendant le IIIe siècle av. J. C.[3] En effet,

[1] Plutarque dit que de son temps il n'existait plus trace de la musique éducative et que tout le monde était adonné à la musique théâtrale. *De Mus.*, ch. 27; *Quaest. conv.*, l. IX, p. 1332. — Cf. PHILOSTR., *Vit. Apoll. Tyan.*, l. IV, ch. 21.

[2] L'*ancienne comédie* qui apparait dans les concours delphiques et béotiens est celle de l'époque de transition (Antiphane, Anaxandride, etc.).

[3] Dans les problèmes musicaux d'Aristote (ch. XIX, 20), le mot ποιητής exprime encore la double fonction d'écrivain en vers et de compositeur de musique.

aux temps où la composition poétique et musicale était une, la forme métrique, issue de la mélodie, se diversifiait à l'infini, suivant les hardiesses imprévues de l'inspiration. Maintenant le poëte ne créant plus lui-même la musique de ses chants, besogne abandonnée à un *mélographe*[1], dut couler ses vers dans un moule banal, et se borner à reproduire sans cesse les types les plus usuels de l'ancienne lyrique monodique[2]. A l'art vivant de la rhythmopée vinrent se substituer les formules mortes de la métrique. Aussi à partir de ce moment le *schéma* d'une poésie destinée au chant ne nous apprend plus rien de particulier sur le caractère mélodique du morceau, pas plus qu'elle ne pourrait le faire à l'époque moderne.

La déchéance de l'art antique se manifeste par un double fait. En premier lieu par l'apparition d'une lyrique artificielle, destinée à la lecture privée : création bâtarde que l'antiquité vieillissante a léguée aux nations de l'Occident chrétien. Beaucoup de poésies monodiques autrefois chantées furent désormais déclamées sans musique ; de ce nombre sont les *chansons ioniennes* (*ἰωνικὰ ᾄσματα*), dérivées de l'une des branches de l'*hilarodie*, et cultivées avec grand succès par Sotadès[3] (p. 124). La décadence se constate en second lieu par l'avilissement complet de la composition orchestique. Déjà languissant à la période antérieure, et n'ayant plus guère d'emploi ni de signification morale au milieu de l'affaiblissement du sentiment religieux et de la ruine totale de l'état politique[4], le chant choral perd toute dignité et toute grandeur : le dithyrambe n'est plus qu'un prétexte pour mettre en lumière l'habileté de l'aulète et du maître de ballet. Quant à la valeur poétique des productions de l'époque, on doit s'en faire une idée par le seul spécimen qui nous reste de cet art expirant, la triste cantate par laquelle Athènes salua son souverain Démétrius Poliorcète, lorsqu'il entra triomphalement dans la cité 311 av. J. C.

1 Parmi les branches enseignées à l'institut musical de Téos figure la *mélographie*.

2 Il est à remarquer que plusieurs de ces types passèrent à la postérité sous les noms de poëtes alexandrins : Glycon, Asclépiade, etc.

3 Cf. WESTPHAL, *Metrik*, 1re éd., T. III, p. 324 et suiv.

4 La plus récente inscription athénienne relative à un concours choral (C. I., nº 225) est de 270 av. J. C.

illustre, ayant à ses côtés la courtisane et joueuse de flûte Lamia. Le texte, dont l'auteur est inconnu, nous révèle toute l'abjection où étaient tombés les vainqueurs de Marathon, et la forme métrique, en parfait accord avec l'esprit de la solennité, suit le modèle des chants *ithyphalliques* (p. 408).

« Oh comme les plus grands et les plus aimés des Dieux sont les bienvenus dans « Athènes! Voici que ce jour nous amène Déméter et Démétrios. Elle vient, pour « célébrer les solennels mystères de sa fille; et lui, propice comme il sied à un Dieu, « apparaît souriant et beau. Majestueux spectacle de sa présence, tous ses amis en « cercle, et lui-même au milieu, comme si les amis étaient les astres et lui le soleil! « Salut, fils du puissant dieu Poséidon et de la déesse Aphrodite! Les autres dieux ou « sont trop éloignés ou n'ont pas d'oreilles : ils n'existent pas ou ils ne s'occupent pas de « nous. Mais toi, nous te voyons présent, non pas sous un simulacre de bois ou de pierre, « mais en réalité. Nous t'adressons nos prières... » ATHÉN., l. VI, p. 252, f, et suiv.

Stérilité subite et absolue, absence de toute production musicale, tel est le désolant spectacle que nous offre la période que nous abordons. Les compositeurs non exécutants de l'époque post-classique ne sont jamais mentionnés par les écrivains, et nulle part on ne rencontre de renseignements relatifs à leurs œuvres ou à celles des instrumentistes. Avec la conquête macédonienne l'activité créatrice des musiciens helléniques semble épuisée tout à coup; ce que nous trouverons désormais à glaner par ci par là se borne à des noms de virtuoses victorieux, conservés le plus souvent par des inscriptions. En définitive, l'histoire du développement intérieur de l'art antique est close. Une chose nous reste à raconter brièvement : la propagation de la pratique musicale dans tous les pays grecs, et de là dans les contrées lointaines de l'Orient et de l'Occident envahies par la civilisation et la culture helléniques. Cette propagation fut surtout l'œuvre d'une classe d'institutions née vers l'époque où nous sommes parvenus : nous avons en vue les confréries d'acteurs et de musiciens virtuoses, qui dans le langage du temps s'appellent *synodes de technites dionysiaques*[1].

Synodes dionysiaques.

L'établissement de cette sorte de colléges fut le résultat des mœurs et des habitudes de la société nouvelle. Dès que les jeux

[1] Voir spécialement à ce sujet LÜDERS, *die Dionysischen Künstler;* KEIFFER, *Agences dramatiques et Conservatoires dans l'antiquité*, dans la *Revue de l'instruction publique en Belgique.* Nouv. série, T. XVII, p. 173 et suiv.

de la scène et les auditions musicales, au lieu de cérémonies religieuses, célébrées de loin en loin, furent devenus un but de plaisir quotidien pour la foule, l'exercice de l'art, qui était jadis un culte, dut naturellement se convertir en une industrie. De nombreux théâtres ouvraient fréquemment leurs portes au public, lui offrant, à prix d'argent, un spectacle moitié concert, moitié représentation dramatique, combinaison qui depuis lors fut érigée en habitude. Les musiciens exécutaient leurs *solos* sur une estrade construite dans l'orchestre, à la place de l'ancienne *thymélé;* de là le nom d'artistes *thyméliciens* (*thymelici*) qui leur resta jusqu'à la chute complète du paganisme[1]. Le goût pour ces fêtes mixtes pénétrant de jour en jour plus profondément dans toutes les couches de la population, le nombre des acteurs et des musiciens s'accrut en proportion. Il se forma des compagnies qui allèrent de ville en ville, sous la direction d'un protagoniste, exhiber leurs talents[2]. De pareilles troupes, accompagnées parfois de jongleurs et de prestidigitateurs, abondaient déjà avant la conquête macédonienne. Comme dans la société moderne, la considération dont jouissaient les gens de théâtre et les virtuoses était fort inégale; tandis que la masse des artistes n'occupait qu'un rang infime dans l'estime publique[3], les rares élus de la faveur populaire étaient adulés, idolâtrés, gorgés d'argent, employés à des missions diplomatiques, honorés d'inscriptions flatteuses, voire même, après leur mort, de statues[4]. Dans les villes importantes on ressentit le besoin de réunir les meilleurs sujets, de leur garantir l'exercice stable et régulier de leur art. Par suite de leur rencontre habituelle

1 « *Thymelici erant musici scenici qui in organis et lyris et citharis praecinebant et* « *dicti* thymelici, *quod olim in orchestra stantes cantabant supra pulpitum quod* thymele « *vocabatur.* » ISID. HISPAL., *Orig.*, XVIII, 47. — « Aujourd'hui le mot *thymélé* désigne « cet endroit du théâtre où les aulètes, les citharèdes et autres virtuoses exécutent « leurs solos (ἀγωνίζονται). » PHRYNICH., p. 163 (Lobeck).

2 Ce mélange fut introduit pendant quelque temps à l'ancien concours pythique de Delphes. PLUT., *Quaest. conv.*, l. V, 2, 1.

3 Cf. ARISTOTE, *Probl.*, ch. XXX, 10.

4 « Pindare n'eut pas de statue dans sa ville natale, tandis que le chanteur Cléon en « obtint une, avec cette inscription : *Voici le fils de Pythéas, Cléon, le chantre de Thèbes,* « *celui qui, de tous les mortels, se ceignit la tête de plus de couronnes. Sa gloire s'éleva* « *jusqu'au ciel. Salut, Cléon, Thèbes ta patrie fut honorée par toi.* » ATHÉN., l. I, p. 19, b. — Cf. LÜDERS, *die Dionysischen Künstler*, p. 55 et suiv.

à toutes les grandes fêtes, les *artistes thyméliciens* unirent leurs intérêts avec ceux des *artistes scéniques*, et les deux classes d'exécutants prirent le nom commun d'*artistes dionysiaques* (*οἱ περὶ τὸν Διόνυσον τεχνῖται*)[1]. Ainsi naquirent, sous la protection des pouvoirs publics et revêtus d'un caractère religieux, ces corporations qui furent le dernier asile de la musique et du théâtre antiques. Leurs membres jouissaient d'immunités considérables : exemption du service militaire, inviolabilité de leur personne, etc., et se gouvernaient eux-mêmes en vertu d'une constitution consentie par la communauté entière et fondée sur le principe démocratique de l'élection. Ils appartenaient à toutes les catégories de musiciens-exécutants et de gens de théâtre : citharèdes, aulodes, citharistes, aulètes, tragédiens, comédiens, choreutes enfants et hommes faits; on voit figurer aussi parmi eux des poëtes, chargés de varier de temps en temps le répertoire par quelques productions nouvelles, ainsi que des maîtres (*διδάσκαλοι*) remplissant les fonctions multiples de directeurs de musique, de régisseurs, d'accompagnateurs à la cithare, et possédant toutes les capacités requises d'un *mélographe*. La plupart de ces compagnies ne fonctionnaient pas exclusivement dans les villes où elles avaient leur résidence, mais se rendaient aussi aux agones célébrés en d'autres contrées de la Grèce continentale ou de l'Asie mineure; quelques-unes mêmes passaient la plus grande partie de l'année en tournées artistiques[2].

Entre les nombreuses corporations de ce genre qui surgirent sur divers points de la Grèce européenne et asiatique, aucune n'a plus de titres à être prise comme type que le collége établi à Téos, patrie d'Anacréon et depuis des siècles un des principaux foyers du culte de Dionysos. Cette vaste confrérie, qui portait le nom d'*Association des artistes dionysiaques de l'Ionie et de l'Hellespont*, avait obtenu ses priviléges vers l'époque où fut instituée à Delphes
279 av. J. C. la grande solennité religieuse et musicale des *Sotéries* (p. 585).

[1] Cf. Plut., *Vit. Arat.*, § 53; *de Inim. util.*, § 3.

[2] Le nom des corporations indiquait, soit leur résidence ordinaire, soit les *agones* en vue desquels l'association s'était formée. A cette dernière catégorie appartiennent le synode des *Artistes de l'Isthme et de Némée*, celui des *Artistes de l'Isthme et de Piérie*, le *Saint-Synode pour les Némées et les Pythiques*.

En vertu d'un décret rendu par le conseil amphictyonique, ses membres furent appelés à paraître, comme troupe ordinaire, à ces solennités et à plusieurs autres, notamment aux agones de Thèbes et de Thespies. Les inscriptions de Delphes nous renseignent sur les éléments dont se composait le personnel artistique du collége de Téos; nous y voyons qu'il se recrutait par toute la Grèce, mais principalement en Béotie, en Arcadie, à Sicyone, Athènes et Argos. A la suite de commotions politiques survenues vers 150 av. J. C., le synode ionien se transféra de Téos à Ephèse. Ensuite il fixa son séjour, d'abord à Myonnésos, enfin à Lébédos; c'est ici qu'il se trouvait du temps de Strabon, vers le commencement de l'ère chrétienne[1].

v. 135 av J. C.?

Conservatoire de Téos.

Le collége de Téos n'était pas seulement une association volontaire de sujets tout formés, mais aussi une pépinière de futurs artistes. Une école y était annexée, non pas du même genre que les anciennes écoles d'Athènes, autant occupées de morale, de politique et de philosophie que de musique, mais quelque chose d'assez semblable aux conservatoires modernes : on y donnait à l'enfant une éducation élémentaire et technique, suffisante pour que, ses études terminées, il pût embrasser la carrière d'acteur ou de musicien. De tels établissements étaient devenus indispensables par suite de la direction qu'avait prise l'art en se vulgarisant. Lorsque, au temps d'Eschyle, les tragiques athéniens cessèrent de jouer eux-mêmes dans leurs pièces, ils avaient dû s'occuper de former des acteurs capables d'interpréter leurs œuvres avec toute la supériorité désirable; mais cet enseignement direct tomba de lui-même dès que les grands maîtres eurent disparu, et n'était plus praticable depuis que l'art dramatique, au lieu de rester concentré dans Athènes, s'était répandu partout. Les plus grands synodes dionysiaques furent donc amenés naturellement à devenir des *conservatoires de musique et de déclamation dramatique.* Nous avons quelques données sommaires relativement au programme des études suivi à l'école de Téos, grâce à une inscription où se trouvent relatés les noms des adolescents vainqueurs dans l'un des concours périodiques de l'établissement. Les branches de l'enseignement

[1] STRABON, l. XIV, ch. I, p. 643.

musical et dramatique mentionnées sur ce fragment de liste sont : 1° *le jeu des instruments à cordes au moyen des seuls doigts* (ψαλμός); 2° *la pratique complète du jeu de la cithare* (κιθαρισμός); 3° *le chant avec accompagnement de cithare* (κιθαρῳδία); 4° *la rhythmographie ou composition de dessins rhythmiques* (ῥυθμογραφία); 5° *la mélographie ou composition de musique vocale* (μελογραφία); 6° *le jeu de la comédie;* 7° *l'art du tragédien.* L'éducation que l'on donnait à Téos ne se bornait pas à ces seules matières; elle embrassait tout ce qu'à l'époque alexandrine un homme distingué était tenu de savoir : on y décernait des prix pour la récitation des poëtes, les connaissances générales, la peinture, le beau style et la course[1]. Des institutions analogues existaient en d'autres provinces de la Grèce et particulièrement à Chios; toutes ont en commun un trait assez surprenant pour des écoles de pratique musicale : les instruments à vent ne paraissent pas y avoir été enseignés; au moins ne figurent-ils pas dans les exercices scolaires ni à Chios, ni à Téos[2].

La dernière période de l'art en Grèce.

Grâce à ces associations, l'habileté des virtuoses, la vulgarisation des procédés techniques et du goût musical auront assez de puissance, sinon pour amener une renaissance de l'art, au moins pour retarder sa chute définitive pendant plus de cinq siècles encore, et pour provoquer en Grèce un dernier mouvement artistique qui ne fut pas sans éclat. Au IIIe et au IIe siècle avant J. C. nous voyons se produire de nombreuses auditions musicales en des endroits où l'on n'a connaissance de rien de semblable à

[1] Voici la traduction de l'inscription telle qu'on la lit actuellement (C. I. Gr., n° 3088) : « Cours des élèves les plus âgés. *Récitation épique dialoguée :* [prix] Zoïle, fils de Zoïle. « *Récitation simple :* le même. — Élèves d'âge moyen. *Récitation dialoguée :* Métrodore, « fils d'Attale. *Récitation simple :* Dionysiclès, fils de Métrodore. *Érudition :* Athénée, « fils d'Apollodore. *Peinture :* Denys, fils de Denys; lui-même fils de Denys, qui était « fils de Ménérate. (Ici une lacune.) — Élèves les plus jeunes. [*Récitation épique* « *dialoguée*] : Héraclée, fils d'Héraclée. *Récitation simple.... Beau style.... Course aux* « *flambeaux....* — [Concours musical et dramatique sans distinction d'âges]. *Jeu de* « *la cithare au moyen des doigts.... Exécution de morceaux pour cithare seule.... Citharodie....* « *Rhythmographie.... Comédie.... Tragédie.... Mélographie :* [Nicandre], fils de Nikias. »

[2] Les matières du concours musical de Chios sont la *récitation*, la *rhapsodie*, le *jeu de la cithare sans et avec plectre.* C. I. Gr., n° 2214. — Parfois il y avait dans les grandes solennités des concours spéciaux d'enfants pour la *citharodie* (C. I. Gr., n°s 2758 et 2759) et aussi, selon toute apparence, pour la *citharistique* et le *chant accompagnée de la flûte* (Cf. RANGABÉ, *Antiq. hell.*, n° 961).

une époque antérieure. Ces réunions de virtuoses furent pour l'institut de Téos ce qu'avaient été plusieurs siècles auparavant pour l'école des Terpandrides les jeux carniens (p. 319). L'un des agones les plus considérables faisait partie de la fête des *Sotéries*, fondée à Delphes après la défaite des Gaulois, en l'honneur de Zeus protecteur (*σωτήρ*) et d'Apollon pythien, lequel, par sa seule apparition, avait mis l'ennemi en fuite[1]. Quatre inscriptions très-bien conservées nous donnent au sujet du programme musical des *Sotéries* des indications détaillées. Nous y trouvons une énumération comprenant tous les membres du collége ionien employés pour chacune des parties de la solennité, et non pas seulement les virtuoses le plus en vue, d'où nous concluons que c'était là un festival plutôt qu'un concours[2]. On y voit tour à tour défiler des rhapsodes, des citharistes, des poëtes de *prosodion*, des citharèdes, des aulètes, plusieurs troupes de tragédie et autant de troupes de comédie; plusieurs groupes de choreutes : enfants, hommes faits[3], danseurs comiques; même les noms des costumiers ne sont pas omis[4]. En Béotie il y eut des agones non moins importants que ceux de Delphes; autant qu'on peut en juger par les monuments épigraphiques découverts jusqu'à ce jour, les plus fameux se célébraient à Orchomène, lors de la fête des *Charitesia*[5] (p. 566), et à Thespies, autour du sanctuaire des muses de l'Hélicon[6].

279 av. J. C.

[1] WESCHER et FOUCART, *Inscr. de Delphes*, Préf., p. x.

[2] Évidemment on ne peut considérer comme concurrents les costumiers, les choreutes individuels, ni même les seconds et les troisièmes rôles de la tragédie et de la comédie.

[3] L'emploi du chœur d'enfants et du chœur d'hommes n'est pas déterminé par l'inscription. On ne peut guère en assigner d'autre aux enfants que l'exécution de la danse pyrrhique, comme dans les concours des Panathénées (p. 565). Quant au chœur des hommes, il avait probablement à coopérer aux représentations des diverses troupes de tragédie, comme le ballet comique le faisait pour les troupes de comédie. MM. Wescher et Foucart, sans chercher à expliquer le rôle de ces hommes choreutes, croient que la tragédie se jouait sans chœur, ce qui me paraît de tout point inadmissible. Comment aurait-on fait pour se passer de cet élément dans certaines pièces très en vogue à cette époque, par exemple dans *les Bacchantes* d'Euripide?

[4] Je ne sais quelle fonction attribuer aux *chefs des aulètes* (διδάσκαλοι αὐλητῶν).

[5] C. I. Gr., nos 1583, 1584; LÜDERS, *die Dion. Künstl.*, p. 186, no 109. La première de ces inscriptions remonte au delà de 200 av. J. C.

[6] Cf. PAUSAN., l. IX, ch. 31. — La plus ancienne inscription relative à ce concours se trouve dans LÜDERS, *die Dion. Künstl.*, p. 186, no 110; elle a été également rédigée vers 200 av. J. C. (*Ib.*, p. 128); celles du C. I. Gr. se suivent ainsi dans l'ordre chronologique : nos 1587, 1585, 1586; la dernière appartient au règne de Septime-Sévère ou de Caracalla.

Une particularité assez intéressante distingue les fêtes musicales
de la Béotie : la séance est ouverte par un concours pour les joueurs
de trompette et pour les hérauts, innovation empruntée aux jeux
Ol. XCVI, 1. d'Olympie où la première lutte de ce genre eut lieu en 396 av. J. C.[1]
Nous constatons également l'existence de semblables solennités
au temple d'Amphiaros, dans l'antique cité d'Oropos, sur la
v. 200 av. J. C. frontière de l'Attique et de la Béotie[2]. L'agone pythique persiste
à Delphes malgré l'institution des *Sotéries;* même certains jeux
nationaux qui autrefois excluaient la musique paraissent l'avoir
admise pendant le dernier siècle de l'indépendance hellénique.
A quelques détails près, les matières du concours sont partout les
mêmes et se succèdent dans un ordre invariable (p. 575).

146. L'incorporation de la Grèce à l'empire romain ne modifia point
cet état de choses, loin de là : comme le firent les maîtres
de l'Italie à une époque voisine de nous, Rome, aussitôt sa
domination assise, s'attacha à consoler de la perte de sa liberté
le peuple asservi, en lui prodiguant sans mesure les jouissances
de la musique et du théâtre. Malgré la dépopulation graduelle de
l'Hellade continentale et l'émigration des artistes et des savants
vers des contrées plus prospères, les auditions musicales devenaient de plus en plus fréquentes. En Béotie, où Strabon ne
trouve plus à citer que deux villes dignes de ce nom, Tanagra et
Thespies, les concours au sanctuaire de l'Hélicon sont toujours
très-courus, et l'antique Thèbes, tombée au rang d'une bourgade,
possède sa confrérie d'artistes dionysiaques[3]. Plus activement bien-
veillants que la République, les empereurs romains accordèrent
29 av. J. C. – 14 apr. J. C. aux arts grecs une protection efficace : Auguste, pour perpétuer
le souvenir de sa victoire d'Actium, établit à Nicopolis de grands
agones musicaux qui prirent rang après les quatre jeux tradi-
98-117 apr. J. C. tionnels[4]; il dota Pergame en Asie d'une fête semblable. Trajan en
117-138. fit autant[5]. Adrien surpassa en munificence tous les autres Césars
et fut acclamé par ses contemporains comme le restaurateur de

[1] Cf. FORKEL, *Allgemeine Geschichte der Musik*, T. I, p. 278. Voir le § 1 de l'Appendice.
[2] RANGABÉ, *Ant. hellén.*, n° 965.
[3] LÜDERS, *die Dionys. Künstl.*, p. 92.
[4] DAREMBERG ET SAGLIO, *Dict. des Ant. gr. et rom.*, au mot *Actia*.
[5] C. I. Gr., n° 3208.

l'art hellénique. Ses voyages en Grèce et en Asie furent marqués par de nombreuses fondations de théâtres et d'institutions musicales[1]. Sous son patronage se fonda une compagnie dramatique qui embrassait dans sa sphère d'activité l'immense empire romain, et dont les troupes étaient disséminées sur toute l'étendue du monde civilisé, depuis la Grande-Bretagne jusqu'aux déserts de la Nubie et de l'Arabie. La compagnie portait un titre des plus pompeux : « *la sainte et grande Association voyageuse des artistes* « *musiciens et acteurs de tout l'Empire*[2]. » Commode lui-même, le 180-192 apr. J.C.
faible et féroce tyran, voulut jouer au protecteur de l'art grec; à Smyrne il y eut des agones décorés de son nom[3]. Durant les époques les plus brillantes de son histoire, la Grèce ne déploya pas une aussi grande activité musicale qu'au IIe et au commencement du IIIe siècle de notre ère. Un opulent dilettante athénien, Hérode Atticus, fit bâtir entre 160 et 170 un nouvel *Odéon*, petit théâtre spécialement destiné à des exhibitions de virtuoses[4]. Dans l'Hellade continentale, outre les jeux célébrés depuis des siècles, il y avait des concours à Athènes, à Sparte, à Mantinée, à Argos, à Thèbes, à Thespies, à Nicopolis; dans les villes de l'Asie mineure de pareilles fêtes avaient périodiquement lieu à chaque congrès ou réunion provinciale (*κοινόν*)[5]. La musique fut le dernier art de la société païenne. Rien ne manifeste avec plus d'éclat la persistance des traditions artistiques chez les Hellènes que le programme des luttes musicales, resté sans changements essentiels depuis les temps de Périclès : chant citharodique, solo pour instrument à vent, solo de cithare, jeu de l'*aulos* combiné avec un chœur chantant et dansant. Même l'antique danse pyrrhique n'est pas abandonnée sous l'empire romain; mais elle a dépouillé son caractère guerrier et s'est convertie en une pantomime dramatique[6]. Pour marquer la place importante

[1] On trouve des *jeux Adrianiens* à Athènes et à Éphèse. C. I. Gr., n°s 1720, 2810.

[2] C. I. Gr., n° 349.

[3] C. I. Gr., n° 1720, texte traduit à la page suivante.

[4] Cf. *Scenische Alterthümer* dans le *Philol.*, T. XXIII, p. 503.

[5] A Aphrodisias, en Carie, il y avait deux, peut-être même trois institutions de concours musicaux. C. I. Gr., n° 2758. — Cf. n°s 2741, 2759.

[6] « A notre époque la pyrrhique a pris jusqu'à un certain point le caractère diony- « siaque; elle est moins énergique qu'autrefois. Au lieu de javelots, les danseurs ont des

que la musique avait prise dans la vie sociale et l'admiration enthousiaste dont les artistes étaient l'objet, il nous suffira de reproduire cette inscription consacrée par ses concitoyens à un simple instrumentiste de la fin du IIe ou du commencement du IIIe siècle :

« La ville de Nicomédie, métropole et capitale de la Bithynie et du Pont, surnommée « Adrienne Néocore, sainte et inviolable, depuis longtemps l'amie et l'alliée du peuple « romain, [a honoré] à cause [de sa vertu] et des efforts qu'il a faits pour s'illustrer « F. Aelius Aurélianus Théodote, son concitoyen, également citoyen de Thèbes, « d'Athènes, de Smyrne, d'Éphèse, de Pergame, d'Antioche près de Daphné, mer« veilleux aulète soliste et accompagnateur de chœurs cycliques, qui, après avoir étudié « sous la direction de son propre père, le compositeur Rufus Philadelphe, a pu, le « premier et le seul de son époque, participer dès l'âge de seize ans aux concours des « hommes faits, et qui a été couronné aux *agones Capitolins* de Rome comme pythaule; « deux fois aux *Eusébia* de Pouzzoles; à Naples; aux *agones Commodiens* et *Olympiques* de « Smyrne; aux *Adriania* et *Héraia* (fêtes d'Héré) d'Athènes; à Némée; deux fois aux « *jeux Isthmiques;* deux fois de suite aux *agones d'Actium* comme pythaule et choraule; « aux *agones Pythiques* comme pythaule et choraule; au *congrès bithynien de Nicomédie* « comme pythaule, choraule, et vainqueur au *concours général;* au *congrès asiatique de* « *Smyrne* comme pythaule, choraule, et vainqueur au *concours général;* au *congrès* « *asiatique de Pergame* comme pythaule, choraule, et vainqueur au *concours général;* « ainsi qu'à un grand nombre d'autres concours, soit religieux, soit à primes. » C. I. Gr., no 1720.

Tous nos renseignements s'arrêtent soudain vers le milieu du IIIe siècle de notre ère, époque où s'annonce, en Orient comme en Occident, l'effondrement de la culture antique, battue en brèche par le christianisme, menacée par les barbares qui dès lors commencent à se ruer sur les provinces extrêmes de l'Empire. La destruction fut lente et graduelle. En 267 les Goths parurent sous les murs ruinés d'Athènes. En 394, dixième année du règne de Théodose, furent célébrés pour la dernière fois, après une durée de douze siècles, les jeux d'Olympie qui avaient marqué autrefois tant de dates glorieuses[1]. La Grèce antique avait cessé d'exister.

« thyrses; ils se jettent les uns aux autres des baguettes de férule (*narthex*) et portent « des torches; ils dansent des sujets relatifs à Dionysos, soit la conquête de l'Inde, soit « l'histoire de Penthée. On adapte à la pyrrhique de belles mélodies et des rhythmes « orthiens. » ATHÉN., l. XIV, p. 631, a, b. — Cf. MARQUARDT, *Römische Staatsverwaltung* (Leipsick, 1878, Hirzel), T. III, p. 531.

1 Cf. PAULY, *Real-Encyclopädie der classischen Alterthumswissenschaft* (Stuttgard, Metzler, 1848), au mot *Olympia*.

§ III.

Jusqu'ici nous nous sommes contenté de suivre pas à pas la marche de l'art grec dans son pays d'origine; mais avant de terminer ce travail, nous devons esquisser l'histoire encore mal connue de ses conquêtes au dehors. Du côté de l'Asie la musique et le théâtre se répandirent à la suite des armées d'Alexandre et de ses successeurs. Ce fut sans doute au festival de Suse (p. 474) que les peuples de la Perse entendirent pour la première fois la musique des Hellènes. Les Arsacides, possesseurs du trône des Parthes pendant près de cinq siècles, eurent à leur cour des artistes dionysiaques et y firent exécuter les tragédies d'Euripide; parmi ces princes, qui sur leurs médailles prennent le titre de *philhellènes*, l'on en cite un comme auteur de poésies grecques[1]. Plus loin à l'Orient, le royaume fondé dans la Bactriane par les lieutenants d'Alexandre étendit jusqu'au delà de l'Indus l'influence des arts helléniques : de là le drame sanscrit; de là probablement aussi les éléments principaux de la théorie musicale enseignée encore aujourd'hui aux bords du Gange. Sous les Sassanides, qui rétablirent l'ancien royaume des Perses après la chute de la dynastie parthe des Arsacides, la musique grecque, à la veille de périr dans son pays d'origine, ne cessa pas de conserver en Orient son prestige d'autrefois. Lorsque l'islamisme eut définitivement triomphé, des chanteurs persans, appelés à la cour des Khalifes, y devinrent les professeurs des Arabes et leur apprirent les principes de la musique et de la notation grecques[2]. Preuve irrécusable de l'ascendant tenace et profond que l'art des Hellènes exerça dans ces contrées : la plupart des rhythmes classiques de la lyrique persane sont pris aux littérateurs de la période

La musique grecque en Orient.

256 av. J. C. — 226 apr. J. C.

250-80 av. J. C.

226 apr. J. C.

[1] PLUT., *Vit. Crass.*, ch. 33. — Cf. TH. MOMMSEN, *Histoire romaine*, trad. franç. d'Alexandre (Paris, 1863, Franck), T. VII, p. 189.

[2] WESTPHAL, *Metrik*, T. II, p. 64. L'écriture musicale des Arabes est visiblement une imitation de celle des Grecs; ses tons prétendument divisés en tiers ne sont autre chose qu'une transcription des triades de la notation grecque.

alexandrine[1]. En résumé, la musique des peuples de l'ouest et du centre de l'Asie fut complétement hellénisée pendant les trois siècles qui précèdent l'ère chrétienne[2].

La musique grecque à Alexandrie.

332 av. J. C.

285-247.

En Afrique les destinées de l'art grec furent plus brillantes encore. Après que l'Égypte eut été incorporée à l'empire macédonien, Alexandrie devint la capitale de l'hellénisme cosmopolite, et hérita de la primauté intellectuelle qui jusque là avait été le partage exclusif d'Athènes. Les concours dramatiques dus à la munificence de Ptolémée Philadelphe attirèrent dans la nouvelle ville l'élite des littérateurs, pour la plupart grammairiens en même temps que poëtes, et produisirent une renaissance momentanée de l'art théâtral, personnifiée par la pléiade des sept tragiques alexandrins[3]. Selon toute apparence leurs œuvres, perdues à quelques titres près, étaient des imitations de la tragédie athénienne et avaient, comme celle-ci, des chœurs et des chants scéniques. D'autre part la musique instrumentale fut l'objet d'un culte enthousiaste parmi les habitants d'Alexandrie. Au commencement du IIIe siècle de notre ère Athénée nous montre ses concitoyens possédés d'une vraie fureur de dilettantisme :

« Les Alexandrins sont les plus musiciens de tous les peuples connus. Je n'entends « pas seulement parler de l'art de la citharodie; il est si répandu dans notre ville, même « chez les gens du commun et privés de toute éducation, qu'ils remarqueront tout de « suite la moindre erreur commise pendant l'exécution. Ils sont également très-habiles « à jouer des instruments à vent, soit les *flûtes parthéniennes* et les *chalumeaux enfantins*, « soit les *chalumeaux masculins*, que l'on appelle *parfaits* et *plus-que-parfaits*, soit les « *flûtes cithaństériennes*, » etc.[4]

On sait que sur cette antique terre d'Égypte la pratique des instruments avait atteint depuis des siècles un développement

[1] Les seize mètres d'Hâfiz énumérés par Westphal (*Metrik*, T. II, p. 65) ont évidemment une origine grecque. Les n°s 1, 2 et 3 sont des dactyles-épitrites; n° 4 est formé de la réunion de deux hémiambes; n°s 5 et 6 sont des tétramètres ioniques majeurs; n°s 7 et 8 des tétramètres ioniques mineurs, le second avec *anaclase;* n° 9, deux glyconiens premiers accouplés; n°s 10, 11, 13, 14, 15, 16, logaœdes; le n° 12 est douteux.

[2] Plusieurs instruments grecs, la *cithare*, la *sambuque*, le *psaltérion*, sont mentionnés dans le livre de Daniel (ch. III, v. 5), dont la rédaction se place entre 167 et 164 av. J. C. Cf. Reuss, *Introd. au livre de Dan.*, p. 227.

[3] Les poëtes qui, d'après Suidas, forment la pléiade sont Homère le tragique, Sosithée, Lycophron, Alexandre, Philiscos, Sosiphane et Dionysiade. Cf. Welcker, *die griechischen Tragödien*. Bonn, 1841, T. III, p. 1242 et suiv.

[4] Livre IV, p. 176, e, et suiv.

supérieur. Les Égyptiens possédaient des agents sonores plus variés que ceux des peuples établis sur le rivage opposé de la Méditerranée; de bonne heure ils avaient acquis l'habileté de les employer simultanément[1], procédé dont les Hellènes ne connaissaient que des applications peu nombreuses. Cet élément étranger se mêla dans une certaine proportion à l'art grec, sans toutefois lui apporter aucun progrès réel; il se traduisit par un goût prononcé pour les effets de masse, goût que plus tard les Romains trouveront encore moyen d'exagérer. A la procession quinquennale des Dionysiaques, qui eut lieu, avec un faste inoui, sous le règne du même Ptolémée, on vit paraître un ensemble musical de six cents exécutants, dont trois cents chanteurs et trois cents citharistes accompagnateurs[2]; en outre soixante satyres chantèrent aux sons de l'*aulos* la mélodie traditionnelle du *pressoir* (ἐπιλήνιον)[3]. On se rappellera enfin que l'orgue, l'instrument polyphone par excellence, est une invention alexandrine (p. 304). Malgré son amour effréné pour le jeu des instruments, la métropole de l'hellénisme n'a produit aucun virtuose célèbre, à l'exception d'un joueur de harpe, Alexandre, qui obtint de grands succès à Rome vers la fin du IIe siècle de l'ère chrétienne[4]. En revanche la nouvelle cité eut le mérite de répandre dans tout le monde méditerranéen la connaissance de la pratique et de la théorie musicales; elle resta le principal asile de la spéculation harmonique jusqu'à la fin de l'antiquité.

La musique à Rome. Origines.

Du côté de l'Occident, où les Grecs eurent des colonies depuis le VIIIe siècle avant J. C., et où ils se rencontrèrent avec des races apparentées à la leur, les conquêtes de la musique hellénique remontent à une date plus ancienne, et elles eurent une action décisive pour l'avenir. C'est à Rome que nous devons nous borner à en suivre les progrès. — Bien que les habitants du Latium fussent doués d'une assez médiocre organisation esthétique, on trouve chez eux, dès l'époque où commence l'histoire,

[1] Cf. CHAPPELL, *History of Music*, T. I, pp. 64, 399.

[2] Callixène de Rhodes ap. ATHÉN., l. V, p. 201, f. — Cf. AMBROS, *Gesch.*, T. I, p. 172 et suiv.

[3] ATHÉN., l. V, p. 199, a.

[4] IB., l. IV, p. 183, e.

les éléments d'un art autochthone : danses religieuses et nationales d'un caractère viril, auxquelles se joignaient des mélodies et des textes poétiques (un vestige de cette rude orchestique nous est parvenu dans la *litanie des frères Arvales*); chants relatifs à la vie de famille, les uns exécutés par des femmes (les *nénies* ou cantilènes de deuil), d'autres par de jeunes garçons (les *louanges des aïeux*); poésies satiriques destinées à être chantées avec une mimique bouffonne pendant les mascarades carnavalesques si chères aux peuples italiques (*saturae* et *chansons fescennines*)[1]. A cette période primitive la musique latine ne connaît qu'un seul instrument, la *tibia* à double tuyau, laquelle est à distinguer soigneusement de l'*aulos* des virtuoses grecs, ordinairement à tuyau simple. Le joueur de *tibia* ou *tibicen* accompagne toutes les catégories de chants : « Au temps de nos « aïeux, » dit Ovide, « son office était important et honoré; la « *tibia* résonnait dans les temples, dans les réjouissances, dans « les tristes funérailles[2]. » Cette pauvreté de moyens techniques, jointe à la sécheresse innée de l'esprit romain, à ses tendances exclusivement pratiques et utilitaires, fut un invincible obstacle au développement des éléments indigènes et empêcha l'éclosion d'un art original. Tandis qu'en Grèce la musique du culte, dégagée de la routine sacerdotale, produisit une lyrique chorale riche et variée, chez les Romains elle resta enchaînée à un rôle subalterne et se pétrifia entre les mains de corporations fermées à tout progrès[3]; le *tibicen* se fait entendre pendant le sacrifice, non pour entraîner l'âme vers des sphères plus élevées, mais pour forcer l'auditeur au silence[4]. De même la musique profane ne parvint pas à se débarrasser de sa rusticité primitive ni à élargir son étroit domaine. Tout ce que le talent musical des

[1] TH. MOMMSEN, *Hist. rom.*, trad. franç., T. I, p. 295 et suiv.

[2] OVID., *Fast.*, l. VI, v. 651.

[3] « Les *Salii* (*sauteurs*) furent peut-être la plus ancienne et la plus sainte des corpo- « rations sacerdotales; les *ludii* ou *ludiones* (*danseurs*) prenaient place dans tous les « cortèges religieux, dans les solennités funéraires. Après eux viennent les joueurs « d'instruments à vent; leur confrérie (*collegium tibicinum*) n'est pas moins ancienne que « celle des Saliens. » TH. MOMMSEN, *ib.*, p. 296. Cf. MARQUARDT, *Röm. Staatsverw.*, T. III, p. 410 et suiv., p. 219, etc.

[4] *Ib.*, p. 180 et suiv.

vieilles races de l'Italie a légué aux générations postérieures se réduit à deux formes métriques. La plus ancienne d'entre elles, le grossier *mètre saturnien*, probablement issu des *Saturae*, a un rapport intime avec les rhythmes gréco-romains auxquels puisa Archiloque (p. 333). Voici ses formes usuelles :

Quod re su - a di - fei - dens a - spe - re a - flei - cta[1]

L'autre rhythme auquel il est permis d'assigner une origine italique est le *dactyle tétramètre à terminaison écourtée;* selon un métricien du IVe siècle de l'ère chrétienne il aurait été emprunté aux pâtres calabrais, qui avaient l'habitude de s'en servir pour leurs chansons[2].

Quan-do fla - gel - la ju - gas i - ta juga.

En présence de son peu d'habileté et de sa stérilité sur le terrain de la musique, le peuple romain ne fut pas porté à cultiver cet art ni à l'honorer; il en abandonna la pratique à des non-citoyens, à des étrangers. Ce n'est pas par hasard sans doute que les deux compositeurs romains dont le nom a échappé à l'oubli étaient des esclaves. Ainsi que nous le remarquerons dans le court récit qui va suivre, tous les progrès et toutes les transformations artistiques qui s'accomplirent à Rome vinrent du dehors : de l'Étrurie, de la Grèce, de l'Égypte. Dès le commencement de la République nous voyons se produire une immigration constante de musiciens. Les premiers en date sont les Étrusques; ils apparaissent comme instrumentistes aulètes, comme danseurs mimes, et se font accueillir avec grande faveur pour leur talent d'exécution[3]. Toutefois leur influence s'effaça de bonne heure devant celle des Hellènes, plus étendue, plus féconde et destinée à rester prépondérante pour toute la durée du paganisme.

Influences étrangères.

509 av. J. C.

[1] Cf. Th. Mommsen, *Hist. rom.*, trad. franç., T. I, p. 300.

[2] Mar. Vict., *Art. gramm.* l. III, p. 122, éd. Keil.

[3] Tit.-Liv., l. VII, § 2.

Influences grecques.

Les importations musicales des Hellènes dans le Latium remontent à une époque assez reculée; la première paraît être le jeu des instruments à cordes. En effet la lyre n'est pas, comme la *tibia*, indigène dans la péninsule italique; selon une légende recueillie par Denys d'Halicarnasse elle y fut apportée par les Arcadiens[1]; et, bien que de bonne heure elle fût naturalisée à Rome et employée même dans certaines cérémonies religieuses[2], jamais les artistes romains n'eurent l'halileté de leurs maîtres helléniques à manier ce genre d'instrument[3]. Une autre importation non moins capitale, et pleinement historique, fut celle des divertissements de la scène[4]; elle se produisit alors que le théâtre athénien était déjà en complète décadence : aux *grands jeux* de
364 av. J. C. l'an 390 de Rome. Pendant les trois premiers jours de cette fête, qui en durait quatre, un échafaudage en planches fut construit aux frais de l'État dans l'arène, et des représentations dramatiques, composées de chansons satiriques à la mode latine (p. 592) et de ballets étrusques[5], y attirèrent une foule émerveillée. Dès ce jour Rome eut son théâtre, lequel revêtit la forme grecque, ainsi que l'atteste son nom *scaena* (*σκηνή*); les tréteaux en étaient accessibles aux bouffons de toute espèce et aux musiciens. Ces premiers essais dramatiques n'avaient pas d'action précise, pas de dialogue rédigé à l'avance; les colloques des personnages aussi bien que le texte de leurs chansonnettes étaient improvisés par les acteurs, selon l'inspiration du moment[6].

Théâtre romain.

Pendant plus d'un siècle le théâtre romain garda ce caractère essentiellement populaire, et ce fut encore d'une ville grecque que vint l'homme destiné à le diriger dans une voie de progrès sérieux. Andronicos de Tarente, appelé depuis, en sa qualité de citoyen romain, Livius Andronicus, professeur de grammaire, poëte et comédien, substitua le drame régulier à l'informe mélange de quolibets et de vaudevilles grivois qui jusque là formait tout le répertoire scénique des futurs maîtres du monde. Un an après

1 *Antiq. rom.*, l. I, ch. 33, éd. Reiske.
2 Marquardt, *Röm. Staatsverw.*, T. III, p. 181.
3 Voir Th. Mommsen, *Hist. rom.*, trad. franç., T. I, p. 303, note 2.
4 Le jeu osque des Atellanes était originaire de la Campanie, colonie hellénique.
5 Marquardt, *Röm. Staatsverw.* T. III, pp. 508, 522.
6 Th. Mommsen, *Hist. rom.*, trad. franç., T. II, p. 293 et suiv.

la fin de la première guerre punique il débuta au théâtre comme auteur et acteur. Bien que cet Hellène latinisé fût dépourvu de génie et d'originalité, et qu'il ne parvint jamais à se rendre maître de la langue des Romains, il n'en donna pas moins à leur théâtre sa direction définitive; la forme de ses pièces fut religieusement conservée par ses successeurs pendant la courte floraison de cette branche de l'art. Il suffira de nommer ici les personnalités principales. Naevius, le premier poëte latin dont on ait gardé le souvenir, composa, comme Livius, des tragédies et des comédies : les dramaturges postérieurs se bornèrent à l'un ou à l'autre genre. Ceux qui brillèrent dans la poésie tragique sont Ennius, son neveu Pacuvius et Accius; leurs œuvres ont disparu presque entièrement : nous mentionnerons aussi pour mémoire Sénèque, qui composa des tragédies sous Néron. Dans le genre comique nous rencontrons les deux grandes illustrations du théâtre latin : Plaute, auquel ses compatriotes accordèrent la première place, et Térence, le poëte élégant et fin; Cæcilius, un peu antérieur à ce dernier, n'est connu que de nom.

240 av. J.C. — 235-194. — 184-103. — 54-68 apr. J. C. — 207-184 av. J. C. — 166-160.

La tragédie latine.

On sait que toute cette littérature n'a de romain que la langue dans laquelle elle est écrite; sujets et formes sont empruntés à la Grèce. Excepté Naevius, qui essaya de créer une scène vraiment nationale, tous les tragiques latins se sont contentés d'adapter les drames d'Euripide et de Sophocle à la mesquine mesure du théâtre romain; leurs pièces ont pour titre *Andromaque*, *Iphigénie*, *les Bacchantes*, *Œdipe*, *Philoctète*, etc. Comme les originaux, elles ont des parties dialoguées écrites en iambes trimètres ou vers *sénaires* (les *diverbia*), et des passages destinés au chant, conçus en des mètres moins prosaïques. La partie musicale, décalque amoindri de celle de la tragédie grecque, se compose de *chœurs* et d'*airs* (*cantica*); les mélodies en étaient faites, non par le poëte, mais par un musicien de profession[1].

[1] « *Membra comœdiarum* (= dramatum) *sunt tria : diverbium, canticum, chorus.* DIOM., l. III, p. 491, éd. Keil. — « Diverbia *histriones pronuntiabant.* Cantica *vero tempera« bantur modis non a poeta sed a perito artis musicae factis.* » DONAT, Fragm. *de Com. et Trag.* La tragédie romaine connaissait aussi les chants dialogués. Voir l'exemple tiré des *Niptra*, drame de Pacuvius : GRYSAR, *Ueber das Canticum u. den Chor in den röm. Tragödie*, dans les *Sitzungs-Ber. der phil. hist. Cl. der k. Akad. der Wissensch.*, de Vienne, 1855, T. XV, p. 392 (30).

Le chœur, dont le nombre des membres était indéterminé chez les Romains[1], ne paraissait pas dans l'*orchestre*, réservé pour les sénateurs, les édiles et les magistrats[2]; il venait prendre place sur la scène, restée vide après la sortie des personnages, ayant à sa tête le *magister chori* (le coryphée) et précédé par l'aulète[3]. Les choreutes chantaient tantôt en se tenant immobiles, tantôt en exécutant quelques marches et évolutions fort simples : aucune trace de mouvements orchestiques proprement dits. Quant aux chants mis dans la bouche des acteurs, ils consistaient en monodies : leur accompagnement instrumental était exécuté par le *tibicen*, qui se tenait au fond de la scène pendant toute la représentation. Comme ces morceaux se trouvaient aux endroits les plus passionnés du drame, et où, par conséquent, la gesticulation du personnage absorbait le meilleur de ses facultés, on s'avisa d'un expédient assez bizarre, qui plus tard paraît avoir été souvent suivi à Rome : l'acteur se contentait de mimer le texte, tandis qu'une personne placée au fond de la scène, devant l'aulète[4], était chargée de le chanter. L'origine de cette combinaison incroyable est rapportée ainsi par Tite-Live :

« On dit de Livius qu'étant souvent rappelé par le public et pressé de répéter une « des ariettes qu'il avait chantée, il se trouva un jour enroué de fatigue : c'est pourquoi « il demanda aux assistants la permission de se faire suppléer [en tant que chanteur] « par un jeune garçon placé devant le *tibicen;* il put ainsi jouer le morceau avec des « mouvements plus animés, n'étant plus gêné en rien par l'exercice de la voix. De là « l'usage de faire chanter quelqu'un à la place des acteurs et de réserver leur voix pour « le dialogue. » Livre VII, § 2.

La musique dans la tragédie latine.

Un simple coup-d'œil jeté sur les fragments qui restent de la poésie mélique de ces vieux auteurs suffit à nous faire voir combien la mélodie dramatique des Romains resta en deçà de celle des Hellènes. Soit que la raideur et la sécheresse de la langue latine ne permît pas de reproduire les rhythmes indéfiniment variés des pièces originales, soit que la séparation du poëte et du musicien ait ici produit son effet inévitable, toujours est-il

1 Diom., l. III, p. 491, éd. Keil.

2 Vitruve, *de Architect.*, l. V, ch. 6 et 8.

3 « *Est igitur attente animadvertendum ubi et quando scena vacua sit ab omnibus personis : « ut in ea chorus vel tibicen audiri possit; quod quum viderimus, ibi actum esse finitum « debemus agnoscere.* » Donat, *Argum. ad Andr.*

4 Cf. Grysar, *Ueber das Cant. u. den Chor in der röm. Trag.*, p. 376 (14).

que les dramaturges latins n'essayèrent pas de s'approprier les magnifiques formes de leurs modèles. Ces formes même n'étaient plus intelligibles aux littérateurs romains : Cicéron et Horace ne voient que de la prose dans les vers de Pindare[1]. La plupart du temps les textes musicaux de la tragédie latine se composent de vers égaux appartenant à des types métriques d'un usage courant chez les poëtes grecs : anapestes ou dactyles, *bacchii* et péons. Les chœurs affectionnaient surtout le tétramètre dactylique[2]. En général, les parties chorales offraient moins d'intérêt musical que les cantilènes des acteurs[3]; l'accompagnement en était aussi moins soigné. Tandis que les airs se chantaient avec le chalumeau pythique, l'instrument des virtuoses, les mélodies des chœurs étaient simplement renforcées à l'octave aiguë par la *tibia chorale* à double tuyau[4]. Avant le lever du rideau l'aulète exécutait une introduction qui différait pour chacune des pièces. Ces morceaux étaient aussi bien connus que le sont de nos jours les ouvertures des opéras les plus populaires; en les entendant, les *dilettanti* savaient ce que l'on allait jouer, même sans que le programme du spectacle leur fût connu[5]. Ce fait paraît si remarquable à Cicéron qu'il s'écrie :

« Combien de choses nous échappent en musique qui sont saisies tout de suite par les « gens versés dans la matière! Au premier souffle de l'instrumentiste, ils diront : ceci est « de l'*Antiope* (de Pacuvius), ceci est de l'*Andromaque* (d'Ennius), alors que nous autres « profanes n'en soupçonnons encore rien. » *Acad.* I, l. II, ch. 7.

Au point de vue littéraire et théâtral, la comédie classique des Latins n'est pas moins exotique que la tragédie. Pas une seule La comédie latine

1 Voir ci-dessus, p. 466, note 2.

2 MAR. VICT., *Art. Gramm.*, l. III, p. 115, éd. Keil.

3 Cicéron, qui a cité avec éloges un grand nombre de *cantica* d'anciennes tragédies, ne parle jamais de chœurs. Dans les *Tusculanes* (l. III, ch. 19) il s'écrie à propos d'un air d'Ennius : « O le poëte admirable! O le beau chant! Qu'il est pathétique comme « sujet, comme paroles et comme mélodie! »

4 « *Quando enim chorus canebat, choricis tibiis, id est choraulicis, artifex concinebat;* « *in cantico autem pythaulicis responsabat. Sed quod paribus tibiis vel imparibus invenimus* « *scriptum, hoc significat quod, siquando monodio agebat, unam tibiam inflabat, siquando* « *synodio, utrasque.* » DIOM., l. III, p. 492, éd. Keil.

5 « *Hujusmodi adeo carmina ad tibias fiebant, ut, his auditis, multi ex populo ante* « *discerent quam fabulam scenici essent acturi, quam omnino spectatoribus ipsis antecedens* « *titulus pronuntiaretur.* » DONAT, *Frag. de Com. et Trag.*

pièce qui ne s'annonce comme la traduction ou l'imitation d'un original grec. Sujets, mœurs, costumes, tout nous transporte dans Athènes au temps de la domination macédonienne. Les auteurs principalement mis à contribution par les comiques romains sont Ménandre et Philémon, les deux plus éminentes personnifications de la comédie nouvelle. Térence va jusqu'à donner à ses pièces des titres complétement grecs. En un point néanmoins les auteurs latins se sont écartés de leurs modèles : par l'étendue et l'importance données aux parties chantées; à cet égard leurs œuvres sont même plus riches que celles de la dernière période d'Aristophane. Comment devons-nous expliquer cette particularité, assez étrange chez un peuple aussi peu musical ? Il est probable que la forme de l'ancienne farce théâtrale des Romains s'étant emparée de la faveur publique, Livius Andronicus dut jusqu'à un certain point faire entrer cet élément national dans ses imitations du théâtre hellénique. En somme la *comoedia palliata* du temps de la République n'est autre chose que la comédie de Ménandre mêlée d'ariettes dans l'ancien goût romain. Ni l'une ni l'autre n'a de chœur[1]; à Rome les entr'actes étaient remplis par des intermèdes musicaux qu'exécutait l'aulète[2].

La musique dans la comédie latine.

Grâce à la quantité considérable de comédies latines qui nous sont parvenues et aux indications contenues dans les manuscrits, nous pouvons nous faire une idée plus nette de la structure musicale du drame comique que de celle de la tragédie. Les auteurs et les manuscrits ne distinguent que deux éléments, les *diverbia* et les *cantica*, les scènes simplement parlées, et les passages destinés à la musique. Les *diverbia*, marqués par l'abréviation DV, sont tous versifiés en trimètres; d'autre part les *cantica*, lesquels portent l'indication C, ont pour rhythmes le *septenaire* (trochée tétramètre), l'iambe ou l'anapeste tétramètres, le trochée ou l'iambe dimètres, le péon ou le *bacchius*. En réalité toutefois les passages désignés comme *cantica* doivent se subdiviser en deux classes. Ceux qui sont entièrement versifiés en septenaires

1 « *Latinae comoediae chorum non habent, sed duobus membris tantum constant : diverbio* « *et cantico.* » DIOM., l. III, p. 491, éd. Keil.

2 Voir p. 596, note 3. A la fin du 1er acte du *Pseudolus* de Plaute l'acteur dit : « Il faut « que je rentre un moment.... Entretemps le *tibicen* charmera vos oreilles. »

se déclamaient sur un accompagnement d'instrument à vent. Les morceaux composés en des mètres différents se chantaient, accompagnés eux aussi par le jeu de la *tibia;* leur texte était mis en musique du commencement à la fin[1]. Lorsqu'au cours d'un pareil monologue le personnage passe d'un sentiment à un autre, le mètre change aussi, et avec lui se modifiait la mélodie et l'allure rhythmique. Ces airs à plusieurs mouvements étaient désignés dans les œuvres de Térence par les initiales M. M. C.[2] On ne doit pas s'imaginer que la musique des comédies parût dénuée d'importance aux yeux du public; le contraire est prouvé par cette circonstance que dans les livrets et dans les notices théâtrales (*didascalies*) le nom du compositeur était mentionné après ceux du poëte et du principal acteur. Un certain Marcipor, esclave d'Oppius, est désigné comme collaborateur musical de Plaute; Flaccus, esclave ou affranchi de Claudius, fit les mélodies de toutes les pièces de Térence. Lorsque l'on remettait au théâtre une ancienne comédie on en conservait la musique primitive : cette circonstance suppose l'usage habituel de la notation musicale à Rome dès le IIIe siècle av. J. C., ce qui, du reste, ressort à l'évidence d'un passage de Cicéron, où la connaissance des notes

[1] RITSCHL, *Opusc. philol.*, T. III, p. 1 et suiv. — Cf. BERGK, *Plautus*, dans le *Philol.*, T. XXXI, p. 229 et suiv. — Ritschl désigne le mode d'exécution propre aux passages lyriques par le terme *récitatif*, ce en quoi je ne saurais être d'accord avec lui. Chez les modernes le récitatif est une modulation sans mesure exacte, remplaçant la déclamation parlée et faisant conséquemment double emploi avec celle-ci.

[2] Ces trois lettres doivent probablement s'interpréter par *mutatis modis cantatur :* [ce morceau] se chante sur des motifs mélodiques variés. Cf. RITSCHL, *Canticum und Diverbium bei Plautus*, dans les *Opusc. philog.*, T. III, p. 40 et suiv. — « *Non enim omnia* « *iisdem modis uno cantico agebantur, sed saepe mutatis, ut significant qui tres numeros in* « *comœdiis ponunt quae continent mutatos modos cantici.* » « Tout dans une même ariette « n'était pas chanté sur les mêmes motifs mélodiques, mais souvent sur des motifs « différents, comme l'indiquent ceux qui mettent les trois lettres (M. M. C.) dans les « comédies dont les *cantica* contiennent des motifs divers. » — « *Saepe tamen mutatis per* « *scenam modis cantica mutavit, quod significat titulus scenae habens subjectas personis* « *literas* M. M. C. » « Néanmoins il a souvent varié ses morceaux de chant, en y intro- « duisant au cours de la scène des motifs divers, ce qu'indique le titre de la scène, « quand sous le nom des personnages on lit les lettres M. M. C. » DONAT, *Praef. in Adelph.* — Ces airs à plusieurs mouvements se rencontraient aussi dans la tragédie latine. Voir le fragment de l'*Alcméon* d'Ennius et celui de l'*Alexandre* du même poëte cités par GRYSAR, *Ueber das Canticum u. den Chor*, p. 381-382 (19-20).

est rapportée à une antiquité lointaine[1]. Les compositeurs dramatiques de Rome attachaient une grande importance au timbre des *tibiae* doubles appelées à accompagner leurs mélodies : les didascalies de Térence précisent pour chacune des pièces le genre d'instrument que l'auteur avait mis en œuvre[2]. La musique de l'*Andrienne* (*la jeune fille d'Andros*) fut composée pour des *tibiae égales*, graves ou aiguës à volonté; celle de *l'Eunuque* pour deux *chalumeaux graves;* la première partie du *Bourreau de soi-même* était accompagnée par des *tibiae inégales*, lesquelles, au cours de la pièce, cédaient la place à deux *tibiae graves;* dans *Phormion* on se servait de *tibiae inégales;* dans *la Belle-mère* de *tibiae égales* (graves ou aiguës); dans *les Frères* le musicien avait employé des *flûtes aiguës* dites *Sarranae* (*tyriennes*)[3]. Et, si nous devons en croire le témoignage du grammairien Donat, le choix de l'instrumentation n'était pas déterminé par un caprice du compositeur, mais par des motifs esthétiques[4].

Dépérissement de l'art romain.

Peut-être y avait-il dans le *canticum* du drame latin le germe d'un style national en musique, mais ce germe ne fructifia point, soit que le sol romain fût trop ingrat pour la mélodie, soit que la croissance exubérante de la musique grecque ait étouffé à sa naissance l'art italique. Celui-ci fut entraîné dans l'avortement de la littérature théâtrale, lequel se manifeste déjà après Térence. Pendant des siècles on composera encore à Rome des tragédies et des comédies, mais il n'y aura plus d'Ennius, de Pacuvius, de Plaute, ni de Térence. Ce serait toutefois une erreur de croire

[1] « D'après Caton il était d'usage qu'aux festins de nos ancêtres les convives « chantassent au son de la *tibia*, chacun à son tour, les exploits et les vertus des hommes « illustres. D'où l'on peut voir que *dès lors il y avait des chants notés musicalement* et des « textes poétiques (*ex quo perspicuum est et cantus tum fuisse descriptos vocum sonis*, « *et carmina*). » Cic., *Tusc.*, l. IV, ch. 2. — L'écriture musicale dont il s'agit ne pouvait être autre que la grecque.

[2] Il en était également ainsi dans les didascalies de Plaute, à en juger par celle de *Stichus* que Ritschl a mise au jour. Cf. *Parerga*, T. I, p. 249 et suiv. Voici ce qui s'y trouve relativement à la musique : « *Modulatus est Marcipor Oppii, tibiis Sarranis totam.*

[3] Cf. Dziatzko, *Ueber die Terentianischen Didaskalien*, dans le *Rheinisches Museum*, nouv. sér., T. XX et XXI. — Les *tibiae sarranae* ou *tyriennes* étaient peut-être identiques avec les petits hautbois phéniciens dits *gingras* (ci-dessus, p. 284). En latin on trouve *gingrina*, instrument à vent usité dans les cérémonies funèbres, *gingriator*, *gingrio*, etc.

[4] Voir le passage traduit au T. I, p. 364, note 4.

que la population romaine comprît de prime abord les beautés de l'art étranger. Lorsque la musique grecque se fit entendre pour la première fois à Rome, pendant les jeux célébrés à l'occasion des victoires du général Lucius Anicius en Illyrie, bien 167 av. J. C.
qu'elle fût interprétée par les plus habiles virtuoses de l'époque, elle y fit un *fiasco* si complet que pour opérer une diversion on imagina d'imposer aux aulètes un charivari accompagné d'un combat grotesque[1]. Mais les relations de jour en jour plus suivies avec la Grèce, les voyages et les guerres des Romains dans les pays de l'Est, la contagion du goût qui régnait à Naples et en Sicile, où la musique et le théâtre étaient complétement hellénisés, toutes ces causes diverses eurent pour résultat de créer à Rome un public préparé à jouir de plaisirs artistiques plus délicats que ceux d'autrefois.

Introduction définitive de la musique grecque à Rome.

La première apparition des compagnies dionysiaques, — musiciens, danseurs et déclamateurs — qui parcouraient depuis longtemps la Grèce, l'Asie mineure et toutes les contrées hellénisantes, eut lieu après la destruction de Corinthe, l'année même où, sous le nom d'Achaïe, l'Hellade devint une province romaine[2]; 146.
cette apparition, renouvelée de plus en plus fréquemment, exerça à Rome une influence aussi décisive sur l'avenir de la musique qu'à Paris le séjour des bouffons italiens en 1752 : on sait que l'ancien opéra français reçut par là le coup de mort. La Grèce vit alors le commencement de sa revanche; conquise matériellement, elle entreprend la conquête morale de son brutal envahisseur

[1] « Il (L. Anicius) manda de Grèce les artistes les plus renommés, et une scène « très-vaste ayant été construite dans le Cirque, on fit paraître d'abord tous les aulètes. « C'étaient Théodore le Béotien, Théopompe, Hermippos de Lysimachie, artistes « excellents. On leur ordonna de se ranger sur l'avant-scène et d'accompagner le chœur, « tous ensemble. Comme ils exécutaient leur partie avec les mouvements voulus du « corps, le général leur fit dire de ne pas bien jouer, mais d'engager un combat. Les « aulètes ne comprenant pas bien ce qu'on voulait d'eux, un des licteurs leur prescrivit « de faire demi-tour et de fondre les uns sur les autres à la manière d'un engagement « militaire. Ayant compris alors, ils prirent les mouvements orchestiques propres à une « telle extravagance et commencèrent une grande mêlée.... Pendant qu'ils luttaient en « bataille rangée, deux acteurs de pantomime accompagnés d'une symphonie (d'*auloi*) « parurent dans l'orchestre, et quatre lutteurs flanqués de joueurs de trompette mon- « tèrent sur la scène; et tout le monde s'escrimant chacun de son côté, il s'en suivit un « spectacle indescriptible. » Polyb. ap. ATHÉN., l. XIV, p. 615, b.

[2] Cf. LÜDERS, *die Dionysischen Künstler*, p. 94.

et y réussit sans peine. Toute l'existence de la bonne société fut bientôt organisée à la mode grecque. Aussi dès lors voit-on entrer les arts musiques dans le programme de l'éducation
133-121 av. J.C. romaine[1]; déjà du temps des Gracques il y avait des écoles de danse et de chant, fréquentées par des enfants de bonne maison, garçons ou filles. Chez les jeunes filles surtout on attachait un grand prix à l'instruction musicale : jouer d'un instrument à cordes et même composer étaient des talents féminins assez ordinaires vers la fin de la République[2].

Toutefois cet état de choses ne s'établit point sans soulever une opposition ardente de la part des citoyens de vieille roche.
130. Scipion Émilien tonne contre les écoles de musique et de danse[3];
Cicéron déplore le goût de ses contemporains, lesquels, au lieu de se complaire, comme lui, à la simplicité sévère des cantilènes composées pour les tragédies de Livius et de Naevius, les altèrent par des raffinements d'exécution selon la mode du jour[4]. Les partisans du théâtre national provoquent la reprise de l'ancien
v. 70. répertoire avec des acteurs éminents et une mise en scène plus soignée[5]. Le gouvernement lui-même ne resta pas neutre dans la lutte; il publia en 115 av. J. C. un décret qui prohibait l'exercice de l'art étranger en public, et ne permettait que l'ancienne *tibia* romaine et la comédie atellane[6]. Mais rien ne put détourner la direction du goût public : la musique indigène, réduite au silence par la technique supérieure des Hellènes, n'eut bientôt plus d'autre refuge que le temple et la famille.

Victoire définitive de l'art grec. Lyrique.

Au siècle précédent on copiait la plus récente production du génie hellénique, le théâtre; maintenant on remonte plus haut dans le passé, et l'on s'approprie les genres poétiques qui expriment les sentiments personnels : l'élégie amoureuse, l'ode lesbienne et anacréontique. Bien que chez les Grecs eux-mêmes la poésie élégiaque fût à peine comptée comme un genre mélique,

1 TH. MOMMSEN, *Hist. rom.*, trad. franç., T. VI, p. 67, et l. VIII, p. 291 et suiv.
2 Cf. FRIEDLÄNDER, *Mœurs rom.*, trad. franç., T. III, p. 392 et suiv.
3 MACROBE, *Saturn.*, l. II, ch. 10.
4 CIC., *des Lois*, l. II, § 15 (éd. Didot, T. IV, p. 388-389).
5 TH. MOMMSEN, *Hist. rom.*. trad. franç., T. VIII, p. 232.
6 Cassiodore cité par FRIEDLÄNDER, *Mœurs rom.*, trad. franç., T. III, p. 351.

elle se chantait encore assez souvent à Rome[1], et peu de vers
appellent la mélodie comme ceux de Tibulle. La poésie lyrique des 54-19 av. J. C.
Romains était conçue pour l'exécution chorale[2]; mais, de même
que les strophes lesbiennes dont elle s'inspirait, on la chantait
le plus souvent à voix seule sur des mélodies sans prétention et
avec l'accompagnement discret d'un instrument à cordes[3]. Le
premier poëte latin qui ait acquis quelque notoriété dans cette
branche de la littérature est Laevius; ses œuvres ont disparu à de né v 114
minimes fragments près; son souvenir même s'est presque complétement effacé[4]. Catulle, le plus musical de tous les lyriques 87-54.
romains, a imité dans ses ravissantes chansons d'amour les textes
et les rhythmes de Sappho; ses *galliambes* (p. 177), destinés sans
doute à être chantés aux sons des chalumeaux *élymes* (p. 291), se
rattachent à des modèles alexandrins[5]. Horace n'a pas autant 65-8.
d'émotion ni de tendresse, mais il surpasse son prédécesseur en
vigueur et en fermeté; s'il ne lui fut pas donné, non plus qu'aux
autres poëtes de Rome, d'être créateur, dans le vrai sens du mot,
il eut du moins le rare mérite de rappeler à la vie et de popu-
lariser en Occident les formes strophiques et métriques créées par
Archiloque, Alcée et Sappho.

Une seconde variété du chant monodique accompagné d'instru- Citharodie
ments à cordes, mais dans laquelle l'élément musical tenait une

[1] Aulu-Gelle (l. XIX, ch. 8) décrit un festin donné à la campagne, près de Rome, par un jeune et riche dilettante natif de l'Asie mineure. Il y avait là un chœur composé de jeunes gens des deux sexes, lequel chanta après le repas, en s'accompagnant d'instruments à cordes pincées, des poésies d'Anacréon et de Sappho, *ainsi que des idylles érotiques de poëtes modernes.*

[2] « *Lyrica.... chorum et lyram poscunt.* » Pline le jeune, *Lettres*, l. VII, 17.

[3] Malgré l'opinion commune, on peut tenir pour certain que les lyriques du siècle d'Auguste, en écrivant leurs vers, n'ont pas eu en vue la lecture publique ou privée. Horace appelle lui-même ses odes *des paroles destinées à se marier aux cordes* (*Carm.*, l. IV, 9), et il dit *cantare Catullum* (*Sat.*, I, 10, 19). D'ailleurs la plupart des rhythmes d'Horace et de Catulle sont absolument rebelles à la diction parlée. — Il est inutile de supposer que les mélodies sur lesquelles se chantaient ces poésies fussent anciennes; des types aussi usuels étaient certainement mis tous les jours en musique, même par de simples amateurs, aussi bien que nos couplets de chanson. Cf. Friedländer, *Mœurs rom.*, trad. franç., T. III, p. 352 et suiv.

[4] Ce qui reste des poésies de Laevius est cité tantôt sous le nom de Livius, tantôt sous celui de Naevius. Cf. Weichert, *Reliq. poet. lat.* (Leipsick, 1830, Teubner), p. 19-88.

[5] Cf. Christ, *Metrik*, p. 523.

plus grande place, la citharodie, fut également importée à Rome vers les derniers temps de la République. Remarquons qu'il ne s'agit point ici, comme dans le drame et la poésie lyrique, de l'appropriation d'un art étranger à l'idiome national; jamais le latin ne fut adopté par les virtuoses pour leurs airs de concert. Jusqu'à la fin de l'antiquité le grec resta ce qu'est chez nous l'italien depuis le XVIIe siècle : la langue par excellence du chant de grand style. La citharodie s'acclimata donc à Rome sans rien perdre de son caractère exotique; même dans l'apparat dont on l'entourait, elle garda fidèlement son empreinte hellénique[1] : l'artiste se présentait devant le public revêtu du costume en usage depuis des siècles aux agones de Delphes, et offrant dans tout son aspect extérieur le type immortalisé par l'*Apollon citharède*[2]. En général, les noms des fameux chanteurs de l'époque romaine sont grecs. Le plus ancien artiste occidental qui excella dans cette branche de l'art fut le Sarde Hermogène Tigellius, souvent mentionné dans les *Satires* d'Horace, et, de son temps, la plus grande célébrité musicale de Rome, comme chanteur et comme instrumentiste[3]. Il vécut dans l'intimité de Jules César, de Cléopâtre, d'Auguste, et eut pour ami Cicéron, avec lequel son arrogante susceptibilité et son humeur capricieuse le brouillèrent. Les plus fières patriciennes briguaient, pour elles-mêmes ou pour leurs filles, l'honneur d'être ses écolières[4] : trait de mœurs étranger à la Grèce, où les *hétaires* seules se livraient à la pratique de l'art. Bien que Tigellius, outre son talent de chanteur, possédât aussi celui de compositeur[5], et que même il écrivît le texte de quelques-uns de ses chants[6], on ne peut douter que son répertoire de concert, comme celui de tous les citharèdes contemporains, ne consistât en compositions grecques dans le genre de celles dont Timothée avait donné les modèles : soit des cantates narratives, soit des hymnes à quelque divinité. La partie instrumentale de

[1] « *Graeca illa certamina vel in cantibus, vel in fidibus, vel in vocibus, vel in viribus.* » St Cyprien cité par FRIEDLÄNDER, *Mœurs rom.*, trad. franç., T. III, p. 382.

[2] Cf. GRYSAR, *Ueber das Canticum u. den Chor*, p. 409 (47) et suiv.

[3] Cicéron le qualifie d'*aulète élégant* (*bellus tibicen*). Cf. GRYSAR, *Ib.*, p. 406 (44).

[4] GRYSAR, *Ib.*, p. 405 (43) et suiv.

[5] *Cantor tamen atque optimus est modulator.* » HOR., *Sat.*, I, 3, 129.

[6] Cf. GRYSAR, *Ueber das Canticum u. den Chor*, p. 407 (45).

ces morceaux était importante et le public exigeait autant d'habileté pour l'accompagnement que pour la partie vocale[1]. Pendant la durée entière de l'empire romain, la citharodie fut de toutes les branches de la virtuosité musicale la plus estimée, partant la mieux payée, et celle qui procurait aux artistes en renom les bonnes fortunes les plus enviables[2].

La pantomime. 30 av. J. C.

Après l'annexion de la Grèce, la poésie lyrique et la citharodie avaient pris pied à Rome; après la conquête de l'Égypte, ce fut le tour du ballet et de la musique instrumentale des Alexandrins. On a l'habitude de fixer à l'an 22 av. J. C., neuf ans après la bataille d'Actium, l'introduction de la pantomime (*pantomimus*)[3], genre de spectacle où le théâtre romain célébra ses plus grands triomphes, et qui subsista après tous les autres sur les ruines de la société païenne. L'action représentée par une troupe de danseurs s'expliquait à l'aide de chants dont l'exécution était confiée à un chœur[4]. Un nombreux orchestre rehaussait l'effet musical de l'ensemble ; il se composait d'instruments à vent aigus et graves (flûtes et chalumeaux) auxquels se joignaient beaucoup d'instruments à percussion propres à faire ressortir l'accompagnement rhythmique[5]. La pantomime antique remplissait dans la vie romaine au temps des Césars une place analogue à celle qu'occupe l'opéra dans la société moderne. Son importation est communément attribuée à Pylade de Cilicie[6] et à Bathylle d'Alexandrie,

[1] LUCIAN., *Imag.*, § 14. — Cf. GRYSAR, *Ueber das Canticum u. den Chor*, p. 413 (51).

[2] Cf. GRYSAR, *Ib.*, p. 414 (52).

[3] FRIEDLÄNDER, *Mœurs rom.*, trad. franç., T. III, p. 369 ; LUCIAN., *de Saltat.*, § 34.

[4] GRYSAR, *Ueber die Pantomimen der Römer*, dans le *Rheinisches Museum* de 1834, p. 30 et suiv.

[5] « Les spectacles et les concerts n'exhibent qu'une seule manifestation de l'activité « artistique, soit l'instrument à vent, soit la cithare, soit la mélodie vocale, soit la « représentation tragique ; l'acteur de pantomime, au contraire, jouit de la totalité « de ces choses réunies et montre au grand jour leur appareil varié et complexe : « *chalumeau, flûte, percussion du pied, bruit des crotales, beaux accents de l'acteur, unisson* « *des chanteurs.* » LUCIAN., *de Salt.*, § 68. Cf. *Ib.*, § 63. — Ovide (*Remed. amor.*, v. 753-754) ajoute aux instruments à vent la cithare et la lyre. — Sur la polyrhythmie alexandrine, voir ci-dessus, p. 42. — « La mesure était marquée par un instrument appelé *scabillum*, « attaché aux semelles de chacun des choristes, ou posé à terre à côté de lui. L'appareil « était formé de deux plaques qui s'entrechoquaient à chaque battement du pied. » FRIEDLÄNDER, *Mœurs rom.*, trad. franç., T. III, p. 369-370.

[6] SUIDAS, au mot Πυλάδης.

affranchi de Mécène. Néanmoins le drame mimé n'était pas chose nouvelle pour les Romains. On a vu que déjà Livius Andronicus
240 av. J. C. sépara l'action scénique de la parole chantée[1] (p. 596), et bien avant lui, les Étrusques avaient exhibé à Rome leurs danses imitatives. Mais le perfectionnement du spectacle et surtout de l'instrumentation vinrent, sans aucun doute, d'Alexandrie, où florissaient les orchestres égyptiens avec leurs bruyants effets d'ensemble (p. 591). L'action de la pantomime était toujours noble et sérieuse, sinon tragique[2]; les sujets en étaient pris dans le cycle mythique de tous les peuples connus ou se rattachaient à un drame classique[3]. Des intermèdes gais venaient probablement rompre l'uniformité des situations sérieuses. Cette dernière circonstance ressort des notices qui nous parlent, soit de la composition orchestique de la pantomime[4], soit des caractères spéciaux par lesquels se distinguait le talent de chacun des deux créateurs du genre : la danse de Pylade est décrite comme grave, pathétique et multiforme, tandis que celle de Bathylle excellait dans l'interprétation des sentiments tendres, voluptueux, et avait de l'affinité avec le *cordax*[5]. Telle était l'importance que la pantomime acquit à Rome dès les premiers temps, qu'Auguste lui-
18. même s'occupa de réconcilier Pylade et Bathylle, devenus rivaux ennemis, et que le premier osa lui dire : « Il est de ton intérêt, « César, que le peuple passe son temps à s'occuper de nous[6]. » La vogue extraordinaire du drame mimé se prolongea pendant tout l'empire et survécut même de plusieurs siècles à la chute du paganisme : de nos jours encore les Italiens ont conservé un vestige de cette branche de l'art dans leurs ballets-pantomimes. A côté du *pantomimus* les Romains avaient le *mimus*, farce ou

[1] Cf. GRYSAR, *Ueber das Canticum u. den Chor*, p. 409 (47); LUCIAN., *de Saltat.*, § 30.

[2] « Les sujets de ballet ne diffèrent de ceux de la tragédie sinon en ce qu'ils sont « plus riches, plus savants et qu'ils ont mille changements [soudains]. » LUCIAN., *de Saltat.*, § 30.

[3] *Ib.*, § 37-61. — Cf. WELCKER, *die griech. Trag.*, p. 1318.

[4] « Aristonicos dit que Bathylle et Pylade ont établi l'*orchêsis italique*, en utilisant les « propriétés de la danse comique, dite *cordax*, de la tragique, appelée *emméleia*, et de la « satyrique, nommée *sikinnis.* » ATHÉN., l. I, p. 20, d, e.

[5] PLUT., *Quaest. conviv.*, l. VII, 8, 3.

[6] DION CASS., l. LIV, § 17.

bouffonnerie presque identique avec les jeux atellanes, et par laquelle on terminait le spectacle : le chant n'y apparaissait que par exception. Le *mimus*, connu en Italie longtemps avant la pantomime, était à celle-ci ce que la comédie est à la tragédie[1]. v. 120 av. J. C.

C'est sans doute par cette musique de ballet que les mélodies égyptiennes devinrent populaires à Rome[2]; déjà sous le règne d'Auguste les chanteurs et les instrumentistes alexandrins y obtinrent un succès de vogue. En entendant les orchestres qui accompagnaient les pantomimes, les Romains prirent goût au mélange de timbres différents et de voix nombreuses, procédé qui resta aussi commun parmi eux qu'il fut peu usité chez les Grecs. Au temps d'Horace on entendait dans les temples de Vénus « des chants avec accompagnement de lyre, de flûte (*fistula*) et « de chalumeau phrygien (*tibia Berecynthia*)[3]. » Vers le milieu du Ier siècle de notre ère l'intérêt du public pour la musique d'ensemble s'est accru au point que l'on organise des concerts sans aucun mélange de représentation théâtrale. Sénèque écrit : Concerts publics. 27 av. J. C. — 14 apr. J. C. 30-10 av. J. C.

« Ne vois-tu pas, de combien de voix un chœur est formé ? Cependant de leur concours « il ne résulte qu'un son unique. Ici une voix aiguë, là une voix grave, là-bas une voix « moyenne; aux accents des hommes se mêlent ceux des femmes; les *tibiae* viennent « s'adjoindre au chœur. Aucune des voix ne se distingue, toutes produisent leur effet[4]. « Je parle des chants tels que les anciens philosophes les ont connus; car dans nos « concerts actuels il y a plus d'exécutants qu'il n'y avait autrefois de spectateurs dans « les théâtres. Et pourtant, quoique tous les abords soient remplis de chanteurs, que « l'amphithéâtre soit bordé de joueurs de trompette (*aeneatores*), et que l'avant-scène « retentisse de tout genre d'instruments à vent et autres, ces sonorités opposées entre « elles engendrent un ensemble agréable. » *Lettre* 84.

La composition d'une telle musique ne pouvait se faire, à l'époque romaine, que de cette façon : les instruments graves, cithares et chalumeaux, jouaient simplement le *mélos*, tandis que les flûtes exécutaient une broderie et que les trompettes plaquaient sur le tout leurs harmoniques. Une polyphonie aussi rudimentaire, la

1 Voir Grysar, *Der römische Mimus*, dans les *Sitzungs-Berichte* de l'Acad. de Vienne, T. XII, p. 237 et suiv. — Cf. Th. Mommsen, *Hist. rom.*, trad. franç., T. VIII, p. 228 et suiv.

2 Ovide, *Art d'aimer*, ch. 3, v. 318.

3 Horace, *Carm.*, l. IV, 1.

4 Macrobe a inséré ce passage dans la Préface des *Saturnales*, en mettant *fistula* (flûte) au lieu de *tibiae*, terme générique comprenant les deux variétés d'instruments à vent.

seule connue des Orientaux jusqu'à nos jours, est néanmoins capable de produire de grands effets, même pour des oreilles modernes : Beethoven l'a prouvé surabondamment par son magnifique chœur des derviches dans *les Ruines d'Athènes*.

Concerts privés.

L'usage ou, si l'on veut, l'abus de ce luxe instrumental, né sous l'influence de la musique néo-égyptienne, ne se borna pas aux spectacles et aux concerts publics. Dès les derniers temps de la République il est question de morceaux d'ensemble exécutés par des groupes d'instrumentistes pour le plaisir des particuliers. « L'existence d'une institution telle que l'esclavage » dit M. Friedländer, « procurait les moyens de mettre, sur une vaste échelle, la « pratique de l'art au service du luxe. Parmi les armées d'esclaves « des grandes maisons de Rome, esclaves pour la plupart originaires de pays parvenus à une civilisation très-raffinée, il ne « devait jamais y avoir défaut de sujets intelligents et bien doués « pour la musique, et il n'était pas difficile de recruter dans cette « masse nombreuse des chœurs et des orchestres, ni de compléter « ceux-ci par l'acquisition, à prix d'argent, d'autres artistes, « sans compter ceux qui passaient continuellement de mains « en mains par voie d'héritage ou de donation. Chrysogone, le « riche affranchi de Sylla, avait tant de musiciens au nombre « de ses esclaves, qu'autour de sa maison on entendait du « matin au soir le bruit de leurs chants et de leurs instruments. « Quand les maîtres faisaient de petites excursions, des chœurs « de chanteurs et des bandes de musiciens les accompagnaient. « Les maisons de campagne, les villes d'eaux, les bains visités « par le grand monde retentissaient, jour et nuit, de chants « mêlés au son des instruments. Mécène se faisait bercer dans « son sommeil par les doux accents de symphonies exécutées à « une certaine distance[1]. » A table surtout, où l'on voulait jouir de tous les plaisirs des sens, la musique ne pouvait être absente. Horace, en promettant au favori d'Auguste d'aller célébrer avec lui, dans un joyeux repas, la victoire d'Actium, se fait une fête d'entendre à cette occasion un concert dans lequel alterneront *les mélodies sévères de la lyre dorienne et les cantilènes asiatiques*

[1] FRIEDLÄNDER, *Mœurs rom.*, trad. franç., T. III, p. 375-376.

des chalumeaux phrygiens[1]. Plus tard, aux voluptueux banquets de l'empire romain, des chœurs nombreux accompagnaient de leur chant les pas lascifs de belles Andalouses dansant aux sons des castagnettes[2]; d'autres fois les musiciennes venues de l'Orient jouaient de la sambuque, du psaltérion[3]. A des repas plus sérieux réunissant un cercle de savants, des chœurs composés de jeunes Hellènes des deux sexes faisaient entendre les odes de Sappho et d'Anacréon aux sons des vieux instruments lesbiens[4]. Enfin la description du festin de Trimalcion, dans Pétrone, montre jusqu'à quel excès ridicule on poussait l'usage de la musique dans les fêtes données par des parvenus opulents.

Les chanteurs de tragédie.

Les amateurs de cet art sensuel ne pouvaient apprécier les beautés sévères de la tragédie; la classe distinguée et surtout les femmes étaient engouées de la pantomime; la plèbe se contentait des *mimes*, sans que ceux-ci toutefois aient jamais réussi à supplanter entièrement les Atellanes dans la faveur qu'ils avaient conquise depuis longtemps[5]. Pendant que le goût pour l'ancien drame sérieux allait en déclinant, le public se mit à aimer beaucoup la tragédie réduite en fragments; il y eut des déclamateurs pour les parties brillantes du dialogue[6], des chanteurs pour les monologues pathétiques. Le corps vivant du drame grec fut dépecé en trois tronçons : le chant, la récitation, la mimique. Entouré de l'attirail habituel du théâtre, l'artiste chantait une scène détachée se rapportant à une situation connue. C'est là ce que les écrivains du temps de l'Empire appellent *tragediam cantare*, par opposition à *tragediam agere*. De pareilles monodies étaient plus souvent écrites en grec qu'en latin. Dans les concours le même virtuose exécutait d'habitude plusieurs scènes de genre différent, en changeant chaque fois de costume

1 « *Sonante mixtum tibiis carmen lyra, Hac Dorium, illis barbarum.* » *Epod.* 8, v. 5-6.

2 Juvénal, *Sat.* XI, v. 163.

3 Tite-Live, l. XXXIX, § 6. — Des musiciennes de la Syrie, *ambubajae*, se faisaient entendre sur les places publiques. Hor., *Sat.*, l. I, 2, 1; Juvén., *Sat.* III, v. 63. — Chansons de Cadix et d'Alexandrie à Rome sous le règne de Domitien. Mart., l. III, 63.

4 Aulu-Gelle, l. XIX, ch. 9.

5 Welcker, *die griech. Trag.*, p. 1411.

6 Tragédiens et comédiens déclamateurs aux repas privés : Plut., *de Vit. pud.*, § 6; *Quaest. conv.*, l. V, préface; l. VII, 8, 3.

et de masque[1]. Il est à supposer que l'accompagnement de ces *cantica* tragiques se faisait simplement par le chalumeau pythique, comme les monodies de la tragédie proprement dite. Aucun texte ni fragment ne vient nous renseigner sur la coupe musicale de ce genre de compositions; mais tout nous indique des morceaux semblables aux monologues lyriques des tragédies de Sénèque, par exemple celui du IIe acte de *Médée*.

La musique au Ier siècle après J. C.

Le Ier siècle de l'ère chrétienne fut une époque de grande activité musicale; il vit l'apogée de l'art néo-hellénique transplanté dans la capitale du monde. De tous les coins de la Grèce européenne et asiatique affluèrent des virtuoses, certains de trouver succès et riche rémunération dans une ville dont l'unique affaire était le plaisir et les fêtes. Les plus hautes classes de la société ne se contentaient pas de jouir oisivement de la musique, elles la pratiquaient elles-mêmes. Le vieux préjugé romain qui regardait comme malséant pour l'homme de qualité d'acquérir une habileté technique avait perdu tout crédit[2]. Norbanus Flaccus, consul en l'an 19 après J. C., était un zélé joueur de trompette et s'exerçait avec assiduité sur cet instrument[3]. Calpurnius Pison, le chef de la conspiration tramée contre Néron en l'an 65, avait un talent remarquable comme cithariste[4]. Le vertueux Thraséas lui-même, à un spectacle traditionnel célébré tous les trente ans à Padoue, sa ville natale, chanta en costume un air de tragédie[5]. A peu d'exceptions près, tous les Césars du Ier siècle protégèrent efficacement l'art musical, et plusieurs d'entre eux le cultivèrent
37-41. en amateurs. Caligula, passionné pour les jeux du théâtre, fut lui-même chanteur et danseur[6]. Titus, qui fut élevé à la cour
41-54. de Claude conjointement avec Britannicus, était très-versé en

[1] Voir les passages recueillis par GRYSAR, *Ueber das Canticum*, etc., p. 415 (53) et suiv.

[2] *Ib.*, p. 403 (41) et suiv. — Déjà Sylla, qui passait sa vie avec des histrions et des musiciens, avait une réputation de bon chanteur.

[3] DION CASSIUS, l. LVII, § 18.

[4] Cf. FRIEDLÄNDER, *Mœurs rom.*, trad. franç., T. III, p. 399.

[5] TAC., *Ann.*, l. XVI, § 21; DION CASS., l. LXII, § 26.

[6] SUÉT., *Caligula*, § 11. — « Enthousiaste de la musique et de la danse, il ne pouvait « s'empêcher, dans les spectacles, de chanter avec le tragédien en scène et d'imiter, à la « vue de tout le monde, ses gestes et ses pas, tantôt en les approuvant, tantôt en les « corrigeant. » *Ib.*, § 54. — Cf. WELCKER, *die griech. Trag.*, p. 1438 et suiv.

musique, chantant et jouant des instruments à cordes avec une rare distinction[1]. On sait que la belle voix et le talent poétique du fils de Claude désignèrent cet adolescent plein d'espérances au ressentiment meurtrier de Néron[2].

Néron musicien

Quant à celui-ci, il donna malheureusement au monde la preuve que le goût le plus fanatique pour l'art divin de la musique peut se trouver dans l'âme la plus noire; car parmi toutes les lubies qui hantèrent ce monstre, aucune ne fut plus persistante que celle de passer pour un chanteur de premier ordre. A son avénement au trône il fit venir Terpnos, le meilleur citharède du temps, 54 apr J. C. et se mit sous la direction de ce maître, s'appliquant comme un élève docile à acquérir la pratique du chant, sans omettre aucune des précautions alors en usage parmi les artistes grecs pour conserver et développer l'organe vocal[3]. Sa voix de baryton (ou de ténor grave) était naturellement caverneuse, un peu gutturale et ronflante; ce ne fut que par des exercices incessants, par un soin méticuleux apporté à l'exécution vocale et instrumentale, qu'il parvint à en tirer quelque parti[4]. La conviction d'être le premier virtuose de l'époque le domina pendant toute sa vie, et il mourut en disant à ceux qui l'entouraient : « Quel artiste le monde perd en moi! » Quand vers la fin de son règne éclata la révolte de Vindex, 68. rien ne le mit hors de lui comme une proclamation de l'insurgé gaulois où il était traité de « mauvais citharède[5]. » Ayant le désir de briller à la fois comme chanteur tragique, citharède et poëte, il introduisit à Rome des fêtes musicales à la mode hellénique. En 58 il fonda les *Juvenalia* dans son palais de la rive droite du Tibre; c'est là qu'il se produisit pour la première fois devant quelques intimes, afin d'essayer ses forces[6]. A l'imitation des jeux d'Olympie il institua en 59 de grands agones quinquennaux sous

[1] SUÉT., *Titus*, § 3.

[2] ID., *Néron*, § 33; TAC., *Ann.*, l. XIII, § 15.

[3] SUÉT., *Néron*, § 20.

[4] LUCIAN., *Nero, sive de isthmo perfodiendo*, § 6.

[5] SUÉT., *Néron*, § 41.

[6] TAC., *Ann.*, XIV, § 15; PLINE, *Hist. nat.*, l. XXXVII, § 7 (éd. Panckoucke). — « Le César parut sur la scène en costume de citharède et dit : *Messeigneurs écoutez-moi favorablement*. Et il chanta, en s'accompagnant de la cithare, un morceau intitulé *Attis ou les Bacchantes*. » DION CASS., l. LXI, § 20.

le titre de *Néroniens*, lesquels comprenaient un triple concours : musical, gymnastique, équestre[1]. Mais lui-même n'y prit aucune part cette fois. En 63 il se rendit à Naples, où il débuta devant un véritable public; il chanta un nome citharodique en grec. Laissons maintenant parler ses historiographes :

« En vain un tremblement de terre ébranla le théâtre; il ne cessa de chanter que « lorsqu'il eut fini son air. Il se fit entendre plusieurs jours de suite à Naples.... Il choisit « partout de jeunes chevaliers et plus de cinq mille robustes plébéïens, qu'il partagea en « différents corps et auxquels il fit apprendre les diverses manières d'applaudir, telles que « les *bourdonnements* (*bombos*), les *tempêtes d'applaudissements* (*imbrices*) et la *vaisselle cassée* « (*testas*), afin qu'ils l'appuyassent toutes les fois qu'il chanterait.... » SUÉT., *Néron*, § 20.

Enfin il se résolut à soumettre son talent au suffrage des amateurs et du peuple de Rome, ce qui eut lieu pendant les jeux quinquennaux de 64[2], peu de temps après le massacre des chrétiens.

« Tout le monde ayant demandé à entendre sa *voix céleste*, il répondit qu'il cèderait « à ce vœu dans ses jardins. Mais ses gardes joignant leurs instances à celles du peuple, « il promit de paraître sur la scène et fit aussitôt inscrire son nom sur la liste des « citharèdes qui devaient concourir. Il tira au sort, comme les autres, et fit son entrée, « lorsque son tour arriva, suivi des tribuns militaires et accompagné de ses amis « intimes. Les préfets du prétoire portaient sa cithare. Lorsqu'il eut pris position et que « l'ouverture eut été jouée[3], il annonça par le consulaire Cluvius Rufus qu'il chanterait « *Niobé*, et il chanta en effet jusqu'à la dixième heure. Néanmoins il remit à l'année « suivante [le morceau de concours pour] la couronne et les autres parties du programme, « afin d'avoir plus souvent occasion de se faire entendre. Ce délai lui paraissant trop « long, il ne cessa pas de paraître devant le public. Il ne craignit point de se mêler aux « acteurs sur des théâtres privés, et un préteur l'engagea un jour pour un million de « sesterces (177,900 francs). Il chanta [outre des nomes citharodiques] plusieurs scènes « tragiques en costume; pour représenter les héros et les dieux il portait un masque fait « à sa ressemblance, tandis que celui des héroïnes et des déesses reproduisait les traits « de la femme qu'il aimait le plus. Entre autres morceaux il exécuta *les Couches de* « *Canacé*, *Oreste meurtrier de sa mère*, *Œdipe aveuglé* et *Hercule furieux*[4]. » *Ib.*, § 21.

Ses succès auprès du public romain, imposés en grande partie par la terreur, ne suffisaient pas à l'ambition de ce cabotin sinistre. Il rêvait d'obtenir les applaudissements des Hellènes,

[1] GRYSAR, *Ueber das Canticum*, etc., p. 422-423 (60-61).

[2] TAC., *Ann.*, l. XVI, § 4; DION CASS., l. LXII, § 29. Suétone (§ 21) dit que Néron, impatient de chanter à Rome, fit célébrer les jeux néroniens avant le temps prescrit.

[3] On suppose, d'après un passage de Juvénal (*Sat.* X, v. 215), que ce prélude consistait en une fanfare exécutée par des *buccines* et des *trompettes*. Voir le § 1 de l'Appendice.

[4] La dernière scène tragique qu'il ait chantée en public était *Œdipe exilé*. Il en reste un vers trimètre, cité par Suétone (§ 46). — Juvénal (*Sat.* VIII, v. 227 et suiv.) mentionne parmi les scènes tragiques du répertoire de Néron, *Thyeste*, *Antigone*, *Mélanippe*.

« les seuls, » disait-il, « qui sussent écouter et qui fussent capables « d'apprécier ses hautes facultés. » Vers la fin de l'année 66 il entreprit une tournée d'artiste en Grèce.

« A peine débarqué à Cassiope, il se mit à chanter devant l'autel de Jupiter Cassius. « Il parut désormais à tous les concours, et fit réunir dans une seule année ceux qui « se faisaient à des époques plus éloignées : quelques-uns même furent recommencés. « Il fit, contre l'usage, ouvrir à Olympie un agone musical[1].... Il y parut à la fois « comme chanteur tragique et comme citharède[2].... A Delphes il prit part au concours « pythique.... Aux jeux isthmiques il chanta à la cithare un *hymne en l'honneur de « Poséidon et d'Amphitrite* et un chant peu étendu sur *Mélicerte et Leucothée*[3].... Revenu « (vers la fin de 67) de la Grèce à Naples, où il avait débuté, il y entra sur un char « traîné par des chevaux blancs, à travers une brèche pratiquée dans la muraille, selon « l'usage des vainqueurs aux jeux sacrés. Il fit la même entrée à Antium, dans sa « maison d'Albe et dans Rome. Mais, à Rome, il était sur le char qui avait servi au « triomphe d'Auguste, revêtu d'un manteau de pourpre et d'une chlamyde parsemée « d'étoiles d'or, la couronne olympique sur la tête et la couronne pythique à la main « droite, tandis que les autres couronnes étaient portées en pompe devant lui, avec des « inscriptions indiquant le lieu de sa victoire, le nom des vaincus, les titres et les sujets « des chants avec lesquels il l'avait emporté sur ses rivaux[4].... »

Cependant, tous ces succès bruyants, tous ces triomphes de commande ne suffirent pas encore à assouvir l'ambition artistique du maniaque. Il rêvait d'être universel en musique.

« Sur la fin de sa vie il avait fait vœu, dans le cas où l'empire lui resterait, de « paraître aux jeux qui seraient célébrés pour fêter sa victoire, d'y jouer de l'*orgue*, du « *chalumeau chorique*, de la *cornemuse*, et d'y représenter en pantomime, le jour de la « clôture des fêtes, le *Turnus* de Virgile.... » SUÉT., *Néron*, § 54.

Néron laissa après lui la réputation d'un poëte-compositeur de talent; un recueil de ses œuvres fut conservé[5]. Martial loue les chants d'amour du « docte » Néron[6]; le grave Sénèque en cite un vers avec éloge[7]. Pendant le règne exécrable du César histrion la

1 SUÉT., *Néron*, §§ 22 et 23.

2 PHILOSTR., *Vit. Apoll. Tyan.*, l. V, § 7. Cf. GRYSAR, *Ueber das Canticum*, etc., p. 418 (56).

3 LUCIAN., *Nero, sive de isthm. perfod.*, § 3.

4 SUÉT., *Néron*, § 25.

5 « [Vitellius] offrit un sacrifice aux mânes de Néron. Dans un splendide festin il invita « publiquement un citharède en faveur à faire entendre quelque chose tiré du recueil « des œuvres du maître. Dès que le musicien eut entonné un des chants néroniens, « Vitellius fut le premier à manifester son approbation par des applaudissements. » SUÉT., *Vitellius*, § 11. — Cf. WELCKER, *die griech. Trag.*, p. 1463.

6 Livre VIII, 70; l. IX, 27.

7 *Quaest. nat.*, l. I, § 5. — Les vers sur la ruine de Troie (*Troica*) étaient faits pour la lecture. DION CASS., l. LXII, § 29.

passion des Romains pour la musique ne fut pas moins extravagante que celle qu'ils avaient pour les spectacles[1] et pour les jeux du cirque; bien souvent l'art humain par excellence eut à intervenir dans les divertissements féroces inventés par l'imagination la plus dépravée qu'il y eut jamais. Aux yeux des chrétiens survivants des horribles massacres de 64, Rome parut une ville de mélomanes sanguinaires. Une trace de cette impression se rencontre dans le début de la malédiction prononcée par l'auteur de l'*Apocalypse* contre la ville des abominations :

« Alors un ange puissant prit une pierre semblable à une grande meule et la jeta dans « la mer en disant : Ainsi Babylone, la grande ville, sera précipitée avec violence et ne « sera plus jamais trouvée ! Et les accents des musiciens, *citharèdes*, *aulètes* et *joueurs de* « *trompette*, ne seront plus jamais entendus chez toi. » Ch. XVIII, v. 22.

Successeurs de Néron.

Les trois empereurs de la race des Flaviens méritent une meilleure place parmi les protecteurs de l'art musical; ils tentèrent de réagir, jusqu'à un certain point, contre le goût exagéré des
69-79 apr. J. C. derniers Césars. Vespasien, à ce que nous apprend Suétone, remit en vigueur « des auditions à l'ancienne manière, » dans les fêtes d'inauguration du théâtre de Marcellus, nouvellement restauré. Bien que très-positif et d'une avarice notoire, cet honnête empereur fut prodigue de récompenses envers les virtuoses[2]. On sait
79-81. que Titus était lui-même chanteur et instrumentiste (p. 611)
81-96. et qu'il s'essaya à la poésie tragique[3]. Domitien, il est vrai, défendit les représentations de pantomimes en public[4], mais sa sollicitude en faveur de la musique se manifesta dans une fondation grandiose. Il fit construire au Champ de Mars un *Odéon*[5] pouvant contenir plus de dix mille spectateurs, et y établit le
86. *concours capitolin*, lequel revenait tous les cinq ans pendant la

[1] Les pantomimes et les mimes furent au comble de la faveur sous Néron, qui avait une passion folle pour ces deux genres de spectacle. GRYSAR, *der röm. Mimus*, p. 277.

[2] « Il donna 400,000 sesterces au chanteur tragique Apollinaire; 200,000 à Terpnos et « à Diodore, citharèdes; 100,000 à quelques autres; 40,000 pour le moins à d'autres, « sans compter une masse de couronnes d'or. » SUÉT., *Vespasien*, § 19.

[3] Cf. WELCKER, *die griech. Trag.*, pp. 1329, 1466.

[4] SUÉT., *Domitien*, § 7. Ce fût probablement par rancune personnelle. On sait que sa femme Domitia avait été follement éprise d'un acteur de pantomime, nommé Pâris. Domitien la répudia pour ce fait. *Ib.*, § 3. — « Il chassa du sénat un ancien questeur « passionné pour la pantomime et pour la danse. » *Ib.*, § 8.

[5] *Ib.*, § 5.

saison d'été. On y donnait des prix pour la *citharodie*, la *citharistique*, le *solo de chalumeau*, la *choro-citharistique* (p. 361), ainsi que pour des déclamations en grec et en latin[1]. Grande fut la splendeur dont cette solennité fut entourée. Un auditoire formé des plus éminents personnages y assistait; l'empereur vêtu d'une toge à la grecque et portant sur la tête une couronne d'or, ornée des effigies de Jupiter, de Junon et de Minerve, y conférait de sa propre main la couronne de feuilles de chêne au vainqueur. De pareils honneurs firent de l'agone du Capitole le plus fameux de tout l'Empire. Y remporter le prix équivalait à se faire reconnaître comme le premier dans sa spécialité, non-seulement à Rome, mais dans le monde entier[2]. On voyait des artistes accourir de la Grèce, de l'Asie et de l'Égypte, pour prendre part à ces fameuses joûtes de chanteurs et d'instrumentistes. Au reste la dernière moitié du Ier siècle nous fournit une riche moisson de noms de musiciens, et principalement de citharèdes : Terpnos, Ménécrate et Diodore, depuis le règne de Néron jusqu'à celui de Vespasien; Chrysogone, Pollion, Échion et Glaphyros, au temps 54-79 apr. J. C. de Domitien[3]. L'aulétique fait moins parler d'elle; on ne cite 81-96. qu'un seul artiste célèbre dans cet art, Canos de Rhodes[4]; il se trouvait à Rome pendant le court règne de Galba[5]. 68-69.

La musique au IIe siècle.

Au IIe siècle de notre ère la culture de la musique dans la métropole est peut-être plus active encore, et à coup sûr plus solide qu'au Ier siècle, mais elle a déjà des allures moins brillantes. Les noms de grands virtuoses disparaissent; en revanche des troupes d'acteurs et de musiciens grecs se répandent dans tous les pays de l'Occident soumis à la puissance romaine. Un mouvement sérieux d'études se produit au même moment; la plupart des traités de théorie musicale que l'antiquité nous a laissés virent alors le jour. Presque tous les excellents empereurs

1 « *Certabant et prosa oratione graece latineque, ac praeter citharoedos chorocitharistae « quoque et psilocitharistae.* » *Ib.*, § 4. — Suétone omet l'aulétique, mais l'inscription reproduite à la p. 588 prouve que cette branche de l'art était admise à l'agone capitolin.

2 Cf. FRIEDLÄNDER, *Mœurs rom.*, trad. franç., T. III, p. 382.

3 Cf. GRYSAR, *Ueber das Canticum*, etc., p. 414 (52) et suiv.; SUÉT., *Néron*, § 30.

4 PHILOSTR., *Vit. Apoll. Tyan.*, l. V, § 21; PLUT., *An seni ger. s. resp.*, § 5.

5 SUÉT., *Galba*, § 12.

98-119 apr. J. C. de cette belle période continuent à patronner l'art; Trajan interdit
96-98. à Rome la pantomime, qui avait été rétablie sous Nerva[1], mais
en Grèce il fonde des concours de solistes (p. 586). On sait
119-138. qu'Adrien ne fut pas un dilettante moins zélé que Néron, aux extravagances près. Il était fier de son habileté à chanter et à jouer de la cithare; à table il avait des joueurs de sambuque, des chanteurs et des déclamateurs de tragédie, des acteurs de comédie et de pièces atellanes, des lecteurs et des poëtes[2]. Sous son règne la grande association des artistes dionysiaques (p. 587) étendit son cercle d'activité aux contrées septentrionales de l'Empire; antérieurement déjà elle avait à Rome une troupe sédentaire, dont les membres allèrent parfois faire des tournées au delà des Alpes[3]. Ces acteurs et ces thyméliciens grecs ont laissé des traces certaines de leur séjour à Nîmes[4] et à Vienne en Dauphiné[5]; mais tout donne lieu de supposer qu'ils desservirent aussi les théâtres établis en d'autres villes de la Gaule, telles que Marseille, Arles, Orange, Lillebonne (*Juliobona*) en Normandie, Trèves, Mayence, Cologne[6]. Outre les scènes de tragédie chantées et jouées par un seul artiste, le répertoire scénique continuait à avoir pour base les drames d'Euripide, exécutés encore en partie avec leur musique primitive. Au moins est-on fondé à tenir cette dernière circonstance pour très-probable, quand on considère que Denys d'Halicarnasse le jeune, sous Adrien, et Lucien de Samosate, sous Marc-Aurèle, parlent de certaines mélodies du grand tragique comme étant parfaitement connues de leurs lecteurs[7]. A Rome le

1 Cf. WELCKER, *die griech. Trag.*, p. 1470.

2 *Vie d'Adrien* dans l'*Historia augusta*, éd. de Saumaise (Paris, 1620), pp. 7 et 13.

3 Cf. LÜDERS, *die dion. Künstl.*, p. 95 et suiv.

4 C. I. Gr., nos 6786 et 6787.

5 Cf. LÜDERS, *die dion. Künstl.*, p. 96.

6 WELCKER, *die griech. Trag.*, p. 1309, note 212, et p. 1318, note 258.

7 Voir ci-dessus, p. 99, note 1, et p. 217, note 1. — Il est vrai qu'un écrivain de la même époque, Dion Chrysostome, présente les choses sous un autre aspect : « Les « parties de la tragédie apparemment les plus solides, j'entends parler des iambes, « dont on récite des passages dans les théâtres, se sont conservées jusqu'à nos jours, « tandis que les parties les plus efféminées, appartenant aux chants, ont disparu. » *Or.* XIX, 4 (passage cité par Volkmann, *Plut. de Mus.*, p. 65 et suiv.). Mais Grysar, *Ueber das Canticum*, etc., p. 386 (24), fait remarquer que ce texte ne se rapporte pas à Rome, mais uniquement à la ville grecque où écrivait le rhéteur.

goût de la multitude continuait à se porter de préférence vers la pantomime; même des esprits fins et distingués comme Lucien ne craignent pas de rabaisser la tragédie au bénéfice de cette branche secondaire de l'art[1]. Toutefois la musique d'ensemble ne cessa pas d'être en grande faveur sous les Antonins, ainsi que nous le voyons par plusieurs passages d'Apulée et du rhéteur né en 114 apr. J C.
Maxime de Tyr. Ce dernier parle de morceaux « où l'on entend 161-180
« résonner simultanément le *chalumeau*, la *lyre*, le *chant du chœur*, « en même temps que la *trompette* et la *flûte* : sonorités qui, se « mêlant toutes entre elles, forment une œuvre commune[2]. » Le solo vocal et instrumental continue de se produire dans les concours. Mais tout ce que nous savons au sujet des solistes qui brillèrent alors à Rome se réduit à une seule anecdote : Athénée raconte qu'un de ses concitoyens, nommé Alexandre, excita un enthousiasme si vif par son habileté à jouer du *trigone*, la harpe triangulaire des Égyptiens (p. 246), que plusieurs années après sa mort les amateurs se rappelaient encore les principaux morceaux de son répertoire[3]. En revanche, nous avons le nom d'un célèbre compositeur de chants citharodiques, Mésomède de Crète[4], dont les œuvres charmèrent les cours d'Adrien et
d'Antonin le Pieux. Et ce qui vaut mieux encore, nous possédons 119-161.
la partie vocale d'une de ses œuvres, un *hymne à Némésis* (T. I, p. 448); peut-être faut-il lui attribuer également la composition de l'*hymne à Hélios* (T. I, p. 446), morceau conçu dans le même rhythme et le même style musical. Ces deux monuments précieux de la mélopée du IIe siècle sont peu étendus. En ce qui concerne la structure musicale et rhythmique, ils suivent les plus anciennes traditions de la composition nomique : ils se divisent en sections, au lieu de strophes, et ont d'un bout à l'autre des vers égaux, non pas, à la vérité, des dactyles hexamètres, mais des anapestes cycliques. La mélodie offre également un grand caractère de simplicité; elle est strictement diatonique, sans aucune métabole, tout comme les chants citharodiques antérieurs aux innovations

[1] *De Saltat.*, § 27.

[2] *Dissert.*, XXXII, § 4.

[3] Liv. IV, p. 183, e.

[4] SUIDAS, au mot Μεσομήδης. Voir ci-dessus, T. I, p. 446, note 1.

430-420 av. J. C. de Phrynis et de Timothée. Il faut donc admettre que du temps d'Adrien une réaction s'était produite parmi les musiciens dans le sens de l'archaïsme, ce qui est conforme à l'esprit général de l'époque des Antonins et à celui de la poésie de Mésomède; il se peut aussi que les *hymnes à Némésis* et *à Hélios*, de même que la pièce intitulée *à la Muse*, aient appartenu à une classe de chants citharodiques très-faciles, faits plutôt pour l'exécution privée qu'en vue du public. Quoi qu'il en soit, le dessin mélodique de ces morceaux paraît sec et contourné, les développements en sont monotones, seuls les motifs principaux ont un peu de relief; en somme aucune des deux mélodies ne peut soutenir la comparaison avec la délicieuse cantilène pindarique que le jésuite Kircher a exhumée. Tout porte à croire que la tentative de renaissance artistique du IIe siècle, dernier effort de l'esprit antique, resta sans résultats féconds dans le domaine musical et ne put conjurer la dégénérescence de l'art payen et sa chute définitive.

La musique des derniers siècles de l'empire romain.

A partir du IIIe siècle, période où commence la crise suprême du paganisme, cette chute se précipite; les invasions des barbares dans les provinces limitrophes de l'Empire deviennent toujours plus fréquentes et plus considérables; la culture intellectuelle décline avec rapidité. Mais autant que nous permettent d'en juger les documents, de moins en moins nombreux à mesure que l'on avance dans ces temps épouvantables, la musique, en Occident comme en Orient, concentra en elle toute la vitalité esthétique de la société expirante et fut atteinte la dernière. Les empereurs de la première moitié du siècle, les mauvais comme les bons, la tinrent en honneur et souvent la pratiquèrent eux-mêmes.
198-217 apr. J. C. Caracalla, le fratricide, éleva un tombeau à Mésomède pour les progrès qu'il avait apportés à la technique des instruments à
219-222. cordes[1]. Héliogabale, l'immonde débauché, se plaisait à chanter avec accompagnement de chalumeau; il sonnait de la *trompette*, jouait de la *pandoura* asiatique (p. 242) et touchait de l'*orgue*[2]. Son
222-235. successeur Alexandre Sévère, souverain juste et humain égaré au milieu d'un monde de bêtes féroces, littérateur de talent, aimait

[1] Dion Cassius, l. LXXVII, § 13. Cf. Saumaise, *Hist. aug.*, *in Jul. Cap. not.*, p. 69 et suiv.

[2] *Vie d'Héliogabale* dans l'*Hist. aug.*, éd. de Saumaise, p. 112.

pareillement la musique, s'exerçant à jouer de la *lyre*, du *chalumeau* et de l'*orgue*, et même, avant son avénement au trône, de la *trompette;* il encouragea dans une certaine mesure les spectacles mêlés de musique et la pantomime[1]. Gordien III, prince d'un caractère faible et candide, renouvela les concours néroniens; sous Philippe l'Arabe, qui lui succéda, on célébra la fête millénaire de la fondation de Rome par un grand agone musical[2]. Enfin le règne éphémère de Carin et de Numérien, deux frères qui dans le dernier quart du IIIe siècle se partagèrent le trône des maîtres du monde, fut marqué par une fête extravagante composée d'une séance d'acrobates, d'un concert monstre, d'une représentation théâtrale et d'autres spectacles encore.

238-244 apr J C.

244-249.

21 avril 248.

283-284.

« On y montra un funambule qui, chaussé d'un cothurne, paraissait être porté par les « vents, et un jongleur qui, s'échappant aux étreintes d'un ours, courut en équilibre sur « la muraille, et des ours jouant le rôle de mimes; de même on entendit *cent trompettes*, « sonnant à la fois, et *cent joueurs de chalumeaux courbes* (*camptaulas*)[3], *cent choraules*, « puis *cent aulètes solistes* (*pythaulas*), et mille acteurs de pantomime et gymnastes. » Vopiscus, *Hist. aug.*[4]

Au commencement du IVe siècle l'apologiste chrétien Arnobe, dans son traité intitulé *Contre les Gentils*, fait le procès aux spectacles romains et surtout à la pantomime :

« Les âmes humaines, chose sainte et auguste, ont-elles été envoyées ici bas par Dieu, « le roi du monde, pour exercer l'art des musiciens et jouer de la flûte, pour enfler leurs « jôues en soufflant dans les chalumeaux, pour entonner des chansons obscènes, pour « répéter des rhythmes en faisant résonner le *scabillum*?.... Livre II[5].

En 330 la capitale de l'Empire est transférée à Constantinople. Les Césars sont devenus chrétiens, mais ils se gardent de supprimer ou de restreindre les spectacles traditionnels, auxquels la grande majorité des adhérents de la nouvelle religion ne se montre pas moins passionnément attachée que la population païenne.

1 *Vie d'Alexandre Sévère* dans l'*Hist. aug.*, éd. de Saumaise, p. 123 et suiv.

2 Marquardt, *Röm. Staatsverw.*, T. III, pp. 543 et 544.

3 Il s'agit probablement des chalumeaux phrygiens, dits *élymes*, dont nous avons reproduit la forme à la p. 291. Voir au surplus Saumaise, *Hist. aug.*, *in Flav. Vopisc. not.*, p. 409 et suiv.; *Plinian. exercit.*, p. 86-87.

4 Le biographe dit en outre de Carin qu'« il remplit le palais de bouffons, de courti- « sanes, d'acteurs de pantomime, de chanteurs et d'entremetteurs. » *Ib.*, p. 253.

5 *Magna Bibl. vet. Patr.* Paris, 1644, T. XV, p. 19, E.

Il est assez curieux de constater que justement vers le milieu du IVe siècle, les femmes, exclues jusque là de toute participation à l'art dramatique, sauf dans les farces populaires[1] (les mimes), commencent à se montrer sur la scène[2]. Les évêques multiplient leurs objurgations contre les abus du théâtre, mais en vain. Les plaintes ne sont pas moins vives de la part des philosophes
361-363 apr. J.C. polythéistes; l'empereur Julien déplore les tendances efféminées de la musique de son temps et s'occupe avec sollicitude de créer des écoles pour relever l'étude de l'art du chant et le diriger dans des voies plus saines[3] : il ne semble pas avoir réussi davantage.
v. 380. Son historien Ammien Marcellin se plaint de ce qu'à Rome toute occupation intellectuelle soit désertée pour des frivolités musicales et scéniques :

« Le peu de maisons où le culte de l'intelligence était naguère en honneur sont « envahies par le goût des plaisirs, enfants de la paresse. On n'y entend que des chants, « et, dans tous les coins, le tintement des cordes. Au lieu de philosophes on n'y « rencontre que des chanteurs, et les professeurs d'éloquence ont cédé la place aux « maîtres des arts d'amusement. On mure les bibliothèques comme les tombeaux. « L'art ne s'ingénie qu'à fabriquer des instruments gigantesques : *orgues hydrauliques*, « *lyres grandes comme des carosses*, *chalumeaux et autres instruments de théâtre d'une dimen-« sion inusitée*, servant à accompagner les pantomimes. Enfin un fait assez récent montre « à quel point les idées sont perverties. La crainte d'une disette ayant fait précipitamment « expulser de Rome tous les étrangers, l'exécution s'étendit brutalement même au « très-petit nombre de ceux qui exerçaient des professions scientifiques et libérales, et « de manière à ne pas leur laisser le temps de se reconnaître; tandis qu'on exceptait « formellement de la mesure quiconque était de la suite des mimes ou sut à propos se « faire passer pour en être; tandis qu'on souffrait, sans leur adresser même une obser-« vation, la présence de trois mille danseuses et d'autant de choristes, figurants et « directeurs. Aussi ne fait-on plus un pas sans rencontrer de ces femmes aux longs « cheveux.... dont toute l'existence consiste à balayer du pied le plancher d'un théâtre, « à pirouetter sans fin sur elles-mêmes, à décrire, en un mot, toutes les évolutions, à « prendre toutes les attitudes exigées par les sujets mis à la scène. » Liv. XIV. ch. 6.

En 395 le paganisme est officiellement aboli à Rome et ses temples fermés : à Constantinople il n'avait plus depuis longtemps d'existence publique. Mais nous y voyons le théâtre autant en faveur que dans la capitale de l'Occident. Claudien, le dernier

[1] GRYSAR, *der römische Mimus*, p. 268.

[2] Le commentateur de Térence, Donat, qui vivait vers 360, dit à propos du rôle de Mysis, dans l'*Andrienne* (acte IV, sc. 3) : « il est joué, soit par des hommes déguisés, « comme autrefois, soit par une femme, ainsi que nous le voyons actuellement. »

[3] *Misopogon*, § 1; *Lettre* LVI.

poëte païen, décrit les courtisans de la cour d'Arcadius discutant avec animation les perfections et l'excellence des acteurs de pantomime : 395-408 apr J.C.

« Dès que se trouvent réunis ces nobles personnages, appelés à délibérer sur les « dangers de l'État.... oubliant soudain la Phrygie et laissant de côté la guerre, ils « s'occupent de leurs divertissements accoutumés et entament des discussions sur les « jeux du cirque et les spectacles; on s'emporte, on s'échauffe en de vains débats; « il s'agit de savoir.... quel est l'artiste qui arrondit le plus habilement les flexibles « contours de ses côtes, lequel sait le mieux accommoder ses gestes aux sons, ses yeux « aux rhythmes. Ceux-ci répètent des mélodies tirées de quelque morceau de tragédie; « ceux-là parlent du drame de *Térée* ou fredonnent des passages d'*Agave* qui n'ont pas « encore été confiés au chœur. » *In Eutrop.*, l. II, v. 354 et suiv.

Le chant et le jeu de la cithare continuent à garder leur place dans les festins[1]; les concerts de musique instrumentale jouissent d'une vogue aussi grande qu'aux plus beaux jours de l'Empire. L'orgue surtout est un élément obligé, le principal sans doute, de ces exhibitions.

« Celui-ci animera le *chalumeau* de son souffle, celui-là fera résonner la *lyre* sous son « plectre; l'un ébranlera la scène de son brodequin, l'autre s'avancera majestueuse- « ment, grandi par le cothurne; un autre provoquant, par un léger attouchement, un « murmure plein de puissance, produira sous ses doigts errants des sons innombrables « se combinant heureusement comme une moisson d'airain; et avec l'aide d'une poutre « munie d'un levier déchaînera sur les chants des flots obéissant à ses ordres[2]. — Que « l'on entende les *tambours* (*tympana*) et, en même temps, les *cordes*, la *symphonie*, le « *chalumeau*, le *buis*, les *cymbales*, le *flageolet* (*bambilium cornus*), la *flûte*, le *sistre*, et « que l'instrument dont le gosier d'airain inspire des chants, l'*orgue* humide, émette « bruyamment des sons engendrés par un soufflet[3]. »

Les incursions répétées des Barbares en Italie et dans tous les pays d'Occident pendant le Ve siècle, incursions partout accompagnées de ruines et de pillages effroyables, réduisirent les

1 *Éloge de Stilicon*, l. II, v. 141.

2 *De Consulatu Fl. Mall. Theodori*, v. 313 et suiv.

3 *Epithalamium Laurentii*, description d'une musique de noce par un contemporain anonyme de Claudien, citée dans FRIEDLÄNDER, *Mœurs rom.*, trad. franç., T. III, p. 371. — Parmi les œuvres de l'empereur Julien figure également une poésie intéressante inspirée par l'orgue. En voici la traduction : « Des pipeaux d'une espèce particulière « se présentent à mes yeux; sans doute ils ont pris naissance dans un sol d'airain. Un « esprit impétueux les anime, mais ce n'est point un souffle humain. Le vent, lancé « hors de la cavité d'une peau de taureau, pénètre au fond des tuyaux bien percés. Un « habile artiste, aux doigts véloces, dirige par son toucher errant les soupapes adaptées « aux tuyaux, lesquelles, bondissant doucement sous l'action des touches, exhalent une « douce cantilène. » Cf. CHAPPELL, *Hist. of Music.*, T. I, p. 376.

peuples au comble de la misère et portèrent le coup mortel à l'art musical et dramatique. Dans la plupart des grandes villes les théâtres furent détruits ou tombèrent en ruines, au grand désespoir des habitants, profondément attachés à ce souvenir vivant de la civilisation expirante. Salvien, évêque de Marseille
430-484 apr. J. C. vers le milieu du Ve siècle, reproche à ses ouailles, à ses concitoyens (les habitants de Trèves) et à ses contemporains en général, leur ardeur pour les divertissements de la scène, que les guerres et les dévastations n'ont pas suffi à éteindre et qui se rallume au moindre répit.

« Comme il serait trop long de parler de tous les genres de spectacles : amphithéâtres, « concerts de chant (*odea*), jeux (*lusoria*), défilés (*pompae*), combats athlétiques, exercices « de funambules et représentations de pantomimes,.... nous nous occuperons seulement « des impuretés des cirques et des théâtres.... Voyez ! des milliers de chrétiens assistent « quotidiennement à ces exhibitions d'actes honteux.... Lorsqu'il arrive, chose assez « fréquente, que le même jour on célèbre une fête de l'Église et des jeux publics, lequel « des deux lieux, je le demande en conscience, réunit la plus grande masse d'hommes « chrétiens? Sont-ce les salles de spectacle ou les parvis de Dieu?.... Qu'aime-t-on « davantage, les accents de l'Évangile ou ceux des *thyméliciens?* les paroles du Christ ou « celles des bouffons?.... Mais, peut-on objecter, les théâtres ne sont pas en activité « dans toutes les villes des Romains. Cela est vrai, et j'ajouterai même qu'il n'y a « plus de représentations aujourd'hui, en maint endroit où autrefois on en donnait « continuellement. Il n'y en a plus à Mayence ni à Marseille, parce que ces villes sont « ruinées et détruites. Il n'y en a plus à Cologne, parce qu'elle est pleine d'ennemis. « Il n'y en a plus dans l'illustre ville de Trèves, parce que quatre pillages successifs « l'ont jetée à terre. Il n'y en a plus dans beaucoup d'autres villes de la Gaule, et en « Espagne la situation est la même.... *de Gubern. Dei*, l. VI[1]. »

En Italie, deux cités seulement, à ce que nous apprend le vénérable évêque, purent continuer à donner des représentations scéniques : Ravenne et Rome. Dans cette illustre métropole de l'Occident, l'ancien théâtre de Pompée, que Tertullien appelait trois cents ans auparavant la *forteresse de toutes les turpitudes*[2], fut
493-525. restauré au commencement du VIe siècle par Théodoric, qui, fidèle aux traditions des Césars chrétiens, donna aux Romains des spectacles et des jeux de cirque si brillants qu'il fut comparé à Trajan et à Valentinien. L'érudit sénateur Cassiodore, en transmettant les ordres du roi des Goths à Symmaque, préfet de Rome, parle de la tragédie, mais il fait surtout un éloge

[1] *Magna Bibl. vet. Patr.*, T. V, p. 98 et suiv.

[2] *De Spectaculis*, § 10.

enthousiaste de la pantomime romaine, accompagnée, comme sous le règne d'Auguste, de chœurs et d'instruments divers[1]. Au milieu de l'anarchie qui suivit la mort de Théodoric, les théâtres encore existants furent fermés à leur tour. Un contemporain de St Grégoire, Isidore, évêque de Séville pendant le premier tiers du VIIe siècle, parle dans son livre *des Origines*, des 600-636 apr. J.C.
représentations théâtrales et de tout ce qui s'y rapporte comme de choses qui n'existaient plus à cette époque[2]. Les genres de spectacle tant soit peu élevés nécessitaient une scène, un appareil dispendieux, bref tout un état de choses que la misère des temps ne permettait plus de fournir. L'art antique, chassé du seul asile qui lui restait, tomba au dernier terme de la dégradation[3].

Ce qui en survécut fut la corporation des artistes ambulants, musiciens, chanteurs, joueurs de farces et de pantomimes, pauvres diables réduits désormais à exhiber leurs talents sur les places publiques et dans la demeure des riches particuliers. Sous leurs anciens noms (*scenici*, *thymelici*, *mimi*[4], *saltatores*, *histriones*), puis sous des dénominations plus modernes (*joculatores*, *buffones*, *balatrones*, *circulatores*, *garriones*, *ministelli*), ces successeurs dégénérés des anciens artistes dionysiaques continuèrent d'exister pendant tout le moyen âge, aimés du peuple et des bourgeois, bien traités et régalés par les seigneurs, appelés partout où il y avait liesse et réjouissance; il n'est pas difficile de suivre leur trace jusqu'à

1 « *Pantomimo igitur, cui a multifaria imitatione nomen est.... assistunt consoni chori « diversis organis eruditi....* » *Var.*, l. IV, 51.

2 Voir au livre XVIII les paragraphes intitulés *de generibus agonum* (26), *de scena* (43), *de orchestra* (44), *de tragoedis* (45), *de comoedis* (46), *de thymelicis* (47), *de histrionibus* (48), *de mimis* (49). On remarquera que l'évêque espagnol parle des amphithéâtres au présent : « *Amphitheatrum locus est spectaculi ubi pugnant gladiatores* » (52).

3 A Constantinople la tragédie et la comédie paraissent avoir été abolies par Justinien (527-566), sous le règne duquel les écoles payennes furent fermées, tandis que les mimes ne le furent qu'en 692, par le concile dit *in Trullo*, tenu à Constantinople. Cf. Grysar, *der röm. Mimus*, p. 336-337.

4 Les comédiens ambulants du moyen âge étaient toujours en même temps musiciens. Ils devaient savoir chanter et jouer de plusieurs instruments, afin d'être à même de régaler leurs auditeurs d'un peu de musique avant et après la représentation proprement dite. Ducange explique le mot *mimus* par *musicus qui instrumentis musicis canit.* Sous le mot *mimia* (*ludus mimicus*) il cite ces mots d'un artiste brabançon de la fin du XVe siècle : « *Mihi nomen Iterius. Trahens originem ex Brabantiae finibus, mimia et cantu « vitam acquiro.* » Grysar, *Ib.*, p. 335-336.

l'aurore de la Renaissance : de nos jours même elle n'est pas totalement effacée[1].

Commencements de l'art chrétien.

Lorsque au cours du VIe siècle la dernière institution artistique de la civilisation païenne vint à sombrer en Occident, la société chrétienne, qui se développait à l'ombre de l'Église de Rome, possédait déjà une poésie et une musique adaptées à son culte. Les premiers monuments de cet art naissant — les hymnes de
374-397 apr. J C St Ambroise — remontent à la fin du IVe siècle, époque où la technique gréco-romaine était encore très-vivante, et où Ammien Marcellin nous montre Rome possédée d'une véritable manie de dilettantisme. Naturellement les cantilènes primitives du christianisme occidental naquirent dans l'atmosphère musicale de leur temps et s'inspirèrent des formes mélodiques alors en vigueur; toutefois elles ne prirent pas pour modèles les airs efféminés du théâtre[2] ou les prétentieuses compositions de concert, destinées à des masses de voix et d'instruments, mais les vieux nomes consacrés par une tradition séculaire, et les modestes refrains dont se contentait l'humble population dans laquelle se recrutèrent les adhérents de la nouvelle foi. Dès les premiers jours où le chant catholique apparaît hors de la pénombre de ses origines, nous le voyons se ramifier en deux directions opposées, bifurcation qui donne la clef des destinées ultérieures de la musique européenne.

L'une des branches du chant ecclésiastique consiste en *hymnes* et *séquences* ou *proses*, mélodies mesurées unies à des textes en vers : cette catégorie de morceaux fut composée à la fois pour le service public du culte et pour l'édification privée des fidèles. Au point de vue de la forme métrique, les cantiques de St Ambroise et de ses successeurs immédiats se rattachent à la lyrique des littérateurs romains. Les vers sont soumis aux lois de la quantité et ne

[1] Cf. GRYSAR, *der röm. Mimus*, p. 331 et suiv.

[2] « *Sonus vel melodia condecens [credentium] sancta religione psallatur, non quae tragicas* « *difficultates exclamet, sed quae in vobis veram christianitatem demonstret, non quae aliquid* « *theatrale redoleat, sed compunctionem peccatorum faciat. Sed et vox omnium nostrum non* « *dissona debet esse, sed consona. Non unus insipienter protrahat et alter contrahat, aut unus* « *humiliet, alter vocem extollat; sed invitatus [innitatur] humiliter unusquisque suam vocem* « *inter sonum chori concinentis includere....* » St Nicet, évêque de Trèves (mort en 566) ap. GERB. *Script.*, T. I, p. 13.

se règlent pas, comme les chansons populaires, sur l'accent; ils se divisent généralement en quatrains monomètres. La forme de vers caractéristique pour les hymnes ambroisiens est le dimètre iambique, dont s'était servi le plus ancien lyrique latin, Laevius[1]; d'autres mètres très en faveur sous l'empire romain, — le sénaire (iambe trimètre), le septénaire (trochée tétramètre), l'asclépiade, le vers sapphique, le tétramètre dactylique, l'anapeste[2] — sont employés par les hymnographes plus récents : Prudence (380), Sédulius (412), Claude Mamert (462), Vénance Fortunat (560). Les hymnes primitifs furent tantôt mis en musique par de pieux chrétiens, tantôt adaptés à des airs connus. Genre intermédiaire entre le chant ecclésiastique et la musique profane, l'*hymnodie* catholique — nous comprenons dans ce terme tous les morceaux strophiques de la liturgie — fut le germe d'où sortit la mélodie chantée et dansée des peuples occidentaux, la versification des jongleurs et des trouvères; et de là viennent tous les mètres employés jusqu'à ce jour dans les diverses littératures de l'Europe.

L'autre élément de la musique de l'Église, lequel a une destination plus étroitement liturgique, se compose des morceaux dont le texte est en prose : *psaumes*, *antiennes*, *répons*, etc.; ils ne sont pas soumis à la mesure musicale proprement dite et n'ont que le rhythme oratoire (p. 2). C'est le *plain-chant* au sens propre du mot. Les formules mélodiques que l'on y rencontre dérivent d'un petit nombre de types empruntés à de vieilles cantilènes gréco-romaines et même, sans doute, à certains hymnes de l'ancien

[1] Voici le plus long fragment authentique du vieux poëte :

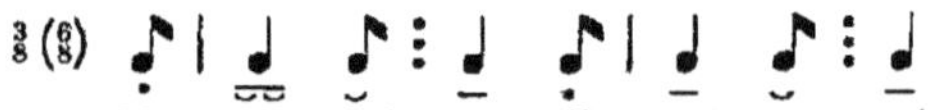

3/8 (6/8)

Phil - tra o - mni - a un - di - que e - ru - unt.
An - tipa - thes il - lud quae - ri - tur;
tro - chi - sci - li, un-gues, tae - ni - ae,
ra - di - cu - lae, her-bae, sur - cu - li,
sau - ri, il - li - ces, bi - co - du - lae.
Hin - nien - ti - um dul - ce - di - nes.

WEICHERT, *Reliq. poet. lat.*, p. 49.

[2] Ce fut sans doute par scrupule religieux que les poëtes chrétiens s'abstinrent d'une autre forme rhythmique fort usitée sous l'empire romain, l'ionique mineur, propre au culte dévergondé de Cybèle.

culte; conformément au système qui présida à la transformation des temples païens en églises, le christianisme, arrivé au pouvoir, s'efforça de respecter les traditions séculaires compatibles avec son principe et de dérouter le moins possible les habitudes invétérées de la piété populaire. Cette seconde classe de chants — vieux fonds qui déjà au temps de St Grégoire avait produit un riche trésor de mélodies sacrées, l'*Antiphonaire romain* — donna lieu, sous les Carlovingiens, aux premiers travaux d'érudition et de didactique musicale, lesquels à leur tour provoquèrent les essais informes de la *diaphonie* et du *déchant*, et toute cette technique barbare dont un jour devait se dégager l'art magique de la polyphonie vocale.

Pendant le moyen âge et jusqu'en pleine Renaissance les deux courants que nous venons de signaler poursuivent lentement et péniblement leur direction propre : le premier aboutissant en Italie à l'école florentine des *cantori al liuto*, les précurseurs des pères du drame musical, le second produisant dans le Nord l'école des maîtres contrepointistes du Hainaut et de la Flandre; ce n'est qu'au XVIIe siècle qu'ils se confondent et s'absorbent pour former le majestueux fleuve de la musique moderne.

Ici se termine la tâche que nous avons assumée. Le développement de l'art chrétien, dont nous venons de donner un rapide aperçu, appartient, dès ses phases primitives, à l'histoire spéciale de la musique occidentale; nous ne pourrions nous y appesantir davantage sans briser le cadre de ce travail. Il nous a suffi de suivre l'art de l'antiquité païenne dans le cours de sa longue carrière, depuis la naissance de l'orchestique d'Apollon jusqu'à la dégénérescence de la pantomime romaine. Dans cette carrière qui embrasse plus de dix siècles, nous l'avons vu aborder tour à tour, sans se modifier essentiellement, les diverses manifestations dont il était susceptible : le chant monodique sacré et profane, le solo instrumental, la chorale orchestique; nous l'avons vu atteindre son apogée dans le drame, puis, lorsqu'il eut épuisé son principe, entrer enfin dans sa longue période de décadence, après avoir répandu par tout le monde civilisé ses germes les plus féconds.

Nous sommes-nous trompés sur le degré d'intérêt que cette histoire est capable de présenter au musicien de nos jours ? Tout nous fait espérer que non. Les admirateurs les plus enthousiastes des merveilles harmoniques écloses depuis trois siècles ne sauraient rester indifférents à un art qui, malgré l'exiguité de ses moyens, a réalisé l'idéal de l'immortelle race grecque, et dont les débris ont servi d'assises au splendide édifice de la musique moderne, l'orgueil du XIXe siècle. Comme nous ils interrogeront avec une curiosité sympathique les vestiges, hélas, souvent bien effacés, des créations musicales qui furent une partie intégrante de tant de chefs-d'œuvre lyriques et dramatiques encore pleins de vie; ils ressentiront l'impression de beauté harmonieuse qui se dégage de ce vaste champ de ruines; ils s'instruiront au spectacle d'une histoire où, malgré la différence des temps et des productions, l'on voit se reproduire des phases et des tendances analogues à celles que nous montrent les courtes annales de la musique des Occidentaux. Peut-être dans cette étude trouveront-ils, comme nous, plus d'un sujet d'instruction technique, surtout en ce qui concerne la partie architectonique de la production musicale. Enfin, comme nous, ils y puiseront certainement une foi de plus en plus ardente dans l'avenir illimité de notre art divin, dans la bienfaisante grandeur de son rôle social au milieu des transformations futures de l'humanité.

FIN.

APPENDICE.

---

§ I. — SUR LES INSTRUMENTS A EMBOUCHURE (*TROMPETTE*, *CORNE A BOUQUIN*) DONT IL EST QUESTION CHEZ LES ÉCRIVAINS GRÉCO-ROMAINS (voir p. 242, note 1).

Résumons d'abord les renseignements que nous trouvons dans les auteurs grecs. Pollux (l. IV, sect. 85) dit au sujet de la *salpinx* ou trompette : « C'est une invention « des Tyrrhéniens. *Sa forme est droite ou courbe;* sa matière est le bronze ou le fer. « L'*embouchure* (1) est en os. On qualifie le son, le timbre, la résonnance, le retentisse- « ment, la clameur ou le fracas de la trompette par les termes suivants : franc, robuste, « puissant, grave, solennel, véhément, saisissant, effrayant, martial, batailleur, violent, « ferme, imposant, rude, tumultueux.... Les diverses espèces de *sonneries* sont les « suivantes : 1° la *sonnerie d'avertissement*, pour le départ; 2° la *sonnerie d'encouragement*, « pendant le combat; 3° la *sonnerie de retraite*....; 4° la *sonnerie pour faire halte et camper.* « Il y a aussi 5° la *sonnerie pompeuse*, pour les triomphes, et 6° les *sonneries sacrées*, « pour les sacrifices en usage chez les Égyptiens, les Argiens, les Étrusques et les « Romains (2).... Des exercices militaires la *salpinx* est passée dans les concours.... »

Pollux ne dit pas un mot du *kéras*, instrument fait d'une corne d'animal, et que l'on doit assimiler non avec notre cor d'orchestre ou avec notre trompe de chasse, mais avec la *corne à bouquin;* en revanche Aristote en parle assez longuement dans son traité *de Audibilibus* (p. 802). D'après ce que nous apprenons là, on avait l'habitude de faire cuire l'instrument au feu, pensant par là améliorer la qualité du son. En ce qui concerne le timbre, le Stagirite dit que « les sons du *kéras*, n'étant ni serrés ni compactes (3), « forment en se répandant dans l'air une vibration terne et sourde. »

Chez les écrivains latins nous trouvons des détails plus précis sur cette classe d'agents sonores. Trois instruments à embouchure étaient employés dans l'infanterie des Romains; ils sont décrits avec une clarté suffisante par ce texte de Végèce (l. III, ch. 5) : « Les signaux [militaires] sont donnés par un des instruments dits *tuba*, *cornu* « et *bucina* (4). On appelle *tuba* celui dont le canal est droit. » Nous avons donc bien là ce que l'on appelle actuellement la trompette romaine, identique sans doute avec la *salpinx* droite. — « La *bucina* est formée d'un tuyau d'airain qui se replie sur lui-même « en forme de cercle. » Ceci est apparemment la *salpinx* courbe dont parle Pollux, la trompette circulaire. Un pareil instrument, découvert à Pompéi, existe au Musée de Naples; j'en ai fait exécuter une copie exacte dont on trouvera la description dans le *Catalogue du Musée instrumental du Conservatoire de Bruxelles*, sous le n° 464, p. 330 (*Annuaire* de 1880, p. 162). — L'auteur latin continue ainsi : « Le *cornu* est une corne

« de bœuf sauvage entortillée d'argent, laquelle émet un son (5) modifié par l'habileté « et le souffle de l'exécutant. » Le *cornu* romain est donc identique au *kéras* grec, à l'*oliphant* du moyen âge.

Toute cette classe d'instruments est régie par des lois acoustiques si rigoureuses et si bien connues (6), qu'il n'est pas difficile, pour peu que l'on ait quelques données sur les dimensions d'un instrument donné, de retrouver avec une exactitude suffisante son échelle complète. Pour la *buccine* ou trompette circulaire la chose a été toute simple, puisqu'on a pu faire l'expérimentation directe. Les fac-simile des deux *buccines* pompéiennes, lesquels se trouvent au Musée du Conservatoire de Bruxelles (nos 464 et 465), ont une longueur de 3m40, embouchure comprise. Ils produisent les sons 2 à 12 de la fondamentale *sol*-1; ils sont conséquemment à l'unisson du cor en *sol*, et ont la même étendue que celui-ci. Eu égard au diapason antique, plus bas d'une tierce mineure que le nôtre, les deux instruments étaient donc accordés au *ton dorien*, et leur échelle doit se transcrire par les notes suivantes :

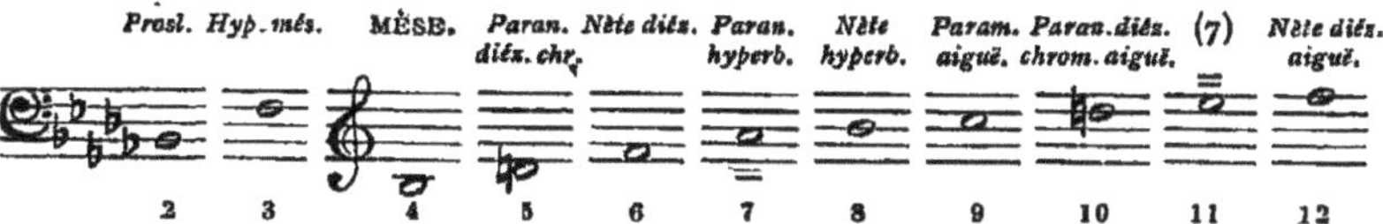

La *tuba* ou *trompette droite* n'aurait pu avoir un canal trop long sans cesser d'être portative. Sa longueur ne dépassait certes pas 1m30 à 1m50. Un instrument à embouchure construit dans de semblables conditions aura pour son fondamental *si* ♭1 ou *la* ♮1 au diapason moderne; et son étendue totale sera comprise entre les sons 2 à 8; soit en *la* ♮, ce qui par rapport au diapason antique correspond avec le *ton phrygien* transposé une octave plus haut :

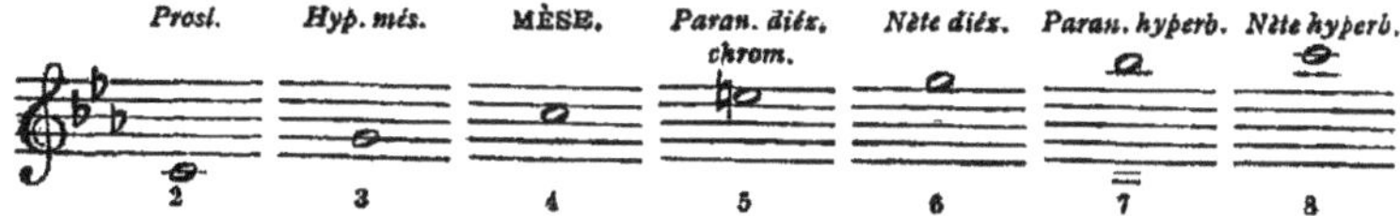

Quant à la *corne à bouquin* son étendue devait être moindre encore. Cette sorte d'instruments ne produit qu'un nombre très-restreint des sons de l'échelle acoustique, les trois plus graves; soit en *mi* ♭ (diapason moderne) :

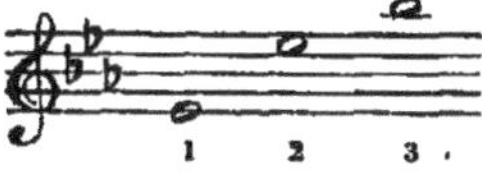

En outre, des appareils sonores d'une facture aussi rudimentaire sont rarement justes, et aujourd'hui, comme du temps de Végèce, la seule habileté de l'exécutant parvient à les rendre supportables (8).

Voici les conclusions auxquelles nous amène ce qui précède. Des trois instruments, la *trompette circulaire* ou *buccine* seule était à même de faire entendre un véritable dessin mélodique. La *trompette droite* pouvait exécuter des fanfares assez variées, mais la *corne à bouquin* n'était bonne qu'à donner des signaux. Tout cela concorde avec un autre texte de Végèce que nous allons reproduire (l. II, ch. 22) : « Chaque légion a des joueurs de « trompette, *tubicines*, de corne, *cornicines*, et de buccine, *bucinatores* (9). Le joueur de « trompette sonne la *charge* (10) et la *retraite*; il se fait entendre aussi lorsque les soldats,

« requis pour quelque ouvrage, sortent sans enseignes. Les joueurs de corne transmettent « les commandements aux enseignes. Pendant la bataille les uns et les autres sonnent. « On appelle *classicum* ce que les joueurs de buccine annoncent (ou commandent) au « moyen de leur instrument. C'est, paraît-il, une des marques du pouvoir souverain. « En effet le *classicum* se joue lorsque le général est présent, et lorsqu'un soldat est « puni de mort. »

Il existait chez les Romains un quatrième instrument militaire appelé *lituus*, propre à la cavalerie. Le *lituus* avait un tube presque cylindrique, droit jusqu'à la naissance du pavillon, lequel était peu ouvert et recourbé; cette forme donnait à tout l'instrument une grande ressemblance avec le bâton augural, dont il avait pris le nom (11). Festus le définit *genus bucinae incurvae;* Priscien en fait une espèce de petite trompette (*genus tubae minoris*). Les poëtes s'accordent à décrire son timbre comme strident et aigu : « *Et lituis aures circumpulsantur acutis* » (Stace, *la Thébaïde*, l. VI, v. 228), etc. Ce que l'on peut affirmer à coup sûr, c'est qu'un instrument à embouchure ayant une longueur aussi restreinte (environ 80 centimètres) se limitait à quatre ou cinq sons au plus. Son timbre devait avoir de l'analogie avec celui de notre *cornet de poste.*

NOTES.

(1) Nous traduisons ici *γλῶττα* par embouchure, car on ne peut supposer que la *salpinx* grecque ait été un instrument à anche.

(2) « *Salpinx*, instrument sacerdotal. Les prêtres s'en servaient. » Suidas.

(3) Je crois qu'il faut lire *ἄπυκνοι καὶ μὴ συνεχεῖς* au lieu de *πυκνοὶ καὶ συνεχεῖς* (A. W.).

(4) J'écris *bucina*, et non *buccina*, d'après l'indication de Marquardt, *Röm. Staatsverw.*, T. II, p. 534, note 7.

(5) J'ai traduit comme s'il y avait *sonitum* au lieu d'*auditum*, ce dernier mot ne donnant pas un sens intelligible.

(6) Au sujet de la construction de cette sorte d'instruments voir Mahillon, *Éléments d'acoustique* (Bruxelles, 1874), p. 94 et suiv.; *Catalogue descriptif et analytique du Musée instrumental du Conservatoire royal de Bruxelles* (Gand, C. Annoot-Braeckman, 1880), p. 48 et suiv. (*Annuaire* de 1878, p. 128 et suiv.).

(7) Le 11e son de l'échelle acoustique n'entre dans aucune des échelles grecques, pas plus qu'il n'entre dans la gamme moderne; c'est un son *inharmonique* dont on peut se servir tout au plus en guise de note de passage.

(8) Voir le *Catalogue du Musée instrumental du Conservatoire de Bruxelles*, p. 218 (*Annuaire* de 1879, p. 134).

(9) Parmi les *duplarii* (soldats qui avaient double paie) de la 3e légion *Augusta*, on trouve 4 joueurs de trompette, 2 de cornet et 2 de buccine. Marquardt, *Röm. Staatsverw.*, T. III, p. 534, note 7.

(10) La sonnerie de charge avait le rhythme du tétramètre trochaïque, ainsi que l'indique son nom *trochaeum* (Dion Cass., l. LVI, § 22) :

Allegro. $\frac{3}{8}$ ($\frac{6}{8}$) ♩ ♪ : ♩ ♪ | ♩ ♪ : ♩ ♪ ‖ ♩ ♪ : ♩ ♪ | ♩ ♪ : ♩ 𝄾 ‖

(11) Dans le *Catal. du Musée instr. du Conserv. de Bruxelles* le n° 466 est indiqué par erreur comme un *lituus.* C'est la copie d'un instrument antique conservé au *British Museum* et désigné sous le nom de *Etruscan cornu* par M. Engel, *Essay on the history of musical instruments*, dans le *Descriptive catalogue of the mus. instr. in the South Kensington Museum* (London, George E. Eyre and William Spottiswoode, 1874), p. 40. Il donne les sons 2 à 6 de la fondamentale *ré*$\flat_2$; donc *ré*$\flat_3$ *la*$\flat_3$ *ré*$\flat_4$ *fa*$_4$ *la*$\flat_4$.

§ II. — SUR L'ÉCHELLE DE LA *MAGADIS* (v. p. 245).

Dans le premier volume de son admirable édition de Pindare (*de Metris Pindari*), Boeckh s'occupe de ce sujet; il résume ses vues par un tableau (p. 264) indiquant l'accord de la *magadis* à 20 cordes, instrument dont Anacréon, de son propre aveu, s'est servi pour l'accompagnement de ses chansons (ci-dessus, p. 410-411). L'échelle que propose l'illustre savant allemand est comprise dans un double heptacorde allant de l'*hypate méson* à la *nète synemménon*, heptacorde dans lequel sont intercalés les degrés chromatiques des tétracordes *méson*, *synemménon* et *diézeugménon*. Voici cette échelle dont Boeckh ne détermine pas la hauteur absolue, mais que je transcrirai dans le trope lydien, afin d'en rendre la comparaison plus facile avec celles que j'attribue aux lyres et aux cithares grecques dans le 1er chapitre du IVe livre (p. 254 et suiv.).

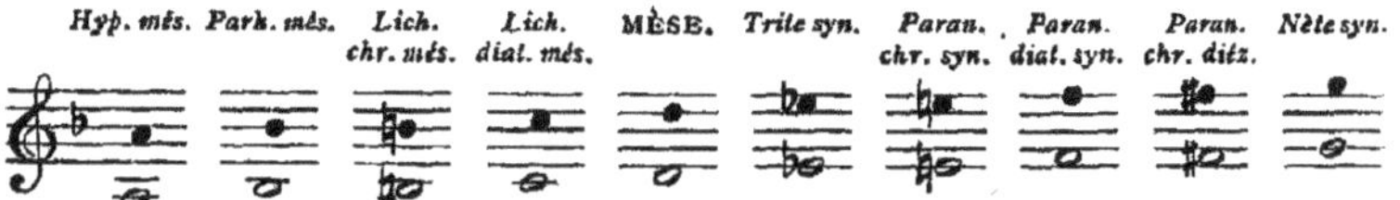

Tout en acceptant le principe de l'intercalation de degrés chromatiques dans l'échelle des instruments à cordes (j'en ai fait usage dans la détermination des divers systèmes d'accord de la cithare), je ne saurais me rallier complétement à la disposition imaginée par Boeckh. Voici les principales observations qu'elle me suggère :

1° Une échelle de septième me paraît insuffisante pour les cantilènes habituellement accompagnées par la *magadis*. On sait que les mélodies des Asiates étaient plus riches en sons que celles des Hellènes, et même celles-ci, on se le rappellera, avaient déjà été étendues jusqu'à l'intervalle d'octave depuis l'époque de Terpandre.

2° Malgré ses trois degrés chromatiques, l'échelle de Boeckh ne renferme ni l'harmonie *lydienne* (*la si ut♯ ré mi fa♯ sol♯*) ni l'*ionienne* (*la si ut♯ ré mi fa♯ sol*), lesquelles certes n'ont pas dû manquer sur un instrument originairement asiatique.

Je crois donc qu'au lieu de l'heptacorde il faut prendre pour base l'*ennéacorde*, allant de la *lichanos hypaton* ou *hyperhypate* à la *nète diézeugménon* (p. 259), et y intercaler les degrés chromatiques du *méson* et du *diézeugménon*,

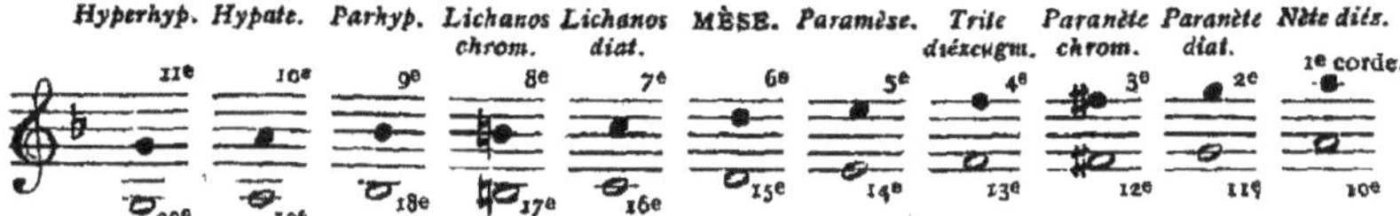

disposition qui a l'avantage de fournir cinq espèces d'octaves sur sept, précisément les plus usitées :

la *phrygienne* . . . . *sol la si♭ ut ré mi fa sol*
l'*ionienne*. . . . . *sol la si♮ ut ré mi fa sol*
la *lydienne* . . . . *sol la si ut ré mi fa♯ sol*
la *dorienne* . . . . *la si♭ ut ré mi fa sol la*
l'*éolienne*. . . . . *la si♮ ut ré mi fa sol la*
la *phrygienne* (2e forme) . . *la si♮ ut ré mi fa♯ sol la*
et en outre un heptacorde mixolydien . *si♮ ut ré mi fa sol la*

Je ferai remarquer encore que l'étendue totale de l'instrument ainsi accordé correspond exactement avec celle de la notation instrumentale à l'époque de sa création; or, le mécanisme de la notation dont il s'agit nous prouve qu'elle a été conçue pour un instrument du genre de la *magadis* (T. I, p. 426).

Enfin je ferai valoir en faveur de mon hypothèse une dernière considération; je la tire de quelques vers de Téleste de Sélinonte (Bergk, fragm. 4) dont mon savant ami Wagener a bien voulu faire la traduction :

« Un autre, faisant retentir un son différent, attaquait la *magadis à la résonnance* « *charmante* (ἐρατόφωνον μάγαδιν), en agitant rapidement *sur les cordes disposées en cinq* « *groupes* (ἐν πενταράβδῳ χορδᾶν ἀριθμῷ) sa main qui allait et venait dans ses mouve- « ments giratoires (1). »

La division de l'étendue totale de la *magadis* en cinq groupes de cordes avait sans doute pour but de faire reconnaître plus sûrement à l'exécutant les cordes qui se correspondaient à l'octave, et qu'il avait souvent à faire résonner en même temps; sur la harpe moderne on obtient un résultat identique en mettant dans chaque octave deux cordes de couleur : ordinairement les *ut* sont teints en rouge, les *fa* en bleu. Or il est évident que le double heptacorde de Boeckh ne saurait se diviser naturellement en cinq parties, tandis que la chose est très-facile pour mon double ennéacorde.

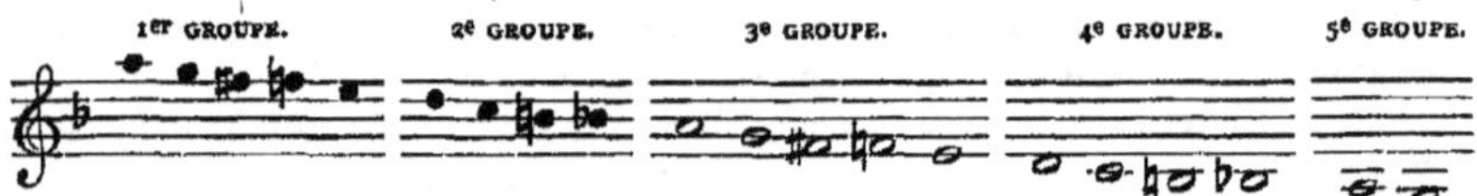

On voit que dans cette disposition non-seulement les groupes 1, 3 et 5 d'une part, les groupes 2 et 4 d'autre part, correspondent à l'octave, mais que les groupes voisins 1-2, 2-3, 3-4, 4-5 se répondent soit à la quinte, soit à la quarte.

NOTE.

(1) Les Mss. ont κερατόφωνον, *qui a une résonnance de* κέρας (*corne à bouquin*), qualification au moins singulière pour un instrument à cordes pincées. Il est vrai qu'au XVIIe siècle on avait un instrument à cordes appelé *trompette marine;* mais il était mis en vibration par un archet et possédait conséquemment la faculté de soutenir les sons, première condition pour être assimilé à un instrument à vent. Au reste la *trompette marine* est un instrument tout à fait spécial (voir le *Catalogue du Musée instrumental du Conservatoire de Bruxelles*, n° 217, *Annuaire de* 1879, p. 141). Je crois donc qu'il faut remplacer κερατόφωνος par τερατόφωνος « au son merveilleux » ou par ἐρατόφωνος « au son charmant. » Aucun de ces composés, il est vrai, ne se trouve dans les dictionnaires, mais κερατόφωνος, lui aussi, ne se trouve que dans ce texte. Pourquoi d'ailleurs, puisqu'on dit ἐρατόχρους, ne pourrait-on dire ἐρατόφωνος ? Pour le vers 3 j'ai préféré la leçon ordinaire à celle qu'a proposée Meineke (πενταράβδῳ et ῥυθμῷ pour πενταράβδῳ et ἀριθμῷ), et j'ai traduit ῥαβδός, auquel les lexiques, entre autres sens, donnent celui de *bande*, *ligne*, etc., par le mot *groupe*. (A. W.)

§ III. — SUR LE TROISIÈME ACCORD DE L'HEPTACORDE DE TERPANDRE, CELUI OÙ L'UN DES DEGRÉS DE L'OCTAVE EST SUPPRIMÉ (v. p. 257, note 1), PAR AUG. WAGENER.

Parmi les auteurs qui se sont occupés de cette question il n'en est aucun, sauf Boeckh (*de Metr. Pind.*, p. 205), qui l'ait résolue d'une manière satisfaisante. Cela tient, pensons-nous, à ce qu'ils n'ont pas interprété d'une façon *rigoureuse* les textes qui s'y rapportent. En effet, l'étude attentive et l'interprétation strictement philologique de ces textes nous conduisent à un résultat tout à fait différent de celui auquel sont arrivés Meibom (*Notes sur Nicomaque*, p. 52), Bojesen (*de Problematis Aristotelis*, pp. 45 et 73), Vincent (*Notices*, p. 274 et suiv.) et Westphal (*Metrik*, 2e éd., T. I, p. 294).

Les textes les plus importants sont incontestablement ceux d'Aristote (*Probl.* XIX, 7, 32 et 47). Voici d'abord la traduction du problème 32 :

« Pourquoi appelle-t-on l'octave *dia-pason* (par toutes) et non, d'après le nombre [des « degrés mélodiques qu'elle contient], *di-okto* (par huit), de même que l'on dit *dia-tessaron* « (par quatre) et *dia-pente* (par cinq)? Est-ce parce qu'anciennement il n'y avait que « sept cordes, et qu'ensuite Terpandre, en supprimant la *trite*, ajouta la *nète?* Est-ce pour « ce motif que l'on disait *dia-pason* et non *di-okto?* En effet c'était par la septième [corde « que l'on obtenait l'octave]. »

Terpandre enleva donc la *trite* à la lyre accordée d'après le système des tétracordes conjoints. Mais s'agit-il de la *trite synemménon* ou de la *trite diézeugménon?* En d'autres termes, étant donnée l'échelle *conjointe sol fa mi♭ ré ut si♭ la*, Terpandre a-t-il enlevé la corde représentant *mi♭*, ou la corde *fa*, la *trite* de la gamme *disjointe la sol fa mi♮ ré ut si♭ la?*

Tous les auteurs, excepté Boeckh (*l. c.*), croient qu'il s'agit de la *trite diézeugménon.* Nous sommes au contraire de l'avis qu'il ne peut être question que de la *trite synemménon.*

Et tout d'abord il doit sembler naturel qu'Aristote, en prenant comme point de départ le système conjoint, donne le nom de *trite* à la trite de ce système. Néanmoins, nous l'avouons, le doute est permis.

Mais ce doute ne peut se maintenir lorsqu'on examine de près le problème 47, dont voici la traduction : « Pourquoi, en faisant des échelles (ἁρμονίας) de sept sons, les « anciens ont-ils maintenu l'*hypate* et non la *nète* [*diézeugménon*]? Ou bien ont-ils enlevé, « non pas la *nète* (1), mais la corde *appelée aujourd'hui paramèse* et [par là même] l'inter- « valle du ton [disjonctif]? Ils (les anciens) employaient comme *mèse* l'extrémité du « *pycnum* s'étendant vers l'aigu. C'est pourquoi aussi ils appelèrent cette corde *médiane.* « En effet (2), [lorsqu'on procédait de l'aigu au grave, marche naturelle de la mélodie], « la *mèse* était à la fois la corde terminale du tétracorde aigu et la corde initiale du « tétracorde grave. »

Ce problème est très-altéré. La question reste sans réponse, et le doute quant à son exactitude a été intercalé d'une façon bien maladroite. En effet, pour autant que je comprends ce problème, les mots ἐχρῶντο δὲ κ. τ. λ. se rattachent au *premier* énoncé de la question, et non au doute qui le concerne. Mais quoi qu'il en soit, il est évident que la corde que les anciens (c'est-à-dire Terpandre et ses disciples) supprimaient dans celui de leurs heptacordes qui embrassait une octave, était celle qui *plus tard* fut appelée *paramèse.* Certes l'ancienne *trite*, celle du système conjoint, pouvait, elle aussi, s'appeler *paramèse*, parce qu'elle était *voisine* de la *mèse*, mais Aristote dit expressément qu'il s'agit de la corde qu'on appelle AUJOURD'HUI *paramèse.* Or, dans l'échelle octocorde, qui constituait incontestablement la règle à l'époque d'Aristote, la *paramèse* était la *quatrième* en procédant de l'aigu au grave. En d'autres termes, elle répondait non pas au *fa*, mais au *mi* de l'échelle *diézeugménon*. D'un autre côté le problème 32 nous dit que la corde supprimée par Terpandre était la *trite*. C'était donc bien certainement la *trite synemménon*. Cette conclusion est inévitable. La corde supprimée était par conséquent soit le *mi* ♭ dans le système conjoint, c'est-à-dire la *trite* de ce système, soit le *mi* ♮ dans le système disjoint, c'est-à-dire la *paramèse* de ce dernier système. Aucune instance n'est possible contre ce raisonnement, et c'est en vain qu'on invoquerait, pour le combattre, le témoignage de Nicomaque ou de Plutarque. Nicomaque dit, à la vérité, p. 17, que dans l'heptacorde embrassant une octave la *trite* était distante de la *paranète* d'un intervalle indécomposé d'un ton et demi, ce qui suppose l'échelle *la sol mi ré ut si*♭ *la*. Mais cette assertion est incompatible avec celle d'Aristote et ne résulte d'ailleurs que de l'interprétation arbitraire que Nicomaque a cru pouvoir donner d'un passage de Philolaüs, où il est dit que la *trite* forme une quarte avec la *nète*. Nicomaque, partant de l'idée que la *trite* doit être nécessairement la troisième corde à partir de la *nète*, suppose qu'entre la *paranète* et la *trite* il y avait un *trihémiton* (tierce mineure). Mais rien ne prouve que Philolaüs ait en vue un heptacorde. Au contraire lorsqu'il dit que la *dioxie* (c'est-à-dire la quinte) comprend *trois tons et un diésis*, il est assez difficile d'admettre qu'il entende par là deux tons et un *trihémiton* indécomposé, ce qui serait cependant, d'après Nicomaque, la composition de la *dioxie* supérieure, qui s'étend de la *mèse* à la *nète diézeugménon*. Nous croyons plutôt que la lyre dont parle Philolaüs était octocorde, et que s'il a donné le nom de *trite* à la corde qui plus tard fut appelée *paramèse*, il n'a fait en cela que se conformer à l'ancienne terminologie. Quant à la corde comprise entre la *paramèse* (= *trite* de Philolaüs) et la *paranète*, nous ignorons le nom qu'elle portait dans l'échelle de l'ancienne école pythagoricienne. L'autorité, du reste fort sujette à caution, de Nicomaque, ne doit donc pas nous empêcher de nous en tenir au témoignage parfaitement clair d'Aristote.

Il en est de même d'un passage de Plutarque (*de Musica*, ch. XIX). En cet endroit Plutarque nous apprend que les anciens s'abstenaient de la *trite* dans le trope spondaïque et qu'ils conduisaient directement *le chant* [ascendant] jusqu'à la *paranète*. En supposant, ce qui est douteux, que l'on puisse tirer de ce fait une conclusion quant à la *lyre* de Terpandre, encore faudrait-il savoir s'il s'agit de la *trite synemménon* ou de la *trite diézeugménon*. Il y a d'ailleurs dans ce chapitre XIX des choses si étranges qu'on se demande si Plutarque s'est bien rendu compte lui-même de la portée de ses indications, probablement puisées à des sources excellentes.

Nous croyons donc devoir maintenir, sans la moindre hésitation, les conclusions, d'après nous irréfutables, que nous avons tirées des problèmes d'Aristote, c'est-à-dire que le troisième accord de l'heptacorde de Terpandre correspondait à la gamme suivante :

la sol fa ré ut si♭ *la*.

Cet assemblage de sons a l'avantage de dériver d'une succession de quintes et de quartes enchaînées (*la-ré-sol-ut-fa-si*♭), ce qui n'est pas le cas pour la gamme imaginée par Meibom (*la sol mi ré ut si*♭ *la*). Il est aussi préférable à la gamme recommandée par Vincent (*Notices*, p. 275 : *la sol mi ré ut si*♮ *la*), où le demi-ton se trouve au milieu du tétracorde inférieur, ce qui nous éloigne du mode dorien, sur lequel est fondé, comme on sait, tout le système musical des Hellènes (voir T. I, p. 182).

NOTES.

(1) Les Mss. portent *hypate*. Mais cette leçon est en contradiction manifeste avec ce qui précède immédiatement, ainsi qu'avec toutes les données sur la même question qui

nous sont fournies par les auteurs anciens. Aussi Bojesen a-t-il eu raison (*l. c.*, p. 114) de remplacer ὑπάτην par νήτην.

(2) Les Mss. portent ἢ ὅτι ; mais Bojesen a supprimé avec raison la particule disjonctive ἤ.

---

§ IV. — SUR UN DOCUMENT RELATIF A LA TECHNIQUE DE LA CITHARODIE (v. p. 264, note 3).

Ce document, que M. Vincent désigne erronément comme une gamme de cithare à deux parties, n'a pas été jusqu'à nos jours expliqué d'une manière satisfaisante (1). Après une étude longue et approfondie je crois en avoir découvert la véritable interprétation, moyennant quelques légers changements apportés à la lecture et à la disposition du texte. Pour que le lecteur puisse apprécier ces changements et suivre facilement mon exposition, je reproduis le document sous une triple forme : premièrement (A) d'après la version admise jusqu'à présent (2), en second lieu (B) avec les modifications que je propose, et enfin (C) dans une traduction paraphrasée.

Énonçons d'abord le but et la signification du document. Nous avons là ce que les musiciens gréco-romains appelaient un *diagramme*, tableau synoptique destiné à démontrer sous une forme sommaire un point quelconque de théorie ou de pratique musicale (3). *Le présent tableau a pour but d'indiquer la manière dont les exécutants citharèdes du temps de l'empire romain avaient à se servir de leur instrument* (4). En d'autres termes c'est une tablature comme on en trouve souvent en tête de nos méthodes d'instruments, destinée à être éclaircie par un texte explicatif.

1. *La double colonne de dénominations et de notes grecques indique l'étendue qu'avait à parcourir chacune des mains du citharède.* L'intervalle assigné à la main gauche est d'une octave et une quinte : depuis la *proslambanomène* du ton lydien (*ré*$_2$) jusqu'à la *nète diézeugménon* du même ton (*la*$_3$).

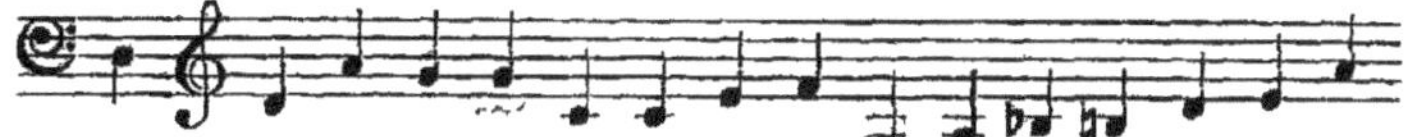

L'échelle de la main droite comprend deux octaves et un ton : depuis la *lichanos hypaton* (*diapemptos* ou *hyperhypate*) du ton lydien (*sol*$_2$) jusqu'à l'octave aiguë de la *nète diézeugménon* du même ton (*la*$_4$).

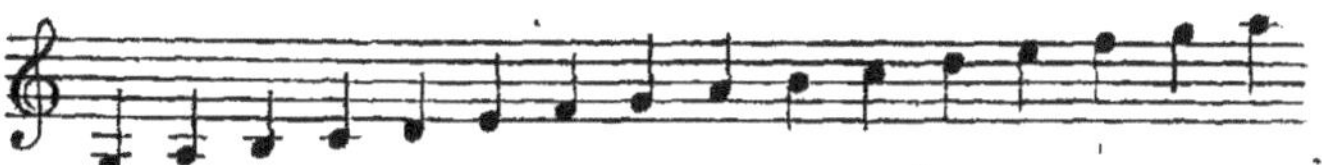

On sait que dans le jeu polyphone la main gauche avait pour fonction spéciale d'exécuter la partie d'accompagnement, tandis que la main droite faisait entendre la partie principale (p. 267-268). C'est là sans doute une des raisons pour lesquelles l'auteur du tableau a décrit l'étendue de la main gauche au moyen d'une succession de sons ayant plutôt le caractère d'un fragment de prélude que d'un chant, tandis qu'il a déterminé le domaine de la main droite par une échelle diatonique, forme-type de la cantilène vocale. On se rappellera en outre que la main gauche ne se servait pas de plectre, mais qu'elle ébranlait la corde au moyen des divers doigts; il est donc fort probable que le susdit fragment de prélude ou d'exercice avait également pour but de résumer mnémoniquement les principaux procédés de doigté.

En tout cas, pour obtenir l'étendue complète de l'instrument que l'auteur du tableau
a eu en vue, il suffit de disposer sous forme d'échelle tous les sons compris dans les
deux colonnes de notes :

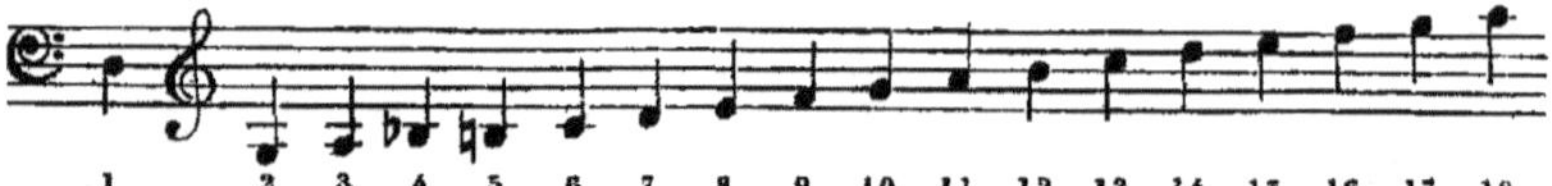

2. *Les dix-huit sons que l'on obtient en réunissant les deux colonnes de notes, ne correspondent pas au nombre de cordes qui garnissaient l'instrument. Les sept sons les plus aigus, dont les désignations sont précédées du mot* Ὀξεῖα, *se produisaient artificiellement, comme sons harmoniques, sur les cordes correspondant à l'octave grave de chacune d'elles* (voir p. 268).

Voici les arguments sur lesquels je fonde cette assertion :

a) Des sept sons dont il s'agit, quatre (*mi*$_4$ *fa*$_4$ *sol*$_4$ *la*$_4$) dépassent à l'aigu le trope lydien, auquel se rapporte la nomenclature employée dans le tableau ; même le dernier son dépasse l'étendue générale de la notation grecque. Les trois notes inférieures (*si*$_3$ *ut*$_4$ *ré*$_4$) entrent, il est vrai, dans le trope lydien; mais l'auteur, au lieu de leur appliquer les dénominations normales, les désigne par le même terme que leur octave grave en ajoutant le mot *oxeia*, c'est-à-dire *aiguë*, de même que nous mettons 8va quand nous arrivons à des régions situées à une trop grande distance de notre portée. Ainsi la *nète hyperboléon* (*ré*$_4$) est désignée comme *mèse aiguë*.

b) Aucune des sept notes ne se rencontre dans la colonne de la main gauche. Cela provient, selon moi, de ce qu'il fallait le concours des deux mains pour produire les sons harmoniques : pendant que la main gauche, libre de ses mouvements, arrêtait la vibration de la corde à son point milieu, en y posant un doigt, la droite, armée du plectre, faisait résonner la corde. A la vérité les harpistes de nos jours font cette double besogne d'une seule main, mais, sans faire tort aux anciens, on peut les supposer moins habiles que les virtuoses du XIXe siècle, lesquels, au reste, ne s'embarrassent pas d'un plectre.

En résumé, la cithare à laquelle se rapporte notre texte n'avait que les 11 cordes suivantes :

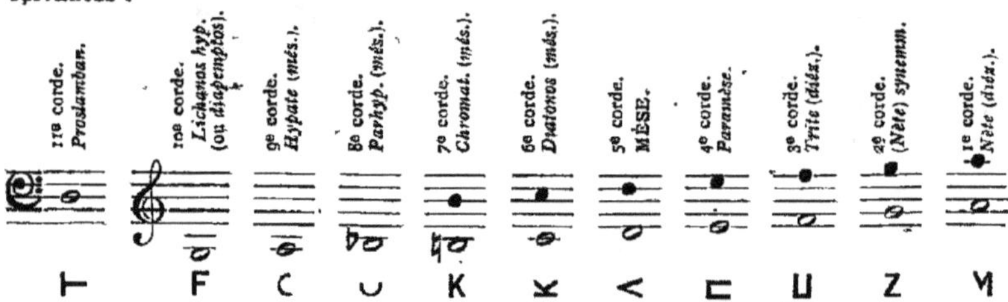

3. *Les désignations employées par le rédacteur du tableau* (*proslambanomène, diapemptos, etc.*) *n'ont que leur signification thétique; en d'autres termes elles n'indiquent que le rang des cordes, et restent invariables, quelle que soit l'échelle dans laquelle l'instrument se trouve momentanément accordé.*

Ces noms n'auraient une signification exacte et absolue que si l'instrument restait toujours accordé au ton lydien; or nous allons voir tantôt qu'il n'en est pas ainsi. Mais il y a plus; si l'on laisse ces noms de côté, pour ne tenir compte que des signes de la notation, on se convaincra tout de suite que même l'échelle normale, désignée dans le titre du tableau sous le nom de *série commune* (κοινὴ ὁρμαθία), n'appartient pas au ton lydien, mais bien au ton hypolydien (5). Ce qui le prouve péremptoirement c'est la notation employée pour exprimer les sons *si*♮$_2$ et *ut*$_3$: OK, ΞΧ. En effet ces caractères correspondent à la *paramèse* et à la *trite diëzeugménon* du trope hypolydien, et nullement, comme le voudraient lesdites indications, au *lichanos chromatique* et au *lichanos diatonique* du ton lydien, sons qui se traduisent par les signes ΠϪ, Μ⅂.

4. *La série commune, ainsi que l'indique le titre du tableau, est destinée à se modifier dans son accord, de manière à pouvoir jouer en divers tons. Les désignations placées en marge du tableau indiquent les échelles tonales dans lesquelles il était d'usage d'accorder l'instrument: et pour chacun des tons le genre à employer est précisé.*

Voici, abstraction faite de l'ordre suivi par le rédacteur, lesdites échelles classées selon les divers genres, et rangées dans chaque genre selon la succession des quintes :

Échelles diatoniques (6) : ton *hyperlydien* (♭♭), ton *lydien* (♭), ton *hypolydien*, (♮) ton *hyperiastien* (♯),.... ton *hyperéolien* (♯♯♯), ton *éolien* (♯♯♯♯);

Échelles chromatiques : ton *lydien* (♭),.... ton *hyperiastien* (♯);

Échelles enharmoniques : ton *hypophrygien* (♭♭), ton *lydien* (♭),.... ton *hyperiastien* (♯).

5. *Ces désignations se rapportent à la colonne de la main gauche. Chacun des tons se trouve placé à côté de la corde destinée à faire entendre sa mèse dynamique ou la réplique de celle-ci à l'octave aiguë. La note à laquelle se rapporte la désignation est marquée dans la traduction du tableau par un astérisque.*

L'ordre arbitraire qui se remarque dans la succession de ces échelles, provient de ce que les indications ont été ajoutées après coup à une série de sons conçue d'après un autre ordre d'idées (voir ci-dessus, p. 636).

6. *Pour obtenir les échelles diatoniques et chromatiques désignées, toutes les cordes, sauf l'hypate* (la$_2$) *et la nète* (la$_3$), *devaient être aptes à modifier leur accord d'un demi-ton* (7), *et notamment* si♭$_2$, fa$_3$ ut$_3$ sol$_2$ sol$_3$ *et* ré$_3$ *avaient à se convertir à l'occasion en* si♮$_2$ fa♯$_3$ ut♯$_3$ sol♯$_2$, sol♯$_3$ *et* ré♯$_3$; si♮$_2$ *en* ut$_3$; mi$_3$ *en* mi♭$_3$. *A cette fin la cithare était munie d'un mécanisme propre à raccourcir ou à allonger la corde d'un seizième de sa longueur normale, au moyen d'un sillet artificiel fait pour diminuer d'autant la partie vibrante de la corde* (8). *(Sans doute la proslambanomène restait également invariable, et ne s'employait que dans les tons lydien et hyperlydien.)*

Voici donc l'accord de la cithare dans ces divers tons et genres :

	11e corde. *Proslamban.*	10e corde. *Lich. hyp.* (*Diâpemptos*).	9e corde. *Hypate méson.*	8e corde. *Parhypate més.*	7e corde. *Chromat. més.*	6e corde. *Diatonos més.*	5e corde. MÈSE.	4e corde. *Paramèse.*	3e corde. *Trite diëzeugm.*	2e corde. *Nète synemm.*	1e corde. *Nète diëzeugm.*
Lydien diatonique.	ré$_2$	sol$_2$	la$_2$	si♭$_2$	. . .	ut$_3$.	RÉ$_3$	mi$_3$	fa$_3$	sol$_3$	la$_3$
Hypolydien diatonique . . .	. . .	sol$_2$	LA$_2$	. . .	si♮$_2$	ut$_3$	ré$_3$	mi$_3$	fa$_3$	sol$_3$	la$_3$
Hyperlydien diatonique. . .	ré$_3$	sol$_2$	la$_3$	si♭$_2$	. . .	ut$_3$	ré$_3$	*mi*♭$_3$	fa$_3$	SOL$_3$	la$_3$
Hyperiastien diatonique . .	. . .	sol$_2$	la$_2$	. . .	si♮$_2$	ut$_3$	ré$_3$	MI$_3$	*fa*♯$_3$	sol$_3$	la$_3$
Éolien diatonique.	. . .	*sol*♯$_2$	la$_2$	. . .	si♮$_2$	*UT*♯$_3$	*ré*♯$_3$	mi$_3$	*fa*♯$_3$	*sol*♯$_3$	la$_3$
Hyperéolien diatonique. . .	. . .	*sol*♯$_2$	la$_2$	. . .	si♮$_2$	*ut*♯$_3$	ré$_3$	mi$_3$	*FA*♯$_3$	*sol*♯$_3$	la$_3$
Lydien chromatique (9). . .	ré$_2$	sol$_2$	la$_2$	si♭$_2$	si♮$_2$	. . .	RÉ$_3$	mi$_3$	fa$_3$	sol$_3$	la$_3$
Hyperiastien chromatique. .	. . .	sol$_2$	la$_2$	*si*♮$_2$	*ut*$_3$	*ut*♯$_3$	. . .	MI$_3$	*fa*♯$_3$	sol$_3$	la$_3$

7. *Les intervalles minimes qui se trouvent dans les trois échelles enharmoniques désignées ne pouvaient s'obtenir que par une modification expresse de l'accord régulier de l'instrument.*

Ceci me paraît d'une importance assez secondaire. Selon toute probabilité l'auteur n'a compris le genre enharmonique dans son tableau que pour se conformer à la tradition. Il est douteux que ce genre fût réellement exécuté, et surtout chanté, à l'époque de la rédaction de notre document. Voici les trois échelles enharmoniques; les notes accordées par relâchement arbitraire sont précédées d'un astérisque :

	11e corde. *Proslamban.*	10e corde. *Lich. hyp. (Diapemplos).*	9e corde. *Hypate méson.*	8e corde. *Parhypate més.*	7e corde. *Chromat. més.*	6e corde. *Diatonos més.*	5e corde. MÈSE.	4e corde. *Paramèse.*	3e corde. *Trite diézeugm.*	2e corde. *Nète synemm.*	1e corde. *Nète diézeugm.*
Lydien enharmonique	ré$_2$	sol$_2$	la$_2$	*si ♭$_2$	*si ♭$_2$	. . .	RÉ$_3$	mi$_3$	fa$_3$	sol$_3$	la$_3$
Hypophrygien enharmonique	ré$_2$	SOL$_2$	la$_2$	*si ♭$_2$	*si ♭$_2$	. . .	ré$_3$	*mi* ♭$_3$	fa$_3$	sol$_3$	la$_3$
Hyperiastien enharmonique.	. . .	sol$_2$	la$_2$	*si* ♮$_2$	*ut$_3$	ut$_3$	. . .	MI$_3$	*fa* ♯$_3$	sol$_3$	la$_3$

8. *Le diagramme indique pour chacune des mains les notes exclusivement réservées à la partie instrumentale ou* krousis, *soit pendant les repos de la partie vocale (ritournelles), soit dans l'accompagnement figuré exécuté par la main gauche du citharède : l'auteur se sert à cet effet du signe* $\frac{\rho}{\mathrm{K}}$, *abréviation de* κροῦσις. *Ces notes sont pour la main droite toutes les* oxeiai *ou harmoniques :* si$_3$ ut$_4$ ré$_4$ mi$_4$ fa$_4$ sol$_4$ la$_4$; *pour la main gauche la proslambanomène*, ré$_2$, *la* 7e, 6e, 5e *et* 4e *corde :* si♮$_2$ ut$_3$ ré$_3$ mi$_3$.

9. *Le diagramme indique également pour chacune des mains les notes qui à l'occasion pouvaient être utilisées pour renforcer la partie vocale ou* mélos; *elles sont suivies du signe* $\frac{\lambda}{\mathrm{M}}$, *abréviation de* μέλος (10). *Ce sont dans la main droite les sons* sol$_2$ la$_2$ si$_2$ ut$_3$ ré$_3$ mi$_3$ fa$_3$ sol$_3$ la$_3$, *dans la main gauche* sol$_2$ la$_2$ si ♭$_2$ *et* fa$_3$ sol$_3$ la$_3$. *Néanmoins toutes ces notes restaient constamment à la disposition de la* krousis.

Pour bien comprendre cette double règle, il faut se rendre un compte exact de la signification précise qui, selon nous, doit être attribuée aux mots *krousis* et *mélos* dans l'art de la citharodie, point spécial que l'auteur a eu en vue.

Le *mélos* est la partie exécutée par la voix, et *le redoublement exact de cette partie sur l'instrument;* la *krousis* comprend toute la partie instrumentale qui n'est pas une reproduction pure et simple de la partie vocale, donc : *a*) l'accompagnement polyphone ou figuré exécuté pendant le chant; *b*) les ritournelles intercalées dans les pauses du chant; ces ritournelles elles-mêmes pouvaient être polyphones.

La *krousis*, telle que nous venons de la définir dans sa première acception, était confiée généralement à la main gauche du citharède. Celle-ci, se servant des cinq doigts, pouvait déployer toute l'habileté dont elle était capable. Quant à la droite, armée du plectre, elle n'intervenait pendant le chant qu'à de certains moments et seulement pour soutenir la cantilène. Pendant les ritournelles, au contraire, les deux mains prenaient part à l'exécution : la main droite faisait entendre la partie principale (p. 267). Nous avons pour appuyer ces assertions un texte des plus précieux. Apulée décrivant une statue qui représentait Bathylle, le mignon de Polycrate, dans l'attirail d'un citharède, s'exprime en ces termes :

« Sa cithare, suspendue à un baudrier d'un travail exquis, est attachée de court; ses

« mains sont délicates, effilées. La gauche, *en écartant les doigts*, ébranle les cordes; la « droite, avec la pose propre à l'exécutant, approche le plectre de la cithare, comme si « elle attendait pour attaquer que la voix ait à faire une pause dans le morceau. « Pendant ce temps la cantilène du citharède semble couler de sa bouche arrondie et de « ses lèvres doucement entr'ouvertes. » *Florid.*, § 15.

Revenons maintenant à notre tableau et analysons d'abord le rôle de la main droite. Les sept sons harmoniques attribués à la *krousis* ne pouvaient naturellement avoir d'autre destination que celle-là, puisqu'ils se trouvent en dehors de l'échelle que parcourait la partie vocale dans le chant monodique (p. 254). D'autre part l'emploi de ces sons nécessitait le concours de la main gauche; ils ne pouvaient conséquemment entrer dans les passages polyphoniques. Selon toute apparence on ne les utilisait que pour les ritournelles. Quant aux neuf notes portant la désignation *mélos*, elles n'étaient employées, *en dehors des ritournelles*, que dans les moments où le chanteur trouvait bon de redoubler la partie vocale.

Pour la main gauche les choses se comprennent moins bien au premier abord. La *proslambanomène* est assignée à la *krousis*, ce qui est dans l'ordre, puisque cette note se trouve également en dehors de l'échelle vocale. Mais il est plus difficile de comprendre pourquoi, des dix cordes restantes, quatre seulement (*si*♮$_2$ *ut*$_3$ *ré*$_3$ *mi*$_3$) sont réservées spécialement pour l'accompagnement, tandis que *si*♭$_2$, ainsi que *sol*$_2$ *la*$_2$ et *fa*$_3$ *sol*$_3$ *la*$_3$ sont désignées pour doubler le *mélos*, fonction déjà assignée à ces dernières cordes dans la colonne de la main droite. La raison de cette anomalie apparente ne peut être que celle-ci : afin de faciliter le doigté, la main gauche en certaines circonstances était appelée à suppléer à la main droite pour renforcer la partie vocale, notamment lorsqu'il y avait un assez grand intervalle à franchir rapidement. Ceci explique pourquoi le double emploi était limité aux trois cordes supérieures et aux trois cordes inférieures de l'échelle parcourue par la voix. En effet aucune difficulté semblable ne pouvait se présenter pour les cordes médianes de cette échelle. Il y avait donc des moments où la main gauche cessait de faire un accompagnement figuré au-dessus de la partie vocale, pour se borner à la doubler purement et simplement. En ce qui concerne la main gauche la règle se formulera donc ainsi : toutes les notes énumérées dans la colonne qui lui correspond, à l'exception de la *proslambanomène*, réservée pour les préludes et ritournelles, servaient à l'accompagnement figuré ou polyphone de la partie chantante; mais en quelques occasions les cordes *sol*$_2$ *la*$_2$ *si*♭$_2$ et *fa*$_3$ *sol*$_3$ *la*$_3$ étaient appelées à doubler à l'unisson la mélodie vocale.

NOTES.

(1) Il a été publié au XVIe siècle par Zarlin dans ses *Sopplimenti musicali* (Venise, 1588), l. VIII, p. 283; de notre temps il a été reproduit et commenté par Vincent, *Notices sur divers manuscrits*, p. 254-259; par Fétis, *Mémoire sur l'harmonie simultanée chez les Grecs et les Romains*, p. 42-51; et enfin par M. Ruelle, *Études sur l'ancienne musique grecque*, p. 38-43 et p. 113-115.

(2) Je prends pour base le texte de M. Ruelle, le dernier publié, en y rétablissant une ligne omise par lui dans l'énumération des tons.

(3) Pour l'emploi du mot *diagramme* chez les écrivains musicaux, voir les textes traduits ci-dessus : T. I, p. 433, note 3, et p. 435, note 2; T. II, p. 573, note 4.

(4) La preuve de sa date relativement récente se trouve dans la nomenclature des tons, qui est celle de l'école néo-aristoxénienne (voir T. I, p. 251-252). D'autre part on est surpris d'y rencontrer le genre enharmonique, déjà peu usité du vivant d'Aristoxène.

(A) Η ΚΟΙΝΗ ΟΡΜΑΘΙΑ Η ΑΠΟ ΤΗΣ ΜΟΥΣΙΚΗΣ ΜΕΤΑΒΑΛΛΟΜΕΝΗ ΜΕΤΑΒΛΗΘΕΙΣΑ.

(ΚΑΤΑ ΚΙΘΑΡΩΔΙΑΝ)

Ἀριστερᾶς χειρός.		Δεξιᾶς χειρός.		
Προσλαμβανόμενος	O/K 7 ⊢	[illegible]	Λ/M Φ F	[illegible]
Μέση	O/K I <	[illegible]	Λ/M C C	[illegible]
Νήτη [illegible]	Λ/M Ф M	[illegible]	Λ/M O K	[illegible]
[illegible]	Λ/M U Z	[illegible]	Λ/M Ξ ✕	[illegible]
[illegible]	Λ/M U Z	Μέση	Λ/M I <	[illegible]
[illegible]	O/K Ξ ✕	[illegible]	Λ/M Z ⊏	[illegible]
[illegible]	O/K Ξ ✕	[illegible]	Λ/M E U	[illegible]
[illegible]	O/K Z ⊏	[illegible]	Λ/M U Z	[illegible]
[illegible]	Λ/M E U	Νήτη	Λ/M Ф M	[illegible]
[illegible]	Λ/M Φ F	Ὀξεῖα [illegible]	O/K G' K'	
[illegible]	Λ/M C C	Ὀξεῖα [illegible]	O/K Ξ' ✕'	
[illegible]	Λ/M P ⊃	Ὀξεῖα [illegible]	O/K Γ' <'	
[illegible]	O/K O K	Ὀξεῖα [illegible]	O/K Z' ⊏'	
Μέση	O/K I <	Ὀξεῖα [illegible]	O/K E' U'	
[illegible]	O/K Z ⊏	Ὀξεῖα [illegible]	O/K U' Z'	
Νήτη [illegible]	Λ/M Ф M	Ὀξεῖα [illegible]	O/K Ф' M'	[illegible]

(B) Η ΚΟΙΝΗ ΟΡΜΑΘΙΑ Η ΑΠΟ ΤΗΣ ΜΟΥΣΙΚΗΣ ΜΕΤΑΒΑΛΛΟΜΕΝΗ ΜΕΤΑΒΛΗΘΕΙΣΑ.

(ΚΑΤΑ ΚΙΘΑΡΩΔΙΑΝ)

	Ἀριστερᾶς χειρός.		Δεξιᾶς χειρός.	
	Προσλαμβανόμενος	K 7 ⊢	[illegible]	M Φ F
[illegible]	Μέση	K I <	[illegible]	M C C
[illegible]	Νήτη [illegible]	M Ф M	[illegible]	M O K
[illegible]	[illegible]	M U Z	[illegible]	M Ξ ✕
	[illegible]	M U Z	Μέση	M I <
[illegible]	[illegible]	K Ξ ✕	[illegible]	M Z ⊏
	[illegible]	K Ξ ✕	[illegible]	M E U
[illegible]	[illegible]	K Z ⊏	[illegible]	M U Z
[illegible]	[illegible]	M E U	Νήτη	M Ф M
[illegible]	[illegible]	M Φ F	Ὀξεῖα [illegible]	K G' K'
	[illegible]	M C C	Ὀξεῖα [illegible]	K Ξ' ✕'
	[illegible]	M P ⊃	Ὀξεῖα [illegible]	K Γ' <'
	[illegible]	K O K	Ὀξεῖα [illegible]	K Z' ⊏'
[illegible]	Μέση	K I <	Ὀξεῖα [illegible]	K E' U'
[illegible]	[illegible]	K Z ⊏	Ὀξεῖα [illegible]	K U' Z'
	Νήτη [illegible]	M Ф M	Ὀξεῖα [illegible]	K Ф' M'

(C) LA SÉRIE COMMUNE DES CORDES A MODIFIER SELON LA TECHNIQUE MUSICALE.

(A L'USAGE DE LA CITHARODIE.)

	MAIN GAUCHE.	MAIN DROITE.
	Proslambanomène (1re corde). *Kroasis.* [illegible]	*Lichanos hypatôn* (1re corde). *Mélos.* [illegible]
Ton lydien diatonique.	*Mèse* (5e corde). *Krousis.* [illegible]	*Hypate mèse* (9e corde). *Mélos.* [illegible]
Ton hypolydien diatonique.	*Nète diezeugménôn* (1re corde). *Mélos.* [illegible]	*[illegible]* (7e corde). *Mélos.* [illegible]
Ton hyperlydien diatonique.	*Nète synemménôn* (2e corde). *Mélos.* [illegible]	*Diatonos mèse* (6e corde). *Mélos.* [illegible]
	Même corde.	*Mèse* (5e corde). *Mélos.* [illegible]
Ton éolien diatonique.	*Diatonos mèse* (6e corde). *Krousis.* [illegible]	*Paramèse* (4e corde). *Mélos.* [illegible]
	Même corde.	*Trite diezeugménôn* (3e corde). *Mélos.* [illegible]
Ton hyperiastien chromatique.	*Paramèse* (4e corde). *Krousis.* [illegible]	*Nète [illegible]* (2e corde). *Mélos.* [illegible]
Ton hyperéolien diatonique.	*Trite diezeugménôn* (3e corde). *Mélos.* [illegible]	*Nète diezeugménôn* (1re corde). *Mélos.* [illegible]
Ton hypophrygien enharmonique.	*Lichanos hypatôn* (1re corde). *Mélos.* [illegible]	*[illegible]* *Krousis.* [illegible]
	Hypate mèse (9e corde). *Mélos.* [illegible]	*Diatonos mèse* [illegible] *Krousis.* [illegible]
	[illegible] (8e corde). *Mélos.* [illegible]	*Mèse* [illegible] (5e corde). *Krousis.* [illegible]
	[illegible] (7e corde). *Krousis.* [illegible]	*Paramèse* [illegible] (4e corde). *Krousis.* [illegible]
Ton lydien dans les trois genres.	*Mèse* (5e corde). *Krousis.* [illegible]	*Trite* [illegible] (3e corde). *Krousis.* [illegible]
Ton hyperiastien diatonique. Ton hyperiastien enharmonique.	*Paramèse* (4e corde). *Krousis.* [illegible]	*Nète synemménôn* [illegible]. *Krousis.* [illegible]
	Nète diezeugménôn (1re corde). *Mélos.* [illegible]	*Nète [illegible]*. *Krousis.* [illegible]

Réd. : 12x 0 1 2 3 4 5 6 7 8 9 10

« d'un seul et même instrument (3). En effet le son le plus aigu des *flûtes virginales* « comparé au son le plus grave des *chalumeaux plus-que-parfaits* en sera apparemment « distant d'un intervalle plus grand que cette triple octave; et *la syringe* (*monocalame*) « *étant raccourcie*, le son le plus aigu produit par l'artiste jouant de cet instrument, « comparé au son le plus grave donné par un joueur de chalumeau, sera distant de ce « dernier son d'un intervalle plus grand encore. »

M. Ruelle a traduit les mots καὶ κατασπασθείσης γε τῆς σύριγγος par : « De plus (du « moins lorsque l'artiste presse fortement [de ses lèvres] la syrinx).... » Et il ajoute en note : « Littéralement *suce* (?), en grec κατασπασθείσης. Gogavin a traduit *fistulae* « *avulsae*, et Meibom *diducta magis ligula*.... Notre intention est de revenir un jour sur « ce point inexploré de l'aulopée antique. »

Nous ne savons si depuis 1870, époque à laquelle a paru sa traduction des *Éléments harmoniques* d'Aristoxène, M. Ruelle a donné suite à l'intention manifestée dans cette note. Quoi qu'il en soit, il est certain que la manière dont il a rendu le mot κατασπασθείσης n'est soutenable à aucun point de vue. D'abord κατασπάω, *je tire en bas*, ne peut évidemment pas signifier *je suce*. Il ne peut pas non plus être question de *presser la syrinx de ses lèvres*, car ainsi qu'on l'a montré ci-dessus (p. 274 et suiv.), la *syrinx* est un instrument à bouche biseautée, dont le sifflet, à la différence de l'anche, se compose de parties absolument fixes, et ne saurait par conséquent subir de modification à la suite d'une pression plus ou moins forte exercée par les lèvres.

Ce que nous venons de dire prouve également que la traduction de Meibom (*diducta magis ligula*) est inadmissible. Car le mot *ligula* désigne l'anche, et nous venons de voir que la syringe n'en a pas. D'ailleurs Meibom déclare naïvement qu'il ne comprend pas le passage en question. Il termine la note qu'il y a consacrée par ces mots honnêtes : *non intelligo*.

Nous ne savons trop ce que Gogavin avait dans l'esprit en traduisant *fistulae avulsae*. A-t-il donné ici à *fistula* le sens de *sifflet*? Cela n'est pas impossible, car on a vu plus haut que, d'après un passage de Plutarque, généralement mal compris, le mot *syrinx* désigne parfois, non point la flûte entière, mais la partie supérieure seulement, renfermant le canal d'insufflation et la bouche biseautée (p. 276 et suiv.). Cette partie, le sifflet, pouvait se détacher du reste de l'instrument, et en ce sens on pourrait parler d'une *fistula divulsa*. Mais même en supposant, ce qui est peu probable, que tel soit le sens attribué par Gogavin aux mots κατασπασθείσης γε τῆς σύριγγος, nous prétendons que cette signification est incompatible avec l'ensemble du texte d'Aristoxène. En effet, le célèbre musicographe ne peut pas avoir eu en vue le son produit par le *sifflet* séparé de la flûte, parce que ce son est *unique*, tandis qu'Aristoxène parle du son *le plus aigu* produit par l'artiste jouant de cet instrument (ὁ τοῦ συρίττοντος ὀξύτατος). La σῦριγξ κατασπασθεῖσα produisait donc *plusieurs* sons, et n'était point par conséquent un simple sifflet.

Nous ne sommes parvenu jusqu'ici qu'à un résultat négatif. Voyons s'il n'y a rien à tirer du passage d'Aristote que nous examinons également au § VII : « Les sons « *épais* sont ceux qui se produisent lorsque le souffle s'échappe à la fois en quantité « considérable. C'est ce qui donne plus d'*épaisseur* à la voix des hommes et au son « des chalumeaux parfaits, surtout lorsqu'on les *remplit* de souffle. Φανερὸν δ'ἐστίν· « καὶ γὰρ ἂν πιέσῃ τις τὰ ζεύγη, μᾶλλον ὀξυτέρα ἡ φωνὴ γίγνεται καὶ λεπτοτέρα. Κἂν « κατασπάσῃ τις τὰς σύριγγας, κἂν δὲ ἐπιλάβῃ, παμπλείων ὁ ὄγκος γίγνεται τῆς φωνῆς « διὰ τὸ πλῆθος τοῦ πνεύματος, καθάπερ καὶ ἀπὸ τῶν παχυτέρων χορδῶν. »

Voici comment François Patricius a traduit ce passage (éd. de Berlin, p. 390, b) : « *Clarum id est : etenim si comprimat juga magis, acutior fit et tenuior. Et si quis trahat*

« *fistulas vel apprehendat, amplior fit moles vocis ob multitudinem spiritus, sicuti etiam a* « *crassioribus chordis.* » Il est clair que Patricius n'a rien compris à ce passage. Sans parler du mot *juga*, qui probablement n'avait pour lui aucun sens (v. ci-après, § VII), que peut signifier « *Et si quis trahat fistulas vel apprehendat?* »

Pour nous il est clair que le texte d'Aristote doit subir une légère modification avant de pouvoir être traduit convenablement (v. § VII). En effet, il résulte à toute évidence du passage précité d'Aristoxène que la σύριγξ κατασπασθεῖσα avait des sons plus aigus que celle à laquelle on n'avait pas fait subir cette modification, tandis qu'Aristote, d'après le texte de Bekker, dirait précisément le contraire. Or, il nous paraît très-difficile d'admettre une pareille contradiction entre deux auteurs également compétents, appartenant à peu près à la même époque (4) et mentionnant l'un et l'autre, non pas une théorie abstraite, mais un fait matériel, facilement vérifiable. Il faut donc, nous semble-t-il, modifier le texte d'Aristoxène ou celui d'Aristote. Quant au premier, nous ne voyons guère la possibilité de le changer, tandis qu'il suffit de ponctuer autrement le second et d'y remplacer le deuxième κἂν par ἄν, pour le mettre parfaitement d'accord avec le premier. En d'autres termes, il faut mettre une virgule après λεπτοτέρα et un point après σύριγγας. De cette façon non-seulement on met Aristote d'accord avec Aristoxène, mais on obtient une construction beaucoup meilleure : καὶ γὰρ ἂν —, κἂν —. Ἂν δὲ. Sans le changement de ponctuation que nous préconisons, le δὲ ne se justifierait que difficilement. Maintenant nous pouvons traduire : « En effet, le « son est plus élevé et plus fin, soit qu'on *pince* l'embouchure [des chalumeaux], soit « qu'on *raccourcisse* les flûtes. Mais lorsqu'on les *allonge*, le volume du son devient plus « ample, à cause de la quantité de souffle [mis en mouvement], comme c'est aussi le « cas pour les cordes, qui ont une plus grande épaisseur. »

On voit par ce passage qu'ἐπιλαμβάνω est l'opposé de κατασπάω. L'action exprimée par le premier de ces verbes abaisse le diapason de la syringe, tandis que celle qui est indiquée par le second produit le contraire. Or, on ne peut hausser le diapason d'une flûte qu'en raccourcissant l'espace compris entre l'embouchure et les trous latéraux. Il est donc clair qu'ἐπιλαμβάνειν doit signifier ici *allonger*, comme nous l'avons traduit et que, par conséquent, κατασπᾶν doit signifier *raccourcir*.

On peut assez facilement se faire une idée de cette double opération. Il suffit, en effet, de se représenter la syringe comme composée de deux pièces s'emboîtant l'une dans l'autre, de façon que l'on puisse raccourcir ou allonger à volonté la partie de l'instrument comprise entre l'embouchure et le premier trou latéral. Cette disposition semble même avoir été nécessaire pour que dans une *synaulie*, par exemple (p. 359), une flûte et un chalumeau construits d'après un diapason *à peu près semblable* pussent se mettre aisément *en parfait accord*. Faire rentrer l'une de ces pièces dans l'autre s'appelait κατασπᾶν ; l'en faire sortir pour allonger l'instrument s'appelait, d'après Aristote, ἐπιλαμβάνειν.

Voyons maintenant si nous pourrons encore tirer quelque lumière du passage de Plutarque. Après avoir parlé du bonheur qu'ont dû éprouver Aristote, Théophraste, etc., à discuter sur les chœurs, à résoudre les questions se rattachant aux instruments à vent, aux rhythmes et aux harmonies, il ajoute : « Comme, par exemple, pourquoi de deux chalumeaux égaux [en longueur] c'est le plus étroit qui donne le son le plus grave (5); καὶ διὰ τί τῆς σύριγγος ἀνασπωμένης, πᾶσιν ὀξύνεται τοῖς φθόγγοις, κλινομένης δὲ, πάλιν βαρύνει, καὶ συναχθεὶς πρὸς τὸν ἕτερον [βαρύτερον], διαχθεὶς δ' ὀξύτερον ἠχεῖ.

Dübner traduit, à la suite de Wyttenbach : « *Cur fistula sursum elata omnes sonos* « *acutiores, inclinata rursus graviores reddat? Cur cum altera si conjungatur, gravius; sola*

« *autem, acutius sonet?* » Cette traduction est ambiguë; car on ne sait si, dans l'esprit du traducteur, *fistula* est un ablatif ou le sujet de *reddat*. Toutefois, à en juger par la ponctuation, c'est apparemment à cette dernière supposition qu'il faut s'arrêter. Or, elle ne s'accorde nullement avec le texte de Plutarque; car même en admettant que du génitif absolu τῆς σύριγγος ἀνασπωμένης on puisse tirer, comme sujet de ὀξύνεται, le nominatif ἡ σύριγξ, encore faudrait-il plus loin écrire συναχθεῖσα et διαχθεῖσα au lieu de συναχθεὶς et διαχθείς. Mais on ne saurait pas, nous semble-t-il, justifier ce génitif absolu, alors qu'il était si simple d'écrire ἡ σύριγξ ἀνασπωμένη ou ἀνασπασθεῖσα. Il faudra donc traduire : « Et pourquoi, la *syringe* étant tirée vers le haut, tous les sons [de l'instrument] « haussent-ils, alors qu'ils s'abaissent la *syringe* étant inclinée? Et pourquoi [l'instrument] « joint à l'autre résonne-t-il plus bas, tandis qu'isolé il produit un son plus élevé? »

Si cette traduction, comme nous le pensons, est exacte, on voit que le mot σύριγξ a ici une signification différente de celle que nous avons dû lui attribuer dans Aristoxène et dans Aristote. De même qu'au ch. 21 (W., § XIV) du traité *de Musica*, nous devrons le traduire ici par *sifflet* (v. plus haut, p. 277). Dès lors il n'y a aucune contradiction entre le texte de Plutarque et ceux d'Aristoxène et d'Aristote. Plutarque dit que le SIFFLET de la flûte étant *tiré vers le haut*, τῆς σύριγγος ἀνασπωμένης, tous les sons de l'instrument haussent, tandis qu'Aristoxène et Aristote affirment que lorsqu'on raccourcit la SYRINGE (c'est-à-dire l'instrument entier), le même résultat est obtenu, τῆς σύριγγος κατασπασθείσης.

En ce qui concerne le sens des mots il n'y a dans tout ceci rien, ce semble, qui doive nous arrêter sérieusement. Mais pour ce qui est de l'assertion même de Plutarque, d'après laquelle les sons de la flûte hausseraient ou baisseraient, suivant que le sifflet est élevé ou incliné, toutes les expériences que j'ai faites à cet égard avec M. Gevaert n'ont donné aucun résultat satisfaisant, et j'en suis réduit à dire modestement avec Meibom : *non intelligo* (6).

NOTES.

(1) Les manuscrits (sauf R) portent τοῦτ' εἰρημένου, ce qui ne nous paraît pas défendable. Il faut, avec Marquard, écrire τοῦ εἰρημένου ou, pour tenir compte de l'indice fourni par le τ superflu, τοῦ προειρημένου.

(2) Le texte porte διαστήματος. Nous croyons qu'il faut, comme plus haut, lire διάστημα. Pour que la pensée d'Aristoxène fût clairement exprimée, il faudrait aussi intercaler avant le dernier μεῖζον le mot ἔτι, comme l'ont fait sentir dans leurs traductions Meibom, Marquard et M. Ruelle.

(3) M. Ruelle ne paraît pas avoir compris ce passage. Il l'a traduit de façon à rendre inintelligible la suite du raisonnement d'Aristoxène.

(4) Si le fragment *de Audibilibus* n'est pas d'Aristote, ce que nous admettons sans difficulté, il doit au moins avoir pour auteur un écrivain de l'école aristotélicienne postérieur de peu d'années au philosophe de Stagire.

(5) Ce fait complétement exact, bien que peu connu, est aussi mentionné par Porphyre (ci-dessus, p. 288, note 2).

(6) M. Marquard, dans son édition d'Aristoxène (Berlin, 1868), a consacré (p. 256 et suiv.) une note assez étendue à la signification des mots κατασπᾶν et ἀνασπᾶν. Nous sommes d'accord avec lui lorsqu'il dit que dans le texte d'Aristoxène κατασπᾶν doit se traduire par *raccourcir*. Mais nous ne pouvons admettre que la syringe dont parle Aristoxène à cet endroit soit la *syringe polycalame* ou *flûte de Pan* (voir plus haut, p. 275 et suiv.). En ce qui concerne le passage de Plutarque, nous sommes étonné que

M. Marquard en ait complétement méconnu le sens, car, ainsi que nous l'avons montré, les masculins *συναχθεὶς*, *διαχθεὶς* et *τὸν ἕτερον* indiquent suffisamment que le sujet d'*ὀξύνεται*, *βαρύνει* (ou *βαρύνεται*, comme le propose M. Marquard) et *ἠχεῖ* est *αὐλός* et non *σύριγξ*.

---

§ VI. — SUR LES INSTRUMENTS A VENT (*AULOI* OU *TIBIAE*) DÉCOUVERTS A POMPÉI (p. 280, note 3), ET SUR D'AUTRES INSTRUMENTS DE MÊME GENRE QUI SE TROUVENT AU BRITISH MUSEUM.

Les quatre *tibiae* (*chalumeaux*) de Pompéi, dont le Conservatoire de Bruxelles possède des *fac-simile* d'une exactitude parfaite exécutés par M. Victor Mahillon, facteur habile et conservateur du Musée instrumental dudit Établissement, ont été mises au jour il y a treize ans (1). Tous ces instruments ont un tuyau cylindrique en ivoire, percé de 11, 12 ou 15 trous, sur lequel glissent, sans déperdition d'air, autant de douilles ou viroles en argent, munies chacune d'un trou s'adaptant exactement à celui qui est percé dans le tuyau. Selon la position de la douille le trou est ouvert ou fermé; l'exécutant pouvait ainsi supprimer les trous dont il n'avait momentanément pas besoin (2).

La manière dont on faisait mouvoir les douilles ne se voit pas clairement. Mais on peut la soupçonner avec vraisemblance par un renseignement précieux du grammairien grec Arcadius (3). Cet auteur, qui paraît avoir vécu au IIIe siècle de l'ère chrétienne, dit que « l'on a imaginé de fermer et d'ouvrir les trous pratiqués dans les *auloi* au « moyen de certaines *cornes* ou *tuyaux à pointe* (4), que l'on tourne vers le haut ou vers « le bas, en dedans ou en dehors. » Il est amené à parler de ce mécanisme à propos de ce que l'on appelle en grec l'*esprit doux* et l'*esprit rude*. Voici une autre partie de son texte : « Il (l'inventeur de l'écriture grecque) a fait des signes pour l'aspiration, semblables « à des cornes, assignant une forme unique à chacune des aspirations. Ce signe est « semblable à certain objet qui s'applique à l'*aulos* et par lequel, lorsqu'on le tourne en « dedans ou en dehors, on nous a appris à fermer et à ouvrir l'issue au souffle. » Tout le monde connaît les signes dont il s'agit; ils ont la forme d'une *corne* ou d'une *lunula* ( ). Selon toute apparence ces cornes ou tuyaux à pointe s'engageaient dans les anneaux qui se voient encore sur les côtés du tube, vis-à-vis de quelques-uns des trous; on les manœuvrait à peu près comme les clefs de nos instruments en bois.

Nous avons décrit plus haut l'étendue des *chalumeaux pompéiens*, et déterminé les diverses échelles qui pouvaient s'y exécuter (p. 295-296). Néanmoins à ce dernier point de vue nous devons nous occuper un moment encore de l'un des quatre instruments, celui que nous désignons par la lettre A; son échelle présente quelques anomalies assez embarrassantes. Outre les neuf sons nécessaires à l'exécution des mélodies diatoniques du ton *lydien* (♭) et du ton *hypolydien* (♮) :

ré$_2$ *mi*$_2$ *fa*$_2$ *sol*$_2$ *la*$_2$ *si*♭$_2$ *si*♮$_2$ *ut*$_3$ *ré*$_3$,

nous y remarquons d'abord un *sol*♯$_2$ (ou *la*♭$_2$) et un *ut*♯$_3$ (ou *ré*♭$_3$) qui ne se trouvent en relation de quinte ou de quarte (justes) avec aucun des neuf susdits sons, et ne peuvent par conséquent avoir été utilisés pour des échelles diatoniques. Selon nous il n'y a qu'une manière de justifier la présence de ces deux notes, c'est de donner au *sol*♯$_2$ la valeur de *la*♭$_2$, à l'*ut*♯$_3$ celle de *ré*♭$_3$, et de les assigner à l'échelle chromatique du ton *hypodorien* :

(*fa*$_3$) *ré*♮$_3$ *ré*♭$_3$ *ut*$_3$ (*si*♭$_2$) *la*♮$_2$ *la*♭$_2$ *sol*$_2$ *fa*$_2$.

En outre la *tibia* A fait entendre deux *ut*$_3$, le premier juste pour une oreille moderne (trou 9), le second trop bas d'un *diésis* enharmonique (trou 8). Il est à remarquer que tous deux correspondent à une seule douille, laquelle en ouvrant l'un des trous ferme l'autre; les sons en question n'étaient donc jamais employés dans une même mélodie. On ne pouvait utiliser l'*ut*$_3$ le plus grave que dans certains *chroai*, par exemple dans le *diatonique amolli* (T. I, p. 317) mélangé avec le diatonique ordinaire

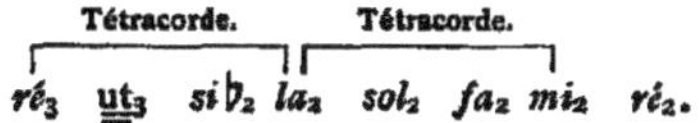

De ces deux particularités nous conclurons que l'instrument A était réservé pour l'exécution de certaines mélodies dont la modulation offrait un caractère spécial.

Le Musée du Conservatoire de Bruxelles possède aussi des *fac-simile* de deux *auloi* grecs découverts dans une tombe près d'Athènes (5). Tous deux ont un tuyau de bois de sycomore ; ils sont de perce cylindrique étroite, comme ceux de Pompéi, avec *cinq* trous latéraux d'un côté et *un* trou de l'autre. Les trous sont de forme ovale, ce qui permet de les boucher partiellement et de baisser ainsi leur intonation d'un demi-ton. L'un des instruments (n° 420) fait entendre les sons suivants, par rapport au diapason antique, plus bas d'une tierce mineure que le nôtre :

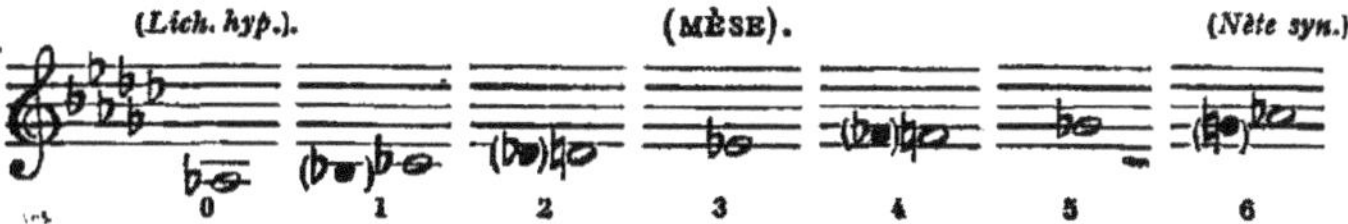

Le second instrument du British Museum (n° 421 du Musée du Conservatoire de Bruxelles) produit l'échelle :

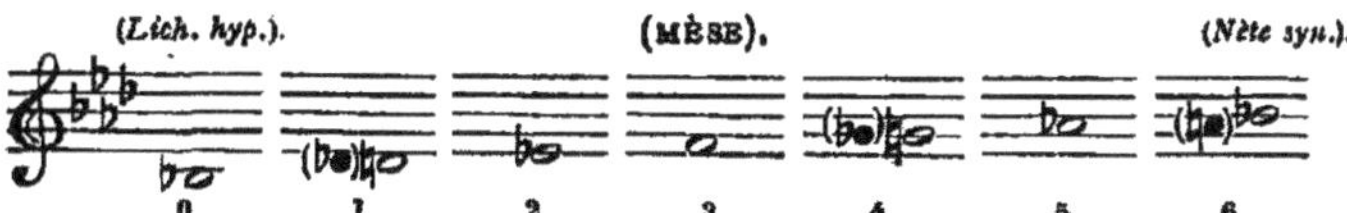

Les intervalles que produit le son le plus grave (o) avec les sons 3, 4, 5 et 6 sont identiques sur les deux instruments. Tout fait donc supposer qu'il devait en être de même pour les intervalles qu'il formait avec les sons 1 et 2; probablement la différence qui se remarque à cet endroit dans les deux instruments provient d'un défaut de fabrication, ce qui n'aurait rien d'étonnant pour des instruments de pur apparat. Je suppose que par rapport à la fondamentale le trou 1 faisait tierce mineure (comme sur le premier de ces instruments) et le trou 2 quarte juste (comme sur le dernier). Quoi qu'il en soit, nous reconnaissons dans le premier instrument un *chalumeau parfait en ton mixolydien* (voir ci-dessus, p. 299), dans le dernier un *chalumeau hêmiope en ton hypodorien-octave* (voir p. 300); les deux instruments s'étendent de la *lichanos hypaton* à la *nète synemménon*.

NOTES.

(1) La notice que le chef des *soprastanti* a bien voulu prendre sur le journal des fouilles porte ce qui suit : *Intorno al luogo del trovamento di quattro tibie antiche di Pompei, esse son rinvenute a dì* 10 *Dicembre* 1867, *nella casa di Caio Vibio*, n° 18, REGIONE VII — ISOLA II — VIA PRIMA — 3° *cubicolo a dritta*. Cf. FIORELLI, *Guida di Pompei*, p. 58.

(2) Voir le *Catalogue du Musée instr. du Conserv. de Bruxelles*, pp. 33, 306 et suiv. — L'instrument A a *onze* trous, dont un seul (n° 8) est fermé. — L'instrument B a *douze* trous, dont deux sont bouchés (nos 4 et 7). — L'instrument C a *onze* trous; quatre sont fermés (1, 4, 5 et 6). — L'instrument D a *quinze* trous; sept sont fermés (nos 1, 3, 5, 6, 8, 9 et 10).

(3) Ces citations sont prises dans Saumaise, *Plinian. exercit.*, T. I, p. 84-85.

(4) Texte : *κέρασι τισὶν ἢ βόμβυξιν ὑφοκρίοις*. Saumaise propose de lire *ἢ βόμβυξι καὶ ὑφολμίοις*, ce qui est totalement inadmissible. Le mot *ὑφοκρίοις* n'existe pas dans les dictionnaires, mais *ὄκρις* signifiant *pointe*, on pourrait traduire littéralement : *ayant une pointe à l'extrémité inférieure* ou *se terminant en pointe au bas* (A. W.).

(5) Voici au sujet de ces instruments quelques passages d'une lettre écrite à M. Victor Mahillon par M. A. S. Murray, conservateur au British Museum, sous la date du 5 septembre 1878. « *With regard to the flutes of sycamore wood, all that me know of them is* « *derived from Fauvel, in the* Magasin encyclopédique 1809, pt. II, p. 363, *who there* « *describes the contents of a tomb discovered on the road from Athens to Eleusis. Part of the* « *contents, viz. the lyre and flutes, came to the British Museum with the Elgin collection....* « *Fauvel calls it the tomb of a priestess, but there was nothing found in it which would* « *not rather suit a male figure. Nothing indicates the date, unless M. Fauvel was correct in* « *comparing the ornaments of the wood coffin whith those of the architecture of the Erichtheum,* « *which is known to have been in course of erection during the Peloponnesian war. An* « *inscription in the British Museum contains a report of the state of the buildings in the* « *year B.-C.* 409, *in which year they were still unfinished.* »

---

§ VII. — SUR LA SIGNIFICATION DU MOT *ZEUGOS* ET DE QUELQUES AUTRES TERMES SE RAPPORTANT AUX INSTRUMENTS A ANCHE (p. 286), PAR AUG. WAGENER.

Tout ce qu'on a dit de la signification du mot *zeugos*, employé pour désigner une des parties de l'*aulos*, est en contradiction formelle avec les textes qui en parlent d'une manière explicite. Partant de l'idée préconçue que ce mot devait indiquer l'accouplement de deux choses égales, à l'instar du *joug* (*zeugos*) qui unit une couple de bœufs, on l'a mis en rapport avec la double flûte (1). Mais on ne saurait invoquer aucun texte à l'appui de cette interprétation, tandis que la véritable signification du mot *zeugos* se dégage clairement de l'examen attentif et de la comparaison d'un chapitre de Théophraste et de deux passages d'Aristote.

Voici d'abord ces derniers textes littéralement traduits :

De Audib., p. 802, b (éd. Bekker) : « Il faut aussi que les anches (*γλῶτται*) des *auloi* « soient compactes, lisses et uniformes, afin que, grâce à elles, le souffle qui les pénètre « soit de même doux, uniforme et sans intermittence. C'est pourquoi les *zeugé* humectés « et imbibés de salive ont un son plus moëlleux, tandis que secs ils donnent un mauvais « son. Car l'air qui traverse un [corps] humide et lisse est doux et uniforme. La preuve « c'est que le souffle lui-même, lorsqu'il est chargé d'humidité, va beaucoup moins se « heurter contre les *zeugé* et se disperser, tandis que s'il est sec, il s'accroche davantage « et rend par sa violence l'attaque plus dure. »

Ibid. p. 804, a : « Les sons épais sont ceux qui se produisent lorsqu'une grande quantité « de souffle se projette simultanément au dehors. C'est ce qui donne plus d'épaisseur à « la voix des hommes et aux sons des *chalumeaux parfaits* (v. p. 286 et suiv.), surtout

« lorsqu'on les remplit de souffle. La preuve c'est que lorsqu'on *pince* les *zeugé*, le son « est plus élevé et plus fin. Il en est de même lorsqu'on *raccourcit* les *syringes* (2). « Mais lorsqu'on les allonge, on obtient un son beaucoup plus plein, à cause de la « quantité de souffle [qui s'y engage], comme c'est aussi le cas pour les cordes qui ont « une plus grande épaisseur. »

Maintenant, voici le texte de Théophraste, *Hist. plant.*, IV, 11, (éd. Wimmer) : « On « dit qu'il y a deux espèces de roseaux : celui pour les instruments à vent (l'*aulétique*) et « l'autre.... Ce qu'on raconte au sujet du roseau pour instruments, à savoir qu'il pousse « tous les neuf ans, en vertu d'une loi naturelle, n'est pas exact. En somme il se produit « lorsqu'il y a crue du lac [d'Orchomène].... Le roseau aulétique réussit lorsqu'après de « fortes pluies l'eau demeure pendant deux ans au moins.... On dit, et la chose paraît « exacte, que lorsque le lac gagne en profondeur, le roseau atteint [dès la première année « toute] sa longueur, mais que l'année suivante seulement, en demeurant sur place, il « atteint sa maturité. On ajoute que le roseau arrivé à maturité est celui qui sert à « fabriquer des *zeugé* (le roseau *zeugite*), tandis que celui dont l'eau s'est retirée est le « *bombycios* (le roseau pour tuyau). On dit qu'il (le roseau *zeugite*) diffère en général des « autres roseaux par je ne sais quoi de plantureux : il est plus plein, plus charnu et a « dans l'ensemble un aspect féminin. Son feuillage est plus large et plus clair, et il a la « panicule plus petite que les autres; quelques [exemplaires] même n'en ont pas du tout, « ce qui fait qu'on les appelle des *eunuques*. On prétend que ceux-ci sont les meilleurs « pour les *zeugé*, mais que bien peu réussissent pendant la fabrication. Avant l'époque « d'Antigénide (v. 380 av. J. C.), lorsqu'on jouait *sans ornements*, la coupe, dit-on, se « faisait au mois de Boédromion, vers le lever du Bouvier (mi-septembre). Celui que l'on « coupe alors ne peut être employé que plusieurs années plus tard; il doit être joué « longtemps avant [de pouvoir servir] et l'ouverture [τὸ στόμα] des anches se contracte, « ce qui est utile pour le jeu ordinaire (3). Mais lorsqu'on en vint à la musique *figurée*, « l'époque de la coupe fut changée; car on coupe maintenant le roseau au mois de « Scirrophorion ou d'Hécatombéon (juin), un peu avant le solstice d'été, ou à cette « époque même. On peut l'employer au bout de trois ans; il ne doit pas être joué « longtemps et les anches se prêtent aux entrebaillements (4) nécessaires pour jouer des « morceaux de virtuosité. Telles sont donc les époques de la coupe du [roseau] *zeugite*. « Quant à la manière de le travailler, la voici.... En été on le coupe aux nœuds.... On « laisse à la partie comprise entre deux nœuds le nœud supérieur.... Les entre-nœuds les « plus propres à la fabrication des *zeugé* sont ceux qui occupent le milieu du roseau; les « entre-nœuds les plus rapprochés des branches fournissent les *zeugé* les plus doux; ceux « qui sont voisins de la racine fournissent au contraire les plus durs. Les anches faites « du même entre-nœud sont, dit-on, d'accord entre elles, tandis que les autres ne le sont « pas. L'anche prise du côté de la racine est pour le tuyau de gauche (le plus aigu, « v. p. 290); celle que l'on prend du côté des branches est pour le tuyau de droite « (le plus grave). Lorsque l'entre-nœud est coupé en deux, l'ouverture (τὸ στόμα) de « chaque anche se trouve du côté de l'incision. Si les anches sont faites autrement, elles « ne s'harmonisent pas.

Pour peu qu'on se donne la peine de lire attentivement les passages que nous venons de transcrire, on verra clairement que le *zeugos* ne peut être autre chose que l'embouchure de l'*aulos*. En effet, d'après Aristote, il est *imbibé de salive*, et lorsque cet auteur dit qu'en le *pinçant* on rend le son plus élevé et plus fin, il ne peut être question que de l'action exercée sur le *zeugos* par les lèvres. La preuve c'est qu'Aristote emploie le même mot (πιέζειν) dans le passage suivant (5) du *de Audib.*, p. 801, b : « Quand les anches sont

« plus étroitement unies [au bec], le son devient plus dur et plus éclatant lorsqu'on les « *pince* davantage au moyen des lèvres, parce qu'alors le souffle est projeté avec plus de « violence. » D'autre part, le *zeugos* n'est pas la même chose que l'anche (γλῶττα). Ceci n'a pas besoin de démonstration pour ceux qui connaissent le langage précis d'Aristote et de Théophraste, lesquels n'emploient jamais des synonymes inutiles, propres à introduire de la confusion dans l'esprit. Toutefois il doit y avoir une étroite relation entre le *zeugos* et l'*anche*. En effet les *entre-nœuds* du roseau *zeugite* servent à la fabrication des *zeugé*. Mais ces mêmes entre-nœuds servent aussi à la confection des anches. Qu'est-ce à dire? C'est que l'entre-nœud est d'abord divisé en deux parties, probablement égales, dont chacune sert à fabriquer un *zeugos*. Celui-ci s'obtient ensuite en pratiquant dans le demi-entre-nœud une incision longitudinale, de telle sorte que l'une des deux parties ainsi obtenues soit assez mince pour pouvoir vibrer comme une anche (γλῶττα, *lingula*). Elle peut par l'une de ses extrémités rester attachée à l'autre partie, comme dans l'*arghoul* des Arabes (6). Elle peut aussi en être détachée, sauf à s'y rajuster ensuite au moyen d'un fil ou autrement. C'est ce dernier procédé qui paraît avoir été pratiqué habituellement à l'époque alexandrine, puisque les aulètes avaient alors un récipient spécial (γλωττοκομεῖον) pour y enfermer leurs anches (v. Pollux, II, 103; X, 153). La partie du demi-entre-nœud dont on avait détaché l'anche était selon toute probabilité ce que l'on appelait *holmos* (voir ci-dessus, p. 285). En effet, d'après Pollux (IV, 70), les *holmoi* et les *hypholmia* sont des parties constitutives de l'*aulos*. D'autre part Hésychius définit ainsi l'ὑφόλμιον, s. v., μέρος τοῦ αὐλοῦ πρὸς τῷ στόματι, ᾗ αἱ γλωττίδες (7). C'est donc une partie de l'*aulos* qui est voisine de la bouche, et dans laquelle s'engage l'anche. Pollux (X, 114) de son côté dit, comme du reste l'indique l'étymologie, que l'*hypholmion* est l'ὑπόθεμα, le support de l'*holmos*. Ces deux explications sont exactes l'une et l'autre, parce que l'*holmos* et l'anche s'engageaient l'un et l'autre dans l'*hypholmion* (8), où ils se trouvaient réunis sous le nom de *zeugos*. L'*holmos* et l'anche sont étroitement liés l'un à l'autre; isolés ils ne rendent aucun son et c'est apparemment pour ce motif que les Grecs ont donné à l'embouchure de leurs chalumeaux le nom de *zeugos*.

NOTES.

(1) Volkmann s'exprime ainsi à la page 143 de son commentaire sur le traité *de Musica* de Plutarque : « *Duplex autem [tibia] aut ex duobus constat monaulis, aut ex binis calamis,* « *unde* συνωρίδες αὐλῶν *dixit Nonn. Dionys.*, XX, 301, *per unam lingulam conjunctis, cui* « *jam non* γλωσσίς *sed* ζεῦγος *nomen erat.* » Or, il est évident que la phrase de Nonnus, laquelle n'est d'ailleurs qu'une circonlocution poétique de la flûte double, ne prouve rien quant à la signification du mot ζεῦγος; et *quant à un tuyau double produisant plusieurs sons à la fois au moyen d'une seule anche, il constitue une pure impossibilité physique.*

(2) Au sujet de ce passage difficile voir le § V du présent Appendice, p. 641 et suiv.

(3) L'édition de Schneider porte πρὸς τὴν διακτορίαν; celle de Wimmer π. τ. διατορίαν. Aucune de ces leçons ne donne un sens convenable. Διακτορία veut dire *service*; διατορία, d'après la signification de διάτορος, devrait indiquer un jeu *pénétrant*, *à grande portée*. Or, il faudrait un mot indiquant un jeu *simple*. Pline traduit (*Nat. hist.*, XVI, 36, 171) : « *Quod erat illis theatrorum moribus utilius.* » Je n'ai pas encore réussi à trouver une conjecture satisfaisante pour remplacer le texte fautif des manuscrits.

(4) Le texte traditionnel porte le mot κατασπάσματα, qu'on a vainement essayé jusqu'ici d'expliquer d'une façon convenable. Pline traduit l. l. : « *apertioribus earum lingulis, ad flectendos sonos.* » Guidé par cette indication, nous proposons (fort timidement,

il est vrai) de remplacer καταϲπάϲματα par καταχάϲματα. C'est ce dernier mot qui sert de base à notre traduction.

(5) Le manuscrit porte συγκροτέραις, ce que Bekker a changé en σκληροτέραις. Ce changement ne nous paraît pas heureux. Aristote vient de dire que les instruments à anches *obliques* (quelle forme d'anches entend-il par là ?) ont des sons plus doux, parce que le souffle y pénètre immédiatement dans un espace plus large. Il s'agit donc de trouver un adjectif qualifiant des anches à disposition différente. Ne pourrait-on pas remplacer συγκροτέραις par συγκροτοτέραις ? Συγκεκροτημένη λέξις, φράσις, se dit d'un langage serré.

(6) Voir le *Catalogue du Musée instrumental du Conservatoire de Bruxelles*, n° 113.

(7) Les éditions portent ἡ et non ἢ αἱ γλωττίδες. Le changement que je propose est si léger et si naturel, qu'il n'est pas nécessaire, je crois, de le justifier longuement.

(8) C'est la partie de la clarinette qu'on appelle de nos jours le *baril*.

---

§ VIII. — SUR L'*HYDRAULIS*, LE *PTÉRON* ET AUTRES VARIÉTÉS DE L'ORGUE (p. 305).

Un artiste belge fixé à Paris depuis nombre d'années, M. Clément Loret, professeur à l'école de musique religieuse fondée par Niedermeyer, a inséré dans la notice historique par laquelle s'ouvre la 3e partie de son *Cours d'orgue* une traduction remarquable du texte de Vitruve, avec une représentation graphique de l'instrument faite d'après la description de l'architecte romain (1). Les conclusions de notre compatriote sont conformes à celles de M. Chappell (*History of Music*, T. I, p. 325 et suiv.). Selon M. Loret, le système de l'orgue hydraulique se résume dans cette simple formule : « la « pression de l'eau remplaçant la charge des réservoirs de nos orgues modernes.... « L'orgue antique avait plusieurs jeux, *quatre*, *six* ou *huit*, que l'on pouvait faire « résonner isolément ou simultanément (2).... Son clavier était chromatique (3).... La « pression de l'air était sans doute très-irrégulière; pour obtenir une pression égale, le « souffleur aurait dû constamment maintenir l'eau au même niveau, ce qui était presque « impossible, à moins qu'il ne fût guidé par l'organiste pour modifier le mouvement « des pistons selon la quantité d'air dépensée. » Toutefois lorsqu'on considère la pauvreté des instruments antiques en général, on s'explique l'admiration qu'eurent les Romains pour l'*hydraulis*. Nous ne nous occuperons pas davantage de cet instrument, sinon pour rectifier une erreur accréditée à propos des orgues de l'antiquité et de ceux du moyen âge : c'est que leur clavier était si grossièrement construit qu'il ne fallait rien moins que les poings pour abaisser les touches. Cette affirmation est démentie par les vers de Claudien et de l'empereur Julien, cités plus haut, p. 621 (4).

L'anonyme publié par Bellermann et Vincent ainsi qu'un document byzantin, l'Hagiopolite, parlent d'un autre instrument de la famille des orgues, le *ptéron*. Son nom indique la forme d'une aile d'oiseau. Vincent (*Notices*, pp. 8, 267) l'assimile à la flûte de Pan. Ce serait donc une sorte d'orgue à bouche, instrument en usage chez les Chinois et chez d'autres peuples de l'Orient. Peut-être émettait-il des sons au moyen d'un soufflet; dans ce cas il appartiendrait à la catégorie des orgues portatifs.

NOTES.

(1) La traduction de M. Loret a été reproduite dans la *Revue et Gazette musicale* de Paris, n° du 1er décembre 1878.

(2) Ces nombres pairs porteraient à croire que c'étaient des demi-jeux.

(3) Je crois que cette dernière assertion doit être restreinte dans le sens exprimé au T. I de ce livre (p. 351-352). L'étendue que nous déterminons à cet endroit pour le clavier de l'*hydraulis* (3 octaves) n'était pas encore dépassée au XIIe siècle de notre ère. Anon. ap. Coussemaker, *Script.*, T. I, p. 362.

(4) Cf. Schubiger, *Historische Irrthümer im Fache der Tonkunst*, dans les *Monatshefte* d'Eitner, année 1869, p. 127 et suiv.

---

§ IX. — SUR LA MÉLODIE DE LA Ire PYTHIQUE DE PINDARE (voir p. 471, note 1).

Ces lignes n'ont pas pour but de rouvrir la polémique engagée depuis deux siècles relativement à l'authenticité de cette belle cantilène, polémique qui ne pourrait se terminer d'une façon décisive que par la découverte du manuscrit sicilien. A cet égard, tout ce qu'il est permis d'affirmer sans crainte d'être démenti, c'est que les preuves intrinsèques d'authenticité, qui déjà en 1811 paraissaient suffisantes à Boeckh, se trouvent aujourd'hui plutôt fortifiées qu'affaiblies. Il s'agit ici simplement d'expliquer une particularité de ce document, qui a été interprétée dans un sens défavorable à son authenticité et à laquelle nous accordons une valeur tout opposée. On sait que la notation vocale n'est employée que pour les deux premiers vers, renfermant une période musicale complète; les notes instrumentales commencent avec le vers 3 et continuent jusqu'à la fin du fragment. En outre cette seconde partie est précédée de l'indication χορὸς εἰς κιθάραν, *chœur à la cithare.* Voilà, certes, deux détails qui ne laissent pas que de paraître assez suspects. Pourquoi ces notes instrumentales employées pour un morceau de chant ? Pourquoi cette mention de la cithare au milieu de la strophe ? Le début de celle-ci se chantait-il donc sans aucun accompagnement ? Autant de questions assez embarrassantes auxquelles je répondrai par l'hypothèse suivante :

La Ire Pythique, *chant qui débute par une apothéose de la lyre*, avait, comme toutes les odes de Pindare, une *krousis*, notée par le poëte lui-même (p. 448, note 2) : accompagnement qui non-seulement allait d'un bout à l'autre du chant, mais qui renfermait aussi des ritournelles, entre les diverses strophes, et des interludes, à l'intérieur des strophes. Cette partie instrumentale était exécutée par le *didaskalos*, le *maestro*, sur la cithare. Rien ne nous en est parvenu.

Indépendamment de l'accompagnement *obligé* (pour employer le terme technique d'aujourd'hui), la cantilène chorale, dans la seconde partie des strophes et des antistrophes (peut-être aussi à la fin des épodes), était renforcée par des cithares, *dont les choreutes eux-mêmes étaient munis.* Voilà pourquoi sur les copies destinées au chœur (copies dont un exemplaire est parvenu jusqu'à nous) toute cette seconde partie était notée par les signes de l'alphabet instrumental.

La mélodie et le texte de Pindare favorisent cette conjecture. Et d'abord ne semble-t-il pas que la première entrée du *tutti* des cithares soit indiquée au 3e vers de la 1e strophe, tant par le dessin rhythmique que par le sens des paroles :

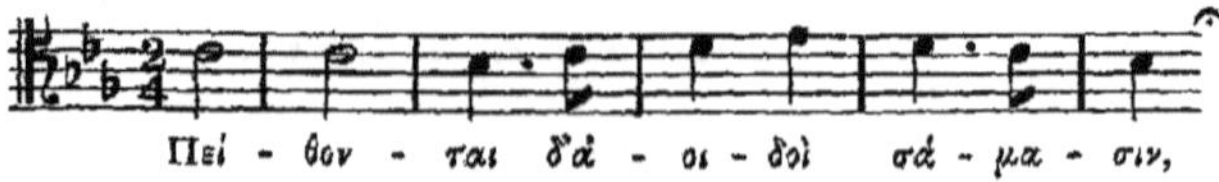

Ensuite ne peut-on se fonder aussi sur la phrase suivante, qui se trouve à la fin du morceau (v. 189-190) : « Il ne sera pas reçu, lui (Phalaris le tyran), par les *cithares*

« *domestiques* (φόρμιγγες ὑπωρόφιαι), unies délicatement aux chants des adolescents ? » On peut sans trop de hardiesse, ce me semble, voir dans ces « cithares domestiques » (le pluriel est à remarquer) les instruments mis entre les mains du chœur attaché au service de l'opulent potentat de Syracuse.

Note additionnelle au § I de l'Appendice.

Au moment de terminer la correction de cette dernière feuille, j'ai reçu de M. A. Kraus fils, musicologue distingué de Florence, des indications précises sur un *lituus* conservé au Musée du Vatican à Rome, et qui a fait partie d'une collection d'objets provenant d'un tombeau de guerrier découvert en 1827 à Cervetri, la Cæré des Étrusques. Comme la description très-minutieuse de M. Kraus est accompagnée d'un dessin représentant l'instrument à sa grandeur naturelle, il m'a été facile d'en faire construire le *fac-similé* et de rectifier ici, en les complétant, les détails donnés plus haut (p. 631).

Le *lituus* du Vatican est entièrement en bronze ; son tuyau, plus long que je ne me l'imaginais (1^{m}29), est très-étroit (0,018) et cylindrique jusqu'à la naissance du pavillon, lequel ressemble de tout point à celui du chalumeau phrygien (ci-dessus, p. 291).

L'embouchure manque ; mais la forme et la grandeur de cette partie de l'instrument ne peuvent avoir été sensiblement différentes de celles qui se remarquent dans l'embouchure authentique des *buccines* pompéiennes (p. 630). C'est de cette dernière que je me suis servi pour faire produire des sons au *lituus*. L'expérimentation m'a fait entendre les harmoniques 2 à 8 de la fondamentale sol_1 (les mêmes que ceux du cornet en *sol*), ce qui par rapport au diapason antique, plus bas d'une tierce mineure que le nôtre, correspond au ton dorien transposé à l'octave aiguë :

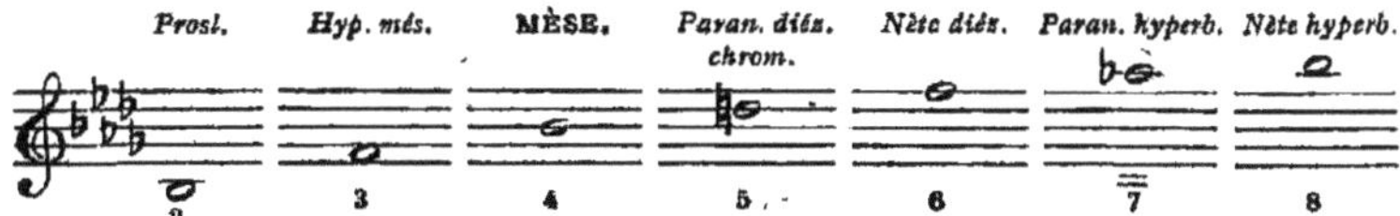

Il n'est pas sans intérêt de remarquer que le *lituus* du Vatican est construit à l'octave supérieure des *buccines* pompéiennes ; peut-être les deux sortes d'instruments se faisaient-ils parfois entendre simultanément. Certains harmoniques du *lituus*, le 5e principalement, ne sortent pas avec toute la justesse voulue ; ces défauts, qui se rencontrent parfois aussi dans les instruments modernes, sont dus à l'irrégularité des proportions du tuyau, cause des divisions défectueuses de la colonne d'air.

Le timbre du *lituus* a de l'analogie avec celui de la trompette moderne en *sol*, à l'unisson de laquelle il est construit, ressemblance qui s'explique par les dimensions semblables du tuyau des deux instruments.

www.ingramcontent.com/pod-product-compliance
Lightning Source LLC
LaVergne TN
LVHW011241110826
845149LV00001B/15

* 9 7 8 2 0 1 1 8 9 7 7 3 2 *